KB160923

리걸플러스+ 152

법의 통섭

리걸플러스+ 152

법의 통섭

(사)한국법정책학회 편저

한국학술정보

발간사

한국법정책학회는 1999년 창립 이후 2013년 사단법인(주무기관: 헌법재판소)이 되어 발전의 새로운 계기를 마련하였고 이제 20년째가 되었습니다. 그동안 한국법정책학회는 학술지인 「법과 정책연구」(등재학술지)를 연 4회 발간하고, 매년 수차례에 걸쳐 그 당시의 주요한 법적 이슈를 중심으로 한 학술대회를 개최하며, 외국대학이나 관련학회와 국제적인 교류를 하는 등 우리나라에서 '법정책학'의 정립과 그 발전에 매진하여 왔습니다.

지난 2015년에 「법정책이란 무엇인가: 이론과 실제(삼영사, 2015)」를 발간하기 전까지 우리나라에서 '법정책학'은 개별 논문들을 통해 단편적으로 소개되고 있는 정도에 머물러 있었고, '법정책학'의 학문적 정체성에 대한 의문도 여전히 제기되고 있었습니다. 이에 한국법정책학회에서는 법학연구자들은 물론, 일반인들로 하여금 '법정책학'에 대한 올바른 이해와 관심을 고취시키고 그 중요성을 인식시킬 필요성을 느끼게 됨에 따라 '법정책학'에 대한 학술전문서적의 발간을 기획하게 되었으며, 지난 2015년에 그 첫 번째 결과물로 위 서적을 발간하였습니다. 이 서적에는 '법정책학'에 관한 총론과 각론을 나누어 그동안 한국법정책학회 학회지인 「법과 정책연구」에 게재된 '법정책학'에 관한 논문들과 기존의 '법정책학'에 대한 연구결과를 바탕으로 현재 상황에 맞게 새롭게 저술한 논문들을 수록하였습니다.

2018년에 두 번째로 발간하는 본서에는 '법의 통섭'이라는 대주제하에 위 서적과 같이 기존의 학회지에 게재된 논문들과 새롭게 저술된 논문들을 수록하였고, 각 법률에 한정된 연구범위를 통섭하여 전문적인 연구가 이루어지도록 계획하였습니다.

본서 발간 취지에 맞게 그 구성은 '공법의 통섭', '사법의 통섭' 및 '공·사법의 통섭'으로 구분하여 편집하였습니다. 이 가운데 공법의 통섭은 공법 분야의 7개 논문, 사법의 통섭은 사법 분야의 10개 논문, 공·사법의 통섭은 공법 분야와 사법 분야를 함께 다룬 5개 논문으로 구성하였습니다. 비록 본서는 법정책학에 대한 모든 내용을 담고 있지는 못하지만 법분야의 통섭적인 연구를 담고 있다는 점에서 학문영역으로서의 '법정책학'의 정체성 확립의 초석이 될 것임을 확신하는 바입니다.

본서의 발간은 지난 2015년의 발간에 이어 지속적인 서적 발간 사업으로 이어지는 계기가 될 것으로 기대하며, 한국법정책학회에서는 본서의 발간에 그치지 않고 계속적으로 '법정책학'에 관한 연구서 발간을 계획하고 있습니다. 모쪼록 본 연구서가 '법정책학' 발전의 동인이 되어 우리 학회는 물론 관련한 모든 단체와 개인의 연구 활동에 중요한 지침서가 되기를 소망합니다. 앞으로도 여러분의 많은 관심과 적극적인 참여를 부탁드립니다.

　본서 발간을 위해 많은 애를 써주신 간행위원장을 비롯한 간행위원 여러분과 회원 여러분, 그리고 소중한 연구 결과로 참여해 주신 집필자 여러분들께 진심으로 감사의 마음을 전합니다. 또 녹록지 않은 출판환경에도 불구하고 본서의 발간을 기꺼이 허락해 주신 한국학술정보(주) 출판사업부 여러분께도 심심한 사의를 표합니다.

2018. 7. 1.

사단법인 한국법정책학회장 **정규**

서문

    법정책학은 정의를 실현하기 위하여 효율적인 법기술을 체계적으로 탐구하는 학문이며, 한국법정책학회는 사회에 필요한 '살아 있는 법정책'을 제안하는 것을 목표로 하고 있다. 새로운 법률의 제정과 구체적인 규정에 대한 입법적 검토는 물론 산만하게 규정되어 있는 다양한 법률의 통폐합 내지는 간명화에 대하여 검토하고 있으며, 법리의 수정이 필요한 대법원 판결을 대상으로 정책적인 해결방안을 제시하고 있다. 구체적인 대법원 판결이 당사자와 사회에 어떤 영향을 미치는지, 그 판결의 근거가 된 법률의 규정이 현실적으로 타당한지, 다양하게 적용되는 법률의 규정들 상호 간에 논리적 모순이 있는지 및 문제를 해결하기 위한 구체적인 방안이 무엇인지 등에 대하여 연구하는 것도 법정책학회의 역할이다.

    법정책학회는 미래를 대비하는 법정책을 제시하여야 하는 바, 중요한 과제 중 하나는 학제 간 융합을 대비하는 것이다. 그 준비로서 법의 통섭 내지 통합이 필요하다. 법률의 통섭의 예로서 상법전과 관련 법률의 통섭과 판례법리의 통섭을 들 수 있다. 상법전과 관련 법률의 통섭으로서는 상법전 중 보험 편과 보험업법의 통섭, 상법전 중 상장회사 특례규정과 자본시장법 중 상장법인에 대한 특례규정의 통섭, 상법전 중 총칙 편과 민법전 중 총칙 편의 통섭(영리성의 필요 유무, 소멸시효 및 조합 등) 및 상법전 중 벌칙 규정과 형법전의 통섭 등을 들 수 있다. 이 가운데 상법전 중 보험 편과 보험업법의 통섭에 대해서 살펴본다. 상법전 중 보험 편에 따르면 재보험, 해상보험 등 기업 활동으로부터 야기되는 위험에 대처하는 기업보험의 가입자는 보호대상이 되지 않는다(상법 제663조). 이에 비하여 보험업법에 따르면 국가, 상장법인 등 보험계약에 관한 전문성, 자산규모 등에 비추어 보험계약의 내용을 이해하고 이행할 능력이 있는 전문보험계약자가 보호대상이 되지 않는다(보험업법 제2조). 보험업법에 따르면 국가가 보호대상이 될 수 없지만, 상법전 중 보험 편에 따르면 보호대상이 될 수 있다. 상법의 주무부처는 법무부이지만, 보험업법의 주무부처는 금융위원회인 바, 주무부처가 다르다는 점이 규정이 상이한 이유 중 하나이다. 상법전 중 보험 편과 보험업법의 규정이 상이하여 혼란이 야기될 수 있다. 통일적으로 법을 적용하기 위해서는 단일하게 보험법으로 통합하여 하나의 주무부처를 두는 방안을 검토해야 한다.

2016년 대법원에 접수된 사건의 총수는 58,463건이며(법원행정처, 「2017 사법연감」, 주식회사 성우애드컴, 2017, 553면), 법원조직법에 따른 대법관의 수는 14인이다(제4조 제2항). 단순하게 소송사건 수와 대법관 수를 기준으로 한다면 대법관 1인당 연간 소송사건 담당건수는 58,463÷14=4,175.9…이다. 대법관이 담당하는 소송건수가 매우 많아 최종심 재판을 신중하게 처리하기 어려워 대법원을 판결공장이라고 부르는 사람도 있다 (이범준, 대법원, 40분에 한 건씩 찍는 '판결공장', http://news.khan.co.kr/kh_news/). 그래서인지 대법원이 제시하는 법리가 혼란스러운 경우가 있다. 예로서는 대표이사가 권한을 남용한 경우 상대방의 보호요건에 관한 판결을 들 수 있다. 상대방에게 악의가 없었던 경우 보호받을 수 있다는 대법원 판결(대법원 1987. 10. 13. 선고 86다카1522 판결), 상대방에게 중과실이 없었던 경우 보호받을 수 있다는 대법원 판결(대법원 2013. 2. 14. 선고 2011도10302 판결 등) 및 상대방이 대표이사의 진의를 알았거나 알 수 있었을 때 보호받을 수 없다는 대법원 판결(대법원 2008. 5. 15. 선고 2007다23807 판결 등) 등으로 나누어진다. 법적 안전성을 도모하기 위하여 여러 판례에서 혼란스럽게 제시된 법리를 통일할 필요가 있다.

경제가 발달함에 따라 법률과 판례의 수가 증가하게 되고 때로는 혼란이 초래된다. 다양한 법률과 판례의 간명화 내지는 수정을 위하여 정책적인 해결방안을 제시할 필요가 있다. 그러한 첫걸음으로서 법의 통섭을 간행할 것을 계획하였으며, 많은 연구자분들이 적극적으로 호응하여 주신 덕분에 책을 간행하게 되었다. 22편의 논문을 공법의 통섭, 사법의 통섭 및 공·사법의 통섭으로 구분하여 편집하였는바, 바쁘신 와중에도 본서 발간에 참여해 주신 22분 연구자들께 감사드린다. 법정책학회가 책의 간행 비용을 부담하는 데 흔쾌히 동의해주신 주용기 전임 학회장님, 책의 출판에 관하여 조언해주신 정규 학회장님, 법의 통섭 간행을 위하여 구체적 사항에 대하여 논의해주신 간행위원님들 - 이광진 교수님, 황만성 교수님, 황현영 입법조사관님, 박신욱 교수님, 김상태 교수님 - 께도 감사드린다. 특히 여러 가지 바쁜 중에도 책의 출판을 위해 귀중한 시간을 할애하신 강기봉 박사님께 깊이 감사드린다.

2018. 7. 1.

집필대표 이훈종 배상

【집필자와 집필부분】

제3부 공 · 사법의 통섭

목 차

PART 02 사법의 통섭

PART 03 공·사법의 통섭

PART 01
공법의 통섭

제1장 교원은 노동조합의 조직·가입에 있어서
일반 근로자와 다르게 규율하여야 하는가?[*]

Ⅰ. 문제의 제기

「노동조합 및 노동관계조정법」(이하 '노동조합법'으로 줄이기도 하였다)은 "근로자는 자유로이 노동조합을 조직하거나 이에 가입할 수 있다."(제5조)고 규정하고, 이 법에서 "'근로자'라 함은 직업의 종류를 불문하고 임금·급료 기타 이에 준하는 수입에 의하여 생활하는 자를 말한다."(제2조 제1호)고 규정하여 있다. 그리고 노동법학계의 일반적인 견해와 판례는 여기서 근로자는 사용자와의 근로계약이 반드시 전제될 필요가 없으므로 일시적으로 실업상태에 있는 자나 구직 중인 자도 노동조합법상의 근로자에 해당한다고 이해한다.[1] 한편, 「교원의 노동조합 설립 및 운영 등에 관한 법률」(이하 '교원노조법'으로 줄이기도 하였다)은 "교원은 특별시·광역시·도·특별자치도(이하 '시·도'라 한다) 단위 또는 전국 단위로만 노동조합을 설립할 수 있다."(제4조 제1항)고 규정하고, "이 법에서 '교원'이란 「초·중등교육법」 제19조 제1항에서 규정하고 있는 교원을 말한다. 다만, 해고된 사람으로서 「노동조합 및 노동관계조정법」 제82조 제1항에 따라 노동위원회에 부당노동행위의 구제신청을 한 사람은 「노동위원회법」 제2조에 따른 중앙노동위원회의 재심판정이 있을 때까지 교원으로 본다."(제2조)고 규정하여 해고된 교원, 계약기간이 종료된 기간제교원 등 일시적 실업상태에 있는 자로서 교원으로 취업할 의사와 능력

---

* 이 논문은 '정필운, "교원노조의 조합원 자격 제한 규정에 대한 헌법이론적 검토: 헌재 2015. 5. 28. 2013헌마671 등 결정에 대한 평석", 「헌법재판연구」, 제2권 제2호(2015), 45-82면'을 이 책의 주제에 적합하게 일부 수정하고 보완한 것임.
1) 김형배, 「노동법」, 박영사, 2012, 762면; 임종률, 「노동법」, 박영사, 2009, 46-47면; 대법원 2004. 2. 27. 선고 2001두8568 판결.

이 있는 사람, 교원자격증을 소지하고 있으면서 교원으로서의 취업을 준비하는 예비 교원에 대하여 조합원 자격을 인정하지 않고 있다. 그리고 헌법재판소는 지난 2015년 5월 28일 이 조항에 대하여 합헌 결정(이하 '대상 결정'으로 줄이기도 하였다)을 하였다.[2]

노동조합법과 교원노조법이 노동조합의 설립과 가입 자격이 있는 자를 동일하게 규율하여야 할 필연성은 없다. 노동조합법도 이를 의식하고 "공무원과 교원에 대하여는 따로 법률로 정한다."(제5조 단서)고 규정하여 스스로 이를 다르게 규정할 가능성을 남겨 놓고 있다. 그리고 헌법을 해석하면서 특정한 법률과 그 해석론을 받아들여야 할 이유는 더더욱 없다.

그러나 우리 헌법 제11조에 따라 "같은 것은 같게, 다른 것은 다르게" 규율하여야 한다. 이것은 법의 이념인 정의의 요청이기도 하다.

이 글은 이와 같이 노동조합의 설립과 가입 자격이 있는 자를 노동조합법과 교원노조법이 서로 다르게 규정하는 것이 타당한지, 우리 헌법의 해석상 노동조합의 설립과 가입 자격이 있는 자를 어떻게 해석하는 것이 타당한지 검토하고 그 대안 제시를 목적으로 한다. 이를 위하여 우선 헌법재판소의 결정례의 사실관계와 결정 내용을 살펴본다(Ⅱ). 그리고 노동법이론과 현행법령 및 판례에 입각하여 이에 대하여 비판적으로 검토한다(Ⅲ). 마지막으로 이상의 논의를 정리하며 글을 마친다(Ⅳ). 이 과정에서 헌법학계와 헌법실무계, 헌법학계와 노동법학 등 개별법 영역을 탐구하는 법학의 분과학계가 어떻게 소통하며 이론과 법을 구축하여야 하는지 생각해 봄으로써, 상호소통하며 지식의 통일성을 추구하는 통섭(consilience)의 의미를 되새겨 보고자 하였다.

Ⅱ. 헌법재판소의 결정례[3]

1. 사건의 개요

청구인 전국교직원노동조합(이하 '전교조'라 줄이기도 하였다)은 교원노조법에 따라

---

2) 헌재 2015. 5. 28. 2013헌마671, 2014헌가21(병합), 판례집 27-1하, 336. 교원의 노동조합 설립 및 운영 등에 관한 법률 제2조 위헌확인 등.

3) 이 결정례 중 교원노조법 제2조 외의 것과 관련된 사실 관계, 심판 대상, 관련 판시는 모두 생략하였다. 그러므로 이에 관한 사항은 대상 결정례를 참고하시오. 이 부분은 대상 결정례에서 발췌한 것으로 별도의 창작성이 없다.

1999. 7. 1. 설립된 전국 단위 '교원의 노동조합'(이하 '교원노조'로 줄이기도 하였다)이다. 청구인 갑 등은 전교조 소속 조합원들로서 소속 학교로부터 당연 퇴직 등을 이유로 해고된 교원들이며, 청구인 을은 2009. 3. 1.부터 기간제 교원으로 근무해 온 사람이다.

피청구인 고용노동부 장관은 2013. 9. 23. 청구인 전교조에 대하여, 해고된 교원도 전교조의 조합원 자격을 유지한다고 정한 전교조 규약 부칙 조항을 교원노조법 제2조에 맞게 시정하고 교직에서 해고된 청구인 송○재 등의 전교조 가입·활동을 금지하도록 하면서, 30일 안에 이에 응하지 아니하는 경우 청구인 전교조를 위 법률에 의한 노동조합으로 보지 아니함을 통보할 예정이라는 내용의 시정요구를 하였다. 이에 청구인들은 교원노조법 제2조, '노동조합 및 노동관계조정법 시행령' 제9조 제2항 및 피청구인의 위 2013. 9. 23. 자 시정요구가 청구인들의 단결권 등 헌법상 기본권을 침해한다고 주장하며, 2013. 10. 2. 그 위헌확인을 구하는 이 사건 헌법소원심판을 청구하였다.[4]

2. 심판의 대상

이 결정의 심판 대상은 다음과 같다.

교원의 노동조합 설립 및 운영 등에 관한 법률(2010. 3. 17. 법률 제10132호로 개정된 것) 제2조(정의) 이 법에서 '교원'이란 초·중등교육법 제19조 제1항에서 규정하고 있는 교원을 말한다. 다만, 해고된 사람으로서 '노동조합 및 노동관계조정법' 제82조 제1항에 따라 노동위원회에 부당노동행위의 구제신청을 한 사람은 노동위원회법 제2조에 따른 중앙노동위원회(이하 '중앙노동위원회'라 한다)의 재심판정이 있을 때까지 교원으로 본다(이하 '대상 조항'으로 줄이기도 하였다).[5]

3. 법정의견

법정의견으로 제시된 8인의 다수의견은 교원노조법의 입법 연혁과 주요 내용을 살피고, 대상 조항의 의미를 검토하며 제한 기본권을 확정한 후 심사기준으로 과잉금지원칙을 제시한 후 그에 대한 판단을 한 후 합헌이라는 결론을 도출하고 있다. 구체적인 것은 다음과 같다.

---

4) 이 결정은 2013헌마671 사건과 2014헌가21 사건의 병합 사건이다. I.에서 밝히는 것처럼 이 글은 이 결정 중 교원노조법 제2조에 그 초점을 맞추고 있으므로 이 중 2013헌마671 사건의 사실 관계만을 소개하였다.

5) 심판 대상도 위와 같은 이유로 교원노조법 제2조만을 소개하고, 그 밖의 것은 생략하였다.

가. 대상 조항의 의미 및 제한되는 기본권

교원노조법은 국가공무원법 제66조 제1항 및 사립학교법 제55조에도 불구하고 교원의 근로3권 보장을 위하여 제정된 법으로, 교원노조의 설립과 교원 및 교원노조의 단체교섭권, 단체행동권 등에 관해 노동조합법에서 정하고 있는 사항과 달리 정할 사항을 정하고 있다. 대상 조항은 교원노조의 설립 주체인 교원의 범위를 초·중등학교에 재직 중인 교원으로 한정하여, 교육공무원법에 따라 교사자격을 취득하였으나 아직 임용 전이거나 구직 중에 있는 사람은 교원의 범위에서 제외된다. 한편, 대상 조항 단서에서는 교직에서 해고되는 경우에도 부당노동행위를 이유로 구제신청을 하고 중앙노동위원회의 재심판정이 있는 때까지의 교원에 한하여는 교원노조법상의 교원 지위를 인정하고 있다. 이에 따라 '교원지위향상을 위한 특별법'(이하 '교원지위법'으로 줄이기도 하였다)에 따른 교원소청심사청구 절차나 행정소송으로 부당해고를 다투는 경우에는 교원노조법상의 교원에서 배제된다.

대상 조항은 교원의 근로조건에 관하여 정부 등을 상대로 단체교섭 및 단체협약을 체결할 권한을 가진 교원노조를 설립하거나 그에 가입하여 활동할 수 있는 자격을 초·중등학교에 재직 중인 교원으로 한정하고 있으므로, 해직 교원이나 실업·구직 중에 있는 교원 및 이들을 조합원으로 하여 교원노조를 조직·구성하려고 하는 교원노조의 단결권을 제한한다.

청구인들은 대상 조항에 따라 초·중등학교에서 정식 교원으로 채용되어 근무하는 사람들과 비교하여 평등권이 침해된다고 주장한다. 그런데 이 문제는 대상 조항에서 구직 중인 교원이나 해직 교원의 교원노조 가입 자격을 제한하고 있는 데 기인하는 것이므로, 단결권 침해 여부에 대해 판단하는 이상 평등권 침해 여부를 별도로 판단하지 않는다.

한편, 국제노동기구(ILO)의 '결사의 자유 위원회', 경제협력개발기구(OECD)의 '노동조합자문위원회' 등이 우리나라에 대하여 재직 중인 교사들만이 노동조합에 참여할 수 있도록 허용하는 것은 결사의 자유를 침해하는 것이므로 이를 국제기준에 맞추어 개선하도록 권고한 바 있다. 하지만 이러한 국제기구의 권고를 위헌심사의 척도로 삼을 수는 없고, 국제기구의 권고를 따르지 않았다는 이유만으로 대상 조항이 헌법에 위반된다고 볼 수 없다.

나. 대상 조항의 위헌 여부

(1) 심사 기준

헌법 제33조 제1항은 "근로자는 근로조건의 향상을 위하여 자주적인 단결권·단체교섭권 및 단체행동권을 가진다."고 하여 근로자의 근로3권을 보호하고 있다. 교원도 학생들에 대한 지도·교육이라는 노무에 종사하고 그 대가로 받는 임금·급료 그 밖에 이에 준하는 수입으로 생활하는 사람이므로 근로자에 해당한다. 따라서 교원의 단결권을 제한하는 법률이 헌법에 위배되지 않기 위해서는 헌법 제37조 제2항에서 정하고 있는 기본권제한 입법의 한계인 과잉금지원칙을 준수하여야 한다.

(2) 목적의 정당성 및 수단의 적절성에 대한 판단

헌법 제33조 제1항이 근로자에게 근로3권을 기본권으로 보장하는 뜻은 근로자가 사용자와 대등한 지위에서 단체교섭을 통하여 자율적으로 임금 등 근로조건에 관한 단체협약을 체결할 수 있도록 하기 위한 것이다. 이러한 노사 간 실질적 자치라는 목적을 달성하기 위해서는 무엇보다도 노동조합의 자주성이라는 전제가 필요하다.

대상 조항은 대내외적으로 교원노조의 자주성과 주체성을 확보하여 교원의 실질적 근로조건 향상에 기여한다는 데 그 입법목적이 있다. 이는 교원의 직무와 근로관계의 특수성을 고려할 때 국민 전체의 공공 이익에도 기여할 것이므로 그 입법목적의 정당성이 인정된다. 그리고 교원노조의 조합원을 재직 중인 교원으로 한정하면 교원노조의 자주성과 주체성을 확보하는 데 기여할 수 있다는 점에서 입법목적 달성에 적절한 수단이라 할 수 있다.

(3) 침해의 최소성에 대한 판단

과거 교원의 노조활동은 허용되지 않았으나, 1999. 1. 29. 교원노조법이 제정된 이후부터 교원의 노조활동이 원칙적으로 보장되고 있다. 교원노조는 단순히 교육부장관 등과 교원의 처우 개선이나 근무조건 등에 관하여 협의할 수 있는 교원단체와 달리(교육기본법 제15조, 교원지위법 제12조), 교원의 임금 등 근로조건 향상을 위하여 조합원인 교원을 대표하여 단체교섭권을 행사하고, 노동쟁의 조정신청권·부당노동행위 구제신청권·

조세 면제 등 각종 법적 보호 또는 혜택을 받으며, 교원들의 개별적인 수권이나 동의 없이도 교원의 근로조건을 변경하는 단체협약을 체결할 수 있는 등 교원의 근로조건에 직접적이고 중대한 영향력을 행사한다.

아직 교원으로 임용되지 않은 교사자격소지자나 해고된 교원에게 교원노조를 설립하거나 그에 가입하여 활동할 수 있도록 하는 것은 교원이 아닌 사람들이 교원노조의 의사결정 과정에 개입하여 현직 교원의 근로조건에 영향을 미치는 결과를 초래할 수 있다. 또 교원노조법상 혜택을 누릴 수 없는 사람들에게까지 이를 부여하는 결과를 야기하게 될 수 있어 오히려 교원의 근로조건 향상을 위하여 활동하여야 하는 교원노조의 자주성을 해할 우려도 있다. 따라서 교원노조의 활동과 직접적이고 실질적인 이해관계를 가지는 재직 중인 교원에게만 교원노조의 조합원이 될 수 있는 지위를 부여하는 것은 교원노조의 역할이나 기능에 비추어 부득이한 측면이 있다.

교원의 임금 기타 근로조건은 기본적으로 법령·조례 및 예산에 따라 결정되고, 사립학교 교원의 경우도 자격·복무 등에 있어서 국·공립학교 교원에 관한 규정을 거의 대부분 준용하고 있다. 따라서 교원의 근로조건은 학교법인별로 크게 다르지 아니하므로 공·사립을 불문하고 교원의 근로조건에 대해서 개개 학교별로 단체교섭을 한다는 것은 큰 의미가 없다.

교원노조의 경우 전국 단위 또는 시·도 단위 노조로밖에 결성될 수 없으므로, 재직 중인 교원으로 그 조합원의 범위를 한정하는 것은 일반 산업별·지역별 노조와 비교해 보면 지나친 단결권 제한이라고 볼 여지가 있다. 그러나 교원지위법정주의에 따라 교원과 관련한 근로조건의 대부분은 법령이나 조례 등으로 정해지고, 이러한 규정들을 실질적이고 직접적으로 적용받는 사람은 재직 중인 교원들이므로, 그 관련성이 없는 교원이 아닌 사람을 교원노조의 조합원 자격에서 배제하는 것이 단결권의 지나친 제한이라고 볼 수는 없다.

한편, 노동조합법 제2조 제1호 및 제4호 라목 본문에서 말하는 '근로자'에는 일시적으로 실업 상태에 있는 사람이나 구직 중인 사람도 근로3권을 보장할 필요성이 있는 한 그 범위에 포함된다. 따라서 대상 조항이 정한 교원에 해당되지 않으나 앞으로 교원으로 취업하기를 희망하는 사람들이 노동조합법에 따라 노동조합을 설립하거나 그에 가입하는 데에는 아무런 제한이 없다.

그러므로 대상 조항이 산업별 또는 지역별 노조만 허용하면서도 해고 등으로 일시적 실업 상태에 있거나 구직 중인 교사자격취득자를 교원의 범위에 포함시키지 않는다고 하여 이들 또는 이들을 조합원으로 조직하려는 교원노조의 단결권을 부당하게 제한한다고 볼 수 없다.

이와 같은 사정을 종합하여 보면, 대상 조항은 아직 임용되지 않은 교사자격취득자 또는 해고된 교원의 단결권 및 이들을 조합원으로 가입·유지하려는 교원노조의 단결권을 지나치게 제한한다고 볼 수 없다. 또 이미 설립신고를 마친 교원노조의 법상 지위를 박탈할 것인지 여부는 이 사건 법외노조통보 조항의 해석 내지 법 집행의 운용에 달린 문제라 할 것이다. 따라서 대상 조항은 교원노조 및 구직 중인 교원 등의 단결권을 제한함에 있어 침해의 최소성에 위반되지 않는다.

(4) 법익의 균형성에 대한 판단

대상 조항으로 인하여 교원노조 및 구직 중인 교사자격취득자나 해고된 교원이 입게 되는 불이익은 이들을 조합원으로 하여 교원노조법에 의한 교원노조를 설립하거나 가입할 수 없는 것일 뿐, 이들의 단결권 자체가 박탈된다고 할 수 없으므로 그 제한의 정도가 크지 않다. 반면에 현실적으로 초·중등 교육기관에서 교원으로 근무하지 않는 사람들이 교원노조를 설립하거나 교원노조에 가입하여 교원노조법상 단체교섭권 등 각종 권한을 행사할 경우 발생할 교원노조의 자주성에 대한 침해는 중대하다. 양자의 법익을 비교해 볼 때 대상 조항은 법익의 균형성도 갖추었다. 그러므로 대상 조항은 과잉금지원칙에 어긋나지 아니한다.

다. 결론

대상 조항은 청구인들의 기본권을 침해한다거나 헌법에 위반된다고 볼 수 없으므로 교원노조법 제2조는 헌법에 위반되지 않는다. 이 결정에는 재판관 김이수의 반대의견이 있는 외에 관여 재판관의 의견이 일치되었다.

4. 반대의견

김이수 재판관이 제시한 반대의견은 노동조합의 자주성의 의미를 살피고, 심사기준으로 과잉금지원칙을 제시한 후 그에 대한 판단을 한 후 대상 조항이 교원노조의 단결권을 지나치게 제한하는 것으로서 위헌이라는 결론을 도출하고 있다. 구체적인 것은 다음과 같다.

가. 노동조합의 자주성의 의미

노동조합은 원래 국가의 법률이나 정책에 의하여 만들어진 것이 아니라, 근로자들이 생산수단을 소유한 사용자와의 관계에서 스스로의 생존을 위하여 자주적으로 단결하여 생성·발전시켜 온 조직이다. 따라서 노동조합의 자주성은 헌법상 노동3권 보장을 위한 핵심 전제로서 최대한 보호되어야 하고, 이를 위해서는 근로자들이 사용자나 국가의 간섭을 받지 않고 스스로 주체가 되어 노동조합을 결성·가입할 수 있어야 한다.

이에 헌법 제33조는 근로자의 자주적인 단결권을 기본권으로 보장하고 있고, 헌법재판소도 노동조합이 국가나 사용자 등으로부터 자주성을 확보해야 하는 것이 당연하다는 전제하에, 헌법 제33조 제1항이 근로자단체의 존속, 유지, 발전, 확장 등을 국가공권력으로부터 보장하고, 근로자단체의 조직 및 의사형성절차에 관하여 규약의 형태로 자주적으로 결정하는 것을 보장한다고 보고 있다.

나. 과잉금지원칙 위반 여부

(1) 목적의 정당성에 대한 판단

대상 조항이 교원노조를 설립 또는 그에 가입할 수 있는 자로 초·중등학교에 재직 중인 교원에 한정하고, 해직 교원의 경우 부당해고임을 다투더라도 일정 시점까지만 그 조합원 자격을 인정하는 것은 교원의 근로조건 향상을 목적으로 하는 교원노조의 자주성을 확보하기 위한 것으로서 일단 입법목적의 정당성을 인정할 수 있다.

(2) 수단의 적절성 또는 침해의 최소성에 대한 판단

교원노조법에 의하면 교원노조는 시·도 단위 또는 전국단위로만 조직이 가능하므로(법 제4조 제1항), 이 법에 따라 설립되는 교원노조는 그 자체로 산업별·직종별·지역별 노조의 성격을 가지고 있다. 단결권의 주체가 되는 근로자를 현실적으로 사용자에게 근로를 제공하는 자로 보는 것은 일정한 사용자와의 종속관계를 전제로 성립되는 기업별 노조가 아닌 산업별·지역별 노조에는 맞지 않는다. 따라서 산업별·지역별 노조에 해당하는 교원노조에 재직 중인 교원 외에 해직 교원과 같이 일시적으로 실업 상태에 있는 자나 구직 중인 교사자격소지자의 가입을 엄격히 제한할 필요가 없고, 다른 직종으로 변환이 쉽지 않은 교사라는 직종의 특수성을 고려할 때 이를 엄격히 제한하는 것은 이들 직종에 속하는 사람들의 단결권을 지나치게 제한하는 결과를 초래할 수 있다.

재직 중인 교원이 아닌 사람들로만 조직된 노동조합이 정부 등을 상대로 단체교섭권 등을 실질적으로 행사할 수 있다고 보기 어렵고, 그렇다고 교사자격을 취득하여 교원으로 임용되어 근무하기를 희망하는 자들이 일반 산업별·지역별 노조에 가입하여 활동하는 것도 상정하기 어렵다.

대상 조항 단서는 해직 교원의 경우 부당노동행위의 구제신청을 하고 그에 대해 중앙노동위원회의 재심판정이 있을 때까지만 조합원 자격을 유지하는 것으로 정하고 있는데, 해직 교원의 경우 부당해고를 다투기 위해 교원소청심사위원회에 불복하는 절차를 밟는 경우가 일반적이므로, 교원소청심사위원회에 불복하고 심사위원회의 결정이 있을 때까지 조합원 자격을 유지할 수 있도록 함으로써 단결권 제한을 최소화할 수 있다.

비교법적으로 보더라도, 사립학교 교원의 단결권 등 노동3권 제한을 공무원에 해당하는 국·공립학교 교원의 경우와 같이 취급하고 있는 예는 찾아보기 어렵고, 이는 우리나라가 아직 비준하지는 않았지만 국제노동기구(ILO)의 핵심 협약 중 "근로자는 사전인가를 받지 아니하고 스스로 선택하여 단체를 설립하고 그 단체의 규약을 따를 것만을 조건으로 그 단체에 가입할 수 있는 권리를 가진다."는 내용의 제87호 '결사의 자유 및 단결권의 보호에 관한 협약' 및 제98호 '단결권 및 단체교섭권 원칙의 적용에 관한 협약'과도 모순된다.

따라서 대상 조항이 국·공립학교 교원이든 사립학교 교원이든 불문하고 현재 교원인 자에게만 교원노조 조합원 자격을 부여하는 것은 사립학교 교원의 근로관계의 본질을 고려할 때 지나친 제한이라 할 것이다.

(3) 법익 균형성에 대한 판단

결국 대상 조항에 의하여 교원노조의 조직 및 구성에 있어 가장 핵심적으로 보장받아야 할 자주성이 저해되고 해직 교원이나 기타 구직 중인 교사자격소지자의 단결권은 사실상 전면 제한되는 반면, 이들에게 교원노조 조합원 자격을 인정하지 않음으로써 달성할 수 있는 공익의 달성 효과는 불분명하므로 대상 조항은 법익 균형성 요건도 충족하지 못한다.

다. 결론

따라서 대상 조항은 과잉금지원칙에 반하여 교원노조 및 해직 교원이나 구직 중인 교사자격소지자의 단결권을 침해하므로 헌법에 위반된다.

Ⅲ. 헌법이론적 검토

1. 쟁점의 정리

필자는 헌법재판소(이하 '헌재'로 줄이기도 하였다)의 법정의견이 노동조합의 자주성을 지나치게 중시한 나머지 노동3권의 성격과 노동조합의 헌법적 지위, 근로의 권리와 대비되는 노동3권의 주체가 되는 근로자의 범위, 노동3권이 주목하는 근로조건이 무엇인지 등에 대하여 구조적 접근을 하지 않은 것이 앞으로 밝히는 것처럼 법정의견의 불완전함을 만든 것이라 생각한다. 따라서 우선 우리 헌법이 노동3권을 헌법에 명시하게 된 배경과 그에 대한 헌법학계의 해석론을 살펴보고자 한다(2). 그리고 이러한 헌법적인 틀 안에서 교원노조법의 모법이라고 할 수 있는 노동조합법이 이에 관하여 어떻게 규정하고 있으며 이를 노동법학계에서 어떻게 해석하고 있는지 살펴보고자 한다(3). 그리고 이에 기초하여 교원노조법의 이 사건 조항의 의미와 문제점을 밝히고자 한다(4).

2. 노동3권의 헌법적 보장의 배경과 헌법학계의 해석론

가. 헌법 제33조의 규범 구조와 헌법적 보장의 배경

우리 헌법 제33조 제1항은 "근로자는 근로조건의 향상을 위하여 자주적인 단결권・

단체교섭권 및 단체행동권을 가진다."고 규정하여 근로자의 노동3권을 기본권으로 보장하고 있다. 그리고 제2항에서는 "공무원인 근로자는 법률이 정하는 자에 한하여 단결권·단체교섭권 및 단체행동권을 가진다."고 규정하고, 제3항에서는 "법률이 정하는 주요방위산업체에 종사하는 근로자의 단체행동권은 법률이 정하는 바에 의하여 이를 제한하거나 인정하지 아니할 수 있다."고 규정하여 근로자 중 공무원과 주요방위사업체에 종사하는 근로자에 대해서는 일반근로자보다 좀 더 많은 제한을 예정하고 그에 대한 근거 규정을 마련하고 있다.

이와 같이 노동3권을 헌법에서 직접 규정하여 기본권으로 보장하는 것은 비교헌법적으로 일반적이지는 않다.[6] 그럼에도 노동3권을 1948년 제헌 헌법[7]에서부터 현행 헌법까지 일관되게 근로자에게 노동3권을 보장하고 있는 배경은 다음과 같이 설명할 수 있다.[8]

> 근로자와 사용자의 관계를 순수히 자유권적 기본권의 주체로 파악했을 때 근로자집단은 필연적으로 사회적 약자의 지위에 있다는 것을 헌법제정권자가 간파한 결과라는 것이다. 즉 산업구조가 자본집약적인 산업으로 개편되면서 필연적으로 노동력의 공급이 수요를 초과하게 되고, 이때 근로자는 구조적으로 실업 아니면 저임금의 운명을 짊어지게 되었다. 이러한 상황에서 헌법이 사용자와 근로자의 대등한 협상력을 기초로 근로관계가 형성될 것이라고 예정하고 있다면, 그러한 헌법은 기능을 하기 위한 전제가 결여되고, 따라서 규범력에 한계가 있을 수밖에 없다. 이로써 구조적으로, 따라서 필연적으로 나타나는 근로자의 열악한 근로조건 및 환경은 국가공동체의 최소한의 사회경제적 동질성을 위협하게 된다. 그리고 이는 결국 국가공동체의 체제위기를, 그리고 동시에 헌법의 위기를 낳는다. 특히 이러한 근로자의 상황을 정치체계에 전달하는 input 수단이 결여되어 있을 때 그러하다.[9]

요컨대, 우리 헌법제정권자는 근대 사회의 가정에 따라 노동시장에서 근로자와 사용자가 노동계약을 맺도록 사적 자치를 보장하면 대등한 지위에서 노동계약을 체결할 수 없다는 것을 충분히 인식하고,[10] 복지국가사상에 충실하게 사용자와 관계에서 사실상

---

6) 정종섭, 「헌법학원론」, 박영사, 2012, 698면. 그러나 이 책이 주장하는 것처럼 노동3권을 기본권으로 보장하는 것이 일본이나 우리나라와 같이 드문 예는 아니다. 현대 복지국가가 심화됨에 따라 이와 같은 입헌례는 늘어나고 있다. 또한 미국과 같이 비록 명문의 규정이 없더라도 해석론으로 노동3권의 일부를 기본권으로 보장하려는 경향도 감지되고 있다. Kern Alexander, M. David Alexander, *American Public School Law*, Wadsworth, 2012, pp.968-969. 따라서 필자는 이것을 선구적인 입헌례로 평가하는 것이 타당하다고 생각한다.

7) 1948년 제헌 헌법 제18조 근로자의 단결, 단체교섭과 단체행동의 자유는 법률의 범위 내에서 보장된다. 영리를 목적으로 하는 사기업에 있어서는 근로자는 법률의 정하는 바에 의하여 이익의 분배에 균점할 권리가 있다.

8) 1948년 제헌 헌법부터 현행 헌법까지 변천에 관해서는 '정종섭, 앞의 책, 697-698면' 참고.

9) 이상 '전광석, "노동쟁의조정법 제12조 제2항에 대한 헌법소원", 「헌법판례연구」, 법문사, 2000, 274-275면' 직접 인용.

10) 정종섭, 앞의 책, 695면; 허영, 「한국헌법론」, 박영사, 2015, 536면; 헌재 1998. 2. 27. 94헌바13.

열등한 지위에 놓인 근로자가 대등한 지위에서 노동계약을 체결할 수 있도록 실질적 자유와 평등을 보장하여 주는 한 방법으로 노동3권을 헌법에서 직접 보호하는 결단을 하였으며, 그 후 아홉 차례의 개정 과정에서도 헌법개정권자는 헌법제정권자와 인식을 같이 하여 이를 계속 유지하고 있다고 할 수 있다.

나. 노동3권의 이중적 성격

노동3권은 근로자에게는 인간다운 생활을 보장하고, 일할 환경에 관한 권리를 구현할 수 있는 수단으로서 기능한다.[11] 헌법 제32조에서 보호하는 근로의 권리가 일할 환경의 내용 그 자체를 보호한다면, 노동3권은 일할 환경의 내용 그 자체를 보호하는 것이 아니라 근로자가 사용자와 대등한 지위에서 이를 형성할 수 있도록 그 과정을 보호하는 기능을 수행한다.[12] 따라서 근로의 권리가 근로자와 사용자의 관계를 국가가 직접 규율하는 것을 예정하고 있다면, 노동3권은 근로자와 사용자가 자율적으로 활동할 수 있는 공간을 보호하는 것을 예정하고 있다.[13] 이 점에서 노동3권은 자유권적 성격을 가지는 기본권이라고 인식된다.[14] 따라서 노동3권을 규율할 때 국가는 근로자와 사용자 사이에서 중립을 지켜야 할 의무(중립성 의무, Neutralitätsgebot)가 도출된다.[15] 따라서 국가가 스스로 근로조건의 내용을 지시하는 방식 등으로 노동3권을 구현하는 것은 헌법에 위배되는 것이다.[16]

한편, 노동3권은 우리 헌법 제119조 등에서 규정하고 있는 자본주의 시장경제 질서를 수정하여 산업평화를 유지하는 수단으로서 기능한다.[17] 직업의 자유가 자본주의 시장경제 질서의 일부를 이루고 있는 것처럼 노동3권은 수정자본주의 시장경제 질서의 일부를 이루고 있다.

---

11) 허영, 앞의 책, 536면.

12) 전광석, 앞의 논문(주 9), 275면.

13) 전광석, 앞의 논문(주 9), 275면.

14) 이에 대한 소개는 조재현 집필부분, 한국헌법학회 편, 「헌법주석서Ⅱ」, 법제처, 2010, 336면; 박일경, 「신헌법」, 법경출판사, 1990, 287면은 노동3권이 "제1차적으로 자유권이고 제2차적 내지 부차적으로 생존권"이라고 서술하고 있다. 그러나 근로자와 사용자가 자유롭게 교섭할 수 있는 상태는 자연적으로 실현될 수 없다는 측면에서 이러한 설명이 정확한 것은 아니다. 이에 대해서는 전광석, 「한국헌법론」, 집현재, 2015, 455-456면.

15) 전광석, 앞의 논문(주 9), 275면.

16) 전광석, 앞의 논문(주 9), 275-276면.

17) 허영, 앞의 책, 536면.

다. 노동조합의 헌법적 지위와 자주성의 명시적 규정

노동조합은 근로자의 근로조건 향상을 위한 단체이므로 이익단체로서 성격을 갖는다. 그러므로 만약 헌법 제33조가 없었다면 헌법 제21조 결사의 자유에 의하여 규율되었을 것이다.[18] 그러나 이미 설명한 것처럼 우리 헌법은 헌법 제33조를 별도로 두어 노동조합을 일반적인 결사와 다른 특별한 규율을 하고 있다. 노동조합은 일반적인 결사와는 달리 사용자와 관계에서 사실상 열등한 지위에 놓인 근로자가 대등한 지위에서 노동계약을 체결할 수 있도록 하여 실질적 자유와 평등을 보장하여 주는 공적 기능을 수행하는 것이다. 그러므로 국가는 이러한 공적 기능을 잘 수행할 수 있도록 규율하여야 한다. 따라서 국가는 노동조합에 대하여 한편으로는 소극적인 관계를,[19] 한편으로는 적극적인 관계를 형성하여야 한다.[20] 국가는 노동조합의 결성과 자주적이고 자율적인 활동에 개입을 자제하여야 하는 동시에, 노동조합이 사용자와 대등한 협상을 할 수 있도록 적극적으로 보호하여야 한다.

이와 같은 헌법적 지위는 얼핏 정당과 비슷하게 보인다. 국민의 이익을 위하여 책임 있는 정치적 주장이나 정책을 추진하고 공직선거의 후보자를 추천 또는 지지함으로써 국민의 정치적 의사형성에 참여함을 목적으로 하는 국민의 자발적 조직인 정당[21]도 자발적인 조직이면서도 책임 있는 정치적 주장이나 정책을 추진하고 공직선거의 후보자를 추천 또는 지지하는 공적 기능을 수행하는 이중적 성격을 가지기 때문이다.[22] 그러나 정당은 국민의 정치적 의사형성에 직접 참여하므로 노동조합에 비하여 강한 공적 기능을 수행한다.[23] 그러므로 노동조합은 정당보다는 일반 결사에 좀 더 가까이 있으며 그만큼 완화된 규율을 하여야 한다.[24]

한편, 헌법 제33조 제1항은 "근로자는 근로조건의 향상을 위하여 '자주적인' 단결권 ·

---

18) 전광석, "국가와 노동조합: 헌법적 접근", 「한림법학 FORUM」, 제5호.(1996), 73면; Hartmut Bauer, Art. 9 in: Horst Dreier(Hrsg.), Grundgesetz Kommentar, Mohr Siebeck, 2009, Rn.66.

19) 이에 관해서 자세한 것은 전광석, 위의 논문(주 18), 81-92면 참고.

20) 이에 관해서 자세한 것은 전광석, 위의 논문(주 18), 93-99면 참고.

21) 「정당법」 제2조 참고.

22) 정당의 의의와 성격에 관해서는 전광석, 앞의 책, 117-118면.

23) 그렇다고 노동조합이 국가의 정책결정에 참여하는 것이 헌법상 금지되는 것은 전혀 아니다. 노동조합이 사용자와의 관계에서 단체교섭과 단체행동을 하는 것뿐 아니라, 국가와의 관계에서 정책결정에 참여하는 활동을 하는 것은 오히려 당연하다. 이때 비로소 진정한 의미에서 노동조합이 근로조건 향상과 유지를 위하여 활동할 수 있기 때문이다. 이에 관해서는 BVerfGE 38, 305 참고.

24) 전광석, 앞의 논문(주 18), 75-81면.

단체교섭권 및 단체행동권을 가진다."고 규정하여 자주성을 헌법에서 명시적으로 규정하고 있다. 따라서 국가는 노동조합이 국가와 사용자, 제3자로부터 영향을 받지 않고 자주적으로 의사를 결정하고 활동할 수 있도록 보장하여야 한다.[25]

라. 노동3권의 주체

헌법은 노동3권의 주체를 근로자로 규정하고 있다. 그러나 국내 헌법학계에서는 노동3권의 주체를 현재 특정한 사용자에게 고용되어 근로를 현실적으로 제공하고 있는 자로 좁혀서 해석하지 않고, 이보다 확장하여 해석하고 있다.

> 근로3권을 향유하는 주체는 근로자이다. 근로자라 함은 직업의 종류를 불문하고 임금·급료 기타 이에 준하는 수입에 의하여 생활하는 자를 말한다(노동조합 및 노동관계조정법 제2조 제1호). 해고된 자가 노동위원회에 부당노동행위의 구제신청을 한 경우에는 중앙노동위원회의 재심판정이 있을 때까지는 근로자가 아닌 자로 해석하여서는 안 된다(동법 제2조 제4호). 현재 실업중인 자도 근로3권의 주체가 되는지가 문제되지만, 학설과 판례는 긍정하고 있다. 근로자 개인뿐만 아니라 집단에게도 근로3권이 인정된다.[26]

이러한 측면에서 노동3권의 주체는 근로의 권리의 주체와 다르다. 근로의 권리를 구현하는 「근로기준법」은 고용관계를 전제로 현실적으로 종속노동을 제공하는 상태에 있다는 사실에 주목하여 근로조건의 최저기준을 제시하는 것을 목적으로 한다. 그러므로 근로기준법의 적용대상인 근로자는 직업의 종류와 관계없이 임금을 목적으로 사업이나 사업장에 근로를 제공하는 자이다(근로기준법 제2조 제1호). 그러나 노동3권은 근로자와 사용자가 일할 환경을 결정하는 과정 그 자체를 보호하는 절차법과 같은 성격이 있다. 따라서 노동3권을 구현하는 노동조합법은 자영노동이 아닌 종속노동에 자신의 생활을 의존한다는 상황에 주목하여 근로자와 사용자가 일할 환경을 형성할 수 있도록 그 과정을 보호하는 목적으로 한다. 그러므로 노동조합법의 적용대상인 근로자는 직업의 종류를 불문하고 임금·급료 기타 이에 준하는 수입에 의하여 생활하는 자이다(노동조합법 제2조 제4호).[27]

노동3권의 주체를 우리와 같이 근로자로 한정하는 입헌례만큼이나 모든 국민이나 모

---

25) 헌재 1999. 11. 25. 95헌마154; 헌재 2012. 3. 29. 2011헌바53; 헌재 2013. 7. 25. 2012헌바116.

26) 이상 조재현 집필부분, 앞의 책, 338면.

27) 이상 전광석, 앞의 책, 252-253면; 정종섭, 앞의 책, 700면; 허영, 앞의 책, 538-539면.

든 사람에게 보장하도록 명시하거나 주체를 특별히 명시하지 않는 방법으로 규정하는 입헌례가 많은 것도 이와 무관하지 않다. 예를 들어, 바이마르 헌법 제159조, 독일 기본법 제9조, 스페인 헌법 제28조 등이 그 예이다.

요컨대, 헌법해석론상 노동3권의 주체로서 근로자에는 (i) 직업의 종류와 관계없이 임금을 목적으로 현재 특정 사업이나 사업장에서 근로를 제공하는 자(A)뿐 아니라, (ii) 현재 특정 사업이나 사업장에서 근로를 제공하고 있지는 않지만 근로의사를 가진 실업자, 해당 사업의 해고자(C)도 이에 포함된다. 그러나 (iii) 자영노동자, 근로의사가 없는 학생, 실업자(B)는 이에 포함되지 않는다. 이를 도식화하여 제시하면 <그림 1>과 같다.

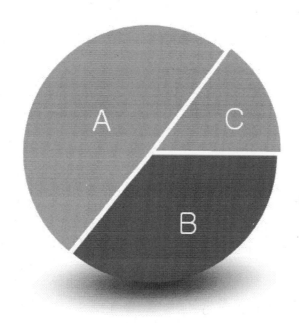

<그림 1> 헌법해석론에서 노동3권의 주체로서 근로자의 범위

그렇다면 헌법재판소는 이 결정례에서 이와 같은 헌법해석론에 기반하여 일시적으로 실업 상태에 있는 자 및 구직 중인 자도 헌법 제33조에서 규정하고 있는 노동3권의 주체라고 해석하는 것이 타당한데 교원은 어떤 이유로 교원노조법과 같이 규율하여야 할 이유가 있다는 판단을 하여야 했다. 그러나 헌재는 이와 같은 판단을 적극적으로 하고 있지 않다. 헌재가 헌법학계의 헌법해석론을 토대로 이를 기대거나 비판하며 논증을 전개하지 않는다면 무엇에 근거하여 논증을 전개하여야 할 것인지 의문이다.

3. 노동조합법에 대한 노동법학계의 해석론

가. 노동조합법상 노동조합이 되기 위한 요건

노동조합은 자주적이고 민주적으로 조직되고 운영되어야 한다. 자주성과 민주성을 갖지 못한 노동조합은 노동자의 권익을 실효적으로 보호하지 못하고 헌법으로 보장된 노동3권을 형해화할 우려가 있다. 여기서 자주성이란 근로자가 주체가 되어 사용자와 정부, 정당, 사회단체 등 다른 제3자의 지배력과 영향력을 받지 않아야 한다는 것과 타율적인 강제 없이 근로자가 자유로운 의사에 기하여 노동조합에 가입하고 활동하여야 한다는 것을 의미한다.[28) 그리고 민주성이란 노동조합에 가입한 근로자의 의사에 따라 노동조합이 구성되고 운영되어야지 소수간부의 의사에 따라 노동조합이 구성되고 운영되어서는 아니 된다는 것을 의미한다.[29)

우리 노동조합법은 이를 충분히 인식하고 다음과 같이 규정하고 있다. 우선 노동조합법 제2조 제4호는 노동조합을 "근로자가 주체가 되어 자주적으로 단결하여 근로조건의 유지·개선 기타 근로자의 경제적·사회적 지위의 향상을 도모함을 목적으로 조직하는 단체 또는 그 연합단체"라고 규정하는 한편, "다만, 다음 각 목의 1에 해당하는 경우에는 노동조합으로 보지 아니한다."고 규정하며 "가. 사용자 또는 항상 그의 이익을 대표하여 행동하는 자의 참가를 허용하는 경우, 나. 경비의 주된 부분을 사용자로부터 원조받는 경우, 다. 공제·수양 기타 복리사업만을 목적으로 하는 경우, 라. 근로자가 아닌 자의 가입을 허용하는 경우. 다만, 해고된 자가 노동위원회에 부당노동행위의 구제신청을 한 경우에는 중앙노동위원회의 재심판정이 있을 때까지는 근로자가 아닌 자로 해석하여서는 아니 된다., 마. 주로 정치운동을 목적으로 하는 경우"를 나열하고 있다. 그리고 제11조에서는 "노동조합은 그 조직의 자주적·민주적 운영을 보장하기 위하여" 규약을 마련하도록 규정하고 있다. 한편, 형식적 요건으로 노동조합법 제10조에 따라 노동부장관에게 노동조합의 설립신고를 하도록 규정하고 있다.[30)

따라서 노동조합은 자주성을 확보하기 위하여 (ⅰ) 근로자가 주체가 되어 (ⅱ) 자주적으로 단결하여 (ⅲ) 근로조건의 유지·개선 기타 근로자의 경제적·사회적 지위의 향상

---

28) 김형배, 앞의 책, 757-758면; 임종률, 앞의 책, 44면.

29) 김형배, 앞의 책, 768면 참조.

30) 이상 김형배, 앞의 책, 756-757면; 이상윤, 「노동법」, 법문사, 2010, 501면; 임종률, 앞의 책, 41면.

을 도모함을 목적으로 조직하는 단체 또는 그 연합단체라는 적극적인 요건을 충족하여야 하고, 단서에 규정된 다섯 가지 사항(사용자 또는 항상 그의 이익을 대표하여 행동하는 자의 참가를 허용하는 경우, 경비의 주된 부분을 사용자로부터 원조 받는 경우, 공제·수양 기타 복리사업만을 목적으로 하는 경우, 근로자가 아닌 자의 가입을 허용하는 경우, 주로 정치운동을 목적으로 하는 경우)에 해당하지 않아야 한다는 소극적인 요건을 충족하여야 한다.31)

이와 같은 노동조합 설립의 적극적인 요건과 소극적인 요건이 어떠한 관계이냐, 노동조합이 소극적인 요건을 갖추지 못하였을 때 그 효과는 무엇이냐에 관해서는 학설이 대립하고 있다. 첫째, 노동조합 설립의 적극적인 요건과 소극적인 요건은 노동조합 설립을 위한 독자적인 요건이라고 이해하는 견해가 있다. 이 견해에 따르면 소극적인 요건을 갖추지 못한 노동조합은 노동조합법상의 노동조합이 될 수 없다고 이해한다.32)

둘째, 노동조합 설립의 적극적인 요건이 핵심적인 것이고 소극적인 요건, 특히 가목, 나목, 라목은 노동조합 설립을 위한 적극적인 요건을 확인하고 부연한 것에 불과한 독자적이지 않은 요건이라고 이해하는 견해가 있다. 이 견해에 따르면 소극적인 요건을 갖추지 못한 노동조합이라도 적극적인 요건을 충족하여 자주성이 있다고 판단되면 노동조합법상의 노동조합이 될 수 있다고 이해한다.33)

이와 같은 요건을 모두 충족하여 노동조합법상의 노동조합이 되면 노동위원회에 노동쟁의의 조정을 신청할 수 있고 부당노동행위의 구제를 신청할 수 있고(제7조 제1항), 노동조합이라는 명칭을 사용할 수 있는(제7조 제3항) 등 다양한 법적 보호를 받는다.34)

반면 이와 같은 소극적인 요건을 결여하면 노동조합법상의 노동조합이 아니므로 법외노동조합이 되거나 노동조합이 아닌 단체가 된다.35)

---

31) 김형배, 앞의 책, 757면; 이상윤, 앞의 책, 501면; 임종률, 앞의 책, 41, 45면.

32) 김유성, 「노동법(Ⅱ)」, 법문사, 2001, 67면. 한편, 이상윤, 앞의 책, 512-513면은 소극적인 요건은 적극적인 요건을 구체화한 요건에 해당하는 독자성이 없는 요건이라고 이해하면서도, 소극적인 요건을 갖추지 못한 경우 노동조합법상 노동조합이 될 수 없다고 한다. 이론 구성을 달리할 뿐 결과적으로 첫 번째 견해와 결론이 같다.

33) 김형배, 앞의 책, 787-790면; 임종률, 앞의 책, 41면.

34) 김형배, 앞의 책, 787면; 이상윤, 앞의 책, 521-522면; 임종률, 앞의 책, 60면.

35) 김형배, 앞의 책, 787-790면; 이상윤, 앞의 책, 522-526면; 임종률, 앞의 책, 60-64면.

나. 노동조합법상 근로자의 개념과 근로자 아닌 자 배제의 취지와 해석론

법 제2조 제4호 단서 라목은 "근로자가 아닌 자의 가입을 허용하는 경우. 다만, 해고된 자가 노동위원회에 부당노동행위의 구제신청을 한 경우에는 중앙노동위원회의 재심판정이 있을 때까지는 근로자가 아닌 자로 해석하여서는 아니 된다."를 노동조합 설립의 소극적인 요건으로 규정하고 있다. '근로자가 주체가 되어' 노동조합을 조직하더라도 근로자 아닌 자가 가입하면 노동조합 내부의 자주성을 저해하고, 기업 내 노사관계를 혼란스럽게 할 가능성이 있기 때문이다.[36]

이러한 이유로 여기서 '근로자 아닌 자'는 다음과 같이 해석한다.

첫째, 노동조합법 제2조 제1호는 근로자를 "직업의 종류를 불문하고 임금·급료 기타 이에 준하는 수입에 의하여 생활하는 자"로 정의하고 있다. 이것이 근로기준법 제2조 제1호의 근로자인 "'근로자'란 직업의 종류와 관계없이 임금을 목적으로 사업이나 사업장에 근로를 제공하는 자"와 같은지가 문제된다. 즉 여기서 근로자를 특정 사용주에 고용되어 있는 자로 해석되는 근로기준법상의 근로자와 동일한 개념으로 볼 것인지가 문제된다. 이와 관련하여 과거의 판례는 사용자와 근로계약이 없으면 노동조합법상의 근로자에 해당하지 않는다고 판시하여 왔다.[37] 그러나 현재 노동법학계의 일반적인 견해와 판례는 노동조합법상의 근로자는 반드시 사용자와의 근로계약이 전제될 필요가 없으므로 일시적으로 실업상태에 있는 자나 구직 중인 자도 노동조합법상의 근로자에 해당한다고 이해한다.[38] 그 이유는 (i) 근로기준법은 현실적으로 근로를 제공하는 자에 대하여 국가의 관리·감독에 의한 직접적인 보호의 필요성을 기준으로 개별적 노사관계를 규율하는 것을 그 목적으로 하나, 노동조합법은 근로자의 노동3권 보호의 필요성을 기준으로 집단적 노사관계를 규율하는 것을 그 목적으로 하므로, 입법목적에 따라 근로자의 개념을 다르게 설정하는 것이 타당하기 때문이다.[39] (ii) 노동조합에 가입할 수 있는 근로자인지는 단체협약제도를 중심으로 파악되어야 한다. 그런데 노동조합은 사용자와 개별적으로 근로계약을 체결한 근로자만이 아니라 항운노동조합의 근로자, 파견근로자 등 계속적으로 노무를 제공하는 근로자를 위해서도 단체교섭을 하여 이를 근로조건으로

---

36) 김형배, 앞의 책, 757-758면; 이상윤, 앞의 책, 522-526면; 임종률, 앞의 책, 46면.

37) 대판 1970. 7. 21. 69누152; 대판 1992. 5. 26. 90누9438.

38) 김형배, 앞의 책, 762면; 이상윤, 앞의 책, 면; 임종률, 앞의 책, 46-47면. 대법원 2004. 2. 27. 선고 2001두8568 판결.

39) 대법원 2004. 2. 27. 선고 2001두8568 판결.

설정함으로써 이들을 보호할 수 있고 이렇게 하는 것을 권장하여야 한다. 따라서 이와 같이 개별적인 근로계약을 체결하지 않은 자라도 노동조합에 가입할 수 있는 근로자로 인정할 필요가 있다.[40]

둘째, 이렇게 보았을 때 라목은 모든 노동조합에 적용되는 것이 아니라 기업별 노동조합에만 적용되는 것이라고 해석하는 것이 타당하다고 해석한다.[41] 따라서 근로의사를 가진 실업자, 해당 사업의 해고자도 초기업적인 산업별 노조, 직업별 노조에는 가입할 수 있지만, 기업별 노조에는 가입할 수 없다. 다만, 법 제2조 제4호 단서 라목 단서에 해당하는 경우에는 예외적으로 가입할 수 있다.

다. 단서 규정의 취지와 해석론

한편, 법 제2조 제4호 단서 라목 단서 "다만, 해고된 자가 노동위원회에 부당노동행위의 구제신청을 한 경우에는 중앙노동위원회의 재심판정이 있을 때까지는 근로자가 아닌 자로 해석하여서는 아니 된다."는 다음과 같이 해석한다.

첫째, 이 단서의 취지는 노동조합의 설립 및 존립이 사용자의 해고 의사표시에 영향을 받을 수 있는 문제를 차단하여 노동조합의 자주성을 확보하기 위한 것이다. 예를 들어 노동조합을 설립하려면 신고서에 규약을 첨부하여 지방자치단체의 장에게 제출하여야 하고, 그 안에는 임원의 성명과 주소에 관한 사항이 들어가도록 되어 있다(법 제10조). 그런데 사용자가 노동조합 설립을 저지하기 위하여 임원 취임 예정인 근로자를 해고하면 지방자치단체의 장은 신고서와 기재사항이 다른 것을 이유로 설립신고서를 반려한다. 그런데 이러한 결과는 노동조합의 자주성에 반하는 것이다.

둘째, '근로자가 아닌 것으로 해석하여서는 아니 된다'는 것에 대한 해석이 문제된다. 이것을 노동조합의 설립과 관련된 것에만 국한되어 근로자인 것으로 해석하여야 한다는 견해,[42] 조합원으로서 지위를 유지하면서 쟁의행위 등에 참여하는 것 등을 포함하여 넓은 범위에서 근로자인 것으로 해석하여야 한다는 견해가 있다.[43]

---

40) 김형배, 앞의 책, 762-763면.

41) 이상윤, 앞의 책, 508면; 임종률, 앞의 책, 47면; 대법원 2004. 2. 27. 선고 2001두8568.

42) 서울고법 1991. 7. 4. 90구3685.

43) 대법원 1990. 11. 27. 선고 89도1579 전원합의체판결. 김형배, 앞의 책, 765-766면.

라. 노동조합법 해석론에서 노조원이 될 수 있는 근로자의 범위

이상의 논의를 종합하면 노동조합법 해석론에서 노조원이 될 수 있는 근로자는 이원적으로 제시된다. 우선 초기업적인 산업별 노조, 직업별 노조의 경우에는 위에서 제시한 헌법해석론에서 노동3권의 주체로서 근로자의 범위와 일치한다. 이를 도식화하여 제시하면 <그림 2>과 같다.

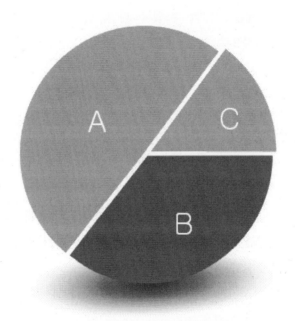

<그림 2> 노동조합법 해석론에서 초기업적인 산업별 노조,
직업별 노조의 노조원이 될 수 있는 근로자의 범위

둘째, 기업별 노조에 가입할 수 있는 근로자에는 (i) 직업의 종류와 관계없이 임금을 목적으로 현재 특정 사업이나 사업장에서 근로를 제공하는 자(A)는 포함되지만, (ii) 자영노동자, 근로의사가 없는 학생, 실업자(B)는 이에 포함되지 않는다. 한편, (iii) 현재 특정 사업이나 사업장에서 근로를 제공하고 있지는 않지만 근로의사를 가진 실업자, 해당 사업의 해고자(C-2)는 원칙적으로 이에 포함되지 않으나, 해고된 자가 노동위원회에 부당노동행위의 구제신청을 한 경우에는 중앙노동위원회의 재심판정이 있을 때까지는 근로자(C-1)는 이에 포함된다. 이를 도식화하여 제시하면 <그림 3>과 같다.

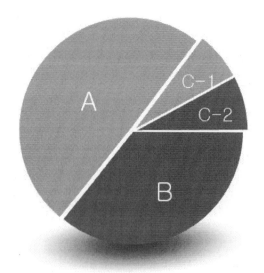

<그림 3> 노동조합법 해석론에서 기업별 노조의
노조원이 될 수 있는 근로자의 범위

4. 교원노조법 제2조의 분석과 검토

가. 교원노조법 제2조의 의미

교원노조법 제2조는 다음과 같이 규정하고 있다.

제2조 이 법에서 '교원'이란 「초·중등교육법」 제19조 제1항에서 규정하고 있는 교원을
말한다. 다만, 해고된 사람으로서 「노동조합 및 노동관계조정법」 제82조 제1항에 따라
노동위원회에 부당노동행위의 구제신청을 한 사람은 「노동위원회법」 제2조에 따른 중앙
노동위원회의 재심판정이 있을 때까지 교원으로 본다.

한편, 이 조항에서 인용되고 있는 「초·중등교육법」 제19조 제1항은 다음과 같다.

「초·중등교육법」 제19조(교직원의 구분) ① 학교에는 다음 각 호의 교원을 둔다.
1. 초등학교·중학교·고등학교·공민학교·고등공민학교·고등기술학교 및 특수학교에
   는 교장·교감·수석교사 및 교사를 둔다. 다만, 학생 수가 100명 이하인 학교나 학급
   수가 5학급 이하인 학교 중 대통령령으로 정하는 규모 이하의 학교에는 교감을 두지
   아니할 수 있다.
2. 각종학교에는 제1호에 준하여 필요한 교원을 둔다.

한편, 교원노조법 제4조 제1항은 "교원은 특별시·광역시·도·특별자치도(이하 '시·도'라 한다) 단위 또는 전국 단위로만 노동조합을 설립할 수 있다."라고 규정하고 있다. 따라서 위의 제2조 규정은 제4조 제1항 등의 규정과 결합하여 교원노조에 가입하여 활동할 수 있는 자를 한정하는 기능을 수행하고 있다.

따라서 이 법에서 규율하는 교원노조에 가입할 수 있는 자는 (ⅰ) 현직 교장·교감·수석교사 및 교사와 (ⅱ) 해고된 사람으로서 노동조합법 제82조 제1항에 따라 노동위원회에 부당노동행위의 구제신청을 한 사람은 「노동위원회법」 제2조에 따른 중앙노동위원회의 재심판정이 있을 때까지의 교원이다. 반면 이 조항에 따라 국가나 지방자치단체, 사립학교를 설립하여 경영하는 법인이나 개인과 근로관계를 맺고 현실적으로 근로를 제공하고 있지 않은 일시적으로 실업상태에 있는 자나 구직 중인 자는 제2조 단서에 해당하지 않는 한 노동조합에 가입할 수 없다.

요컨대, 교원노조에 가입할 수 있는 교원에는 (ⅰ) 국가나 지방자치단체, 사립학교를 설립하여 경영하는 법인이나 개인과 근로관계를 맺고 현실적으로 근로를 제공하는 교원(A)은 포함되지만, (ⅱ) 자영노동자, 근로의사가 없는 학생, 실업자(B)는 이에 포함되지 않는다. 한편, (ⅲ) 국가나 지방자치단체, 사립학교를 설립하여 경영하는 법인이나 개인과 근로관계를 맺고 현실적으로 근로를 제공하고 있지 않은 일시적으로 실업상태에 있는 자나 구직 중인 자(C-2)는 원칙적으로 이에 포함되지 않으나, 해고된 사람으로서 노

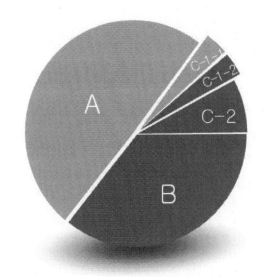

<그림 4> 교원노조법 해석론에서 교원노조의
노조원이 될 수 있는 교원의 범위

동조합법 제82조 제1항에 따라 노동위원회에 부당노동행위의 구제신청을 한 사람은 「노동위원회법」 제2조에 따른 중앙노동위원회의 재심판정이 있을 때까지의 교원(C-1-1)은 이에 포함된다. 한편, 「교원지위향상을 위한 특별법」 제7조에 따라 교육부에 설치한 교원소청심사위원회에 소청하여 결정이 있을 때까지의 교원(C-1-2)은 이에 포함되지 않는다. 이를 도식화하여 제시하면 <그림 4>와 같다.

헌재에 따르면 "노사 간 실질적 자치라는 목적을 달성하기 위해서는 무엇보다도 노동조합의 자주성이라는 전제가 필요"한데, "이 사건 법률조항은 교원의 근로조건 향상을 위하여 정부 등을 상대로 단체교섭권 등을 행사하는 교원노조를 설립하거나 그 활동의 주된 주체를 원칙적으로 초·중등학교에 재직 중인 교원으로 한정함으로써, 대내외적으로 교원노조의 자주성과 주체성을 확보하여 교원의 실질적 근로조건 향상에 기여한다는 데 그 입법목적이 있다."고 한다. 그리고 이러한 입법 목적은 "교원의 직무와 근로관계의 특수성을 고려할 때 국민 전체의 공공이익에도 기여할 것이므로 그 입법목적의 정당성이 인정"되며, "교원노조의 조합원을 재직 중인 교원으로 한정하면 교원노조의 자주성과 주체성을 확보하는 데 기여할 수 있다는 점에서 입법목적 달성에 적절한 수단"이라고 판단하였다.

나. 제한되는 기본권의 확정

법정의견은 "근로3권 중 단결권에는 개별 근로자가 노동조합 등 근로자단체를 조직하거나 그에 가입하여 활동할 수 있는 개별적 단결권뿐만 아니라 근로자단체가 존립하고 활동할 수 있는 집단적 단결권도 포함된다(헌재 1999. 11. 25. 95헌마154 참조)."고 전제하고, "이 사건 법률조항은 교원의 근로조건에 관하여 정부 등을 상대로 단체교섭 및 단체협약을 체결할 권한을 가진 교원노조를 설립하거나 그에 가입하여 활동할 수 있는 자격을 초·중등학교에 재직 중인 교원으로 한정하고 있으므로, 해직 교원이나 실업·구직 중에 있는 교원 및 이들을 조합원으로 하여 교원노조를 조직·구성하려고 하는 교원노조의 단결권을 제한한다."

그럼에도 헌재는 해직 교원이나 실업·구직 중에 있는 교원의 개별적 단결권과 교원노조의 집단적 단결권은 분명 기본권의 주체가 다르고 그 내용이 다른 것임에도 불구하고, 문제되는 쟁점마다 이를 각각 논증하지 않고 주로 교원노조의 집단적 단결권의 제한에 관해서 판단하면서 철저하게 논증하고 있지 않는 문제가 있다.

한편, 청구인들이 주장한 정식 교원으로 채용되어 근무하는 사람들과 비교하여 평등권이 침해된다는 주장에 대해서는 "이 사건 법률조항에서 구직 중인 교원이나 해직 교원의 교원노조 가입 자격을 제한하고 있는 데 기인하는 것이므로, 단결권 침해 여부에 대해 판단하는 이상 평등권 침해 여부를 별도로 판단하지 않는다."고 하였다.

그러나 아래에서 논증하는 것처럼, 이 사건 법률조항은 일반 노동조합과 비교하여 교원노조를 평등하게 규율하지 않은 점이 인정된다. 이 점에서 평등권의 적용과 관련한 비교집단의 설정에 있어서 청구인의 주장도, 법정의견의 판단도 엄밀하지 못한 문제가 있다.[44]

다. 자율적인 노동조합의 가입조건을 국가가 법률로 규율하는 것의 위헌성

이미 설명한 것처럼 노동조합은 근로자가 주체가 되어 자주적으로 단결하여 근로조건의 유지·개선 기타 근로자의 경제적·사회적 지위의 향상을 도모함을 목적으로 조직하는 단체 또는 그 연합단체이므로 그 본질이 자율적인 결사의 일종이다. 따라서 이러한 자율적인 결사에 누가 가입하여 활동하느냐 하는 것은 원칙적으로 노동조합의 결정에 맡겨야 한다. 한편, 노동조합은 사용자와의 관계에서 사실상 열등한 지위에 놓인 근로자가 이를 통하여 대등한 협상력을 가질 수 있게 하는 공적인 기능을 수행한다. 그러므로 이러한 한도 내에서는 공적인 규율의 대상이 된다.[45] 이러한 공적인 규율을 하는 법이 노동조합법이다. 따라서 국가가 자율적인 노동조합에 누가 가입할 수 있는지 정하는 것이 완전히 금지되는 것은 아니다. 그러나 그것은 공적인 필요가 있는 한도 내에서만 제한적으로 정당화될 수 있다. 이렇게 보았을 때 자율적인 결사인 교원노조에 누가 가입하여 활동하느냐 하는 것은 원칙적으로 교원노조의 결정에 맡기는 것이 타당하다. 그것이 헌법에서 노동조합에 명시적으로 요청하고 있는 자주성의 전제가 되는 자율성을 구현하는 것이다. 자주성은 사용자로부터의 자주성도 요청되는 것이지만, 그 전에 국가로부터의 자주성도 요청되기 때문이다. 그러나 이것만으로 교원노조법 제2조가 곧 위헌이라고 결론짓기에는 다소 근거가 빈약하다. 이 조항이 국가가 이와 같은 규율을 통하여 노동조합이 제3자로부터 적극적으로 자주성을 지키도록 배려하기 위한 것이라는 항변이 가능

---

44) 평등권에 있어서 비교대상의 설정은 그 적용에 있어 결정적인 중요성을 가진다는 점을 고려하면 이러한 판단의 문제는 결코 가볍지 않다.

45) 전광석, 앞의 논문(주 18), 74-75면.

하기 때문이다. 따라서 일단 자율적인 노동조합의 가입조건을 국가가 법률로 규율하기 때문에 바로 위헌이라는 주장은 유보하고 그 구체적인 문제를 좀 더 살펴본다.

라. 일시적으로 실업상태에 있는 자나 구직 중인 자를 배제한 규정의 위헌성

그런데 이미 살펴본 것처럼 다음과 같은 이유로 일시적으로 실업상태에 있는 자나 구직 중인 교원은 교원노조에 가입할 수 있도록 하여야 한다.

첫째, 근로기준법과 노동조합법은 그 목적이 다르다. 근로기준법은 현실적으로 근로를 제공하는 자에 대하여 국가의 관리·감독에 의한 직접적인 보호의 필요성을 기준으로 개별적 노사관계를 규율하는 것을 그 목적으로 하나, 노동조합법은 근로자의 노동3권 보호의 필요성을 기준으로 집단적 노사관계를 규율하는 것을 그 목적으로 하기 때문이다. 대상 조항의 태도는 지난 2004년 대법원 판례의 견해와 정면으로 배치되는 것이다.

둘째, 노동조합에 가입할 수 있는 근로자인지는 단체협약제도를 중심으로 파악되어야 한다. 그런데 노동조합은 사용자와 개별적으로 근로계약을 체결한 근로자만이 아니라 이러한 개별적 근로계약이 없더라도 계속적으로 노무를 제공하고 있거나 제공할 가능성이 있는 근로자를 위해서도 단체교섭을 하여 이를 근로조건으로 설정함으로써 이들을 보호하도록 할 필요가 있다.

이러한 이유로 전술한 것처럼 헌법학계의 헌법해석론, 노동법학계의 노동법해석론에서 노동조합의 노조원이 될 수 있는 근로자를 이와 같이 해석하고 있는 것이다.[46] 만약 교원노조법에서 교원노조의 노조원이 될 수 있는 교원을 이와 다르게 규정하고자 한다면 일반적인 근로자와 비교하여 교원이 다르게 취급되어야 할 이유가 있어야 한다.

헌재는 침해의 최소성을 판단하는 과정에서 "아직 교원으로 임용되지 않은 교사자격 소지자나 해고된 교원에게 교원노조를 설립하거나 그에 가입하여 활동할 수 있도록 하는 것은 교원이 아닌 사람들이 교원노조의 의사결정 과정에 개입하여 현직 교원의 근로조건에 영향을 미치는 결과를 초래할 수 있다. 또 교원노조법상 혜택을 누릴 수 없는 사람들에게까지 이를 부여하는 결과를 야기하게 될 수 있어 오히려 교원의 근로조건 향상을 위하여 활동하여야 하는 교원노조의 자주성을 해할 우려도 있다. 따라서 교원노조의

---

46) 독일, 프랑스, 일본 등의 선진 외국의 입법례와 해석론도 이와 같은 태도를 보여주고 있다. 예를 들어, 독일에 관해서는 권두섭 집필부분, 노동법실무연구회 편, 「노동조합 및 노동관계조정법 주해 Ⅰ」, 박영사, 2015, 138-139면. 프랑스에 관해서는 같은 책, 140-141면. 일본에 관해서는 같은 책, 141-142면.

활동과 직접적이고 실질적인 이해관계를 가지는 재직 중인 교원에게만 교원노조의 조합원이 될 수 있는 지위를 부여하는 것은 교원노조의 역할이나 기능에 비추어 부득이한 측면이 있다."고 판시하였다. 그런데 이와 같은 판시가 설득력이 있기 위해서는 일반적인 근로자와 비교하여 교원이 다르게 취급되어야 할 이유를 논증하여야만 한다. 왜냐하면 아직 근로자가 아닌 근로의사 있는 실업자나 해고된 근로자에게 노조를 설립하거나 그에 가입하여 활동할 수 있도록 하는 현행 노동조합법은 현직 근로자가 아닌 사람들이 노조의 의사결정 과정에 개입하여 현직 근로자의 근로조건에 영향을 미치는 결과를 초래할 수 있고 결과적으로 노조의 자주성을 해할 우려가 있음에도 현행 노동조합법은 이를 인정하고 있기 때문이다.

이에 대하여 헌재는 "오늘날 교육은 조직화·제도화된 학교교육이 중심을 이루고 있고 학교교육을 수행하는 사람이 교원이라는 점에서, 교원은 사용자에 고용되어 근로를 제공하고 임금 등 반대급부를 받는 일반근로자와 다른 특성이 있다(헌재 1991. 7. 22. 89헌가106 참조)."고 전제하고, 첫째, "교육기본법, 교육공무원법, 교원지위법 및 이를 준용하는 사립학교법 등 교육관계법령에서는 공·사립학교를 불문하고 교원에게 보수, 연수, 신분보장 등 모든 면에서 통상적인 근로자에 비하여 특별한 대우 및 특혜를 부여하고 있다." 둘째, "교원의 보수 수준 등 근로조건 향상을 위한 재정적 부담은 실질적으로 국민 전체가 지게"된다는 것을 논거로 제시하고 있다.

그러나 제시한 전제는 선행 결정에서 헌재의 주장에 불과하고, 첫째 논거는 그렇기 때문에 일반적인 노동조합과 비교하여 교원노조를 다르게 취급되어야 할 이유는 될 수 있을지언정 현실적으로 그 혜택을 받지 못하고 있는 교사자격증을 가지고 근로의사를 가지고 있지만 현재 공립학교나 사립학교 교사가 아닌 실직 중인 자나 구직 중인 자의 단결권을 부정하는 것에 대한 적극적인 논거가 될 수는 없다. 둘째 논거도 일반적인 근로자와 교원, 일반적인 노조와 교원노조의 단체교섭권이나 단체행동권을 다르게 취급하여야 할 이유는 될 수 있을지언정 단결권을 다르게 취급하여야 할 이유가 되기는 어렵다. 노조는 주로 근로조건 향상과 유지를 위하여 활동하지만, 헌법적으로 그 활동이 그것에만 국한되는 것은 아니다. 이미 설명한 것처럼 노조가 근로조건 향상과 유지를 위하여 활동하기 위해서는 사용자와의 관계에서 단체교섭과 단체행동을 하는 것뿐 아니라, 국가와의 관계에서 정책결정에 참여하는 활동을 하는 것은 당연하기 때문이다.[47) 따라서 교원의 근로조건 향상을 위한 재정적 부담을 실질적으로 국민 전체가 부담하는 것은 단체교섭권이나 단체행동권을 제한하는 사유가 될 수 있을지언정 단결권 자체를 제한하는 논거는 될 수 없다.[48] 요컨대, 헌재는 대상 조항이 일반적인 근로자와 노동조합과 비교하여 교원과 교원노조를 다르게 취급되어야 할 이유에 관한 적절한 논증을 하지 못하였다.

미국, 독일, 프랑스 등 선진 외국에서 교원노조를 일반적인 노조와 다르게 규율하지 않는 것도 이 때문이다.[49] 그리고 국제노동기구(ILO)의 헌장과 제87호 조약, 제98호 조약은 교원노조를 법적으로 어떻게 취급하는 것이 보편적인 기준인지 명시적으로 보여주고 있다. 국제노동기구(ILO)의 헌장은 그 전문에서 결사의 자유를 명시하고 있다. 그리고 1948년에 체결된 제87호 조약「결사의 자유와 단결권의 보호에 관한 조약(Freedom of Association and Protection of the Right to Organize Convention)」제2조는 "근로자와 사용자는 사전허가를 받지 않고 스스로 선택하는 단체를 설립할 수 있는 권리와 그 단체의 규약에 따를 것을 조건으로 그 단체에 가입할 수 있는 권리를 어떠한 차별도 없이 보장받아야 한다."고 규정하고 있다. 그리고 제9조 제1항에서 군대와 경찰은 국내법령으로 정할 수 있도록 제2조의 예외를 인정하고 있다. 따라서 제87호 조약에 따르면 군대와 경찰을 제외한 모든 근로자는 그가 공무원이든 사기업 고용인이든, 직업, 성별 등을 불문하고 단결권을 보장하고 있다. 한편, 1949년에 체결된 제98호 조약「단결권과 단체교섭권에 대한 원칙의 적용에 관한 조약(Right to Organize and Collective Bargaining Convention)」에서는 국·공립학교 교원과 사립학교 교원 모두에게 단결권과 단체교섭권을 제한 없이 인정하고 있다.[50]

이와 관련하여 헌재는 "국제노동기구(ILO)의 '결사의 자유 위원회', 경제협력개발기구(OECD)의 '노동조합자문위원회' 등이 우리나라에 대하여 재직 중인 교사들만이 노동조합에 참여할 수 있도록 허용하는 것은 결사의 자유를 침해하는 것이므로 이를 국제기준에 맞추어 개선하도록 권고"를 "국제기구의 권고를 위헌심사의 척도로 삼을 수는 없고, 국제기구의 권고를 따르지 않았다는 이유만으로 이 사건 법률조항이 헌법에 위반된다고 볼 수 없다."고 판시하였다. 이러한 국제규범을 위헌심사의 기준으로 삼을 수 있는지의 관점에서 포착하고 이에 대하여만 판단한 것이다. 그러나 국제규범을 이것에서만

---

47) BVerfGE 38, 305.

48) 단결권과 단체교섭권, 단체행동권의 차별적 규율에 관해서는 전광석, 앞의 논문(주 9), 287-300면 참고.

49) 독일, 프랑스의 규율에 대해서는 윤달원 외,「주요국의 교원단체 현황 분석 및 시사점」, 한국교육개발원, 2012, 12-18면 참조. 미국의 규율에 대해서는 앞의 논문 외, 앞의 책, 4-10면; Kern Alexander, M. David Alexander, op. cit., p.966ff.

50) 이상 김진곤, "헌법상 노동3권의 보호와 제한에 관한 연구", 연세대학교 대학원 법학과 박사학위논문, 2007. 2., 70-72면.

고려할 것이 아니라 그 분야 규율의 국제적 동향을 파악하는데 고려했어야 했다.

한편, 이미 살펴본 것처럼 위와 같은 이유로 노동조합법 제2조 제4호 단서 라목 본문과 단서는 모든 노동조합에 적용되는 것이 아니라 기업별 노동조합에만 적용된다고 해석하는 것이 우리 학계의 일반적인 견해이며 대법원 판례의 견해이다.[51] 그런데 현행 교원노조법은 시·도 단위 또는 전국 단위로만 노동조합 설립을 인정하고 있다(제4조). 이러한 것을 고려하면 노동조합법보다 더욱 폭넓게 가입할 수 있는 교원의 범위를 정할 수 있는 재량이 있으며, 적어도 노동조합법에서 산업별 노조나 직업별 노조의 노조원이 될 수 있는 근로자와 동일한 범위에서 교원의 범위를 설정했어야 했다.

현행 교원노조법이 시·도 단위 또는 전국 단위로만 노동조합 설립을 인정하고 있으면서도 노조원이 될 수 있는 교원의 자격을 대상 조항과 같이 협소하게 규정하고 있는 모순을 헌재 스스로도 충분히 잘 알고 있었다. 그래서 헌재는 "교원노조의 경우 전국 단위 또는 시·도 단위 노조로밖에 결성될 수 없으므로, 재직 중인 교원으로 그 조합원의 범위를 한정하는 것은 일반 산업별·지역별 노조와 비교해 보면 지나친 단결권 제한이라고 볼 여지가 있다. 그러나 [첫째,] 교원지위법정주의에 따라 교원과 관련한 근로조건의 대부분은 법령이나 조례 등으로 정해지고, 이러한 규정들을 실질적이고 직접적으로 적용받는 사람은 재직 중인 교원들이므로, 그 관련성이 없는 교원이 아닌 사람을 교원노조의 조합원 자격에서 배제하는 것이 단결권의 지나친 제한이라고 볼 수는 없다."그리고 둘째, "교원노조의 경우 단체협약의 내용 중 법령·조례 및 예산에 따라 규정되는 내용과 법령 또는 조례에 따라 위임을 받아 규정되는 내용에 대하여는 단체협약으로서의 효력이 인정되지 아니하므로, 교원이 아닌 사람들이 교원노조를 통해 정부 등을 상대로 교원의 임용 문제나 지위에 관한 사항에 관하여 단체교섭을 할 수 있도록 할 실익이 거의 없다."고 판시하고 있다.

그러나 이러한 판시에도 심각한 오류가 있다. 첫째, 근로자의 근로조건은 법령이나 조례 등에 의하여 정해지는 것으로 충분한 것이 아니라 이렇게 정해진 근로조건이 실제로 구현되고 있는지가 기준이 되어야 한다. 이는 근로의 권리나 노동3권의 이해에 있어 매우 중요하고 핵심적인 문제이다. 그럼에도 법정의견은 이를 간과하고 있다. 둘째, 이미 설명한 것처럼 현직 교원으로 구성된 교원노조에 의하여 합의된 근로조건은 정태적으로

---

51) 김형배, 앞의 책, 764-765면; 이상윤, 앞의 책, 508면; 임종률, 앞의 책, 47면; 대법원 2004. 2. 27. 선고 2001두8568 판결.

만 보면 현직 교원에게만 미치는 것처럼 보이지만, 동태적으로 보면 아직 교원으로 임용되지 않은 교사자격소지자나 해고된 교원에게 미칠 수 있는 가능성이 충분히 있다. 그런데도 이들을 "그 관련성이 없는 교원이 아닌 사람"으로 이해하고 "교원노조의 조합원 자격에서 배제하는 것이 단결권의 지나친 제한이라고 볼 수는 없다"는 주장은 잘못된 것이다. 셋째, 교원의 임용 문제와 같은 사항이 얼핏 보면 헌재가 이해하는 것과 같이 단체교섭의 대상으로 삼을 이유가 없어 보인다. 그러나 노동3권에서 주목하는 근로조건은 법적으로 보장된 상황이 아니라 사실상 상황이 기준이 되고, 이와 같은 사항은 현행 교원의 근로조건의 일부에 영향을 미친다. 현행보다 많은 교원이 채용되었을 때 그것이 현행 교원의 근로조건에 영향을 미치지 않겠는가? 그렇다면 그와 같은 사항은 단체교섭의 대상으로 삼을 여지가 있고 실제 이와 같은 사항은 단체교섭의 대상이 되고 있다.52) 그렇다면 이와 같은 현실에서 아직 교원으로 임용되지 않은 교사자격소지자나 해고된 교원이 참여하여 "단체교섭을 할 수 있도록 할 실익이 거의 없는" 것이 아니라, 국가가 이들도 단체교섭에 적극 참여하도록 하여 이 과정에서 자신의 이익을 적극적으로 투영시키도록 장려하여야 한다.53)

바로 이 점이 헌법학계에서 해석론으로 노동3권에서 근로자의 개념을 근로의 권리에서 근로자의 개념보다 확장하고, 노동조합법이 근로기준법과는 다르게 근로자의 개념을 입법적으로 확장하고 있는 이유이다. 따라서 노동조합법상 현직 교원으로 구성된 교원노조에 의하여 체결된 단체협약에 영향을 받을 가능성이 있는 아직 교원으로 임용되지 않은 교사자격소지자나 해고된 교원에게 국가가 법으로 이들의 참여를 명시적으로 금지하고 있는 이 사건 법률조항은 교원노조의 자주성을 해할 우려가 있다.

이와 같은 검토를 종합하여 보면, 대상 조항은 아직 임용되지 않은 교사자격취득자 또는 해고된 교원의 개별적 단결권과 이들을 조합원으로 가입·유지하려는 교원노조의 집단적 단결권을 지나치게 제한한 것으로 침해의 최소성을 위반한 것이다. 대상 조항으로

---

52) 이에 관해서는 김갑성 외, 「교원단체 교섭안 분석 및 역할 정립 연구」, 한국교육개발원, 2012, 60-61면 참고.

53) 이와 관련하여 헌재는 "노동조합법 제2조 제1호 및 제4호 라목 본문에서 말하는 '근로자'에는 일시적으로 실업 상태에 있는 사람이나 구직 중인 사람도 근로3권을 보장할 필요성이 있는 한 그 범위에 포함"되므로(대법원 2004. 2. 27. 선고 2001두8568 판결 참조), "이 사건 법률조항이 정한 교원에 해당되지 않으나 앞으로 교원으로 취업하기를 희망하는 사람들이 노동조합법에 따라 노동조합을 설립하거나 그에 가입하는 데에는 아무런 제한이 없"기 때문에 "이 사건 법률조항이 교원노조의 단결권에 심각한 제한을 초래한다고 보기는 어렵다."고 판시하였다. 그러나 이러한 주장은 너무나 궁색하다. 일시적으로 실업 상태에 있거나 구직 중인 교원이 자신들만으로 구성된 교원노조가 아닌 일반노조를 만들어 무엇을 할 수 있다는 말인가? 이와 같은 의문은 이미 반대의견을 통해서도 제시된 바 있다. 그리고 이와 같은 판시는 노동3권에서 주목하는 근로조건이 법적으로 보장된 상황을 전제로 한 것이 아니라 사실상 상황을 기준으로 한 것이라는 점을 법정의견이 명확하게 인식하고 있지 못하다는 점을 다시 한 번 확인하게 한다.

인하여 교원노조와 교사자격증을 가지고 근로의사를 가지고 있지만 현재 공립학교나 사립학교 교사가 아닌 실직 중인 자나 구직 중인 자의 개별적 단결권은 전면적으로 금지되어 이들이 입게 되는 불이익은 매우 크다. 반면에 이들이 교원노조를 설립하거나 교원노조에 가입하여 활동을 할 경우 발생할 교원노조의 자주성에 대한 침해는 불분명하거나 미미하다. 양자의 법익을 비교해 볼 때 대상 조항은 법익의 균형성도 갖추고 있지 못하다.

결론적으로 교원노조에 가입할 수 있는 교원을 국가나 지방자치단체, 사립학교를 설립하여 경영하는 법인이나 개인과 근로관계를 맺고 현실적으로 근로를 제공하는 교원으로 정하고 있는 교원노조법 제2조는 단결권의 대국가적 효력 중 소극적인 효력인 단결권에 대한 국가권력의 간섭배제를 위반하여 위헌이다.[54]

입법자는 교원노조에 가입할 수 있는 교원을 정하면서 (ⅰ) 국가나 지방자치단체, 사립학교를 설립하여 경영하는 법인이나 개인과 근로관계를 맺고 현실적으로 근로를 제공하는 교원, (ⅱ) 교사자격증을 가지고 근로의사를 가지고 있지만 현재 공립학교나 사립학교 교사가 아닌 실직 중인 자나 구직 중인 자는 교원노조에 가입할 수 있는 교원에 포함하도록 규정했어야 했다.

마. 협소한 단서 규정의 위헌성

제2조 단서는 "해고된 사람으로서 「노동조합 및 노동관계조정법」 제82조 제1항에 따라 노동위원회에 부당노동행위의 구제신청을 한 사람은 「노동위원회법」 제2조에 따른 중앙노동위원회의 재심판정이 있을 때까지 교원으로 본다."

그런데 현재 교원의 해고에 관해서는 노동조합법상 구제신청이 아니라, 「교원지위향상을 위한 특별법」 제7조에 따라 교육부에 설치한 교원소청심사위원회에 소청을 하는 경우가 많다. 그리고 이 절차에서 인용율이 매우 높아 노동조합법상 구제신청보다 교원에게 더 유리한 것으로 알려져 있다. 그리고 소수견해가 적절히 지적하고 있는 것처럼 이와 같은 경우 예외를 인정하더라도 "그리 오랜 시간이 걸리지도 않"기 때문에 남용의 위험도 별로 없다. "소청심사절차를 밟더라도 처분이 있었던 것을 안 날부터 30일 이내에 교원소청심사위원회에 소청심사를 청구할 수 있고, 심사위원회는 원칙적으로 소청심

---

54) 단결권의 내용에 관해서는 정종섭, 앞의 책, 702-705면; 허영, 앞의 책, 541면.

사청구를 접수한 날부터 60일 이내에 이에 대한 결정을 하도록 정하고 있기” 때문이다 (교원지위법 제9조, 제10조).

그런데 제2조 단서는 이 절차에 따라 해고를 다투고 있는 교원은 교원노조에 가입할 수 있는 교원에 해당하는 것으로 해석될 수 없는 것처럼 규정하여, 사실상 법률이 인정하는 유리한 분쟁해결방법을 이용할 수 없도록 막는 결과를 초래하고 있다. 시정이 필요하다. 해석론적 해결이 전혀 불가능한 것은 아니지만, 입법적인 해결이 명쾌하다.

바. 교원노조법 제2조 단서의 필요성 여부

이미 설명한 것처럼 노동조합법 제2조 제4호 라목 단서 “다만, 해고된 자가 노동위원회에 부당노동행위의 구제신청을 한 경우에는 중앙노동위원회의 재심판정이 있을 때까지는 근로자가 아닌 자로 해석하여서는 아니 된다.”는 모든 노동조합에 적용되는 것이 아니라 기업별 노동조합에만 적용되는 것이라고 해석한다. 이 단서의 취지가 노동조합의 설립 및 존립이 사용자의 해고 의사표시에 영향을 받을 수 있는 문제를 차단하여 노동조합의 자주성을 확보하기 위한 것이기 때문이다. 그런데 현행 교원노조법은 시·도 단위 또는 전국 단위로만 노동조합 설립을 인정하고 있다(제4조). 그렇다면 교원노조법에는 이와 같은 예외 규정 자체가 필요 없는 것인지 의문이 들 수 있다.

이에 대하여 필자는 현행 교원노조법이 시·도 단위 또는 전국 단위로만 노동조합 설립을 인정하고 있다고 하더라도 제2조와 같은 예외 규정은 필요하다고 생각한다. 예를 들어 사립학교 교원 갑이 자신이 임원이 될 예정인 교원노조를 설립하려고 신고서에 규약을 첨부하여 고용노동부장관에게 제출하였다. 그런데 국가가 교원 갑이 임원이 될 예정인 교원노조의 설립을 저지하기 위하여 사용자에게 압력을 행사하거나 사용자가 스스로 노동조합 설립을 저지하기 위하여 임원 취임 예정인 교원 갑을 해고하고, 그 후에 고용노동부장관이 신고서와 기재사항이 다른 것을 이유로 설립신고서를 반려하는 일이 벌어질 수 있다. 그러므로 현행 교원노조법 제2조와 같이 근로의사가 있는 실업 중이나 해고된 교원이 교원노조에 가입할 수 없는 경우에는 이러한 예외 규정이 반드시 필요하다고 판단된다. 한편, 입법을 통하여 근로의사가 있는 실업 중이나 해고된 교원이 교원노조에 가입할 수 있다고 명시적으로 인정한다면, 단서 규정은 필요 없거나 규정하더라도 주의적인 규정에 불과할 것이다.

사. 입법론적 개선 방안

이상의 논의를 정리하여 교원노조법의 위헌성과 정책적 문제점을 개선하기 위한 방안을 제시하면 다음과 같다. 교원노조법은 개정을 통하여 (i) 국가나 지방자치단체, 사립학교를 설립하여 경영하는 법인이나 개인과 근로관계를 맺고 현실적으로 근로를 제공하는 교원(A), (ii) 교사자격증을 가지고 근로의사를 가지고 있지만 현재 공립학교나 사립학교 교사가 아닌 실직 중인 자나 구직 중인 자(C)는 교원노조의 노조원이 될 수 있도록 허용하고, (iii) 자영노동자, 근로의사가 없는 실업자(B)는 이에 포함되지 않도록 개정하는 것이 타당하다. 예비교사는 법으로 그 허용 여부를 일률적으로 규정하기보다는 노조의 재량으로 두는 것이 타당하다. 한편 교사자격증을 가지고 근로의사를 가지고 있지만 현재 공립학교나 사립학교 교사가 아닌 실직 중인 자나 구직 중인 자(C)를 교원노조의 노조원이 될 수 있도록 허용하기 전이라도, 해고된 사람으로서 노동조합법 제82조 제1항에 따라 노동위원회에 부당노동행위의 구제신청을 한 사람은 「노동위원회법」 제2조에 따른 중앙노동위원회의 재심판정이 있을 때까지의 교원뿐만 아니라 「교원지위향상을 위한 특별법」 제7조에 따라 교육부에 설치한 교원소청심사위원회에 소청하여 결정이 있을 때까지의 교원도 교원노조의 노조원이 될 수 있는 교원의 범위에 포함하는 것이 타당하다.

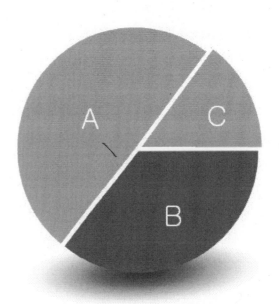

<그림 5> 교원노조법의 개정으로 교원노조의 노조원이
될 수 있는 교원의 범위

아. 교장·교감이 가입할 수 있도록 허용하는 것의 타당성

교원노조법 제2조 본문은 "이 법에서 '교원'이란 「초·중등교육법」 제19조 제1항에서 규정하고 있는 교원을 말한다."고 규정하고 있고, 「초·중등교육법」제19조 제1항은 "학교에는 다음 각 호의 교원을 둔다. 1. 초등학교·중학교·고등학교·공민학교·고등공민학교·고등기술학교 및 특수학교에는 교장·교감·수석교사 및 교사를 둔다. 다만, 학생 수가 100명 이하인 학교나 학급 수가 5학급 이하인 학교 중 대통령령으로 정하는 규모 이하의 학교에는 교감을 두지 아니할 수 있다. 2. 각종학교에는 제1호에 준하여 필요한 교원을 둔다."고 규정하고 있다.

따라서 이미 서술하였던 것처럼 이 법에서 규율하는 교원노조에 가입할 수 있는 자는 수석교사와 교사는 물론 교장, 교감까지도 포함되는 것으로 해석된다.

한편, 현행 노동조합법은 시·도 단위 또는 전국 단위로만 노동조합 설립을 인정하고 (제4조), 그에 대응한 교섭과 협약 체결의 상대방을 교육부장관, 시·도 교육감 또는 전국 또는 시·도 단위로 연합한 사립학교 설립·경영자로 규정하고 있다(제6조). 따라서 교장, 교감도 교육부장관, 시·도 교육감 또는 사립학교 설립·경영자와의 관계를 보면 근로자이므로 노동조합에 가입할 수 있는 교원에 포함된다고 해석할 수도 있다. 그리고 이에 따라 일부 교원노조는 교장, 교감이 회원으로 가입할 수 있도록 규약을 정하고 실제로 가입하여 활동하고 있는 것으로 알려져 있다.[55]

그러나 법 제14조 제1항 제1문에 따라 교원노조법 제2조 제2호 및 제4호 가목을 준용하여 이들은 교원노조에 가입할 수 없다고 해석하는 것이 타당하다.[56] 이러한 측면에서 이들의 가입을 허용하는 규약을 가지고 있는 교원노조는 시정이 필요하다.

Ⅳ. 결론

이 글의 논의를 정리하면 다음과 같다.

첫째, 노동조합은 근로자가 주체가 되어 자주적으로 단결하여 근로조건의 유지·개선

---

55) 이에 관해서는 정필운, "교원단체 규율에 대한 헌법이론적 검토", 「헌법학연구」, 제21권 제1호(2015), 314-317면.

56) 김형배, 앞의 책, 1134면. 미국의 양대 교원단체 중 하나인 미국교원연맹(American Federation of Teachers: AFT)은 규약으로 교장 등 고위직을 회원에서 배제하고 있다. 윤달원 외, 앞의 책, 45면.

기타 근로자의 경제적·사회적 지위의 향상을 도모함을 목적으로 조직하는 단체 또는 그 연합단체로 그 본질이 자율적인 결사의 일종이다. 따라서 이러한 자율적인 결사에 누가 가입하여 활동하느냐 하는 것은 원칙적으로 노동조합의 결정에 맡길 필요가 있다. 노동조합은 사용자와 관계에서 사실상 열등한 지위에 놓인 근로자가 대등한 협상력을 가질 수 있게 하는 공적인 기능을 수행하므로, 노조에 누가 가입하여 활동하느냐 하는 것까지 국가가 정하는 것은 공적인 규율의 목적에 비추어 지나친 점이 있으며, 대상 조항과 같이 그러한 규율이 노동조합의 자주성에 긍정적인 영향(제3자의 영향력을 배제하여 자주성을 향상시킨다는 점)과 부정적인 영향(자율적인 결사의 성격을 갖는 노동조합에 국가가 영향력을 행사하여 자주성을 저해한다는 점)이 모두 존재하는 경우 그러한 규율은 더욱 신중하여야 했다.

둘째, 근로기준법은 현실적으로 근로를 제공하는 자에 대하여 국가의 관리·감독에 의한 직접적인 보호의 필요성을 기준으로 개별적 노사관계를 규율하는 것을 그 목적으로 하나, 노동조합법은 근로자의 노동3권 보호의 필요성을 기준으로 집단적 노사관계를 규율하는 것을 그 목적으로 하고, 노동조합에 가입할 수 있는 근로자인지는 단체협약제도를 중심으로 파악되어야 한다. 따라서 개별적 근로계약이 없더라도 계속적으로 노무를 제공하고 있거나 제공할 가능성이 있는 교원에게는 노조에 가입하고 단체교섭을 할 수 있도록 허용하는 것이 필요하다. 이러한 이유로 헌법학계의 다수 견해는 헌법해석론으로, 노동법학계의 다수 견해는 노동조합법에 근거하여 노동조합의 노조원이 될 수 있는 근로자를 이와 같이 해석하고 있다.

셋째, 교원노조법에서 교원노조의 노조원이 될 수 있는 교원을 이와 다르게 규정하고자 한다면 일반적인 근로자와 비교하여 교원이 다르게 취급되어야 할 이유가 있어야 한다. 그런데 법정의견이 제시한 교원은 일반 노동자와 다르며, 국·공립학교 교원과 사립학교 교원은 다르지 않다는 논거는 일반적인 노동조합과 비교하여 교원노조를 다르게 취급되어야 할 이유는 될 수 있을지언정 현실적으로 그 혜택을 받지 못하고 있는, 교사자격증을 가지고 근로의사를 가지고 있지만 현재 공립학교나 사립학교 교사가 아닌 실직 중인 자나 구직 중인 자의 단결권을 부정하는 것에 대한 적극적인 논거가 될 수는 없다. 그리고 대상 조항이 교원노조의 자주성과 주체성을 확보하여 교원의 실질적 근로조건 향상에 기여한다는 데 입법목적이 있는데, 이는 교원의 직무와 근로관계의 특수성을 고려할 때 국민 전체의 공공이익에 기여하므로 그 정당성을 인정할 수 있다는 논거는 일반적인 근로자와 교원, 일반적인 노조와 교원노조의 단체교섭권이나 단체행동권을 다르게 취급하여야 할 이유는 될 수 있을지언정 단결권을 다르게 취급하여야 할 이유가 되기는 어렵다. 법정의견은 대상 조항이 일반적인 근로자·일반적인 노동조합과 비교하여 교원·교원노조를 다르게 취급되어야 할 이유에 관한 적절한 논증을 하지 못하였다.

넷째, 필자는 미국, 독일, 프랑스 등 선진 외국에서 교원노조를 일반적인 노조와 다르게 규율하지 않는 것도 일반적인 근로자 및 노동조합과 비교하여 교원과 교원노조를 다르게 취급하여야 할 이유가 없기 때문이며, 국제노동기구(ILO)의 헌장과 제87호 조약, 제98호 조약이 군대와 경찰을 국내법령으로 정할 수 있도록 하면서도 교원은 국·공립학교 교원과 사립학교 교원 모두에게 단결권과 단체교섭권을 제한 없이 인정하여야 한다고 규정하고 있는 것도 이러한 판단에 근거한 것이라고 이해하였다. 그럼에도 법정의견이 이러한 국제규범을 위헌심사의 기준으로 삼을 수 있는지만 판단하고, 그 분야 규율의 국제적 동향을 파악하는데 고려하지 않은 것은 문제가 있다고 주장하였다.

다섯째, 반대의견이 제시한 것처럼 노동조합법 제2조 제4호 단서 라목 본문과 단서는 모든 노동조합에 적용되는 것이 아니라 기업별 노동조합에만 적용된다고 해석하는 것이 우리 학계의 일반적인 견해이며 대법원 판례의 견해이다. 그런데 현행 교원노조법은 시·도 단위 또는 전국 단위로만 노동조합 설립을 인정하고 있다(제4조). 이러한 것을 고려하면 교원노조법은 노동조합을 설립하고 가입할 수 있는 교원의 범위를 노동조합법보다 더욱 폭넓게 정할 수 있는 재량이 있으며, 적어도 노동조합법에서 산업별 노조나 직업별 노조의 노조원이 될 수 있는 근로자와 동일한 범위에서 교원의 범위를 설정했어야 했다.

여섯째, 헌법상 근로의 권리와 노동3권에서 논의되는 근로자의 근로조건은 법령이나 조례 등에 의하여 정해지는 것으로 충분한 것이 아니라 이렇게 정해진 근로조건이 실제로 구현되고 있는지가 그 기준이 되어야 한다. 그럼에도 법정의견은 몇 군데에서 이를 간과하고 있다. 그리고 교원노조에 의하여 합의된 단체협약의 효력을 동태적으로 살피지 못하고 정태적으로만 고찰하는 우를 범하였다. 그리고 실제로 교원노조법에 의하여 이루어지고 있는 단체협약의 실제를 도외시하거나 외면한 채 성급하게 합헌이라는 결론에 다다랐다. 단체협약의 효력과 그 실제를 살펴보면 아직 교원으로 임용되지 않은 교사자격소지자나 해고된 교원도 단체교섭에 참여하도록 하여 이 과정에서 자신의 이익을 적극적으로 투영시키도록 장려하여야 한다는 것을 알 수 있었다. 바로 이 점이 헌법학계의 다수 견해가 헌법해석론으로 현직 근로자보다 근로자의 외연을 확대하고, 노동조합법이 근로기준법과는 다르게 근로자의 개념을 입법적으로 확장하고 있는 이유이다. 따라서 대상 조항은 교원노조의 자주성을 해할 우려가 있다.

이와 같은 이유로 필자는 법정의견이 그동안 우리가 구축하고 있는 헌법이론에 충실하지 않은 문제가 있는 결정이었다고 판단하였다. 그리고 대상 조항은 아직 임용되지 않은 교사자격취득자 또는 해고된 교원의 개별적 단결권과 이들을 조합원으로 가입·유지하려는 교원노조의 집단적 단결권을 지나치게 제한한 것으로 침해의 최소성을 위반하고, 법익의 균형성도 갖추지 못한 것이라 결론지었다. 그리고 대상 조항을 헌법학계의 헌법해석론과 현행 노동조합법에 충실하게 개정할 것을 제안하였다.

교원노조가 근로조건의 유지, 개선을 주된 목적으로 추구하지 않는 이른바 '사이비 교원노조'가 되어서는 안 되고, 자주성을 갖추지 못한 이른바 '어용 교원노조'가 되어서도 안 된다.[57] 그렇다고 중립적으로 법을 집행하여야 하는 행정부가 교원노조가 이렇게 되는 것을 지나치게 염려하여 적극적인 간섭을 하려고 하는 것은 득보다 실이 많다. 넘치는 것은 모자라는 것만 못하다는 옛말의 의미를 새겨야 할 때이다.

---

57) 이 표현은 임종률, 앞의 책, 45면에서 차용.

제2장 군 영창제도의 문제점과 개선방안

Ⅰ. 문제의 제기

우리나라에서 최초로 영창처분을 규정한 것은 1886. 1. 24. 제정·공포된 칙령 제11호 '육군징벌령'이었는데, 일본에서 1885년에 발간된 문헌에서 '영창'이라는 제도가 발견[1]되는 것으로 보아 우리나라의 영창제도는 일본의 법제에서 유래한 것으로 추정되고 있다.[2] 이와 같은 군 영창처분이 우리나라에서 시행된 역사가 한 세기가 훨씬 넘었지만, 영창처분의 불합리성과 문제점이 세간의 주목을 받기 시작한지는 불과 10여년에 불과하다. 특히 2000년 이전까지는 영창처분에 대한 법리적·실무적 검토가 거의 이루어지지 않았다고 해도 과언이 아닌데, 실제로 영창처분을 독립적인 주제로 한 연구를 찾아보기 힘들 지경이었다. 이와 같이 학계 차원에서 논의의 사각지대에 머물러 있었던 영창처분에 대하여 관심이 유발된 계기는, 국가인권위원회가 2003년도에 시행한「군 수사과정 및 군 영창 인권상황 실태조사」라는 연구에서부터라고 할 수 있다. 동 연구에서는 입창자뿐만 아니라 영창처분과 관련된 부대 내 실무자 등에 대한 면접조사를 거쳐 그동안 관행적으로 이루어져 왔던 군대 내 영창처분의 불합리한 점과 인권침해 요소의 점을 면밀히 분석한 후, 영창사유의 축소 및 양정규정의 개선, 영창처분의 제한적 활용, 영창절차의 개선을 통한 적법절차의 보장, 영창에 대한 징계유예제도 도입, 징계지휘관의 직급 상향, 입창 시 권리의 고지, 정좌자세의 개선, 영창처분에 대한 통지 등 다양한 개선방안을 제시하면서도, 궁극적으로는 영창처분의 폐지를 주장하고 있다.[3]

이를 계기로 1962. 1. 20.「군인사법」제정(법률 제1006호) 당시부터 규정되고 있었던 영창처분에 대한 입법적인 보완이 이루어진 것 또한 사실이다. 우선 2006. 4. 28.「군인사법」개정(법률 제7932호)을 통하여 포괄적으로 정하고 있는 군인의 징계사유의 구체화, 영창처분의 남용방지를 위하여 영창처분의 보충성 강화, 영창처분의 적법성을 심사

---

1) 이에 대하여 보다 자세한 것으로는 윤성철, "전투경찰대원 징계영창제도에 관한 연구",「경찰학연구」, 제8권 제3호(2008), 63-64면 참조.

2) 하지만 징벌의 한 종류로 영창처분을 규정하고 있었던 일본의 '육군징벌령'은 1946년 폐지되었고, 현재 일본의 자위대법 제46조(징계처분)에서는 징계의 종류로서 면직, 강임, 정직, 감급, 계고 등을 규정할 뿐 징계처분으로서 영창처분을 두고 있지 아니하다.

3) 송광섭,「군 수사과정 및 군 영창 인권상황 실태조사」, 2003년도 인권상황 실태조사 연구용역보고서, 국가인권위원회, 2004. 3, 280-281면.

하기 위한 인권담당 군법무관 제도 도입, 징계입창자의 친족 등에 대한 영창처분 고지제도 도입, 영창처분에 대한 항고 시 집행정지의 효력 부여 등의 보완을 하였다. 그리고 「군인사법」 제56조부터 제61조까지의 규정에 따라 군인의 징계에 필요한 사항을 규정하는 것을 목적으로 2007. 8. 22. 「군인징계령」을 제정(대통령령 제20232호)하여 시행하고 있으며, 2007. 11. 22. 제정된 「군인징계령 시행규칙」(국방부령 제638호) 제2조 제1호 나목에서는 병사에 대한 징계 양정의 세부기준을 별표에서 구체적으로 규정하고 있다. 이와 더불어 육군본부의 「징계규정」(육군규정 180; 2013. 5. 1. 개정) 및 해군본부의 「징계규정」(해군규정 제1931호; 2013. 6. 10. 개정)에서는 육군 및 해군에 대한 징계양정기준을 별도로 규정하고 있지만,[4] 그 내용은 대체로 「군인징계령 시행규칙」 제2조 제1호 나목에 근거한 [별표2]의 내용과 대동소이하다. 또한 징계입창자에 대한 처우기준 및 절차를 규정함으로써 영창집행 과정에서의 적법성을 보장하고, 징계입창자의 인권을 보장하기 위하여 「징계입창자 영창집행 및 처우기준에 관한 훈령」을 2011. 2. 14. 제정(국방부 훈령 제1309호)하여 시행하고 있다.[5]

하지만 이와 같은 개선과 노력에도 불구하고 영창처분의 문제점에 대한 지적은 지속적으로 제기되고 있으며, 근본적인 쟁점에 대한 변화는 별 차이가 없는 것으로 파악된다. 예를 들면, 법관의 영장 없이 실질적인 구금처우를 한다는 점에서 헌법상 보장된 영

---

4) 하지만 공군본부의 「법무관리규정」(공군규정 10-1; 2010. 7. 1. 개정)에서는 병사에 대한 징계양정기준을 별도로 규정하고 있지는 않다.

5) 동 훈령의 주요 내용을 살펴보면, ① 징계입창자의 인권존중, 차별금지, 불이익처우금지에 대한 선언적 규정을 하고 있으며, ② 징계입창자는 수형자 또는 미결수용자와 분리하여 구금하여야 하며, 헌병부대장은 징계입창자가 분리구금 될 수 있도록 차폐시설 등 관계시설이 설치되도록 하여야 하고, 징계입창자와 수형자 또는 미결수용자가 서로 대면하는 경우가 발생하지 않도록 각 집단의 식사, 운동, 목욕 시간 등을 조정하여야 한다(제7조). ③ 교도관 등은 징계입창자가 입창되는 즉시 입창사실을 징계입창자의 가족에게 지체 없이 통지하여야 한다. 다만, 징계입창자의 소속부대에서 통지를 하였거나 징계입창자 본인이 통지를 원하지 않는 경우에는 그러하지 아니하다(제8조). ④ 징계입창자는 헌병부대장의 승인을 받아 자신의 비용으로 면도기, 비누, 칫솔 등 입창생활에 필요한 생활물품을 구매할 수 있다. 다만, 군 충성클럽 또는 매점(P·X)에서 판매하는 상품에 한한다. 자변구매는 입창기간에 관계없이 1회에 한하여 허용되고, 구매금액은 3만 원을 초과할 수 없다(제10조). ⑤ 도서·서신·사진 등 징계입창자가 입창되기 전부터 자신이 사용 또는 소지하고 있었던 물건에 대해서는 헌병부대장의 승인을 받아 이를 소지하거나 사용할 수 있다(제11조). ⑥ 실외운동은 1일 1시간의 범위 내에서, 목욕은 1주 2회 이상 허용함을 원칙으로 한다(제12조). ⑦ 징계입창자는 1일 30분의 범위 내에서 외부인과 면회를 할 수 있고, 헌병부대장은 필요하다고 인정하는 경우 면회시간의 연장을 허용할 수 있다(제13조). 교도관 등의 면회내용에 대한 녹화·녹음·기록은 금지된다(제14조). ⑧ 징계입창자는 입창기간 중 외부인과 서신을 주고받을 수 있고, 서신수수의 횟수의 제한이나 서신에 대한 검열은 금지된다(제16조). ⑨ 징계입창자는 필요한 경우에는 헌병부대장의 승인을 받아 외부인과 전화통화를 할 수 있다(제17조). ⑩ 헌병부대장은 징계입창자의 지식 함양과 교양 습득에 필요한 도서를 갖추어 두고 징계입창자가 이용할 수 있도록 하여야 한다.(제18조) ⑪ 헌병부대장은 징계입창자의 정서 안정과 교양 함양을 위하여 입창시설에 설치된 라디오를 청취하거나 텔레비전을 시청할 수 있게 하여야 하며, 청취 또는 시청 시간은 1일 1시간 내외로 하고 필요한 경우 연장할 수 있다(제19조). ⑫ 징계입창자에 대한 강제적인 수양록 작성 요구는 금지된다(제20조). ⑬ 징계입창자가 생활하는 방실 등의 내부에는 CCTV(폐쇄회로 텔레비전)의 설치가 금지된다. 다만 입창시설 또는 관련시설의 보안 등을 위해 위 방실 외부에 설치되는 CCTV는 예외로 한다(제21조). ⑭ 징계입창자에 대한 기상·취침 시간 등의 기본적 일과는 각 군 표준일과의 내용에 준하여 운영한다. 헌병부대장은 입창생활의 특성을 고려한 일과를 운영할 수 있다. 다만 기본적인 수면시간 및 식사시간은 각 군 표준일과표상의 시간미만으로 할 수 없다(제22조). ⑮ 헌병부대장은 징계입창자의 심신을 건전하게 단련하고 생활태도를 배양할 수 있는 교육을 실시할 수 있다(제23조).

장주의의 위배, 영창기간이 군 복무기간에 산입되지 않는다는 점에서 이중처벌금지의 원칙의 위배, 영창의 설치가 법률에 근거를 두고 있지 않다는 점[6]에서 법률유보 원칙의 위배, 징계입창자를 미결수용자뿐만 아니라 기결수와 동일한 공간에 구금하면서 상대적으로 열악한 처우를 한다는 점에서 비례의 원칙의 위배, 영창처분의 부과 주체를 일선 중대장까지로 폭넓게 규정하고 있다는 점에서 과잉금지의 원칙의 위배 등을 들 수 있다. 특히 헌법재판소는 (구)「전투경찰대 설치법」(2011. 5. 30. 법률 제10749호로 개정되고, 2015. 7. 24. 법률 제13425호 「의무경찰대 설치 및 운영에 관한 법률」로 개정되기 전의 것) 제5조 제1항[7] 및 제2항[8] 중 각 '전투경찰순경에 대한 영창' 부분은 헌법에 위반되지 아니한다고 판시[9]한 바 있는데, 헌법재판소의 결정에 따르면 영창제도는 결론적으로 합헌이지만, 과반수(합헌의견 4인, 위헌의견 5인)의 재판관이 위헌의견을 제시할 만큼 헌법상 영장주의, 적법절차의 원칙, 과잉금지의 원칙에 대한 논란은 지속될 것으로 보인다. 특히 과반수의 재판관이 영창처분이 행정기관에 의한 구속에 해당함에도 불구하고 그러한 구속이 법관의 판단을 거쳐 발부된 영장에 의하여 이루어지지 않으므로 영장주의에 정면으로 위반된다고 판시한 부분은 향후 이에 대한 논의에 있어서 매우 중요한 역할을 할 것으로 기대된다. 이러한 논의상황을 배경으로 이하에서는, 군 영창처분의 현황 및 절차를 중심으로 현 실태를 분석해 보고(Ⅱ), 이를 바탕으로 영장주의의 위배, 적법절차의 원칙의 위배, 과잉금지의 원칙의 위배 등을 중심으로 한 문제점을 분석한 후(Ⅲ), 영창처분의 전격적인 폐지 및 징계처분의 다양화 방안을 제시하며, 논의를 마무리하기로 한다(Ⅳ).

---

6) 김선수, "영창제도, 폐지가 올바른 길(正道)", 영창제도 개선 토론회 자료집, 국회 국방위원회 간사 이철희 의원실, 2016. 11, 45면.

7) 전투경찰대의 대원 중 경사·경장 또는 순경(전투경찰순경을 포함한다)에 대한 징계는 파면·해임·정직·감봉·견책·영창 및 근신으로 한다.

8) 영창은 전투경찰대·함정 또는 그 밖의 장소의 구금장에 구금하는 것을 말하며 그 기간은 15일 이내로 한다.

9) 헌법재판소 2016. 3. 31. 선고 2013헌바190 결정.

Ⅱ. 군 영창처분의 현황 및 절차

1. 병사에 대한 징계의 현황

가. 징계의 종류

병사에 대한 징계처분은 강등, 영창,[10] 휴가제한 및 근신으로 구분되는데, 징계의 종류에 따른 구체적인 내용을 살펴보면, 우선 강등은 해당 계급에서 1계급 낮추는 것을 말한다(군인사법[11] 제57조 제2항 제1호). 다음으로 영창은 부대나 함정 내의 영창, 그 밖의 구금장소에 감금하는 것을 말하며, 그 기간은 15일 이내로 한다(제57조 제2항 제2호). 휴가제한은 휴가일수를 제한하는 것을 말하며, 그 기간은 1회에 5일 이내로 하고 복무기간 중 총 제한일수는 15일을 초과하지 못한다(제57조 제2항 제3호). 휴가제한에 있어서 매 휴가 시 최초 5일은 보장해야 하기 때문에 휴가횟수의 박탈은 불가능하다. 근신은 훈련이나 교육의 경우를 제외하고는 평상 근무에 복무하는 것을 금하고 일정한 장소에서 비행을 반성하게 하는 것을 말하며, 그 기간은 15일 이내로 한다(제57조 제2항 제4호).

나. 징계의 사유

징계권자[12]는 군인이 ① 군인사법 또는 군인사법에 따른 명령을 위반한 경우, ② 품위를 손상하는 행위를 한 경우, ③ 직무상의 의무를 위반하거나 직무를 게을리한 경우 중의 어느 하나에 해당하는 경우에는 징계위원회에 징계의결을 요구하고, 그 징계의결의 결과에 따라 징계처분을 하여야 한다(제56조). 한편 「군인징계령 시행규칙」(국방부령 제891호; 2016. 4. 11. 개정) 제2조 제1항 나목 관련 [별표 2]에 의하면, 징계심의대상자가 병(兵)인 경우에 있어서 징계양정에 관한 세부기준은 다음의 <표 - 1>과 같다.

---

10) 1992. 12. 2. 「군인사법」 개정(법률 제4506호)을 통하여 부사관의 사기진작과 권위향상을 위하여 부사관에 대한 영창처분을 삭제하였다.

11) 본 절에서 단순히 법조문만 표기한 것은 군인사법상의 규정을 의미함을 일러둔다.

12) 여기서 병에 대한 징계권자는 중대장 및 이에 준하는 부대 또는 기관의 장(제58조 제1항 제5호)이 되는데, 다만 영창처분보다 중한 강등처분의 경우에는 연대장, 함정장 및 전대장 등의 승인을 받아야 한다(제58조 제3항 제4호).

<표 - 1> 병에 대한 징계의 양정 기준

		비행의 정도가 중하고 고의가 있는 경우	비행의 정도가 중하고 중과실이거나, 비행의 정도가 가볍고 고의가 있는 경우	비행의 정도가 중하고 경과실이거나, 비행의 정도가 가볍고 중과실인 경우	비행의 정도가 가볍고 경과실인 경우
1. 성실의 무위반	직무태만13)	강등~영창	영창	휴가제한	근신
	그 밖의 비행 사실14)	강등~영창	휴가제한	휴가제한	근신
2. 복종의무 위반15)		강등	영창~휴가제한	휴가제한~근신	근신
3. 근무지 이탈금지의무 위반16)		강등~영창	영창~휴가제한	휴가제한	근신
4. 공정의무 위반17)		강등~영창	영창~휴가제한	휴가제한~근신	근신
5. 비밀엄수의무 위반18)		강등~영창	영창~휴가제한	휴가제한	근신
6. 청렴의무 위반19)		강등	영창	휴가제한	근신
7. 집단행위 금지의무 위반		강등	강등~영창	영창~휴가제한	근신
8. 품위 유지 의무 위반	성희롱, 성폭력	비행의 정도가 중한 경우		비행의 정도가 가벼운 경우	
		강등~영창		휴가제한~근신	
	그 밖의 비행 사실20)	강등~영창	영창~휴가제한	휴가제한~근신	근신

---

13) 초병근무지이탈(경계근무지 이탈, 일시적 경계근무지 이탈), 초령위반(경계근무 중 수면, 타인에게 대신 경계근무에 임하도록 하는 행위, 타인을 대신하여 경계근무에 임하는 행위), 경계근무소홀(병력통제실패, 경계실패, 흡연·복장해제·휴대금지 품목소지 등 경계의 기본자세에 어긋나는 행위), 근무지이탈(점호나 구보 기타 단체 활동에서 임의로 열외, 수면·라디오청취 등 일과시간 중 근무지에서 근무를 소홀히 하는 행위), 안전사고 등(화재 또는 화재로 인한 인적 피해 야기, 유류고·탄약고 등 폭발, 화재의 위험이 있는 곳에서 흡연 기타 사고를 가져올 위험한 행위), 교통사고 등(운전병이 임무수행 중 음주운전을 한 경우, 운전병이 임무수행 중 과실로 인적·물적 피해, 운전병이 안전수칙·교통법규를 위반), 총기 등 관리(총기 등을 방치하여 일시적으로 분실, 총기 등을 임의방치, 폭발·화재의 위험이 있는 곳에서 위험한 행위), 자해(군무를 기피할 목적으로 자살 또는 자해 시도) 등이 이에 해당한다. 각주 13 내지 각주 20에서 제시되고 있는 구체적인 유형은 육군본부의 「징계규정」(육군규정 180)에서 제시되고 있는 내용임을 밝혀 둔다.

14) 지휘감독소홀(분대장 등의 책임을 가진 자가 감독을 소홀히 하여 사고발생에 영향을 미친 경우), 보고의무위반(구타 및 가혹행위 등 허위보고, 보고누락(피해자 제외), 기타 직무관련 허위보고 및 누락), 직무유기(자신의 임무와 관련하여 고의적으로 직무를 유기, 부주의로 인하여 직무유기) 등이 이에 해당한다.

15) 항명(명령권을 가진 상관의 지시에 고의로 불복종 또는 이행지연), 상관폭행 등(상관 등에 대하여 폭행·협박·상해·모욕 등 행위, 상관 등에 대하여 신체적 접촉을 수반한 불손한 행동, 상관 등에 대하여 언어적으로 불손한 행동), 폭행·가혹행위(신체의 일부 또는 물건을 이용하여 물리적 가격·접촉, 과중·부당한 얼차려 부여, 암기 등 부당 강요, 협박·폭언·욕설 기타 비물리적 가혹행위), 지시불이행(상급자의 적법한 지시에 고의로 불복종, 상급자의 적법한 지시를 받고도 부주의로 임무 불이행, 휴대금지물품 사용, 휴대금지물품 반입, 정치관여 또는 군무 외의 일을 위한 집단행위), 이적성 행위(가입 후 활동, 이적성 글(사진) 등을 게재, 전달) 등이 이에 해당한다.

16) 영외이탈(군무기피 목적의 영외 이탈행위, 군무기피 목적 없는 일시적인 영외 이탈행위, 휴가·외박·면회 등의 사유를 허위로 조작하여 휴가 등을 얻어 내는 행위), 지연복귀 등(군무기피목적으로 휴가·외박·면회 등에서 정하여진 시간보다 지연 복귀한 경우, 군무기피목적 없이 휴가 등의 지연복귀, 교통편을 놓치는 등의 부주의로 지연복귀, 외출·외박 허가구역을 이탈) 등이 이에 해당한다.

17) 허위공문서작성, 문서 위·변조, 직권남용(분대장이 다른 병사에게 부당한 명령을 내리거나 그 지위를 이용하여 의무 없는 일을 하게 하는 행위) 등이 이에 해당한다.

18) 군사보안업무훈령 별표 5(보안사고(위반)자 처리 기준) 내의 보안위반 행위자가 이에 해당한다.

19) 군용물 은닉·반출·손괴, 절도 등(영내에서 타인의 물건을 훔치거나 기망, 폭행 등의 수단으로 물건을 빼앗는 행위) 등이 이에 해당한다.

20) 음주소란 등(술에 취해 위병·간부·동료병사의 제지에 불응, 술을 마시고 난동·폭언·폭행을 하거나 고성방가·인사불성 등으로 영내생활에 지장을 초래, 영내로 주류를 무단으로 반입하거나 영내에서 음주한 경우, 대상관 및 상습 음주소란·추

다. 징계의 현황

(1) 징계처분별 현황

다음의 <표 - 2>는 병 징계처분의 최근 현황을 나타내고 있는데, 가장 두드러진 특징으로 영창처분의 비율이 지속적으로 감소하는 반면에 휴가제한의 비율이 상대적으로 증가하는 현상을 보이고 있다는 점을 들 수 있다. 특히 영창이 전체 징계처분에서 차지하는 비중과 관련하여 2000년의 경우 80.7%, 2001년의 경우 77.7%, 2002년의 경우 76.7% 등인 점[21]을 감안하면, 2016년 기준 약 23%로의 급감은 상당한 의미를 부여할 수 있겠다.

<표 - 2> 병 징계처분의 현황

구 분	2003	2004	2005	2006	2007	2008	2009	2010	2011	2012	2013	2014	2015	2016 6. 30.
강 등	37 (0.19)	0	0	0	5 (0.02)	3 (0.02)	5 (0.04)	9 (0.02)	19 (0.04)	15 (0.02)	13 (0.02)	27 (0.05)	26 (0.05)	24 (0.10)
영 창	13,779 (69.4)	12,513 (62.0)	10,193 (47.8)	10,265 (42.3)	8,960 (35.9)	9,315 (31.6)	11,834 (33.3)	12,763 (33.1)	14,757 (33.0)	15,721 (31.3)	14,723 (28.5)	15,357 (27.0)	13,397 (23.9)	5,441 (23.8)
휴 가 제 한	5,463 (27.5)	6,680 (33.0)	8,269 (38.7)	10,505 (43.2)	12,377 (49.6)	16,175 (54.9)	19,292 (54.2)	21,416 (55.6)	25,376 (56.8)	29,150 (58.1)	31,221 (60.4)	35,254 (61.9)	35,711 (63.7)	14,729 (64.4)
근 신	580 (2.9)	997 (4.9)	2,878 (13.5)	3,524 (14.5)	3,624 (14.5)	3,979 (13.5)	4,435 (12.5)	4,339 (11.3)	4,537 (10.2)	5,279 (10.4)	5,742 (11.1)	6,330 (11.1)	6,933 (12.4)	2,664 (11.7)
합 계	19,859	20,190	21,340	24,294	24,966	29,472	35,566	38,517	44,689	50,165	51,699	56,968	56,067	22,858

출처(2003 - 2011): 형혁규/김선화/김성봉, 「군 영창제도의 쟁점과 개선방안」, 현안보고서 제221호, 국회입법조사처, 2013. 12., 12면.
출처(2012 - 2016): 정보공개결정통지서, "최근 5년간 병에 대한 징계처분 현황(접수번호: 3645575)", 2016. 9. 1.

이러한 영창처분의 급감현상은 휴가제한의 급증현상으로 변모되고 있는데, 그 원인으로는 첫째, 2006. 4. 28. 「군인사법」 개정을 통하여 '영창은 휴가제한이나 근신 등으로 직무 수행의 의무를 이행하게 하는 것이 불가능하고, 복무규율을 유지하기 위하여 신체구금이 필요한 경우에만 처분하여야 한다(제59조의 2 제1항).'라고 하여 보충적으로 활용하도록 한 점, 둘째, 인권담당 군법무관 제도의 시행으로 인하여 영창처분에 대한 적법성 심사가 도입되어 지휘관의 징계권에 대한 사전·사후의 통제가 이루어지도록 한 점, 셋째, 2000년 이후 국가인권위원회, 군 관련 인권단체, 학계 등에서 영창처분의 위헌

테), 도박(영내도박, 상습도박, 단순도박), 군 풍기 위반(상급자의 존재를 인식하였음에도 경례를 하지 않은 행위, 복장불량 또는 자세불량), 음주운전(음주운전으로 인하여 인적·물적 피해를 낸 경우, 단순 음주운전, 무면허·음주측정 거부행위 기타), 성매매 그 밖의 성 관련 규정 위반 등이 이에 해당한다.

21) 최정학, "군 영창제도의 법적 문제점", 「공익과 인권」, 제1권 제1호(2004), 66면 참조.

성에 대한 지속적인 비판이 이루어짐에 따라 인권친화적인 군대문화의 확산이 이루어졌고, 이러한 현상의 연장선상에서 일선 지휘관의 인식에 영향을 끼친 점 등을 들 수 있다.

(2) 징계사유별 현황

다음의 <표 - 3>은 최근 5년 동안의 육군 병 징계사유별 현황을 나타내고 있다.

<표 - 3> 2010년 - 2014년 10월까지 육군 병 징계의 항목별 현황[22]

	강 등	영 창	휴가제한	근 신	불 문	합 계
보고의무위반	1	977	5,428	2,219	277	8,902
근무태만	1	5,708	21,296	5,594	794	33,393
항명	1	308	131	112	11	563
상관폭행·모욕	3	2,469	2,328	411	84	5,295
폭행·상해·언어폭력	9	19,068	20,490	2,186	578	42,331
상습폭행·가혹행위	13	12,622	10,316	1,114	233	24,298
지시불이행	8	8,223	20,229	6,148	966	35,574
군무이탈	0	702	1,049	134	9	1,894
무단이탈	2	1,266	3,328	498	79	5,173
문서위조·변조	1	221	382	74	9	687
허위공문서작성	0	73	251	108	1	433
직권남용	0	79	355	203	24	661
금품관련부정	0	165	382	154	8	709
군수품관련부정	0	324	832	94	34	1,284
강도·절도·사기	2	2,373	1,460	322	43	4,200
군사기밀누설	0	18	25	5	0	48
보안위규	2	2,180	3,375	923	91	6,571
명정추태	0	1,568	2,232	224	33	4,057
도 박	0	575	980	323	22	1,900
음주운전	0	233	168	109	21	531
교통사고	0	24	661	372	15	1,072
군풍기위반	0	344	1,473	1,141	136	3,094
성적 군기위반	3	1,664	1,086	141	38	2,932
내부질서문란	0	56	21	6	5	88
기타 직무관련위반	0	96	219	72	3	390
기 타	0	128	294	83	9	514
합 계	46	61,464	98,791	22,770	3,523	186,594

출차: 진선태, "군무종사자에 대한 징계제도에 관한 연구 - 영창제도를 중심으로 -", 충남대학교 법학석사학위논문, 2015. 2, 56-57면.

---

22) 동 자료는 육군본부에서 2010년부터 2014년 10월까지의 기간 동안 각 부대로부터 보고받은 자료를 종합한 것이다(진선태, "군무종사자에 대한 징계제도에 관한 연구 - 영창제도를 중심으로 -", 충남대학교 법학석사학위논문, 2015. 2, 55면 참조).

<표 - 3>에서 알 수 있듯이, 영창처분 사유의 절반 이상이 구타·가혹행위로 파악되고 있는데, 이로 인한 징계입창 시 가벼운 폭언이나 폭행 등에 의한 경우와 달리 상습적이고 상해를 동반한 폭행의 경우에도 지휘관의 재량에 의하여 형사처벌을 하지 않는 것은 문제가 있다. 특히 구타·가혹행위의 경우 징계처분과 형사처벌을 구별하는 기준이 다소 애매하여 유사한 사안에 대하여 부대별로 그 처분의 상이한 현상이 발생하기도 한다.[23] 또한 군대 내 인권침해사건 발생 시 그동안의 관행 및 인식, 사건의 확산 및 지휘책임의 소재 등을 고려하여 형사입건하는 경우보다는 자체적인 감찰조사를 통하여 징계조치를 선호하는 경향도 영창사유의 분포에 영향을 미치고 있는 것으로 분석된다. <표 - 3>의 내용과 관련하여, 육군에게 적용되고 있는 「징계규정」(육군규정 180)에서 구체적으로 제시하고 있는 병사에 대한 징계양정 사유에 의하면, 군형법·형법·도로교통법 등 현행법상 범죄로 취급되는 행위임에도 불구하고 징계사유로 규정하고 있는 사유들이 다수 존재하고 있는데, 이는 지휘관의 폭넓은 재량에 의하여 형사사건이 아닌 부대 내에서의 징계로 마무리되는 불합리가 초래되고 있는 원인으로 작용하고 있다. 물론 경미한 범죄로 취급되는 행위에 대해서는 단순히 일회성에 그치거나 경과실에 의한 경우, 이를 기소하기에 부적합한 사유에 해당할 수도 있는 사실을 부인할 수 없겠지만, 비교적 중한 범죄라고 할 수 있는 강간, 유사강간, 상해, 상습폭행·가혹행위, 군사기밀누설, 음주운전, 음주측정불응, 무면허운전, 공문서위조, 군무이탈 등에 대해서도 휴가제한 등의 징계로 종결될 수 있도록 한 것은 재고의 여지가 있다.

반면에 ① 수면·흡연·복장해제·휴대금지 품목소지 등 경계의 기본자세에 어긋나는 행위, ② 수면·라디오청취 등 일과시간 중 근무지에서 근무를 소홀히 하는 행위, ③ 유류고·탄약고 등 폭발이나 화재의 위험이 있는 곳에서 흡연 기타 사고를 가져올 위험한 행위, ④ 총기 등의 임의방치, ⑤ 부주의로 인한 직무유기, ⑥ 과중·부당한 얼차려 부여, ⑦ 암기 등 부당 강요, ⑧ 휴대금지물품 반입 또는 사용, ⑨ 교통편을 놓치는 등의 부주의로 인한 지연복귀, ⑩ 외출·외박 허가구역의 이탈, ⑪ 술에 취해 위병·간부·동료병사의 제지에 불응, ⑫ 인사불성 등으로 영내생활에 지장을 초래, ⑬ 영내로 주류를 무단으로 반입하거나 영내에서 음주한 경우, ⑭ 상습 음주추태, ⑮ 상급자의 존재를 인식하였음에도 경례를 하지 않은 행위, ⑯ 복장불량 또는 자세불량, ⑰ 성희롱 등은 현행

---

23) 국가인권위원회 상임위원회 결정, "군 징계 영창제도 개선을 위한 정책권고", 2013. 11. 28, 4면.

법상 범죄행위에 해당하지 않는 경우이기 때문에 군대의 특성을 반영하여 징계사유로 설정한 것은 타당하다.

한편 영창사유의 상당 비중을 차지하고 있는 '지시불이행'과 '직무태만'은 일반적인 징계사유에 해당하는 것으로서 보충적으로 적용되는 일반조항으로서의 역할을 수행하고 있다. 이는 사실상 지휘권자가 의지만 있으면 얼마든지 영창처분을 부과할 수 있다는 점에서 징계사유의 명확성이 보다 요구되는 부분이라고 판단된다. 특히 법률적인 전문가가 아닌 일반 병과의 지휘관이 신체구속을 수반하는 영창처분에 해당하는 징계사유를 일차적으로 판단한다는 것은 그 자체만으로도 일정한 제약사항이 존재하는 것이다.

2. 영창처분의 절차

가. 징계위원회의 심의·의결

영창처분은 징계위원회의 심의를 거쳐야 하는데(제59조 제1항), 징계위원회는 징계처분 등의 심의 대상자보다 선임인 장교·준사관 또는 부사관 중에서 3명 이상으로 구성하되, 장교가 1명 이상 포함되어야 한다. 다만 징계처분 등의 심의 대상자가 병인 경우에는 부사관만으로도 징계위원회를 구성할 수 있다(제59조 제2항).[24] 징계위원회는 위원장 1명을 포함하여 3명 이상 7명 이하의 위원으로 구성한다(군인징계령 제5조 제1항). 징계위원회는 영창처분의 심의대상자에게 서면이나 구술로 충분한 진술 기회를 주어야 하고(제59조 제2항), 이후 징계위원회는 징계권자가 징계의결을 요구한 날부터 30일 이내에 심의·의결하여야 한다(제59조 제3항 본문).

나. 인권담당 군법무관의 적법성 심사

영창은 징계위원회의 의결을 거쳐 병의 인권보호를 담당하는 군법무관의 적법성 심사를 거친 후에 징계권자가 처분하는데(제59조의 2 제2항 본문), 인권담당 군법무관은 징계 사유, 징계 절차 및 징계 정도의 적정성 등 영창처분의 적법성에 관한 심사를 하고 그 의견을 징계권자에게 통보하여야 한다(제59조의 2 제3항). 그리고 징계위원회의 징계

---

24) 징계위원회의 구성이 징계권자의 실질적인 영향력으로부터 자유로울 수 있는가에 대하여 회의적인 시각(최정학, 앞의 논문, 73면)이 있다.

의결 사유가 징계사유에 해당되지 아니한다는 의견인 경우에는 해당 영창처분을 하여서는 아니 되고,[25] 징계 대상자에게 진술할 기회를 주지 아니한 경우 등 절차에 중대한 흠이 있다고 인정한 의견인 경우에는 다시 징계위원회에 회부할 수 있다(제59조의 2 제5항). 이후 인권담당 군법무관으로부터 영창처분 적법성에 관한 의견을 통보받은 때에는 그날부터 15일 이내에 징계처분을 하여야 한다(제59조 제4항 후단). 이는 영창처분에 대하여 법관 이외의 법률전문가의 판단을 받을 기회를 제공하여 무분별한 영창처분에 대한 통제 내지 견제장치로서의 역할을 하기 위함이다. 그러므로 인권담당 군법무관의 심사의견을 통보받은 징계권자는 그 의견을 존중하여야 한다.

<표 - 4> 인권담당 군법무관의 적법성 심사 현황

연도	심사 요청 수	인권담당 군법무관 의견						징계권자 조치			
		적 법		부적법				의견존중		의견 부존중	
				양정 부적정		징계사유불해당/ 중대한 절차상 하자					
		건수	%	건수	%	건수	%	건수	%	건수	%
2009	14,437	8,558	59.3	5,484	38.0	195	1.4	13,299	92.1	1,138	7.9
2010	14,936	9,290	62.2	5,449	36.5	197	1.3	13,875	92.9	1,061	7.1
2011	16,964	10,549	62.2	6,223	36.7	192	1.1	16,197	95.5	767	4.5
2012	19,285	11,135	57.7	7,888	41.0	262	1.4	18,016	93.4	1,269	6.6
2013	18,663	10,310	55.2	8,043	43.1	310	1.7	17,353	92.9	1,310	7.1
2014	19,863	11,232	56.5	8,271	41.6	360	1.9	18,945	95.3	918	4.7
2015	17,774	9,649	54.3	7,700	43.3	425	2.4	17,204	96.8	570	3.2
합계	121,922	70,723	58.0	49,058	40.2	1,941	1.6	114,889	94.2	7,033	5.8

출처(2009 - 2012): 국가인권위원회 상임위원회 결정, "군 징계 영창제도 개선을 위한 정책권고", 2013. 11. 28.
출처(2013 - 2015): 국방위원회 수석전문위원 성석호, "군인사법 일부개정법률안(윤후덕 의원 대표발의) 검토보고서", 2016. 11.

　　최근 7년 동안 이루어진 인권담당 군법무관의 적법성 심사 현황은 위의 <표 - 4>와 같은데, 전체 징계처분 심사요청 121,922건 중 42.0%에 해당하는 부적법 의견을 제시하는 등의 성과를 나타내고 있다. 영창처분이 부적법하다는 판단 사유는 '양정 부적정'이 49,058건(40.2%)으로 가장 많았고, '중대한 절차상 하자' 및 '징계사유 불해당'이 1,941건(1.6%)으로 집계되고 있다. 여기서 한 가지 주의해야 할 점은 2010년 이후 인권담당 군법무관이 '적법'의견으로 판단하고 있는 비율이 점차적으로 감소하고 있다는 것이다.

---

25) 징계위원회에서 영창으로 의결한 사유가 징계사유에 해당하지 아니한다는 인권담당 군법무관의 의견을 통보받은 징계권자는 해당 영창처분을 할 수 없고, 동일한 사유로 징계처분을 할 수 없다(육군 징계규정 180 제28조의 2; 2014. 6. 16. 시행).

특히 '중대한 절차상 하자' 및 '징계사유 불해당' 비율이 상대적으로 증가하고 있다는 점은 부적법성의 정도가 심각하다는 점을 보여주는 예이다. 또한 징계권자는 인권담당 군법무관의 심사의견을 존중해야 함에도 불구하고, 심사한 영창처분 가운데 7,033건(5.8%)에 대한 의견을 반영하지 않았다. 이에 대하여 지휘관이 영창처분을 발하고 난 이후 인권담당 군법무관이 사후적으로 이를 취소하게 되면 지휘관의 부대 지휘권이 손상됨은 물론 지휘권과 인권담당 군법무관 사이의 갈등을 유발할 가능성이 있다는 문제점이 지적[26]되고 있다.

다. 영창처분에 대한 불복방법

영창처분을 받은 사람은 인권담당 군법무관의 도움을 받아 그 처분을 통지받은 날부터 30일 이내에 장관급 장교가 지휘하는 징계권자의 차상급 부대 또는 기관의 장에게 항고[27]할 수 있다. 다만 국방부장관이 징계권자이거나 장관급 장교가 지휘하는 징계권자의 차상급 부대 또는 기관이 없는 경우에는 국방부장관에게 항고할 수 있다(제60조 제1항). 이에 따라 영창처분에 대한 항고가 제기된 경우에는 그 집행을 정지하여야 하는데(제60조 제5항), 이는 일단 인신을 구속하는 영창처분의 집행이 이루어지고 난 후에는 사후에 그것이 취소되더라도 침해된 신체의 자유를 원상회복할 방법이 없다는 점을 고려[28]한 것이다. 이후 항고를 받은 국방부장관과 부대 또는 기관의 장은 항고심사위원회의 심사를 거쳐 원래의 영창처분을 취소하거나 감경할 수 있다. 다만 원징계처분보다 무겁게 징계하는 결정을 하지 못한다(제60조 제6항). 참고로 금태섭 더불어민주당 의원이 2016. 10. 7. 군사법원으로부터 제출받은 자료에 따르면, 최근 5년 동안 영창처분에 불복하여 항고한 사례가 총 1,182건 있었는데, 여기에서 최초의 영창처분이 부당하거나 과중하다고 인정되어 감경되거나 취소된 사례가 각각 392건(34.0%), 51건(4.4%)이나 되었다.[29]

---

26) 형혁규/김선화/김성봉, 앞의 보고서, 33면. 이에 따라 인권담당 군법무관의 관여가 영창처분의 적법성을 강화하기 위한 목적이라면 지휘관의 영창처분 전에 군사법원 또는 군판사의 동의를 얻도록 하는 방안이 보다 바람직하다고 한다.

27) '항고'라는 용어가 일반적으로 불복방법으로서 사법적 판단을 전제로 하고 있다는 점을 고려한다면, 징계입창자의 사후적 권리구제에 대한 용어로서 적절한지는 의문이다(신양균, "군 영창제도에 대한 검토", 「법과 사회」, 제45호(2013), 141면).

28) 2015. 7. 24. 개정된 「의무경찰대 설치 및 운영에 관한 법률」 제6조 제2항 단서에 의하면 '영창처분에 대한 소청 심사가 청구된 경우에는 이에 대한 결정이 있을 때까지 그 집행을 정지한다.'라고 규정하여, 기존의 법이 집행정지 효력이 없는 소청절차를 두어 실효성 없는 구제절차를 둔 것에 대한 반성적 고려를 한 바 있다.

29) http://news.inews24.com/php/news_view.php?g_serial=983928&g_menu=050220 (2017. 1. 24. 최종검색).

라. 영창처분의 집행

징계권자는 부대나 함정의 영창, 그 밖에 구금시설을 관리하는 책임자에게 영창처분을 집행하도록 하게 할 수 있다. 이 경우 그 책임자는 영창처분을 받은 자를 형사피의자나 형사피고인과 분리하여 수용하여야 한다(군인징계령 제22조 제2항). 또한 징계권자는 영창을 집행한 때부터 48시간 이내[30])에 영창처분을 받은 사람의 법정대리인, 배우자, 직계친족, 형제자매 중 영창처분을 받은 사람이 지정한 사람에게 징계사건명, 집행 일시, 집행 장소, 징계 사실의 요지, 징계 사유 및 징계처분의 효과를 알려야 한다. 다만, 영창처분을 받은 사람이 통지를 원하지 아니하는 경우에는 그러하지 아니하다(제59조의 2 제6항).

Ⅲ. 군 영창제도의 문제점

1. 영장주의의 위배

가. 기존의 논의

현재 시행되고 있는 병사에 대한 영창처분이 헌법 제12조 제3항에서 규정하고 있는 영장주의에 위배되는지 여부와 관련하여 소극설과 적극설의 대립이 있는데, 먼저 소극설의 입장에서는 다음과 같은 논거를 제시하고 있다. 첫째, 영창처분은 수사기관이 아닌 지휘관이, 형사절차가 아닌 행정절차에 따라 부과하는 것이기 때문에 영장주의의 적용 대상이 될 수 없다. 헌법 제12조 제3항에서 규정하고 있는 영장주의란 형사절차와 관련하여 체포·구속·압수·수색의 강제처분을 할 때 신분이 보장되는 법관이 발부한 영장에 의하지 않으면 안 된다는 원칙[31])으로, 형사절차가 아닌 징계절차에도 그대로 적용된다고 볼 수 없기 때문에 영창제도는 헌법상 영장주의에 위반되는지 여부를 더 나아가 판단할 필요가 없다.[32]) 둘째, 영창처분은 행정상의 징계벌인 강제처분으로 영장주의를

---

30) 이에 대하여 영창집행 후 '즉시' 가족 등에게 통보할 필요가 있다는 견해로는, 남선모, "군 영창제도의 개선에 관한 고찰 - 영창제도의 폐지를 중심으로 -", 「법학연구」, 제16권 제3호(2016), 128면.

31) 헌법재판소 2015. 9. 24. 선고 2012헌바302 결정.

32) 헌법재판소 2016. 3. 31. 선고 2013헌바190 결정; 헌법재판소 1997. 3. 27. 선고 96헌바28 결정.

적용할 경우 군대의 질서유지와 전투력 보존이라는 차원에서 요구되는 즉시강제의 취지에 어긋난다. 셋째, 형사처벌을 최소화하여 전과자 양산의 방지에 기여하고, 구타 등의 단순 형사범을 신속하게 처리함으로써 자살이나 탈영 등의 폐해를 억제할 수 있기 때문에 영창처분은 유지되어야 한다.[33]

이에 반하여 적극설의 입장에서는 다음과 같은 논거를 제시하고 있다. 첫째, 영장주의의 본질은 신체의 자유를 침해하는 강제처분을 함에 있어서는 인적·물적 독립을 보장받는 제3자인 법관의 구체적 판단을 거쳐 발부한 영장에 의하여야만 한다는데 있다. 신체의 자유를 침해하는 강제처분은 형사절차 이외의 국가권력 작용에서도 얼마든지 일어날 수 있는데, 공권력의 행사로 인하여 신체를 구속당하는 국민의 입장에서는, 그러한 구속이 형사절차에 의한 것이든, 행정절차에 의한 것이든 신체의 자유를 제한당하고 있다는 점에서는 본질적인 차이가 있다고 볼 수 없다. 오히려 신체의 구속에 대한 절차가 구체적으로 형사소송법에 규정되어 있는 형사절차와 달리, 행정절차에서는 그러한 규제가 상대적으로 덜 갖춰져 있어 신체의 자유에 대한 침해가 더 심각하게 발생할 수도 있다. 결국 영장주의는 단순히 형사절차에서의 체포·구속에 대한 헌법상의 원칙이 아니라, 그 형식과 절차를 불문하고 공권력의 행사로 국민의 신체를 체포·구속하는 모든 경우에 지켜야 할 헌법상의 원칙 내지 원리[34]라고 보는 것이 타당하다.[35] 둘째, 영창처분은 신체의 자유를 박탈하는 감금을 본질적인 내용으로 하기 때문에 형식적으로는 징계벌의 일종으로 파악할 수밖에 없지만, 그 실질은 구류형과 유사한 형벌적인 요소가 있음을 부인할 수 없다.[36] 군이라는 외부로부터 다소 격리된 사회에서 오히려 신체의 구금을 넘어 구금상태에서도 입창자의 행동까지 통제한다는 점에서 기본권 침해의 요소가 더욱 강하게 나타나기도 한다. 셋째, 영창처분의 집행에 앞서 인권담당 군법무관의 관여를 인정하고 있지만, 군대라는 사회의 특성상 이러한 개입에는 한계가 있기 마련이기 때문에, 영장주의를 영창제도에도 관철시키기 위해서는 군판사의 영장 또는 이에 준하는 허가를

---

33) 박종형, "영창제도의 필요성과 효과, 그리고 개선지점에 대하여", 영창제도 개선 토론회 자료집, 국회 국방위원회 간사 이철희 의원실, 2016. 11, 92면.

34) 대법원 1995. 6. 30. 선고 93추83 판결(지방의회에서의 사무감사·조사를 위한 증인의 동행명령장 제도도 증인의 신체의 자유를 억압하여 일정 장소로 인치하는 것으로서 헌법 제12조 제3항의 '체포 또는 구속'에 준하는 사태로 보아야 하고, 거기에 현행범 체포와 같이 사후에 영장을 발부받지 아니하면 목적을 달성할 수 없는 긴박성이 있다고 인정할 수는 없으므로, 헌법 제12조 제3항에 의하여 법관이 발부한 영장의 제시가 있어야 함에도 불구하고 동행명령장을 법관이 아닌 지방의회 의장이 발부하고 이에 기하여 증인의 신체의 자유를 침해하여 증인을 일정 장소에 인치하도록 규정된 조례안은 영장주의 원칙을 규정한 헌법 제12조 제3항에 위반된 것이다).

35) 신양균, 앞의 논문, 139면.

36) 형혁규/김선화/김성봉, 앞의 보고서, 27면.

통한 신체구금이 필요하다. 넷째, 영창처분의 사유에 해당하는 것 가운데에는 현행법상 범죄로 분류되는 것이 상당 부분을 차지하고 있는데, 이를 영창처분으로 해결하고자 하는 시도는 지휘관의 사적 형벌이라는 인식을 확산시킬 수 있다. 또한 징계처벌이 형사처벌을 대신 또는 우선하는 현상이 군 조직 내부에 만연됨으로 인하여 결국 법률의 규정과 내용보다는 징계권자인 해당 부대 지휘관의 판단과 결정이 우선시되는 왜곡현상을 초래할 수 있다.[37]

나. 외국의 입법례

우리나라의 영창처분이 영장주의에 위배되는지 여부를 파악하기 위하여 외국의 입법례를 간략히 살펴보기로 한다. 먼저 독일기본법은 형사절차인지 여부를 불문하고 모든 자유 박탈의 허용과 계속은 법관만이 결정하도록 규정하고 있다. 독일의 군징계령 (Wehrdisziplinarordnung)에 의하면, 군사법원이 선고할 수 있는 사법적 징계(복지제한, 진급제한, 감봉, 강등, 퇴직금감액, 퇴직금몰수, 계급박탈)와 지휘관이 부과할 수 있는 단순징계(견책, 중견책, 징계금, 영내 대기(근신), 영창)로 구분하고 있는데,[38] 이 가운데 영창(Disziplinararrest)의 기간은 최소 3일에서 최대 3주 사이로 하고 있다(제26조). 동 처분은 교육·훈련으로는 목적의 달성이 불가능하거나 군질서 유지를 위하여 신체구금이 필요한 경우에 한하여 부과하도록 함으로써 다른 징계처분과 달리 특히 비례의 원칙을 준수하도록 요구하고 있다(제38조). 또한 동 처분을 부과하기 위해서는 판사의 관여가 필수적으로 요구되는데, 징계권자는 해당 병사에게 영창처분을 부과하고자 하는 경우에 군사법원의 판사가 동의한 후에야 비로소 가능하다(제40조). 한편 징계처분의 집행 전에 항고를 제기하는 경우에는 그 집행이 정지되고, 이러한 항고는 우리나라와 달리 군 내부 행정기관의 일종인 위원회가 아닌 군사법원에 제기하도록 규정하고 있다(제42조).

다음으로 미국의 「통일군사법전」(Uniform Code of Military Justice(UCMJ))에서는 지휘관의 징계처분에 관한 규정으로 제815조 ART. 15.(Commanding Officer's Non-judicial Punishment)에서 단 하나의 조문만을 두고 있고, 이에 대한 구체적인 내용은 하위법에 해당하는 「군사법원 교범」(Manual for Court-Martial(MCM))에서 규정하고 있다. 이에

---

37) 이세주, "군 징계권, 수사권, 사법권에 대한 헌법적 검토", 「헌법판례연구」, 제14권(2013), 131면.
38) 이계수, 「군 수사와 사법제도 현황 및 개선방안 연구」, 2015년도 인권상황 실태조사 연구용역보고서, 국가인권위원회, 2015. 12, 284면.

의하면 지휘관이 사소한 의무위반 행위에 대하여 행하는 비사법적 징계의 하나로 '교정구금(correctional custody)'을 규정하고 있는데, 이는 물리적으로 구금되는 징계로서 우리나라의 영창처분과 유사한 면이 있지만, 그 실질은 매우 다르다는 측면을 간과해서는 아니 된다.[39] 지휘관의 동 처분이 부당하다고 판단되는 경우에 징계대상자는 비사법적 징계처분 결정의 통지를 받은 때로부터 24시간 이내에 군법회의에 의한 재판을 청구할 수 있고(MCM Ⅴ. 3. Right to demand trial, AR(Army Regulation) 27-10 3-16 c.), 해당 병사가 재판청구권을 행사하게 되는 경우에는 약식군법회의, 특별군법회의 또는 보통군법회의에 의하여 재판받을 수 있음을 고지 받게 된다(AR 27-20 3-18 d.). 그 결과 비사법적 징계절차는 종료된다(MCM Ⅴ. 4. b.)는 특징이 있다. 이와 같이 미국의 경우에는 비행을 저지른 해당 병사는 자신이 원하는 경우에 언제나 군법회의의 재판을 받을 권리가 보장되어 있다는 점에서 적어도 우리나라의 영창처분의 집행과정에서 논란이 되고 있는 영장주의의 시비에서 다소 자유로울 수 있다.

이러한 외국의 입법례와 비교하더라도, 법관이 전혀 관여할 여지가 없는 징계로서의 영창처분은 그 유례를 찾기 어려운 불합리한 제도임을 알 수 있다. 미국과 독일의 경우 병사에 대한 신체의 자유를 제한하고자 할 경우에는 적법절차를 준수하고 독립적인 지위가 보장되는 법관에 의한 통제를 받아야 한다는 것을 원칙으로 삼고 있다. 독일은 영창처분의 결정에 대하여 사전에 판사에 의한 심사가 이루어져야 하며, 미국은 영창처분의 집행에 앞서 병사의 선택권이 절차적으로 인정되고 있다. 또한 법관의 결정 없이 지휘관의 명령에 의해 신체의 자유를 박탈하는 영창제도는 세계인권선언 및 국제인권 B규약(시민적 및 정치적 권리에 관한 국제규약)에서 규정한 자의적 구금의 금지원칙을 위반하는 것이다.[40] 특히 국제인권 B규약 제9조 제4항에 의하면, '자유를 박탈당한 자는 누구든지 법원에 대하여 억류의 합법성을 지체 없이 결정하고, 자신의 억류가 합법적이 아닐 경우 석방될 수 있도록 법원에 절차를 취할 권리를 가진다.'라고 하고 있는데, 현재의 영창제도는 일반 장교가 중심이 된 항고심사위원회를 통한 이의제기만 가능하므로 동

---

39) 미국의 'correctional custody'에 대하여 보다 자세한 내용으로는 진선태, 앞의 논문, 23-30면 참조. 미국의 경우 그 시설과 관련하여 강철로 된 유리창망, 담장, 콘서티나형 철조망 또는 경계탑과 같은 물리적인 장애물은 사용되어서는 안 되며, 어떠한 문도 잠겨있으면 안 되고, 병사에 대하여 신체에 대한 구속 장치, 즉 계구를 사용하지도 못한다. 이러한 점에 비추어 볼 때 미국의 'correctional custody'는 우리나라의 영창처분과 매우 다른 성격의 제도라는 점을 알 수 있다.

40) 세계인권선언 제9조는 "어느 누구도 자의적인 체포, 구금 또는 추방을 당하지 아니한다."라고 규정하고 있고, 국제인권 B규약 제9조 제1항은 "모든 사람은 신체의 자유와 안전에 대한 권리를 가진다. 누구든지 자의적으로 체포되거나 또는 억류되지 아니한다. 어느 누구도 법률로 정한 이유 및 절차에 따르지 아니하고는 그 자유를 박탈당하지 아니한다."라고 규정하고 있다.

규약에 정면으로 위반된다.[41)]

다. 검 토

헌법에 규정된 영장주의의 기본적인 취지는 국민의 신체의 자유를 제한하고자 함에 있어서 원칙적으로 사전에 사법적인 통제의 절차를 거치도록 하기 위함이다. 이러한 점에 비추어 볼 때 영장주의의 적용대상을 반드시 형사절차에 국한시킬 당위성보다는 형사절차이든 행정절차이든 묻지 아니하고 그 실질이 신체의 자유에 대한 제한이라고 파악되는 영역에 적용되어야 할 필요성이 요구된다. 한편 행정작용의 특성상 영장주의를 고수하다가는 도저히 그 목적을 달성할 수 없는 경우에는 영장주의의 예외가 인정될 수 있다. 헌법재판소가 행정상 즉시강제는 그 본질상 급박성을 요건으로 하고 있어 법관의 영장을 기다려서는 그 목적을 달성할 수 없어 원칙적으로 영장주의가 적용되지 않는다고 판시[42)]한 것도 이와 같은 맥락이다. 현행법은 영장주의의 예외적인 사유로서 긴급체포와 현행범인에 대한 체포 등을 규정하고 있는데, 이러한 예외 인정의 근거에 비추어볼 때도 영창처분은 그 정당성에 의문이 간다. 왜냐하면 영창처분은 과거의 비행에 대한 사후적인 징계벌에 해당하여 긴급한 사정이라는 행위상황이 요구되지 않기 때문이다. 일각에서는 군대의 질서유지와 전투력 보존이라는 차원에서 요구되는 즉시강제의 취지에 부합하기 위해서라도 영장주의의 예외가 인정되어야 한다고 하지만, 헌법상 보장된 영장주의의 취지가 보다 상위의 가치로 평가되기 때문에 이러한 주장은 타당하지 않다. 결국 「출입국관리법」, 「결핵예방법」, 「후천성면역결핍증 예방법」, 「정신보건법」, 「감염병의 예방 및 관리에 관한 법률」 등의 개별 법률들에서 규정하고 있는 행정상의 인신구속과 영창처분을 통한 인신구속은 그 목적과 성질이 매우 상이하기 때문에 동일선상에서 비교하는 것은 불합리하다.[43)]

참고로 2006. 4. 28. 「군인사법」 개정을 통하여, 영창처분에 대한 영장주의 적용의 논란을 억제하기 위하여 도입된 인권담당 군법무관의 적법성 심사제도는 일정 수준의 실효성을 갖추고 있다는 평가가 가능하다. 하지만 현재 영창처분에 대한 적법성 심사에 국한되어 있는 동 제도를 다른 징계처분에 대한 적법성 심사에 있어서도 충분히 활용해야

---

41) 정인섭, "「시민적 및 정치적 권리에 관한 국제규약」과 군장병 인권", 「법학」, 제48권 제4호(2007), 44면.

42) 헌법재판소 2002. 10. 31. 선고 2000헌가12 결정.

43) 이세주, "징계처분에 의한 인신구속의 헌법적 검토", 「헌법학연구」, 제18권 제3호(2012), 384면.

할 것이다. 또한 영창처분이 폐지된 이후에 등장하게 될 대안으로서의 징계처분에 대해서도 이들에 의한 적법성 심사는 얼마든지 가능한 것이다. 그러므로 현재의 인권담당 군법무관제도는 보다 활용도가 높아질 것으로 기대되는데, 실질적인 적법성 심사를 위하여 군대 내 법무참모부 또는 법무실에 편성된 소속을 변경하는 등의 방법으로 그 독립성을 강화하는 방안이 마련되어야 한다. 왜냐하면 영창처분을 받는 병의 인권보호를 위해 중요한 역할을 담당하는 인권담당 군법무관이 소속 부대의 법무참모 등의 임무를 수행하면서 인권담당 군법무관을 겸임함에 따라, 이들 대부분이 각 군의 사단급·전단급 및 비행단급의 부대장의 지휘 및 감독을 받고 있어 지휘관으로부터의 독립성 확보가 미흡하다는 문제가 제기되고 있기 때문이다. 그러므로 인권담당 군법무관의 독립성 보장은 군 지휘관에 의한 자의적인 징계처분을 공정하게 심사하고 통제하여야 하는 역할을 위해서 반드시 필요한 것이다.[44]

2. 적법절차의 원칙의 위배

가. 기존의 논의

헌법 제12조 제1항은 "모든 국민은 신체의 자유를 가진다."라고 규정하여 신체의 자유를 헌법상 기본권의 하나로 보장하고 있다. 신체의 자유는 신체의 안정성이 외부로부터의 물리적인 힘이나 정신적인 위험으로부터 침해당하지 아니할 자유와 신체활동을 임의적이고 자율적으로 할 수 있는 자유를 말한다. 여기서 영창처분이 헌법상 보장된 적법절차의 원칙에 위배되는지 여부와 관련하여 소극설과 적극설의 대립이 있는데, 먼저 소극설의 입장[45]에서는 다음과 같은 논거를 제시하고 있다. 첫째, 영창처분은 그 사유가 제한되어 있고, 징계 심의 및 집행에 있어 징계대상자의 출석권과 진술권이 보장되며, 법률에 의한 별도의 불복절차가 마련되어 있는데, 이러한 점들을 종합하면 영창처분이 헌법에서 요구하는 수준의 절차적 보장 기준을 충족하지 못했다고 볼 수 없다. 둘째, 영

---

44) 2016. 7. 18. 자 윤후덕 의원 대표발의 군인사법 일부개정법률안(의안번호: 2000948)에 의하면, 군인사법 제59조의 2 제5항을 '국방부장관 또는 각 군 참모총장은 임명한 소속 인권담당 군법무관을 그 직속하에 두고 지휘·감독한다. 이 경우 각 군 참모총장은 소속 사단장(여단장을 포함한다), 전단장, 비행단장 또는 그와 같은 급의 부대나 기관의 장의 상급부대나 기관의 장(이하 이 조에서 "상급부대 등의 장"이라 한다)에게 그 상급부대 등의 장이 관할하는 부대 또는 기관의 범위에서 인권담당 군법무관의 지휘·감독을 위임할 수 있다.'라고 제안하고 있다.

45) 헌법재판소 2016. 3. 31. 선고 2013헌바190 결정 가운데 재판관 박한철, 재판관 김창종, 재판관 서기석, 재판관 조용호의 합헌의견.

창처분에 의해 병사에 대한 인신구금과 복무기간 불산입이 이루어지는 점을 고려하면 영창처분은 다른 징계수단보다 더 강한 위하력을 발휘하는 징계처분이라 할 것이고, 그러한 효과를 가지지 않는 다른 징계수단이 엄중한 복무위반 행위를 예방 및 제재함에 있어 영창과 동등하거나 유사한 효과가 있다고 단정할 수 없다. 셋째, 복무규율 위반의 정도와 책임에 상응하는 징계처분을 할 수 있는 기준이 마련되어 있어 영창처분의 남용 가능성이 크다고 볼 수 없다.

이에 반하여 적극설의 입장46)에서는 다음과 같은 논거를 제시하고 있다. 첫째, 행정절차에 의한 구속을 규정하는 법률의 위헌 여부를 심사하면서, 영장주의 위배 여부를 판단하지 않은 채 일반적인 적법절차원칙의 위배 여부만을 판단하는 것은 가장 핵심적인 사항에 대하여 판단하지 않는 것이 되어 충분한 심사라고 보기 어렵다. 영창처분은 행정기관에 의한 구속에 해당함에도 불구하고, 그러한 구속이 법관의 판단을 거쳐 발부된 영장에 의하지 않고 이루어지므로, 헌법 제12조 제3항의 영장주의에 위배된다. 헌법 제12조 제3항은 헌법 제12조 제1항의 특별규정이므로, 영창처분과 관련된 내용이 영장주의에 위배된다고 판단하는 이상, 헌법 제12조 제1항의 적법절차원칙 위반 여부를 별도로 판단할 필요는 없다. 둘째, 영창처분은 신체의 자유를 직접적·전면적으로 박탈하는 것이므로, 원칙적으로 허용되어서는 아니 된다. 이러한 구금이 일부 허용될 수 있다고 보더라도, 이는 복무규율 유지를 위해 신체구금이 불가피할 정도로 중대한 비위 행위에 대하여 예외적으로만 허용되어야 하며, 다른 모든 징계수단을 동원하여도 소용이 없는 경우에 한하여 보충적으로 이루어져야 한다. 셋째, 현행 법령에 규정되어 있는 영창처분 사유들은 지나치게 포괄적이고 그 비위의 정도나 정상의 폭이 매우 넓어서, 비난가능성이 그다지 크지 아니한 경미한 행위들까지 징계의 대상이 될 수 있다.

나. 검 토

국방부, 육군본부 등 관계기관의 지속적인 노력으로 인하여 징계입창자에 대한 처우가 과거와 비교하여 많은 부분에 있어서 개선되고 있지만, 아직까지도 거실에서의 대화 금지, 정좌자세의 강요,47) 야외활동시간의 보장 미비, 벽에 등을 기댈 수 없도록 제재,

---

46) 헌법재판소 2016. 3. 31. 선고 2013헌바190 결정 가운데 재판관 이정미, 재판관 김이수, 재판관 이진성, 재판관 안창호, 재판관 강일원의 위헌의견.
47) 국가인권위원회 침해구제 제1위원회 결정, "2013년 군 영창 방문조사에 따른 권고", 2013. 11. 29.

전화사용·서신교환 등 외부교통권에 대한 미고지 및 제한, 징계입창자 면회접견 시 교도관 등의 참관[48] 등을 하는 사례가 파악되고 있어, 어떠한 측면에서는 교도소에 구금되어 있는 수형자보다 더욱 활동이 제한되고 있는 실정이다. 특히 시설의 안전과 질서유지를 위하여 어느 정도의 통제가 불가피한 것이라고 할지라도 사적인 대화의 금지 또는 정좌자세의 강요는 일반적 행동자유권을 지나치게 침해하는 것이기 때문에 이러한 악습을 원천적으로 금지하는 것을 내용으로 하는 규정의 신설이 필요하다. 또한 징계항고권이 법적인 권리로 인정되고 있기는 하지만, 군조직의 특성상 현실적인 행사가 매우 어렵다는 점을 감안해야 한다. 신체의 자유에 대한 중대한 기본권 제한사유인 영창처분에 대하여 통상의 징계처분과 동일하게 장관급 장교가 지휘하는 징계권자의 차상급 부대 또는 기관의 장에게 항고할 수 있도록 규정한 것은 형평의 관점에서 문제점으로 지적되기 때문이다. 특히 위법한 행정처분 또는 사인에 의한 시설에의 수용으로 인하여 부당하게 인신의 자유를 제한당하고 있는 개인의 구제절차를 마련함으로써 헌법이 보장하고 있는 국민의 기본권을 보호하는 것을 목적으로 하고 있는 「인신보호법」 제3조에 의하면, 피수용자에 대한 수용이 위법하게 개시되거나 적법하게 수용된 후 그 사유가 소멸되었음에도 불구하고 계속 수용되어 있는 때에는 피수용자 등이 '법원'에 구제를 청구할 수 있도록 한 것과 대비되는 부분이다. 영창처분에 대한 불복방법을 중립성과 독립성이 보장된 사법부 등의 외부기관이 아니라 영창처분 부과의 주체 측에게 의존하도록 하고 있는 것은 다른 법령과 달리 피수용자에게 불리한 작용을 하고 있는 것이다.

생각건대 영창처분과 관련된 현행 법령은 과거에 비하여 징계입창자의 권리 보장에 진일보한 것으로 평가할 수 있다. 이러한 점에서 형식적 의미의 적법절차의 원칙에 위배된다고 단정하기는 곤란할 것이다. 하지만 현행 법령에 규정된 여러 가지 징계입창(예정)자의 권리가 실질적이고 살아있는 권리로서 현실화되고 있는지 여부는 별개의 문제로 파악할 필요가 있다. 장교 등 간부계급층에서 주장되고 있는 영창처분의 가장 강력한 인정논거라고 할 수 있는 것이 바로 군대 내의 지휘·복종 관계라는 특수한 상황이다. 하지만 반대로 병사들이 자신에게 주어진 권리가 단지 법령 속에서만 그 의미를 찾을 수 있다고 항변하는 가장 강력한 이유로 제시하고 있는 것 또한 군대 내의 지휘·복종 관계라는 특수한 상황인 것이다. 결국 군대 내의 지휘·복종관계가 합법적이고 정당성

---

48) 국가인권위원회 침해구제 제1위원회 결정, "군 영창 방문조사에 따른 권고", 2011. 10. 12.

을 가지기 위해서는 이에 대한 통제수단이 내부에서의 작용에 그쳐서는 아니 되고, 독립적이고 중립적인 외부로부터의 작용에 이르러야 한다. 신체에 대한 직접적인 제한을 수반하는 영창처분의 부과를 위한 심의, 의결, 집행 및 이에 대한 불복에 이르기까지 법관에 의한 관여가 전혀 보장되어 있지 않은 현행 제도는 이러한 의미에서 실질적 의미의 적법절차의 원칙에 부합하지 않는 것으로 판단된다.

3. 과잉금지의 원칙의 위배

가. 자의적인 처분의 가능성 농후

영창처분은 지휘관의 자의적인 처분에 따라 동일한 사건임에도 불구하고 부대마다의 징계수준에 차이가 발생할 수밖에 없기 때문에 형평성의 원칙에 위배될 소지가 다분하다. 특히 영창처분은 잠재적 비행병사를 염두에 둔 군기잡기의 일환으로 남용될 여지가 있으며, 경우에 따라서는 형벌을 부과 받아야 할 범죄행위가 지휘관의 재량에 의하여 영창처분으로 축소 및 은폐되는 폐단도 발생할 수 있다.49) 다소 광범위하고 포괄적인 영창처분의 사유는 군 조직의 기강확립과 특수성이라는 성질과 결부되어 지휘관에게 상당한 재량을 보장하고 있는데, 이는 오히려 군 기강확립이라는 목적에도 역행할 수 있는 심각한 문제로 이어질 수 있는 것이다. 더욱이 징계권을 발동할 수 있는 지휘관의 범위가 일선 부대의 중대장까지로 폭넓게 설정되어 있는 점은 법률의 비전문가로 하여금 형벌에 준하는 구금처우를 가능하게 함으로써 징계입창자로 하여금 거부감을 유발시키는 원인이 된다. 또한 당해 사건이 기소가 아닌 징계처분으로 종결되는 경우에는 피해병사의 입장에서도 불공정한 조치가 되어 군에 대한 불신을 야기할 수 있고, 영창처분이 형벌을 회피하는 수단으로 전락하여 일반인과의 형평성과도 문제가 되며, 군대 내 악습인 구타·가혹행위를 근절시키지 못하게 방해하는 요인으로 작용할 수 있다. 그러므로 지휘권자에 따른 자의적 영창처분을 방지하기 위해서 영창처분이 필요한 경우와 형사처벌이 필요한 경우를 보다 명확하게 구별할 필요가 있다.

---

49) 이만종, "군 징계 영창제도 개선에 대한 법적 고찰", 「한국경찰연구」, 제8권 제3호(2009), 124면.

나. 영창처분일수의 복무기간 불산입

현역병이 징역·금고·구류의 형이나 영창처분을 받은 경우 또는 복무를 이탈한 경우에는 그 형의 집행일수, 영창처분일수 또는 복무이탈일수는 현역 복무기간에 산입하지 아니한다(병역법 제18조 제3항). 동 규정 가운데 '영창처분을 받은 경우' 부분은 1980. 12. 4. 병역법 개정을 통하여 추가되었다가 1993. 12. 31. 개정에서 삭제되었는데, 이후 1997. 1. 13. 개정을 통하여 다시 추가된 전례가 있다. 이에 대하여 당시 국회 차원에서 논의된 검토보고서의 내용을 살펴보면, 긍정적 효과로는 영창처분이 징계벌의 성격을 갖고 있어 징역·금고 등과 같은 형벌이 수형자에게 실질적으로 미치는 사회적 불이익 등의 효과로 인한 범죄예방심리효과가 큰 데 비하여 상대적으로 약함으로서 영창처분을 감수하고라도 고된 군사훈련 등을 회피하려는 군기사범 등에게 영창처분에 대한 불이익 결과를 예고하여 줌으로써 군복무기강 확립에 기여할 것으로 기대된다고 하고 있다. 반면에 부정적 효과로는 영창처분사유 중 가장 많은 명령위반, 근무태만이나 풍기문란 등 군복무 중 일순간의 실수나 경미한 과오로 인하여 종전의 경징계의 한 종류인 영창처분을 받은 자를 형벌의 경우와 마찬가지로 영창기간을 복무기간에서 제외시키는 것은 이중처벌 하는 결과를 가져올 뿐 아니라, 병역법을 1993. 12. 31. 전문개정하면서 종전의 영창처분기간의 군복무 불산입규정을 삭제한 바 있는 규정의 입법취지로 볼 때에도 입법정책의 일관성이 결여되어 있다는 지적을 하고 있다.[50]

생각건대 징계입창자의 입창일수를 군복무기간에 산입하였던 시절에, 힘들고 고된 훈련을 할 시기가 되면 사소한 비행을 의도적으로 저질러 영창처분을 받고 입창하는 악용의 사례가 빈발하게 된 것이 이와 같은 재신설의 이유로 파악된다. 하지만 이러한 사례의 악용을 방지하기 위하여 영창처분일수를 군복무기간에서 제외시키는 극단적인 조치를 취하는 것보다는 영창처분의 집행시기를 힘들고 고된 훈련이 종료한 이후로 미루는 방안이 훨씬 더 효과적인 대안이라고 판단된다. 특히 영창처분이 집행되는 기간 동안 군인이라는 신분요소에 아무런 변화가 없음에도 불구하고 이를 군복무기간에서 제외하는 것은 타당하지 않다. 또한 형사사건으로 구속되었다가 기소유예처분을 받은 병사의 경우 미결구금기간이 군복무기간에 산입되는데, 이보다 경미한 행정처분사건으로 입창된 기간을 군복무기간에서 제외하는 것은 형평성의 원칙에도 위배된다.[51] 한편 병역법에

---

50) 국방위원회 수석전문위원 조재석, "병역법 중 개정법률안 검토보고서", 1996. 12, 5면.

의하면, 징역·금고·구류의 형과 같이 형사처벌을 받은 전력을 영창처분을 받은 전력과 동일하게 다루면서 현역 복무기간에 불산입하고 있는데, 이는 양자를 동일하게 파악할 수 없기 때문에 영창처분의 경우에 영장주의가 적용이 되지 않는다는 헌법재판소의 결론과 배치되는 태도이다. 결국 영장주의의 적용과 같이 징계입창자에게 유리한 경우에는 형벌에 준하는 성격으로 보지 않으면서, 이와는 반대로 복무기간의 불산입과 같이 징계입창자에게 불리한 경우에는 형벌에 준하는 성격으로 파악하는 것은, '같은 것은 같게, 다른 것은 다르게' 처우해야 한다는 평등의 원칙에 위배되는 것이다.

다. 징계입창자 처우의 불합리성

미국의 경우에는 교정구금(correctional custody)의 주된 목적을 '교정'에 두고 상담을 비롯한 교정처우 프로그램을 실시하고 있다. 즉 시설은 피징계자에게 적합한 주거와 작업 및 교정 프로그램의 원활한 진행을 제공하기 위한 충분한 숫자의 침실과 회의실을 가지고 있어야 한다(AR 190-47 15-2 b.). 하지만 우리나라의 경우에는 영창처분의 주된 목적을 '구금'에 두고, 특정한 교정프로그램의 실시 없이 미결수용자와 유사한 처우를 하고 있다. 판결이 확정될 때까지 구금되는 미결수용자와는 달리, 군 기강확립을 위하여 수용된 징계입창자의 경우 수용기간 동안 자신의 비행에 대해 반성하고 복귀 후 부대에 적응할 수 있도록 하기 위한 다양한 교육훈련 프로그램을 실시할 필요가 있지만, 현재는 대부분 반성, 체력단련, 정신교육 위주의 단조로운 일과표로 운용되고 있는 실정인 것이다.[52] 이로 인하여 구금이라는 응보를 통한 개선 이외의 효과가 거의 나타나지 않는다. 이러한 현상의 가장 큰 원인은 징계입창자, 미결수용자, 6개월 이하의 자유형을 선고받은 기결수 등을 동일한 공간에 혼재하여 수용하고 있기 때문에 각 신분에 부합하는 교정교육의 운용이 사실상 매우 어렵기 때문이다. 이와 같은 불합리를 해결할 수 있는 대책은 징계입창자만을 위한 수용시설을 독립적으로 마련하는 것인데, 이 역시 현실적으로 거의 불가능한 상황이라고 할 수 있다.

---

51) 신양균, 앞의 논문, 144면; 송광섭, "징계영창처분의 문제점과 인권개선방안", 「피해자학연구」, 제12권 제1호(2004), 109면; 정인섭, 앞의 논문, 44면.

52) 국가인권위원회 상임위원회 결정, "군 징계 영창제도 개선을 위한 정책권고", 2013. 11. 28., 6면.

IV. 결론: 영창처분의 폐지 및 징계처분의 다양화

1. 영창처분의 전격적인 폐지

군인의 복무기강을 엄정히 하고 단체적 전투력과 작전수행의 원활함 및 신속함을 유지하기 위하여는 복무규율 위반자에 대한 적절한 제재수단이 필요하다는 점에 대해서는 별 다른 이견이 없다. 하지만 군대 내의 지휘권을 확립하고 복무규율 준수를 강제하기 위해 그 위반자에 대하여 일정기간 제한된 장소에 인신을 구금하면서 그 기간을 의무복무기간에 산입하지 아니하는 영창처분의 존치 여부에 대해서는 상당한 이견이 존재하고 있는데, 국방부를 제외하고는 영창처분의 존치에 대하여 회의적인 시각이 일반적인 견해로 파악된다. 우선 영창제도를 존치하자는 견해[53]에 의하면, 군 기강확립과 지휘권의 보장이라는 징계벌의 목적 달성의 관점에서 영창제도가 병사에 대한 유일한 실효적 수단이 된다고 주장한다. 이에 의하면 강등은 병사의 경우 계급보다는 입대일자가 우선되는 분위기 아래에서 계급에 연연해하지 않고 의무복무기간만 마치면 되므로 실질적인 피해가 없고, 연대장급 이상 부대장의 승인이 있어야 하기 때문에 절차가 복잡하다는 점, 휴가제한은 1회 5일 이내의 범위 내에서 제한하며 복무기간 중 총 제한일수는 15일을 초과할 수 없다는 점, 영내 대기나 외출금지를 의미하는 근신은 이미 영내 생활이 강제되고 있는 병사들에게는 별다른 효과가 없는 점 등을 이유로 여타 징계수단의 실효성이 부족하다고 주장한다.

하지만 영창처분에 의하지 않고도 징계의 목적을 충분히 달성할 수 있는 조치들이 존재하고, 설사 그러한 의미의 존재를 인정하지 않다고 할지라도 그 대체수단을 강구하는 것이 어려운 상황이 아님에도 불구하고 영창처분을 고수하는 것은 최후수단성의 원칙에 위배된다. 「군인사법」에는 영창처분 이외에도 강등,[54] 휴가제한, 근신 등의 징계수단이 있으므로 이를 효과적으로 활용하면 충분히 대안을 마련할 수 있다.[55] 앞서 살펴본 영창처분 존치론의 주요 논거는 기존의 현행 징계제도를 아무런 손질 없이 그대로 둔 상태

---

53) 국가인권위원회, 「군 징계 영창제도 개선방안 토론회 자료집」, 2013. 9, 29면.

54) 강등의 경우 다른 동료들은 모두 병장으로 만기전역을 하는 상황에서 자신만이 상병으로 전역한다면 매우 불명예스러운 일이며, 이는 취업 등의 사회생활을 함에 있어서도 계속 드러날 수밖에 없기 때문에 효과적인 징계로 파악된다.

55) 영창제도 폐지를 주장하는 견해로는 오동석, "영창제도의 문제점과 개선방향", 영창제도 개선 토론회 자료집, 국회 국방위원회 간사 이철희 의원실, 2016. 11, 34면.

를 전제로 하는 것인데, 만약 병사에 대한 기존 징계제도의 변화 및 새로운 징계제도의 도입을 전제로 한다면 충분히 영창처분의 폐지가 설득력이 있을 것이다.

한편 현행 영창처분에 대하여 가장 많은 문제점으로 지적되고 있는 영장주의의 요구에 대한 해결을 위한 시도의 일환으로서, 2016. 7. 18. 자 윤후덕 의원 대표발의 「군인사법」 일부개정법률안(의안번호: 2000948)에 의하면, 영창 집행을 할 때에는 영창집행 명령서를 발부하여야 하고, 이러한 영창집행명령서는 징계권자가 신청하고 「군사법원법」에 따른 군판사가 발부하도록 하고 있다. 이러한 개정안은 현행 영창처분이 영장주의와 상충하는 문제를 해결하려는 취지이기는 하지만, '징계권자'의 판단에 의한 영창 처분 이전에 '인권담당 군법무관'의 적법성 심사를 거치도록 하고, 이러한 절차 이후에 다시 '군판사'의 판단을 거치도록 하는 것은 영창처분에 대하여 지나친 절차의 중복문제를 야기함과 동시에 3주체 간의 판단이 상이할 경우에 야기되는 군 위계질서 및 지휘관계의 혼란도 무시할 수 없다. 또한 2015년 기준 군판사가 총 53명이 보직되어 있는 상황에서, 이들이 1인당 약 300여건씩 매년 약 15,000건의 영창처분의 판단을 해야 하는 인력 운용상의 문제점도 지적할 수 있을 것이다. 결론적으로 현행 「군인사법」상의 영창처분은 법관의 결정에 의한 인신구속의 원칙을 배제할 긴급성과 합리적인 이유가 없음에도 불구하고 법관에 의한 심사절차를 전혀 규정하지 않고 있을 뿐만 아니라, 앞에서 살펴본 문제점[56]과 같이 헌법상 영장주의, 적법절차의 원칙, 과잉금지의 원칙 등에 위배되어 폐지되는 것이 바람직하다.

2. 병사에 대한 징계처분의 다양화

이상에서 살펴본 바와 같이 영창처분의 폐지를 전제로 한 현행 징계제도의 개선방안을 제시하면 다음과 같다. 첫째, 장교, 준사관, 부사관 등에 대한 징계처분의 일종인 감봉처분의 도입을 검토해 볼 수 있다. 간부에 대한 징계의 경우에는 강등과 근신 사이에 정직과 감봉을 규정하고 있는데, 정직의 경우에는 그 기간 동안 보수의 3분의 2에 해당하는 금액을 감액하고, 감봉의 경우에는 보수의 3분의 1에 해당하는 금액을 감액하며, 그 기간은 1개월 이상 3개월 이하로 하고 있다(군인사법 제57조 제1항 제3호 및 제4호). 하지만 현행법에는 병사에 대한 징계의 일종으로서 감봉처분을 규정하고 있지 않다. 그

---

56) 본고의 제3장(Ⅲ)에 해당하는 부분을 의미한다.

런데 병사에 대한 감봉처분은 1997. 1. 13. 개정 전의 「군인사법」에서는 규정되어 있었는데, 당시 사실상 적용이 어렵다는 이유로 폐지된 것이다. 여기서 당시 사실상 적용이 어려웠던 것은 병사에 대한 월급의 수준이 매우 열악했던 상황이 주된 원인이라고 할 수 있는데, 현재 병사의 월급 수준 및 최근 들어 매년 약 15% 정도의 인상률이 계속되고 있는 점에서 충분히 그 적용이 가능한 시점이라고 판단된다.

<표 - 5> 병사의 월급 인상 추이

(단위: 원)

비고	1990	2000	2010	2011	2012	2013	2014	2015	2016	2017
병장	9,400	18,200	97,500	103,800	108,000	129,600	149,000	171,400	197,100	216,800
상병	8,200	16,200	88,000	93,700	97,500	117,000	134,600	154,800	178,000	195,800
일병	7,300	14,500	79,500	84,700	88,200	105,800	121,700	140,000	161,000	177,100
이병	6,600	13,200	73,500	78,300	81,500	97,800	112,500	129,400	148,800	163,700

<표 - 5>에 의하면, 2017년 기준 병장의 월급이 처음으로 20만 원을 넘어선 상황인데, 병사에 대한 전체 징계처분 가운데 영창처분의 비율이 80%를 초과하였던 2000년을 기준으로 보면 약 12배가 인상된 상황임을 알 수 있다. 특히 징계입창자의 계급별 비율을 살펴보면, 상대적으로 월급이 많은 병장 계급이나 상병 계급 등 고참병사의 비중이 약 80 - 90%에 해당하는 절대 다수를 차지하고 있기 때문에,[57] 감봉처분은 충분히 실효성이 있다고 판단된다. 한편 2014. 6. 11. 「군인사법」 개정을 통하여 제56조의 2를 신설하여 '징계부가금'제도를 도입하였는데, 군인의 징계의결을 요구하는 경우 그 징계 사유가 금품 및 향응 수수, 공금의 횡령·유용인 경우에는 해당 징계 외에 금품 및 향응 수수액, 공금의 횡령액·유용액의 5배 이내의 징계부가금 부과 의결을 징계위원회에 요구하여야 한다. 이러한 징계부가금제도의 적용에 있어서는 병사에 대한 징계도 당연히 포함하는 것인데, 이는 병사에 대한 금전적인 제재가 어느 정도 효과를 가질 수 있다는 믿음에서 비롯된 것이라는 점도 참작할 필요가 있다. 결론적으로 병사에 대해서는 정직처분을 부과하기 곤란하다는 점을 감안하여, 영창처분 폐지 시 보수의 3분의 2에 해당하는 금액을 감액하도록 하고, 그 기간은 1개월 이상 6개월 이하로 감봉처분을 도입하는 것이 타당하다.

---

57) 임태훈, "영창처벌에 대한 현황과 사례로 보는 문제점과 개선방향", 영창제도 개선 토론회 자료집, 국회 국방위원회 간사 이철희 의원실, 2016. 11, 62면; 송광섭, 「군 수사과정 및 군 영창 인권상황 실태조사」, 2003년도 인권상황 실태조사 연구용역보고서, 국가인권위원회, 2004. 3, 129면.

둘째, 영창처분이 폐지된다면 이보다 한 단계 낮은 징계처분에 해당하는 휴가제한의 범위를 상향조정할 필요성이 있기 때문에 현행 휴가제한의 총 제한일수 15일을 초과하는 방안을 고려해 볼 수 있다. 병사에 대한 정기휴가의 일수가 대체적으로 약 30일 내외라는 점 및 휴가제한에 있어서 매 휴가 시 최초 5일은 보장해야 한다는 점을 감안한다면 15일을 초과하는 휴가제한이 원칙적으로는 불가능하겠지만, 진급 등의 이유로 주어지는 포상휴가의 경우 1회 5일이 부여되기 때문에 15일을 초과하는 제한도 예외적으로 가능하다. 이와 동시에 이전(移轉)의 자유를 일정 부분 제한한다는 맥락에서 외출제한제도의 도입도 고려해 볼 수 있는데, 약 10일 내외의 외출·외박이 일반적으로 주어지기 때문에 어느 정도의 제한이 가능하다고 판단된다.

셋째, 근신처분은 훈련이나 교육의 경우를 제외하고는 평상 근무에 복무하는 것을 금하고 일정한 장소에서 비행을 반성하게 하는 것을 말하는데, 이에 더하여 근무형태의 변경을 가하는 처분의 도입을 고려할 수 있다. 예를 들면 보직변경, 부대전출, GOP 또는 GP 근무 투입, 특별작업의 부여, 영외구보, 제식훈련 보강 등이 그것이다.

넷째, 현행 징계처분과 이상에서 살펴본 새로운 유형의 징계처분을 병과 처분할 수 있는 근거를 마련할 필요성이 있다. 각각의 징계처분마다 고유한 특성이 있고, 경우에 따라서는 두 개 이상의 징계처분을 동시에 또는 이시에 부과함으로써 군기확립에 이바지할 수도 있기 때문이다. 특히 이러한 징계처분은 형벌로 파악될 수 없는 성질의 것이기 때문에 헌법상 보장된 이중처벌금지의 원칙으로부터 자유로울 수 있다는 점 및 현행의 징계 수준과 비교하여 그 정도가 무겁다는 측면에서 충분히 실효성을 가질 수 있을 것이다.

다섯째, 징계권자는 장교, 준사관 및 부사관에 대한 징계위원회의 근신, 견책의결에 대하여 징계심의대상자가 일정한 표창을 받은 경우 또는 비행사실이 성실하고 적극적인 업무처리과정에서 과실로 발생한 경우의 어느 하나에 해당되는 사유가 있고, 뉘우치는 등의 사정이 현저하여 징계처분을 즉시 집행하지 아니하고도 징계의 효과를 기대할 수 있다고 인정하는 경우에는 징계처분의 집행을 유예할 수 있다(군인징계령 제21조 제1항). 하지만 이러한 징계유예제도는 병사에게 그 적용이 없는데, 간부와 병사 간의 차별을 해소하는 방안의 일환으로써 병사에게도 동 제도의 적용을 고려해 볼 수 있다. 이로 인하여 병사에게 자신의 비행을 진지하게 반성할 수 있는 시간적인 여유를 주어 궁극에는 보다 충실한 군복무에 전념할 수 있는 기회를 제공하는 역할을 할 것으로 기대된다.

제3장 독일 연방헌법재판소의 '근친상간죄 판결' 비평
- '성 풍속에 관한 죄'의 문제점 -[*]

Ⅰ. 서론

형법은 법익을 보호하는 규범으로 사회정책의 최후수단이다.[1] 이는 국가의 권한 중 가장 강력한 형벌권을 타인이나 사회의 중요한 법익을 해치는 행위에 국한하고 그러한 행위에 형벌보다 가벼운 제재수단으로 대응하는 것이 부당한 때에만 행사하여 개인의 자유를 최대한 보장해야 한다는 말이다. 여기에는 한정된 자원인 형벌권을 가능한 한 합리적·효과적으로 사용해야 한다는 요청도 담겨 있다. '사소한 범죄에' '형벌권을 동원하다가 중대한 범죄를 방치'하는 잘못을 저지르지 않아야 한다는 뜻이다.[2] 요컨대 형벌은 그 대상자의 정상적인 사회생활을 불가능하게 할 수 있을 만큼 가혹할 뿐만 아니라[3] 그 운용에 막대한 비용이 소요되므로 국가는 이를 긴요한 곳에만 투입하여 그 정당성과 효율성을 확보해야 하는 것이다. 그렇다면 법익을 보호하는 데 도움이 되지 않거나 다른 수단으로 대체해도 좋을 형법 규범을 찾아내 그 존재 이유를 따져 볼 필요가 있다.

이러한 시각으로 「형법」을 살펴보면, 특히 제22장 "성 풍속에 관한 죄"가 눈에 들어온다. 이 장에 속한 규정들의 보호법익은 - 장의 제목이 말해 주듯 - 건전한 성 풍속 내지 성도덕이다. 그러나 건전한 성 풍속이 과연 형법의 법익이 될 수 있는지는 매우 의심스럽다. 배종대 교수가 지적한 대로 건전한 성도덕이란 그 내용이 '각자의 윤리관에 따라' '천차만별'인데다가 시대 변화에 따라 끊임없이 바뀌기까지 해서 형법의 법익으로 삼기가 곤란하기 때문이다. 이렇게 '실체가 없는 가변적인 개념'[4]을 법익으로 인정하면 형벌권은 자의적으로 행사되기 쉽고 이는 개인의 자유에 큰 위험이 된다. 이러한 맥락에서 김영환 교수도 성 풍속에 관한 죄를 벌하는 규정은 "건전한 성도덕이라는 추상적이

---

* 이 논문은 한양대학교 법학연구소의 「법학논총」 제34집 제1호(2017)에 게재된 것임.
1) 통설이다. 형법의 임무를 법익보호가 아니라 규범의 효력을 보장하는 데에서 찾는 귄터 야콥스(Günther Jakobs)의 견해가 거의 유일한 이설이다. Jakobs, Strafrecht. Allgemeiner Teil, 2. Aufl., 1991, S. 34 ff. 형벌의 최후수단성에 관한 자세한 내용은 윤영철, "형사입법론으로서 형법의 최후수단성원칙에 대한 고찰", 「형사정책」, 제13권 제2호(2001), 157면 이하를 참조할 것.

2) 오영근, 「형법총론(제3판)」, 박영사, 2014, 10면.

3) 오영근, 앞의 책, 8면이 서술하듯이 "형벌을 받으면 사회적 활동에도 중대한 장애가 생긴다. 예컨대 금고 이상의 형을 받게 되면 공무원이나 전문적 종사자가 될 수 없고, 나아가 전과자로 낙인찍혀 취업, 결혼 기타 사회활동에 많은 지장을 받을 수 있게 된다."

4) 배종대, 「형법각론(제9전정판)」, 홍문사, 2015, 763면.

고 모호한 기준으로" "성문제를 해결하려 하여" "형법 이론적으로 정당화되기" 어렵고, "실용적인 측면에서도 그 효력이 대단히 의심"스러우며, "다원주의적인 민주사회에서는 대단히 시대착오적"이라고 논증한 바 있다.[5] 오영근 교수 역시 성 풍속에 관한 죄처럼 "피해의 내용이 확실하지 않은 범죄"는 "처벌의 정당성이나 필요성이 적을 뿐만 아니라" "형벌의 적용 및 집행과정에서 처벌의 확실성과 형평성을 기하기 어렵고 지나치게 많은 비용"을 유발한다는 견해를 피력했다.[6] 최근 헌법재판소가 간통죄를 위헌으로 선언한 것도 바로 위와 같은 사정을 고려한 결정이라 할 수 있다.[7]

필자는 김영환, 배종대, 오영근 교수의 의견과 헌법재판소의 간통죄 위헌 결정에 동의하며, 간통죄 외의 다른 '성 풍속에 관한 죄'도 폐지하거나 적어도 그 보호법익을 보다 분명하게 규정해야 한다고 본다. 물론 간통죄를 포함한 성 풍속에 관한 죄의 처벌규정을 호의적으로 보는 측에서는 이 규정들이 우리나라의 전통 관념에 기초한 성도덕을 지키고[8] '성·결혼·가정 제도를 포함한 공동체의 기본적 윤리질서가 무너질 위험'[9]을 막을 뿐만 아니라 개인의 성적 자기결정권 등 다른 법익을 보호하는 역할도 수행한다는 점을 강조한다. 하지만 필자는 성도덕이나 윤리질서를 보호하려는 형법 규범은 정당화되기도 어렵지만 정당화된다 해도 순기능보다 역기능이 더 크며, 그러한 규범으로 가족이나 성적 자유 등 다른 가치까지 보호하려 하면 그 역기능이 배가된다고 생각한다.

이 생각을 필자는 독일 연방헌법재판소의 '근친상간죄 판결(Inzest-Urteil)'[10]을 분석하면서 전개해 보고자 한다. 2008년에 나온 이 판결에는 근친상간을 벌하는 독일 「형법」 제173조를 성도덕뿐만 아니라 가족, 성적 자기결정권 등의 논거를 통해 옹호하려는 시도가 담겨 있어 필자의 생각을 펼쳐 나가기에 더없이 좋은 소재가 된다.

---

5) 김영환, "풍속을 해하는 죄에 관한 비판적 고찰", 「형사법연구」, 제22호 특집호(2004), 876면.

6) 오영근 "형법개정과 성 풍속에 관한 죄", 「법학논총」, 제25집 제4호(2008), 65면.

7) 헌재 2015. 2. 26. 2009헌바17 등, 공보 제221호, 349.

8) 이수성, "刑法的 道德性의 限界에 관하여", 「서울대학교 법학」, 제18권 제1호(1977), 112면은 간통죄가 "우리나라의 傳統觀念에 一致"하므로 "당분간 혹은 永久히(?) 지켜가야 할 正當한 立法의 한 例"라고 말한다.

9) 김일수/서보학, 「새로 쓴 형법총론(제8판)」, 박영사, 2015, 496면 이하 참조.

10) BVerfGE 120, 224.

Ⅱ. 독일 연방헌법재판소의 근친상간죄 합헌 결정의 계기와 논거

1. 독일 연방헌법재판소의 근친상간죄 판결의 계기

한국과 달리 독일에서는 근친상간이 형법상의 범죄이다. 근친상간 처벌규정인 독일 「형법」 제173조의 내용은 아래와 같다.

> 제173조 [근친상간] ① 자연혈족인 비속과 성교한 사람은 3년 이하의 자유형이나 벌금형에 처한다.
> ② 자연혈족인 존속과 성교한 사람은 2년 이하의 자유형이나 벌금형에 처하며, 친족관계가 소멸한 때에도 그러하다. 자연혈족인 형제자매가 상간한 때에도 동일하게 처벌한다.
> ③ 비속이나 형제자매가 행위 당시 18세 미만인 때에는 벌하지 아니한다.

이 '근친상간죄'는 보호법익이 불분명하다는 비판을 받으며 위헌시비를 겪어 왔다.[11] 학계에 머물던 이 논란은 2000년대 후반 독일 연방헌법재판소에 당도했다. 다만 제173조 전부는 아니고 상간한 친남매를 벌하는 제2항 제2문만 재판정에 섰다. 이는 파트릭(Patrick S., 1976년생)과 주잔(Susan K., 1984년생)이라는 친남매의 '위험한 사랑'[12]에서 비롯된 것인데, 그 경위를 약술하면 다음과 같다.

파트릭과 주잔은 친남매지만 서로의 존재를 모른 채 자랐다. 왜냐하면 파트릭은 세 살 때, 즉 주잔의 출생 전에 알콜중독자인 아버지에게 학대를 당하다가 국가의 보호조치를 통해 다른 집에 입양되었고(이때 S.라는 새 성을 얻음), 주잔은 태어나기 직전에 친부모가 이혼하면서 절연하여 아버지 없이 어머니하고만 살았기 때문이다. 둘은 우여곡절 끝에 2000년 5월에 처음 만나 친모 집에서 같이 살기 시작했고, 같은 해 12월에 친모가 사망한 후에도 계속 함께 지냈다. 그러다가 둘은 사랑에 빠졌고 2001년부터 2005년 사이에는 네 아이를 낳기까지 했다.

둘의 거주지를 관할하는 지방법원은 둘이 아이를 낳을 때마다 제173조 제2항 제2문을 적용해 파트릭에게 실형을 선고했다. 주잔에게는 「소년법원법」(Jugendgerichtsgesetz)이 정한 감독처분을 받게 했다. 주잔을 파트릭과 똑같이 벌하지 않은 것은 주잔이 「소년

---

11) 위헌 논란으로 점철된 제173조의 역사는 Dippel, § 173, Laufhütte u. a. (Hg.), *Leipziger Kommentar Strafgesetzbuch*, Bd. 6, 12. Aufl., 2010, Rn. 8 ff.를 참조할 것.

12) Hipp, Gefährliche Liebe, *Der Spiegel 11/2008*, S. 62.

법원법」상의 소년에 해당했기 때문이지만 여기에는 또 다른 사정도 참작되었다. 주잔은 불우한 가정환경 탓에 겁 많고 내향적인 데다가 남에게 의존하는 성격이었고 실제로 파트릭에게 거의 전적으로 의지했는데, 이를 근거로 지방법원은 주잔을 경미한 정신장애가 있는 한정책임능력자(독일 「형법」 제21조)로 본 것이다.[13]

수감을 앞둔 파트릭은 고등법원에 상고하면서 지방법원의 판결뿐만 아니라 제173조의 합헌 여부도 검토해 주기를 요청했다. 제173조는 성적 자기결정권을 과도하게 침해하며 보호법익이 없어 위헌이라고 파트릭 측은 주장했다. 그러나 고등법원은 상고를 기각하고 조문도 헌법에 합치한다고 결정했다. 이에 파트릭은 제173조 제2항 제2문이 위헌임을 확인해 달라는 부탁과 함께 연방헌법재판소의 문을 두드렸다.[14]

2. 독일 연방헌법재판소의 근친상간죄 합헌 결정의 논거

심사를 맡은 연방헌법재판소 제2재판부는 고등법원 판결에 힘을 실었다. 재판관 8인 중 유일한 형법학자인 빈프리트 하세머(Winfried Hassemer)만 파트릭의 청을 들어 주었다.

재판관 다수(이하 '재판부')는 우선 연방헌법재판소의 여러 판례를 재확인한다. 소수의견을 낸 하세머도 동의한 그 선례들의 요지는 다음과 같다. 개인의 내밀한 성생활은 독일의 헌법인 「기본법」(Grundgesetz)이 보장하는 개인의 사적 영역에 속한다. 이 영역에서 개인은 자유롭게 성생활을 영위할 수 있다. 물론 성적 자기결정권으로 구체화되는 이 자유에도 한계는 있어서 개인이 자기 사적 영역에 국가가 개입하는 것을 참아야 할 때도 있다. 개입이 당사자의 사익보다 중요한 공익 또는 「기본법」이 보장하는 타인의 이익을 지키려는 것이자 비례성원칙을 따른 것인 때 그렇다. 다만 이 경우에도 국가는 개인 사생활의 핵심영역은 결코 침범할 수 없다. 어떤 행위가 불가침의 핵심영역에 속하는지는 해당 행위가 타인의 사적 영역이나 사회의 이익과 어떻게, 얼마나 관련되는지, 행위의 구체적인 사정은 어떠한지를 기준으로 판단해야 한다. 핵심영역에 속하지 않는 개인의 자유를 제한할 때에는 비례성원칙을 준수해야 한다. 특히 형법은 이 원칙을 철칙으로 삼아야 한다. 타인이나 공중의 보호를 위해서만, 또 사회에 특별히 유해한 행위에 대해서만 형벌을 사용해야 한다. 형법은 법익보호의 최후수단이므로 공동생활의 유지라는

---

13) AG Leipzig, Urteil vom 10. November 2005 - 253 Ls 430 Js 29620/04의 내용을 간추렸다.

14) BVerfGE 120, 224, Rn. 21 ff.

관점에서 볼 때 참을 수 없을 만큼 해로워 반드시 제재해야 할 행위만 형벌로 금해야 한다. 형벌이란 사회윤리에 반하는 행위를 했다는 엄청난 비난의 표현이므로 형법은 그 어떤 제재규범보다도 과잉금지원칙을 엄수해야 한다.[15]

이렇게 선례를 통해 헌법과 형법의 일반원칙을 다져 놓고서 재판부는 제173조 제2항 제2문이 원칙을 지켰다고 판정했다. 재판부는 먼저 친남매의 상간은 당사자만의 일이 아니어서 사생활의 핵심영역에 속하지 않는다고 보았다. 친남매가 성교하면 타인과 사회의 이익이 침해되고 그 행위로 아이가 태어나면 아이도 피해를 입기 때문이라는 것이다. 또 재판부는 제173조 제2항 제2문이 친남매간의 모든 성행위가 아니라 성교라는 특정 성행위만 금지하므로 과도한 간섭이 아니며 따라서 당사자의 인권을 훼손하지 않는다고 판단했다.[16] 한마디로 조문은 정당한 목적을 달성하는 데 필요하고도 적합한 수단이라는 것이다.[17] 조문이 추구하는 목적, 즉 친남매의 상간을 금지해서 지키려는 타인과 사회의 중요한 이익으로 재판부는 네 가지를 들었다. 바로 가족, 성적 자기결정권, 국민건강(유전병 방지), 사회의 확고한 문화 관념에 기초한 성도덕이다.[18]

하지만 필자가 보기에 이들 네 논거는 근친상간죄에 정당성을 부여하기보다는 오히려 근친상간죄의 부당성을 두드러지게 한다. 네 논거 중 한국 「형법」의 '성 풍속에 관한 죄'와는 무관한 '유전병 방지' 논거[19]를 뺀 나머지 세 논거를 분석하면서 재판부의 결정을 비평해 보기로 한다.

---

15) BVerfGE 120, 224, Rn. 31 ff.

16) BVerfGE 120, 224, Rn. 40.

17) BVerfGE 120, 224, Rn. 51 ff.

18) BVerfGE 120, 224, Rn. 41 ff.

19) 연방헌법재판소는 친남매의 성교로 태어나는 아이는 그렇지 않은 아이에 비해 유전병에 걸릴 위험이 높다고 하면서 근친상간죄가 유전병 있는 아이의 출생을 막는 데 일조하는 측면도 있어 정당하다고 주장한다. BVerfGE 120, 224, Rn. 49. 그러나 이 주장은 인간의 존엄성과 장애인 차별 금지를 선언한 독일 「기본법」(제1조, 제3조)에 정면으로 반할 뿐만 아니라 유전병 방지는 형법의 임무가 아니라 다른 유연한 사회정책으로 풀어야 할 문제임을 간과한 것이다. 이에 관한 자세한 내용은 다음 문헌을 참조할 것. Cornils, Entscheidungsanmerkungen, *Zeitschrift für das Juristische Studium* 2009, S. 88; Duttge, Strafbarkeit des Geschwisterinzests aufgrund "eugenischer Gesichtspunkte" ?, Heinrich u. a. (Hg.), *Strafrecht als Scientia Universalis. Festschrift für Claus Roxin zum 80. Geburtstag am 15. Mai 2011*, Bd. 1, 2011, S. 230 ff.; Heinrich, Strafrecht als Rechtsgüterschutz, Heinrich u. a. (Hg.), *Strafrecht als Scientia Universalis. Festschrift für Claus Roxin zum 80. Geburtstag am 15. Mai 2011*, Bd. 1, 2011, S. 143; Hörnle, Das Verbot des Geschwisterinzests, *Neue Juristische Wochenschrift* 2008, S. 2087; Paeffgen, Das "Rechtsgut", Zöller u. a. (Hg.), *Gesamte Strafrechtswissenschaft in internationaler Dimension. Festschrift für Jürgen Wolter zum 70. Geburtstag am 7. September 2013*, 2013, S. 161; Ritscher, § 173, Joecks/Miebach (Hg.), *Münchener Kommentar Strafgesetzbuch*, Bd. 3, 2. Aufl., Rn. 3; Roxin, Zur Strafbarkeit des Geschwisterinzests, *Strafverteidiger* 2009, S. 547.

III. 독일 연방헌법재판소의 근친상간죄 합헌 결정에 대한 비판

1. '가족 보호' 논거에 관하여

재판부는 제173조가 가족 보호를 위해 필요하다고 본다. 「기본법」 제6조 제1항은 "가족은 국가질서의 특별한 보호를 받는다."고 선언한다.[20] 이 선언의 근거를 재판부는 가족이 인간 공동생활의 본질적 구성요소라는 점에서 찾는다. 또 아동의 육체적·정신적 발달은 주로 가정에서 부모의 교육을 통해 이루어지며 가족 내의 친족관계, 역할분담, 위계질서는 아동의 복지에 결정적 영향을 미치므로 국가는 가족을 특별히 보호한다는 것이다. 그런데 근친이 상간하면 가족 구성원의 역할이 뒤죽박죽되어 친족관계가 어그러지고 가족의 위계질서가 무너진다고 지적하면서 재판부는 그러한 모습의 가족은 「기본법」이 보호하는 가족상(像)에 어긋난다고 단언한다.

이어서 재판부는 근친상간의 악영향을 열거한다. 근친상간을 하면 당사자는 자기의식이 약해지고, 성 기능에 장애가 오고, 개성을 찾지 못하고, 성 정체성이 왜곡되고, 친밀관계를 맺지 못하고, 삶에 불만을 갖고, 죄의식에 사로잡히고, 우울증에 걸리고, 약물과 술에 중독되고, 자해와 자살 충동을 느끼고, 섭식장애를 겪고, 난교를 하고, 외상 후 스트레스 장애를 앓는 등 여러 병리현상을 경험하기 쉽다고 말이다. 재판부는 당사자 외의 다른 가족 구성원도 피해를 입는다고 하면서 특히 근친상간으로 태어난 아이는 가족 안에서 제 위치를 찾아 식구들과 신뢰관계를 맺는 데 큰 어려움을 겪는다고 말한다. 근친상간은 이렇게 사회의 기본단위인 가족의 질서를 뒤흔들고 온갖 악영향을 유발하므로 이를 범죄로 규정할 이유는 충분하다는 것이 재판부의 설명이다.[21]

그러나 재판부의 주장에는 미심쩍은 구석이 있다. 먼저 가족이, 더 정확히는 사회의 기본단위로서 국가의 보호를 받는 제도라는 의미의 가족이 형법의 보호법익인지부터 따질 수 있다. 가족은 헌법이 특별히 보호하므로 형법으로 지킬 법익이 된다는 것이 재판부의 논리다. 일견 납득할 만하지만, 헌법이 보호하는 가족제도를 그대로 법익으로 인정하면 형법이 비대해질 위험이 커진다. 한국 헌법재판소가 "혼인과 가정의 유지는 당사자의 자유로운 의지와 애정에 맡겨야"[22] 한다고 판단해 형법에서 쫓아낸 간통죄가 형법에

---

20) 이 조문의 의미와 성격은 신옥주, "헌법상 혼인과 가족제도에 관한 고찰", 「아주법학」, 제9권 제3호(2015), 169면 이하를 참조할 것.

21) BVerfGE 120, 224, Rn. 42 ff.

복귀할 수 있는 것은 물론이고, 심지어는 이혼까지도 형법의 사정권에 들어올 수 있다. 이혼은 분명 가족제도에 해가 되기 때문이다.[23] 한국 헌법재판소의 간통죄 위헌 결정에서 반대의견을 낸 재판관들은 간통죄가 폐지되어 "혼인관계에서 오는 책임과 가정의 소중함을 뒤로" 한 이혼이 늘면 "수많은 가족 공동체가 파괴되고 가정 내 약자와 어린 자녀들의 인권과 복리가 침해되는 사태가 발생하게 될 것을 우려"했다.[24] 독일 연방헌법재판소가 근친상간죄를 옹호하며 내놓은 견해와 흡사하다. 이렇게 사회의 기본단위이자 추상적 제도로서의 가족을 형법의 법익으로 보면, 국가는 '혼인과 가정의 유지'를 '형벌을 통하여 타율적으로 강제'[25]할 수 있게 된다. 가족 보호를 위해 근친상간을 처벌해야겠다면 보호 대상인 가족의 모습을 보다 구체적으로 그려야 할 이유다.

가족을 형법으로 보호할 수 있을 만큼 구체화하더라도 모든 근친상간이 그러한 가족에 해가 되는지 물을 수 있다. 세대가 다른 근친의 상간은 대부분 가족질서를 어지럽힌다. 예컨대 아버지와 딸이 상간하면 딸은 아버지의 딸인 동시에 섹스 파트너가 되어 가족질서가 엉망이 된다(이것이 그대로 처벌 근거가 되느냐는 또 다른 문제다). 남매의 상간도 가족질서를 해치지만 그 정도가 부녀나 모자의 상간과 늘 같지는 않으며 때에 따라선 가족질서에 무해할 수도 있다.[26] 파트릭과 주잔의 경우 둘은 한집에서 같이 산 적이 없다. 파트릭은 24세 때, 주잔은 16세 때 서로의 존재를 알았다. 파트릭이 친부의 학대를 피해 떠난, 주잔이 부모의 이혼이 없었다면 남았을, 그래서 둘이 같이 살 수 있었을 원래의 가정은 예전에 사라졌다. 둘은 가정을 꾸려 아이 넷을 낳아 기르며 나름대로 잘 살아간다. 여기에서 둘을 근친상간죄로 처벌해 지켜야 할 가족이 이 가족 말고 또 어디에 있을까? 술에 취해 아이를 때리는 아버지와 양육능력이 없는 어머니로 이루어졌던 원래의 가정인가? 그 엉망이던 가정조차 이제는 없다. 파트릭과 주잔의 관계를 형법으로 단죄하는 것은 가족을 지키기는커녕 깨는 것이다.[27] 둘을 처벌하면 자녀들도 큰 고통을 겪는다. 자기 존재가 범죄로 낙인찍힌 관계에서 비롯됐음을 아는 아이가 잘 자라기는 힘

22) 헌재 2015. 2. 26. 2009헌바17 등, 공보 제221호, 350.

23) Ellbogen, Strafbarkeit des Beischlafs zwischen Verwandten, *Zeitschrift für Rechtspolitik* 2006, S. 191; Hörnle, *supra note 19*, S. 2086; Ritscher, *supra note 19*, Rn. 5 참조. 클라우스 록신(Claus Roxin)은 불성실함, 이기적 행위, 난폭한 행위 등도 가정의 유지에 해가 되는데 이를 죄다 형법으로 벌하겠느냐고 묻는다. Roxin, *supra note 19*, S. 546.

24) 헌재 2015. 2. 26. 2009헌바17 등, 공보 제221호, 351(재판관 이정미, 재판관 안창호의 반대의견). 이 의견의 문제점은 신옥주, 앞의 글(주 20), 163면 이하를 참조할 것.

25) 헌재 2015. 2. 26. 2009헌바17 등, 공보 제221호, 350.

26) Hörnle, *supra note 19*, S. 2086; Paeffgen, *supra note 19*, S. 155.

27) Duttge, *supra note 19*, S. 230; Heinrich, *supra note 19*, S. 142 ff.; Paeffgen, *supra note 19*, S. 157, 162.

들 것이다.[28] 결국 재판부가 근친상간을 처벌해서 지켜야 한다는 가족이란 현실상의 가족이 아니라 관념상의 가족인 셈이다. 제도로서의 가족을 지키기 위해 가족의 형태로 실재하는 공동체를 희생시키는 것이다.[29] 개인의 구체적인 이익이 아니라 사회의 추상적인 관념을 법익으로 삼을 때[30] 생기는 문제가 여기에서 드러난다.

문제는 이뿐만이 아니다. 가족을 제173조 제2항 제2문의 법익으로 보면 조문은 모순에 빠진다. 한편으로는 근친상간의 다양한 동기와 양상을 불문하고 모든 근친상간을 금지해 형법의 범위를 너무 넓힌다. 파트릭과 주잔의 상간처럼 가족질서에 무해한 행위까지 처벌하는 과잉입법이 된다. 다른 한편으로는 친남매의 성교만 금지해 과소입법이 된다. 의붓남매나 입양으로 남매가 된 남녀의 성교, 또 친남매의 - 성교와 비교할 때 강도나 노골성이 덜하지 않은 - 유사 성행위처럼 가족질서에 유해한 행위는 벌하지 않아 형법의 범위를 너무 좁힌다.[31] 이와 관련해 재판부는 입양이나 부모의 재혼으로 남매가 된 남녀의 상간을 금지하지 않은 것은 그 상간이 전통적 가족상에 어긋나는 정도가 친남매의 상간에 비하면 덜해서라고 항변한다.[32] 그러나 한 부모에게서 났지만 남남으로 지내온 파트릭과 주잔의 상간이 한집에서 사는 의붓남매의 상간보다 가족질서에 더 유해하다는 발언에 수긍할 사람이 오늘날 과연 얼마나 될까? 혈연 중심의 전통 가족이 이와 다른 모습의 가족보다 특별히 더 보호받아야 하는 것은 아니다. 이를 부인하면 가족 구성의 다변화라는 시대 흐름을 거스르게 될 뿐만 아니라[33] 근친상간의 해악은 혈연관계보다는 가족이라는 울타리 안에 있는 사람들의 친밀도에 좌우된다는 사실을 간과하게 된다.[34] 또 가족질서의 유지라는 측면에서 볼 때 친남매의 "애무는 문제없고 구강성교와 항문성교도 괜찮지만 화간만은 금지해야"[35] 한다는 것도 설득력이 떨어진다.[36] 재판부

---

28) Duttge, *supra note* 19, S. 243; Roxin, *supra note* 19, S. 545.

29) Al-Zand/Siebenhüner, § 173 StGB, *Kritische Vierteljahreszeitschrift für die Gesetzgebung und Rechtswissenschaft* 2006, S. 79; Dippel, *supra note* 11, Rn. 13; Hörnle, *supra note* 19, S. 2086; Paeffgen, *supra note* 19, S. 157; Roxin, *supra note* 19, S. 546.

30) 법익의 "관념화"(Vergeistigung)라고 부르는 이러한 경향의 양태와 문제는 Krüger, *Die Entmaterialisierungstendenz beim Rechtsgutsbegriff*, 2000을 참조할 것.

31) Al-Zand/Siebenhüner, *supra note* 29, S. 72 ff.; Cornils, *supra note* 19, S. 87 ff.; Dippel, *supra note* 11, Rn. 13; Duttge, *supra note* 19, S. 230; Ellbogen, *supra note* 23, S. 191; Heinrich, *supra note* 19, S. 142; Hörnle, *Grob anstössiges Verhalten*, 2005, S. 454; Paeffgen, *supra note* 19, S. 157 ff.; Roxin, *supra note* 19, S. 546; Ziethen, Strafbarkeit des Geschwisterinzests, *Neue Zeitschrift für Strafrecht* 2008, S. 617 ff.

32) BVerfGE 120, 224, Rn. 55.

33) Roxin, *supra note* 19, S. 546. 가족 구성의 다변화가 법에 미치는 영향은 임영수, "인적결합에 있어 사실혼과 연대적 결합체의 상관관계에 관한 고찰", 「가족법연구」, 제24권 제3호(2010), 119면 이하; 조흥석, "새로운 형태의 가족: 헌법적 가능성과 한계", 「공법학연구」, 제8권 제4호.(2007), 221면 이하를 참조할 것.

34) Hörnle, *supra note* 31, S. 454; Ritscher, *supra note* 19, Rn. 5.

35) Hipp, *supra note* 12, S. 64.

에서 소수의견을 낸 하세머는 친남매의 상간 못지않게 가족질서를 해친다고 할 의붓남매의 상간, 친남매의 유사 성행위, 형제간이나 자매간의 성행위(동성성교)를 제173조 제2항이 금지하지 않았다는 것은 결국 가족이 조문의 보호법익이 아니라는 뜻이라고 풀이했다.[37] 하세머의 해석이 바르다고 하겠다.

재판부가 나열한 근친상간의 무수한 악영향도 제173조의 거점이 될 수 없다. 근친상간자가 겪는 우울증, 약물중독 등의 온갖 병리현상이 과연 형법으로 해결할 문제인지부터 의문이다.[38] 또 재판부도 자인했듯 이들 병리현상이 근친상간 때문인지 다른 요인 때문인지, 또 근친상간의 영향이라면 얼마만큼 그러한지 명백히 알 수 없다는 연구 결과도 많다.[39] 그렇게 검증할 수 없는 인과관계와 특정할 수 없는 손해를 근거로 형법을 동원해서는 안 된다. 부당한 이유는 더 있다. 여러 연구에 따르면 근친상간은 가족질서를 해치는 원인이라기보다는 가족질서가 무너져서 나타나는 결과라고 한다.[40] 근친상간죄 위헌심사를 앞둔 재판부로부터 근친상간 연구를 의뢰받은 막스플랑크 외국·국제형법 연구소(Max-Planck-Institut für ausländisches und internationales Strafrecht)도 같은 의견을 재판부에 제출했는데,[41] 재판부가 이를 왜 과소평가했는지는 불분명하다. 분명한 것은 근친상간이 가족질서 파괴의 원인이 아니라 파괴된 가족질서의 결과라면 근친상간자를 형법으로 벌하기보다는 다른 사회정책으로 돕는 것이 훨씬 더 합리적이고 인도적이라는 점이다.[42] 은밀하게 이루어지는 것이 보통인 근친상간을 형법으로 처벌하면 근친상간이 외부에 알려져 가족질서는 개선되기는커녕 완전히 무너진다. 바로 이 점을 고려해 프랑스는 근친상간죄를 형법전에서 삭제했다.[43]

---

36) Paeffgen, *supra note* 19, S. 157; Roxin, *supra note* 19, S. 546.

37) BVerfGE, 120, 224, Rn. 92 ff.(재판관 하세머의 소수의견). 같은 견해는 Cornils, *supra note* 19, S. 87 ff.; Hörnle, *supra note* 31, S. 454.

38) Noltenius, Grenzloser Spielraum des Gesetzgebers im Strafrecht?, *Zeitschrift für das Juristische Studium* 2009, S. 20.

39) Dippel, *supra note* 11, Rn. 13; Roxin, *supra note* 19, S. 546; Ziethen, *supra note* 31, S. 618.

40) Al-Zand/Siebenhüner, *supra note* 29, S. 72; Dippel, *supra note* 11, Rn. 13; Duttge, *supra note* 19, S. 230; Ellbogen, *supra note* 23, S. 191; Ritscher, *supra note* 19, Rn. 5; Roxin, *supra note* 19, S. 546.

41) Albrecht/Sieber, *Stellungnahme zu dem Fragenkatalog des Bundesverfassungsgerichts in dem Verfahren 2 BvR 392/07 zu § 173 Abs. 2 S. 2 StGB*, 2007, S. 97 ff.

42) Frommel, § 173, Kindhäuser u. a. (Hg.), *Nomos Kommentar Strafgesetzbuch*, Bd. 2, 4. Aufl., 2013, Rn. 6; Roxin, *supra note* 19, S. 546.

43) Al-Zand/Siebenhüner, *supra note* 29, S. 72.

2. '성적 자기결정권 보호' 논거에 관하여

제173조 제2항 제2문은 성적 자기결정권도 보호하므로 존치해야 한다고 재판부는 말한다. 그러면서 성적 자기결정권은 부모와 아이 사이에서만이 아니라 남매간에서도 침해될 수 있으며 남매의 터울이 큰 때에는 더욱 그렇다고 지적한다. 여덟 살 차이의 파트릭과 주잔이 바로 그에 해당한다면서 재판부는 제173조가 동생의 성적 자기결정권을 오빠나 누나에게서 지키는 역할도 한다고 강조한다.[44]

성적 자기결정권 보호는 형법의 주된 임무다. 형, 오빠, 누나, 언니가 동생의 성적 자기결정권을 침해했다면 이는 범죄다. 그런데 그러한 범죄는 - 한국 「형법」 제22장 '강간과 추행의 죄'에 상응하는 - 독일 「형법」 제13장 '성적 자기결정에 관한 죄'에 속한 제174조 이하의 규정들이 다스린다. 제13장에 속하지 않는 제173조의 과제가 아니다.[45] 소수의견을 낸 하세머가 정확히 짚었듯 제173조의 임무 목록에는 성적 자기결정권 항목이 없다. 문언을 보면 알 수 있다. 제2항 제2문은 "상간한 친형제자매를" 둘 다 "2년 이하의 자유형이나 벌금형"에 처한다. 만약 입법자가 성적 자기결정권을 조문의 보호법익으로 봤다면, 다시 말해 상간자 중 한쪽은 가해자이고 한쪽은 피해자인 상황을 상정했다면, 두 사람을 똑같이 벌한다고 했을 리 없다.[46]

그런데도 재판부는 제173조 제2항 제2문이 제13장의 규정들로는 처벌할 수 없는 특수 상황에 대처하는 데 요긴하다고 강변한다. 재판부가 인류학을 동원해 언급한 그 특수 상황이란, 바꿔 말해 재판부가 파트릭과 주잔이 그에 해당한다고 본 특수 상황이란 이런 것이다. 가족이라는 친밀한 관계에서는 독특한 의존관계가 생긴다. 예컨대 어린 여자아이는 아버지나 터울이 큰 오빠처럼 자기보다 강한 존재에게 쉽게 의존한다. 이 의존성 때문에 아이는 아버지나 오빠가 성폭력을 행사하면 제대로 저항하지 못한다. 여기에서 아이가 오빠와 성교했다고 할 때 아이가 14세 미만이면 오빠를 제176조로 벌할 수 있다.[47] 그러나 아이가 14살이 되면 아이와 성교한 오빠를 제13장의 규정으로 처벌하기

---

44) BVerfGE, 120, 224, Rn. 47 ff.

45) Cornils, *supra note* 19, S. 88; Ellbogen, *supra note* 23, S. 191; Fischer, *Strafgesetzbuch mit Nebengesetzen*, 61. Aufl., 2014, § 173, Rn. 3a; Heinrich, *supra note* 19, S. 142 ff.; Ritscher, *supra note* 19, Rn. 4; Roxin, *supra note* 19, S. 547.

46) BVerfGE, 120, 224, Rn. 114(재판관 하세머의 소수의견). 같은 의견은 Cornils, *supra note* 19, S. 88; Heinrich, *supra note* 19, S. 143; Roxin, *supra note* 19, S 547.

47) 제176조 제1항은 "14세 미만의 사람(아동)을 대상으로 성행위를 하거나 아동으로 하여금 자기에게 성행위를 하도록 한 사람"을 "6월 이상 10년 이하의 자유형에 처한다".

곤란해진다. 아이가 의존성 때문에 저항하지 않아 강제로 성교했다고 보기 어려울 때가 많아서다. 바로 이때부터 제173조가 제 목소리를 낸다고 재판부는 판단한다. 우선 성교한 때 아이가 18세 미만이면 제173조 제3항이 아이의 성적 자기결정권을 보호한다고 한다. 제3항은 상간 당시 18세 미만인 사람은 처벌하지 않아 오빠만 벌할 수 있기 때문이다. 그리고 아이가 18세에 달해 성인이 된48) 후에는 제173조 제2항이 그녀의 성적 자기결정권을 지킨다고 한다. 오빠와 성교할 때에 하기 싫었지만 어릴 때부터 지속된 의존성 때문에 싫다는 의사를 분명히 표현하지 않았다면 오빠를 제177조(강요에 의한 성행위)로 처벌하기 힘들 수 있는데, 이때 오빠를 제173조 제2항으로 벌하고 여동생은 상간을 거부하는 의사가 있었다고 보아 벌하지 않으면 된다는 것이다.49)

하지만 위의 견해는 법문과 법리에 반한다. 제173조 제2항 제2문은 근친상간이 둘 중 적어도 하나가 미성년인 때 시작됐거나 둘 사이에 의존관계가 있을 것을 전제하지 않는다. 입법자가 그런 상황에 대비했다면 문언에 흔적을 남겼을 것이다. 하지만 문언은 "상간하면" 처벌한다고만 한다. 재판부는 문언의 한계를 넘었다.50) 또 어릴 때부터 오빠에게 의존하며 오빠와 성교해 온 여동생이 성인이 되고도 오빠와 상간한다면, 법은 일단 성인이 된 후의 상간은 여동생이 스스로 결정한 행위로 보아야 한다. 법의 연령규정은 그대로 적용해야 하므로 우선은 여동생에게 성인으로서 성생활을 알아서 결정할 능력이 있다고 해야 한다.51) 이렇게 원칙대로 하고 나서 예외 상황이 있는지, 즉 여동생이 성인이지만 의존성 때문에 원치 않게 오빠와 잤는지 따져야 한다. 그리고 그런 예외 사정이 있는 때에만 여동생이 오빠의 강요에 저항할 능력이 없었다고 해야 한다.52) 그런데 재판부는 이 순서를 지키지 않았고 구체적 사정을 묻지도 않았다. 어릴 때부터 의존해 온 오빠와 상간한 여동생은 성인이 되어도 의존관계에서 벗어나지 못한다고 단정했다.53) 이 단정은, 더 정확히 말해 추정은 형벌의 근거가 되기 어렵다.54) 그렇게 추정하지 말고 오빠가 여동생의 의존성을 악용해 여동생을 범했는지 조사하고 그를 제177조로 벌할지 정

---

48) 독일 「민법」 제2조.

49) BVerfGE, 120, 224, Rn. 47 ff.

50) Fischer, *supra note* 45, § 173, Rn. 3a; Roxin, *supra note* 19, S. 547.

51) Heinrich, *supra note* 19, S. 143; Hörnle, *supra note* 19, S. 2087; Paeffgen, *supra note* 19, S. 159, 162; Roxin, *supra note* 19, S. 547.

52) BVerfGE 120, 224, Rn. 90(재판관 하세머의 소수의견); Heinrich, *supra note* 19, S. 143; Roxin, *supra note* 19, S. 547.

53) BVerfGE 120, 224, Rn. 48.

54) Roxin, *supra note* 19, S. 547.

해야 한다. 파트릭과 주잔의 경우처럼 그 의존도가 제177조를 적용할 만한 수준인지 불확실하면 형법이 금지하는 강요는 없었다고 해야 할 것이다.[55] 파트릭을 처벌하려면 주잔의 불완전한 책임능력을 악용했음을 입증해 제177조를 적용하는 길로 나서야지, 그길이 험하다고 해서 주잔이 파트릭과 자기 싫었으나 거부할 능력이 없었으리라고 추정하면서 근친상간죄를 끌고 들어오면 안 된다. 이는 주잔의 성적 자기결정권을 보호하기보다는 성인인 주잔의 의사를 무시하고 주잔의 후견인 노릇을 하겠다는 잘못된 태도다.[56] 무리수를 둔 재판부에게 한스 울리히 패프겐(Hans-Ullrich Paeffgen)은 "법의 탈을쓴 국가의 위선으로 삶의 동반자[파트릭]를 잃은 아이들 어머니[주잔]의 귀에는" 법원판결이 "경멸적인 조롱으로 들렸을 것"이라고 일갈했다.[57]

재판부가 끌어다 쓴 인류학 지식도 근친상간죄에 생기를 불어넣기 어렵다. 오빠가, 특히 아버지의 권력을 물려받은 강한 오빠가 한참 어린 여동생을 성적으로 착취한 사례를인류학은 보고한다.[58] 하지만 인류학은 이 보고 바로 뒤에 그런 사례는 극히 드물다고덧붙인다. 재판부도 시인했듯이 같이 자란 남매는 대부분 서로에게 성적으로 끌리지 않는다.[59] 남매의 상간을 막는 일에 형법이 나서지 않아도 된다. 인류학 용어로 표현하자면 근친상간 욕망은 근친상간 금기, 근친상간 회피, 족외혼 명령 등 자연스레 발생하는근친상간 금지 기제로 억제된다.[60] 오빠가 자기에게 의존하는 여동생을 성적 만족의 도구로 악용할 확률은 적은데도, 그리고 무엇보다도 그런 오빠를 처벌하는 규정들이 준비되어 있는데도, 그 드문 상황을 위해 제173조 제2항을 둔다면 이는 비합리적이고 비효율적이다.[61]

물론 만에 하나 있을 피해자를 보호하기 위해 그러한 비합리와 비효율은 감수해도 좋다고 말할 수도 있겠다. 하지만 그렇게 보면 제173조 제2항은 가족을 보호법익으로 볼때와 마찬가지로 부조리해진다. 먼저 과잉입법이 된다. 친오빠에게 의존하지 않거나 친

---

55) Paeffgen, *supra note* 19, S. 162; Roxin, *supra note* 19, S. 547.

56) Al-Zand/Siebenhüner, *supra note* 29, S. 73 ff. 국가가 개인에게 맡겨도 좋을 문제를 법으로 통제하는 경향을 칭하는 이른바 '후견주의' 입법의 문제는 오세혁, "법적 후견주의", 「법철학연구」, 제12권 제1호(2009), 153면 이하를 참조할 것.

57) Paeffgen, *supra note* 19, S. 162.

58) BVerfGE 120, 224, Rn. 47.

59) BVerfGE 120, 224, Rn. 60.

60) Dippel, *supra note* 11, Rn. 5 ff.

61) Cornils, *supra note* 19, S. 89; Heinrich, *supra note* 19, S. 142 ff.; Hörnle, *supra note* 31, S. 454 ff. 실무에서 이 조문은 존재감이 거의 없다. Ritscher, *supra note* 19, Rn. 8 참조. Al-Zand/Siebenhüner, *supra note* 29, S. 69는 제173조가 이론상 문제가 많은데도 폐지되지 않은 이유를 조문이 사실상 사문(死文)이어서 관심 밖에 있었다는 데에서 찾는다.

오빠를 성인이 되어 만난 여성이 친오빠와 화간한 경우 성적 자기결정권의 침해가 없다. 그러나 제173조에 의해 오빠는 물론이고 여동생도 처벌된다. 만에 하나 있을 피해자를 염려한 규정이 무고한 피해자를 낳는 것이다. 다음으로는 과소입법이 된다. 재판부가 주목한, 오빠와 여동생 간의 의존관계가 친남매 사이에서만 생기지는 않는다. 부모의 재혼, 입양 등으로 남매가 된 남녀 간에도 생길 수 있다. 또 오빠에게 의존하는 여동생의 성적 자기결정권을 침해하는 행위는 성교만이 아니다. 유사 성행위도 여동생의 성적 자기결정권을 해친다. 그러나 제173조 제2항은 친남매의 유사 성행위, 혈연관계 없는 남매의 상간 등에는 눈을 감는다. 의붓오빠에게 의존하는 여동생, 친오빠와 유사 성행위를 한 여동생 등의 성적 자기결정권은 지키지 못하는 것이다.[62] 이렇듯 보호받을 사람은 방치하고 내버려 둘 사람은 처벌하는 결과가 초래된다.

성적 자기결정권을 근친상간죄의 보호법익으로 보면 이렇게 부조리가 생기는 것을 재판부도 모르지 않는다. 알면서도 용인한다. 먼저 여동생을 범하는 오빠는 극소수인 데다가 그런 오빠는 제13장의 규정으로 벌하면 되므로 근친상간죄는 무용하다는 반론 앞에서는 규정으로 처벌될 사람이 극소수라 과잉처벌 염려가 없어 오히려 좋고 형량도 적당해 괜찮다고 응수한다.[63] 이는 타인의 성적 자기결정권을 침해하지 않았는데도 침해한 것으로 간주되어 처벌받게 될 개인들을 소수라는 이유만으로 우롱하는 것이며, 또 적당하다는 형벌도 당사자에겐 평생 지울 수 없는 상처를 남긴다는 것을 외면한 무책임한 발상이다.[64] 재판부는 성인으로서 화간하는 친남매까지 억울하게 처벌된다는 우려의 목소리도 무시한다. 형법 규정은 구체적 사정을 일일이 봐주지 말고 절대적으로 존중되어야 가치가 유지될 수 있으므로 그러한 친남매의 처벌은 불가피하다는 것이다.[65] 이 의견은 재판부가 존중하는 비례성원칙, 특히 필요성원칙에 정면으로 반한다.[66] 재판부는 친오빠 있는 여자만 보호되고 의붓오빠가 있거나 입양으로 오빠가 생긴 여자는 방치된다는 반박도 물리친다. 친여동생의 성적 자기결정권만 보호하는 것은 전통적 가족상을 고려한 입법자의 결정인데, 불법 내용이 같은 수많은 행위 중 핵심이 되는 행위만 처벌하

---

62) Fischer, *supra note 45*, § 173, Rn. 3a; Hörnle, *supra note 19*, S. 2086 ff.; Ziethen, *supra note 31*, S. 617 ff.

63) BVerfGE 120, 224, Rn. 60.

64) BVerfGE 120, 224, Rn. 128(재판관 하세머의 소수의견); Cornils, *supra note 19*, S. 89; Heinrich, *supra note 19*, S. 144; Noltenius, *supra note 38*, S. 20; Paeffgen, *supra note 19*, S. 160; Roxin, *supra note 19*, S. 549.

65) BVerfGE 120, 224, Rn. 57.

66) Hörnle, *supra note 19*, S. 2087; Paeffgen, *supra note 19*, S. 160; Roxin, *supra note 19*, S. 549.

고 그 밖의 행위는 처벌하지 않기로 했다고 해서 그 결정이 위헌이 되지는 않는다는 것이다.[67] 의붓오빠를 두었거나 입양으로 오빠가 생긴 여자의 성적 자기결정권은 보호의 핵심영역에 들지 않는다는 뉘앙스다. 받아들이기 힘든 견해이다. 똑같이 보호받아야 할 사람들 중 일부만 보호된다면 - 그것도 시대에 뒤처진 전통적 가족상을 기준으로 - 이는 그 보호규정이 목적을 달성하는 데 부적합하다는 말이다. 즉 적합성원칙에 반한다는 뜻이다.[68]

3. '사회의 문화관념(성도덕) 보호' 논거에 관하여

재판부는 제173조가 근친상간을 불법으로 여기는 사회의 확고한 관념에도 부합하므로 정당하다고 주장한다. 역사적·문화적으로 전승되어 온 이 관념은 예나 지금이나 사회에서 강한 힘을 발휘하며 독일뿐만 아니라 다른 나라에서도 통용될 만큼 보편적이기도 해서 근친상간을 범죄화한 입법자의 결정을 뒷받침해 준다는 것이 재판부의 시각이다. 물론 재판부도 형법의 임무는 법익보호이므로 법익과 무관하게 도덕관념만 지키는 형법 규정은 위헌심사를 감당하기 어려움을 인식한다. 그래서 위의 확고한 관념이 근친상간죄를 직접 정당화한다고 단언하지는 못한다. 그저 이 관념이 가족, 성적 자기결정권, 국민 건강의 보호라는 목적을 종합적으로 고려해 근친상간을 금지한 입법자의 결단을 후원한다고만 말한다. 그래도 이 관념이 위의 세 법익을 보호하는 규범을 안정화해 규범의 일반예방기능을 강화하는 방법으로 법익보호에 기여하는 측면을 가볍게 여겨서는 안 된다고 재판부는 강조한다.[69]

그러나 이미 상론한 바와 같이 가족, 성적 자기결정권, 국민 건강(유전병 방지)의 보호는 근친상간죄의 목적이 될 수 없다. 이를 의식해 재판부는 이 세 목적이 각각 단독으로는 근친상간죄를 정당화하지는 못하더라도 "이들 목적을 다 합하면"[70] 근친상간죄가 정당화된다고 강변한다. 하지만 부당한 논거를 합치면 부당함이 더해지지 정당성이 생기지는 않는다.[71] 재판부는 세 법익 외에 다른 법익을 추가로 언급하지 않는다. 결국 제

---

67) BVerfGE 120, 224, Rn. 54 ff.

68) Hörnle, *supra note* 19, S. 2086; Roxin, *supra note* 19, S. 549.

69) BVerfGE 120, 224, Rn. 50.

70) BVerfGE 120, 224, Rn. 41.

71) BVerfGE, 120, 224, Rn. 101(재판관 하세머의 소수의견); Cornils, *supra note* 19, S. 88; Fischer, *supra note* 45, § 173, Rn. 7; Hörnle, *supra note* 19, S. 2088; Paeffgen, *supra note* 19, S. 159; Ritscher, *supra note* 19, Rn. 6; Roxin, *supra note* 19, S.

173조는 보호법익 없이 그저 근친상간 금기라는 도덕관념만 지키는 조문인 셈이다.[72)] 근친상간죄의 문제, 즉 보호법익이 없다는 문제가 덮일 만큼 근친상간을 범죄로 여기는 관념이 강력한지는 의문이다. 근친상간을 금기로 보는 사람은 분명 많다. 그러나 근친상간을 형법으로 벌하라고 외치는 목소리가 확고한 문화 관념이라 할 만큼 사회 구성원 절대 다수의 입에서 나오는지는 의심쩍다.[73)] 사람들이 가면 갈수록 성 문제에 관대해진다는 사실은[74)] 일단 접어두더라도 최소한 파트릭과 주잔의 사정을 언론 보도로 접한 사람 상당수는 둘의 처벌을 원치 않았다고 한다.[75)]

설령 근친상간을 터부를 넘어 범죄로까지 여기는 사람이 대다수라 해도, 또 이 터부가 함무라비 법전에도 나올 만큼 역사가 깊고[76)] 여러 나라의 형법에서 규정될 만큼 보편적이라 해도,[77)] 근친상간죄가 위헌 혐의를 벗지는 못한다. 왜냐하면 근친상간죄에 위헌 굴레를 씌우는 계몽철학, 바로 형법을 개인의 자유를 중시하는 법익보호 프로그램으로 설계한 사상이 현대 형법의 뿌리이기 때문이다.[78)] 형법을 법익보호 수단으로 이해하는 자유주의 형법이론은 도덕관념에 형법의 방향타를 맡기지 않는다. 근친상간 금기처럼 문화사·진화사 측면에서 의미가 크고 다수가 공유하는 도덕관념이더라도 말이다.[79)] 물론 이 형법이론도 도덕관념을 형법에서 쫓아내지는 않는다. 존중한다. 도덕관념은 형법의 보호법익을 선정하는 토대일 뿐만 아니라 형법 규정이 도덕관념에 반하면 사람들의 반감을 사 효력을 발휘하기 어렵기 때문이다.[80)] 그러나 자유주의 형법이론은 법익에 무해

548; Ziethen, *supra note* 31, S. 617.

72) Al-Zand/Siebenhüner, *supra note* 29, S. 80; Dippel, *supra note* 11, Rn. 4, 14; Ellbogen, *supra note* 23, S. 192; Fischer, *supra note* 45, § 173, Rn. 7; Heinrich, *supra note* 19, S. 144 ff.; Hörnle, *supra note* 19, S. 2088; Ritscher, *supra note* 19, Rn. 7; Roxin, *supra note* 19, S. 548; Ziethen, *supra note* 31, S. 617.

73) Duttge, *supra note* 19, S. 240 ff.; Hörnle, *supra note* 31, S. 457; Paeffgen, *supra note* 19, S. 159.

74) 독일 등 서유럽 국가들보다 성 문제에 보수적인 한국도 그렇다. 이용식, "판례를 통해서 본 성(性)에 대한 법인식의 변화", 「형사법연구」, 제21권 제4호(2009), 295면 이하 참조.

75) Roxin, *supra note* 19, S. 549 참조.

76) 근친상간 처벌의 인류사·문화사·학술사는 Dippel, *supra note* 11, Rn. 1 ff.를 참고할 것.

77) 연방헌법재판소의 의뢰를 받아 세계 각국의 근친상간 처벌 여부를 조사한 막스플랑크 외국·국제형법 연구소의 보고를 보면, 연구소가 문화권을 안배해 선정한 20개국 중 성인인 근친의 상간을 형법으로 벌하는 나라는 13개다. 처벌하는 국가는 그리스, 덴마크, 루마니아, 미국의 거의 모든 주, 스웨덴, 스위스, 영국(웨일즈 포함), 오스트레일리아, 이탈리아, 칠레, 캐나다, 폴란드, 헝가리이고, 그렇지 않은 국가는 네덜란드, 러시아, 미국의 3개 주(로드아일랜드, 뉴저지, 미시간), 스페인, 중국, 코트디부아르, 터키, 프랑스다. Albrecht/Sieber, *supra note* 41, S. 26 ff.

78) 계몽철학이 근대 자유주의 형법을 이룩한 과정은 Hassemer, *Theorie und Soziologie des Verbrechens*, 1980, S. 29 ff.를 참고할 것.

79) 김영환, 앞의 논문(주 5), 854면 이하; Cornils, *supra note* 19, S. 88; Ellbogen, *supra note* 23, S. 192; Fischer, *supra note* 45, § 173, Rn. 7; Hörnle, *supra note* 19, S. 2088; Noltenius, *supra note* 38, S. 19; Roxin, Zur neueren Entwicklung der Rechtsgutsdebatte, Herzog/Neumann (Hg.), *Festschrift für Winfried Hassemer*, 2010, S. 579 ff.; Ziethen, *supra note* 31, S. 617 참조.

80) Hefendehl, *Kollektive Rechtsgüter im Strafrecht*, 2002, S. 53. 형법과 도덕·풍속의 관계를 음미하는 글은 김영환, "법과 도덕

한 행위를 도덕관념만을 근거로 처벌하는 것은 단호히 거부한다. 이렇게 하지 않으면 '건전한 민족감정'을 구실로 개인의 자유를 유린한 나치 시대의 광기가 언제든 되살아난다.[81] 간단히 말해 '형법은 법익보호 수단'이라는 명제를 맹신하고 도덕관념을 도외시하는 기능주의가 정의관에 반한다면, 이 명제를 무시하고 도덕관념을 우선시하는 도덕주의는 형법관에 반한다고 할 수 있다.[82] 후자의 대표적인 예는 누구의 법익도 침해하지 않는 동성애를 '윤리적으로 비난받아 마땅하며 사람들이 나쁜 행위라고 확신하는 행위'라는 명목으로 처벌한 독일 「형법」 제175조다. 이 조문은 사라졌다.[83] 재판부는 근친상간죄도 제175조의 전철을 밟게 했어야 했다.

Ⅳ. 독일 연방헌법재판소의 근친상간죄 판결이 주는 시사점

지금까지 독일 연방헌법재판소의 근친상간죄 합헌 결정을 비평해 보았다. 그 결과를 일반화하여 정리하자면 다음과 같이 말할 수 있겠다. ① 법익에 무해한 행위를 성도덕에 반한다는 이유만으로 처벌하는 형법 규범은 형법을 법익보호의 최후수단으로 이해하는 현대 형법이론에 반한다. ② 성도덕의 유지를 주목적으로 하는 형법 규범을 개인의 성적 자유를 보호하는 기능도 있다는 명목으로 옹호하는 것은 그 개인의 의사를 무시하고 그의 생활영역에 과도하게 간섭하는 '국가후견주의(Paternalismus)적인 발상'[84]일 수 있다. ③ 성도덕을 지키려는 형법 규범을 가족제도의 보호에도 도움이 된다는 명분으로 변호하기도 어렵다. 가족제도란 형법의 법익이 되기에는 모호하며, 그러한 추상적인 가족제도를 보호하려는 형법 규범이 실제의 가정을 보호하는 데 도움이 되지도 않기 때문이다.

이상의 결과는 한국 「형법」 제22장 '성 풍속에 관한 죄'를 개선하는 데 시사점을 준다. ①은 이 장에 속한 규정들, 그중에서도 특히 제243조부터 제245조까지의 규정은 정당

의 관계", 「법학논총」, 제25집 제4호(2008), 5면 이하.

81) Ellbogen, *supra note 23*, S. 192; Roxin, *supra note 19*, S. 549 참조. 허일태, "간통죄폐지를 위한 변론", 「동아법학」, 제26호 (1999), 111면은 성도덕 같은 윤리 문제에 간섭하는 국가는 "가치 일원주의 국가", "자유를 무제한 박탈하는 독재국가"로 전락하기 쉽다는 "세계역사"의 교훈을 지적하면서 "지나친 국가간섭주의"와 형법의 "도덕화"를 경계해야 한다고 강조한다.

82) Lautmann, Sexualdelikte, *Zeitschrift für Rechtspolitik* 1980, S. 44 ff.; Neumann, Vom normativen zum funktionalen Strafverständnis, Jung u. a. (Hg.), *Perspektiven der Strafrechtsentwicklung*, 1996, S. 57 ff. 참조.

83) Hörnle, *supra note 19*, S. 2088; Roxin, *supra note 19*, S. 548; Ziethen, *supra note 31*, S. 617.

84) 김영환, 앞의 논문(주 5), 874면.

화되기가 쉽지 않다는 사실을 드러낸다. 이 규정들은 막연하고 가변적인 '선량한 성도덕'만을 처벌근거로 삼는데다가 그러한 '추상적인' 성도덕에 '추상적인' 위험이 되는 행위까지 - 이 행위가 누구의 어떤 법익을 해치는지 묻지 않고 - 금지하기 때문이다.[85] 이렇게 포괄적이고 불명확한 처벌규정은 죄형법정주의에 반할 소지가 매우 크므로[86] 이를 「형법」에서 삭제하고 「경범죄처벌법」으로 옮기는 방안을 검토해 볼 만하다.[87] 이 방안을 당장 추진하는 것이 현실적으로 어렵다면, 적어도 규정의 내용을 지금보다 훨씬 명확하게 고쳐야 하리라 본다. 제243조와 제244조는, 음란물 개념을 세분화하여 악성 음란물만 금지 대상으로 하면서 음란물에 접하기를 원치 않는 사람의 성적 자유와 미성년자의 원만한 성적 발달을 보호하는 방향으로 구체화하고,[88] 제245조 역시 음란행위에 맞닥뜨리기 싫은 사람의 성적 자기결정권을 지키는 쪽으로 개정해 볼 수 있을 것이다.[89] 이 경우 세 규정의 위치는 '성 풍속에 관한 죄'에서 '강간과 추행의 죄'로 이동하게 된다.

②는 「형법」 제242조에 국가후견주의의 혐의가 있음을 암시한다. 통설에 따르면 이 조항은 건전한 성도덕을 주된 보호법익으로 하면서 개인의 성적 자유도 부차적으로 보호하는 규정이다. 이 규정에 개인, 특히 사회적·경제적 약자를 성매매로 내모는 행위를 제재하는 기능이 있음을 감안한 해석이라 할 수 있다. 그런데 이 규정은 당사자의 자유의사에 따른 성매매의 매개, 즉 성적 자기결정권을 침해당하는 사람이 없어 국가가 개입하지 않아도 되는 행위까지 선량한 성 풍속을 유지한다는 명목으로 금지한다는 점에서 과잉입법으로 볼 여지가 많다.[90] 그렇다면 이 규정을 성매매에 내몰리는 미성년자 등 약자의 성적 자유를 - 성도덕이라는 우회로를 거치지 말고, 즉 '부수적으로'가 아니라 - '직접적으로' 보호하는 방향으로 고쳐 '강간과 추행의 죄'로 옮기는 방안을 검토할 필요가 있다.[91]

---

85) Fischer, *supra note* 45, §184, Rn. 3a는 - 한국 「형법」의 '성 풍속에 관한 죄'와 마찬가지로 - 불명확하고 '추상적인' 대상에 '추상적인' 위험을 일으키는 행위까지 사정권에 두는 독일 「형법」 제184조(공연음란) 같은 조항은 가벌성을 과도하게 확장한 입법이라고 지적하면서 이러한 조항의 경우 처벌되는 행위가 누구의 어떤 법익을 침해하는지를 경험적으로 증명할 수 없다고 말한다.

86) 김영환, 앞의 논문(주 5), 862면 이하; 김일수/서보학, 앞의 책, 510면. 김성돈, 「형법각론(제4판)」, 성균관대학교 출판부, 2016, 667면도 제243조와 제244조는 "적용상의 남용의 위험이 내재되어 있어 변화가 필요하다"고 한다.

87) 김영환, 앞의 논문(주 5), 874면 이하는 공연음란행위 일반을, 김일수/서보학, 앞의 책, 511면은 공연한 성행위를 제외한 공연음란행위를 「형법」이 아닌 「경범죄처벌법」으로 규율하는 것이 합리적인 입법이라고 본다.

88) 김영환, 앞의 논문(주 5), 869면 이하; 김일수/서보학, 앞의 책, 502면 이하.

89) 김영환, 앞의 논문(주 5), 874면; 김일수/서보학, 앞의 책, 502면 이하.

90) 김영환, 앞의 논문(주 5), 873면 이하.

91) 이때 독일 형법 제180조a(매춘 종사자 착취)과 제181조a(매춘 알선)를 참조하면 유익할 것이다. 전자는 매춘 종사자를 종속관계에 두거나 18세 미만자에게 주거를 제공하는 방법 등을 통해 매춘업을 운영하는 행위를 처벌하고, 후자는 매춘 종사자

③은 간통죄를 위헌으로 판단한 헌법재판소와 이에 부응해 이 죄를 「형법」에서 삭제한 입법자의 결정을 뒷받침하는 근거가 된다. 옛 「형법」 제241조는, 이 조항이 성도덕 외에 가족질서를 보호하는 기능도 있다는 일부의 견해[92]와는 반대로, '혼인제도 내지 가정질서의 보호에' '도움을 주지 못[했]다.' 오히려 '간통고소를 취소하는 조건으로' '위자료나 재산분할을 받아내는' 수단으로 이용되거나 '유책의 정도가 훨씬 큰 배우자의 이혼 수단으로 활용되기도' 했고, 심지어는 '일시적으로 탈선한 가정주부를 협박하여 금품을 뜯어내거나, 상간자로부터 재산을 편취하는 수단으로 악용되기'까지 했다. 이렇게 악용될 뿐만 아니라 '형벌에 대한 두려움을 통하여' 가정 제도를 유지하려는 형법 조항이[93] 건전한 성도덕의 유지에 기여한다고 말할 수는 없을 것이다.[94]

V. 결론

독일 연방헌법재판소의 근친상간죄 합헌 결정에서 소수의견을 낸 하세머는 법익에 무해한 행위를 처벌하는 것을 "국가의 테러"(Staatsterror)라 일컬었다.[95] 클라우스 엘보겐(Klaus Ellbogen)은 도덕관념만을 보호하는 형법 규범을 과거의 "유물"이라 칭했다.[96] 두 사람의 말을 빌리자면 한국 「형법」 제22장 '성 풍속에 관한 죄'에 속한 조문들은 독일 「형법」의 근친상간죄와 마찬가지로 국가가 유물을 가지고 개인에게 자행하는 테러라고 부를 수도 있을 것이다. 이 글이 우리 「형법」에 잔존한 '과거의 유물'을 솎아 내 '국가의 테러'를 막는 데 일조할 수 있기를 바란다.

를 착취하거나 그의 개인적 또는 경제적 독립성을 침해하는 행위를 금지한다.

92) 김일수/서보학, 앞의 책, 496면 이하; 진계호/이존걸, 「형법각론(제6판)」, 대왕사, 2008, 572면.

93) 이상의 인용문은 모두 헌재 2015. 2. 26. 2009헌바17 등, 공보 제221호, 353 이하에서 따온 것이다.

94) 김영환, 앞의 논문(주 80), 9면; 배종대, 앞의 책, 764면 참조.

95) Hassemer, Darf es Straftaten geben, die ein strafrechtliches Rechtsgut nicht in Mitleidenschaft ziehen?, Hefendehl u. a. (Hg.), *Die Rechtsgutstheorie*, 2003, S. 64.

96) Ellbogen, *supra note* 23, S. 190.

제4장 국제환경협약상 당사국의 의무와 그 국내이행[*]

I. 서론

오늘날 기후변화, 오존층 파괴, 해양오염, 생물다양성의 감소, 유해폐기물 등의 환경문제는 어느 한 국가 차원의 문제가 아니라 국경을 넘어 전 세계적인 차원의 문제로 대두되고 있으며, 그 해결을 위하여 국제적인 노력이 요구되고 있다.[1] 지난 수십 년간 국제사회는 이러한 국제환경문제에 공동 대처하고자 국제환경협약의 체결 등의 노력을 강구해 왔다. 우리나라 역시 「환경정책기본법」에서 "국가 및 지방자치단체는 국제협력을 통하여 환경 정보와 기술을 교류하고 전문인력을 양성하며, 지구 전체의 환경에 영향을 미치는 기후변화, 오존층의 파괴, 해양오염, 사막화 및 생물자원의 감소 등으로부터 지구의 환경을 보전하기 위하여 지구환경의 감시·관측 및 보호에 관하여 상호 협력하는 등 국제적인 노력에 적극 참여하여야 한다."고 규정하고 있으며(제27조), 현재 50개의 국제환경협약에 가입하고 있다.[2]

대한민국 헌법 제6조 제1항은 "헌법에 의하여 체결·공포된 조약과 일반적으로 승인된 국제법규는 국내법과 같은 효력을 가진다."고 규정하고 있다. 따라서 조약 규정이나 조약의 성격상 자기집행력을 갖는 조약(Self-executing treaty)[3]은 별도의 입법에 의한 이행조치 없이 바로 국내법으로 적용될 수 있게 된다. 그러나 대부분의 국제환경협약은 당사국으로 하여금 자국민의 권리를 제한하거나 의무를 부과한다거나, 그 의무위반에 대하여 형벌을 부과하도록 하는 등의 내용을 담고 있는바, 법치행정의 원리나 죄형법정주의 등의 헌법적 요청에 따라 국내법의 제정 또는 개정이 필연적으로 수반되는 경우가 적지 않다.

결국 전 세계적인 환경문제에 대한 공동의 노력으로서 국제환경협약이 실효성(effectiveness)을 확보하기 위해서는, 국제환경협약의 수나 해당 협약 당사국의 수가 많은가라는 양적 문제뿐만 아니라,[4] 협약 당사국이 얼마나 충실하게 국제환경협약에 따른 의무를 국내법

---

* 이 글은 "국제환경협약의 국내법적 이행에 관한 연구"라는 제목으로 「환경법연구」 제39권 제1호(한국환경법학회, 2017. 4)에 게재된 내용을 토대로 그간의 변화를 보태어 수정·보완한 것임.

1) 김홍균, 「국제환경법(제2판)」, 홍문사, 2015, 1면.

2) 환경부, 「환경백서」, 2017, 604-610면에서는 '국제환경협약 가입현황'이라는 도표에서 총 50개의 국제환경협약을 열거하고 있다.

3) 이와 관련해서는 종래 많은 논의가 있으므로 부언하지 않기로 한다. 성재호, "조약의 자기집행성", 「국제법평론」, 제8호(1997), 1면 이하; 박기갑, "조약의 자기집행력: 프랑스의 이론 및 판례를 중심으로", 「법학논집」, 제34권(1998), 113면 이하; 주진열, "조약의 자기집행성 판단기준에 관한 미국연방법원의 법리: 한국 법원에 대한 시사점", 「세계헌법연구」, 제11권 제2호(2005), 137면 이하 등 참조.

적으로 변환하여 이를 수용하고 집행하는가에 달려 있다고 할 수 있다. 국제환경협약이 제 역할을 다할 수 있기 위해서는 보다 많은 국가가 협약 당사국이 되어야 함은 물론이고, 이들 협약 당사국이 협약상의 의무를 이행하기 위하여 적절한 입법적·행정적·정책적 조치를 취함으로써, 해당 환경문제의 원인자의 의사결정에 직·간접적으로 영향을 주어 그 행동방식을 변화시킬 수 있어야 하는 것이다.

일반적으로 국제환경협약의 '이행(implementation)'이라고 하면, 당사국이 다자간 환경협정(Multilateral Environmental Agreements: MEAs) 및 그 개정에 따른 자국의 의무를 다하기 위하여 채택하는 모든 관련 법령, 정책 및 그 밖의 조치와 제안을 가리키는 것으로 정의되고 있다.5) 이와는 달리, 국제협정이 국내법적으로 실시되도록 하기 위하여 당사국이 취하는 조치(measures parties make to take international operative in their domestic law)로 정의함으로써, 입법조치를 통한 국내법적 이행으로만 한정하는 견해도 있다.6) 즉, 넓은 의미에서 국내 이행이라고 하면 반드시 입법적 조치를 수반하지 않는 행정적·정책적 조치까지도 포함될 수 있으나, 좁은 의미에서는 입법적 조치를 통한 국내법적 이행으로 한정되기도 한다. 이 글에서는 지면관계상, 그리고 논의의 편의상 입법조치를 통한 국내법적 이행에 보다 논의의 초점을 맞추고자 한다.

국제환경협약에 따른 당사국의 의무의 내용에 따라서는 반드시 입법조치가 아니라 행정적·정책적 조치만으로도 의무 이행이 가능한 경우도 있을 수 있다. 그리고 실제로 다수의 국제환경협약에서는 반드시 입법조치를 할 것을 요구하는 것이 아니라, 입법적·행정적·정책적 조치를 취할 것을 요구하고 있다. 예컨대, 나고야 의정서7)에서는 당사

---

4) 이재곤·박덕영·박병도·소병천, 「국제환경법」, 박영사, 2015, 346면 참조.

5) "all relevant laws, regulations, policies and other measures and initiatives, that contracting parties adopt and/or take to meet their obligations under a multilateral environmental agreement and its amendments if any." UNEP, Manual on Compliance with and Enforcement of Multilateral Environmental Agreements, UNEP (2006), p. 59. 이와 유사한 개념으로, '준수(compliance)'란 당사국이 그 행위를 국제협약에 따른 의무와 합치시키는 것으로 정의된다. 박병도, "국제환경협약의 이행 및 준수 메커니즘", 「환경법연구」, 제36권 제3호(2014. 11), 65면. UNEP 역시 이와 유사하게 "다자간 환경협정 및 그 개정에 따른 당사국의 의무를 완수하는 것(the fulfillment by the contracting parties of their obligations under a multilateral environmental agreement and any amendments to the multilateral environmental agreements)"으로 정의하고 있다. UNEP, id., p. 59. '이행'과 '준수'의 개념은 해당 용어를 사용하는 국제환경협약에 따라 이를 구분하여 사용하는 경우도 있고, 혼용하여 사용하고 있는 경우도 있는 것으로 보이는데, '준수'라는 용어는 국제환경협약상의 의무를 준수하지 않고 있는 당사국에게 법적 책임을 묻기보다는 비준수의 원인을 규명하여 의무 준수를 유도하는 메커니즘, 이른바 비준수절차(Non-Compliance Procedure)를 도입하고 있는 협약에서 다수 발견된다. 비준수절차에 관해서는 박병도, 앞의 논문, 63면 이하; 김홍균, 앞의 책 (주 1), 518-524면 참조.

6) C. Redwell, *National Implementation*, in D. Bodansky, J Brunné & E. Hey (eds.), *The Oxford Handbook of International Environmental Law*, Oxford University Press (2007), p. 925.

7) Nagoya Protocol on Access to Genetic Resources and the Fair and Equitable Sharing of Benefits Arising from their Utilization to the Convention on Biological Diversity, Oct. 29, 2010, UNEP/CBD/COP/DEC/X/1 of 29, available at <http://www.cbd.int/abs/doc/protocol/nagoya-protocol-en.pdf>.

국으로 하여금 그 관할 안에서 이용되는 유전자원이 다른 당사국의 관련 법령 등에 따른 사전통보승인(Prior Informed Consent: PIC)에 따라 접근되고 상호합의조건(Mutually Agreed Terms: MATs)이 체결되도록 보장하기 위한 적절하고 효과적이며 비례적인 입법적·행정적 또는 정책적 조치를 채용할 것을 의무화하고 있다.

이와 같이, 국제환경협약상의 일정한 의무의 국내 이행을 위해서는 (i) 입법적 조치를 취하여야 하는 경우가 있을 수도 있고, (ii) 행정적 또는 정책적 조치를 취하는 것만으로 충분히 국내 이행이 가능한 경우도 있을 수 있다. 또, 국제환경협약을 국내법적으로 이행한다고 할 경우에도 (i) 새로운 이행법률을 제정하는 방식을 택할 수도 있을 것이고, (ii) 기존 법령을 개정하여 해당 내용을 편입시키는 방식을 택할 수도 있을 것이다. 그리고 국제환경협약의 규율내용이나 그에 따른 당사국의 의무의 유형 등에 따라 그 국내이행의 방식이나 내용은 달라질 수 있을 것인데, 과연 어떠한 방식을 택하는 것이 국제환경협약의 충실한 이행을 통한 실효성 확보의 측면에서, 그리고 국내법체계와의 정합성 확보의 측면에서 보다 바람직할 것인가? 이에 관한 해법을 찾아보는 것이 이 글의 주된 목적이다.

이하에서는 먼저 우리나라가 비준한 국제환경협약의 국내법적 이행 실태를 개관하고(Ⅱ), 국제환경협약에 따른 당사국의 의무 이행을 위한 이행입법의 필요성과 입법형식에 관하여 분석하고(Ⅲ), 국제환경협약의 특질에 비추어 국내이행입법의 방식이나 내용의 설계에 있어서 고려하여야 할 사항을 제시하기로 한다(Ⅳ).

Ⅱ. 주요 국제환경협약상 당사국의 의무와 우리나라의 국내이행 현황

우리나라는 2017년 12월을 기준으로 50개의 국제환경협약에 가입하고 있다. 그리고 우리나라는 이들 협약을 국내적으로 이행하기 위하여 여러 법률을 제·개정하여 시행하고 있다. 이하에서는 이들 협약 가운데 대표적인 협약 및 그에 따른 당사국의 의무를 살펴보고, 해당 의무를 이행하기 위하여 우리나라는 어떠한 입법적 조치를 택하였는지를 개관한다.

1. 오존층 보호

1982년 비엔나 협약은 오존층을 변화시키거나 변화시킬 우려가 있는 인간 활동으로 인해 발생하거나 발생할 우려가 있는 악영향으로부터 인간의 건강과 환경을 보호하기 위하여 필요한 조치를 취하는 것을 목표로 하고 있다.[8] 이 협약은 이른바 골격협약 (Framework Convention)의 형식을 취하고 있기 때문에, 오존층 파괴를 방지하기 위한 당사국의 구체적인 의무를 규정하고 있지는 않다.[9]

1987년 몬트리올 의정서는 프레온가스(CFCs)와 할론(Halons)의 생산·소비량을 구체적으로 규제하고 있다. 즉, 당사국은 1989년부터 CFCs의 소비를 1986년 기준으로 동결하고, 1994년부터는 20%, 1999년부터는 50%를 감축하여야 한다.[10] Halons에 대해서는 CFCs와 달리 감축일정을 제시하지 않은 채 1992년 1월 1일부터 1986년의 소비 기준으로 동결하도록 의무화하고 있다.[11] 한편, 몬트리올 의정서는 당사국이 필요하면 규제대상물질의 생산과 소비에 대한 추가적인 조정 및 감축을 하도록 하고 있는바,[12] 이에 기초하여 1990년 런던 조정·개정,[13] 1992년 코펜하겐 조정·개정,[14] 1995년 비엔나 조정,[15] 1997년 몬트리올 조정·개정,[16] 1999년 베이징 조정·개정[17] 등 수차례의 조정

---

8) Vienna Convention for the Protection of the Ozone Layer, 26 *I. L. M.* 1529 (1987), Art 2.

9) 김홍균, 앞의 책(주 1), 121-121면. 일반원칙만을 규정한 협약만으로는 문제해결에 크게 미흡하므로 일반적·추상적 원칙을 갖는 협약일수록 상세한 규정을 담고 있는 부속서나 의정서의 채택이 절실히 요망된다. 이러한 문제의식에서 최근에는 국제 환경협약을 체결하면서 우선 일반적·추상적·방침적 내용을 담고 있는 골격협약을 체결하고, 후에 골격협약을 구체화·보충하는 의정서를 채택하는 식의 2단계의 조약체결 방식을 취하는 것이 보편화되고 있다. 김홍균, "국제환경법의 발전과정과 추세", 「법학논총」, 제16권(1999), 418면.

10) Montreal Protocol on Substances that Deplete the Ozone Layer, 26 *I. L. M.* 1541 (1987), Art. 2(1)(3)(4).

11) *Id.*, Art. 2(2).

12) *Id.*, Art. 2(9).

13) London Adjustments and Amendments to the Montreal Protocol on Substances that Deplete the Ozone Layer, 30 I. L. M. 537 (1991). 동 조정·개정에서는 CFCs와 Halons의 규제일정을 단축하고, 규제대상물질을 추가하였다. 즉, CFCs의 소비를 1986년 기준으로 1995년부터 50%, 1997년부터 85% 감축하고 2000년부터 전면 중단하도록 하였고, Halons의 소비를 1986년 기준으로 1995년부터 50% 감축하고 2000년부터 전면 중단하도록 하였다. 부속서 I, 제2A조, 제2B조. 또한, 규제대상물질에 새로운 10종의 CFCs, 사염화탄소(carbon tetrachloride), 메틸클로로포름(methyl chloroform)을 추가하고, 이들의 감축일정을 추가하였다.

14) Copenhagen Adjustments and Amendments to the Montreal Protocol on Substances that Deplete the Ozone Layer, 32 *I. L. M.* 874 (1993).

15) Vienna Adjustments to the Montreal Protocol on Substances that Deplete the Ozone Layer (1995), available at <http://www.unep.org/ozone>. 다수결에 의해 채택되는 조정(Adjustments)에 따른 규제조치는 그에 반대하는 당사국을 포함하는 모든 당사국을 구속한다는 특징을 갖는다. 김홍균, 앞의 책(주 1), 123면. 이에 따라 비엔나 조정은 별도의 국회 비준절차 없이 우리나라에 효력을 미치고 있다.

16) Montreal Adjustments to the Montreal Protocol on Substances that Deplete the Ozone Layer (1997), available at <http://www.unep.org/ozone>.

17) Beijing Adjustments to the Montreal Protocol on Substances that Deplete the Ozone Layer (1999), available at <http://www.unep.org/ozone>.

과 개정이 이루어졌다.

이와 같은 수차례의 조정·개정을 통하여 규제대상물질의 생산 및 소비의 감축 일정이 앞당겨졌으며, 규제대상물질 역시 지속적으로 확대되어 현재에는 총 95종에 이르고 있다. 또한, 당사국이 비당사국과 규제대상물질에 대한 국제거래를 하는 것도 제한된다. 예컨대, 1990년 런던 조정·개정에 따르면 당사국은 비당사국으로부터 CFCs, Halons, 사염화탄소, 메틸클로로포름 등을 수입할 수 없다.[18]

우리나라는 1992년 9월 27일, 비엔나 협약과 몬트리올 의정서에 동시 비준하였고, 그 후에 후속 조정·개정에 비준하였다. 그리고 비엔나 협약과 몬트리올 의정서 비준에 앞서 1991년 1월 14일, 이를 국내법적으로 이행하기 위하여 「오존층 보호를 위한 특정물질의 제조규제 등에 관한 법률」을 제정하고 1992년 1월 1일부터 시행하고 있다.

동법 제1조는 「오존층 보호를 위한 비엔나 협약」과 「오존층 파괴물질에 관한 몬트리올 의정서」의 국내이행을 입법목적으로 명시함으로써, 동법이 비엔나 협약과 몬트리올 의정서의 국내 이행법률임을 명시적으로 밝히고 있다. 동법은 (i) 산업통상자원부장관과 환경부장관으로 하여금 의정서를 시행하기 위하여 우리나라가 준수하여야 하는 특정물질[19]의 생산량 및 소비량 산정치의 기준한도를 정하여 공고하도록 하고(제3조), (ii) 특정물질을 제조하거나 수입하려는 자로 하여금 산업통상자원부장관의 허가를 받도록 하고(제4조, 제11조), 제조하려는 특정물질의 수량을 정하여 산업통상자원부장관의 허가를 받도록 하는 한편(제9조), (iii) 제조 또는 수입한 특정물질을 판매하려는 자로 하여금 그 판매계획에 대하여 산업통상자원부장관의 승인을 받도록 하고(제13조), (v) 제조업자와 수입업자에게 특정물질의 제조·수입 부담금을 부과·징수할 수 있도록 하고 있다(제24조의 2).

2. 해양오염 방지

1972년 런던 덤핑 협약[20]은 해양에서 폐기물 및 그 밖의 물질을 처분함으로써 해양오염을 발생시키는 것을 금지 또는 제한하고 있다. 동 협약에 따라 해양 투기가 금지되는

---

18) *Supra* note 13, Art. 4(1).

19) '특정물질'이란 몬트리올 의정서에 따른 오존층 파괴물질 중 대통령령으로 정하는 것을 말하는데(제2조 제1호), 동법 시행령 별표 1에서 96종의 특정물질을 열거하고 있다.

20) Convention on the Prevention of Marine Pollution by Dumping of Wastes and Other Matters, 11 I. L. M. 1294 (1973).

물질을 3가지로 구분되는데, 부속서 I에 열거되어 있는 물질(black list)은 그 투기가 금지되고, 부속서 II에 열거되어 있는 물질(gray list)은 특별허가가 있어야 투기가 허용되며, 부속서 III에 열거되어 있는 물질(white list)은 일반허가만으로 투기가 허용된다.[21]

1996년 런던 덤핑 의정서[22]는 런던 덤핑 협약의 한계를 극복하기 위한 것으로, 런던 덤핑 협약을 대체하고 있다. 동 의정서는 "해양환경에 유입되는 폐기물 또는 그 밖의 물질이 그 영향과의 인과관계를 증명하는 단정적인 증거가 없더라도 피해를 발생시킨다고 믿을 만한 이유가 있으면 해당 물질을 해양에 투기하여서는 아니 된다."고 규정함으로써, 사전배려원칙(precautionary principle)을 수용하고 있다.[23]

동 의정서는 기존의 분류방식을 크게 변경하여 부속서 I에 열거되어 있는 8개 물질[24]에 대해서만 예외적으로 해양투기를 허용할 뿐, 원칙적으로 해양투기를 금지하는 방식, 이른바 reverse-list 방식을 채택하였다. 또한, 이들 물질의 경우에도 폐기물 평가체계(부속서 II)를 통해 허가를 받도록 하고 있다.[25] 한편, 폐기물 또는 그 밖의 물질의 해양소각도 금지되며,[26] 투기 또는 해양소각을 목적으로 폐기물 또는 그 밖의 물질을 다른 국가로 수출하는 것도 금지된다.[27]

우리나라는 2009년 1월 22일, 런던 덤핑 의정서에 비준하였고, 동 의정서는 같은 해 2월 21일부터 우리나라에서 발효되었다. 우리나라는 동 의정서에 비준하기 전인 2007년 1월 19일, 「해양환경관리법」을 제정하였는데, 동법 제23조는 원칙적으로 육상 쓰레기인 폐기물의 해양 배출을 금지하는 한편, 해양환경의 보전·관리에 영향을 미치지 아니하는 범위 안에서 육상에서 처리가 곤란한 폐기물로서 해양수산부령이 정하는 폐기물에 한하여 일정한 해역에서 일정한 처리기준 및 방법에 따라 배출하게 할 수 있도록 규정하고 있었다. 당시 해양투기가 허용될 수 있는 폐기물에는 의정서가 허용 물질로 열거하고 있지 않은 분뇨, 가축분뇨, 폐수, 오니 등이 포함되어 있었으나, 현재에는 분뇨와 가

---

21) *Id.*, Art. 4(1)(a)(b)(c).

22) 1996 Protocol to the Convention on the Prevention of Marine Pollution by Dumping of Wastes and Other Matters, 36 I. L. M. (1997).

23) *Id.*, Art. 3(1).

24) 투기가 가능한 물질은 (i) 준설물질, (ii) 하수슬러지, (iii) 생선폐기물 또는 산업공정과정에서 발생하는 물질, (iv) 선박, 플랫폼 및 해양구조물과 그 밖의 인공 해양 구조물, (v) 비활성·무기 지질물질, (vi) 자연 기원의 유기물질, (vii) 금속, 콘크리트 등이 함유된 대형물질, (viii) 격리 목적의 이산화탄소 포집 공정으로부터 발생한 이산화탄소 스트림 등이다. *Id.*, Annex I, Art. 1.

25) *Id.*, Art. 4(1).

26) *Id.*, Art. 5.

27) *Id.*, Art. 6(1). 다만, 일정한 경우 이산화탄소 스트림의 수출은 허용될 수 있다.

축분뇨, 산업폐수와 오니[28] 등의 경우 해양투기가 금지되고 있다(시행규칙 제12조 제1항, 별표 6).[29] 그렇지만, 시행규칙 부칙 제2조는 산업폐수와 오니 중 해양수산부장관이 재활용·소각·육상 매립 등의 다른 방법으로 처리하는 것이 현저히 곤란하여 해양 배출이 불가피하다고 인정하는 폐기물은 2014년 1월 1일부터 2015년 12월 31일까지의 기간 중 해양수산부장관이 정한 기간 동안 해양에 배출할 수 있도록 하였다.

여하튼, 런던 덤핑 협약의정서의 국내이행과 관련하여 입법적 조치가 취해지기는 하였으나, 별도의 신법을 제정하는 방식이 아니라 기존의 법령을 개정하는 방식을 채용한 것이다.

3. 화학물질 관리

가. 로테르담 협약

1998년 로테르담 협약[30]은 PIC 협약이라고 불릴 정도로, 화학물질의 수출에 대한 PIC 절차의 도입을 핵심으로 하고 있다. 동 협약 부속서 III에 등재되어 있는 화학물질을 수출하려는 당사국은 미리 수출에 관한 일정한 정보를 수입 당사국에 통보하여야 하고,[31] 이를 통보받은 수입 당사국의 승인이 있어야 수출을 할 수 있게 된다. 즉, 동 협약은 부속서 III에 등재되어 있는 화학물질의 수출·입을 전면 금지하는 것이 아니라, 사전통보승인 절차를 통하여 해당 당사국으로 하여금 화학물질의 수입을 금지 또는 제한할 것인지, 허용할 것인지를 결정하도록 하고 있다.[32]

또한, 동 협약은 화학물질을 부속서 III에 등재하거나 삭제하기 위한 절차[33] 등에 관

---

28) 「수질 및 수생태계 보전에 관한 법률」에 따른 일정한 수질오염물질배출시설에서 배출된 폐수 및 그 수질오염방지시설에서 발생된 액상의 폐수(음식물류 폐기물을 원료로 사료화하는 과정에서 발생하는 것 제외), 일정한 생물화학적 처리시설에서 발생된 액상의 폐수(음식물류 폐기물을 처리하는 과정에서 발생하는 것 제외), 일정한 수질오염물질배출시설에서 발생된 공정오니 및 그 수질오염방지시설, 일정한 생물화학적 처리시설에서 발생된 오니(수분의 함량이 95% 미만이거나 고형물의 함량이 5% 이상인 것을 말함) 등은 2013년 12월 31일까지만 해양투기가 허용되고, 그 이후에는 금지된다.

29) 이밖에도, 의정서와 마찬가지로 이산화탄소 포집공정으로부터 발생한 이산화탄소스트림으로서 해양수산부장관이 이산화탄소스트림의 성질과 상태, 해저지질구조와 위치, 처리방법 등을 정하여 고시하는 폐기물도 해양투기가 허용되며, 국제협약에서 해양배출이 허용되는 폐기물로서 (i) 육상의 폐기물처리시설의 가동중단 등 육상에서의 처리가 현저히 곤란한 사유가 발생할 것, (ii) 해양수산부장관이 정하는 절차에 따라 관계 지방자치단체의 장의 요청이 있을 것, (iii) 해양수산부장관은 관계 중앙행정기관의 장과 협의할 것 등의 요건을 모두 충족하는 폐기물의 경우에도 해양수산부장관이 그 폐기물의 종류, 대상 지역, 배출기간 및 배출량 등을 구체적으로 정하여 고시하면 해양투기가 허용되도록 규정하고 있다.

30) Rotterdam Convention on the Prior Informed Consent Procedure for Certain Hazardous Chemicals and Pesticides in International Trade, 38 *I. L. M.* 1 (1999).

31) *Id.*, Art. 12.

32) Heather M. VanDorn, The Rotterdam Convention, 1988 *Colo. J. Int'l Envtl. L. & Pol'y* 281 (1998), p. 287.

하여 규정하고 있으며, 수입 당사국은 사전통보승인 절차 대상물질의 수입과 관련한 적시의 결정을 보장하기 위한 적절한 입법적·행정적 조치를 취하여야 하고,[34] 수출국은 수입국의 결정을 자국의 수출자가 준수하도록 하기 위한 적절한 입법적·행정적 조치를 취하여야 한다.[35]

우리나라는 2003년 9월 11일, 동 협약에 비준하였고 2004년 2월 24일부터 우리나라에 발효되었다. 이를 국내법적으로 이행하기 위한 규정은 「화학물질 관리법」 제21조에서 발견할 수 있다. 즉, 제한물질(취급이 제한된 용도에 한함) 또는 금지물질을 수출하려는 자는 로테르담 협약 부속서 V에 규정된 수출통보서에 포함되어야 하는 정보에 관한 자료를 갖추어 매년 환경부장관의 승인을 받아야 한다(제1항).[36] 이를 위반하여 제한물질의 수출승인을 받지 아니하거나 거짓으로 승인을 받고 수출한 자는 1년 이하의 징역 또는 3천만 원 이하의 벌금에 처한다(제61조 제3호).

또한, 환경부장관은 산업통상자원부장관과 협의하여 (i) 로테르담 협약 제5조에 따라 협약 당사국이 수입을 금지하거나 제한하는 화학물질의 명칭과 금지 또는 제한의 내용, (ii) 로테르담 협약 제13조에 따라 화학물질을 수출하는 자의 준수사항, (iii) 로테르담 협약 부속서 III에 규정된 화학물질, (iv) 로테르담 협약 부속서 V에 규정된 수출통보서에 포함되어야 하는 정보 등에 관한 사항을 고시하여야 한다(제2항). 로테르담 협약 제5조에 따라 협약 당사국이 수입을 금지하거나 제한하는 화학물질 및 로테르담 협약 부속서 III에 규정된 화학물질을 수출하려는 자는 로테르담 협약 제13조에 따른 준수사항을 지켜야 한다(제3항).

이들 규정은 로테르담 협약의 대상물질의 수출에 앞서 승인을 받도록 한 것으로 로테르담 협약의 이행 기반 마련에 필요한 규정으로 볼 수 있다.

나. 스톡홀름 협약

2001년 스톡홀름 협약은 당사국으로 하여금 부속서 A에서 열거되어 있는 특정 화학

---

33) *Supra* note 30, Art. 5-7, Art. 9.

34) *Id.*, Art. 10.

35) *Id.*, Art. 11.

36) 동 조항이 현행 「화학물질 관리법」의 전신에 해당하는 「유해화학물질 관리법」에 신설된 것은 2014년 12월 31일(2006년 1월 1일 시행)이지만, 이에 앞서 2002년 12월 11일 개정 「농약관리법」 제15조(2003년 6월 12일 시행)에서 동일 취지의 규정을 도입하였다.

물질의 의도적인 생산과 사용을 금지하거나 제거하는 데 필요한 법적·행정적 조치를 취할 것을 의무화하고 있다.[37] 또한, 의도적으로 생산된 잔류성 유기오염물질의 수출·입이 환경적으로 건전한 처리를 위한 목적 또는 협약에 의해 특별히 허용된 사용 또는 목적을 위해서만 이루어지도록 보장하기 위한 조치를 취할 것을 의무화하고 있다.[38] 또한, PCBs와 관련하여 당사국으로 하여금 2005년까지 PCBs를 이용하는 장치의 사용 근절과 이에 대한 노출 및 위해를 감소시키기 위한 특별한 조치를 취할 것을 의무화하고 있다.[39]

한편, 동 협약은 잔류성 유기오염물질이 인위적 오염원으로부터 비의도적으로 발생·배출되는 것을 규제하기 위한 규정을 따로 두고 있다. 이에 따라 당사국은 협약 발효일로부터 2년 이내에 현재 및 향후 배출에 대한 평가, 법과 정책의 효율성 평가, 이 조항에 따른 의무를 충족하기 위한 전략, 교육 및 훈련을 증진하기 위한 조치, 전략과 의무를 충족하는 성과에 대한 평가, 이행일정 등을 담고 있는 행동계획을 수립·시행하여야 한다.[40] 또한, 당사국은 실현가능하고 의미 있는 수준의 배출 감소 또는 오염원 제거를 신속하게 달성할 수 있는 이용가능하고 실천가능하며 실질적인 조치를 취하여야 한다.[41]

우리나라는 2007년 1월 25일, 스톡홀름 협약에 비준하였고(2007년 4월 25일 국내 발효), 그 이행을 위하여 같은 해 1월 26일, 단일법의 형태로 「잔류성 유기오염물질 관리법」을 제정하였다(2008년 1월 27일 시행). 동법은 스톡홀름 협약의 주요내용을 거의 그대로 담고 있다. 동법 제13조(잔류성 유기오염물질의 제조·수출입·사용의 금지와 제한)는 협약에 따른 잔류성 유기오염물질의 의도적인 생산·사용의 금지 의무를 이행하기 위한 것이고, 잔류성 유기오염물질 배출허용기준(제14조), 배출시설의 설치기준(제15조), 배출시설에 대한 개선명령·사용중지명령 및 폐쇄명령(제16조), 배출원 및 배출량 조사(제18조), 잔류성 유기오염물질의 측정과 주변지역 영향조사(제19조), 사고발생에 따른 응급조치·신고 및 재발방지조치(제20조) 등은 협약에 따른 잔류성 유기오염물질의 비의도적인 배출 규제에 관한 사항을 이행하기 위한 것으로 볼 수 있다. 또한 제21조부터 제23조까지의 잔류성 유기오염물질 함유폐기물의 처리에 관한 규정은 협약 제6조

---

37) Stockholm Convention on Persistent Organic Pollutants, 21 *Int'l Env't Rep. (BNA)* 5401, 40 I. L. M. 532 (2001), Art. 3(1).
38) *Id.*, Art. 3(2)(a) · (b)(i)(ii).
39) *Id.*, Annex A 2(a).
40) *Id.*, Art. 5(a).
41) *Id.*, Art. 5(b).

제1항을 이행하기 위한 것으로, 제24조부터 제26조까지의 잔류성 유기오염물질 함유기기 등의 관리에 관한 규정은 PCBs를 이용하는 장치의 사용 근절과 그에 대한 노출과 위해를 감소시키기 위한 특별 조치 의무를 이행하기 위한 것이다.[42]

한편, 우리나라는 미나마타 협약[43] 비준도 준비하고 있는 것으로 알려져 있는데, 이를 위하여 2016년 1월 27일 「잔류성 유기오염물질 관리법」을 「잔류성 오염물질 관리법」으로 개정하고, 수은 및 수은화합물의 제조·수출입 또는 사용을 제한하는 규정을 신설하였다. 개정법은 미나마타 협약이 우리나라에 효력을 발생하는 날부터 시행된다.

4. 유해폐기물 관리

1989년 바젤 협약[44]은 폐기물 배출량의 감소와 모든 폐기물의 환경적으로 건전한 관리를 목적으로 하고 있다. 동 협약은 당사국이 비당사국에 대하여 폐기물을 수출하거나 비당사국으로부터 폐기물을 수입하는 것을 금지하고 있다. 또한, 수입국과 수출국은 폐기물이 환경적으로 건전한 방식으로 관리되지 아니할 것이라고 믿을 만한 이유가 있는 경우 국가 간 이동을 방지할 의무가 있다.[45]

동 협약의 가장 중요한 특징 중 하나가 PIC 절차이다. 폐기물을 수출하기 위해서는 먼저 수입국에 사전 통보하여야 하며, 수입국과 경유국의 승인을 얻어야 한다.[46] 이밖에도 이동서류의 첨부,[47] 기록 보관 및 보고,[48] 재수입,[49] 불법이동 금지 및 그에 대한 처벌 조치의 도입[50] 등에 관하여 규정하고 있다.

우리나라는 1994년 2월 28일, 바젤 협약에 비준하였고, 같은 해 5월 29일부터 우리나라에 효력이 발생되었는데, 이보다 앞서 1992년 12월 8일, 「폐기물의 국가 간 이동 및

---

42) 이와 같이 단일법 제정 형식을 취한 것은 효율성 문제가 크게 고려되었을 것이나, 기존 법령 개정의 번거로움을 모면하기 위한 안일한 대응방법이었다는 비판이 제기되며, 배출시설에 대한 규제보다는 오염물질별 규제에 초점이 두어져 있어 배출시설에 대한 일반적·통일적 규제가 어렵다는 한계도 지적된다. 김홍균, 「환경법(제3판)」, 홍문사, 2014, 690면.

43) Minamata Convention on Mercury, available at <http://mercuryconvention.org/Portals/11/documents/Booklets/Minamata Convention on Mercury_booklet_English.pdf>.

44) Basel Convention on the Control of Transboundary Movements of Hazardous Wastes and Their Disposal, 28 I. L. M. 649 (1989).

45) *Id.*, Art. 4.

46) *Id.*, Art. 6.

47) *Id.*, Art. 4(7).

48) *Id.*, Art. 13(1).

49) *Id.*, Art. 8.

50) *Id.*, Art. 9.

그 처리에 관한 법률」을 제정함으로써 바젤 협약을 국내법적으로 이행하고 있다. 이 법의 핵심적 내용은 일정한 폐기물을 수출하려거나 수입하려면 반드시 환경부장관의 허가를 받아야 한다는 것이다.[51]

5. 생물다양성의 보전

가. 생물다양성협약

1992년 생물다양성협약은 생태학적 · 유전적 · 사회적 · 경제적 · 과학적 · 교육적 · 문화적 · 여가적 · 미학적 가치를 가지고 있는 생물다양성이 인간의 활동에 의하여 현저하게 감소되었다는 인식을 갖고 ① 생물다양성의 보전, ② 그 구성요소의 지속가능한 이용(sustainable use), ③ 유전자원의 이용에 따른 이익의 공평한 배분 등 세 가지를 명시적인 목적으로 하고 있다.[52] 동 협약은 기존의 특정 종만을 보호하기 위한 체제에서 벗어나 생물다양성 자체의 보호 및 보전에 대해 초점을 맞추었다는 점에서 전통적인 환경협약과는 다른 새로운 차원의 국제환경협약이라고 할 수 있으나, 그 내용은 일반적이고 추상적인 수준에 머물러 있다.[53]

우리나라는 1994년 10월, 동 협약에 비준하였고 1995년 1월부터 우리나라에 효력이 발생되었다. 이에 따라 1994년 8월 개정 「자연환경보전법」 등에서 이를 국내법적으로 이행하기 위한 여러 규정을 신설하게 되었으며, 2012년 2월에는 생물다양성협약의 체계적 이행을 위하여 「생물다양성 보전 및 이용에 관한 법률」이 제정되었다(2013년 2월 시행). 동법은 국가의 생물다양성 및 생물자원을 총괄하는 생물자원의 통합관리를 위한 법적 기반을 마련하였다는 측면에서 의의를 지닌다.[54]

동법은 정부로 하여금 생물다양성 보전과 그 구성요소의 지속가능한 이용을 위하여 국가생물다양성전략을 5년마다 수립하도록 하고(제7조), 관계 중앙행정기관의 장으로 하여금 국가생물다양성전략에 따라 매년 시행계획을 수립 · 시행하도록 하고 있다(제8조). 또한, 생물다양성조사 및 국가생물종목록의 구축에 관한 근거 규정을 마련하고 있

---

51) 김홍균, 앞의 책(주 42), 641면.

52) Convention on Biological Diversity, 31 *I. L. M.* 818 (1992), 제1조.

53) Ved P. Nanda & George Pring, *International Environmental Law & Policy for the 21st Century*, Transnational Publishers, Inc. (2003), p. 174.

54) 김홍균, 앞의 책(주 42), 299면.

으며(제9조, 제10조), 환경부장관으로 하여금 국가생물다양성센터 및 국가생물다양성 정보공유체계를 구축·운영하도록 하고 있다(제17조, 제18조). 이밖에도 외래생물의 관리에 관한 제21조 이하의 규정 역시 생물다양성협약의 국내이행을 위한 것으로 평가할 수 있다.[55]

나. CITES

1973년 CITES는 1,000여 종의 규제대상 동·식물을 3개의 부속서에 나누어 열거하고, 이들의 국제거래를 규제하고 있다.[56] 이 협약은 멸종위기의 정도에 따라 규제대상 동·식물을 부속서 Ⅰ, Ⅱ, Ⅲ으로 구분하여 정하고 각기 상이한 규제를 하고 있다.

우리나라는 1993년 7월, CITES에 비준하였고 1993년 10월부터 우리나라에 효력을 발생하고 있다. 이를 국내법적으로 이행하기 위하여 1994년 3월 24일 개정「조수보호 및 수렵에 관한 법률」에서는 멸종위기에 처한 조수의 수출·입 규제에 관한 조항을 신설하게 되었다. 동법은 2004년 2월「야생동·식물보호법」으로 대체되었고, 현재는「야생생물 보호 및 관리에 관한 법률」에서 이에 관한 내용을 담고 있다. 이에 따르면, 국제적 멸종위기종 및 그 가공품을 수출·수입·반출 또는 반입하려는 자는 환경부장관의 허가를 받아야 한다(제16조 제1항). 이 밖에도 수입 또는 반입 목적 외의 사용 금지(제16조 제3항), 양도·양수 등의 행위제한(동조 제4항~제8항), 사육시설(제16조의 2~제16조의 9), 허가취소(제17조 제1항), 보호조치(제17조 제2항), 광고제한(제18조) 등의 규정을 두고 있다.

다. 람사르 협약

1971년 람사르 협약[57]은 동·식물의 기본적 서식지이자 생태적·경제적 가치가 높은 습지의 현명한 이용을 촉진하고 국제적으로 중요한 습지를 보호하는 것을 목적으로, 의무적인 보호대상 지정과 정책수립, 그리고 그 정책의 실효성 확보를 의무화하고 있다.

---

55) 외래종 관리에 관한 구체적인 내용은 박종원, "외래동·식물의 관리와 사전배려원칙",「환경법연구」, 제33권 제1호(2011), 79면 이하 참조.

56) Convention on International Trade in Endangered Species of Wild Founa and Flora(CITES), 12 *I. L. M.* 1085 (1973).

57) Ramsar Convention on Wetlands of International Importance, Especially as Waterfowl Habitat, 11 *I. L. M.* 963 (1972). 동 협약은 1982년 12월 3일 파리의정서 및 1987년 5월 28일 Regina 수정에 의해 부분적으로 개정되었다.

그러나 당사국이 부담하는 의무는 다소 모호하고 약한 것으로 보인다.

당사국은 협약 가입 시 자국 영역 내에 한 곳 이상의 적절한 습지를 지정하여, 국제적으로 중요한 습지목록(List of Wetlands of International Importance: Ramsar List)에 의무적으로 등록하여야 한다. 이에는 정확한 구획 및 지도상의 경계가 표시되어야 하며, 지정에 있어서는 생태학적·식물학적·동물학적·호소학적·수문학적 차원에서 그 습지의 국제적 중요성을 고려하여야 한다.[58] 또한, 당사국은 습지목록에 포함된 습지의 '보전'과 자국 영토 내에 있는 습지의 '현명한 이용(wise use)'을 촉진하기 위하여 국가 차원의 계획을 수립하고 이행하여야 한다.[59]

그리고 당사국은 습지목록에의 포함 여부에 관계없이 국내습지에 자연보호구(nature reserves)를 설치함으로써 습지 및 물새의 보전을 증진하여야 한다. 당사국이 긴급한 국가이익을 위하여 목록에 포함된 습지의 구획을 삭제 또는 축소하는 경우에는 가능한 한 습지자원의 손실을 상쇄하고, 특히 동일 지역 또는 다른 지역에 종전 서식지에 상당하는 부분을 보호하기 위하여 새로운 자연보호구를 설치하여야 한다.[60] 다만, 협약은 자연보호구 내에서의 행위제한에 대해서는 아무런 규정을 두고 있지 않다.[61]

우리나라는 1997년 3월 28일, 람사르 협약에 비준하였고, 동 협약의 국내이행을 위하여 1998년에 「습지보전법」을 제정하였다. 동법은 습지보전기본계획의 수립(제5조), 습지지역의 지정(제8조), 습지지역 안에서의 행위제한(제13조), 훼손된 습지의 관리(제17조), 인공습지의 조성·관리 권장(제18조) 등의 규정을 담고 있다.

또한, 정부가 람사르 협약의 이행을 위하여 협약사무국에 협약등록습지를 통보하고자 하는 경우에는 환경부장관 또는 해양수산부장관은 습지보호지역 또는 습지보호지역으로 지정되지는 아니하였으나 이에 상당하는 가치가 있는 습지 중에서 통보대상 습지를 정하여야 한다(제9조 제1항). 우리나라는 현재 22개의 습지를 습지목록에 등록하고 있다.[62]

---

58) *Id.*, Art. 2.

59) *Id.*, Art. 3.

60) *Id.*, Art. 4.

61) 김홍균, 앞의 책(주 1), 370-371면.

62) <https://www.ramsar.org/wetland/republic-of-korea>.

라. 카르타헤나 의정서

2000년 카르타헤나 의정서는 유전자변형생물체의 이동·취급·이용으로부터 생물다양성의 적절한 보호수준을 보장하는 것을 목적으로 하고 있다.[63] 이 의정서는 유전자변형생물체를 의도적으로 환경에 방출되는 유전자변형생물체와 식용·사료용·가공용 유전자변형생물체로 구분하여 의도적으로 환경에 방출되는 유전자변형생물체의 국제거래의 경우 사전통보승인(Advanced Informed Agreement: AIA) 절차를 적용하고, 식용·사료용·가공용 유전자변형생물체의 경우보다 더 엄격하게 표시제를 시행하는 등 차별적인 규제를 시도하고 있다.

우리나라는 2007년 10월 동 의정서에 비준하였고, 2008년 1월부터 우리나라에 효력을 발생하였다. 그리고 카르타헤나 의정서의 비준 및 시행을 뒷받침하기 위하여 2001년 3월 28일, 「유전자변형생물체의 국가 간 이동 등에 관한 법률」을 제정하였다(2008년 1월 1일 시행). 동법에서는 유전자변형생물체의 수입·생산승인(제8조, 제12조), 위해성심사(제7조의 2), 표시(제24조), 취급관리기준(제25조) 등의 규정을 두고 있다.

마. 나고야 의정서

2010년 나고야 의정서는 유전자원에 대한 접근, 유전자원 관련 기술의 이전, 그리고 유전자원의 이용으로부터 발생하는 이익을 공정하고 공평하게 공유할 수 있게 함으로써 생물다양성의 보전과 그 구성요소의 지속가능한 이용에 기여하는 것을 목적으로 하고 있다.[64] 동 의정서는 각 당사국으로 하여금 자국의 관할권 내에서 이용되는 유전자원이 다른 당사국의 관련 법령 등에 따른 PIC에 따라 접근되고 MATs가 체결되도록 보장하기 위한 적절하고 효과적이며 비례적인 입법적·행정적 또는 정책적 조치를 취할 것을 의무화하고 있으며, 그 위반상황에 대처하기 위한 적절하고 효과적이며 비례적인 조치를 취하도록 하고 있다.[65]

우리나라는 지난 3월 2일, 나고야 의정서에 비준하였고, 이보다 앞서 1월 17일 「유전자원 접근·이용 및 이익 공유에 관한 법률」을 제정하였다. 동법에서는 (i) 국내 유전자

---

63) Protocol on Biosafety to the Convention on Biological Diversity, 39 I. L. M. 1027 (2000), Art. 1.

64) *Supra note* 7, Art. 1.

65) *Supra note* 7, Art. 15(1). 그 밖에 나고야 의정서의 주요내용에 관해서는 박종원, 「유전자원과 전통지식 법제 연구」, 한국법제연구원, 2013, 45면 이하 참조.

원에 대한 접근·이용 및 이익 공유와 관련하여, 국내 유전자원에 대한 접근 신고(제9조) 및 그에 대한 예외(제10조), 국내 유전자원의 이익 공유(제11조), 국내 유전자원에 대한 접근 및 이용 금지(제12조) 등에 관하여 규정하는 한편, (ii) 해외 유전자원에 대한 접근·이용 및 이익 공유와 관련하여, 해외 유전자원 및 관련 전통지식 이용자의 절차준수신고(제15조), 절차준수조사 및 권고(제16조) 등에 관하여 규정하고 있다.[66]

Ⅲ. 국내이행입법의 필요성과 그 형식

1. 국내입법조치의 필요성

국제환경협약이 규정하는 의무는 국가 간의 관계를 규율하는 데 그치지 않고, 그 의무의 이행에 있어서 국내의 사인의 권리나 자유, 특히 경제활동의 자유를 제한하는 조치를 수반하는 경우가 적지 않다. 예컨대, 몬트리올 의정서는 당사국으로 하여금 규제대상이 되는 일정한 오존층 파괴물질을 일정한 연도의 생산량·소비량을 기준으로, 단계적으로 감축할 것을 의무화하고 있다. 이를 달성하기 위하여 국가는 해당 오존층 파괴물질의 제조자에 대하여 생산규제를 하고, 제조자는 그 범위에서 경제활동의 자유를 제한받게 되는 것이다. 한편, 바젤 협약은 당사국이 유해폐기물을 수출 또는 수입하는 경우 PIC 절차에 따를 것을 의무화하고 있다.[67] 또한, 당사국은 PIC 절차에 따르지 않은 거래를 불법거래로 보고, 이를 처벌할 것이 의무화된다.[68]

이와 같이, 국민의 권리제한·의무부과, 형벌 부과 등의 경우에는 법치행정원칙, 특히 법률유보원칙, 그리고 죄형법정주의의 요구에 따라 일정한 법적 근거가 필요하게 되는 것이고, 결국 이러한 유형의 의무를 담고 있는 국제환경협약의 비준에 있어서는 신법 제정 또는 현행법 개정 등에 의한 입법조치가 필요하게 되는 것이다.

이와 같은 국내법 원칙에 따른 요구가 없는 경우, 예컨대 국민의 권리·의무와는 직접적인 관계없이 순수하게 국가 간의 관계에서 완결되는 의무의 경우에는 원칙적으로 별

---

66) 이에 관한 구체적인 내용은 박종원, "나고야 의정서 국내이행을 위한 한국의 입법추진동향과 과제", 「환경법연구」, 제37권 제1호.(2015), 67면 이하 참조.

67) *Supra note* 44, Art. 4, 6.

68) *Id.*, Art. 9.

도의 입법조치가 필요하지 않다. 예컨대, 당사국이 사무국 등의 협약 기구에 보고하여야 할 의무 등이 이에 해당한다. 그렇지만, 이와 같이 국가 간의 관계에서 완결되는 의무라도 일정한 법적 근거를 두는 것이 바람직한 경우도 있다. 즉, 보고 의무 등과 같이 국가 간의 관계에서 완결되는 의무라도 해당 의무의 이행을 보다 확실히 하기 위해서는, 이를 어떤 행정기관이 이행할 것인지, 또 어떠한 절차에 따라 이행하여야 할 것인지 등을 국내법으로 정하여야 할 필요성도 인정될 수 있는 것이다.

예컨대, 람사르 협약은 협약 가입 시 국제적으로 중요한 습지목록에 국내 습지를 등록하여야 할 의무를 당사국에 부과하고 있을 뿐인데, 「습지보전법」 제9조 제1항은 "정부가 협약의 이행을 위하여 협약사무국에 협약등록습지를 통보하려는 경우에는 환경부장관과 해양수산부장관은 습지보호지역 또는 습지보호지역으로 지정되지는 아니하였으나 그에 상당하는 가치가 있는 습지 중에서 관계 중앙행정기관의 장과 협의하여 통보 대상 습지를 정하여야 한다."고 규정함으로써, 해당 국가의 의무를 어떤 행정기관이 이행하여야 할 것인지, 그리고 어떠한 절차를 거치도록 할 것인지 등에 관하여 규정하고 있음을 확인할 수 있다.

이 밖에도, 국내이행법령을 살펴보면 선언적 또는 확인적 의미만을 갖는 규정을 두는 사례도 보인다. 예컨대, 「습지보전법」 제9조 제3항은 "정부는 협약등록습지의 보전·관리, 다른 협약 가입국과의 공동연구 및 자료 교환 등 협약에 규정된 사항을 성실히 이행하여야 한다."고 규정하고 있는데, 이는 람사르 협약에 따른 당사국의 의무를 선언 내지 확인하는 의미 이상의 것이 아니다.

2. 입법형식의 선택

국제환경협약의 국내이행을 위하여 입법조치를 취할 필요가 있는 경우에도 별도의 신법을 제정할 것인가, 혹은 현행법령을 개정할 것인가에 대한 선택이 필요하다. 이에는 비준하려는 해당 국제환경협약이 규정하고 있는 사항에 관한 국내법령이 이미 존재하는지 여부, 국제환경협약의 대상과 관계되는 관계 중앙행정기관 간의 권한 조정 등 여러 요인이 고려될 수 있다.[69]

---

69) 신법 제정이냐 기존 법령 개정이냐의 문제가 관계 중앙행정기관 간의 권한조정 문제와 밀접하게 관련되어 있다는 사실은 나고야 의정서의 국내이행 논의과정을 보더라도 쉽게 확인할 수 있다. 2013년 12월 19일, 환경부장관은 「유전자원 접근 및 이익 공유에 관한 법률」 제정안을 입법예고하였는데(환경부 공고 제2013-648호), 이 법안은 기본적으로 나고야 의정서 국

1985년 남극 상공에서 발견된 오존홀은 1985년 비엔나 협약이 체결되는 극적 계기가 되었다. 이와 같이, 국제적 차원에서 지구환경문제가 부각되고 그에 따라 비교적 이른 시기에 국제환경협약이 체결되는 경우에는, 협약 체결 시에 관련 국내법령이 존재하지 않는 경우가 많다.

우리나라의 경우, 비엔나 협약과 몬트리올 의정서가 체결되고 그 비준을 준비할 당시, 오존층 파괴물질 제조 규제에 관한 국내법령이 존재하지 않았기 때문에, 그 국내법적 이행을 위하여 「오존층 보호를 위한 특정물질의 제조규제 등에 관한 법률」이라는 단일법을 신규 제정하는 방식을 택한 것이다. 「유전자변형생물체의 국가 간 이동 등에 관한 법률」 또한 그러하다.

또한, 일정한 국제환경법적 보호법익이 국내에 존재하지 않는 경우, 일반적으로 국가는 국제환경협약의 체결에 앞서 국내법을 제정하고 일정한 조치를 취하지 않으려는 경향이 있다. 예컨대, 바젤 협약의 경우 유해폐기물의 국가 간 이동, 특히 국내에서 발생하는 유해폐기물의 수출 규제를 통해 보호되는 것은 해당 국가의 관할권 밖에 있는 인간의 건강과 환경이라고 할 수 있는바, 바젤 협약의 체결 이전에 이미 유해폐기물의 국가 간 이동을 규제하는 법령을 마련하고 있는 국가는 아마도 찾아보기 어려울 것이다. 따라서 이러한 경우에는 별도의 신법을 제정하는 방식을 택할 가능성이 높다. 우리나라 역시 바젤 협약의 비준보다 약간 앞서 「폐기물의 국가 간 이동 및 그 처리에 관한 법률」이라는 단일법을 신규 제정함으로써 바젤 협약을 국내법적으로 수용하였던 것이다. 2013년 10월 미나마타 협약의 경우도 마찬가지이다. 우리나라는 이미 오래 전부터 수은을 「대기환경보전법」에 따른 대기오염물질, 「물환경보전법」에 따른 수질오염물질, 「토양환경보전법」에 따른 토양오염물질 등으로 규정하고 그에 대한 배출 규제를 시행해 오고 있음에도 불구하고, 수은의 국가 간 이동에 관한 규제는 도입하고 있지 않다. 현행 「잔류성 유기오염물질 관리법」을 「잔류성 오염물질 관리법」으로 개정하고 수은의 수출입 금

내이행에 관한 권한을 환경부장관이 갖는 것을 전제로 하고 있다. 반면, 박대출 의원 등은 2013년 12월 24일, 나고야 의정서 국내이행을 목적으로 「생명연구자원의 확보·관리 및 활용에 관한 법률」 일부개정법률안을 제출한 바 있는데(형식은 의원제출법안이나, 미래창조과학부 주도의 정부입법으로 추측된다), 이 법안은 그 권한을 미래창조과학부장관이 갖는 것을 전제로 하고 있다. 그 후, 2014년 10월 23일, 정부제출 법안이 국회에 제출되었으나, 관계 중앙행정기관 간의 권한조정에 관한 의견 불일치로 인해 이 법안에서는 의정서의 국내이행을 위한 핵심기관이라고 할 수 있는 국가책임기관과 점검기관을 여러 중앙행정기관으로 분산시키거나 아예 대통령령으로 위임하는 등 기형적인 이행체계를 담고 있었는데, 관계기관 간 합의가 이루어지지 못하여 결국 임기만료 폐기되었다. 그 후 2016년 6월 15일, 정부는 다시 법안을 제20대 국회에 제출하였고, 2017년 1월 17일 「유전자원의 접근·이용 및 이익 공유에 관한 법률」이 제정되기에 이르는데, 동법에서는 2개의 국가연락기관(외교부, 환경부), 5개의 국가책임기관(미래창조과학부, 농림축산식품부, 보건복지부, 환경부, 해양수산부), 6개의 국가점검기관(미래창조과학부, 농림축산식품부, 산업통상자원부, 보건복지부, 환경부, 해양수산부)을 정하고 있어(제7조, 제8조, 제13조) 시행과정에서 적지 않은 혼란이 예상된다.

지 및 제한에 관한 규정을 도입한 것(2016년 1월 27일 개정, 시행 미정) 역시 미나마타 협약 비준을 준비함에 따른 것으로 볼 수 있다.

한편, 비준하려는 해당 국제환경협약이 규정하고 있는 사항에 관한 국내법령이 이미 존재하는 경우에는 기존의 법령 개정을 통한 국내이행이 가능할 것인지가 먼저 검토되어야 할 것이다.

CITES의 경우에는 1993년 7월에 비준하였는데, 이미 야생조수의 보호, 자연생태계의 균형 유지 등을 목적으로 「조수보호 및 수렵에 관한 법률」이 제정·시행되고 있었다 (1967년 제정·시행). 이와 같이 비준하려는 국제환경협약이 규정하고 있는 사항에 관한 국내법령이 이미 존재하는 경우에는 신법을 제정하는 방식보다는 기존 법령을 개정하는 방식이 우선적으로 고려될 수 있는 것이다.

「조수보호 및 수렵에 관한 법률」은 당시 국내에서 야생조수의 서식상황이 악화되고 있다는 문제인식하에 빈약한 조수의 서식상황을 개선하는 것을 목적으로, 수렵 가능한 조수의 종류 제한, 조수보호구 등의 지정 등에 관한 사항을 규정하고 있을 뿐이었고, '국제적 멸종위기종'의 수출·입 규제에 관해서는 관심을 두고 있지 않았다. 기존의 법령은 저마다 그 고유의 문제의식이나 필요성에 기초하여 제정된 것이므로, 그 후에 체결된 국제환경협약과는 그 취지나 규제대상, 규제방식 등에 있어서 일정한 차이가 있을 수밖에 없다. 그렇지만, 큰 틀에서 조수라는 것이 야생생물의 큰 비중을 차지하는 것이고 이를 보호하는 것을 목적으로 한다는 점에서 「조수보호 및 수렵에 관한 법률」과 CITES는 크게 다르지 않다고 할 수 있다.

이러한 점을 고려하여, 1994년 3월 24일 개정 「조수보호 및 수렵에 관한 법률」에서는 멸종위기에 처한 조수의 수출·입 규제에 관한 조항을 신설함으로써, CITES에 따른 의무를 국내적으로 수용하게 된 것이다. 나아가 국제 차원에서의 CITES의 체결 및 비준은 국내법의 무게중심을 수렵 및 야생조수 보호에서 야생생물 보호로 옮겨 놓는 계기가 되었다고 할 수 있다.

이와 관련하여, 바젤 협약의 경우를 한 번 더 예로 들어보자. 바젤 협약 비준 당시 국내에는 이미 「폐기물관리법」이 제정·시행되고 있었다. 즉, 폐기물의 국가 간 이동에 관한 내용을 담고 있지는 않더라도, 폐기물의 발생 억제, 친환경적 처리 등을 목적으로 폐기물을 규율대상으로 하고 있는 법령이 이미 존재하고 있었던 것이다. 그럼에도 불구하고, 「폐기물관리법」 개정이 아니라 신법 제정방식을 택한 까닭은 무엇일까?

추측건대, 기존 폐기물 관련 법제와의 정합성 확보 문제가 고려되었기 때문일 것이다. 바젤 협약이 규율하고 있는 '폐기물'의 개념 및 분류와 「폐기물관리법」에 따른 '폐기물'의 개념 및 분류 간에는 적지 않은 차이가 존재한다.

바젤 협약은 폐기물을 "국내법 규정에 의하여 처리되거나, 처리가 의도되거나, 처리될 것이 요구되는 물질 또는 대상"이라고 정의하고 있다.[70] 폐기물은 다시 '유해폐기물(hazardous wastes)'과 '기타폐기물(other wastes)'로 분류되는데, 유해폐기물은 부속서 III에 포함된 특성을 가지면서 부속서 I에 규정된 폐기물을 말한다.[71] 또한, 수출·입 또는 경유 당사국의 국내법에 따라 유해폐기물로 정의되거나 인정되는 폐기물도 유해폐기물이 된다.[72] 기타폐기물은 부속서 II에 규정된 폐기물을 말한다.[73]

반면, 「폐기물관리법」은 '폐기물'을 "쓰레기, 연소재(燃燒滓), 오니(汚泥), 폐유(廢油), 폐산(廢酸), 폐알칼리 및 동물의 사체(死體) 등으로서 사람의 생활이나 사업 활동에 필요하지 아니하게 된 물질"로 정의하고 있고(제2조), 발생원을 기준으로 폐기물을 생활폐기물과 사업장폐기물로 분류하여 그 관리체계를 달리 하고 있다. 그리고 사업장폐기물 중에서 주변 환경을 오염시킬 수 있거나 인체에 위해를 줄 수 있는 해로운 물질을 지정폐기물로 분류하여 보다 엄격히 관리하고 있다.[74]

즉, 바젤 협약에 따른 폐기물은 '처리'를 중요한 개념요소로 하고 있음에 비하여 「폐기물관리법」에 따른 폐기물은 '처리'를 개념표지로 하지 않은 채 '필요성'을 중요한 개념요소로 하고 있다는 점에서 이들 개념 간의 차이가 존재하며, 그 분류 역시 바젤 협약은 유해성을 1차적 기준으로 삼고 있음에 비하여 「폐기물관리법」은 발생원을 1차적 기준으로 삼는 한편 유해성은 부차적인 기준으로 하고 있는 것이다.

이와 같이 기존 폐기물 법체계에서 핵심 규제대상이 되는 '폐기물'의 개념 및 분류에서부터 큰 차이를 띠고 있는 상황에서, 기존 법령을 개정하는 방식을 채용하는 것은 기존 법체계의 대대적 개편 없이는 불가능하였을 것이다. 이에 따라 기존 법령의 개정 방식 대신 「폐기물의 국가 간 이동 및 그 처리에 관한 법률」이라는 신법을 제정하는 방식

---

70) *Supra note* 44, Art. 2(1).

71) *Id.*, Art. 1(1)(a).

72) *Id.*, Art. 1(1)(b).

73) *Id.*, Art. 1(2).

74) 현행 「폐기물관리법」에 따른 폐기물의 개념 및 분류와 처리책임에 관해서는 박종원, "오염토양과 폐기물의 법적 구별과 그 처리책임", 「환경법과 정책」, 제8권(2012), 105면 이하 참조.

을 채용하였으며, 이 법에서는 '폐기물'을 「폐기물관리법」의 개념 정의와 달리 "「유해폐기물의 국가 간 이동 및 그 처리의 통제에 관한 바젤 협약」(이하 '협약'이라 한다) 부속서 등에 규정된 폐기물 및 협약 제11조에 따른 양자간·다자간 또는 지역적 협정에서 수출입의 규제가 필요한 것으로 정하는 물질로서 대통령령으로 정하는 것"(제2조 제1호)으로 정의하게 된 것으로 볼 수 있다.[75]

이와 같이 기존 법령이 규율하고 있는 대상과 국제환경협약에 따른 규율대상이 동일 내지 유사한 경우라 하더라도, 기존의 법령 제정의 기초가 되었던 고유의 문제의식이나 필요성, 기존의 관련 법령체계 등에 비추어 해당 국제환경협약의 이행을 위한 규정을 도입함으로써 내용상의 부정합이나 입법목적의 저해 등은 없을 것인지 등을 면밀히 검토한 후 그 입법방식을 택할 필요가 있는 것이다.

3. 이행입법의 시기

국제환경협약에 따른 의무 이행을 위하여 국내입법조치가 필요하다면, 해당 협약의 국내 발효일에 앞서 관련 입법조치가 완료되고 시행되도록 하여야 할 것이다. 우리나라의 국내이행법 제정 사례를 살펴보면, 국제환경협약에 비준하기 이전에 관련 국내법령을 정비해 두는 경향이 있음을 확인할 수 있다. 예컨대, 「오존층 보호를 위한 특정물질의 제조규제 등에 관한 법률」은 비엔나 협약 및 몬트리올 의정서 비준일인 1992년 9월 27일보다 앞선 1991년 1월 14일에 제정되었고, 1992년 1월 1일부터 시행되었다. 로테르담 협약의 국내 이행을 위한 입법조치 역시 동 협약 비준일(2003년 9월 11일 국내 발효)보다 앞선 2002년 12월 11일에 이루어졌으며(2003년 6월 12일 시행), 카르타헤나 의정서의 국내 이행을 위한 「유전자변형생물체의 국가 간 이동 등에 관한 법률」은 동 의정서의 국내 발효일과 동시에 시행되었다(2008년 1월 1일 시행). 이러한 경향은 최근에도 계속되고 있다. 나고야 의정서의 국내 이행을 위한 「유전자원 접근·이용 및 이익 공유에 관한 법률」은 나고야 의정서 비준일인 2017년 3월 2일보다 앞선 2017년 1월 17일 제정되었음을 확인할 수 있다.

---

75) 동법 시행령에서는 구체적으로 바젤 협약 부속서 1 또는 부속서 8에서 정한 폐기물로서 부속서 3에 규정한 유해한 특성을 가지는 것, 협약 부속서 2에서 정한 폐기물, 협약 제3조 제1항 내지 제3항 및 협약 제11조에 의하여 우리나라가 협약사무국에 통보하거나 통보받은 폐기물을 적용대상 폐기물로 정하고 있다(제2조 제1항). 폐기물의 품목은 당해 폐기물의 유해성, 다른 물질에 의하여 오염될 경우의 위험성, 재생처리의 곤란성 등에 따라 황색폐기물(amber wastes)과 적색폐기물(red wastes)로 구분하여 환경부장관이 산업통상자원부장관과 협의하여 고시한다(동조 제2항).

그러나 국제환경협약 비준 및 국내 발효일보다 국내이행법의 제정 및 시행일이 더 늦었던 경우도 있다. 예컨대, 우리나라는 2007년 1월 25일, 스톡홀름 협약에 비준하였음에도 불구하고(2007년 4월 25일 국내 발효), 그 이행법률인 「잔류성 유기오염물질 관리법」이 제정된 것은 2007년 1월 26일이었으며, 2008년 1월 27일부터 시행되었다. 동법 입법과정을 보면, 스톡홀름 협약 비준 이전인 2006년 4월 3일, 정부는 「다이옥신 등 잔류성 유기오염물질의 관리에 관한 특별법」 제정에 관한 입법예고를 하였고,[76] 같은 해 11월 10일, 「잔류성 유기오염물질 관리법안」을 국회에 제출하였으나, 2006년 12월 12일에서야 국회 본회의를 통과하였고, 2007년 1월 26일에 공포되었음을 확인할 수 있다. 추측건대, 당초 예상하였던 것보다 국내입법절차에 보다 많은 시간이 소요됨에 따라 그 이행이 지체된 것으로 보인다.

여하간 국제환경협약 비준은 해당 협약의 적용대상이 되는 분야에서 신법이 제정되거나 기존의 법령이 개정되는 계기가 되고 있으며, 대개의 경우는 비준에 앞서 국내법을 정비해 두는 경향이 있음을 확인할 수 있다.

Ⅳ. 국내이행상의 고려사항

1. 국제환경협약상 당사국의 의무 유형에 대한 고려

국제환경협약에 따른 국가의 의무 이행을 위하여 국내법적 조치가 필요한 경우에도, 그 의무의 유형에 따라 국내법적 이행의 방식이나 내용은 달라질 수 있다. 예컨대, 협약에 따른 당사국의 의무가 일정한 목표 내지 결과를 달성하여야 할 의무인지, 아니면 특정한 수단이나 방법을 취하여야 할 의무인지 등에 따라 그 이행의 방식이나 내용이 달라질 수 있고, 또 국제환경협약이 당사국의 의무를 정하고 있는 명확성 내지 구체성의 정도에 따라서도 그 이행의 방식이나 내용은 달라질 수 있을 것이다.

---

76) 환경부 공고 제2006-93호.

가. 목표달성의무

당사국으로 하여금 일정한 목표를 달성하여야 할 의무를 부과하는 경우, 해당 목표의 달성을 위하여 어떠한 수단과 방법을 동원할 것인지에 관해서는 당사국에게 일정한 재량이 인정된다. 비록 우리나라는 감축의무 대상국은 아니었지만, 교토 의정서에 따른 온실가스 감축의무가 바로 그 예이다. 즉, 교토 의정서는 감축의무 대상국별로 감축목표량을 달리 정하였는데,[77] 각 대상국은 자국의 감축목표량을 일정 기한 내에 달성하여야 할 의무를 지지만, 해당 감축목표량을 달성하기 위하여 어떠한 수단이나 방법을 취할지, 예컨대 온실가스를 배출하는 국내 기업에 대하여 탄소세를 부과할 것인지, 아니면 배출권거래제를 도입함으로써 배출 감축을 유도할 것인지 등에 대해서는 각 당사국의 재량에 맡겨졌던 것이다.

나. 규제수단의 채택의무

이와는 달리, 국제환경협약이 특정한 규제수단이나 방법을 채용할 것을 의무화하는 경우에는 국가의 재량이 크게 줄어든다. 예컨대, 바젤 협약의 당사국은 일정한 유해폐기물의 수출입에 있어서 PIC 절차를 거쳐야 한다. 물론 PIC 절차에 관한 세부적인 내용은 「폐기물의 국가 간 이동 및 그 처리에 관한 법률」과 동법 시행령 등에서 정하고 있지만, 그 본질적인 요소는 바젤 협약의 규정에 따를 수밖에 없는 것이다. 카르타헤나 의정서에 따른 AIA 절차 등도 마찬가지이다.

그렇지만, 이와 같이 일정한 규제수단이나 조치를 취할 의무를 규정하더라도, 국가의 재량을 넓게 열어두는 경우도 없지 않다. 예컨대, 생물다양성협약은 당사국의 일반적 의무로서 외래종 도입의 금지·통제·근절 등을 포함하는 현지 내(in-situ) 보전, 생물다양성 구성요소에 대한 원산국 내에서의 현지 외(ex-situ) 보전 등의 조치를 취할 의무를 부과하고 있기는 하나,[78] "가능한 한, 그리고 적절하게(as far as possible and as appropriate)" 등의 조건을 부가함으로써 해당 조치의 실시 여부나 그 방식에 대하여 당사국에 폭넓은 재량을 인정하고 있다. 이에 따라 동 협약에 비준하고 있는 국가에서도 외래종 등의 규제를 위한 접근방법은 black-list 방식에서부터 white-list 방식에 이르기까지 각기 다르게

---

77) Kyoto Protocol to the UN Framework Convention on Climate Change, 37 I. L. M. 22 (1998), Art. 3(1).

78) *Supra note* 52, Art. 8, 9.

나타나고 있음을 확인할 수 있다.[79)]

다. 계획의 수립·시행의무

국제환경협약이 당사국으로 하여금 국가전략이나 국가계획 등의 수립·시행을 의무화하는 경우도 적지 않다. 이는 국제환경협약 체결 과정에서 각국 간의 의견 대립 등으로 구체적인 의무 부과에 관한 합의를 이끌어내기 곤란한 경우에 흔히 활용되는 방식으로 알려져 있다. 일정한 목표를 달성할 의무라든가 특정한 규제수단을 취할 의무와 같이 구체적이고 명확한 의무를 정하기가 곤란해서 당사국에게 폭넓은 재량을 인정하면서도 일정한 의무를 부과할 필요가 있는 경우 국가전략이나 국가계획 등의 수립·시행을 의무화함으로써 당사국이 폭넓은 재량을 갖고 국제환경협약의 목적 실현에 기여하도록 유도하려는 것으로 볼 수 있다.

예컨대, 생물다양성협약은 당사국의 일반적 의무로 생물다양성의 보전과 지속가능한 이용을 위한 국가전략·계획 및 프로그램을 개발할 의무를 규정하고 있는데,[80)] 우리나라는 「생물다양성 보전 및 이용에 관한 법률」에 따른 국가생물다양성전략의 수립(제7조), 국가생물다양성전략 시행계획의 수립·시행(제8조) 등을 통하여 이를 국내법적으로 이행하고 있다.[81)] 이와 같이 행정계획의 수립을 의무화할 경우에는 그 행정계획을 통하여 달성하려는 행정목표의 설정이나 그 목표를 달성하기 위한 수단의 선택 및 조정 등에 있어서 광범위한 재량이 인정된다는 것은 주지의 사실이다.[82)] 게다가 생물다양성협약은 이러한 계획 수립 의무와 관련해서도 "자국의 개별적 상황 및 능력에 따라(in accordance with its particular conditions and capabilities)"라는 조건을 부가함으로써 그 재량의 폭을 더욱 넓혀주고 있다.

---

79) 박종원, 앞의 논문(주 55), 87-96면 참조.

80) *Supra note* 52, Art. 6.

81) 우리나라는 동법을 제정(2012년 2월)·시행(2013년 2월)하기 이전부터, 다시 말해 국가생물다양성전략이 법정계획으로 규정되기 이전부터 국가생물다양성전략을 수립해 왔다. 1997년에 국무회의 심의를 거쳐 제1차 생물다양성 국가전략 수립을 확정하고 그 영문본을 1998년 제4차 당사국 회의에 제출하였으며, 2008년 10월에는 제2차 생물다양성 국가전략 수립과 국가보고서 작성을 위한 국내 작업반을 구성하였고 2009년 5월에 제2차 생물다양성 국가전략을 수립한 바 있다. 그리고 2010년에는 제10차 당사국 회의에서 채택된 나고야 의정서의 주요내용을 반영하여 유전자원의 이용으로부터 발생하는 이익의 공평한 배분에 관한 사항을 추가·보완하기 위하여 제2차 국가생물다양성전략을 수정한 바 있다. 그리고 2014년에는 「생물다양성 보전 및 이용에 관한 법률」에 따른 법정계획으로서 제3차 국가생물다양성전략이 수립되었다.

82) "행정계획이라 함은 … 특정한 행정목표를 달성하기 위하여 서로 관련되는 행정수단을 종합·조정함으로써 장래의 일정한 시점에 있어서 일정한 질서를 실현하기 위한 활동기준으로 설정된 것으로서, … 행정주체는 구체적인 행정계획을 입안·결정함에 있어서 비교적 광범위한 형성의 자유를 가지는 것이지만, … ." 대법원 2007. 4. 12. 선고 2005두1893 판결.

한편, 스톡홀름 협약은 부속서 C에 열거되어 있는 부산물인 잔류성 유기오염물질, 즉 다이옥신/퓨란(PCDD/PCDF), 헥사클로로벤젠(hexachlorobenzen), 폴리클로리네이티드 비페닐(PCBs) 등이 인위적인 오염원으로부터 비의도적으로 발생·배출되는 것을 규제하기 위한 목적으로, 당사국으로 하여금 협약 발효일로부터 2년 내에 현재 및 미래의 배출에 대한 평가, 법령과 정책의 효율성 평가, 동조에 따른 의무 이행을 위한 전략, 교육 및 훈련을 증진하기 위한 조치, 전략과 의무 이행에 관한 성과 평가, 이행일정 등을 내용으로 포함하는 행동계획을 수립·시행하도록 의무화하고 있다.[83] 이는 부속서 C에 열거된 물질의 발생·배출을 규제하기 위한 특정 수단을 도입할 의무를 부과한다거나 해당 물질의 발생·배출을 언제까지 어느 수준으로 감축할 의무를 부과하는 것이 동 협약의 목적 달성을 위해서는 보다 효과적일 수 있음에도 불구하고 협약 체결 과정에서 이러한 합의에까지는 이르기가 곤란하였기 때문에, 당사국이 스스로 계획을 수립하여 이를 협약 기구에 보고하도록 하고, 조약 기구가 해당 계획 및 그 시행에 관하여 심사·검증함으로써 점진적으로 해당 화학물질의 발생·배출 감축을 달성할 수 있도록 하는 방식을 택한 것으로 이해할 수 있다. 이와 관련하여, 우리나라는 「잔류성 유기오염물질 관리법」 제5조 및 제6조에서 잔류성 유기오염물질 관리 기본계획 및 잔류성 유기오염물질 시행계획의 수립·시행에 관한 규정을 두고 있다.

스톡홀름 협약의 경우 생물다양성협약에 비해서는 계획에 포함되어야 할 내용을 보다 구체적으로 규정하고 있다는 점에서, 그리고 '자국의 개별적 상황 및 능력에 따라'와 같은 조건을 달고 있지 않다는 점에서 당사국의 재량이 상대적으로 좁게 인정된다고 볼 수 있지만, 여전히 해당 오염물질의 발생·배출에 대한 규제의 방법과 정도 등에 관해서는 폭넓은 재량이 인정된다고 할 수 있다. 다만, 이러한 폭넓은 재량은 보고·모니터링·비준수절차 등을 통하여 통제될 수 있다.[84]

2. 국제환경협약의 진화성에 대한 고려

최근의 국제환경협약은 주로 과학적 지식·기술을 고려하고 있거나 전제하고 있다.

---

83) *Supra* note 32, Art. 5. 미나마타 협약 역시 이와 유사하게 대기 중 수은 배출을 규제하기 위한 목적으로, 당사국으로 하여금 협약 발효일로부터 10년 내에 정량적인 목표, 배출허용량, 최적가용기법과 최상의 환경관행의 적용, 다중 오염원의 규제 전략, 대체적 조치 등을 내용으로 하는 국가계획을 수립·시행하도록 의무화하고 있다. *Supra* note 43, Art. 8(4).

84) 보고·모니터링·비준수절차 등에 관한 구체적인 내용은 김홍균, 앞의 책(주 1), 506면 이하 참조.

그런데, 과학적 지식과 기술은 불확실하고 급속하게 변화하고 있으므로 협약이 성공하기 위해서는 이러한 과학적 지식을 탄력적으로 수용하기 위한 조치가 요구된다.[85] 이에 따라 국제환경협약 체제에서는 단지 협약의 체결만으로 끝나는 것이 아니라, 협약 체결 이후에도 정기적으로 당사국 회의를 개최함으로써 협약의 개정이나 부속서의 채택·개정 등을 이끌어내기도 하고, 당사국총회 결정 등의 형식으로 규범을 지속적으로 발전시켜 나가게 된다. 대부분의 국제환경협약에서는 과학적·기술적 발전에 비추어 해당 협약의 목적 달성을 위한 협약상의 조치가 적절한지를 당사국 회의에서 정기적으로 검토하도록 하는 규정을 포함하고 있으며, 이를 통해 그 규율내용을 지속적으로 발전시켜 나가는 것이다.

그리고 국제환경협약은 이에 따라 새로 합의된 규범의 효력을 보다 신속하게 발생시키기 위하여 발효절차를 간소화하기도 한다. 예컨대, 몬트리올 의정서에서는 일반적인 개정절차 이외에 조정(adjustment)이라는 일종의 약식 개정 절차를 규정하고 있는데, 이는 당사국의 국내 비준 절차를 필요로 하지 않는다. 즉, 당사국은 규제대상물질에 대한 조치의 평가 및 재검토를 위하여 설치되는 오존과학평가패널(Ozone Scientific Assessment Panel)과 기술경제평가패널(Technical and Economic Assessment Panel: TEAP)이 작성한 보고서에 기초하여 규제대상물질에 대한 조치를 평가한 후 당사국들은 규제대상물질의 생산과 소비의 감축량이나 시기 등에 관하여 추가적인 조정을 결정할 수 있는데, 조정이 결정되고 일정한 기간이 경과하면 별도로 당사국의 비준 절차를 거치지 않더라도 모든 당사국에 대하여 효력을 발생하게 된다.[86]

이와 같은 방식은 국제환경협약의 규율내용을 과학적·기술적 발전 속도에 맞추어 신속하게 진화시켜 나간다는 장점이 인정되기는 하나, 국내법적 관점에서 보면 결국에는 사업자의 경제활동의 자유를 보다 제한하는 결과를 초래함에도 불구하고 별도의 비준, 즉 국회의 승인을 거치지 않는다는 점에서 민주적 통제가 결여된다는 문제점이 제기될 수 있다.

뿐만 아니라, 국제환경협약의 발효 후 정기적으로 개최되는 당사국 회의에서 채택되는 결정(decision) 등에 의해서도 협약의 규율내용이 달라질 수 있다. 물론 당사국 회의

---

85) 김홍균, 위의 책, 49면.

86) *Supra note* 10, Art. 2(9). 이에 관한 구체적인 설명은 이현조, "오존층보호에 관한 국제법적 고찰: 1997년 이후의 오존층보호에 관한 몬트리올 의정서체제를 중심으로", 「국제법학회논총」, 제48권 제3호(2013), 318-321면 참조.

의 결정 그 자체는 법적 구속력이 없으나, 향후 협약의 개정에 반영되거나 국제관행의 형성에 영향을 미칠 수도 있고 일정한 국제관행에 대한 법적 확신을 확인하는 수단으로 작용하는 등의 기능을 하게 된다.[87]

　기후변화협약-교토 의정서 체제의 경우 정기적으로 개최되는 당사국 회의의 결정에 의해 흡수원의 범위, 교토 메커니즘, 측정·보고·검증, 준수절차 등에 관한 중요한 합의가 이루어져 왔음은 주지의 사실이다. 예컨대, 교토 의정서 체결 과정에서 '흡수원(sink)'의 범위를 둘러싸고 당사국 간에 심각한 의견 대립이 있었고 조림, 재림, 벌채 등이 흡수원에 포함된다는 것은 의정서 조항으로 포함시켰으나, 그 밖에 '추가적인 인위적 활동(additional human-induced activities)'에 토지이용·토지이용전환과 산림활동 등이 포함될 수 있는지에 관해서는 끝내 합의에 이르지 못하였다가, 당사국 회의의 결정을 통하여 그 범위에 관한 합의를 이끌어낸 바 있다.[88] 몬트리올 의정서에 규정되어 있는 '회수(recovery)', '재활용(recycling)' 등의 주요 개념도 당사국 회의 결정에 의해 비로소 정의된 바 있고,[89] 람사르 협약에 규정되어 있는 '현명한 이용' 개념 역시 당사국 회의의 권고에 의해 보다 명확해지게 되었다.[90]

　이와 같이 당사국 회의의 결정 등을 통해서도 국제환경협약에 따른 당사국의 의무가 보다 명확해지기도 하고 그 범위가 확대되기도 하는 경우가 있기 때문에, 국제환경협약을 국내법적으로 이행함에 있어서는 이와 같이 진화하는 국제환경규범을 지속적으로 주시할 필요가 있다.

　그렇다면, 이와 같이 역동적으로 진화하는 국제환경규범을 국내법적으로 이행함에 있어서는 어떠한 고려가 필요할 것인가?

　앞서 살펴본 바와 같이, 국제환경협약의 규제대상은 과학적 지식의 변화, 대체물질 개발 등 기술의 변화 등에 따라 변경될 수 있다. 또한, 신속한 대응이 가능하도록 하기 위하여 규제대상을 부속서에서 열거하기도 하고, 협약 자체의 개정보다는 조정과 같은 간이 절차를 거치는 경우도 있다.

　이와 같이 변화무쌍한 국제환경협약상의 규제대상을 국내법적으로 수용하여 규정함

---

87) 이재곤 외, 앞의 책(주 4), 16-17면 참조.

88) 김홍균, 앞의 책(주 1), 156면 이하 참조.

89) Decision IV/24: Recovery, Reclamation and Recycling of Controlled Substances, available at <http://ozone.unep.org/en/handbook-montreal-protocol-substances-deplete-ozone-layer/1141>.

90) Recommendation 3.3: Wise Use of Wetlands, available at <http://www.ramsar.org/sites/default/files/documents/library/key_rec_3.03e.pdf>.

에 있어서는 크게 2가지 방식을 고려할 수 있다.

그 첫 번째 방식은 법령에서 아예 해당 국제환경협약의 부속서를 직접 인용하는 방식이다. 예컨대, 스톡홀름 협약의 국내이행법인 「잔류성 유기오염물질 관리법」제13조 제1항은 "누구든지 취급금지 잔류성 유기오염물질[스톡홀름 협약 부속서 에이(A)에 규정된 잔류성 유기오염물질을 말하며, …]을 제조·수출입 또는 사용하여서는 아니 된다. 다만, 취급금지 잔류성 유기오염물질 중 스톡홀름 협약 부속서 에이(A)에서 특정한 용도로 제조 또는 사용이 허용된 물질(이하 "취급금지 특정면제 잔류성 유기오염물질"이라 한다)은 그 용도로 제조, 수출입 또는 사용할 수 있다."고 규정하고 있다. 이와 같은 규정방식을 택하게 되면, 국제환경협약상의 규제대상이 변경되었다고 하더라도 국내법을 개정할 필요 없이 부속서 개정에 비준함으로써 국내법상의 규제대상도 변하게 되는 것이다. 이는 보다 신속하고 용이하게 국제환경협약의 진화성에 대응할 수 있다는 장점이 있다.

그 두 번째 방식은 국내법, 대개는 시행령이나 시행규칙 등에서 직접 규제대상물질을 열거하는 방식이다. 예컨대, 비엔나 협약과 몬트리올 의정서의 국내이행법인 「오존층 보호를 위한 특정물질의 제조규제 등에 관한 법률」제2조 제1호는 '특정물질'을 "「오존층 파괴물질에 관한 몬트리올 의정서」(이하 "의정서"라 한다)에 따른 오존층 파괴물질 중 대통령령으로 정하는 것"으로 정의하고, 동법 시행령 제2조 제1항과 별표 1에서 특정물질의 종류를 일일이 열거하고 있다. 이와 같은 규정방식을 택하게 되면, 국제환경협약상의 규제대상이 변경되었을 경우 비준 절차를 거치는 것만으로는 부족하고 시행령이나 시행규칙 등의 개정 절차를 거쳐야만 국내법상의 규제대상도 변하게 된다.[91]

이들 양자를 비교한다면, 국제환경협약의 진화성에 보다 신속하게 대응함으로써 국제환경협약상의 의무를 충실히 이행한다는 관점에서 보면 첫 번째 방식이 보다 유리하다고 할 수 있을 것이지만, 절차의 투명성과 민주성 확보의 관점에서 본다면 두 번째 방식이 보다 바람직하다고 할 수 있을 것이다. 특히, 첫 번째 방식의 경우 해당 국제환경협약에서 '조정'과 같이 비준절차를 별도로 거치지 않고도 효력을 발생하도록 하는 장치를

---

91) 이밖에도, CITES의 국내이행법인 「야생생물 보호 및 관리에 관한 법률」 제3조 제3호에서는 '국제적 멸종위기종'을 환경부 장관이 고시하도록 하고 있다. 즉, '국제적 멸종위기종'이란 CITES에 따라 국제거래가 규제되는 (i) 멸종위기에 처한 종 중 국제거래로 영향을 받거나 받을 수 있는 종으로서 CITES 부속서 I에서 정한 생물, (ii) 현재 멸종위기에 처하여 있지는 아니하나 국제거래를 엄격하게 규제하지 아니할 경우 멸종위기에 처할 수 있는 종과 멸종위기에 처한 종의 거래를 효과적으로 통제하기 위하여 규제를 하여야 하는 그 밖의 종으로서 CITES 부속서 II에서 정한 생물, 또는 (iii) CITES의 당사국이 이용을 제한할 목적으로 자기 나라의 관할권에서 규제를 받아야 하는 것으로 확인하고 국제거래 규제를 위하여 다른 당사 국의 협력이 필요하다고 판단한 종으로서 CITES 부속서 III에서 정한 생물로서 환경부장관이 고시하는 종으로 정의되어 있다. 이러한 경우 역시 첫 번째 방식과는 달리 부속서 개정에 대한 비준만으로는 국내법적으로 규제대상이 변경될 수는 없기는 하나, 시행령에서 그 규제대상을 열거하는 경우에 비해서는 보다 유연하고 신속한 대응이 가능할 것이다.

두고 있는 경우에는 절차의 투명성이나 민주성 훼손의 정도가 더욱 더 심각해질 수 있을 것이다.

3. 국내법의 일반원칙에 대한 고려

국제환경협약에 따른 당사국의 의무를 국내법적으로 이행함에 있어서는 국내법의 일반원칙을 준수할 것이 요구된다. 국제환경협약의 국내적 이행을 위해서는 헌법이 보장하는 기본권에 대한 법적 제한이 수반되는 경우가 적지 아니하므로 다른 법익과 비교하여 어느 쪽이 더 본질적이며 정당하고 합리적인 것인가를 비례원칙에 따라 판단하여야 한다는 입법재량의 한계가 인정된다.[92] 이밖에도 신뢰보호원칙, 평등원칙 등의 위반이 생기지 않도록 유의하여야 할 것이다.

바젤 협약에 따른 수출국의 재수입 의무 규정과 국내 이행법률인 「폐기물의 국가 간 이동 및 그 처리에 관한 법률」에 따른 이행 조항 간에는 일정한 차이를 발견할 수 있는데, 아마도 비례원칙 등에 대한 고려의 결과가 아닌가 생각된다.

바젤 협약에 따르면, 협약 규정을 위반한 유해폐기물의 국가 간 이동은 "불법거래"로 금지되며,[93] 수출자 또는 발생자의 행위로 인한 불법거래의 경우 수출국은 수출자 또는 발생자로 하여금 해당 폐기물을 재수입하도록 하거나 필요한 경우 직접 해당 폐기물을 재수입하여야 하며, 그것이 불가능한 경우에는 협약 규정에 따라 처리되도록 보장하여야 한다.[94] 이에 대한 국내 이행법인 「폐기물의 국가 간 이동 및 그 처리에 관한 법률」에 따르면, 환경부장관은 폐기물을 수출한 자가 일정한 요건, 즉 바젤 협약에 따른 불법거래에 해당하면 기간을 정하여 해당 폐기물의 반입을 명하거나 적정한 방법으로 관리할 것을 명할 수 있고(제20조 제1항), 이를 불이행할 경우 대집행할 수 있다(제21조).

바젤 협약에 따른 재수입의무 규정에서는 1차적으로는 재수입을 의무화하고 그것이 불가능한 경우에 한하여 협약 규정에 따라 처리할 것을 의무화하고 있음에도 불구하고, 즉 처리는 재수입이 불가능한 경우에 한하여 보충적으로만 허용하도록 하고 있음에도 불구하고, 「폐기물의 국가 간 이동 및 그 처리에 관한 법률」은 이들 양자에 대한 우선순

---

92) 헌법재판소 1989. 9. 8. 자 99헌가6 결정.

93) *Supra note* 44, Art. 9(1).

94) *Id.*, Art. 9(2).

위를 따로 두지 않고 선택적으로 명할 수 있도록 함으로써, 결정재량과 선택재량을 부여하고 있다. 이와 같은 수용 방식은 바젤 협약에 따른 의무의 충실한 이행을 방해하는 요인이 될 수도 있다. 그럼에도 불구하고 이러한 규정 방식을 채용한 것은 법의 일반원칙으로서 비례원칙 등에 대한 고려, 다른 관련 법령과의 균형 등을 고려한 결과로 이해된다.[95]

특히, 국제환경법의 일반원칙으로 제시되고 있고, 앞서 살펴본 여러 국제환경협약에서 수용하고 있는 사전배려원칙(precautionary principle)[96]은 - 물론 그에 대한 정의가 다양하고 그 요건이나 효과를 일의적으로 확정하기는 곤란하지만[97] - 비례원칙과의 충돌 가능성을 안고 있는바, 이를 수용하고 있는 국제환경협약을 국내법적으로 이행함에 있어서는 비례원칙과의 충돌 가능성에 관하여 특히 유의할 필요가 있을 것이다.[98]

이 밖에도, 신뢰보호원칙에 대한 고려로 부칙 조항에 경과조치를 포함시킨 입법례도 다수 찾아볼 수 있다. 「폐기물의 국가 간 이동 및 그 처리에 관한 법률」, 「해양환경관리법」, 「잔류성 유기오염물질 관리법」, 「습지보전법」 등에서 그러한 예를 찾아볼 수 있다. 이와 더불어 기존의 국내법령 체계와의 정합성에 대한 고려가 필요함은 바젤 협약에 따른 '폐기물'의 개념과 「폐기물관리법」에 따른 '폐기물'의 개념 간의 괴리와 관련하여 전술한 바와 같다.

---

95) "입법자가 임의적 규정으로도 법의 목적을 실현할 수 있는 경우에 구체적 사안의 개별성과 특수성을 고려할 수 있는 가능성을 일체 배제하는 필요적 규정을 둔다면 이는 비례의 원칙의 한 요소인 '최소 침해성의 원칙'에 위배되는바, 종래의 임의적 취소제도로도 철저한 단속, 엄격한 법집행 등 그 운용 여하에 따라서는 지입제 관행의 근절이라는 입법목적을 효과적으로 달성할 수 있었을 것으로 보이므로, 기본권침해의 정도가 덜한 임의적 취소제도의 적절한 운용을 통하여 입법목적을 달성하려는 노력은 기울이지 아니한 채 기본권침해의 정도가 한층 큰 필요적 취소제도를 도입한 이 사건 법률조항은 행정편의적 발상으로서 피해최소성의 원칙에 위반된다. … 법 제13조에 위반한 모든 경우에 대하여 일률적으로 사업면허를 취소하게 할 것이 아니라 행정당국이나 법원의 재판과정에서 구체적 사안의 개별성과 특수성을 고려하여 공익침해의 정도에 상응하는 재제조치를 선택할 수 있는 재량의 여지를 부여하는 것이 법익형량의 요청을 충족하는 길이라 할 것이다. 그럼에도 불구하고 이 사건 법률조항은 … 구체적·개별적 사정을 전혀 고려하지 아니하고 모두 필요적으로 면허를 취소하도록 규정함으로써, … 공익침해의 정도가 현저히 낮은 경우에도 사업면허의 전부를 취소할 수밖에 없게 하고 있으니, 이는 보호하고자 하는 공익에 비하여 기본권침해의 정도가 과중하다고 하지 아니할 수 없고, 따라서 법익균형성의 원칙에 위배된다고 할 것이다." 헌법재판소 2000. 6. 11. 자 99헌가11·12 결정.

96) 1985년 비엔나 협약, 1987년 몬트리올 의정서, 1992년 생물다양성협약, 1996년 런던 덤핑 의정서, 2001년 카르타헤나 의정서, 2001년 스톡홀름 협약 등 앞서 살펴본 다수의 국제환경협약이 이를 도입하고 있다.

97) 리우선언 원칙 15가 규정하고 있는 사전배려원칙, 즉 심각하거나 회복 불가능한 피해의 우려가 있는 경우, 충분한 과학적 확실성의 결여가 환경악화를 방지하기 위한 비용-효과적인 조치를 지연하는 근거로 사용되어서는 안 된다는 것이 사전배려원칙에 대한 가장 일반적인 정의라고 할 수 있다. Rio Declaration on Environment and Development, 31 *I. L. M.* 874 (1992). Applegate는 이를 "사전배려원칙에 대한 가장 권위 있는 공식화(the most authoritative formulation of the principle)"라고 한다. John S. Applegate, *The Taming of the Precautionary Principle*, 27 *Wm. & Mary Envtl. L. & Pol'y Rev.* 13 (2002), p. 13.

98) Sunstein은 사전배려원칙에 대한 정의가 20개 이상이나 되며, 이들 정의가 상호 조화될 수 없음을 지적하고 있다. 사전배려원칙에 대한 정의의 한쪽 극단에 놓여 있는 약한 형식의 사전배려원칙은 합리적인 사람이라면 누구나 반대할 수 없는 원칙인 반면, 그 반대쪽 극단에 놓여 있는 강한 형식의 사전배려원칙은 규제정책의 근본적인 재검토를 요구하는 것이라고 하는 것이다. Cass R. Sunstein, *Laws of Fear: Beyond the Precautionary Principle*, Cambridge University Press (2005), p. 18.

4. WTO 규범과의 충돌 가능성에 대한 고려

국제환경협약에 따른 무역규제에 대해서는 종종 WTO 규범과의 충돌 문제가 제기된다. 특히, SPS 협정[99]은 인간이나 동·식물의 생명 또는 건강을 보호하기 위하여 필요한 조치를 취할 수 있는 표준과 평가방법을 규정하고, 위생 및 식물위생 조치(Sanitary and Phytosanitary Measures, 이하 "SPS 조치")의 과학적 정당성을 요구함으로써 SPS 조치가 자의적인 통상규제 수단으로 이용되는 것을 금지하고 있는데, 이는 국제환경법상의 사전배려원칙 및 국제환경협약에 따른 무역제한 조항과의 충돌 가능성이 적지 않다.

SPS 협정에 따르면, 회원국은 자국의 SPS 조치가 과학원칙에 기초하도록 하고 충분한 과학적 증거 없이 유지되지 않도록 보장하여야 하며,[100] 자국의 SPS 조치가 상황에 따라 적절하게 인간이나 동·식물의 생명 또는 건강에 대한 리스크평가에 기초하도록 보장하여야 한다.[101] 이는 SPS 협정의 핵심을 이루는 것이다.[102]

물론 SPS 협정이 사전배려원칙을 전혀 반영하고 있지 않은 것은 아니다. SPS 협정 제5조 제7항은 과학적 증거가 불충분한 경우 잠정적으로 SPS 조치를 취할 수 있도록 규정함으로써 약한 형식으로나마 사전배려원칙을 수용하고 있으나, 지금까지의 관련 분쟁사례에서 WTO 패널과 상소기구는 동 조항의 적용요건인 과학적 증거의 불충분성을 아주 엄격하게 해석하는 태도를 보이고 있는바, 동 조항에 근거하여 사전배려원칙에 기초한 무역제한조치가 정당화될 가능성은 높지 않다.[103]

비교적 강한 형식의 사전배려원칙을 수용하고 있는 카르타헤나 의정서에 따르면, 수입국은 식용·사료용 또는 가공용 유전자변형생물체가 자국의 인체건강이나 환경에 심각한 또는 회복 불가능한 피해의 위협이 되는 경우 비록 과학적으로 규명되지 않았다고 할지라도 이를 규제하기 위하여 조치를 취할 수 있다.[104] 그리고 유전자변형생물체가 생물다양성의 보전과 지속가능한 이용에 대해 미칠 수 있는 잠재적인 악영향의 정도에 관하여, 인체 건강에 미칠 위해를 고려하여, 과학적 정보 및 지식이 불충분하여 과학적

---

99) Agreement of the Application of Sanitary and Phytosanitary Measures, Apr. 15, 1994, Marrakesh Agreement Establishing the World Trade Organization, Annex 1A, Legal Instruments-Results of the Uruguay Round.

100) *Id.*, Art. 2(2).

101) *Id.*, Art. 5(1).

102) 이에 관해서는 박종원, "환경 리스크와 SPS 리스크", 「환경법연구」, 제29권 제2호(2007), 330-338면 참조.

103) 이에 관한 구체적인 논의는 박종원, "SPS 협정상의 과학원칙에 대한 국제환경법적 검토", 「국제법평론」, 제26호(2007), 95면 이하 참조.

104) *Supra note* 63, Preamble, Art. 1.

인 확실성이 없는 경우에도 수입 당사국은 이러한 잠재적 악영향을 회피하거나 최소화하기 위하여 해당 유전자변형생물체의 수입에 대하여 적절한 결정을 내리는 것을 막을 수 없다.[105) 또한, 카르타헤나 의정서는 수입당사국이 수입 여부를 결정할 경우, 자국의 국제적 의무에 부합하여 유전자변형생물체가 생물다양성의 보전과 지속가능한 이용에 미치는 영향으로부터 야기되는 사회·경제적 고려를 하도록 하고 있는데,[106) 이는 인간이나 동·식물의 생명 또는 건강에 대한 리스크평가에 기초할 것을 요구하는 SPS 협정과의 충돌 여지가 크다.

다만, WTO 규범과의 충돌 문제는 실제 특정의 무역제한조치가 내려진 후에 국제분쟁으로 발전될 가능성이 있는 것이고, 구체적인 사안별로 달리 평가될 수 있을 것인 바, WTO 규범과의 충돌을 우려하여 국민의 건강 또는 환경 보호를 위한 무역제한 규정을 국제환경협약상의 그것보다 완화시켜 수용하는 것은 바람직하지 않다고 할 것이다.

이와 관련하여, 카르타헤나 의정서를 국내법적으로 수용한 「유전자변형생물체의 국가 간 이동 등에 관한 법률」은 관계 중앙행정기관의 장으로 하여금 유전자변형생물체의 수입승인 여부를 결정할 때에는 유전자변형생물체가 국내 생물다양성의 가치에 미칠 사회적·경제적 영향을 의무적으로 고려하도록 하고 있고(제8조 제4항), 국민의 건강과 생물다양성의 보전 및 지속적인 이용에 위해를 미치거나 미칠 우려가 있다고 인정하는 유전자변형생물체, 국내 생물다양성의 가치와 관련하여 사회·경제적으로 부정적인 영향을 미치거나 미칠 우려가 있는 유전자변형생물체 등의 수입이나 생산을 금지하거나 제한할 수 있도록 함으로써(제14조), 과학적 리스크평가에 기초하지 아니한 무역제한조치의 가능성을 열어두고 있다.

V. 결론

지구 온난화, 오존층 파괴, 생물다양성의 감소, 해양오염, 유해폐기물의 국가 간 이동 등 현재의 환경문제는 광역적·전 지구적인 성격을 띠고 있다. 이에 따라 특정 국가 또는 지역적인 노력만으로는 더 이상 이러한 환경 문제를 해결할 수 없게 되었다. 이제 환

---

105) *Id.*, Art. 10(6), 11(8).

106) *Id.*, Art. 26(1).

경 문제의 방지를 일개 국가만 책임진다는 것은 기술적, 재정적, 행정적, 정치적 한계 등으로 불가능하거나 실효성이 없다. 환경오염의 국제화에 따라 환경 문제의 해결을 위하여 국제적인 노력이 필요한 때인 것이다. 이에, 우리나라는 현재 57개의 국제환경협약에 비준하였고, 이를 국내법적으로 이행하기 위한 법령을 정비하고 있다.

이 글에서는 국제환경협약에 따른 당사국의 의무를 이행하기 위한 국내입법조치의 필요성을 설명하고, 국내이행입법의 입법형식이나 그 구체적인 내용을 정함에 있어서 고려하여야 할 일정한 요소를 제시해 보았다.

국제환경협약이 규정하는 의무는 국가 간의 관계를 규율하는 데 그치지 않고, 그 의무의 이행에 있어서 국내의 사인의 권리나 자유, 특히 경제활동의 자유를 제한하는 조치를 수반하는 경우가 적지 않은데, 이와 같이 국민의 권리제한·의무부과, 형벌 부과 등의 경우에는 법치행정원칙과 죄형법정주의 등에 비추어 입법조치가 필요하게 되는 것이다. 그리고 국제환경협약의 국내이행을 위하여 입법조치를 취할 필요가 있는 경우에도 별도의 신법을 제정할 것인가, 혹은 현행법령을 개정할 것인가에 대한 선택이 필요한데, 이에 있어서는 비준하려는 해당 국제환경협약이 규정하고 있는 사항에 관한 국내법령이 이미 존재하는지 여부, 국제환경협약의 대상과 관계되는 관계 중앙행정기관 간의 권한 조정 등 여러 요인을 종합적으로 고려하여야 할 것이다. 그리고 기존 법령이 규율하고 있는 대상과 국제환경협약에 따른 규율대상이 동일 내지 유사한 경우라 하더라도, 기존의 법령 제정의 기초가 되었던 고유의 문제의식이나 필요성, 기존의 관련 법령체계 등에 비추어 해당 국제환경협약의 이행을 위한 규정을 도입함으로써 내용상의 부정합이나 입법목적의 저해 등은 없을 것인지 등을 면밀히 검토한 후 그 입법방식을 택할 필요가 있다.

국내법적 이행의 구체적인 내용은 해당 국제환경협약에 따른 당사국의 의무의 유형에 따라 달라질 수 있다. 특히, 일정한 목표 내지 결과를 달성하여야 할 의무인지, 아니면 특정한 수단이나 방법을 취하여야 할 의무인지 등에 따라 그 이행의 방식이나 내용이 달라질 수 있고, 또 국제환경협약이 당사국의 의무를 정하고 있는 명확성 내지 구체성의 정도에 따라서도 그 이행의 방식이나 내용은 달라질 수 있을 것이다.

그리고 국제환경협약은 과학적·기술적 발전 속도에 맞추어 그 규율내용을 신속하게 진화시켜 나간다는 특성을 지니고 있는바, 특히 협약에 따른 규제대상을 국내법적으로 수용하여 규정함에 있어서는 협약의 충실한 이행을 강조한 나머지 법령에서 협약 부속서를 직접 인용하는 방식을 택할 경우에는 그로 인한 민주적 통제의 결여나 절차적 투명성의 저해 등의 문제가 초래될 수 있으므로, 특별한 주의가 필요할 것이다.

또한, 국제환경협약에 따른 당사국의 의무를 국내법적으로 이행함에 있어서는 비례원칙, 신뢰보호원칙, 평등원칙 등의 위반이 생기지 않도록 하여야 함은 물론이거니와, 특히 무역제한조치를 수반하는 경우에는 SPS 협정 등 WTO 체제와의 충돌 문제에도 각별히 유의할 필요가 있을 것이다.

국제환경협약은 국내 환경법의 발전에 많은 영향을 주었다. 국제적으로 자연보전에 대한 초점은 특정 야생동·식물의 보호에서, 생태계의 보호를 거쳐 생물다양성의 보호로 옮겨져 왔다. 우리나라의 법제 역시 이러한 국제적 추세에 따라 조수보호에서부터 생물다양성의 보전으로 그 중심이 옮겨져 왔음을 「조수보호 및 수렵에 관한 법률」(1967년 제정), 「자연환경보전법」(1991년 제정), 「야생동·식물보호법」(2004년 제정), 「생물다양성의 보전 및 이용에 관한 법률」(2012년 제정) 등과 같은 법률의 제정연혁을 통해서도 확인할 수 있다.

경우에 따라서는 국제환경협약보다 더 발전적인 제도를 국내법에서 수용하는 경우도 확인할 수 있다. 예컨대, 카르타헤나 의정서는 유전자변형생물체의 국가 간 이동에 관한 규제만을 담고 있음에 비하여, 그 국내이행법률인 「유전자변형생물체의 국가 간 이동 등에 관한 법률」에서는 유전자변형생물체의 생산승인(제12조)에 대해서도 규율하고 있다. 또한, 비엔나 협약과 몬트리올 의정서는 오존층 파괴물질의 생산·소비에 관한 규제만을 담고 있음에 비하여, 2012년 5월 개정 「대기환경보전법」에서는 공기조화기 냉매의 관리 및 처리에 관한 규정(제9조의 3)을, 2016년 1월 개정 「대기환경보전법」에서는 냉매 판매량 신고에 관한 규정(제9조의 4)을 각각 신설함으로써 오존층 파괴물질의 관리·회수 및 처리 의무까지 부과하고 있다.

이 글에서는 이미 체결된 국제환경협약을 전제로, 이를 국내법적으로 이행하기 위한 입법조치에 중점을 두었다. 그렇지만, 이것이 전부는 아니다. 국제환경협약의 체결되기 이전 단계에서는, 예컨대 국제환경협약의 체결을 위한 교섭에 참여하는 단계에서 정부는 해당 협약이 체결될 경우 그것이 국내법에 어떠한 영향을 미칠 것인지, 현행 국내법 체계와의 정합성을 유지하면서 해당 협약상의 의무를 용이하게 이행할 수 있을 것인지 등을 유의하면서 교섭에 임하여야 할 것이며, 필요하다면 협약안의 기초 및 체결에 있어서 우리나라의 국내법적 상황이 충분히 고려될 수 있도록 하여야 할 것이다.

또한, 협약의 국내법적 이행을 위한 입법조치 이후에는 정부가 해당 법령을 실효적으로 집행하여야 할 것이다. 국제적인 차원에서 당사국이 국제환경협약에 따른 의무를 제대로 준수하고 있는지를 검증하게 되는데, 여기에서 준수란 단지 협약상의 의무를 국내법전으로 옮겨 쓰는 것만으로 충분한 것이 아니라, 당사국이 그 행위를 국제협약에 따른 의무와 합치시킬 것이 요구되는 것이다. 아무리 이행법령을 충실히 제정하더라도 그 집행이 충실하지 못하다면 그것은 협약에 따른 의무를 준수하고 있다고 평가받기 어려울 것이다. 특히, 그 보호법익이 국내에 존재하지 않는 국제환경협약의 경우에는 그 이행법령의 집행이 소홀해지기 쉽다. 결국 협약의 준수는 각국의 이행의지와 능력에 달려 있다고 할 것이다.

수많은 환경리스크에 노출되어 있는 현대 국제사회에서 다수의 국가가 합의할 수 있는 국제환경협약을 탄생시키는 것은 점점 더 어려워지고 있고, 또 법적으로 구속력이 있는 효과적인 규제수단을 갖추기도 점점 더 어려워지고 있다. 비교적 최근에 채택된 나고야 의정서, 파리기후협정 등에서 볼 수 있는 모호성과 비구속성이 이를 여실히 보여준다.[107] 어떻게 하면 힘들게 채택한 국제환경협약의 실효성을 높이면서도, 또 그로 인한 국민의 권리 제한이나 의무 부과에 대한 민주적 통제를 확보할 수 있을 것인가의 문제는 앞으로도 지속적으로 고민하여야 할 과제이다. 이 글이 문제 해결을 위한 시론(試論)으로서 보다 많은 논의가 촉발되는 계기가 될 수 있기를 소망해 본다.

---

[107] 나고야 의정서는 "창의적 모호함 속의 걸작(a masterpiece in creative ambiguity)"이라는 평가를 받을 정도이다. 박원석, "나고야 의정서의 협상과정 및 핵심쟁점에 관한 연구", 「중앙법학」 제13집 제4호, 중앙법학회 (2011), 635면.

제5장 녹색성장론에 대한 비판적 연구: 환경법적 관점에서[*]

I. 문제의 제기

2008년 8월 15일에 광복 63주년 경축사에서 이명박 대통령은 경제와 환경의 조화, 균형성장을 포괄하는 개념으로 이른바 '녹색성장'이라는 개념을 제시하였다. 이러한 대통령의 발언은 곧 국가정책이 되어, 녹색성장위원회가 구성되고 이에 대한 법적 근거의 마련을 위하여 2010년 1월 「저탄소 녹색성장 기본법」이 제정되었다. 어색하게만 들리던 녹색성장이라는 개념은 이제 우리 사회에서 광범위하게 사용되어 더 이상 어색하게 들리지 않는다. 학계에서도 녹색성장이라는 개념을 심심치 않게 사용하고 있다. 급기야 얼마 전부터는 녹색성장이라는 개념을 사용하는 것을 넘어, 이러한 녹색성장을 구체화하기 위한 법적 대응방안을 논의하는 논문이 법학학술지에 게재되고 있다.[1]

필자는 이러한 녹색성장이라는 개념이 우리 생활에서 일상적으로 사용되고 있는 것은 문제가 있다고 생각하고 있다. 특히 기존에 환경법 등 법학 및 사회과학계에서 광범위하게 사용하던 '지속가능한 발전'이라는 개념을 고려하면, '녹색성장'을 학술용어로 사용하는 것은 이론적, 실천적 관점에서 많은 문제가 있다고 생각하고 있다.

이 글에서 필자는 '녹생성장'이라는 개념을 사용하는 것을 비판하고, 경제성장과 환경보호의 조화와 균형을 위한 전략적 개념으로서 사용하던 '지속가능한 발전'이라는 개념이 '녹색성장'이라는 개념보다 타당한 개념이라는 것을 이론적, 실천적 관점에서 논증하고자 한다. 이 글은 이러한 목적을 달성하기 위하여 현 정부에 의하여 주장되고 있는 녹색성장론을 정리하고(II), 기존에 일반적으로 받아들여져 왔던 지속가능한 발전론을 정리할 것이다(III). 이러한 기반 아래, 녹색성장론을 개념적 측면에서, 이론적 측면에서, 실천적 측면에서 검토한 후, '녹색성장'이라는 개념도 지속가능한 발전이라는 개념 이상으로 추상적이고 모호하며, 이론적, 실천적 관점에서 문제가 있는 개념이라고 주장할 것이다(IV). 마지막으로 이상의 논의를 정리하며 글을 맺는다(V).

---

[*] 이 논문은 2010년 6월 26에 열린 한양법학회 제17회 학술대회 발표문을 수정·보완하여 「한양법학」 제21호 제3권(2010)에 게재한 것을 재구성한 것임.
1) 예를 들어 이미홍, "녹색성장형 공간구축 관련 쟁점 검토", 「토지공법연구」, 제46집(2009), 59-81면; 이헌석, "녹색성장법에 따른 국토이용법제의 과제", 「토지공법연구」, 제49집(2010), 111-129면; 장욱, "저탄소 녹색성장기본법과 기후변화 대응", 「토지공법연구」, 제49집(2010), 223-244면; 이재삼, "저탄소 녹색성장상 배출권거래제도의 구체화 방안", 「토지공법연구」, 제49집(2010), 267-298면 등.

Ⅱ. 녹색성장론[2]

1. 녹색성장의 개념: 경제·환경의 조화·균형 성장

> "대한민국 건국 60년을 맞는 오늘, 저는 '저탄소 녹색성장'을 새로운 비전의 축으로 제시하고자 합니다. 녹색성장은 온실가스와 환경오염을 줄이는 지속가능한 성장입니다. 녹색기술과 청정에너지로 신성장동력과 일자리를 창출하는 新국가발전 패러다임입니다."[3]

녹색성장론은 이와 같은 이명박 대통령의 발언에서 시작되었다. 녹색성장에 대한 녹색성장위원회의 설명은 아래와 같다.

> 녹색성장은 지속가능발전의 추상성·광범위성을 정책실현가능성면에서 보완하여 경제성장을 하되, 경제성장의 패턴을 환경친화적으로 전환시키자는 개념이다. 환경적 측면을 강조하는 경제성장을 추구하여 경제성장과 환경파괴의 탈동조화(Decoupling)를 실현하겠다는 전략이다. 이 용어는 미국의 시사잡지인 이코노미스트(Economist)가 2000년 1월 27일 최초로 언급하였다고 전해진다. 그 후 다보스 포럼을 통해 널리 사용되기 시작하였으며, 2005년 '아·태 환경과 개발에 관한 장관회의'에서 '녹색성장을 위한 서울 이니셔티브(SI)'가 채택되어 UN 아·태경제사회위원회(UNESCAP) 등에서 본격적으로 논의되기 시작하였다. 2009년 6월 24일 OECD 각료회의이사회 선언문에 녹색성장과 관련된 내용이 포함되기도 하였다.

녹색성장에는 세 가지 하위요소가 있다. (i) 환경과 경제의 선순환, (ii) 삶의 질 개선 및 생활의 녹색혁명, (iii) 국제기대에 부합하는 국가위상 정립이 그것이다. 환경과 경제의 선순환은 성장패턴과 경제구조의 전환을 통해, 환경과 경제 양 축의 시너지(Synergy) 효과를 극대화하고, 핵심 주력산업의 녹색화, 저탄소형 녹색산업을 육성, 가치사슬을 녹색화 하는 것을 내용으로 한다. 삶의 질 개선 및 생활의 녹색혁명은 국토, 도시, 건물, 주거단지 등 우리 생활 모든 곳에서의 녹색생활 실천 및 녹색산업 소비기반을 마련하고, 버스·지하철·자전거 등 녹색교통 이용을 활성화하고, 지능형 교통체계에 기반한 교통효율을 개선하는 것을 내용으로 한다. 국제기대에 부합하는 국가위상 정립은 국제적 기후변화 논의에 적극 대응함으로써, 녹색성장을 국가발전의 새로운 모멘텀으로 활용하고, 녹색 가교 국가로서 글로벌 리더십 발휘를 통해 세계 일류의 녹색선진국으로

---

2) 이에 관해서는 녹색성장위원회, 「녹색성장 국가전략 및 5개년계획(요약본)」, 2009. 7; 녹색성장위원회 홈페이지 내용 (http://www.greengrowth.go.kr/index.do(2010년 5월 10일 방문))을 참고하여 정리하였다.

3) 2008. 8. 15. 광복 63주년 이명박 대통령의 경축사 중에서 인용.

발돋움하는 것을 내용으로 한다.[4)]

녹색성장위원회에 따르면 녹색성장이 필요한 이유는 지구 온난화, 에너지위기, 신성장동력 창출, 새로운 패러다임으로 전환이 필요하기 때문이다. 지구 온난화로 인한 환경위기가 심화되고, 한국은 지구 온난화에 취약하며 직접적인 영향을 받고 있기 때문이며, 글로벌 에너지·자원이 고갈될 위기에 있으며, 우리나라는 화석연료에 대한 수입의존도가 높은 구조이기 때문이며, 경제위기를 타개하고, 에너지 자립도를 높이기 위해 선진국을 중심으로 녹색성장에 대한 관심이 확산되고, 한국은 중화학, 전자 등 주력산업 육성 등을 통해 고도의 경제성장을 달성하였으나, 최근 저성장 국면으로 진입하였기 때문이다. 마지막으로 기존 경제성장 패러다임이 한계에 직면하였으며, 패러다임 전환을 통하여 새로운 국가발전의 계기로 삼아야 한다는 요청 때문이다.[5)]

2. 녹색성장의 내용: 비전, 3대 전략 및 10대 정책방향

녹색성장의 비전은 2020년까지 세계 7대, 2050년까지 세계 5대 녹색강국에 진입하는 것이다. 이를 위하여 3대 전략 및 10대 정책방향이 있다. 3대 전략은 (ⅰ) 기후변화 적응 및 에너지 자립, (ⅱ) 신성장동력 창출, (ⅲ) 삶의 질 개선과 국가위상 강화이다. 이러한 3대 전략을 실현하기 위하여 그 각각에 3-4개의 정책방향이 있는데, 그것이 10대 정책방향이다. (ⅰ) 기후변화 적응 및 에너지 자립에는, 1. 효율적 온실가스 감축, 2. 탈석유, 에너지자립 강화, 3. 기후변화 적응역량 강화, (ⅱ) 신성장동력 창출에는, 4. 녹색기술개발 및 성장동력화, 5. 산업의 녹색화 및 녹색산업 육성, 6. 산업구조의 고도화, 7. 녹색경제 기반 조성, (ⅲ) 삶의 질 개선과 국가위상 강화에는 8. 녹색국토, 교통의 조성, 9. 생활의 녹색혁명, 10. 세계적인 녹색성장 모범국가 구현이 그것이다.

10대 정책방향별 추진방안도 제시되어 있다.

1. 효율적 온실가스 감축을 위해서는 국가 중장기 온실가스 감축목표 설정 및 관리, 탄소정보공개 확대, 국가온실가스 관리시스템을 구축하여 탄소를 줄여가는 사회를 구현하고, 탄소 순환 운동(Carbon-3R)[6)]을 전개하고, 산림 등의 탄소 흡수원을 확대하고, 남북 그린협력을 강화하여 저탄소 그린 한반도를 구현한다.

---

4) 이상 http://www.greengrowth.go.kr/www/green/Is/is.cms(2010년 5월 10일 방문).

5) http://www.greengrowth.go.kr/www/green/why/why.cms(2010년 5월 10일 방문).

6) Carbon-3R: Reduce, Reuse, Recycle.

2. 탈석유, 에너지자립 강화를 위해서는 에너지원을 확보하고, 신재생에너지 산업화를 촉진하고 청정에너지 보급을 확대하며, 원자력 발전설비 비중을 높이고, 자원개발 전문기업을 육성하고, 석유가스 자주개발율을 2050년까지 100%로 제고한다.

3. 기후변화 적응역량 강화를 위해서는 효과적 기후변화 적응정책 수립을 지원하고, 기후감시·예측능력을 향상하며, 기후변화에 대응하여 식량안보를 확보하고, 4대강 살리기 등으로 안정적 수자원을 확보하고 관리한다.

4. 녹색기술개발 및 성장동력화를 위해서는 녹색기술 기술력 제고 및 사업화를 촉진하고, 녹색 R&D 투자를 전략적으로 확대하며, 녹색기술개발 체계를 강화하고, 녹색기술이전·사업화를 촉진하고, 녹색기술 산업 인프라를 구축한다.

5. 산업의 녹색화 및 녹색산업을 육성하기 위해서는 자원순환율을 제고하고, 『저탄소 고효율(Doing more with less)』산업구조를 구축하며, 녹색중소·벤처기업 창업, 컨설팅을 지원하고, 친환경 녹색클러스터 육성 및 그린 산업단지를 확대한다.

6. 산업구조의 고도화를 위해서는 첨단융합산업을 육성하고, 식품, 의료, 교육, 관광산업 등을 지원하여 고부가 서비스산업을 육성한다.

7. 녹색경제 기반 조성을 위해서는 탄소시장 활성화 및 녹색금융 인프라를 구축하고, 친환경적 세제로 개편하며, 녹색일자리 창출 및 핵심녹색기술·산업인력을 육성한다.

8. 녹색국토, 교통을 조성하기 위해서는 개개인의 정주 공간을 녹색화하고, 생활 속에서 체감 가능한 생태공간을 확대하며, 크린카, 철도, 자전거 등 녹색교통수단을 활성화하고, 대중교통 중심의 녹색교통, 물류체계를 구축한다.

9. 생활의 녹색혁명을 위해서는 녹색성장 교육을 확대하고 국민인식을 제고하며, 녹색생활을 실천하고 녹색소비 활성화에 앞장서는 녹색시민 및 녹색가정을 육성하고 지원하며, 우리 동네 녹색마을 만들기, 생태관광을 활성화한다. 마지막으로

10. 세계적인 녹색성장 모범국가를 구현하기 위해서는 국제사회 기여 및 모범국가 이미지를 정립하고, 녹색성장 허브 구축 및 개도국 기후변화대응을 지원한다.[7]

정부는 위와 같은 범국가적 녹색성장 국가전략에 따라 구체적인 추진과제 및 연도별, 사업별 예산을 반영하여 녹색성장 5개년 계획을 수립하였으며,[8] 국가의 저탄소 녹색성장과 관련된 주요 정책 및 계획과 그 이행에 관한 사항을 심의하기 위하여 대통령 소속으로 녹색성장위원회를 설치하였다.

3. 법적 근거의 마련

이러한 녹색성장정책 국가전략을 효율적으로 추진하기 위하여 정부는 지난 2010년 1월 13일 「저탄소 녹색성장 기본법」을 제정하여, 2010년 4월 14일부터 시행하고 있다. 이 법률은 본문 64개 조문, 부칙 4개 조문으로 구성되어 있다. 부칙 제4조에서는 「저탄

---

7) 이상 http://www.greengrowth.go.kr/www/green/strategy/strategy.cms(2010년 5월 10일 방문).

8) 이에 관해서 자세한 것은 녹색성장위원회, 앞의 책, 29면 이하 참고.

소 녹색성장 기본법」과 상충하는 기존법령을 대폭 수정하고 있으며, 특히 「지속가능발전 기본법」 및 「에너지 기본법」은 이 법률이 기본법이라는 명칭을 사용함으로써 「지속가능발전법」 및 「에너지법」으로 법률명을 변경하였다.

Ⅲ. 지속가능한 발전론

1. 지속가능한 발전의 연혁

가. 지속가능성이라는 개념에서 유래

'지속가능한 발전(Sustainable Development; Nachhaltige Entwicklung)'이라는 개념은 '지속가능성(Nachhaltigkeit)'이라는 개념에서 유래한 것으로 알려졌다.[9] 지속가능성이란 독일의 임업학(Fort-Wirtschaftwissenschaft)에서 처음 등장하였다. 한 지역에 같은 종류의 나무를 심어 동시에 벌목하는 것보다 인간의 필요에 따라 시간적인 차이를 두고 필요한 나무의 종류와 양을 미리 계산하여 여러 종류의 나무를 심는 것이 장기적인 관점에서 인간에게 더 득이 된다는 사실을 발견하고, 이를 지속가능성으로 개념화한 것이다.[10]

나. 지속가능한 발전 개념의 탄생

1972년 로마클럽(The Club of Rome)이 『성장의 한계(The Limits to Growth)』라는 연구보고서에서 환경보호와 경제발전에 대한 연구를 한 것이 지속가능한 발전 개념이 탄생하는데 하나의 배경이 되었다. 1972년 스톡홀름 회의 이후 환경문제를 다룬 연구가 활발하게 진행되면서 국경 없는 환경의 위기는 큰 이슈가 되었고, 환경과 개발의 문제가 인간과 자원 나아가 사회적·자연적 주변 환경 속에서 복잡하게 파악되기 시작하였다. 이후 성장의 한계가 지적되는 한편, 여러 가지 환경사고가 잇달았고, 산업화에 따른 위험이 인식되기 시작하면서 환경오염의 주요요인으로 공업화의 방식이 문제로 인식되었

---

9) Hrsg: Giesberts/Reinhardt, Hasche Beck'scher Online-Kommentar, Stand: 01. 04. 2010, Edition: 15, BeckOK WHG 2002 [aK] § 1a, Rn. 15. vgl auch: Hasche Das neue Bewirtschaftungsermessen im Wasserrecht 2005, 263 f.; Czychowski/Reinhardt WHG § 1a Rn 11a; Kotulla NVwZ 2002, 1410).

10) www.pik-potsdam.de/...1/stimmen-der-zeit-nov-06.pdf(2010년 6월 4일 방문).

다. 잘못된 공업발전은 주로 남북문제에 있어 북(선진국)에 의해 진행되었고, 한편 상대적으로 공업화를 이루고 있는 제3세계로서의 남에게 대안을 마련해줄 수 있는 해결방안으로 경제발전과 환경보호 그리고 사회정의를 통합적으로 고려하는 '지속가능한 발전'이라는 개념이 탄생하게 되었다.

1987년 세계환경개발위원회(WCED)에서 '지속가능한 발전'이라는 용어가 공식적으로 등장하였다. WCED 보고서인 '우리 공동의 미래(Our Common Future)'에서는 개발도상국이 세계무역구조의 불균형으로 인하여 경제성장이 저하되기 때문에 환경적으로 건전한 정책을 기획할 수 없으므로, 선진국은 개발도상국에게 자본과 기술을 이전하여야 하며 환경이 수용할 수 있는 한도 내에서의 발전이 필요하다고 주장하며 '환경적으로 건전하고 지속가능한 발전(Environmentally Sound and Sustainable Development)'이라는 개념을 제시한 것이다. 그 후 1992년 6월 브라질 리우에서 개최된 UN의 환경개발회의(UNCED)는 지구환경질서를 위한 '리우선언'과 환경보호와 지속가능한 발전을 위한 행동지침서인 '의제 21(Agenda 21)'을 채택함으로써, 21세기 지도이념으로서의 지속가능한 발전이 채택되었고,[11] 개념과 시사점 등 이에 대한 연구가 세계적으로, 국내에서도 활발하게 진행되기 시작하였다.[12]

2. 지속가능한 발전의 개념

독일에서 지속가능성(Nachhaltigkeit)의 개념은 법률용어로 많이 사용되어 왔다.[13] 그러나 이에 대한 구체적 정의는 쉽게 찾기 어렵다. 이런 맥락에서, 지속가능한 발전이라는 용어는 논리적으로 순수하게 선언적 효과와 가능성의 혼란에 기여하였다. 지속가능성은 법적 행위 수단을 통한 정치적 이상(politische Leitbild)과 비정치적으로는 법적인 수단을 만드는 것으로 이해할 수 있다. 지속가능성 원칙은 새로운 용어는 아니지만, 지속 가능성의 정치 패러다임의 법적 조치에서 수질관리법 시스템 자체, 물 관리로 인해 보호하기 위해 물을 지속 가능한 자연 친화, 경제 및 사회 발전은 본질적인 위치에 대해 동일한 자원 사용과 옵션의 개발 등으로 이해할 수 있다.[14]

---

11) Stüer, Bau- und Fachplanungsrecht, 4. Auflage 2009, Rn 1338.

12) 김미자, "지속가능한 발전 개념의 현실화를 위한 일고", 「21세기 정치학회보」, 제15집 2호(2005), 173면 참조.

13) Reinhardt UTR 43, 1998, 73ff; Reinhardt UTR 62, 2002, 181ff; Viertel ZfW 1999, 541; Schröder Wiverw 1995, 65ff.

14) Hrsg: Giesberts/Reinhardt, Hasche Beck'scher Online-Kommentar, Stand: 01. 04. 2010, Edition: 15, BeckOK WHG 2002

또한 독일의 건축법전(BauGB) 제1조 제1항에 따르면, 인간 거주에 관한 유엔 제2차 회의에서 나온 개념과 마찬가지로, 지속가능성 원칙(Nachhaltigkeitsprinzip)의 이행에 중요한 공헌을 할 자연 보전을 위한 규제가 지속가능한 발전의 개념에 포함된 것으로 이해한다. 지속 가능한 발전은 주거 개발을 위한 중요한 요소 중의 하나이며 경제성장, 환경보호 및 사회개발을 위한 관련 요구 사항의 달성을 목적으로 한다. 지속 가능한 인간의 거주를 위한 주거지 및 개발, 고용 기회와 환경과의 조화 속에서 사회적 진보에 대한 경제 발전을 목적으로 한다. '대체(geordnete)'라는 단어는 '지속가능성'이라는 단어를 통해, '지속가능한' 도시개발이 이루어야 한다는 것을 뜻한다.[15]

나아가 '지속가능한 발전'이라는 용어는 유럽연합의 마스트리히트 조약(Maastricht Vertrag)의 개정된 제2조에 명문으로 규정되어 있다. 이 조문에서 지속가능한 발전의 개념은 경제적 영역에서의 지속가능한 발전으로 이해된다. 즉 '계속적인, 비팽창적인, 환경친화적인 성장(ein beständiges, nichtinflationäres und umweltverträgliches Wachstum)'을 뜻한다. 유럽연합의 1차 법원으로서의 유럽연합조약(EGV)의 서문과 제2조 및 제6조, 전통적인 환경조항인 제174조부터 제176조에서도 지속가능한 경제와 발전을 규정하고 있다. 이는 국제적으로 논의가 시작된 1987년 이후 노르웨이의 수상인 Gro Harlem Brundtland에 의해 환경과 개발위원회에 회부되어 현세대는 자신의 필요를 위해 미래 세대를 손상시키지 않고 현 세대의 필요를 확보하면서 지속되어야 하며, 개발도상국의 경제 성장이 보호되어야 한다고 논의하였다. 그 후 유럽연합은 2000년에 지속가능한 경제 발전을 위한 전략을 수립하였는데, 이것은 경제적 발전과 더불어 사회적 요구를 충족시키는 것을 주요골자로 한다. 2001년 논의를 살펴보면, 지속가능한 경제발전에는 생태적 영역으로까지 확대된 것을 알 수 있다.[16]

나아가 스위스 헌법은 "제73조(지속가능한 발전) 연방 및 주는 자연의 지속적인 균형, 특히 자연의 재생능력 및 인간의 자연이용에 관한 지속가능한 균형을 달성하기 위하여 노력하여야 한다."고 규정하여 헌법 내에서 지속가능한 발전 개념을 명시적으로 수용하고 있다. 이를 통해서 알 수 있듯이 지속가능한 발전은 이미 경제성장과 환경보호의 조

[aK] § 1a, Rn. 15. vgl auch: Hasche Das neue Bewirtschaftungsermessen im Wasserrecht 2005, 263 f; Czychowski/Reinhardt WHG § 1a Rn 11a; Kotulla NVwZ 2002, 1410).

15) Stüer, Bau- und Fachplanungsrecht, 4. Auflage 2009, Rn 1338.

16) Ludwig Krämer, Groeben/Schwarze - Kommentar zum EU-/EG-Vertrag - 6. Auflage 2003, Rn 14 - 15., vgl. Kommossion: Ein nachhaltiges Europa für eine bessere Welt: eine Strategie der Europäischen Union für nachhaltige Entwicklung, KOM(2001) 264 vom 15. 5. 2001.

화 및 균형을 달성하기 위하여 전략적 개념으로 정착되어 있다.

우리나라에서도 지난 2007년 「지속가능발전 기본법」을 제정하였다. 이 법에 따르면, "'지속가능성'이란 현재 세대의 필요를 충족시키기 위하여 미래 세대가 사용할 경제·사회·환경 등의 자원을 낭비하거나 여건을 저하(低下)시키지 아니하고 서로 조화와 균형을 이루는 것을 말"하고(제2조 제1호), "'지속가능발전'이란 지속가능성에 기초하여 경제의 성장, 사회의 안정과 통합 및 환경의 보전이 균형을 이루는 발전을 말한다."(제2조 제2호).

3. 지속가능한 발전의 내용

지속가능한 발전의 필요성은 환경보호와 경제발전과의 관계, 환경의 희생위에 이루어지는 경제발전의 방식을 어떻게 친환경적으로 재조정할 수 있을지의 문제제기에서 시작되었다. 경제발전과 환경보호는 양립할 수 없는 개념이 아니라 연관되어 있으며, 미래세대에 지속가능한 사회를 물려줘야 한다는 토대에서 출발한다. 1992년 리우회의 이후 '지속가능성' 또는 '지속가능한 발전'이라는 개념은 정치, 경제, 사회분야에서도 더 이상 피할 수 없는 수식어가 되었다.[17]

독일에서의 지속가능한 발전에 관한 괄목할 만한 연구 성과로는 연방의회의 '인간과 자연의 보호' 앙케트 위원회(Enquete-Kommison)의 『지속가능성의 개념, 지도이념에서 실행으로(Konzept Nachhaltigkeit, vom Leitbild zur Umsetzung)』[18]가 있다. 이는 1995년부터 3년간 정치가와 학자, 각 분야의 전문가가 공동으로 작업한 총 252쪽 분량의 보고서로서 '지속가능하고 미래지향적인 발전(Ziele und Rahmenbedingungen einer nachhaltige zukunftsverträglichen Entwicklung)'이 포함하는 생태적, 경제적, 사회적 차원의 목표와 구체적인 원칙을 제시하고 지도이념을 현실화하는 전략을 담고 있다.[19]

이 보고서에서 독일 앙케트 위원회(Enquete-Kommistion)가 제안한 원칙은 다음과 같다. 첫째, 재생가능한 자원의 이용: 재생가능한 자원의 이용은 그 자원의 재생률을 초과

---

17) Hrsg: Giesberts/Reinhardt, Hasche Beck'scher Online-Kommentar, Stand: 01. 04. 2010, Edition: 15, BeckOK WHG 2002 [aK] § 1a, Rn. 15. vgl auch: Hasche Das neue Bewirtschaftungsermessen im Wasserrecht 2005, 263f; Czychowski/Reinhardt WHG § 1a Rn 11a; Kotulla NVwZ 2002, 1410).

18) Deutscher Bundestag 13.Wahlperiode, Drucksache 13/11200, Konzept Nachhaltigkeit, vom Leitbild zur Umsetzung, 26. 06. 1998.

19) http://dip21.bundestag.de/dip21/btd/13/112/1311200.pdf (2010년 6월 15일 방문).

해서는 안 되며 생태계의 기능을 위협해서도 안된다. 둘째, 재생 불가능한 자원의 이용: 재생 불가능한 자원의 이용은 시간을 초월하여 항상 보존되어야 한다. 셋째, 오염물질 배출지로서 자연환경의 이용: 오염물질의 배출은 환경요소와 생태계의 수용능력을 초과하지 않아야 한다. 넷째, 시간의 범위: 환경에 대한 인위적 조작은 자연환경의 반응능력에 중요한 영향을 미치는 시간적 범위 내에 이루어져야 한다. 다섯째, 인간의 건강유지: 인간의 조작을 통해 인간의 건강에 유해한 위험과 잠재적인 위험요소들은 제거해야 한다. 여섯째, 기술적 위험: 환경재앙을 불러올 수 있는 기술적 위험은 사용이 중지되어야 한다. 일곱째, 자연의 문화적 기능: 문화와 자연의 고유성과 아름다움은 보존되어야 한다. 여덟째, 자연환경이용의 분배: 자연환경의 이용은 모든 관련자의 공정한 참여 아래 정의의 원칙에 따라 분배되어야 한다.[20] 이렇게 독일은 지속가능한 발전을 국가 현대화 전략으로서 경제, 사회, 환경 등 모든 분야에 있어 기본개념으로 받아들이고, 세대 간 형평성, 삶의 질, 사회적 결속, 국제적 책임이라는 대분야로 구분하여 대분야별로 2개에서 9개의 총 21개 소분야를 전략으로 제시하고 있다.

한편 일반적으로 지속가능한 발전은 경제성장과 환경보호, 사회정의 세 가지를 요소로 한다고 설명된다.[21]

인간의 기본 욕구가 충족되어야 하고, 욕구충족을 위한 경제활동이 이루어져야 한다. 경제활동을 위해서는 더 많은 재화와 용역을 생산해야 하고, 이렇게 생산된 재화와 용역을 소비하면서 욕구충족을 한다. 여기서 경제성장이 지속가능한 발전의 필연적인 한 요소로 등장한다. 이러한 생산과 소비과정에 자연자원이 공급되며 환경이 악화된다. 따라서 경제활동이 지속가능하기 위해서는 환경이 지속가능하여야 한다. 여기서 환경보호가 지속가능한 발전의 필연적인 한 요소로 등장한다.

한편 개인의 빈곤은 환경친화적 삶을 어렵게 만든다. 빈곤은 곧 반환경적인 측면이 있는 것이다. 따라서 사회구성원 모두에게 환경보호의무를 부과하고 환경친화적 삶을 유도하기 위해서는 이들을 빈곤으로부터 해방시키는 것이 전제되어야 한다. 이것은 국제적으로도 마찬가지다. 국가의 빈곤은 환경친화적 삶을 어렵게 만든다. 따라서 국제사회의 구성원 모두에게 환경보호의무를 부과하고 환경친화적 삶을 유도하기 위해서는 저개

---

20) Deutscher Bundestag 13.Wahlperiode, Drucksache 13/11200, Konzept Nachhaltigkeit, vom Leitbild zur Umsetzung, 26. 06. 1998., S. 8ff.

21) Anschussbericht der Enquete-Kommisssion, Konzept Nachhaltigkeit vom Leitbild zur Umsetzung, Bonn 1998, S. 43.

발국가를 빈곤으로부터 해방시켜야 한다. 그리고 현 세대가 제한된 자연자원을 남용하여 경제성장을 이루어 자신들의 욕구를 충족하면, 미래 세대는 욕구를 충족하기 위하여 경제성장을 이룰 자연자원이 부족하게 된다. 따라서 지속가능한 발전을 위해서는 계층 사이의 사회정의, 세대 사이의 사회정의와 국제 간 사회정의가 반드시 전제되어야 한다. 여기서 사회정의가 지속가능한 발전의 필연적인 한 요소로 등장한다.[22)

우리 입법자도 지난 2007년 제정한 「지속가능발전 기본법」 제2조 제2호에서 "지속가능발전이란 지속가능성에 기초하여 경제의 성장, 사회의 안정과 통합 및 환경의 보전이 균형을 이루는 발전을 말한다."고 정의하여, 경제성장, 환경보호, 사회정의라는 세 요소를 지속가능한 발전의 내용으로 수용하고 있다고 해석된다.

Ⅳ. 비판적 검토: 개념의 혼란 및 그에 따른 문제점

1. 개념의 혼란 및 불완전성

이미 설명한 것처럼, 녹색성장정책을 주도하는 쪽에서는 지속가능한 발전이라는 개념이 추상적이고 모호하여, 실천적 개념으로 활용할 수 없기 때문에 녹색성장이라는 개념을 사용하는 것이 타당하다고 주장한다.[23) 이러한 설명에 따르면 녹색성장과 지속가능한 발전은 서로 다른 개념형식이다.[24)

한편 "지속가능한 발전이란 개념은 환경적 지속성, 경제적 효율성, 사회적 형평성의 균형·조화 및 현세대와 다음세대 사이의 형평성을 강조하는 개념으로서, 국제사회의 보편적 실천개념으로 통용되고 있는 개념이다. … 그런데, 녹색성장이 생태환경의 보전과 사회·경제발전을 의미한다고 좁게 본다면, … 사회통합적 측면은 녹색성장에 반영되지 않았기 때문에, 지속가능발전보다는 협소한 개념으로 이해될 수 있다. … 그러나 생태계 보전과 경제발전은 지속가능발전의 두 요소이기도 하며, 사회통합 없는 경제발전은 불가능하다는 점을 감안하면, 녹색성장의 이념 또한 사회통합이념을 포함하는 것으

---

22) Anschussbericht der Enquete-Kommisssion, a.a.O, S. 43-52.

23) 이헌석, 앞의 논문, 116면; 이미홍, 앞의 논문, 70면.

24) 이미홍, 앞의 논문, 70면.

로 해석하는 것이 타당하다"25)고 주장하는 견해도 있다. 이러한 견해에 따르면, "결국 녹색성장과 지속가능발전은 유사한 개념이"26)거나 같은 개념형식이다.

이러한 논의를 통하여 알 수 있는 것은 우선 녹색성장이라는 개념도 스스로 자명하지 않은, 해석을 요하는 개념이라는 것이다. 녹색성장이라는 개념을 사용하는 것에 호의적인 두 연구자 사이에서도 그 개념의 내포와 외연이 서로 다른 것은 녹색성장도 지속가능한 발전과 마찬가지로 추상적이고 모호한 것이라는 것을 반증한다. 이것은 녹색성장 정책을 주도하는 측에서 주장하는 것처럼, 녹색성장이라는 개념이 지속가능한 발전이라는 개념과는 달리 구체적이고 명확하여, 실천적 개념으로 활용할 수 있다는 것과 배치되는 결과이다. 요컨대, 필자는 지속가능한 발전이나 녹색성장이나 그 추상성 또는 명확성에 있어서 원칙적으로 동일한 수준이라고 생각한다.

그렇다면 이제 동일한 수준의 추상성 또는 명확성을 가진 두 개념 중 어느 개념을 선택하는 것이 좋은가의 문제만 남는다. 그런데 이미 살펴본 것처럼, 지속가능한 발전이라는 개념은 그 개념이 등장한 이후 상당한 시간 동안 전 세계적으로 사용되어 왔고, 그 시간 동안 그 구체적 내용이 무엇인지 국제적으로 상당히 논의가 진행되어 경제성장, 환경보호, 사회정의라는 세 가지를 그 내용으로 하는데 합의가 도출되었으며, 그 세부실천 방안에 관해서도 많은 합의가 이루어진 개념이다.27) 반면 녹색성장이라는 개념은 그 개념이 등장한 지도 얼마 안 되었고 국제적으로도 통용되지 않는 개념이고, 구체적 내용이 무엇인지에 대한 합의도 부족하다. 한편 녹색성장은 아래와 같은 문제점도 안고 있다.

2. 녹색성장론의 이론적 문제점

이미 설명한 것처럼, 녹색성장이라는 개념이 구체적으로 어떤 내용을 담고 있느냐에 관해서는 이 개념을 지지하는 측에서도 이견이 있다. 그러나 이 견해가 학문적·이론적 관점에서 먼저 제기된 개념이 아니라 정책적·실무적 관점에서 먼저 제기된 개념이라는 것을 전제하면, 그와 같은 개념을 본격적으로 제기한 정부의 견해를 우선 기준으로 논의

---

25) 이헌석, 앞의 논문, 115-116면.

26) 이헌석, 앞의 논문, 116면. 이 견해는 양자가 유사한 개념이지만, 녹색성장은 지속가능한 발전 개념의 추상성과 광범위성을 보완하기 위해 도출된 개념으로 이해하는 것이 타당하다고 주장한다.

27) 이러한 측면에서 필자는 지속가능한 발전이라는 개념이 추상적이고 모호하여, 실천적 개념으로 활용할 수 없다는 녹색성장 정책을 주도하는 측의 주장도 수용하기 힘들다.

를 전개한다. 이미 살펴본 것처럼 정부에서는 "녹색성장은 지속가능발전의 추상성·광범위성을 정책실현가능성면에서 보완하여 경제성장을 하되, 경제성장의 패턴을 환경친화적으로 전환시키자는 개념이다. 환경적 측면을 강조하는 경제성장을 추구하여 경제성장과 환경파괴의 탈동조화(Decoupling)를 실현하겠다는 전략이"라고 설명한다. 그리고 그 하위요소에는 (ⅰ) 환경과 경제의 선순환, (ⅱ) 삶의 질 개선 및 생활의 녹색혁명, (ⅲ) 국제기대에 부합하는 국가위상 정립이 있다고 설명하고 있다.

「저탄소 녹색성장 기본법」에서도 "'저탄소'란 화석연료(化石燃料)에 대한 의존도를 낮추고 청정에너지의 사용 및 보급을 확대하며 녹색기술 연구개발, 탄소흡수원 확충 등을 통하여 온실가스를 적정수준 이하로 줄이는 것을 말한다."고 규정하고(제2조 제1호), "'녹색성장'이란 에너지와 자원을 절약하고 효율적으로 사용하여 기후변화와 환경훼손을 줄이고 청정에너지와 녹색기술의 연구개발을 통하여 새로운 성장동력을 확보하며 새로운 일자리를 창출해 나가는 등 경제와 환경이 조화를 이루는 성장을 말한다(제2조 제2호)."라고 규정하고 있을 뿐이다.

이미 설명한 것처럼, 지속가능한 발전이라는 개념은 경제성장, 환경보호, 사회정의라는 세 가지 요소를 그 내용으로 한다. 그런데 녹색성장이라는 개념은 이 세 가지 요소 중 경제성장과 환경보호 두 가지만을 그 내용으로 하는 것으로 판단된다.[28]

그런데 사회정의라는 요소는 경제성장, 환경보호에 부가되는 또 하나의 개념이 아닌, 경제성장과 환경보호의 조화와 균형을 위하여 반드시 필요한 요소라는 점을 인식하여야 한다. 이미 설명한 것처럼 여기서 사회정의란 계층 사이의 사회정의, 세대 사이의 사회정의와 국제간 사회정의를 말한다. 개인의 빈곤은 환경친화적 삶을 어렵게 만들기 때문에, 빈곤은 곧 반환경적인 측면이 있으며, 사회구성원 모두에게 환경보호의무를 부과하고 환경친화적 삶을 유도하기 위해서는 이들을 빈곤으로부터 해방시켜야 한다. 국가의 빈곤은 환경친화적 삶을 어렵게 만들기 때문에 국제사회의 구성원 모두에게 환경보호의무를 부과하고 환경친화적 삶을 유도하기 위해서는 선진국이 저개발국가가 빈곤으로부터 해방될 수 있도록 지원하여야 한다. 그리고 현 세대가 제한된 자연자원을 남용하여 경제성장을 이루어 자신들의 욕구를 충족하면, 미래 세대는 욕구를 충족하기 위하여 경제성장을 이룰 자연자원이 부족하게 된다. 따라서 지속가능한 발전을 위해서는 계층 사

---

28) 반면 이 개념을 지지하면서도 이헌석, 앞의 논문, 115-116면은 지속가능한 발전과 녹색성장이 모두 경제발전, 사회통합, 환경보호라는 세 요소를 공통적으로 가지고 있는 개념이라고 주장한다.

이의 사회정의, 세대 사이의 사회정의와 국제 간 사회정의가 반드시 전제되어야 한다. 따라서 사회정의는 앞의 두 요소와 분리되어 지속가능한 발전의 부가적인 한 요소로 존재하는 것이 아니라, 두 요소의 조화와 균형을 위하여 반드시 필요한 요소라는 점을 인식하여야 한다.

그런데 녹색성장은 이러한 사회정의 요소를 도외시하고 있다. 이것은 곧 녹색성장이 환경정책을 위한 전략적 개념으로서 불완전한 개념형식이라는 것을 의미한다. 녹색성장이란 개념이 경제성장과 환경보호라는 두 마리의 토끼를 잡기 위한 총명한 개념형식으로서 인정받을 것 같았지만, 실상 이는 환경보호에 충실할 수 없는 개념형식이 되어 버린 것이다.

3. 녹색성장론의 실천적 문제점

사회과학에서 많은 경우 어떤 개념이나 이론 또는 정책, 그 자체의 문제점은 실천적 문제점을 발생시킨다. 녹색성장론 또한 마찬가지다.

위에서 검토한 것처럼, 필자는 녹생성장이라는 개념이 지속가능한 발전 이상으로 추상적이고 모호하여 실천적 개념으로 활용될 수 없으며, 경제성장과 환경보호의 조화와 균형을 위하여 반드시 필요한 요소인 사회정의라는 요소를 내포하지 않음으로 환경보호에 충실할 수 없는 개념형식이라고 인식하고 있다. 이러한 녹색성장이라는 개념의 불완전성, 이론적 문제점은 실천적 측면에서도 문제를 야기한다.

이러한 지적은 필자가 처음 제기하는 것이 아니라, 녹색성장에 호의적인 견해에서 이미 제기된 바 있다. 이미홍 수석연구원은 "정책의 개념을 명확히 하는 것은 정책의 실행에 있어서는 더욱 중요한데 왜냐하면 이러한 개념의 혼재 혹은 부정확성은 지방정부나 사업자 단위로 갈수록 문제를 심화시키기 때문이다. 구체적이고도 확연한 정책을 선호하는 사업자는 모호한 개념하에서는 구체적으로 실행방안을 고민할 수 없다"[29]고 서술하고 있다. 한편, "정책개념의 혼재는 구체적인 전략 및 아이템의 부재를 가져온다. 패러다임의 변화에 따른 새로운 녹색공간의 실현은 오히려 실행을 통해 검증을 받을 수 있다. 중요한 것은 온실가스를 적게 유발하는 국토공간구조란 어떤 것인가에 대한 치열한 고민과 전략이 부재하다"[30]고 주장하고 있다.

---

29) 이미홍, 앞의 논문, 71면.

개념의 불명확성과 이론적 문제점은 이와 같은 전략의 부재라는 소극적인 실천적 문제만을 야기하는 것이 아니다. 때로는 정책오류라는 적극적인 실천적 문제를 야기하기도 한다. 녹색성장 10대 정책방향 중 '기후변화 적응역량 강화'의 한 항목으로 자리 잡고 있는 이른바 '4대강 살리기 사업'이 그 하나이다.[31]

정부에서는 안전하고 깨끗한 물 환경 조성 및 생태계 보호, 효율적 물사용을 위한 수요관리 강화 및 안정적 물공급을 위한 기반 강화를 위하여 4대강 살리기 사업을 한다고 하고, 그 구체적 내용으로 4대강 본류 수질을 2012년까지 2급수로 개선하여 고품질 상수원을 확보하고, 2009년 현재 186억㎥인 수자원을 2013년에는 200억㎥로 확충하겠다는 계획을 제시하고 있다.[32]

그런데 널리 알려진 것처럼, 4대강 살리기 사업은 '멀쩡히 살아있는' 4대강을 죽은 것으로 전제하고, 대규모 준설공사를 통하여 '진짜 죽이려는' 사업으로 인식되어 환경단체는 물론, 종교계의 거센 반발에 직면한 사업이다. 이러한 무리한 사업을 여론의 반대에도 불구하고 계속 추진하는 것은 여론에 밀려 중단한 대운하건설 사업의 목적을 이를 통하여 우회적으로 달성하려는 것이라고 비판받고 있다. 예를 들어, 지난 6월 14일 민주노동당 홍희덕 의원이 '4대강 살리기 추진본부'가 발간한 홍보 책자 『생명이 깨어나는 우리 강! 4대강 생태지도』에 수록된 환경부 자료를 분석해 발표한 자료에 따르면, 4대강 사업 구간 중 '수생태계 건강성 종합 지수'가 '양호' 이상의 판정을 받은 곳이 전체의 73%에 이르는 것으로 나타났다.[33]

요컨대 녹색성장이라는 개념의 불명확성과 이론적 문제점은 실천적 문제점을 야기하고 있다. 이러한 실천적인 문제는 소극적으로는 구체적 전략의 부재, 즉 구호와 계획만 있고 알맹이는 없는 문제만을 야기하는 것이 아니라, 4대강 살리기 사업과 같은 정책오류라는 적극적인 문제점을 발생시키고 있다.

---

30) 이미홍, 앞의 논문, 73면.

31) 녹색성장위원회 홈페이지(http://www.greengrowth.go.kr/www/green/tenpolicy/climate/climate.cms) 참조.

32) 녹색성장위원회, 앞의 책, 35면 참조.

33) 수생태계 건강성 조사란 '하천의 서식 생물과 하천 환경 등의 요소를 종합적으로 조사해 생태학적 건강성을 평가하는 것'으로, 환경부는 A(최적)·B(양호)·C(보통)·D(불량) 등의 평가 등급을 나눠 종합 지수를 매겼다. 특히 이 자료는 4대강 사업 구간의 수생태계 건강성을 별도로 파악하여 제시하고 있는데, '양호 이상(A·B등급)'으로 판정을 받은 곳이 4대강 사업 전체 구간 중 73%였다. 그리고 홍희덕 의원실이 보를 건설하는 주요 18개 공구, 31개 지점을 분석한 결과, '양호 이상'의 판정을 받은 곳이 78%에 달했다. 4대강 사업 전체 구간 중 시가지를 제외하고 다시 계산하면, 양호 이상의 판정을 받은 곳은 더 늘어나 전체의 83.07%에 이른다고 한다. 이상 프레시안 2010년 6월 14일 기사, 선명수 기자(http://www.pressian.com/article/article.asp?article_num=10100614174406)(2010년 6월 15일 방문).

4. 법제의 혼란을 초래

이미 설명한 것처럼, 정부는 이와 같은 녹색성장정책 국가전략을 효율적으로 추진하기 위하여 지난 2010년 1월 13일 「저탄소 녹색성장 기본법」을 제정하여, 4월 14일부터 시행하고 있다. 이 법률은 기후변화, 에너지, 녹색산업의 진흥 등을 하나의 법에 통합하여 담고, 부칙에서 「저탄소 녹색성장 기본법」과 상충하는 기존법령을 대폭 수정하고 있으며, 특히 「지속가능발전 기본법」을 「지속가능발전법」으로 변경하고, 제3조와 제6조를 삭제하고 제7조 등 다수의 조문을 개정하여 「저탄소 녹색성장 기본법」을 기본법으로, 「지속가능발전법」을 이 법률을 구체화하는 시행법으로 그 성격을 변경하였다.[34]

이미 검토한 것처럼, 이론적으로 지속가능한 발전이라는 개념은 경제성장, 환경보호, 사회정의라는 세 가지 요소를 그 내용으로 하는 반면에, 녹색성장이라는 개념은 이 세 가지 요소 중 경제성장과 환경보호 두 가지만을 그 내용으로 하는 상대적으로 좁은 개념이라고 하였다. 그런데 상대적으로 더 좁은 개념의 정책을 수행하기 위한 법률이 상대적으로 더 넓은 개념의 정책을 수행하기 위한 법률의 상위에 올라가 있는 논리적인 모순을 초래하였으며, 법제의 혼란을 초래하고 있다.

V. 결론: 요약 및 환경과 정치

이상의 논의를 정리하면 다음과 같다.

첫째, 2008년 광복 63주년 기념식 경축사에서 이명박 대통령의 주창으로 시작된 녹색성장은 지속가능한 발전이라는 개념의 추상성·광범위성을 극복하고 정책실현 가능성을 염두에 둔 실천적 개념으로, 경제성장과 환경보호를 조화하겠다는 전략이다. 이러한 전략을 추구하기 위해 정부는 녹색성장 하위에 (ⅰ) 환경과 경제의 선순환, (ⅱ) 삶의 질 개선 및 생활의 녹색혁명, (ⅲ) 국제기대에 부합하는 국가위상 정립이라는 세 가지 요소를 설정하였다.

이러한 녹색성장의 비전은 2020년까지 세계 7대, 2050년까지 세계 5대 녹색강국에 진입하는 것이다. 이를 위하여 3대 전략 및 10대 정책방향이 있다. 3대 전략은 (ⅰ) 기후

---

34) 이헌석, 앞의 논문, 117면.

변화 적응 및 에너지 자립, (ii) 신성장동력 창출, (iii) 삶의 질 개선과 국가위상 강화이다. 이러한 3대 전략을 실현하기 위하여 그 각각에 3-4개의 정책방향이 있는데, 그것이 10대 정책방향이다. (i) 기후변화 적응 및 에너지 자립에는, 1. 효율적 온실가스 감축, 2. 탈석유, 에너지자립 강화, 3. 기후변화 적응역량 강화, (ii) 신성장동력 창출에는, 4. 녹색기술개발 및 성장동력화, 5. 산업의 녹색화 및 녹색산업 육성, 6. 산업구조의 고도화, 7. 녹색경제 기반 조성, (iii) 삶의 질 개선과 국가위상 강화에는 8. 녹색국토, 교통의 조성, 9. 생활의 녹색혁명, 10. 세계적인 녹색성장 모범국가 구현이 그것이다. 10대 정책방향별 추진방안도 제시되어 있다. 정부는 이러한 녹색성장정책을 효율적으로 추진하기 위하여 지난 2010년 1월 13일 「저탄소 녹색성장 기본법」을 제정하여, 4월 14일부터 시행하고 있다.

둘째, 1987년 세계환경개발위원회(WCED)의 보고서인 '우리 공동의 미래(Our Common Future)'에서 탄생한 지속가능한 발전이라는 개념에 따르면, 인간의 욕구를 충족하기 위한 경제성장이 지속되기 위해서는 환경이 지속가능하여야 하며, 이 양자가 조화와 균형을 이루기 위해서는 필연적으로 계층 사이의 사회정의, 세대 사이의 사회정의와 국제 간 사회정의가 반드시 전제되어야 한다. 지속가능한 발전이라는 개념은 그 후 오랫동안 전 세계적으로 실무적 · 이론적 논의를 거치며 세부실천방안이 제시되고, 구체적 내용이 합의되어, 명실공히 환경보호를 위한 전략적 개념으로 굳건한 자리를 확보하였다. 이러한 결과 각종 국제기구의 보고서와 개별국가의 보고서에 핵심개념으로 등장하는 것은 물론, 국제조약과 개별국가의 헌법에 법률용어로 사용될 정도로 보편적인 개념이 되었다. 우리나라도 2007년 「지속가능발전 기본법」을 제정하여 이를 경제성장과 환경보호, 사회정의를 추구하기 위한 법률용어로 채택한 바 있다.

셋째, 필자는 녹색성장론을 비판적으로 검토하여, 다음과 같은 이유로 녹색성장론이 타당하지 않다고 주장하였다.

(i) 녹색성장이라는 개념도 스스로 자명하지 않은, 해석을 요하는 개념이다. 녹색성장이라는 개념을 사용하는 것에 호의적인 연구자 사이에서도 그 개념의 내포와 외연이 서로 다른 것은 녹색성장도 지속가능한 발전과 마찬가지로 추상적이고 모호한 것이라는 것을 반증한다. 지속가능한 발전이나 녹색성장이나 그 추상성 또는 명확성에 있어서 원칙적으로 동일한 수준이라고 할 수 있다. 이러한 측면에서 녹색성장은 개념의 혼란을 초래한다.

그렇다면 이제 동일한 수준의 추상성 또는 명확성을 가진 두 개념 중 어느 개념을 선택하는 것이 좋은가의 문제가 제기된다. 지속가능한 발전이라는 개념은 그 개념이 등장한 이후 상당한 시간 동안 전 세계적으로 사용되어 왔고, 그 시간 동안 그 구체적 내용이 무엇인지 국제적으로 상당히 논의가 진행되어 경제성장, 환경보호, 사회정의라는 세 가지를 그 내용으로 하는데 합의가 도출되었으며, 그 세부실천방안에 관해서는 많은 합의가 이루어진 개념이다. 반면 녹색성장이라는 개념은 그 개념이 등장한 지도 얼마 안 되었고 국제적으로도 통용되지 않는 개념이고, 구체적 내용이 무엇인지에 대한 합의도 부족하다. 녹색성장은 지속가능한 발전보다도 불분명한 개념이다. 이러한 측면에서 이미 일상용어와 학술용어로 정착된 지속가능한 발전이라는 개념을 그대로 사용하는 것이 타당하다.

(ii) 녹색성장이라는 개념이 불확정적이므로, 구체적으로 무슨 내용을 담고 있느냐에 관해서 이견이 있지만, 그와 같은 개념을 본격적으로 제기한 정부의 견해를 기준으로 삼으면, 경제성장과 환경보호 두 가지를 내용으로 하는 것으로 판단된다. 이에 반하여 지속가능한 발전이라는 개념은 경제성장, 환경보호, 사회정의라는 세 가지 요소를 그 내용으로 한다.

그런데 지속가능한 발전을 위해서는 계층 사이의 사회정의, 세대 사이의 사회정의와 국제 간 사회정의가 반드시 전제되어야 한다. 따라서 사회정의는 앞의 두 요소와 분리되어 지속가능한 발전의 부가적인 한 요소로 존재하는 것이 아니라, 두 요소의 조화와 균형을 위하여 반드시 필요한 요소이다. 이러한 측면에서 사회정의 요소를 도외시하고 있는 녹색성장은 문제가 있다. 이것은 곧 녹색성장이 환경정책을 위한 전략적 개념으로서 불완전한 개념형식이라는 것을 의미한다.

(iii) 녹색성장이라는 개념의 불명확성과 이론적 문제점은 실천적 문제점을 야기하고 있다. 이러한 실천적인 문제는 소극적으로는 구체적 전략의 부재, 즉 구호와 계획만 있고 알맹이는 없는 문제만을 야기하는 것이 아니라, 4대강 살리기 사업과 같은 정책오류라는 적극적인 문제점을 발생시키고 있다.

(iv) 이론적으로 지속가능한 발전이라는 개념은 경제성장, 환경보호, 사회정의라는 세 가지 요소를 그 내용으로 하는 반면에, 녹색성장이라는 개념은 이 세 가지 요소 중 경제성장과 환경보호 두 가지만을 그 내용으로 하는 상대적으로 좁은 개념이다. 그런데 우리 입법자는 「저탄소 녹색성장 기본법」을 제정하면서, 이 법률을 기본법으로, 「지속가능발

전법」을 이 법률을 구체화하는 시행법으로 그 성격을 변경하였다. 이것은 상대적으로 더 좁은 개념의 정책을 수행하기 위한 법률이 상대적으로 더 넓은 개념의 정책을 수행하기 위한 법률의 상위에 올라가 있는 논리적인 모순을 초래하였으며, 법제의 혼란을 초래하고 있다.

이 글을 쓰면서, 환경문제를 정치가 어떻게 인식하고 해결하는지 역사적으로 분석한 후, 정치는 오로지 특정한 자기고유의 구조에 입각한 문제만을 현실적합성이 있는 것으로 인식하고 이러한 문제만을 해결하는데 관심이 있기 때문에, 환경문제에 대한 해결능력은 구조적으로 제한적일 수밖에 없다는 한 연구자의 주장이 떠올랐다.[35] 필자는 그 논문을 읽을 당시 법학자로서 이와 같은 허무주의에 빠져서도 안 되고 빠질 필요도 없지만, 이러한 주장이 담고 있는 일면의 진실을 외면해서도 안 된다고 생각하였다. 사실은 사실 그대로 인식하면 충분한 것이다.

결국 이러한 정치의 환경문제에 대한 해결능력의 구조적 제한성에 대한 인식은 환경문제의 거버넌스 논의의 관점에서 국민의 환경문제에 대한 관심과 참여를 강조하게 된다. 학문을 하는 학자는 일반 국민과는 구별되는 관심과 참여가 강조되어야 한다. 이러한 측면에서 보았을 때, 우리가 오랫동안 일상용어와 학술용어로 사용하여 왔던 지속가능한 발전이라는 개념에 비하여 후퇴한 개념인 녹색성장이라는 개념을 기획하고, 이를 집행할 때, 학자는 이를 비판적으로 검토하여 그에 대한 처방을 제시하여야 한다.

---

35) 노진철, "환경문제에 대한 정치의 적응능력과 한계", 「한국정치학회보」, 제31집 제4호(1997), 188-205면.

제6장 노동기본권의 법적 구조

- 노동3권의 법적 성질과 그 상호관계를 중심으로 -*

Ⅰ. 문제의 제기

우리 헌법 제32조와 제33조는 이른바 '노동기본권'[1])에 관하여 규정하고 있다. 즉, 제32조 제1항에서는 "모든 국민은 근로의 권리를 가진다(이하 생략)."라고 규정하고 있으며, 제2항에서는 "모든 국민은 근로의 의무를 진다(이하 생략)."라고 하여 근로를 권리일 뿐만 아니라 의무로서도 규정하고 있다. 한편 제33조에서는 그 제1항에서 "근로자는 근로조건의 향상을 위하여 자주적인 단결권·단체교섭권 및 단체행동권을 가진다."라고 하여 노동3권을 규정하고 있다. 이처럼 근로권 이외에 노동3권을 병렬적으로 모두 규정하고 있는 입법례는 일반적으로 알려진 바와 같이 매우 예외적인 경우로서 일본과 우리나라의 경우에만 해당되는 것으로 보인다.[2]) 다만 노동3권의 경우는 우리 헌법의 개정과정에서 그 권리보장의 모습을 달리해왔다. 즉, 1948년 제정된 제헌헌법 제18조에서는 아무런 유보조항 없이 노동3권(제1항)과 함께 근로자의 이익균점권(利益均霑權)(제2항)을 인정하고 있었다.[3]) 그러나 1972년의 유신헌법에서는 제29조 제1항에서 "근로자의 단결권·단체교섭권 및 단체행동권은 법률이 정하는 범위 내에서 보장된다."라고 하여 노동3권의 보장을 크게 약화시켰다. 그 후 1980년 헌법에서는 제30조 제1항에서 "근로자는 근로조건의 향상을 위하여 자주적인 단결권·단체교섭권 및 단체행동권을 가진다.

---

* 이 논문은 '문무기, "노동3권의 법적 성질과 상호관계", 「배준상 교수 정년기념논문집」, 1997, 140~159면'을 이 책의 주제에 적합하게 전반적으로 수정·보완한 것임.

1) 노동기본권이라는 용어는 헌법학자의 경우 김철수 교수 외에는 별로 사용하지 않고 일반적으로는 생존권적 기본권 또는 사회권적 기본권이라는 범위 속에서 이해하고 있으며, 허영 교수의 경우에는 '근로활동권'으로 표현하고 있다. 한편 노동법학계의 경우 신인령 교수는 근로의 권리를 제외한 노동3권으로 좁게 해석하고 있고, 박홍규 교수의 경우에는 노동3권을 노동단체권으로 부르고 있다.

2) 그러나 일본의 경우에도 그 제27조에서 「근로의 권리의무, 근로조건의 기준, 아동혹사의 금지」라는 제목하에 "모든 국민은, 근로의 권리를 가지며, 의무를 진다"라고 규정하고 있고, 제28조에서는 「근로자의 단결권」이라는 제목하에 "근로자의 단결하는 권리 및 단체교섭 기타 단체 행동하는 권리는 이를 보장한다."라고 하여 우리 헌법의 규정과는 다소 다른 모습을 보여주고 있다. 그럼에도 불구하고 입법기술상의 문구와 형식을 따로 두고 본다면 근로권 및 노동3권의 보장이라는 면에서는 차이가 없다고 하겠다.

3) 1948년 대한민국 정부의 수립은 제헌헌법의 이념을 정립함과 동시에 노동입법의 발전에도 획기적인 계기가 되었다. 제헌헌법 제17조에서는 개별적 근로관계상 노동보호입법의 헌법적 근거를 마련하였으며, 제18조에서 단결권, 단체교섭권 및 단체행동권의 보장을 병렬적으로 명시하였다. 또 제18조 제2항에서는 '영리를 목적으로 하는 사기업에 있어서는 근로자는 법률에 정하는 바에 의하여 이익의 분배에 균점할 권리가 있다'고 규정함으로써 근로자에 대한 이익균점권을 보장하여 "수준 높은" 집단적 노사관계법의 제정을 선언하였다. 이를 통해 근로조건의 최저기준을 국가가 법률로써 강제하되, 그 이상의 근로조건은 근로자들이 스스로 단결하여 쟁취하는 집단적 자치원리를 기본으로 하는 노동관계법 체계의 근간이 마련되었다.

다만, 단체행동권의 행사는 법률이 정하는 바에 의한다."라고 하여 노동3권의 법률유보에 의한 제한을 다소 축소하였다. 그러나 1987년의 헌법 개정에서는 제1항 후단의 단서조항을 삭제함으로써 지금과 같은 모습을 갖추게 되었다. 따라서 현재 우리 헌법은 공무원 및 방위산업체 근로자의 경우를 제외하면 근로권 및 노동3권을 원칙적으로는 아무런 제한 없이 보장하고 있다고 할 수 있다.[4]

근로의 권리와 노동3권의 법적 성질 및 그 상호관계에 관한 문제는 노동관계법 전반에 걸친 가장 근본적인 쟁점으로서, 각 노동기본권의 법적 성질을 어떻게 이해하는가에 따라 국가의 노동3권 보장의 정도 및 개별 노동입법에 의한 관련 법 규정의 의미 내지 해석이 달라지게 된다. 그러나 문제는 종래의 많은 학자들이[5] 노동기본권을 생존권적 또는 사회권적 기본권이라는 용어로써 각 권리의 법적 성질을 일반적·통일적으로 이해하고 있으며, 결과적으로 노동3권의 상호관계 및 노동기본권 보장의 정도 내지 범위에 관한 이론구성에 있어서도 하나의 권리개념이라는 생각을 바탕으로 이를 이해하고 분석하는 경향을 보이고 있다.

물론 이와 같이 노동3권을 유기적 관계를 갖는 하나의 권리개념으로 이해하려는 입장은 노동3권 사이의 기능상 밀접불가분성이라는 측면에서 볼 때 상당한 설득력을 가지는 견해라고도 할 수 있겠다. 그러나 각 노동기본권이 가지는 내용상 특성을 도외시하고 이를 오로지 하나의 권리범주로 평가함으로써 각 권리의 성격상 차이까지 간과하게 된다면, 결과적으로 노동3권의 상호관계를 분석함에 있어서 중심적·중핵적 내지 목적적 권리를 도출해야 할 필요성을 인식할 수밖에 없지 않을까라는 생각을 하게 된다. 왜냐하면 노동3권의 법적 성질을 일반적·통일적으로 이해한다는 전제하에서는 노동3권을 구성하는 각 권리는 상호 유기적으로 밀접히 연관되는 권리개념으로서 하나의 권리의 정당성은 다른 권리의 행사에 있어서 그 정당성 판단에 결정적인 영향을 미칠 수밖에 없기 때문이다. 그러나 그처럼 특정한 노동기본권을 중심적·중핵적·목적적 권리로 파악함으로써 특정 권리의 행사의 정당성이 다른 권리의 행사에 있어서 정당성 판단에 결정적으로 영향을 미친다든지, 하나의 권리가 인정 또는 부정되었기 때문에 당연히 다른 권리도 인정 또는 부정되어야 한다거나 또는 인정·부정될 수 있다는 논리는 구체적인 사례

---

4) 물론 이러한 표현은 헌법 제37조 제2항의 법률유보에 의한 기본권 제한은 논외로 한다는 점을 전제하는 것이다.

5) 특히 헌법학자들이 주류가 되겠으나 후술하는 바와 같이 노동법학계의 경우에도 상당수의 학자들이 대체로 이에 따르면서 노동3권의 법적 성질을 파악하는 경향이 있는 것으로 보인다.

를 판단함에 있어서 중대한 오류를 발생시킬 수 있지 않을까라는 생각이 든다.6) 따라서 이 글에서는 노동기본권 각각의 내용적 특성에 기초하여 이를 개별적으로 규명하는 작업을 통해 각 노동기본권의 법적 성질을 보다 명확히 하고 더 나아가 노동3권 간의 상호관계를 재정리해 보고자 한다.7) 이를 위하여 우선 종래 헌법학계 및 노동법학계에서 제기되고 있는 제반 학설을 개괄적으로 소개하고 관련 판례가 있는 경우에는 이를 보충적으로 살펴본다.

특히 노동기본권의 법적 분석과 관련하여 통섭적 법학방법론의 관점에서, 미국의 저명한 법철학자인 W. N. Hohfeld의 권리분석론을 도입하여 법적 기본개념으로서의 '권리'개념을 분석·정리하고 이에 기초하여 노동기본권 각각의 법적 성질을 새롭게 규명하고자 한다. 아울러 이러한 노동3권의 법적 성질분석에 기초하여 노동3권 간의 상호관계를 재정립함으로써 필자 나름의 결론에 도달하고자 한다.

Ⅱ. 노동기본권의 법적 성질

노동기본권의 법적 성질을 논하는 종래의 학설은 헌법학자들의 견해와 노동법학자들의 견해로 나누어 볼 수 있다. 그 이유는 헌법학자들이 자유권과 생존권이라는 두 가지 분류를 중심으로 노동기본권의 법적 성격을 고찰하는 데 비해, 노동법학자들은 이러한 헌법학자들의 견해를 대체로 따르면서도 각자 주목하는 노동관계 특성을 강조하는 법리적 분석을 시도하고 있기 때문이다.8) 따라서 아래에서는 노동기본권의 법적 성질에 대한 헌법학자의 견해와 노동법학자의 견해를 나누어 소개한 뒤 필자의 견해를 제시하고자 한다.

---

6) 예를 들어 단체교섭권 중심론에서는 일반적으로 인정될 수 없는 것으로 평가되는 정치파업의 정당성 인정 여부는 굳이 단결권 중심론을 취해야만 해결될 수 있는 것은 아니며, 사용자의 처분권한성 및 근로조건 밀접성을 완화하여 단체교섭의 대상사항을 적극 확대함으로써도 어느 정도 해결될 수 있는 문제가 될 수 있다. 그러나 복수노조 체제하에서 교섭대표 제도를 취함으로써 발생하는 단체교섭권 제한이나 공무원의 노조 결성 내지 단체행동권 제한 등의 문제는 단결권 중심론 또는 단체행동권 중심론을 취하는 입장에서는 결코 용인될 수 없는 결과를 낳게 된다.

7) 이러한 작업은 특정 공무원의 노조가입 및/또는 쟁의행위 금지, 교섭창구단일화제도 등 종래 일부 노동법학자들에 의하여 제기되고 있는 노동3권에 기초한 관련 법·제도의 타당성을 분석함에 있어서도 상당한 보탬이 될 수 있는 법리적 시도로서의 의미를 지니고 있다.

8) 그러나 대체적으로 노동기본권의 법적 성질을 규명하는 작업을 잊지 않고 있는 우리나라 노동법학자들의 기본서와 달리, 일본의 노동법학자들은 생존권적 기본권에 속한다는 기본적 입장에는 대체적으로 공감하면서도 법적 성질에 있어서는 구체적인 언급을 않는 경향을 보이고 있다. 이는 노동기본권이 기존의 시민법상의 권리에 비해 불확정적인 요소가 많고 형성 중에 있는 기본권으로서의 성격을 지니고 있는 것으로 이해하기 때문으로 보인다(久保敬治, 兵田富土郎, 「勞働法」, ミネルブア書房, 1993, 30~34면 참조).

1. 근로권의 법적 성격

가. 헌법학자들의 견해[9]

(1) 자유권설

근로의 권리를 자연법적 시각에서 파악하여 근로의 '자유'로 이해하고 특별한 법률의 규정이 없는 한 개인이 근로의 종류, 내용 및 장소 등을 자유로이 선택할 수 있는 것이라고 한다. 따라서 개인이 근로의 기회를 얻음에 있어서 국가가 이를 침해하지 못한다는 방어권적 성질의 소극적 의미를 갖는 것이라고 한다.

(2) 생존권설

생존권설은 다시 프로그램 규정설과 규범적 기대권설 및 직접적 효력규정설(법적 권리설) 등으로 통상 나누어진다. 먼저, 프로그램 규정설에 따르면 근로의 권리란 국민에게 일할 기회를 마련해 주고 실업대책을 강구함으로써 모든 국민이 인간다운 생활을 할 수 있도록 보장하려는 국가의 노력을 표시함에 불과한 선언적 규정에 불과하다고 한다. 따라서 근로의 권리는 국가권력의 정치적, 도의적 의무를 선언함에 불과하다는 것이다. 반면 규범적 기대권설에서는 근로권이 국가에 대하여 일자리를 요구하거나 일자리를 주지 못하는 경우에는 생활비를 요구할 수 있는 성질의 권리가 아니고 국가의 고용증진정책, 완전고용정책에 의하여 실현될 수 있는 일종의 규범적 기대권이라고 한다. 한편 직접적 효력규정설(법적 권리설)에서는 근로의 권리가 최소한 구체적인 입법의 해석지침이 되기 때문에 단순한 프로그램 규정은 아니고 법적 권리로서의 성질을 가진다고 이해하고 있지만, 국가에 대한 요구의 가능성을 인정하는 여부에 따라 다시 추상적 권리설과 구체적 권리설로 나누어진다. 전자는 법적 권리이기는 하지만 구체적인 입법에 의해서만 비로소 실현될 수 있는 추상적인 권리라는 견해인 반면, 후자는 국가에 대하여 일할 권리를 적극적으로 요구할 수 있는 구체적인 성질의 권리이므로 근로의 기회제공뿐만 아니라 실업의 경우에는 국가가 직업알선 및 취업 시까지의 실업수당 지급의무를 진다는 견해이다. 한편 추상적 권리설을 주장하는 학자들도 가능하면 근로의 권리에 대해 구

---

9) 이하의 내용은 허영,「헌법이론과 헌법」, 박영사, 2001, 613~620면; 김철수,「헌법학신론」, 박영사, 2006, 602~609면 각 참조.

체적 권리성을 인정하는 것이 바람직하다고 한다.

(3) 근로의 공기능설(공개념설)

사회주의적인 시각에서 근로의 권리를 이해하여 '근로'를 국가적인 생존배려의 반대급부로 파악함으로써 '권리'라기보다는 '공적인 의무'의 성질을 갖는 것으로 이해한다. 즉, 모든 생산수단을 국유화하고 사기업을 인정하지 않는 사회주의 국가에서 근로는 권리로서의 성질보다는 공적인 의무로서의 성질을 강하게 가질 수밖에 없게 된다.

나. 노동법학자들의 견해

노동법학계에서는 근로의 권리를 자유권으로 이해하는 견해는 발견하기 어렵다. 따라서 아래에서는 생존권설을 취하는 입장 가운데에서 보다 세부적으로 그 주장의 내용에 따라 분류해 본다.

(1) 추상적 권리설

자본주의 국가에서는 국가 스스로 일반근로자를 채용하거나 사기업이나 공기업에 고용을 강제할 수 없으므로, 근로의 권리를 근거로 국가에 대해 일자리를 요구하거나 이에 갈음하여 생활비를 요구할 수 없는 추상적 권리에 불과하다고 보는 입장[10]이다. 한편 기본적으로 이 견해에 따르면서도 국가에 대해 노동시장의 체제정비 및 실업급여제도에 따른 생계비 지급의무를 인정하는 견해[11]도 있다.

(2) 구체적 권리설

기본적으로 생존권설 중에서 구체적 권리설에 입각하고 있으면서도, 이를 정치적 책무(l'obligation politique)로 한정하는 견해를 취하고 있다.[12] 따라서 국민은 국가에 대하

---

[10] 김형배, 「노동법」, 박영사, 2014, 117~121면 참조; 그러나 김형배 교수는 주관적 공권으로서의 근로권을 실현하기 위해 노동시장 관련 법제의 제정·시행 및 근로자의 인간다운 생활이 가능한 노동환경을 보장하는 노동보호법제의 운영 등과 같은 국가의 의무를 주장한다.

[11] 임종률, 「노동법」, 박영사, 2017, 18~19면 참조.

[12] 김유성·이흥재, 「노동법 I」, 방송통신대 교제, 1993, 81~82면

여 일할 권리를 적극적으로 요구할 수 있으며 근로의 기회제공뿐만 아니라 실업의 경우에는 국가가 직업알선 및 취업 시까지의 실업수당지급의 의무를 부담하지만, 이를 현실적으로 구체화하는 것은 실정법을 제정·시행하는 정치적 책무를 이행함으로써만 가능한 것으로 보고 있다.

(3) 혼합권설

기본적으로 생존권적 기본권에 속하면서도, 국가의 근로기회의 제공, 실업자에 대한 생활보장이라는 정책의무에 명백히 반하는 국가의 입법·행정 행위를 위헌·무효로 하는 점에서 자유권적 효과(성질)를 포함한다고 한다.[13] 즉, 근로의 권리에 기초하여 국가는 근로자가 자신의 능력과 적성을 살려 근로의 기회를 얻을 수 있도록 노동시장 체제를 정비하는 정책적 의무와 함께 노동의 기회를 얻을 수 없는 근로자에 대해 그 생활을 보장할 의무를 진다고 한다. 따라서 근로의 권리는 근로자의 생존확보를 위한 국정 기본방침의 표명이라는 이념을 지향하는 것으로 보게 된다.

다. 결어

헌법학계의 견해 가운데 사회주의적인 공기능설(공개념설)은 물론이고 근로의 권리를 단순히 방어적인 자유권으로만 이해하는 자유권설도 현실성 내지 시대적 요청에 비추어 볼 때 타당성이 없는 것으로 보인다. 또한 헌법이 명시적으로 보장하는 국민의 노동기본권이 본질적으로 단순한 입법방침이라든지 수혜적인 기대권일 수만은 없으므로, 근로권의 실효성 보장을 국가권력의 시혜적·선의적인 정책에 의존하려는 프로그램 규정설이나 규범적 기대권설도 찬동하기 힘들다. 따라서 노동법학계의 일반적인 경향과 같이 근로의 권리는 원칙적으로 "법적 권리"라고 보아야 하겠지만, 그것이 구체적으로 그 성질과 내용에 있어서 구체적 권리인지 추상적 권리인지 그리고 자유권과 생존권 사이의 자리매김의 숙제가 여전히 남는다고 하겠다.[14] 그러나 침해배제청구권을 제외하고 국가에 대한 적극적인 근로기회의 제공 및 실업급여의 의무를 헌법 규정에서 곧바로 도출할 수

---

13) 菅野和夫, 「勞働法」, 弘文堂, 1993, 14~15면; 임종률, 앞의 책, 19면 각 참조.

14) 한편 이에 대해 근로의 기회문제와 근로의 환경문제로 나누어 고찰하는 견해(허영, 「한국헌법론」, 박영사, 1990, 477~479면 참조)도 있으나, 근로의 환경문제는 헌법 제32조 제1항 후단 및 제3항 내지 제5항의 문제이므로 이를 제외해야 할 것으로 판단된다.

는 없다는 것이 헌법학계와 노동법학계의 공통적인 견해인 것으로 보인다.15) 결국 보다 명확한 권리분석론을 통하여 근로의 권리가 갖는 법적 의미를 규명해야 할 과제가 대두된다.

2. 노동3권의 법적 성질

가. 헌법학자들의 견해16)

(1) 자유권설

노동3권의 본질을 국가적 간섭·방해 및 제재로부터의 자유로 파악하여 국가로부터의 부당한 간섭·방해를 받지 않고 단결활동을 할 수 있는 권리 즉, 국가의 제재로부터의 자유를 주요 내용으로 하는 소극적 자유권의 일종으로 해석하는 견해이다. 따라서 이 견해에 따른다면 노동3권은 집회·결사의 자유의 특수한 형태에 지나지 않게 된다.

(2) 생존권설

노동3권은 국가에 대하여 단결활동을 통한 근로자의 생존권 보장을 적극적으로 요구할 수 있는 생존권적 성질의 권리라고 보는 견해이다. 즉 노동3권은 사회적 약자인 근로자들이 단결체를 형성하여 사용자와 대등한 입장에서 근로에 관한 계약(단체협약)을 체결할 수 있는 권리로서 마땅히 사인(私人) 사이에도 직접 효력이 미치는 근로자들의 생존권이라고 한다.

(3) 혼합권설

노동3권은 자유권적 측면과 생존권적 측면의 양면성을 지닌 일종의 복합적 성질의 권리라고 보는 견해이다. 즉 노동3권의 행사로 인하여 야기될 수 있는 민·형사책임을 물을 수 없다는 측면에서는 '국가로부터의 자유'라는 자유권적 성질을 갖는다고 볼 수 있지만, 노동3권의 행사를 방해하고 침해하는 사용자 등의 행위에 대하여 노동위원회에

---

15) 특히 이 점은 헌법소원제도의 도입에도 불구하고 우리나라에서는 아직 국민의 국가에 대한 부작위확인소송이나 의무이행 소송이 명문으로 보장되어 있지 않다는 점에서도 그 설득력을 가지는 것으로 보인다.

16) 이하의 내용은 허영, 앞의 책, 621~634면; 김철수, 앞의 책, 609~620면 각 참조.

의한 구제 등 국가에게 그 적극적인 개입과 대책을 요구할 수 있다는 점에서는 생존권적 성질을 갖는다고 한다.[17]

(4) 소결

노동3권의 형성과정을 연혁적으로 살펴보면 단결권이 결사의 자유의 한 형태로서 출발하였고 노동3권에 대한 제약은 엄격하게 제한되어야 할 필요가 있다는 측면에서 근로자의 단결활동에 대한 국가의 불간섭이라는 소극적 성격의 자유권적 기본권으로서의 성질을 지니고 있음은 부정하기 어렵다. 그러나 산업사회의 발전과정에서 노동3권은 단순한 국가의 방임이라는 수준을 넘어 적극적인 보호 및 보장의 단계로 발전되어 옴으로써 자유권적 기본권에서 점차 생존권적 기본권의 영역으로 전환되어 왔다. 따라서 자유권적 성격과 생존권적 성격을 복합적으로 가지는 것으로 정리할 수 있겠지만 구체적으로 노동3권의 각각의 성격을 명확히 규명하는 작업은 결국 뒤로 남겨두게 된다.

나. 노동법학자들의 견해

노동법학자들의 견해로는 헌법학자들의 견해와 마찬가지로 자유권 또는 생존권으로 파악하는 견해와 자유권 및 생존권의 성격이 혼재하는 혼합권설이 있지만, 그 외에 노동3권의 법적 성격을 보다 세분하여 달리 파악하는 견해도 존재하고 있다. 각 견해를 구체적으로 살펴보면 다음과 같다.

(1) 자유권설

헌법 제33조의 규정상 국가의 노력의무가 아닌 '자주적'인 권리를 규정하고 있다는 점, 국가에 의한 권리의 제한이 인정되고 있다는 점 및 권리의 주된 주체가 법인(노동단체)인 점 등을 근거로 들어 노동3권을 자유권으로 파악하는 견해이다.[18]

---

17) 이러한 견해 중에서도 자유권과 생존권을 구별하는 인권체계의 분류를 인정하는 입장(권영성, 구병삭 교수 등)과, 자유권과 생존권을 전통적인 기본권 체계 외에 '경제·사회 생활영역의 보호'라는 분류에 포함시키는 입장(허영 교수)이 있다.
18) 박홍규, 「노동법론」, 삼영사, 1995, 88~89면 참조.

(2) 생존권설

노동3권을 생존권으로 파악하려는 견해로서 노동3권이 근로자의 생존을 확보하기 위하여 시민법원리를 수정하면서 등장하였다는 연혁적 의미를 강조하여 사용자의 재산권 제한이나 노동조합의 조직(단결)강제권 인정 등 노사관계에 대한 국가의 후견이나 배려를 넓게 인정하려는 입장이다. 이러한 견해를 취하는 입장으로는 대법원 및 헌법재판소의 판결례[19] 외에 기본적으로 생존권적 기본권이라는 인식 아래 노동3권에는 각각 자유권적 효과, 면책부여의 효과, 정책의무로서의 효과(입법의 요청 및 수권의 효과) 및 공서(公序) 설정의 효과를 갖는 것으로 보고 있는 견해[20] 등이[21] 있다.

(3) 혼합권설

노동3권은 생존권으로서의 성질과 함께 자유권적 성격도 아울러 가진다는 견해로서 노동3권의 생존권성을 인정하면서도 자유권적 성질을 긍정함으로써 노사관계에 대한 국가의 개입을 일정한 수준에서 제한하려는 입장이다. 구체적으로 노동3권은 근로자의 인간다운 생활을 확보한다는 '이념에서의 생존권성'과 그 이념은 노사 간의 자치를 통하여 실현되어야 한다는 '실현방식에 있어서의 자유권성'을 아울러 가진다는 견해와[22] 자유권적 성격과 함께 사회권으로서의 성격을 아울러 지니는 노동3권은 본질적으로 근로자의 집단적 행동의 자유를 보장하려는 측면에서 마련된 것으로서 근로자들에게 직접 주관적 사권(私權)을 부여하는 것은 아니지만 사인 간의 법률관계에 대해서도 다양한 효력을 미친다는 견해가[23] 있다. 이 외에도 기본적으로 혼합권설의 입장에 서면서도 생존권적 측면을 중시하는 견해[24] 및 혼합권설의 입장에 서 있으면서도 자유권적 의미를 강조

---

19) 대법원은 노동3권을 시민법상의 자유주의적 법원칙을 수정하는 신시대적 정책으로서 등장된 생존권적 기본권으로 파악하고 있다(대법원 1990. 5. 15. 선고, 90도357 판결(서울지하철공사 사건), 대법원 1992. 2. 14. 선고, 90도2310 판결(강원교사협의회 사건)). 이에 비하여 헌법재판소는 노동3권을 자유권적 기본권으로서의 성격보다는 생존권 내지 사회권적 기본권으로서의 측면이 보다 강한 것으로서 그 권리의 실질적 보장을 위해서는 국가의 적극적 개입과 뒷받침이 요구되는 기본권이라고 밝히고 있다(헌법재판소 1991. 7. 22. 선고, 89헌가106 결정(사립학교법 제55조, 제58조 제1항 제4호에 관한 위헌심판 사건)). 또 헌법재판소 1998. 2. 27. 선고, 94헌바13.26, 95헌바44(병합) 결정(연합철강, 아폴로산업, 강원산업 사건)에서는 자유권적 성질과 함께 지니고 있는 생존권으로서의 기능을 실현하기 위해 입법자에게 광범위한 재량을 부여하고 있어서, 노조대표자에게 단체협약 체결권을 부여하는 노조법상 강행 규정을 제정할 수 있다고 파악하고 있다(다수의견).

20) 菅野和夫, 앞의 책, 16~28면 참조.

21) 김유성·이흥재, 앞의 책, 85면; 노사 간의 대등한 힘의 대결을 보장하기 위한 생존권으로 이해하고 있다.

22) 김유성, 「노동법II」, 법문사, 1996, 19~20면 참조.

23) 김형배, 앞의 책, 127~137면 참조.

24) 김수복, 「노동법」, 중앙경제사, 1991, 138~141면 참조; 앞의 각주 19)에서 소개한 바와 같이 헌법재판소가 사실상 이러한 입장이라고 보아야 할 것이다.

하는 견해[25] 등이 있다.

(4) 노동3권 각각의 성격을 부여하는 견해

앞의 세 가지 견해와는 달리 노동3권 각각의 특성을 고려하여 노동3권의 법적 성격을 구분하여 규명하려는 입장이다. 구체적으로는 단결권은 자유권적 성격이 가장 강한 것으로 보고, 단체교섭권은 인권성을 가장 강하게 보이고 있으며, 단체행동권은 저항권과 같은 성격을 지니고 있다고 보는 견해와,[26] 노동3권의 입법사적 의미를 기본으로 기존의 권리체계를 벗어나 영미법적인 권리분석론에 근거하여 노동3권의 법적 성격 및 그 노동기본권 사이의 연결 구조를 제시하는 견해[27] 등이 있다.

(5) 소결

앞에서 헌법학자들의 견해를 정리하면서 밝힌 바와 같이 노동3권은 자유권적 성격과 생존권적 성격을 복합적으로 가지고 있지만, 노동3권 각각의 법적 성격을 규명하는 작업은 후술하는 노동3권 상호 간의 관계를 설정하는 작업에도 연계되는 만큼 노동3권 각각의 특성을 주목해야 한다는 입장에서 노동3권 각각의 법적 성격을 개별적으로 부여하는 견해에 찬동하고자 한다. 이를 통해 단결권, 단체교섭권 및 단체행동권 각각의 존재 의미를 보다 분명히 부각시키는 한편, 노동3권에 대한 부당한 규제 내지 과도한 제한을 탈피하는 법리적 재구성을 시도할 수 있기 때문이다.

다. 결어

이상에서 노동3권의 법적 성격에 관한 종래 헌법학 및 노동법학계에서의 논의를 개괄적으로 살펴보았다. 결국 이를 종합하면 노동3권은 생존권이라는 범주 속에 포함되는 기본권이라고 하겠지만 그 속에 '자유'라는 개념·속성을 무시할 수는 없는 기본권이라

---

25) 신인령, 「노동기본권연구」, 미래사, 1987, 102~107면 참조.

26) 자세한 것은 이영희, "단결권에 관한 소고", 「법학」, 제22권 2호(1981), 144~165면 및 "단체교섭권의 법적 성격과 문제", 「노동법과 현대법의 제 문제(심태식 박사 화갑기념논문집)」, 법문사, 1983, 29~56면 참조.

27) 孫昌熹, "團體交涉權の法的構造(1, 2, 3)" 「日本勞働協會雜誌(제220호, 221호, 222호)」, 1977. 각 참조; 필자의 입장에서는 가장 타당한 견해로 생각되며, 후술하는 바와 같이 孫昌熹(손창희) 교수의 견해를 대체로 따르면서 일부 필요한 부분에 필자 나름의 견해를 부가하고자 한다.

고 할 것이다. 그러나 문제는 노동3권 각각의 법적 성격을 개별적으로 부여하는 견해를 제외하면 위의 어느 견해에 따르더라도 노동3권 각각의 내용상 특성을 파악할 수 없는 결함이 존재한다는 점에서는 사실상 모두 동일한 한계가 초래되며,[28] 무엇보다 각 학자들이 표현하고 있는 자유권, 생존권, 인권 내지 저항권 등의 용어 속에서 발견되는 '권리'의 본질이 무엇인가라는 측면에 있어서는 여전히 명확하지 않다는 답답함을 갖게 된다. 그런데 이러한 결과는 종래의 권리 분류체계 속에 노동3권을 맞춰 넣으려 하다 보니 그것이 자연히 한계에 부딪치게 되고 아울러 그 개념 자체가 모호해지게 된 것이 아닌가라는 생각을 하게 된다. 왜냐하면 노동3권이라는 권리개념은 각 권리가 개별적인 내용적 특성을 갖고 있는 권리인 만큼 전체를 하나의 법적 성격으로 압축·통합시켜 고찰하기에는 너무나 복잡한 내용을 지니는 고유한 노동기본권들이기 때문이다. 결국 노동3권의 법적 성격을 규명함에 있어서는 이러한 종래의 권리 분류체계를 탈피하여 새로운 분석을 시도해 볼 필요성을 강하게 느끼게 된다.

3. Hohfeld의 권리분석론

법학에서 자주 사용되고 있는 '권리'라는 용어는 동서고금을 막론하고 대단히 추상적이며 복합적인 의미로 사용되는 개념이며 그 의미나 내용도 구체적인 법률관계에 따라 상당히 달라질 수 있다고 할 것이다. 그러나 일반적으로 우리나라의 경우에는 대륙법계의 영향을 받아 권리를 '법에 의해서 보호되는 이익' 또는 '일정한 이익을 위하여 법률로써 주어진 힘'이라고 정의하면서, 그 보호되는 법익에 따라 인격권, 재산권(물권, 채권) 등으로 분류하거나 그 이익을 주장하는 법률상의 작용에 따라 지배권, 청구권, 형성권 등으로 분류하고 있다.[29] 그러나 앞에서 살펴본 바와 같이 특히 노동3권의 경우에는 이러한 분류 가운데 어디에 해당하는지를 정확하게 구분 짓기가 쉽지 않고 또 그러한 분류에 정확하게 맞아 떨어지지 않는 것이 일반적이다. 더욱이 우리 사회의 경우에는 전통적으로 권리라는 개념이 명확하게 자리 잡고 있었다고 하기에는 상당히 어려운 점이

---

28) 물론 이영희 교수의 견해에서는 노동3권 각각의 특성을 적극적으로 고려하려는 노력을 발견할 수 있다. 그러나 이 견해에 따르더라도 노동3권의 권리성이 분명하지 않기는 마찬가지이다.

29) 이러한 분류방법은 민사법의 권리 분류체계에 따른 것이며, 공법상으로는 헌법이 보장하는 국민의 기본적인 제 권리라는 의미에서 기본권으로 표현하고 이를 주체·성격·내용·효력 등을 기준으로 분류하고 있다. 그러나 이러한 분류체계상 차이는 각 법의 관심 영역상 상이성에서 발생하는 것으로 공·사법이 교차하는 노동법학에서는 어느 분류체계를 취하더라도 큰 차이를 발견할 수 없을 것으로 보인다.

있고, 현대 산업사회로 진전되어 오면서 차츰 익숙해져 온 개념인 만큼 그 본질을 정확하게 규명하는 일 자체가 상당히 어려운 작업이라고 생각된다.

한편 영미법계에서는 개념의 정립보다는 법적 보호의 필요성에 상대적으로 보다 더 관심을 두고 있어서 권리 즉 right라는 개념도 right(협의), property, interest, privilege, power, immunity, prerogative 등 상당히 넓은 의미를 내포하고 있는 것으로 사용되고 있다. 더구나 이러한 말들조차도 상호 간에 중복되는 개념을 내포하고 있어서 각각을 구별하기는 어렵다. 따라서 right라는 말의 법적 분석을 통해 그 본질을 명확하게 규명하고자 하는 시도의 하나로서 Hohfeld라는[30] 미국 법철학자의 견해가 있어 이를 소개하고자 한다.[31]

Hohfeld의 견해에 따르면 일반적으로 권리(일반적으로 right)라고 하는 개념은 엄밀히 말해서 right(권리), privilege(특권), power(권능), immunity(면책)라는 네 가지 개념으로 구분된다고 한다. 그리고 여기에는 각각 no-right(무권리), duty(의무), disability(무능력) liability(책임)라는 반대개념이 대응된다. 즉 right ↔ no-right, privilege ↔ duty, power ↔ disability, immunity ↔ liability 의 모습을 취하게 된다. 아울러 이러한 반대개념은 다시 duty(의무), no-right(무권리), liability(책임), disability(무능력)라는 상관개념으로 각각 대응하게 된다. 즉 이때에는 right~duty, privilege~no-right, power~liability, immunity~disability의 모습으로 정리될 수 있겠다. 그리고 이러한 여덟 가지 용어들의 중복·불일치하는 부분을 배제하고 각자가 특유하게 가지는 의미를 논리적으로 고정시킨 다음, 법률관계를 표현하는 '기본적인 법적 개념(Fundamental Legal Conceptions)'을 구성하여 모든 법률관계는 이러한 기본 개념의 상관관계 안에서 이루어진다고 보았다. 따라서 하나의 개념만 정해지면 자동적으로 다른 개념들의 내용이 정해진다고 설명될 수 있는데, 이를 그림으로 표현하면 아래와 같다.

$$right \quad \sim \quad duty \qquad\qquad power \quad \sim \quad liability$$
$$\updownarrow \qquad\qquad \updownarrow \qquad\qquad\quad \updownarrow \qquad\qquad \updownarrow$$
$$no\text{-}right \quad \sim \quad privilege \qquad disability \quad \sim \quad immunity$$

---

30) Wesley Newcomb Hohfeld는 1879~1918년까지 생존한 미국의 법철학자로서 Stanford대학 및 Yale대학에서 교수로 재직하였다. 대표적인 논문으로는 "Some Fundamental Legal Conceptions as Applied in Judicial Reasoning"(1913) *Yale Law Journal* 16. 및 "The Relation Between Equity and Law"(1913) *Michigan Law Review* 11. 등이 있다.

31) 이하의 설명은 孫昌熹, 앞의 논문, 제220호~222호에서 주로 인용한 것이다. 보다 자세한 것은 Hohfeld, Wesley Newcomb, *Fundamental Legal Conceptions: As applied in Judicial Reasoning*, W.W.Cook(ed), Yale Univ.Press, 1964, pp.35~64 참조.

이를 당사자 A, B 사이의 X라는 행위로써[32] 설명하여 보면 다음과 같다.

먼저 right와 duty의 관계를 살펴보면 'A는 B에게 B가 X라는 행위를 할 (것을 청구할) right를 가진다.'라는 것은 'B는 A에게 자기가 X라는 행위를 할 duty를 진다.'라는 말로 바꾸어 볼 수 있다(주어와 목적어의 교환). 이러한 관계를 Hohfeld는 "상관개념(Co-relative concept)"이라고 하였다. 한편 이를 no-right와 privilege의 관계로 바꾸어 보면 'A는 B에게 B가 X라는 행위를 할 right를 갖지 않는다(no-right).'라는 것은 주어와 목적어를 바꾸어 보면 'B는 A에게 자기가 X라는 행위를 할 duty를 지지 않는다.'라고 표현할 수 있는데 여기서 privilege란 no-duty 즉, 의무의 면제이며 이는 곧 상대방에 대한 법적 자유(legal freedom)라는 것을 알 수 있다. 이처럼 no-right와 privilege의 경우는 앞의 right와 duty의 경우를 부정한 것이므로 Hohfeld는 이를 right와 duty에 대한 "반대개념(Opposite concept)"이라고 하였다. 이상을 다시 정리하면 right란 법률관계의 당사자 사이에 일방의 타방에 대한 법률상 주장·청구(claim)이며(one's affirmative claim against another), 그 상관개념은 duty이고, 반대개념은 no-right이다. 이에 비해서 privilege는 일방의 권리 주장으로부터의 타방의 법적 자유(freedom)이며(one's legal freedom from the right or claim of another), 그 상관개념은 no-right이고 반대개념은 duty이다. 이상의 분석에 따르면 결국 right와 privilege 양자는 명확히 구별될 수 있다.

또한 이와 같은 연계관계는 power - liability, immunity - disability의 경우에도 그대로 적용된다. 즉, 앞의 right에서와 같이 설명하여 보면 'A가 B에게 X라는 행위에 대하여 power를 가진다.'는 것은 'B는 A에 대해 자기가 X라는 행위에 대한 liability를 가진다.'는 것으로 바꾸어 표현할 수 있다. 그런데 이를 반대로 'A가 B에 대해 X라는 행위에 대한 power를 갖지 않는다.'고 한다면 이는 곧 'A가 B에 대해 X라는 행위에 대해 disability를 가진다.'고 표현되는 것이다. 한편 power라는 것은 법률용어로 사용할 경우 일정한 법률관계에 변화를 생기게 하는 - 단정적(affirmative)으로 지배·통제(control)하는 - 법률상 능력이라고 할 수 있으므로, 결국 'A가 B에 대해 X라는 법률관계를 변화시킬 수 있다.'는 것이고 이것은 liability가 'B가 A에 대해 X라는 법률관계의 변화에 대해 복종해야 한다.'는 것을 의미하는 것이라고 할 수 있다. 한편 위의 문장을 부정의 의미로 표현하여 'A가 B에 대해 X라는 법률관계의 변화에 대한 power를 갖지 않는다.'고 하는 것은

---

32) 여기에는 작위 및 부작위가 모두 해당된다고 보아야 할 것이다.

바꾸어 말하면, 'B는 A에게 X라는 법률관계의 변화에 대하여 liability를 지지 않는다 (no-liability).'라고 할 수 있는데 이것이 곧 immunity라는 것이다. 따라서 immunity라는 것은 법률관계의 변화로부터 면제(exemption)된다는 것이며 그 법률관계의 변화에 복종하지 않더라도 아무런 해를 미칠 수 없다는 것이다. 이상을 정리하면 power는 특정한 법률관계를 변경·규제하는 당사자 일방의 법적 능력(ability)이며, 그 상관개념은 liability이고, 반대개념은 disability이다. 반면에 immunity는 그와 같은 일방에 의한 법률관계의 변경·규제로부터 벗어날 수 있는 타방의 법적 자유(freedom)이며, 그 상관개념은 disability이고, 반대개념은 liability이다. 따라서 power와 immunity도 명확히 구별될 수 있는 개념이다.

이상 Hohfeld의 권리분석을 통해 볼 때 결국 '권리'라는 광의의 개념 속에는 보다 세부적인 의미의 right(협의), privilege, power, immunity 등으로 구분될 수 있는 하위개념들이 있으며, 이 가운데서도 협의의 right의 실질적 동의어는 청구(claim)이며 그 상관개념으로서 의무(duty)라는 것이 항상 따라다니게 되어 있는 것이다. 그러므로 일반적으로 권리라고 하는 다의적인 개념의 내용 가운데에서 청구권으로서의 성질이 가장 본질적인 것이라는 사실이 분명해진 만큼 '청구할 수 없다.'라는 것은 right(협의)가 아닌 다른 개념으로 이해해야 된다는 결론에 도달하게 된다고 하겠다. 따라서 노동기본권의 법적 성질을 이해함에 있어서도 이러한 개념적 기초 위에 설 필요가 있다.

4. 노동기본권의 법적 성질에 대한 재구성

가. 근로의 권리

앞에서 살펴본 바와 같이 헌법학계 및 노동법학계에서는 사용자에게 채용의 자유 다시 말해서, 고용(근로)계약 체결의 자유가 보장되고 있다는 의미[33]에서 근로의 '권리'는 종래 국가가 이를 실현하기 위한 노동정책 내지 입법을 통해 이를 구체화할 것을 '약속'하는 수준의 법적 개념이라고 이해하는 견해가 다수를 차지하고 있었다. 그러나 이에 따른다면 근로권은 대 사용자 관계는 물론이고, 국가와의 관계에 있어서도 실질적으로는

---

33) 현대 노동법에서도 계승되고 있는 근대 시민법의 기본원리 가운데 하나인 "계약자유의 원칙"에 따른 결과로서, 우리 노동법은 사용자에게 "채용의 자유"를 인정하는 기초 위에 서 있다. 다만 이러한 대원칙에 대한 예외로서, 남녀고용평등법 및 고령자고용촉진법 등에서는 특정 성(性)을 이유로 하거나 연령을 이유로 한 불합리한 고용차별을 금지하고 있다.

'국민에게 기대되는 지위 내지 이익'에 지나지 않는 것이 된다.

Hohfeld의 권리분석론에 기초해 볼 때 국민이 근로의 기회를 얻고 이를 통해 인간으로서의 존엄성이 담보된 생존을 유지하려 의욕 하는 경우 국가나 사용자 및 기타의 누구든지 이를 부당하게 방해·침해할 수 없는 것은 당연하며, 이러한 방해·배제가 국가나 사용자 등의 right가 아닌 것 또한 당연하다. 아울러 국가가 근로의 기회 부여를 위한 고용촉진 정책 내지 노동시장 입법을 수립·실시하지 않는 경우에 국가에게 장래 그러한 정책·입법의 부담을 지우는 것을 현실적으로 국민의 right(협의)라고까지 인정할 수는 없다고 하더라도, 그러한 국가의 부작위를 right로서 인정하고 그대로 수용하여야 하는 duty 역시 국민에게 지울 수 없는 것이다(no-duty). 따라서 근로권은 국가 또는 사용자에 대한 국민의 법적 자유(즉, privilege)라고 할 수 있는데, 근로 의욕과 구체적인 일자리를 통해 인간다운 생활을 영위하려는 국민에게 이를 방해·침해하는 요구(claim)를 할 수 없는 국가·사용자의 법적 지위는 no-right라고 할 수 있기 때문이다. 결국 국민에게는 '근로의 기회'를 방해·배제하는 국가의 입법이나 행정조치에 따를 의무가 없으며, 이러한 입법은 무효이고 행정조치는 위법이라고 할 수 있다.

한편 근로자인 국민이 형성·유지하고 있는 기존의 근로계약관계를 부당하게 단절·훼손하려는 국가 내지 사용자의 변화능력(power) 즉, 기존 법률관계의 변화를 지배·통제하는 사용자의 노동시장에서의 우월적 힘에도 불구하고 이에 복종하지 않을 수 있는(no-liability) 변화로부터의 면제(exemption)라는 측면에서 근로의 권리는 immunity라고 할 수 있다. 따라서 근로권에 따라 사용자의 부당한 해고는 물론이고 전직·정직·감봉 등 징계를 받지 않으며, 노동시장의 변화를 이유로 한 사용자의 근로조건 변경요구에 대해서도 원칙적으로 이를 거부할 수 있는 법적 지위를 향유하게 된다.[34]

나. 단결권

단결권은[35] 개개의 근로자 스스로가 단결체를 결성하고 또 이에 가입하여 활동할 수 있고(개별적 단결권), 이러한 근로자들로 이루어진 단결체 스스로도 유지·발전을 위해

---

34) 이러한 의미에서 최근 계속되고 있는 경기침체를 극복하는 방편으로 경영계에서 꾸준히 제기되고 있는 독일 '변경해약고지(Änderungskündigung)제도'의 도입에 있어서는 근로자의 '거부권'이 당연히 인정되며, 사용자는 거부권의 행사를 이유로 근로자에게 불이익한 조치를 취할 수 없다.

35) 노동3권을 총괄하는 광의의 단결권 즉, 단체교섭 및 단체행동을 노동조합이 행하는 단결활동의 일부분으로 보는 독일식 접근법의 경우에는 노동3권 각각의 법적 성질을 구분하는 일은 무의미한 작업일 수 있는 만큼 별론으로 한다.

자주적으로 활동할 수 있는(집단적 단결권) 법적 자유를 말한다고 하겠다. 특히 근로자의 단결체인 노동조합은 단결체 그 자체로서 존재하면서, 스스로의 목적과 수단을 자주적으로 결정하며 단결강제를 행하는 가운데 그 구성원을 지휘·통제하는 법적 자유를 갖는 것을 의미한다. 즉, 이때의 '법적 자유'라는 것은 근로자 및 노동조합이 이러한 단결활동을 행함에 있어서 공권력이나 사용자 기타 사인으로부터 지배·간섭이나 억압을 받지 않는다는 것을 의미한다고 할 것이다. 결국 단결권은 앞의 Hohfeld의 권리분석론에 따른다면 privilege로서의 법적 성격을 가진다고 할 수 있다. 왜냐하면 단결의 자유에 대하여 공권력은 물론 사용자 등 기타 사인이 이에 지배·개입하거나 방해하는 행위를 할 수 없는 등 그 권리를 침해할 수 없는 것은, 사용자 등이 단결의 자유를 침해해서는 안 되는 duty를 지기 때문이 아니라 침해할 right를 갖지 못하기 때문인 것 즉, no-right의 지위에 있기 때문이다. 따라서 근로자의 단결활동을 부당하게 방해 내지 침해하는 사용자의 활동은 물론이고, 국가의 입법이나 행정조치에 대해서도 이에 따를 의무가 없다고 할 것이다. 따라서 이러한 입법은 무효이며 행정조치는 위법이라고 할 수 있다.[36]

한편 단결권은 immunity의 성질도 함께 가지는 것으로 파악된다. 즉, 근로자의 노동조합 결성·가입에 대해 사용자는 노동조합에 가입하지 아니할 것 또는 특정 노동조합의 조합원이 될 것을 고용조건으로 하거나 노조결성 내지 가입을 이유로 기존의 정상적인 근로관계를 단절하는 해고처분을 행하거나 기타 불이익한 처분을 행할 수 없다(no-power). 또한 근로자의 단결체인 노동조합 자체의 단결활동에 대해서 사용자가 자신의 노무지휘권 내지 시설관리권에 기초하여 이를 정당한 이유 없이 금지하고 해당 조합원에 대하여 해고 등의 불이익한 처분을 할 수도 없다(no-power).[37] 결과적으로 사용자는 근로자 또는 노동조합의 단결활동을 감수해야 할 부담을 안게 되는데, 이는 결국 근로자 또는 노동조합의 입장에서 본다면 노조활동을 이유로 하는 사용자의 근로계약관계 변경(power) 요구에 대한 책임(수용)의 면제(no-liability) 즉, immunity를 가지는 것이라 하겠다.[38]

---

36) 孫昌熹, 앞의 논문(223호), 36~38면 참조.

37) 이에 대해 판례 및 학설의 종래 다수 입장이었던 권리남용론을 취할 경우에는 다소 소극적인 입장을 보이겠으나, 수인(受忍)의무론(법익형량론)을 취할 경우에는 이를 적극적으로 인정함이 당연한 결론이라 할 것이다. 관련 대법원 판례로서 대법원 1994. 2. 22. 선고, 93도613 판결(세실산업사건)에서는 취업시간 중에 이루어진 임시총회(쟁의행위 찬반투표 및 여흥)를 정당한 조합 활동으로 인정하였다.

38) 따라서 단결권이 privilege로서의 법적 성격을 가진다는 점에서 법적 자유라고 하더라도 이것은 일반적인 자유권의 하나인 결사의 자유와는 다르다. 즉, 역사적인 연혁에서 보더라도 단결권이 결사의 자유 이상의 권리성(광의)을 갖는다는 것은 그것이 어느 정도의 조직강제를 인정하며, 이 권리에 반하여 간섭·억압하는 행위가 당연히 위법으로 평가되며 이를 방해하

다. 단체교섭권

단체교섭이란 근로자단체와 사용자 또는 사용자단체가 당해 근로자단체 구성원의 고용관계 및 그것과 밀접한 영향을 미치는 제반 사항에 대하여 실체적 또는 절차적 공정 rule을 결정하고 또 그것을 해석·적용하기 위해서 이루어지는 평화적인 협상(negotiate)의 절차과정(process)이라 정의할 수 있고,[39] 단체교섭권은 이러한 노사 사이의 쟁점을 해결하기 위한 협상의 절차과정에 사용자가 참여할 것을 요구하고 사용자는 이에 성실하게 응하여야 하는 의무를 지는 것을 말한다. 그러므로 단체교섭 그 자체는 하나의 사실행위이며 사용자에 대하여 노동조합이 요구(claim)할 수 있는 것은 단체교섭 그 자체 즉, 협상의 절차과정(협의의 단체교섭)을 의미할 뿐 협약의 체결(법률행위)까지 강요할 수는 없는 것이 원칙이다.[40] 그런데 단체교섭이 가지는 '대화'라는 기본적 속성으로 인해 반드시 양 당사자가 존재할 것을 전제조건으로 하며, 헌법상 단체교섭권의 주체인 근로자의 단결체로서 노동조합은 사용자에 대하여 협상의 장에 나와 이에 참여할 것을 청구할 수 있고(right) 이러한 노동조합의 요구에 대해 사용자는 정당한 이유가 없는 한 이에 성실히 응하여야 할 의무(duty)가 있다.[41] 그러므로 사용자는 단체교섭이라는 일종의 대화 내지 소통이라는 '작위의무'를 지게 된다. 또한 기본권의 제3자적 효력을 통하여 국가 및 기타 사인에 대해서도 right(협의)로서의 법적 지위를 갖게 된다고 할 수 있으므로 사용자가 이 의무에 임의로 응하지 않는 경우에는 노동조합은 법원에 소를 제기하여 교섭응락의 간접강제를 명할 것을 요구할 수 있으며, 더 나아가 이와 관련하여 손해배상을 청구할 수도 있다.[42]

는 사인 사이의 약정은 당연히 무효로 되는 것에서 보더라도 명백하다고 할 것이다. 더구나 이는 불이익취급의 부당노동행위에 해당하는 것으로서 노조법 등 관련 법령에 의해 엄격히 금지되고 있다.

39) 孫昌熹, 앞의 논문(제220호), 26면 참조

40) 그러나 단체교섭의 결과로서 협상이 타결되면 단체협약의 체결로 이어지게 되므로 단체교섭과 단체협약의 체결은 불가분의 관계에 있고 광의의 단체교섭 안에는 협약의 체결도 당연히 포함될 수 있다.

41) 이러한 참여는 단순히 교섭석상에 앉아 있기만 한다든지 무의미한 진술만을 계속한다는 의미가 아니라 노사 간의 주요 쟁점에 대한 타협점을 찾기 위해 성실히 대화한다는 성실교섭의무 즉, 자신의 주장을 합리적이고 객관적인 근거자료를 통해 설명하고 상대방의 제안에 대해서도 논리적으로 반박하며, 이러한 연속과정을 통해서 타협점을 찾기 위해 최선의 노력을 다하는 것을 의미하는 것이다.

42) 여기에서 한 가지 고려해야 할 것은 단체교섭의 법적 실체를 현실적·구체적으로 규정지을 수 있는가라는 문제이다. 그러나 단체교섭은 단체협약의 체결이라는 종국적인 결실을 얻기 위해 필연적으로 거쳐야 하는 '대화의 과정'인 만큼 노동조합은 이러한 결실을 기대할 수 있을 정도로 성실한 사용자의 제반 행위를 요구할 수 있다는 사실 그 자체만큼은 분명하다 할 수 있다. 다만 사실관계와 주변상황에 따라 사용자의 성실성을 판단함이 상당히 애매하고 피보전권리로서 인정한다 하더라도 사실상 분쟁의 해결에 별다른 도움이 되지 않는다는 한계는 있겠지만, 그것은 분쟁조정의 방법상 문제로 다루어야 할 분야이지 right로서 인정할 수 없는 근거가 될 수는 없다고 할 것이다. 그러한 의미에서 법원의 단체교섭 거부금지가처분 결정 이후 사용자의 성실교섭 거부·불이행에 대해 민법상 불법행위로 인한 손해배상책임을 인정한 대법원 판례(대법원 2006. 10. 26. 선고, 2004다11070 판결(신선대컨테이너터미널 사건))는 주목할 만하다.

한편 단체교섭권은 privilege로서의 법적 성격도 갖는다. 즉, 국가나 제3자 그 누구도 노동조합의 단체교섭에 대하여 이를 간섭하거나 침해할 권리가 없으며(no-right), 이는 곧 노동조합이 단체교섭에 관하여 이러한 외부의 간섭 내지 침해·규제에 대하여 법적 자유(privilege)를 갖는다는 것을 의미한다.

또한 단체교섭권은 immunity로서의 법적 성격도 갖는다. 즉, 사용자는 노동조합이 단체교섭권을 갖는 사항(강제적 교섭사항)에 대해서는 개별 근로자 내지 노조대표의 합당한 권한위임 없는 조합원과 교섭해서는 안 되며, 이러한 개별교섭으로 얻은 합의는 단체협약으로서의 법적 지위를 인정받을 수 없게 된다. 따라서 근로조건과 관련된 교섭사항에 대해서 사용자는 일방적으로 그 내용을 변경할 수 없으므로(no-power), 근로자 및 노동조합의 입장에서 본다면 사용자의 근로계약의 변경 요구에 대하여 이에 구속당하지 않는 immunity를 갖게 되는 것이다.[43]

라. 단체행동권

단체행동권은 근로자가 근로조건 등에 관한 자신들의 요구를 관철하기 위하여 사용자에 대해 자신들의 집단적인 힘을 배경으로 압력을 가하는 행동을 취할 수 있는 활동의 자유를 말한다. 이처럼 단체행동권에 기초한 근로자들의 정당한 단체행동에 대해서는 적극적으로 이를 배제하거나 방해할 수 없는데 이는 단체행동의 자유에 대하여 공권력 및 사용자가 이를 침해해서는 아니 될 duty를 지기 때문이 아니고 침해할 권리를 갖지 못하는 지위(no-right)에 있기 때문이라 할 것이다. 따라서 단체행동권은 privilege로서의 법적 성질을 가진다고 할 것이다.

아울러 단체행동권은 근로자의 단결체에 의해서 감행되는 정당한 쟁의행위에 대하여 법률상의 책임을 면제하는 immunity의 법적 성격도 가지고 있다. 즉, 노동조합의 정당한 쟁의행위로 인하여 사용자가 일정한 재산상 손해를 입은 경우 사용자는 그러한 자신의 재산권에 대한 침해행위를 이유로 해고 등과 같이 근로자와의 법률관계에 있어서의 변경을 가하려고 하더라도 그러한 근로계약관계를 변경할 요구(power)에 대하여 노동조합은 구속되지 않는다(liability를 부담하지 않음). 결국 사용자로서는 노동조합의 정당한 쟁의행위를 '감수해야 할' 부담을 지게 되는데, 이는 노동조합의 단체행동으로 인한 피

---

43) 이상 孫昌熹, 앞의 논문(223호), 40~54면 참조.

해를 감수해야 하는 duty를 지기 때문이 아니라, 정당한 쟁의행위로 인한 손해에도 불구하고 불법행위 등을 근거로 한 법률관계 변경능력(power)의 부존재 즉 no-power의 입장에 서게 된다. 따라서 노동조합은 그러한 사용자의 재산상 손해에 대한 liability로부터의 면제 즉, immunity의 법적 지위를 갖게 된다.[44]

마. 결

이상 Hohfeld의 권리분석론에 기초하여 근로의 권리 및 노동3권의 법적 성질에 대하여 각각의 내용상 특성을 고려하면서 고찰해 보았다.

먼저, 근로의 권리는 법적 자유(privilege)라고 규정할 수 있는데, '근로의 기회'를 방해·배제하는 국가의 무효한 입법이나 위법한 행정조치에 따를 의무가 없는 자유권적 성질을 지니고 있다고 할 수 있다. 또한 근로권은 국가의 적극적인 보호·보장을 의미하는 immunity라고 할 수도 있어서 사용자의 부당한 해고·전직·정직·감봉 등 일체의 징계를 받지 않으며, 노동시장의 변화를 이유로 한 사용자의 근로조건 변경요구에 대해서도 원칙적으로 이를 거부할 수 있는 법적 지위를 갖는다. 결국 근로의 권리는 자유권과 생존권이라는 두 가지의 복합적인 법적 성격을 보유하고 있는 것으로 정리될 수 있지만, 최근 계속되는 경기침체와 근로관계가 인간다운 생활의 중요한 기초가 된다는 점을 고려할 때 근로관계의 형성·유지에 필요한 생존권적 성격이 보다 강조될 필요가 있을 것으로 생각된다.

한편 노동3권 역시 모두 복합적인 권리개념을 가지고 있다고 할 수 있는데, 여기서 먼저 발견할 수 있는 하나의 공통점은 노동3권 모두가 privilege와 immunity로서의 법적 성질을 가지는 점이라고 할 수 있다. 그런데 privilege로서의 법적 성질은 곧 법적 자유라는 것이며, 이를 종래의 분류체계에 따른 권리개념으로 맞추어 본다면 자유권적 성질이라고 할 수 있을 것이다. 한편 immunity로서의 법적 성질 즉, 법률관계의 변경에 대한 책임의 면제라는 것은 자유권으로서의 법적 성질을 가지는 것에 대한 하나의 당연한 결과라고도 할 수 있겠다. 그러나 이는 단순한 자유라는 소극적인 의미를 넘어서 국가가 이러한 자유권의 행사를 보다 적극적으로 보장하고 배려한다는 의미 즉, 생존권으로서의 강화된 적극적 의미를 지닌다고 할 것이다. 왜냐하면 일방의 자유로운 행위에 기인한

---

44) 孫昌熹, 앞의 논문(223호), 36~38면 참조.

타방의 손해 내지 법률관계의 변경력에 대해 책임 내지 구속을 면하게 한다는 것은 국가의 적극적 보호·보장에 의해서만 가능하고, 바로 이러한 개념이 생존권의 본질적이고 특징적인 내용이라고 할 것이기 때문이다. 따라서 노동3권은 모두 자유권적 성질과 생존권적 성질을 공통적으로 가지는 혼합적인 권리개념이라는 하나의 결론을 먼저 내릴 수 있겠다.

그러나 이러한 일차적인 결론에도 불구하고 노동3권은 그 내용적 특성상 각기 다른 측면을 아울러 가지고 있다. 즉, 단체교섭권은 단결권과 단체행동권이 privilege와 immunity로서의 법적 성질을 가지는 점에 부가하여, 사용자에 대하여 노사 간의 쟁점의 타협을 위한 협상의 절차과정에 성실히 참여할 것을 요구할 수 있는 청구권(claim 즉, 협의의 right)으로서의 성질도 가진다는 점이 가장 두드러지는 특징으로 부각되고 있다. 따라서 단체교섭권은 노동3권 가운데 유일하게 청구권으로서의 성질을 가장 뚜렷하게 지니고 있는데, 이것이 단결권 및 단체행동권과 구별되는 특성이라고 할 수 있다. 또한 단결권과 단체행동권도 각기 다른 특징을 가지고 있다. 즉, 단결권과 단체행동권 모두 자유권과 생존권을 함께 지니고 있음에도 불구하고, 단결권에서는 근로자의 단결형성과 선택 및 단결활동의 자유라는 측면이 더 부각되는 데 비해, 단체행동권은 노동조합의 집단행동에 대한 면책이라는 측면이 보다 강하게 두드러진다고 할 것이다.

결론적으로 Hohfeld의 권리분석론에 기초하여 재구성해 볼 때, 근로의 권리는 자유권과 생존권의 성격을 공유하는 가운데 고용관계의 형성·유지에 필요한 생존권적 성격이 보다 강조되고 있다. 노동3권 역시 모두 자유권과 생존권의 기본적인 성질을 공유하는 혼합적인 권리개념들이지만, 그 내용적 특성에서 도출되는 각각의 가장 핵심적인 권리개념은 자유권(단결권), 청구권(단체교섭권) 및 생존권(단체행동권) 등으로 나누어 볼 수 있을 만큼 각각의 개성이 뚜렷한 노동기본권들이라 하겠다.

Ⅲ. 노동3권의 상호관계

1. 서

앞에서 노동3권의 법적 성질에 대하여 각각 검토해 보는 과정에서 나타난 바와 같이 노동3권은 그것을 하나의 권리개념으로 파악하기에는 각기 다른 고유한 법적 성질상 특성을 지니고 있음을 알게 되었다. 따라서 본 장에서는 이러한 법적 성질을 토대로 노동3권의 상호관계 즉, 3가지 각기 다른 법적 성질을 가진 권리개념들이 상호 어떻게 연계성을 지니고 작용하는지에 대하여 살펴보고자 한다. 이를 위하여 먼저 학설 및 판례를 통하여 기존의 논의를 살펴보고 이에 대한 비판을 통하여 필자 나름의 견해를 밝히고자 한다.

2. 학설 및 검토

가. 상호관련성의 정도

종래 학설과 판례의 입장을 정리해 보면 노동3권이 근로조건의 향상 등을 위하여 상호 밀접하게 연관되어 기능한다는 기본적인 사실에 대해서는 이론이 없는 것으로 보인다. 그러나 그러한 상호관련성의 정도에 대해서는 노동3권이 상호 유기적인 밀접한 관계를 맺고 있는 통일적 권리 내지 서로 밀접한 관계를 가지는 일련의 권리라고 하여 노동3권이 일체성을 가지는 또는 이에 준하는 정도의 관련성을 가지는 것으로 보는 견해와,[45] 이에 대해 우리 헌법이 노동3권을 병렬적으로 규정하고 있다는 점과 노동3권의 관련성 부여의 정도는 입법정책 및 입법재량에 속한다는 점과 함께 시대에 따라 노동3권의 중심 권리도 변화되어 왔다는 점을 들어 노동3권 사이의 관련성을 생존권 이념을 실현하기 위해 어느 하나의 권리도 결여해서는 안 된다는 소극적 의미로 해석해야 한다는 견해가[46] 대립되고 있다.

---

[45] 김치선, 「노동법강의」, 박영사, 1988, 146면; 김형배, 앞의 책, 124면; 박상필, 「한국노동법」, 대왕사, 1991, 90면 각 참조; 헌법재판소의 결정례로는 헌법재판소 2009. 10. 29. 선고, 2007헌마1359 전원재판부 결정(인천국제공항 특수경비원 사건)의 다수의견이 이에 해당한다 하겠다.

[46] 김유성, 앞의 책, 28면; 자세한 것은 이철수, "단체교섭의 근로자 측 주체에 관한 비교법적 연구", 서울대 박사학위논문, 1992, 206~209면 참조; 헌법재판소의 결정례로는 헌법재판소 2009. 10. 29. 선고, 2007헌마1359 전원재판부 결정(인천국제공항 특수경비원 사건)의 반대의견(조대현, 김종대, 송두환 재판관)이 이에 해당한다 하겠다.

그런데 앞에서 Hohfeld의 권리분석론을 활용하여 살펴본 바와 같이 노동3권은 각각의 법적 성격이 그 내용적 특성과 관련하여 조금씩 다르게 파악되고 있으며, 더 나아가 우리 헌법 제33조 제1항이 단결권, 단체교섭권 및 단체행동권을 각각 병렬적으로 규정하고 있음을 부정할 수 없다. 또한 공무원의 노동3권 인정여부 및 미국의 연방노동관계법(NLRA) 제9조 (a)에서 규정하고 있는 배타적 교섭대표제도에서 살펴볼 수 있는 바와 같이 각국의 입법정책에 따라 단결권과 단체교섭권 및 단체행동권을 분리하여 파악할 수도 있는 것이다. 따라서 노동3권 가운데 어느 하나의 권리가 다른 권리에 의해서 그 정당성이 규정되는 적극적인 의미의 '일체성'으로까지 노동3권 사이의 관련성을 강하게 구성하는 것은 무리라고 생각된다. 그러므로 각각의 노동기본권이 고유한 특성을 따로 지니면서 동시에 상호 유기적으로 기능하는 가운데, 후자의 학설이 주장하는 바와 같이 근로자 일반의 생존권 이념을 실현하기 위해서는 노동3권 모두가 소중한 권리개념이므로 그중 어느 하나도 결여해서는 진정한 의미의 생존권 이념을 실현함에 있어서 충분하지 아니하다는 소극적 의미에서 일체성 내지 관련성을 가지는 것으로 이해함이 타당하리라 생각된다.

나. 상호관계의 구체적 모습

앞에서 노동3권이 상호 간에 어느 정도의 관련성을 지니는가에 대해서 살펴보았으나 그처럼 상호관련성을 갖는 가운데에서도 노동3권의 중심적 권리는 무엇인가 즉, 노동3권은 어떠한 모습으로 구체적인 관련성의 구조 내지 체계를 형성하고 있는가라는 문제가 제기된다. 이에 대해서는 이른바 '단체교섭권 중심론'과 '단결권 중심론'이 주로 대립되고 있고,[47] 이외에도 '단체행동권 중심론'도 상정해 볼 수 있다.

먼저 단체교섭권 중심론은 자본주의 경제체제를 근간으로 하는 법질서하에서 근로자의 경제적·사회적 지위향상은 근로계약상 근로조건의 개선 및 향상에 기초하고 있지만, 그 수준을 넘어서는 노동관계상 근로조건의 개선과 향상은 사적 자치규범의 최상위에 위치하고 있는 단체협약에 의존할 수밖에 없다는 점을 근거로 하여 단체교섭권을 중심적·목적적인 권리로 파악하고, 단결권과 단체행동권을 단체교섭을 위한 전제적·수단적인 권리로 파악하는 견해이다.[48] 한편 단결권 중심론은 노동3권의 연혁에서 보는 바

---

47) 보다 자세한 내용은 최영호, "단체교섭권대상사항의 획정원리", 「노동법연구」, 제2권 1호(1992), 194~201면 참조.

와 같이 단결활동의 범위는 각 시대의 사회·경제적 조건에 따라 역사적·탄력적으로 규정되었다는 점을 전제로, 노동3권의 목적을 달성하기 위해서는 국가를 상대로 하는 단결활동도 필수적인 것이니 만큼 단결권을 목적적인 권리로 보고 단체교섭권과 단체행동권은 단결목적을 달성하기 위한 수단적인 권리로 파악하는 견해이다.[49] 이에 비해 단체행동권 중심론의 경우에는 구체적인 학자들의 문헌보다 그 원류라고 볼 수 있는 헌법재판소결정에서 제기된 반대의견을 소개하면, 단체행동권이 전제되지 않는 단체결성이나 단체교섭은 무력한 것이어서 단체결성이나 단체교섭만으로는 노사관계의 실질적 대등성이 확보될 수 없으며, 단체행동권이야말로 노사관계의 실질적 대등성을 확보하는 데에 필수적인 전제이자 중핵적(中核的) 권리라고 볼 수 있다는 견해이다.[50]

살펴보면 자본주의 경제체제를 근간으로 하는 법질서하에서 근로자와 사용자 간의 근로계약관계를 노사관계 형성의 중심에 두고 이러한 근로계약의 집단적 결정체인 단체협약의 체결 방법·과정인 단체교섭이 평화적 협상수단으로서 중추적으로 기능하며, 이를 위한 선결요건으로서의 단체형성과 함께 단체교섭이 난항에 빠졌을 때 이를 타결하기 위한 효과적인 압력수단으로서 근로자집단의 단체행동이 필요하다는 기능적 연계성에 착안한 단체교섭권 중심론의 설득력은 상당한 것이라 하겠다.[51] 그러나 단결권 중심론에서 비판하는 바와 같이 단체교섭권 중심론에 따를 경우 단결활동과 단체행동의 정당성 인정범위가 대 사용자 관계 내에서 결정될 수 있는 단체교섭사항을 목적으로 하여야 한다는 한계 다시 말해서, 사용자의 처분가능성 및/또는 근로조건과의 밀접성이라는 요건이 충족되는 경우로 한정되는 경향이 강하게 나타나게 된다. 그런데 이러한 현상은 결과적으로 단결활동 및 단체행동의 정당성 부여에 있어서 상당한 제약원리로 작용한 나머지, 노사관계를 지나치게 평화적·안정적 모습으로만 몰고 가려는 부작용을 낳기 쉽다는 점을 부인할 수 없다.[52] 또한 노동계에서 계속적으로 강하게 주장되고 있는 근로자

---

48) 김형배, 앞의 책, 124~127면; 박상필, 앞의 책, 89~91면 참조; 한편 우리나라 판례도 이에 찬동하는 경향을 보이고 있는데 관련 판례로는 대법원 1990. 5. 15. 선고, 90도357 판결(서울지하철공사사건), 대법원 1990. 11. 7. 선고, 89도1597 판결 등이 있다.

49) 김유성, 앞의 책, 29~30면 참조.

50) 앞에서 소개된 헌법재판소 2009. 10. 29. 선고, 2007헌마1359 전원재판부 결정(인천국제공항 특수경비원 사건)의 반대의견 중에서도 김종대, 송두환 재판관의 의견이 이에 해당한다 하겠다.

51) 이에 비해 단결권 중심론은 단결목적의 실현이라는 노동3권의 이념을 중시하는 견해로서 단체교섭권 중심론이 가져올 수 있는 현실적 오류를 시정하고자 한다는 점에서 유의미한 견해라고 할 것이다. 이와 함께 단체행동권 중심론은 노동3권의 생존권적 기본권으로서의 특성이라 할 수 있는 대항적 노사관계의 법인(法認) 즉, 헌법질서를 통해 노동자집단의 문제제기 내지 저항권 행사를 용인함으로써 노사관계의 실질적 대등성을 확보하려는 이념지표를 강조하는 측면에서 주목된다.

52) 보다 자세한 것은 고호성, "근로삼권 상호관계에 관한 소고", 「김두희 박사 화갑기념: 현대 법학의 제 과제」, 송산출판사, 1987, 505, 509~513, 519면 참조.

의 생활이익 보장문제 등과 같이 국가(정부) 정책에 대응하는 단결활동을 통하지 않고서는 현실적으로 그 실현이 불가능한 쟁점에 대해서는, 노동3권의 행사로도 현안쟁점을 해결하기 어려운 본질적 한계가 있다고 할 것이다. 따라서 노동3권이 예정하는 단결자치 내지 집단적 자치의 기본 형태는 대 사용자관계라는 점을 원칙적으로 인정하면서도, 점점 더 대 국가(정부) 활동이 근로자의 생활이익 측면에서 강한 영향력을 미치는 상황을 고려하여 노-사라는 종래의 축에서 시야를 넓혀 노-정이라는 새로운 노사관계의 축을 반영하는 시각으로 노동3권 사이의 상호관련성을 재구성해야 할 필요성이 크다.[53)]

3. 상호관계 재정립

이상 노동3권 사이의 상호관계에 관한 학설과 관련 판례를 대략적으로 살펴보았다. 앞에서 언급한 바와 같이 노동3권은 상호 간에 밀접한 관련성을 지니고 있으며 다만, 그 관련성의 정도는 3자를 통합하여 일체적인 권리개념으로 파악하기보다는 각각의 특성을 고려하는 가운데 모든 근로자들의 생존권 이념을 충실히 실현하기 위해서는 그중 어느 하나도 결여해서는 안 되는 소극적 의미에서의 관련성을 지니는 것으로 파악하여야 한다고 할 것이다. 아울러 상호 관계구조의 구체적 모습으로서 사용자의 처분가능성 및 근로조건과의 밀접성이라는 요건을 엄격히 요청하여 단결활동 및 단체행동의 정당성 인정범위 설정에 있어서 상당한 제약원리로 작용한 나머지 노사관계를 지나치게 평화적·안정적 모습으로만 몰고 가는 경향이 있던 종래의 단체교섭권 중심론에서 탈피하여, 근로자의 생활이익 보장문제 등 대 국가(정부) 노조활동에도 관심을 가지는 새로운 시각이 필요하다 하겠다.

그러나 대 국가(정부) 활동을 통해 근로자의 생활이익을 보장하여야 한다는 필요성이라는 측면에서 이를 실현하기 위한 하나의 이론적 수단으로서 제기되는 단결권 중심론이 과연 논리적으로 필연적인 것인가라는 의문이 제기된다. 즉, 단결권 중심론은 종래 단체교섭의 주체인 노동조합의 결성 및 유지를 위한 자유로운 활동 정도로만 그 존재의 의를 부여하여 온 단결권을, 단결목적의 적극적 보장이라는 측면으로까지 확대함으로써 근로조건의 개선이라는 목적 아래 사용자가 처분 가능한 범위 내에서만 그 정당성을 인정하던 기존의 단체교섭 대상사항의 허용범위를 근로자의 생활이익 보장이라는 측면으

---

53) 김유성, 앞의 책, 30~31면 참조.

로까지 확대하고, 이를 통하여 근로자의 노동3권 행사의 정당성 범위를 적극 넓혀나갈 수 있다는 장점이 있다. 그러나 앞에서 언급한 바와 같이 노동3권이 예정하는 단결(노사)자치의 기본 형태는 대 사용자관계라는 점과 아울러 사용자에게 처분가능성이 전혀 없는 사항과 관련한 파업(예를 들어 순수한 정치파업 또는 동정파업)으로 발생하는 손해를 사용자에게 수인(受忍)할 것을 요구한다든지, 더 나아가 이러한 행위에 대해 근로자에게 민·형사상의 면책을 부여하기는 상당한 무리가 따를 것으로 생각된다. 또한 단결활동의 중요성을 지나치게 강조한 나머지 노사관계의 중심이 근로계약 내지 단체협약이라는 법적 틀에서부터 유리되어 대 정부활동 내지 정치활동으로 전이될 경우 이러한 정치적·정책적 측면의 가변성이 오히려 역으로 노사관계의 불안정 내지 근로자의 생존권 보장에 불리한 방향으로 전개된다면, 이를 저지하기 위한 최소한의 보호막으로 작용할 법적 근거마저 붕괴시킬 우려도 없지 않다 할 것이다. 즉, 협약 부재(不在) 내지 노사 간 공정rule 상실의 상황에서 노사관계가 '힘의 논리'만으로 움직일 때 근로자의 생존권이나 노사관계의 안정이 훼손될 가능성은 더욱 커지게 된다.

이러한 비판은 단체행동권 중심론에 대해서도 마찬가지로 적용할 수 있겠다. 즉, 대항적 노사관계의 법인(法認)을 통한 노사 간 실질적 대등성 확보라는 단체행동권 중심론이 지니는 가장 커다란 장점에도 불구하고, 파업 등 단체행동이 본질적으로 지니는 위력적 성질 내지 업무활동의 저해성과 그로 인해 불가피하게 발생하는 재산상·기업질서상 피해를 묵과할 수 없기 때문이다. 강력한 힘과 힘의 대결·충돌만이 존재하는 노사관계 지형이 지니는 '상징적인 의미'를 넘어, 이를 천부인권으로서의 노동3권을 확인하고 있는 우리 헌법의 핵심이념으로 받아들이기에는 너무나 많은 논리적 비약이 존재한다고 생각하지 않을 수 없다.

따라서 오히려 문제해결의 실마리는 기존의 단체교섭권 중심론이 지나치게 노사관계 안정을 위한 평화적인 노사협상 수단으로서의 단체교섭만을 강조한 나머지 단체교섭 대상사항의 범위를 지나치게 축소하는 한편, 시대적 흐름과 요청에 따라 그 중요성이 점점 더 부각되고 있는 노동조합의 단결활동 내지 집단적 의사표현 수단으로서의 단체행동을 등한시하였다는 단점을 극복하는데서 찾아야 할 것이다. 아울러 논리적 측면에서는 '단체교섭'이라는 측면에 주목하기보다는 '중심'을 강조하는 점에 문제의 단서를 찾아야 하지 않을까 생각한다. 즉, 노동3권 사이의 관련성을 기본적으로 인정하고 그에 대한 구체적인 모습을 그려감에 있어서 굳이 하나의 권리 특히 '단체교섭권'을 중심적인 권리로 구성하는 측면보다는, 그것이 어떠한 기본권이든 간에 특정의 권리개념을 굳이 '중심적·중핵적 또는 목적적인 권리'로 삼는 논리가 과연 타당한 것인가라는 측면에서 문제의 핵심을 발견할 수 있을 것으로 보인다. 따라서 노동3권의 상호관계는 어느 하나라도 결여될 경우에는 근로자의 생존권 이념을 실현함에 있어서 충분하지 않을 만큼 상호 긴밀히 연관성을 가지는 가운데, 그 구체적인 모습은 특정 권리-그것이 단결권이든 단체교섭권이든 또는 단체행동권이든-를 중심적·중핵적 또는 목적적인 권리로 상위에 두고 그 하위에 다른 두 가지 권리가 존재하는 입면도(立面圖)상 삼각형의 모습이 아니라, 노동3권이 각각 동등한 위치에 수평적으로 존재하되 그것이 각각의 기능을 독자적으로 수행하면서도 상호 긴밀히 연계되는 모습 즉, 평면도(平面圖)상 정삼각형의 모습으로 존재하는 구성체계로 이해함이 타당할 것이다.54)

Ⅳ. 결론

이상 노동기본권의 법적 성질 및 노동3권 상호관계에 대한 기존 학설을 개관한 뒤, 그 한계를 극복하기 위하여 Hohfeld의 권리분석론을 살펴보고 이를 바탕으로 근로권과 노동3권의 법적 성격 및 그 상호관계에 대하여 재구성해 보았다.

결국 근로의 권리를 포함하여 특히 노동3권은 모두 자유권적 성질과 생존권적 성질을 공유하는 혼합적인 성질의 노동기본권이라는 점에서는 하나의 공통점을 발견할 수 있겠지만, 그 내용상 특성 및 그에 따른 법적 평가에 있어서는 각기 다른 고유한 특징을 지니는 만큼 이를 하나의 권리개념으로 일체적으로 파악하기는 곤란하고 이를 각각 그 성격에 맞게 달리 평가·구성해야 할 것이다. 즉, 단결권, 단체교섭권 및 단체행동권 각각의 주된 권리개념은 자유권, 청구권 및 생존권으로 나누어 볼 수 있는 독립된 노동기본권들이라 하겠다. 아울러 노동3권은 상호 간에 상당히 밀접한 관련성을 지니고 있지만 그 관련성의 정도는 3자를 통합하여 하나의 일체적인 권리개념으로 구성하기보다는 각각의 독특한 성질을 반영하는 가운데 근로자 일반의 생존권 이념을 충실히 실현하기 위

---

54) 이러한 의미에서 단체교섭권 중심론에 일견 가깝다고 할 수 있으면서도 정치파업·동정파업의 정당성을 단체교섭 대상사항으로부터 분리한다든지 민·형사면책을 분리하여 부여하고 있는 孫昌熹(손창희) 교수의 의견(孫昌熹, 앞의 논문(223호), 36~37면 참조) 또는 단결권 중심론에 근접하면서도 단체교섭의 개념 및 주체의 확대를 주장하는 이철수 교수의 의견(이철수, 앞의 논문, 209~212면 참조)은 주목할 만하다 하겠다.

해서는 노동3권 가운데 어느 하나라도 결여해서는 안 되는 권리개념으로 파악하여야 한다고 할 것이다. 다만, 노동3권 사이의 관계구조에 대한 구체적인 모습에 있어서는 기존의 단체교섭권 중심론이나 단결권 중심론 내지 단체행동권 중심론 등 이른바 '중심론'에서 탈피하여 특정 권리를 노동3권의 중심적·중핵적 또는 목적적인 권리로 상위에 두고 다른 두 가지 권리가 그 하부에 존재하는 모습이 아니라, 노동3권이 각각 대등한 위치에서 수평적으로 존재하면서 기능적으로 밀접히 연계하는 모습으로 이해함이 타당할 것이다.

다만 이러한 필자의 논리구성에도 불구하고 과거 '법적 자유'에 불과했던 또 그것으로 족한 것으로 인식되어 왔던 근로의 권리와 단결권 및 그 정당성 인정의 범위를 극히 제한적으로 보아왔던 단체행동권을 보다 강하게 보장해 주어야 할 현실적 필요성에 대해서는 보다 깊은 고려가 있어야 할 것으로 보인다. 즉, 구체적 현실정합성(現實整合性)을 가지는 노동입법은 각 시대의 경제·사회적 환경변화의 추이에 따라 그 내용도 변화될 수 있는 것이겠지만, 현실 산업사회의 노동입법은 항상 헌법의 이념·정신에 부합하여야 할 것이 요구되고 있다. 특히 근로자의 모든 노동기본권에 대한 제약은 언제나 '헌법정신에 위배되는 것이 아닌가?' 하는 준엄한 비판을 받아야 하며, 바로 이러한 한도에서 노동관계에 대한 입법자의 자율성·재량성은 제약받는다고 볼 수 있다.[55] 따라서 근로자의 생존권 보장 및 법적 정의구현을 통한 노사관계 안정이라는 노동법학의 기본이념에 충실하면서도 헌법학, 민사법학 및 법철학 등 관련 법학분야와 논리적 흐름 및 그 궤(軌)를 같이하는 통섭적 법학방법론에 따른 법리체계의 재구축이 더욱 절실해짐을 느끼게 된다.

특히 구체적이고 현실적인 쟁점으로서 공무원의 노동기본권 제한의 범위와 그 한계를 설정함에 있어서도 바로 이러한 노동기본권의 법적 구조에서 다시 출발되어야 한다. 즉, 국민 전체의 봉사자로서의 헌법적 지위를 지니고 있는 공무원인 근로자라 하더라도 노동3권 가운데 그 어느 하나라도 전면적·본질적인 침해·제한이 있어서는 안 된다. 다시 말해서 노동3권 가운데 단체교섭권을 중심적·중핵적 권리로 이해함으로써 근로조건 개선이라는 경제적 기능 중심의 노동운동을 상정하고, 고용안정 및 상대적으로 양호한 근로조건을 향유하는 공무원들의 신분보장적 측면만 강조하여 노동조합 조직 및/또는 단체행동권 행사에 상당한 수준의 제한·규율을 가하더라도 이를 아무런 법리적 문제가

---

55) 石井照久, 「勞働法總論」, 有斐閣, 1985, 271~272면 참조.

존재하지 않는 것으로 이해하는 것은 노동3권의 법적 성질 및 그 상호관계에 대한 오해 내지 무지에 기인하는 치명적 오류라 아니할 수 없다. 결론적으로 남북분단 등 우리나라가 처한 특수한 현실상황을 고려하여 공무원의 노동기본권을 일정 수준 제한함에 있어서도, 현행 공무원노조법과 같이 노동조합을 조직할 수조차 없는 공무원의 범위를 지나치게 넓게 설정하거나 업무의 정상적 운영을 저해하는 일체의 쟁의행위를 본질적·포괄적으로 금지하는 것은 헌법 제37조 제2항의 기본권 제한의 한계를 위반하는 것일 뿐만 아니라, 노동3권을 병렬적·명시적으로 규정하고 있는 헌법 제33조에도 위반하는 것이라 아니할 수 없다.[56)]

---

56) 한편 종래 헌법재판소가 이와 관련한 입법자의 재량을 광범위하게 인정하면서도 "자유에 대한 제한 정도가 강하면 강할수록 그 제한을 정당화하는 논증 책임은 더 무거워진다는 점을 전혀 고려하지 않고 있다"고 지적하는 정영훈 헌법재판연구원의 비판(정영훈, "헌법 개정과 노동3권 보장의 과제", 「집단적 노사관계의 쟁점과 개선과제」, 노동법이론실무학회 제40회 정기학술대회 자료집, 2018. 1. 19, 94~97면 참조)은 주목할 만하다 하겠다.

제7장 기업회생절차상 부인권 운용에 대한 판례태도와 회생금융정책에 관한 연구

: 대법원 2015. 5. 29. 선고 2012다87751 판결의 분석을 통해[*]

I. 서론

있는 법이 수규자에 대한 현실적 힘으로 작용하는 데에는 두 가지 결단이 필요하다. 입법자의 결단 그리고 법관의 결단이 바로 그것이다. 그중에서도 후자의 결단은, 있는 법과 수규자의 현실 사이의 가교역할을 하게 되며, 이는 있는 법을 해석·적용하는 행위를 통해 이뤄지게 된다. 이러한 행위에는 문리적·역사적·논리적·체계적·비교법적 방법론, 그리고 최근에는 실증적 방법론에 이르기까지 많은 틀이 사용되며, 어느 것을 택일 하거나 혼합할 것인지는 헌법과 법률에 근거한 법관 고유의 양심에 맡겨져 있다(헌법 제103조).

그리고 이러한 법관결단의 범위에 대해, (삼권분립의 측면에서 있는 법의 틀을 벗어날 수 없다는) 본질적 한계를 인정하는 입장을 사법소극주의, 그것을 정의의 관점에서 초월할 가능성도 배제할 수 없다는 입장을 사법적극주의로 본다면 크게 그릇된 것은 아니다. 법관이 이 중 어떠한 철학을 가졌는지는 별론으로 하더라도, 최소한 법관의 결단을 기화로 입법목적이 훼손되는 결과가 초래되어서는 안 된다. 이는 법관의 결단으로 말미암은 새로운 악법에 다름 아니기 때문이다.

입법자가 낳은 명문법규가 아니더라도, 수규자는 이를 해석·적용한 법관의 결단에도 재빠르게 반응한다. 실제로 법관의 결단에 의한 수규자의 행위양태에 따라, 현행법의 입법목적은 지켜지거나 혹은 훼손된다. 이에 대해 시장-제도-정책을 통섭하려는 시도인 제도주의(Institutionalism) 그중에서도 새로운 제도주의는, 입법자의 결단 외에도 법관의 결단 더 나아가 거래계의 결단까지, 수규자의 행위양태를 만들어내는 하나의 '제도'라고 설명¹⁾하고 있다.

---

* 이 논문은 「법과 정책연구」 제17권 제1호(2017)에 게재된 것임.

1) 제도주의는, 정량적 변수 외의 요인을 철저히 배제한 채, 인간의 완전한 합리성을 기초로 논의를 발전시켜온 신고전파 경제학(Neo-Classical Economics)과는 달리, 제도(Institutions)를 분석의 대상으로 끌어들이는 한편, 인간의 제한된 합리성을 기초로 논의를 진행한다. 제도주의는 구(舊)제도주의와 신(新)제도주의로 이분할 수 있는데, 전자의 경우 제도를 명시적인 법령만으로 한정시켜 정태적으로 논의하는 반면, 후자의 경우 제도를 법령·판례뿐만 아니라 상관습(Lex Mercatoria)과 국제규범까

그러한 측면에서 법관의 옳은 결단이란, 현행법의 지속가능성(Sustainability)을 유지케 하는 모습으로 나타나게 된다. 다시 말해, 현행법을 해석·적용한 재판결과가, '사회적 당위성'은 물론이요 수규자 '개개인의 실익' 즉, 준법에의 인센티브(Incentive)를 공히 담보해야 한다는 것이다.

이에 본 논고는, 『회생기업의 구조조정과 시장복귀』라는 '사회적 당위성'은 물론이요, 『회생채권자 간 형평성』이라는 '개인적 실익'을 함께 보장한 최근판례를 하나 소개하고, 이에 따른 회생금융(법)정책을 수립코자 하는데, 기업회생절차의 종결과 부인권의 향방을 다룬 대법원 2015. 5. 29. 선고 2012다87751판결(이하에서는 주제판례라고 한다.)이 바로 그것이다.

Ⅱ. 기본적 사실관계

본 논고는 'Ⅰ.'에서, 사회적 당위성은 물론 수규자의 개인적 실익을 함께 담보하여, 현행법의 사법적 지속가능성을 확보하는 것이, 옳은 판례의 선결조건이라고 언급한 바 있다. 그리고 이하에서는 가장 먼저, 주제판례에 대한 기본적 사실관계를 살펴보기로 한다.

1. A-B-C의 법률관계[2]

본 사건에서는 A, B, C회사가 등장한다. A는 차량용 블랙박스를 제조하는 것, B는 내장 부품(칩)을 연구·개발하는 것, C(2009년 2월 16일 설립, 2009년 8월 경 갑(전 A이사)에서 을(현 대표이사)로 지배권 변경)는 A사 제조 블랙박스 완성품을 도·소매업체에 판매하는 것을 주요 비즈니스 모델로 삼고 있다.

지 포섭하는 개념으로 상정하고 제도의 변화와 같은 동태적 논의에 관심을 둔다. 후자의 경우 경제학 분과에서는 제도경제학으로, 경영학·정책학 분과에서는 전략·조직이론·(법)정책학으로 학술적 논의가 축적되고 있으며, 제도를 분석하는 방식과 관심사에 따라 합리적 제도주의(Douglass North)·역사적 제도주의(Sven Steinmo, Paul Pierson, Theda Skocpol)·사회학적 제도주의(Paul DiMaggio, Walter Powell) 등의 계파로 분화되고 있다.

2) 우리 법은, 공급자로부터 소비자까지의 원자재 조달·가공·조립·분류·수리·포장·상표부착·판매 등의 모든 법률행위를 망라하여 물류라 정의하고 있는데(물류정책기본법 제2조 제1항 제1호), 이하에서는 주제판례의 사실관계를 물류의 선후·체계적 관계(Operation) 등을 고려하여 조망하기로 한다.

[도해 1. A-B-C의 비즈니스모델과 공급사슬]

B 기업	**[1 단계; 연구, 개발]** - A→B; 20만 달러 R&D제공(급부) - B→A; 핵심내장부품 독점공급(반대급부)
A 기업	**[2 단계; 제조]** - B의 핵심내장부품 및 반제품을 구성 - A는 차량용 블랙박스를 제조 및 완성
C 기업	**[3 단계; 유통, 판매]** - A→C; 블랙박스 총판사업 5억 출자, 전속공급(급부) - C→A; 주식 총수 20%, 독점판매수익 공동수익(반대급부)

또 이를 공급사슬(Supply Chain Management)의 측면에서 분석하자면 이하와 같은데, A-B 간에는 미화 20만 달러 상당의 R&D투자·전속공급 계약을 체결하였는데(2008년 1월 8일), B는 이 자금으로 블랙박스 전용 내장부품을 개발하고, A는 (R&D투자 반대급부의 일환으로) B가 생산한 내장부품을 독점공급 받기로 약정하였다(2009년 5월 20일). 그리고 본 계약이 원활하게 체결된 이후, A는 7천만 원 상당을 들여 블랙박스 외형을 주조하기 위한 사출케이스를 제작하게 되었다.

A-C 간에는 전속공급·독점판매 계약이 체결된 바, 이에는 "첫 번째로, A는 신설회사 C에 5억을 출자하고 발행주식 총수의 20%를 반대급부로 얻도록 하며, 출자금의 사용은 차량용 블랙박스 총판사업에만 특정 한다(2009년 9월 1일). 두 번째로, A는 C 외의 회사에 블랙박스를 납품하지 않는 조건으로, 블랙박스 판매사업의 매출이익을 A·C가 공동으로 구가한다(2009년 12월 23일)."는 조건이 붙어있다.

즉, B가 내장부품을 개발하고, A가 블랙박스 외형에 내장부품을 삽입하여 완성품을 제조하면, C가 이것을 총판하는 것이다.([도해 1])

2. A의 문제 상황과 법률관계의 변화

[도해 1-2. A의 문제 상황과 A-B-C 간 계약수정]

Plan	[도해 1]의 비즈니스모델 및 공급사슬
Do	B; 부품공급, A; 조립·가공, C; 유통·판매
See	A; 대표이사의 약 407억 원 횡령(모럴 해저드)
Think	1. A-B - 기존계약의 해지 - C에 대한 판매루트 강제

이렇게 A가 중심이 되어 짜놓은 사업 스크럼은, 역설적으로 A의 문제 상황과 맞물려 흐트러지게 되는데, 이는 A의 대표이사가 (직접·간접금융을 통해 자금을 융통한 후, 불분명한 거래처에 지급·결제하는 등의 방식으로) 약 407억 원의 회사자금을 횡령한 것 때문이었다. 이로 인해 A는, 정상적 현금흐름을 유지할 수 없게 된다. 이는 기존의 비즈니스모델·공급사슬의 계약수정을 강제했다. 특히 B와 C는 A와 맺은 법률관계상 직접적 이해관계인으로서, 이러한 수정을 각 주도해 나갔다.

가. A-B 간의 계약수정

먼저, A와 B는 상기한 R&D 투자(2009년 1월 8일)·내장부품 독점공급계약(2009년 5월 20일)을 해지하게(2010년 2월 17일) 되었다. A의 현금흐름에 대해 강한 의구심을 갖고 있던 B는, (A와의 계약에서) 제3자에 불과한 C와의 관계에 대해서도 언급하게 되는데, C가 B를 통하거나 혹은 A를 통하더라도 B의 동의를 얻어 내장부품을 구매해야 한다고 적시한 것이 바로 그것이다. 이는 A의 현금흐름에 더 큰 이상이 생길 경우 총판을 맡은 C가 제조·판매를 모두 강행할 것이라는 B의 예측을 증명하는 것이다.

나. A-C 간의 계약수정

이후, A와 C는 상기한 전속공급·독점판매에 대한 계약(2009년 12월 23일)·매출이익 공동분배에 대한 계약(2009년 12월 23일)을 변경(2010년 2월 25일)하기로 한 바, C는 A에 대당 미화 5달러의 사출케이스 로열티를 지급하기로 한다. 또한 C는 A가 제품 수급에 차질을 빚을 것으로 예상한 바, 구매한 A의 반제품 따위를 구매(2010년 3월 30일 대금지급)하여, (C)스스로 제조·판매를 담당하기로 한다.

A의 상황이 더욱 악화되자, A는 2010년 2월 25일 C에 대한 채권 중 일부(약 2억 5천 4백만 원 상당)를 제3채권자에게 양도하게 되었다. 그리고 C와 새로운 계약을 체결하면서, 2천 5백만 원 상당의 사출케이스를 C에 양도함과 동시에, 기존의 로열티 지급규정을 삭제(2010년 4월 12일)하기로 한다.

이로써 A의 현금흐름은 (C가 블랙박스를 전량 생산·판매하게 된 이후) C가 주도하는 양상이 되었고, C는 (A-제3채권자 간의) 채권양도에 따라 약 2억 5천4백만 원의 금전을 제3채권자에게 전부 송금하는 한편(2010년 4월 12일), A에 대한 (약 1억 1천6백만 원의) 잔존채무 모두를 지급(2010년 4월 13일)하기에 이르렀다.

Ⅲ. 추가적 사실관계

본 논고는 'Ⅱ.'에서, A-B-C의 법률관계는, 'B(부품공급)-A(조립가공)-C(유통판매)'라는 공급사슬로 조직되었으나, A사 대표이사의 횡령·자본잠식에 의해 당사자 간의 계약수정이 이루어졌다는 기본적 사실관계를 정리한 바 있다.

그리고 이하에서는, 상기한 기본적 사실관계의 이후상황 즉, A의 현금흐름이 완전히 정지된 다음의 추가적 사실관계를 살펴보기로 한다. 더불어 이에 따른 기업회생절차를 귀납적으로 개관함으로써, 주제판례의 이해를 돕기로 한다.

1. 회생개시결정 전까지의 흐름

[도해 2. 패스트트랙(Fast Track) 기업회생절차의 개관][3]

1 단계	**회생개시결정 전(패스트트랙; 약 1개월 내)** [1]회생절차 개시신청 [2]심사 [3]채무자에 대한 보전처분 및 중지명령 [4]회생절차 기각결정; 임의적 파산선고
2 단계	**회생계획인가 전(패스트트랙; 약 4~5개월 내)** [1]회생절차 개시결정 및 관리인 선임/불선임 [2]권리변경, 의결권행사를 위한 채권확정절차 [3]관계인집회와 회생계획안 제출/심리/결의 [4]회생계획 불인가; 임의적 파산선고
3 단계	**회생절차종결 전(패스트트랙; 회생계획기간)** [1]회생계획 인가결의 [2]회생계획의 수행 및 회생절차의 정상종결 [3]인가 후 회생절차 폐지; 필요적 파산선고

---

3) 일반회생은 패스트트랙과 기간만 다를 뿐, 세부절차는 동일하다. 즉, 본 도해를 통해 패스트트랙의 절차·기간, 그리고 일반회생의 절차를 모두 알 수 있다. 다만, 일반 회생절차의 기간은 (기본적·추가적) 사실관계를 토대로 충분히 짐작 가능할 것이다.

첫 번째 단계로, 회생개시결정 전까지의 단계이다.

A는 2010년 4월 30일 수원지방법원에 회생절차개시신청을 하게 되었고, 2010년 5월 7일 '보전처분 및 포괄적 금지명령'[4]을 받게 되었다. 본 사실관계에서 짚어봐야 할 기업회생절차의 상세는 무엇이 있겠는가?

하나, A가 기업구조조정촉진법(이하 기촉법)[5]에 의한 워크아웃 절차에 돌입하지 않았다는 것이다. 기촉법은 채무자회생 및 파산에 관한 법률(이하 통도법)의 특별법으로서(기촉법 제3조), 채권자 다수가 기업금융을 취급해 온 금융기관인 때, 부실징후기업의 구조조정(기촉법 제1조)을 이들 금융채권단이 (금융채권자협의회(기촉법 제22조)를 조직하여) 주도할 수 있도록 허여하는 법률이라 하겠다. 이에 본 사건의 A는, 채권자들 상당수가 금융기관이 아니었다는 점, A 스스로도 여러 금융기관(특히 간접금융기관)으로부터 기업대출을 받을 수 있는 신용이 없었다는 점을 알 수 있다.

둘, A가 스스로 수원지방법원 본원 합의부에 기업회생절차를 신청(통도법 제3조 제5항)했다는 것이다. 통도법 제34조는 회생절차개시 신청권자에 대해 규정하고 있는데, 본 사안에서는 채무자인 A 스스로가 회생신청을 이행한 바, 이는 본 조 제1항에 해당하는 회생절차개시신청을 한 것이라 하겠다. 그리고 A가 수원지방법원에 회생절차개시신청을 하게 된 바, A의 주된 사무소 혹은 영업소가 수원지방법원 본원 관할 내에 위치해 있다는 것을 알 수 있다(통도법 제3조 제1항 제2호).

셋, 수원지방법원이 책임재산의 해체를 방지키 위한 조치를 신속하게 이행했다는 것이다. 본 사안에서 당해 법원은 보전처분(통도법 제43조)과 포괄적 금지명령(통도법 제45조)을 동시에 발한 바 있는데, 모럴 해저드에 빠져있는 A가 더 이상 기업자산을 은닉·

---

4) 통도법은 민사집행법의 규정과 별개의 가압류·가처분 규정을 두고 있는데, (1)본 법의 보전처분은 ①회생절차의 신청·② 이해관계인의 신청 혹은 법원의 직권·③회생절차의 개시신청 전이라는 인적·시적 요건을 갖고 있다. 본 법률의 보전처분은 (민사집행법의 그것과 같이) 보전의 필요성 즉, ① '보전처분을 하지 않는 경우 판결의 집행불능 혹은 ②그 가능성이 현저한 때'라는 '필요성' 요건을 두지 않고 있는데, 이에 대한 판단은 신청 후 7일 내 관리위원회의 의견을 수렴하여 법원이 결정하게 된다(통도법 제43조). 그리고 (2)동일한 인적·시적요건에 더해, 법원이 필요하다고 인정하는 때에는, 당해 회생절차와 모순되는 범위의 처분일반(①채무자 파산 및 채무자 재산에 대한 민사·②행정소송·③국세징수 및 체납처분)에 대해서 중지명령을 행할 수 있다(통도법 제44조). 마지막으로 (3)동일한 인적·시적범위에 더해, 전술한 제44조의 조치로는 회생절차의 목적달성이 어려운 때, 당해 회생절차에 모순되지 않는 범위의 처분(강제집행절차) 또한 포괄적으로 금지할 수 있다(통도법 제45조).

5) 기촉법은 제정-개정, 과거-현재에 이르기까지 '한시법'으로 운영되고 있다. 기촉법의 경우, 첫 제정법은 2001년 9월 15일~ 2005년 12월 31일까지의 기간적 효력범위를 가졌고, 두 번째 제정법은 2007년 11월 4일~2010년 12월 31일까지, 세 번째 제정법은 2011년 5월 19일~2013년 12월 31일까지, 네 번째 제정법은 2014년 1월 1일~2015년 12월 31일까지, 현재는 다섯 번째 제정법으로 2016년 3월 18일~2018년 6월 30일까지의 기간적 효력범위를 갖고 있다. 입법자는 2006년 3월 24일 통도법의 제정·시행을 기점으로, 기업회생-파산에 대한 입법수요 전반을 통도법에 수용하려 했으나, 이는 쉬운 일이 아니었다. (통도법의 기업회생-파산절차는 법원이 주도하는 절차임에 반해) 기촉법이 채권자-채무자 간 자율적 구조조정을 철저히 보장하는 입법이기에 더더욱 그러했을 것이다.

반출하지 못하도록 하는 측면과, A 채권자들의 권리행사에 통일적으로 대응하려는 함의가 있다고 하겠다.

2. 회생계획인가 전까지의 흐름

두 번째 단계로, 회생계획인가 전까지의 단계이다.

본 사건에서는, A의 회생절차개시신청(2010년 4월 30일) 이후 회생계획인가(2011년 11월 8일)에 이르기까지 약 1년 6개월여를 소비하게 된다. 본 사실관계에서 짚어봐야 할 기업회생절차의 상세는 무엇이 있겠는가?

하나, 수원지방법원에서 A에 대한 기업회생절차 개시결정[6]을 내렸다는 것이다. A가 채무자로서 제출한 신청서에는, ①신청인의 인적사항 및 거주지·②채무자의 인적사항 및 거주지(기업인 경우 채무자의 상호 및 영업소재지)·③(채무자 영위사업 및 채무자 소유자산 등)회생절차개시의 원인이 되는 사실·④이에 따른 신청인이 법원에 바라는 바 즉, 회생신청의 취지가 모두 기재되어 있어야 한다(통도법 제36조). 만약 신청인이 채권자인 경우, ①(주식·출자 지분·채권액 등) 채무자에 대한 신청인의 채권범위, ②(채무자 자산변경과 같이) 회생절차를 위해 반드시 법원에 진술하고 싶은 사항, ③회생계획에 대한 구체적 의견 등이 필수적으로 포함되어있어야 할 것이다(통도법 제36조). 법원은 상기 법률요건사실에 위반이 없음을 확인하고 기업회생절차개시결정을 내리게 된 것이다.

둘, 관리인이 별도로 선임되어 (기업회생계획안 결의에 이르기까지의) 절차진행을 주도해 나갔다는 것이다. 기업회생절차의 관리인은, (채무자의 대표이사가 경영판단(Business Judgement)[7]의 범주를 벗어난 위법을 자행한 것이 아니라면) 기존 대표이사가 선임되는 것이 일반적이다(관리인 불선임제도 혹은 Debtor in Possession [DIP]; 통도법 제74조 제

---

6) 채무자의 회생절차개시신청에 대해 법원은, 신청일 기준으로 1월 내 개시여부를 결정해야 하며, 개시하는 경우 연·월·일·시를 기재한 결정을 통해 회생절차에 창설적 효력을 부여한다(통도법 제49조).

7) 판례는, 경영판단을 적용함에 있어 "통상의 합리적인 금융기관 임원으로서 그 상황에서 합당한 정보를 가지고 적합한 절차에 따라 회사의 최대이익을 위하여 신의성실에 따라 대출심사를 한 것이라면 그 의사결정과정에 현저한 불합리가 없는 한 그 임원의 경영판단은 허용되는 재량의 범위 내의 것으로서 회사에 대한 선량한 관리자의 주의의무 내지 충실의무를 다한 것으로 볼 것이며, 금융기관의 임원이 위와 같은 선량한 관리자의 주의의무에 위반하여 자신의 임무를 해태하였는지의 여부는 그 대출결정에 통상의 대출담당임원으로서 간과해서는 안 될 잘못이 있는지의 여부를 대출의 조건과 내용, 규모, 변제계획, 담보의 유무와 내용, 채무자의 재산 및 경영상황, 성장가능성 등 여러 가지 사항에 비추어 종합적으로 판정해야 한다.(대법원 2002. 6. 14, 선고, 2001다52407, 판결)"고 판시하면서, (일반적·획일적 요건을 적시하기보다는) 개별사건의 구체적 타당성을 강조하는 입장이다.

2항). 이는 미국 연방도산법 제1104조 (a)의 수탁자제도(11 U.S. Code § 1104 - Appointment of trustee or examiner)를 계수[8]한 것으로서, 현 경영진의 업무효율이 높다는 전제하에, 경영진교체와 같은 급격한 지배구조의 변화를 지양코자 하는 것이다.

[도해 3-1. 일반적 학습곡선(좌), 로그 치환 후(중), 학습곡선이론의 적용(우)][9]

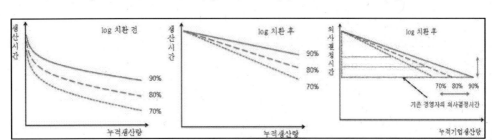

즉 관리인 불선임 제도는, 새로운 관리인의 습득과정(Learning Curve)을 거래비용(Transaction Cost)[10]의 증가로 인식하는 입법인 셈이다. 물론 그렇게만 획일화시키기에는, 여러 가지 변수가 상존한다. 특히, (지배구조가 단순하거나 복잡할 때, (혹은)영업비

---

8) 우리 법제가, 기업회생절차의 관리인 선임에 대해 미국의 관리인 불선임 제도를 수계했다는 점은 상술한 바와 같다. 그렇다면 우리의 통도법상 관리인의 법적 성격 또한, 미국의 입법론과 같이 신탁적 법률관계에 이르는 높은 권리·의무관계를 형성하는지 살펴볼 필요가 있다. 우리 신탁법에서 (1)수탁자는, 신탁재산에 대한 권리·의무의 귀속주체로서, ①신탁재산의 관리·처분, ②신탁목적 달성을 위한 모든 행위를 할 권한이 있다(신탁법 제31조). 하지만, 수탁자는 ③사무 처리에 대한 선관주의의무(신탁법 제32조)는 물론이요, ④수익자의 이익을 위해 신탁사무를 처리해야 하는 충실의무(신탁법 제33조), ⑤분별계정관리의무(신탁법 제37조)·⑥이해상반행위금지의무(신탁법 제34조)가 부여된다. (2)그렇다면 통도법상 관리인은 어떠한가? 통도법상 관리인은, ①회생업무전반의 관리권한 외에는 ②법정된 권리가 존재하지 않으며(통도법 제56조), ③법원의 상시감독을 받는 것이 원칙이므로(통도법 제81조), ④선관주의의무 외의 법정의무는 부여되지 않는다(통도법 제82조). 그러므로 통도법의 규율을 받는 '회생기업-관리인' 간의 권리의무관계는, 미국의 '신탁자-수탁자' 관계와 같은 광도(廣度)·심도(深度)에 미치지 못하는 것으로 평가할 수 있다.

9) 만약, 특정(x)변수의 누적평균생산시간을 Y라고 했을 때, 이는 처음 생산할 때 걸린 시간(A)과 비교하여, 수차례 반복을 통해 얻은 능률만큼의 시간이 감소할 것이며, 이는 이하의 수식과 같이 표현할 수 있다.

> ◎ A = 첫 번째 단위생산시간
> ◎ Y = x 번째 누적평균생산시간
> ◎ ϕ = 학습능률 (예; 70%, 80%, 90% …)
> ◎ 100-ϕ = 진보율
>
> ◎ C = 누적 생산량
> ◎ n = $\frac{\log\phi}{\log 2}$ (-1<n<0 ϕ) = 생산량이
> 2 배가 될 때마다, ϕ의 학습률을 가지는 경우

(1) Y = A * C^n
(2) 만약, 양 변에 log를 취한다고 했을 때, log Y = log A + n log C가 될 것이다.
(3) 그리고 (1), (2)는 [도해 3-1]과 같이 나타낼 수 있다.

10) 제도경제학(Institutional Economics)의 핵심개념이라 할 수 있는 거래비용(Transaction Cost)은, 조직 내 구성원 간의 의사전달·합치비용·정보수집비용·교통비·창고비용·대출원금·이자비용, 보험료 등 계약의 준비·체결·이행에 이르는 전과정에서 소모되는 모든 비용을 포함하는 것이며, 시라큐스대학교(Syracuse University)와 위스컨신대학교(University of Wisconsin)에서 교수생활을 했던 John R. Commons(1862~1945)가 고안한 개념이다. 본 개념은 신고전파경제학이 정량적 변수(Quantitative Variable)에 경도되어 있다는 점을 비판함과 동시에, 기존의 정성적 변수(Qualitative Variable)를 정량적 변수로 변화시킨 혁신적인 지표이며, 신고전파경제학과 제도주의경제학이 보다 현실적인 문제해결을 위해 양립 가능함을 보여준 유일무이한 지표이다.

밀의 가치가 높거나 낮을 때와 같이) 경영자의 조직적응 난이도에 따라, 기존 경영자의 의사결정시간 또한 달라질 수 있으며, 새로운 관리인의 학습능력 또한 달라질 수 있다는 점을 유념해야 할 것이다.

[도해 3-2. 조직적응 난이도에 따른 변수의 변화, 관리자 선임의 유·불리]

변수		난이도 상	난이도 중	난이도 하
변수	기존 경영자의 의사결정시간	높음	중간	낮음
	학습률(혹은 진보율)	70%	80%	90%
관리자 선임		불리 ←	중립	→ 유리

분설하자면, 조직적응 난이도가 높으면 높을수록, 기존 경영자의 의사결정시간 또한 높을 것이며, 새로운 경영진의 학습률(혹은 진보율)이 떨어질 것이다. 반대로, 조직적응 난이도가 낮으면 낮을수록, 기존 경영자의 의사결정시간 또한 낮을 것이며, 새로운 경영진의 학습률(혹은 진보율)이 상승할 것이다.

그러므로 조직적응의 난이도가 높으면 높을수록 새로운 관리자 선임의 유인이 낮을 것이고, 조직적응의 난이도가 낮으면 낮을수록 새로운 관리자 선임의 유인이 높을 것이다. 그러나 관리인 불선임 제도는 불법을 저지른 기존 경영진에는 적용이 없는바, 이는 '비용감소를 위해 불법을 감내하지 않는다.'고 하는 입법자의 결단[11]이라 하겠다.

이에 본 사건에서 선임된 관리인 A는, 기존 대표이사의 부정으로 인해 필요적으로 선임된 일종의 수임인에 해당하며, ①채권자의 범위·채권의 범위·채무자 소유자산의 조사, 확정·신고하는 절차[12]를 비롯하여, ②관계인집회, ③회생계획안의 제출 및 확정결의를 주도했을 것이다. 특히 회생계획안의 경우, 회생채권자 의결권 총액의 2/3, 회생담보권자의 의결권 총액 3/4, 주주·지분권자 의결권 총수의 1/2 이상의 동의를 가결 요건

---

11) 이와 유사한 법 논리는, 시대·국가를 초월하여서도 발견할 수 있는 바, 불법행위를 원인으로 한 수동채권이 상계의 대상이 되지 않는다는 민법 제496조("채무가 고의의 불법행위로 인한 것인 때에는 그 채무자는 상계로 채권자에게 대항하지 못한다.")의 태도와 관련판례가 바로 그것이다. 즉, 제 아무리 시장적 관점서 비용감소 혹은 손해전보가 이뤄질 개연성이 충분하더라도, 이를 정의의 관점서 명문규정으로 차단하는 것이다. 이러한 제도주의적 재해석은, 법경제학(Law and Economics)과의 공통점과 차이점을 공히 드러내고 있는데, '합리적 제도주의 노선의 요체인 거래비용 개념이 (고전-신고전파와 맥을 같이 하는)법경제학과의 접점을 제공한다는 것', '완전한 합리성을 기초로 한 법경제학의 사고체계로는, 정의의 관점에서 규정된 법 논리를 설명하는 데 어려움이 따른다는 것'이 바로 그것이다.

12) (1)관리인은 (①회생채권자·②회생담보권자·③주주·④지분권자 등) 채권자 목록을 작성하여 이를 (회생절차 개시(결정) 일로부터 2주 이상 2월 이하의 기간 내) 법원에 제출해야 한다(통도법 제50조 제1항 제1호). 그리고 (2)관리인은, (채권자 목록 제출기간의 말일을 기준으로, 1주 이상 1월 이하의 기간 내에) 채권자 출자자산의 상세 또한 법원에 신고해야 한다(동조, 동항 제2호). (3)만약 신고하지 못한 채권자가 존재하는 경우에는, (채권자 목록 제출기간의 말일을 기준으로 1주 이상 1월 이하의 기간 내에) 추가조사를 통한 신고가 필수적이다(동조, 동항 제3호).

으로 법정하고 있으므로, A 또한 이 같은 요건을 충족했을 것이라 짐작할 수 있다(통도법 제237조).

셋, 기업회생절차 개시신청 이후 회생계획안의 확정까지 약 1년 6개월이 소요되었다는 것이다. 즉, 채권·채무범위의 조사·확정(통도법 제90조, 제91조), 계속가치·청산가치의 도출, 회생계획안의 작성·의결(통도법 제220조, 제221조)에, 1년 반을 소모했다는 것이다. 이에 우리 법원은, 2011년 3월 25일 서울중앙지방법원 파산부 워크샵을 통해 패스트트랙 운영실무정책을 발표했고, 4월 26일·11월 28일 양일간 금융기관 간담회를 개최[13]한 바 있다. 특히, 복수의 채권자가 금융기관이 아니어도 이들 스스로가 채권단을 결성하여 통일적 의사결정을 도출할 수 있도록 허여하고 있다는 점, 기업회생절차 개시 후 회생계획 인가까지 6개월 이상의 기간을 허비하지 않도록 노력하고 있다는 점은, 특기할만한 사항이다.

3. 회생절차종결 시까지의 흐름

세 번째 단계로, 회생절차종결 시까지의 단계이다.

본 사건에서는, 부인권에 대한 상고심 중 회생절차폐지결정이 확정된 바(2012년 10월 30일), 회생절차를 주도하던 A의 관리인은 파산선고와 함께 파산관재인으로서의 법적 지위를 취득(2012년 11월 2일)하게 된다. 본 사실관계에서 짚어봐야 할 기업회생절차의 상세는 무엇이 있겠는가?

하나, 법원이 A의 기업회생계획안에 인가결정[14]을 내렸다는 것이다. 특히 회생계획안의 인가결정은, 회생절차 당사자 상호 간에 신의성실의 원칙이 준수되고 있음을 나타내는 것이다(통도법 제243조 제1항). 물론 이것이 완전무결한 회생절차까지 보장하는 것은 아니다. 이에 법원은, 사소한 절차위반이 있다 하더라도, 회생계획을 종합적으로 판단하

---

13) 이에 대한 더욱 자세한 사실관계는 '정준영, "기업회생절차의 새로운 패러다임", 「사법」, 제18호.(2011)'을 참고하기 바란다.

14) (1) ①관리인(통도법 제220조)을 포함한 ②채무자(관리인 불선임; 관리인 불선임 제도를 이용한 경우; 통도법 제221조)·③회생채권자·④회생담보권자·⑤주주·⑥지분권자·⑦채권자(통도법 제221조)는 회생계획안을 제출할 지위를 가진다. (2) 회생계획안은 ①회생절차 개시 이후 마련되는 것이 보통이지만, ②빠른 절차진행을 위해 1/2의 채권자 혹은 이들의 동의를 받은 채무자가 계획안을 미리 확립하여 ('회생절차 신청~개시 전'까지의 기간 내)법원에 제출할 수도 있다(통도법 제223조). (3)회생계획안의 수정이 요구되는 경우(통도법 제229조), 법원은 수정안 심의를 위한 재차·삼차의 관계인 집회를 소집할 수 있다(통도법 제330조). (4)더 이상의 수정이 필요치 않은 때, 법원은 회생계획안 결의를 위한 관계인집회를 소집하게 된다(통도법 제232조). (5)회생계획안의 심리와 결의가 병합되는 경우도 드물지 않다. (5)회생계획안의 결의는 회생기업에 대한 조사가 종료된 이후에야 가능한 것이며(통도법 제235조), 제1차 관계인집회 이후 2월 내 이루어지는 것이 원칙이다(통도법 제239조).

여 인가여부를 결정하게 된다(통도법 제243조 제2항). 더불어 법원은 회생계획결의를 함에 있어 세 가지 채권자 조(부류) 즉, 회생채권자(조)·회생담보권자(조)·주주·지분권자(조) 중 일부의 의결정족수가 충족되지 않는 경우에도 인가결정권한이 존재한다(통도법 제244조). 일단, 본 사안에서 A는, 회생계획의 실행서 문제가 발생한 것이므로, 회생계획의 인가에는 문제가 없는 것으로 볼 수 있다.

둘, A의 회생계획 이행에 문제가 발생한 바, 법원이 A의 회생절차를 폐지시키고 파산절차를 진행했다는 것이다. 법원의 회생계획인가 결정 후, 관리인은 회생계획을 차질 없이 수행해야 하는 바, 관리위원회[15]는 회생계획의 수행여부에 대한 평가를 매해 실시하여 그 결과를 법원에 제출하게 된다. 회생계획수행이 불가능[16]하다고 판단되는 경우, 회생기업은 회생계획인가의 폐지는 물론(통도법 제288조) 필요적 파산선고 또한 피할 수 없게 된다(통도법 제6조 제1항). 이때 기업회생절차상 관리인의 업무수행은 완전히 중단되고, 기업파산절차상 파산관재인이 선임[17]된다. 이에 본 사안의 A는 회생계획의 수행에 차질이 발생하여 회생계획 인가폐지 및 필요적 파산선고를 받게 되었다.

Ⅳ. 법률적 쟁점분석

본 논고는 'Ⅲ.'에서, A가 B·C 외 다수를 채권자로 기업회생절차에 돌입했음을 기술하였고, 이에 연동한 회생절차 일반은 상기한 바와 같다.

그리고 이하에서는, 주제판례의 법률적 쟁점분석에 집중하기로 하며, 이를 체계적으로 이해하기 위해 세 가지 의문에 자답(自答)하기로 한다.

---

15) 법원이 기업회생절차를 주도한다고 하여, 모든 절차에 최선의 정력을 쏟기는 어려울 것이고, 전문성의 한계도 분명 존재한다. 그러한 측면에서, (1)법원은 지방법원 산하에 관리위원회를 설치하여 회생업무(파산업무도 포함) 전반의 업무를 위탁하게 된다(통도법 제15조). ①본 위원회는 위원장을 포함한 3인 내지 15인의 조직으로, ②위원 개개인은 변호사·공인회계사·금융권 15년 이상의 경력자 혹은 ③상장기업 임원 재직자·④법학 및 상경계열 관련 학문에 석사학위를 취득한 자 등의 외부 전문 인력으로, ⑤그 임기는 3년이다(통도법 제16조). (2)만약 법원이 패스트트랙을 채택하는 경우, 법원에 역할이 집중되는 한편, 관리위원회의 역할이 상대적으로 줄어든다고 할 수 있겠다.

16) 회생계획에 대한 법적 성격을 채권자-채무자 간에 체결된 새로운 계약으로 보았을 때, 회생계획 인가 폐지·필요적 파산선고는 통도법 고유의 (법정)채무불이행책임으로 평가할 수 있겠다.

17) 하지만 회생절차의 관리인이 파산관재인으로 선임되는 것이 보통이고(통도법 제6조 제6항), 이는 상기한 관리인불선임제도와 일맥상통한 입법유형이라 하겠다.

1. 사후적 자산동결조치의 필요성

이에 첫 번째로, 경영위험을 안고 있는 기업의 회생절차에서 가장 중요한 과제가 무엇인가? 하는 질문이다. 이에는 '책임재산의 일탈과 산일을 방지하는 것'이라 답할 수 있겠다. 하지만 사전적 자산동결조치에 불응한 거래행위에 대해서도, 적절한 사후적 대응이 이뤄져야 회생절차의 목적을 충분히 달성할 수 있을 것이다. 거래의 실제에서는, 채무자와 상시 거래하던 채권자일수록, (사전적 자산동결조치 혹은 회생절차 개시신청 이전에) 채무자의 잔존자산을 자신의 채권만족에 사용하려는 시도가 잦고, 이는 본 사안에서도 여실히 드러나 있다.

특히 본 사안에서는, A-C간 블랙박스 전속공급·독점판매를 위한 최초의 계약(2009년 12월 23일)이 두 번 수정되는 것을 볼 수 있는데, ①A의 경영상황이 악화되자 C가 스스로 제조·판매를 공히 담당하면서(2010년 3월 30일) A의 반제품 따위의 자산을 구매하여 (매출이익 공동분배 대신) 대당 미화 5 달러의 로열티를 지급(2009년 12월 23일)하기로 한 것이 첫 번째 수정이요, ②A가 반제품 매출채권과 로열티 지급채권 중 일부(약 2억 5천4백만 원 상당)를 제3자에게 양도하자 C가 이를 모두 변제하고, 잔존채무 약 1억 1천6백만 원의 금전도 A에게 모두 지급(2010년 4월 13일)한 후, 2천5백만 원 상당의 사출케이스를 양도받은 것이 두 번째 수정이다.

사출케이스 구매이후 더 이상의 로열티를 지급하지 않는 계약내용에 대해 판례는, "채무자 회사는 원고에게 금형의 소유권과 사용권을 모두 넘겨주고 원고에 대한 장래의 로열티 채권을 포기하는 반면에 금형의 대가로 받은 2,500만 원 외에 이 사건 최종부속합의를 통해 얻게 된 직접적이고 현실적인 경제적 이익이 전혀 없으므로, 채무자 회사가 지급정지 등의 사유로 회생절차개시신청을 하기 전 6월 이내인 2010. 4. 12. 원고와 이 사건 최종부속합의를 체결한 것은 (중략) 무상행위 또는 이와 동일시할 수 있는 행위"라 판시하고 있다. 즉 판례는 (지속적으로 구가할 수 있는) 사용료를 포기하게끔 하는 A-C간의 특약이 일종의 무상행위 혹은 이에 준하는 것으로 판단하여, 사후적 자산동결조치의 필요성을 피력하고 나선 것이다.

2. 기업회생절차서 부인권-채권자취소권의 택일관계

[도해 4. 채권자취소권과 부인권의 법률요건 비교]

요건	피보전 채권		사해행위			사해의사(악의)	
	성립시기	특정요구	주체	결과발생	시기	채무자	수익자 전득자
채권자취소권	사해행위전	o	채무자	o	o 처분행위시	o	o
고의부인	x	x	o	o	x	o	x
본지행위부인	x	x	o 수익자	o	x	x	o
비본지행위부인	x	x	o 수익자	o	o 지급정지 전후60일 내	x	x
무상부인	x	x	o 무상	o	o 지급정지 후 6월 내	x	x

이에 두 번째로, 사전적 자산동결조치만큼이나 사후적 조치도 중요한 것이라면, 이는 어떠한 실체법적 권리를 통해 실현되어야 하는가? 하는 질문이다. 채무자 소유의 자산에 대한 사후적 조치라는 측면에서, 채권자는 두 가지 제도를 선택할 여지가 있을 것인데, 민법상 채권자취소권(민법 제406조)과 통도법상 부인권(통도법 제100조; 본 조)이 바로 그것이다. 그리고 구체적 요건사실은 [도해 4]에 기술한 바와 같다. 더불어 부인권은, 입법론적으로 채권자취소권을 뿌리[18]로 삼고 있고, 이는 신청권자가 입증해야 하는 요건사실이 채권자취소권에 포함관계에 있다는 점에서 명확히 드러나고 있다. ([도해 4])

이러한 입법론적 선후-대소 관계는 필연적으로 채권자취소권-부인권 간의 구법-신법 관계뿐만 아니라 일반법-특별법 관계 또한 만들어낸다. 사실인정의 단계를 넘어 법규의 해석과 적용의 단계에 들어섰을 때, (법률전문가의 입장에서는 당연히 일반법-특별법 관계를 통해 통도법상 부인권을 행사하겠지만) 일반 수범자인 채권자의 관점에서 생각해 보아도 통도법상 부인권은 채무자의 자산을 동결시키는데 상대적으로 넓은 가능성과 낮

---

18) 우리 판례에서는, "회생절차에서 정한 부인권이란 회생절차 개시 전에 채무자가 회생채권자·회생담보권자를 해하는 것을 알고 한 행위 또는 회생채권자 등과의 평등을 해하는 변제나 담보 제공 등과 같은 행위를 한 경우 회생절차 개시 후에 회생채무자의 관리인이 그 행위의 효력을 부인하고 일탈된 재산의 회복을 목적으로 하는 권리로, 일탈한 채무자의 재산의 회복을 목적으로 한다는 점에서 채권자취소권과 목적을 같이 하는 것이므로, 채권자취소권이 되고 있는 중에 채무자에 대하여 회생절차가 개시된 때에는 부인권이라는 통일된 형태로 선행하는 채권자취소소송을 수계하는 것이 소송경제상 타당하다(후략)"(서울고등법원 2009. 08. 13. 선고 2008나119431 판결)고 판시함으로써, 부인권과 채권자취소소송의 입법목적이 동일하다는 점을 명확히 하고 있다. 이는, 신법-특별법인 (통도법상) 부인권이 구법-일반법인 (민법상)채권자취소권으로부터 파생되었다는 사실을 우회적으로 드러내는 것이기도 하다.

은 진입장벽을 선사하고 있다. 법규적 측면, 비시장 전략의 측면 모두를 살펴보아도, 부인권의 행사가 채권자취소권에 비해 적법·타당한 우월전략인 것이다. 실제 판례에서도, A의 관리인은 채권자취소권이 아닌 부인권을 행사하고 있다.

또 네 가지 부인사유 중에서도 고의부인이 아닌 무상부인사유를 주장하고 있는데, 이는 매우 과단성 있는 선택으로 평가할 수 있다. 사실관계에서도 보다시피, B와 C는 A의 경영상태를 여느 일반채권자보다 훤히 들여다볼 수 있었을 것이다. 이는 A의 관리인이 고의부인사유를 주장하는 데 어색함이 없음을 추측케 하는데, 오히려 그는 법원에 무상부인사유를 주장하게 된 것이다. 이는, 고의부인과 무상부인의 해당여부를 모두 검토한 관리인이, 사해의사에 대한 입증이 매우 어렵다는 것을 간파하고 내린 결단이라 하겠다.[19]

실제로 A의 관리인은, 사출케이스의 양도·로열티 박탈을 내용으로 하는 2010년 4월 12일 계약이, 통도법 제100조 제1항 제4호 무상행위로서 부인권의 대상이 된다면서 수원지방법원 2010회기13호로 부인의 청구를 하였고, 수원지방법원 또한 이를 받아들이는 결정을 하게 되었다(2011년 3월 30일). 이에 C는 같은 법원에 이의의 소를 제기하였으나(2011년 5월 4일) 기각되었으며(수원지방법원 2011. 12. 23. 선고 2011가합8808 판결), 항소심(서울고등법원 2012. 9. 7. 선고 2012나10678 판결)과 상고심(대법원 2015. 5. 29. 선고 2012다87751 판결)에서도 이러한 취지는 변하지 않았다.

3. 기업회생절차의 종료와 부인권의 향방

이에 세 번째로, 부인권의 효력을 회생절차에만 한정할 것인가? 하는 질문이다. 그리고 본 쟁점은 통도법에서 직접규율하고 있지 않은 바, 이를 통일적·체계적으로 검토하기 위해 기존의 학술적 논의[20]에 귀 기울여 보기로 한다.

가. 학설의 개관

부인권의 법적성격에 대해 학문적 견해는 대립하고 있는 바, 이것이 거래효과의 부인

---

19) 더불어 법원이 가치평가에 전문성이 떨어진다는 판단하에, 지적재산권 하나 없이 오로지 특정 블랙박스 외형에만 쓸 수 있는 사출케이스를 매각하는 데, 매각대금 이상의 로열티가 생략되어 있다는 대담한 주장을 가능케 했다고도 생각한다.

20) 본 논고에서는 기존의 논의를 반복·재반복 하기보다는, 부인권 운영의 실제를 가장 잘 설명하기 위한 논리구성이 무엇인지를 밝히는 것으로, 학술적 논의를 갈음하고자 한다. 그리고 부인권에 대한 학설대립의 자세한 사항은, '홍성준, "회생절차상 부인권과 회생절차의 종결", 「민사판례연구」, XXIX(2007)'을 참고하기 바란다.

을 구하는 의사표시라는 견해(형성권설), 책임재산의 원상회복을 구하는 의사표시라는 견해(청구권설)가 충돌하고 있다. 하지만 통도법 제100조의 입법태도는 거래효과의 부인은 물론이요, 책임재산으로의 원상회복을 공히 염두에 두고 있으며(결합설), '사해행위 취소 등 청구의 소'에서 실제 사용되는 청구취지 또한 결합설에 근거하여 정형화[21]되어 있기 때문에, 이러한 견해대립은 무난히 해소될 수 있는 것이다.

이러한 견해에 일관한다면, 관리인이 재판상 부인권을 행사했을 때에도, 이를 행사하는 관리인의 청구취지가 거래의 부인만을 구하는 것인지(형성소송설), 이를 소극적으로 확인하려는 것인지(이행・확인소송설)에 대한 고민도 필요치 않다(결합설). '부인의 소'에서 실제 사용되는 청구취지 또한 결합설에 근거하여 정형화[22]되어 있음을 살핀다면 더더욱 그러할 것이다.

이에 논리 일관한다면, 부인권의 효력발생 시기에 대해서도 큰 걱정이 없다(결합설; 절충설). 판결확정이 된 이후라야 집행권원을 얻는 것이 원칙(형성소송설; 판결확정시설)이겠지만, 그렇다고 하여 책임재산의 일탈을 확정 시까지 묵과하는 것 또한 정의롭지 않은 것이기 때문이다(이행・확인소송설; 의사표시 도달설). 더불어 이러한 논리에 편승하는 경우라야, 기업회생절차의 성패에 부인권의 효력을 종속시키지 않겠노라는 주제판례의 태도를 정확히 이해할 수 있을 것이다.

나. 기존 판례의 태도

[도해 5. 기존판례의 정리 및 주요사건(진로-하이트 인수사건)에서의 부인권 소송경과]

기존판례의 정리	
대법원 1995. 10. 13. 선고 95다30253 판결	최초판례
대법원 2006. 10. 12. 선고 2005다59307 판결	따름판례
대법원 2006. 10. 12. 선고 2006다32507 판결	
대법원 2006. 10. 13. 선고 2005다73365 판결	
대법원 2006. 10. 13. 선고 2005다73372 판결	

---

21) 사해행위 취소 등 청구의 소에는 "1. 피고와 소외 ◆◆◆ 사이에 별지목록 기재 부동산에 관하여 20○○. ○○. ○. 체결한 부동산매매계약을 취소한다. 2. 피고는 원고에게 위 부동산에 관하여 ○○지방법원 ○○등기소 20○○. ○○. ○○. 접수 제○○○호로써 20○○. ○○. ○. 매매를 원인으로 마친 소유권이전등기의 말소등기절차를 이행하라."와 같은 청구취지가 보편화되어있다.

22) 부인의 소에는, "1. 정리 회사 ◎◎◎ 주식회사와 피고 ◆◆◆ 사이에 20○○. ○○. ○. 체결된 주식양도계약, 같은 날 체결된 현물출자계약, 20○○. ○○. ○. 체결된 현물출자계약 및 위 각 현물출자계약에 따른 신주발행을 각 부인한다. 2. 피고는 원고에게 금 ■■■ 원 및 이에 대한 20○○. ○○. ○.부터 이 사건 소장 부본 송달일까지는 연 6%, 그 다음날부터 다 갚는 날까지는 연 20%의 각 비율에 의한 금원을 지급하라."와 같은 청구취지가 보편화되어 있다.

대법원 2006. 10. 13. 선고 2005다73389 판결	
대법원 2006. 10. 13. 선고 2005다73396 판결	
대법원 2006. 10. 13. 선고 2005다73402 판결	
대법원 2006. 10. 26. 선고 2005다75880 판결	
대법원 2007. 2. 22. 선고 2006다20429 판결	

대법원 2006. 10. 13. 선고 2005다73402 판결; 진로 하이트 인수사건에서의 부인권 소송

회생사건			부인권 소송			
회생개시결정	회생계획인가	인수 및 종결	소 제기	1심	2심	3심
2003년 4월	2004년 4월	2005년 9월	2003년 10월 22일	2004년 11월 4일	2005년 10월 21일	2006년 10월 23일

하지만 우리 법원의 기성(旣成) 판례는, 상기한 논리적 일관성에는 큰 관심을 보이지 않았다. 실제로 우리 대법원은, "정리절차 진행 중에 부인권이 행사되었다고 하더라도 이에 기하여 회사에게로 재산이 회복되기 이전에 정리절차가 종료한 때에는 부인권 행사의 효과로서 상대방에 대하여 재산의 반환을 구하거나 또는 그 가액의 상환을 구하는 권리 또한 소멸한다고 보아야 할 것이므로, 부인의 소 또는 부인권의 행사에 기한 청구의 중에 정리절차폐지 결정이 확정된 경우에는 관리인의 자격이 소멸함과 동시에 당해 소송에 관계된 권리 또한 절대적으로 소멸하고 어느 누구도 이를 승계할 수 없다."면서, 파산절차에 돌입한 때에는 회생절차상의 부인권을 더는 다투지 않는다는 입장을 분명히 했다(대법원 1995. 10. 13. 선고 95다30253 판결; 대법원 2004. 07. 22. 선고 2002다46058 판결).

상기한 대법원 판결에 대해 많은 의문이 생길 수 있겠지만, 이하의 입장을 추론해볼 수는 있을 것이다.

하나, 당시 (구) 회사정리법은 현재의 통도법과 달리, 기업회생을 위한 절차와 파산절차가 별개의 법규로 규율되고 있었으므로, 같은 명칭을 가진 부인권이라 하여 개별법규의 취지마저 동일하다 단정하기 어렵고, 소송수계를 정당화할 연속성을 찾기 어렵다는 점이다.

둘, 법원서 주도하는 기업회생절차보다 원심-항소심-상고심을 거친 부인권 소송의 소요기간이 훨씬 길어, 이는 결국 '배보다 배꼽이 더 큰' 양상으로, 기업의 회생·파산이라는 신속한 의사결정에 장애가 된다는 점이다.

셋, 기업회생절차를 통해 갱생하는 비율이 현저히 낮은 반면, 이들 회사가 인수·합병을 통해 새로운 일생을 맞이하는 경우가 주류를 이루기 때문에, 책임재산의 자산동결이라는 과거형 쟁점에 얽매이는 것은 우리 법 현실에 맞지 않는다는 점이다.

이러한 판례태도를 거칠게 한 마디로 요약하자면, '지연된 정의는 정의가 아니다.'는 법언으로 대신할 수 있을 것인데, '회생기업의 구조조정과 시장복귀'라는 '사회적 당위성'을 우선으로 하여, '회생채권자 간 형평성'이라는 '개인적 실익'을 희생시키고 있음을 알 수 있는 것이다.

다. 당위성을 기초로 한 기존판례의 비판

하지만 이러한 기성 판례태도는 정반대의 측면에서 비판이 가능하다.

하나, (구)회사정리법과 파산법 간 입법목적의 차이가 존재한다면, 현재의 통도법은 입법목적이 다른 두 법규를 물리적으로 혼합한 입법적 모순덩어리일 뿐이며, 단순히 통합입법이라는 이유로 회생-파산절차 간 소송수계가 정당화된다면, 이 또한 큰 문제라고 하겠다.

둘, 기업회생절차의 기간과 부인권 소송의 기간을 비교한다면 후자의 그것이 훨씬 길다고 할 수 있겠으나, 회생계획의 인가 및 이후의 이행조건으로 붙은 기간과 비교한다면, 절대 길다고 할 수 없다.

셋, 기업회생절차를 통한 갱생의 비율이 낮은 것은, 기업평가의 비전문가인 법원이 갱생가능성이 충분치 못한 기업을 회생절차에 돌입하게 만든 면이 없지 않고, 산업의 태동기-성장기에 활발히 일어나는 인수·합병이 정체기에도 지속되리라는 보장이 없다.

더 나아가, 대법원의 태도가 사회적 당위성에만 의지한 채, '회생채권자 간 형평성'이라는 수규자 일반에의 균형적 실리를 보장하지 않는 경우, 수규자는 대법원이 의도한 바와는 정반대의 행동양태를 보일 수 있다.

라. 기존판례의 제도주의적 재해석

[도해 6-1. 죄수의 딜레마 게임일반]

범죄자B		범죄자A	
		자백	부인
	자백	A: 5년 형 B: 5년 형	A: 10년 형 B: 석 방
	부인	A: 석 방 B: 10년 형	A: 1년 형 B: 1년 형

즉, 수규자는 막연한 도덕관념이 아닌, 자신의 이해관계를 기준으로 제도에 적응해 나간다는 것인데, 이를 효과적으로 보여주는 것이 바로 죄수의 딜레마 이론[23]이다.

공범 간 자백·부인을 경우의 수로 분류해, 범죄자에게 현격한 구형량의 차이를 선사한다고 가정해 보자. 이때 두 범죄자는 상호 간의 막연한 신뢰를 기초로 최소형량(A: 1년 형, B: 1년 형)에 도전할 것인가? 아니면 자신의 부인과 공범의 자백으로 빚어질 최대형량(A: 10년 형, B: 석방 / A: 석방, B: 10년 형)을 저어할 것인가? 이때 죄수의 딜레마 이론은 후자의 염려에 따라, 차선의 형량(A: 5년 형, B: 5년 형)을 감내할 것이라 분석한다.

행동경제학(Behavioral Economics)은 이러한 균형상태(A: 5년 형, B: 5년 형)가 공범 상호 간의 정보 불균형에서 파생된 것임을 분석해 낸다. 그리고 플리바게닝이라는 제도적 변수를 분석의 대상에서 완전히 제외시킨다.

하지만 이러한 해석론은 제도주의적 관점에서 재해석될 필요가 있다. 즉, 자백·부인에 따른 형량의 차등을 제도화한 플리바게닝 덕에, 공범 간의 신뢰가 무너지는 한편, 자백의 인센티브도 확보된다고 재해석할 수 있는 것이다. 다시 말해, 플리바게닝 제도가 ('실체적 진실발견'이라는) '사회적 당위성'은 물론이요, ('형사피의자의 형량감경'이라는) '개인적 실익'을 공히 구비하고 있기 때문에, ('자백을 통한 형사사건의 해결'이라는) '사법적 지속가능성'을 갖추게 된 것이라 평가할 수 있는 것이다.

이제는 상기한 제도주의적 시각에서, 기존판례의 입장을 분석해 보자.

[도해 6-2. 죄수의 딜레마에 기존 판례입장을 적용시킨 게임]

		채권자A	
		보존	일탈
채권자B	보존	A: 0.5 B: 0.5	A: 1 B: 0
	일탈	A: 0 B: 1	A, B 선착순

기존의 판례는 '회생기업의 구조조정과 시장복귀'라는 '사회적 당위성'을 중시한 나머지, '회생채권자 간 형평성'이라는 '개인적 실익'을 소홀히 하고 있다. 이러한 견해에 따

---

23) 이에 대한 행동경제학적 입장과 사회적 함의에 대해서는 'Richard H. McAdams, "Beyond the Prisoners' Dilemma: Coordination", 「Game Theory, and Law, Southern California Law Review」, Vol. 82(2009) (U of Chicago Law & Economics, Olin Working Paper No. 437; U of Chicago, Public Law Working Paper No. 241)'를 참고하기 바란다.

른다면, 채무자의 책임재산을 일탈하려는 채권자일수록 완전한 채권만족을 얻게 되는 반면(A: 1, B: 0 / A: 0, B: 1 / A, B 선착순), 채무자의 책임재산을 온존케 하려는 채권자 일수록 일탈 후의 잔존 책임재산에 국한된 채권만족을 얻게 된다(A: 0.5, B: 0.5).

이는 '하나, 책임재산을 일탈하는 채권자들의 수가 극소수일 것, 둘, 책임재산 일탈의 범위가 작을 것, 셋, 회생절차에 돌입한 기업이 빠른 시일 내에 인수·합병될 것, 넷, 잔존 채권자들이 인수·합병기업의 주식·채권을 통해 충분한 채권만족을 얻을 것'이라는 조건하에서 매우 예외적으로 합리화될 수 있다.

오히려 대다수의 상황에서는, (예금자보호법의 보호를 받지 못하는 예금채권자의 우월전략이 뱅크-런(Bank-Run)인 것처럼) 회생채무자를 최대한 압박하여 책임재산을 가장 먼저 확보하는 것이, 우월전략이 될 여지가 있다. 더 나아가, 기업회생절차에서 채권자의 자력구제가 우월전략으로 둔갑한 나머지, 부인권 제도 자체가 유명무실(有名無實)화 될 위험도 배제할 수 없다. 즉, '사회적 당위성'에만 치우친 기존의 판례태도로 인해, 수규자의 '개인적 실익'은 물론이요, 부인권의 사법적 지속가능성까지 저해될 염려가 있다는 것이다.

마. 최근 판례의 태도

이러한 맹점을 직시한 최근 하급심에서는, 회생절차종결 전 신설·존속회사가 소송을 수계하는 방법을 채택함으로써, 기존 판례의 구속력을 회피해 나갔다.[24]

하지만 본 논고의 주제판례는, "채무자에 대하여 회생계획인가가 있은 후 회생절차폐지의 결정이 확정되더라도 채무자회생법 제6조 제1항에 의한 직권 파산선고에 의하여 파산절차로 이행된 때에는, 채무자회생법 제6조 제6항에 의하여 파산관재인은 종전의 회생절차에서 관리인이 수행 중이던 부인권 행사에 기한 소송절차를 수계할 수 있고, 이러한 경우 부인권 행사에 기한 소송은 종료되지 않는다."면서, 관리인의 소송절차 수계 신청만으로 부인권의 효력이 파산절차에까지 옮아간다는 판시를 내리게 된다. 이는 인위적인 권리·의무승계로 인한 법원·당사자 모두의 소송부담을 제거했다는 측면에서도 큰 의미가 있다.

---

24) 이에 대한 하급심판례의 요지는 '최원영, "회생절차 폐지 후 파산절차로 이행된 경우 부인소송 처리에 대한 처리-2012다 87751-", 「법률신문」, 판례평석(2015. 12. 03)'를 참고하기 바란다.

V. 회생금융 활성화를 위한 정책대안

본 논고는 'IV'에서, 기존의 판례태도를 제도주의적 시각에서 비판하는 한편, 본 논고의 주제판례가 '회생기업의 구조조정과 시장복귀'라는 '사회적 당위성'은 물론이요, '회생채권자 간 형평성'이라는 "개인적 실익"을 공히 보장하는 것이라 평한 바 있다.

하지만, 부인권이 사법적 지속가능성을 회복한다 하더라도, 기업회생절차의 모든 문제가 해결된 것은 아니다. 책임재산 동결에 협조한 회생채권자들이 궁극적으로 바라는 것은, 원만한 회생절차종결과 이를 통한 충분한 채권만족이기 때문이다.

그러므로 이하에서는, 부인권제도의 정상화 이후 본질적 차원에서 논의하게 될 법적 쟁점인, 회생금융정책에 대해서 논의하기로 한다.

1. 회생금융의 필요성

[도해 7. 회생금융의 흐름도][25]

절차		회생금융의 내용
전기	회생개시 신청	유동성회복금융(기존영업행위 범위)
	회생개시 결정	
후기	회생계획인가 전	자산의 재편성(기존자산의 범위)
	회생계획인가 후	
	회생계획 이행	장비, 시설투자금융(미래가치 투자)
	회생절차 종결	시장복귀를 위한 금융

먼저 그 필요성에 대해서 살펴보기로 한다.

인수·합병에 의지하지 않은 채, 회생기업 스스로가 회생계획을 달성하고 시장에 복귀하는 데에는 10년여의 긴 시간이 필요하다. 하지만 회생절차에 돌입하는 순간, 회생기업의 유동성은 마비되고 만다. 이 때문에, 기업유지를 위한 필요최소한의 자금융통도 완전히 불가능해지는 것이 사실이다. 실제로, 계약당사자가 회생·파산절차에 돌입하는 경우 채무불이행상황(Default)으로 간주하는 계약 조항은 매우 보편적으로 활용되고 있다.

---

25) 본 도해는 일본정책투자은행(Development Bank of Japan)의 웹페이지 중, 회생금융의 구조를 정리한 도해를(http://www.dbj.jp/en/service/finance/dip/index.html) 한글화·편집한 것이다.

[도해 기에서 보는 바와 같이, 회생기업이 시장으로 완전히 복귀하는 데에는, 유동성 회복을 위한 금융·자산의 재편성을 위한 금융·장비-시설투자를 위한 금융·시장복귀를 위한 금융을 포함하여, 회생계획과 맞물린 자금융통이 필수적이다. 그럼에도 불구하고, 회생금융을 제공한 금융기업을 조력키 위한 제도적 유인책이 전무한 것은 큰 문제다. 시장에 정상적으로 복귀하는 회생기업 비율이 절대적으로 낮은 데에는, 회생금융을 받지 못한 채 파산절차로 옮아가는 기업이 절대다수이기 때문이다.

그리고 이하에서는, 법인회생사건의 개황과 추이를 통해 회생절차의 실태를 분석하는 한편, 회생금융정책의 필요성에 대해 재차 피력해보기로 한다.

[도해 8-1. 최근 5년간 회생(합의부) 사건개황]

	접수	개시결정 전				개시결정 후				인가 후			
		인용	기각	기타	계	인가	취소	기타	계	종결	폐지	기타	계
2015	925	652	70	206	928	287	312	2	601	225	120	-	345
2014	872	616	94	180	890	263	334	1	598	172	137	2	311
2013	835	565	104	137	806	260	347	1	608	132	129	-	261
2012	803	585	81	120	786	290	333	-	623	86	104	-	190
2011	712	562	47	113	722	242	253	-	495	66	51	-	117

위의 [도해 8-1]은, 최근 5년간(2011년~2015년) 발행된 사법연감 통계 중, 본원 합의부에서 전속관할로 처리한 법인회생사건의 개황만을 추출하여 나타낸 것이다. 이제 기업회생절차 별로 추이를 가시화시켜, 그 실태를 면밀히 분석해 보자.

[도해 8-2. 회생절차·단계 별 사건 추이]

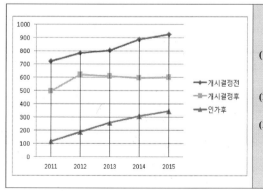

(1) 법인회생사건의 전체 사건 수는 (개시결정 전 처리 건수, 제출건수 기준) 지속적으로 증가해왔으며, 제출건수를 기준으로 최근 5년간 약 23%가 증가했다.
(2) (1)에도 불구하고, 개시결정을 통해 회생절차에 돌입한 절대 사건 수는 정체되어 있는 상태이다.
(3) 더욱 특기할만한 것은, (2)에도 불구하고, 회생계획 인가건수가 비약적으로 증가했다는 사실이다.

하나, [도해 8-2]와 우측의 사실분석을 통해 알 수 있는 것은, 우리 법원이 회생절차 개시여부를 심사과정에서는 엄격한 태도를 고수해 왔지만, (회생계획인가와 같이) 채무자-채권자 간 사적자치·계약자유의 원칙이 지배하는 영역에 대해서는 당사자자치를 최대한 존중하는 입장을 견지하고 있다는 점이다.

[도해 8-3. 회생절차 개시 전 법원의 결정(비율)]

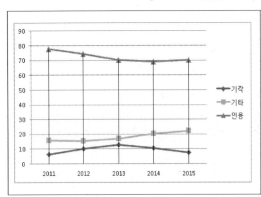

(1) 회생개시결정 비율은 80%에 가깝던 과거에 비해 많이 줄어들었지만, 70%정도는 꾸준히 유지하고 있다.
(2) 하지만 (1)의 수치만큼, 당사자의 회생절차 신청 기각건수가 증가한 것은 아니며, 법원의 결정에 의하지 않은 기타 사건처리상황이 증가한 것이다.
(3) (2)의 수치에도 불구하고, 기타 건수의 증가율보다, 회생사건접수 증가대비-회생개시 결정건수의 감소폭이 훨씬 크다.

둘, [도해 8-3]과 우측의 사실분석을 통해 알 수 있는 것은, 회생절차 개시신청을 하려는 당사자의 의사에 대해, 법원 스스로가 (기각결정을 통해) 적극적으로 배척하는 경우는 많지 않다는 점이다. (물론, [도해 8-2]의 서술과 [도해 8-3]의 (3)을 참고해 보았을 때, 회생절차 개시가 과거보다 어려워진 것은 사실이다.)

[도해 8-4. 회생절차 개시 후 법원의 결정(비율)]

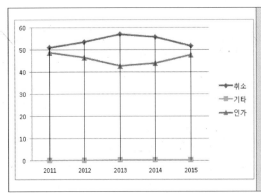

(1) 회생계획 인가비율이 2011년을 기준으로 2013년까지 약 5% 감소했다가, 2015년에 다시 예전 수치를 회복했다.
(2) (1)의 수치와 반비례하여, 회생개시절차가 취소되는 비율 또한 2011년을 기준으로 2013년까지 약 5% 증가했다가, 2015년에 다시 예전수치로 회귀했다.
(3) (회생절차 개시 전과 달리) 회생절차 개시 후, 법원 결정에 의하지 않은 기타 사건처리는 거의 존재하지 않는다.

셋, [도해 8-4]와 우측의 사실분석을 통해 알 수 있는 것은, 회생절차 개시 후 처리사건 수의 변화와([도해 8-2]), 회생계획 인가-취소 값의 변화는 유의미한 연관성을 보이지 않는다는 점이다. 즉, 당사자 간 회생계획의 결의에 따른 법원의 인가-취소가 개별연도마다 다르게 나타날 뿐이라는 것이다. 사실, 인가-취소에 대한 법원결정의 경향성을 판단하려면, 당사자의 회생계획결의건수 대비 인가-취소건수가 공표되어야 하는데, 사법연감에는 이러한 결과 값 자체가 드러나 있지 않다.

[도해 8-5. 회생계획 인가 후 법원의 결정(비율)]

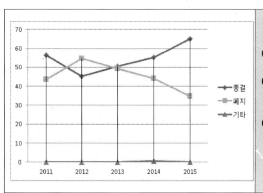

(1) 회생절차종결을 통해 시장으로 복귀하는 비율은, 2012년 45% 대에서 65% 대까지 치솟았다.
(2) (1)의 수치와 반비례하여, 필요적 파산결정으로 회생절차가 종결된 비율은, 2012년 55% 대에서 35% 대까지 줄어들었다.
(3) (회생절차 개시 전과 달리) 회생계획 인가 후, 법원결정에 의하지 않은 기타 사건처리는 거의 존재하지 않는다.

넷, [도해 8-5]와 우측의 사실분석을 통해 알 수 있는 것은, 회생계획인가 후의 처리사건이 증가하는 만큼, 회생절차종결을 통해 시장으로 복귀하는 법인의 개체수가 유의미하게 증가했다는 것이다. 물론 2011년~2012년의 경우는 예외라 하겠다. 다만, 사법연감 통계는 회생계획의 종결에 인수·합병과 회생계획실현 모두를 포함시키고 있기에, 인수·합병 대(對) 회생계획실현의 비율은 정확히 알 수 없다. 그러나 회생계획실현을 통한 일반적 시장복귀 기간이 10년 내외임을 감안할 때, 회생계획인가 후의 처리사건 증가와 회생절차종결의 유의미한 상관관계는, 회생계획 완수에 의한 것이라기보다는, 인수·합병에 의한 것일 가능성이 높다.

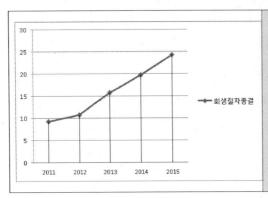

[도해 8-6. 회생신청 대비 회생절차종결(비율)]

(1) 회생신청 대비 회생절차종결의 비율은 2011년 약 9%에서 2015년 약 24%까지 치솟았다.
(2) (1)의 수치에도 불구하고, 75% 이상을 차지하는 절대다수의 회생신청법인은 임의적 파산·필요적 파산절차로 내몰리고 있는 실정이다.

다섯, [도해 8-6]과 우측의 사실분석을 통해 알 수 있는 것은, 회생계획 인가 후의 사건이 비약적으로 증가한 만큼 회생신청 대비 회생절차종결비율 또한 비례하여 급증하고 있다는 사실([도해 8-5])을, [도해 8-6]이 명확히 드러내고 있다는 점이다.

그럼에도 불구하고, 절대다수의 법인은 임의적 파산 혹은 필요적 파산에 매몰되고 있는 것이 사실이다. 특히 회생절차 신청과 동시에 회사의 유동성이 극소화되는 현실을 고려했을 때, 회생금융을 위한 제도설계가 절실하다고 할 것이다.

2. 법원-금융권 간 논쟁

이에 대해 법원은, 구속력·집행력의 보장은 물론이요, 기업회생의 가시적 성과를 법원서 직접 확인할 수 있는 (법원)회생절차에, 금융기업들의 더욱 적극적인 참여가 필요하다는 입장이다. STX 팬오션 사례[26]와 같이, 인수·합병을 통해 2~3년 내에 회생절차를 마칠 수 있는 가능성도 얼마든지 열려있기 때문이다.

하지만 금융권은 이러한 법원의 입장에 공감하지 않는 모양새다. 통도법상 회생기업은, 자율협약이나 기촉법상 구조조정 절차서 낙마(落馬)한 기업이 대부분이기 때문이다. 이는, 금융

---

26) 2013년 6월 이래, 팬오션은 서울중앙지방법원 제4파산부가 주도하는 기업회생절차에 돌입한 상태였다. 법원은, 팬오션이 회생절차 개시결정을 받은 이후 25개월여 만인 2015년 7월 30일, 하림그룹의 팬오션 인수를 기점으로 회생절차종결을 선언했다. 인수대금은 총 1조 79억 5000만 원으로, 이 중 8500억 원은 제3자 배정 유상증자를 통해, 나머지 1579억 5000만 원은 팬오션의 발행채권을 인수하는 방식으로 지급한 바 있다. 하림그룹은 하림홀딩스를 지주회사로, 하림·올품(닭 가공업체)과 팜스코·선진(사료, 양돈가공업체) 그리고 유통업체인 NS홈쇼핑을 거느리고 있으며, 팬오션(총 자산 4조 3000억원) 인수와 함께 대기업집단 총 자산기준인 총 자산 5조 원을 웃돌게 되었다. 식품가공·유통업체로서의 전문성을 가진 하림에 대해 해운업계는 우려를 나타내는 입장이었으나, 하림은 지금까지의 사업배경을 토대로 국제 곡물유통 사업에 진출하겠다는 뜻을 굳건히 하고 있다.

권이 회생금융의 원본·이자채권 상환가능성을 매우 부정적으로 판단하고 있음을 의미한다.

[도해 9-1. 기업가치 산정 일반(좌), 계속기업가치의 초과(중), 청산가치의 초과(우)]27)

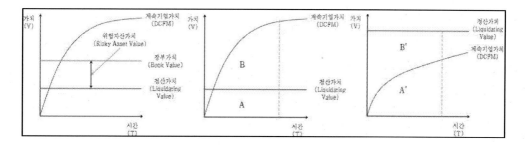

더불어, 청산가치 대비 계속기업가치의 우위라는 법원의 기업평가방식28)은, 첫 번째

---

27) [도해 9-1]의 DCFM(Discounted Cash Flow Method)은, 이하의 수식과 같으며, 본 산정방식은 시간흐름에 따라 할인율의 수치를 증가시킴으로써 동일한 현금흐름하에서는 ([도해 9-1]의 DCFM곡선과 같이)기업의 미래가치가 점점 더 낮아지도록 설계되어있다. 다만 계속 기업가치를 극대화시켜야 하는 대상회사 입장에서는, 장래 현금흐름을 너무나 과대하게 계획하는 한편, 회계법인 또한 이들 기업의 사업계획에 의존할 수밖에 없는 현실이다.

$$Value = \frac{CF_1}{(1+i)^1} + \frac{CF_2}{(1+i)^2} + \cdots + \frac{CF_\infty}{(1+i)^\infty} = \sum_{n=i}^{\infty} \frac{CF_n}{(1+i)^n} \text{''}$$

◎ CF = Cash Flow(현금흐름) ◎i = 할인율 ◎n = 기간(1부터 n까지)

[도해 9-2. DCFM의 시나리오 분석기법의 회계학적 예]

	DCFM 가치	실현 확률	기댓값	기댓값
시나리오 1	100억	5%	5억	
시나리오 2	50억	30%	9억	총 32.25억
시나리오 3	35억	50%	17.5억	
시나리오 4	5억	15%	0.75억	

이를 보완하기 위해 DCFM에 수 개의 시나리오를 정립하고 실현 확률을 도출하여, 장래 현금흐름의 예측을 과학화하려는 시도도 존재하지만, 이 또한 재무전문가가 아닌 법원이 판단하기에는 전문성의 한계가 존재한다.

[도해 9-3. 확률변화에 따른 DCFM 시나리오 분석기법의 회계학적 예]

	DCFM 가치	실현 확률		
		비관적	중립적	낙관적
시나리오 1	100억	5%	5%	15%
시나리오 2	50억	30%	50%	50%
시나리오 3	35억	50%	30%	30%
시나리오 4	5억	15%	15%	5%
기댓값	-	총 32.25억	총 41.25억	총 50.75억

설사 재무전문가가 시장예측을 수행한다 하더라도, 시장은 경영환경변화에 따른 무수한 확률변수에 노출되어 있는 것이 사실이며, 이에 따라 미래 기업가치의 기댓값조차도 편차가 상당하게 된다. 이러한 본 논고의 분석은, '회생 금융의 의사결정은 시장 특히, 대출자의 몫'이라는 이하의 논지와 일치하는 것이다.

28) 만약 청산가치가 계속가치보다 큰 때에는, 회생계획안을 작성하는 것이 아니라, (영업의 전부·일부양도, 물적 분할 등) 청산계획안을 작성하여 법원의 허가를 득하게 된다(통도법 제222조).

로, 대상기업의 실질가치를 (장부 가치에서 위험자산 가치를 공제한) 청산가치로 일원화 시키고 있다는 점([도해 9-1의 (좌)]), 두 번째로, (금, 기축통화 화폐, 국채와 같은) 무위 험 자산의 비중이 낮을수록 청산가치가 낮게 평가된다는 점([도해 9-1의 (중)]), 세 번째 로, 무위험 자산의 비중이 높을수록 청산가치가 높게 평가된다는 점에서 구조적 한계를 드러내고 있다([도해 9-1의 (우)]).

3. 비교법적 고찰

이러한 법원-금융권 간의 모순적 상황을 해결하지 않는 이상, 기업회생절차의 원만한 종결은 요원하기만 하다. 그리고 이는 회생금융을 위한 제도적 유인을 법제화함으로써 반드시 해결해야 하는 문제다.

그러므로 이하에서는 상기한 사회문제를 먼저 경험했던 외국의 입법례를 비교법적으 로 분석함으로써, 회생금융제도 확립을 위한 입법적 대안을 도출하기로 한다.

가. 미국의 입법례[29]

(관리인 불선임 제도를 포함한) 회생금융제도의 시원(始原)은, 1978년 미국 연방도산 법(Bankruptcy Reform Act of 1978)이라 하겠다. 당시 미국은 1960년부터 시작했던 15 년여의 베트남전쟁을 큰 소득 없이 마무리한 상황이었다. 설상가상으로 미국은, 개발도 상국의 기술추격에 따른 자동차·철강·반도체산업의 실적부진과 무역적자로 경제위기 에 봉착했고, 인플레이션이 계속되면서도 기업 활동의 침체·실업률 상승이 동반되는 스태그플레이션 현상에 골몰해야[30] 했다.

이후 Jimmy Carter 대통령이 취임했고, Carter 행정부 2년 차에 78년 연방도산법이 제 정[31]되었다. 특히 본 법 Chapter 11은, 기업 구조조정(Reorganization)에 관한 장(章)으 로, 그 특징은 첫 번째로, 38년 연방도산법의 세 가지 구조조정 유형이(Corporate

---

29) 미국 Bankruptcy Reform Act of 1978의 법제사적 측면은, Federal Judicial Center 의 웹페이지(http://www.fjc.gov/history/ home.nsf/page/landmark_20.html)와, '윤영신, 「[연구보고] 98-03 미국의 도산법」, 한국법제연구원, 1998. 09. 10', '김주학, 「우리글학예신서13 기업도산법」, 도서출판우리글, 2009' 그리고 해당 법조문을 토대로 작성된 것이다.

30) 경기부진의 원인은 2010년 이후 현재의 대한민국과, 경기침체의 양상은 잃어버린 20년 당시 일본과 동일한 것이다.

31) 78년 연방도산법의 Chapter 11은, 과잉공급에 내몰린 기업의 구조조정을 입법적으로 조력하기 위한 것인데, 우리나라에서 2016년 8월 13일 시행된 「기업 활력 제고를 위한 특별법」(일명 원샷법)과 그 도입배경·입법목적이 상당히 유사하다.

Organization·Arrangements·Real Property Arrangements by Persons Other Than Corporations) Reorganization이라는 법 개념으로 통합되었다는 점, 두 번째로, 도산절차 개시 이후의 모든 거래가 자동으로 중단되는 자동중지제도(Automatic Stay, Section 362)가 신설되었다는 점, 세 번째로, 관리인 불선임 제도 및 회생금융 제도가 신설되었다는 점이라 할 것이다.

이제 78년 연방도산법 Section 364를 직접 살펴보기로 하자.

하나, 본 조 (a)항,[32] 법원이 달리 명령하지 않는 한, 채무자는 통상적인 사업수행 과정에서 소비되는 계속적 비용에 대해, 무담보 금융을 받을 수 있다. 본 채무는 통상적 운영비용으로 계상·처리되는 것으로서, 기존 채권자의 유무와 관계없이 최우선적-우선순위를 가지며, 무담보금융채권자의 청구 시 청구된 금액만큼 최우선 상환된다.

둘, 본 조 (b)항,[33] 법원은 (채무자와의 논의를 기초로) 채무자가 (a)항 외의 계속적 비용을 무담보금융의 형태로 획득토록 허여할 수 있다.

셋, 본 조 (c)항,[34] 만약 채무자가 (a)항 및 (b)항에서 적시한 무담보금융이 여의치 않은 상황이라면, 법원은 (채무자와의 논의를 기초로) 최우선적-우선순위를 갖는 담보금융을 허여할 수 있다. 그리고 법원은 기존 채권자들과 우선순위가 동일하거나 혹은 차우선순위를 가지는 부동산 담보금융을 허여할 수 있다.

넷, 본 조 (d)항,[35] 만약 채무자가 (c)항에서 적시한 담보금융이 여의치 않은 경우, 법원은 (채무자와의 논의를 기초로) 최우선적-우선순위 혹은 기존의 채권자들과 동일한 우선순위의 부동산 담보금융을 허여할 수 있다. 다만 본 조의 부동산 담보금융은, 기존채권자의 이자수익을 적절히 보장함으로써, 불측의 손해를 최소화하는 준비가 필요하다.

위 규정과 같이 1978년 연방도산법은, 회생절차에 돌입한 기업의 유동성이 차단될 것

---

32) *(a) If the trustee is authorized to operate the business of the debtor Post, pp. 2606, under section 721, 1108, or 1304 of this title, unless the court orders 2629, 2646. otherwise, the trustee may obtain unsecured credit and incur unsecured debt in the ordinary course of business allowable under section 503(b) (1) of this title as an administrative expense.*

33) *(b) The court, after notice and a hearing, may authorize the trustee to obtain unsecured credit or to incur unsecured debt other than under subsection (a) of this section, allowable under section 503(b) (1) of this title as an administrative expense.*

34) *(c) If the trustee is unable to obtain unsecured credit allowable under section 503(b) (1) of this title as an administrative expense, the court, after notice and a hearing, may authorize the obtaining of credit or the incurring of debt (1) with priority over any or all administrative expenses of the kind specified in section 503(b) or 507(b) of this title; (2) secured by a lien on property of the estate that is not otherwise subject to a lien; or (3) secured by a junior lien on property of the estate that is subject to a lien.*

35) *(d) (1) The court, after notice and a hearing, may authorize the obtaining of credit or the incurring of debt secured by a senior or equal lien on property of the estate that is subject to a lien only if (A) the trustee is unable to obtain such credit otherwise; and (B) there is adequate protection of the interest of the holder of the lien on the property of the estate on which such senior or equal lien is proposed to be granted. (2) In any hearing under this subsection, the trustee has the burden of proof on the issue of adequate protection.*

을 대비한 금융입법이라 할 것이다. 더불어 본 법률은 회생금융의 유형을, 담보·무담보, 최우선적-우선순위·우선순위·후순위, 부동산·기타담보로 세분화함으로써, 자금차입의 가능성을 단계적으로 확장하고 있다. 이는 10년에 달하는 회생계획을 실현하기 위한 선결조건이, 유동성 확보에 있다는 정책적 함의를 드러내는 것이다.

[도해 10. 1990년 전후의 미국 회생금융의 수혜추세][36]

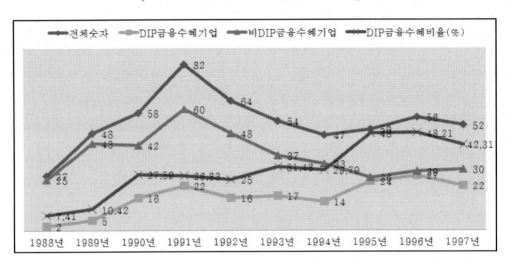

하지만 78년 연방도산법 제정 당시에는, 최우선적-우선순위를 규정한 Section 364에 사회적 위화감이 존재했다. 설상가상으로, 파탄상태에 직면한 회생기업에 선뜻 자금을 융통하려는 금융기관 또한 많지 않았다. 이러한 틈새시장을 공략한 것이 Chemical Bank, 지금의 J.P. Morgan Chase였다. 1984년 Chemical Bank가 회생금융을 위한 영업부서를 최초로 설립한 이래, 1990년 이후 미국에서는 회생금융이 보편화되기 시작했고([도해 9]), 차관단대출(Syndicated Loan)을 통한 대형 회생금융 프로젝트도 활발히 일어나게 되었다.

---

36) 본 도해는, <<Sandeep Dahiya/Kose John·Manju Puri/Gabriel Ramırez, "Debtor-in- possession financing and bankruptcy resolution: Empirical evidence", 「Journal of Financial Economics」, Vol. 69(2003)>>의 <table 1>을 한글화하여 꺾은선 그래프로 편집한 것이다.

나. 캐나다의 입법례[37]

미국서 회생금융이 보편화되던 당시, 동시대의 캐나다는 어떠한 상황이었는가? 캐나다 법원은 보통법(Common Law)에 근거하여, 매우 제한적 범위의 회생금융을 허여하던 상황이었다. 그 조건은 매우 까다로운 것이었는데, 캐나다 법원은 첫 번째, 기존 담보권자의 전원동의가 있을 것, 두 번째, (구조조정을 수탁 받은) 관리인이 책임재산을 동결하고 있을 것, 세 번째, 관리인이 기업의 활력회복을 위해서만 자금을 사용할 것이라는 세 가지 요건을 공히 충족하는 때에 한정하여, 최우선적-우선순위를 갖는 회생금융을 허여했다.

이렇게 엄격한 선결조건은, 시간이 지나면서 서서히 완화되기 시작했다. 회생금융에 대한 기존 채권자의 총의가 없더라도, 캐나다 법원이 직권으로 회생금융을 허여하기 시작한 것이다. 캐나다 법원의 입장선회는 회생금융의 활성화로 이어졌고, 결국 2009년 Companies' Creditors Arrangement Act(CCAA)·Bankruptcy and Insolvency Act(BIA)가 제정[38]되기에 이르렀다.

특히 Section 11.2(4)[39]는, 법원이 회생금융을 허여하기 위해 사용했던 보통법상 요건들을 성문화했다는 점에서 큰 의미가 있다. 실제로 Section 11.2(4)는, 『(a) CCAA상 회생절차에 필요한 기간, (b) 기존 영업을 유지·관리하는 방법, (c) 기존 경영진에 대한 채권자들의 신뢰, (d) 회생금융을 통해 회생기업의 부활이 촉진될 가능성, (e) 자산평가를 통한 회생기업의 현실가치, (f) 기존 채권자의 법률관계에 끼칠 영향, (g) 기존 채권자의 법률관계에 영향이 있는 경우, 이에 대한 영향평가』를 법원이 종합적으로 고려하도록 명시[40]하고 있다. 즉, 캐나다의 회생금융제도는, 법원의 결정을 과학화[41]하는 데 초점이 맞춰져 있다고 하겠다.

---

37) 캐나다의 회생금융에 대한 법제사적 측면은, 'Patrick Cleary/Brendan Craig, "DIP financing basics and recent case law", 「-」, Alexander Holburn Deaudin Lang LLP Business Law Blog,(2014. 08. 20)' 그리고, 해당 법조문을 토대로 작성된 것이다.

38) CCAA는 5백만 달러 이상의 채무를 가진 부실기업에 적용되는 것으로, 그 적용국면서 BIA와 차이가 있지만 그 내용은 거의 유사하다.

39) *((4) In deciding whether to make an order, the court is to consider, among other things, (a) the period during which the company is expected to be subject to proceedings under this Act; (b) how the company's business and financial affairs are to be managed during the proceedings; (c) whether the company's management has the confidence of its major creditors; (d) whether the loan would enhance the prospects of a viable compromise or arrangement being made in respect of the company; (e) the nature and value of the company's property; (f) whether any creditor would be materially prejudiced as a result of the security or charge; and (g) the monitor's report referred to in paragraph 23(1)(b), if any.)*

40) BIA는 이러한 기준이 Section 50.6에 명시되어 있는데, CCAA의 그것과 실질적으로 동일한 요건을 지니고 있다.

41) 회생금융조건의 다양성 확보를 통해 금융기관의 자율적 의사결정을 돕는 것이 미국의 입법이라면, 캐나다는 법원의 역할을 최대한 존중함으로써 공평성·형평성 시비를 최소화하는 입법이라 평가할 수 있겠다.

다. 실행방법[42]

이러한 회생금융은, 대출자-회생기업 간에 기존 금융거래가 존재했었는지를 기준으로, 이것이 존재했다면 방어형 회생금융으로, 존재하지 않았다면 공격형 회생금융으로 분류할 수 있다. 특히 방어형 회생금융의 경우, 금융기관의 신인도 하락 및 자금회수율의 급전직하를 막기 위한 것이라 하겠다. 하지만, 방어형·공격형 유형에 따라 회생금융의 실행방법이 다른 것은 아니다.

회생금융을 실시하고자 하는 경우, 회생기업은 크게 세 단계를 거쳐 자금수혈을 받게 된다. 첫 번째는 대출기관 접근단계로, 회생기업이 회생절차에 돌입하기 전 1~3개월여 동안 대출상담을 받고 협상을 시작하는 단계다. 두 번째는 서류검토 및 실사단계로, (기업소유자산평가·현금흐름과 같은) 기업의 현재가치는 물론, (기업경영진의 능력·산업동향과 같은) 기업의 미래가치까지 금융기업이 적극적으로 평가하는 단계다. 세 번째는 회생금융의 성사단계로, 시장상황·신용도·대출규모·담보가치에 따라 원본·이자율·상환기간(통상적으로 1~2년) 등의 중요사항을 확정하여 계약문면에 적시하고 계약을 체결하는 단계다.

4. 정책적 판단

이렇게 적은 회생금융은, 미국·캐나다를 기준으로 약 20년의 역사를 갖고 있으며, 전지구적인 관점에서 그 유형·실행방법이 이미 표준화된 단계에 이르렀다. 그렇다면 우리 통도법은 이를 토대로 어떠한 정책판단을 도모해야 할 것인가?

가. 회생금융의 조건

이에 첫 번째로, 미국과 같이 다양한 유형의 회생금융조건을 법정해야 할 것이다. 물론 한정·열거규정을 지양하고, 포괄규정을 지향하는 방법으로 회생금융의 다양성을 극대화할 수도 있겠다. 하지만 회생금융은 회생기업은 물론, 기존채권자의 법률관계에 큰 변화를 주는 것이므로, 한정·열거규정의 형식이 보다 적절하다고 할 것이다. 더불어,

---

[42] 회생금융에 대한 실행방법은, 'Masanobu Iwatani, "Issues Surrounding Debtor-in- Possession Financing in Japan", 「Nomura Capital Market Review」, Vol.4 No.2(2001)'을 토대로 작성되었다.

다양한 금융기법의 활용이, 회생기업의 부채를 극대화할 가능성도 배제할 수 없으므로, 포괄규정 형식의 입법에는 상당히 신중한 접근이 필요하다고 할 것이다.

나. 회생금융의 의사결정

이에 두 번째로, 회생금융의 의사결정은 전적으로 금융기관에 일임하는 한편, 법원은 이들의 판단을 최대한 존중하는 정도에 그쳐야 할 것이다. 금융기관은 금융업에 종사하는 상인(商人)으로서, 금융에 대한 전문성은 사실인정·법리귀속에 전문성을 쌓아온 법원과는 차원을 달리한다. 더불어, 회생금융의 상환불능 책임을 전적으로 금융기관에 귀속시키면서, 그 의사결정 권한을 전적으로 법원에 귀속시키는 것은, 권리·의무의 부조화 그 자체라 할 것이다. 그러므로 캐나다의 입법과 같이, 회생금융의 의사결정을 법원이 주도하는 방식은 최대한 피해야 할 것이다.

다. 최우선적-우선순위에 관한 사회적 비용편익분석
(Social Benefit-Cost Analysis)

(1) B = P(p) * ΣT
(2) C = P(n) * ΣT
(3) 만약, B[P(p) * ΣT] > C[P(n) * ΣT] 라면, 최우선적-우선순위의 도입가능성 확대
(4) 만약, B[P(p) * ΣT] < C[P(n) * ΣT] 라면, 최우선적-우선순위의 도입가능성 축소

이에 세 번째로, 회생금융제도를 도입함에 있어, 최우선적-우선순위에 관한 비용·편익분석 또한 면밀히 실행해야 할 것이다. 우선 최우선적-우선순위의 편익(B)은, 최우선적-우선순위의 도입을 통해 기대할 수 있는 시장복귀 확률(P(p))과, 회생기업의 (연평균) 부실채권총액(ΣT)의 곱으로 도출할 수 있을 것이다. 그리고 최우선적-우선순위의 비용(C)은, 최우선적-우선순위를 허용하지 않는 때의 부실대출채권 회수확률(P(n))[43]과, 회생기업의 (연평균) 부실채권총액(ΣT)의 곱으로 도출할 수 있을 것이다. 이렇게 도출한

---

43) 회생기업의 평균적 채권회수 확률함수(P(n))를 응용·도출하기 위한 채권회수율(R)은, 이하의 수식을 통해 결과 값을 나타낼 수 있다.

$$R = \frac{\sum_{n=1}^{x}(v_1 + v_2 + \cdots v_x)}{T} \times 100$$ ◎T = 전체 채권액 ◎v = 채무자의 x번째 변제금액

편익의 값이 비용의 값보다 크다는 전제하에, 최우선적-우선순위를 전제로 한 회생금융제도도입을 결정[44]해야 할 것이다

라. 회생금융의 세제혜택

이에 네 번째로, 회생금융에 참가하는 금융기관에 세제혜택을 고려할 수도 있겠다. 이러한 조세혜택은, 단순히 회생금융의 양적확장만을 위한 입법정책이 아니다. 오히려 이는, 회생기업에 경험이 풍부한 외국 금융기관을, 우리 금융시장으로 유인하는 입법정책이라 할 수 있겠다. 국제금융시장에서, 조세회피를 위한 구조화금융(Structured Financing)은 매우 흔한 일이다. 이자소득에 대한 세제혜택은, (조세회피를 위한) 구조화금융에 투입되는 거래비용을 완전히 제거하는 것으로서, 외국 금융기관이 우리 금융시장으로 진입하는 데 상당한 유인이 될 것이다. 더불어, 외국 금융기관들이 가진 회생금융의 운영 노하우(Know-How)를, 국내 금융기관들이 빠르게 체득하는 파생효과도 기대할 수 있겠다.

Ⅵ. 결론

본 논고는 'V.'에서, 기업회생사건의 개황과 추이, 그리고 미국·캐나다의 회생금융제도를 살펴보았다. 이를 통해 본 논고는, 회생금융제도의 법제화를 주장하게 되었는데, 구체적으로는 회생조건·회생금융의 의사결정권한·최우선적-우선순위·세제혜택이 빠짐없이 고려되어야 한다고 언급한 바 있다. 더불어 본 논고의 핵심논지는, 각 장의 도입부분마다 정리한 내용요약의 총합과 같다.

이제 맺음말을 끝으로, 본 논고를 마치고자 한다.

한진해운 사태와 조선업 구조조정 사태가 맞물리면서, 부인권과 회생금융의 중요성은 배가되고 있다. 특히 한진해운 사태의 경우, 역외채권자의 책임재산 일탈을 신속하게 방지하는 것이 핵심쟁점으로 여겨지는 상황이다. Avoidance of Preference (영미의 부인권)의 행사요건이 우리 민법상 채권자취소권만큼이나 엄격하다는 점을 상기시켜 보았을 때,

---

44) 후자의 경우(C)는 국내의 실증자료가 존재하겠지만, 전자의 경우(B)는 전무할 것이므로, 미국·캐나다의 실증자료를 사용하면 유용할 것이다. 'Sandeep Dahiya/Kose John/ Manju Puri/Gabriel Ramirez의 앞의 논고'에서는, 회생금융의 수혜가 회사 구조조정 완수기간·시장복귀기간을 상당히 단축시킨다는 결과를 도출한 바 있다.

통도법상 부인권의 유연한 입법형태는 매우 고무적이다. 부인권의 효력을 회생절차의 성패에 종속시키지 않겠노라는 주제판례의 결단 또한, 역외채권자의 신뢰를 불러일으키는 데 부족함이 없을 것이다. 이제는, 기업회생절차의 원만한 종결을 위한 회생금융의 법제화가 새로운 과제로 떠오르게 되었다. 본 논고의 주제판례를 통해 부인권의 사법적 지속가능성이 보장된 만큼, 우리 통도법도 회생기업의 시장적 지속가능성을 열어주기 위한 입법적 변화가 필요하다고 할 것이다.

PART 02
사법의 통섭

제1장 저작권법상 법정손해배상의 법적 성질
- 미국 저작권법의 연혁을 중심으로 -[*]

I. 서론

한미 자유무역협정(한미 FTA)의 이행을 위하여 2011년 저작권법(제125조의 2, 2011. 12. 2. 신설, 2012. 3. 15. 시행)과 상표법(제67조의 2, 2011. 12. 2. 신설, 2012. 3. 15. 시행)에서 법정손해배상규정을 신설하였다. 이는 한미 FTA 협상과정에서 미국은 지적재산권 침해에 따른 손해배상과 관련하여 ① 이익의 부가적 배상, ② 법정손해배상, ③ 3배 배상을 요구하였는데, 협상과정에서 우리 측은 법정손해배상만 받아들였다.[1] 이러한 법정손해배상은 기존에 우리나라에는 없었던 손해배상제도이다. 미국에서의 법정손해배상(Statutory Damages)이란 보통법(Common Law)상의 손해배상과 구별되는 개념으로서 실손해와 무관하게 법률의 규정에 따라 인정되는 손해배상액을 말한다. 법률의 규정에 따라 손해배상액이 정해져 있으므로, 원고가 입은 손해의 정도에 근거하여 배상액이 정해지는 실손해와 구별된다. 법정손해배상은 그 모습에 따라 ① 손해배상액의 범위를 하한 및(또는) 상한으로 정한 경우,[2] ② 실손해의 배액배상(Statutory Multiple Damages, 이를 법정배액배상이라고도 한다. 예를 들어 실손해의 2배, 3배, 4배),[3] 그리

---

* 이 논문은 「법과 정책연구」 통권 제36호.(2014)에 게재된 것의 문구와 일부 내용을 수정한 것임.
1) 최경진, "한미 자유무역협정(KORUS FTA)과 지적재산권 침해 시 손해배상제도", 「법경제학연구」, 제4권 제2호.(2007), 252-253면; ① 이익의 부가적 배상은 법원이 저작권자의 손해 이외에 침해자의 이익도 배상하도록 명령할 수 있다는 것을 의미한다. ③ 특허권 침해에 대하여 미국의 3배 배상제도를 요구하였다.
2) 저작권법 제125조의 2; 상표법 제67조의2(현행 제111조); 정보통신망 이용촉진 및 정보보호 등에 관한 법률 제32조의2, 개인정보 보호법 제39조의2, 신용정보의 이용 및 보호에 관한 법률 제43조의2; 17 U.S.C. § 504(c)(저작권법); 15 U.S.C. § 1681n(소비자 신용보호법); 42 U.S.C. § 9607(c)(3) (1994)(소위 슈퍼펀드법, CERCLA 1980).
3) 각주2에 있는 정보관련 3개법률은 3배 배상규정을 법정손해배상규정과 별도의 조문으로 규정하고 있는데, 이 논문에서는 광의의 개념으로서 배액배상제를 법정손해배상의 한 유형으로 본다.; 하도급거래 공정화에 관한 법률 제35조; 대리점거래의 공

고 ③ 복제물, 저작물 또는 침해행위마다 일정액을 배가하는 법정손해배상의 방법(특정 법정액 배액배상, 예를 들어 1,000달러, 100달러 및 침해물마다 1천만 원 또는 복제물마다 10달러)[4]이 있다. 저작권법과 상표법상의 법정손해배상은 그 명칭이나 도입과정에서 미국의 입장을 반영한 타의적인 제도이다. 따라서 우리 법제에서 조화롭게 적용하기 위해서는 법정손해배상의 법적 성질이 무엇인지 검토하여야 한다. 즉 법정손해배상의 성질이 전보적 손해배상의 성격인가 아니면 징벌적 손해배상의 성격인가가 문제되는데, 실손해의 선택 이외에 실손해를 넘는 법정손해배상을 실무에서 운용할 수 있는가의 문제가 발생한다. 또한 2014년 5월 20일 징벌적 손해배상을 개별법에서 도입한 것을 의식하고 개정된 민사소송법 제217조 제3호의 외국재판의 승인 문제와 관련된다(제217조의 2를 신설하였다).[5] 우리나라 저작권법상 법정손해배상이 징벌적 손해배상의 성격이라면 또는 그러한 성격을 농후하게 내포하고 있다면 외국재판을 승인·집행을 하게 되기 때문이다.[6]

따라서 본 논문에서는 미국 내에서도 저작권법 연혁에서 징벌적 성격이 없었다는 주장과 징벌적 성격에 대한 우려를 살펴보면서, 전보적 손해배상제도의 토양인 우리 법제에 새롭게 도입된 법정손해배상을 미국에서도 징벌적 성격에 대해 논란이 있는 제도를 우리도 굳이 징벌적 성격이 있다고 볼 수 있느냐에 대한 의문과 만약 징벌적 손해배상의 성격이라면 동 규정을 어떻게 실무에서 운영하여야 할 것인지 그리고 외국재판의 승인과 관련하여 어떻게 준비하여야 하는지에 관한 정책적 고려에서 논문을 전개하였다. 이하에서는 우리 법제에 새롭게 도입된 저작권법상의 법정손해배상의 법적 성질을 살펴보기 위해, 먼저 미국에서의 법정손해배상제도의 일반론으로서 기원, 입법현황, 기능을

정화에 관한 법률 제34조; 제조물 책임법 제3조; 정보통신망 이용촉진 및 정보보호 등에 관한 법률 제32조; 개인정보 보호법 제39조; 신용정보의 이용 및 보호에 관한 법률 제43조; 35 U.S.C. § 284(특허법); 18 U.S.C. § 1964(c)(공갈매수와 부패조직에 관한 법, 소위 RICO법); 15 U.S.C. § 15(a)(독점금지법); 15 U.S.C. § 1117(a)(b)(상표법).

4) 현재의 우리나라 저작권법 제125조의 2와 미국 저작권법이 그러하다. "복제물마다"의 규정은 미국 1976년 이전 저작권법의 규정이다.

5) 개정이유: 한·EU FTA, 한미 FTA 발효 등으로 국내기업이 외국에서의 경제활동이 증가함에 따라 국내기업에 대한 외국에서의 법적 소송 또한 증가하고, 국내기업에 대한 외국에서의 소송은 법문화와 법체계상의 차이뿐만 아니라 언어와 소송절차 등에서 국내기업에 불리하게 진행되는 경우가 많을 것으로 예상되는바, 외국법원의 판결을 국내에서 승인하거나 집행할 경우에 외국법원의 판결이 대한민국의 법질서나 선량한 풍속에 위배되는 것인지의 여부 등을 국내법원이 직권으로 조사하게 함으로써 외국법원의 부당한 재판이나 판결로부터 국내기업을 보호하는 한편, 그 밖의 현행 제도 운영상의 일부 미비점을 개선·보완하려는 것임.

6) 징벌적 손해배상 등의 과도한 배상판결로부터 국내기업을 보호하기 위한 취지로 주요내용 나. 손해전보의 범위를 초과하는 손해배상을 명한 외국재판은 그 초과범위 내에서 대한민국의 선량한 풍속 등 우리나라의 질서에 위반함을 명시(안 제217조 제1항 제3호 단서 신설) 하였으나, 하도급법이 이미 규정되어 있으므로, 위 안은 수정되어 제217조의 2를 신설하였다(민사소송법 법률 일부개정법률안 검토보고서 8면 참조).

살펴보고(Ⅱ), 다음으로 미국 저작권법의 연혁에 나타난 법정손해배상의 내용과 성질을 검토한다(Ⅲ). 그리고 이러한 분석을 통해 우리나라에서 도입·신설한 법정손해배상의 규정을 분석하여 그 법적 성질이 전보적인 것인지 아니면 징벌적인 성격인지를 살펴본다(Ⅳ). 마지막으로 결론에서 위의 내용을 마무리한다(Ⅴ).

Ⅱ. 미국 저작권법상 법정손해배상

1. 법정손해배상의 기원 및 입법현황

가. 법정손해배상의 기원

배액배상제는 이미 고대에서부터 유래하였으며 영국의 보통법상 판례를 통해 발전된 제도인 징벌적 손해배상의 기원이 된다.[7] 보통법 시대에서는 영국 의회에서 1275년 배액배상을 처음으로 제정하였는데, "수도자에 대해 불법적 침입하는 자는 2배의 손해배상금을 지불하여야 한다."는 내용이었다.[8] 그리고 1275년부터 1753년 사이에 영국의회는 위의 제정법과 1278년 'The Statute of Cloucester'[9]를 포함하여 2배, 3배, 4배 배상을 포함하는 전부 65개의 법률을 제정하였다.[10] 그리고 현대의 대표적인 3배 배상 입법인 독점규제법 역시 그 기원은 영국의 1624년의 독점규제법으로 거슬러 올라간다.[11]

나. 법정손해배상의 입법현황

미국에서의 대표적인 법정손해배상을 규정하고 있는 연방법으로는 독점금지법(The Clayton Antitrust Act),[12] 상표법(Trademark Act),[13] 소비자 신용보호법(Consumer Credit

---

7) Michael Rustad & Thomas Koenig, "The Historical Continuity of Punitive Damages Awards: Reforming The Tort Reformers", 42 *Am. U. L. Rev.* 1269, 1993, p. 1285; 함무라비 법전, 히타이트 법, 헤브라이 계약법전, 마누법전, 그리고 로마의 12표법에서 실손해 2배에서 4배까지의 배상규정을 들 수 있다.

8) Synopsis of Statute of Westminster I, 3 Edw., ch. 1. (Eng.), in 24 Great Britain Statutes at Large 138 (Pickering Index 1761).

9) Edw. ch.5 (1278) (Eng.) (treble damage for waste).

10) David G. Owen, "A Punitive Damages Overview: Functions, Problems and Reform", 39 *Villanova U. Law Review* 363, 1994, p. 368.

11) 21 Jac. ch.3, § 4 (1624) (Eng.) (treble damages for those injured by unlawful monopolies).

12) The Clayton Antitrust Act, 15 U.S.C. § 15(a).

13) Trademark Act, 15 U.S.C. § 1117(a)(b); 합리적 범위의 변호사비용을 포함하여 실손해의 최고 3배까지 배상을 인정한다.

Protection Act),[14] 공정주거법(Fair Housing Act),[15] 공갈매수와 부패조직에 관한 법(일명 RICO법)[16] 등이 있다. 이외에도 여러 법률들이 있는데 포괄적 환경처리 보상책임법(일명 슈퍼펀드법; CERCLA 1980)[17]에서는 유해물질 배출량에 따라 일정액의 배수로 하거나, 배상액의 하한선 또는 징벌적 손해배상, 3배 배상규정을 모두 규정하고 있다. 또한 Year 2000 Computer Date Change Act(소위 Y2K)[18]는 전보배상의 3배를 한도로 하거나 250,000달러를 넘지 못하도록 규정하고 있다. 공정대출법(Truth in Lending Act)[19]에서는 2배 배상 또는 하한과 상한 배상규정, 또는 집단소송에 있어서 총보상액이 50,000달러 또는 신용제공자의 순자산의 1% 중 적은 금액의 한도와 같이 배액배상, 하한과 상한의 배상규정을 하고 있다. 그 외에도 많은 연방법이 규정되어 있는데,[20] 이러한 법정손해배상은 실손해가 적은 경우에도 최소한도의 법정액이 규정된 경우 소송을 제기하는 소송촉진기능,[21] 실손해의 입증정도를 요구하지 않음으로써 소송을 신속히 처리할 수 있는 기능,[22] 예방 또는 징벌적 제재의 징벌적 기능[23]을 하고 있다.

한편 미국의 주법에서도 수많은 법정손해배상 규정들이 있다. 미국의 모든 주는 특별한 불법행위에 대하여 배액배상규정을 두고 있는, 적어도 몇 개의 법들을 가지고 있다.[24] California주는 가장 많은 65개의 배액배상 법률을 가지고 있다. 15개 주는 20개

---

14) Consumer Credit Protection Act, 15 U.S.C. § 1691(e)(징벌적 손해배상액의 상한규정), 15 U.S.C. § 1681n.(실손해 또는 하한, 상한규정, 또는 구체적 금액(1,000달러), 15 U.S.C. § 1692k.

15) Civil Rights Act, 42 U.S.C. § 4601.

16) Racketeer Influenced and Corrupt Organizations Act, 18 U.S.C. § 1964(c).

17) Comprehensive Environmental Response, Compensation and Liability Act, 42 U.S.C. § 9607(c)(3)

18) Year 2000 Computer Date Change Act, 15 U.S.C. § 6604.

19) Truth in Lending Act, 15 U.S.C. § 1640 이하 참조; 성실대출법(한국은행 표현) 또는 공정대출법(한국금융연구원 표현)이라고 한다.

20) 그 외에도 Cable Piracy Act, 47 U.S.C. § 605(e), § 551(f)(2)(A); Anti-Cybersquatting Consumer Protection Act, 15 U.S.C. § 1125(d); Anti-Counterfeiting Consumer Protection Act, 15 U.S.C. § 1116(d); Stored Communications Act, 18 U.S.C. § 2707(c); Stored Communications Act, 18 U.S.C. § 2707(c); Telephone Consumer Protection Act, 47 U.S.C. § 227(b)(3)(B); Worker Adjustment and Retraining Notification Act, 29 U.S.C. § 2104(a)(3).

21) Parker v. Time Warner Entm't Co., 331 F.3d 13, 22 (2d Cir. 2003) (Cable Privacy Act의 법정손해배상은 "소비자 보호 법률들의 사적 강제집행 수단으로서 사적 소송제기를 촉진하는" 것이라고 하였다); Perrone v. Gen. Motors Acceptance Corp., 232 F.3d 433, 436 (5th Cir. 2000); Forman v. Data Transfer, Inc., 164 F.R.D. 400, 404 (E.D. Pa. 1995).

22) Perrone v. Gen. Motors Acceptance Corp., 232 F.3d 433, 436 ("공정대출상 법정손해배상은 손해액이 작거나 확실하지 않을 때 적용된다."); Douglas v. Cunningham, 294 U.S. 207, 209 (1935) (explaining that the statutory damages under the Copyright Act of 1909 ("1909년 저작권법상 법정손해배상은 실손해나 이익의 증명이 곤란한 경우에 인정된다."); Louis Vuitton Malletier, S.A. v. LY USA, 2008 WL 5637161 at *1 (S.D.N.Y. Oct. 3, 2008).

23) Cass County Music Co. v. C.H.L.R. Inc., 88 F.3d 635, 643 (1996); Davis v. The Gap Inc., 246 F.3d 152, 172 (2nd Cir. 2001)("악의적 행동을 예방하고 처벌하기 위한 징벌적 손해배상의 목적은 저작권법의 17 U.S.C. § 504(c)(2)에 의해서도 일반적으로 달성된다."); Williams v. Public Finance Corp., 598 F.2d 349, 356 (5th Cir. 1979)(공정채권추심법상 법정손해배상은 "거의 발견되지 않고 처벌되지 않는 일반불법행위를 예방한다."; Burns v. First American Bank, 2006 WL 3754820, at *11 (N.D. Ill. 2006)("전자자금이체법(Electronic Fund Transfer Act)상 법정손해배상은 "전보적 기능은 물론 징벌적인 기능도 한다.")(citing Feltner v. Columbia Pictures Television, Inc., 523 U.S. 340, 352-53 (1998)).

또는 그 이상의 법률을 가지고 있고, 15개 주 이외의 모든 주는 적어도 10개 이상의 배액배상규정을 가지고 있다. 그 주들은 불법행위의 수만이 아니라 그 대상에 대해서도 매우 다양하다.[25] 그리고 대부분 주의 배액배상규정은 갈취나 피싱(phishing)과 같은 신종 불법행위도 포함하고 있다. 그러나 여러 규정들은 사기나 불법침입과 같이 기존에 넓게 해석되는 보통법상의 불법행위 중에서 구체적 하위 불법행위유형에 대하여 제한하여, 특별히 목적된 행위에 대하여 3배 배상규정을 두고 있지만, 일반적인 전체로서의 보통법상 불법행위에 대하여 3배 배상을 인정하는 법정배상규정은 없다.[26] 이와 같이 특별한 산업의 로비의 노력 또는 주 재정의 보호, 정치적 목적과 같이 특정한 불법행위를 대상으로 하여 입법자가 법정배상규정을 만들었지만, 배액배상의 대부분은 특별한 가해행위를 예방하거나 피해를 완전배상하기 위하여 하나 또는 둘 모두의 목적을 증진시키기 위해 만들어졌다.[27] 주법상 대부분의 배액배상규정의 적용영역은 다양하지만 (1) 장애인, 노인, 아이와 같은 취약한 자를 보호하기 위한 입법, (2) 거래 제한, 불공정한 상행위와 같은 경제적 불법행위, 공갈(racketeering), 상표 침해, (3) 개인정보 도용, 피싱, 도청행위와 같은 새로운 첨단기술에 의한 불법행위에 대응, (4) 소비자보호분야에서 적용되고 있다.[28]

그러나 그때그때의 정치적·경제적 목적으로 법률이 만들어지고 있기 때문에 동일 행위라도 장소에 따라 배액배상이 인정되거나, 부정되기도 하며,[29] 법원의 재량이 어떻게 실행되어야 하는지에 대해 아무런 구체적 가이드가 규정되어 있지 않다. 다만 추정하자면 피고 행동의 불법성과 의도성을 포함하여 종합적인 상황을 고려한 형평에 근거하고 있는 듯하다. 3배 배상과 같이 배액배상은 보통 부분적으로 (전보부분을 넘는 한도에서는) 징벌적 성격이다.[30]

---

24) Stephen J. Shapiro, "Overcoming Under-Compensation and Under-Deterrence in Intentional Tort Cases: Are Statutory Multiple Damages the Best Remedy?", 62 *Mercer L. Rev.* 449, 2011, p. 480.

25) *Ibid.*, pp. 480-481(저자는 LexisNexis에서 검색단어를 넣어서 조사한 것이므로 그 수가 정확하지는 않다고 한다. 다만 그 수는 언급된 것보다는 더 많을 것이라고 한다.; Alabama (8); Alaska (5); Arizona (3); Arkansas (3); California (65); Colorado (21); Connecticut (17); Delaware (14); Florida (12); Georgia (16); Hawaii (3); Idaho (28); Illinois (28); Indiana (4); Iowa (17); Kansas (8); Kentucky (13); Louisiana (13); Maine (19); Maryland (19); Massachusetts (32); Michigan (28); Minnesota (32); Mississippi (12); Missouri (8); Montana (24); Nebraska (4); Nevada (23); New Hampshire (9); New Jersey (16); New Mexico (10); New York (27); North Carolina (15); North Dakota (12); Ohio (10); Oklahoma (18); Oregon (20); Pennsylvania (12); Rhode Island (8); South Carolina (9); South Dakota (9); Tennessee (33); Texas (16); Utah (17); Vermont (130); Virginia (9); Washington (22); West Virginia (11); Wisconsin (20); Wyoming (4)).

26) 예를 들어 Ky. Rev. Stat. Ann. § 381.400; Minn. Stat. § 561.17; Mo. Rev. Stat. § 537.420; Or. Rev. Stat. § 105.805 등.

27) Stephen J. Shapiro, *supra note* 24, p. 482.

28) Stephen J. Shapiro, *supra note* 24, p. 482.

29) 예를 들어 Cal. Civ. Code § 1721(건축 중인 부동산을 파괴하였을 때 실손해의 3배 배상이 적용된다. 다른 일반적인 파괴에는 적용이 없다).

2. 미국 저작권법상 법정손해배상의 기능

저작권법상 법정손해배상은 여러 목적을 갖는데, 첫째, 원고의 손해를 전보하는 것이다.[31] 법원은 원고가 입은 손해에 가까운 법정손해배상을 주도록 노력하고 있다.[32] 법정손해배상의 최고의 장점은 원고가 입증하기 곤란할 때 전보를 해주는 것이다. 이때 법원은 약간의 추정에 의하여야 하는데 이는 원고에 대한 전보측면에서 부정확하게 이루어진다. 둘째, 피고가 얻은 이익을 반환시키는 것이다. 여기에 법원은 일실 수입에 가까운 법정손해배상액을 주려고 한다. 즉, 법정손해배상은 '부당이득(unjust enrichment)'을 피고로부터 원고에게 전환시키는 것이다. 이 경우 또다시 법원은 법정손해배상을 원고가 원하는 배상액을 흉내 내기 위한 것으로 사용하게 된다.[33] 원고가 실손해와 피고의 이익을 추구하는 것처럼 법원은 이러한 액과 유사하게 법정손해배상을 통하여 손해배상을 인정하려 한다. 게다가 법원도 원고가 직접 얻고자 하는 것과 일치하는 배상액을 인정하려고 한다.[34] 즉 1909년 저작권법상 일부 법원은 원고가 실손해와 피고의 이익이 존재한다는 증명이 있는 경우 원고가 법정손해배상을 추구하는 것을 금하였다.[35] 심지어 원고가 실손해와 이익이 존재하는지 여부를 불문하고 원고가 법정손해배상을 선택할 수 있는 1976년 저작권법상에도 여전히 법원은 '실제 손해와 이익에 가깝도록' 배상액결정을 하는 경향이 있다.[36] 법정손해배상의 세 번째 목적은 징벌이다. 불법행위자인 피고를 처벌하고, 다른 잠재적 침해자를 예방하는 것이 그 목적이다.[37] 그런데 저작권법은 징벌적 손해배상을 명문으로 규정하고 있지 않고 있다. 따라서 연방항소법원[38]과 일부 법원[39]은 저작권법에 명문으로 규정되어 있지 않고, 법정손해배상의 규정을 통하여 악의

---

30) James M. Fischer, 「Understanding Remedies」, Matthew Bender & Company 1999, p. 7.

31) *Ibid.*, p. 5; 손해배상은 전보적이든, 징벌적이든, 통상이든 특별이든, 경제적이든 비경제적일 수 있는데, 금전으로 배상이 되고 이는 불법행위의 결과를 개선하기 위하여 금전으로 원고에게 발생하지 않았다면 있었을 상태로 만들기 위한 것이라고 하면서 본질적으로 전보배상이라고 한다.

32) H.R. Rep. No. 94-1476, at 161 (1976); "침해로 인한 손해를 저작권자에게 전보하기 위하여 손해배상이 이루어진다."

33) H.R. Rep. No. 94-1476, at 161 (1976); "불법행위로부터 발행하는 부당한 이익을 침해자가 얻는 것을 막기 위하여 원고는 침해자의 이익을 배상받을 권리를 갖는다."

34) Alan E. Garfield, "Calibrating Copyright Statutory Damages to Promote Speech", 38 *Fla. St. U. L. Rev.* 1, 2010, p. 19.

35) Universal Pictures Co. v. Harold Lloyd Corp., 162 F.2d 354, 378 (9th Cir. 1947).

36) Capitol Records Inc. v. Thomas-Rasset, 680 F.Supp.2d 1045, 1053-1054 (D. Minn. 2010)(법정손해배상은 실손해와 반드시 관련성을 포함시켜야 한다).

37) James M. Fischer, *supra note* 30, pp. 919-920(징벌적 손해배상의 목적은 '처벌'과 '예방'이다).

38) Oboler v. Goldin, 714 F.2d 211, 213 (2d Cir. 1983); Davis v. The Gap, Inc., 246 F.3d 152, 172 (2d Cir. 2001); Bucklew v. Hawkins, Ash, Baptie & Co., 329 F.3d 923, 931-932 (7th Cir. 2003); Epcon Group, Inc. v. Danburry Farms, Inc., 28 Fed.Appx. 127, 130 (3d Cir. 2002.

적인 행위에 대하여 처벌과 예방을 목적으로 하는 징벌적 손해배상을 일반적으로 달성되고 있다는 이유로 징벌적 손해배상을 금한다고 명백히 밝히고 있다.[40] (물론 최근에는 징벌적 손해배상이 인정된다는 판결도 있다.)[41] 대신에 최근의 많은 법원[42]은 법정손해배상이 징벌적 기능을 한다고 본다. 법원은 '악의적' 침해에 대한 법정손해배상액을 상향하는 규정에 대한 입법자의 의도를 징벌적 손해배상을 인정하는 것으로 보고 있다.[43] 법정손해배상액을 현재의 상태로 규정한 디지털 절도 예방 및 저작권 손해배상 개정법 (1999)의 입법 과정에서 법안은 "법원과 배심은 타인의 지적재산권을 침해하는 것을 예방하는 손해배상을 줄 수 있어야 한다. 지적재산을 사용하거나 배포하는 사람이 저작권법을 준수하는 강한 동기를 갖도록 침해비용이 준수비용을 상당히 초과하는 것은 중요하다"고 하였다.[44] 한편 1998년 연방대법원은 Feltner v. Columbia Pictures Television, Inc. 사건에서 법정손해배상은 "전보(compensation) 및 처벌(punishment)과 같은 전통적으로 법적 구제와 관련된 목적들을 위한 것이다"[45]고 보아 징벌적 성격임을 포함하는 것으로 보고 있다. 마찬가지로 많은 하급심에서도 징벌적 성격임을 판시하고 있다.[46] 학

---

39) Hays v. Sony Corp. of Am., 847 F.2d 412, 415 (7th Cir. 1988) (저작권소송에서 징벌적 손해배상은 인정되지 않는다); Oboler v. Goldin, 714 F.2d 211, 213 (2d Cir. 1983); Nicholls v. Tufenkian Import/Export Ventures Inc., No. 04 CV 2110, (WHP)(S.D.N>Y> Sept. 13. 2004) 판결에서는 의회가 징벌적 손해배상규정을 저작권법에 명문으로 두지 않았기 때문에 인정될 수 없다고 하였다(Robert J. Bernstein & Robert W. Clarida, "Damages for Copyright Infringement: Punitive or Statutory?", *New York Law Journal*, Nov. 18, 2004, p. 3.).

40) Blanch v. Koons, 329. F.Supp.2d 568 (S.D.N.Y. 2004); Stanton 판사는 법정손해배상 규정의 기본 목적은 저작권자가 등록을 하도록 하고 그리하여 그러한 등록을 통해 통지를 한다는데 있다고 한다. 원고가 실손해만을 주장하면서 징벌적 손해배상을 청구한다면, 의회가 의도하였던 과도한 배상을 억제하기 위한 법정손해배상규정을 정면으로 회피하게 되며, 또한 저작권을 등록하면 사실상 통지의 기능으로 인하여 악의로 되고 이러한 경우 법정손해배상의 최고액인 30,000달러의 5배에 해당하는 150,000달러까지 배상이 되는 규정을 무의미하게 할 수 있기 때문이라고 지적하고 있다; Blair v. World Tropics Prods., 502 F.Supp.2d 828, 838 (W.D. Ark. 2007); Curcio Webb LLC, v. Nat'l Benefit Programs Agency, Inc., 367 F.Supp. 2d 1191, 1198 (S.D. Ohio 2005).

41) Silberman v. Innovation Luggage, Inc., 2003 WL 1787123, (S.D.N.Y.Apr. 3, 2003)(at 10; 원고의 징벌적 손해배상청구를 기각하였다. 다만 동 법원은 Davis 판결을 언급하면서 법정손해배상규정에 의해 징벌적 손해배상의 목적들이 이루어진다는 제안을 인용하면서, Gerald E. Lynch 판사는 "이 사건에 법정손해배상이 사용될 수 없지만, 원고에게 발생한 악의(malice) 또는 악의(ill will)가 있는 사건에서 일반 원칙에서 벗어날 아무런 이유가 없다"고 함으로써 징벌적 손해배상의 가능성에 여지를 남겼다; 2003년 5월 TVT Records v. Island Def Jam Music Group, 262 F.Supp.2d 185 (S.D.N.Y. 2003) 사건에서 Victor Marrero 판사는 실손해를 청구한 원고 TVT Records는 법정손해배상을 청구할 수 없었기 때문에 징벌적 손해배상을 청구할 수 있다고 하였다. 다만 원고가 법정손해배상을 나중에 선택하여 징벌적 손해배상청구여부는 의미가 반감하였다; Blanch v. Koons, 329. F.Supp.2d 568 (S.D.N.Y. 2004) 사건에서 원고가 징벌적 손해배상청구를 추가적 청구변경하는 것을 허락하였다. Silberman과 TVT Records 사건에 근거하여 동 법원은 "궁극적으로 저작권 침해에 대한 징벌적 손해배상청구를 긍정할 것인지 여부는 배심이 악의적 침해를 인정하고 원고가 법정손해배상을 청구하지 않는 사건에서 이루어져야 한다."(at 569-570) 다만 Louis L. Stanton 판사는 "다만 나는 원고의 상태에 유리한 전망을 예측하지 않는다. 현재의 근거로 보아 징벌적 손해배상에게 강하게 반대되어 보인다. 나는 단지 사실관계만 듣도록 한다."; Stehrenberger v. R.J.Reynolds Tobacco Holding, Inc., 335 F.Supp.2d 466 (S.D.N.Y. 2004) 사건에서도 징벌적 손해배상이 논의되었으나, 심리결과 기각되었다.

42) Davis v. Gap, Inc., 246 F.3d 152, 172 (2d Cir. 2001).

43) *Ibid.*, at 172; "악의적 침해의 경우에 법정손해배상액에 증액을 하는 규정을 통해 저작권법에서도 악의적 행위를 처벌하고 예방하는 징벌적 손해배상의 목적이 달성된다."

44) H.R. Rep. No. 106-216, at 6 (1999).

45) Feltner v. Columbia Pictures Television, Inc., 523 U.S. 340, 352 (1998).

자들 또한 법정손해배상은 징벌적 목적으로 사용될 수 있음을 인정하고 있다. 그러나 많은 학자들은 의회가 의도했던 것보다 더 자주 징벌적 손해배상액을 인정하는 것을 걱정하고 있다.[47] 그들은 1909년 저작권법상 법정손해배상은 실손해를 입증하기 어려웠던 원고를 위해 구제를 대체하는 것으로서 보았다고 지적하면서, 법정손해배상은 피고를 처벌하기 위한 것이 아닌 원고의 실손해에 근접하도록 위한 것이었다고 한다. 사실 1909년 저작권법은 법정손해배상은 "처벌로서 간주되지 않는다."(shall not be regarded as a penalty)고 명문으로 규정되었다. 그럼에도 불구하고 1952년 F. W. Woolworth Co. v. Contemporary Arts, Inc. 사건[48])에서 연방대법원은 1909년 저작권법상 법정손해배상은 "오랜 경험에 따라 공식화된, 법정 규칙은 단지 침해에 대한 배상과 이익의 반환을 강요하는 것뿐만 아니라, 불법행위를 억제하도록 설계된 것이다. 그러한 목적들을 위하여 법정손해배상에 의하는데 법원의 재량은 충분히 넓다. 심지어 저작권의 침해나 이익이 없다하여도 정당하다고 보여 진다면 법원은 법정 정책을 옹호하고 승인하기 위하여 법정한계 내에서 책임을 부과할 수 있다"고 판시함으로써 법정손해배상은 징벌적 작용을 한다고 보았다. 또한 1976년 저작권법이 적용된 1996년 Cass County Music Co. v. C.H.L.R., Inc., 사건[49])에서도 연방항소법원은 위 연방대법원 판결을 인용하면서 1976년 저작권법상 법정손해배상도 징벌적 손해배상의 성격을 가지고 있다고 하고 있다.

3. 법정손해배상의 실무상 적용

적절한 법정손해배상액의 결정을 위해 법원은 제한 없이 다음을 포함하는 다양한 요소를 고려하고 있다.[50]: ① 침해와 관련된 피고에 의해 절약된 비용과 얻어진 이익, ②

---

46) Davis v. Gap, Inc., 246 F.3d 152, 172 (2d Cir. 2001) (악의적 침해(willful infringements)에 대한 증액된 배상액은 징벌적 목적이다는 것을 언급하면서); Cass County Music Co. v. C.H.L.R., Inc., 88 F.3d 635, 643 (8th Cir. 1996) (법정손해배상은 단지 손해배상과 이익의 반환뿐만 아니라 성질상 불법행위를 억제하기 위한 벌칙이라는 것을 언급하면서(F.W. Woolworth Co. v. Contemporary Arts, Inc., 344 U.S. 228, 233 (1952))을 인용하면서); Nat'l Football League v PrimeTime 24 Joint Ventures, 131 F. Supp. 2d 458, 478 n.17 (S.D.N.Y. 2001) (법정손해배상은 징벌적 목적을 가질 수 있다는 것을 언급하면서).

47) J. Cam Barker, "Grossly Excessive Penalties in the Battle Against Illegal File-Sharing: The Troubling Effects of Aggregating Minimum Statutory Damages for Copyright Infringement", 83 *Tex. L. Rev.* 525, 2004; Pamela Samuelson & Tara Wheatland, "Statutory Damages in Copyright Law: A Remedy in Need of Reform", 51 *Wm. & Mary L. Rev.* 439, 2009; Stephanie Berg, "Remedying the Statutory Damages Remedy for Secondary Copyright Infringement Liability: Balancing Copyright and Innovation in the Digital Age", 56 *J. Copyright Soc'y U.S.A.* 265, 2009.

48) F. W. Woolworth Co. v. Contemporary Arts, Inc., 344 U.S. 228 (1952).

49) Cass County Music Co. v. C.H.L.R., Inc., 88 F.3d 635, 643 (8th Cir. 1996).

50) Tiffany (NJ), Inc. v. Luban, 282 F.Supp.2d 123, 125 (S.D.N.Y. 2003); Fitzgerald Publ'g Co., Inc. v. Baylor Publ'g Co., 807

피고의 행위로 인한 원고가 잃은 수입, ③ 저작권의 가치, ④ 피고를 포함한 타인에 대한 예방적 효과, ⑤ 피고의 행위가 선의(innocent)였는지 악의(willful)였는지 여부, ⑥ 피고가 침해하여 만든 저작물 가치를 평가할 특별한 장부의 제공에 협조하였는지 여부, ⑦ 피고를 잠재적으로 단념시키는 것. 이러한 일련의 요소는 많은 판례에서 언급되고 있다. 그러나 배상액 결정에서 모든 요소를 고려하여야 한다거나, 이들 요소 중 어떤 요소를 보아야 한다고 요구되지는 않는다. 최근 판결들은 예방에 초점을 두어 실손해에 불균형적인 법정배상액을 인정하고 있다. 예를 들어 2007년 Zomba Enterprises, Inc. v. Panorama Records, Inc. 사건[51]에서 연방항소법원은 저작권 침해 사건에서 원고의 실손해보다 훨씬 크게 법정손해배상이 인정될 수 있다고 하였다. 또한 2004년 Lowry's Reports, Inc. v. Legg Mason, Inc. 사건[52]에서도 법원은 실손해에 근거한 법정손해배상의 제한을 거부하였다. 그 외의 사건에서도 법정손해배상에 대해 실손해와 관련될 어떤 필요도 없다고 하였다.[53] 현재 법정손해배상은 실손해보다도 더 커지고 있기 때문에 법정손해배상이 자의적이고 과도할 수 있기 때문에 징벌적 손해배상에 대해 사용 중인 적법절차 검토가 전보배상을 넘는 법정손해배상에 대해 사용되어야 한다는 논쟁이 있어왔다.[54] 1909년과 1976년 저작권법 원안의 입법역사와 판결을 보자면 법정손해배상은 전보배상의 수단으로서 논의되었다.[55] 그러나 최근에는 법원과 의회의 법안에서 분명히

F.2d 1110, 1117 (2d Cir. 1986); King Records, Inc. v. Bennett, 438 F.Supp.2d 812, 854 (M.D. Tenn. 2006)(피고의 소송 전 행위를 고려함); UMG Recordings, Inc. v. MP3.com, Inc., 92 F.Supp.2d 349 (S.D.N.Y. Sept. 6, 2000) (피고의 경제적 자산규모와 피고의 침해정도를 고려함).

51) Zomba Enterprises, Inc. v. Panorama Records, Inc., 491 F.3d 574 (6th Cir. 2007);(at 587-588, 동 사건에서 피고의 악의적인 26개 저작권 침해에 대해 저작물마다(per work) 3만 1천 달러, 즉 총 806,000달러의 법정손해배상을 사실심 법원이 인정한 것을 심리하였다. 항소심에서 피고는 원고의 실손해는 법정손해배상액의 약 2.27%에 불과한 비용의 상실로서 단지 약 18,457.92 달러이기 때문에 실체적 적법절차위반으로서 위헌적으로 배상액이 높다고 다투었다. 그러나 법원은 실손해의 44배에 달하는 법정손해배상액을 인정하였고, 배상액이 적법절차 박탈로서 충분히 억압적이라는 피고의 주장을 기각하였다.).

52) Lowry's Reports, Inc. v. Legg Mason, Inc., 302 F.Supp.2d 455, 458 & n.1, (D. Md. 2004)(at 459-460, 원고는 자신의 실손해는 660만 달러라고 청구하였고, 이에 피고는 실손해는 5만 9천 달러라고 주장하였다. 이에 법원은 배심원의 1,970만 달러의 평결을 인정하였다. 법원은 법정손해배상을 실손해의 4배까지로 제한하는 것을 거절하였다. 그리고 과도한 징벌적 손해배상이라는 피고의 적법절차 주장을 받아들이지 않았다. 또한 법정손해배상이 실손해와 엄격하게 관련된다는 어떤 요건도 없다고 설시하면서, 실손해와 법정손해배상 사이에 합리적인 관계가 있어야 한다는 것을 지시하는 것을 거절하였다.).

53) Yurman Design, Inc. v. PAJ, Inc., 262 F.3d 101 (2d Cir. 2001)(at 113-114, 법원은 "법정손해배상은 단지 전보나 반환만을 의미하는 것이 아니다"고 하면서 19,000 달러의 이익과는 "아무런 관련이 없다"고 하면서, 275,000 달러의 배심결정을 인정하였다); Sony Music Entm't v. Cassette Prods., Inc., 41 U.S.P.Q.2d 1198 (D.N.J. 1996)(91개 음향 녹음의 악의적(willful) 침해에 대한 당시의 상한배상인, 침해 작품마다(per work) 10만 달러를 곱하여 9백만 달러의 법정손해배상을 인정하였다).

54) 예를 들어 Napster, Inc. Copyright Litig. v. Bertelsmann, Nos. C MDL-00-1369 MHP, C 04-1671 MHP, 2005 WL 1287611 (N.D. Cal. May 31, 2005)에서 법원은 징벌적 손해배상의 Gore 판결과 Campbell 판결을 언급하면서 대부분의 법원들은 실손해와 법정손해배상의 비율이 "합리적 비율을 넘는"(out of all reasonable proportion) 경우는 적법절차를 침해한다고 하고 있다.

55) Douglas v. Cunningham, 294 U.S. 207, 209 (1935)("그 조문의 어법은 벌칙(penalties)을 부과하는 법에 따른 해석의 엄격함을 피하기 위해 채택되었다. 그리고 법원칙이 손해 증명이나 이익을 밝히기 어렵거나 불가능하게 한 경우에 저작권자에게 손해에 대한 보상하기 위하기 위해 채택되었다.").

표현한 것으로서의 목적은 일반 및 특별 예방(deterrence)이라고 한다.56)

Ⅲ. 미국 저작권법상의 법정손해배상의 연혁

법정손해배상은 미국이주의 저작권법 이래로 미국 저작권법의 특징이었다.57) 그리고
입법의 역사는 법정손해배상제도의 이론적 근거와 목적을 나타내고 있다. 또한 지난
200년 동안 법정손해배상의 적용은 입법형식과 실무에서 많은 변화가 있어 왔다. 앞에
서 살펴보았듯이 법정손해배상의 진정한 목적은 실손해의 산정의 어려움 때문에 저작권
자에게 최소 보상을 하는 것이었다. 또한 이하에서 보듯이 1909년 저작권법에서의 법정
손해배상을 포함할지에 관한 논쟁에서 만약 그렇게 한다면 이를 어떻게 공식화할지에
관한 논쟁에서, 주된 관심사는 법정손해배상이 매우 과도한 징벌적 구제가 되지 않도록
하는 것에 관한 것이었다. 그러나 오늘날 법정손해배상의 이론적 근거는 매우 많은 배상
을 통해 저작권침해의 특별 예방과 일반 예방적 기능에 치중하고 있다.

1. 초기 저작권법상 법정손해배상

가. 독립 13주의 저작권법

1783년 5월 2일 대륙회의(미국 독립혁명 당시 미국 13개 식민지의 대표자 회의)는 저
자와 출판사가 자신들의 작품에 대해 전속적인 출판 판매권을 보장할 것을 주들에게 요
청하였고, 그 후 1783년과 1786년 사이에 독립 13주는 저작권법을 통과시켰다. 이들 주
는 모두 Anne법을 대부분 모델로 하였다. 저작권법을 통과한 12개 주(Delaware 주 제외)
의 손해배상규정은 각각 매우 달랐다.58) 여러 주들의 법은 최소와 최대 배상액의 규정을
갖는 범위 내에서 규정을 두었다. Massachusetts 주는 5파운드에서 3000파운드까지,
New Hampshire 주는 5파운드에서 1000파운드까지, Rhode Island 주는 5파운드에서

---

56) Yurman Design, Inc. v. PAJ, Inc., 262 F.3d 101, 113-14 (2d Cir. 2001); H.R. Rep. No. 106-216, at 2 (1999).

57) Statute of Anne, 1710, 8 Ann., c. 19 (Eng.); 미국 저작권법은 영국의 1710년 Anne 법상의 저작권법의 법정손해배상규정이
미국으로 도입되었다.

58) Colin Morrissey, "Behind the Music: Determining the Relevant Constitutional standard for Statutory Damages in Copyright
Infringment Lawsuits", 78 *Fordham L. Rev.* 3059, 2010, p. 3066.

3000파운드까지, 나머지 주(Connecticut, New Jersey, Pennsylvania, Virginia, North Carolina, Georgia, New York)들은 모든 침해저작물의 '가치의 2배(double the value)' 규정을 두었다. 그리고 다른 주(Maryland 주는 침해자의 관리권 내에 있는 모든 장당 2펜스를, South Carolina 주는 장당 1실링)들은 침해자의 소유로 발견된 복제물마다(per copy) 특정한 법정액의 배상을 규정하였다.[59]

나. 1790년 연방저작권법 제정

1790년 5월 31일 제정된 연방저작권법상 손해배상규정은 침해자 인쇄, 출판, 수입 또는 판매된 침해자 소유로 발견된 각 복제물에 대해 50센트의 법정액을 규정하였다. 별개의 규정으로 공연에 의해 연극내용의 복제는 첫 공연에 대하여는 100달러를 넘지 않는 범위에서, 그리고 그 후 매 공연에 대하여는 50달러를 넘지 않는 범위에서 재량으로 한정된 범위에서의 배상규정을 두었다.[60]

다. 1870년 저작권법 개정

1870년 7월 8일 의회는 배상규정을 지도, 차트, 작곡, 인쇄 등에 대하여 장마다(every sheet) 1달러로 개정하였다. 그리고 그림, 동상에 대하여는 각 복제물(every copy)에 대해 10달러로 개정하였다. 서로 다른 형태의 저작물에 대한 다른 법정배상액을 적용하는 것은 무엇이 다양한 저작물에 대한 더 다양한 가액으로 발전되었던 1909년 저작권법에서의 '법정 기준(statutory yardstick)'이라고 하는 것이 되는가의 시작이었다.[61]

라. 기술진보와 1895년 저작권법상 일부 저작물에 대한 하한·상한규정 도입

1895년 저작권법은 하한과 상한규정을 도입한 점과, 복제물마다가 아닌 저작물마다로 전환되었다는 점에서 많은 변화가 있었다.[62] 기존의 법정손해배상은 배상규정을 미리

---

59) Stephanie Berg, *supra note* 47, pp. 274-275.(이하 연혁부분은 동 논문을 주로 번역·발췌·편집하였으며, 기타 논문을 참조하였다).

60) Stephanie Berg, *supra note* 47, pp. 275-276.

61) Stephanie Berg, *supra note* 47, p. 276.

62) Colin Morrissey, *supra note* 58, p. 3068.

결정된 계산법에 따라 배상액을 결정하므로 기술이 진보됨에 따라 저작물들을 더 쉽고 더 많은 복제물을 만들 수 있게 되어서 법정손해배상이 지나치게 과도하다는 우려가 있었다. 신문 출판사들은 수많은 사진 작품을 그들이 알지 못하고 인쇄했다는 것을 알게 되었고, 그들은 신문에 대하여 법정손해배상액의 상한을 규정하도록 압력을 가했다. 그리하여 1895년 3월 2일 저작권법은 미술작품이 아닌 저작등록된 사진의 침해사건에서 배상액은 최소 100달러에서 최대 5,000달러까지로 하였고, 회화, 그림, 조각, 에칭, 미술작품의 사진에 대하여는 최소 250달러에서 최대 10,000달러까지로 하였다. 이 미술작품 및 사진의 두 종류와 선의라는 침해형태만 적용되는 최소액과 최대액이 적용되었음에도 불구하고, 특히 기술적으로 매우 많은 복제물을 만들 수 있는 상황에서 과다한 배상을 방지하기 위해 최소와 최대 법정손해배상의 규정은 의미가 있었다. 그 규정들은 지도, 차트, 드라마작곡이나 음악작곡, 프린트의 침해는 장마다 1달러, 회화, 동상, 조각상에 대해서는 10달러 규정을 포함하고 있었다. 그러나 총액으로서 하한 또는 상한 규정을 두고 있지 않았다. 하한 및 상한이 모든 저작물의 침해에 대해 규정된 것은 1909년 저작권법에서부터이다.

2. 1909년 저작권법상 법정손해배상

가. 실손해 관련성 논쟁

상원특허위원회의 요청에 따른 1905년 5월부터 1906년 3월까지 3번의 회의에서 1906년 5월 법안이 만들어져 의회에 제출되었다.[63] 3번의 회의에서 법정손해배상의 목적에 관하여 심한 논쟁이 있었다. 법정손해배상이 저작권 위반에 대한 적절한 구제책인지, 실손해와 이익을 대신하여(in lieu of) 인정될 수 있는 것인지, 그리고 하나의 저작물의 침해에 대해 총 법정손해배상을 제한하는 하한과 상한이 인정되어야 하는지에 관하여 큰 논쟁이 있었다. 이 논쟁은 성질상 징벌적인 것이 아닌, 실손해를 증명하지 못한 경우에 일정한 손해배상을 확실히 받도록 하기 위한 전보적인 것임을 보여주고 있다.[64]

---

63) 1905년 5월 저작권입법을 다루는 상원특허위원회는 저작권법의 개정을 원하였다. 의회 도서관원 Herbert Putnam은 다음 회기에 일반적인 저작권법의 초안을 논의하기 위하여 작가, 작곡가, 연극작가, 사진가, 화가, 음반가, 출판사, 정기간행물, 미국 변호사협회, 저작권 법조인 등 다양한 단체의 구성원의 대표를 초대하여 3번의 모임을 가졌다(1905년 5월 31일 - 6월 2일, 11월 1일 - 5일, 그리고 1906년 3월 13일 - 16일).

64) Stephanie Berg, *supra note* 47, pp. 278-279.

1905년 11월의 회의동안에 실손해와 무관하다면 위헌인지에 관하여 논쟁이 있었다. 회의에서 음악출판업자들은 그들의 손해를 산정하여 입증하기가 매우 곤란하므로 실손해를 증명함이 없이 배상받을 수 있는 법정손해배상을 필요로 한다고 주장하였다. 특히 미국 출판저작권연맹의 George Haven Putnam은 법정손해배상은 실손해를 증명할 수 없을 때 필요하고, 많은 실무에서 아직 출판되지 않아서 저작물의 가치 상실을 증명하기 어렵거나 곤란하고 침해자의 이익을 증명하지 않아서 증명하기가 곤란하다고 하여 법정손해배상의 필요성을 옹호하였다. 그러나 법률가협회 대표 법조인인 Edmund Wetmore를 중심으로 반대자들은 전보형식이라기보다 오히려 벌칙(penalty)의 배상이 이루어지기 때문에 실손해의 증명도 없이 배상이 이루어질 수 있음을 믿지 않았고, 이와 같이 실손해의 증명도 없고 실손해와 관련되지 않는 이유로 합헌성에 의문을 제기하였다. 이 논쟁은 법정손해배상이 실손해와 완전하게 무관한 처벌로서의 의미라기보다 오히려 전보적 손해배상의 다른 수단으로서 의도되었다는 것을 보여준다. 그 논쟁에서 저작권법 전문 변호사인 Samuel J. Elder는 실손해의 입증이 어려울 때 전보배상을 확실히 하기 위해 법정손해배상의 중요성과 한 작품에 복제물이 매우 많이 이루어진다면 실손해와 거의 무관하게 되고, 수백만 개의 복제물을 만드는 시대이기 때문에 복제물마다 법정손해배상이 누계적으로 배상되어 너무 징벌적일 수 있는 위험을 고려하여야 한다고 제안하였다. 이 논쟁을 해결하기 위하여 Elder는 저작권 침해에 법정배상액의 총액을 제한하는 법정손해배상을 제안하였다. 그리고 침해자의 상대적 능력에 근거하여 법원이 결정하도록 제안하였다.[65]

그리고 복제물마다 규정을 없애고 Elder가 1차 회의 때 제안했던 것과 같이 단순히 위반자의 책임의 정도에 근거하여 법정배상액의 범위를 정할 것인지에 관해 논쟁도 있었다. 즉 복제물마다 1달러, 10달러, 100달러가 아닌 개개의 사건에서 피고의 책임정도에 따라 법원이 하한과 상한의 범위에서 결정할 수 있도록 하는 것이다. Elder의 제안은 실손해 또는 이익은 물론 선택으로서 250달러에서 5,000달러 범위에서 피고의 과실정도에 따라 법원이 결정할 수 있도록 대안을 포함하는 것이었다. Elder의 제안은 침해자의 상대적인 책임에 근거하여 일정 범위 내에서 법원이 침해된 저작물마다 범위를 정하여 법정배상을 재량으로 결정하고 있는 1976년 저작권법과 더 비슷하다. 그러나 그 회의에서

---

65) Stephanie Berg, *supra note* 47, pp. 279-281.

다른 사람들, 특히 미국 디렉토리 출판협회는 복제물마다(per copy)라는 배상액 규정을 제거하는데 반대하였다. 다만 동 협회 고문인 Alfred Lucking은 저작소유자와 법정손해 배상이 과도하게 되는 것을 걱정하는 사람을 달래기 위해 총액의 상한·하한 유지를 제안하였다. 그리고 법정손해배상이 실손해에 상당하는 적절한 배상을 하도록 하는 고민이 있었다. 만약 복제물마다(per copy) 규정을 삭제한다면 어떤 근거로 배심이 배상액을 산정할 것인가라는 고민이었다. 미국 프린트 출판협회의장인 W. A. Livingstone은 '법정 척도(statutory yardsticks)'인 복제물마다(per copy) 규정을 유지하자고 하였다.[66]

이와 같이 1909년 저작권법 개정과정에서의 논의를 살펴보면 법정손해배상은 실손해 증명이 곤란한 경우 전보배상액을 확실히 하기 위한 것이고, 과도한 배상을 방지하기 위한 장치로서 법정손해배상을 이해하고 있었다. 즉, 법정손해배상은 실손해보다 훨씬 큰 것으로 예정된 것은 아니었다. 그리고 되도록 실손해와 근접하게 하여 제한할 수 있는 전보배상을 확실하게 하는 수단으로서 그들의 지지자들에 의해 정당화되었다. 이는 미국의 현재의 실무에서 법정손해배상이 예방적 기능으로서 징벌적인 성격이라는 것과는 차이가 있다.

나. 실손해가 입증된 경우 법정손해배상의 선택여부

회의에서 실손해와 법정손해배상의 선택을 갖는지에 대해 논란이 있었다. 미국음악출판협회 고문인 Nathan Burkan은 10만개의 불법 복제물을 이미 배포하였더라도 '소유로 발견'되지 않는다면 1달러도 배상받을 수 없기 때문에 침해자소유로 발견된 불법 복제물마다 1달러의 규정은 매우 비효과적이라는 이유로 '소유 또는 소유였던'으로 개정하고, 이익도 추가할 것을 제안하였다. 결국 1909년 저작권법에서 의회는 확실한 전보배상을 위해 배액배상규정을 하는 것이 배상규정의 목표라는 것을 보이면서 실손해와 이익 또는 법정손해배상의 선택에 재량을 갖는다고 규정하였다. 2차 회의에 따라 작성된 법안은 3차 회의 때 다시 논의 되었는데, 그 초안은 법정손해배상을 처벌(penalty)로서가 아니고 오히려 실손해를 입증할 수 없기 때문에 배상되는 형태라는 것을 암시하기 위하여 '정액손해배상(liquidated damages)'으로 결정하였다.[67] 또한 하한과 상한으로 총액을

---

66) Stephanie Berg, *supra note* 47, pp. 285-286.
67) 법정손해배상은 "어떠한 의미에서도 처벌"을 의미하지 않는다.

제한하는 법정척도와 원고가 실손해와 이익의 배상을 청구하거나 하한과 상한의 총액이 제한되는 법정손해배상을 선택하는 규정을 두었다.[68]

한편 제3차 회의 때 법정손해배상은 배상액이 무제한으로 되지 않도록 확인하기 위해서만 적용되는 것이고, 실손해가 증명되었거나 이익이 증명된 경우에는 적용되지 않는다는 것을 명확히 하였다. 그리고 최소배상액은 약간의 전보배상을 확실하기 위한 것을 의미하였고 최대배상액은 과도한 배상액의 가능성을 제한하기 위한 것을 의미했다. 그러나 궁극적인 목적은 저작권자에게 적절한 배상을 하는 것이었다. 참석자 그룹은 거의 만장일치로 저작물마다(a work) 법정손해배상의 최대배상액을 5,000달러로 결정하였다. 사진가 저작권 협회는 그들은 변호사비의 지불과 첫 소송을 수행하기 위해서는 최소배상으로서 250달러를 주장하였다. 그것은 지나치게 보상하기 위해 의도된 최소배상액이 아니고, 원고가 그들의 손실을 배상받기 위한 소송을 할 수 있는 것을 확실하기 위한 것이었다. 3번의 회기를 거쳐 많은 논쟁 후에, 미국 의회도서관 저작권 등록관은 의회에 저작권 법안을 제출하였다. 그 마지막 버전은 다음과 같다.[69]

소유자에게 전속 실시권 또는 허가권이 주어진 저작물을 서면으로 미리 저작권 소유자의 동의 없이 어느 누구라도 미국 저작권법상 보호되는 어떤 저작물에서 저작권을 침해한다면 그러한 자는 다음의 책임이 있다.

(a) 그러한 침해에 대한 금지명령에 책임이 있다.
(b) 침해자가 저작권 위반으로부터 만들어낸 모든 이익은 물론 저작권 소유자가 위반으로 인하여 고통을 받을 때 저작권 소유자에게 그러한 손해를 배상할 책임이 있다. 그리고 이익의 증명에 있어서는 원고는 매매사실만 증명하여야 하고, 피고는 비용을 입증하여야 한다. 또는 실손해나 이익에 갈음하여 다음에 근거하여 측정되고 법원이 정당하다고 인정하는 한도에서 그러한 손해배상은 250달러 이상 5000달러 이하이다. 그리고 처벌(penalty)로서 간주되지 않는다.
1. 그림, 동상, 조각 또는 어떤 저작물을 듣기 위한, 특별히 재생하기 위한 어떤 기기의 경우에는 침해자 또는 대리인 또는 피용자의 소유로 발견되거나 판매되거나 제조된 각 복제물에 대한 10달러보다 적지 않도록 한다.
2. 강의, 설교, 연설의 경우에는 각 위반행위에 대하여 50달러보다 덜하지 않는다.
3. 드라마나 뮤지컬 작곡의 경우, 첫 번째 위반의 경우 100달러보다 덜하지 않고 이후 각 침해행위마다 50달러
4. 이 법 제5조의 그 밖의 모든 작품(책 복합작품, 디렉토리, 지명사전, 기타 편집 및 새 문제를 포함한 새 버전, 신문, 극적 작곡, 뮤지컬 작곡, 지도, 예술작품, 그림, 사진, 인

---

68) Stephanie Berg, *supra note* 47, p. 284.
69) Stephanie Berg, *supra note* 47, p. 286.

쇄 및 그림을 포함하여)의 경우 복제물마다 또는 침해자, 그의 대리인, 그의 종업원의
소유로 발견되거나 판매된 복제물마다 1달러

이와 같이 1909년 개정입법 과정에서의 법정손해배상은 처벌로서가 아닌 실손해 입
증곤란을 위해 인정된 것이고, 당시의 개정과정의 관련자도 이를 징벌적인 것이 아니라
확실한 전보를 위한 것으로 이러한 경우 원고의 실손해 입증곤란 때문에 법정손해배상
을 인정한 것이었다.

다. 기술적 기계 제조자의 법정손해배상에의 영향과 강제허가제도

회의에서 레코드플레이어, 피아노 연주기기와 같은 기계 제조자는 회의에 참석하지
않았다. 당시 음악출판사들은 이러한 기계에 의한 음악연주에 의해 매출감소를 매우 우
려하였다. 결국 이러한 제조자와 레코딩 회사들에게 제작, 판매, 배포 등 음악 관련 모든
권한을 주고 대신에 복제물마다(per copy) 10달러를 사용료로 받고자 하였다.[70] 이 법안
에 기계 제조자들은 실손해에 비하여 복제물마다에 대한 과도함을 주장하였고, 복제물
마다 1달러 그리고 실손해 증명이 없는 경우 250달러를 상한의 규정을 둘 것을 제안하
였다. 결국 1909년 저작권법에서는 강제허가제도(compulsory licenses)를 규정하고,[71] 기
계제조물마다 2센트의 사용료를 등록저작권자에게 지불하는 규정을 두게 되었다.[72] 강
제허가제도가 양 이해관계의 논쟁을 해결하였음에도 불구하고, 다른 이해관계자는 법정
손해배상이 실손해와 관계가 없거나, 거의 없다는 이유로 위헌적이라고 하였고, 전미인
쇄출판협회는 법정손해배상은 최저 배상을 확실히 해주도록 의도된 것이며, 실손해가
증명되지 않는 경우 법정손해배상이 실손해보다 더 크지 않기 때문에 합헌이라는 1899
년 연방대법원의 Brady v. Daly 판결[73]을 근거로 합헌이라고 하였다. 동 법원은 모든 사
건에서 법정손해액을 결정하는데 있어서 입증이 가능하다면 더 큰 배상의 구제수단을
열어두면서, 법정배상규정은 최소액을 인정한 것이라고 하였다.[74] 이처럼 법정손해배상
은 단지 적절한 전보배상의 수단으로서만 정당화되었다.[75]

---

70) S. 6330, and H.R. 19853(상원과 특허위원회 공동으로 발의).

71) Section 1(e) of the 1909 Act.

72) Stephanie Berg, *supra note* 47, p. 289.

73) Brady v. Daly, 175 U.S. 148 (1899).

74) Brady v. Daly, 175 U.S. 148, 154 (1899).

라. 1909년 저작권법상 법정손해배상규정

1909년 저작권법[76]이 되었던 1909년 3월 4일 저작권법 제25조[77]는 다음과 같이 규정되었다.

> 제25조 미국 저작권법에서 보호되는 어떠한 저작물의 저작권을 침해하는 누구라도 다음과 같은 책임이 있다. :
> (a) 침해금지명령
> (b) 침해자가 얻은 모든 이익은 물론 침해로 인해 받는 저작권자의 손해를 배상한다. 그리고 이익의 증명에 있어서는 원고는 매매사실만을 증명하면 되고 피고는 모든 비용을 입증하여야 한다. 실손해와 이익 대신에(in lieu of) 아래에 언급된 액을 재량으로 법원이 정당하다고 인정하는 배상액을 지불한다. 저작 사진의 신문에서의 재생산의 경우에는 200달러를 초과하지 않고 50달러보다 적지 않아야 한다. 그리고 어떤 사건에서도 250달러에서 5,000달러를 초과하지 않는다. 그리고 처벌로서 간주되지 않는다.
> 1. 그림, 동상, 조각의 경우, 침해자, 그의 대리인, 또는 피용자의 소유로 발견된 복제물마다 10달러
> 2. 이 법 제5조에 열거된 작품의 경우, 그림, 동상, 조각을 제외하고, 침해자, 그의 대리인, 또는 피용자의 소유로 발견된 복제물마다 1달러
> 3. 강의, 설교, 연설의 경우 침해마다 50달러
> 4. 드라마, 드라마 뮤지컬 또는 합창 또는 오케스트라 작곡의 경우, 첫 번째는 100달러, 그 후 침해행위는 각 50달러; 기타 뮤지컬의 경우에는 각 복제행위마다 10달러

마. 1909년 저작권법상 법정손해배상에 대한 법원의 해석 및 적용

1909년 저작권법에 의하면 법정손해배상의 사용가능성은 원고의 선택이 아닌 법원의 재량에 의했다. 그러나 법원은 법정손해배상이 단지 저작권자가 실손해나 피고의 이익을 증명할 수 없는 경우에만 인정되는지, 실손해와 이익이 산정될 수 있을 때 법정손해배상을 인정할 수 있는지, 그리고 원고가 실손해와 이익의 증명을 하지 못한 경우에 반드시 인정하여야 하는지에 대하여 갈등하였다. 어떤 법원은 법정손해배상을 실손해가 나타나지 않는 경우에는 인정하지 않았다. 즉 법정손해배상의 목적은 단지 손해액을 증명하지 못하여 이를 구제하기 위한 수단으로서가 아니고 손해의 사실이 요건이라고 하였다.[78] 반면에 어떤 판결[79]은 실손해가 있는 경우든 그렇지 않든 이러한 것은 법원의

---

75) Stephanie Berg, *supra note* 47, pp. 289-290.

76) 17 U.S.C. § 101 (Copyright Act of 1909) § 101.

77) Act of March 4, 1909 Sec. 25; H.R. 28192, S. 9440.

78) Washingtonian Publ'g Co. v. Pearson, 140 F.2d 465 (D.C. Cir. 1944); Rudolf Lesch Fine Arts, Inc. v. Metal, 51 F.Supp.

재량이라고 하였다. 그리고 또 다른 판결80)은 법정손해배상은 실손해와 이익이 증명된 경우라면 법정손해배상을 인정하지 않았다. 세 번째 입장은 의회가 법정손해배상은 실손해와 이익과 관련이 있다는 것을 법원이 강조하는 것이다. 그리고 법정손해배상이 실손해보다 더 많은 배상을 인정하는 수단으로 보고 있는 현재의 해석에도 불구하고 전보적 배상을 목적으로 하는 것으로 보았다는 것을 의미한다. 즉 법원은 제25조(b)의 법정손해배상 규정은 법정손해배상을 통하여 배상액을 감소하기 위한 것을 의미한다는 것이 하원위원회 입장이라고 보았다.81) 그리고 1909년의 저작권법상 명문으로 규정된 '대신에(in lieu)'라는 문구를 '벌칙이 아니다(shall not be regarded as a penalty)'는 것으로 보았다. 이와 같이 그 조문의 어법은 벌칙을 부과하는 과도함을 회피하기 위해 인정되었다. 그리고 배상액의 증명의 어려울 때 저작권자에게 일정한 전보배상을 주기 위해 인정된 것이었다. 1909년 저작권법에서 법정손해배상의 입법과정과 일치하여 1909년 저작권법에서의 법정손해배상을 해석하는 판례들은 법정손해배상은 본질적으로 전보적인 것을 의도했지 억제의 수단은 아니었다고 지적하였다.82)

한편 1909년 저자권법에서는 그 척도의 사용은 법원의 재량에 의했다. 그래서 방송과 영화 스튜디오는 여전히 한 개의 저작물 침해가 최대 법정손해배상액으로 이어질 수 있다고 우려하였다. 그래서 방송과 영화 스튜디오는 자신들이 침해한 경우 배상할 수 있는 최대 배상액의 감경을 주장하였다. 그 결과 의회는 1912년 손해배상에 관한 2개 규정을 개정하였다. 한 개는 드라마가 아닌 작품의 영화에 의해 순수(innocent) 침해의 경우에 최대 배상액을 100달러로 하는 것이었고, 또 다른 한 개는 비드라마 문학작품을 순수침해로 방송한 경우 최대 배상액을 100달러로 하는 것이었다. 순수침해에 있어서 법정손해배상액을 제한하는 사상은 초기 신문과 잡지 출판사의 우려와 오늘날 2차 책임과 유사하다.83) 이러한 개정도 마찬가지로 과도한 배상을 줄이기 위한 개정임을 보여주고 있다.

---

69 (S.D.N.Y. 1943).

79) F.W. Woolworth Co. v. Contemporary Arts, 344 U.S. 228 (1952).

80) Sheldon v. Metro-Goldwyn Pictures Corp., 309 U.S. 390 (1940); 연방대법원은 Universal Pictures Co. v. Harold Lloyd Corp., 162 F.2d 354, 378 (9th Cir. 1947))을 인용하면서 제101조의 "대신에"(in lieu)의 규정은 이익이 증명된 경우에는 적용될 수 없다. 그리고 그러한 사건에서는 법정손해배상은 인정되지 않는다고 하였다.

81) H.R. Rep. No. 60-2222, at 15 (1909).

82) Stephanie Berg, *supra note* 47, pp. 292-293.

83) Stephanie Berg, *supra note* 47, pp. 293-294.

3. 1976년 저작권법상 법정손해배상

가. 1931년 Vestal 법안과 1935년 Duffy 법안 및 하한규정

1920년대에는 라디오와 같은 새로운 기술발전이 이루어져 음반출판업자와 대립하게 되었다. 전미방송협회(NAB)는 음반출판업자에 의해 음악저작권의 침해를 이유로 엄청 난 법정배상액을 청구 당하였다.[84] 전미방송협회는 저작권 범위보다는 손해배상이 목적이라는 것을 인식하였다. 이에 1930년에 전미방송협회는 실손해와 무관하다는 이유로 'Vestal 법안',[85] 즉 법정손해배상의 최소규정에 반대하는 보고서를 제출하였다. 그 보고서에 의하면 전미방송협회는 동일 작품에 대한 라이선스 비용은 단지 몇 센트에 불과하였을지라도 음악 한 편의 한번 실행에 대하여 법정손해배상은 10,000달러에 달하였다고 주장하였다.[86] 그러나 Vestal 법안은 통과하지 못했다. 그리고 1935년 Duffy 법안[87]도 실손해와 관련하여 지나치게 과도하다는 우려를 해결하기 위해 제안되었다. Duffy 법안은 자신이 저작권을 침해하고 있는 것을 알지 못하고 신의성실로 활동하고 있는 프린터업자, 바인더업자, 제조자를 구제하기 위해 최소법정손해배상 규정의 삭제를 제안하였다. Duffy 법안을 지지하는 자들은 저작권자는 여전히 금지명령제도의 선택이 있기 때문에 법정손해배상이 없더라도 여전히 보호받는다고 주장하였다. 그러나 이 법안도 통과하지 못했다.[88]

이처럼 하한규정은 실손해와 무관하거나 하한규정으로 과도한 배상을 할 우려가 있다는 이유로 폐지요구를 받게 되었다. 후술하지만 하한규정은 실손해와 무관하기 때문에 법정손해배상이 징벌적인 성격을 갖는다는데 유력한 논거가 된다. 1955년에 하한규정에 대한 쟁점과 우려는 의회도서관 저작권사무소가 저작권법 개정을 요구할 때 다시 고려되었다.

---

84) Timothy Wu, "Copyright's Communications Policy", 103 *Mich. L. Rev.* 278, 2004, p. 308.

85) H.R. 12549 (1931).

86) "즉 이익에 있어서 음악 한 편의 실행은 250달러에서 10,000달러에 이르는 손해배상을 수반한다. 매년 라이선스에 근거한 라이선스 비용은 몇 센트이거나 그 이하이다. 250달러는 그러한 사건에서는 최대치로서 너무 높다. 5,000달러의 현재법에서의 최대치가 10,000달러까지 이르는 대신에 … 이러한 것들은 처벌(penalties)이고 그 규정에도 불구하고 손해가 아니다."

87) S. 2465, 74 Cong. § 17 (1935).

88) Stephanie Berg, *supra note* 47, p.294.

나. 1955년 초 저작권법의 재검토와 1973년 법안

1955년 초 의회도서관 저작권사무소에서 1909년 저작권법의 여러 쟁점[89])에 관하여 재검토하였다. 이러한 질문은 궁극적으로 법정손해배상이 실손해와 비례성을 갖는가에 관한 것이다. 법정손해배상의 유지에 관하여는 최종적으로는 입증곤란을 구제하기 위한 것이기 때문에 유지하기로 하였다. 반면에 복제물마다 또는 침해행위마다 특정배상액 규정을 유지할지에 대하여는 과도한 손해배상의 우려가 있거나, 판사가 그 특정배상액 사용에 있어서 임의적이기 때문에 폐지되어야 한다는 주장이 있었다.[90]) 그리고 동일 작품에 대한 반복적 침해행위를 어떻게 다루어야 할지에 대해서는 침해마다가 아닌 저작권 침해행위로 하고 정당한 범위 내에서 법정손해배상 규정을 사실심 법원(판사 및/또는 배심)의 재량으로 단순화하자는 제안이 있었다. 이러한 의견에 따라 1973년 초안인 S. 1361이 제안되었다. S. 1361은 1909년 저작권법상 복제물 또는 복제행위마다라는 규정을 삭제하였다. 대신에 저작물의 복제된 수와 상관없이 침해 저작물마다(per work) 법정손해배상을 인정하였다. 원고의 손해를 가장 가깝게 반영하고, 증명에 의해 정당화될 수 있는 배상을 위해 형평한 후에 법원에 광범위한 재량을 주었다.

이러한 입법적 역사와 1973년 초안인 S. 1361은 법정손해배상은 실손해에 불균형이 되지 않도록 할 의도라는 것을 보여준다. 예를 들어 왜 초안자들이 법적척도의 제거를 선택했는지 왜 법원이 범위 내에서 재량이 있는지에 대한 설명에서 그 법안주석은 법정손해배상이 실손해에 근접하여 공정할 것을 확실히 하는 것임을 설명하고 있다.[91])

다. 1976년 저작권법상 법정손해배상

1976년 저작권법은 명백히 침해 작품마다(per work) 하나의 법정손해배상을 법원이 주도록 하고 있다.[92]) 즉, 법정범위 내에서 판사에게 재량을 주고 있음에도 불구하고, '작

---

89) 1909년 저작권법 손해배상규정에 관한 주된 질문은 법정손해배상의 명확성에 관한 것이다. 법정손해배상이 실손해와 이익이 확인될 수 있는 경우에도 인정될 수 있는지; 원고의 선택에 의하는 것인지 아니면 법원의 재량적 선택인지; 최소규정을 그대로 유지할 것인지, 만약 유지한다면 얼마로 정하여야 하는지; 특정한 유형의 저작물에 대해 특정 최소규정을 둘 것인지; 작품마다(per work) 최대 배상액을 둘 것인지; 특정한 유형의 저작물 또는 침해형태에 대해 특정 최대규정을 둘 것인지 (예를 들어 방송에 의한 비드라마 문학작품의 순수침해); 피고에게 저작권침해임을 알린 후에(actual notice) 최대 배상의 한계가 적용될 지; 복제물마다 또는 복제행위마다 배상액이 법정배상액 범위 내에서 그 법률의 배상액이 계속 지정되는지; 순수 2차 침해는 실손해, 이익 또는 법정손해배상 또는 이들 세 가지 책임 모두로부터 책임이 없는 것인지 여부에 관한 것이었다.

90) Comments of Melville B. Nimmer (June 4, 1958).

91) Stephanie Berg, *supra note* 47, pp. 294-295.

품마다(per work)' 하나의 법정손해배상을 주어야 하는 제한을 두었다. 이는 1909년 저작권법[93]이 각 복제물마다 저작권 위반행위마다 손해배상을 인정하는 것에서 크게 변경된 것이다. 1976년 저작권법 규정은 1909년 저작권법이 동일 작품에 대한 매 위반행위별로 손해배상을 인정하게 됨으로써 과도한 법정손해배상의 가능성을 감소시키게 되었다. 반면에 법정손해배상의 이러한 손해배상액을 제한한 것을 전보하기 위해, 의회는 처벌규정이 아니라는 규정을 삭제하였다. 비록 1976년 개정법상의 법정손해배상의 목적과 주된 관심사가 과도한 법정손해배상을 제한하기 위한 것이었음에도 불구하고, 사실 법원이 과도한 배상을 할 수 있는 고도의 위험의 가능성을 열게 되었다.[94] 이는 1976년 저작권법이 더 높은 범위의 배상범위를 규정한 것이었기 때문이다. 법정손해배상을 처벌(penal)과 전보(compensatory)의 수단으로서 사용하기 위해 장려하고, '악의적 침해(willful infringement)' 규정을 추가하였다. 그런데 법정손해배상은 단지 실손해와 이익을 입증하기 곤란하다는 예외적 상황에서만 사용하라는 의회의 권고에도 불구하고 법원이 자주 사용하게 되었다.[95] 그리고 선의의 침해규정도 이때 새로이 규정되었다.

1976년 개정(1978년 1월 1일 시행)된 제504조(C)는 다음과 같다. 1) 본 항(2)호를 제외하고, 저작권자는 최종판결이 있기 전에는 언제든지 그 선택에 의하여 실손해와 이익에 갈음하여, 저작물 1개마다, 그 소송에서 관련된 모든 침해를 침해자 1인의 단독 또는 2인 이상의 연대 혹은 분할 책임의 어느 경우든 합계 250달러 이상 10,000달러 이하의 금액 중 법원이 정당하다고 인정하는 법정손해를 배상받을 수 있다. 이 경우 단일의 편집저작물 또는 2차적저작물은 하나의 저작물로 본다. 2) 저작권자가 입증책임을 부담하여, 법원이 침해가 고의로(willfully) 행하여졌다고 인정하는 때에는 법원은 재량으로 50,000달러까지 법정손해배상을 증액할 수 있다. 침해자가 입증책임을 부담하여 침해행위에 있어 침해자가 침해를 인식하지 못하거나, 그 침해를 구성한다는 것을 믿을 이유가 없었다고 법원이 인정하는 경우 법원은 재량으로 100달러까지 법정배상액을 감액할 수 있다.

---

92) Copyright Act of 1976, 17 U.S.C. § 504(c)(1) (2006).

93) 17 U.S.C. § 101(b) (1909).

94) Betselot A. Zeleke, "Federal Judges Gone Wild: The Copyright Act of 1976 and Technology, Rejecting the Independent Economic Value Test", 55 *Howard Law Journal* 247, 2011, p. 270.

95) Pamela Samuelson & Tara Wheatland, *supra note* 47, p. 459.

4. Berne 협약과 디지털 도난 방지법에 의한 법정손해배상의 증가

Berne협약이행법과 디지털 도난 방지법 및 저작권 손해배상개정법(The Digital Theft Deterrence and Copyright Damages Improvement Act('The Digital Theft Act'), 이하 디지털 도난 방지법)에 의하여 법정손해배상의 기능이 실손해의 입증곤란의 구제에서 명백하게 예방적 기능으로 전환하게 되었다.

1988년 Berne 협약이행법(1989년 3월 1일 시행)[96]은 제504조(C)규정의 법정손해배상을 각각 250달러에서 최대 10,000달러를 500달러에서 20,000달러로, 악의적인 침해에 대해서는 50,000달러를 100,000달러로, 그리고 선의의 침해는 100달러에서 200달러로 개정하여 배상액을 배로 증가시켰다. 그 Berne법은 외국의 저작권자들이 등록할 의무를 면제해 주었다. 그러나 미국 저작권자들은 소송을 제기하고 법정손해배상을 받기 위해서는 여전히 저작권을 등록하여야 하였다. 이러한 단점을 보완하고 모든 저작권자에게 등록을 유도하는데 인센티브를 주기 위하여 의회는 법정손해배상을 증가시켰다.[97] 등록 저작권자에게 '보상(reward)'으로서 법정손해배상액의 증가는 법정손해배상의 전보목적에서 멀어져가는 신호가 되었다. 저작권자에게 등록의 동기부여를 하도록 하여 의회는 법정손해배상을 등록저작권자를 위한 특권으로 하였다. 즉 추가전보배상이라는 '보너스'가 되었다. 기존의 배상액이 실손해와 관련하여 많은 논쟁이 있어 왔던 것에 반하여 입법적 역사는 실손해 또는 기타 결과와 이러한 증가와 관련이 있다는 어떠한 표시도 보여주고 있지 않다. 법정손해배상은 더 이상 실손해와 이익의 입증이 곤란하여 인정되었던 적절한 전보배상이 더 이상 아니게 되었다. 오히려 특정한 저작권자에게 추가 배상을 주는 것이었다.[98]

그리고 법정손해배상은 또다시 디지털 도난 방지법[99](1999년 12월 9일 시행)에 의하여 증가하였다. 이 법에 의하여 증가된 법정손해배상은 현재의 상태가 유지되고 있다.[100] 동법은 순수(innocent)침해의 경우에는 최저 200달러로 기존의 액수를 유지하였고, 침해 저작물마다 50%를 더 증가하여, 악의(willful)인 경우에는 최대 150달러, 그리

---

96) Pub. L. No. 100-568, 102 Stat. 2853 (1988).

97) 134 Cong. Rec. S14,565 (daily ed. Oct. 5, 1988); 134 Cong. Rec. H10,094 (daily ed. Oct. 12, 1988).

98) Stephanie Berg, *supra note* 47, pp. 301-302.

99) Pub. L. No. 106-160, 113 Stat. 1774 (1999).

100) Colin Morrissey, *supra note* 58, p. 3073.

고 750달러에서 30,000달러로 법정손해배상액을 증가하였다. 증액의 이유로는 기술진보로 인한 무성한 불법복제를 '효과적으로 억제하기 위한(to provide an effective deterrent)' 것과 인플레이션을 고려한 것이었다.[101] 의회는 "법원과 배심은 반드시 저작권 침해를 예방하는 배상액을 줄 수 있어야 한다. 침해비용이 준수비용을 상당히(substantially) 초과하는 것은 중요하다"[102]고 함으로써 법정손해배상을 징벌적 성질을 갖는 것으로 보았다.[103]

Ⅳ. 우리나라 저작권법상 법정손해배상의 법적 성질

1. 양국의 법정손해배상규정의 비교

미국 저작권법[104]과 우리나라 저작권법[105]의 법정손해배상규정을 비교해 보면 다음

---

101) 145 Cong. Rec. H12,884 (daily ed. Nov. 18, 1999); H.R. Rep. No. 106-216, at 3 (1999).

102) 145 Cong. Rec. H12,884 (daily ed. Nov. 18, 1999); H.R. Rep. No. 106-216, at 3 (1999). 그 외에도 Howard Berman 하원의원도 "우리의 목적은 저작권 침해에 대해 의미 있게 동기를 감소시켜야 한다. 그리고 지식재산권을 사용하거나 배포하는 사람이 법을 준수하도록 하기 위해서는 저작권 침해의 비용은 그 준수할 때의 비용보다 상당히 초과되어야 하도록 하여야 한다."고 하였고, 또한 1999년 의회가 법정손해배상액을 증가했을 때, Howard Coble 하원의원도 "디지털 도난 방지법 및 저작권 손해배상개정법은 저작권법의 기능에서 법정손해배상을 증가하는 개정을 통하여 저작권 침해를 억제하기 위한 중대한 개선이다. 의장! 해적행위는 도처에서 범람하고 있다. 기술진보와 많은 컴퓨터 유지들은 저작권법을 무시하거나 자신들은 잡히거나 처벌받지 않는다고 생각하고 있다는 사실로 해적행위 풍조는 계속될 것이다. 이러한 문제와 결투하는 한 가지 방법은 저작권 침해에 대해 법정 처벌(penalties)을 증가시키는 것이다. 그리하면 그러한 행동을 효과적 억제(deterrence)할 것이다."라고 함으로써 직접 억제의 기능을 강조하였다.

103) Stephanie Berg, *supra note* 47, p. 302.

104) 17 U.S.C. § 504 (2012) 침해에 대한 구제: 손해와 이익
   (a) 총칙 - 본 편에 달리 규정된 경우를 제외하고, 저작권을 침해한 자는 다음의 하나에 해당하는 배상책임이 있다.
      (1) (b)항에 따른 저작권자의 실손해와 침해자의 추가 이익; 또는
      (2) (c)항에 따른 법정손해배상
   (b) 실손해 및 이익 - 저작권자는 침해로 인하여 입은 실손해와, 이러한 침해행위로부터 발생한 이익으로서 실손해의 계산에 있어서 참작되지 아니한 침해자의 이익을 배상받을 수 있다. 침해자의 이익을 산정함에 있어서, 저작권자는 침해자의 총수입의 증거서류만을 제출하고, 침해자는 공제받을 수 있는 비용과 저작권으로부터 보호되는 저작물 이외의 요인으로부터 발생한 수익 부분을 증명하여야 한다.
   (c) 법정손해 -
      (1) 본 항 (2)호에 규정된 경우를 제외하고, 저작권자는 종국판결이 있기 전에는 언제든지 그 선택에 따라 실손해와 이익에 갈음하여, 저작물 1개마다 그 소송에서 관련된 모든 침해를 침해자 1인의 단독 또는 2인 이상의 연대 혹은 분할 책임의 어느 경우든 합계 750달러 이상 30,000달러 이하의 금액 중 법원이 정당하다고 인정하는 금액을 배상받을 수 있다. 이 경우 단일의 편집저작물 또는 2차적저작물의 모든 부분은 하나의 저작물로 본다.
      (2) 저작권자가 입증책임을 부담하여 법원이 침해행위가 악의로(willfully) 행하여졌다고 인정하는 때에는, 법원은 그 재량에 의하여 법정손해배상액을 150,000달러까지 증액할 수 있다. 침해자가 입증책임을 부담하여 침해행위가 저작권침해라는 점을 몰랐고 저작권침해라고 믿을 이유가 없었다는 점을 법원이 인정하는 때에는, 그 재량에 의하여 법정손해배상액을 200달러까지 감액할 수 있다. 만약 침해자가 (i) 복사, 레코딩으로 저작물을 재생산에 의해 침해한 자로서, 비영리교육기관, 도서관, 문서보관소의 피용자나 대리인이 직무범위 내에서의 행위로 또는 그러한 기관, 도서관, 문서보관소 자체라면, (ii) 또는 공영방송법인의 비영리활동의 일상적인 활동부분으로서 출판된 비드라마 문학작품을 상영에 의해 침해하거나 또는 그러한 작품공연을 구현하는 영상프로그램을 재생산한 자로서 공영방송법인 또는 그 법인의 사람이라면(제118조-(f)에서 정의된 것으로서) 침해자가 등록저작물이 제107조의 공정사용(fair use)이었다고 믿었거나 믿는데 정당한 이유를 가진 경우에도 법정손해배상을 인정하여야 한다.

과 같다. ① 법정손해배상 규정의 하한선이 우리나라 저작권법에는 규정되어 있지 않다. ② 미국의 경우 '악의'의 경우 배상액이 침해 저작물마다 150,000달러까지로 규정되어 있고, 우리나라 저작권법은 악의를 '영리를 목적으로 고의'의 경우로 표현하고 침해된 각 저작물마다 5천만 원 이하로 규정하고 있다. ③ '선의'의 저작권침해의 경우 미국은 저작권자의 권리를 침해하거나 위반하였다는 점을 알지 못하였고, 그렇게 믿을 만한 이유가 없었다는 점을 입증하면 법원은 200달러까지 감액할 수 있지만, 우리나라 저작권법에는 그러한 '선의'의 감경규정이 없다. ④ 미국에서는 종국판결 전까지는 저작권자가 실손해 또는 법정손해배상액을 선택하여 청구할 수 있고, 배상액 결정을 배심에 맡길지 여부는 원고・피고 양당사자 모두 할 수 있다. 그러나 우리나라 저작권법은 손해액의 인정은 법원만이 한다. 또한 ⑤ 미국 저작권법은 법정손해배상제도의 선택권 행사기간이 확정판결 전까지이지만 우리나라 저작권법은 사실심 변론 종결 시까지이다. 반면에 저작물을 등록하여야만 법정손해배상을 청구할 수 있는 점은 동일하다.

2. 문언에 따른 법적 성질

가. 영리 목적의 고의에 의한 침해

미국 저작권법의 '악의(willful)'의 규정에 대응하여 우리나라 저작권법은 '영리를 목적으로 고의'라고 규정하고 있다. 이 규정은 우리나라 법정손해배상이 징벌적 성격을 내포하고 있다고 해석하는데 근거가 된다. 전보적 손해배상체계를 취하고 있는 우리나라 법은 '악의(또는 고의)'인 경우에 과실에 의한 경우와 손해배상범위에 있어서 차이를 두고 있지 않는다(우리나라 3배 배상규정의 경우는 당연히 징벌적 성질의 것이므로 여기서는 논하지 않기로 한다). 법정손해배상이 전보적 손해배상의 성격이라고 볼 경우, 영리를

---

(3) (A)(B)(C) 중략. (D) 특정한 경우의 추가배상 – 법원이 제110조 (5) 면책항변을 주장하는 기관의 피고 사업자가 저작권으로 보호되는 저작물의 사용에 있어 위 조항에 따라 면책된다고 믿을 만한 합리적인 근거가 없다고 인정하는 경우, 원고는 본 장의 손해배상에 더하여 그 기관의 사업자가 그동안 원고에게 지급했어야 할 사용료의 두 배에 해당하는 금액을 최장 3년까지 배상받을 수 있다.

105) 제125조의 2(법정손해배상의 청구) ① 저작재산권자 등은 고의 또는 과실로 권리를 침해한 자에 대하여 사실심의 변론이 종결되기 전에는 실제 손해액이나 제125조 또는 제126조에 따라 정하여지는 손해액을 갈음하여 침해된 각 저작물 등마다 1천만 원(영리를 목적으로 고의로 권리를 침해한 경우에는 5천만 원) 이하의 범위에서 상당한 금액의 배상을 청구할 수 있다. ② 둘 이상의 저작물을 소재로 하는 편집저작물과 2차적저작물은 제1항을 적용하는 경우에는 하나의 저작물로 본다. ③ 저작재산권자등이 제1항에 따른 청구를 하기 위해서는 침해행위가 일어나기 전에 제53조부터 제55조까지의 규정(제90조 및 제98조에 따라 준용되는 경우를 포함한다)에 따라 그 저작물 등이 등록되어 있어야 한다. ④ 법원은 제1항의 청구가 있는 경우에 변론의 취지와 증거조사의 결과를 고려하여 제1항의 범위에서 상당한 손해액을 인정할 수 있다.[본조신설 2011. 12. 2.]

목적으로 하는 고의와 단순 침해와 구분할 이유가 없다. 미국에서도 전보적 손해배상의 색채가 농후했던 1909년 저작권법에서는 악의적(willfully) 침해의 경우 배상액을 증액하거나 차별을 두는 규정은 없었고, 예방적 기능을 강조한 1976년 저작권법에 비로소 규정되었다. 즉 1909년 저작권법 제27조에서 악의적(willfully) 침해가 있는 경우나 알고(knowingly) 또는 악의적(willfully)으로 침해를 교사 또는 방조한 경우에는 1년 이하의 금고(imprisonment) 또는(/ 및) 100달러 이상 1,000달러 이하의 벌금인 형사처벌을 받는다는 규정 이외에 '악의'에 의한 민사구제로서 법정손해배상을 두지 않았다. 반면에 1976년 저작권법은 악의적으로(willfully) 행하여졌다고 인정하는 때에는 법원은 재량으로 50,000달러까지 법정손해배상을 증액할 수 있도록 함으로써 악의의 경우 배상액을 달리 정하였다.

다만 미국 저작권법의 '악의'는 징벌적 손해배상의 요건으로서의 악의, 즉 높은 고의와 동일한 내용으로 볼 수 있지만, 우리나라 저작권법의 '영리를 목적으로 고의'는 엄밀히 이와는 다르다. 미국과 균형을 위하여 위와 같이 개정한 것으로 보이는데, 저작권 침해자의 침해 및 손해에 대한 인식에 있어서는 '높은 고의 또는 악의'가 아닌, 기존의 '고의'를 그대로 사용했다는 점에서는 적용 가능성이 더 넓어질 수 있다. 반면에 '영리를 목적으로'라는 규정은 동 규정의 적용 가능성을 더 좁히는 역할을 할 수 있을 것이다. 아무튼 '고의'를 기존의 고의로 해석하든지 미국의 '악의'와 같이 해석을 하든지 일반적인 침해와 배상액에 있어서 차이를 두고 있는 점은 분명히 전보적 손해배상체계의 법제와는 거리가 먼 규정이라고 본다.

나. 실손해의 입증이 가능한 경우 법정손해배상 인정 여부

제125조의 2 제1항은 "저작재산권자 등은 … 실제 손해액이나 제125조 또는 제126조에 따라 정하여지는 손해액을 갈음하여 … 금액의 배상을 청구할 수 있다"고 규정하고 있다. 그런데 여기에서 만약 실손해의 입증이 가능한데도 불구하고 원고가 법정손해배상을 청구할 수 있는가가 문제된다. 문언적 해석에 의하면 침해로 인해 권리자가 입은 실손해액, 침해자가 거둔 이익(제125조 제1항), 통상사용료 상당액(제125조 제2항)의 배상청구와 법정손해액의 청구 사이에 아무런 선후·우열관계는 없다. 따라서 저작권자는 실손해와 법정배상액 중 임의로 선택하여 청구할 수 있다.106) 이처럼 실손해의 입증이

가능한 상황에서도 임의로 선택하여 청구할 수 있다고 해석하게 된다면 동 규정은 법정손해배상의 성격을 징벌적 배상으로 보고 있는 미국의 입장과 같은 것으로 볼 수 있는 근거가 될 것이다. 왜냐하면 전통적인 우리나라 법체계가 취하고 있던 전보적 성격으로만 본다면 법정손해배상은 제125조의 실손해 즉 전보적 손해의 보충적 규정의 의미로 해석되어야 더 체계에 부합할 것이기 때문이다. 앞서 살펴본 바와 같이 이는 1909년 저작권법의 입법 과정에서도 논의되었던 쟁점이었다. 당시 저작권 개정과정에서의 제3차 회의 때 법정손해배상은 무제한으로 되지 않도록 확인하기 위해서만 적용되는 것이고, 실손해가 증명되었거나 이익이 증명된 경우에는 적용되지 않는다는 것을 명확히 하였다. 즉 상·하한의 법정손해배상은 1895년 저작권법에서 단순히 복제물마다 배수의 배상액을 산술적으로 부과함으로써 발생하는 과도한 배상이라는 우려에 근거하여 탄생한 것이지 예방이라는 목적으로 탄생한 것은 아닌 것이었다. 기술진보로 인하여 신문 출판사는 미술작품과 사진의 두 종류에 대하여 1895년 저작권법상 일부 저작물에 대한 하한·상한 규정을 도입하도록 하였고, 1909년 저작권법에서는 모든 저작물의 침해에 대해 하한 및 상한이 규정되었다. 이처럼 현재 미국에서 예방목적의 징벌적 기능의 법정손해배상임에도 불구하고 과거에는 실손해의 입증곤란과 과도한 손해의 방지를 위한 실손해의 보충적인 것으로만 인식하고, 운영하려는 의도였다. 그럼에도 불구하고 오늘날의 미국의 운용실태와 우리 법문의 해석상 실손해의 입증이 가능함에도 불구하고 선택권을 인정하는 것은 '보충적'인 것이 아닌 즉 '입증 곤란을 위한 제도'인 것이 아닌 독립된 기능으로서 작용할 수 있다는 의미이다. 그것이 바로 미국 법원이 인정하고 있는 예방적 기능이고, 징벌적 성질을 갖는 것을 의미한다.

다. 법관의 재량에 의한 손해액 인정 규정(제126조)의 병존

법관의 재량에 의한 손해액 인정규정은 전보적 성격과 징벌적 성격 모두를 포섭하는 규정이 될 수 있다. 제125조의 2의 법정손해배상을 주장하기 위해서는 원고는 침해사실만 입증하면 되지만, 제126조는 침해사실은 물론 '손해가 발생한 사실은 인정되나'라고 규정하여 손해발생사실까지 입증하여야 한다. 사실 침해가 있는 경우 손해가 발생하지

---

106) 조영선, "저작권 침해로 인한 법정손해배상- 개정 저작권법 제125조의 2에 대한 검토 -", 「법조」, 제61권 제4호(통권 제667호)(2012), 132면 참조.

않는다는 점은 생각하기 어렵다. 그리고 제125조의 2 제1항의 법정손해배상의 청구가 있는 경우 제126조의 실손해와 마찬가지로 변론의 취지 및 증거조사의 결과를 고려하여 상당한 손해액을 인정한다고 함으로써 마치 법정손해배상의 성격이 징벌적 성격을 갖는 것이라고 보더라도 실무에서는 전보적 손해배상액에 상당한 정도의 배상이 이루어질 가능성이 있다. 즉 실손해 또는 이익을 청구하든 법정손해배상을 청구하든 법원은 변론의 취지와 증거조사의 결과를 고려하는 점에서는 동일하므로 법정손해배상이 신설되기 이전과 마찬가지로 동일한 방법으로 실손해에 가까운 손해배상이 이루어지도록 판결을 하려 할 것이다. 그러나 위 법문을 보면 법정손해배상액을 산정할 때 손해와의 관련성에서 좀 더 자유로울 수 있다는 해석을 할 수 있다. 즉 법원은 손해를 떠나서 법정 범위 내(1천만 원 또는 5천만 원)에서는 재량으로 배상액을 결정할 수 있다. 그리고 한미 FTA 제18.10조 (6)의 예방목적을 고려하면 미국 판결[107]과 같이 예방적 효과를 고려한 예상되는 실손해보다 많은 배상액이 인정될 수 있다고 본다. 이러한 면에서는 징벌적인 성격으로 볼 수도 있다.

라. 하한선규정

우리나라 저작권법은 미국과는 달리 상한선만을 규정하고 하한선을 규정하지 않았다. 하한선 규정을 의도적으로 배제하여 입법한 것은 법정손해배상이 징벌적인 성격으로 보는 근거로서는 부정적인 측면으로 작용한다. 국회가 하한선을 배제하여 입법한 이유로 미국의 법정손해배상제도는 침해에 대한 충분한 보상과 침해 억지력을 확보하는데 목적을 둔 제도로서, 하한선을 책정할 경우 침해 행위와 손해 사이의 비례성을 현저히 흔들 수 있다고 한다. 예를 들어 온라인상에서의 침해는 수만 건의 침해 저작물과 관련되는데 일률적으로 하한선의 배상액을 곱하게 된다면 합리적인 손해배상액과의 괴리가 지나치게 커질 수 있다는 우려가 있다고 한다.[108] 즉 하한선을 규정하지 않은 이유는 과도한

---

107) Tiffany (NJ), Inc. v. Luban, 282 F.Supp.2d 123, 125 (S.D.N.Y. 2003); Fitzgerald Publ'g Co., Inc. v. Baylor Publ'g Co., 807 F.2d 1110, 1117 (2d Cir. 1986); King Records, Inc. v. Bennett, 438 F.Supp.2d 812, 854 (M.D. Tenn. 2006)(피고의 소송 전 행위를 고려함); UMG Recordings, Inc. v. MP3.com, Inc., 92 F.Supp.2d 349 (S.D.N.Y. Sept. 6, 2000) (피고의 경제적 자산규모와 피고의 침해정도를 고려함); (1) 침해와 관련된 피고에 의해 절약된 비용과 얻어진 이익 (2) 피고의 행위로 인한 원고가 잃은 수입 (3) 저작권의 가치 (4) 피고를 포함한 타인에 대한 예방적 효과 (5) 피고의 행위가 선의(innocent)였는지 악의(willful)였는지 여부 (6) 피고가 침해하여 만든 저작물 가치를 평가할 특별한 장부의 제공에 협조하였는지 여부 (7) 피고를 잠재적으로 단념시키는 것

108) 문화체육관광부 & 한국저작권위원회, "한미 FTA 이행을 위한 개정 저작권법 설명자료", 2011. 12. 14, 43면.

배상액으로 인한 제도 조기정착을 위한 것이다.[109)110)] 하한선의 규정은 권리자를 위한 최소배상액의 보장을 의미한다. 미국의 예를 들어보면 피해 저작물의 가치가 1달러에 불과한 경우, 인터넷으로 수많은 저작물의 침해가 이루어진다면 최소 법정배상액인 750 달러에 그 피해 저작물 수를 곱하여 총 법정배상액이 산정되어 그 하한선에 있어서만큼 법원의 재량이 없게 되고 침해의 일반 예방과 가해자에 대한 처벌의 효과가 발생하기 때문이다. 이 점을 우리나라 입법자가 우려하였던 것 같다. 다만 입법자가 과다한 손해 배상 또는 불균형적인 배상액을 우려하였는지 미국 저작권법에서 하한선이 징벌적 성격이 강하여 이러한 징벌적 배상의 성격이 우리 불법행위법 체계에 맞지 않을 것 같아서 이를 의도적으로 회피한 것인지는 알 수 없다. 아무튼 하한선 규정이 없다는 것은 개정 저작권법상의 법정손해배상이 징벌적 성격을 갖는다는 점에 있어서는 부정적인 근거가 될 것이다.

3. 법정손해배상의 도입 배경 등에 따른 법적 성질

가. 한미 FTA

법정손해배상제도는 한미 FTA[111)]의 이행으로서 도입된 새로운 제도이다. 일반적으로 권리자가 실손해를 입증하기 어려운 저작권 침해의 경우, 우리나라는 실손해배상 원칙으로 인하여 저작권 침해를 억지하는데 충분하지 않았다는 것을 도입 배경이라고 한다.[112)] 그런데 한미 FTA 제18.10조 6의 후문은 "법정손해배상액은 장래의 침해를 '억제'하고 침해로부터 야기된 피해를 권리자에게 완전히 보상하기에 충분한 액수이어야 한다."고 규정하고 있는데, 과연 전보적 손해배상체계를 취하고 있는 우리나라가 불법행위법상 손해배상의 목적 내지 기능이 예방적 기능을 포함하고 있는지 돌아보아야 한다. 우리 판례나 학계는 불법행위법은 손해의 공평한 분담을 목적으로 하고 있다. 또는 예외

---

109) 앞의 책, 42면.

110) 반면에 하한선을 두는 것이 법원의 재량에 맡기는 것보다 훨씬 법적 안정성을 도모하고 법원의 재량권도 억제하며, 당사자들의 소 제기 남발을 막을 수 있다는 견해가 있다(차상육, "저작권법상 법정손해배상의 비교법적 고찰", 「법학논고」, 제47집(2014), 373면).

111) 제18.10조 6. 민사 사법절차에서, 각 당사국은 최소한 저작권 또는 저작인접권에 의하여 보호되는 저작물·음반 및 실연에 대하여, 그리고 상표위조의 경우에, 권리자의 선택에 따라 이용 가능한 법정손해배상을 수립하거나 유지한다. 법정손해배상액은 장래의 침해를 억제하고 침해로부터 야기된 피해를 권리자에게 완전히 보상하기에 충분한 액수이어야 한다.

112) 문화체육관광부/한국저작권위원회, 앞의 책, 43면.

적으로 예방적 기능을 인정하여야 한다는 입장도 있다.[113] 다만 특수한 판결로서 2009년 대법원은 김해 중국 민간항공기 추락 사고에 대한 위자료 산정의 특수한 참작요소라고 하면서 "… 사고발생에 대한 제재와 예방의 필요 등 변론에 나타난 항공기사고의 특수한 사정도 함께 참작하여 그 직권에 속하는 재량으로 위자료 액수를 정하여야 한다."[114]고 하면서 손해배상에 제재와 예방이라는 요소를 고려하고 있는 것은 항공기안전사고에 한한 것이지만 분명한 변화이다. 이처럼 본래 우리 법이 의도하지 않았던 예방적 기능을 한미 FTA에 명문으로 규정한 것은 법정손해배상이 징벌적 성격임을 간접적으로 표시하는 것으로 볼 수 있다. 차라리 FTA 협상과정에서 법정손해배상의 내용만 합의하고, 사족과 같을 수도 있는 또는 징벌적 성격을 더 내포하는 후문을 합의하지 않았어야 했다고 본다.

나. 민사소송법 제217조의 2 신설

2014년 5월 20일 민사소송법 217조의 2를 신설[115]하여 한미 FTA로 인한 징벌적 손해배상으로부터 국내기업을 보호하고자 하였다. 다만 소관심의위원회에서 하도급법을 인식하고 현재의 상태로 수정되어 입법되었는데, 만약 우리나라 저작권법상 법정손해배상이 징벌적인 성격이 있다면 동 규정에 따라 미국에서 국내기업이 저작권법 위반으로 실손해가 입증되었음에도 과도한 법정손해배상 판결을 받게 될지라도 국내에서 강제집행을 할 수 있게 된다. 반면에 우리나라 법정손해배상의 성격에서 징벌적인 성격을 배제하고 전보적 성격임을 고집한다면 미국과 법률충돌이 생길 우려가 있다. 동 규정 자체만으로는 법정손해배상이 징벌적 성격인지의 근거는 되지 않지만, 동 규정의 신설로 미국에서 판결 받은 징벌적 손해배상을 국내에서 집행할 수 있는 토양이 만들어지게 된 것이다.

---

113) 권영준, "불법행위법의 사상적 기초와 그 시사점"-예방과 회복의 패러다임을 중심으로-, 「저스티스」, 통권 제109호(2009).

114) 대법원 2009. 12. 24. 선고 2008다3527 판결.

115) 제217조의 2(손해배상에 관한 확정재판 등의 승인) ① 법원은 손해배상에 관한 확정재판 등이 대한민국의 법률 또는 대한민국이 체결한 국제조약의 기본질서에 현저히 반하는 결과를 초래할 경우에는 해당 확정재판 등의 전부 또는 일부를 승인할 수 없다. ② 법원은 제1항의 요건을 심리할 때에는 외국법원이 인정한 손해배상의 범위에 변호사 보수를 비롯한 소송과 관련된 비용과 경비가 포함되는지와 그 범위를 고려하여야 한다.[본조신설 2014. 5. 20.]

4. 미국 저작권법의 실무입장에 따른 법적 성질

미국 법원에서 법정손해배상을 인정하고 있는 유형은 2가지가 있다.[116] 하나는 법정손해배상을 실손해나 이익의 증명이 곤란한 경우에 인정되는 것으로 보는 입장이다.[117] 또 다른 하나는 법정손해배상은 침해자를 처벌한다거나,[118] 처벌함으로써 침해자와 일반인을 침해로부터 예방하기 위해 인정된다는 입장이다.[119] 법원은 이를 가장 주요한 목적으로 보고 있다.[120] 많은 법원이 그러하듯이 학계도 마찬가지다.[121] 전자는 주된 목적을 실손해를 산정하기 어렵거나 1909년 저작권법에서 나타난 단순 산술적인 배수에 따르는 과도한 배상액을 억제하기 위하여 인정된 것이라고 한다.[122] 그러나 후자는 최근의 1976년 저작권법 이후 최근의 입장으로서 법정손해배상은 단지 전보목적만이 아니고 저작권 침해행위를 예방하고 처벌하기 위하여 인정되고, 다소 실손해라고 인정되는 것보다 더 많은 배상액이 인정되고 있다. 이러한 상황[123]에서 미국에서의 저작권법의 법정손해배상이 징벌적 성격이 있다는 것을 인식하고 우리나라가 도입한 것이 된다. 따라서 미국 저작권법상 법정손해배상제도를 유사하게 도입한 우리 저작권법도 미국의

---

116) Pamela Samuelson & Ben Sheffner, *supra note* 47, p. 59; Colin Morrissey, *supra note* 58, p. 3070.

117) F.W. Woolworth Co. v. Contemporary Arts, Inc., 344 U.S. 228, 231 (1952); Washingtonian Publ'g Co. v. Pearson, 140 F.2d 465 (D.C. Cir. 1944); Rudolf Lesch Fine Arts, Inc. v. Metal, 51 F. Supp. 69 (S.D.N.Y. 1943).

118) Davis v. Gap, Inc., 246 F.3d 152, 172 (2d Cir. 2001)(악의적인 행동을 처벌하고 예방하기 위한 징벌적 손해배상의 목적은, 악의적 침해의 경우에 법정손해배상의 증액을 인정하고 있는 제504조(c)(2) 규정을 통해 일반적으로 달성된다.)(악의적 배상규정은 처벌한다); Rodgers v. Quests, Inc., Nos. C79-243-Y, C80-1899-Y, 1981 U.S. Dist. LEXIS 17276, at 25 (N.D. Ohio Oct. 30, 1981) (악의적 침해규정에 의해 인정된 배상액은 "징벌적 손해배상이 된다"(constitutes punitive damages)).

119) Kemezy v. Peters, 79 F.3d 33, 34 (7th Cir. 1996)("억제는 처벌의 목적이다"); L.A. News Serv. v. Reuters Television Int'l, Ltd., 149 F.3d 987, 996 (9th Cir. 1998)(법정손해배상은 전보적 목적과 징벌적 목적 모두의 기능을 갖는다. 침해를 단념시키는 법정정책을 지지하고 제재하기 위해 원고는 피고가 얻은 이익이나 실손해의 적절한 증명이 곤란한지 여부를 떠나서 법정손해배상을 받을 수 있다.); Calio v. Sofa Express, Inc., 368 F.Supp.2d 1290, 1291 (M.D. Fla. 2005); Nat'l Football League, 131 F.Supp.2d at 478 n.17 (법정손해배상의 징벌적 성격을 논하면서); F.W. Woolworth Co. v. Contemporary Arts, Inc., 344 U.S. 228, 231 (1952)("불법행위를 억제하기 위한 것이다"); St. Luke's Cataract &Laser Inst., P.A. v. Sanderson, 573 F.3d 1186, 1206 (11th Cir. 2009) ("법정배상액을 결정할 때 예방을 고려하여야 한다.").

120) Colin Morrissey, *supra note* 58, p. 3089.

121) Colin Morrissey, *supra note* 58, p. 3072; William F. Patry, 「Copyright Law and Practice」 Vol. II, The Bureau of National Affairs, Inc., 1994. p. 1172.(법정손해배상은 "저작권법을 침해하는 것보다 준수하는 것이 될 비용이 든다는 것을 피고가 깨닫기 위해 매우 많은 벌칙(penalty)"을 주는 것이 필요하다.); Andrew W. Stumpff, "The Availability of Jury Trials in Copyright Infringement Cases: Limiting the Scope of the Seventh Amendment", 83 *Mich. L. Rev.* 1950, 1985, p. 1956.

122) James M. Fischer, *supra note* 30. ("전보배상을 타인의 불법행위에 의해 발생한 손해를 금전으로 전보해 주는 것"이고, 기본원칙은 "원고가 불법행위이전에 있었던 상태로 만들어 주는 것"이라고 한다.); H.R. Rep. No. 94-1476, at 161 (1976) ("손해배상은 저작권 침해로부터 저작권자를 전보하기 위해 주어진다.")

123) Feltner v. Columbia Pictures Television, Inc., 523 U.S. 340, 352 (1998); Davis v. Gap, Inc., 246 F.3d 152, 172 (2d Cir. 2001) (악의적 침해(willful infringements)에 대한 증액된 배상액은 징벌적 목적이라는 것을 언급하면서); Cass County Music Co. v. C.H.L.R., Inc., 88 F.3d 635, 643 (8th Cir. 1996) (법정손해배상은 단지 손해배상과 이익의 반환뿐만 아니라 성질상 불법행위를 억제하기 위한 벌칙이라는 것을 언급하면서(F.W. Woolworth Co. v. Contemporary Arts, Inc., 344 U.S. 228, 233 (1952))을 인용하면서); Nat'l Football League v. PrimeTime 24 Joint Ventures, 131 F.Supp.2d 458, 478 n.17 (S.D.N.Y. 2001) (법정손해배상은 징벌적 목적을 가질 수 있다는 것을 언급하면서).

실무와 같이 해석될 여지가 크다. 사실 미국 1909년 저작권법상 법정손해배상에 대한 법원의 해석 및 적용을 살펴보면, 법정손해배상은 전보적 손해배상의 성격이었다. 그렇다고 하여 1909년 저작권법상 법정손해배상이 억제기능을 결여한다고는 할 수 없다.[124]

V. 결론

미국 저작권법의 연혁을 살펴보면, 법정손해배상은 처음에는 실손해 산정의 어려움 때문에 저작권자에게 최소 보상을 하는 것이었고, 단순 산술적으로 복제물에 법정액을 곱하여 산출되는 과도한 배상액을 제한하기 위한 것이었다. 그러나 1976년 저작권법부터는 명문으로 선의와 악의의 경우를 별도로 배상하는 규정을 두었고 법원도 명백하게 예방적 기능과 처벌적 기능을 고려하여 판결함으로써 법정손해배상액은 실손해와 거리가 멀어지게 되었다.

우리나라 저작권법에 도입된 법정손해배상은 미국 저작권법의 법정손해배상을 도입한 것으로서 미국에서의 동 규정이 징벌적 손해배상의 성격이라는 점을 감수하고 받아들인 것임은 분명하다. 그러한 근거로는 '영리 목적의 고의'의 규정, 실손해의 입증이 가능한 경우에도 법정손해배상을 인정한 점, 한미 FTA상의 예방이라는 표현을 들 수 있다. 그러나 우리 저작권법이 도입한 법정손해배상을 미국과 동일하게 징벌적 손해배상의 성격이라고는 단언할 수만은 없는 점도 있다. 이는 미국법도 연혁적으로 처음에는 전보배상의 목적이었다는 점과 우리나라의 저작권법이 하한선을 도입하지 않았다는 점이 그러하다. 또한 우리 법체계가 여전히 전보적 손해배상체계를 유지하고 있는 상태에서 변론의 취지 및 증거조사의 결과를 고려하여 실손해와 유사한 배상을 결정할 가능성이 여전히 존재한다는 점이 그러하다.

그러나 우리나라 법에 새롭게 규정된 저작권법상 법정손해배상제도가 전보적 손해배상체계인 우리 법에 이질적인 성격을 갖고 있다거나, 미국의 이익에 따르는 위험성이 있다는 이유로 이를 무조건적 배타적 시각으로 볼 것이 아니라, 제도 도입의 취지와 그 성질을 이해하고 합리적인 적용을 하여야 할 것이다.

---

124) Pamela Samuelson & Tara Wheatland, *supra note* 47, p. 450.(첫째, 실손해의 배상 또는 이익의 반환과 법정 손해배상의 대신(in lieu)규정, 둘째, 입법과정 및 판결의 해석, 셋째, 과다한 배상을 제한하기 위해 상한의 법정손해배상을 규정한 것, 넷째, 법원도 처벌이 아닌 실손해에 중점을 두어 배상을 하려 하였다는 점).

제2장 온라인상의 디지털 저작물·유산 상속 보호에 관한 입법론적 고찰[*]

Ⅰ. 서론

초연결(hyperconnectivity)과 초지능(superintelligence)을 특징으로 한 정보통신기술 (Information & Communication Technology: 이하 'ICT'라 함)의 융합시대인 4차 산업 혁명 시대가 도래 했다. 일상에서는 이미 인터넷환경의 발달과 함께 스마트폰 등의 모바일 기기의 확산이 급격하게 이루어져 왔고, 그러한 스마트폰 등 모바일 기기의 발전은 소셜 네트워크(SNS: Social Network Services)의 생활화 등 인간의 인터넷 활용영역을 확대시켰으며, 일상의 모든 기록들이 사이버공간 어딘가에 남겨지게 하였다. 인간 생활환경의 급격한 변화는 사회 시스템에도 매우 급진적인 변혁을 이끌어내고 있다. 그와 같은 변혁은 사회 시스템을 구축하고 있는 여러 분야들을 자극하게 되는데 자율과 규제라는 양면을 가진 법의 분야도 예외일 수 없을 것이다.

어쨌든 사회·문화 전반에 걸친 인간의 생활양식의 변화는 다른 한편으로 새로운 법률관계의 정립을 불가피하게 만드는 계기가 되고 있다. 특히 인터넷을 통해 소통해오던 이용자가 사망한 경우에 일어날 수 있는 여러 가지 법적 상황들은 예전의 입법자들이 미처 겪어보지 못했던 새로운 형태의 사실관계일 것이다. 무엇보다도 인터넷의 보편적 이용은 개인의 기록을 디지털화하면서 사이버공간에서의 다양한 축적, 변화, 창조가 가능하도록 하고 있는 반면, 사망 이후 오프라인과의 연결 고리가 단절되는 문제를 야기함을 지적받기도 한다.[1] 그중에서도 디지털유산의 상속을 어떻게 보호할지가 논의의 중심에 있는데, 디지털유산 자체가 오프라인상 사망자가 남긴 유산들과는 달리 디지털 형식으로 존재하고 있는 자산인 관계로 그에 대한 중요성을 전혀 인식하지 못하고 있다가 인터넷의 발달 및 SNS의 발달을 계기로 이에 대한 사회적 관심이 증대되기에 이르렀다.[2]

_{* 이 논문은 「법과 정책연구」 제17집 제3호(2017)에 게재된 '디지털유산 상속 보호에 관한 입법론적 고찰- 온라인상의 디지털 저작물/유산을 중심으로 -'를 수정·증보한 것임.}

_{1) 최경진, "디지털유산의 법적 고찰 - 온라인유산의 상속을 중심으로 -", 「경희법학」, 제46권 제3호(2011), 185면.}

_{2) 이 문제에 관한 전형적인 사례는 미국에서 처음 나타났다. 이라크에서 사망한 미군 저스틴 엘스워스(Justin Ellsworth) 병장의 부모가 평소에 그가 사용했던 이메일을 볼 수 있게 해달라고 야후에 요청하였지만 야후가 규정상 당사자가 아니면 이메일에 접근할 수 없다며 이를 거절하자 법원에 소송을 제기하였는데, 오클랜드 법원이 2005년 4월 21일 야후 측에 이메일 내용을 가족에게 전달할 것을 명령하게 되었다. 한편 우리나라에서도 2010년 3월 천안함 사태 이후 유족들이 희생자들의 미니홈피}

그동안 디지털유산을 둘러싼 논의의 결과로 디지털유산의 상속인 및 이해관계인에게 일정한 조건하에 접근권을 인정하거나 아예 접근권을 인정하지 않는 등의 입법정책들이 주장, 발의되어 왔다. 그러나 전통적인 재산의 특성과 다른 디지털자산이 갖는 특수성을 정확하게 이해하지 못한 상황에서 관련 정책이 입안될 경우 향후 혼란과 그에 따른 사회적 비용의 낭비가 막대할 수밖에 없다.[3] 그러므로 그와 같은 상황을 사전예방하기 위하여 이에 대한 충분한 이해에 바탕을 둔 법정책적 고찰이 필수적이다. 이에 본 논문에서는 디지털유산을 둘러싼 기존 선행연구들을 충분히 검토하여 흔히 '4차 산업혁명시대'라고 일컫는 앞으로의 사회적 변화에 충분히 대응할 수 있는 법정책이 어떤 것인지를 도출해내고자 한다. 구체적으로 우선 디지털유산과 관련한 일반적인 내용과 논의들을 정리하고, 현재 인터넷·모바일 환경에서의 디지털상속과 관련한 규율 현황들을 검토하여 디지털유산의 상속 및 승계에 대한 보호에 실효성 있는 법정책적 고려에는 어떤 것들이 있는지에 대해서 집중적으로 살펴본다. 다만, 오프라인상으로도 디지털유산은 존재하지만 오프라인상의 디지털유산은 통상 저장매체에 저장되므로 그 저장매체 자체의 상속문제일 뿐 기존 상속재산 처리와 큰 차이가 없는 것으로 보고 본 연구에서는 논의대상으로 하지 않음을 분명히 한다. 본 연구를 통해 철저히 현재 존재하는 법규에 충실한 해석과 판단에 따라 향후 입법정책의 방향성 제시에 도움이 되고자 하였다.

II. 디지털유산의 상속을 둘러 싼 일반론

1. 디지털유산이란?

원래 디지털유산은 사전적인 의미로 '미래세대를 위하여 보존해야 할 지속적인 가치

나 블로그 등을 사용할 수 있도록 접근요청을 하자, 서비스제공사업자들이 현행법의 적용에 서로 다른 입장을 취하면서 이에 대한 통일적인 접근이 필요하다는 논의가 일어났다. 이후 이와 같은 논의는 여러 번 제기되었는데 2008년 유명연예인이었던 이언 씨의 사망 직후 가족이 아닌 제3자가 싸이월드 미니홈피의 비밀번호 정보를 요구했다가 운영업체로부터 거절당한 사례나 최진실 씨의 사망 이후 미니홈피에 대한 제3자 관리문제 등은 대표적인 예이다.

3) 최근 전 세계적으로 일고 있는 디지털화폐 또는 가상화폐 열풍은 우리나라에서도 이른바 '비트코인 광풍'이라는 말로 대변되는데, '가상화폐'를 재산적 가치가 있는 것 또는 재물로 인정하여 화폐로 볼 수 있을 것인가에 대해서는 견해가 첨예하게 대립하고 있고 이에 대한 각국의 입장이 다르게 나타나고 있다. 우리나라에서는 관련 법 규정이나 상급법원의 명확한 입장은 없는 가운데 최근 수원지방법원은 음란물 사이트 대표가 회원들로부터 사이트 이용료로 대표적인 가상화폐 비트코인을 받은 것을 두고 수원지검이 몰수형을 구한데 대해 "현금과 달리 물리적 실체 없이 전자화한 파일 형태의 비트코인을 몰수하는 것은 적절하지 않다"는 이유로 몰수형을 인정하지 않았다.

를 갖는 컴퓨터 기반 자료'라고 알려져 왔는데, 현실에서의 인식과 다소 이질적인 느낌도 있는 이 개념이 정확히 무엇인지에 대해서는 견해가 완전히 일치하지 않고 있다.[4] 그렇지만 최근 선행연구에서의 개념들을 정리해보면 다음과 같다. "사망 시 보유하고 있던 모든 디지털 형태의 재산에 관한 권리·의무"[5]라든가 또는 디지털유산을 디지털유품이라고 하며, 그것을 "사자(死者)가 생전에 사이버공간에서 활동하면서 축적해 놓은 정보로서 단순히 기록의 의미가 있는 것을 제외한 모든 것"이라고 하는 견해도 있다.[6] 또 다른 견해에서는 "인터넷서비스제공자의 영역에 남겨진 이용자 작성 또는 보관의 디지털 정보"라고도 한다.[7] 이 견해에서는 디지털유산의 상속이라는 문제에 한해서 볼 때 "인터넷서비스를 이용하다 사망한 이용자가 생존 당시 인터넷서비스를 이용하면서 그 서비스제공자가 관리하는 영역에 남긴 디지털 자료를 의미하는 것"으로 좁게 이해할 수 있다고 한다. 그리고 디지털정보의 문제로 보고 "인간에게 유의미하도록 정신적 작용을 거친 전달 가능한 디지털형태의 자료 또는 자료의 처리결과"로 개념 짓기도 한다.[8]

결국 완전히 일치하지는 않지만, 위 이외에도 많은 선행연구들에서 나타난 디지털유산의 개념을 종합적으로 고려하여 정리를 한다면, '한 개인이 생전에 온라인상의 홈페이지나 블로그, SNS 등을 운영하면서 축적한 정보뿐만 아니라 이메일, 타인의 웹사이트에 남긴 글이나 그림, 동영상 등 사이버공간에서 활동한 모든 행태들로서 그것이 어떤 형태로든 인식 가능한 것'을 의미한다고 할 수 있고, 그것의 범주에 포함되는 것들을 디지털유산이라고 함이 적절하다고 하겠다. 즉 디지털유산은 '한 개인이 생전에 온라인상에서 정보통신망서비스를 통해 활동하고 이루어진 디지털 작업(works) 내지는 그 결과물을 통칭하는 것'으로 정의하겠다. 표현의 가감이 있기는 하지만 디지털유산의 개념은 인간의 개인적 삶 어디에서든 관련되고 문제 될 수 있다.

---

4) KB경영지주 경영연구소, "디지털 유산의 개념과 관련 이슈 점검", 제2014-62호, 2014. 8. 11., 1면.

5) 최경진, 앞의 논문, 255면.

6) 윤주희, "디지털유품의 상속성에 관한 민사법적 고찰", 「법학연구」, 제14집 제1호(2011), 196-197면. 이 견해에 따르면 "구체적인 디지털정보의 내용에 따라 사자(死者)의 유품이 될지 아니면 제3자의 소유권에 해당할지 또는 단순한 기록물로서의 의미만 있는 것일지는 달라지겠지만 사자(死者)의 자취를 따라 저장된 정보는 유품에 포함된다."고 한다.

7) 김기중, "사자의 디지털 유품의 법률문제", 「KISO저널」, 제3호(2010), 18면 및 윤주희, 위의 논문(주 6), 196면.

8) 오병철, 「디지털정보계약법」, 법문사, 2005, 11면 및 오병철, "인격적 가치 있는 온라인 디지털정보의 상속성", 「가족법연구」, 제27권 제1호(통권 제46호)(2013), 152면.

2. 디지털유산의 범위에 관한 논의

디지털유산의 개념을 어떻게 이해할 것인가의 문제는 디지털유산의 범위를 어디까지로 인정할 것인지의 문제와 맞닿아 있다. 결국 디지털유산은 다양한 권리, 다양한 형태의 디지털정보가 주된 것이고, 그런 관점에서 보아 디지털유산의 범위는 사망자의 기업과의 거래, 또는 타인과의 매매 등을 통해 취득 후 소유하고 있었거나, 직접 작성·제작한 디지털화된 자산을 말하는 것으로 고인이 보유하고 있던 금융(카드)사의 포인트,9) 온라인 상품권, 쇼핑몰의 사이버 캐시 등 디지털 형태로 경제적 가치가 있는 모든 것이 해당하고, SNS 및 블로그 상의 게시 글이나 사진과 같이, 시장에서의 거래 가능성은 크지 않으나 개인적으로 가치가 있는 개인적인 콘텐츠와 인터넷 사이트 뿐 아니라, 스마트폰에 저장된 디지털 파일, 다운로드 받은 프로그램, 개인 계정에 보유하고 있던 이른바 '게임 아이템'10)등이라고 한다.11) 다만 위에서 언급한 것들은 현실 세계에서 존재하는 디지털정보 및 디지털자산에 대한 현실적 존재형식에 따른 유형들을 나열한 것이다. 그렇기 때문에 앞으로 현재의 우리가 전혀 예측하지 못한 새로운 형식의 것들에 대해서는 포섭이 어려울 수 있으므로 범위를 어디까지로 할 것인지에 대한 확답은 불가능하다고도 할 수 있다.12) 그러나 디지털유산의 범위를 명확히 하는 것은 매우 어렵지만 적어도 시간이 가면 갈수록 그 범주는 계속 확장될 것이라는 점은 분명하다. 그리고 한 가지 더 분명히 할 것으로 기술 환경의 발전에 따라 사람이 생성, 보관하는 디지털 정보가 다양한 형태로 존재할 수 있고 그와 같은 정보가 다양하게 혼합되어 존재하기 때문에 디지털유산의 개념을 결코 재산에 관한 권리·의무로 한정하여 생각할 필요는 없다는 것이다.

다시 말해, 디지털유산의 범위의 문제는 그 유형을 어떻게 나눌 것인가와도 관련이 있다. 이에 대해서 사자와 관련된 온라인 디지털정보의 유형을 크게 '사자가 작성한 정보'

---

9) 지난 2007년 한국소비자원에서는 "사망한 남편이 제휴 신용카드를 활용해 쌓은 국내 모 항공사 마일리지 12만6000여 마일을 상속받을 수 있도록 해 달라"는 피해구제 신청에 대해 "항공 마일리지는 경제적 가치를 지닌 재산권이며, 일신전속권(당사자 본인만 행사할 수 있는 권리)에 해당하지 않는다."고 하여 양도 및 증여, 상속이 가능한 것으로 보고 있다. 그러나 현재 법원은 유사한 경우인 항공 마일리지에 대해서 상속을 인정하지 않고 있다(서울남부지법 2011. 1. 21. 선고 2010가합15876 판결 참조).

10) 법원도 게임머니 및 아이템의 현금 거래를 인정하고 있다(대법원 2012. 4. 13. 선고 2011두30281 판결 참고).

11) KB경영지주 경영연구소, 앞의 글, 1면.

12) 대표적인 예로 비트코인과 같은 디지털화폐 또는 가상화폐의 경우도 그것의 본질을 화폐가 아니라 파일에 불과하다고 하더라도 적어도 여기서 논의하고 있는 디지털자산의 범주에는 포함된다고 할 수 있는데, 2009년 모 컴퓨터 프로그래머에 의해 개발되기 이전까지만 하더라도 우리가 전혀 예상하지 못했던 디지털 기술 발전의 산물이라고 할 수 있다. 참고로 2015년 10월 유럽사법재판소에서는 법정통화로 사용되는 화폐나 동전 등에 적용되는 '부가가치세 면제 규정'을 비트코인에 적용하였다(http://curia.europa.eu/juris/liste.jsf?num=C-264/14 Council Directive 2006/112/EC - Articles 2(1)(c)).

와 '사자에 대한 정보'로 구별할 수 있다고 하는 견해가 있는데,[13] 이 견해에 따르면 사자가 작성한 정보를 다시 '재산적 가치 있는 정보'와 재산적 가치는 없고 '인격적 가치만 있는 정보'로 구분하며, 그리고 사자에 대한 정보는 제3자에 평판이나 언급 등의 '사자에 대해 제3자가 작성한 정보'와 '사자의 개인정보'로 나누고 있다. 이렇게 디지털 정보를 구별하는 것을 규범적 유형분류 방식이라 할 수 있는데 이렇게 디지털유산을 분류하게 되면 특정한 문제에 대해서 각각의 적용되는 법적 근거가 달라 다른 결과를 얻을 수 있는 편리함이 있다.[14] 그렇지만 규범적 유형 분류 방식에서는 디지털 전체를 아우르지는 못한다는 단점이 있을 수 있으므로 개별 정보의 특성이나 저장처 등을 고려하여 분류한다면 다음과 같이 범주를 정하는 것이 적절하다고 본다.[15]

> (1) 사자(死者)가 소유하고 있는 전자적인 장치에 저장된 것(오프라인)을 제외하고 제3자의 전자적인 장치에서 사자(死者)가 직접 운영하는 공간의 디지털파일(텍스트, 사진, 동영상, 오디오, 그림 등)과 제3자가 운영하는 공간에 사자(死者)가 저장한 디지털파일로서 제3자의 권리가 아닌 것
> (2) 이메일, 홈페이지, 블로그, 카페, 페이스북, 트위터 등 소셜미디어 또는 이와 유사한 것에 사자(死者)가 직접 운영하는 공간과 제3자가 운영하는 공간의 접속정보(접속ID와 비밀번호 등)와 사자(死者)의 계정 그 자체
> (3) 사자(死者)가 소유하고 있었던 아이템과 사이버머니와 같은 전자적인 가치표시수단

물론 이들 중에서 본 논문에서 다루고자 하는 디지털유산은 상속재산이 될 수 있는 것, 상속재산인지 여부가 불분명한 것, 상속재산이라고 할 수는 없지만 승계가 필요하다고 생각되는 것들이다.[16]

3. 디지털유산의 법적성질에 관한 논의

가. 디지털유산은 보호 대상인가?

디지털유산을 둘러싼 법적성질의 몇 가지 논의점에 대한 언급을 하기 전에 우선 디지

---

13) 오병철, 앞의 논문, 153면.

14) 오병철, 위의 논문.

15) 이러한 분류는 윤주희, "디지털유산의 승계에 대한 법 규정 제정 필요성 고찰", 2013 의원입법 보고서, 법제처, 2013, 112면에 따른 것임.

16) 디지털화폐 또는 가상화폐의 경우 그 법적성질에 따라 위 유형 중 (1)에 속할 수도 있고 (3)에 속할 수도 있을 것이다.

털유산이 어떤 점에서 보호 대상인가를 생각해 볼 필요가 있다. 민법상 대한민국 국민은 살아 있는 동안 권리의무의 주체가 된다(민법 제1조 참조). 권리의무의 주체인 개인들이 정보통신단말기와 인터넷을 통해 생성, 유통, 저장하게 된 디지털유산(digital heritage) 또는 디지털자산(digital assets)은 매우 다양하고 방대하다.17) 여기서 우리는 그와 같은 개개인의 디지털유산의 재산적 가치를 인정해야한다는 당연한 시각에서 디지털 유산의 상속성 인정 여부 및 인정 범위에 이르기까지 충분한 논의가 필요함을 알 수 있다.

방송통신위원회에서는 '인터넷 자기 게시물 접근배제요청권'을 인정하고 있는데, 이것은 자기가 게시한 표현물을 자기가 원하지 않을 시 원칙적으로 접근배제 하도록 하는 권리이다. 이와 같은 권리를 인정한다면 자신의 디지털유산에 대해 자신이 죽은 후 어떻게 처리할 것인지를 결정할 수 있도록 권리로 인정하고 보호해 주어야 함은 당연하다.18) 이를 보호하기 위해 사후처리 권한을 인정한다하더라도 미처 그에 대한 결정을 하지 못한 채 사망한 경우의 처분에 대한 것이 문제가 된다. 결국 이에 대해서 명확한 규정이나 처리 기준이 없기 때문에 디지털유산에 관한 논의는 해결해야 할 논제가 많은데, 상속 시 디지털유산을 기존의 상속 대상 재산권들과 별도로 특별히 보호되어야 할 대상으로 볼 것인지를 검토할 필요성이 생긴다.

나. 재산권성 인정

상속에 관한 기본법인 민법 제1005조에는 "상속인은 상속 개시된 때로부터 피상속인의 재산에 관한 포괄적 권리의무를 승계한다. 그러나 피상속인의 일신에 전속한 것은 그러하지 아니하다."라고 규정하여 재산에 관한 권리가 상속의 대상임을 분명히 하고 있다. 즉 재산적 가치가 인정되어 객관적으로 금전적 평가받을 수 있는 것이라면 재산권의 객체로서 상속재산임을 인정할 수 있다. 온라인 디지털유산 중에서 재산적 가치가 있는 것으로 보는 대표적인 것으로는 저작권으로 보호되는 저작물, 콘텐츠산업진흥법에 따라

---

17) 김현수 외 2인, 「디지털유산 법제에 대한 입법평가」, 한국법제연구원, 2011, 17면. 본 보고서에서는 디지털 자산을 개인적 자산(personal assets), 사회미디어자산(social media assets), 금융자산(financial assets) 등으로 다시 분류하고 있는데, 디지털자산이라는 표현은 디지털유산을 재산적 가치와 결부시키거나 한정하여 나타내는 표현으로 생각할 수 있다.

18) 이른바 인터넷상에서 자신 또는 타인에 의해 창출되고 검색되는 자신에 관한 정보를 포함한 자료들에 대해 접근을 금지시키거나 삭제를 요청할 수 있는 권리인 '잊힐 권리'를 인정하는 논의도 관심을 가질 필요가 있다. 이에 대해서는 이성진, "'잊힐 권리'에 관한 민사법적 고찰", 「민사법이론과 실무」, 제17권 제2호(2014), 97-123면; 오대한, "'잊힐 권리'에 관한 법적 고찰", 「민사법연구」, 제22집(2014), 153-192면; 유인호, "디지털 시대의 상속권과 잊힐 권리", 「국제법무」, 제7집 제1호(2015), 187-228면 등 참고.

보호되는 콘텐츠, 사이버머니와 같은 전자금융거래법상의 선불전자지급수단 그리고 게임아이템19) 등이 있다.20) 마찬가지로 어떤 디지털유품이 재산적 가치와 인격적 가치가 함께 있다면 인격적 가치가 훨씬 많다고 하여 상속성이 부정되지는 않을 것이다.21)

디지털유산의 재산권성이 인정된다면 그것이 유형적 재산인가 무형적 재산인가를 구분해보는 것도 의미가 있다. 디지털유산에 관한 논의는 그것이 무형의 '디지털화된 정보' 그 자체를 무형적 재산으로 인정할 수 있느냐의 논의와도 관련된다. 물체화 된 디지털 정보 그것이 기록되어 담겨 있는 물건과 운명을 같이하는 것은 인정할 수 있지만, 그 디지털 정보가 온라인상에서 디지털 형태로 존재하는 경우에는 곧바로 그와 동일한 결론을 내리기는 어렵다.22) 그러나 디지털 정보의 소유권은 그것이 CD에 담기는 것과 같이 물체화 되었는지 여부만으로는 판단되어서는 안 되고, 물체화 될 수 있는 것, 물체화 되는 것이 가능한 것, 혹은 물체화 될 수는 없더라도 재산적 가치가 있어 소유권의 대상이 되는 경우도 있을 수 있음을 폭넓게 이해해야 한다고 본다. 이와 같은 입장에서 본다면 비트코인을 포함한 가상화폐 등도 교환가치를 가지는 것으로서 디지털유산으로서의 재산권성을 인정할 수 있다.23)

다. 일신전속성 인정

일신전속권이란 권리가 고도로 인격적이므로 타인에게 이전되면 의미가 없어지는 권리(귀속상의 일신전속권) 또는 그 주체가 행사하지 않으면 의미가 없어지는 권리(행사상의 일신전속권)로 이해된다.24) 민법 제1005조 단서에서 "일신에 전속한 권리는 상속인에게 승계되지 아니한다."고 규정하고 있어 디지털유산의 일신전속권성 논의는 명확히 할 점이다. 이메일이나 홈페이지 등의 접속ID와 비밀번호는 그 자체가 권리라기보다는 개인에 대한 식별기호에 불과하므로 일신전속권의 범위에 해당하지 않고, 오히려 접속

---

19) 서울고등법원 2001. 5. 8. 선고 2000노3478 판결에서는 게임 아이템을 재산상 이득을 취할 수 있는 대상으로 보았다.

20) 오병철, 앞의 논문, 153면.

21) 오병철, 위의 논문, 153면.

22) 오병철, 위의 논문, 151-152면.

23) 김지현, "디지털 가상화폐 관련 외국 입법례", 「외국법률 이슈브리핑」, 제39호(2016)에서는 "미국의 경우 연방 법률에서 디지털 가상화폐에 대한 명시적 규정을 두고 있지 않으나, 주(州)차원에서는 명시적 법 규정을 두고 있는데, 대표적으로 뉴욕주가 2015년 6월부터 가상화폐허가제(virtual currency license)를 시행하였고, 뉴욕주 법규(NYCRR)5) 제23편 제200.2조에서 가상화폐 정의규정을 두고 있다. 이에 따르면 '가상화폐'(virtual currency)란 디지털 형태이며, 교환매체로써 또는 가치를 디지털로 저장하는 방식으로써 사용되는 것"이라고 하고 있다.

24) 지원림, 「민법강의」, 홍문사, 2015, 40면.

권 내지는 계정 이용권으로서의 의미가 있기 때문에 문제가 되는 것은 디지털유산에 포함된 정보의 내용이 일신전속한 성질을 가지는지 여부이다. 그렇다면 디지털유산의 정보의 내용이 인격권적인 요소를 포함하여 일신전속성이 있다고 인정되면 상속성이 부정되어야 하는지가 의문이다. 하지만 이에 대해서는 그렇지는 않다고 이해하는 것이 타당하다고 본다. 원래 인격권은 일신전속적인 것으로 권리 주체가 소멸되면 자연적으로 소멸되는 것이지만 디지털유산의 경우 권리주체와는 별도로 사이버공간을 비롯한 어딘가에 여전히 실재하게 된다. 그러므로 디지털유산의 경우 그 내용 중에 비록 인격권적인 성질을 가지는 유품이 존재한다고 하더라도 그것이 일신전속성과 결부되어 곧 소멸하지도 않는 것이다.[25)]

아직까지 디지털유산에 대해 일신전속권이 있음을 인정한 판결은 없는 것으로 보인다. 다만 흔히 디지털유산의 법적성질에 관한 논의에서 디지털유산에 속하는 것들 중에는 인격권에 포함되는 부분들이 있음을 전제로 그에 해당하는 부분들은 상속의 대상으로 볼 수 있을 것인가에 대한 물음과 관련하여서는 퍼블리시티권이 비교 논의의 대상이 되는데, 이에 관한 하급심 판례는 존재한다. 물론 이것은 민법의 해석론으로 인격권의 재산적 성격을 인정할 수 있을지에 관한 논의에서 출발되는 것이다. 퍼블리시티권의 상속성을 인정한다는 견해[26)]와 부정하는 견해[27)]가 나뉘고 있는 것으로 나타나고, 판례도 하급심에서 각각 다른 결정[28)]을 하고 있는 상황이다. 인격권이면 권리주체와 분리할 수 없는 인격적 이익을 누릴 권리인데, 그렇다고 해서 인격권과 일신전속성 그리고 상속성 여부가 항상 함께 하는 것으로 보고 인격권은 당연히 일신전속성이 있고 나아가 상속성이 부정되는 것으로 생각하는 것은 곤란할 수 있다.[29)]

---

25) 이에 대해서 디지털유산의 어떤 것에 대해 인격권이 있는 것으로 인정할 수 있는 경우란 없다고 하는 견해로, 임채웅, "디지털 유산의 상속성에 관한 연구", 「가족법연구」, 제28권 제2호(통권 제50호)(2014), 346면.

26) 이한주, "퍼블리시티권에 관하여", 「사법논집」, 제39집(2004), 389면. 긍정하는 견해 중에서도 아주 제한적인 상황에서만 인정되어야 한다는 견해도 있다(최승재, "퍼블리시티권의 법적 성격과 주요 쟁점에 관한 연구(하)", 「언론중재」, 제30권 제3호(2010), 77면).

27) 한위수, "퍼블리시티권의 침해와 민사책임(상)", 「인권과 정의」, 제242호(1996), 116면. 부정하는 견해가 다수설인 것으로 보인다.

28) 긍정하는 판례로, 서울동부지법 2006. 12. 21. 선고 2006가합6780 판결. 부정하는 판례로, 서울서부지법 1997. 8. 29. 선고 94가합13831 판결을 들 수 있다.

29) 독일에서는 인격권은 비재산권으로 권리주체와 운명을 같이하는 것임을 부정하고 인격권의 재산권적 구성부분은 상속성을 갖는 것임을 인정한 연방대법원 판례가 있다(BGH NJW 2000, 2195, 2197. 이 판결에 대한 자세한 소개는 안병하, "독일 인격권 논의의 근래 동향", 「한독법학」, 제17권(2012), 96면 이하 참고).

라. 상속성 인정

디지털유산과 상속문제는 어떤 상관관계가 있는 것인가? 디지털유산의 상속성 인정 문제는 결국 앞서 살펴본 디지털유산의 재산권성, 일신전속성 논의와 궤를 같이 하는 것으로 생각할 수도 있어 주의가 필요하다. 즉 디지털유산의 재산권성이 인정되고 일신전속권성이 없음이 인정된다면 상속성은 당연히 인정된다는 식으로 받아들이는 것이다. 그러나 앞서 언급한 바와 같이 디지털유산에 재산권성이 인정되는 반면 인격권적 요소가 포함되어 일신전속성을 인정하고 그에 따라 상속성을 당연히 부정한다는 것이 법 규정에 따른 해석론으로서는 타당할지 모르나 실제에 부합되지 못한 설명이 될 수도 있다. 요컨대 디지털유산의 상속성 인정 여부는 디지털유산의 내용에 따라 달리 판단해야 할 것으로 일반적으로는 디지털유산의 대부분은 상속성을 부정할 이유는 없다는 것이고, 그와 별개로 디지털유산의 상속 및 승계는 사망자와 정보통신서비스제공자 등 제3자와의 관계 설정에 따라 달라지는 문제임을 주의해야 할 것이다. 그렇기 때문에 사망자와 제3자 그리고 승계인 간의 관계설정을 어떤 방향으로 인정하고 입법할 것인지가 중요한 점이 된다.

4. 소결: 디지털유산은 새로운 형태의 재산인가

이상에서 디지털유산을 '한 개인이 생전에 온라인상에서 정보통신망서비스를 통해 활동하고 이루어진 디지털 작업(works) 내지는 그 결과물을 통칭하는 것'으로 정의하였다. 물론 본 논문의 논의대상에서 오프라인상의 디지털 작업의 결과물은 제외하였다. 그리고 온라인상 개인이 작성한 글, 사진, 이미지 등과 같은 모든 활동 및 흔적들과 그에 따른 부산물들 예를 들어, 사이버머니, 인터넷 게임 아이템, 마일리지, 유료로 다운로드 받은 파일 등이나 개인이 작성한 글 등이 디지털유산의 범주에 포함된다고 보았고, 이러한 디지털유산은 그 범위가 다양하고 변화되므로 앞으로 예측하지 못한 모습의 디지털유산이 존재할 가능성도 충분히 있다고 보았다. 그리고 상속 시 디지털유산을 기존의 상속 대상 재산권들과 별도로 특별히 보호되어야 할 대상으로 볼 것인지를 검토할 필요성에서 재산권으로서의 성질과 인격권을 중심으로 한 일신전속성에 관한 논의에서의 고려해야할 부분이 있다고 보았다. 그렇지만 그것은 디지털유산을 전체적으로 어떻게 개념지울 것인지 정리의 과정에서 나타나는 약간의 혼란스러움에 불과한 부분이므로 지나치게 경직되어 새로운 형태의 재산으로 인식하고 대응할 필요는 없다고 본다.

인터넷정보 및 디지털정보와 관련하여 이른바 '잊힐 권리'와 '알 권리'의 대립이 있고, 한편으로 '인격권'과 '재산권'의 논쟁도 활발하다.[30] 인터넷상 정보 등 디지털유산을 인격권 발현의 내용으로 파악하는 입장에서는 인격권은 일신전속적인 권리이므로 상속성이 당연히 부정되어야 하는 것으로 파악한다. 반대로 인터넷상의 정보들이 재산상의 가치가 있다고 본다면 재산권으로서 양도·상속성이 있다고 할 수 있는 것이다. 어찌하였든 디지털유산에 관한 일반론에 해당하는 논의들은 국내에서도 다루어지고 있고, 이에 대해서는 여전히 견해의 차이가 조금씩 나고 있는 것으로 볼 수 있는데, 명확히 할 것은 일반적으로 디지털유산의 대부분은 상속성을 부정할 이유는 없고, 다만 디지털유산의 내용에 따라 달리 판단해야 할 경우도 있다는 점이다. 또 그와 별개로 디지털유산의 상속 및 승계는 사망자와 정보통신서비스제공자 등 간의 계약 설정에 따라 달라지는 문제임을 주의해야 할 것이므로 이후의 논의에서는 사망자와 제3자 그리고 승계인 간의 관계설정을 어떻게 인정하는 방향으로 해석하고 입법할 것인지에 대해서 살펴보도록 한다.

Ⅲ. 4차 산업혁명시대에 부합한 디지털유산 상속에 대한 입법정책 방향

1. 총론적 고찰: (초)지능정보사회로의 환경 변화에 대한 고려의 필요성

'4차 산업혁명'시대라는 용어 사용의 적절성 여부를 떠나 지능정보사회에서 디지털유산 상속 문제는 우리나라에서만 나타나는 것은 아니다. 이미 많은 선행 연구자료에서 발표된 바와 같이 미국, 독일, 일본 등에서도 디지털유산의 관리자 및 관리범위에 관한 입법정책들이 마련되어 시행되고 있는데, 특히 미국 각 주(州)에서는 더욱 발 빠르게 대응하고 있는 상황이다.[31] 그간 우리나라에서도 제18대 국회에서 관련 의안들이 발의되었

---

30) 디지털유산의 인격권성 및 재산권성에 관한 정리는 오병철, 앞의 논문, 147-186면 및 임채웅, 앞의 논문, 343-350면 참고.

31) 2005년 코네티컷주를 시작으로 로드아일랜드주, 인디애나주, 오클라호마주, 아이다호주, 버지니아주 그리고 최근 미국 주법 통일위원회의 디지털 자산과 계정에 대한 통일신탁적접근법(Fiduciary Access to Digital Assets and Digital Accounts Act:UFADAA), 델라웨어주에서도 디지털자산에 대한 사후처리에 대한 입법을 하고 있다. 각 주의 주법의 주요내용을 비교하여 소개한 문헌으로는 김장실 의원실·국회입법조사처, "고인의 디지털 유산 관리와 입법 방향", 의원입법세미나 자료집,

으나,32) 그러한 제안들에 대해 일면 긍정적인 평가 부분도 있는 반면, 전체적으로는 「정보통신망 이용촉진 및 정보보호 등에 관한 법률(이하 '정보통신망법'이라 함)」의 특성에 지나치게 집중한 나머지 디지털유산의 문제를 개인정보 보호의 틀 안에서만 해결하려고 하였고, 나아가 상속의 일반 원칙과 배치되는 접근을 하고 있다는 부정적 견해가 존재한다.33) 어쨌든 이들 의안 발의 이후 현재까지도 포괄적이고 전면적인 입법정책법안은 나오지 않고 있다.

흔히 4차 산업혁명시대를 초연결·초지능 사회 혹은 (초)지능정보사회라 칭한다. 이와 같은 상황에서 디지털유산을 둘러싼 문제에 직면한 현 세대가 취할 수 있는 가장 바람직한 대응 방향을 찾는 것이 중요하다. 현재 실제로 디지털유산에 해당되는 디지털 정보가 거래되고 있고 그러한 디지털 정보의 경제적 가치는 점점 증대되고 있다. 이미 법적 성질 등과 관련해서도 논의가 상당히 이루어져 왔지만, 여전히 일반화되고 구체화되어 있다고는 할 수 없다. 그래서 우선 앞에서 언급해왔던 것과 같이 디지털유산에 관한 일반론적 고찰이 선결되어야 할 것이고, 그 다음으로는 현재의 법률규정에 따른 구체적 상황의 적용이 가능한지 여부를 면밀히 검토함으로써 향후 입법 상황에 대한 대처와 방향 설정이 이루어질 수 있다고 생각한다.

일반론적 고찰 외에 무엇보다도 디지털유산의 상속 문제에 있어서 해결되어야 할 주요 논점으로는 첫 번째, 디지털유산 상속에 관한 문제에 대해 상속에 관한 한 기본법인 현 민법 규정의 해석론에 따라서 과연 해결할 수 있지 않는가이다. 두 번째, 디지털유산의 승계를 위해 「정보통신망법」이나 「개인정보보호법」등에 괴리된 현실을 반영하는 개정이 어떻게 이루어져야 할 것인가이다. 세 번째 디지털유산의 처리 세부 절차와 방법과 관련한 전체적인 방향설정을 어떻게 할 것인가이다. 입법정책적 측면에서는 변화에 대응하는 정도를 어떻게 설정할 것인지가 가장 중요하다고 보고, 이 부분에 대한 통찰이 필요하다. 이들 문제 외에도 관련된 문제들이 많겠지만 이하에서는 이 점들에 대한 내용을 중심으로 살펴보되 변화되는 환경에 어떻게 대응하는 것이 미래의 (초)지능정보사회에 유연하게 대처할 수 있을 것인지에 초점을 맞추어 기술한다.

2013. 4, 36-37면 참고.

32) 제18대 국회에서는 유기준 의원 대표발의안(2010. 7. 12. 발의 의안번호 8831), 박대해 의원 대표발의안(2010. 7. 21. 발의 의안번호 8895), 김금래 의원 대표발의안(2010. 9. 9. 발의 의안번호 9300)이 제출되었으며, 제19대 국회에서는 김장실 의원 대표발의안(2013. 5. 22. 발의 의안번호 1905056), 손인춘 의원 대표발의안(2013. 7. 10. 발의 의안번호 1905939)이 제출되었다.

33) 윤주희, 앞의 논문(주 6), 220면.

2. 각론적 고찰 – 4차 산업혁명시대의 흐름과의 조우 그리고 편승

가. 민법 상속규정 적용을 통한 디지털유산 보호 가능성

(1) 민법 규정을 통해 디지털유산을 보호하고자 한다면 권리 주체의 종기(終期)를 기준으로 상속규정 적용 여부를 판단하기 이전에 일반적인 사적자치로서의 계약관계를 통한 우선적 해결방안을 고려하는 것도 중요하다. 이에 대해서는 이미 인터넷서비스제공자와 가입자 간의 약관 형식으로 존재하는 계약으로 정형화되어 있는 상황인데, 결국 사적자치의 지배를 받는 계약 관계에 대해 큰 틀에서의 가이드라인을 통해 규제할 것인지의 정책적 판단이 중요할 수밖에 없다. 이 점은 이하 특별법에 의한 처리에서 다시 언급하겠다. 계약관계를 통한 처리 외에도 민법상 유언을 이용하여 디지털유산의 처리를 사전에 예정하여 원활하게 해결하는 방법도 있을 것이다.[34] 유언은 유언자가 자신의 사망과 동시에 일정한 법률효과를 발생시킬 목적으로 행하는 상대방 없는 단독행위이자 일정한 방식을 따라야 하는 요식행위이다.[35] 하지만 유언을 하기 위해서는 만17세의 유언능력이 필요하고(민법 제1061조), 유언의 방식(민법 제1065조 이하)도 자필증서, 녹음, 공정증서, 비밀증서와 구수증서의 5종에 의해서만 할 수 있도록 엄격하게 제한하고 있어 그 필요성을 느끼더라도 미리 하는 것은 용이하지 않고 무엇보다도 유언을 하는 경우가 흔하지 않다. 상속에 관한 규정에 따른 처리의 시도는 그 다음 적용 단계인 것이다.[36] 마지막으로 비록 상속 편에 위치하고 있는 것이기는 하지만 민법 제1053조와 제1057조의 2의 적용 가능성 여부도 남아 있는데, 이에 대해서는 아래 디지털유산 처리절차 및 방법에 관한 제3자의 범위 문제에서 보다 자세히 언급한다.

(2) 앞서 일반론에서도 살펴본 바와 같이 민법의 상속규정을 통해 디지털유산이 상속이 되기 위해서는 무엇보다도 민법 제1005조의 단서조항의 금지사항에 해당하지 않을 것이 필요로 한다. 가장 문제되는 인격적 가치 있는 온라인 디지털정보에 대한 통제권을 유족들에게 부여하는 가장 손쉬운 방법은 인격적 가치 있는 온라인 디지털정보의 상속성을 인정하는 것이지만, 이미 살펴본 바와 같이 민법 제1005조 상속규정의 해석상으로

---

34) 유언을 통한 해결이 가장 이상적이다. 윤주희, 앞의 논문(주 15), 126면.

35) 지원림, 앞의 책, 2124면.

36) 윤주희, 위의 논문(주 15), 126면.

는 직접적으로 상속성을 인정하는 것은 곤란할 수도 있다.[37] 그러나 독일이나 미국의 판례나 학설 등에서도 이를 긍정하는 논리적 근거를 채택하고 있는 상황에서 우리의 경우도 법원의 뚜렷한 입장은 없으나 굳이 부정할 이유도 없고 그러므로 법정책적 타당성이란 측면에서는 이유 있다고 할 수 있겠다.[38] 그렇다고 하더라도 이론적으로 디지털유산 중에서 순수한 인격권에 해당하는 정보 내지 유품은 인격권에 대한 원래의 처분대로 상속성이 없음을 부정할 수는 없다고 본다. 물론 이에 대해서 일신전속권을 비양도성 및 비상속성을 본질로 하는 '귀속상의 일신전속권'과 타인이 그 권리를 행사할 수 없고 권리자의 의사에 행사의 자유가 맡겨져 있는 '행사상의 일신전속권'으로 나누어 그에 따라 상속성 여부가 판단될 수 있다는 견해[39]도 있지만, 그러한 견해에서도 디지털유산의 일신전속성 여부에 대한 판단은 일신전속권 성질에 따를 것이 아니라 유품의 종류와 특성에 따라 개별적으로 판단해야 함을 분명히 한다.

(3) 이처럼 많은 견해들이 디지털유산에 인격권적 성질이 있는 것인가를 중심으로, 인격권인가 아닌가의 여부는 그 내용과 성질에 따라 달린 것이고 그 내용과 성질은 디지털 형태로 존재한다고 해서 특별할 것은 없다고 생각한다. 그러나 어떤 견해에서는 디지털유산은 기본적으로 재산권이어서 상속의 대상이 되며, 상속의 대상이 된다고 해서 특별한 법적 근거가 새롭게 필요한 것은 아니고 기존의 상속법리 등으로 충분히 해결 가능하다고 한다.[40] 일견 타당한 면도 있다고 생각한다. 민법의 상속규정을 해석하면서 인격권에 관한 일신전속성 논의에 지나치게 집중하여 상속의 포괄승계주의나 상속이 이루어지는 일반적인 모습을 간과한 면도 있지 않은지는 생각해 볼 필요는 있다. 그와 같이 본다면, 일반적으로 상속이 개시되는 경우 피상속인의 최종의사를 고려한다고 하더라도 그가 별도로 유언을 하지 않았다면 그것은 법적 규율의 대상이 될 수 없는 것이고 오로지 상속인들의 판단에 따라 사후처리를 하면 된다. 이와 같은 접근은 이론적으로는 아주 이상적인 해결방법이라고 할 수 있으나, 적어도 디지털정보에 관한 통일된 개념 정의가 있음을 전제로 가능할 수 있고 또한 현 디지털유산의 개념으로는 순수한 인격권의 범주

---

37) 이에 대해서 그렇게 해석될 가능성은 완전히 봉쇄되어 있다고도 한다. 오병철, 앞의 논문, 164면.

38) 오병철, 위의 논문, 165면.

39) 곽윤직 대표편집(김능환 집필부분), 「민법주해(IX)」, 박영사, 1992, 765면에 따라 이를 구분하여 설명하고 있는 견해로 윤주희, 앞의 논문(주 6), 206면.

40) 임채웅, 앞의 논문, 345-348면 참고.

에 속하는 디지털유산의 비상속성의 비판에 대해 명쾌하게 답을 주기는 어렵다. 결국 순수하게 민법 규정을 통한 피상속인의 디지털유산과 관련한 권리 의무 전부에 대한 상속처리는 현재로서는 곤란하다고 판단할 수밖에 없다.

나. 개별 특별법에서의 디지털유산 상속 보호

(1) 「정보통신망 이용촉진 및 정보보호 등에 관한 법률」의 개정 방안

(가) 상속에 관한 민법 규정 외에 디지털유산의 승계와 관련한 대표적인 개별법이라고 하면 「정보통신망법」을 들 수 있다. 그러나 동법의 규정들 중에서도 특히 승계 및 접근권과 관련하여 문제가 되는 규정은 디지털 계정에 관한 것이다. 동법상 상속인의 접근권한 인정 가부에 있어서 가장 직접적이고 중요한 규정은 제48조 제1항과 제49조이다.[41] 동법 제48조 제1항과 제49조에서는 다음과 같이 규정한다.

> "누구든지 정당한 접근권한 없이 또는 허용된 접근권한을 넘어 정보통신망에 침입하여서는 아니 된다." 그리고 "누구든지 정보통신망에 의하여 처리보관 또는 전송되는 타인의 정보를 훼손하거나 타인의 비밀을 침해도용 또는 누설하여서는 아니 된다."

여기서 '누구든지'와 '타인'의 범위와 디지털유산을 둘러싼 피상속인과 상속인의 관계와 연관하여 의문이 있을 수 있는데, 이에 대해 "(동 규정상) 과연 죽은 자가 타인인지, 죽은 자의 아이디와 패스워드가 타인의 비밀인지, 상속인에게 접근을 위한 아이디와 패스워드 내지 복사본을 제공하는 것이 타인의 정보를 훼손하거나 타인의 비밀을 누설하는 것인지에 대해 선뜻 긍정하기 어렵다."고 의문을 제기한다.[42] 사견으로는 이에 대한 문제제기는 분명 타당한 면이 있다고 본다. 당해 규정들이 과연 「정보통신망법」의 입법취지상 사자의 권리보호까지 염두에 둔 것이라고 보이지는 않고, 설령 그것을 포함하여 과거, 현재의 모든 권한자들의 정보통신에 관한 일체의 권리를 보호하기 위한 것이었다고 하더라도 포괄승계주의를 취하고 있는 민법의 원칙상 사자의 디지털유산에 관한 것

---

41) 우리의 경우 '천안함 사건'을 계기로 「정보통신망법」 제49조가 논란이 되었는데, 2010년 3월 천안함 침몰 이후 해당 장병들의 싸이월드 미니홈피와 e메일에 대한 유족들의 접근요청에 대해 당시 싸이월드를 운영하는 SK커뮤니케이션즈는 「정보통신망법」 제49조가 정보통신망에 의해 처리, 보관, 전송되는 타인 정보를 훼손하는 행위를 금지하고 있기 때문에 이를 '제3자에 의한 아이디(ID) 도용'으로 보고 거부하였다(문보경, "디지털유산, 상속이냐 포기냐", 주간동아 제891호, 2013. 06. 10. 22~23면 기사참조.<http://weekly.donga.com/List/3/all/11/95944/1>).

42) 김현진, "디지털 자산의 사후처리에 관한 소고 - 미국 델라웨어주법을 중심으로 -", 「저스티스」, 제147권(2015), 290면.

은 법정상속인의 당연한 권리라고 해석할 수 있다. 만약 이를 인정하지 않고 디지털유산에 대해서만 별도의 취급을 한다면 우리 상속법의 대원칙이라 할 수 있는 상속에 있어 포괄승계주의를 부정하는 결과를 낳게 되는 것이라고 할 수 있다. 물론 앞에서도 언급한 것처럼 사자의 디지털계정을 상속인을 비롯한 제3자가 승계하도록 미리 정하도록 하는 것이 가장 바람직하지만,[43] 그것만으로는 여러 가지 예외적인 상황들을 강제할 수 없어 일관된 정책으로 평가할 수 없어 무리가 있다. 다만 이에 대해 독일의 경우 누군가 사망하면 사자의 디지털유산이 상속인 명의로 이전하여 일률적으로 승계할 수 있도록 하고 그 처분을 상속인이 할 수 있도록 하고 있다.[44] 이와 같은 입법태도는 충분히 고려될 만하다고 본다.[45]

(나) 한편 관점을 바꿔서 한 가지 더 결정되어야 할 문제는 계정에 대한 접근권을 상속인에게 한정시킬 것인가이다. 이것은 계정에 대한 접근권한을 가지는 제3자의 범위와 권한 제한방식에 관한 것이기도 하다. 디지털유산의 문제는 개인의 창작활동을 포함한 일련의 활동 흔적이 대상이므로 이것은 개인적 차원의 논의이며 결국 정보의 자기결정권이라는 중요한 권리를 인정할 것을 전제로 해야 함을 고려할 때 더욱 난제가 될 수밖에 없다.[46] 결론부터 말하자면, 제3자의 범위를 민법상 상속순위에 따른 상속인에 한정하지 않는 한, 일괄적인 규제를 통해 제3자에 해당하는 자의 범위를 입법적으로 해결하는 것은 쉽지 않다고 본다. 현실적으로 특정 사이트에 계정을 가지고 있던 자가 사망한 경우 대법원 등의 특정 기관에서 당해 사이트의 정보통신서비스 사업자에게 사망 사실을 통보하도록 하더라도 그의 상속인인지 여부를 확인하는 것조차도 기술적으로 표준화하는 것은 여러 법적 제약 따르게 되어 구현하는 것이 쉽지 않은데, 사자와 제3자와의 특정한 친분 등 관계를 어떤 기준으로 나누어 범위를 정한다는 것은 사실상 불가능할 것이다. 또한 디지털유산에 대한 접근권한 외에 관리권한까지 인정할 것인지도 결정될 필요가 있는데, 사자의 계정에 접근권한을 인정한다고 그것에 대한 별도의 관리권한까지 부여하는 것은 또 다른 차원의 문제를 야기할 수 있는 것으로 가능하다면 지정된 자나 상속인에게만 허용될 수밖에 없다고 하는 것이 현실적이다.[47] 그러나 이에 대한 예외

---

43) 웹사이트의 경우 가입자에게 가입계약 당시에 약관에 따라 의무조항으로 승계 받을 자 및 차순위자를 미리 지정하도록 하는 것이 좋을 것이지만, 모든 관리자 또는 웹사업자에게 의무조항으로 하는 것이 가능할 것인지에 대해서는 지금 상황으로서는 부정적이라고 여겨진다.

44) 심영섭, "유럽에서의 사자의 권리보호", 사자의 디지털유품 관리현황과 개선방안 세미나 자료집, 2010. 10. 13, 14-15면.

45) 물론 이때도 상속인이 미성년자이면 당연히 법정상속인이 접근권을 대리할 수 있을 것이다.

46) 김현수 외 2인, 앞의 보고서, 93면.

적인 상황을 전혀 인정할 수 없을지는 다시 생각해 볼 필요가 있다.

디지털유산 중 포털사이트 등에서 활동한 흔적 등은 그것이 권리로서 보호받을 대상이 되는 것과 그렇지 않은 것, 개인정보에 해당하는 것과 아닌 것, 비공개인 것과 그렇지 않은 것 등이 혼재되어 있는 상황이고,[48] 또한 재산적 가치가 있다고 할 수 있는 기준 또한 불분명한 상황이라고 한다면 적어도 그에 대한 명확한 구별기준이 마련되기 전까지는 불명확성으로 인한 추가 분쟁발생을 염두에 두어 민법상 상속인을 제3자로 한정하는 것이 타당하다는 입장도 많을 것으로 생각된다. 그러나 그러한 입장이라면 다음의 경우는 어떻게 할 것인지 생각해봐야 한다. 1인 가족 및 2인 가족이 급격히 늘어나고 있는 현실에서 법정상속인 외의 제3자가 상속을 하게 되는 경우에도 디지털유산에 대한 관리 및 접근권한을 부정해야할 것인지도 충분히 생각해봐야 한다. 이의 예가 민법 제1053조와 제1057조의 2에 해당하는 경우이다. 먼저 제1053조상 상속인 존재가 불분명시 피상속인의 친족 기타 이해관계인 및 검사의 청구에 따라 선임되는 상속재산관리인이 문제될 수 있고, 법정상속순위에 있는 것은 아니지만 상속인의 자격을 가질 수 있는 자로서 제1057조의 2의 피상속인의 사실혼배우자를 포함한 특별연고자도 문제의 당사자가 될 수 있다.[49] 이 문제는 디지털유산에 대한 제3자에의 접근권 인정 여부에 관한 것이기도 하지만 기존의 단순한 피상속인의 유무형의 재산에 대한 관리뿐만 아니라 디지털유산까지도 관리 및 부여받기 위한 권한을 가질 수 있도록 할 것이냐의 문제이기도 하다. 결국 이를 부정할 이유는 없다고 본다. 하지만 특별연고자의 범위를 어디까지 인정할 것인지는 법원에 의한 판단에 근거한 입법정책적 결정에 따를 것인데, 이에 대한 해결을 위해서는 디지털유산의 법적 성질에 관한 논의로 회귀하여 답을 얻을 수밖에 없을 것이다.

---

[47] 아울러 지정된 자나 상속인에게는 정보통신서비스제공자 등에게 폐기를 요청할 수 있는 권한까지도 인정될 수 있다고 할 것이다. 실제로 이전까지의 「정보통신망법」 개정에 대한 의원 발의안들을 살펴보면, 대부분 접근권한과 폐기 요청에 관한 부분을 내용으로 규정할 것을 제안하고 있다.

[48] 김현수 외 2인, 앞의 보고서, 32-33면. 김기중, "사자(死者)의 디지털 유품의 법률적 한계 및 개선방안", (사)한국인터넷자율정책기구 세미나자료집, 2010. 10, 30-31면에서는 그것이 공개이든 비공개이든 상속성이 부정될 이유는 없다고도 한다. 그리고 김현진, 앞의 논문, 289면에서도 "오프라인에서도 망인이 정리하지 못한 유품을 상속인들이 정리를 하는 과정에서 망인의 비밀이 드러나는 경우가 있음을 고려한다면, 다르게 접근할 것도 아니다."라고 하여 비공개 디지털유품에 대해서도 상속성을 인정한다.

[49] 최경진, "디지털 유산 입법화 과정의 쟁점", 「KISO저널」, 제11집(2013), 20면. 이 문헌에서는 민법상의 특별연고관계에 있는 자에 디지털 유산의 형성이나 관리 등에 참여했던 카페나 블로그 회원이나 관리자 등이 인정될 수 있음을 전제로 "상속받을 자가 없는 때의 처리방안에 대하여 주택임대차보호법상의 주택임차권승계 제도를 참고하여, 디지털 유산의 형성이나 관리 등에 관여했던 자로서 피상속인과 특별한 관계가 있다고 인정할 만한 자에게 디지털 유산의 승계를 인정하는 제도의 도입을 검토할 필요가 있다."고 하여 그 범위를 넓게 해석할 것을 제안하고 있다.

나아가 디지털유산법제를 우리보다 일찍 마련하고 있는 나라들의 예를 볼 때 접근권한을 가질 수 있는 제3자의 범위를 상속인 외에 후견인[50] 내지 수탁자에게까지 확대할 수 있을지도 고민할 필요가 있다. 이에 대해 계정보유자의 의사능력 상실의 경우 필요성이나 성년후견에 대한 인식변화 등 그 필요성은 충분히 인정되나 아직 후견제도가 정착되지 못한 우리나라의 현실이나 민법 개정이 필요하다는 점 등을 들어 후견인에게 이러한 권한을 부여하는 것은 시기상조인 것으로 판단하기도 하지만,[51] 이에 관한 부분도 입법적으로 미국 주법 통일위원회의 디지털 자산과 계정에 대한 통일신탁적접근법(Fiduciary Access to Digital Assets and Digital Accounts Act:UFADAA)이나 델라웨어주법 등의 예를 참고하여 가능한 방향으로 해결되어야 한다고 본다.[52]

(다) 동일선상에서, 승계된 디지털유산의 사후처리 절차도 명확히 할 필요가 있다. 즉 디지털유산에 관한 처리절차로 정보통신서비스제공자로 하여금 일정한 기준에 따라 사자의 디지털유산을 상속인에게 제공할 수 있도록 하는 것이 필요하다. 그렇게 함으로써 상속인에게 사자의 디지털유산에 대한 지속 여부 판단의 용이함을 가져다준다. 이와 같은 측면에서 볼 때, 「정보통신망법」에는 디지털유산의 승계에 관한 규정과 함께 사후처리에 관한 명시적 규정을 추가할 것이 요구된다.[53]

---

50) 법정후견인, 임의후견인 모두를 포함하는 것이나 논의의 취지상 법정후견인과 관련해서 더욱 의미가 있다고 본다.

51) 김현진, 앞의 논문, 290면.

52) 김현진, 위의 논문, 289면.

53) 구체적으로 그동안의 4건의 디지털유산 관련 발의 개정안 중 김장실 의원 대표발의안의 제44조의 11(디지털유산의 승계 등)과 손인춘 의원 대표발의안의 제30조의 3(개인정보의 사후처리)에서 신설규정으로 제시하고 있는 내용이 참고 가능하겠다. 즉 차례대로,
제44조의 11(디지털유산의 승계 등) ① 정보통신서비스제공자는 이용자의 상속인이 요청하는 경우 이용자가 사망하기 전에 작성·게시·획득·보관·관리한 다음 각 호에 해당하는 정보(이하 "디지털유산"이라 한다)의 소유 및 관리권한을 그 상속인에게 승계하여야 한다. 이 경우 디지털유산에 이해관계가 있는 제3자는 이의를 제기할 수 있다.
1. 게임물의 이용을 통하여 획득한 유·무형의 결과물(점수, 경품, 게임 내에서 사용되는 가상의 화폐로서 대통령령이 정하는 게임머니 및 대통령령이 정하는 이와 유사한 것을 말한다)
2. 선불전자지급수단
3. 그 밖에 사망한 이용자가 작성하거나 전송하여 정보통신서비스제공자가 보관 중인 공개 또는 비공개의 게시물로 대통령령으로 정하는 정보
② 이용자가 사망하기 전에 디지털유산의 관리자 지정, 삭제 등 처리방법을 대통령령으로 정하는 바에 따라 미리 지정한 경우 정보통신서비스제공자는 제1항에도 불구하고 이용자가 지정한 처리방법에 따라 디지털유산을 처리하여야 한다.
③ 디지털유산의 승계에 관하여 본조에 규정되지 않은 사항은 「민법」의 상속에 관한 규정을 준용한다.
④ 제1항에 따른 디지털유산의 승계 방법 및 절차, 이해관계 있는 제3자의 이의제기 등에 필요한 사항은 대통령령으로 정한다.
제30조의 3(개인정보의 사후처리) ① 이용자는 정보통신서비스 제공자등에 대하여 사망에 따른 자신의 개인정보에 대한 처리방법을 지정할 수 있다.
② 정보통신서비스 제공자 등은 제22조 제1항에 따라 이용자의 개인정보를 이용하려고 수집하는 경우에는 대통령령이 정하는 바에 따라 이용자의 사망에 따른 개인정보의 처리방법에 대한 이용자 본인의 의사를 확인하여야 한다.
③ 이용자가 사망한 경우 정보통신서비스 제공자 등은 제1항 및 제2항에 따라 지정 또는 확인된 방법에 따라 개인정보를 처리하여야 한다.

(2) 기타 개별 특별법에서의 규제 방향

디지털유산이 온라인상의 저작물 및 콘텐츠 그 자체인 경우에는 저작권법에 따라 저작재산권만이 승계되고 저작권 중 저작자의 일신에 속하는 공표권, 성명표시권, 동일성 유지권 등의 저작인격권은 상속되지 않는다.[54] 나머지는 저작권법이나 콘텐츠 산업진흥 법 등에 따르고 그 이외 규정이 없다면 민법에 따라 상속성이 인정된다면 당연히 상속 된다. 그리고 나머지 무체재산권에 해당하는 권리들은 디지털유산과 관련하여 권리의 확정이 쉽기 때문에 상속에 대한 문제가 발생할 여지가 적다고 할 수 있다.

한편으로 그와 같은 인터넷 또는 온라인상의 디지털유산들이 개인정보와 관련한 것이 어서,[55] 객관적으로 특정 개인을 '다른 사람과 구분·식별할 수 있는' 정보라면 「개인정 보보호법」의 규율을 받게 된다. 여기서의 개인정보는 분명 '살아 있는 자의 정보'를 의 미하는 것이므로 디지털유산으로서 상속성의 문제와 결부시킬 수는 없음은 주의가 필요 하다. 그것과는 별개로 개인정보처리자가 수집된 개인정보를 영구 보관할 수는 없다. 그 러므로 원칙적으로 정보수집 이용목적 달성 시에는 파기하도록 해야 하고, 수집된 개인 정보가 불필요하게 된 경우 지체 없이 파기하도록 요구하고 있다(「개인정보보호법」 제 21조 제1항).[56] 사유 발생시 '즉시'가 아닌 '지체 없이'라는 문언을 합리적으로 해석하 여, 관련 표준 지침에서는 정당한 사유가 없는 한 불필요하다고 인정되는 날로부터 5일 이내에 파기하도록 하고 있다고 한다.[57] 마찬가지로 통신비밀보호법상 사자의 전자우편 정보가 승계되는지가 의문일 수 있으나, 이에 대해서는 송수신이 완료된 전자우편은 통 신비밀보호법상 적용대상이 아닌 것으로 보는 것이 통상적이라고 할 수 있어 동법의 규 제를 받지는 않는다고 본다.[58]

---

54) 김현수 외 2인, 앞의 보고서, 40면.

55) 「개인정보보호법」 제2조 제1호에서는 개인정보를 "살아 있는 개인에 관한 정보로서 성명, 주민등록번호 및 영상 등을 통하 여 개인을 알아볼 수 있는 정보(해당 정보만으로는 특정 개인을 알아볼 수 없더라도 다른 정보와 쉽게 결합하여 알아볼 수 있는 것을 포함한다)"로 규정한다.

56) 참고로 「정보통신망법」 제29조 제2항 및 동법 시행령 제16조 제1항에서는 휴면상태의 경우 1년까지 개인정보를 보관하고 해당기간 경과 후 즉시 파기하거나 다른 이용자의 개인정보와 분리하여 별도로 저장·관리해야 하는 것으로 규정하고 있다.

57) 이창범, 「개인정보보호법」, 법문사, 2012, 182면.

58) 김기중, 주 48) 앞의 논문, 29-30면.

다. 디지털유산 상속처리에 관한 입법방향

디지털유산의 처리 세부절차와 방법과 관련한 전체적인 방향 설정을 어떻게 할 것인가는 입법정책적으로 이 난제를 해결하려는 입장에서 볼 때 가장 중요한 측면이다. 민법의 개정논의도 있을 수 있겠지만 민법의 개정은 상속 체계를 바꾸는 작업인 만큼 쉽지 않을 뿐만 아니라 사회적 합의까지 시간도 오래 걸린다. 그러므로 부득이하게 민법 상속에 관한 사항은 기존 규정에의 조화로운 해석과 적용으로 문제를 해결하려는 시도에 그칠 수밖에 없다. 그래서 디지털유산 상속처리에 관한 전반적인 입법정책적 방향은 개별 특별법을 통해 사자의 디지털유산 전반을 누군가가 쉽게 승계 받을 수 있는 쪽으로 범위를 명확히 하는 것에 두어야 한다. 그런 방향으로 입법정책이 결정되어진다면 그 내용 속에는 앞서 언급한 내용들 외에도 그간 논의에서 언급되지 않았던 디지털유산 관리자들의 의무와 면책에 관한 사항을 명확히 한다거나 디지털화 되어 있는 정보를 공공재적인 측면에서 적극적으로 대응할 수 있도록 삭제할 수 있는 권한을 관리자가 가진다거나 하는 등의 다양한 관점의 입법정책 논의도 포함되어야 할 것이다. 특히 관리자 등의 의무 및 면책을 분명히 하는 것은 디지털유산 관리의 효율성이라는 측면과 불측의 소송에서 벗어나게 함으로써 불필요한 사회적 비용을 줄일 수 있게 할 뿐만 아니라 급격한 디지털 환경변화에도 발 빠르게 대응할 수 있도록 해줄 것이다.

구체적으로 어떤 방향으로 디지털유산 상속에 관한 처리 규정들을 마련할 것인지를 살펴보면 다음과 같이 간단히 정리할 수 있겠다. 디지털유산 관련 처리에 있어 필수적인 사항들이 있을 수 있는데, 그것들 중에는 전체 디지털유산 처리법제의 기본이 되는 사항과 그것들을 절차적으로 처리하는데 있어 필요한 세부적 사항으로 나눌 수 있을 것이다. 기본사항에 관한 것과 세부적 필요사항으로 나누어서 구별한다면 다음 [표 1] 과 같다.

[표 1] 디지털유산 처리법제에서의 기본적 사항과 세부적 사항 구별

구 분	구체적 내용
기본적 사항	디지털유산의 범위, 권한요청 가능한 제3자의 범위, 디지털유산 제3자에게 제공 가능함 명시 등
세부적 사항	정보통신서비스 제공자가 제공할 수 있는 디지털유산의 범위, 정보성격에 따른 제공절차 및 방법, 디지털유산 제공에 필요한 비용징수 여부 등

그리고 다시, 위와 같이 구분함을 전제로 이는 다시 규제범위와 규제방식으로 나누어 네 가지의 입법방향으로 정할 수 있을 것이다.

[표 2] 디지털유산 처리법제의 규제범위와 규제방식 유형

구 분	규제 범위	규제 방식
1 유형	기본적 사항	법을 통한 엄격 규제
	세부적 사항	법을 통한 엄격 규제
2 유형	기본적 사항	법을 통한 엄격 규제
	세부적 사항	당사자 간의 자율적 규제
3 유형	기본적 사항	당사자 간의 자율적 규제
	세부적 사항	법을 통한 엄격 규제
4 유형	기본적 사항	당사자 간의 자율적 규제
	세부적 사항	당사자 간의 자율적 규제

그렇다면 어떻게 입법정책 방향을 정할 것인가? 사견으로는 기본적 사항에 대한 것은 자율규제 방식에 의한 것보다는 법령에서 명시하는 방식인 [표 2]의 2 유형이 향후 입법 방향으로 타당하다고 본다. 주요 개념사항 등을 포함한 기본적 사항에 대한 공통 가이드 라인이 없는 경우 수많은 웹사이트에서 정보통신서비스 제공자별로 다른 형식으로 규정 하게 되어 서비스이용자로서는 매우 혼란스러울 것이 분명하고, 이것은 약관에 의하더 라도 결과적으로 서비스이용자에게 아주 일부분에 대한 선택권을 줄 뿐이므로 궁극적으 로 이용자의 권리보호와는 거리가 멀다고 할 수 있다.[59] 왜냐하면 디지털의 발전과 개인 정보보호, 그리고 당사자의 약관에 의한 제한적 계약체결은 항상 긴장관계에 있는 것이 고,[60] 특히 웹 사이트 및 서비스 공급자는 개인정보보호와 관련한 분쟁에서 자유롭기 위 해 엄격한 약관을 마련할 것으로 예상된다.[61] 뿐만 아니라 기본적 사항을 법령에 명시하 는 경우 정보통신서비스 사업자에게도 충분히 이점이 될 수 있다. 다양한 유형의 정보통 신서비스 제공자가 있겠지만, 이 경우 기본적 사항은 사업자별로 달리 정해서는 안 될 것들에 한하는 것이므로 그러한 내용들은 법령에서 분명한 기준을 명시해주는 것이 운 영자의 입장에서 혼란을 덜 수 있게 될 것이기 때문이다. 결국 복사본에 대한 접근 방지 등 기본사항을 계약 약관에 명시하도록 하고, 승계와 관련한 별도의 지정이 없이 최종사

---

59) 김현수 외 2인, 앞의 보고서, 102면.

60) Olivia Y. Truong, *Virtual Inheritance: Assigning More Virtual Property Rights*, 21 SYRACUSE SCI. & TECH. L. REP. 57 (2009), p. 66.

61) Tyler G. Tarney, *"A Call for Legislation to Permit the Transfer of Digital Assets at Death"*, 40 Cap. U. L. Rev. 773 (2012), p. 782.

용자 사망 시 디지털자산의 양도가 가능하며, 일정한 자에 의한 지정된 기간 동안 계정 종료를 연기하도록 하는 것 등을 정하도록 해야 할 것이다.[62]

3. 소결

그동안 디지털유산 상속과 관련하여 많은 입법론적 논의와 개정 시도가 있었지만 뚜렷한 방향은 설정되지 않은 채 정보통신서비스 사업자 등이 마련한(혹은 마련되어 있지 않음) 계약 약관에 의해 사후처리에 대해 자유롭게 설계하도록 유도하는 것에 그치고 있는 현실이고, 아직 이에 대해서 우리의 입법정책 방향은 명확하지 않은 것으로 보인다. 이론적으로 디지털유산의 일신전속성 여부나 인격권적 성질에 따른 재산권으로서의 인정 여부 등에 대해서는 유품의 종류와 특성에 따라 개별적으로 판단해야 함이 타당하고, 디지털유산과 관련한 권리 의무 전부에 대한 민법 상속규정의 적용은 곤란한 것으로 본다. 그렇지만 상속인 외의 제3자의 범위를 후견인이나 수탁자 등에게까지 확대하는 것은 관련 법률과의 조화를 통해 적극적으로 수용할 필요가 있을 것이다.

앞으로 디지털유산에 관한 본질 및 인정 범위, 접근권 허용대상 범위 등 디지털유산의 승계에 관한 규정과 함께 사후처리에 관한 명시적 규정과 관련한 기본적인 사항에 대해서는 「정보통신망법」 등 기본 법률에서 분명한 가이드라인을 정하도록 하고, 나머지 구체적인 절차 및 운용과 관련해서는 계약 당사자에게 자율권을 주도록 허용하는 것으로 입법정책 방향을 정하는 것이 타당할 것이다.

4차 산업혁명 시대에 진입했다는 매체들의 소식 전달이 아니더라도 이제 더 이상 망설일 필요는 없다고 생각된다. 개인정보의 문제가 살아있는 자들의 논쟁의 장이라 하더라도 적어도 사자의 디지털화 되어 있는 수많은 정보 및 작업들을 효율적으로 일관되게 관리할 수 있도록 정책방향을 설정하고 그에 따라 개별 법률들을 통일적으로 개정해 나가려는 적극적 의지가 필요하다. 급격하게 진화하는 정보통신, 디지털 기술을 법률이 한발 앞서서 규율하기에는 너무도 급변하고 예측이 어렵다는 점은 당연하다. 하지만 급변성의 특성이 오히려 일반화될 것임이 충분히 예측되는 미래 세대에서는 법정책자는 주저하는 시간을 최소화하고 제도권 내에서 합법화가 가능한지 여부를 우선 검토하려는 시각이 가장 중요하다고 본다.

---

62) *id.,* p. 782.

Ⅳ. 결론

인공지능(AI) 기술, 가상화폐와 블록체인, 디지털 카르텔, 자율주행자동차 등과 관련하여 요즘 우리나라에서는 (초)지능정보사회에 얼마나 대응하고 있는가를 두고 사회 곳곳 많은 영역에서 비판의 목소리가 일고 있다. 특히 정보통신 최강국이라는 명성과는 달리 현행법상 관련 규정이 현실을 반영하지 못함으로 인해 사자(死者)의 이메일 계정의 수많은 정보가 방치 혹은 삭제되고 있으며, 블로그와 SNS의 글과 사진 등 콘텐츠들이 역시 누군가에 의해 재창조될 기회를 잃고 있는 현실에 있다. 시대적 흐름이나 '디지털유산'에 대한 인식확산의 정도를 보더라도 현재의 법 규정들로서는 다가올 최첨단 초지능·초연결시대에 알맞은 적절한 대응이 불가능함은 명약관화(明若觀火) 하다. 그도 그럴 것이 아직 디지털유산의 개념조차도 명시하지 못하고 최근에 와서야 디지털유산의 재물성 및 상속성을 인정해야 하는지에 대해 인식하고 있다는 것은 해석론적으로나 입법적으로나 상당한 비판과 고민이 요구된다. 특히 학계에서도 법적 논의가 그렇게 활발하지 못한 것은 이 문제에 대해 10여 년 전부터 대응하고 있던 외국의 경우와 상당히 비교된다. 물론 '디지털유산'은 새로운 개념으로 아직까지 그 범위가 확정되지 않았으며, 기술발전 및 서비스 변화에 따라 그 유형 및 승계 필요성에 대한 판단이 달라질 수 있어 이를 법률에 규정하기 위해서는 충분한 논의와 사회적 공감대 형성도 필요하다. 그렇다 하더라도 미국에서는 이미 디지털유산의 상속성 문제에서 더 나아가 현재에는 '잊힐 권리'로서의 디지털유산에 대한 논의가 한창이라고 할 수 있고, 심지어 온라인 상조회사인 '라이프인슈어드닷컴(lifeensured.com)'과 같은 디지털 장의사(업체)가 등장하여 성황을 이룬 것도 오래전 일이다.[63] 이처럼 지금 미국이나 독일의 경우에는 디지털유산의 상속성을 인정함을 전제로 해석론 및 관련 규정들을 모두 마련해 놓고 있는 상황에서 우리의 경우 이제야 현행법을 활용한 적응력을 얘기하는 단계라는 것은 시대착오적인 대응이라고 할 수 있다.

이 같은 상황에서 본 논문에서는 디지털유산 관련 개별법들의 개정 입법을 통하여 필요 최소한도의 규제를 하되 처리와 관련한 세부절차 사항에 대해서는 자율규제를 해야

---

63) 홈페이지 http://www.securesafe.com/en/(최후방문일: 2018. 1. 20). 이에 대한 관련기사로 http://www.today.com/money/how-prepare-death-digital-age-124098#how-prepare- death-digital-age-124098 참조. 디지털 상조회사의 설립 인정은 제3자에 의한 디지털유산에 대한 접근 및 관리권한을 인정함을 전제로 하는 것이어서 어쩌면 본 논문에서 논의한 내용의 발전된 모습의 영역에 대한 것이라고 할 수 있다.

할 필요가 있다고 보았다. 그래서 디지털유산 상속 문제를 해결하기 위한 선결 문제로 그간 우리나라에서 논의되어 왔던 디지털유산 상속에 관한 일반론을 재검토하였고, 기존 민법 상속규정과의 조화를 시도하는 해석과 함께 관련 개별법을 통한 법정책적 고려사항들을 살펴보았다. 결국 디지털유산에 대해 지나치게 경직된 태도로 접근하는 것은 4차 산업혁명 시대라고 부르며 앞으로 마주하게 될 사회에 적응할 사고와는 다소 거리가 먼 것이 아닐까 하고, 그러므로 어떤 디지털유산이 객관적인 재산 가치가 미미하다고 하더라도 재산권성이 있음을 전제로 그에 대한 승계 처리를 인정하는 것으로 입법의 방향을 선택한다면 나머지 기술적인 문제들은 충분히 해결이 가능하리라 본다.

마지막으로 본 연구를 통해 더욱 활발한 연구가 이루어져서 사이버 공간에 남아 있는 개인의 자취들이 유품으로서의 가치를 획득하고 적절히 관리, 승계될 수 있는 법·제도적 장치 마련에 대한 논의의 재촉발의 단초가 될 것을 기대한다.

제3장 소멸시효에 관한 입법론적 검토[*]

I. 서론

소멸시효는 권리자가 그의 권리를 행사할 수 있음에도 불구하고 일정한 기간(시효기간)동안 권리를 행사하지 않는 상태, 즉 권리불행사의 상태가 계속한 경우에 그 자의 권리를 소멸시켜 버리는 제도이다.[1] 민법상 채권의 소멸시효는 일반적으로 10년(민법 제162조 제1항), 단기의 소멸시효로 상행위 채권, 공법상의 채권 등의 5년, 변호사·변리사·공증인·공인회계사 및 법무사의 직무채권 등의 생산자 및 상인이 판매한 생산물 및 상품의 대가 등의 3년, 숙박료·음식료·소비물 대가 및 체당금의 소멸시효로 1년 등이 있다. 또한 불법행위로 인한 손해배상청구권의 소멸시효는 손해 및 가해자를 안날로부터 3년·불법행위를 한 날로부터 10년으로 규정하고 있다. 이와 달리 상법상 채권의 소멸시효는 상거래상의 법률관계를 신속히 확정하기 위해[2] 5년으로 정하고 있고, 단기의 소멸시효로 보험금액의 청구권과 보험료 또는 적립금의 반환청구권은 3년,[3] 운송주선인의 책임의 시효 1년,[4] 공중접객업자의 책임의 시효 6개월[5] 등이 있다.

위와 같이 법률의 규정에 의해 소멸시효의 기간은 각기 개별적으로 적용되고 있다. 그러나 동일한 사안에 따라 민법상·상법상 소멸시효의 적용여부에 대한 기준이 불명확하여, 대법원의 판단에 대하여 논란의 여지가 있어왔다. 이 중에서 첫째, 위탁자와 위탁매매인 간의 소멸시효 적용에 있어서 민법 제163조[6]가 적용되어야 한다는 견해 및 상법

---

* 이 논문은 중앙대학교 「법학논문집」 제40권 제1호(2016)에 등재된 논문(소멸시효에 관한 입법론적 제안)을 일부 수정한 것임.

1) 박철호/송호신, 「생활법률」, 한올, 2013, 127면.

2) 이철송, 「상법총칙·상행위」, 박영사, 2011, 302면.

3) 상법 제662조(소멸시효) 보험금액의 청구권과 보험료 또는 적립금의 반환청구권은 3년간, 보험료의 청구권은 2년간 행사하지 아니하면 소멸시효가 완성한다.

4) 상법 제121조(운송주선인의 책임의 소멸시효) ①운송주선인의 책임은 수하인이 운송물을 수령한 날로부터 1년을 경과하면 소멸시효가 완성한다. ②전항의 기간은 운송물이 전부 멸실한 경우에는 그 운송물을 인도할 날로부터 기산한다. ③전 2항의 규정은 운송주선인이나 그 사용인이 악의인 경우에는 적용하지 아니한다.

5) 상법 제154조(공중접객업자의 책임의 시효) ① 공중접객업자의 책임과 고가물에 대한 책임은 공중접객업자가 임치물을 반환하거나 객이 휴대물을 가져간 후 6월을 경과하면 소멸시효가 완성한다. ②물건이 전부 멸실한 경우에는 제1항의 기간은 고객이 시설물을 퇴거한 날로부터 기산한다. ③ 제1항과 제2항의 규정은 공중접객업자나 그 사용인이 악의인 경우에는 적용하지 아니한다.

6) 법 제163조(3년의 단기소멸시효) 다음 각 호의 채권은 3년간 행사하지 아니하면 소멸시효가 완성한다.
1. 이자, 부양료, 급료, 사용료 기타 1년 이내의 기간으로 정한 금전 또는 물건의 지급을 목적으로 한 채권
2. 의사, 조산사, 간호사 및 약사의 치료, 근로 및 조제에 관한 채권
3. 도급받은 자, 기사 기타 공사의 설계 또는 감독에 종사하는 자의 공사에 관한 채권
4. 변호사, 변리사, 공증인, 공인회계사 및 법무사에 대한 직무상 보관한 서류의 반환을 청구하는 채권

제64조[7])가 적용되어야 한다는 견해를 살펴보고자 한다. 둘째, 이사의 제3자에 대한 손해배상청구권의 소멸시효 적용에 있어서 민법 제766조 제1항이 적용되어야 한다는 견해 및 민법 제162조 제1항이 적용되어야 한다는 견해를 살펴보고자 한다. 셋째, 상행위로 인한 부당이득반환청구의 소멸시효 적용에 있어서 민법 제162조[8])가 적용되어야 한다는 견해 및 상법 제64조가 적용되어야 한다는 견해를 살펴보고자 한다.

이하에서는 소멸시효의 의의와 개념을 살펴보고 판례를 검토한 후 소멸시효 적용 기준에 관한 바람직한 입법론을 제안[9])하고자 한다.

Ⅱ. 소멸시효의 의의와 개념

소멸시효는 권리자가 그의 권리를 행사할 수 있음에도 불구하고 일정기간 동안 그 권리를 행사하지 않는 상태가 계속된 경우에 진정한 권리관계가 일치하는지 여부를 불문하고 그 사실 상태를 그대로 존중하여 일정한 법률효과를 발생시키는 제도이다. 소멸시효 제도는 법적 안정성의 제고, 입증곤란의 구제, 권리행사의 태만에 대한 제재 등을 위해 존재하는 것으로 논의되고 있다.[10]) 그러나 이러한 견해에 대하여 사회질서의 안정이라는 첫째 존재이유는 사실 상태에 대한 사회일반 내지 제3자의 신뢰를 보호한다는 취지이지만 시효제도는 1차적으로 시효로 인하여 의무를 면하거나 권리를 취득하는 시효의 당사자를 보호하는 제도이므로 제3자의 보호는 시효제도의 2차적 효과에 불과하고, 입증곤란의 구제라는 둘째 존재이유에 대하여는, 계속되는 사실 상태에 일치하는 개연성만으로 무권리자에게 권리를 주고 의무자의 의무를 면하게 하는 충분한 이유가 되지

---

5. 변호사, 변리사, 공증인, 공인회계사 및 법무사의 직무에 관한 채권
6. 생산자 및 상인이 판매한 생산물 및 상품의 대가
7. 수공업자 및 제조자의 업무에 관한 채권

7) 상법 제64조(상사시효) 상행위로 인한 채권은 본법에 다른 규정이 없는 때에는 5년간 행사하지 아니하면 소멸시효가 완성된다. 그러나 다른 법령에 이보다 단기의 시효의 규정이 있는 때에는 그 규정에 의한다.

8) 민법 제162조(채권의 소멸시효) ①채권은 10년간 행사하지 아니하면 소멸시효가 완성한다.

9) 민법상 매매와 상법상 위탁매매를 구별하여 소멸시효를 정하는 것보다는 통일적으로 소멸시효를 정하는 것이 법률문제를 간명하게 해결하는 이점이 있다는 견해가 있다. 이훈종, 「이야기로 듣는 상법」, 글누림, 2007, 93~94면; 법학에서뿐만 아니라 다른 학문(경영학)에서의 통합의 이점은 있다. 한 예로 011, 016, 017, 018, 019 핸드폰 회사별 식별번호를 010으로 단일화 하자는 것이다. 010 번호 통합정책은 지난 2004년 1월부터 시행된 제도이다. 통합되면 자신의 의지에 따라 평생 동안 같은 번호를 쓸 수 있으며, 이통사와 상관없이 국변을 누르지 않아도 됨으로써 사용의 편리성이 증대되는 이점이 있다(아시아투데이 2009. 4. 27).

10) 지원림, 「민법강의(제11판)」, 홍문사, 2013, 388면; 최창호/유진/전성환, "과거사 사건에 있어 법원의 소멸시효 남용론에 대한 비판적 고찰", 「법조」, 제62권 제11호(2013), 49면.

못하며, 권리 위에 잠자는 자를 보호할 가치가 없다는 것은 입증곤란의 구제를 보강하는 구실을 할 뿐, 시효제도의 존재이유로 삼기에는 부적절하다는 등의 비판이 있어왔다.[11]

우리 민법상 일반적인 채권의 소멸시효는 10년이다. 민법상 소멸시효는 채권의 경우 10년, 재산권은 20년,[12] 3년의 단기, 1년의 단기 등이 있다. 또한 불법행위로 인한 손해배상청구권의 소멸시효는 손해 및 가해자를 안 날로부터 3년, 불법행위를 한 날로부터 10년으로 규정되어 있다. 우리 민법의 단기소멸시효에 대해서는 그 도입이유나 구분기준에 관한 입법자료가 아직 남아 있지 아니한 듯하다. 단기소멸시효의 도입이유에 관한 종래의 가장 일반적인 견해는 첫째, 단기소멸시효의 대상인 채권이 일상생활에서 빈번하게 발생하는 것으로 그 금액이 소액인 경우가 많아서 영수증과 같은 증빙서류도 작성·교부되지 아니하는 경우가 많고, 설사 교부된다고 하더라도 이를 장기간 보관하지 않는 경우가 보통이므로 단기간에 사실관계가 불분명하게 되기 때문에, 이러한 채권에 대해 요구되는 증거보전의 곤란을 구제하기 위해서 하는 것이다. 둘째, 이러한 채권들은 단기간에 결제되는 것이 거래의 관행이므로 그 법률관계를 조속히 확정함으로써 분쟁의 발생을 미연에 방지하기 위해서라고 한다.[13]

이에 반하여 상법상 채권의 소멸시효는 민법과 달리 상거래상의 법률관계를 신속히 확정하기 위해 5년으로 정하고 있다.[14] 상법이나 다른 법령에서 5년의 상사채권 일반소멸시효보다 단기의 소멸시효가 있는 때에는 그 단기소멸시효를 적용하고 5년의 시효는 적용하지 아니한다(상법 제64조 단서). 상법과 민법 등에서 광범위하게 단기소멸시효를 채용하기 때문에 상법 제64조에 의한 상사채권 일반소멸시효는 오히려 제한적으로 적용되고 있다. 상법은 운송주선인(제121조), 물건운송인(제147조), 여객운송인(제149조), 창고업자(제166조) 및 해상운송인(제814조)의 손해배상책임의 소멸시효를 1년으로 정하고 있고 이들 채권의 소멸시효도 1년으로 정하고 있으며(제122조, 제147조, 제167조 및 814조), 공중접객업자의 손해배상책임은 이를 6개월로 정하고 있다(제154조).[15] 또한 상

---

11) 윤진수, 「민법주해(Ⅲ)」, 박영사. 1992. 389면; 최성호, "보험금청구권의 소멸시효에 관한 연구", 「무역보험연구」, 제10권 제3호(2009), 64면.

12) 민법 제162조(재산권의 소멸시효) ②(채권 및 소유권 이외)의 재산권은 20년간 행사하지 아니하면 소멸시효가 완성한다.

13) 최성근, "2010년 민법개정안과 현행 민법·상법·도산법·조세법의 소멸시효 비교연구 - 단기소멸시효 및 소멸시효의 중단·정지·완성유예를 중심으로", 「비교사법」, 제17권 제3호(2010), 99면.

14) 홈페이지 <http://terms.naver.com/item.nhn?dirId=107&docId=6037> 네이버 사전.

15) 상법에서 공중접객업자의 채권의 소멸시효에 관하여는 별도의 정함을 두고 있지 아니한데, 이는 1년이 단기소멸시효를 정하고 있는 민법 제164조의 1호에서 '여관, 음식점, 오락장의 숙박료, 음식료, 대석료, 입장료, 소비물의 대가 및 체당금의 채권'을 열거하고 있기 때문인 것으로 이해한다.

법은 보험금청구권과 보험료 또는 적립금의 반환청구권의 소멸시효는 3년, 보험료청구권이 소멸시효는 2년으로 정하고 있다(제662조).[16]

Ⅲ. 민법상 소멸시효와 상법상 소멸시효

1. 위탁자와 위탁매매인 간의 소멸시효

가. 판결[17]

(1) 사실관계

원고는 대우전자에서 생산되는 가전제품을 판매하는 A회사이고, 피고는 원고와 가전제품 위탁판매계약을 체결하고, 시흥시 신천동에서 성일전자라는 상호로 원고로부터 공급받은 가전제품을 소비자에게 판매하였다. 위탁매매계약 내용에 의하면, 피고들은 원고로부터 가전제품을 공급받아 이를 소비자에게 판매하되, 피고들은 공급받은 전자제품을 판매하는 경우 판매수수료를 제외한 나머지 대금을 현금으로 원고에게 지급하는 것을 원칙으로 하였다. 다만 피고들이 할부판매를 하거나, 이를 알선한 경우에는 일정한 양식의 대금불입약정서(이하 카드라고만 한다)를 작성하여 원고에게 제출하고, 원고가 이를 심사하여 그 신용도가 충분하다고 인정하면 위 카드를 접수하고, 그렇지 않고 위 카드의 신용도가 부족하다거나, 기타의 사정으로 반송하는 경우에는 피고들이 수금책임을 부담하고, 원고에 대하여는 피고들이 직접 그 전자제품의 판매대금을 납부하도록 되어 있다. 원고의 지시에 따라 피고들은 1986년 2월부터 1987년 4월까지는 원고의 광O지점과 거래를 하고 그 미지급 거래잔대금이 합계 금 9,870,410원 상당이었고, 피고들은 또한 1987년 5월부터 1989년 12월까지는 원고의 주O지점과 거래를 하였으며, 그 이후부터는 원고의 인천총판 및 부O지점과의 거래에 대하여 인천총판과의 할부판매에 따른 카드미수금을 금 7,350,500원. 부O지점과의 할부판매에 따른 카드미수금을 금 12,146,410원, 부O지점과의 현금거래에 따른 미수금을 금 6,000,000원(원래는 금 5,479,535원이나, 그

---

16) 최성근, 앞의 논문, 108-110면.
17) 대법원 1996. 01. 23. 선고, 95다39854 판결.

간의 지연손해금을 고려하여 위와 같이 확정하였다)으로 각 확정하였다.

원고의 피고들에 대한 위 광○지점 거래잔대금 채권 9,870,410원에 대하여 민법 제163
조 제6호 소정의 3년의 단기소멸시효의 대상이 된다는 원심판결에 불복하여 소를 제기
하였다.

또한 원고는 피고들이 1990. 10. 30. 금 1,000,000원을 광○지점 미수금으로 무통장입
금하여 일부 변제하였고, 1993년 10월 26일 자 원고의 최고에 대하여 이의한 바 없으므
로 채무승인을 하여 시효가 완성되지 아니하였다는 취지로 재항변하였다.

(2) 판결요지

3년의 단기소멸시효가 적용되는 민법 제163조 제6호 소정의 '상인이 판매한 상품의
대가'란 상품의 매매로 인한 대금 그 자체의 채권만을 말하는 것으로서, 상품의 공급 자
체와 등가성 있는 청구권에 한한다. 위탁자의 위탁상품 공급으로 인한 위탁매매인에 대
한 이득상환청구권이나 이행담보책임 이행청구권은 제6호 소정의 '상인이 판매한 상품
의 대가'에 해당하지 아니하여 3년의 단기소멸시효의 대상이 아니고, 한편 위탁매매는
상법상 전형적 상행위이며 위탁매매인은 당연한 상인이고 위탁자도 통상 상인일 것이므
로, 위탁자의 위탁매매인에 대한 매매위탁으로 인한 위의 채권은 다른 특별한 사정이 없
는 한 통상 상행위로 인하여 발생한 채권이어서 상법 제64조 소정의 5년의 상사소멸시
효의 대상이 된다. 시효완성 전에 채무의 일부를 변제한 경우에는, 그 수액에 관하여 다
툼이 없는 한 채무승인으로서의 효력이 있어 시효중단의 효과[18]가 발생한다.[19]

나. 판결의 검토

민법 제163조 제6호에 따르면 생산자 및 상인이 판매한 생산물 및 상품의 대가의 소
멸시효는 3년이다.[20] 반면에 상법 제64조에 따르면 상행위로 인한 채권은 본법에 다른

---

18) 민법 제168조(소멸시효의 중단사유) 소멸시효는 다음 각 호의 사유로 인하여 중단된다. 1. 청구 2. 압류 또는 가압류, 가처
분 3. 승인.

19) 강용현, "위탁자의 위탁매매인에 대한 채권의 소멸시효기간", 「판례월보」, 제307권 (1996), 9면.

20) 민법 제163조와 제64조의 입법취지에 대해서는, 그 대상이 되는 채권은 일상 빈번하게 발생할 뿐만 아니라 금액도 소액이
보통이고 영수증도 교부되지 않는 일이 많으며 또 이러한 채권은 단기간에 거래되는 것이 거래의 관행이라는 점에서 법률
관계를 조속하게 확정하려는 데 있다고 한다. 김준호, 민법강의(전정판), 법문사, 2007년, 378면. 이 밖에도 "단기소멸시효
의 존재이유는 채권에 대한 증거보전의 곤란으로부터의 구제와 법률관계의 조속한 확정으로 정리할 수 있는데, 채무를 부
담하는 자는 대부분 사회적 약자라는 시각에서 채무자를 보호하기 위한 제도"라는 견해가 있다. 최성근, 앞의 논문, 99면.

규정이 없는 때에는 소멸시효 기간은 5년이다. 여기서 특히 민법 제163조 제6호의 '상인이 판매한 상품의 대가'는 상인의 상행위에 의한 것이므로 민법 제163조 제6호가 적용될 사안인지, 아니면 상법 제64조가 적용될 사안인지가 문제된다. 물건의 매도를 위탁한 매도위탁자가 위탁매매인에 대하여 갖는 이행담보책임(상법 105조)의 이행청구권도 민법 제163조 제6호의 '상품의 대가'에 해당하는지, 아니면 이에 대하여 상법 제64조가 적용되는 것인지에 대해서 견해가 나뉘고 있다.[21]

상법 제64조 적용설에 따르면 위의 경우 상법 제64조가 적용된다고 한다. 민법 제163조 제6호는 상품을 종국적으로 처분하는 판매의 경우에 한정된다고 보아 위탁자가 위탁매매인에게 매도의 위탁을 위해 상품을 공급하는 것은 위탁매매를 위임하기 위한 것이고 상품의 종국적인 처분이 아니므로 민법 제163조 제6호에서 규정하고 있는 상품의 판매에 해당하지 않는다고 한다. 민법 제163조 제6호에서의 상품의 대가란 상품의 공급 자체와 직접 대응관계에 있는 판매대금 채권에 한정된다고 보아, 상품의 공급을 원인으로 하는 부수적인 채권(예컨대, 위탁자가 위탁매매인에 대하여 갖는 위탁매매의 대금청구권, 하자담보책임, 이행담보책임 등)은 포함되지 않는다고 한다.[22] 반면 민법 제163조 적용설에 따르면 위탁매매에서 위탁매매인이 위탁자에 대하여 지는 이행담보책임은 매매대금과 등가성을 인정할 수 있는 책임으로 보아 물품의 매매대금청구권에 대체되는 것이므로 민법 제163조 제6호의 적용대상이 된다고 한다.[23]

이 사건에서 문제가 되고 있는 A대리점 거래잔대금 채권도 대금을 미납한 것이거나 또는 할부 판매한 거래로 인하여 발생한 미수금으로서, 위탁자가 위탁판매계약의 본질상 당연히 갖게 되는 채권이고, 원고와 피고들 사이의 위탁판매계약에 따라 피고들이 수금책임을 부담함으로써 발생한 채권으로서 성질상으로는 약정 이행담보책임에 기한 채권이라고 할 수 있다. 따라서 원고와 피고들 사이의 매매계약에서 발생하는 매매의 대가라고는 할 수 없는 것이다.[24] 위탁은 상법상 전형적 상행위이고 이 사건의 위탁자와 위탁매매인도 모두 상인으로서 이 사건 채권도 상법 제64조 소정의 상사채권으로서 5년의 상사시효의 대상이 된다고 할 것이다.[25] 민법 제168조 제3호는 채무의 승인을 시효중단

21) 김성탁, "일반상사소멸시효에 관한 상법 제64조의 입법취지와 그 적용대상에 관한 소고", 「법학연구」, 제13집 제3호.(2010), 102-103면.

22) 이철송, 앞의 책, 302면.

23) 곽윤직(편집대표), 「민법주해(제Ⅲ권)(총칙(3))」, 박영사, 2005, 449면; 김영호, 「상인법총론 상거래법」, 박영사, 1999. 309면.

24) 강용현, 앞의 논문, 12면.

사유의 하나로 규정하고 있고, 민법 제177조는 시효중단의 효력 있는 승인[26]에는 상대방의 권리에 관한 처분의 능력이나 권한이 있음을 요하지 아니한다[27]고 규정하고 있다. 시효완성 후의 채무승인은 시효이익을 포기한 것으로 볼 수 있으므로, 시효완성 후에 채무의 일부를 변제한 경우에는 시효이익의 포기로 보아야 할 것이다.[28] 채무의 일부변제가 수액이 다툼이 없는 한 승인으로서 시효중단사유가 된다는 종례의 판례를 다시 한번 확인한 것이라고 하겠다.[29]

요컨대, 위탁자가 위탁매매인에 대하여 갖는 이행담보책임(상법 제105조)의 이행청구권에 관하여 민법 제163조 제6호와 상법 제64조 중 어느 법조를 적용할 것인가에 대해서는 일의적으로 단정할 수는 없고 구체적 사안에 따라 개별적으로 판단하여야 한다고 보고 있다.[30] 상인과 개인사이의 직접적인 거래로 인한 대금지급의무는 민법 제163조의 소멸시효가 적용된다. 하지만 위탁매매의 관계에서 위탁자(상인)와 위탁매매인(상인)의 거래에서 대금지급의무는 상법 제64조의 소멸시효가 적용된다. 그러나 상인이 판매한 상품의 대가에 대하여 민법 제163조와 상법 제64조의 소멸시효의 적용 기준이 모호하여, 적용사례에 따라 법적 판단이 달라질 수 있어 당사자들에게 혼란을 줄 수 있다. 따라서 매매와 위탁매매에 대한 소멸시효를 통일적으로 규정하는 것이 상법상 상거래의 안전과 제3자의 보호의 목적에 부합된다고 생각한다.

2. 이사의 제3자에 대한 책임의 소멸시효

가. 판결[31]

(1) 사실관계

A회사는 1971년 설립 이래 구조적 부실의 징후가 나타났고 특히 1997년도에 이르러 경영상태 및 재무구조가 더욱 악화되기에 이르렀다. 당시 A회사 집단의 회장 B는 "위와

---

25) 정희철/정찬형, 「상법원론(上)」, 박영사, 1993, 311면; 손주찬, 「상법(上)」, 박영사, 1992, 297면.
26) 관념의 통지라고 본다, 이준현, 「알기쉬운 민법전」, 예응, 2005, 73면.
27) 관리능력이나 권한은 있어야 한다. 또한 행위능력도 있어야 한다. 이준현, 앞의 책, 73면.
28) 대법원 1993. 10. 26, 선고, 93다14936 판결.
29) 강용현, 앞의 논문, 15면.
30) 김성탁, 앞의 논문, 104면.
31) 대법원 2006. 12. 10 선고, 2004다63345 판결.

같은 실상이 알려질 경우 대외신인도 추락과 이에 따른 금융기관 상대 신용자금 차입조건 악화 또는 자금차입 중단이 발생할 것을 우려하여 경영진에게 당기순이익을 가공 계상하여 마치 흑자가 난 것처럼 조작하여 A회사를 경영상태 및 재무구조가 양호한 우량기업으로 위장할 것을 지시"함에 따라, 대표이사 피고 Y1과 당시 재무담당 전무이사이던 Y2는 1997년도 재무제표를 허위로 작성하여 1998년 3월 1일 일간지에 공시하였다.

원고 X은행은 A회사에게 1998년 4월 9일(제1대출)과 1998년 5월 6일(제2대출)에 각각 200억 원씩 만기를 2년으로 대출하였는데, A회사가 1999년 7월 소위 워크아웃 결정에 의하여 기업개선작업 대상이 됨에 따라 제대로 변제되지 못하고 막대한 손실(제1대출에서 170억 원, 제2대출에서 180억 원)을 입었다. X은행은 2002년 12월 13일 Y1과 Y2를 상대로 손해배상청구소송을 제기하였다.

피고들은 "상법 제401조가 정한 이사의 제3자에 대한 책임은 성질상 민법 제750조의 불법행위 책임에 대한 특칙이어서 그로 인한 제3자의 손해배상 청구권에는 민법 제766조 제1항 소정의 소멸시효기간 3년이 적용된다 할 것인바, 원고는 늦어도 1999년 11월 22일에는 그 손해 및 가해자를 알았다할 것이어서 원고의 손해배상청구권은 그로부터 3년이 경과한 2002년 11월 23일에 시효로 소멸되었다"고 주장하였다.

(2) 판결요지

금융기관이 기업체와 기업어음 한도거래 약정을 체결하고 일정 기간 동안 기업어음의 만기 도래시마다 회전 매입하는 방식으로 여신을 제공하기로 약정하였다. 대규모 분식회계가 행하여졌음을 모른 채 여신을 제공해 온 금융기관이 불법행위에 해당하는 분식회계 관여행위와 금융기관의 기업어음 매입으로 인한 손해 사이에 인과관계는 단절되지 않는다. 상법 제401조는 이사의 제3자에 대한 손해배상책임이 제3자를 보호하기 위하여 상법이 인정하는 조항이다. 따라서 일반 불법행위의 단기소멸시효를 규정한 민법 제766조 제1항은 적용될 여지가 없고, 일반 채권으로서 민법 제162조 제1항에 따라 그 소멸시효기간은 10년이 정당하다.

나. 판결의 검토

이사가 악의 또는 중대한 과실로 인하여 그 임무를 해태한 때에는 그 이사는 제3자에 대하여 연대하여 손해를 배상할 책임이 있다(상법 제401조). 주관적 요건으로서 이사의 악의 또는 중대한 과실이 있어야 하고, 또 객관적 요건으로서 이사의 임무해태가 있어야 하며, 그 임무해태와 제3자의 손해발생 사이에 인과관계가 있어야 한다. 이사의 제3자에 대한 책임을 그 요건 면에서 일반불법행위책임과 비교하면, 이사의 제3자에 대한 책임은 이사에게 경과실이 있는 경우에는 발생하지 않고 또 제3자의 손해에 대한 위법성을 그 책임발생의 요건으로 하지 않는다는 점 등에서 차이를 보인다.[32] 법문상으로 보아도 이사의 제3자에 대한 책임은 경과실의 경우에는 인정되지 않고 또 불법행위책임의 성립요건에 있어서 가장 중요한 위법행위를 요구하고 있지 않은 것으로 보아, 불법행위책임과는 성질이 다른 것이라고 보아야 할 것이다.[33]

소멸시효는 상법 제401조가 규정하는 책임의 법적성질 및 규정의 적용범위와 관련되어 있다.[34] 그래서 이 책임의 법적성질에 대하여는, 불법행위와는 무관한 법정책임으로 보는 견해(법정책임설)와 본질적으로 불법행위책임이지만 경과실은 제외되고 위법성이 배제되는 등 특수한 요건하에서 발생하는 불법행위책임으로 보는 견해[35](불법행위책임설)가 대립하고 있다. 이사의 제3자에 대한 손해배상책임의 소멸시효기간에 관하여, 법정책임설에서는 제3자의 보호를 위한 것이므로 통상의 채권과 같이 10년의 소멸시효에 의한다고 보고, 불법행위특칙설에서는 본질적으로 불법행위책임이므로 민법 제766조의 단기소멸시효에 의한다고 하여, 특수불법행위설에서는 불법행위책임을 가중하기 위한 것이므로 민법 제766조의 단기소멸시효에 의할 것이 아니고 10년의 소멸시효에 의하여야 한다고 한다.[36]

위에서 언급한 상법 제401조 불법행위특칙설(소수설)은 법정책임설과는 달리 민법 일반불법행위책임설과 비슷하다. 민사책임은 이미 채권·채무관계에 있어서 당사자 간에 한쪽이 채무를 이행하지 않았기 때문에 상대방에게 책임을 지는 채무불이행책임과 이미 이러한 관계가 없는 자가 타인에게 고의나 과실로 손해를 입혀서 책임을 지는 불법행위책임으로 분류하고 있다.[37] 즉 채권·채무관계는 주식회사와 금융기관의 문제로 본다.

---

32) 강위두/임재호, 「상법판례연습」, 법문사, 2009, 404면.

33) 강위두/임재호, 위의 책, 405면.

34) 정진세, "이사의 분식회계로 인한 회사채권자의 손해에 대한 배상책임의 소멸시효", 법률신문, 2007. 09. 13., 1면.

35) 불법행위책임설은 불법행위특칙설과 특수불법행위설로 나뉘어져 있다. 강위두/임재호, 위의 책, 404면.

36) 강위두/임재호, 앞의 책, 409면.

37) 정진세. 앞의 논문. 2면.

이사와 금융기관 간에의 채권·채무관계가 없었기 때문에 불법행위책임으로써 민법 제766조 제1항에 따라 소멸시효기간은 3년으로 보아야 한다는 주장이다.

일반적으로 상법 제64조에 따르면 상행위로 인한 채권의 소멸시효는 5년이다. '상행위로 인한 채권'이란 일방적 상행위로 인해 생긴 채권도 포함하며, 채권자가 상인이든 채무자가 상인이든 묻지 아니한다.[38] 기본적 상행위나 준상행위로 인한 채권만이 아니라 보조적 상행위로 인한 채권도 상사시효의 적용대상이다.[39] '보조적 상행위'란 상인이 영업을 위하여 하는 행위를 말하며, 이 역시 상행위이므로 보조적 상행위로 인해 생겨난 채권·채무에는 상법이 적용된다.[40] 부속적 상행위라고도 한다. 보조적 상행위는 기본적 상행위 및 준상행위에 대응하는 개념이다. 기본적 상행위와 준상행위는 상인이 영업으로, 즉 영리목적을 달성하기 위해 주로 하는 행위를 말한다. 반면 보조적 상행위는 기본적 상행위 또는 준상행위의 수행을 직접적 또는 간접적 필요에서 하는 행위이다. 보조적 상행위는 행위의 성격이나 종류에 의해 절대적으로 판단되는 것이 아니고, 상인의 영업과의 관련하에서 판단되는 상대적 개념이다.[41] 위와 같이 회사의 이사가 자금대출을 위하여 금융기관인 은행에서 대출을 받은 경우에도 보조적 상행위로 볼 수 있다. 민법상 채무불이행의 소멸시효는 10년이다. 불법행위책임의 경우 손해 및 가해자를 안 날로부터 3년, 불법행위가 있는 날로부터 10년이다. 이처럼 민법은 채무불이행과 불법행위책임에 대한 소멸시효를 구분하고 있다. 그러나 보조적 상행위에 대한 채권에 대한 상사소멸시효는 채무불이행과 불법행위에 대해서 명확하게 구별을 하지 않고 있고 5년으로 보고 있다.[42]

종합해보건대, 불법행위특칙설에 따르면 주식회사의 사회에서의 공공성이 강조되고 이사의 권한이 증대되고 있는 현실에서 이사의 책임을 경과실을 근거로 경감하고 있다.

---

38) 대법원 2000. 8. 22.선고, 2000다13320 판결; 대법원 2002. 9. 24. 선고, 2002다6760·6777 판결.

39) 대법원 1997. 8. 26. 선고, 97다9260 판결; 대법원 2005. 5. 27. 선고, 2005다7863 판결. 이철송, 앞의 책, 302면.

40) 피고(대한석탄공사)는 상사회사는 아니라 하여도 광물채취에 관한 행위를 영업으로 하는 상인의 성질을 띤 법인이라 할 것이며 피고가 원고들 및 망 송일성과 체결한 근로계약은 피고가 그의 영업을 위하여 한 보조적 상행위이므로 그 보조적 상행위에 따른 퇴직금채무는 상사채무라는 취의의 원판결 판단에 소론 상행위에 관한 법리오해가 있을 수 없다.

41) 이철송, 앞의 책, 293-294면.

42) 사실행위나 불법행위도 보조적 상행위가 될 수 있다(사실행위긍정설: 강위두/임재호, 「상법강의(상)」, 형설출판사, 2009, 177면; 박상조, 「신상법총론(상법총칙·상행위법)」, 형설출판사, 1999, 311면; 이범찬/최준선, 「상법(상)」, 삼영사, 2008, 141면; 정동윤, 「상법(상)」, 법문사, 2010, 138면; 정찬형, 「상법강의(상)」, 박영사, 2011, 196면; 채이식, 「상법강의(상)」, 박영사, 1996, 151면; 최준선, 「상법총칙·상행위」, 삼영사, 2011, 99면. 불법행위긍정설; 강위두/임재호, 앞의 책, 177면; 박상조, 앞의 책, 311면; 손주찬, 「상법(상)」, 박영사, 2005, 217면; 정무동, 「상법강의(상)」, 박영사, 1998, 138면; 정동윤, 앞의 책, 138면; 정찬형, 앞의 책, 196면; 채이식, 앞의 책, 151면; 최기원, 「상법학신론(상)」, 박영사, 2011, 215면). 이철송, 앞의 책, 294면 재인용.

반면 상법이 특별히 정책적으로 인정한 법정책임설에 따르면 재무제표를 허위 작성한 이사의 행위로 인한 금융기관(제3자)을 더 두텁게 보호하고 있다. 여기서 회장의 지시에 성실히 임한 이사의 행위에 대하여 제3자에게 배상하여야 할 책임의 범위(직접손해, 간접손해)가 너무 크다고 생각한다. 따라서 불법행위특칙설과 법정책임설은 이사와 제3자와의 보호에 있어 지나친 불균형을 가지고 있다. 따라서 회사의 이사가 금융기관과의 금융거래는 보조적 상행위로서 5년으로 보는 것이 이사와 제3자의 측면에서 법적 균형성을 가진다고 볼 수 있고, 상법상 상거래의 안전과 제3자의 보호의 목적에 부합한다고 생각된다. 그러므로 이사의 제3자에 대한 책임의 소멸시효는 보조적 상행위로서 5년으로 판단하는 것이 타당하다.

3. 상행위로 인한 채권의 무효로 발생한 부당이득반환청구권의 소멸시효

가. 판결[43]

(1) 사실관계

원고 의료법인을 대표할 권한이 없는 이사장에 의하여 1987년 10월 2일 부동산매매계약이 체결되었으며, 그 후 피고 명의로 소유권이 이전되었다. 금옥례가 원고에 대하여 이사회결의부존재확인소송을 제기하여 금옥례의 승소판결이 1992년 11월 24일 대법원의 상고기각으로 확정됨으로써 원고 의료법인의 대표자는 금옥례로 회복되었다. 결과적으로 이 사건 매매계약에 관한 원고 이사회의 결의가 존재하지 아니하여, 이 사건 부동산에 관한 피고 명의의 소유권이전등기는 원인 없는 무효의 등기가 되었다.

원고는 피고에 대하여 채무부존재확인소송을 제기하였다. 피고는 1999년 9월 15일 원고에 대하여 매매대금의 반환을 구하는 반소를 제기하였는바, 원고는 피고의 원고에 대한 매매대금 반환채권은 10년의 민사소멸시효가 완성되어 소멸하였으며, 매매대금 반환채권은 상인인 피고의 이 사건 계약에 기하여 이루어진 급부의 반환을 구하는 것이므로 부당이득반환청구권은 5년의 상사시효가 적용되어 소멸하였다는 등의 주장을 하였다.[44]

---

43) 대법원 2003. 04. 08 선고, 2002다64957,64964 판결.

44) 이훈종, "상거래로 인한 부당이득반환청구권의 소멸시효에 관한 연구", 「법과 정책연구」, 제10권 제1호(2010), 309면.

(2) 판결요지

주식회사인 부동산 매수인이 의료법인인 매도인과의 부동산매매계약의 이행으로서 그 매매대금을 매도인에게 지급하였으나, 매도인 법인을 대표하여 위 매매계약을 체결한 대표자의 선임에 관한 이사회결의가 부존재[45]하는 것으로 확정됨에 따라 위 매매계약의 무효로 되었음을 이유로 민법의 규정에 따라 매도인에게 이미 지급하였던 매매대금 상당액의 반환을 구하는 부당이득반환청구의 경우, 거기에 상거래 관계와 같은 정도로 신속하게 해결한 필요성이 있다고 볼 만한 합리적인 근거도 없으므로 위 부당이득반환청구권에는 상법 제64조가 적용되지 아니하고, 그 소멸시효기간은 민법 제162조 제1항에 따라 10년이다.

나. 판결[46]

(1) 사실관계

(가) 원고와 소외 1 사이의 보증보험계약

보증보험 주식회사인 원고는 1996년 5월경 소외 1이 피고로부터 자동차를 할부로 구입하는 것과 관련하여 소외 1과 사이에 할부판매 보증보험계약[47](이하 '제1사건 보증보험계약'이라고 한다)을 체결하였다. 소외 1이 할부금을 납부하지 않음에 따라 원고가 1996년 10월 25일 피고에게 보험금으로 8,811,065원을 지급하였다. 원고가 소외 1을 상대로 구상금청구소송을 제기하였으나, 2002년 3월 6일 원고와 소외 1 사이에 작성되었다는 제1사건 보증보험계약 약정서 등은 아무런 권한 없는 소외 2에 의하여 작성된 것이어서 무효이고, 달리 원고와 소외 1사이에 제1사건 보증보험계약이 체결되었음을 인정할 증거가 없다는 이유로 원고의 청구를 기각하는 판결이 선고되었고, 이는 그 무렵 확정되었다.[48]

---

45) 소멸시효의 진행은 당해 청구권이 성립한 때로부터 발생하고, 원칙적으로 권리의 존재나 발생을 알지 못하였다고 하더라도 소멸시효의 진행에 장애가 되지 않는다고 할 것이다. 하지만 이사회결의부존재 확인판결의 확정과 같이 객관적으로 청구권의 발생을 알 수 있게 된 때로부터 소멸시효가 진행된다고 보는 것이 타당하다.

46) 대법원 2007. 05. 31 선고, 2006다63150 판결.

47) 보증보험계약은 보험계약자(주계약상의 채무자)의 채무불이행으로 인하여 피보험자(주계약상의 채권자)가 입게 되는 손해를 보험자가 보상할 것을 목적으로 하는 손해보험계약이다. 강위두/임재호, 앞의 상법판례연습, 869면.

48) 송평근, "무효인 보증보험계약에 기초한 급부가 이루어짐에 따라 발생한 부당이득반환청구권에 대하여 상사소멸시효가 적용되는지", 「대법원판례해설」, 제67호(2007), 516면.

(나) 원고와 소외 3 사이의 보증보험계약

원고는 1996년 7월 초순경 소외 3이 피고로부터 자동차를 할부로 구입하는 것과 관련하여 소외 3과 사이에 할부판매 보증보험계약(이하 '제2사건 보증보험계약'이라고 한다)을 체결하였다. 소외 3이 할부금을 납부하지 않음에 따라 원고가 1996년 11월 22일 피고에게 보험금으로 11,629,722원을 지급하였다. 원고는 소외 3 및 그 연대보증인 소외 4를 상대로 구상금청구소송을 제기하여 1998년 4월 10일 승소판결을 선고받았으나, 2002년 4월 2일 재심 사건에서 원고와 소외 3 및 소외 4 사이에 작성되었다는 제2사건 보증보험계약 약정서 등은 아무런 권한 없는 성명불상자에 의하여 작성된 것이어서 무효이고, 달리 원고와 소외 3 등과 사이에 제2사건 보증보험계약이 체결되었음을 인정할 증거가 없다는 이유로 원고의 청구를 기각하는 판결이 선고되었고, 이는 그 무렵 확정되었다. 2004년 5월 12일 원고가 피고를 상대로 무효인 보증보험계약에 기하여 지급한 보험금의 반환을 구하는 이 사건 부당이득반환청구의 소를 제기하였다.[49]

(2) 판결요지

부당이득반환청구권은 근본적으로 상행위에 해당하는 이 사건 각 보증보험계약에 기초한 급부가 이루어짐에 따라 발생한 것일 뿐만 아니라, 그 채권 발생의 경위나 원인, 원고와 피고의 지위와 관계 등에 비추어 그 법률관계를 상거래 관계와 같은 정도로 신속하게 해결할 필요성이 있다고 보이므로 이에 대하여는 5년의 소멸시효를 정한 상법 제64조가 적용되는 것으로 보아야 한다.[50]

소멸시효는 객관적으로 권리가 발생하여 그 권리를 행사할 수 있는 때로부터 진행하고 그 권리를 행사할 수 없는 동안만은 진행하지 않는다고 할 것인데, 여기서 '권리를 행사할 수 없는' 경우라 함은 그 권리행사에 법률상의 장애사유, 예컨대 기간의 미도래나 조건불성취 등이 있는 경우를 말하는 것이고, 사실상 권리의 존재나 권리행사 가능성을 알지 못하였고, 알지 못함에 과실이 없다고 하여도 이러한 사유는 법률상 장애사유에 해당하지 않는다.[51]

---

49) 송평근, 앞의 논문, 517면.

50) 대법원 2007. 5. 31. 선고, 2006다63150 판결.

51) 대법원 2004. 4. 27. 선고, 2003두10763 판결: 대법원 2005. 4. 28. 선고, 2005다3113 판결.

다. 판결의 검토

상행위에 해당하는 계약의 무효로 인한 부당이득반환청구권의 소멸시효에 관하여 학설이 대립하고 있다. 민사시효설에 따르면 부당이득반환청구권은 법률의 규정에 의하여 생긴 법정채권이고, 상거래의 신속, 안전과 무관하다는 것을 그 근거로 한다.[52] 상사시효설에 따르면 부당이득반환청구권이 영업과 밀접한 관련성이 있기 때문이라거나, 상행위로 인하여 발생한 법률관계를 청산하는 것으로서 계약해제로 인한 원상회복청구권과 다를 바 없는 것이고, 그 청산관계를 조기에 종료할 필요가 있다는 것 등을 그 근거로 한다.[53]

전자의 판결에 대하여 검토하겠다. 법인의 내부적인 법률관계가 개입되어 있어 제3자인 청구권자가 권리의 발생 여부를 객관적으로 알기 어려운 상황에 있고 과실 없이 이를 알지 못한 경우, 청구권의 소멸시효의 기산점을 명확하게 제시하고 있다. 또한 상행위에 해당하는 계약의 무효로 인한 부당이득반환청구권과 관련하여 '상거래 관계와 같은 정도로 신속하게 해결할 필요성'이 없는 경우에는 민사시효를 적용하고 있는 것으로 본다. 하지만 '상거래 관계와 같은 정도로 해결할 필요성'의 합리적인 근거에 대한 타당성 여부는 법관의 자의적인 판단에 따라 시효의 적용[54]이 달라진다고 본다.

생각건대, 현재 대기업은 상행위로 인하여 이윤을 추구하는 게 목적이다. 더군다나 건설회사는 국가로부터 부동산을 적정가격보다 싸게 매입해 아파트·주상복합건물·공공주택을 대량적·획일적 건설해서 소비자에게 공급한다. 이것은 대기업 라면회사가 라면을 만들어 소비자에게 공급하는 것과 같은 전형적인 상거래와 무엇이 다른가 하는 점이다. 즉 매수인에게 대기업 라면회사가 라면을 공급하는 것이나, 건설회사가 주택을 공급하는 것은 상행위로 보아도 무방하다고 생각한다. 위 판결의 사실관계를 살펴보면, 주식회사의 의료법인은 부동산을 국가로부터 매입해 건설 사업을 하는 회사라고 볼 수 있다. 따라서 부동산 매매계약의 무효를 이유로 이미 지급한 부당이득반환청구권에 대하여 기본적 상행위(제46조 제2호)로서 상거래 관계와 같은 정도로 신속하게 해결할 필요성이 있다고 볼 수 있다. 이 판결은 민법 제162조 제1항에 따라 10년의 소멸시효가 타당하다고 볼 수 없다.

---

52) 정찬형, 이범찬/이준선, 이철송, 이기수, 박상조.

53) 손주찬, 채이식, 김성태. 송평근.

54) 상법 제64조에 따른 5년의 소멸시효, 민법 제162조 제1항에 따른 10년의 소멸시효.

후자의 판결에 대하여 살펴보겠다. 현재까지 대법원은 상행위로 인한 채무의 불이행에 따른 손해배상채권,[55] 상행위인 계약이 해제된 경우의 원상회복채권[56]에 대하여는 상사시효를 적용하고, 상거래와 관련한 불법행위로 인한 채권[57]에는 민사시효를 적용하고 있다. 반면에 상행위에 해당하는 계약의 무효로 인한 부당이득반환청구권의 시효와 관련해서는 불명확한 기준에[58] 따라 상사시효의 적용 여부를 결정하고 있다.[59] 원고와 피고 사이에서는 이 사건과 같은 보증보험계약이 계속·반복적으로 체결되어 왔을 것인데, 그에 관한 법률관계를 10년 동안 미확정인 상태로 두는 것은 득보다 실이 많은 것임이 명백하기 때문이다. 그와 같이 보더라도 원고는 보험금을 지급한 후 곧바로 구상금청구소송을 제기하거나 시효중단을 위한 조치를 취함으로써 자신의 권리를 보전할 수 있으므로, 원고의 권리가 부당하게 침해되는 것으로 볼 수 없다.[60] 따라서 무효인 보증보험계약에 기초한 급부가 이루어짐에 따라 발생한 부당이득반환청구권에 대하여는 5년의 상사소멸시효 적용이 타당하다고 본다.

생각건대, 당연상인이란 자기명의로 상행위를 하는 자이다(제4조). 여기서 상행위란 상법 제46조에서 정하는 기본적 상행위를 가리킨다. 상법 제46조는 영업으로 할 경우 기본적 상행위가 될 수 있는 행위를 22가지 유형으로 나누어 규정하고 있다. 여기서 부동산 기타의 재산의 매매도 기본적 상행위에 포함된다(제46조 제1호). 보험도 기본적 상행위에 포함된다(제46조 제17호).[61] 전자의 판결은 이사회 결의 없는 부동산 매매와 관련되어 있고, 후자의 판결은 보험과 관련되어 있다. 원고 서울보증보험 주식회사는 타인의 명의를 도용해서 자동차를 할부로 구입하는 (신원 미상인) 계약자가 변제능력이 있는지 신용조회를 해보아야 함에도 불구하고 하지 않았음에 상행위상 의무를 태만히 하였다고 볼 수 있다. 따라서 자동차를 판매하는 현대자동차 주식회사 입장보다 서울보증보

---

55) 대법원 1979. 11. 13. 선고, 79다1453 판결; 대법원 1997. 8. 26. 선고, 97다9260 판결.

56) 대법원 1993. 9. 14. 선고, 93다21569 판결.

57) 대법원 1977. 12. 13. 선고, 75다107 판결; 대법원 1985. 5. 28. 선고, 84다카966 판결.

58) 이와 관련하여 상행위인 계약의 무효 또는 취소로 인한 부당이득반환청구권에 대하여는 가급적 민사시효를 적용하여야 한다는 견해와 가급적 상사시효를 적용하여야 한다는 견해가 있을 수 있다. 민사시효설이 정의 관념의 측면이나 이론구성에 있어서 더 강점이 있는 것으로 보이기는 하나, 상사계약이 무효인 경우의 부당이득반환청구권 역시 상행위로 인하여 발생한 법률관계를 청산하는 것이라는 점에서 계약해제로 인한 원상회복청구권과 다를 바가 없으므로 양자를 달리 취급할 합리적인 이유가 별로 없으며, 상사시효제도의 취지를 감안하면 가급적 상사시효를 적용하여야 한다는 견해가 더 설득력이 있는 것으로 생각된다. 송평근, 앞의 논문, 522면.

59) 송평근, 앞의 논문, 519면.

60) 송평근, 앞의 논문, 522면.

61) 이철송, 앞의 책, 71면.

험 주식회사가 과실이 크다고 본다. 또한 보험계약은 보통 거래약관에 의해 체결되고 있다. 사업자는 약관을 이용함으로써 자기 영업에 관한 계약내용을 표준화·정형화시켜 반복되는 대량의 거래를 신속히 처리하고 거래의 부대비용을 줄일 수 있다. 고객의 입장에서도 약관에 의해 계약을 체결할 때에는 특별한 협상능력을 요하지 않으므로 모든 고객이 평등한 조건의 급부를 제공받을 수 있다는 이점이 있다.[62] 이러한 보험약관은 보험계약의 대량적·계속적·반복적인 행태로 이루어지기 때문에 창설된 것이다. 그러므로 보험은 기본적 상행위(제46조 제17호)이므로 상행위로 인한 부당이득반환청구권으로 5년의 상사소멸시효가 적용되는 것이 타당하다고 본다.

Ⅳ. 소멸시효에 대한 입법론 제안

앞서 Ⅲ.1에서 위탁자와 위탁매매인 간의 소멸시효기간에 대하여 논란이 있다. 민법 제163조 제6호에 따르면 '생산자 및 상인이 판매한 생산물 및 상품의 대가'의 소멸시효기간은 3년이다. 반면 상법 제64조에 따르면 상행위로 인한 소멸시효 기간은 5년이다. 위의 경우 상인이 판매한 물건이라는 점에서 동일하다는 공통점이 있다. 그러나 현행 민법 제163조 6호와 현행 상법 제64조의 구별의 모호한 면이 있어, 당사자 간에 혼란을 가중시킴으로써 법적 분쟁을 불러일으키고 있다. 그러므로 현행 상법 제64조와 현행 민법 제163조 6호를 개정할 입법정책적 노력이 필요하다고 본다. 따라서 아래와 같은 입법론을 제안한다.

<현행 상법>
상법 제64조(상사시효)
상행위로 인한 채권은 본법에 다른 규정이 없는 때에는 5년간 행사하지 아니하면 소멸시효가 완성한다. 그러나 다른 법령에 이보다 단기의 시효의 규정이 있는 때에는 그 규정에 의한다.

<상법 제64조 개정시안>
민법 제163조 제6호 규정을 삭제한다.

---

62) 이철송, 앞의 책, 35면.

상법 제64조(상인이 판매한 물건, 위탁매매 등 적용)
① 상행위로 인하여 상인이 판매한 상품의 대가 또는 상인과 상인 간의 물건의 대금지급
에 대한 채권은 5년간 행사하지 아니하면 소멸시효가 완성한다.

앞서 Ⅲ.2에서 살펴본 바와 같이 이사의 제3자에 대한 손해배상청구권의 소멸시효기
간에 대하여 논란이 있다. 불법행위로 인한 손해배상의 청구권의 소멸시효는 피해자나
그 법정대리인이 그 손해 및 가해자를 안 날로부터 3년, 불법행위를 한 날로부터 10년이
다(민법 제766조 제1항, 제2항). 일반적인 채권의 소멸시효는 10년이다(민법 제162조).
이사의 제3자에 대한 손해배상청구권의 소멸시효기간은 일반 불법행위책임의 민법 제
776조 제1항에 근거하여 3년이라는 불법행위특칙설과 민법 제162조 제1항에 근거하여
그 소멸시효기간은 10년이라는 법정책임설이 대립하고 있다. 법정책임설에 따르면 대기
업 지휘구조 아래 선택의 여지없이 이사들의 한 행위에 비하여 책임의 범위는 너무 크
다. 반면 불법행위특칙설에 따르면 이사를 보호하고자 하면 금융기관의 피해가 만만치
않다. 따라서 법정책임설과 불법행위특칙설의 법적 균형관점에서 문제점을 지니고 있으
므로, 위와 다른 대안으로 이사와 금융기관을 보호하는 방법을 생각할 수 있다. 이사가
금융기관에게 자금을 차입하는 것은 결국 회사의 이익을 위한 상법상 보조적 상행위라
고 볼 수 있다. 상인이 하는 행위는 당연히 상법상 적용을 받는 것이 타당하다. 따라서
이사의 제3자에 대한 책임에 관한 소멸시효는 보조적 상행위로서 5년으로 보아야 한다
고 생각한다. 따라서 아래와 같은 입법론을 제안한다.

<현행 상법>
상법 제401조(제3자에 대한 책임)
① 이사가 고의 또는 중대한 과실로 그 임무를 게을리한 때에는 그 이사는 제3자에 대하
여 연대하여 손해를 배상할 책임이 있다.

<상법 제401조 개정시안>
상법 제401조(제3자에 대한 책임)
① 이사가 고의 또는 중대한 과실로 그 임무를 게을리한 때에는 그 이사는 제3자에 대하
여 연대하여 손해를 배상할 책임이 있다.
② 제399조 제2항, 제3항의 규정은 전항의 경우에 준용한다.
③ 1항의 소멸시효기간은 5년으로 한다.

앞서 Ⅲ.3에서 살펴본 바와 같이 상행위로 인한 부당이득반환청구권의 소멸시효기간

에 논란이 있다. 상법 제64조에 근거하여 5년이 적용되어야 한다는 견해와 민법 제162조 제1항에 근거하여 10년의 소멸시효가 적용되어야 한다는 견해가 있다. 대법원에 따르면 보험회사가 고객에게 잘못 지급된 보험금을 다시 돌려달라고 하는 부당이득반환청구권은 소멸시효기간은 5년이라고 판단했다. 당연히 보증보험계약은 상거래이기 때문에 상거래상 5년의 상사채권소멸시효를 규정하는 것이 타당하다고 생각한다. 상법 제46조는 영업으로 할 경우 기본적 상행위가 될 수 있는 행위를 22가지 유형으로 나누어 규정하고 있다. 여기서 부동산 기타의 재산의 매매도 기본적 상행위에 포함된다(제46조 제1호). 보험도 기본적 상행위에 포함된다(제46조 제17호). 판례에서 각기 기본적 상행위라는 동일한 공통점이 있음에도 불구하고 달리 부당이득반환청구권 행사에 대하여 보험에서는 상법상 5년이 적용된다고 하는 판결, 부동산매매에서는 10년이 적용된다고 하는 판결로 이해당사자 간에 혼란을 가중시키고 있으므로 구체적이고 통일적인 법안으로 법적 분쟁을 줄일 필요가 있다고 생각한다. 따라서 아래와 같은 입법론을 제안한다.

<현행 상법> 제64조
상법 제64조(상사시효)
상행위로 인한 채권은 본법에 다른 규정이 없는 때에는 5년간 행사하지 아니하면 소멸시효가 완성한다. 그러나 다른 법령에 이보다 단기의 시효의 규정이 있는 때에는 그 규정에 의한다.

<현행 민법> 제162조 제1항
① 채권은 10년간 행사하지 아니하면 소멸시효가 완성한다.
② 채권 및 소유권이외의 재산권은 20년간 행사하지 아니하면 소멸시효가 완성한다.

<상법 제64조 개정시안>
상법 제64조(상사시효)
② 상행위로 인한 채권은 본법에 다른 규정이 없는 때에는 5년간 행사하지 아니하면 소멸시효가 완성한다. 그러나 다른 법령에 이보다 단기의 시효의 규정이 있는 때에는 그 규정에 의한다. 여기서 상행위는 상법 제46조 각 호에 해당하는 기본적 상행위뿐만 아니라 상인이 영업을 위하여 하는 보조적 상행위도 포함된다.

V. 결론

　이하에서는 위탁자와 위탁매매인 간의 소멸시효, 이사의 제3자에 대한 책임의 소멸시효, 상행위로 인한 채권의 무효로 발생한 부당이득반환청구권의 소멸시효에 대하여 상법상 상거래의 안전과 제3자의 보호를 위하여 통일적인 입법론을 제안하고자 한다.

　앞서 Ⅲ.1에서 언급했듯이 위탁자와 위탁매매인 간의 소멸시효기간에 대하여 논란이 있다. 소멸시효 기간이 민법 제163조 제6호에 근거하여 3년이 적용되어야 한다는 견해와 상법 제64조에 근거하여 5년이 적용되어야 한다는 견해가 있다. 위의 경우 상인이 판매한 물건이라는 점에서 동일하다는 공통점이 있지만, 민법과 상법에서 달리 정하고 있어 당사자 간에 혼란을 가중시켜 법적 분쟁을 불러일으키고 있다. 따라서 동일한 사안에 대하여 달리 법률의 규정을 정할 합리적인 이유가 없다면 법률을 통일화시켜 혼란과 법적 분쟁을 감소시킬 필요가 있다. 따라서 다음과 같은 개정시안을 제안한다. 민법 제163조 제6호 규정을 삭제한다. 상법 제64조(상인이 판매한 물건, 위탁매매 등 적용) 제1항에 따르면 "상행위로 인하여 상인이 판매한 상품의 대가 또는 상인과 상인 간의 물건의 대금지급에 대한 채권은 5년간 행사하지 아니하면 소멸시효가 완성한다."고 제안한다.

　앞서 Ⅲ.2에서 언급했듯이 이사의 제3자에 대한 손해배상청구권의 소멸시효기간에 대하여 논란이 있다. 소멸시효 기간이 민법 제776조 제1항에 근거하여 3년이라는 불법행위특칙설과 민법 제162조 제1항에 근거하여 10년이라는 법정책임설이 대립하고 있다. 법정책임설에 따르면 제3자를 보호하고자 이사들의 책임의 범위는 너무 크다. 반면 불법행위특칙설에 따르면 이사를 보호하고자 제3자인 금융기관의 피해가 만만치 않다. 이처럼 법정책임설과 불법행위특칙설의 법적 균형관점에서 문제점을 지니고 있으므로, 위와 다른 대안으로 이사와 제3자를 균형적으로 보호하는 방법이 필요하다고 생각한다.

　생각건대, 이사가 금융기관에게 자금을 차입하는 것은 결국 회사의 이익을 위한 상법상 보조적 상행위라고 볼 수 있다. 이러한 보조적 상행위는 상법상 5년의 소멸시효가 적용된다. 이사의 제3자에 대한 책임에 대하여 3년 또는 10년을 적용하여 심한 불균형을 초래하는 것보다 상법상 5년의 소멸시효를 적용하는 것이 법적 균형성에 합치된다고 생각한다. 따라서 다음과 같은 개정시안을 제시한다. 상법 제401조 1항에 따르면 "이사가 고의 또는 중대한 과실로 그 임무를 게을리한 때에는 그 이사는 제3자에 대하여 연대하여 손해를 배상할 책임이 있다. 2항에 따르면 제399조 제2항, 제3항의 규정은 전항의 경우에 준용한다. 3항에 따르면 1항의 소멸시효기간은 5년으로 한다."고 제안한다.

앞서 Ⅲ.3에서 언급했듯이 상행위로 인한 부당이득반환청구권의 소멸시효기간에 논란이 있다. 소멸시효 기간이 상법 제64조에 근거하여 5년이 적용되어야 한다는 견해와 민법 제162조 제1항에 근거하여 10년이 적용되어야 한다는 견해가 있다. 대법원에 따르면 보험회사가 고객에게 잘못 지급된 보험금을 다시 돌려달라고 하는 부당이득반환청구권은 소멸시효기간은 5년이라고 판단했다. 당연히 보증보험계약은 상거래이므로 상거래상 5년의 상사채권소멸시효를 규정하는 것이 타당하다고 생각한다. 상법 제46조는 영업으로 할 경우 기본적 상행위가 될 수 있는 행위를 22가지 유형으로 나누어 규정하고 있다. 여기서 부동산 기타의 재산의 매매도 기본적 상행위에 포함된다(제46조 제1호). 보험도 기본적 상행위에 포함된다(제46조 제17호). 판례는 각기 기본적 상행위라는 동일한 공통점이 있음에도 불구하고 달리 부당이득반환청구권 행사에 대하여 보험의 경우 상법상 5년이 적용되고, 부동산매매에서는 민법상 10년이 적용된다고 하는 법원의 판단은 이해당사자 간에 혼란을 가중시키고 있으므로, 이에 대하여 필자는 구체적이고 통일적인 법안으로 법적 분쟁을 줄일 필요가 있다고 생각한다. 따라서 다음과 같은 개정시안을 제시한다. 상법 제64조 제2항에 따르면 "상행위로 인한 채권은 본법에 다른 규정이 없는 때에는 5년간 행사하지 아니하면 소멸시효가 완성한다. 그러나 다른 법령에 이보다 단기의 시효의 규정이 있는 때에는 그 규정에 의한다. 여기서 상행위는 상법 제46조 각 호에 해당하는 기본적 상행위뿐만 아니라 상인이 영업을 위하여 하는 보조적 상행위도 포함된다."고 제안한다.

제4장 이사의 책임에 관하여

Ⅰ. 이사의 책임에 관한 일반론

1. 주식회사 이사의 지위

가. 소유와 경영의 분리하에서 회사의 경영을 담당

주식회사란 다수의 주주가 출자한 납입금을 자본금으로 하여 목적사업을 영위하고 이를 통해 발생한 이득(이익잉여금)을 다시 주주에게 분배하는 회사이다. 상법 회사편의 주식회사 관련 규정 중 회사의 경영과 관련된 규정은 회사의 구성원이자 주식소유주인 주주의 경영참여권과 감시권, 회사의 경영권을 보유하는 이사회와 이사에 관한 규정, 주주들의 의사결정 기구인 주주총회에 관한 규정으로 구별되며 이는 주식회사의 '소유와 경영의 분리(separation of ownership and management)'[1]라는 대원칙에 따라 규율되고 있다.

소유와 경영의 분리라는 것은 회사의 구성원이자 출자단위인 주식을 소유하는 주주가 주식회사를 소유하고, 주식회사의 경영은 이사회와 그 구성원인 이사(대표이사와 사내이사)들이 담당한다는 것이다. 소유와 경영의 분리는 회사를 주주로부터 독립된 이사회 및 대표이사에 의하여 경영되게 함으로써 주주들의 이기적인 행동경향에 영향 받지 않고 회사경영이 객관적이고 독립적으로 이루어질 수 있도록 한다.[2] 이에 따라 이사회는 회사의 중요한 사안에 대한 의사결정 권한과 감독권한을 가지고 있으며(이사회 중심주의, 상법 제393조), 대표이사는 회사의 업무집행기관이자 대표기관으로서 회사 내부의 업무를 집행하고 대외적으로 회사를 대표하는 법률행위를 한다(상법 제389조 제1항).

---

1) 소유와 경영의 분리의 개념은 벌리와 민즈에 의해서 1932년 발표되었다(A.A. Berle Jr, G.C. Means, The Modern Corporation and Private Property(The Macmillan Company New York 1932).). 기업의 소유와 경영이 왜 분리했는지를 따지는 것은 왜 주식회사라는 회사형태가 탄생했는지를 생각하는 것과 같다. 그것은 산업혁명의 시대까지 거꾸로 올라가게 된다. 그 이전의 기업이라는 것은 기본적으로 소유와 경영 즉 경영자 스스로가 오너인 상태이다. 이 경우 경영자와 소유자(오너)가 같기 때문에 이익의 상충이 발생하는 것은 생각하기 어렵다. 이런 의미에서 산업혁명 이전의 기업형태에서는 기업지배구조의 필요성이 떨어진다고 할 수 있다. 그럼 왜 산업혁명 이후 소유와 경영이 분리된 기업이라는 것이 등장하게 되었을까? 산업혁명에 의해서 생산성이 현격히 오르고 대규모 산업이 활발해졌다. 그에 따라 자금조달은 막대한 금액이 필요하게 된다. 그 자본의 규모가 커지면서 소수의 자에게서 그 자본을 부담한다는 것이 불가능하게 되었고 더 많은 자로부터의 자금조달이 필요했다. 그래서 기업의 소유자는 분산되어 소유와 경영이 분리될 수밖에 없게 된 것이다.

2) 손영화, "미국법상의 경영판단원칙과 그 도입 여부에 관한 일고찰", 「상사법연구」, 제18권 제2호(1999), 301면.

나. 이사의 판단기준

회사법상 권한과 의무를 가지는 이사란 호칭상 또는 명칭상 이사가 아니라 법률상 i) 주주총회에서 이사로 선출되고(상법 제382조 제1항), ii) 회사등기에 이사로서 기재된 자 즉, 법인등기사항전부증명서상에 사내이사로 표기된 자를 의미한다. 따라서 회사의 내부 규정과 조직체계상 상무, 전무, 부사장, 사장, 대표의 직함을 사용하는지의 여부는 중요한 기준이 아니다.[3]

2. 이사의 종류

상법상 이사는「사내이사」,「사외이사」,「그 밖에 상무에 종사하지 아니하는 이사」(이하 '기타 비상무이사')로 구분하여 등기하도록 하고 있다(상법 제317조).[4] 이들의 권한과 의무는 기본적으로 차이가 없다. 그러나 상법상 이를 구분하여 등기하여야 하므로 주주총회에서 이사를 선임하는 경우 이사가 3종류의 이사 중 어디에 해당하는 이사인지 명시하여 선임하지 않으면 안 된다.[5]

가. 사내이사

회사의 상무에 종사하는 이사를 말한다. 주식회사의 대표이사는 회사를 대표하고 회사의 업무를 집행하여야 하기 때문에 사내이사가 아니면 안 된다.

나. 사외이사

상법은 사외이사에 대하여는 상무에 종사하지 않는 이사로서 상법상 결격사유가 없는 자로 정의하고 있다(제382조 제3항). 사외이사는 상시적으로 업무에 종사하지는 않지만,

---

3) 이정환, "주식회사 이사의 권한, 의무, 책임", 「MAST 칼럼」, 2016. 9. 19.

4) 이는 2009년 상법 개정 시 신설된 조항으로 그 이전에는 사외이사제도가 도입되어 있었지만 사내이사든 사외이사든 구분하지 않고 이사로 등기하면 충분하였다(김춘, "상법상 이사의 종류, 어떻게 구분한 것인가?", 「상장」, 제489호(2015), 48면).

5) 김선광/심영/유주선/천경훈/최병규, 「상법요해」, 피엔씨미디어, 2016, 136면. 다만, 상업등기선례 제200907-1호.(사내이사와 기타 비상무이사 등기신청 시 첨부서면)에 따르면 "주식회사의 정관에 이사와 사외이사는 주주총회에서 구분하여 선임 하되, 주주총회에서 선임된 이사 중 사내이사와 기타 비상무이사를 이사회에서 선임하도록 규정하고 있는 경우, 정관과 이사로 선임한 주주총회의사록 및 사내 이사와 기타 비상무이사를 구분하여 선임한 이사회의사록을 첨부하여 위 사내이사와 기타 비상무이사의 선임에 따른 등기를 신청할 수 있다"(2009. 7. 2. 사법등기심의 관-1538 질의회답).

경영진(사내이사) 업무에 대한 조언 혹은 전문적인 지식을 회사에 전하며, 이사회의 구성원으로서 그 권한을 행사한다.

상장회사 및 비상장회사에 공통되는 사외이사 결격사유로는 다음과 같은 것이 있다. ① 회사의 상무에 종사하는 이사·집행임원 및 피용자 또는 최근 2년 이내에 회사의 상무에 종사한 이사·감사·집행임원 및 피용자, ② 최대주주가 자연인인 경우 본인과 그 배우자 및 직계 존속·비속, ③ 최대주주가 법인인 경우 그 법인의 이사·감사·집행임원 및 피용자, ④ 이사·감사·집행임원의 배우자 및 직계 존속·비속, ⑤ 회사의 모회사 또는 자회사의 이사·감사·집행임원 및 피용자, ⑥ 회사와 거래관계 등 중요한 이해관계에 있는 법인의 이사·감사·집행임원 및 피용자, ⑦ 회사의 이사·집행임원 및 피용자가 이사·집행임원으로 있는 다른 회사의 이사·감사·집행임원 및 피용자가 그것이다(상법 제382조 제3항 제1문).[6] 이와 같은 결격사유는 사외이사가 이른바 경영진으로부터 독립한 지위에서 그 업무를 집행할 수 있도록 하고자 한 것이다.[7][8]

만약, 위의 결격사유에 해당하는 자가 사외이사가 된 경우에는 법적으로 어떠할까? 결격사유에 해당하는 자는 사외이사가 될 수 없으니까 무효라고 하여야 할 것인지 문제된다. 결격사유에 해당하는 자가 사외이사로 주주총회에서 선임되어 사외이사로 등기된 경우에도 무효라고 해석하여야 할 것이다. 다만, 사외이사로 등기된 사실을 믿고 거래한 선의의 제3자에게는 회사가 대항하지 못한다고 해석하여야 할 것이다. 사외이사가 된 이후 위의 하나에 해당하게 되면 그 직을 상실한다(상법 제382조 제3항 제2문).

다. 기타 비상무이사

기타 비상무이사는 기타 상무에 종사하지 않는 이사를 말하므로 사외이사를 제외한 나머지 상무에 종사하지 않는 이사로 이해된다. 이는 종래 기업실무에서 비상근이사, 평

---

6) 상장회사의 경우에는 이에 더하여 상법 제542조의 8에서 결격사유에 대하여 추가적으로 규정하고 있다.

7) 사외이사는 회사의 상무에 종사하지 않는 이사로서 지배주주 또는 경영자로부터 독립성을 유지하면서 이들의 전횡과 독주를 방지하기 위해 도입한 제도로서 미국에서는 회사의 임원과 고용관계가 있는 사내이사와 고용관계에 있는 것은 아니지만 변호사, 은행가, 또는 자문컨설턴트 등과 같이 회사를 위하여 이사로 활동하는 비독립사외이사 및 회사와 영업상의 아무런 이해관계가 없는 독립사외이사로 구분하는 경우도 있다(최준선, "주식회사 사외이사의 결격사유 개선 방안", 「성균관법학」, 제23권 제3호.(2011), 744면).

8) 사외이사제도에 대하여 '관피아' 또는 '정피아'의 논란 속에 권력기관 출신이 대거 사외이사에 선임되면서 사실상 총수의 방패막이로 전락하고 있다는 비판도 있다. 문제는 사외이사제도 이외에 지배주주 또는 경영진의 전횡을 견제할 만한 다른 대안이 있느냐 하는 것이다. 사외이사제도가 올바르게 정착하려면 지배주주로부터의 독립성이 보장되어야 한다(김재호, "사외이사 제도와 그 운영의 법적 문제점에 관한 연구", 한양대학교 대학원 박사학위논문, 2016, 202면).

이사 등으로 부르며 상무에 종사하지 않는 이사를 두어 왔는데 이를 법제화한 것이라고 할 것이다.[9]

3. 이사의 선임

가. 선임결의

이사의 경우 회사를 설립할 때에는 발기인이나 창립총회에서 선임하지만(상법 제296조 제1항, 제312조), 설립 이후에는 주주총회에서 선임한다(상법 제382조 제1항).

① 이사의 선임은 주주총회의 고유권한이므로 정관이나 주주총회의 결의에 의해서도 다른 기관에 위임할 수 없고, ② 정관에 집중투표제 배제조항이 없는 한 주주총회의 결의에 관하여 소수주주권으로 집중투표제를 요구할 수 있다(상법 제382조의 2, 제527조의 7 제1항). ③ 상장회사에서는 상법 제542조의 4 제2항에 따라 주주들에게 통지·공고한 후보자 중에서만 이사를 선임해야 하고(상법 제542조의 5), ④ 자산총액 2조 원 이상인 대규모 상장회사에서는 사외이사후보추천위원회의 추천을 받은 자 중에서만 사외이사를 선임해야 한다(상법 제542조의 8 제5항).[10][11]

나. 이사의 승낙

이사는 주주총회의 보통결의로 선임되고, 선임된 후에는 회사와 위임계약이 존재하게 된다(상법 제382조 제1항 내지 제2항). 따라서 이사의 선임에 있어서는 후보자의 명시적·묵시적인 동의가 필요하다. 이사의 승낙 이외에도 회사의 청약이 필요한지의 여부에 대하여 학설 다툼이 있다. 종래의 다수설(청약필요설)은 회사의 청약이 없거나 무효인 경

---

9) 김춘, 앞의 논문, 49면.

10) 2000년 1월 21일 개정되고 2000년 4월 1일부터 시행된 舊 증권거래법에서 자산규모 2조 원 이상의 증권회사에 대해 사외이사후보추천위원회 설치를 의무화한 것이 우리나라에서 동 위원회 도입을 의무화한 최초의 강행규정이다. 2009년 2월 4일부터 증권거래법이 폐지되고, 동 날짜부터 최초로 시행된 자본시장과 금융투자업에 관한 법률(이하 자본시장법)은 금융투자업자의 사외이사후보추천위원회 의무 설치를 규정하였다. 상법에서는 2009년 1월 30일 개정 시 최초로 사외이사 및 사외이사후보추천위원회에 관한 조항을 신설하였으며, 자산총액 2조 원 이상의 상장법인에 한해 동 위원회 설치를 강제하였다(엄수진, "국내 상장사의 사외이사후보추천위원회 도입 추이", 「CGS Report」, 통권 제47호.(2014), 16면).

11) 한편 이사는 원칙적으로 3인 이상 선임해야 하지만(상법 제383조 제1항), 예외적으로 ① 자본금 10억 원 미만인 소규모회사는 이사를 1인 또는 2인만 선임할 수 있고, ② 모든 상장회사는 이사총수의 4분의 1 이상을 사외이사로 선임해야 하며, ③ 자산총액 2조 원 이상인 대규모 상장회사는 사외이사를 3인 이상 그리고 이사총수의 과반수가 되도록 선임해야 한다(상법 제542조의 8 제1항, 동법 시행령 제34조 제2항)(정준우, "이사의 선임·해임에 관한 쟁점사항 검토", 「법학연구」, 제20집 제2호(2017), 191면).

우에는 임용계약이 체결되지 않았다고 보아 선임의 효력을 부인한다. 소수설(청약불요설)은 선임결의와 이사의 승낙만으로 선임의 효력이 발생한다고 본다. 최근 대법원은 전원합의체 판결에서 종래의 판결을 번복하여 이사·감사의 지위는 주주총회의 선임결의가 있고 선임된 사람의 동의가 있으면 취득된다고 보는 것이 옳다고 하고 있다.[12] 주주총회의 이사선임결의와 당해 이사의 승낙을 정지조건으로 이사의 임기가 개시된다고 해석하여야 할 것이다.[13][14]

II. 이사의 권한

주식회사의 이사는 이사회를 구성하는 자로서 원칙적으로 이사회를 통하여 중요한 회사의 업무집행에 관한 의사결정과 이사의 직무집행에 대한 감독을 행한다. 한편, 자본금 총액이 10억 원 미만인 소규모회사는 1인 또는 2인의 이사를 둘 수 있는데, 이 경우 3인 이상의 이사를 전제로 하는 이사회에 관한 규정이 적용될 여지가 없다.

이하에서는 이사의 권한을 이사회 구성원으로서 이사가 행사할 수 있는 권한을 포함하여 간략히 살펴보고자 한다. 이사가 이사회 구성원으로서 행사할 수 있는 권리란 궁극적으로 이사회가 행사하여야 할 권리를 말하는데, 이사는 이사회 구성원으로서 이사회에 문제제기를 할 수 있고, n분의 1만큼의 의결권을 행사할 수 있기 때문에 이 역시 이사의 권한으로 파악하여 이야기 하는 것이 의미 있다 할 것이다.

---

12) 대법원 2017. 3. 23. 선고, 2016다251215 전원합의체판결.

13) 일본의 학설 중에는 선임행위를 피선임자의 승낙을 조건으로 하는 회사의 단독행위로 보는 견해도 있었다(鈴木竹雄/竹內昭夫, 「會社法」(第3版), 有斐閣, 1994, 270面).

14) 한편, 이사 임기의 종기와 관련하여서는 다음과 같은 논문의 내용이 참고 된다. "상법 제383조 제2항 및 제3항은 주식회사에 있어서 이사의 임기에 대하여 법적 규제와 회사자치를 적절히 조화시키고 있으며, 이에 관한 다른 외국의 일반적인 입법경향과도 대체로 일치한다. 다만, 다음 몇 가지 사항에 대한 추가적인 입법적 검토가 필요하다. (ⅰ) 상법 제383조 제2항에 있어서, - 이사의 임기를 다원적으로 구분하여 규정하는 입법방안이 검토되어야 할 것이다. 예를 들자면, 자본금 총액이 10억 원 미만인 소규모주식회사(292조 단서 등) 또는 주식양도의 제한을 받는 회사(335조 1항 단서)에 대해서는 상법 제383조 제2항의 특례를 두는 방안을 고려해 볼 수 있을 것이다. (ⅱ) 상법 제383조 제3항에 있어서, - 다른 외국의 입법례와 마찬가지로 법에 의하여 자동적으로 임기 중 최종결산기에 관한 정기주주총회의 종결 시까지로 임기의 만료시점을 법정하는 방안을 검토할 필요가 있다"(김성탁, "주식회사 이사의 임기에 관한 상법 제383조 제2항 및 제3항의 법리와 그 운영상의 법적 쟁점", 「인권과정의」, 제421호(2011), 137면).

1. 이사회 소집권, 소집요구권

이사회는 원칙적으로 각 이사가 이사회 소집이 필요하다고 판단하는 경우 소집할 수 있다. 그러나 이사회 결의로 이사회 소집권자를 지정한 경우 그 이사가 소집권을 행사할 수 있다(상법 제390조 제1항). 다만, 이러한 경우에도 소집권자로 지정되지 않은 이사는 소집권자인 이사에게 이사회 소집을 요구할 수 있으며, 만약 정당한 사유 없이 소집을 거절하는 경우 다른 이사가 이사회를 소집할 수 있다(상법 제390조 제2항).

2. 이사회 참석권과 표결권

가. 이사의 이사회 참석권

이사회를 소집하는 경우에는 이사회 회일의 1주간 전에 각 이사 및 감사에 대하여 통지를 발송하여야 한다. 그러나 그 소집통지 기간은 정관으로 단축할 수 있다(상법 제390조 제3항). 소집통지를 하는 것은 이사의 이사회 참석권을 보장하기 위한 것이므로, 만약 이사가 소집통지를 받지 못하여 이사회에 참석하지 못하는 경우 이사회 결의의 하자가 될 수 있다.

나. 이사회의 권한

이사회는 대표이사 선임권(상법 제389조 제1항), 중요한 자산의 처분 및 양도, 대규모 재산의 차입, 지배인 선임 또는 해임, 지점의 설치 이전 또는 폐지 등에 관한 의사결정권을 가지며(상법 제393조 제1항), 유상증자(상법 제416조 제1항), 사채발행(상법 제469조 제1항), 자기주식의 취득(상법 제341조 제2항 단서, 정관으로 이익배당을 이사회 결의사항으로 정한 경우), 이익배당(상법 제462조 제2항 단서, 정관으로 재무제표 승인을 이사회 승인사항으로 정한 경우), 합병, 분할 등 회사의 구조변경 등에 관한 사항에 대한 의사결정권(단, 주주총회의 승인 필요)을 가진다.

다. 이사회의 결의방법

이사는 이사회의 구성원으로서 의결사항에 대한 표결권(1인 1표, 두수주의)을 행사할 수 있으며, 이사회 결의는 원칙적으로 이사의 과반수 출석과 출석이사의 과반수의 찬성으로 이뤄진다(상법 제391조 제1항). 상법상 자본금 10억 원 미만의 소규모회사임에도 불구하고 이사회가 성립되는 경우(대표이사, 사내이사 포함 이사 3인 이상이 존재하는 경우) 주주의 지분비율과 상관없이 이사의 표결권 행사를 통해 의사결정이 이루어지게 된다. 따라서 소규모회사의 특례로 주주총회로 이사회 결의사항을 대체하려는 경우 정관상 이사를 2인 이하로 규정하고, 이사회 결의사항을 주주총회 결의사항으로 대체한다는 정관규정이 필요하다.[15]

3. 각종 소 제기권

이사는 상법의 회사 편에서 정해진 각종의 소 제기권(주주총회결의 취소의 소, 신주발행 무효의 소 등)을 보유하고 있으므로, 이를 행사할 수 있다.[16]

Ⅲ. 이사의 의무

주식회사의 이사는 기본적으로 선관주의의무와 충실의무를 부담한다. 선관주의의무와 충실의무는 이사가 자신의 업무를 수행함에 있어서 지게 되는 의무인지, 이사라고 하는 지위에서 지게 되는 의무인지에 의해 구분된다. 상법상으로는 선관주의의무와 충실의무를 규정한 이후, 선관주의의무와 충실의무에서 파생된 개별적인 의무에 대하여 다시금 규정하고 있다.[17] 이는 이사의 의무를 보다 명확히 함과 동시에 이사에게 각 의무의 이

---

15) 소규모주식회사에서는 이사회가 부재하게 되어, 주주총회와 이사(대표이사)는 반드시 두어야 하지만(필수적 기관), 소유·경영 분리의 자동적 귀결인 경영통제의 필요성에 따라 등장한 감사제도는 퇴조하여 정관에 의하여 둘 수 있는 임의기관으로 전락한다(선택적 기관). 이처럼 소규모주식회사에서는 기관구조가 달라지는 만큼 기관 간의 권한배분도 달라진다(김성탁, "2009년 개정상법상 '소규모주식회사'의 법적 쟁점", 「인권과 정의」, 제412호(2010), 97면). 이사가 1인 또는 2인밖에 없는 소규모회사는 이사회라는 경영의사결정기관이 존재할 수 없게 된다. 따라서 이 경우에 이사회에 관한 상법의 제반규정은 적용될 여지가 없고, 회사대표는 1인 또는 2인의 이사가 하게 됨으로 따로 대표이사를 선임할 필요도 없다(제389조 제1항). 그리고 업무집행은 그 1인 또는 2인의 이사가 결정하고 실행하면 된다(제383조 제6항). 이사회의 법정권한의 행사에 관해서는 이를 주주총회의 권한으로 보고, 이사회의 의무를 정한 각종의 강제조항은 특별규정에 의해 적용이 배제된다(제383조 제4항, 제5항).

16) 이정환, 앞의 칼럼 참조.

행을 준수토록 하고자 하는 입법적 시각에서 비롯된 것이다.

이하에서는 우선, 선관주의의무와 충실의무를 살펴본 이후, 각 개별적인 의무에 대하여 간략히 살펴보고자 한다.

1. 선관주의의무

이사는 회사에서 위임을 받는 입장에 있다(상법 제382조 제2항). 이는 법률상으로는 변호사와 의뢰인, 의사와 환자와 같은 위임자와 수임자라는 관계에 서게 된다. 그에 따라 이사는 회사에 대하여 선량한 관리자의 주의의무(즉, 선관주의의무)를 지게 되는 것이다(민법 제681조).[18)]

가. 선관주의의무와 손해배상책임

이사에게는 선관주의의무가 있고, 직무수행에 있어서 해당 임무를 위반한 경우 회사에 대하여 손해배상책임(임무해태책임)을 지게 된다(상법 제399조 제1항[19)]). 예를 들면, 다음과 같은 경우에 이사의 권한 행사에 대해 임무해태책임이 인정된다. ① 회사법 등의 법령, 정관, 주주총회의 결의에 어긋나는 경우, ② 자기 또는 제3자의 이익을 도모하는 목적, 또는 회사에 손해를 주는 목적으로 행사될 경우, 그리고 ③ 통상 경영자를 기준으로 그 판단이 현저하게 불합리한 경우 등이 그러한 경우이다.

나. 선관주의의무와 경영판단의 원칙

이사의 임무해태 책임하에서 논란이 되는 것은 이사가 경영상의 판단을 잘못하여 회사에 손실이 생겼다고 주장되는 경우이다. 즉, 이사가 오직 회사의 이익을 위해서 한 경영상의 판단이 뒤늦게 회사에 손해를 주었다고 하여 책임추궁을 받을 수 있다는 것이다.

---

17) 이사의 선관주의의무와 관련된 의무로서는 감시의무, 보고의무(상법 제393조 제4항, 제412조의 2), 비밀유지의무(제382조의 4) 등이 있고, 충실의무와 관련된 의무로서는 경업금지의무(제397조 제1항), 회사의 기회 및 자산의 유용 금지의무(제397조의 2 제1항), 자기거래 금지의무(제398조), 내부자거래 금지의무(자본시장법 제174조) 등이 있다(곽민섭, "이사의 의무와 책임 - 선관주의의무와 충실의무을 중심으로 -", 「재판실무연구」, 2003(2004), 142면 이하 참조).

18) 종업원(피고용자)에서 이사로 승진하는 예도 있는데, 이사가 된 뒤에도 종업원을 겸임하는 경우도 있다. 그러나 회사와 노동 계약하에 있는 종업원과 이사 사이에는 법률상의 입장에서 큰 차이가 있다.

19) 이사가 고의 또는 과실로 법령 또는 정관에 위반한 행위를 하거나 그 임무를 게을리한 경우에는 그 이사는 회사에 대하여 연대하여 손해를 배상할 책임이 있다.

기업경영에 관한 판단은 매우 급하게 변화하는 외부환경과 불확정한 전망하에 이루어지지 않을 수 없기 때문에 필연적으로 일정한 리스크를 수반하게 된다. 그래서 경영판단에 대해서는 이사의 재량권이 일정 범위 인정되지 않으면 이사의 기업경영을 지나치게 위축시키는 것이 될 수 있다. 그래서 이 경우 통상 경영자로서의 지식이나 경험이라는 수준에 비추어 전제한 사실인식이나, 사실에 입각한 판단에 현저한 불합리가 있었다고 할 수 있는 경우에 이사의 책임이 인정되게 된다. 다시 말해, 이사의 경영판단에 의하여 회사에 손해를 초래한 경우라고 하여도 해당 판단이 그 성실성과 합리성을 확보하는 일정한 요건하에 이루어진 경우에는 법원이 그 당부에 대하여 사후적으로 개입하여 주의의무 위반을 묻지 않는다는 것이다.[20] 또한 판단의 기준 시는 이사가 해당 경영판단을 하는 판단 시의 상황을 전제로 한다.[21] 이와 같이 이사의 책임을 제한하는 원칙이 미국법에서 연원하는 경영판단의 원칙(business judgement rule)이다. 우리 상법은 이 원칙을 명문으로 도입하고 있지 않지만 판례는 이사의 임무해태로 인한 손해배상책임을 판정함에 있어서 이 원칙을 원용하여 문제된 행위가 허용되는 경영판단의 재량범위 내에 있는 경우 손해배상책임이 부정된다고 판시하고 있다.[22]

2. 충실의무

이사는 법령과 정관의 규정에 따라 회사를 위하여 그 직무를 충실하게 수행하여야 한다(상법 제382조의 3). 이를 이사의 충실의무라고 한다. 충실의무와 선관주의의무의 관계에 대해서는 충실의무는 선관주의의무를 주의적·구체적으로 규정한데 불과하여 양자를 구별할 실익이 없다고 보는 동질설과 충실의무는 이사에 부과된 독립의 의무라고 생각하는 이질설이 있다. 이질설에 의할 경우 이익상충거래금지, 경업피지의무, 보고의무,

---

20) 吉原和志, "取締役の経営判断と株主代表訴訟", 小林秀之/近藤光男編, 「株主代表訴訟大系」(弘文堂, 1996), 53面.

21) 경영판단의 원칙에서는 '판단 시'의 상황에 기초한 판단이 현저하게 불합리하느냐가 문제가 되므로, 특히 문제가 될 것 같은 결정을 할 때나 회사의 중대한 이해에 관련된 결정을 할 때 리스크의 경감을 위해서는 '결정 당시'에 합리적인 방법으로 정보의 수집, 조사 및 검토를 실시한 것과 이에 근거하여 합리적인 결정이 이루어졌다는 것을 입증할 자료를 갖추는 것이 중요하다. 그래서 이사의 판단과정·내용의 합리성을 나타내기 위해 이사회 의사록, 이사회에서 사용한 회의자료, 또 그 전제로서 사내외의 조사자료 등이 중요한 의미를 갖기도 한다.

22) 우리나라의 판례는 상사판례의 경우에는 '경영판단 원칙'이라는 용어를 사용하면서 마치 경영판단원칙의 법리를 원용하는 듯한 내용의 판결을 하고 있고(대법원 2007. 10. 11. 선고 2006다33333 판결; 대법원 2007. 7. 26. 선고 2006다33685 판결; 대법원 2005. 10. 28. 선고 2003다69638 판결), 형사판례의 경우에는 '경영상 판단'이라는 용어를 사용하고 있다(대법원 2007. 11. 15. 선고 2007도6075 판결; 대법원 2007. 9. 7. 선고 2007도3373 판결; 대법원 2007. 1. 26. 선고 2004도1632 판결; 대법원 2004. 10. 28. 선고 2002도3131 판결; 대법원 2004. 7. 22. 선고 2002도4229 판결)(한석훈, "경영진의 손해배상책임과 경영판단 원칙", 「상사법연구」, 제27권 제4호(2009), 126면).

자기거래금지 등은 충실의무의 구체화라고 한다. 종래는 동질설이 통설적이었지만 현재는 이질설이 유력화하고 있다.[23]

3. 경업금지의무

이사는 이사회의 승인이 없으면 자기 또는 제3자의 계산으로 회사의 영업부류에 속한 거래를 하거나 동종영업을 목적으로 하는 다른 회사의 무한책임사원이나 이사가 되지 못한다(상법 제397조 제1항). 이를 이사의 경업금지의무(또는 경업피지의무)라고 한다. 즉, 경업금지의무는 경업금지의무와 겸직금지의무로 구성되어 있다.

가. 경업금지의무

이사는 자기 또는 제3자의 이익을 위해 회사의 영업부류에 속하는 거래를 하는 것은 원칙적으로 금지된다. '자기 또는 제3자의 계산으로'라 함은 거래의 경제적 효과가 이사 또는 제3자에게 귀속됨을 의미하므로, 그 거래의 명의는 불문한다.[24] 이사는 회사의 영업비밀을 잘 알고 있기 때문에 그 지위를 이용하여 회사이익을 희생하고, 자기 또는 제3자의 이익을 도모할 위험이 많기 때문에 예방적·형식적으로 이를 방지하기 위해서 본 조를 두게 되었다고 한다.[25]

판례에 의하면, 동조의 경업금지의무는 이사, 대표이사뿐만 아니라 회사의 지배주주에게도 적용된다고 한다.[26]

---

23) 금융기관의 임원은 소속 금융기관에 대하여 선량한 관리자의 주의의무를 지므로, 그 의무를 충실히 한 때에야 임원으로서의 임무를 다한 것으로 된다고 할 것이지만, 금융기관이 그 임원을 상대로 대출과 관련된 임무 해태를 내세워 채무불이행으로 인한 손해배상책임을 물음에 있어서는 임원이 한 대출이 결과적으로 회수곤란 또는 회수불능으로 되었다고 하더라도 그것만으로 바로 대출결정을 내린 임원에게 그러한 미회수금 손해 등의 결과가 전혀 발생하지 않도록 하여야 할 책임을 물어 그러한 대출결정을 내린 임원의 판단이 선량한 관리자로서의 주의의무 내지 충실의무를 위반한 것이라고 단정할 수 없고, 대출과 관련된 경영판단을 함에 있어서 통상의 합리적인 금융기관 임원으로서 그 상황에서 합당한 정보를 가지고 적합한 절차에 따라 회사의 최대이익을 위하여 신의성실에 따라 대출심사를 한 것이라면 그 의사결정과정에 현저한 불합리가 없는 한 그 임원의 경영판단은 허용되는 재량의 범위 내의 것으로서 회사에 대한 선량한 관리자의 주의의무 내지 충실의무를 다한 것으로 볼 것이며, 금융기관의 임원이 위와 같은 선량한 관리자의 주의의무에 위반하여 자신의 임무를 해태하였는지의 여부는 그 대출결정에 통상의 대출담당임원으로서 간과해서는 안 될 잘못이 있는지의 여부를 대출의 조건과 내용, 규모, 변제계획, 담보의 유무와 내용, 채무자의 재산 및 경영상황, 성장가능성 등 여러 가지 사항에 비추어 종합적으로 판정해야 한다(대법원 2002. 06. 14. 선고 2001다52407 판결).

24) 이기종, 「상법 총칙·상행위·회사」, 삼영사, 2017, 297면.

25) 양만식, "일본 회사법상 이사의 의무와 책임추궁", 「상사법연구」, 제28권 제1호(2009), 51면.

26) 상법이 제397조 제1항으로 "이사는 이사회의 승인이 없으면 자기 또는 제3자의 계산으로 회사의 영업부류에 속한 거래를 하거나 동종영업을 목적으로 하는 다른 회사의 무한책임사원이나 이사가 되지 못한다."고 규정한 취지는, 이사가 그 지위를 이용하여 자신의 개인적 이익을 추구함으로써 회사의 이익을 침해할 우려가 큰 경업을 금지하여 이사로 하여금 선량한 관리자의 주의로써 회사를 유효적절하게 운영하여 그 직무를 충실하게 수행하여야 할 의무를 다하도록 하려는 데 있다. 따

나. 겸직금지의무

이사는 원칙적으로 동종영업을 목적으로 하는 다른 회사의 무한책임사원이나 이사가 되지 못한다. 동종영업을 준비 중인 회사에의 겸직도 금지되며,[27] 설령 그 영업활동의 개시 전에 사임한 경우에도 경업금지의무 위반이 된다.[28]

다. 예외적 허용 - 이사회(주주총회)의 승인

예외적으로 이사회의 승인이 있는 경우에는 경업거래와 겸직이 허용된다. 이사회의 승인은 사전승인을 뜻한다고 새긴다.[29] 이사는 사전에 이사회에 대하여 승인의 대상인 사항에 관한 중요한 사실을 밝히고 승인을 얻어야 한다.[30] 이 경우에 중요한 사실을 밝혀야 하는 것은 이사회의 감독기능의 실효성을 확보하기 위하여 필요하기 때문이다. 종래에는 이사에 대한 경업의 승인권이 주주총회에 있었다. 그러나 주주총회의 승인을 얻어 허용하는 것은 지나치게 엄격하다는 견해가 대부분이었다. 이에 1995년의 개정상법에 의하여 이사회의 승인에 의하여 허용하는 것으로 되었다. 승인절차를 간소화하고 이사의 자기거래에 대한 승인권이 이사회에 있는 것과 균형을 유지하기 위한 것이라고 할 수 있다.

자본금총액 10억 원 미만의 회사가 1인 또는 2인의 이사를 둔 경우에는 주주총회가 승인기관이 된다(상법 제383조 제4항).

이사회의 승인을 받은 경업행위로 인하여 회사가 손해를 입은 경우에는 이사는 손해

라서 이사는 경업 대상 회사의 이사, 대표이사가 되는 경우뿐만 아니라 그 회사의 지배주주가 되어 그 회사의 의사결정과 업무집행에 관여할 수 있게 되는 경우에도 자신이 속한 회사 이사회의 승인을 얻어야 하는 것으로 볼 것이다. 한편 어떤 회사가 이사가 속한 회사의 영업부류에 속한 거래를 하고 있다면 그 당시 서로 영업지역을 달리하고 있다고 하여 그것만으로 두 회사가 경업관계에 있지 아니하다고 볼 것은 아니지만, 두 회사의 지분소유 상황과 지배구조, 영업형태, 동일하거나 유사한 상호나 상표의 사용 여부, 시장에서 두 회사가 경쟁자로 인식되는지 여부 등 거래 전반의 사정에 비추어 볼 때 경업 대상 여부가 문제되는 회사가 실질적으로 이사가 속한 회사의 지점 내지 영업부문으로 운영되고 공동의 이익을 추구하는 관계에 있다면 두 회사 사이에는 서로 이익충돌의 여지가 있다고 볼 수 없고, 이사가 위와 같은 다른 회사의 주식을 인수하여 지배주주가 되려는 경우에는 상법 제397조가 정하는 바와 같은 이사회의 승인을 얻을 필요가 있다고 보기 어렵다(대법원 2013. 09. 12. 선고 2011다57869 판결).

27) 경업의 대상이 되는 회사가 영업을 개시하지 못한 채 공장의 부지를 매수하는 등 영업의 준비 작업을 추진하고 있는 단계에 있는 경우에도 '동종영업을 목적으로 하는 다른 회사'에 해당한다(대법원 1993. 04. 09. 선고 92다53583 판결).

28) 갑주식회사의 이사가 주주총회의 승인이 없이 그 회사와 동종 영업을 목적으로 하는 을회사를 설립하고 을회사의 이사 겸 대표이사가 되었다면 설령 을회사가 영업활동을 개시하기 전에 을회사의 이사 및 대표이사직을 사임하였다고 하더라도, 이는 분명히 상법 제397조 제1항 소정의 경업금지의무를 위반한 행위로서 특별한 다른 사정이 없는 한 이사의 해임에 관한 상법 제385조 제2항 소정의 '법령에 위반한 중대한 사실'이 있는 경우에 해당한다(대법원 1990. 11. 02. 선고 90마745 결정).

29) 이철송, 「회사법강의」, 박영사, 2017, 741면.

30) 이사는 이사회의 승인을 받기에 앞서 이사회에 그 거래에 관한 자기의 이해관계 및 그 거래에 관한 중요한 사실들을 개시하여야 할 의무가 있다(대법원 2007. 05. 10. 선고 2005다4284 판결).

배상의 책임을 부담하고(상법 제399조 제1항) 그 경업거래를 승인한 이사도 그 손해발행에 대하여 과실이 있으면 경업행위를 한 이사와 연대하여 책임을 져야 한다(동조 제2항). 즉, 경업을 허락하는 이사회의 승인은 경업의 절차적 위법성을 조각하는 효과가 있을 뿐이다.

라. 위반의 효과

이사가 이사회의 승인 없이 경업 또는 겸직을 하는 경우 금지위반의 요건은 충족된다. 회사의 손해발생을 요하지 않는다.

(1) 손해배상책임과 해임

이사가 경업금지의무 규정을 위반하여 회사에 손해가 발생한 경우 이사는 회사에 대해 손해를 배상하여야 한다(상법 제399조). 또한 경업금지의무 위반은 이사를 해임할 수 있는 정당한 이유가 된다(상법 제385조 제1항).[31]

(2) 개입권

이사가 경업금지의무 규정에 위반하여 거래를 한 경우에 회사는 이사회의 결의로 그 이사의 거래가 자기의 계산으로 한 것인 때에는 이를 회사의 계산으로 한 것으로 볼 수 있고, 제3자의 계산으로 한 것인 때에는 그 이사에 대하여 이로 인한 이득의 양도를 청구할 수 있다(상법 제397조 제2항). 경업에 의한 회사의 손해는 대부분 기대이익의 상실이라는 소극적인 형태로 나타나므로 그 손해액의 입증이 어렵다. 이를 구제함과 동시에 특히 이사가 회사 거래처를 침탈하여 거래하는 것을 막기 위한 것이다.

개입권의 행사와 별도로 회사에 발생한 손해에 대하여 입증하는 경우에는 동시에 손해배상청구도 가능하다.[32]

개입권은 이사회의 결의(자본금총액 10억 원 미만인 회사가 1인 또는 2인의 이사를

---

31) 상법 제397조 제1항 소정의 경업금지의무를 위반한 행위로서, 특별한 다른 사정이 없는 한 이사의 해임에 관한 상법 제385조 제2항 소정의 '법령에 위반한 중대한 사실'이 있는 경우에 해당한다고 보지 않을 수 없다(대법원 1990. 11. 02. 선고 90마745 결정).

32) 이철송, 앞의 책, 746면.

둔 경우에는 주주총회의 결의)에 의한 회사의 일방적인 의사표시로 행사하는 형성권이다.

4. 회사기회의 유용금지의무

가. 의의

이사는 이사회의 승인 없이 현재 또는 장래에 회사의 이익이 될 수 있는 소정의 사업기회를 자기 또는 제3자의 이익을 위하여 이용하여서는 안 된다(상법 제397조의 2 제1항). 경영진 특히 이사는 회사의 업무집행에 관해 의사결정을 하는 이사회의 구성원이므로 회사의 정보를 속속들이 알 수 있고, 직무수행과정에서 회사의 수행 사업과 관련된 다양한 사업기회 정보도 손쉽게 얻을 수 있다. 이사가 직무수행과정에서 알게 된 회사의 정보나, 회사가 수행하고 있거나 수행할 사업과 밀접한 관계가 있는 사업기회를 회사를 위해 사용하지 않고 이사 본인이나 이사와 관련된 제3자의 이익을 위하여 사용하는 경우에는, 그 자체가 당연히 바로 회사의 손실로 이어진다고까지 보기는 어렵다고 하더라도 그러한 다양한 정보들을 통해 회사가 이익을 낼 수 있는 기회를 차단하는 것이 되므로 결과적으로는 회사의 이익에 반하게 되고 나아가 기존 주주들의 이익도 침해하는 것이 된다.[33] 이를 막고자 미국 판례법상 이사의 충실의무의 일부인 회사기회유용금지의 원칙(usurpation of corporate opportunity doctrine)을 2011년 개정상법에서 도입한 것이다.

나. 내용

회사의 사업기회란 '현재 또는 장래에 회사의 이익'이 될 수 있는 일정한 기회를 말하는데(상법 제397조 제1항 본문), 그 일정한 기회란 '직무를 수행하는 과정에서 알게 되거나 회사의 정보를 이용한 사업기회(동조 동항 제1호)'와 '회사가 수행하고 있거나 수행할 사업과 밀접한 관계가 있는 사업기회(同 제2호)'를 말한다. 이러한 회사기회를 이사가 자기 또는 제3자의 이익을 위하여 이용하려면 이사회로부터 이를 이용해도 된다는 승인(이사 2/3 이상에 의한 승인)을 얻어야 한다(상법 제397조 제1항 본문).

'현재 또는 장래에 회사의 이익이 될 수 있는'이라는 것은 회계적 수익을 의미하는 것은 아니고, 회사가 영리추구의 대상으로 삼을 수 있다는 것을 의미한다. '직무를 수행하

---

33) 서애경, "회사의 기회 및 자산의 유용금지", 「CGS Report」, 2012년 제11호(2012), 3면.

는 과정에서 알게 되거나 회사의 정보를 이용한 사업기회'란 회사의 비용으로 얻는 사업기회를 의미하고, '회사가 수행하고 있거나 수행할 사업과 밀접한 관계가 있는 사업기회'는 회사의 현재 또는 장래의 사업의 연장선상에 있는 사업을 의미한다.[34]

이사회의 승인 없는 회사기회의 유용행위가 이사에 의해서 발생하는 경우에도 해당 행위의 사법상 효력에는 영향이 없다. 그러나 회사기회를 유용함으로써 회사에 손해를 발생시킨 이사는 손해를 배상할 책임이 있다(상법 제397조의 2 제2항). 이 경우 이사 또는 제3자가 얻은 이익은 손해로 추정한다(상법 제397조의 2 제2항). 이사회가 이사의 사업기회 유용을 허락한 경우에는 해당 유용행위로 인한 회사의 손해에 대하여 해당 이사와 함께 승인한 이사 역시 연대배상책임을 부담한다(상법 제397조의 2 제2항).

5. 자기거래금지의무

가. 개설

상법 제398조에서는 이사 기타 소정의 자가 회사의 반대당사자가 되어 거래하는 것을 회사의 이익보호 차원에서 엄격히 규율하고 있다. 2011년 개정 전에는 이사가 반대당사자가 되어 거래하는 것을 규율대상으로 삼았는데, 이사만이 아니라 주요주주도 회사와 거래함에 있어 자기의 지위를 남용하여 이익을 취할 수 있고, 또한 이사 및 주요주주와 이해를 같이하는 소정의 특수 관계인(가족과 관련회사)이 회사의 반대당사자가 되어 거래하는 것도 마찬가지의 위험성이 있으므로 개정법에서는 이들도 규율대상으로 포섭하게 되었다. 이하 편의상 주요주주 및 특수 관계인들과 회사의 거래도 자기거래라고 부르기로 한다. 주요주주와 특수 관계자가 회사와 거래하는 경우에는 이사의 자기거래와 마찬가지로 본인의 이익을 위하여 회사에 손실을 끼칠 가능성이 존재한다. 그러므로 이를 상법의 규제대상으로 포함시킨 것은 원칙적으로 타당한 입법이라고 할 것이다.[35] 개정 상법은 거래조건에 공정성요건을 신설하였으며, 이사회결의 요건도 과반수가 아닌 3분의 2로 강화하고 있다.[36]

---

34) 이기종, 앞의 책, 300면 참조.

35) 이사만이 아니라 주요주주도 회사와 거래함에 있어 지위를 남용하여 이익을 취할 수 있으며, 이사 및 주요주주와 이해를 같이 하는 소정의 특수 관계자가 회사의 반대당사자가 되어 거래하는 것도 이사의 자기거래와 동질의 위험성을 갖고 있으므로 2011년 개정상법은 이들도 규율대상에 포섭하게 되었다(이철송, 「회사법강의」, 박영사, 2012, 734~735면).

36) 구승모, "상법 회사편 입법과정과 향후과제", 「선진상사법률연구」, 제55호(2011), 117면.

나. 상법 제398조의 주요 개정내용

2011년 개정상법 제398조는 우리 기업 현실상 이사와 지배주주가 회사와의 거래를 통한 사익추구 현상이 심각하다는 인식하에 기본적으로 자기거래에 관한 규율을 강화하여 이사 및 대주주의 사익추구행위를 제어하기 위한 것이다. 이러한 입법은 기업경영의 투명성을 강화할 것으로 생각된다. 다만, 종래의 입법태도와는 다른 파격을 다소 보이고 있어 합리적인 해석이 요구된다.

(1) 자기거래 상대방의 범위확대

개정상법은 이사뿐 아니라 주요주주 그리고 이사나 주요주주의 특수 관계인에 대해서까지 그 적용범위를 확대하고 있다. 여기서 주요주주는 상법 제542조의 8 제2항 제6호에 정의된 개념으로 "누구의 명의로 하든지 자기의 계산으로 의결권 없는 주식을 제외한 발행주식 총수의 100분의 10 이상의 주식을 소유하거나 이사·집행임원·감사의 선임과 해임 등 상장회사의 주요 경영사항에 대하여 사실상의 영향력을 행사하는 주주"이다. 문언상 상장회사의 주요주주에게만 적용되는 듯이 보일 수 있으나 비상장회사의 주요주주의 경우에도 회사와의 거래에서 자기의 이익을 우선시할 위험은 동일하므로 비상장회사의 주요주주에게도 적용된다고 해석함이 타당해 보인다.[37] 다만, 문언의 해석상 주식회사 이외의 다른 회사의 경우에는 적용대상이 아니라고 해야 할 것이다.

종래, 이사의 자기거래규정이 이사의 충실의무를 구체화한 조문이라고 해석되었던 것에 비추어 주요주주에게 충실의무를 인정하는 것은 아닌가라는 의문에서 지배주주에게 충실의무를 인정하게 되면 회사법 전반에 걸쳐 큰 파장을 낳는다고 하며 이를 반대하는 견해가 있다.[38] 타당한 견해이다. 만약, 지배주주에게 충실의무를 도입하려 하였다면 종래 이사의 충실의무에 대한 일반규정을 두고 있는 것처럼 개별적인 일반조문을 두어야 할 것이라고 생각된다.[39] 물론, 그러한 경우에도 지배주주에게 어느 범위 내에서 충실의무를 부담시킬 것인지는 어려운 문제로 현행법 체계하에서는 역시 개별규정을 두어야

---

37) 이철송, 앞의 책, 736면; 송옥렬, 「상법강의」, 홍문사, 2012, 1012면. 그러나 취지상 이를 지지하면서도 입법상의 실수로 비상장회사의 주요주주는 대상에서 제외된다는 견해도 있다(최준선, 「회사법」, 삼영사, 2012, 466면; 임재연, 「회사법Ⅱ」, 박영사, 2012, 406면).

38) 천경훈, "개정상법상 자기거래 제한 규정의 해석론에 관한 연구", 「저스티스」, 통권 제131호(2012), 69~70면.

39) 지배주주에 대한 충실의무를 인정할지 여부에 대한 논란이 많은 상황에서 자기거래에 대한 통제가 주목적인 개정상법 제398조만을 근거로 지배주주의 충실의무를 인정한 것으로 보기는 어렵다고 생각한다(권윤구/이우진, 앞의 논문, 57면).

할 것으로 생각된다.

(2) 이사회 의결정족수의 강화

자기거래에 대한 이사회의 승인 시 개정상법은 "이사 3분의 2 이상의 수로써 하여야"
한다고 규정하고 있다. 이때의 이사 수는 재적이사를 의미한다고 할 것이다. 특별이해관
계 있는 이사는 재적이사의 수에 포함되지 않는다고 생각된다. 이렇게 해석하지 않으면
재적이사 중 특별이해관계 없는 이사의 수가 재적이사 3분의 2에 미치지 못하는 경우
이사회의 승인이 불가능해질 것이기 때문이다.[40]

한편, 이사회결의를 과반수 요건이 아닌 3분의 2 요건을 요구하는 것은 타국의 입법
례에서도 보기 어려운 너무 과중한 입법이 아닌가 의문이기도 하나, 그간 한국의 경제현
실에서 대주주 오너 및 지배주주 등에 의한 전횡이 있었음은 부인할 수 없는 사실임을
볼 때 고민하지 않을 수 없는 부분이다. 미국법에서 볼 수 있는 바와 같이 자기거래에
대하여 이해관계 없는 이사에 의하여 승인이 이루어지는 것을 가정할 때 과반수 결의에
의하여 승인을 할 수 있도록 하는 것도 바람직해 보인다. 또한 이사회의 승인권한을 경
우에 따라서는 특별위원회에 위임할 필요성도 회사경영의 신속한 의사결정 등을 위해서
는 필요할 수 있다. 입법에 의한 보완이 필요한 부분이다.

자본금 10억 원 미만으로서 이사가 1인 또는 2인인 회사는 주주총회에서 자기거래를
승인하여야 한다(상법 제383조 제4항). 이때 이사 3분의 2 이상이라는 승인요건을 유추
하여 주주총회의 특별결의가 필요하다는 견해도 있다.[41] 그러나 주주총회는 이사회와는
그 기관의 성격이 다르므로 주주총회는 과반수의 결의로 자기거래를 승인할 수 있다고
보인다.[42]

---

40) 권윤구/이우진, 앞의 논문, 62~63면.

41) 법무부, 「상법 회사편 해설」, 2012, 244면.

42) 상법은 합명회사의 경우 제199조에서 "사원은 다른 사원과반수의 결의가 있는 때에 한하여 자기 또는 제3자의 계산으로
회사와 거래를 할 수 있다"고 규정하고 있다. 이 조문도 주주총회에서 자기거래를 승인하는 경우 참고할 수 있는 조문이
된다고 생각된다.

(3) 이사회의 사전승인

개정상법은 자기거래에 대한 사전승인을 규정하여 승인시점에 관한 해석의 불명확성을 해소하고 있다. 종래에도 자기거래에 대한 이사회의 승인은 사전승인을 의미하는 것으로 보는 견해가 일반적이었지만 법원은 이사회의 사후승인을 인정한 바도 있다.43) 비교법적으로 보아도 미국법은 사후추인을 인정하고,44) 일본에서도 다수설은 사후추인이 가능한 것으로 보고 있다.45) 그러나 2011년 개정상법은 "미리 … 이사회의 승인을 받아야 한다."고 규정함으로써 명백히 사전승인을 규정하고 있다. 그러므로 해석론에 의하여 사후추인을 인정하는 것은 불가능하다. 한편, 개정상법에 의하면, 10% 이상의 주식을 보유한 계열회사와의 모든 거래는 사전에 이사회의 승인을 받아야 한다. 최근의 기업집단 거래조정 양식은 소재-부품-완제품 조립의 수직계열거래가 대세이다. 이러한 거래는 기업의 통상적이고 일상적인 거래로서 이익충돌의 여지가 없는 거래로서 이사회의 승인을 요하지 않는 거래46)이거나 또는 동일하게 반복되는 거래에 대해서는 기간·한도 등을 합리적인 범위로 정하여 포괄적으로 승인받는 방법으로 해결할 수 있을 것으로 생각된다.47)

(4) 이사의 사전정보 개시의무

2011년 개정상법은 자기거래에 관하여 사전에 이사회에 정보를 개시할 것을 규정하고 있다. 외국의 입법례를 보아도 예외 없이 자기거래를 하는 이사에게 그 사실을 개시(disclosure)할 의무를 지우고 있다. 개정 전에도 해석상 개시의무를 인정하였는데,48) 개정법에서는 이사회에서 해당 거래에 관한 '중요사실'을 밝히도록 하여 개시의무를 명문

---

43) 대법원 2007. 5. 10. 선고, 2005다4291판결. 「이사회의 승인을 얻은 경우 민법 제124조의 적용을 배제되도록 규정한 상법 제398조 후문의 반대해석상 이사회의 승인을 얻지 아니하고 회사와 거래를 한 이사의 행위는 일종의 무권대리인의 행위로 볼 수 있고 무권대리인의 행위에 대하여 추인이 가능한 점에 비추어 보면, 상법 제398조 전문이 이사와 회사 사이의 이익상반거래에 대하여 이사회의 사전 승인만을 규정하고 사후승인을 배제하고 있다고 볼 수 없다.」

44) ALI 원칙 § 5.10의 경우에도 사후추인을 인정하고 있다. 켈리포니아주 회사법 제310조ⓐ항(2), 델라웨어주 회사법 제144조ⓐ항(1)도 사후추인(ratifies)을 인정하고 있다.

45) 김재범, "이사의 자기거래와 회사기회유용의 제한 - 2008년 상법개정안 검토 -", 「법학논고」, 제29집(2008), 88면.

46) 외국의 입법례를 보면, 제한받지 않는 자기거래의 기준으로서 「통상적인 조건」(conditions normaux)에 따라 체결된 일상적 거래(C. com. Art. L 225-39 al. 1), 「통상적인 영업방법에 따른」(in the ordinary course of its business) 거래를 들고 있다(Companies Act 2006 s. 207(3)): 이철송, 앞의 책, 739면 재인용.

47) 지배·종속회사 간에는 우연적·일회적이 아니라 일상적·반복적으로 일어나는 경우가 많아 이 경우 개별적인 거래마다 일일이 승인을 요구하거나 지배주주에게 공정성의 입증을 요하는 것은 무리이기 때문이다(안수현, 앞의 논문, 31면).

48) 대법원 2007. 5. 10. 선고, 2005다4284판결; 양명조/문화경, 앞의 논문, 173면.

화하였다. '중요사실'이란 이사회에서 자기거래를 승인하기 위하여 필요한 것이기 때문에 거래의 내용 및 거래와 이사 등의 이해관계가 표시되지 않으면 안 된다. 이사회에 자기거래에 관한 중요한 사항에 대해 정보를 개시함으로 인해 거래가 비밀리에 행해진 것과 해당 거래의 안이한 승인을 방지하고 그 공정성을 확보하고 이사회의 감사권의 적정한 행사를 기대할 수 있다.[49] 물론, 이사회에 대하여 자기거래임을 밝히지 않고 이사회의 승인결의를 얻은 경우 즉, 자기거래의 승인이 아닌 통상적인 거래로서 승인을 얻은 경우에는 자기거래의 승인으로서는 인정되지 않는다.[50] 이 경우에는 승인 없는 자기거래로서 당해 이사 등은 손해배상책임을 지고, 해임사유가 되는 등 대내적인 책임을 지게 될 것이다.[51] 지배주주 등이 자기거래에 대하여 승인을 얻지 않은 경우에는 손해배상책임이나 대내적인 책임이 발생할 여지가 없기에 당해 거래의 효과만이 문제될 것이다. 그러한 자기거래는 무효라고 보아야 할 것이다. 다만, 이들의 거래가 이사의 자기거래보다 더욱 반규범적일 수는 없으므로 그 무효라 함은 이사의 자기거래와 마찬가지로 상대적 무효임을 의미한다.[52]

(5) 거래의 공정성

2011년 개정상법은 제398조에서 「그 거래의 내용과 절차는 공정하여야 한다.」고 규정하고 있다. 이는 자기거래가 이사회의 승인을 얻더라도 거래의 내용이 공정해야 한다는 뜻이다. 그렇다면 이사회의 승인을 받지 않은 자기거래가 무효인 것과 마찬가지로, 이사회의 승인을 받았다 하더라도 본 규정에 의하여 공정하지 않는 자기거래는 무효가 된다고 해석하여야 할 것이다.

---

49) 김병기, "이사의 자기거래와 개정 상법 제398조", 「법학연구」, 제37권(2010), 179면.

50) 「이사와 회사 사이의 이익 상반거래가 비밀리에 행해지는 것을 방지하고 그 거래의 공정성을 확보함과 아울러 이사회에 의한 적정한 직무감독권의 행사를 보장하기 위해서는 그 거래와 관련된 이사는 이사회의 승인을 받기에 앞서 이사회에 그 거래에 관한 자기의 이해관계 및 그 거래에 관한 중요한 사실들을 개시하여야 할 의무가 있고, 만일 이러한 사항들이 이사회에 개시되지 아니한 채 그 거래가 이익 상반거래로서 공정한 것인지 여부가 심의된 것이 아니라 단순히 통상의 거래로서 이를 허용하는 이사회의 결의가 이루어진 것에 불과한 경우 등에는 이를 가리켜 상법 제398조 전문이 규정하는 이사회의 승인이 있다고 할 수는 없다(대법원 2007. 05. 10. 선고 2005다4284 판결)」.

51) 미국의 경우에도 이익 상반관계가 개시되어 있지 않으면 이익 상반거래에 있어서 충실의무 위반이 된다. 워싱턴주의 판례인데 굴양식 회사가 일부의 양식장을 매각한 때 실은 이사의 1인이 실질적 매수인이었다고 하는 사안이 있다(Hayes Oyster Co. v. Keypoint Oyster Co., (Wash Sup Ct 1964)). 이 사안에서는 매각에 대해 이사회의 승인 및 (제정법상 요구되어 있지 않던) 주주총회의 승인을 얻고 있었지만, 이 이익 상반관계가 개시되어 있지 않았다. 재판소는 이익이 상반되는 거래는 회사에 불공평(unfair)하면 무효가 될 수 있는바, 이해관계를 가지는 이사가 공개를 하지 않는 것 자체가 불공평하다고 했다. 정책적인 이유를 생각해 보면, 재판소가 공평성을 판단하는 것이 어려운 것, 또 하나는 공개에의 동기부여를 주어 이사회가 보다 많은 정보 제공을 받아 판단할 수 있도록 하고자 하는 것을 생각할 수 있다.

52) 이철송, 앞의 책, 745면.

문제는 상법 제398조에서 규정하는 공정의 개념이 미국 판례법에서 주장되고 있는 완전한 공정성(entire fairness)을 의미하는가 하는 것이다. 델라웨어주 판례법에 의하면 자기거래에 대하여 이사회 등의 승인이 있으면 경영판단의 원칙이 적용되어 당해 거래의 불공정을 주장하는 자가 불공정을 입증하여야 하고, 이사회 등의 승인을 얻지 못한 경우에는 당해 거래는 불공정한 것으로 추정되어 당해 거래의 공정을 주장하는 자가 이를 입증하도록 하고 있다.[53] 우리 상법 제398조의 조문을 살펴볼 때, 미국법상의 이와 같은 법리를 수용한 것으로는 보기 어렵다. 「거래의 내용과 절차는 공정하여야 한다.」는 법문은 자기거래의 내용 및 절차의 공정성을 규정한 것이라고 생각된다. 우선, 절차의 공정성이란 이사회에 자기거래 관련 정보를 상세히 밝히고, 이에 근거하여 충분한 시간적 여유와 경우에 따라서는 사내외의 전문가의 도움도 받으면서 이사회에서 당해 거래를 승인할 것을 요한다.

상법 제398조는 절차적 규정으로서 이사회의 승인과 함께 내용의 공정성(실질적 공정성)을 다시금 요구하고 있다.[54] 형식적인 이사회의 승인만으로는 회사에 손해를 가하는 불공정한 자기거래를 막을 수 없다는 인식이 전제되었기 때문이다.[55] 내용의 공정성은 당해 자기거래가 객관적으로 이해상충 없는 제3자와의 거래조건에 비하여 회사에게 불리하지 않을 조건으로 거래될 것을 요한다. 이른바 독립당사자 간 거래(arm's length transaction)일 것을 요한다.[56][57] 다만, 주의를 요하는 것은 이와 같은 독립당사자 간 거래의 판단은 이사회가 당해 자기거래를 승인하는 시점에서 판단하는 것이다. 불공정한 자기거래는 회사와 이사 등 간에는 무효이나 회사와 제3자 간에는 원칙적으로 유효하고 다만 회사가 제3자의 악의 또는 중과실을 증명하면 무효로 된다고 해석하여야 한다. 그러므로 당해 거래가 회사에 손해가 되는 불공정한 거래임을 알고서 거래한 악의의 제3자에게는 무효를 주장할 수 있다고 할 것이다.[58] 중과실에 의하여 그 불공정성을 알지

---

53) 즉, 이사에게 이익상반의 가능성이 있으면 경영판단의 원칙이 적용되지 않는다(Panter v. Marshall Field, 646 7. 2d 271, 293~295 (7th Cir. 1981).

54) 이사회의 승인과 함께 내용의 공정성을 요구하고 있는 것은 California Corporations Code §310(a)(2)의 규정과 유사하다. 한편, 주주의 승인에 대하여는 i) 완전개시와 ii) 선의의 승인결의만 여구할 뿐 실질적 공정성은 요구하지 않는다(California Corporations Code §310(a)(1))(임재연, "이사의 자기거래와 공정성 요건", 「성균관법학」, 제21권 제2호(2009), 463면).

55) 김재범, 앞의 논문, 88면.

56) 그 판단은 급부가액의 적정성(fair price) 여부를 근본으로 하되, 이행기, 담보책임, 기술이전 등 그 거래의 모든 조건을 종합적으로 고려하여 판단해야 할 것이다(천경훈, 앞의 논문, 85면).

57) 상법은 거래내용이 회사에 공정(fair)할 것을 요구할 뿐이지 회사에게 최선(best)일 것을 요구하지 않는다는 점이다. 따라서 거래내용이 공정한지 여부의 판단기준은 '회사에게 더 나은 조건이 가능하였는지'가 아니라 '회사가 체결한 거래의 조건이 합리적인 당사자들이라면 체결하였을 수 있는 내용인지'가 되어야 할 것이다(권윤구/이우진, 앞의 논문, 65면).

못한 경우에도 마찬가지이다.

이사회의 승인 이외에 내용의 공정성(실질적 공정성)을 자기거래의 필수적 요건으로 규정하는 것은 거래조건에 대한 사후의 사법심사에 의하여 거래의 효력이 좌우됨에 따라 회사법의 기본이념인 거래의 안전을 해칠 위험이 크다는 문제점이 있다. 입법론으로서는 이사회의 승인과 실질적 공정성을 선택적 요건으로 규정하는 것이 타당해 보인다. 나아가 이사회의 승인이 없는 경우에도 이사가 거래의 공정성을 증명하면 자기거래가 유효하게 되도록 할 필요가 있어 보인다.[59]

Ⅳ. 이사의 책임[60]

1. 상법상 이사의 책임

이사가 회사경영을 잘못하여 회사 및 제3자에게 손해를 끼친 경우 자신에게 고의 또는 과실이 있으면 그 손해를 배상하여야 한다(상법 제399조, 제401조). 이사가 회사에 대하여 경영책임을 져야 하는 경우는 크게 두 가지로 나누어 볼 수 있다. 첫째, 구체적인 법령 또는 정관의 규정에 위반하는 행위를 한 경우이다(법령 또는 정관의 위반, 상법 제399조 제1항). 둘째, 직무수행과 관련하여 선량한 관리자로서의 주의의무[61]를 다하지 못한 경우이다(임무해태, 상법 제399조 제1항). 이사의 임무해태는 다시 두 가지로 나누어 볼 수 있는바, 하나는 경영상의 판단을 부주의하게 하여 손해를 끼친 경우이고(경영의 과실), 다른 하나는 다른 이사 및 종업원의 위법행위 및 임무해태를 간과한 경우이다(감시·감독의무의 위반).[62]

---

58) 이사와 회사와의 간에 직접 있은 이익상반하는 거래에 있어서는 회사는 당해 이사에 대하여 이사회의 승인을 못 얻은 것을 내세워 그 행위의 무효를 주장할 수 있지만, 회사 이외의 제3자와 이사가 회사를 대표하여 자기를 위하여 한 거래에 있어서는 회사는 그 거래에 대하여 이사회의 승인을 안 받은 것 외에 상대방인 제3자가 악의라는 사실을 주장 입증하여야 비로소 그 무효를 그 상대방인 제3자에게 주장할 수 있다(대법원 1973. 10. 31. 선고 73다954 판결; 대법원 1978. 11. 14. 선고 78다513 판결; 대법원 1981. 9. 8. 선고 80다2511 판결; 대법원 1994. 10. 11. 선고 94다24626 판결; 대법원 2004. 3. 25. 선고 2003다64688 판결).

59) 임재연, 앞의 책, 423면.

60) 이하의 내용은 손영화, "이사의 제3자에 대한 책임", 「경제법연구」, 제16권 제2호(2016), 61면 이하 논문을 간략히 정리한 것이다.

61) 이사의 선관주의의무는 이상적으로 기업경영에서 중요한 역할을 담당한다. 주주의 전망으로부터 그 의무는 이론상 회사에 대한 주주의 소유권과 궁극적인 지배를 상정한다. 그것은 경영진이 주주의 이익을 위하여 회사를 경영하고 있는가를 감시하는데 도움이 되고 또한 법원이 경영진의 행위를 조사할 수 있도록 한다(Thomas C. Lee, Limiting Corporate Directors' Liability: Delaware's Section 102(b)(7) and the Erosion of the Directors' Duty of Care, 136 *U. Pa. L. Rev.* 239 (1987)).

이사가 법령 또는 정관에 위반한 행위를 하는 경우는 이사의 선관주의의무의 위반으로서 회사에 손해배상책임을 부담하지 않으면 안 된다.[63] 이른바 주식회사의 이사에게 회사에 대하여 법령을 준수하면서 자신의 직무를 수행하여야 하는 법령준수의무를 부과하고 있는 것이다.[64] 법령 또는 정관에 위반한 행위에 과실이 필요한가의 여부에 대하여 학설 다툼이 있다. 무과실책임으로 보는 견해와 과실책임으로 보는 견해가 그것이다.[65] 과실책임은 근대사법의 기본원칙일 뿐 아니라, 이사가 과실 없이 법령 또는 정관에 위반하는 경우[66]도 있을 수 있기 때문에 과실책임으로 보는 것이 타당하다고 생각한다.

이사가 임무를 해태하는 경우는 경영상의 판단을 잘못한 경우와 감시·감독의무를 해태한 경우로 나누어 볼 수 있다. 부주의한 경영상의 판단에 대하여는 경영판단의 원칙에 의한 보호가 가능하다. 그러나 이사의 법령 또는 정관에 위반한 행위와 감시·감독의무의 위반행위는 위법행위임을 알고서 행위를 하거나 또는 경영판단과 아무런 관계가 없는 부작위의 경우(감시·감독의무위반에 기하여 책임이 추궁되는 경우도 이에 포함된다)이기 때문에 원칙적으로 이사는 경영판단의 원칙에 의하여 보호받을 수 없다.[67] 감시의무위반의 경우 당해 이사는 감시의무의 위반 즉, 「아무런 행동을 취하지 않은 것」에 대한 합리적 근거를 입증하며 선관주의의무를 이행하였음을 입증하지 않으면 안 된다.

---

62) 손영화, "미국법상의 경영판단원칙과 그 도입여부에 관한 일고찰", 「상사법연구」, 제18권 제2호(1999), 303면.

63) 우리의 선관주의의무에 해당하는 미국법상의 duty of care는 경영결정의 결과가 아니라 그 경영결정 절차를 중요시한다. 그러한 경영결정 과정은 단순한 정보수집을 넘는다(Melvin Aron Eisenberg, The Director's Duty of Care in Negotiated Dispositions, 51 *U. Miami L. Rev.* 579, 584 (1997); Melvin A. Eisenberg, The Duty of Care of Corporate Directors and Officers, 51 *U. Pitt. L. Rev.* 945, 965 (1990)).

64) 허덕회, "이사의 법령위반행위에 대한 책임", 「상사법연구」, 제22권 제1호(2002), 360면. 특히 법령준수의무는 회사의 법령을 위반하는 행위로 인한 제재조치의 결과가 회사에게 발생한 이익이 제재조치로 인하여 부담하여야 할 손해액보다 중대한 것으로 전망되더라도, 회사는 법령을 준수하여야 할 의무를 부담한다는 것이다(동, 363면).

65) 이사의 법령·정관위반 행위에 대하여 무과실책임설을 취하는 견해를 다시금 나누어 설명하는 견해도 있다. 그 견해에 의하면, 무과실책임설은 "무과실책임(결과책임설), 명백한 과실을 전제로 하는 책임원인(경업피지의무에 위반한 경우)을 제외하고는 무과실책임으로 보는 견해, 각 경우마다 과실책임인지 무과실책임인지를 판단해야 한다는 견해" 등으로 나눌 수 있다고 한다(조성종/윤영수, "이사의 회사에 대한 손해배상책임과 경영판단원칙", 「법학연구」, 제23집(2006), 166면 참조).

66) 구체적인 예로서는 법원의 법령해석이 달라져서 과거의 해석에 따른 이사의 행위가 결과적으로 법령에 위반하게 된 경우 또는 행정관청이 정책적인 이유에서 세법 등 행정법규와 상치되는 내용으로 행정을 하고 이사가 이를 좇아 회사의 업무를 처리하는 경우 등을 들 수 있다(李哲松, 「會社法講義(제15판)」, 박영사, 2008, 610-611면 참조).

67) 감시의무위반의 경우 일정한 요건이 충족되는 경우에는 경영판단의 원칙에 의하여 보호를 받지 못할 이유가 없다는 견해도 있다. 예컨대 충분한 정보를 수집한 후에 경영자의 판단으로서 아무런 행동도 취하지 않는 것이 좋다고 판단을 내린 경우가 그 경우이다(ALI, *Principles of Corporate Governance: Analysis and Recommendations*, Vol. 1, (American Law Institute Publishers, 1994), p. 153, 175 § 5.05). 그러나 감시의무위반의 경우에는 경영판단의 원칙이 적용된다고 보기는 어렵다. 이사가 그들의 기능을 포기하거나 의식적인 결정이 없어서 행위를 하지 않은 경우에는 경영판단의 원칙이 적용되지 않는다(Aronson v. Lewis, 473 A. 2d 805, 813 (Del. 1984)). 정보를 수집하고 있었다는 사실 등은 이사의 감시의무 위반 여부를 판정하는 경우 참작할 사유라고 볼 것이다.

2. 이사의 제3자에 대한 책임

우리 상법은 이사의 업무집행의 중요성, 회사와 거래하는 제3자에 대한 보호의 필요성 등을 고려하여, 일정한 경우 민법 제750조 소정의 일반불법행위 요건을 충족하지 않더라도 이사로 하여금 제3자가 입은 손해를 배상하도록 규정하고 있다. 결국 이사의 고의 또는 중과실에 의한 임무해태 행위가 제3자에 대한 일반불법행위를 구성하지 않더라도, 당해 제3자는 상법 제401조에 의해 구제될 수 있는바, 이러한 점이 동 조항의 존재의의라 할 것이다.68) 다시 말해, 주식회사는 경제생활에서 다수인과 이해관계를 맺는 중요한 위치에 있고, 주식회사의 활동은 이사의 직무수행에 의존하고 있으므로 상법 제401조의 이사의 직무수행이 제3자에게까지 영향을 미치는 경우가 많음을 고려하여 제3자를 보호하는 한편, 이사가 직무수행을 함에 있어 신중을 기하게 하는 의미에서 이와 같은 이사의 책임을 인정한 것이다.69)70)

가. 책임의 성질

이사의 책임에 관하여 법정책임설과 불법행위책임설 등의 대립이 있다. 일반불법행위와는 달리 ① 이사의 악의·중과실이 법문상 회사에 대한 임무해태에 관해 요구된다는 점, ② 제3자의 손해에 대해 위법성을 요하지 않는다는 점, ③ 경과실이 배제된다는 점 때문에 학설이 나뉜다.

그러나 개별문제의 설명에 있어 양설은 실질적으로 같은 결론을 내고 있으므로 양설의 실질적인 차이는 없다. 다만 어느 설에 따라 설명하는 것이 보다 책임의 본질에 접근하는 것이고, 기타 관련문제의 설명에 있어 논리적이냐는 평가가 있을 뿐이다.71)

생각건대, 제401조는 이사의 책임을 강화하여 제3자를 보호하기 위한 것이라는 입법

---

68) 김동민, "이사의 제3자에 대한 손해배상책임에 관한 소고 -주주의 간접손해를 중심으로-", 4면. <http://ksla.org/sinye_another1/1268377050-1.pdf>.

69) 이철송, 「회사법강의(제25판)」, 박영사, 2017, 789면.

70) 「법은 주식회사가 경제사회에서 중요한 지위를 차지하고 있는 것, 게다가 주식회사의 활동은 그 기관인 이사의 직무집행에 의존하는 것임을 감안해서, 제3자 보호 차원에서 이사에서 고의 또는 중대한 과실에 의해 위 의무(선관주의의무 및 충실의무)에 위반하고 이를 통하여 제3자에 손해를 끼친 때는 이사의 임무해태의 행위와 제3자 손해와의 사이에 상당한 인과관계가 있는 한 회사가 이로 인해서 손해를 입은 결과 나아가 제3자에 손해가 발생한 경우와 직접 제3자가 손해를 입은 경우를 가리지 않고 해당 이사가 직접 제3자에 손해배상의 책임을 져야 할 것을 규정한 것이다.」(最高裁判所, 昭和 44年 11月 26日 判決).

71) 이철송, 앞의 책, 790면.

연혁에서 볼 때 경과실을 제외시키는 불법행위특칙설은 채택하기 곤란하다. 또한 회사의 상업사용인이나 피용자가 경과실인 경우에도 개인적으로 불법행위책임을 지는데, 이사가 경과실의 경우 면책된다는 것은 부당하다. 특수불법행위책임설의 경우에도 제401조에 규정된 이사의 제3자에 대한 책임요건은 일반불법행위의 성립요건을 구비하지 못하고 있으므로 이를 특수불법행위라고 보는 것은 무리이다.[72] 따라서 상법 제401조의 입법취지가 이사의 책임을 강화하고 제3자를 보호하고자 하는 데에 있다는 점에서 볼 때, 법정책임설이 타당하다고 본다. 그러나 어느 설에 의하더라도 손해배상채권의 소멸시효를 제외하고 실질적인 차이가 있는 것은 아니고, 다만 책임의 본질에 관한 설명이 다를 뿐이다.[73][74]

일반불법행위와는 별도로 상법 제401조가 이사의 제3자에 대한 책임을 인정한 것은 일반불법행위의 성립요건과는 다르게 이사의 악의·중과실에 의한 회사에 대한 임무해태를 책임발생요건으로 하여 이사의 제3자에 대한 책임을 부과하고 있는 것이다. 또한 법정책임설은 상법 제401조의 이사의 제3자에 대한 책임과 일반불법행위와의 경합을 인정함으로써 이사의 책임경감으로 인한 제3자의 불이익을 제거하고 있다.

한편, 판례는 상법 제401조에서 말하는 손해의 개념에 직접손해만을 포함시키고 간접손해는 제외하고 있으나,[75] 그 밖의 요건에 대해서는 법정책임설과 비슷한 입장을 취하고 있다.[76]

나. 책임의 요건

이사의 제3자에 대한 책임이 인정되려면 ① 이사가 고의 또는 중대한 과실(중과실)로 그 임무를 게을리한 때, ② 제3자의 손해, ③ 이사의 행위와 제3자의 손해와의 인과관계

---

72) 정동윤, "주주의 간접손해에 대한 이사의 책임", 「국제항공우주법 및 상사법의 제 문제(현곡 김두환 교수 화갑기념논문집)」, 법문사, 1994, 607면.

73) 김순석, "이사의 제3자에 대한 손해배상책임과 주주의 간접손해 - 대법원 2012. 12. 13. 선고 2010다77743 판결". 「상사법연구」, 제33권 제1호(2014), 191면. 한편, 이러한 견해에 대해서는 반대하는 견해도 있다. 정진세, "이사의 제3자에 대한 책임", 한국상사법학회편, 「주식회사법대계 Ⅱ(제2판)」. 법문사, 2015, 972면.

74) 법정책임설과 특수불법행위책임설은 과실상계에 관한 민법 제396조의 적용여부나 불법행위책임과의 청구권경합여부 등 대부분의 쟁점에 관하여 실질적으로 같은 결론을 내고 있어 양자의 실질적 차이는 없다고 해도 무방할 정도이고, 다만 소멸시효기간, 상계의 가부, 이행기 정도에 관하여만 결론이 갈리게 된다(심준보, "회사 채무의 불이행과 이사의 제3자에 대한 책임", 「민사판례연구」, 제25권(2003), 395면).

75) 대법원 2003. 10. 24. 선고 2003다29661 판결.

76) 김홍기, 「상법강의」, 박영사, 2015, 606면.

의 3가지 요건이 요구된다. 기본적으로는 이사의 회사에 대한 책임의 요건과 같으나, 중과실이 요구되는 점에서 경과실만으로 책임을 부담하는 이사의 회사에 대한 손해배상책임과는 차이가 있다. 책임의 요건에 대한 입증책임은 이사에게 손해배상책임을 구하는 원고(제3자)에게 있다.

(1) 고의 또는 중과실로 그 임무를 게을리한 때

이사가 고의 또는 중대한 과실(중과실)로 그 임무를 게을리한 때에서 '고의'란 이사가 임무해태가 있음을 알고 있는 경우를 말하며, '중과실'은 조금만 주의를 기울였다면 알거나 알 수 있었음에도 불구하고 현저한 부주의로 인하여 알지 못한 경우를 말한다. 고의 또는 중과실은 제3자에 대한 가해행위에 대해서 있을 필요는 없고, 이사가 회사에 대해서 임무를 게을리한 것에 고의 또는 중과실이 있으면 족하다.[77] 달리 말하면, 회사가 위법한 사업목적을 갖고서 영업을 한 경우[78]에는 이사의 고의 또는 중과실이 인정되기 쉽다. 그 밖에도 회사가 실시하는 사업 자체는 적법하지만, 그 업무를 집행할 때 필요한 계약이 체결되지 않은 경우나, 사업할 때 다해야 할 의무를 다하지 못한 것에 의하여 위법하게 제3자의 권리를 침해한 것이 인정되어 그 회사의 이사가 제3자에 대한 책임을 추궁받은 사안도 적지 않게 존재한다.[79]

'그 임무를 게을리한 때'란 이사가 회사에 부담하는 선관주의의무를 위반한 경우가 대표적이다. 이사가 충실의무, 경업금지의무, 회사기회 유용금지를 비롯하여 상법 등에서 규정하는 각종 이사의 의무를 위반하는 경우 그 임무를 게을리한 것이 된다. 임무해

---

77) 최기원, 「상법학신론(상)(제18판)」, 박영사, 2009, 967면; 회사에 대한 고의·중과실이 어떻게 제3자에 대한 불법행위가 될 수 있는가라는 점이 불법행위책임설의 최대의 약점이다.

78) 회사의 목적으로 하는 사업 자체가 사기적인 위법성을 가지는 것에서 그 피해자인 제3자로부터 해당 회사의 이사에 대한 책임이 추궁되는 사안을 일본의 판례로 살펴보면 다음과 같이 다수 존재한다(회사의 조직적인 사기적 상법에 의한 이사의 제3자에 대한 책임이 인정된 사안으로서는 다음과 같은 것이 존재한다. 東京地, 平成 17年 12月 22日 判決, 「判タ」第1207号 217面, 東京地, 平成 10年 6月22日 判決, 「判時」第1727号, 126面, 名古屋地, 平成 8年 3月 28日 判決, 「先物取引裁判例集」第20号, 52面, 東京地, 平成 6年 7月 15日 判決, 「判時」第1509号, 31面, 東京地, 平成 4年 3月 27日 判決, 「判タ」第808号, 221面. 또한 사업목적 자체는 위법이라고까지 할 수 없지만, 허술한 계획하에서 사업에 착수하였기 때문에 해당 사업을 수행하지 못한 것을 이유로 직접적으로 제3자에게 손해를 미친 것에 의해 이사가 해당 제3자에 대한 책임을 추궁당한 사례도 존재한다. 골프장 개발 및 회원권 모집에 관한 東京地判, 平成 11年 3月 26日, 判時 第1691号 3面, 양로원 경영에 관한 津地判, 平成 7年 6月 15日 「判時」第1561号, 95面 등).

79) 이 유형에서는 회사에 의한 지적재산권의 침해를 이유로 하여 해당 회사의 이사의 제3자에 대한 책임이 인정된 사안이 다수 존재한다. 특히, 회사에 의한 음악저작권 침해에 관한 사안이 많다. 구체적으로는 주식회사가 경영하는 노래방(大阪高判 平成12年 4月 18日LEX-DB 文献番号28060049) 등) 또는 댄스 교실(名古屋地判, 平成 15年 2月 7日, 判時 第1840号, 126面(控訴審: 名古屋高判, 平成 16年 3月 4日, 判例時報 第1870号, 123면도 同旨])에서 음악저작권 등 관리사업자와의 사이에서 이용허락에 관한 계약을 체결하지 않고 음악저작물을 무단 사용한 것에 대해서 해당 시설을 경영하는 업체에 대한 불법행위에 의한 손해배상청구권 혹은 부당이득 반환청구권을 인정한 다음, 그 이사의 상법 제266조의 3에 기한 책임을 인용한 사안이 그 중심이 되고 있다.

태란 이사의 회사에 대한 책임에서와 달리 법령·정관의 위반도 포함하는 개념이다.[80] 임무해태의 범위에는 각종의 사기적 행위를 비롯해서 부실 정보의 제공, 회사의 방만 경영, 회사재산의 보관의무위반, 각종의 감독 및 감시의무 위반, 기타 다른 대표이사에 대한 감시의무위반,[81] 회사채무의 불이행 등이 포함된다.[82] 나아가 회사가 의도적으로 회사자산이나 회사의 이익 등을 분식회계 하여 재무상태 또는 경영성과를 임의적으로 조작하는 행위도 당연히 포함된다.[83] 이사가 단순히 통상의 거래행위로 인한 회사의 채무를 이행하지 않은 것만으로는 고의·중과실로 임무를 게을리한 것으로 볼 수 없지만, 이사의 선관의무를 위반한 행위로서 「위법성」[84]이 있는 경우에는 고의 또는 중대한 과실로 인한 임무해태에 해당한다는 해석기준을 내놓은 판례가 있다.[85][86]

이사의 임무해태에 대한 악의 또는 중과실이 있다는 것과 제3자에 대한 관계에서 위법성이 있다는 것은 구별하여야 한다. 이사의 임무해태행위에 악의 또는 중과실이 있다고 하여 반드시 제3자에 대한 위법성을 갖는다고 할 수 없다. 제3자에 대한 위법성이 인정되기 위하여는 제3자에 대한 보호의무를 위반한 경우에 한한다. 예컨대 임무해태로 인하여 제3자에게 손해를 입힐지도 모르는 상황에서, 이사가 그 임무를 해태한 경우에 위법성이 인정된다. 즉 이사의 임무해태로 제3자에게 '손해를 입힐지도 모르는 상황'이 위법성의 요건이며 그 존부는 객관적으로 판단하여야 한다.[87]

(2) 제3자의 손해

(가) 제3자의 범위

통설은 제3자에는 회사채권자나 기타 이해관계인뿐 아니라 주주나 주식인수인도 포함한다고 본다. 또한 통설은 직접손해[88]뿐 아니라 간접손해도 이사의 제3자에 대한 손

---

80) 이철송, 앞의 책, 791면.

81) 대법원 2008. 9. 11. 선고 2006다68636 판결.

82) 이에 대한 상세는 서세원, "이사의 제3자에 대한 책임", 「민사법연구」, 제8집(2000), 218-223면 참조.

83) 서동엽, "경영자의 법적 책임에 관한 융합 연구", 단국대학교 박사학위논문, 2015. 12, 57-58면.

84) 일반적으로 민법학에서 위법성이란 법률상 보호할 가치 있는 이익의 침해, 법규위반 및 선량한 풍속 기타의 사회질서의 위반을 의미한다. 다시 말하면 재산권 및 인격권의 침해로서의 권리침해, 보호법규위반 및 선량한 풍속위반 등을 의미한다(안택식, "이사의 제3자에 대한 책임", 「저스티스」, 제33권 제3호(2000), 238-239면).

85) 대법원 2002. 3. 29. 판결, 2000다47316, 대법원 2003. 4. 11. 판결, 2002다70044; 이철송, 앞의 책, 791-792면.

86) 이는 임무해태 외에 제3자에 대한 위법성을 요구함으로써 이사의 책임이 과도하게 확대될 가능성이 차단될 수 있도록 불법행위의 특칙이란 설에 가까운 입장을 취하고 있는 것으로 이해된다(김건식, "주주의 직접손해와 간접손해 -이사의 제3자에 대한 책임을 중심으로-", 「서울대학교 법학」, 제34권 제2호(김철수 교수 회갑기념호)(1993), 299면).

87) 안택식, 앞의 논문, 239면.

해배상책임의 범위에 포함시키고 있다. 이에 대해 일부 학설은 주주가 입은 간접손해를 포함시킨다면 주주가 회사채권자에 우선하여 변제를 받은 결과가 되므로 제외시켜야 한다고 주장한다.[89] 판례도 주주의 간접손해를 제외시킨다.[90]

1) 주주의 간접손해에 대한 책임

주주가 입은 간접손해란 이사의 부당행위로 인해 주가가 하락함에 따른 손해 등을 생각할 수 있다. 이러한 경우에는 주주가 이사에 대해 대표소송을 제기하여 회사가 이사로부터 손해배상을 받아 회사의 자산이 증가함으로써 결과적으로 주주가 손해를 회복할 수 있게 된다. 예컨대 이익배당액의 증가, 주가상승으로 손해가 회복되는 것 등을 들 수 있다.[91]

한편, 제외설은 주주의 간접손해에 대하여 회사가 입은 손해를 근거로 회사가 이사에 대해 상법 제399조에 의한 손해배상청구를 할 수 있고, 주주가 대표소송(상법 제403조)을 제기하여 회사의 손해를 회복함으로써 주주의 손해는 전보될 수 있다고 한다.[92] 그러나 일본과 달리 우리나라에서는 대표소송에 제소요건에 의한 제한이 있고,[93] 담보가 요구될 수 있으므로 용이한 구제수단이 아닌 데다, 대표소송으로 구제받을 수 없는 손해도 있으므로, 이와 별도로 주주의 손해배상청구를 인정할 실익이 있다.[94] 입법론적으로는 주주의 대표소송의 제소요건을 단독주주권으로 개정하는 것이 바람직하고, 그와 같은 경우에는 주주가 입은 간접손해는 원칙적으로 주주대표소송에 의하도록 하고, 주주대표

---

88) 주주의 직접손해 즉, 주식회사의 주주가 대표이사의 악의 또는 중대한 과실로 인한 임무해태행위로 직접 손해를 입은 경우에는 이사와 회사에 대하여 상법 제401조, 제389조 제3항, 제210조에 의하여 손해배상을 청구할 수 있다(대법원 2003. 10. 24. 선고 2003다29661 판결; 대법원 1993. 1. 26. 선고 91다360930 판결).

89) 서돈각/정완용, 「상법강의(상)(제4전정)」, 법문사, 1999, 468면.

90) 주식회사의 주주가 이사의 악의 또는 중대한 과실로 인한 임무해태행위로 직접 손해를 입은 경우에는 이사에 대하여 상법 제401조에 의하여 손해배상을 청구할 수 있으나, 이사가 회사의 재산을 횡령하여 회사의 재산이 감소함으로써 회사가 손해를 입고 결과적으로 주주의 경제적 이익이 침해되는 손해와 같은 간접적인 손해는 상법 제401조 제1항에서 말하는 손해의 개념에 포함되지 아니하므로 이에 대하여는 손해배상을 청구할 수 없다(대법원 2012. 12. 13. 선고 2010다77743 판결, 대법원 1993. 1. 26. 선고 91다36093 판결, 대법원 2003. 10. 24. 선고 2003다29661 판결).

91) 이철송, 앞의 책, 792-793면; 정찬형, 「상법강의(상)(제19판)」, 박영사, 2016, 1038면.

92) 회사가 배상을 받으면 주주의 손해도 간접적으로 전보될 가능성이 있고 이사의 이중배상문제 등의 이유로 간접손해에 대한 배상청구를 부정하는 견해에 대하여 간접손해포함설은 ① 주주의 손해가 회사의 손해를 초과하는 경우 회사가 배상을 받아도 주주의 손해 전보가능성이 없을 수 있다는 점, ② 이사가 주주에게 배상한 것만큼 회사에 대한 배상의무가 소멸한다고 보면 이중책임의 위험은 없다는 점 등을 논거로 들고 있다(정혜민, "이사의 제3자에 대한 손해배상책임에 관한 고찰 - 대법원 2012. 12. 13. 선고, 2010다77743 판결을 중심으로", 「CG리뷰」, 제75호(2014), 26면).

93) 일본에서는 주주의 간접손해를 제외해야 한다는 견해가 다수설인데, 일본에서는 대표소송의 제기가 단독주주권으로 되어 있어 어느 주주든 대표소송에 의하여 그 입은 손해를 전보 받을 수 있다.

94) 이철송, 앞의 책, 793면.

소송에 의하여 회복할 수 없는 간접손해에 대해서만 제401조의 이사의 제3자에 대한 책임을 물어서 해결하는 것도 하나의 방안이 될 것이라고 생각된다.[95][96]

2) 회사채권자의 간접손해에 대한 책임

회사채권자의 간접손해에 대하여는 우리나라에는 아직 판례가 없다. 회사채권자는 주주와는 동일한 입장에 있다고 볼 수 없으므로 간접손해 및 직접손해에 대해서 이사에게 손해배상을 청구할 수 있다고 볼 것이다.[97] 이와 같은 입장에 대해 참조할 수 있는 일본 및 미국에서의 논의에 대하여 간략히 살펴본다.

가) 일본에서의 논의

일본의 하급심 판례에서는 채권자에 의한 이사의 손해배상책임의 추궁에 대하여 경영판단 원칙과 같은 고려에 근거하여 악의 또는 중과실로 인한 임무해태의 존재를 부정하는 것이 존재하고 있다.[98] 또한 학설에서도 종래부터 이사의 중과실의 판단 시에 「경영의 특수성을 고려한다.」는 것을 인정하는 견해[99] 및 경영이 악화된 회사의 이사는 회사에 대해서 경영상황을 확실히 파악하는 동시에 경영개선 등 필요한 조치를 강구할 의무를 지는 바, 「어떤 조치를 강구할지는 이사의 재량에 맡겨져 있고, 그 조치가 어느 정도의 합리적인 근거를 가지고 있으면 결과로서 실패로 귀착된다 하더라도 중과실 있다고

---

95) 김건식, "이사의 제3자에 대한 책임", 「민사판례연구」, 제10집(1988), 318면 참조; 최문희, "이사의 횡령행위, 부실공시로 인한 손해에 대한 주주의 배상청구의 가부 – 상법 제401조의 손해의 개념을 중심으로", 「증권법연구」, 제14권 제2호(2013), 156면 참조.

96) 「이사가 회사재산을 횡령하여 회사재산이 감소함으로써 회사가 손해를 입고 결과적으로 주주의 경제적 이익이 침해되는 손해와 같은 간접적인 손해는 상법 제401조 제1항에서 말하는 손해의 개념에 포함되지 아니한다고 볼 것이므로 이에 대하여는 위 법조항에 기한 손해배상을 청구할 수 없다고 할 것이나, 회사 경영진이 기업 경영자에게 일반적으로 기대되는 충실·선관의무를 위배하여 비합리적 방법으로 기업을 운영하고 이로 인해 회사의 채권자나 주주 등 회사의 이해관계인조차도 도저히 예상할 수 없는, 통상적인 기업경영상 손실을 넘어서는 특별한 손실이 회사에 발생하고, 이러한 손실의 원인이 회사 경영진의 명백히 위법한 임무해태행위에 있으며, 그 손실의 규모가 막대하여 이를 직접적인 원인으로 회사가 도산하는 등 소멸하여 회사 경영진에 대한 책임추궁이 실질적으로 불가능하고, 따라서 회사 경영진에 대한 주주의 직접적인 손해배상청구를 인정하지 않는다면 주주에게 발생한 손해의 회복은 사실상 불가능한 경우와 같이 특별한 사정이 인정되는 경우에는 주주의 간접손해에 대해서도 상법 제401조의 적용을 인정함이 타당하다.」(서울지방법원 2002. 11. 12. 선고 2000가합6051 판결).

97) 김순석, 앞의 논문, 193면.

98) 예를 들면, 大阪高, 昭和 61年 11月 25日 判決, 「判時」 第1229号 144面에서는 어려운 하도급 업체를 지원하기 위한 어음 발행에 대해서, 千葉地裁, 平成 5年 3月 22日 「判例地方自治」 121号 51面에서는 산업구조의 변화에 따른 사업전환과 그를 위한 자금의 차입에 대해서 평소의 기업경영자로서 명백히 불합리한 것이라고는 인정하지 않고, 이사에게 중과실이 없다고 판단되고 있다. 이에 대하여 福岡高裁宮崎支判, 平成 11年 5月 14日 「判タ」 第1026号 254面은 경영판단원칙의 적용을 부정하고 있는데, 경영 악화 시에 지불할 가망이 없음에도 불구하고 상품을 구입한 것에 대한 책임을 해당 거래 상대로부터 추궁당한 사안이다.

99) 近藤光男, "商法二六六条ノ三第一項に基づく取締役の責任と経営判断の法則", 「民商法雑誌」 第88卷 第5 号(有斐閣, 1983), 583-585面, 592-593面 참조.

는 할 수 없다」고 하는 견해[100] 등이 주장되고 있다. 채무초과에 의해 이사의 신인의무가 채권자에 대한 것으로 전환하자고 주장하는 논자도 손해배상책임의 발생에 대해서는 악의·중과실에 따른 임무해태가 필요함을 강조하고 있는 것이다.[101]

나) 미국에서의 논의

델라웨어주의 판례에서는 Credit Lyonnais 판결[102] 이후 「도산상태에 있는 회사의 이사는 채권자에 대해서도 신인의무를 진다」라는 판시가 되풀이되고 있다.[103] 이와 같은 판례의 기능은 채권자의 이해를 고려한 이사의 행위에 대하여 주주에 의한 책임추궁을 부정하는 것으로,[104] 회사재산이 이사·지배주주·그룹 회사 등에 유출된 경우의 구제를 채권자에게 부여하는 것이다. 이사에 의한 리스크 높은 사업의 선택을 억제하는 것으로는 작용하고 있지 않다고 할 수 있다.

다) 우리에의 시사점

미국의 학설에는 이사의 채권자에 대한 신인의무에 대해서, 이사가 주주인 경우에는 이사와 채권자의 이해가 대립하기 때문에 경영판단원칙의 적용이 부정되어야 할 것이라는 견해가 존재하고 있었다.[105] 이는 이사가 경영판단의 대상에 이해관계를 가지고 있

---

100) 吉原和志, "会社の責任財産の維持と債権者の利益保護(3·完)", 「法学協会雑誌」第102卷 第8号(1985), 1513-1514, 1516面.

101) 黒沼悦郎, "取締役の債権者に対する責任", 「法曹時報」第52卷 第10号(法曹会, 2000), 2929面 注68.

102) Credit Lyonnais Bank Nederland, N.V. v. Pathe Communications Corp., 1991 Del. Ch. LEXIS 215(Dec. 30, 1991).

103) Geyer v. Ingersoll Publications Co., 621 A.2d 784(Del. Ch. 1992)는 지급불능의 시점에서 신인의무의 존재를 인정한 것으로 주주라는 하나의 이해관계 그룹만 아니라, 기업 전체의 이익으로 이어지는 최선의 방책을 이사로 하여금 선택하도록 하는 것을 가능하게 한다고 논하고 있다. 이것은 채무초과상태에 이른 시점에서 이사의 회사채권자에 대한 신인의무의 존재를 긍정하는 견해가 주식회사의 목적에서 주주이익극대화뿐 아니라 사회성·공공성의 관점도 도입되어 있다는 이원적 이해와 일치하는 것이다(近藤光男, "債権者に対する取締役の信任義務", 「商事法務」第1403号(商事法務研究会, 1995), 44面).

104) 또한 은행이라는 특성 업종에 대해서는 은행 위기 때마다 경영판단원칙의 적용을 제한함으로써 리스크가 높은 대출을 한 이사의 책임을 인정하는 판례가 내려져 온 것이 보고되고 있다(Patricia A. McCoy, A Political Economy of the Business Judgment Rule in Banking: Implications for Corporate Law, 47(1) Case Western Reserve Law Review, 1, 22-55(1996)). McCoy는 부채비율이 높을 경우 경영진이 주주의 이익에 대한 고려에 의하여 사업·자산의 리스크를 높은 것으로 변경하려고 하는 경우가 있으며, 그것에 대해서 채권자가 적절하게 자위할 수 없다는 사정은 은행 업종에 있어서도 맞는다는 이해를 전제로(id. pp. 68- 71) 도산에 근접한 회사의 이사는 채권자의 이익을 고려할 의무를 진다고 하는 델라웨어주의 판례도, 이 자산 대체의 문제에 대응하려고 한 것이라고 정리하고 있다(id. pp. 77- 78). McCoy는 은행의 이사의 책임이 다른 회사의 이사의 책임에 비해서 긍정되기 쉬운 것의 이유로 예금자 및 예금보험을 통한 납세자의 이익을 보호해야 한다는 주장은 사채에의 투자가의 이익을 보호해야 한다는 주장에 비해서 정치적 지지를 받기 쉬운 점을 들고 있는데(id. pp. 4, 72-74), 보다 직접적으로는 은행에 대한 각종 규제에 따른 은행 이사의 재량권의 범위가 한정되어 있기 때문이다(森田果, "わが国に経営判断原則は存在していたのか", 「商事法務」第1858 号(商事法務研究会, 2009), 4-13面)라고 하여야 할 것으로 생각된다.

105) 회사가 도산 또는 그에 가까운 상태에 들어가는 경우에는 회사 채권자에 대한 관계에서 이사의 주의의무가 가중되므로 더 엄격한 경영판단의 기준이 적용되어야 할 것으로 생각된다(谷口安平, "倒産企業の経営者の責任", 鈴木忠一/三ヶ月章 監修 「新・実務民事訴訟講座 13 倒産手続」, 日本評論社, 1981, 259面).

지 않은 것이 경영판단원칙의 적용요건이라는 일반적인 생각106)을 받아들인 주장이라고 생각된다. 그러나 정액의 청구권밖에 갖고 있지 않는 채권자는 회사가 채무초과 상태에 있는 경우라도 완전한 잔여청구권자가 되지 않음을 고려하면 이사가 채권자의 이익만을 고려할 의무를 진다고 해석하는 것은 타당하지 않다고 생각된다.107) 신인의무의 충돌은 미국 연방파산법 제11장 자체도 인정하는 부분이고, 이사의 의무를 생각하는데 있어서 는 신인의무의 충돌을 회피하는 것보다 오히려, 주주와 채권자 쌍방에 대한 신인의무가 병존하는 것을 전제로, 어떻게 그 충돌을 다루는지를 문제 삼아야 한다.108) 미국의 판례·학설의 대세에 따라서 이사는 주주·채권자 쌍방의 이익을 포함한 회사에 대해서 신인 의무를 진다고 하면 이사가 주주의 이익을 고려한 것을 가지고 경영판단원칙의 적용을 부정하는 것은 어렵다고 할 수 있다.

일반 회사채권자의 간접손해에 대한 배상가능성을 인정한다고 하더라도 실제로 손해 배상이 긍정되는 경우는 많지 않을 것이다. 왜냐하면 판례는 제3자에 대한 손해배상의 요건으로 고의 또는 중과실에 의한 임무해태 외에 그러한 임무해태행위가 제3자 대한 관계에서 위법하게 평가될 것을 요구하고 있는데,109) 회사채권자의 간접손해에 대하여 는 위법하게 평가되는 경우가 흔치 않을 것이기 때문이다.110)

(나) 손해발생의 여부

손해는 이사가 고의 또는 중과실로 그 임무를 게을리함으로 인하여 제3자가 입은 손 해를 가리킨다.

손해와 관련된 판례의 주된 내용은 다음과 같다. 우선, 손해발생을 부정한 경우로서는

---

106) The American Law Institute, *Principles of Corporate Governance: Analysis and Recommendations*, American Law Institute, 1994, §4.01 (c)(1).

107) 또한 Bainbridge는 채권자와의 관계에서도 경영판단원칙이 적용되는 근거의 하나를 잔여청구권자는 위험이 있어도 이익이 큰 프로젝트를 선호한다는 것은 이사가 누구에게 의무를 지고 있느냐는 점에 좌우되지 않는다는 것에 구해지고 있다. 이 배후에는 연방파산법 제11장의 재건절차에 있어서는 기존 주식이 사실상 소각되고, 채권자에게 새로운 주식이 발행되는 것이 일반적이기 때문에 회사의 지급불능(insolvency)으로 채권자는 사실상 잔여청구권자라는 이해(Stephen M. Bainbridge. *Corporation Law and Economics*, Foundation Press, 2002, p. 431)가 존재하고 있는 것 같지만, 다소 정확성을 결여하고 있는 것처럼 생각된다.

108) Nimmer & Feinberg, Chapter 11 Business Governance: Fiduciary Duties, Business Judgment, Trustee and Exclusivity, 6 *Bank. Dev. J.* 1, 32(1989).

109) 회사의 경영 상태로 보아 계약상 채무의 이행기에 이행이 불가능하거나 불가능할 것을 예견할 수 있었음에도 이를 감추고 상대방과 계약을 체결하고 일정한 급부를 미리 받았으나 그 이행불능이 된 경우가 바로 그것이다. 그리고 동 판결에서 문제 된 "통상의 거래행위로 인하여 부담하는 회사의 채무를 이행할 능력이 있었음에도 단순히 그 이행을 지체하고 있는 사실로 인하여 상대방에게 손해를 끼치는 사실만으로는" 위법성이 인정되지 않는다고 판시하고 있다(안택식, 앞의 논문, 238면).

110) 구은회, 앞의 논문, 132면; 김동민, 앞의 논문, 15면.

① 대표이사가 회사재산을 횡령하여 회사재산이 감소함으로써 회사가 손해를 입고 결과적으로 주주의 경제적 이익이 침해되는 손해와 같은 간접적인 손해는 상법 제401조 제1항에서 말하는 손해의 개념에 포함되지 아니한다.[111] ② 구 회사채의 상환자금을 마련하기 위하여 기업체가 신회사채를 발행하고, 구회사채에 대하여 지급보증을 한 금융기관이 신회사채에 대하여 다시 지급보증한 경우, 위 발행으로 마련한 자금으로 구회사채무가 소멸하였다면 두 번째 지급보증으로 금융기관에 새로운 손해가 발생하였다고 볼 수는 없다.[112]

손해발생을 긍정한 경우로서는 ① 금융기관이 현실적인 자금의 수수 없이 형식적으로만 신규대출을 하여 기존의 채무를 변제하게 함으로써 사실상 대출기한을 연장하여 주는 이른바 대환대출의 경우, 기한 연장 당시에는 채무자로부터 대출금을 모두 회수할 수 있었는데 기한을 연장해 주면 채무자의 자금사정이 대출금을 회수할 수 없을 정도로 악화되리라는 사정을 알고서 기한을 연장해 준 경우에만 그 기한 연장으로 새로운 손해가 발생한 것으로 볼 수 있다.[113] ② 수산물 검품대행회사의 직원이 금융기관으로부터 담보물인 수산물의 검품을 의뢰받아 수산물을 검품하면서 수산물의 구입가격이나 객관적인 시장가격을 제대로 파악하지 않은 채 차주(借主)들이 주장하는 금액 및 자신의 주관적인 경험과 판단을 근거로 하여 임의로 구입가격과 시장가격을 결정하고 대출가능금액을 과다 산정한 경우에, 금융기관의 대출 즉시 금융기관에게 과다대출 부분만큼의 손해가 발생한다.[114]

(3) 임무해태와 손해 사이의 인과관계

이사의 책임인정 여부에 대한 중요한 기준으로는 임무해태와 손해와의 상당인과관계를 들고 있다. 논리적으로 보아 제3자를 보호하기 위하여 이 책임을 설정했으므로 그 상당인과관계가 인정되는 한 배상책임을 부인할 만한 아무런 근거가 존재하지 않기 때문이다.[115]

반면, 이사의 고의 또는 중과실로 그 임무를 해태하였다고 하더라도 추가로 그러한 임

---

111) 대법원 1993. 1. 26. 선고 91다36093 판결.
112) 대법원 2008. 2. 28. 선고 2005다60369 판결; 김홍기, 앞의 책, 607면.
113) 대법원 2008. 04. 10. 선고 2004다68519 판결.
114) 대법원 2006. 09. 08. 선고 2006다21880 판결.
115) 안택식, 앞의 논문, 235-236면.

무해태와 손해 발생 사이의 인과관계가 인정되지 않는다면 이사는 책임을 부담하지 않는다.[116][117]

우리나라의 대법원도 일본의 1969년도 판결의 영향을 받아 "이사의 악의 또는 중대한 과실로 인한 임무해태 행위와 상당인과관계가 있는 제3자의 손해에 대하여 그 이사가 손해배상의 책임을 진다는 것이 위 법조의 취지라 할 것"이라고 판시하고 있다.[118] 상당인과관계가 있는 경우란 일반적으로 그러한 임무해태가 있으면 제3자에게 그러한 손해가 발생하는 것으로 사회통념상 인정되는 경우이다.[119]

다. 책임의 적용범위

이사가 고의 또는 중대한 과실로 그 임무를 게을리한 때에는 제3자에 대하여 연대하여 손해를 배상할 책임을 부담한다(상법 제401조). 이 규정은 경영자인 이사의 업무집행상 신중성과 더불어 제3자를 보호하기 위한 것이다. 즉, 민법 제750조 소정의 일반불법행위 요건을 충족하지 않더라도 이사로 하여금 제3자가 입은 손해를 배상하도록 하고 있다. 경제생활상 주식회사의 중요성과 이사의 직무수행의 제3자에 대한 영향을 고려하여 제3자를 보호하기 위하여 둔 특별한 규정이라고 할 것이다.

현대 회사관련 경제생활의 다양화로 인하여 이사의 제3자에 대한 책임이 판례 등에 나타나는 현상이 점점 늘어날 것으로 생각된다. 이사의 제3자에 대한 책임규정은 주주가 동시에 이사인 소규모주식회사에 있어서 실질적으로 법인격부인법리의 대체적 기능을 수행하기도 한다. 특히 미국 및 일본에서의 규제태도를 참조하여 이사의 제3자 책임의 적용범위를 정리하면 다음과 같다.

---

116) 김홍기, 앞의 책, 608면.

117) 이와 같은 임무해태와 손해와의 사이의 상당인과관계로 인하여 법정책임설의 문제를 지적하는 견해도 있다. 법정책임설에 따를 경우 이사의 책임범위가 지나치게 확대된다고 본다. 또한 법정책임설이 내세울 수 있는 상당인과관계의 경우에도 그 본래의 개념과는 상당히 유리된 내용으로 이를 적용할 수밖에 없다. 왜냐하면 상당인과관계란 행위자가 예견할 수 있는 손해에 대한 배상책임을 인정하는 것인데, 악의 또는 중과실의 방향을 제3자의 가해에 대해서가 아니라 임무해태에 두고 있는 한, 손해에 대한 예견가능성이라는 상당인과관계의 정의를 그대로 적용할 수는 없기 때문이다(안택식, 앞의 책, 236면).

118) 예를 들면, 대법원 1985. 11. 12. 선고 84다카2490 판결.

119) 그렇다면 이를 인식하지 못한 이사에게는 과실이 있다고 인정되는 경우일 것이다. 인과관계를 인정함에 있어서 '조건설'은 사실인정의 기준에 관한 것이지만 '상당인과관계설'은 이미 책임의 영역이다. 그러므로 상당인과관계를 필요로 한다면 이 결과에 대한 이사의 고의나 과실을 인정할 수 있는 경우라야 한다는 뜻이다. 그러므로 日本 法廷 판결이 "자기에 대한 가해에 고의 또는 과실이 있음을 주장하고 입증할 것 없이"라고 한 것은 상당인과관계를 필요로 하는 이 판결의 입장에서는 이 상당인과관계를 주장·입증한 이상 과실을 따로 주장·입증할 필요가 없다는 뜻으로 해석하면 모순 없이 이해할 수 있지 않을까(정진세, 판례평석 "이사의 제3자에 대한 책임-상법 제401조의 적용범위" 대상판결: 대판 2002. 3. 29, 2000다 47316 매매대금, 「Jurist」, 제383권(2002), 69-75면; 정진세, 앞의 책, 492면).

이른바 오인유발형 거래의 경우 즉, 회사의 도산이 불가피하고 이행할 가망이 없는데도 거래를 체결한 경우, 경영난 때문에 공사완공 전망이 없는데도 용역계약을 맺고 선급금을 받고 공사를 완성시키지 못한 경우, 회사의 자산상태로 보아 만기일에 지급할 전망이 없는 약속어음을 발행한 경우 등은 이사에게 제3자에 대한 책임을 인정하고 상대방이 입은 손해를 배상해야 할 것으로 생각된다.[120]

이사가 선관주의의무와 충실의무 등 법령에 규정되어 있는 의무를 위반하여 제3자가 피해를 입은 경우 당해 이사에게 상법 제401조 제1항에 따른 책임을 물을 수 있는지가 문제된다. 상법상의 이사의 의무 규정과 같이 회사의 이사로서 당연히 숙지하고 있어야 할 것으로 생각되는 법령을 제외하고, 이사가 모든 법령에 대하여 이를 인지하고 있을 가능성은 없다. 법령위반에 대하여 예견가능성이 없는 경우에는 임무해태에 대하여 고의·과실이 없다고 해야 할 것으로 생각된다.[121]

내부통제시스템인 준법통제의 구축의무가 법정된 상장회사에서는 이사 등이 제3자에 손해를 주는 행위를 한 경우 해당 이사 외 다른 이사의 감시의무 위반을 묻기 위해서는 준법통제의 구축의무가 수행되고 있었는지 여부, 그리고 그 통제 시스템에 따라서 보호의무가 수행된 것인지의 여부가 책임 여부의 판단기준이 된다. 즉, 구축의무와 감시의무라는 2단계에서 체크되는 것이다. 준법지원인의 의무도입 대상회사가 이를 도입하지 않은 경우에 대한 벌칙이나 기타 불이익이 직접적으로 규정되어 있지 아니하나, 준법지원인은 법정기구로서 상법이 그 선임을 강제하고 있음은 의문의 여지가 없다. 이를 두지 않을 경우 위법상태가 될 것이며, 이사들의 임무해태를 구성한다.[122][123] 물론, 준법지원제도의 의무 대상기업이 아닌 상장회사의 경우에도 회사의 규모에 적정한 내부통제시스

120) 일본에서 판례는 회사의 도산이 불가피하고 이행할 가망이 없는데도 거래를 체결한 사례(東京高, 昭和 43年 11月 8日 判決, 「判時」第547호, 77面), 경영난 때문에 공사완공 전망이 없는데도 용역계약을 맺고 선급금을 받고 공사를 완성시키지 못한 사례(大阪地, 昭和 57年 3月 29日 判決, 「判タ」第469호, 251面), 회사의 자산상태로 보아 만기일에 지급할 전망이 없는 약속어음을 발행한 사례(最高裁判所, 昭和 34年 7月 24日 判決, 「民集」第13卷 第8호, 1156面, 最高裁判所, 昭和 51年 6月 3日 判決, 「金融法務」第801호, 29面) 등에서 이사에게 책임을 인정하고, 상대방이 입은 손해를 배상해야 한다고 판시하였다.

121) 법령위반의 경영판단은 보호되지 않는다(Jeffrey D. Bauman/Elliott J. Weiss/Alan R. Palmiter, *Corporations Law and Policy, Materials and Problems*, Fifth Edition, Thomson/West, 2003, pp. 37-42). 그러나 어떤 행위가 구체적 법령위반이 되는 경우에 법령위반이 되는 것에 대한 예견가능성이 문제가 되는 경우가 있고, 예견하기 힘든 사정이 있는 경우에는 임무해태에 대하여 고의·과실이 없는 것이 되어 책임이 부정되는 경우도 있을 수 있다(일본 대법원은 野村証券損失補填事件(平成 12年 7月 7日 判決)에서 증권회사의 손실전보가 독점금지법 위반을 구성하는 것에 대하여 과실이 없다고 하였다).

122) 이철송, 앞의 책, 866면.

123) 준법지원인 의무도입 대상회사가 이를 도입하지 않은 경우에는 이사가 경미한 부주의로 회사에 손해를 끼친 경우 주주들이 정관에 정함에 따라서 연봉의 6배(사외이사는 3배)를 초과하는 금액에 대하여는 손해배상책임액을 면제할 수 있도록 허용하고 있는 이사책임의 제한 규정이 적용되지 않는다.

템인 위험관리시스템이나 준법통제시스템을 갖추지 않은 경우에는 이사의 임무해태를 구성하여 이사의 회사 및 제3자의 책임에서 손해배상의 책임액을 형량 하는데 마이너스 요인이 될 것으로 생각된다.

이사가 회사를 운영하는 경우 회사의 이익이 최대화되도록 회사를 운영하게 된다. 이 때 회사의 이익이란 지배주주의 이익이 아닌 주주 전체의 이익을 말한다. 그러므로 이사가 일반적으로 주주 이익이 최대화가 되도록 회사를 운영하는 경우 이사의 선관주의의무 등을 다한 것으로 평가받을 수 있다. 그러나 회사의 경영상황이 악화되는 경우에는 그리고 회사가 도산이나 지급불능의 위험에 빠지거나 빠질 가능성이 존재하는 경우에는 단순히 주주 전체의 이익을 위해 회사를 운영하였다고 하여 이사의 선관주의의무를 제대로 이행하였다고 하기 어렵다. 그러한 경우에는 주주의 이익뿐 아니라 채권자 등 이해관계자의 이익도 함께 고려하여 회사를 경영하지 않으면 안 될 것으로 생각된다.

제5장 사외이사의 선임과 기관투자가 행동주의[*]

Ⅰ. 서론

1998년에 기업지배구조의 투명성 확보를 위하여 도입된 사외이사제도는 그 무기능성을 넘어 대단히 무익한 거수기가 되었다는 것이 사계의 정설로 자리 잡고 있다. 이제는 사외이사제도의 근본적인 변혁이 요구된다고 하겠다. 기업지배구조의 투명성이라는 본래의 목적을 위하여 사외이사제도가 그 실효성을 가질 수 있는 대변혁이 요구된다고 하겠다. 이러한 측면에서 본고에서는 사외이사제도의 실효성확보를 위하여 기관투자가 행동주의가 활성화되어야 한다는 것을 강조하였다.

지금까지 이사회 내에서 사외이사가 기업경영의 투명성을 위한 감시기능을 수행해야 하는 사회적 역할을 부여받고 있었으나, 그 선임이 지배주주 및 경영자에 의하여 이루어지고 있기 때문에 그들을 감시할 기능을 수행할 수 없었다. 그러므로 실질적으로 지배주주를 감시할 가능성이 있는 당사자인 노동자대표나 소수주주대표를 사외이사로 선임해야 한다는 논의가 꾸준히 진행되어 왔다. 그러나 이러한 논의는 지속적으로 대기업에 의하여 반대에 부딪혀 성사될 수가 없었다. 이제 기관투자가는 지배주주를 능가하는 지분을 보유하게 되었으므로 지배주주의 도움을 받지 않을지라도 스스로의 힘으로 사외이사로 선임될 수 있는 가능성을 갖게 되었다. 그러므로 기관투자가에 의하여 사외이사가 선임될 수 있도록 정책방향을 설정하여야 한다고 본다. 이러한 의미에서 본고에서는 기관투자가에 의한 사외이사 선임의 당위성을 검토하고 실질적으로 기관투자가에 의한 사외이사 선임방법을 제시하고자 한다.

Ⅱ. 사외이사선임의 현황

1. 현행법상 사외이사제도의 개요

우리나라에서 사외이사제도는 상법, 은행법, 자본시장법 및 금융회사 지배구조에 관한 법률 등에서 규정하고 있다.[1] 이에 관한 주요한 사항을 자세히 기술하면 다음과 같다.

가. 상법상 사외이사

비상장회사는 사외이사의 선임을 자율적으로 할 수 있고 그 선임에 관한 강제가 없다. 다만 정관으로 감사에 갈음하여 감사위원회를 설치하는 경우에는 3명 이상의 이사로 구성하되 그중 3분의 2 이상을 사외이사로 선임하여야 한다. 즉 비상장회사에 있어서 회사가 정관으로 감사위원회를 설치하는 경우에는 사외이사의 선임이 의무화된다(제415조의 2 제2항). 그러나 상장회사는 자산 규모 등을 고려하여 대통령령으로 정하는 경우를 제외하고는 이사 총수의 4분의 1 이상을 사외이사로 하여야 한다. 다만, 자산 규모 등을 고려하여 대통령령으로 정하는 상장회사(최근 사업연도 말 현재 자산총액 2조 원 이상의 상장회사-상법시행령 제13조 4항)의 사외이사는 3명 이상으로 하되, 이사 총수의 과반수가 되도록 하여야 한다(제542조의 8 제1항). 상장회사는 사외이사의 사임·사망 등의 사유로 인하여 사외이사의 수가 제542조의 8 제1항의 이사회의 구성요건에 미달하게 되면 그 사유가 발생한 후 처음으로 소집되는 주주총회에서 제1항의 요건에 합치되도록 사외이사를 선임하여야 한다(동조 제3항).[2]

나. 은행법상 사외이사

금융기관은 이사회에 상무에 종사하지 아니하는 이사(이하 '사외이사'라 한다)를 3인 이상 두어야 하며, 사외이사의 수는 전체 이사수의 100분의 50 이상이 되어야 한다(은행법 제22조 제2항). 금융기관은 사외이사후보를 추천하기 위하여 상법 제393조의 2의

---

* 이 논문은 단국대학교 법학연구소의 「법학논총」 제41권 제2호(2017)에 게재된 것임.

1) 1998년 한국증권거래소가 유가증권상장규정을 개정하여 이사총수의 4분의 1 이상을 사외이사로 선임하도록 규정한 것이 그 제도도입에 관한 최초의 조치이다. 그 후 재벌의 소유지배구조개편을 주요내용으로 하는 대통령의 8.15경축사를 계기로 대기업과 금융기관의 사외이사를 과반수로 선임하도록 제도를 강화하였다. 이러한 강화된 규정은 2001년도부터 적용하였다.

2) 안택식, "사외이사제도에 관한 최근논의와 그 개선방안", 「경영법률」, 제20집 제3호(2010), 74면.

규정에 의한 위원회(이하 '사외이사후보추천위원회'라 한다)를 설치하여야 한다. 이 경우 사외이사후보추천위원회는 사외이사가 총위원의 2분의 1 이상이 되도록 하여야 한다(동조 제3항). 사외이사는 사외이사후보추천위원회의 추천을 받은 자 중에서 주주총회에서 선임한다(동조 제4항). 사외이사의 사임 또는 사망 등의 사유로 이사회의 구성이 제2항에 규정된 요건에 합치하지 아니하게 된 경우에는 그 사유가 발생한 날 이후 최초로 소집되는 주주총회일까지 이사회의 구성이 제2항에 규정된 요건에 합치하도록 하여야 한다(동조 제6항).3)

다. 자본시장과 금융투자업에 관한 법률(이하 '자본시장법'이라 한다) 상의 사외이사

금융투자업자는 사외이사를 3인 이상 두어야 하며, 사외이사의 수는 전체 이사수의 2분의 1 이상이 되어야 한다(자본시장법 제25조 제1항). 금융투자업자는 사외이사를 추천하기 위하여 상법 제393조의 2의 규정에 의한 위원회(이하 '사외이사후보추천위원회'라 한다)를 설치하여야 한다. 이 경우 사외이사후보추천위원회는 사외이사가 총위원의 2분의 1 이상이 되도록 하여야 한다(동조 제2항). 사외이사는 사외이사후보추천위원회의 추천을 받은 자 중에서 주주총회에서 선임한다(동조 제4항). 사외이사의 사임 또는 사망 등의 사유로 이사회의 구성이 제1항에 규정된 요건에 합치하지 아니하게 된 경우에는 그 사유가 발생한 날 이후 최초로 소집되는 주주총회일까지 이사회의 구성이 제1항에 규정된 요건에 합치하도록 하여야 한다(동조 제6항).4)

라. 금융회사의 지배구조에 관한 법률상의 사외이사

금융회사 지배구조제도가 개별 업권별로 도입되면서 기능적으로 동일함에도 이사회의 사외이사 비율, 상근임원 겸직제한 범위, 임직원 제재 시 임원자격제한 범위, 임원결격 사유, 준법감시인 자격요건 등과 관련하여 업권별로 차이가 발생하였다.5) 이에 2015년 업종 간 형평성 제고 및 규제차이의 방지 및 재정비를 위해 이사회의 사외이사 과반

---

3) 안택식, 위의 논문, 76면.
4) 안택식, 위의 논문, 77면.
5) 남유선, "개정상법 및 기업지배구조변화에 관한 연구", 「기업업연구」, 제26권 제1호(2012), 59면.

수 의무화(동법 12조 2항) 및 주요사항에 대한 이사회의 심의 의결 권한 명시(동법 15조) 등을 주요 내용으로 하는 금융회사의 지배구조에 관한 법률이 제정되었다. 동 법률은 그 밖에 지주회사 상근 임직원의 자회사의 사외이사의 겸직금지를 은행에서 전업권의 금융회사로 확대하였다(동법 6조 1항 3호). 또한 사외이사는 임원후보추천위원회의 추천을 받은 자 중에서 선임하여야 하며 임원후보추천위원의 자기투표를 금지하였다(동법 17조).

2. 사외이사선임의 현황

1998년 도입된 사외이사제도는 그 무기능성이 대내외에 입증되어 이제는 단순한 거수기에 불과하다는 것이 정론이 되었다. 최근 사외이사가 이사회에서 반대표를 던진 것은 지극히 소수에 불과하다는 것이 그러한 입론을 뒷받침하는 증거가 되고 있다. 심지어 2010년에는 전국경제인연합회에서 사외이사의 선임비율 및 감사위원회의 설치를 법적 강제가 아닌 정관자율로 정하도록 하는 모범회사법(안)을 마련함으로써[6] 재계 스스로 사외이사의 무기능성을 시인하는 계기가 되었다. 이러한 상황에서 사외이사제도의 실효성을 확보하기 위한 방안을 검토하기 위한 전제로서 사외이사의 선임현황을 살펴보고자 한다. 2016년 상호출자제한 기업집단 53개의 상장회사 247개사의 사외이사 803명과 감사 75명을 대상으로 분석한 결과에 따르면, 이해관계가 있는 사외이사의 비중은 22.91%로 2015년 24.08%보다 소폭 감소하였다. 그러나 2006년부터 2012년까지 이해관계 있는 사외이사는 약 30% 선을 꾸준히 유지하고 있다.[7] 이해관계가 있는 사외이사 중 직접적 이해관계가 있는 사외이사는 130명으로 16.09%, 학연관계가 있는 사외이사는 99명으로 12.33%를 차지한다. 직접적 이해관계가 있는 사외이사 중 계열사 출신이 50명으로 가장 많고, 소송대리가 39명, 정부 및 채권단 출신이 4명, 전략적 제휴가 5명, 기타가 1명이다.[8] 이해관계가 있다고 판단되는 사외이사의 직업은 계열회사 임직원 > 경제금융조세공무원 > 판검사의 순으로 나타났다. 특히 경제금융조세 공무원출신 사외이사 중 고위 공무원은 퇴직 후 사외이사로 재직 중인 회사의 자문 등을 수행하는 대형 로펌 고문으로 재직하는 사례가 적지 않은 것으로 확인되었다.[9]

---

6) 주성원 임우선, "전경련서 만든 모범회사법안 논란," 동아일보, 2010. 3. 26.
7) 이수정, "사외이사 및 감사의 실질적 독립성 분석(2015-2016) -대규모기업집단소속 상장회사를 중심으로-", 경제개혁리포트, 제2017-04호, 경제개혁연구소, 2017, 19면; 김택주, "기관투자가의 경영관여", 「법과 기업연구」, 제4권 제1호(2014), 64면.
8) 김택주, 앞의 논문, 64면; 이수정, 앞의 논문, 51면.

<이해관계 있는 사외이사 현황>

		2016		2015		2012	2010	2009
		이사수	비중	이사수	비중	비중	비중	비중
직접이해관계	계열사 출신	50	6.23	59	7.52	8.42	8.78	7.77
	전략적 제휴	5	0.62	5	0.64	1.11	1.64	1.75
	소송대리/회계감사/법률자문	39	4.86	35	4.46	3.71	2.81	1.75
	정부/채권단	4	0.50	6	0.76	2.1	2.46	2.01
	기타	1	0.12	1	0.13	0.74	1.17	1.13
	소계	99	12.33	106	13.50	16.09	16.86	14.41
학연		85	10.59	83	10.57	12.62	15.34	14.54
계		184	22.91	189	24.08	28.71	32.2	28.95

* 비중은 전체 사외이사 수 대비 비율(단위: 명, %)

　현행 법령은 사외이사의 독립성 확보를 위해 사외이사의 자격요건을 엄격히 제한하거나 이사 선임 과정에 있어 소수주주의 영향력 확보를 위한 장치들을 마련해놓고 있다. 상법은 전직 임직원이나 주요한 거래가 있는 법인 소속 인물을 사외이사로 선임할 수 없도록 규정하고 있다. 또한 주주제안을 통한 이사후보 추천, 집중투표제, 감사위원 선임 시 지배주주 및 특수 관계인의 의결권 제한 등의 장치들을 마련해 놓고 있다. 그러나 현행법령이 사외이사의 독립성 확보를 위하여 마련해 놓은 여러 장치들이 근원적으로 그 독립성을 제고할 만큼 효과적으로 작동하고 있는지 의문이 제기되고 있다.[10) 사외이사 독립성 분석 보고서를 작성한 몇 년간 몇 % p의 차이는 있었지만 매년 전체 분석 대상 사외이사의 약 25%가 지배주주 또는 회사와 직간접적 이해관계가 있는 것으로 나타났다. 경영감시라는 본래 역할을 망각한 채 전직 임원들의 퇴직 후 재취업이나 회사 이익을 위한 로비스트용으로 활용되고 있다는 비판이 제기되지 않을 수 없다. 결과적으로 현재 시행되고 있는 사외이사 독립성 확보를 위한 제도는 효과적으로 작동하고 있지 못하다.[11)

9) 이수정, 앞의 논문, 31면.
10) 이수정, 앞의 논문, 31면.
11) 이수정, 앞의 논문, 31면.

Ⅲ. 사외이사의 선임에 있어서 기관투자가 행동주의

1. 사외이사의 무기능성

사외이사제도는 1998년 국가적인 외환위기를 극복하기 위하여 경영의 투명성과 지배주주의 견제를 위하여 우리나라에 도입되었다. 그러나 그 선임의 요건이 지배주주 및 경영진과의 일정한 관계가 없을 것을 요구하는 소극적 요건만을 정하고 있기 때문에 사외이사가 그 실효성을 갖지 못한다는 비판이 끊이지 않고 있다. 심지어 사외이사는 거수기에 불과하다는 극단적인 비판이 있으며 이러한 사외이사의 실효성을 담보하기 위한 상법개정안이 수차례에 걸쳐 국회에 제출된 바 있다. 우리나라의 기업지배구조는 전형적인 주주중심주의적인 구조를 가지고 있다. 그러나 주주중심주의라고는 하나 그 지배구조에 있어서 대주주와 소주주를 아우르는 주주민주화가 실현된 지배구조가 아니라 지배주주의 전횡이 나타나는 비합리적이고 기형적인 지배구조라고 할 수 있다. 공정거래위원회에 따르면 총수가 있는 10대 기업집단의 총수일가의 지분은 지난해인 2016년 평균 2.6%에 불과하였다. 반면에 다단계 순환출자를 통한 계열사지분율은 54.9%에 달했다.[12] 범위를 45개 기업집단으로 넓혀 보아도 총수일가의 지분율은 4.1%로 계열사지분율 50.6%에 비하면 매우 적다.[13] 적은 지분으로 경영권을 장악하고 소수주주에 대한 정당한 대우를 외면하고 있는 것이 오늘의 현실이다. 그러므로 주주민주주의 마저 실현되지 않고 있는 현실에서 선진제국에서 정착되어가고 있는 이해관계자 자본주의[14]의 정착은 요원한 과제라고 아니할 수 없다. 왜냐하면 우리나라의 지배구조에서 영향력과 책임의 불일치는 정경유착으로 이어지기 쉽다. 대주주로서 기업내부의 문제를 자체적으로 해결하기보다는 권력에 기대 손쉽게 해결하려는 유혹을 느낄 수밖에 없기 때문이다.[15]

---

12) 2004년 분석 자료에 따르면 13개의 출자총액제한 기업집단의 경우 총수일가의 지분은 3.41%이며, 23개의 출자총액제한제외 기업집단의 경우는 8.66%이며 총 36개 기업집단의 총수일가의 지분은 4.61%이었다(공정위, 대기업집단의 소유 지분구조 공개, 2004).

13) 나현철, "대기업 지배구조개선, 주주 시장 역할 강화로 풀자", 중앙일보, 2017. 2. 28.

14) 이해관계자 자본주의란 기업의 공익적 책임을 중시하고 기업경영에 소수주주, 노동자, 소비자단체 등을 참여시켜 그 이해관계를 경영에 반영하는 형태의 자본주의를 말한다. 미국의 경우에는 전통적으로 이사는 주주의 대리인이라는 주주중심주의의 입장을 견지하다가 1980년대의 판례에서 이해관계자 자본주의의 경향이 나타나게 되었다. 즉 적대적 기업매수의 경우 그러한 매수제안이 주주에게 이익이 된다 할지라도 회사의 이익에 반한다면 이사회는 이를 거절할 수 있다는 판례가 나타나게 되었다. 이 경우 회사의 이익이란 주주뿐만 아니라 노동자, 채권자 및 다른 회사이해관계자를 포함한 회사의 총체적 이익을 가리킨다(안택식, "산업민주주의와 이해관계자 자본주의-근로자 공동결정과 이해관계자 자본주의에 대한 시대적 요구의 검토," 「경제법연구」, 제16권 제1호(2017), 45면).

15) 나현철, 앞의 중앙일보.

적은 지분으로 대기업의 경영권을 행사하는 우리나라의 지배구조에서 가장 시급한 것은 경영의 투명성강화와 정경유착의 근절이라고 할 수 있다. 이러한 지배구조의 시대적 요구를 충족시키기 위해서는 이해관계자 자본주의를 수용하는 것이 바람직하다고 사료된다. 그러나 지배주주의 경영전권이 통용되고 있는 현실에서 급작스러운 이해관계자 자본주의의 도입은 무리라고 생각된다. 다만 주주민주주의의 실현은 시급하게 시행해야할 사안이라고 하지 않을 수 없다. 주식회사에 규모의 대소가 다를지라도 동일하게 자본을 투자했는데 대주주만이 경영전권을 행사하는 구조는 바람직하지 않다. 더욱이 순환출자를 통하여 실제적으로 소수주주와 크게 다르지 않는 지분을 갖는 대주주가 전권을 행사하고 소수주주는 아무런 권한을 갖지 못하는 현실에서 지배구조의 투명성이나 정경유착의 근절은 요원한 것이 현실이다. 이해관계자 자본주의에서는 소수주주뿐만 아니라 근로자까지 경영에 참여하는 것을 수용하는 것이다. 그러나 우리나라에서는 우선 소수주주의 대표의 경영참여를 용인하는 조치를 취하여야 할 것이다.

사외이사제도가 실효성을 갖지 못하는 것은 지배주주를 실제적으로 견제할 수 있는 당사자가 선임되지 못하고 지배주주 및 경영진과의 일정한 관계가 없는 소극적 요건만을 정하고 있기 때문이다. 그러므로 지배주주는 사외이사제도에도 불구하고 자신의 전권을 행사하는데 아무런 불편을 느끼지 않는다. 그러나 소수주주대표가 사외이사로 선임된다면 지배주주의 전횡은 더 이상 용납될 수 없을 것이다. 사안이 이러함에도 불구하고 재계에서는 소수주주대표의 사외이사선임을 극단적으로 반대하고 있다. 그 반대이유로 외국계 헤지펀드에 의한 경영권탈취의 우려가 있다는 논리를 들고 있다. 그러나 소수주주대표가 사외이사로 선임된다고 하여 항상 헤지펀드에 의하여 경영권이 탈취된다는 논리는 지나친 비약이다. 소수주주대표가 사외이사로 선임되면서도 경영권을 방어할 수 있는 방안이 얼마든지 강구될 수 있다. 그러한 방안이 있음에도 불구하고 그러한 방안에 대해서는 상호 협의하지 않고 무조건 소수주주대표의 사외이사선임을 반대하는 것은 이성적이지 않다. 그러면 근로자참가 사외이사나 소수주주대표의 사외이사 선임을 배제한 상태에서 경영의 투명성을 강구할 수 있는 대안이 있는지 참으로 궁금하다. 아무런 대안이 없으면서 소수주주대표의 사외이사선임을 반대만 한다면 한국기업의 발전에 전혀 도움이 되지 못한다.

2. 기관투자가는 지배주주에 필적할 만한 지분을 가지고 있다

한국의 지배주주는 적은 지분을 가지고 있음에도 불구하고 순환출자를 통하여 기업의 경영권을 행사하고 있다. 10대 기업집단의 총수일가의 2016년 평균지분은 2.6%이며, 45개 기업집단의 경우에도 4.1%에 불과하였다. 이같이 지배주주인 재벌총수는 적은 지분으로 대규모 기업집단을 지배하고 있음에도 불구하고 그의 전단적 지배권을 효과적으로 견제하지 못하고 있는 것이 오늘의 현실이다. 우리나라에서 소수주주의 지분율은 총수일가의 지분율을 크게 상회하고 있다. 그 가운데 기관투자가의 지분이 그 대부분을 차지하고 있다. 그러므로 기관투자가가 그 지분을 정당하게 행사한다면 충분히 재벌총수의 전횡을 견제할 수 있다. 이러한 측면에서 기관투자가는 소수주주를 대표하여 재벌총수를 견제할 수 있는 가능성이 있다고 하겠다. 이러한 측면에서 기관투자가는 소수주주의 대표라고 할 수 있다.

한국거래소의 자료에 따르면 2011년 현재 전체 주식시장에서 기관투자가의 비율은 12.97%에 달하였다.[16] 이러한 기관투자가의 비율은 외국인투자가의 비율인 30.6%에 비하면 적은 비율이나 재벌총수의 지분이 4.1%에 불과하다는 점을 감안하면 상당히 커다란 비율에 해당한다고 하겠다. 재벌총수는 4.1%에 불과한 지분을 가지고 계열사에 순환출자 등을 통하여 과반수의 지분을 장악하여 기업지배권을 행사하고 있으나, 12.97%에 해당하는 지분을 가지고도 지배주주에 대한 견제와 감독의 기능도 제대로 행사하지 못하고 있다. 기관투자가 가운데 국민연금은 2010년 말 현재 적립금의 17%인 55조 원을 투자하여 139개 국내기업에 대해 5% 이상의 지분을 보유하고 있다.[17] 삼성그룹의 예를 들면 국민연금의 삼성전자지분이 삼성생명 7.45%에 이어 두 번째로 5%를 보유하고 있다. 이러한 국민연금의 지분은 실질적으로 경영권을 행사하는 삼성그룹 총수의 지분인 3.38%보다도 더 많다.[18]

기관투자가는 지배주주보다 더 많은 지분을 가지고 있음에도 불구하고 그 지분에 상응하는 의결권을 행사하지 못하고 있다. 그간에 금지되었던 기관투자가의 의결권행사가 1998년 증권투자신탁법을 개정함으로써 허용되었다. 그러나 기관투자가의 의결권행사

---

16) 김택주, "기관투자가의 경영관여", 「법과기업연구」, 제4권 제1호(2014), 48면.

17) 곽승준, "공적연기금의 주주권행사 및 지배구조 선진화," 미래기획위원회 보도자료, 2011. 4. 26, 1면; 안택식, "연기금주주의 의결권 행사와 주주의 충실의무", 「한양법학」, 제23권 제2집(2012), 125면.

18) 곽승준, 앞의 보도자료, 1면.

는 대부분 투자대상기업의 지배주주나 경영진을 위한 찬성표를 던지는 소극적 행사이거나 국민연금의 경우에는 자동거수기에 불과하다는 비난을 면하지 못하였다.[19] 기관투자가의 의결권이 실질적으로 행사되지 못하였던 이유는 크게 나누어 2가지로 분석되고 있다. 첫째, 대부분의 기관투자가가 재벌에 의하여 지배되고 있다는 사실이다. 기관투자가의 주요고객은 재벌그룹이 차지하고 있다. 기관투자가가 재벌그룹의 경영사항에 대하여 의결권을 정상적으로 행사하고자 할 경우 그러한 의결권의 행사가 재벌그룹의 이해와 상반되는 때에 재벌그룹은 동 기관투자가에 투자되었던 투자금을 회수하고자 할 것이다.[20] 그러므로 이러한 상황에서 기관투자가는 재벌그룹에 대하여 정상적인 의결권의 행사가 불가능하게 될 것이다. 상황이 이러하므로 지금까지 기관투자가는 의결권의 행사를 적극적으로 하지 아니하고, 단기투자에 집중하고 그 투자의 수익금이 기대한 바에 미치지 못할 경우에는 그 투자금을 회수하는 전략을 취하여 오고 있다.

둘째, 국민연금 등과 같은 공적 연금의 경우에는 투자자가 재벌이 아니라 일반국민이다. 그럼에도 불구하고 의결권의 행사가 정상적으로 이루어지지 않고 있다. 그 원인을 살펴보면 재벌 등의 대기업이 연금 등의 의결권을 행사하지 못하도록 일정한 영향력을 행사하고 있기 때문으로 해석된다. 정부에서는 연기금 등의 정상적인 의결권의 행사를 위하여 많은 노력을 하여 왔다. 다만 이러한 정부의 노력이 결실을 거두지 못한 것은 대기업 등의 집요한 반대를 막을 방법이 없었기 때문이다. 2011년 정부에서는 "대기업이 미래전략사업 대신 중소기업 업종으로 문어발식 확장을 하고 있으며, 대기업 위주의 과점체제와 수직계열화가 경제전체의 창의력과 활력을 떨어뜨리고 있다. - 내부유보에만 힘쓸 뿐 성장동력 투자에는 불안한 모습이라 - 이 같은 재벌지배구조에 대한 해결책으로 국민연금 같은 공적 연기금이 적극적인 주주권을 행사해야 한다."고 주장하였다.[21] 기관투자가 중 은행이나 증권 및 보험의 경우에는 영업적으로 기업과 밀접한 관련이 있어 이해충돌이 발생할 수 있기 때문에 구조적으로 적극적 의결권행사가 어려운 면이 존재한다. 반면 자산운용사나 연금 및 공제회 등은 상대적으로 기업들과 소유구조 및 영업적 측면에서 관련이 적기 때문에 독립적인 의결권행사가 용이하다. 연기금 및 공제는 전체 주식시장에서 3.4%를 차지하면서 막강한 기관투자가로 자리 잡고 있다. 의결권을 행

19) 송호신, "스튜어드쉽 코드와 기관투자가의 의결권행사", 「법과 정책연구」, 제17집 제2호(2017), 207면.
20) 김택주, 앞의 논문, 61면.
21) 한국일보, "MB정부 재벌지배구조 정조준", 2011. 4. 27.

사하기로 한 내용은 미국 연기금의 주주행동주의가 목표로 하는 기업지배구조 개선내용이 상당수 포함되어 있다. 국민연금은 그 특성상 적극적인 주주행동주의를 나타내기는 어렵지만 주주가치 보호를 위한 합리적이고 공정한 의결권행사를 위해 원칙을 강화한 것이다.[22]

3. 소수주주의 대표인 기관투자가가 사외이사를 추천한다면 지배주주를 견제할 수 있다

우리나라에서 기관투자가를 비롯한 소수주주가 경영정상화를 위하여 주주권을 행사한 바 있다. 제일은행 주주대표소송, SK그룹회사 배임고발 등을 통하여 주주행동주의를 실천한 사례가 있다. 또한 2005년 12월 KT&G의 주식을 취득한 아이칸 스틸 파이더스 연합은 기업공개, 유휴부동산매각, 배당확대 등의 요구사항을 제시하여 그 일부를 인용한 바 있다. 2005년 국민연금은 대한항공 등 5개 주주총회에서 이익배당수준에 반대하여 재무제표의 승인을 거부한 바 있다.[23] 그러나 이 같은 소액주주 및 기관투자가의 주주행동주의에도 불구하고 그 참여의 정도가 부족하다는 비판이 일고 있다. 대기업과 중소기업의 동반성장구조의 부재 및 대기업의 문어발식 확장 등의 문제에 대하여 국민들의 불만이 고조되고 있다. 이러한 상황에서 대기업의 공정경영을 위하여 노력하여야 하고, 노력할 수 있는 국민연금 등의 기관투자가가 오히려 대기업의 로비 등으로 인하여 그들의 부정한 경영관행에 제동을 거는 행동을 하지 못하고 있다는 것은 대단히 바람직하지 못하다는 것이다. 또한 이러한 기관투자가의 행위는 연기금 등의 기관투자가의 수익성제고에도 바람직하지 못하다는 인식이 확대되고 있다. 국내 대기업들은 기존 아이템의 효율화와 재무구조 안정에는 성공하고 있으나, 쌓아놓은 내부유보금을 새로운 성장동력으로 연결시키는데 있어서는 불안한 모습을 보이고 있다.[24] 대기업의 지배구조왜곡으로 인하여 경영악화가 발생했을 경우 그것은 연기금주주의 수익저하로 연결된다. 대기업의 경영이 정상궤도로 달릴 때 그에 대한 감시기능을 제대로 이행하는 것이 장기적으로 대기업은 물론 연기금의 수익성제고에 기여하게 될 것이다. POSCO, KT 등 오너십이 부족한 대기업의 경우에도, 방만한 사업확장 등으로 주주가치가 침해되고 국내

---

22) 이상복, "기관투자가로서 연금제도의 개선과제", 「상사판례연구」, 제21집 제4권(2008), 371면; 안택식, 앞의 논문, 126면.

23) 곽승준, 앞의 보도자료, 4면; 안택식, 앞의 논문(주 17), 127면.

24) 곽승준, 앞의 보도자료, 4면.

경제에 역효과가 발생하지 않도록 경영진에 대한 감시와 견제가 강화될 필요가 있다고 한다.[25]

기관투자가가 의결권을 행사하지 않음으로써 기업의 지배구조는 왜곡되어 가고 있으며 더욱이 기관투자가의 수익성마저 저하되고 있다. 이러한 상황에서 한국기업의 지속적인 성장을 위해서는 기관투자가의 적극적인 의결권을 행사할 수 있는 방안의 마련이 시급하다고 본다. 이를 위하여 시급히 필요한 것이 기관투자가를 비롯한 소수주주에 의한 사외이사선임을 강제하는 것이다. 기관투자가가 그에 상응하는 의결권을 행사하지 못하는 것은 대기업 측에서 기관투자가의 정당한 권리행사를 여러 가지 방법으로 방해해 왔기 때문이다. 그러나 기관투자가를 비롯한 소수주주대표가 대기업의 사외이사로 선임된다면 대기업 측에서 더 이상 기관투자가의 이익을 침해하는 경영왜곡행위를 하지 못하게 될 것이다.

또한 기관투자가의 의결권행사를 위해서는 스튜어드십 코드를 활성화시킬 필요가 있다. 2010년 영국에서 기관투자가의 수탁자책임에 기초하여 투자대상회사에 대한 의결권행사 등 기관투자가의 주주행동기준을 정한 자율규범인 스튜어드십 코드를 제정하였다.[26] 동 규범은 영국에서 2010년 규범화된 이후 네덜란드, 스위스, 이탈리아, 남아프리카공화국, 홍콩, 일본 등이 이를 수용하여 도입하였다. 우리나라 역시 전국경제인연합회와 중소기업중앙회 등 경제단체와 재계 등의 반대에도 불구하고, 지난 2016. 12. 16. "기관투자가의 수탁자책임에 관한 원칙"이라는 명칭의 한국형 스튜어드십 코드를 자율규범의 형태로 제정하였다.[27] 이와 같이 도입된 스튜어드십 코드에 대하여 우리나라의 재계에서는 부정적인 견해를 표명하였다. 2016. 5. 3. "스튜어드십 코드 도입에 대한 경제단체 공동의견"에서 재계는 기관투자가의 의결권행사를 통하여 기업의 가치를 높일 수 있다는 것이 확실하지 않다고 주장하였다. 스튜어드십 코드에 따라 기관투자가들이 의결권을 행사한다 할지라도 중소형 투자자의 경우 연기금의 의결권을 그대로 따라 할 소지가 높고, 상장회사들이 모든 기관투자가와 대화하는 일이 현실적으로 어렵기 때문이라고 한다. 또한 연기금의 경우 정치적 독립성이 약하므로 상장회사에 대한 정부의 영향력이 확대될 우려가 크다고 한다.[28] 결국 기관투자가가 의결권을 행사한다 할지라도

---

25) 곽승준, 앞의 보도자료, 5면.

26) 송호신, 앞의 논문, 200면; 김기정, "기관 의결권행사 '스튜어드십 코드' 도입 초읽기", the bell, 2016. 12. 22.

27) 송호신, 앞의 논문, 200면.

28) 송호신, 앞의 논문, 209면.

기대한 만큼 상장회사의 지배구조를 개선할 수 없기 때문에 실효성을 상실한다는 논리이다.

그러나 기관투자가가 의결권을 행사한다면 상장회사에서 대주주의 전횡을 제지하는 효과적인 수단이 될 것이다. 지금까지 상장회사의 지배주주를 견제할 만한 아무런 세력이 존재하지 않았다. 그러나 지분의 상황으로 보아 기관투자가는 실질적으로 상장회사의 지배주주를 견제할 수 있는 실질적인 힘을 가지고 있다. 이러한 기관투자가가 지배주주의 견제를 위하여 의결권을 정당하게 행사한다면 그간에 왜곡되어온 지배주주의 전횡을 방지할 수 있는 절호의 기회가 될 것은 명약관화하다. 지배주주의 전횡을 견제하기 위하여 도입된 사외이사제도가 그 본래의 기능을 상실하고 거수기가 된 지 오랜 세월이 흘렀다. 사외이사제도의 실효성을 담보하기 위하여 소수주주대표를 사외이사로 선임하기 위한 집중투표제 및 전자투표제 등의 여러 가지 방안이 의원입법 또는 정부입법안으로 제출된 바가 있으나, 재계의 반대에 부딪혀 현재까지 하나도 성사되지 못하고 있다. 그러나 지배주주의 전횡을 견제하기 위한 방안의 하나로 2016. 12. 자율규범인 스튜어드십 코드를 도입한 것은 대단히 고무적인 일이라고 하지 않을 수 없다. 기관투자가는 스튜어드십 코드에 따라 정당한 의결권을 행사하지 않을 수 없는 상황에 직면하게 될 것이다. 자율규범이기는 하나 정부의 행정지도로 정당한 의결권을 행사하게 될 것이며 그러한 상황에 도래할 경우 그간에 추진해왔던 소수주주대표의 사외이사선임이라는 조치가 성사될 것으로 사료된다.

IV. 기관투자가 행동주의에 의한 사외이사의 선임방안

1. 기관투자가 행동주의의 기본방향

대기업의 전횡이 심해지면 주주행동주의가 일어나게 된다. 미국에서 주주행동주의가 일어나게 된 것은 1948년대에 일어난 대공황과 그에 이은 주식시장의 폭락을 통하여 사회적으로 확산된 기업경영자들의 능력과 역할에 대한 의구심에서 비롯된다.[29] 미국에서 주주행동주의는 사회운동가들에 의하여 주도되었는데 대공황의 책임이 있는 기업경영자

---

29) 이상민, "기업의 사회적 책임과 주주행동주의", 「한국사회학」, 제40집 제5호(2006), 107면.

에 대한 견제수단이 없는 상황에서 그들은 스스로를 도덕적 십자군으로 간주하고 있었다.[30] 미국에서 1960-70년대에 사회적 행동주의가 확산되었는데 주주행동주의자들은 흑인의 인권문제, 평등고용기회, 반전운동 그리고 살상무기 생산금지 등과 같은 사회적 쟁점을 가지고 기업을 압박하였다.[31] 1970년 미국법원은 SEC가 베트남전에서 네이팜폭탄생산을 금지하는 것을 목적으로 다우케미컬사에 제출된 주주제안을 불허한 결정이 위법이라고 판결함으로써 주주행동주의자들의 손을 들어주게 되었다.[32]

그러나 사회운동가들이 주주권행사와 기업지배구조에 관여하는 것은 일정한 한계가 있다. 사회운동가들이 인권문제나 반전운동 등에 대하여 정치적 이해관계는 있으나, 회사지배구조에 대하여는 직접적인 경제적 이해관계가 없으므로 그 추진동력이 시간이 흐름에 따라 약해질 수밖에 없기 때문이다. 그러므로 초기의 사회운동가들에 의하여 주도된 주주행동주의는 1980년대에 들어 한동안 투기자본 중심의 단기차익을 추구하는 사례가 성행하였다. 기업의 취약한 지분구조와 제도적 미비점으로 인하여 기업사냥꾼들이 주체가 되어 많은 기업들이 적대적 인수합병(M&A)에 노출되게 된다.[33] 투기자본에 의한 주주행동주의는 1980년대 중반 이후에는 기관투자가 행동주의의 모습으로 전환하게 되었다. 투기자본의 경우 인수합병의 수단을 이용하여 일정한 이익을 획득하는 방식을 취했다. 그러나 기관투자가의 경우에는 이러한 방식으로는 자신의 이익을 지킬 수 없다. 그러므로 기관투자가는 투기자본과는 달리 인수합병을 통한 이익취득이라는 방식을 택하지 않고 투자대상회사의 지배구조개선을 통한 장기적인 이익추구의 형태의 주주행동주의를 추구하였다. 즉 연기금으로 중심으로 한 기관투자가들이 실적저조기업의 주식을 매각하는 전통적인 투자방식을 탈피하여 적극적인 경영개입을 통해 기업가치를 증대시키고 장기적이고 안정적인 투자를 추구하는 방향으로 초점을 맞추게 된다. 더불어 기관투자가들은 CEO의 해고와 같은 적극적인 방법으로 그들의 전략을 구사하였다.[34]

우리나라의 경우 주주행동주의는 미국과 유사한 형태를 띠고 있다. 1990년대에는 시민단체를 중심으로 소액주주운동이 일어났다. 시민단체는 대기업을 상대로 주주대표소

---

30) 이상민, 앞의 논문, 107면; Maren R., Inventing Corporate Governance: The Mid-Century Emergence of Shareholder Activism, *Journal of Business and Management* 8(4), 2002, p.365.

31) 이상민, 앞의 논문, 108면; Vogel, D., Trends in Shareholder Activism; 1970-82, *California Management Review* 15(3), 1983, p. 68.

32) 이상민, 앞의 논문, 108면.

33) 이상민, 앞의 논문, 108면.

34) 이상민, 앞의 논문, 110면; Ward, R. D., *21st Century Corporate Board*, New York John Wiley, 1997.

송을 제기하여 대기업에 대한 감시활동을 확대하였다. 참여연대는 1997년 제일은행을 상대로 주주대표소송을 제기하여 주주총회결의 취소소송에서 승소하였다. 1998년 주주제안으로 소액주주들의 정관개정안을 제출하였고 삼성전자 주주총회에서 소수주주의 이익을 대변하여 경영진의 책임을 추궁하였다.[35] 미국의 상황과 유사하게 한국에서도 시민단체에 의한 주주행동주의는 그 한계에 부딪혀 더 이상의 진전을 보이지 않고 있다. 미국에서와 같이 외국의 투기자본에 의한 주주행동주의가 일어난 바가 있다. 그러나 외국자본에 의한 주주행동주의는 더 이상 파급효과를 갖지 못하고 있다. 또한 주주행동주의가 목표로 하고 있는 기업지배구조의 투명성도 확보하지 못하고 있다. 이러한 상황에서 우리나라의 주주행동주의의 주체와 방향은 기관투자가에 의한 대기업의 의결권행사와 경영관여라고 할 수 있다. 미국과 유사하게 대기업의 지배주주와 유사한 지분을 가진 기관투자가가 주주행동주의를 주도한다면 기업의 투명성과 기관투자가의 수익성확보라는 양대 목표를 달성할 수 있기 때문이다.

그러나 우리나라에서는 기관투자가의 지분을 대기업이 보유하고 있다는 사실과 대기업과 정치권의 유착으로 인하여 적극적인 의결권행사를 하지 못하고 있다. 그러므로 미국에서 진행되고 있는 기관투자가의 주주행동주의가 우리나라에서 활성화되기 위해서는 다음과 같은 방안이 마련되어야 할 것이다. 첫째, 2016년에 도입된 스튜어드십 코드가 활성화되어야 한다. 둘째, 상법개정안에서 제안하고 있는 바와 같이 소수주주의 추천에 의한 사외이사선임방안이 마련되어야 한다. 셋째, 집중투표제의 실시가 의무화되어야 한다.

2. 스튜어드십 코드의 활성화

1998년 사외이사제도가 도입된 이후에도 지배주주의 전횡의 방지라는 국가적 과제는 실현되지 못하였다. 그간에 지배주주의 견제를 위한 여러 가지의 방안이 제시되고 이를 위한 입법안이 국회에 제출된 바가 있으나 아직까지 아무런 대책이 마련되지 못하고 있다. 지배주주의 전횡이 계속되는 동안 한국경제는 거의 대부분의 부가 재벌에게 집중되고 중소기업의 경영은 악화되어 가고 있으며 빈익빈 부익부의 현상이 심화되어 가고 있다. 이러한 상황에서 2016년 12월에 재계의 반대에도 불구하고 스튜어드십 코드를 도입한 것은 한국경제의 발전에 큰 디딤돌이 될 것으로 사료된다.

---

35) 이상민, 앞의 논문, 112면.

2017년 5월 진보정권이 도입된 이후에 재벌기업의 정상화를 위한 제반 조치가 가시화되고 그 실현에 박차를 가할 것으로 사료된다. 이러한 상황에서 2016년에 도입된 스튜어드십 코드도 그 소기한 목적을 달성할 수 있을 것으로 예상된다. 한국형 스튜어드십 코드는 기관투자가가 투자 대상회사의 의결권을 행사할 때에 7가지 원칙에 따른 기준을 설정하고 있다. 한국형 스튜어드십 코드에 기초한 기관투자가의 의결권강화는 투자대상 기업의 경영을 감시하고 기업지배구조를 건전하게 개선하게 될 것이다. 그로 인하여 기관투자가들의 투자수익을 증대시켜 기관투자가들의 위탁고객과 투자수익자들의 이익을 증대시키도록 하는 순기능이 이루어질 것으로 기대된다.[36]

다만 스튜어드십 코드가 활성화될 경우 기관투자가들 간의 의결권의 연계행사가 이루어져 금융자본에 의한 산업자본의 지배를 초래할 우려가 있다는 점과 고객에 대한 수탁자책임을 일탈하여 정치적 정책적 이유로 남용될 우려가 있다는 점을 지적하는 견해도 있다.[37] 그러나 이러한 지적은 일견 수긍할 만한 논리를 내포하고 있기는 하나 우리나라의 기업현실에서는 지나친 우려라는 점도 배제할 수 없다. 대기업의 지배구조가 심하게 왜곡되어 있다는 것이 우리나라의 아주 심각한 사회문제가 되어 있다는 것은 주지의 사실이다. 앞으로 한국기업의 발전을 위해서는 기업지배구조의 선진화가 가장 시급히 해결해야 할 과제이다. 이러한 시급한 과제를 해결하기 위하여 사외이사제도, 집중투표제도, 집행임원제도 등의 선진제국의 제도를 백화점식으로 도입한 바가 있으나, 재계의 강력한 반대에 부딪혀 그러한 제도를 탈법가능한 무기능한 상태로 방치하고 있다. 이러한 상황에서 자율규범이기는 하나 재계에 상당한 타격을 줄 수 있는 스튜어드십 코드를 도입하였다는 것은 앞으로 지배구조의 선진화를 위하여 상당히 고무적인 일이라고 하지 않을 수 없다. 물론 앞에서 지적한 약간의 부작용은 예견할 수 있으나 스튜어드십 코드가 가져올 지배구조의 선진화라는 효과에 비추어보면 '찻잔 속의 태풍'일 뿐이라고 사료된다. 다만 스튜어드십 코드의 활성화를 가열차게 추구하여 지배구조의 선진화라는 사회적 목표를 달성함과 동시에 그에 수반되는 약간의 부작용은 별도의 대책을 마련하는 것이 타당하다고 본다. 기관투자가가 고객의 책임을 일탈하여 정치적 정책적 이유로 남용되는 문제에 대해서는 주주의 충실의무의 도입으로 그 사안을 해결할 가능성이 있다고 본다. 기관투자가가 그 의결권의 정당한 행사를 넘어 의결권을 남용하여 다른 주주의

---

36) 송호신, 앞의 논문, 220면.
37) 정윤모, "스튜어드십 코드의 제정과 자본시장에의 영향", 「KRX MARKET」, 제129호.(2017), 65면.

이익을 침해하는 경우 주주의 충실의무에 근거하여 이를 규제할 수 있다고 생각한다. 또한 이러한 기관투자가의 충실의무는 그 의결권의 행사로 인하여 부당한 산업자본의 지배라는 부작용을 초래하였을 경우 그에 대한 규제수단으로도 활용할 수 있다고 사료된다. 이어 기관투자가가 그 의결권을 남용하여 기업에 대한 정치권의 압력행사의 통로로 기능할 경우에도 기관투자가의 충실의무가 중요한 규제수단으로 작용할 수 있을 것으로 사료된다. 연기금의 경우 연기금의 의결권행사의 정당성을 보장하기 위해서는 기금운용본부에 대하여 견제권을 행사하는 기금운용위원회의 권한강화가 필요한 것이며, 이러한 권한강화는 연기금 주주의 충실의무에 기초한 조치라고 사료된다.[38]

3. 소수주주대표의 사외이사선임 강제화

스튜어드십 코드의 활성화가 기관투자가 행동주의를 통한 기업지배구조의 선진화에 도움이 된다는 것을 검토하였다. 그러나 사외이사제도의 실효성확보를 위하여는 스튜어드십 코드의 활성화만으로는 충분하지 않다. 그러므로 일정한 대기업에 대하여 지배주주를 견제할 수 있는 소수주주대표를 1인 이상의 사외이사로 선임하도록 강제하는 것이 필요하다. 현대사회는 주주중심주의에서 이해관계자 자본주의로 이행해가는 과도기에 있다고 본다. 사회가 발전할수록 각자에게 그의 정당한 몫을 돌려주는 것이 정의라고 할진대, 적어도 기업의 3요소에 해당하는 자본, 경영 및 노동의 당사자가 기업의 경영에 참여하는 것은 당연한 사리라고 해야 할 것이다. 소수주주대표가 사외이사에 선임되는 것은 이해관계자 자본주의라는 차원이 아니라 주주민주주의의 실현이라는 차원에서 그 당위성을 인정하여야 할 것이다. 2016년 김종인 상법개정안에서는 소수주주 가운데 우리사주조합의 추천에 의한 사외이사선임에 관한 규정이 신설되어 있다. 이러한 제안에 대해서는 우리사주조합이 추천한 자를 근로자로 보아 현행 상법 제382조 제3항 1호의 위반이라고 주장한다. 왜냐하면 동 규정에 따르면 근로자는 사외이사가 될 수 없기 때문이다.[39] 그러나 우리사주조합이 추천한 자가 반드시 근로자일 필요는 없으며 사외이사에 적합한 자로 하되 우리사주조합이 추천한 자이면 된다고 해석하는 것이 타당할 것이다. 우리사주조합원은 소수주주이면서도 근로자의 신분을 유지하고 있기 때문에 당해

---

38) 안택식, 앞의 논문(주 17), 146면.

39) 최준선, "노동이사제 및 사외이사선임에 관한 논의", 경영법률학회 세미나자료집 「최근개정상법안의 쟁점」, 2016. 10. 7, 73면.

회사의 경영에 관하여 이해관계자의 지위에 있고 또한 기업에 대한 전문적인 지식도 있다고 보아 사외이사를 추천할 충분한 자격이 있다고 본다. 다만 우리나라에서 소수주주추천의 사외이사선임에 대해서도 사회적 합의가 안 되어 있는 현실에서 노동자추천 사외이사제를 동시에 강행하는 것은 무리가 수반될 수 있으므로 소수주주 추천의 사외이사선임이 정착된 이후에 논의하여도 크게 문제될 것은 없다고 본다.

4. 집중투표제도의 의무화

소수주주대표를 사외이사로 선임하는 방안의 하나로 집중투표제의 의무화를 고려하여야 한다. 2016년 김종인 의원이 대표 발의한 상법개정안에는 소수주주대표를 사외이사로 선임하기 위하여 소액주주, 우리사주조합대표의 사외이사선임을 강제하고 있고 일정한 범위에서 집중투표제의 의무화를 법정하고 있다. 그러나 이러한 상법개정안은 대기업에 대한 과잉규제라고 하지 않을 수 없다. 우리나라의 기업지배구조에서 지배주주의 전횡을 견제하기 위해서는 기관투자가 등 소수주주대표를 사외이사로 선임하여야 하나 그러한 당위성이 과잉규제를 정당화시킬 수는 없기 때문이다. 이러한 측면에서 소액주주대표나 우리사주조합대표 중에서 최소 1인 이상의 사외이사의 선임을 강제하되, 집중투표제의 의무화대상기업에 대해서는 그러한 소액주주나 우리사주조합대표의 사외이사의 강제선임의무를 면제해주는 것이 타당하다고 본다.

집중투표제의 목적은 이사가 지배주주에 의하여 일방적으로 선임되는 것을 지양하고 소수파 주주도 이사를 선임할 수 있는 가능성을 열어주는데 있다. 우리나라의 경우 사외이사 제도를 도입하였으나, 그 선임이 일방적으로 지배주주에 의하여 이루어지고 있으므로 집중투표제도를 통하여 지배주주를 견제할 수 있는 소수주주의 대표를 사외이사로 선임함으로써 지배주주의 전횡을 견제할 수 있고 그를 통하여 지배구조의 투명성을 제고할 수 있다고 사료된다. 다만 집중투표제는 경영의 투명성을 강화하는 데에는 도움이 되지만 그 운영의 묘를 기하지 않는다면 경영진의 분열을 자초할 수도 있다. 그러므로 필자는 경영진의 화합을 유지하면서도 경영의 투명성을 기할 수 있도록 집중투표의 의무화의 범위를 아래와 같이 제시하고자 한다.[40]

---

40) 안택식, "집중투표제의 의무화방안에 대한 검토", 「선진상법률연구」, 제63호.(2013), 17면.

가. 자산총액 2조 원 이상의 대형 상장회사

집중투표의 강제실시는 기업에게 큰 부담을 주는 것은 사실이다. 그러므로 우리나라에서는 모든 기업에 집중투표제를 강제실시하기보다는 일정 규모 이상의 기업에 대해서만 실시해야 한다는 의견이 제시되어 왔다. 1999년에 금융감독위원회에서도 상법을 개정하여 주식회사에 집중투표제를 의무화하는 것이 사실상 힘들 것으로 보고 증권거래법 개정을 통하여 일정 규모 이상의 상장법인이나 협회등록법인을 대상으로 이를 의무화하는 법개정 작업을 구상한 바 있다고 한다.[41] 2013. 6. 4. 이만우 의원이 대표 발의한 '상법일부개정 법률안(의안번호 5302)'과 2013. 2. 12. 정호준 의원이 대표 발의한 '상법일부개정법률안 (의안번호 3690)'에서도 상장회사의 경우에는 집중투표제의 의무화를 정하고 있다. 집중투표제의 강제실시는 경영에 상당한 부담으로 작용하는 것은 분명하므로 모든 기업에 이를 실시하는 것은 타당하지 않다고 본다. 다만 한국경제를 실질적으로 이끌고 가고 있는 자산총액 2조 원 이상의 상장기업에 한정하여 이를 실시하는 것이 바람직하다고 본다.

나. 사외이사의 선임 시에 국한하여 집중투표의 의무화

집중투표제는 의무화는 사외이사의 선임 시에 국한시키는 것이 타당하다.[42] 사내이사의 선임 시에 집중투표제를 의무화할 경우 소수주주가 선임한 이사가 경영에 참여하게 되어 소수주주의 이익만을 위하여 행위하고 회사전체의 이익을 도외시할 가능성이 존재한다. 그러나 사외이사는 경영에 참여하기보다는 경영진을 감독하는 것을 주요 의무로 하고 있으므로 경영진의 분열이 일어날 우려가 없고, 그와 같이 선임된 사외이사는 대주주나 현 경영진에 의한 영향력을 받지 않게 되므로 그 감독업무의 실효성을 기할 수 있게 된다. 앞으로 한국기업의 지배구조의 개선방안은 이사회를 감독기관으로 위치시키고 실제 경영은 집행임원이 담당하도록 유도하는 것이 타당하다. 그러므로 사외이사의 선임에 있어서는 현재와 같이 대주주의 의사에 의하여 선임되도록 방치할 것이 아니라 집중투표의 의무화를 통하여 실제적인 감독기능을 수행할 수 있는 여건을 조성하는 것이 바람직하다고 본다.

---

41) 김성탁, "대주주의 이사선임 독점현상을 시정하기 위한 제도모색", 「상사판례연구」, 제20권 제3호(2001), 287면; 한국경제 신문, "사외이사 집중투표로 뽑는다.", 2000. 8. 18.; 매일경제신문, "금감원, 집중투표제 의무화 추진", 1999. 9. 3.

42) 김성탁, 앞의 논문, 286면.

V. 결론

우리나라의 대기업은 현재 세계무대를 상대로 그 대단한 활약상을 전개하고 있다. 우리나라의 대기업이 이러한 성장속도를 계속하다면 한국은 앞으로 세계시장에 우뚝 솟은 경제대국으로 성장해 나아갈 것이다. 그러한 앞날을 위해서는 기업이 투명한 경영관행을 확립하고 국민들에게 지지받는 기업으로 거듭날 필요가 있다. 우리나라의 기업들이 미국 기업들과 비교하여 그 투명성이 확보되지 못하고 국민들에 대한 지지가 떨어진다면 기업의 지속적인 발전을 기대할 수 없을 것이다. 이러한 측면에서 지배주주를 견제할 수 있는 세력에 의한 사외이사의 선임은 시급한 과제라고 하지 않을 수 없다.

그간에 지배주주의 절대적인 지배권으로 인하여 지배주주를 견제할 수 있는 당사자가 사외이사로 선임되지 못하였다. 그러나 최근의 상황에서 기관투자가는 지배주주를 능가하는 지분을 확보하고 있으므로 기관투자가에 의하여 사외이사가 선임된다면 지배주주의 전횡을 견제하고 투명한 경영문화를 정착시킬 수 있을 것이다. 미국에서는 지배주주를 능가하는 지분을 가진 기관투자가가 경영에 관여하여 투명한 경영문화를 정착시키는 주주행동주의가 활성화되고 있다. 그러나 우리나라는 지배주주를 비롯한 대기업의 경영자들이 기관투자가의 행동주의를 저지하고 있기 때문에 그러한 경영문화가 정착되지 못하고 있다. 그러므로 한국기업의 발전을 위해서는 기관투자가 행동주의를 저지하는 걸림돌을 제거하고 기관투자가에 의하여 사외이사가 선임될 수 있도록 정착방향을 설정하여야 할 것이다. 이러한 전제에서 본고에서는 기관투자가에 의한 사외이사의 선임방안으로 일단 지배주주 측의 기관투자가에 의한 사외이사선임을 방해하는 것을 저지하기 위하여 2016년 도입된 스튜어드십 코드를 활성화시켜야 한다는 것을 제시하였다. 또한 최근 상법개정안에서 제시된 소수주주에 의한 사외이사선임을 강제하는 법안의 국회통과를 촉구하였다. 또한 집중투표제를 일정한 범위에서 의무화하여야 한다는 것을 제안하였다.

제6장 인적회사에서 주식회사로의 조직변경에 관한 상법개정방안[*]

I. 서론

창업 시에 가족이나 친지가 함께 기업을 경영하기 위하여 합명회사나 합자회사(이른바 '인적회사')의 형태를 선택하였더라도, 기업의 규모가 커지거나 다음 세대에게 그 기업을 승계시켜야 하는 때에는 사원의 책임과 지분의 구성을 그대로 유지하기 어려운 경우가 많이 발생한다. 인적회사는 대규모의 자금조달에 한계가 있을 뿐만 아니라, 그 경영조직도 대규모의 사업을 운영하는 데는 적합하지 않기 때문이다. 또한 가족기업인 인적회사를 후세대에게 승계시킬 때에는 사원의 무한책임과 지분관계의 처리가 문제될 수 있기 때문이다. 이러한 경우에 사원의 책임과 업무집행기관의 조직을 대규모의 자금을 조달하거나 기업을 승계하는 데 용이하고 적합한 회사형태로 변경할 필요가 있다.

회사가 그 법적 형태를 변경하는 경우에는 기존의 회사를 해산하고 청산을 한 후에 다른 형태의 회사를 설립하거나 또는 기존의 회사가 모든 영업을 현물 출자하여 다른 형태의 새로운 회사를 설립하고 기존의 회사와 합병하는 방법이 있다. 그러나 이러한 방법은 회사를 해산하고 다른 회사를 신설할 때 복잡한 절차를 거쳐야 하고 그로 인하여 시간과 비용이 많이 소요되기 때문에 경제적으로나 세제상으로 매우 불리하고 번거롭다.[1] 또한 법률상 동일한 인격을 유지할 수도 없다. 회사가 간편한 절차에 의하여 시간과 비용을 줄이고 다른 종류의 회사로 법적 형태를 변경할 수 있도록 인정된 제도가 회사의 조직변경이다.[2]

우리 상법도 회사가 존속 중에 법인격의 동일성을 유지하면서 다른 종류의 회사로 그 조직을 변경하는 것을 허용하고 있다. 조직변경의 경우에는 법률상 권리의무의 주체로서 회사의 동일성이 유지되므로 권리의무의 이전 없이 회사의 법적 형태만 변경된다는 점에서, 회사가 소멸하고 다른 회사가 그 권리의무를 포괄적으로 승계하는 합병과 다르

---

[*] 이 논문은 「법조」 통권 제721호(2017)에 게재된 "회사의 조직변경에 관한 입법론적 고찰"을 수정·보완한 것임.
[1] 권기범, 「기업구조조정법(제4판)」, 삼영사, 2011, 565면; 이철송, 「회사법(제25판)」, 박영사, 2017, 131면.
[2] 정동윤, 「주석 상법 [회사(Ⅰ)(제5판)]」, 정동윤 편, 한국사법행정학회, 2014, 327면; 정찬형, 「상법강의(상)(제18판)」, 박영사, 2015, 484면.

다. 또한 조직변경은 기존 회사의 법인격이 회사형태의 변경 후에도 그대로 유지되는 점에서, 새로운 법인격이 창설되는 회사의 설립행위와 차이가 있다.[3]

상법은 조직변경이 남용되는 것을 막고 법률관계를 명확히 처리하기 위하여 법률에 규정이 있는 경우에만 조직변경을 허용하고 있다.[4] 또한 상법은 인적회사와 물적회사 사이에는 사원의 책임과 내부조직이 전혀 다른 점을 고려하여 인적회사인 합명회사와 합자회사 사이 그리고 물적회사인 주식회사와 유한회사 사이에만 조직변경을 할 수 있도록 규정하고 있다(상법 제242조, 제269조, 제604조, 제607조).[5] 다만 2011년 상법개정에 의하여 도입된 유한책임회사에 대하여는 주식회사로의 조직변경을 인정하고 있다. 이것은 유한책임회사가 인적회사와 물적회사의 성질을 모두 가지고 있으나, 사원의 유한책임과 자본금 등 물적회사의 요소를 중시하였기 때문이다(상법 제287조의 43).[6]

이와 같은 상법의 규정으로 인하여 합명회사 또는 합자회사와 같은 인적회사가 주식회사나 유한회사와 같은 물적회사의 형태로 변경하고자 하는 경우에는 상법상의 조직변경제도를 활용할 수 없고, 앞에서 기술한 바와 같이, '사실상 조직변경' 등의 우회적인 방법을 이용하여야만 한다.[7] 즉, 기존의 인적회사를 해산하고 새로운 물적회사를 설립하거나 또는 물적회사 형태의 자회사를 설립하고 이에 기존의 인적회사를 합병하여야 한다. 실제로 대법원은 "계룡건설합자회사가 그 목적, 주소, 대표자 등이 동일한 주식회사인 원고 회사를 설립한 다음 동 회사를 흡수합병하는 형식을 밟아 사실상 합자회사를 주식회사로 변경하는 효과를 꾀하였다 하더라도 이를 법률상의 회사조직변경으로 볼 수는 없다."고 판시하였다.[8] 이와 같이 사실상 조직변경의 경우에는 그 절차가 번잡하고 적지 않은 시간과 비용이 소요될 뿐만 아니라 그 실질에 따라 해산 및 설립에 따른 조세를 납부하여야 하며, 법인격의 동일성도 인정되지 않는다.

그러므로 이 글에서는 우리 상법상 조직변경의 유형에 관하여 검토하고 인적회사에서

---

3) 조직변경과 합병의 차이 및 조직변경과 설립의 차이에 관하여 상세한 것은 노일석, 「주석 상법 [회사(VI)](제5판)」, 정동윤 편, 한국사법행정학회, 2014, 469~470면 참조; 이철송, 앞의 책, 131면.

4) 정동윤, 앞의 책, 327면.

5) 우리 상법이 사원의 책임과 내부조직이 유사한 회사 사이에만 조직변경을 허용한 것은 일본 상법을 계수한 데서 기인한다. 일본 상법도 2005년 회사 편을 분리하여 독립된 회사법이 제정되기 이전까지는 합명회사와 합자회사 사이 및 주식회사와 유한회사 사이에만 조직변경을 인정하고 있었다(受川環大, "人的会社から物的会社への組織変更—ドイツ組織再編法の檢討を中心として—", 国士舘法学 第33号, 2001, 3頁).

6) 이철송, 앞의 책, 131면; 정찬형, 앞의 책, 485면 참조.

7) 권기범, 앞의 책, 567면.

8) 대법원 1985. 11. 12. 선고 85누69 판결.

물적회사로 조직변경의 필요성과 주요 외국의 조직변경에 관한 입법례를 살펴본 다음에
인적회사에서 주식회사로의 조직변경에 관한 상법개정방안을 제시하고자 한다.

II. 상법상 조직변경의 유형

1. 개요

우리 상법은 사원의 책임과 내부조직이 유사한 인적회사 상호 간이나 물적회사 상호
간에만 조직변경을 인정하고 있다. 이에 따라 인적회사의 경우에는 합명회사가 합자회
사로 조직변경을 하거나 합자회사가 합명회사로 조직변경을 할 수 있고, 물적회사의 경
우에는 주식회사가 유한회사로 조직변경을 하거나 유한회사가 주식회사로 조직변경을
할 수 있다(상법 제242조, 제269조, 제604조, 제607조). 다만 유한책임회사는 인적회사
와 물적회사의 성질을 모두 가지고 있으나, 사원의 유한책임과 자본금 등 물적회사의 요
소를 중시하여 유한책임회사가 주식회사로 조직변경을 하거나 주식회사가 유한책임회사
로 조직변경 할 수 있도록 규정하고 있다(제287조의 43). 이와 같이 상법은 여섯 가지
유형의 조직변경만을 인정하고 인적회사와 물적회사 사이의 조직변경을 허용하지 않고
있다.

2. 합명회사에서 합자회사로의 조직변경

상법상 합명회사는 총사원의 동의로써 그 조직을 합자회사로 변경할 수 있다. 합명회
사는 총사원의 동의로 일부 사원을 유한책임사원으로 하거나 새로 유한책임사원을 가입
시켜서 합자회사로 조직변경을 할 수 있다(상법 제242조 제1항). 합명회사의 사원이 1인
으로 되어 해산한 때에도 새로 유한책임사원을 가입시켜 회사를 계속하는 경우에는 합
자회사로 조직변경을 할 수 있다(상법 제242조 제2항). 합명회사가 합자회사로 조직변경
을 하면서 일부 무한책임사원이 유한책임사원으로 된 경우에는 그만큼 담보가치가 감소
될 수 있으므로 회사채권자의 보호를 위한 조치가 필요하다. 따라서 무한책임사원이 조
직변경결의에 의하여 유한책임사원으로 된 경우에는 본점 소재지에서 조직변경의 등기

를 하기 전에 생긴 회사채무에 대하여 등기 후 2년 내에는 무한책임사원의 책임을 져야 한다(상법 제244조).

합명회사가 합자회사로 조직변경을 한 경우에는 본점소재지에서 2주간 내, 지점소재지에서 3주간 내에 합명회사의 해산등기, 합자회사의 설립등기를 하여야 한다(상법 제243조). 상법에 조직변경의 효력발생시기에 관하여는 규정이 없으나, 법률관계를 명확히 하기 위하여 본점소재지에서 조직변경의 등기를 한 때에 효력이 발생한다고 보는 것이 타당하다.[9] 다만 합명회사의 해산등기와 합자회사의 설립등기를 하는 것은 편의상 등기의 기술적 처리를 위한 방편에 지나지 않고, 합명회사가 해산하고 합자회사가 설립되는 것으로 볼 것은 아니다.[10] 그러므로 합명회사가 소유하던 부동산은 합자회사로 이전등기를 하는 것이 아니라 명의인표시의 변경등기(부동산등기법 제52조)를 하면 된다.[11]

3. 합자회사에서 합명회사로의 조직변경

합자회사는 총사원의 동의로 합명회사로 그 조직을 변경할 수 있고, 또 유한책임사원 전원이 퇴사한 경우에는 무한책임사원 전원의 동의로 합명회사로 그 조직을 변경할 수 있다(상법 제286조). 합자회사에서 유한책임사원이 무한책임사원으로 되어 합명회사로 조직변경을 한 경우에는 조직변경 전보다 사원의 책임이 확대되었으므로 회사채권자를 보호하는 절차는 필요하지 않다.[12] 또한 합자회사에서 유한책임사원 전원이 퇴사하여 무한책임사원 1인만 남아 있는 경우에는 상법 제229조 제2항을 유추적용 하여, 다른 무한책임사원을 가입시켜 합명회사로 조직변경을 하여 회사를 계속할 수 있다.[13] 합자회사가 합명회사로 조직변경을 한 경우에 본점소재지에서는 2주간 내, 지점소재지에서는 3주간 내에 합자회사의 해산등기를, 합명회사의 설립등기를 하여야 한다(상법 제286조 제3항).

---

9) 통설: 권기범, 앞의 책, 576면; 김건식/노혁준/천경훈, 「회사법(제2판)」, 박영사, 2016, 876면; 김정호, 「회사법(제4판)」, 법문사, 2015, 750면; 김홍기, 「상법강의」, 박영사, 2015, 370면; 이철송, 앞의 책, 135면; 장덕조, 「상법강의」, 박영사, 2016, 266면; 정찬형, 앞의 책, 488면; 최기원, 「상법(상)(제19판)」, 박영사, 2011, 1223면.

10) 권기범, 앞의 책, 569-570면; 김건식/노혁준/천경훈, 앞의 책, 876면; 김정호, 앞의 책, 750면; 이철송, 앞의 책, 134면; 홍복기/박세화, 「회사법(제5판)」, 법문사, 2017, 130면; 대법원 2012. 2. 9. 선고 2010두6731 판결 참조.

11) 노일석, 앞의 책, 469면.

12) 이철송, 앞의 책, 132면.

13) 권기범, 앞의 책, 571면.

4. 주식회사에서 유한회사 또는 유한책임회사로의 조직변경

　　주식회사는 총주주의 일치에 의한 총회의 결의로써 그 조직을 유한회사 또는 유한책임회사로 변경할 수 있다(상법 제604조 제1항, 제287조의 43 제1항). 이 결의에서 정관 기타 조직변경에 필요한 사항을 정하여야 한다(상법 제604조 제3항, 제287조의 44). 유한회사 또는 유한책임회사는 사채발행이 허용되지 않으므로, 주식회사가 사채를 발행한 경우에는 그 상환을 완료한 후이어야 한다(상법 제604 제1항 단서, 제287조의 44). 주식회사가 유한회사 또는 유한책임회사로 조직변경을 하는 경우에 유한회사 또는 유한책임회사의 자본금의 총액은 조직변경 전의 주식회사에 현존하는 순재산액보다 많은 금액으로 하지 못한다(상법 제604조 제2항, 제287조의 44). 조직변경 후에 유한회사 또는 유한책임회사에 현존하는 순재산액이 자본금의 총액에 미달하는 때에는 조직변경결의 당시의 이사와 주주가 연대하여 회사에 그 부족액을 지급할 책임을 진다(상법 제605조 제1항, 제287조의 44). 주식회사가 유한회사 또는 유한책임회사로 조직변경을 하는 경우에는 채권자보호절차를 밟아야 한다(상법 제608조, 제232조, 제287조의 44). 주식회사가 유한회사 또는 유한책임회사로 조직변경을 한 경우에는 본점 소재지에서는 2주간 내에, 지점소재지에서는 3주간 내에 주식회사의 해산등기, 유한회사 또는 유한책임회사의 설립등기를 하여야 한다(상법 제606조, 제287조의 44).[14]

5. 유한회사 또는 유한책임회사에서 주식회사로의 조직변경

　　유한회사는 총사원의 일치에 의한 총회의 결의로써[15] 그 조직을 주식회사로 변경할 수 있다. 다만 회사는 그 결의를 정관으로 정하는 바에 따라 사원총회의 특별결의로 조직변경을 할 수 있다(상법 제607조 제1항). 이 경우 조직변경 시에 발행하는 주식의 발행가액의 총액은 회사에 현존하는 순재산액을 초과하지 못한다(상법 제607조 제2항). 유한회사가 주식회사로 조직변경을 하는 경우에는 법원의 인가를 요한다(상법 제607조 제3항). 이것은 주식회사의 엄격한 설립절차를 잠탈하는 것을 방지하기 위한 것이다. 조직

---

14) "상법상 주식회사의 유한회사로의 조직변경은 주식회사가 법인격의 동일성을 유지하면서 조직을 변경하여 유한회사로 되는 것이다. 그럼에도 주식회사의 해산등기와 유한회사의 설립등기를 하는 것은 유한회사의 등기기록을 새로 개설하는 방편일 뿐이고, 주식회사가 해산하고 유한회사가 설립되기 때문이 아니다"(대법원 2012. 2. 9. 선고 2010두6731 판결).

15) 총사원의 동의가 있으면 소집절차를 생략하고 사원총회를 개최할 수 있으며 총회의 개최 없이 개별적으로 조직변경에 대한 서면동의를 받아도 된다(상법 제573조, 제577조).

변경의 경우에 회사에 현존하는 순재산액이 조직변경 시에 발행하는 주식의 발행가액의 총액에 부족한 때에는 조직변경결의 당시의 이사, 감사와 사원은 연대하여 회사에 그 부족액을 지급할 책임이 있다(상법 제607조 제4항). 유한회사가 주식회사로 조직변경을 하는 경우에도 채권자보호절차를 밟아야 한다(상법 제608조, 제232조).

또한 유한책임회사도 총사원의 동의에 의하여 그 조직을 주식회사로 변경할 수 있다 (상법 제287조의 43 제2항). 유한책임회사가 주식회사로 조직변경을 하는 경우에는 법원의 인가를 요한다(상법 제287조의 44, 제607조 제3항). 유한책임회사의 조직의 변경에 관하여는 제232조 및 제604조부터 제607조까지의 규정이 준용된다(상법 제287조의 44).

주의할 것은 유한회사가 주식회사로 조직변경을 하는 경우에 총사원의 일치에 의한 총회의 결의로써 하여야 하므로 총회를 개최하여 결의를 하여야 한다.[16] 다만 유한회사의 경우에 총사원의 동의가 있으면 총회의 개최 없이 개별적으로 조직변경에 대한 서면동의를 받아도 된다(상법 제573조, 제577조). 한편 유한책임회사가 주식회사로 조직변경을 하는 경우에 총사원의 동의에는 총회의 개최가 요구되지 않는다.

Ⅲ. 인적회사에서 주식회사로 조직변경의 필요성

우리 상법은 인적회사 상호 간과 물적회사 상호 간에만 조직변경을 인정하고 있다. 이와 같이 법적 성질이 유사한 회사 상호 간에만 조직변경을 인정하는 입법주의를 유사주의라고 한다.[17] 상법이 유사주의를 취한 이유는 사원의 책임이 전혀 다른 인적회사와 물적회사 사이에 조직변경을 허용하게 되면 사원의 책임이 달라짐에 따라 사원이나 회사채권자에게 불이익이 생길 수 있고,[18] 이러한 상황을 고려하여 인적회사와 물적회사 사이의 조직변경을 허용하는 입법을 하려면 기본적인 구조변경을 위하여 복잡한 절차규정

---

16) 독일 조직재편법상 조직변경에 관한 결의는 반드시 지분소유자(사원)총회에서 이루어져야 하고, 조직변경결의가 총사원의 동의를 요하는 경우에 참석하지 않은 사원에 대한 동의는 예외적으로 총회 밖에서 받을 수 있도록 허용하고 있다(조직재편법 제193조 제1항 제2문, 제217조 제1항 제1문, 제225c조, 제233조 제1항). 이와 같이 '총회에서(in einer Versammlung)'라고 명문으로 규정되어 있으므로, 이는 강행규정이고 정관에 의하여도 변경할 수 없으며, 서면동의나 다른 기관에 대한 결의의 위임도 허용되지 않는다고 한다. 조직변경결의는 권리주체(회사)의 기초를 변경하는 결정으로서 지분소유자(사원)총회에서만 이루어질 수 있기 때문이다(Drinhausen/Keinrath, in Henssler/Strohn, Gesellschaftsrecht (BGB, HGB, PartGG, GmbG, AktG, UmwG, GenG, IntGesR), 2011, § 193 Rn. 2; Stengel, in Semler/Stengel, Umwandlungsgesetz, 3. Aufl. 2012, § 193 Rn. 8).

17) 西島梅治, 『新版注釈会社法(14)』(有限會社), (上柳克郎ほか編), 有斐閣, 1990, 499頁 參照.

18) 노일석, 앞의 책, 473면; 西島梅治, 前揭書, 499頁 參照.

이 필요하기 때문이었다고 한다.[19) 결국 인적회사와 물적회사 사이의 조직변경에 관한 규정을 두더라도 기존의 회사를 해산하고 그와 동시에 그 사원이 새로운 회사를 설립하여 기존 회사의 영업 전부를 양수하는 '사실상의 조직변경'에 의한 방법과 큰 차이가 없어서 굳이 상법에 양자 사이의 조직변경에 관한 규정을 두어야 할 실익이 없다고 보았기 때문이다.[20)

그러나 인적회사와 물적회사 사이의 조직변경에 관하여 '사실상의 조직변경'에 의한 것보다 법률상으로 간편한 절차가 마련되고 사원 및 회사채권자의 보호를 위한 충분한 조치가 이루어질 수 있다면 굳이 이를 허용하지 않을 이유가 없다. 입법론적으로도 인적회사와 물적회사 사이의 조직변경을 제한할 이유가 없다는 것이 다수설이다.[21)

한편 상법은 인적회사와 물적회사 사이의 합병을 그 절차규정의 복잡성에도 불구하고 허용하고 있다. 상법은 회사의 종류에 관계없이 합병하는 것을 인정하고 있으므로(상법 제174조 제1항), 인적회사와 물적회사 사이에 합병하는 것도 가능하다. 다만, 인적회사인 합명회사 또는 합자회사와 물적회사인 주식회사, 유한회사 또는 유한책임회사가 합병하는 경우에 존속회사 또는 신설회사는 주식회사, 유한회사 또는 유한책임회사이어야 한다(상법 제174조 제2항), 이것은 주주나 유한책임사원이 합병으로 인하여 합명회사나 합자회사의 사원으로서 무한책임을 지게 되는 것을 방지하기 위한 것이다. 또한 인적회사 사이의 합병에 의하여 주식회사를 신설회사로 하는 경우에는 사실상 인적회사에서 주식회사로의 조직변경이 이루어진 것과 같은 법적 효과를 가져 온다. 이와 같이 기업조직재편 방법 중의 하나인 합병의 경우에는 상법이 인적회사와 물적회사 사이의 합병을 인정하면서, 인적회사와 물적회사 사이의 조직변경을 허용하지 않는 것은 균형을 잃은 입법이라고 할 수 있다.[22)

실무적 측면에서도 2009년 상법개정에 의하여 주식회사의 최저자본금제도가 폐지되고 자본금 총액이 10억 원 미만인 주식회사는 1인 또는 2인의 이사만을 둘 수 있으며

---

19) 西島梅治, 前揭書, 521頁 參照.

20) 우리 상법이 조직변경에서 유사주의를 취한 것은 일본 상법을 계수한 데서 기인한다. 일본 상법에서도 2005년 회사 편을 분리하여 독립된 회사법이 제정되기 이전까지 회사의 조직변경에 관하여 유사주의를 채택하고 있었다. 이에 따라 일본에서도 인적회사 상호 간(일본 구상법 제113조, 제163조) 그리고 물적회사 상호 간에만(일본 구유한회사법 제64조, 제67조) 조직변경을 허용하였었다(受川環大, 前揭論文, 3頁).

21) 권기범, 앞의 책, 566면; 노일석, 앞의 책, 473면; 이철송, 앞의 책, 134면; 정동윤, 앞의 책, 327면.

22) 일본에서도 회사법이 제정되기 이전에, 이와 같이 복수 회사 사이의 조직재편행위인 합병과 관련하여 합명회사나 합자회사와 주식회사, 유한회사 사이의 합병을 허용하고 있으므로, 단일회사의 종류변경인 인적회사에서 물적회사로의 조직변경을 법률상 인정하지 않는 것은 균형을 잃은 것이라고 비판하는 학자가 있었다(受川環大, 前揭論文, 4頁 參照).

이사회와 감사의 설치 여부도 자율화되었기 때문에, 소규모의 기업도 주식회사의 형태로 운영하는 것이 용이해졌다. 따라서 법적으로 인적회사와 물적회사 사이의 조직변경이 허용되면, 그동안 주식회사의 엄격한 기관구조와 최저자본금제도 등으로 인하여 합명회사나 합자회사의 형태로 운영되던 기업들도[23] 간편하게 주식회사로 조직변경을 하여 유한책임 등의 장점을 향유할 수 있을 것이다.[24]

또한 주요 외국의 입법례를 보면, 독일은 1995년 조직재편법(Umwandlungsgesetz)에서 인적회사(합명회사, 합자회사)가 물적회사(주식회사, 유한회사)로 조직변경 하는 것(제214조 제1항)과 물적회사가 인적회사로 조직변경 하는 것(제226조)을 허용하고 있다.[25] 또한 2006년 영국 회사법(Companies Act)은 유한책임회사가 무한책임회사로 조직변경 하는 것(제102조)과 무한책임회사가 유한책임회사로 조직변경 하는 것(제105조) 및 공개회사가 무한책임회사로 조직변경 하는 것(제109조)을 인정하며,[26] 2000년 프랑스 상법(Code de commerce)은 유한회사가 합명회사나 합자회사로 조직변경 하는 것(제223조의 43)과 주식회사가 다른 회사로 조직변경 하는 것(제225조의 243)을 허용하고 있다.[27] 일본도 2005년에 제정된 회사법에서 제도의 자유화의 일환으로[28] 주식회사와 지분회사(합명회사, 합자회사, 합동회사) 사이의 조직변경을 인정하였다(제743조, 제744조, 제746조).[29]

그러므로 법이론적으로나 실무적 측면에서나 또는 외국의 입법례를 보더라도 인적회사와 물적회사 사이의 조직변경을 허용하지 않을 이유가 없다. 다만 인적회사와 물적회사 사이의 조직변경이 허용된다고 하더라도 우리나라에서는 주식회사를 선호하는 경향이 강하기 때문에 주식회사의 주주나 유한회사의 사원이 무한책임을 부담하면서 인적회사로 조직변경을 하는 경우는 극히 드물 것이다. 따라서 합명회사나 합자회사가 주식회사로 조직변경을 할 수 있도록 상법의 규정을 개정하는 것이 필요하다.

---

23) 2016년 말 현재 가동 중인 회사의 총수 645,061개 가운데 합명회사가 823개(0.13%), 합자회사가 3,318개(0.51%), 주식회사가 611,641개(94.82%) 그리고 유한회사가 29,279개(4.54%)로서 주식회사의 수가 압도적으로 많다(2017년 국세통계연보, 표 8-1-2, 법인세 신고 현황II). 한편 우윤근 위원의 요구(2015. 6. 30. 요구서-684495)에 따라 대법원이 제출한 자료에 의하면(2015. 7. 6. 기준), 유효등기부수로 구분하여 합명회사는 2,447개사, 합자회사는 14,907개사이다.

24) 이형규, "회사의 조직변경에 관한 입법론적 고찰", 「법조」, 제721호(2017), 278면.

25) 이형규 역, 「독일 조직재편법」, 법무부, 2014, 203, 215면 참조.

26) 심영 역, 「영국 회사법(상)」, 법무부, 2016, 151~167면 참조.

27) 원용수 역, 「프랑스 회사법」, 법무부, 2014, 63~64, 303면 참조.

28) 江頭憲治郞, 『株式會社法』(第6版), 有斐閣(2016), 960頁.

29) 권종호 역, 「일본 회사법(상)」, 법무부, 2014, 645, 649면 참조.

Ⅳ. 외국의 조직변경에 관한 입법례

1. 일본 회사법상 조직변경

가. 조직변경의 허용범위

2005년 제정된 일본 회사법상 조직변경이란 회사가 그 조직을 변경함으로써 주식회사가 합명회사, 합자회사 또는 합동회사로 되거나 합명회사, 합자회사 또는 합동회사가 주식회사로 되는 것을 말한다(회사법 제2조 제26호). 일본은 회사법 제정 시에 유한회사를 폐지하고 미국의 LLC를 모범으로 한 '합동회사'를 도입하였으며, 주식회사를 제외한 합명회사와 합자회사 및 합동회사를 모두 '지분회사'로 규정하였다(회사법 제575조). 그리고 일본 회사법은 규제완화의 일환으로 지분회사와 주식회사 사이에 조직변경을 허용하였다.[30] 다만 지분회사 상호 간에 회사 종류의 변경은 회사법상 조직변경이 아니라 사원의 입사와 퇴사 또는 책임의 변경에 관한 정관변경의 문제로 취급하고 있다(일본 회사법 제638조). 그 이유는 지분회사의 내부규율이 공통적이고, 사원의 책임만 다르므로, 지분회사 내에서 종류의 변경은 회사의 종류에 적합하게 정관으로 사원의 책임을 변경하는 것만의 문제이기 때문이라고 한다.[31]

나. 주식회사에서 지분회사로의 조직변경

(1) 조직변경의 절차 개요

주식회사가 지분회사로 조직변경을 하려면 회사법 제744조 제1항에 열거된 사항을 정한 조직변경계획을 작성하여야 한다(회사법 제743조). 그리고 해당 주식회사는 조직변경계획의 비치개시일[32]부터 효력발생일까지 조직변경계획의 내용 등의 법정사항을 기재한 서면이나 전자적 기록을 주주 및 회사채권자가 열람할 수 있도록 본점에 비치하

---

30) 江頭憲治郎, 前揭書, 959頁.

31) 江頭憲治郎, 前揭書, 959頁; 遠藤美光, 『会社法コンメンタール17』(森本滋 編), 有斐閣(2010), 51頁; 神田秀樹, 『会社法』(第15版), 弘文堂(2013), 293頁, 311頁.

32) "조직변경계획 비치개시일"이란 ① 조직변경계획에 관하여 조직변경을 하는 주식회사의 총주주의 동의를 얻은 날과 ② 조직변경을 하는 주식회사가 신주예약권을 발행한 때에는 신주예약권의 매수청구에 관한 통지일 또는 공고일 중 빠른 날 및 ③ 채권자의 이의절차 개시일 중 빠른 날을 말한다(회사법 제775조 제2항).

여야 한다(회사법 제775조). 당해 주식회사는 조직변경계획에서 정한 효력발생일의 전 날까지 조직변경계획에 관하여 총주주의 동의를 받아야 하고(회사법 제776조), 채권자의 이의절차를 밟아야 한다(회사법 제779조). 주식회사에서 지분회사로의 조직변경은 조직변경계획에서 정한 효력발생일(회사법 제744조 제1항 제9호)에 그 효력이 발생하며 (회사법 제745조), 회사는 그날부터 2주간 이내에 본점의 소재지에서 조직변경 전의 주식회사의 해산등기와 조직변경 후의 지분회사의 설립등기를 하여야 한다(회사법 제920조).

(2) 조직변경계획의 작성

일본 회사법상 주식회사가 지분회사로 조직변경을 하는 경우에는 법정사항을 정한 조직변경계획을 작성하여야 한다(회사법 제743조 제1항). 법정사항은 ① 조직변경 후의 지분회사(이하 '조직변경 후 지분회사'라고 한다)가 합명회사, 합자회사 또는 합동회사인지 여부(회사법 제744조 제1항 제1호), ② 조직변경 후 지분회사의 목적, 상호 및 본점 소재지(회사법 제744조 제1항 제2호), ③ 조직변경 후 지분회사의 사원의 성명, 명칭 및 주소, 사원이 무한책임사원 또는 유한책임사원인지 여부, 사원의 출자 가액(회사법 제744조 제1항 제3호), ④ 앞의 ②와 ③ 외에 조직변경 후 지분회사의 정관에 정한 사항 (회사법 제744조 제1항 제4호), ⑤ 조직변경 후 지분회사가 조직변경 시의 주식회사 주주에게 그 주식에 갈음하는 금전 등을 교부하는 때에는 그에 관한 사항(회사법 제744조 제1항 제5호), ⑥ 앞의 ⑤의 배당에 관한 사항(회사법 제744조 제1항 제6호), ⑦ 조직변경을 하는 주식회사가 신주예약권을 발행한 때에는 신주예약권자에게 교부하는 신주예약권에 갈음하는 금전의 액 또는 그 산정방법(회사법 제744조 제1항 제7호), ⑧ 신주예약권자에 대한 금전배당에 관한 사항(회사법 제744조 제1항 제8호), ⑨ 조직변경의 효력발생일 등이다(회사법 제744조 제1항 제9호).

앞의 ③에 따라 조직변경 후 지분회사가 합명회사인 때에는 조직변경계획에 그 사원의 전부를 무한책임사원으로 하는 뜻(회사법 제744조 제2항), 조직변경 후 지분회사가 합자회사인 때에는 그 사원의 일부를 무한책임사원, 그 밖의 사원을 유한책임사원으로 하는 뜻(회사법 제744조 제3항) 그리고 조직변경 후 지분회사가 합동회사인 때에는 그 사원의 전부를 유한책임사원으로 하는 뜻(회사법 제744조 제4항)을 조직변경계획에서 정하여야 한다.

(3) 총주주의 동의

조직변경을 하는 주식회사는 효력발생일의 전날까지, 조직변경계획에 대하여 총주주의 동의를 얻어야 한다(회사법 제776조 제1항). 총주주의 동의를 요하는 이유는 사원의 책임내용, 지분의 양도가능성, 업무집행권한 등에서 그 지위에 큰 변화를 가져오기 때문이다.[33] 총주주의 동의를 얻는 방법에 관하여는 규정이 없기 때문에, 반드시 주주총회의 결의에 의하여야 하는 것은 아니고, 전체 주주로부터 개별적으로 동의를 얻는 방법도 가능하다.[34] 또한 총주주의 동의라는 요건은 정관의 규정에 의하여 경감할 수 없다.[35]

(4) 채권자의 이의절차

조직변경을 하는 주식회사는 채권자에 대하여 채권자 이의절차를 밟아야 한다(회사법 제797조). 그 이유는 주식회사가 합동회사로 조직변경을 하면, 재무제표의 공고의무(회사법 제440조)가 없게 되고 대규모회사도 회계감사인을 둘 의무가 없게 되는(회사법 제328조) 등 회사채권자에게 불리한 상황이 발생하기 때문이다.[36] 조직변경을 하는 경우에 채권자 이의절차의 개시시기와 총주주의 동의를 얻는 시기 사이에 선후 관계가 없기 때문에,[37] 총주주의 동의를 얻기 전에 채권자 이의절차를 개시할 수도 있지만(회사법 제775조 제2항 참조),[38] 채권자 이의절차는 조직변경의 효력발생일의 전일까지 완료하여야 한다(회사법 제745조 제6항).

(5) 조직변경의 효력발생

조직변경을 하는 주식회사는 조직변경계획에서 정한 효력발생일에 지분회사로 된다(회사법 제745조 제1항). 효력발생일에 정관의 변경을 한 것으로 보며(회사법 제745조 제2항), 조직변경을 하는 주식회사의 주주는 지분회사의 사원으로 된다(회사법 제745조

---

33) 江頭憲治郎, 前揭書, 962頁; 遠藤美光, 『会社法コンメンタール18』(森本滋 編), 有斐閣(2010), 10頁.

34) 遠藤美光, 前揭 『会社法コンメンタール18』, 11頁.

35) 遠藤美光, 前揭 『会社法コンメンタール18』, 11頁; 細川充, 『会社法大系 第4巻』(江頭憲治郎/門口正人 編), 青林書院(2008), 35頁.

36) 江頭憲治郎, 前揭書, 963頁; 遠藤美光, 前揭 『会社法コンメンタール18』, 19頁.

37) 相澤哲ほか編, 『論点解説新会社法』, 商事法務, 2006, 686頁.

38) 遠藤美光, 前揭 『会社法コンメンタール18』, 21頁.

제3항). 또한 조직변경 후 지분회사가 조직변경 시에 조직변경을 하는 주식회사의 주주에게 그 주식에 갈음하여 조직변경 후 지분회사의 사채를 교부하는 때에는 그 주주는 효력발생일에 그 사채의 사채권자로 된다(회사법 제745조 제4항). 그리고 조직변경을 하는 주식회사의 신주예약권은 효력발생일에 소멸한다(회사법 제745조 제5항). 회사는 그 효력발생일로부터 2주간 이내에 본점의 소재지에서 조직변경 전 주식회사의 해산등기와 조직변경 후 지분회사의 설립등기를 하여야 한다(회사법 제920조).

다. 지분회사에서 주식회사로의 조직변경

(1) 조직변경의 절차 개요

일본 회사법상 지분회사가 주식회사로 조직변경을 하는 경우에는 법정사항을 정한 조직변경계획을 작성하여야 한다(회사법 제743조, 제746조 제1항). 그리고 지분회사는 조직변경계획에서 정한 효력발생일의 전날까지 조직변경계획에 관하여 총사원의 동의를 얻어야 한다(회사법 제781조 제1항). 또한 지분회사는 회사채권자의 보호절차를 밟아야 한다(회사법 제781조 제2항, 제779조). 지분회사에서 주식회사로의 조직변경은 조직변경계획에서 정한 효력발생일에 조직변경의 효력이 발생하며(회사법 제745조 제1항, 제747조 제1항), 조직변경 후 주식회사는 효력발생일로부터 2주 이내에 본점 소재지에서 변경 전 지분회사에 대한 해산등기, 변경 후 주식회사에 대한 설립등기를 하여야 한다(회사법 제920조).

(2) 지분회사의 조직변경계획

조직변경을 하는 지분회사가 조직변경계획에 기재할 법정사항으로는 ① 조직변경 후의 주식회사(이하 '조직변경 후 주식회사'라고 한다)의 목적, 상호, 본점 소재지 및 발행예정주식 총수(회사법 제746조 제1항 제1호), ② 위의 ① 이외에 조직변경 후 주식회사의 정관에서 정하는 사항(회사법 제746조 제1항 제2호), ③ 조직변경 후 주식회사의 이사의 성명(회사법 제746조 제1항 제3호), ④ 조직변경 후 주식회사의 기관에 관한 사항(회사법 제746조 제1항 제4호), ⑤ 조직변경을 하는 지분회사의 사원이 조직변경 시에 취득하는 조직변경 후 주식회사의 주식에 관한 사항(회사법 제746조 제1항 제5호), ⑥

앞의 ⑤의 주식배정에 관한 사항(회사법 제746조 제1항 제6호), ⑦ 조직변경 시에 지분회사의 사원에게 그 지분에 갈음하는 금전 등을 교부하는 때에는 그에 관한 사항(회사법 제746조 제1항 제7호), ⑧ 앞의 ⑦의 금전 등의 배당에 관한 사항(회사법 제746조 제1항 제8호), 그리고 ⑨ 조직변경의 효력발생일 등이다(회사법 제746조 제1항 제9호).

(3) 총사원의 동의

지분회사가 주식회사로 조직변경을 하는 경우에는 효력발생일의 전날까지 조직변경계획에 대하여 원칙적으로 총사원의 동의를 얻어야 한다. 다만, 정관에 다른 정함이 있는 경우에는 그러하지 아니하다(회사법 제781조 제1항). 이것은 지분회사의 중요 사항의 결정에 관한 통상적인 절차(회사법 제637조)에 의한 동의가 가능하다는 것이다.[39] 따라서 정관으로 지분회사가 주식회사로 조직변경을 하는 경우에 조직변경계획의 승인에 관하여 총사원의 과반수의 동의에 의한다는 취지를 정할 수도 있다.[40]

(4) 채권자의 이의절차

지분회사에서 주식회사로의 조직변경에 대하여도 주식회사에서 지분회사로 조직변경을 하는 경우의 채권자 이의절차 규정이 준용되고 있다(회사법 제781조 제2항, 제779조). 다만, 지분회사의 특성에 따라 수정이 이루어지고 있다. 합동회사가 주식회사로 조직변경을 하는 경우에는 주식회사에서 지분회사로 조직변경을 하는 경우와 유사하다. 그러나 합명회사나 합자회사가 주식회사로 조직변경을 하는 경우에는 사원의 책임이 변경됨으로써 채권자에게 크게 영향을 미치기 때문에, 관보 외에 일간신문에 게재하는 방법 또는 전자공고의 방법을 취함으로써 알고 있는 채권자에 대하여 개별적인 최고를 생략할 수 없고, 반드시 개별적인 최고를 하여야 한다(회사법 제781조 제2항, 제779조 제2항, 제3항).[41]

그런데 일본 회사법에서는 조직변경을 하는 지분회사의 채무에 관하여 사원의 책임의 계속 규정이 결여되어 있다는 점에 대한 비판이 있다.[42] 지분회사 중 합명회사나 합자회

---

39) 江頭憲治郎, 前揭書, 965頁.

40) 受川環大, "会社法上の組織変更の現状と課題", 駒澤法曹 10号, 2014, 38頁.

41) 遠藤美光, 前揭 『会社法コンメンタール18』, 26~27頁.

42) 受川環大, 前揭 "会社法上の組織変更の現状と課題", 39頁.

사에서 주식회사로 조직변경을 하는 경우에 사원의 책임은 모두 간접유한책임으로 전환되기 때문에 회사채권자를 해할 위험이 크다. 따라서 합명회사나 합자회사에서 주식회사로 조직변경을 하는 경우에 종전의 사원으로서 조직변경 후 주식회사의 주주가 된 자는 본점 소재지에서 조직변경의 등기를 하기 전에 생긴 회사 채무에 대하여 등기 후 2년간 종전의 사원으로서의 책임을 면하지 못하도록 하는 입법조치가 필요하다고 한다.

(5) 조직변경의 효력발생

지분회사가 조직변경을 하는 경우에는 조직변경계획에서 정한 효력발생일에 주식회사로 된다(회사법 제747조 제1항). 그리고 조직변경을 하는 지분회사는 효력발생일에 정관을 변경한 것으로 보며, 지분회사의 사원은 효력발생일에 주주로 된다(회사법 제747조 제2항, 제3항).

또한 조직변경 후 주식회사가 조직변경 시에 조직변경을 하는 지분회사의 사원에게 그 지분에 갈음하여 조직변경 후 주식회사의 사채를 교부하는 때에는 그 사원은 효력발생일에 그 사채의 사채권자로 되고, 그 지분에 갈음하여 조직변경 후 주식회사의 신주예약권을 교부하는 때에는 그 사원은 효력발생일에 그 신주예약권의 신주예약권자로 되며, 그 지분에 갈음하여 조직변경 후 주식회사의 신주예약권부사채를 교부하는 때에는 그 사원은 효력발생일에 신주예약권부사채에 관한 사채의 사채권자 및 신주예약권부사채에 부여된 신주예약권의 신주예약권자로 된다(회사법 제747조 제4항). 회사는 그 효력발생일로부터 2주간 이내에 본점의 소재지에서 조직변경 전 지분회사의 해산등기와 조직변경 후 주식회사의 설립등기를 하여야 한다(회사법 제920조).

라. 정관변경에 의한 지분회사의 종류 변경

(1) 지분회사 사이의 종류변경의 유형

일본 회사법상 합명회사는 유한책임사원을 가입시키는 정관의 변경에 의하여 합자회사로 되고, 그 사원의 일부를 유한책임사원으로 하는 정관의 변경에 의하여 합자회사로 되며, 그 사원의 전부를 유한책임사원으로 하는 정관의 변경에 의하여 합동회사로 된다(회사법 제638조 제1항). 또한 합자회사는 그 사원의 전부를 무한책임사원으로 하는 정관의 변경에 의하여 합명회사로 되고, 그 사원의 전부를 유한책임사원으로 하는 정관의 변경에 의하여 합동회사로 된다(회사법 제638조 제2항). 그리고 합동회사는 그 사원의 전부를 무한책임사원으로 하는 정관의 변경에 의하여 합명회사로 되고, 무한책임사원을 가입시키는 정관의 변경이나 그 사원의 일부를 무한책임사원으로 하는 정관의 변경에 의하여 합자회사로 된다(회사법 제638조 제3항).

한편 합자회사의 유한책임사원이 퇴사함으로써 그 합자회사에 무한책임사원만이 존재하게 된 경우에 그 합자회사는 합명회사로 되는 정관변경을 한 것으로 본다.[43] 그리고 합자회사의 무한책임사원이 퇴사함으로써 그 합자회사에 유한책임사원만이 존재하게 된 경우 그 합자회사는 합동회사로 되는 정관변경을 한 것으로 본다(회사법 제639조).

(2) 종류 변경의 절차

지분회사의 정관변경은 정관에 특별한 규정이 있는 경우를 제외하고 총사원의 동의를 필요로 한다(회사법 제637조). 지분회사가 종류를 변경하는 때에는 변경등기를 신청하여야 한다(일본 상업등기법 제104조~제106조, 제113조, 제122조). 지분회사 사이의 종류변경의 효력발생에 관한 명문 규정은 없다. 다만, 합명회사, 합자회사에서 합동회사로의 종류변경을 위한 정관변경은 해당 정관변경을 하는 합명회사, 합자회사의 사원이 해당 정관변경 후의 합동회사에 대한 출자와 관련된 납입 또는 급부의 전부 또는 일부를 이행하지 않은 때에는 그 정관변경은 그 납입 또는 급부가 완료한 날에 효력이 발생한다(회사법 제640조 제1항).

(3) 책임이 변경된 사원에 대한 특칙

일본 회사법상 지분회사와 주식회사 사이의 조직변경은 기관구조 및 사원의 지분에 관한 근본적인 변경이 발생하므로 조직변경계획의 작성과 채권자 이의절차 등이 요구된다. 그러나 지분회사 사이에는 회사의 내부규율이 공통적이고, 사원의 책임만 다르므로, 지분회사 사이의 종류변경은 이러한 절차가 요구되지 않고 정관변경의 절차에 의하여 이루어진다.

---

43) 일본 회사법은, 우리 상법의 경우와는 달리, 1인 합명회사를 인정하고 있으며, 법인도 합명회사의 무한책임사원이 될 수 있다(前田 庸, 『會社法入門』(第12版), 有斐閣(2009), 791, 801頁).

지분회사의 종류변경에서 변경 전의 지분회사의 채권자보호는 사원의 책임이 변경된 경우에 관한 특칙에 의하여 규율되고 있다. 즉, 유한책임사원이 무한책임사원으로 된 경우에는 그가 무한책임사원으로 되기 전에 발생한 지분회사의 채무에 대하여도 무한책임사원으로서 변제책임을 부담한다(회사법 제583조 제1항). 유한책임사원(합동회사의 사원을 제외한다)이 출자의 가액을 감소한 경우에도 그 유한책임사원은 그 사실의 등기를 하기 전에 발생한 지분회사의 채무에 대하여는 종전의 책임의 범위 내에서 변제책임을 부담한다(회사법 제583조 제2항). 무한책임사원이 유한책임사원으로 된 경우에도 유한책임사원으로 된 자는 그 사실의 등기를 하기 전에 발생한 지분회사의 채무에 대하여는 무한책임사원으로서 채무를 변제할 책임을 부담한다(회사법 제583조 제3항).

마. 일본 회사법상 조직변경에 관한 특징과 시사점

일본 회사법상 조직변경은 종래 구상법상 회사의 조직변경보다 그 허용범위를 확장하였을 뿐만 아니라 그 절차와 법적 규제도 합리화하였다.44) 일본에서 회사법이 제정되기 이전에는 인적회사(합명회사·합자회사)와 물적회사(주식회사·유한회사) 사이의 조직변경을 허용하지 않았으나, 회사법 제정 시에 주식회사가 그 조직을 변경함으로써 합명회사, 합자회사 또는 합동회사로 되거나 합명회사, 합자회사 또는 합동회사가 그 조직을 변경함으로써 주식회사로 되는 것을 허용하였다. 다만, 합명회사, 합자회사 및 합동회사 상호 간에 회사의 법적 형태를 변경하는 것은 조직변경으로 보지 않고 정관변경에 의한 회사의 종류변경으로 규정하고 있다(회사법 제638조). 그러므로 일본 회사법상 모든 회사는 조직변경 또는 정관변경의 방법으로 상호 간에 법적 형태를 변경할 수 있다.

회사의 조직변경과 정관변경에 의한 회사 종류변경의 차이점을 보면, 조직변경의 경우에는 조직변경계획서를 작성하여 주주총회나 총사원의 동의를 얻어야 하고, 회사채권자의 보호절차를 밟아야 하며, 조직변경의 등기는 형식상으로 조직변경 전 회사의 해산등기와 조직변경 후 회사의 설립등기를 하여야 한다. 이에 대하여 지분회사의 정관변경에 의한 회사 종류의 변경은 기존 사원의 책임을 변경하거나 일부 사원을 가입시키고 이에 관한 정관변경의 결의 및 등기만 하면 된다. 따라서 합명회사, 합자회사 및 합동회사 사이에 회사형태의 변경은 정관변경의 절차에 의하여 조직변경의 절차보다 용이하게

---

44) 受川環大, 前揭 "会社法上の組織変更の現状と課題", 23頁.

추진할 수 있다. 다만, 정관변경에 의한 회사 종류의 변경은 원칙적으로 총사원의 동의를 요한다. 이것은 사원의 지위와 책임이 변경되기 때문이다. 종래의 구상법에는 조직변경의 하자를 다투는 소에 관하여 아무런 규정을 두지 않았으나, 회사법에서는 조직변경무효의 소를 명문으로 규정하였다.

2. 독일 조직재편법상 조직변경

가. 조직변경에 관한 일반규정

(1) 조직변경의 의의와 주체

독일 조직재편법상[45] 조직변경이란[46] 권리주체의 법적 동일성을 유지하면서, 권리주체의 법적 형태를 다른 법적 형태로 변경하는 것을 말한다(조직재편법 제190조). 독일 조직재편법은 회사뿐만 아니라 다양한 '권리주체' 사이에 조직변경을 허용하고 있다.[47] 즉, 인적회사, 파트너십회사, 물적회사, 등기협동조합, 권리능력이 있는 사단, 상호보험회사 또는 공법상 단체와 영조물은 조직변경을 하는 권리주체가 될 수 있다. 그리고 민법상 조합, 인적회사와 합동회사, 물적회사 또는 등기협동조합은 조직변경에 의한 새로운 법적 형태의 권리주체가 될 수 있다. 해산한 권리주체의 경우에도 기존의 법적 형태로 계속할 것을 결의할 수 있을 때에는 그 조직변경이 가능하다(조직재편법 제191조). 이와 같이 독일에서는 인적회사인 합명회사나 합자회사와 물적회사인 유한회사나 주식회사 또는 주식합자회사 사이의 조직변경뿐만 아니라 물적회사가 민법상의 조합이나 등기협동조합으로 조직변경 하는 것도 허용하고 있다.

---

45) 독일 조직재편법의 번역과 역자해제 및 우리 상법상 조직재편 규정과의 비교는 이형규 역, 앞의 책, 284면 이하 참조.

46) 1994년의 독일 조직재편법이 제정되기 전까지 '조직변경'을 'Umwandlung'이라고 표현하였으나, 조직재편법(Umwandlungsgesetz)에서는 'Formwechsel(직역하면, 형태변경)'이라는 용어로 변경하였다. 조직재편법상 Umwandlung은 합병(Verschmelzung), 분할(Spaltung), 재산양도(Vermögensübertragung) 및 조직변경(Formwechsel)을 포함하는 상위개념으로서 조직재편의 의미로 사용되고 있다(Raiser/Veil, Recht der Kapitalgesellschaften, 5. Aufl. 2010, S. 591; Semler/Stengel, Umwandlungs- gesetz, Einleitung A Rn. 2, 3).

47) 독일 조직재편법안의 이유서에서는 다음과 같이 '권리주체'의 개념을 설명하고 있다. "이 법안은 권리주체에 관한 다양한 종류의 조직재편을 규율대상으로 한다. 여기서 기업이라는 개념을 사용하지 않는 것은 거의 모든 조직재편의 경우에 권리주체가 법적, 경영학적 의미에서 기업을 영위하는지의 여부에 달려있는 것이 아니기 때문이다. 오히려 개별적인 사례에서 관련된 법적 형태에 연계되어 있는 현행법의 경우와 마찬가지로, 법적 거래에서 나타나는 '법적 단일체(juristische Einheit)'가 조직재편과정에 참가하는지의 여부가 중요하다. 그러므로 동 법안은 이 법적 단일체에 대하여 '권리주체'라는 개념을 사용하고 있다. 특별한 경우에 권리주체가 사실상 기업을 영위하는지 여부에 대하여 문제가 되는 때에는 이것은 법문에서 밝히게 된다. 이 경우에 '권리주체(Rechtsträger)'는 지금까지 독일법의 경우와 마찬가지로 권리의 완전한 소유자(Vollinhaber eines Rechts)로 이해된다"(Begründung zum UmwG, BR-Drucksache 75/94, S. 71).

다만 조직재편법에 의하여 인적회사는 물적회사 또는 등기협동조합의 법적 형태로만 조직변경을 할 수 있다(조직재편법 제214조 제1항). 따라서 조직재편법에 의하여는 인적회사가 다른 법적 형태의 인적회사로 조직변경을 할 수 없지만, 조직재편법 외에 상법의 규정에 따라 합자회사에서 합명회사로 또는 합자회사에서 합명회사로 조직변경을 할 수 있다. 합명회사는 총사원의 동의로 사원의 일부를 유한책임사원으로 변경하거나 유한책임사원을 가입시키는 정관의 변경에 의하여 합자회사로 되고, 합자회사는 모든 유한책임사원을 무한책임사원으로 변경하거나 유한책임사원을 모두 퇴사시키는 정관의 변경에 의하여 합명회사로 될 수 있다(독일 상법 제105조, 제161조 참조).[48] 또한 물적회사는 민법상의 조합, 인적회사, 합동회사, 다른 물적회사 또는 등기협동조합의 법적 형태로만 조직변경을 할 수 있다(조직재편법 제226조).

독일 조직재편법은 모든 조직변경의 주체에 대하여 공통적으로 적용될 수 있는 일반규정과 인적회사, 물적회사, 등기협동조합 등 각 조직변경의 주체별로 적용될 수 있는 특칙을 두고 있다. 여기서는 모든 조직변경의 주체에 대하여 공통적으로 적용될 수 있는 일반규정과 인적회사인 합명회사와 합자회사가 조직변경의 주체인 경우에 적용될 수 있는 특칙을 살펴보고자 한다.

(2) 조직변경의 절차

조직변경을 하려면 그 권리주체의 대표기관이 조직변경과 지분소유자의 향후 지분참가 등에 관하여 법적으로 경제적으로 설명하고 그 이유를 밝힌 상세한 조직변경보고서를 작성하여야 하며, 조직변경결의안의 내용을 포함하여야 한다(조직재편법 제192조 제1항). 그러나 1인의 지분소유자만이 조직변경을 하는 권리주체로 참가하거나 모든 지분소유자가 공증인의 인증을 받은 의사표시에 의하여 그 작성을 포기하는 경우에는 조직변경보고서를 작성할 필요가 없다(조직재편법 제192조 제2항).

조직변경을 하려면 지분소유자의 조직변경결의가 필요하며, 그 결의는 오직 지분소유자총회에서만 할 수 있다(조직재편법 제193조 제1항 제1문). 이와 같이 '총회에서(in einer Versammlung)'라고 명문으로 규정되어 있으므로, 이는 강행규정이고 정관에 의하

---

48) Drinhausen/Keinrath, in Henssler/Strohn, Gesellschaftsrecht, § 214 Rn. 7; Stengel, in Semler/Stengel, Umwandlungsgesetz, § 214 Rn. 34; Sagasser, in Sagasser/Bula/Brünger, Umwandlungen, § 25 Rn.7; Windbichler, Gesellschaftsrecht, 23. Aufl. C.H.Beck, 2013. S. 513.

여도 변경할 수 없으며, 서면동의나 다른 기관에 대한 결의의 위임도 허용되지 않는다. 조직변경결의는 권리주체(회사)의 기초를 변경하는 결정으로서 지분소유자(사원)총회에서만 이루어질 수 있기 때문이다.[49] 다만, 조직변경결의가 총사원의 동의를 요하는 경우에 참석하지 않은 사원에 대한 동의는 예외적으로 총회 밖에서 받을 수 있도록 허용하고 있다(조직재편법 제193조 제1항 제2문, 제217조 제1항 제1문, 제225c조, 제233조 제1항). 조직변경을 하는 권리주체의 지분양도에 대하여 개별적인 지분소유자의 동의를 받아야 하는 경우에는 그 동의를 받아야 조직변경결의의 효력이 발생한다(조직재편법 제193조 제2항).

조직변경결의에서는 권리주체가 조직변경에 의하여 취득할 법적 형태, 조직변경 후의 새로운 법적 형태인 권리주체의 명칭 또는 상호, 지분소유자가 조직변경에 의하여 취득하거나 또는 입사하는 무한책임사원에게 부여되어야 할 지분 또는 사원지위의 수, 종류 및 범위, 노동자 및 그 대표자에 대한 조직변경의 효과 및 그 한도 내에서 정해진 조치 등에 관한 사항을 정하여야 한다(조직재편법 제194조).

조직변경에 대하여는 조직변경 후의 새로운 법적 형태에 적용되는 설립에 관한 규정이 적용된다(조직재편법 제197조). 조직변경을 하는 권리주체는 등기부에 권리주체의 새로운 법적 형태의 등기를 신청하여야 한다(조직재편법 제198조). 관할법원은 상법 제10조에 따라 새로운 법적 형태의 등기 또는 새로운 법적 형태의 권리주체의 등기에 관한 전체의 내용에 대하여 공고하여야 한다(조직재편법 제201조).

(3) 조직변경의 효력발생

조직변경은 등기부에 새로운 법적 형태를 등기함으로써, 다음과 같은 효력이 발생한다(조직재편법 제202조).[50] 첫째, 조직변경을 하는 권리주체는 조직변경결의에서 정해진 법적 형태로 존속한다.[51] 둘째, 조직변경을 하는 권리주체의 지분소유자는 새로운 법적 형태에 적용되는 규정에 의하여 권리주체에 참가한다. 조직변경을 하는 권리주체의 지

---

49) Drinhausen/Keinrath, in Henssler/Strohn, Gesellschaftsrecht, § 193 Rn. 2; Bärwaldt, in Semler/ Stengel, Umwandlungsgesetz, § 193 Rn. 8.

50) 조직변경 후의 새로운 회사에 대한 등기에 의하여 생기는 조직변경의 효력은 창설적 효력을 가지며, 강행법적 규정이다 (Kübler, in Semler/Stengel, Umwandlungsgesetz, § 202 Rn. 5).

51) 조직변경 후에 권리주체의 법적 동일성이 유지됨에도 불구하고 그 법적 형태의 변경으로 인하여 채권자의 지위가 열악해질 수 있기 때문에 조직재편법 제204조에서 담보제공청구권을 부여하고 있다(Kübler, in Semler/ Stengel, Umwandlungsgesetz, § 202 Rn. 13, § 204 Rn. 3).

분 또는 사원의 지위에 대한 제3자의 권리는 이를 대체하는 새로운 법적 형태의 권리주체의 지분 또는 사원의 지위에 대하여 존속한다. 셋째, 등기에 의하여 조직변경결의 및 경우에 따라 필요한 각 지분소유자의 동의표시 또는 포기표시에 대한 공증인의 인증의 하자는 치유된다(조직재편법 제202조 제1항). 조직변경의 하자는 등기부상 새로운 법적 형태 또는 새로운 법적 형태의 권리주체에 대한 등기의 효력에 영향을 미치지 아니한다 (조직재편법 제202조 제3항).

(4) 채권자 및 특별권리자의 보호

조직변경을 하는 권리주체의 채권자가 조직변경등기의 공고일로부터 6개월 이내에 그 청구의 원인과 금액을 기재한 서면으로 신고한 경우에, 채권자가 변제를 청구할 수 없는 때에는, 채권자에 대하여 담보를 제공하여야 한다. 다만, 이 권리는 조직변경에 의하여 채권회수가 위태롭게 된 것을 채권자가 소명한 경우에만 인정된다. 채권자에게는 등기의 공고 시에 이 권리에 관하여 알려주어야 한다(조직재편법 제204조, 제22조). 그리고 조직변경을 하는 권리주체에 있어서 의결권이 없는 권리의 소지인, 특히 의결권이 없는 지분, 전환사채, 이익참가부사채 및 향익권의 소지인에게는 조직변경에 의한 새로운 권리주체에 있어서 동등한 가치가 있는 권리를 부여하여야 한다(조직재편법 제204조, 제23조).

나. 인적회사의 조직변경에 관한 특칙

(1) 인적회사의 조직변경 가능성

인적회사(합명회사 또는 합자회사)는 조직재편법에 의한 조직변경결의를 근거로 물적회사(주식회사, 주식합자회사 또는 유한회사) 또는 등기협동조합의 법적 형태로만 될 수 있다(조직재편법 제214조 제1항).[52] 조직변경을 하는 회사의 모든 사원이 업무집행권한을 가지는 경우에는 조직변경보고서를 작성할 필요가 없다(조직재편법 제215조). 조직

---

52) 1969년의 조직변경법에서도 인적회사가 유한회사, 주식회사 또는 주식합자회사로 조직변경 하는 것이 허용되었다. 그러나 이 법에 의하면, 인적회사가 물적회사로 조직변경을 하는 경우에 인적회사가 물적회사를 설립하고 전 재산을 포괄승계에 의하여 물적회사에 이전하는 방법으로 이루어졌다(Schlitt, in Semler/Stengel, Umwandlungsgesetz, § 214 Rn. 5). 이를 '설립형 조직변경(errichtende Umwandlung)'이라고 한다. 이에 대하여 1994년의 조직재편법은 모든 유형의 조직변경을 법적 형태의 변경에 의하도록 규정하였기 때문에 종래보다 조직변경의 절차가 현저히 간편하게 되었다.

변경을 하는 회사의 대표기관은 업무집행에서 배제된 모든 사원에게 늦어도 조직변경결의를 하여야 할 사원총회의 소집과 동시에, 조직변경을 의안으로서 서면으로 통지하고 조직변경보고서와 금전교부금제안을 송부하여야 한다(조직재편법 제216조).

(2) 조직변경의 절차

조직변경결의는 출석한 모든 사원의 동의를 필요로 하며,[53] 출석하지 않은 사원의 동의도 받아야 한다. 다만 조직변경을 하는 회사의 정관으로 사원의 다수결을 결정할 수 있는데, 이 다수결은 적어도 투표한 의결권의 4분의 3의 다수결이어야 한다(조직재편법 제217조 제1항). 조직변경결의에서는 조직변경에 의하여 유한회사, 주식회사 또는 주식합자회사로 되는 회사의 정관도 확정되어야 한다(조직재편법 제218조 제1항).

(3) 자본의 확보

실질적인 자본의 확보를 위하여 조직변경에 의한 유한회사, 주식회사 또는 주식합자회사의 자본금은 조직변경을 하는 회사의 채무를 공제한 후의 자산을 초과할 수 없다(조직재편법 제220조 제1항). 유한회사나 주식회사 또는 주식합자회사로 조직변경을 하는 경우의 설립보고서에서는 조직변경을 하는 회사의 기존 영업경과와 상황도 설명하여야 한다(조직재편법 제220조 제2항). 그리고 주식회사 또는 주식합자회사로 조직변경을 하는 경우에는 검사인에 의한 설립검사를 받아야 한다(조직재편법 제220조 제3항).

(4) 무한책임의 존속기간과 기간제한

조직변경을 하는 회사의 채무로 인하여 조직변경 시에 상법 제128조에 의하여 무한책임을 지는 사원에게는 조직변경으로 인하여 회사채권자의 청구권에 영향을 미치지 아니한다(조직재편법 제224조 제1항). 사원은 조직변경 후 5년을 경과하기 전에 채무의 변제기가 도래하고 그로 인한 청구권이 그 사원에 대하여 민법 제197조 제1항 제3호 내지 제5호에 게기된 종류로 확정되었거나 법원 또는 행정관청에 의하여 강제집행행위가 실행되거나 청구된 때에는 그 채무에 대하여 책임을 진다(조직재편법 제224조 제2항). 이

---

53) 조직변경에 관한 의결은 반드시 사원총회에서 이루어져야 한다(조직재편법 제193조 제1항 제1문).

기간은 새로운 회사형태의 등기가 공고된 날부터 진행된다(조직재편법 제224조 제3항).

다. 독일 조직재편법상 조직변경에 관한 특징과 시사점

독일 조직재편법은 회사뿐만 아니라 다양한 권리주체에 대하여 폭넓게 조직변경을 허용하고 있다. 우리 상법과는 달리 독일 조직재편법은 인적회사인 합명회사나 합자회사와 물적회사인 유한회사나 주식회사 또는 주식합자회사 사이의 조직변경뿐만 아니라 물적회사가 민법상의 조합이나 등기협동조합으로 조직변경을 하는 것도 인정하고 있다. 합명회사 또는 합자회사의 조직변경결의는 원칙적으로 모든 사원의 동의를 필요로 하지만, 정관의 규정에 따라 투표한 의결권의 4분의 3의 다수결로 결의할 수도 있다(조직재편법 제217조 제1항). 조직변경결의에서는 조직변경에 의한 새로운 회사의 정관도 확정되어야 한다(조직재편법 제218조 제1항). 조직변경에 의한 유한회사, 주식회사의 자본금은 조직변경을 하는 회사의 채무를 공제한 후의 자산을 초과할 수 없고 검사인에 의한 설립검사를 받도록 하고 있다(조직재편법 제220조). 조직변경 후 새로운 법적 형태를 등기함으로써 조직변경의 효력이 발생한다(조직재편법 제202조).

채권자보호와 관련하여 조직변경에 의하여 채권회수가 위태롭게 된 것을 소명한 경우에만 채권자에게 담보제공을 하도록 하고 있다(조직재편법 제204조, 제22조). 조직변경 주체의 임원에 대하여 연대채무자로서 권리주체, 그 지분소유자 또는 채권자가 조직변경을 통하여 입은 손해를 배상할 의무를 지도록 하고(조직재편법 제205조). 조직변경을 하더라도 조직변경 당시의 무한책임사원에 대하여는 회사채무에 대한 채권자의 청구권에 영향을 미치지 않으며, 조직변경 후 5년 내에 변제기가 도래한 채무에 대하여 책임을 진다(조직재편법 제224조). 우리 상법은 무한책임사원이 조직변경에 의하여 유한책임사원으로 된 경우에 조직변경의 등기를 하기 전에 생긴 회사채무에 대하여 등기 후 2년간 무한책임사원의 책임을 지도록 하고 있는 데(상법 제244조) 대하여, 독일 조직재편법은 5년간 무한책임을 지도록 규정하고 있다.

V. 상법의 개정방안

우리 상법은 인적회사인 합명회사와 합자회사 상호 간 그리고 물적회사인 주식회사와 유한회사 상호 간에만 조직변경을 허용하고 있다. 유한책임회사에 대하여는 주식회사와의 조직변경만을 인정하고 있다. 인적회사와 물적회사 사이에는 내부조직과 사원의 책임이 상이하므로 양자 사이에 조직변경을 하려면 복잡한 절차규정이 필요하여 실익이 없기 때문에 이를 인정하지 않았다고 한다.

그러나 상법은 조직재편 방법 중의 하나인 합병의 경우에는 회사의 종류에 관계없이 이를 인정하고 있다. 따라서 그 절차규정의 복잡성에도 불구하고 물적회사가 인적회사를 흡수합병하거나 인적회사 사이의 합병에 의하여 물적회사를 신설하는 것도 허용된다. 인적회사 사이의 합병에 의하여 물적회사를 신설하는 경우에는 사실상 인적회사에서 물적회사로의 조직변경이 이루어진 것과 같은 법적 효과를 가져 온다. 이와 같이 상법이 인적회사와 물적회사 사이의 합병을 인정하면서, 인적회사와 물적회사 사이의 조직변경을 허용하지 않는 것은 균형을 잃은 입법이라고 할 수 있다.

또한 상법상 주식회사의 최저자본금제도가 폐지되고 자본금액이 10억 원 미만인 주식회사는 이사회와 감사를 두지 않아도 되므로, 소규모의 기업도 주식회사의 형태로 운영하는 것이 용이하게 되었다. 따라서 법적으로 인적회사와 물적회사 사이의 조직변경이 허용되면, 그동안 주식회사의 엄격한 기관구조와 최저자본금제도 등으로 인하여 합명회사나 합자회사의 형태로 운영되던 기업들도 간편하게 주식회사로 조직을 변경하여 유한책임 등의 장점을 향유할 수 있을 것이다.

그리고 주요 외국의 입법례를 보더라도 일본과 독일 및 영국 등에서는 명문으로 인적회사와 물적회사 사이의 조직변경을 인정하고 있다. 그러므로 우리 상법도 인적회사에서 물적회사로의 조직변경을 허용하는 것이 기업의 요청뿐만 아니라 글로벌 스탠더드에도 부합된다.

우리나라 학자들도 인적회사와 물적회사 사이의 조직변경을 제한할 이유가 없다고 한다. 인적회사와 물적회사 사이의 조직변경에 관하여 '사실상의 조직변경'에 의한 것보다 법률상으로 간편한 절차가 마련되고 사원 및 회사채권자의 보호를 위한 충분한 조치가 이루어질 수 있다면 이를 허용하는 것이 바람직하다. 입법론으로는 상법상 회사의 조직변경에 관한 균형과 조화를 위하여 모든 회사가 상호 간에 조직변경을 할 수 있는 것으로 개정하는 것이 타당하다.

다만, 인적회사와 물적회사 사이의 조직변경이 허용된다고 하더라도 실효성의 측면에서 독일과는 달리 우리나라에서는 합명회사나 합자회사의 형태로 기업을 운영하는 것이 주식회사의 형태로 기업을 운영하는 것과 비교하여 특별한 실익이 없고 오히려 사원의 책임만 가중되기 때문에 물적회사가 인적회사의 형태로 조직변경을 할 가능성은 거의 없을 것이다. 우리나라에서는 특히 주식회사를 선호하는 경향이 강하기 때문에 현재의 상황에서는 합명회사나 합자회사에 대하여 주식회사로의 조직변경을 허용하는 법개정만으로도 문제가 해결될 수 있다고 본다.

조직변경에 관한 개정입법체계는 상법 제244조의 규정 다음에 제244조의 2를 신설하여 합명회사가 주식회사로 조직변경 하는 규정을 두고, 상법 제286조의 규정 다음에 제286조의 2를 신설하여 합자회사가 주식회사로 조직변경 하는 규정을 두는 것이 바람직할 것이다. 그러므로 다음과 같이 인적회사인 합명회사 또는 합자회사가 주식회사로 조직변경을 허용하는 상법개정을 제안한다.

[개정안] 제244조의 2(합명회사의 주식회사로의 조직변경) ① 합명회사는 총사원의 동의로써 주식회사로 조직을 변경할 수 있다.

② 제1항에 따라 조직을 변경할 때 발행하는 주식의 발행가액의 총액은 회사에 현존하는 순재산액을 초과하지 못한다.

③ 제1항의 조직변경은 법원이 선임한 검사인에 의한 설립검사를 받고 이에 관한 보고서를 법원에 제출하여 인가를 받지 아니하면 그 효력이 없다.

④ 제1항에 따라 조직을 변경하는 경우 회사에 현존하는 순재산액이 조직변경으로 발행하는 주식의 발행가액 총액에 부족한 때에는 제1항의 결의 당시의 사원은 연대하여 회사에 그 부족액을 지급할 책임이 있다.

⑤ 제1항에 따라 조직을 변경하는 경우에는 제232조를 준용한다.

⑥ 제1항에 따라 조직을 변경한 경우에 결의 당시의 합명회사의 사원은 조직변경에 의한 본점등기를 하기 전에 생긴 회사채무에 대하여 등기 후 2년 내에는 무한책임사원의 책임을 면하지 못한다.

⑦ 제1항에 따른 조직변경의 등기에 관하여는 제243조를 준용한다.

[개정안] 제286조의 2(합자회사의 주식회사로의 조직변경) ① 합자회사는 총사원의 동의로 주식회사로서 조직을 변경할 수 있다.

② 제1항에 따라 조직을 변경할 때 발행하는 주식의 발행가액의 총액은 회사에 현존하는 순재산액을 초과하지 못한다.

③ 제1항의 조직변경은 법원이 선임한 검사인에 의한 설립검사를 받고 이에 관한 보고서를 법원에 제출하여 인가를 받지 아니하면 그 효력이 없다.

④ 제1항에 따라 조직을 변경하는 경우 회사에 현존하는 순재산액이 조직변경으로 발행하는 주식의 발행가액 총액에 부족한 때에는 제1항의 결의 당시의 사원은 연대하여 회사에 그 부족액을 지급할 책임이 있다.

⑤ 제1항에 따라 조직을 변경하는 경우에 제232조를 준용한다.

⑥ 제1항에 따른 조직변경 등기 후 2년 내에는 결의 당시의 합자회사의 무한책임사원은 조직변경에 의한 본점등기를 하기 전에 생긴 회사채무에 대하여 무한책임사원의 책임을 면하지 못하고, 유한책임사원은 그 출자가액에서 이미 이행한 부분을 공제한 가액을 한도로 하여 그 채무를 변제할 책임이 있다.

⑦ 제1항의 경우에는 본점 소재지에서 2주간 내에, 지점소재지에서 3주간 내에 합자회사의 해산등기, 주식회사의 설립등기를 하여야 한다.

제7장 상장회사 특례규정의 입법론적 재검토
- 상법과 자본시장법을 중심으로 -[*]

I. 서론

　현재 상장회사[1]에 관한 특례규정은 이원화되어 있다. 즉 지배구조에 관한 특례는 상법에 있고(제542조의 2 내지 제542조의 13), 재무관리에 관한 특례는 자본시장법에 있다(제165조의 2 내지 제165조의 19). 원래 상장회사 특례규정은 증권거래법에 있었는데,[2] 이는 주식이 대중에 분산되어 있으면서 국민경제적으로 중요한 상장회사에 대하여 각종 실무적 편의를 제공해 주기 위함이었다. 그런데 2009년에 증권거래법을 비롯한 자본시장에 관련된 6개 법률이 통폐합되어 제정된 자본시장법이 시행되고 그에 발맞추어 상법이 개정되면서 증권거래법상의 상장회사 특례규정 중 지배구조에 관련된 규정은 상법으로 일원화되었고, 재무관리에 관련된 규정만 자본시장법에 남게 되었다.

　주식회사의 지배구조와 재무관리에 관한 기본법은 상법이지만, 대상회사의 대부분은 자본금이 10억 원 미만인 소규모 비상장회사이다. 그리하여 대규모 상장회사의 경우에는 지배구조와 재무관리에 있어서 상법의 일반규정만으로는 다양하고 복잡한 이해관계인들의 법률관계를 합리적으로 조정하기 어려웠고, 이에 이러한 문제점을 합리적으로 해결할 수 있는 방안이 필요하게 되었다.[3] 그리고 급변하는 국내·외적인 경제여건에 상장회사가 능동적·탄력적으로 대응할 수 있는 다양한 법제적 지원 및 보호가 필요하였다. 그리하여 각종의 특례규정이 신설되었는데, 주된 목적은 기업공개의 촉진, 상장회

---

[*] 이 논문은 그동안 지자가 다수의 학술지에 개별적으로 발표한 상장회사 특례규정의 정합성에 관련된 논문들을 종합하여 압축 요약하고 최근의 동향과 연구자료를 참조하여 그 내용을 수정·보완한 것임.

[1] 상법에서는 상장회사라고 하고 자본시장법에서는 상장법인이라고 하는데, 본고에서는 상장회사로 통일한다.

[2] 상법과 같이 1962년에 제정된 증권거래법에는 원래 상장회사 특례규정이 전혀 없었다. 다만 정부의 주도하에 경제개발정책이 적극적으로 추진되었던 1960년대 말부터 1970년대 초반까지 제정된 경제법령 중 정부의 기업공개정책의 추진을 위한 자본시장육성에 관한 법률과 정부가 기업공개촉진정책을 체계적으로 추진하기 위한 근거법으로 마련한 기업공개촉진법이 상장회사 특례규정을 두고 있었을 뿐이다. 그런데 자본시장육성법과 기업공개촉진법이 정부의 법령정비작업에 의해 각각 1988년과 1997년에 폐지되면서 상장회사 특례규정의 실무적 유용성이 필요하였던 정부가 1997년에 전면 개정된 증권거래법에 양 법상의 상장회사 특례규정을 모두 이관하였다. 상장회사 특례규정의 제정경위에 관한 자세한 내용은 정준우, "증권거래법상의 상법특례규정에 관한 비판적 검토", 「기업법연구」, 제21권 제2호(2007), 127-132면 참조.

[3] 대표적인 사례로서 주주총회의 소집통지에 관련된 변화를 들 수 있다. 경제가 성장함에 따라 기업의 규모가 커지고 기업경영에 참여하는 일반투자자의 수가 많아지면서 자연스럽게 주주의 수도 많아졌다. 사정이 이렇다보니 기명주식에 근간을 둔 대규모 상장회사에서는 주주총회의 소집통지에도 많은 비용과 시간이 소요되게 되었다. 그리하여 정부는 상장회사의 현실적인 어려움을 덜어주기 위해 일정한 방법적 제한하에 주주총회의 소집통지를 소집공고로써 갈음할 수 있게 하였다. 2009년 개정상법이 기존 서면공고의 대체수단으로써 전자공고제도를 취한 것도 동일한 맥락이다.

사의 정책적 육성, 기업지배구조의 개선, 회사와 주주의 편의성 제고에 있었다.[4]

한편 2011년에 회사 편이 대폭적으로 개정되면서 상법 내에서 일반규정과 특례규정의 적용관계가 문제되었고, 더 나아가 자본시장법상 특례규정과의 불균형이 발생하면서 상법과 자본시장법의 법체계적 역학관계까지 문제되었다. 상법상 일반규정과 특례규정의 상호관계 그리고 상법과 자본시장법의 법체계적 역학관계가 먼저 규명되어야만 동일한 사항에 관련된 규정들을 해석·적용함에 있어서 합리적인 기준을 정립하고 문제점을 규명하며 입법적 보완방안을 제시할 수 있기 때문이다. 이에 이하에서는 상법과 자본시장법상의 특례규정을 중심으로 일반규정과의 정합성을 위한 해석방법 및 제도개선방안을 모색하고, 특례규정의 이원화에 따른 문제점도 아울러 검토하고자 한다.

Ⅱ. 지배구조에 관한 특례규정의 문제점

1. 소수주주권에 관한 특례

가. 특례규정의 내용

상법은 제542조의 6 내지 제542조의 7에서 소수주주권에 관한 특례를 규정하고 있다. 구체적으로 제542조의 6은 주주총회소집청구권·검사인선임청구권·주주제안권·이사해임청구권·회계장부열람청구권·유지청구권·대표소송제기권에 관하여 규정하고 있고, 제542조의 7은 집중투표제에 관한 특례를 규정하고 있다. 그런데 소수주주권에 관한 특례는 집중투표를 제외하고는 공통적으로 일반규정의 지분요건을 크게 완화하면서 주식보유기간에 관한 요건을 추가하고 있다. 이는 일반규정의 지분요건이 너무 높아 주식이 대중에 분산되어 있는 상장회사에서는 주주권의 행사가 어렵기 때문에 지분요건을 크게 완화함과 동시에 오남용의 방지를 위해 보유기간에 관한 요건을 부가한 것이다.

---

4) 이에 관한 자세한 내용은 '정준우, "자본시장법상 상장법인 특례규정의 정합성 검토(Ⅰ)-법체계적 정합성을 중심으로-", 「선진상사법률연구」, 제61호(2013), 139-143면' 참조.

나. 특례규정의 문제점

(1) 일반규정과 특례규정의 적용관계

상법 제542조의 2 제2항이 "이 절은 이 장 다른 절에 우선하여 적용한다."고 규정함으로써 일반규정과 특례규정의 상호관계가 문제되었다. 학설의 경우에는 선택적 적용설[5]과 배타적 적용설[6]이 대립하고 있고, 판례의 경우 대법원의 확정판결은 없지만 상반된 입장의 하급심 판결은 있다. 즉 이사의 직무집행정지가처분 사건에서 서울중앙지방법원은 배타적 적용을 인정하였고,[7] 소수주주의 주총소집청구권에 관한 사건에서 서울고등법원은 선택적 적용을 인정하였다.[8] 그런데 과거에 상법상의 지분요건은 구비하였지만 증권거래법상의 주식보유요건을 구비하지 못한 주주가 주주총회의 소집을 청구한 사건에서 대법원은 "상장법인의 특례는 상장법인에서의 소수주주권 행사를 용이하게 하기 위한 것이므로 증권거래법의 주식보유기간에 관한 요건을 구비하지 못하였더라도 상법상의 지분요건을 구비한 이상 주주총회소집을 청구할 수 있다"고 판시하였다.[9] 생각건대 현재에도 일반규정과 특례규정이 모두 상법 내에 있을 뿐 양 규정의 관계와 특례규정의 입법취지는 변함이 없고, 소수주주권 제도는 주주권 행사의 활성화와 이를 통한 대주주의 견제가 주된 목적이다. 따라서 소수주주권에 있어서는 일반규정과 특례규정을

---

5) 이 견해는 특례규정의 유형을 양자택일적·배타적·중첩적 경합으로 구분한 뒤, 소수주주권의 행사에 관한 특례규정은 양자택일적 경합관계라고 한다(이철송, 「회사법강의(제25판)」, 박영사, 2017, 11-13면).

6) 이 견해는 다시 상법 제542조의 2 제2항은 증권거래법상의 특례규정에 관한 그동안의 논란을 종식시키고 특례규정의 배타적인 적용을 명문화하기 위하여 둔 것이라는 견해(김교창, "상장회사의 특례에 관한 2009년 개정상법의 논점", 「인권과 정의」, 제396호(2009), 62-63면, 69면), 상장회사에 대해서는 제13절의 규정이 우선 적용되고 이 규정에 저촉되지 않는 한 일반규정이 상장회사에도 적용된다고 보아야 하므로 결국 특례규정에 저촉되는 일반규정은 상장회사에 적용될 수 없다는 견해(정찬형, "2009년 개정상법 중 상장회사에 대한 특례규정에 관한 의견", 「상사법연구」, 제28권 제1호(2009), 271, 274면)로 세분된다.

7) 서울중앙지방법원 2011. 1. 13. 자 2010카합3874 결정(상법 제542조의 2 제2항은 "이 절은 이 장 다른 절에 우선하여 적용한다."고 규정하고 있다. 이는 위 상법개정의 입법과정에서 기존의 선택적 적용으로 인한 문제를 해결하기 위해 신설한 조항으로 보이고(선택적 적용을 의도하였다면 굳이 위 조항을 신설할 필요가 없었다.), 주식거래가 용이한 상장회사에서는 주식을 취득하여 바로 소수주주권을 행사하고 다시 이를 처분하는 식으로 소수주주권이 악용될 우려가 있어 소수주주권 행사요건에 보유기간 요건을 추가할 필요가 있는 점, 상법 제542조의 6 제7항은 "상장회사는 정관에서 제1항부터 제6항까지 규정된 것보다 단기의 주식 보유기간을 정하거나 낮은 주식 보유비율을 정할 수 있다"고 규정하고 있으므로, 정관을 통해 6개월의 보유기간 요건을 낮춤으로써 소수주주권 행사에 대한 제약을 완화할 수도 있는 점 등을 고려하면, 위 개정상법이 시행된 2009년 2월 4일부터는 상장회사에 대한 소수주주권 행사요건으로 위 특례조항만 적용된다고 해석함이 상당하다).

8) 서울고등법원 2011. 4. 1. 자 2011라123 결정(상법 제542조의 2 제2항에서 상장회사에 대한 특례규정의 적용범위에 관하여 일괄하여 상법의 다른 규정에 '우선하여 적용한다.'는 규정이 있다고 하더라도, 이는 특례규정과 관련된 모든 경우에 상법일반규정의 적용을 배제한다는 의미라기보다는 '1차적'으로 적용한다는 원론적인 의미의 규정이라고 할 것이므로, 상법일반규정의 배제 여부는 특례의 각 개별규정에 따라 달리 판단하여야 할 것이다. 따라서 상장회사의 주주는 상법 제542조의 6 제1항이 정하는 6개월의 보유기간 요건을 갖추지 못한 경우라 할지라도 상법 제366조의 요건을 갖추고 있으면 그에 기하여 주주총회소집청구권을 행사할 수 있다고 봄이 상당하다).

9) 대법원 2004. 12. 10. 선고 2003다41715 판결.

선택적 적용관계로 보는 것이 타당하다.[10]

(2) 발행주식 총수의 의미

주주총회소집청구권에서의 발행주식 총수의 의미에 대해서는 ① 의결권 없는 주식을 가진 주주는 주총소집의 실익이 없음을 근거로 의결권 없는 주식과 자기주식 및 의결권이 제한된 상호주는 포함되지 않는다는 견해,[11] ② 주총소집청구권은 회사의 병리현상을 시정하기 위한 소수주주의 공익권이고 감독시정권이며 보유주식 수는 의결권 행사와 직접적인 관련이 없음을 근거로 이러한 주식도 포함된다는 견해[12]가 있다. 생각건대 주총소집청구권의 입법취지를 고려할 때 그 실효성을 확보하려면 무엇보다도 의결권 행사가 가능해야 한다. 따라서 여기서의 발행주식 총수는 의결권 있는 발행주식 총수로 해석해야 한다. 과거에 증권거래법 제191조의 13 제5항은 이를 의결권 있는 발행주식 총수로 명시하였는데, 이 조항이 2009년 개정상법으로 편입되면서 발행주식 총수로 되었으므로 이는 명백한 입법착오이기 때문이다.

(3) 지분요건의 적정성

상법은 집중투표를 청구할 수 있는 소수주주의 지분요건을 의결권 있는 발행주식 총수의 100분의 1 이상으로 완화하고 있지만, 상법 시행령은 최근 사업연도 말 현재의 자산총액이 2조 원 이상인 상장회사로 한정하고 있다. 그런데 1998년 개정상법이 opt-out 방식을 채택함으로써 이미 대부분의 상장회사는 정관변경을 통하여 집중투표를 배제하는 규정을 두고 있고,[13] 자산총액 2조 원 이상인 대규모 상장회사에서 의결권 있는 발행

---

10) 최근에 국민적 관심사가 되었던 삼성물산과 제일모직의 합병에서 엘리엇이 삼성물산의 이사들이 회사와 주주들의 이익에는 반하고 제일모직과 그 대주주인 삼성그룹 총수일가에게만 이익이 되는 불공정한 합병을 승인하는 결의를 하거나 그 결의를 집행하는 것은 법령 또는 정관에 위반한 행위에 해당하고, 이로 인하여 회사에 회복할 수 없는 손해발생의 염려가 있다고 주장하면서 이사들이 당해 합병절차를 진행하지 못하도록 하기 위한 유지청구권을 피보전권리로 하여 가처분을 신청하였는데, 서울중앙지방법원은 상법 제542조의 2 제2항을 근거로 기각하였다. 이에 대한 자세한 내용은 정준우, "삼성물산과 엘리엇 간의 소송상 쟁점사항과 그에 관련된 현행 법제의 문제점 검토", 「법과 정책연구」, 제15집 제4호(2015), 21-24면 참조.

11) 손주찬, 「상법(상)(제15보정판)」, 박영사, 2004, 702면; 이철송, 앞의 책, 492면; 임재연, 「회사법Ⅱ」, 박영사, 2015, 13면; 정준우, "상법과 증권거래법상의 소수주주권과 그 문제점", 「한양법학」, 제21집(2007), 784면; 채이식, 「상법강의(상)(개정판)」, 박영사, 1996, 462면; 최준선, 「회사법(제9판)」, 삼영사, 2014, 348-349면.

12) 권기범, 「현대회사법론(제5판)」, 삼지원, 2014, 581면; 송옥렬, 「상법강의(제5판)」, 홍문사, 2015, 889면; 이기수/최병규, 「회사법(상법강의Ⅱ)(제10판)」, 박영사, 2015, 542면; 정경영, 「상법학강의(개정판)」, 박영사, 2009, 439면; 정동윤, 「상법(상)(제6판)」, 법문사, 2012, 542면; 최기원, 「신회사법론(제14대정판)」, 박영사, 2012, 447면.

13) 미국의 경우에는 대부분의 주법이 MBCA나 DGCL처럼 기본정관에 집중투표제가 규정되어 있을 경우에만 이를 허용하는

주식 총수의 100분의 1 이상을 확보하기란 현실적으로 쉽지 않다. 따라서 집중투표제의 도입취지를 고려하여 그 활용도를 제고하려면 대규모 상장회사에서의 지분요건을 좀 더 완화해야 한다.

(4) 집중투표와 의결권의 제한

상법 제542조의 7 제3항은 증권거래법처럼 자산총액 2조 원 이상인 대규모 상장회사에서 집중투표를 배제하기 위한 정관변경을 할 경우에는 의결권 있는 발행주식 총수의 100분의 3을 초과하는 주식을 소유한 주주는 그 초과하는 주식에 관하여 의결권을 행사할 수 없다고 규정하고 있다.[14] 그런데 특정한 대주주만을 의미하는 것인지 아니면 그의 특수 관계자도 포함하는 것인지가 명확하지 않다. 현재로서는 전자로 해석할 수밖에 없다. 그렇지만 오늘날 대부분의 대규모 상장회사에서 대주주 1인의 지분율은 많이 낮아졌지만, 그의 특수 관계자를 비롯한 우호세력들의 지분율과 계열기업의 내부지분율은 여전히 높다. 따라서 입법론적으로는 동 규정의 효용성 제고를 위해 대주주의 특수 관계자가 보유한 주식도 포함하여 지분율을 계산하되, 의결정족수의 미달로 주총결의가 이루어지지 못하는 경우를 예방하기 위하여 비록 대주주 간의 역차별 문제가 발생하더라도 대주주는 최대주주로만 한정해야 할 것이다.

(5) 집중투표와 이사의 보호

상법은 집중투표에 의해 선임된 이사의 보호에 관한 규정은 두고 있지 않다. 상법이 집중투표제를 도입한 것은 경영에 대한 감시 장치를 강화하고, 소수자주주의 권익을 대변할 수 있는 자가 이사회의 구성원으로 진입하는 것을 가능하게 하기 위함이었다. 그렇다면 집중투표에 의해 선임된 이사의 보호에 관한 규정도 당연히 상법에 두었어야 한다.[15] 왜냐하면 이사는 주주총회의 특별결의만 있으면 사유의 정당성 여부에 관계없이

---

opt-in 방식을 채택하고 있다(임재연, 「미국기업법」, 박영사, 2009, 407면).

14) 그런데 상법 제409조 제2항이 감사의 선임에 있어서 대주주의 의결권 행사를 제한하는 것은 특수한 임무를 수행하는 기관의 선임에 한정하여 제한하는 것이므로 위헌이 아니지만, 주주 전원의 수탁기관인 이사의 선임에 있어서 대주주의 의결권 행사를 제한하는 것은 위헌이라는 주장이 제기되기도 하였다(김교창, "집중투표제의 채택 의제·강행법규화의 위헌성", 「상장협」, 제44호(2001), 59면).

15) 미국의 경우에는 집중투표에 의하여 선임된 이사는 집중투표에 의한 선임에 있어서의 수만큼 충분한 찬성표가 있어야만 해임결의가 가능하다는 규정을 두어 지배주주의 횡포를 제도적으로 방지하고 있다(MBCA §8.08, CCC §303(a)(1), DGCL §141(k)(2), NYBCL §706(c)).

언제든지 해임될 수 있으므로, 보호규정이 없으면 소수주주에 의해 어렵게 선임된 이사가 지배주주에 의해 해임될 수 있기 때문이다.

2. 자기거래규제에 관한 특례

가. 특례규정의 내용

원래 상법 제398조는 이사의 자기거래만 규제하였고, 상장회사와 주요주주 등 이해관계자와의 거래는 증권거래법을 거쳐 상법 제542조의 9에서 규제하였다. 그런데 2011년 개정상법에 의해 제398조의 적용대상이 크게 확대되면서[16] 제542조의 9의 적용대상과 상당부분이 중첩되었다. 그리하여 양 규정의 정합성에 관한 문제가 제기되었는데, 계열화 또는 집단화가 심화된 대규모 상장회사에서는 논란이 더욱 심하였다. 따라서 제398조의 특례규정인 제542조의 9는 입법적 재조정이 필요하다.

나. 특례규정의 문제점

(1) 주요주주의 포섭범위

제542조의 9는 상장회사의 사외이사 결격사유에 관한 제542조의 8 제2항 제6호를 준용하여 주요주주의 개념을 정의하고 있는데,[17] 주요주주에 법인주주도 포함되는지가 문제된다.[18] 생각건대 특정인이나 특정기업을 중심으로 한 소유와 경영의 집중화와 기업의 수평적·수직적 계열화 및 상호주 보유가 일반화되어 있고, 대부분 신용공여에 해당하는 계열회사에 대한 자금지원행위가 많을 뿐만 아니라 부실계열사에 대한 신용공여[19]

---

16) 현재 상법 제398조의 적용대상은 ① 이사 또는 제542조의 8 제2항 제6호에 따른 주요주주, ② ①의 자의 배우자 및 직계존비속, ③ ①의 자의 배우자의 직계존비속, ④ ①부터 ③까지의 자가 단독 또는 공동으로 의결권 있는 발행주식 총수의 100분의 50 이상을 가진 회사 및 그 자회사, ⑤ ①부터 ③까지의 자가 ④의 회사와 합하여 의결권 있는 발행주식 총수의 100분의 50 이상을 가진 회사이다.

17) 상법 제542조의 8 제2항 제6호상의 주요주주란 ① 누구의 명의로 하든지 자기의 계산으로 의결권 없는 주식을 제외한 발행주식 총수의 100분의 10 이상을 소유한 주주, ② 이사·집행임원·감사의 선임과 해임 등 회사의 주요 경영사항에 대하여 사실상의 영향력을 행사하는 주주를 말한다.

18) 상법 제398조를 개정할 때에 만약 주요주주에 법인을 포함시키면 순환출자구조에 따른 계열사 간의 거래가 많은 우리의 기업특성상 자기거래의 승인을 위해 이사회를 매일 또는 매주 개최해야 하는 현실적인 어려움이 있으므로 법인인 주요주주와 비상장회사의 주요주주는 적용대상에서 제외해야 한다는 주장이 있었다(최준선, 「2011 개정상법 회사편 해설」, 한국상장회사협의회, 2011, 132면).

19) 이에 관한 구체적인 사례분석은 이상훈/이은정, "부실계열사에 대한 신용공여 사례분석 및 규제방안-상법 제542조의 9(주요주주 등 이해관계자에 대한 거래)를 중심으로-", 「ERRI 이슈&분석」, 경제개혁연구소, 2013. 9. 10, 2-20면 참조.

가 종종 사회문제화 되고 있는 우리나라의 기업현실을 고려할 때 법인주주도 당연히 주요주주에 포함된다고 보아야 한다.[20] 다만 이러한 해석상의 혼란을 방지하기 위해서는 개념정의규정과 준용규정의 적합성에 대한 보다 실증적인 연구검토가 필요하다. 예를 들어 제398조에서 주요주주의 개념을 정의한 후 이를 특례규정인 제542조의 9에서 준용하는 것이 바람직할 것이다.[21]

(2) 특수 관계인의 포섭범위

상법 제542조의 9와 시행령 제35조는 상장회사의 사외이사 결격사유에 관한 규정을 준용하여 주요주주의 특수 관계인을 정하고 있다. 그런데 특수 관계인이 너무 광범위하므로[22] 다음과 같은 점을 고려하여 합리적으로 조정해야 한다.[23] 즉 ① 사외이사의 결격사유와 신용공여 금지에서의 주요주주의 특수 관계인을 일치시킬 필요는 없다. 상법이 사외이사의 결격사유를 넓게 정한 것은 대주주로부터 독립된 자가 이사회의 구성원이 되어 대주주의 영향력하에 있는 사내이사들을 견제하고 이사회의 결의가 합리적으로 이루어질 수 있도록 하기 위함이지만, 신용공여의 금지는 자본충실과 회사재산의 건전성을 확보하여 회사·주주·채권자의 이익을 함께 보호하기 위한 것이기 때문이다. ② 주요주주가 개인일 경우에는 주로 친족관계를 그 전제로 하여 특수 관계인을 정하고 있는데, 이는 핵가족화라는 현대의 가족관계 특성을 고려할 때 합리적이지 않다. ③ 법령상의 친족관계만 있으면 경제적인 실질을 고려하지 않고 법적 제한을 가하는데, 이는 규제의 일반원리에 반한다.[24]

---

20) 동일한 맥락에서 제398조를 개정할 때에도 회사의 상장 여부를 불문하고 계열사 간의 거래에 있어서 주요주주의 영향력 행사에 의한 불공정한 거래가 이루어지고, 그로 인해 A회사의 부가 B회사로 이전되어 결국 A회사의 주주가 피해를 볼 수 있는 것은 마찬가지라는 점이 부각되었고, 이에 법인인 주요주주 및 비상장회사의 주요주주와 회사와의 자기거래도 이사회의 승인대상에 포함되었다(법무부, 「상법 회사편 해설」, 2012, 232면).

21) 이렇게 규정해야만 제398조의 해석에 있어서 비상장회사의 주요주주는 배제되는지에 관한 논란을 불식시킬 수 있다. 이에 관한 자세한 내용은 정준우, "자기거래제한규정의 적용요건에 관한 입법론적 재검토", 「경제법연구」, 제13권 제3호.(2014), 240면 참조.

22) 참고로 미국의 모범사업회사법도 이사의 관계인(related person)을 자기거래의 규제대상에 포함시키고 있는데, 구체적으로 ① 이사의 배우자, ② 이사 또는 그 배우자의 자식, 의붓자식, 손자, 부모, 양부모, 조부모, 사촌, 의붓사촌, 삼촌, 숙모, 조카 (또는 이들의 배우자), ③ 이사와 동일한 집에서 거주하는 개인(동거인), ④ 이사 또는 ① 내지 ③에 해당하는 자가 지배하는 단체(entity), ⑤ 이사가 당해 조직의 이사로 있는 내국 또는 외국의 영리 또는 비영리 회사 또는 이사가 운영조직의 일반조합원인 법인격 없는 단체, 또는 이사가 수탁인·관리자·개인대표자이거나 유사한 수탁인인 경우의 개인, 신탁 또는 유산, ⑥ 이사의 종업원에 의해 지배되는 자 또는 단체 등이다(MBCA §8.60(5)).

23) 이와 관련하여 2009년의 상법개정 후 전국경제인연합회는 개인인 주요주주의 특수 관계인을 그의 배우자로만 한정하자는 개정안과 배우자와 3촌 이내의 혈족 및 인척으로 제한하자는 개정안을 제시하기도 하였다(전국경제인연합회, 「상법(회사편)상 특수관계인 규정의 쟁점과 개선방안」(특수관계인 규제개혁 시리즈 5), 2010. 12, 25면).

24) 이에 관한 세부내용은 정준우, "주요주주 등 이해관계자와의 거래제한에 관한 규정의 문제점 검토", 「법과 정책연구」, 제16

(3) 청산인의 포섭 여부

제542조의 9는 제398조의 상장회사 특례이므로 적용대상인 이사의 포섭범위는 동일하다. 즉 이사는 주주총회의 보통결의로 선임된 사내이사와 사외이사 및 상무에 종사하지 않는 사외이사 아닌 이사를 의미하고,[25] 등기나 상근 여부 및 보수 유무는 묻지 않는다. 그리고 퇴임이사와 일시이사 및 법원의 가처분에 의해 선임된 직무대행자도 이사에 포함된다.[26] 그런데 청산인의 경우 제398조는 이사에 포함시키고 있지만(상법 제542조 제2항→제398조), 제542조의 9는 제외하고 있다. 생각건대 회사가 청산에 들어가면 이사는 그 지위를 잃고 청산인이 업무를 관장하는데, 원칙적으로 이사가 청산인이 된다(상법 제531조 제1항 본문). 그리고 청산인의 직무는 현존사무의 종결, 채권의 추심·변제, 재산의 환가처분, 잔여재산의 분배이므로(상법 제542조 제1항→제254조 제1항), 그 과정에서 신용공여나 회사와의 거래는 얼마든지 가능하다. 이처럼 제542조의 9 제1항이 청산인을 제외한 것은 입법적 불비이므로 우선은 청산인도 적용대상으로 해석하되, 향후 입법적으로 보완해야 한다.[27]

(4) 업무집행지시자의 포함 여부

상법 제401조의 2가 제399조와 제401조 및 제403조의 적용에 있어서 업무집행지시자를 이사로 보는 이유는 그가 회사에 대한 영향력을 행사하여 업무집행에 있어서 실질적인 주체가 됨에도 불구하고 법적인 책임에서는 자유롭게 되는 것을 규제하기 위함이다. 그렇지만 동 규정에서 업무집행지시자는 삭제해야 한다.[28] 왜냐하면 ① 회사에 대한 영향력이란 개념이 너무 다의적이고 광범위하여 오히려 법적 안정성을 저해할 수 있고,[29] ② 제401조의 2가 제399조와 제401조 및 제403조를 규정하면서도 제542조의 9의

집 제3호(2016), 66-70면 참조.

25) 따라서 주주총회에서 선임되지 않았지만 그동안 기업실무에서 이사란 명칭을 사용해 왔던 비등기이사와 법인인 주요주주의 이사도 제398조의 적용을 받지 않는데(고창현, 「2011 개정상법상 이사의 이해상충거래규제 해설」, 한국상장회사협의회, 2012, 29면; 임재연, 「회사법 Ⅱ」, 405면; 대법원 1988. 9. 13. 선고 88다카9098 판결), 이는 제542조의 9의 경우에도 동일하다고 보아야 한다.

26) 권기범, "이사의 자기거래", 「저스티스」, 제119호(2010), 173면; 이철송, 앞의 책, 755면; 정찬형, 「상법강의(상)(제18판)」, 박영사, 2015, 989면; 최기원, 앞의 책, 676면; 최준선, 앞의 책, 523면.

27) 정준우, 앞의 논문(주 24), 59-60면.

28) 업무집행지시자는 사후에 밝혀지고 그 범위가 매우 넓다. 그리하여 이처럼 사후에 판결에 의하여 밝혀질 자를 어떻게 알고 거래를 할 수 없는 대상에 포함시킬 수 있는지 의문이라며 비판하는 견해도 있다(최준선, "상법에서의 상장회사 적용 법규 및 개선 과제", 「상장협연구」, 제63호(2011), 31면).

일반규정인 제398조는 제외하고 있으며,[30] ③ 제398조와 제542조의 9는 이사 등의 자기거래와 그들에 대한 신용공여 등에 있어서 사전적인 판단을 요구하는 것이므로 특정한 행위에 대한 사후적인 책임추궁에 관련된 제401조의 2와는 법체계상 부합하지 않고,[31] ④ 기업실무에서 업무집행지시자의 대부분은 주요주주와 그의 특수 관계인인데, 이들은 이미 동 규정에서 적용대상으로 확정하고 있기 때문이다.[32] 다만 이로 인해 거래상의 우월적인 지위를 갖는 자 또는 공법적·정치적으로 우월한 힘을 가진 자 등이 규제받지 않는 문제가 발생하는데, 전자는 공정거래법 등과 같은 특별법에서 규제하는 것이 더 효과적이고, 후자는 기본적으로 사법적 효과를 통해 당사자 간의 이해관계를 조정하는 상법의 규제대상이 아니다.[33]

(5) 승인요건의 정비

상법 제398조에 의해 이사 등의 자기거래는 재적이사 3분의 2 이상의 찬성이 있어야 가능한데, 이 경우 승인신청을 한 이사는 특별이해관계자이므로 승인결의의 재적이사에 포함되지 않는다. 그리고 비록 긍정하는 견해도 있지만,[34] 이사회의 사후추인도 허용되지 않는다. 한편 상법 제542조의 9 제3항은 대규모 상장회사가 최대주주나 그의 특수관계인과 일정한 거래를 하려면 사전에 이사회의 승인을 받아야 한다고 규정하고 있는데, 문제는 그 승인요건에 대한 아무런 내용이 없다는 점이다. 따라서 현재로서는 이사회의 일반적인 승인요건인 이사 과반수의 출석과 출석이사 과반수의 찬성만 있으면 충분하다고 보아야 한다. 그렇지만 이미 앞에서 살펴본 바와 같이 양 규정의 유사한 입법취지를 고려한다면 상법 제542조의 9의 경우에도 재적이사 3분의 2 이상의 찬성으로 승인요건을 강화하는 것이 바람직하다.

---

29) 이러한 영향력의 보유자는 자연인 외에 법인도 될 수 있다(대법원 2006. 8. 25. 선고 2004다26119 판결).

30) 정준우, "상법 제398조와 제542조의 9의 적용대상에 있어서의 상관관계 검토", 「증권법연구」, 제14권 제2호(2013), 243면.

31) 법무부, 앞의 책, 231면.

32) 정준우, 앞의 논문(주 24), 60면.

33) 정준우, 앞의 논문(주 30), 257-258면.

34) 김용재, "이사의 자기거래와 이사회의 사후추인", 「상사판례연구」, 제20집 제4권(2007), 19면; 홍복기, "이사회의 자기거래의 추인", 「상사판례연구」, 제20집 제3권(2007), 948면.

(6) 규제체계의 정비

상법 제398조와 제542조의 9에 의한 이원적 규제체계는 매우 비효율적이고 불합리하므로 양 규정을 합리적으로 재조정해야 한다. 즉 제542조의 9의 적용대상인 각 주체들과 제한을 받는 거래 중 제398조가 중첩적으로 적용되는 경우에는 모두 통합하여 제398조에서 일괄하여 규제하고, 상장회사의 특성이 반영된 일정한 행위(신용공여 등)와 그에 연관된 주체들만 제542조의 9에서 규제하는 것이다. 그리고 이 과정에서는 제542조의 9를 상장회사의 특례에 관한 제13절에 둘 것이 아니라 제398조 바로 밑에 제398조의 2를 신설하여 규정하는 것이 바람직하다.[35] 법 규정은 누구나 손쉽게 찾을 수 있고 쉽게 이해할 수 있어야만 수범자들의 준법의식과 법 규정의 실효성을 제고할 수 있는데, 현재는 매우 번거롭기 때문이다.[36] 더욱이 일반규정과 특례규정은 원칙과 예외의 관계이기 때문에 위치적으로도 근접해 있어야만 보다 쉽게 인식되고, 양자의 관계도 보다 선명하게 나타날 수 있기 때문이다.[37]

(7) 규제내용의 조정

상법 제542조의 9 제1항에서 금지하는 신용공여를 회사가 이사 등에게 하면 그 대부분이 제398조의 자기거래에 해당된다. 다만 자본시장법상의 일정거래가 포함되고 신용공여가 이사회의 승인 유무에 관계없이 금지되는 점만 다를 뿐이다. 또한 동조 제3항의 거래도 그 대부분이 제398조의 자기거래이고, 사전에 이사회의 승인을 받아야 하는 점도 동일하다. 다만 일정규모 이상의 거래이어야 한다는 점과 회사가 금융위 설치법 제38조에 의한 검사대상기관인지의 여부에 따라 세부적인 차이가 있을 뿐이다. 그렇다면 제398조에서 회사의 상장 여부에 관계없이 이해상충의 염려가 있는 회사와 이사 등과의 거래는 모두 사전에 이사회의 승인을 받도록 규제하고, 상장회사의 특성이 반영된 일정사항만 제398조의 2를 신설하여 규제하는 것이 더 효과적이다. 그리고 대규모 상장회사와 그의 특수 관계인 등과의 거래도 모두 사전에 이사회의 승인을 받도록 규제하되, 그 중에서도 특히 금융위 설치법과 같은 특별법이 적용되는 일정규모 이상의 거래는 제398

---

35) 정준우, 앞의 논문(주 30), 263-264면.

36) 정준우, 앞의 논문(주 4), 152면.

37) 이철송, "상법·자본시장법상의 상장회사특례의 체계적 정비를 위한 제언", 「상장」, 제453호(2012), 26-27면.

조의 2에 의해 먼저 이사회의 승인을 받은 후 처음으로 소집되는 정기주주총회에서 대통령령상의 일정사항을 보고하도록 규제하는 것이 바람직하다.[38] 이렇게 하여도 현재 정도의 규제효과는 얼마든지 볼 수 있기 때문이다.

(8) 신용공여금지의 타당성 여부

상법 제542조의 9 제1항은 일정한 주체에 대한 상장회사의 신용공여를 원칙적으로 금지하고 있다. 그런데 우리나라의 경우에는 10% 이상의 주식만 소유하면 주요주주가 되므로 과도한 규제가 될 수 있고, 특히 상법 제398조의 개정으로 인해 제542조의 9 제1항의 적용대상 중 상당수가 이미 제398조의 적용대상이 되었으며, 상장회사가 그에 위반하여 신용공여를 하게 되면 그 대부분이 제398조의 자기거래에 해당되므로 이제는 별도로 규제해야 할 필요성이 많이 줄어든 것처럼 보인다.[39] 물론 상법 제542조의 9 제1항은 제398조에 의해 규제되지 않는 일정한 주체들과 회사와의 거래나 그들에 대한 회사의 일정한 행위를 규제하기 위한 것이고, 제542조의 9 제1항상의 신용공여는 그 대부분이 제398조의 자기거래에 해당한다. 그렇지만 이사나 주요주주 등에 대한 상장회사의 신용공여는 그 자체가 상당한 위험성을 내포하고 있고, 때로는 지배주주 등이 회사의 재산을 유출해 나가는 도관으로 활용할 가능성이 있으므로 별도로 규제할 필요성은 여전히 남아 있다.[40] 따라서 신용공여 등에 관계된 일반적인 사항은 모두 제398조에서 일괄하여 규제하고, 상장회사에서 특히 위험성이 큰 경우에는 제398조의 2를 신설하여 규제해야 할 것이다.

3. 기관의 구성에 관한 특례

가. 특례규정의 내용

상장회사의 주주총회에서 이사를 선임할 때에는 상법 제542조의 4 제2항에 따라 주

---

38) 정준우, 앞의 논문(주 30), 267면.

39) 안수현, "상장회사특례규정상의 주요주주 등 이해관계자와의 거래에 관한 규제 재검토", 「선진상사법률연구」, 제58호 (2012), 14면.

40) 그리하여 미국의 기업개혁법인 Sarbanes-Oxley Act는 제402조에서 이사와 임원 등에 대한 금전대여나 신용공여를 금지하고 있고, OECD 역시 상장회사의 이사, 임원, 지배주주 등에 대한 금전대여 등의 거래를 금지하도록 회원국에게 권고하고 있다.

주들에게 통지·공고한 후보자 중에서 선임해야 하고(상법 제542조의 5), 특히 대규모 상장회사에서는 사외이사가 총 위원의 2분의 1 이상인 사외이사후보추천위원회(상법 제542조의 8 제4항)가 추천한 자 중에서만 사외이사를 선임해야 한다(상법 제542조의 8 제5항 제1문). 이 경우 사외이사의 자격에는 일정한 제한이 있다. 한편 자산총액 2조 원 이상인 대규모 상장회사는 반드시 강화된 감사위원회를 두어야 하고, 자산총액 1천억 원 이상이며 2조 원 미만인 상장회사는 강화된 감사위원회를 둔 경우가 아닌 한 반드시 1인 이상의 상근감사를 두어야 한다(상법 제542조의 10 제1항).

나. 특례규정의 문제점

(1) 사외이사의 결격사유

상법이 규정하고 있는 상장회사 사외이사의 결격사유는 다음과 같은 문제점을 내포하고 있다. 즉 최대주주의 특수 관계인을 결격사유로 규정한 것은 그들이 사실상 경제적 동일체를 형성하기 때문이지만, 현대의 가족관계를 고려할 때 그 범위가 지나치게 넓다. 그리고 주요주주의 판단기준 중의 하나가 명의의 여하에 관계없이 자기의 계산으로 의결권 있는 발행주식 총수의 10% 이상을 소유하는 경우인데, 그 입증이 쉽지 않다. 또한 사외이사로서의 직무를 충실하게 수행하기 곤란하거나 상장회사의 경영에 영향을 미칠 수 있는 자로서 대통령령으로 정하는 자의 범위가 너무 넓고 지나치게 엄격하다. 따라서 입법적 보완이 필요하다.

(2) 사외이사의 선임절차

상법은 대규모 상장회사의 사외이사는 사외이사후보추천위원회의 추천을 받은 자 중에서만 선임하도록 규제하고 있는데, 이는 회사 또는 경영진과 밀접한 관계를 형성한 자가 사외이사로 선임되는 것을 방지하여 독립성과 감독업무의 객관성을 확보·유지하기 위함이다.[41] 그런데 사외이사후보추천위원회는 사외이사가 2분의 1 이상이어야 하지만, 그 위원을 이사회에서 선임하고 해임한다. 그리고 모든 위원은 이사이므로 자본다수결이 지배하는 주주총회에서 보통결의로 선임된다. 한편 상법 제382조와 제542조의 5에

---

41) 정준우, "이사회의 경영감독기능 강화를 위한 사외이사제도의 도입·운영과 그 문제점-우리나라와 일본의 학설·판례를 중심으로-", 「기업법연구」, 제20권 제3호(2006), 166면.

의할 때 주주는 이미 주주총회의 소집통지나 소집공고에 기재된 이사후보자에 대하여 단순히 찬반의 의결권만 행사하게 되는데, 이는 결국 이사후보자를 전적으로 이사회가 정한다는 것과 그로 인해 주주총회의 이사선임권이 사실상 제약을 받는다는 것을 의미한다. 따라서 주주들의 이사후보자 추천권을 실질적으로 보장할 수 있는 제도적 보완이 필요하다.

(3) 최대주주의 감사자격

자산총액 1천억 원 이상이며 2조 원 미만인 상장회사는 강화된 감사위원회를 두지 않는 한 반드시 1인 이상의 상근감사를 두어야 한다. 그런데 상법 제542조의 10 제2항은 상장회사 사외이사의 결격사유에 관한 제542조의 8 제2항을 준용하면서 제1호 내지 제4호 및 제6호만을 규정하고 있어 제5호의 최대주주와 그의 특수 관계인은 상근감사가 될 수 있는 문제가 발생하였다. 상법이 감사선임에 있어서 대주주의 의결권을 3%로 제한하는 것은 감사의 독립성을 제도적으로 확보·유지하기 위함이다. 그렇다면 상법 제542조의 10 제2항 제1호는 "제542조의 8 제1항 제1호부터 제6호까지에 해당하는 자"로 해석하고 향후 그렇게 개정해야 한다.

(4) 의결권 제한의 적용대상

상법 제542조의 12 제3항은 제1항 및 제2항과는 달리 적용대상을 대규모 상장회사로 한정하고 있지 않다. 그리하여 동 규정이 모든 상장회사에 적용되는지 아니면 대규모 상장회사에만 적용되는지의 논란이 있는데,[42] 이는 상법이 증권거래법 제191조의 11 제1항[43]을 특별한 고려 없이 수용하였기 때문이다. 따라서 입법연혁과 동 규정이 상장회사의 규모를 특정하지 않고 있는 점을 고려하여 감사의 선임에 관한 한 동 규정은 모든 상장회사에 적용된다고 해석해야 한다. 그렇지만 사외이사가 아닌 감사위원의 선임과 해임에 있어서는 다소 검토할 문제가 있고, 또한 동 규정은 감사위원회에 관한 조문에

---

42) 김순석, 「우리나라 감사제도의 운영실태 조사와 비교·평가」, 한국상장회사협의회, 2009, 98-101면 참조.

43) 증권거래법 제191조의 11 제1항은 "최대주주와 그 특수 관계인 기타 대통령령이 정하는 자가 소유하는 주권상장법인 또는 코스닥상장법인의 의결권 있는 주식의 합계가 당해 법인의 의결권 있는 발행주식 총수의 100분의 3(정관으로 그 비율을 더 낮게 정한 경우에는 그 비율로 한다)을 초과하는 경우 그 주주는 그 초과하는 주식에 관하여 감사 또는 감사위원회 위원(사외이사가 아닌 위원에 한한다)의 선임 및 해임에 있어서는 의결권을 행사하지 못 한다"고 규정하고 있었다.

편재되어 있으므로 입법론적으로는 이를 분리하여 상장회사의 감사선임방법에 관한 제542조의 5에 편재하는 것이 바람직하다.

(5) 감사위원의 선출방식

대규모 상장회사에서 주주총회의 보통결의로 감사위원을 선임하는 방법으로는 일괄선출방식과 분리선출방식이 있는데, 상법은 일괄선출방식을 채택하고 있다. 따라서 주주총회에서는 먼저 이사를 선임한 후에 그 선임된 이사를 전제로 하여 다시 감사위원을 선임하게 되는데, 이사의 선임에서는 대주주의 의결권이 제한받지 않지만 감사위원을 선임할 때에는 대주주의 의결권이 3%로 제한된다. 그런데 이미 이사들이 대주주의 강력한 영향력하에 선임되었으므로 비록 감사위원의 선임에 있어서 대주주의 의결권을 3%로 제한하더라도 감사위원의 선임에서 대주주의 의결권을 제한한 입법취지는 크게 반감될 수밖에 없다. 즉 대주주와 그의 특수 관계인들의 영향력이 분리선출방식에서보다 크게 증가되는 것이다. 이런 점에서 일괄선출방식을 강제하고 있는 상법 제542조의 12 제2항은 재검토가 요망된다.[44]

(6) 준법지원인 제도의 정비

상법 제542조의 13은 준법지원인 제도에 관하여 규정하고 있지만 많은 문제점을 내포하고 있으므로 실효성을 제고하려면 다음과 같은 해석과 입법적 보완이 필요하다.[45] 즉 ① 준법지원인은 독임제적 기관이지만 사실상 경영진을 보좌하는 기능을 수행하므로 직무수행상 유관기관과의 긴밀한 업무협조체제의 구축이 필요하다. 특히 불법행위나 위법행위의 경우에는 감사기관의 업무감사범위에도 포함되므로 그 내용을 감사기관에 대하여 통지하도록 의무화하는 것이 바람직하다.[46] ② 준법지원인이 임직원의 준법경영을 지원하고 감시하려면 무엇보다도 회사 내부에서 준법지원인의 직위를 일정수준 이상으로 보장해 줄 필요가 있다. ③ 이사회가 준법지원인의 해임결의를 할 때에는 반드시 준법지원인에게 진술의 기회를 부여하도록 해야 하고, 부당한 해임을 방지할 수 있는 규정

---

44) 정준우, 「주식회사의 준법경영 관리체계」, 나우커뮤니케이션, 2016, 236-237면.

45) 이에 관한 상세한 내용은 정준우, 위의 책(주 44), 417-423면 참조.

46) 한국법정책학회, 「준법지원인 제도와 준법경영의 활성화 방안(연구용역보고서)」, 법무부, 2014, 252면.

(특히 일정한 사유가 아니면 임기 중 해임되지 않는다는 규정 등)을 두어 준법지원인의 독임제적 기관성과 직무수행상의 독립성을 제도적으로 명확히 보장해야 한다.[47] ④ 준법지원인이 업무상 지득한 영업비밀을 외부에 발설하거나 또는 그것을 이용하여 개인적인 이익을 취할 수도 있으므로 이사 등과 마찬가지로 수비의무와 비밀이용금지의무를 부담하는 것으로 해석해야 한다. ⑤ 준법지원인이 임직원의 준법통제기준 준수 여부에 대한 점검이나 이사회에 대한 결과보고를 게을리한 경우의 책임에 관하여 상법은 규정하고 있지 않은데, 이는 명백한 입법적 불비이므로 준법지원인에게도 회사에 대한 손해배상책임을 부과할 필요가 있다. 다만 준법지원인이 선관주의의무를 다한 경우에 대한 책임감경규정도 아울러 두어야 한다.

Ⅲ. 재무관리에 관한 특례규정의 문제점

1. 신주발행에 관한 특례

가. 특례규정의 내용

신주발행에 관한 자본시장법상의 특례는 다음과 같다. 즉 ① 상장회사의 신주발행을 통한 자금조달의 편의성 제고를 위해 자본시장법은 상법과 달리 일반공모증자방식을 허용하고, 실권주의 발행 철회와 신주인수권증서의 의무발행을 규정하고 있다. ② 대통령령으로 정하는 상장회사나 주권을 대통령령으로 정하는 증권시장에 상장하려는 회사가 주식을 모집·매출할 때에는 상법 제418조에도 불구하고 우리사주조합원에 대하여 모집·매출하는 주식의 20%를 우선적으로 배정해야 한다. ③ 상장회사는 상법 제417조에도 불구하고 법원의 인가 없이 주주총회의 특별결의에 의해 액면미달의 가액으로 주식을 발행할 수 있지만, 그 액면미달금액의 총액에 대하여 상각을 완료하지 아니한 경우에는 그러하지 아니하다. ④ 상장회사가 자본시장법 제165조의 6 또는 상법 제418조 제2

---

47) 예를 들어 삼성물산의 준법경영기준은 "이사회가 준법지원인을 해임하고자 하는 경우에는 그 결의에 앞서 준법지원인에게 진술의 기회를 부여하여야 한다. 그리고 일정한 사유(① 내규상 면직사유에 해당하는 경우, ② 기타 준법지원인으로서의 신분을 유지하기에 부적합하다고 판단되는 경우)에 해당하는 경우를 제외하고는 임기 중 해임되지 아니한다."고 규정하고 있다(제3장 제10조 제1항, 제3항). 그런데 ①의 경우에는 내규상의 면직사유가 이사회의 결의로 정해지는 것을 고려할 때 오남용의 위험성이 내포되어 있고, ②의 경우에는 "준법지원인으로서의 신분을 유지하기에 부적합하다"는 사유가 너무 추상적일 뿐만 아니라 그러한 판단을 어느 기관이 하느냐에 따라서 매우 부당한 결과가 도출될 수도 있으므로 적합하지 않다.

항의 방식으로 신주를 배정할 때에 제161조 제1항 제5호에 따라 금융위원회에 제출한 주요사항보고서가 제163조에 따라 금융위원회와 거래소에 그 납입기일의 1주 전까지 공시된 경우에는 상법 제418조 제4항을 적용하지 아니한다.

나. 특례규정의 문제점

(1) 일반공모증자방식의 신주발행

상법은 신주발행에 있어서 주주의 신주인수권을 우선적으로 보장하면서(상법 제418조 제1항) 일정한 경우에만 제3자 배정을 허용하고 있고, 신주의 제3자 배정이 지배주주나 이사의 경영권 방어와 같은 사익을 위해 이용되는 것을 방지하기 위하여[48] 신기술의 개발이나 재무구조의 개선 등 경영상 목적달성을 위하여 필요한 경우로 한정하고 있다(상법 제418조 제2항). 그런데 자본시장법은 상장회사에 대하여 일반공모증자방식을 허용하면서도 합리성 요건을 요구하지 않고, 실권주의 발행 철회와 신주인수권증서의 의무발행을 규정하고 있다. 물론 이는 자본시장의 활성화를 위한 것이지만, 시장정책을 위해 단체법상의 중요법익을 침해하는 문제가 발생된다. 더욱이 자본시장법 제165조의 6 제1항 제1호와 제2호는 특례로서의 의미가 전혀 없고, 실권주의 처리에 관하여 비록 상법에 명문규정은 없지만 이사회의 결의로 자유롭게 배정할 수 있다는 것이 통설과 판례[49]이며, 신주인수권증서의 발행을 강제하는 것도 합리성이 부족하다. 따라서 일반공모증자방식에 관련된 사항은 모두 기본법인 상법에서 규율하는 것이 바람직하다.[50] 즉 자본시장법상의 특례규정은 모두 상법으로 이관하되, 일반규정과 대비될 수 있도록 일반규정 바로 아래에 편재하면서 일반규정과의 정합성이 유지될 수 있도록 그 내용도 합리적으로 재조정해야 한다.

(2) 우리사주조합원에 대한 신주의 우선배정

상장회사의 신주발행에 있어서 우리사주조합원에 대한 신주의 우선배정은 정부의 기

---

48) 경영권 분쟁이 있는 상황에서 현 경영진이 경영권의 방어를 위해 제3자 배정방식으로 신주를 발행한 것은 주주의 신주인수권을 침해한 것으로서 무효라는 것이 판례의 입장이다(대법원 2009. 1. 30. 선고, 2008다50776 판결).

49) 대법원 2009. 5. 29. 선고 2007도4949 판결.

50) 정준우, "자본시장법상 상장법인 특례규정의 정합성 검토(Ⅱ)-특례규정의 내용적 정합성을 중심으로-", 「선진상사법률연구」, 제62호(2013), 8-12면.

업공개촉진정책을 적극적으로 추진하기 위하여 1968년 11월 22일에 법률 제2046호로 제정되었다가 정부의 법령정비작업의 일환으로서 1997년 4월 1일에 전격적으로 폐지된 자본시장육성법상의 종업원지주제(동법 제6조)에 그 입법적 연원을 두고 있다.[51] 그런데 종업원지주제는 그 본질이 종업원의 후생복지를 위한 것으로서 상장회사의 재무관리적 편의성 제고와는 아무런 관계가 없는데,[52] 이는 우리사주조합원에 대한 신주의 우선배정에 있어서도 동일하다. 즉 상장회사의 신주발행에 있어서 우리사주조합원에 대한 신주의 우선배정에 관련된 규정은 상장회사의 재무관리적 편의성 제고를 위한 특례규정이 아닌 것이다. 더욱이 종업원의 후생관리에 관한 정책인 우리사주조합원에 대한 신주의 우선배정에 관한 규정을 기본법인 상법이 아니라 시장법인 자본시장법에 두는 것도 타당하지 않으므로,[53] 입법론적으로는 동 규정을 자본시장법에서 삭제하는 것이 타당하다.

(3) 액면미달발행조건의 완화

상법 제417조는 액면미달의 주식발행을 예외적으로 허용하면서도 자본충실을 위하여 엄격한 요건을 규정하고 있지만,[54] 자본시장법은 상법 제417조에도 불구하고 법원의 인가 없이 주주총회의 특별결의만으로 주식을 액면미달의 가액으로 발행할 수 있도록 규정하고 있다(동법 제165조의 8 제1항 본문). 자본시장법이 액면미달의 주식발행에 관한 특례를 둔 것은 시장에서의 주가가 액면미달인 경우에도 상장회사가 신속하게 필요자금을 조달할 수 있는 기회를 제공해 주기 위함이다.[55] 그렇지만 그동안 상장회사가 액면미달로 주식을 발행한 경우는 거의 없었는데, 이는 회사의 신용가치가 하락할 것을 염려한 것이고 그 절차가 매우 번거롭기 때문이다. 그런데 보다 더 근본적인 문제는 이러한 특례조치가 왜 상장회사에게만 필요한지가 명확하지 않고, 더 나아가 액면미달발행에 자본충실의 원칙을 침해할 만큼의 중요한 법익이 있는지가 의문이라는 점이다. 상법이 액면미달발행을 엄격히 규제하는 것은 주주와 채권자의 보호에 가장 중요한 법익인 자본

---

51) 정준우, 앞의 논문(주 2), 135면.

52) 이철송, 앞의 논문(주 37), 19면.

53) 정준우, 앞의 논문(주 50), 13면.

54) 즉 액면미달발행을 하려면 ① 회사성립 후 2년이 경과해야 하고, ② 주주총회의 특별결의가 필요하며, ③ 법원의 인가가 있어야 한다(상법 제417조 제1항). 이 경우 액면미달로 발행하는 신주는 법원의 인가를 얻은 날로부터 1개월 내에 발행해야 하는데(상법 제417조 제4항 전단), 법원은 이 기간을 연장하여 인가할 수 있다(상법 제417조 제4항 후단). 한편 액면미달금액의 총액은 이연자산으로 계상할 수 있지만, 발행 후 3년 내에 균등액 이상을 상각해야 한다(상법 제455조).

55) 김정수, 「자본시장법원론」, SFL그룹, 2011, 922면.

충실을 위한 것인데,[56] 상장회사에 대해서만 이를 완화하는 것은 타당하지 않기 때문이다.[57] 더욱이 이를 자본시장법이 규제하는 것은 결코 바람직하지 않으므로 동 특례규정은 삭제하는 것이 타당하다.

2. 사채발행에 관한 특례

가. 특례규정의 내용

자본시장법상 상장회사가 동법 제165조의 11 제1항에 따른 사채와 상법 제469조 제2항 제2호, 제513조 및 제516조의 2에 따른 사채를 발행할 경우에는 동법 제165조의 6 제1항·제2항·제4항 및 제165조의 9가 준용되고, 상법 제516조의 2 제1항에 따른 사채를 발행할 때에는 동조 제2항 제4호에도 불구하고 사채권자가 신주인수권증권만을 양도할 수 있는 사채는 사모의 방법으로 발행할 수 없다(동법 제165조의 10). 한편 상장회사는 정관으로 정하는 바에 따라 이사회의 결의로 상법 제469조 제2항, 제513조 및 제516조의 2에 따른 사채와 다른 종류의 사채로서 해당 사채의 발행 당시 객관적이고 합리적인 기준에 따라 미리 정하는 사유가 발생하는 경우 주식으로 전환되거나 그 사채의 상환과 이자지급의무가 감면된다는 조건이 붙은 사채, 그 밖에 대통령령으로 정하는 사채를 발행할 수 있는데, 이 경우 발행하는 사채의 내용, 발행사항 및 유통 등의 방법, 조건의 세부내용 등 필요한 사항은 대통령령으로 정한다(동법 제165조의 11).

나. 특례규정의 문제점

(1) 사채의 발행

자본시장법은 자금수요가 빈번한 상장회사가 사채발행을 통하여 필요자금을 조달함에 있어서 실무적 편의를 제공하기 위해 각종 신종사채의 발행에 관한 근거규정을 두고 있다. 그런데 2011년 개정상법이 이사회의 결의로 사채를 발행할 수 있도록 하면서(동법 제469조 제1항) 발행할 수 있는 사채의 종류에 이익참가부사채·교환사채·상환사채·파생결합사채를 추가함으로써(동법 제469조 제2항) 발행할 수 있는 사채의 종류에 있어

---

56) 이철송, 앞의 논문(주 37), 22-23면.
57) 정준우, 앞의 논문(주 50), 14-15면.

서는 상법과 자본시장법의 차이가 거의 없게 되었다.[58] 더욱이 자본시장법은 전환사채의 경우 신주발행의 속성을 갖고 있는 점을 중시하여 제165조의 6과 제165조의 9를 준용하고 있는데, 이미 앞에서 지적한 것처럼 동 규정은 합리성이 결여되어 있을 뿐만 아니라 주주의 보호에도 충실하지 못하다. 따라서 사채발행에 관한 자본시장법상의 규정은 특례로서의 존재가치가 없어졌으므로 폐지해야 한다.

(2) 조건부자본증권의 발행

자본시장법상의 조건부자본증권은 상법상의 교환사채의 내용을 조금 변형한 것이므로 상법과 그 시행령의 규정내용을 조금만 보완한다면 동일한 내용의 사채를 발행할 수 있다. 즉 자본시장법에서 조건부자본증권에 관하여 별도로 규정하지 않더라도 상장회사는 상법에 근거한 자율적인 의사결정으로 얼마든지 조건부자본증권을 발행할 수 있는 것이다. 더욱이 사채발행은 회사의 자금조달행위이므로 기본법인 상법에서 규정하는 것이 바람직한데, 이는 조건부자본증권의 발행과 관련하여 법적 분쟁이 발생했을 경우의 사법적 효과와 처리를 고려할 때 더욱 그러하다. 따라서 동 특례규정은 상법으로 이관하여 일관적인 규제를 하는 것이 타당하다.

3. 주식관리에 관한 특례

가. 특례규정의 내용

2011년 개정상법이 배당가능이익의 범위 내에서 일정한 제한하에 자기주식의 취득규제를 크게 완화하면서 처분의 의무성도 삭제함으로써[59] 자본시장법상 특례규정과의 정합성이 문제되자, 2013년 개정자본시장법도 기존의 규정을 대폭적으로 수정하였다. 즉 상장회사는 일정한 방법(상법 제341조 제1항에 따른 방법, 신탁계약에 따라 자기주식을 취득한 신탁업자로부터 신탁계약이 해지되거나 종료된 때 반환받는 방법)으로 자기주식을 취득할 수 있는데(동법 제165조의 3 제1항), 취득가액의 총액은 상법 제462조 제1항

---

58) 정준우, 앞의 논문(주 50), 19면.

59) 자기주식의 취득과 처분에 관계된 2011년 개정상법의 주요내용과 그 문제점에 대한 자세한 내용은 정준우, "2011년 개정상법상 자기주식의 취득·처분과 그 규제", 「한양법학」, 제23권 제2집(2012), 241-271면; 황현영, "개정상법상 자기주식 관련 해석상·실무상 쟁점 검토", 「선진상사법률연구」, 제60호.(2012), 173-200면 참조.

에 따른 이익배당을 할 수 있는 한도 내이어야 하며(동조 제2항), 위 방법 또는 상법 제341조 제1항 각 호의 어느 하나에 해당하는 방법으로 자기주식을 취득하는 경우에는 상법 제341조 제2항에도 불구하고 이사회의 결의로써 취득할 수 있다(동조 제3항). 그리고 상장회사가 제1항에 따라 자기주식을 취득하거나 취득한 자기주식을 처분하는 경우에는 대통령령으로 정하는 요건·방법 등의 기준에 따라야 한다(동조 제4항).

한편 2011년 개정상법은 자기주식의 소각규정을 정비하면서 기존의 이익소각제도를 폐지하였는데, 이로 인해 자본시장법상 특례규정과의 정합성이 문제되었다. 그리하여 2013년 개정자본시장법은 이익소각에 관한 특례였던 제165조의 3을 자기주식의 취득 및 처분의 특례로 대체하면서 기존의 이익소각에 관한 내용을 완전히 삭제하였다. 또한 2011년 개정상법은 제370조를 삭제하고 제344조의 3을 신설하면서 이익배당우선주를 전제로 하지 않는 의결권의 배제·제한에 관한 종류주식의 발행을 허용하고 있다. 다만 의결권이 배제되거나 제한되는 종류주식은 발행주식 총수의 4분의 1을 초과하여 발행할 수 없도록 제한하고, 발행한도를 초과한 경우에는 지체 없이 그 한도를 초과하지 않도록 하는 조치를 취하도록 규제하고 있다. 그리하여 개정자본시장법도 개정상법의 내용을 반영하여 규정상의 '의결권 없는 주식'을 '의결권이 없거나 제한되는 주식'으로 개정하면서 나머지는 기존의 내용을 그대로 수용하였다(동법 제165조의 15).

나. 특례규정의 문제점

(1) 자기주식의 취득

2011년의 상법 개정과 2013년의 자본시장법 개정으로 인해 자기주식의 취득에 관한 기본적인 사항은 모두 동일해졌다. 그리하여 자본시장법상의 특례규정이 갖고 있는 의미는 자기주식의 취득에 관한 의사결정의 주체를 주주총회에서 이사회로 변경한 점과 자기주식의 취득기간을 상법에서보다 크게 완화한 점에 있을 뿐이다. 생각건대 상법이 자기주식의 취득을 주주총회의 결의사항으로 한 것은 모든 주주의 중대한 이해관계가 걸려 있으므로 그들의 총의를 구하기 위함인데, 이는 회사의 상장 여부와 아무런 관계가 없다. 더욱이 주식의 대중분산성으로 인해 주주의 경영감시기능이 크게 약화된 상장회사에서 회사의 재무관리적 편의성을 위해 주주의 보호를 도외시한다는 것도 납득하기 어렵다. 이런 점을 종합할 때 자본시장법상의 자기주식 취득에 관한 특례규정은 그 존재가치를 상실하였을 뿐만 아니라 타당하지도 않으므로 삭제해야 한다.[60] 다만 이 과정에서는 상법과 연계하여 몇 가지 검토해야 할 사항이 있다. 즉 ① 상법은 배당가능이익의 범위 내에서 일정한 절차와 방법에 따라 자기주식을 취득하도록 하면서도 취득가액의 한도와 취득할 주식 수에 대해서는 아무런 제한을 두고 있지 않다. 그리하여 이론적으로는 회사가 단 한 주만을 제외하고 발행주식의 전부를 자기주식으로 취득하여 보관하거나 소각할 수도 있는데, 이는 주식회사의 본질에 반하므로 향후 입법적 보완이 필요하다.[61] ② 배당가능이익의 산정에 있어서 공제대상인 미실현이익의 경우 기업회계실무상 그 포섭범위에 다소의 차이가 있다는 점이다.[62] 즉 기존의 기업회계기준에 의하면 해외 사업장의 외화환산손익 등과 같은 기타포괄손익은 손익계산서상의 당기순이익에 포함되지 않지만, 한국채택국제회계기준(K-IFRS)에 의하면 기타포괄손익이 포괄손익에 포함되기 때문에 기타포괄손익에 포함되는 미실현이익을 일일이 계산하여 차감해야 하는 복잡한 문제가 발생된다.[63] 따라서 배당가능이익의 산정에 있어서 기업회계실무상의 혼란을 방지하고 자본충실과 채권자의 보호를 위해서는 미실현이익의 포섭범위에 관한 보다 구체적인 내용을 상법에 규정해야 한다.[64]

(2) 자기주식의 처분

자본시장법은 이사회의 결의로 자기주식을 처분할 수 있도록 하면서, 이사회의 결의 사항 등 중요한 사항의 대부분을 시행령에 위임하고 있다. 그리고 시행령은 자기주식의 처분에 관계된 중요사항의 상당부분을 금융위원회에 위임하고 있어, 결국 금융위원회의 고시가 규제체계에서 가장 중요한 위치를 차지하게 되었다. 원래 위임입법의 경우에는 구체성과 명확성이 구비되어야 하고, 개인과 기업의 재산권 행사에 대하여 일정한 제한

---

60) 정준우, 앞의 논문(주 50), 23면.

61) 이철송, 앞의 책, 392면.

62) 한국채택국제회계기준(K-IFRS)상 당기손익에 반영된 미실현이익은 이익잉여금의 마감절차를 통해 순자산에 반영되므로 회사는 관련자산을 최초로 인식한 시점 이후에 발생하는 미실현이익의 증감현황을 지속적으로 관리해야 한다. 이러한 관리 없이는 특정시점의 재무상태표에 계상된 이익잉여금 중 미실현이익의 누계액이 얼마인지를 파악하기가 불가능하기 때문이다(강경진, "개정상법상 배당가능이익의 계산 시 유의사항", 「상장」, 제456호(2012), 109면). 기업회계실무상의 이러한 현실적인 어려움을 감안하여 상법 시행령은 부칙 제6조에서 "회사가 이 영 시행일이 속하는 사업연도까지 이익잉여금으로 순자산액에 반영한 미실현이익이 있는 경우에 그 미실현이익은 제19조의 개정규정에 따른 미실현이익에 포함되지 아니한 것으로 본다."고 규정하고 있다.

63) 김희준, "개정상법 회계 관련 규정과 한국채택국제회계기준 규정의 비교 연구", 「상사법연구」, 제30권 제2호(2011), 594면.

64) 심 영, "우리나라 회사회계제도의 현황과 발전방향", 「상사법연구」, 제28권 제3호(2009), 365면; 정준우, 앞의 논문(주 59), 250면.

을 가하려면 반드시 법률에 의해야만 헌법적 정당성을 확보할 수 있다. 즉 자본시장법처럼 중요한 사항의 상당부분을 금융위원회의 고시로 정하도록 포괄적인 위임을 하는 것은 이러한 위임입법의 한계를 이탈한 것으로서 위헌성의 논란이 제기될 수 있다.[65] 따라서 자본시장법상의 특례규정을 삭제하고 일부분의 내용을 상법으로 일원화할 경우에는 이 부분을 보다 명확히 보완해야 한다.

(3) 이익소각

2011년 개정상법이 이익소각제도를 폐지하면서 그 대체규정으로서 도입한 자기주식의 소각에 관한 제343조 제1항 단서의 경우에는 실제적으로 무액면주식에 대해서만 적용할 수 있다. 액면주식의 소각은 발행주식의 일부를 원천적으로 소멸시키므로 필연적으로 소각한 주식 수만큼의 자본금이 감소하게 되는데, 이를 단순히 이사회의 결의만으로 처리할 수 있도록 허용한 것은 매우 잘못되었기 때문이다.[66] 한편 이와 관련하여 2013년 개정자본시장법도 규정을 대체하는 방식으로 이익소각에 관한 특례를 삭제하였다. 그렇지만 개정자본시장법이 규정대체의 방법을 통해 이익소각에 관한 특례를 삭제한 것이 바람직한지는 재검토해 보아야 한다. 앞에서 지적한 것처럼 2011년 개정상법상 자기주식의 소각은 상당한 문제점을 내포하고 있고, 기업실무에서도 재무관리적 측면에서 이익소각의 필요성이 있기 때문이다. 따라서 자본시장법상의 특례규정을 상법으로 일원화할 때에는 이 점도 함께 고려해야 한다.

(4) 의결권 배제 · 제한주식의 발행한도

2011년 개정상법은 종류주식 체제로 전환하면서 기존의 의결권 없는 주식을 삭제하고 그 대신에 의결권이 배제되는 종류주식과 의결권이 제한되는 종류주식을 허용하였다. 그리고 회사로 하여금 양자를 모두 발행할 수 있도록 허용하되, 발행주식 총수의 4분의 1을 초과하여 발행할 수는 없도록 제한하였다(상법 제344조의 3). 이러한 변화에 따라 2013년 개정자본시장법도 상법과의 정합성을 유지하기 위하여 의결권이 배제되는 종류주식 외에 의결권이 제한되는 종류주식에 대해서도 자본시장법상의 특례규정이 적용되

---

65) 정준우, 앞의 논문(주 50), 26면.
66) 이철송, 앞의 책, 436면; 정준우, 앞의 논문(주 59), 264면.

는 것으로 개정하였다(동법 제165조의 15). 그런데 회사가 주식발행을 통하여 필요한 자금을 조달함에 있어서 어떠한 종류의 주식을 얼마나 발행할 것인지는 경영진의 경영판단에 속하고, 의결권이 배제되거나 제한되는 종류주식은 주식의 본질에 부합되지 않는 것이므로 일정한 제한을 가하는 것은 바람직하지만 그 역시 자본시장법이 아닌 기본법인 상법에서 규율해야 할 사항이다. 즉 회사가 발행한 주식이 시장에서 유통되는 과정에서 일반투자자의 보호를 위해 일정한 법적 규제를 가하는 자본시장법의 규율대상이 아니므로 삭제하는 것이 타당하다.

4. 합병 등에 관한 특례

가. 특례규정의 내용

자본시장법상 상장법인이 ① 다른 법인과의 합병, ② 대통령령으로 정하는 중요한 영업 또는 자산의 양수·양도, ③ 주식의 포괄적 교환·이전, ④ 분할 또는 분할합병을 하려면 대통령령이 정하는 요건·방법 등의 기준에 따라야 한다(동법 제165조의 4). 한편 자본시장법상 위의 사항에 관한 이사회의 결의에 반대하는 주주는 주주총회 전에 회사에 대하여 서면으로 결의반대의사를 통지한 후 소유주식의 매수를 청구할 수 있는데(동법 제165조의 5 제1항), 회사는 매수청구기간이 종료하는 날부터 1개월 이내에 당해 주식을 매수해야 한다(동조 제2항). 이 경우 주식의 매수가격은 원칙적으로 당사자 간의 협의로 결정하되, 협의가 이루어지지 아니한 때에는 이사회의 결의일 이전에 증권시장에서 거래된 당해 주식의 거래가격을 기준으로 대통령령으로 정하는 방법에 따라 산정된 금액67)으로 하는데, 회사나 매수청구한 주주가 이러한 매수가격에 반대할 경우에는 각각 법원에 매수가격의 결정을 청구할 수 있다(동조 제3항).

---

67) 여기서 「대통령령으로 정하는 방법에 따라 산정된 금액」이란 다음 각 호의 금액을 말한다. 즉 ① 증권시장에서 거래가 형성된 주식은 다음 각 목(ⓐ 이사회 결의일 전일부터 과거 2개월(같은 기간 중 배당락 또는 권리락으로 인하여 매매기준가격의 조정이 있는 경우로서 배당락 또는 권리락이 있은 날부터 이사회 결의일 전일까지의 기간이 7일 이상인 경우에는 그 기간)간 공표된 매일의 증권시장에서 거래된 최종시세가격을 실물거래에 의한 거래량을 가중치로 하여 가중 산술평균한 가격, ⓑ 이사회 결의일 전일부터 과거 1개월(같은 기간 중 배당락 또는 권리락으로 인하여 매매기준가격의 조정이 있는 경우로서 배당락 또는 권리락이 있은 날부터 이사회 결의일 전일까지의 기간이 7일 이상인 경우에는 그 기간)간 공표된 매일의 증권시장에서 거래된 최종시세가격을 실물거래에 의한 거래량을 가중치로 하여 가중 산술평균한 가격, ⓒ 이사회 결의일 전일부터 과거 1주일간 공표된 매일의 증권시장에서 거래된 최종시세가격을 실물거래에 의한 거래량을 가중치로 하여 가중 산술평균한 가격)의 방법에 따라 산정된 가격의 산술평균가격, ② 증권시장에서 거래가 형성되지 아니한 주식은 제176조의 5 제1항 제2호 나목에 따른 가격을 말한다(자본시장법 시행령 제176조의 7 제3항).

나. 특례규정의 문제점

(1) 합병 등의 실행방법

자본시장법상 상장회사가 다른 회사와 합병 등을 하는 경우에는 대통령령으로 정하는 요건·방법 등의 기준에 따라야 하고(동법 제165조의 4), 특히 다른 회사와 합병하는 경우에는 자본시장법 시행령이 규정하는 합병가액의 산정방법을 준수해야 한다(동법 시행령 제176조의 5 제1항). 그리고 상장회사가 비상장회사와 합병하여 상장회사가 되는 경우 또는 비상장회사가 되는 경우에는 반드시 외부평가기관의 평가를 받아야 한다(동법 시행령 제176조의 5 제7항). 이처럼 자본시장법은 합병 등과 같은 조직재편행위에 있어서 가액산정의 기준을 제시하며 외부의 전문평가기관의 평가를 요구하고 있다. 그런데 합병, 분할, 주식교환·이전 등은 회사의 조직재편에 관한 것이고, 기존의 조직을 어떠한 형태로 재편할 것인지는 경영진의 경영판단에 속하는 것이지만, 조직재편은 주주·채권자 등 이해관계자의 이익에 직결되는 것이므로 단순히 경영진의 경영판단에만 맡겨둘 수 없다. 그리하여 상법은 합병 등과 같은 조직재편의 경우 엄격한 법정절차에 따라 진행하도록 하면서 주주와 채권자의 이익보호에 관련된 다양한 사항을 규정하고 있다. 한편 회사의 합병 등과 같은 조직재편에 관한 사항은 자본시장에 참여하는 일반투자자들의 투자판단에도 중요한 영향을 미치므로, 그들의 이익을 보호하고 예견가능성을 제공할 수 있는 제도적 지원방안이 필요하다. 이에 자본시장법은 수많은 관계자들의 경제적인 이해가 복합적으로 연계되어 있는 상장회사의 합병 등에 관한 다양한 규제규정을 두고 있다. 그렇지만 상장회사의 합병 등과 관련하여 일반투자자를 보호하기 위해서는 동법상의 공시제도를 효과적으로 활용해도 충분하므로 굳이 자본시장법이 회사의 합병 등과 같은 조직재편절차에 직접 개입할 필요는 없다. 더욱이 자본시장법에 규정된 상장회사 특례규정의 내용을 살펴보면, 그 대부분이 상법상의 규제내용에 부수적 제한을 가하는 것이거나 일정한 요건을 부가하는 것이다. 그렇다면 합병 등에 관련된 상장회사 특례규정을 자본시장법에 두어야 할 특별한 법리적 이유나 경제적인 합리성은 거의 없다.[68] 따라서 합병 등에 관한 특례규정은 상법으로 일원화하여 법체계적 안정성과 내용적 정합성을 확보·유지하는 것이 더 합리적이다.

---

68) 정준우, 앞의 논문(주 50), 35면.

(2) 주식매수청구권의 행사

상법과 자본시장법은 모두 일정한 목적하에 합병 등의 사항에 한정하여 반대주주의 주식매수청구권을 보장하고 있고, 동시에 주식매수청구권의 위험성을 합리적으로 제어하고 경제적 효용성을 제고하기 위한 보완규정을 두고 있다. 따라서 양자의 차이는 ① 매수기간이 상법의 경우 2개월임에 비하여 자본시장법의 경우에는 1개월이라는 점, ② 매수가격의 결정절차에 있어서 상법은 2단계의 구조를 취하고 있는데 비해 자본시장법은 3단계의 구조를 취하고 있는 점, ③ 매수한 주식의 처분에 있어서 상법에서는 이익소각이 인정되지 않지만 자본시장법에서는 이익소각이 인정된다는 점에 불과하다. 한편 주식매수청구권은 주주총회의 특별결의를 요하는 회사의 내부적인 중요사항의 결정에 있어서 전체주주들의 이해를 조정하기 위한 것이고, 자본다수결의 원칙이 지배하는 주주총회의 결의에 따라 소액주주가 경제적인 불이익을 입지 않도록 배려하기 위한 것이다. 이런 점을 고려할 때 주식매수청구권을 상장회사와 비상장회사로 나누어 각기 다른 법률에서 별도로 규제할 아무런 이유가 없다.[69] 따라서 주식매수청구권에 관련된 자본시장법상의 특례규정은 상법으로 일원화하여 상법 내에서 일반규정과 특례규정으로 처리하는 것이 가장 바람직하다.

5. 이익배당 등에 관한 특례

가. 특례규정의 내용

자본시장법상 연 1회의 결산기를 정한 상장회사는 정관에서 정하는 바에 따라 사업연도 중 그 사업연도 개시일로부터 3월, 6월, 9월 말일 당시의 주주에게 이사회 결의로써 금전으로 이익배당(분기배당)을 할 수 있는데(동법 제165조의 12 제1항), 이 경우 이사회의 결의는 각 말일부터 45일 이내에 하여야 한다(동조 제2항). 그리고 상장회사는 상법 제462조의 2 제1항 단서에도 불구하고 이익배당 총액에 상당하는 금액까지는 새로이 발행하는 주식으로 이익배당을 할 수 있는데, 다만 해당 주식의 시가가 액면액에 미치지 못하면 상법 제462조의 2 제1항 단서에 따른다(동법 제165조의 13 제1항). 이 경우 주식의 시가는 주식배당을 결의한 주주총회일의 직전일로부터 소급하여 그 주주총회일이

---

69) 정준우, 앞의 논문(주 50), 38면.

속하는 사업연도의 개시일까지의 사이에 공표된 매일의 증권시장에서 거래된 최종시세가격의 평균액과 그 주주총회일의 직전일의 증권시장에서 거래된 최종시세가격 중 낮은 가액으로 한다(동조 제2항, 동법 시행령 제176조의 14 제2항). 한편 공공적 법인은 이익이나 이자를 배당할 때 정부에 지급할 배당금의 전부나 일부를 상법 제464조에도 불구하고 대통령령으로 정하는 방법에 따라 해당 회사의 주주 중 일정한 자(① 우리사주조합원, ② 연간소득수준 및 소유재산규모 등을 고려하여 대통령령으로 정하는 기준에 해당하는 자[70])에게 지급할 수 있다(동법 제165조의 14 제1항). 그리고 공공적 법인이 준비금의 전부나 일부를 자본에 전입할 때에는 정부에 대하여 발행할 주식의 전부나 일부를 상법 제461조 제2항에도 불구하고 대통령령으로 정하는 기준 및 방법에 따라 공공적 법인의 발행주식을 일정기간 소유하는 주주에게 발행할 수 있다(동조 제2항).

나. 특례규정의 문제점

(1) 이익배당

배당가능이익의 산정에 있어서 2011년 개정상법은 대통령령으로 정하는 미실현이익[71]도 공제하도록 규정하고 있다. 그런데 자본시장법은 ① 직전 결산기의 자본금, ② 직전 결산기까지 적립된 자본준비금과 이익준비금의 합계액, ③ 직전 결산기의 정기총회에서 이익배당을 하기로 정한 금액, ④ 분기배당에 따라 해당 결산기에 적립하여야 할 이익준비금의 합계액만 공제하도록 규정하고 있어(동법 제165조의 12 제4항) 상법과의 정합성이 문제된다. 원래 이익배당이란 회사의 영업활동에 따른 수익을 출자자인 주주에게 분배해 주는 것으로서, 이를 전제로 한 이익배당청구권은 주주의 가장 본질적인 권리 중의 하나이다. 그렇지만 유한책임의 혜택을 누리는 주주가 회사채권자에 우선하여 보호되어서는 아니 되므로 상법은 자본충실과 채권자의 보호를 위해 엄격한 요건을 규정하고 있다.[72] 그리고 배당가능이익을 전제로 주주에게 이익배당을 할 것인지의 여부는 회사의 경영판단에 속하는 것이므로 시장법인 자본시장법이 개입할 대상도 아니

---

70) 여기서 「대통령령으로 정하는 기준에 해당하는 자」란 ① 한국주택금융공사법 시행령 제2조 제1항에 따른 근로자, ② 농어가 목돈마련저축에 관한 법률 시행령 제2조 제1항에 따른 농어민, ③ 연간소득금액이 720만 원 이하인 자 중 어느 하나에 해당하는 자를 말한다(자본시장법 시행령 제176조의 15 제2항).

71) 여기서 「대통령령으로 정하는 미실현이익」이란 상법 제446조의 2의 회계원칙에 따른 자산 및 부채에 대한 평가로 인하여 증가한 대차대조표상의 순자산액으로서 미실현손실과 상계하지 아니한 금액을 말한다(상법 시행령 제19조 제1항).

72) 이철송, 앞의 책, 968-969면.

다.[73] 더욱이 상법은 배당가능이익의 산정에 있어서 미실현이익도 공제하도록 하여 이익산정의 공정성을 확보하고 있고, 정관의 규정으로 재무제표의 승인을 이사회가 할 수 있는 회사에서는 이익배당도 이사회가 할 수 있도록 규정하고 있으며, 주식배당 외에 현물배당도 할 수 있도록 허용하고 있어 자본시장법에 비해 훨씬 합리적이다. 따라서 자본시장법상의 이익배당에 관한 특례규정은 상법으로 일원화해야 한다. 특례규정의 입법취지는 상장회사의 재무관리적 편의성을 제고하는 것이기 때문이다.

(2) 주식배당

자본시장법상 상장회사는 상법 제462조의 2 제1항 단서에도 불구하고 이익배당총액에 상당하는 금액까지는 새로이 발행하는 주식으로써 이익배당을 할 수 있지만, 당해 주식의 시가가 액면액에 미치지 못하면 상법 제462조의 2 제1항 단서에 따른다(동법 제165조의 13 제1항). 그리고 주식의 시가는 주식배당을 결의한 주주총회일의 직전일로부터 소급하여 그 주주총회일이 속하는 사업연도의 개시일까지 사이에 공표된 매일의 증권시장에서 거래된 최종시세가격의 평균액과 그 주주총회일 직전일의 증권시장에서 거래된 최종시세가격 중 낮은 가액으로 한다(동법 시행령 제176조의 14 제2항). 생각건대 주식배당은 이익배당의 한 형태이고, 이익배당은 이미 앞에서 지적한 바와 같이 회사의 경영판단에 속하는 것이며, 주주에게 가장 중요한 사항이다. 그리고 주식배당에 있어서 자본시장법상의 특례규정이 의미 있는 부분은 주식배당의 한도에 관한 것과 시가산정에 관한 것인데, 이를 굳이 자본시장법에 규정할 필요는 전혀 없다.[74] 따라서 이 부분도 상법으로 일원화하는 것이 바람직하다. 다만 주의할 것은 상법상의 주식배당은 액면주식을 그 전제로 한 것이므로 무액면주식의 경우에는 적용할 수 없다는 점이다. 이 점 입법적 보완이 요구된다.

(3) 공공적 법인의 배당

자본시장법은 특례규정을 통해 공공적 법인으로 하여금 이익이나 이자를 배당할 때에 정부에게 지급할 배당금의 전부나 일부를 ① 우리사주조합원, ② 연간소득수준 및 소유

---

73) 정준우, 앞의 논문(주 50), 41면.
74) 정준우, 앞의 논문(주 50), 42면.

재산규모 등을 고려하여 대통령령으로 정하는 기준에 해당하는 자 중 어느 하나에 해당하는 자에게 지급할 수 있도록 규정하고(동법 제165조의 14 제1항), 준비금의 전부나 일부를 자본에 전입할 때에도 정부에 대하여 발행할 주식의 전부나 일부를 대통령령으로 정하는 기준 및 방법에 따라 공공적 법인의 발행주식을 일정기간 소유하는 주주에게 발행할 수 있도록 규정하고 있다(동조 제2항). 그런데 이러한 공공적 법인에 대한 특례는 그 적용범위가 매우 제한적이고, 그 내용 또한 상장회사의 재무관리적 편의성 제고와는 아무런 관계가 없는 정책적 규정이다. 더욱이 공공적 법인의 지배구조와도 연관이 적을 뿐만 아니라, 오히려 주주의 이익에 직접 연관되는 것이므로 상법에서 규정하는 것이 바람직하다.[75] 즉 공공적 법인의 배당에 관한 자본시장법상의 특례는 이익배당에 관한 상법상 일반규정의 예외이므로, 원칙규정인 상법상의 일반규정과 장소적으로 근접하게 두는 것이 보다 합리적이다. 다만 이 과정에서 주의할 것은 2011년 개정상법이 건설이자에 관한 배당을 삭제하였다는 점이다.

6. 기타의 특례

가. 특례규정의 내용

자본시장법상 금융위원회는 투자자를 보호하고 공정한 거래질서를 확립하기 위하여 일정한 사항(① 유상증자의 요건에 관한 사항, ② 배당에 관한 사항, ③ 대통령령으로 정하는 해외증권의 발행에 관한 사항, ④ 그 밖에 건전한 재무관리에 필요한 것으로서 대통령령으로 정하는 사항)에 관하여 상장회사의 재무관리기준을 정하여 고시하고 필요한 권고를 할 수 있는데, 다만 주권에 관련된 증권예탁증권이 증권시장에 상장된 경우에 그 주권을 발행한 회사에 대해서는 재무관리기준을 다르게 정할 수 있다(동법 제165조의 16 제1항). 그리고 상법 제340조의 2 제1항에 따른 주식매수선택권을 부여한 상장회사는 주주총회 또는 이사회에서 주식매수선택권을 부여하기로 결의한 경우 대통령령으로 정하는 방법에 따라 금융위원회와 거래소에 그 사실을 신고해야 하는데, 이 경우 금융위원회와 거래소는 신고일로부터 주식매수선택권의 존속기한까지 그 사실에 대한 기록을 갖추어 두고 인터넷 홈페이지 등을 이용하여 공시해야 한다(동법 제165조의 17 제1항).

---

75) 한국증권법학회, 「상법개정 연구보고서」, 2006, 46면.

한편 자본시장법상 금융위원회는 상장회사가 일정한 사항에 해당하는 경우에 이유를 제시한 후 그 사실을 공고하고 정정을 명할 수 있으며, 필요하면 그 회사의 주주총회에 대한 임원의 해임권고, 일정기간 증권발행의 제한, 그 밖에 대통령령으로 정하는 조치를 할 수 있는데, 이 경우 그 조치에 필요한 절차 및 조치기준은 총리령으로 정한다(동법 제165조의 18).

나. 특례규정의 문제점

(1) 상장회사의 재무관리기준

일반적으로 주식회사의 재무관리는 신주발행, 사채발행, 계산 및 회계감사를 중심으로 이루어진다. 이에 상법은 제416조부터 제432조까지 신주발행에 관하여, 제469조부터 제516조의 11까지 사채발행에 관하여, 제446조의 2부터 제468조까지 회사의 계산 및 회계감사에 관하여 규정하고 있다. 그런데 자본시장법은 이에 더하여 금융위원회로 하여금 상장회사의 재무관리기준을 정하여 고시하고 권고할 수 있도록 규정하고 있는데, 이는 일반투자자를 보호하고 시장에서의 공정한 거래질서를 확립하기 위함이다. 이에 따라 금융위원회의 공시규정은 제5장 제3절에 세부규정을 두고 있는데, 구체적으로 제5-16조에서는 적용범위와 용어의 정의에 관하여, 제5-17조에서는 감사의견의 표시방법에 관하여, 제5-18조에서는 유상증자 시 발행가액의 결정방법에 관하여, 제5-19조에서는 신주인수권증서의 발행에 관하여, 제5-20조에서는 발행가액 등의 공고·통지에 관하여, 제5-21조에서는 전환사채의 발행제한 및 전환금지기간에 관하여, 제5-22조에서는 전환사채의 전환가액 결정방법에 관하여, 제5-23조에서는 전환가액의 조정에 관하여 규정하고 있다. 회사가 계속기업으로서 존속하며 지속적으로 발전하기 위해서는 재무관리가 체계적·합리적·효율적으로 이루어져야 한다. 회사의 재무관리체계와 그 내용 및 결과는 경영진뿐만 아니라 주주와 채권자에게도 매우 중요한 의미가 있기 때문이다. 이처럼 회사의 재무관리는 경영에 직접 관계된 것이고, 기업관계자의 이해에 직접적인 영향을 끼치는 것이므로 회사의 조직 및 운영에 관한 기본법인 상법에서 규율하는 것이 타당하다. 이 점에서 자본시장법이 회사의 재무관리에 관한 특례규정을 두고 있는 것은 법체계상 적합하지 않다.[76] 특히 자본시장법에 근거하여 제정된 금융위원회의 공시규정이 정하고 있는 상장회사 재무관리기준의 경우에는 그 내용의 상당부분이 상법상의 재무관리에 관한 보완적·보충적 또는 예외적인 규정이다. 따라서 일반투자자의 보호 등에 관련된 내용은 자본시장법상의 공시제도와 연계하여 규제하고, 그 외의 사항들은 모두 상법으로 일원화하여 법체계적인 정합성을 유지하는 것이 바람직하다. 그리고 이 과정에서는 상장회사의 재무관리에 관한 규제체계 그 자체를 재검토해야 한다. 상장회사의 재무관리와 같은 사적 기업에 대한 각종 규제는 법률에 의해 이루어지는 것이 헌법정신에 부합하고, 위임입법을 할 때에는 그 내용이 구체적이고 명확해야 하는데, 현재는 대단히 미흡하기 때문이다.

(2) 주식매수선택권의 부여 신고

자본시장법은 상법 제340조의 2 제1항에 따른 주식매수선택권을 부여한 상장회사로 하여금 특정인에게 주식매수선택권을 부여하기로 하는 주주총회 또는 이사회의 결의가 있은 후 대통령령으로 정하는 방법에 따라 금융위원회와 한국거래소에 그 사실을 신고하도록 규제하고 있다(동법 제165조의 17 제1항). 이는 주식매수선택권의 경우 사실상 주주의 신주인수권을 희생시키는 것이어서 주주들의 이해관계에 중요한 영향을 미치기 때문에 이를 공시하도록 한 것이고, 주식매수선택권의 행사로 발행하는 신주는 사실상 제3자 배정방식과 동일한 효과가 있기 때문이다. 생각건대 주식매수선택권의 부여가 회사관계자들에게 미치는 영향을 고려한 공시규제는 분명히 합리성이 있고, 따라서 이를 자본시장법에서 규제하는 것도 합리성이 있다. 그렇지만 이는 주식매수선택권의 부여사실의 공시에 관한 규제이지 주식매수선택권 그 자체에 관한 상장회사의 특례는 아니므로 상장회사의 재무관리에 관한 특례규정이 아닌 공시관련규정을 통하여 규제하는 것이 바람직하다.

(3) 사외이사의 선임 의제

자본시장법 제165조의 17 제2항이 각종 특별법에 의해 선임된 상장회사의 비상임이사 등을 상법상의 법정절차를 거쳐 선임된 사외이사로 의제하고, 동조 제3항이 상장회사에 대하여 사외이사의 선임·해임·퇴임 등에 관한 신고의무를 부과하는 것은 일반투자자들에게 재무정보를 제공해 주기 위한 것이 아니라, 사실상 기업지배구조에 관계된

---

76) 정준우, 앞의 논문(주 50), 45면.

판단지표를 일반투자자들에게 알려주기 위함이다. 더욱이 특별법에 의한 상장회사 사외이사의 선임 의제에 관한 내용은 상장회사의 내부적인 기관의 구성 및 선임 등에 관련된 것이므로 각 특별법에서 개별적으로 규정할 내용이지 자본시장법에서 통합하여 규제할 사항이 아니다. 또한 상장회사의 사외이사에 관련된 신고사항 중 사외이사의 선임·해임에 관련된 사항은 한국거래소에 대한 주주총회의 개최와 그 결과에 관한 공시를 통해 이미 일반투자자에게 알려져 있으므로 금융위원회에 대한 신고는 중복공시라는 문제점도 내포하고 있다.77) 따라서 금융위원회에 대한 신고는 사외이사의 임기만료 외의 사유로 인한 변경의 경우로만 한정하여 의무화하는 것이 바람직하다.78) 이처럼 자본시장법상의 특례규정은 법체계적뿐만 아니라 내용적으로도 적합하지 않으므로 삭제하고 관련규정을 상법으로 이관하는 것이 타당하다.

(4) 상장회사에 대한 조치

자본시장법상 일정한 경우79)에는 금융위원회가 상장회사에 대하여 이유를 제시한 후 그 사실을 공고하고 정정을 명할 수 있으며, 필요하면 그 회사의 주주총회에 대한 임원의 해임권고나 일정기간 증권발행의 제한 및 그 밖에 대통령령으로 정하는 조치80)를 취할 수 있다(동법 제165조의 18). 자본시장법이 상장회사에 대하여 이러한 법적 규제를 하는 것은 일반투자자를 보호하고 공정한 시장 질서를 확립하기 위함이다. 그런데 이미

---

77) 정준우, 앞의 논문(주 50), 47면.

78) 한국상장회사협의회, 「상장법인 특례 등 규제개혁 과제」, 2010. 12, 15-16면.

79) 즉 1) 제165조의 3 제2항을 위반하여 자기주식을 취득한 경우, 2) 제165조의 3 제4항을 위반하여 자기주식을 취득(자기주식을 취득하기로 한 신탁업자와의 신탁계약의 체결을 포함함)하거나 처분(자기주식을 취득하기로 한 신탁업자와의 신탁계약의 해지를 포함함)한 경우, 3) 제165조의 4를 위반하여 같은 조 각 호의 어느 하나에 해당하는 행위를 한 경우, 4) 제165조의 5 제2항을 위반하여 주식매수청구기간이 종료하는 날부터 1개월 이내에 해당 주식을 매수하지 아니한 경우, 5) 제165조의 5 제4항을 위반하여 대통령령으로 정하는 기간 이내에 주식을 처분하지 아니한 경우, 6) 제165조의 5 제5항의 절차를 위반하여 통지 또는 공고를 하거나 같은 항에 따른 통지 또는 공고를 하지 아니한 경우, 7) 제165조의 6 제2항을 위반하여 발행가격을 산정한 경우, 8) 제165조의 7을 위반하여 우리사주조합원에 대하여 주식의 배정을 한 경우, 9) 제165조의 8 제1항 단서를 위반하여 액면미달의 가액으로 주식을 발행한 경우, 10) 제165조의 8 제2항을 위반하여 최저발행가액을 정하지 아니하거나 같은 항 후단에 따른 방법에 따라 산정하지 아니한 경우, 11) 제165조의 8 제3항을 위반하여 주주총회의 결의일로부터 1개월 이내에 주식을 발행하지 아니한 경우, 12) 제165조의 11 제2항을 위반하여 신종사채를 발행한 경우, 13) 제165조의 12 제1항 및 제2항을 위반하여 이사회 결의를 거치지 아니하고 분기배당을 한 경우, 14) 제165조의 12제3항을 위반하여 분기배당금을 지급하지 아니한 경우, 15) 제165조의 12 제5항을 위반하여 분기배당을 한 경우, 16) 제165조의 13 제1항을 위반하여 주식배당을 한 경우, 17) 제165조의 13 제2항을 위반하여 주식의 시가를 산정한 경우, 18) 제165조의 15 제2항을 위반하여 의결권이 없거나 제한되는 주식을 발행한 경우, 19) 제165조의 16 제2항을 위반하여 재무관리기준에 따르지 아니한 경우, 20) 제165조의 17 제1항을 위반하여 같은 항에 따른 방법에 따라 주식매수선택권 부여에 관한 신고를 하지 아니한 경우, 21) 제165조의 17 제3항을 위반하여 사외이사의 선임·해임·퇴임 사실을 신고하지 아니한 경우.

80) 구체적으로 ① 법을 위반한 경우에는 고발 또는 수사기관에의 통보, ② 다른 법률을 위반한 경우에는 관련 기관이나 수사기관에의 통보, ③ 경고 또는 주의 등에 관한 조치를 할 수 있다(자본시장법 시행령 제176조의 18 제2항→제138조 제3호 내지 제5호).

앞에서 지적한 바와 같이 자본시장법상의 상장회사 특례규정은 기본법인 상법과의 법체계적인 정합성이 없으며, 내용적으로도 정합성이 부족하므로 가능한 상법으로 일원화하여 보다 체계적으로 규정해야 한다. 물론 공정한 시장질서의 확립과 일반투자자를 효과적으로 보호하기 위해서는 자본시장법이 일정한 규제를 할 수는 있지만, 그 내용은 필요한 최소한에 그쳐야 한다. 그리고 상법상의 벌칙조항을 보완하여 적극적으로 활용하는 것도 고려해 보아야 한다. 또한 자본시장법이 금융위원회의 권고 등에 강력한 법적 구속력을 부여하는 것은 사적 자치에 대한 지나친 제약이며, 금융위원회가 정하는 각종 조치들은 상장회사의 재무관리 등에 직접적인 영향을 미침에도 불구하고 이를 법률이 아닌 총리령으로 정하도록 한 것도 위임입법의 한계를 이탈한 것이다.[81] 따라서 이 역시 입법적 재고 및 보완이 필요하다.

Ⅳ. 결론

주식회사의 지배구조에 관한 상장회사 특례규정은 여러 가지의 문제점을 내포하고 있으므로 합리적인 해석과 입법적 보완이 필요하다. 먼저 소수주주권에 관한 특례에 있어서는 ① 일반규정과 특례규정을 선택적 적용관계로 보아야 하고, 제542조의 6 제1항의 발행주식 총수는 의결권 있는 발행주식 총수로 해석해야 한다. ② 대규모 상장회사에서 의결권 있는 발행주식 총수의 1% 이상을 확보하기란 현실적으로 쉽지 않으므로 집중투표의 청구요건을 완화해야 하고, 집중투표로 선임된 이사의 해임에 관한 보호책이 강구되어야 한다. ③ 상장회사의 사외이사 결격사유에 있어서 주요주주와 특수 관계인의 경우에는 그 입증이 곤란하며 너무 광범위하므로 입법적 보완이 필요하고, 사외이사의 선임절차에 있어서도 주주의 이사후보자 추천권을 실질적으로 보장할 수 있는 제도적 보완이 필요하다. ④ 자산총액 1천억 원 이상이며 2조 원 미만인 상장회사에서 최대주주와 그의 특수 관계인이 상근감사가 될 수 있다는 것은 입법취지에 반하므로 제542조의 10 제2항 제1호는 제542조의 8 제1항 제1호부터 제6호까지에 해당하는 자로 개정해야 한다. ⑤ 제542조의 12 제3항은 적용범위를 대규모 상장회사로 한정하고 있지 않으므로 감사의 선임에 관한 한 동 규정은 모든 상장회사에 적용되는 것으로 해석하되, 입법론적

---

81) 정준우, 앞의 논문(주 50), 48-49면.

으로는 동 규정을 분리하여 제542조의 12가 아니라 상장회사의 감사선임에 관한 제542조의 5로 이관해야 하며, 대규모 상장회사의 감사위원은 독립성의 확보를 위해 분리선출방식에 의해 선임하도록 해야 한다. ⑥ 준법지원인 제도의 실효성을 제고할 수 있도록 내포된 각종 문제점을 합리적으로 보완하고 개정해야 한다.

다음으로 자기거래규제에 관한 특례에 있어서는 ① 주요주주의 포섭범위와 준용규정의 적합성에 대한 실증적인 연구검토가 필요하고, 특수 관계인이 너무 광범위하므로 합리적으로 조정해야 한다. ② 제542조의 9 제1항이 청산인을 제외한 것은 입법적 불비이므로 우선은 청산인도 적용대상으로 해석하면서 입법적으로 보완해야 하며, 제542조의 9의 적용대상인 이사에 업무집행 지시자는 포함되지 않는 것으로 해석해야 한다. ③ 제542조의 9에서도 재적이사 3분의 2 이상의 찬성으로 이사회의 승인요건을 강화해야 한다. ④ 제398조와 제542조의 9가 공통적으로 적용되는 경우는 모두 제398조에서 일괄적으로 규제하고, 상장회사의 특성이 반영된 일정한 행위 등에 대해서만 제542조의 9에서 규제하되, 동조를 제398조 아래에 제398조의 2를 신설하여 규정해야 한다. ⑤ 신용공여 등에 관한 일반사항은 모두 제398조에서 일괄적으로 규제하고, 상장회사에서 위험성이 큰 경우만 제398조의 2를 신설하여 규제해야 한다.

마지막으로 상장회사의 재무관리에 관한 자본시장법상의 특례규정은 상법 규정에 대한 특례이지만, 앞에서 지적한 것처럼 그 존재가치가 거의 없어졌으며 오히려 법의 해석·적용에 있어서 혼란만 가중하고 있다. 그리고 일반규정과 특례규정은 동일한 사항에 관한 원칙과 예외의 관계에 있으므로 위치적으로 근접해 있는 것이 더 효과적이다. 따라서 자본시장법상 상장회사의 재무관리에 관련된 특례규정 중 일반투자자의 보호나 거래질서의 안정 등과 같이 자본시장법의 입법취지에 부합하는 일정부분을 제외하고는 모두 상법으로 이관하여 일원적으로 규제함으로써 법체계적 및 내용적 정합성을 유지해야 한다.

제8장 정당한 이용자에 의한 보존을 위한 복제에 관한 연구*

Ⅰ. 서론

저작권법의 컴퓨터프로그램(이하 '프로그램'이라 한다)에 관한 특례 규정 중 제101조의 5는 정당한 이용자에 의한 보존을 위한 복제 등(이하 '백업복제'라 한다)에 대한 규정이다. 이 규정은 1986년 12월 31일에 제정된 구 컴퓨터프로그램보호법[1]에 포함되었는데, "합리적으로 컴퓨터프로그램을 취득한 자의 복제권을 인정함으로써 개발된 프로그램의 활용을 촉진하기 위한 규정"[2]으로, 법인, 단체, 개인 등의 모든 주체가 영리적인 목적 여부와 상관없이 프로그램의 멸실·훼손 또는 변질 등에 대비하기 위해 백업하는 경우에 적용[3]되었다. 이후 이 규정은 2009년 7월 23일에 구 컴퓨터프로그램보호법이 폐지될 때까지 그대로 유지되었고, 프로그램에 대한 규정들이 저작권법[4]으로 통합되면서 이 규정도 약간의 문구수정을 거쳐 제101조의 5[5]로 규정되었다.

이후 프로그램 관련 산업 및 기술 환경이 급격하게 변화되었고, 이 규정의 존재 의의와 해석에 대해 검토가 이뤄졌다. 그렇지만 이 규정은 처음부터 백업의 주체에 라이선시가 포함되는지에 관하여 논란이 있었고, 백업의 대상 및 범위와 관련하여서도 이견이 있었다. 그리고 프로그램이 유통되는 매체 변화에 따라 특정 매체의 복제물을 이 규정에 의해 백업복제 할 수 있는지에 관한 논란이 있었다. 또한 이 규정에 의해 허용되는 이용행위에 관하여도 논의가 이뤄졌다. 이와 같이 이 규정은 상당한 논란이 있었고 현시점에서 재검토가 필요하다.

그런데 구 컴퓨터프로그램보호법[6] 시안은 '컴퓨터소프트웨어의 법적 보호방안에 관

---

* 이 논문은 「법과 정책연구」 제17집 제4호(2017)에 게재된 것을 수정·보완한 것임.

1) [시행 1987. 7. 1.] [법률 제3920호, 1986. 12. 31, 제정].

2) 송상현/김문환/양창수, 「컴퓨터프로그램保護法 逐條研究」, 서울대학교출판부, 1989, 139면.

3) 사적복제와 별도로 이 규정을 마련한 이유로 "기업이나 단체 등에서는 사적복제가 허용되지 않으므로 멸실·훼손에 대비하기 위해서는 별도의 규정이 필요하기 때문"이라는 견해(최상필, "독일 저작권법상의 프로그램저작권 제한규정에 대한 비교법적 고찰", 「경남법학」, 제22집(2007), 100~101면)가 있다.

4) [시행 2009. 7. 23.] [법률 제9625호, 2009. 4. 22, 일부개정].

5) 제101조의 5(정당한 이용자에 의한 보존을 위한 복제 등) ① 프로그램의 복제물을 정당한 권한에 의하여 소지·이용하는 자는 그 복제물의 멸실·훼손 또는 변질 등에 대비하기 위하여 필요한 범위에서 해당 복제물을 복제할 수 있다.
② 프로그램의 복제물을 소지·이용하는 자는 해당 프로그램의 복제물을 소지·이용할 권리를 상실한 때에는 그 프로그램의 저작재산권자의 특별한 의사표시가 없는 한 제1항에 따라 복제한 것을 폐기하여야 한다. 다만, 프로그램의 복제물을 소지·이용할 권리가 해당 복제물이 멸실됨으로 인하여 상실된 경우에는 그러하지 아니하다.

6) [시행 1987. 7. 1.] [법률 제3920호, 1986. 12. 31, 제정].

한 연구' 과정 중에 한미통상협상의 결과를 반영하여 제14조[7]에 복제물에 관한 특례를 두어 백업복제를 허용했다. 그리고 최종 「컴퓨터프로그램보호법안」의 관련 규정[8]에서 개변 등이 삭제되었고, 구 컴퓨터프로그램보호법[9] 제정 시에 이것에서 약간의 문구 수정을 거쳐 제13조[10]로 입법되었다.

그리고 이 법의 제정 과정에서 이 규정은 일본과 미국의 법률 규정에 기초하여 제정[11]되었으므로, 이 규정의 검토 시에 미국과 일본의 저작권법을 비교·검토할 필요가 있다. 또한 이 규정 입법 몇 년 후에 제정된 EU(European Union, 유럽연합)의 '컴퓨터프로그램의 법적 보호에 관한 1991년 5월 14일의 유럽 공동체 지침(COUNCIL DIRECTIVE 91/250/EEC of 14 May 1991 on the legal protection of computer programs)'[12]의 관련 규정도 유사한 시대적 배경에서 마련된 것이므로 참고할 필요가 있다. 더욱이 미국, 일본 및 유럽연합의 관련 규정도 입법 이후에 특별한 변경은 없었다는 점도 이러한 비교·검토의 필요성을 시사한다.

그러므로 이 논문은 백업복제와 관련한 해외 입법 사례를 간략하게 살펴본 후에, 제101조의 5의 해석과 관련하여 백업의 주체 및 라이선시의 백업 가능성, 백업의 대상 및 범위, 허용 행위 및 금지특약의 효력에 대해 검토한다.

---

7) 제14조(복제물에 관한 특례) ①프로그램의 복제물 소유자는 컴퓨터에 사용하기 위하여 필요한 한도 내에서 당해 프로그램(2차적 프로그램을 포함한다)을 복제하거나 개변할 수 있다.
②프로그램 복제물 소유자가 그 복제물이나 제1항의 규정에 따른 복제물의 소유권을 멸실 이외의 사유로 멸실한 경우에는 당해 프로그램 저작자의 명시된 의사표시가 없는 한 나머지 복제물 일절도 폐기하여야 한다(송상현(연구책임자), 「컴퓨터소프트웨어의 法的保護方案에 관한 硏究」, 한국과학재단, 1986, 13면).

8) 제13조 (프로그램사용자에 의한 복제 등) ①프로그램의 복제물을 정당한 권원에 의하여 소지·사용하는 자는 그 복제물의 멸실, 훼손 또는 변질 등에 대비하기 위하여 필요한 범위 안에서 당해 복제물을 복제할 수 있다.
②프로그램의 복제물을 소지·사용하는 자는 당해 프로그램의 복제물을 소지·사용할 권리를 상실한 때에는 그 프로그램저작권자의 특별한 의사표시가 없는 한 제1항의 규정에 의하여 복제한 것을 보존하여서는 아니 된다. 다만, 프로그램의 복제물을 소지·사용할 권리가 당해 복제물이 멸실됨으로 인하여 상실된 경우에는 그러하지 아니하다(송상현(연구책임자), 앞의 보고서, 23면).

9) [시행 1987. 7. 1.] [법률 제3920호, 1986. 12. 31, 제정].

10) 제13조 (프로그램사용자에 의한 복제 등) ①프로그램의 복제물을 정당한 권원에 의하여 소지·사용하는 자는 그 복제물의 멸실·훼손 또는 변질 등에 대비하기 위하여 필요한 범위 안에서 당해 복제물을 복제할 수 있다.
②프로그램의 복제물을 소지·사용하는 자는 당해 프로그램의 복제물을 소지·사용할 권리를 상실한 때에는 그 프로그램 저작권자의 특별한 의사표시가 없는 한 제1항의 규정에 의하여 복제한 것을 폐기하여야 한다. 다만, 프로그램의 복제물을 소지·사용할 권리가 당해 복제물이 멸실됨으로 인하여 상실된 경우에는 그러하지 아니하다.

11) 송상현/김문환/양창수, 앞의 책, 140~141면.

12) 이 지침은 EU의 '컴퓨터프로그램의 법적 보호에 관한 2009년 4월 23일의 유럽 공동체 지침(DIRECTIVE 2009/24/EC OF THE EUROPEAN PARLIAMENT AND OF THE COUNCIL of 23 April 2009 on the legal protection of computer programs)'으로 개정되었다. 본 논문에서 전자를 기술할 때에는 'EU 컴퓨터프로그램 지침(1991)'이라 하고, 두 지침을 통칭할 때에는 'EU 컴퓨터프로그램 지침'으로 기술한다. 그리고 제5조 제2항은 한 곳의 문구수정이 있었지만 전자와 후자에서 동 규정의 내용은 동일하므로, 이하에서는 특별한 구분 없이 기술한다. 또한 이 지침의 규정에 관한 설명에서도 특별히 전자와 후자를 구분해야 하는 경우를 제외하고 특별한 구분 없이 기술한다.

Ⅱ. 해외 입법 사례

1. 미국

미국 저작권청이 1978년 7월 31일에 의회에 권고[13]한 최종 CONTU 보고서(Final Report of the National Commission on New Technological Uses of Copyrighted Works, 이하 'CONTU 보고서' 또는 'CONTU Report'라 한다)의 수정안에 따라 1980년 12월 12일에 미국 저작권법이 개정되었다.[14] 이 법 제117조에 프로그램을 백업목적(archival purposes)으로 복제 또는 개작할 수 있게 규정한 것은 합법적으로 구매한 프로그램복제물이 '기계적 또는 전기적 고장(mechanical or electrical failures)'에 의해 파괴되거나 손상될 수 있다는 우려 때문이었다.[15] 또한 1998년에 디지털밀레니엄저작권법(Digital Millennium Copyright Act: DMCA, 이하 'DMCA'라 한다)에 의해 저작권법을 개정하면서 제117조 (c) 및 (d)에 유지·보수를 위한 컴퓨터 이용 과정에서의 일시적 복제에 관한 규정[16]을 신설했다. 이때 기존 제117조의 규정은 제117조 (a)와 (b)[17]로 개정되었는데, 제117조 (a)는 프로그램을 활용 및 백업하는 과정에서 복제 또는 개작[18]하거나 이를 제3자에게 위임하는 것을 허용한 것이고, 동조 (b)는 이러한 추가적인 복제물 또는

---

13) William F. Patry, *Copyright Law and Practice*, Volume Ⅰ, Bureau of National Affairs. Inc., Washington, D.C., 1994, pp.208-209.

14) *Ibid.*, p.212.

15) *Ibid.*, p.813; CONTU Report at 13.

16) S. Rept. 105-190, 105th Congress, at 21~22, 56~59 (1998).

17) 제117조 배타적인 권리에 관한 제한: 컴퓨터프로그램
    (a) 복제물의 소유자(owner of copy)에 의한 추가적인 복제물 또는 개작물(adaptation)의 제작 - 제106조의 규정에도 불구하고 다음과 같은 경우에는 컴퓨터프로그램의 복제물의 소유자가 해당 컴퓨터프로그램의 또 다른 복제물 또는 개작물을 작성하거나 이를 허용하는 것은 침해가 아니다.
    (1) 그런 새로운 복제물 또는 개작물이 어떤 기계와 함께 컴퓨터프로그램의 활용 과정에서의 필수적인 단계로서 작성되고 다른 방식으로 이용되지 않는 경우, 또는
    (2) 그런 새로운 복제물 또는 개작물이 오로지 백업 목적이고, 모든 백업 복제물들이 해당 컴퓨터프로그램의 계속적 소유가 정당하지 않게 된 경우에 폐기되는 경우
    (b) 추가적인 복제물 또는 개작물의 대여(lease), 판매 또는 그 밖의 이전 - 이 조의 규정들에 적합하게 작성된 모든 정확한 복제물들은 그런 복제물들의 원본인 복제물과 함께 해당 프로그램에 대한 모든 권리들의 대여, 판매 또는 그 밖의 이전의 일환으로만 대여, 판매 또는 그 밖의 이전이 가능하다. 작성된 개작물들은 저작권자의 승인이 있는 경우에만 이전될 수 있다.

18) 구 컴퓨터프로그램보호법은 개작을 "원 프로그램의 일련의 지시·명령의 전부 또는 상당부분을 이용하여 새로운 프로그램을 창작하는 행위를 말한다."고 정의했다. 그리고 이것에 대해 입법 관련 문헌에서 "개작(adaptation)은 원 프로그램의 전부 또는 상당부분(핵심이 되는 중요 모듈 등)을 채용하고, 여기에 새로운 창작성을 더하여 새로운 논리체계형성 등을 추가, 수정, 증감함으로써 새로운 프로그램(2차적 프로그램)을 작성하는 행위를 말한다."고 설명하였다(송상현(연구책임자), 앞의 보고서, 36면; 송상현/김문환/양창수, 앞의 책, 106면). 그렇지만 저작권법에는 제36조 제1항에 개작이라는 용어가 기술되고 있을 뿐 정의 규정은 없다. 다만, 해석론으로는 개작을 제36조 제1항의 표현에 견주어 '2차적저작물을 작성하는 행위유형 일반을 지칭하는 용어'로 기술(박성호, 「저작권법(제2판)」, 박영사, 2017, 373면)하기도 한다. 이하에서 '개작'은 구 컴퓨터프로그램보호법상의 개작의 의미에 준하여 기술한다.

개작물(adaptation)을 저작권자의 승인을 요건으로 원본과 함께 대여, 판매 또는 그 밖의 이전할 수 있게 한 것이다.

2. 일본

일본은 1985년에 저작권법에 의한 프로그램 보호[19]를 위해 저작권법을 개정[20]하면서 신설한 제47조의 3[21]과 2006년 개정 저작권법에 신설된 제47조의 4[22]에 백업복제 관련 규정을 두었다. 전자[23]는 백업 등을 포함하여 프로그램의 복제 및 번안에 관하여 비교적 폭넓게 예외를 인정한다. 그리고 후자[24]는 기록매체 내장 복제기기의 유지·보수를 위해 이것에 포함된 저작물을 그대로 다른 저장장치로 일시적으로 백업복제 하도록 허용[25]한다.[26]

3. EU

EU 컴퓨터프로그램 지침(1991)은 1991년 5월 14일에 제정되었고 2009년에 지침이

---

19) 이호정/정상조(연구책임자), 「일본의 컴퓨터프로그램 및 디지털관련 판례 번역·평석」, 프로그램심의조정위원회, 1998, 332면.

20) 著作權法の一部を改正する法律(昭和６０年 ６月１４日法律第６２号 [第三次改正]).

21) 半田正夫·松田政行 編, 『著作權法コンメンタール.2,23條-90條の3』, (勁草書房. 2009), 423頁; 中山信弘, 『著作權法』, (有斐閣, 2007), 413頁. 입법 당시에는 47조의 2였으나 이후 2009년 6월의 저작권법 개정에 의해 47조의 3으로 되었다.

22) 著作權法の一部を改正する法律(平成１８年１２月２２日号外法律第１２１号 [第一五次改正]). 이 규정은 입법 당시에는 47조의 3이었으나 이후 2009년 6월의 저작권법 개정에 의해 47조의 4로 되었다.

23) (프로그램저작물의 복제물의 소유자에 의한 복제 등)
제47조의 3 프로그램의 저작물의 복제물의 소유자는 자신이 해당 저작물을 전자계산기에서 이용하기 위해 필요하다고 인정되는 한도에서 해당 저작물의 복제 또는 번안(翻案)(이것에 의해 작성된 2차적저작물의 복제를 포함한다)을 할 수 있다. 다만, 해당 이용에 관계된 복제물의 사용에 관하여 제113조 제2항의 규정이 적용되는 경우에는 그러하지 아니하다.
2. 전항의 복제물의 소유자는 해당 복제물(동항의 규정에 의해 작성된 복제물을 포함한다)의 어느 것에 관하여 멸실 이외의 사유에 의해 소유권을 보유하지 않게 된 후에는, 그 자는 해당 저작권자의 별단의 의사표시가 없는 한 그 외의 복제물을 보존해서는 안 된다.

24) (보수, 수리 등을 위한 일시적 복제)
제47조의 4 기록매체 내장 복제기기(복제 기능을 지닌 기기이고, 그 복제를 기기에 내장하는 기록매체(이하 이 조에서 「내장기록매체」라고 한다)에 기록하여 실행하는 것을 말한다. 다음 항에서도 동일)의 보수 또는 수리를 행하는 경우에는 그 내장기록매체에 기록되어 있는 저작물은 필요하다고 인정되는 한도에서 해당 내장기록매체 이외의 기록매체에 일시적으로 기록하고, 해당 보수 또는 수리 후에 해당 내장기록매체에 기록할 수 있다.
2. 기록매체 내장 복제기기에 제조상의 결함 또는 판매에 이르기까지의 과정에서 발생한 고장 때문에 이것을 동종의 기기와 교환하는 경우에는 그 내장기록매체에 기록되어 있는 저작물은 필요하다고 인정되는 한도에서 해당 내장기록매체 이외의 기록매체에 일시적으로 기록하고, 해당 동종의 기기의 내장기록매체에 기록할 수 있다.
3. 전 2항의 규정에 의해 내장기록매체 이외의 기록매체에 저작물을 기록한 자는 이들 규정에 의한 보수 혹은 수리 또는 교환 후에 해당 기록매체에 기록된 해당 저작물의 복제물을 보존해서는 안 된다.

25) 中山信弘, 前揭書, 302頁; 강기봉, "컴퓨터의 유지·보수 시 컴퓨터프로그램의 일시적 복제에 관한 연구", 「인하대학교 법학연구」, 제19집 제4호(2016), 40면.

26) 이 규정과 관련하여서는 '강기봉, 앞의 논문(주 25), 39~41면' 참조.

개정되었는데, 동 지침 제5조 제2항[27]이 프로그램의 백업복제에 관한 규정[28]이다. 그런데 동 지침 제정 전에도 백업 복제물의 제작이 최소한 프로그램의 이용 계약에 묵시적으로 포함되어 있다고 널리 인식되어 있었고,[29] 다만 이 규정은 프로그램의 계속적인 이용을 보장하는 경우에 명시적 계약에 의해서도 백업 복제물의 제작을 금지할 수 없도록 했다.[30]

Ⅲ. 백업의 주체 및 라이선시의 백업 가능성

1. 백업 주체 관련 규정의 해석 문제

가. 문제의 소재

제101조의 5 제1항은 '프로그램의 복제물을 정당한 권한에 의하여 소지·이용하는 자'를 백업 주체로 규정했다. 입법 연구 문헌은 이 자를 복제물의 소유자로 한정하고 이용허락에 따라 프로그램을 제공받아 이용하는 자, 즉 협의의 이용자는 이 자에 포함되지 않으므로 이용계약에 의해 백업용 복제물의 제작 가능 여부를 계약에서 명확히 해 두도록 제안했다.[31] 그리고 '프로그램의 복제물을 정당한 권한에 의하여 소지·이용하는 자'를 매매거래에 의한 프로그램복제물의 소유자로 한정하면, 이용허락에 따른 라이선시에게는 제101조의 5의 적용이 어렵다.

그런데 프로그램은 라이선스 내지는 최종사용자계약서와 함께 제공되는 경우가 대부분이다. 그리고 주로 최초판매의 원칙과 관련하여, 이러한 최종사용자계약서가 적용된 프로그램에 대한 거래의 법적 성격을 매매계약으로 볼 것인지 이용허락계약으로 볼 것인지에 대한 논란[32]이 있어 왔는데, 이것에 대해 이용허락계약으로 해석하는 견해가 다

---

27) 제5조 2. 컴퓨터프로그램을 이용할 권리가 있는 자에 의한 백업 복제물의 제작은 그 이용을 위해 필요한 경우에 한하여 계약에 의해 금지될 수 없다.

28) 동 지침의 시행에 따라 이 규정은 독일, 영국 등 EU 가맹국의 저작권법에 그대로 입법되었다.

29) 제5조 제1항은 "컴퓨터프로그램의 이용에 필요한 경우"에 저작재산권을 제한하는데, 이 규정에 의해 백업복제에 대한 저작재산권이 제한된다는 견해(Lionel Bently, Computer Program Directive, in T.Dreier & P.B. Hugenholtz (eds), *Concise European Copyright Law*, Alphen aan den Rijin: Kluwer Law International, 2006, p.228; 半田正夫·松田政行 編, 前揭書(註 21), 414頁)가 있다.

30) Michel M Walter & Silke Von Lewinski, *European Copyright Law A Commentary*, Oxford University Press, 2010, p.156.

31) 송상현(연구책임자), 앞의 보고서, 55~56면; 송상현/김문환/양창수, 앞의 책, 142면.

수의 학설33)이다.34) 이에 따라 상업적으로 판매되는 대부분의 프로그램은 백업복제의 가능여부를 제101조의 5가 아니라 라이선스에 의존해야 한다.

위 문헌의 설명은 이를 뒷받침하는 것처럼 보이지만, 이 문헌의 해석에 다소 불분명한 부분이 있고 백업 주체와 관련한 상이한 해석들이 존재한다. 예를 들어 백업 주체는 프로그램의 복제물을 구입한 자를 비롯해 어떤 이유로든 그 복제물을 정당하게 소지하고 프로그램의 사용에 대해 저작권자로부터 이용허락을 받거나 법정허락 등에 의해 이용할 수 있는 경우 등을 포함한다는 견해35)도 있다.36)

나. 해외 사례

일본 저작권법은 프로그램 복제물의 소유자, 미국 저작권법은 프로그램 복제물의 소유자 및 그의 허락을 받은 자 그리고 EU 컴퓨터프로그램 지침은 프로그램을 이용할 권리를 가진 자를 백업복제의 주체로 규정하였다. 즉, 미국을 제외하면 백업 주체에 대해 라이선시를 포함하는 비교적 넓은 범위로 설정하였다.

우선, 일본 저작권법의 프로그램 복제물의 소유자는 프로그램을 CD, DVD 등의 매체로 구매한 자나 인터넷에서 컴퓨터의 하드디스크로 다운로드하여 구매한 자로 라이선시를 포함한다.37) '프로그램의 소유자'를 프로그램의 복제물이라고 하는 실체가 있는 매체를 소유하고 있는 것이 전제가 되어, 카트리지, CD-ROM, 하드디스크 등 매체의 소유자38)로 보기 때문이다. 그렇지만 해당 소유자는 프로그램을 컴퓨터에서 사용하는 경우

---

32) 이와 관련한 논쟁은 주로 최초판매의 원칙에 관하여 이뤄졌다. 최초판매의 원칙의 적용은 기본적으로 저작물의 판매 등에 적용되기 때문이다. 프로그램이 화체된 CD-ROM 등의 복제물이 매장 등을 통해 거래에 제공되면서 이것에 최종사용자계약서가 적용된 경우에 이것을 이용허락계약으로 보아 최초판매의 원칙을 부정한 견해(이해완, 「저작권법(제3판(전면개정판))」, 박영사, 2015, 509면), 이것을 매매계약으로 보고 최종사용자계약서의 양도금지 문구를 무효라고 판단한 견해(박성호, 앞의 책, 361~363면), 이런 경우에 계약서의 라이선스 명시조항만으로 판단할 것이 아니라 계약서의 모든 조항과 거래의 성격 등을 종합적으로 판단해야 한다는 견해(손승우, "소프트웨어 거래와 권리소진의 원칙", 「계간 저작권」, 제91권(2010), 36면) 등이 있다.

33) 신각철, 「최신 컴퓨터프로그램보호법(제3개정판)」, 법영사, 2003, 167~169면(이 서적은 이하에서 다루는 내용들에 대해 1999년 초판부터 제3개정판까지 특별한 수정은 없었다); 송영식/이상정/황종환, 「지적소유권법(제9판)」, 육법사, 2005, 727면; 윤선희, 「지적재산권법(9정판)」, 세창출판사, 2007, 502면; 김규성 외, 「컴퓨터프로그램 보호법」, 세창출판사, 2007, 119면; 이해완, 앞의 책, 509면.

34) 오병철, 「디지털정보계약법」, 법문사, 2005, 301면.

35) 이해완, 앞의 책, 700면.

36) 한편, 최종사용자계약서를 매매계약이나 이용허락계약과 구분되는 최종사용계약으로 구분하는 견해(오병철, 앞의 책, 303면)도 있는데, 이 견해에 따르면 이것이 적용된 프로그램에 대해서는 제101조의 5를 적용하기 어렵다. 그렇지만 현행 저작권법은 프로그램의 설치, 실행, 백업 등이 모두 프로그램의 이용 행위에 해당한다는 점에서는 이 견해를 수긍하기 어려운 부분이 있다.

37) 半田正夫・松田政行 編, 前揭書(注 21), 418頁.

만으로 한정되어 타인에게 프로그램을 사용하게 하는 경우는 인정되지 않는다.[39] 또한 프로그램을 대여한 자는 이용허락에 따라 해당 프로그램을 사용할 수 있을 뿐이다.[40]

그리고 미국 저작권법 제117조(a)(2)는 프로그램 복제물의 소유자(owner)뿐만 아니라 그의 허락을 받은 자도 백업복제 할 수 있도록 했다. 그렇지만 라이선시는 프로그램 복제물의 소유자에 해당하지 않는데, CONTU 보고서는 복제물의 합법적 소지자(persons in rightful possession of copies)인 라이선시에 대해서도 제117조(a)를 적용하도록 권고[41]했지만 의회는 이를 받아들이지 않았고[42] 토론이나 설명도 없이 이것을 복제물의 소유자(owner of copy)로 변경하여 입법했다.[43] 그리고 Vault Corp. v. Quaid Software Ltd.[44] (이하 'Vault v. Quaid'라 한다) 사건과는 달리 MAI Systems Corp. v. Peak Computer, Inc.[45](이하 "MAI v. Peak"라 한다) 사건에서, 법원은 라이선스와 함께 제공된 프로그램의 이용자는 라이선시로서 제117조(a)의 적용을 받을 수 없다고 판결[46]했다.[47] 그렇지만 이 사건에서의 제9연방순회법원의 판결은 많은 비판에 직면했고, 이후 프로그램의 라이선시가 프로그램의 복제물에 대한 소유자임을 인정하는 판례들도 나타났다.[48] 또한 MAI v. Peak 사건을 계기로 1998년에 DMCA에 의해 저작권법에 제117조(c) 및 (d)를 신설하여 유지·보수를 위해 컴퓨터를 이용하는 과정에서의 일시적 복제를 명문으로 허용하였다.[49]

이에 대해 EU 컴퓨터프로그램 지침의 "프로그램을 이용할 권리가 있는 자"는 동 지침

---

38) 半田正夫·松田政行 編, 前揭書(注 21), 418~419頁.

39) 半田正夫·松田政行 編, 前揭書(注 21), 417頁; 加戶守行, 『著作權法逐条講義 <五訂新版>』, ((社)著作權情報センター, 2006), 312頁.

40) 半田正夫·松田政行 編, 前揭書(注 21), 417頁; 中山信弘, 前揭書, 299~300頁.

41) 이 보고서는 제117조(a)를 부정한 방법에 의해 프로그램을 취득하지 않은 모든 자들에게 적용하도록 기술한 것 같다고 한다(Mark A. Lemley et al., *Software and Internet law* / 2nd ed, New York, NY: Aspen Publishers, 2003, p.101).

42) William F. Patry, *supra note* 13, p.809, p.814.

43) Mark A. Lemley et al., *supra note* 41, p.101.

44) 847 F.2d 255 (5th Cir.1988).

45) 991 F.2d 511 (9th Cir. 1993).

46) MAI v. Peak, 991 F.2d at 518-519.

47) 이 두 사건의 제5연방순회법원과 제9연방순회법원은 각각 RAM에의 일시적 복제를 저작권법상 복제로 인정하였는데, 특히 후자는 일시적 복제에 대한 선도적 판례로 인정받고 있다(Cartoon Network LP, LLLP v. CSC Holdings, Inc., 536 F.3d 121, 127 (2d Cir.2008)). 이후 미국 법원은 '프로그램 복제물의 소유자'에 관하여 Vault v. Quaid 사건의 접근 방법을 채택하지 않았다(Petra Heindl, *A Status Report from the Software Decompilation Battle: A Source of Sores for Software Copyright Owners in the United States and the European Union?*, TTLF Working Paper No. 1, 2008, p.86 available at https://tec.fsi.stanford.edu/sites/default/files/as_status_report_from_the_software.heindl_wp1.pdf (last visited November 30, 2017)).

48) Melville B. Nimmer & David Nimmer, *Nimmer on Copyright, Vol. II*, New York, NY: M. Bender, 2007, §8.08[B][1][c], p.8-137.

49) S. Rept. 105-190, 105th Congress, at 21~22, 56~59 (1998).

제5조 제1항 '적법한 획득자'와 동일한 의미[50]이고, 이 '적법한 획득자'는 '구매자, 라이선시, 임대인(renter) 또는 이들을 위해 프로그램의 이용을 허락받은 자'를 의미[51]한다.

2. 거래 유형 및 계약 내용을 고려한 백업 주체 해석론

가. 최종사용자계약서의 법적 성격

2000년을 전후하여 디스켓, CD-ROM 등 매체에 수록하여 시판하는 경우를 매매계약으로 보고 특정업무에 적용되는 업무적용 프로그램의 경우에는 사용허락계약으로 보면서, 매매계약의 예로 '혼글' 프로그램을 제시하는 견해[52]가 있었다. 그런데 '혼글' 프로그램은 1980년대 후반부터 1990년대 초반까지 플로피 디스크에 복제되어 판매되었고 당시 대부분의 프로그램이 그랬다. 그리고 1990년대 중반부터 CD-ROM에 의해 프로그램이 판매되었는데, '혼글' 프로그램도 '혼글 3.0'[53]부터 CD-ROM에 의해 판매되었다. 플로피 디스크에 저장된 프로그램은 설치 과정에서 라이선스를 확인하는 과정이 없었고 하드디스크에 설치하지 않고 사용하기도 했다. 그리고 CD-ROM에 의해 판매된 제품의 경우[54]도 프로그램 설치 시에 지금과 같이 이용허락계약서를 직접 표시하고 동의하는 과정을 거치지는 않았던 것으로 보인다. 또한 이런 이유에서 상기와 같은 해석이 비교적 용이했던 것으로 보인다. 그렇지만 1994년에 출시된 대우 컴퓨터에 윈도우즈 3.1과 함께 번들로 제공된 한아름 1.0과 같은 프로그램은 컴퓨터 구매자에게 해당 프로그램에 대한 제품의 사용권을 부여했다. 그리고 1990년대 중반 이후 프로그램이 CD-ROM으로 제공되고 이용자가 이것을 컴퓨터 하드디스크에 설치하는 것이 일반화되었고, 국내 프로그램 저작권자들은 어느 때부터인가 프로그램 사용자 계약서, 즉 라이선스에 해당 계

---

50) Michel M Walter & Silke Von Lewinski, *supra note* 30, p.156; 半田正夫・松田政行 編, 前揭書(注 21), 414頁.

51) *REPORT FROM THE COMMISSION TO THE COUNCIL, THE EUROPEAN PARLIAMENT AND THE ECONOMIC AND SOCIAL COMMITTEE on the implementation and effects of Directive 91/250/EEC on the legal protection of computer programs of 10 April 2000*, COM(2000) 199 final, p.12. [hereinafter Report on the implementation and effects of Directive(2000)].

52) 신각철, 앞의 책, 172, 178면.

53) '혼글 3.0'의 도스용은 CD-ROM과 플로피 디스크 복제본을 묶어서 판매하기도 했다(권오주, "도스용 「한글 3.0」 시판: 한글과 컴퓨터社(사)", 경향신문, 1995. 07. 31., 14면 <http://newslibrary.naver.com/viewer/index.nhn?articleId=1995073100329114003&edtNo=40&printCount=1&publishDate=1995-07-31&officeId=00032&pageNo=14&printNo=15497&publishType=00010 (최종 방문 2017. 11. 30.)>).

54) '지우개닷컴 <http://www.ziwoogae.com/935 (최종 방문 2017. 11. 30.)>'에서 윈도우즈용 '혼글 3.0'의 설치 과정을 확인할 수 있다.

약이 매매계약이 아니라고 명시했다.[55] 예를 들어 '흔글 2002'도 소프트웨어 사용 계약서에 "법적인 사용 허가 계약으로서 매매계약이 아"니라고 명시했다.

그런데 상기한 바와 같이 최종사용자계약서에 의한 계약을 이용허락계약으로 해석하는 견해가 다수의 학설[56]이다.[57] 그리고 이와 같다면 해당 계약서에서 백업복제를 허용하지 않는 한 이 규정은 유명무실해진다.[58]

나. 구체적인 거래 및 계약 내용을 토대로 한 판단

위 견해는 프로그램에 대해 복제물 매매계약과 사용허락 계약으로 나누고 원칙적으로 후자는 계약에 의해 백업복제가 가능한 것으로 설명[59]하였지만, '프로그램의 복제물을 정당한 권한에 의하여 소지·이용하는 자'와 관련하여, 정당한 권한에 의하여 프로그램의 복제물을 소지하는 경우에 매매계약에 의해 복제물을 매입한 자와 사용허락계약에 의해 사용 중인 자를 포함하는 것으로 보았다.[60] 그리고 그 주체에 프로그램 복제물의 소유자만 해당한다는 견해[61]에 대해, 백업복제와 관련하여 이 조문의 설정 취지가 프로그램의 효율적인 이용으로 산업경제 발전에 도움을 주고자 한 것에 비추어 통상적인 프로그램의 이용허락 관행을 감안하여 이용계약일 때에도 보존적 복제가 가능해야 한다고 주장[62]했다. 이 견해는 이 규정의 근본적인 입법취지를 고려하였다는 점에서 상당한 의미가 있다.

그리고 이와 같은 맥락에서, 프로그램의 거래가 다양하게 이뤄지므로 특정한 계약이 어떤 성격을 가지고 있는지 사례별로 구체적으로 판단할 필요가 있다. 예를 들어 미국

---

55) 이와 같이 프로그램 라이선스에 매매계약이 아니라고 명시하는 것은, 프로그램을 라이선스와 함께 판매하는 것이 일반화된 것, 최초판매의 원칙이 라이선스와 함께 판매되는 프로그램에 적용되는지에 관한 논란이 있었던 것, 국내에서 판매되는 해외 프로그램에 이와 같이 기술되어 있는 것 등에 영향을 받은 것으로 보인다.

56) 신각철, 앞의 책, 167~169면; 송영식/이상정/황종환, 앞의 책, 727면; 윤선희, 앞의 책, 502면; 김규성 외, 앞의 책, 119면; 이해완, 앞의 책, 509면.

57) 오병철, 앞의 책, 301면.

58) 최종사용자계약서의 법적성격에 관한 문제이므로, 최초판매의 원칙에 관한 문제와 동일한 문제가 발생한다. 최초판매의 원칙에 관한 문제에 관하여 '박성호, 앞의 책, 362면' 참조.

59) 신각철, 앞의 책, 172~173면.

60) 이 견해에 따르면, 프로그램 라이선스에 이용허락계약으로 기재되어 있더라도 '프로그램의 복제물을 정당한 권한에 의하여 소지·이용하는 자'에 해당하게 된다. 다만, 미국 저작권법 제117조에 관한 해석론은 이러한 백업복제의 주체를 프로그램의 소지자와 소유자로 구분하고 있다는 점에서, 우리 저작권법상의 백업복제의 주체가 이 중 어떤 것을 의미하는지에 관한 검토를 요한다. 이와 관련하여 아래에서 검토한다.

61) 송상현/김문환/양창수, 앞의 책, 142면; 송상현(연구책임자), 앞의 보고서, 56면.

62) 신각철, 앞의 책, 178면.

DSC Communications Corp. v. Pulse Communications Inc.[63] 사건의 연방법원은 미국 저작권법 제117조의 프로그램 소유자(ownership)의 의미가 불분명하다는 점을 지적하면서 사례별로 구체적인 계약 내용을 검토하여 해당 프로그램에 대해 소유자인지 여부를 판단한 바 있다.[64]

또한 입법 연구 문헌에서 PC용 프로그램을 매입한 자를 프로그램 복제물의 소유자로 보고 사용계약에 따라 프로그램을 이용하는 자를 대부분 대기업이라고 설명[65]했는데, 현재도 원본 프로그램을 하나 제공하여 다수의 PC에 설치하도록 하는 등의 이용계약에 따른 프로그램의 이용은 일반적인 프로그램의 판매 방식이다. 그래서 프로그램에 관한 거래의 형태는 크게 특정 프로그램 단품의 일반적인 매매거래와 라이선스 거래로 구분하는 것이 가능하다. 그렇지만 프로그램 단품 거래를 하더라도 특정인과의 거래를 전제하여 일정한 조건하에 개별 거래를 하는 경우가 있는데, 이런 경우는 후자에 해당하는 것으로 판단할 수 있다. 예를 들어 미국의 Vernor v. Autodesk, Inc.[66] 사건에서 최초판매의 원칙이 부정되었는데, 미국에서 최초판매의 원칙이 인정되었던 SoftMan Products Co., LLC v. Adobe Systems, Inc.[67] 사건이 쉬링크랩 라이선스에 기초한 것과 달리 이 사건의 Autodesk, Inc.의 제품 판매는 고가 제품에 대해 서면 계약을 원칙으로 한다.

다. 관련 해외 사례의 참조

2012년 7월 3일의 UsedSoft GmbH v. Oracle International Corp.[68] 사건[69)]에서 유럽 사법재판소의 대재판부는 인터넷에서 저장장치로의 복제물의 다운로드에 의한 매매를 EU 컴퓨터프로그램 지침의 판매로 인정하여 최초판매의 원칙을 긍정했다. 이 사건의 대재판부는 '판매(sale)'의 의미를 "급부의 대가로 그에게 속한 유형 또는 무형물의 권리를 다른 사람에게 이전시켜주는 것을 동의하는 것"이라고 하면서, 사용자가 다운로드를 하고 사용자 라이선스에 동의하는 것과 비용을 지불하는 것을 "전체적인 맥락에서 하나의

---

63) 170 F.3d 1354 (Fed. Cir. 1999).

64) 이와 관련하여, 'Mark A. Lemley et al., *supra note* 41, pp.100~102' 참조.

65) 송상현(연구책임자), 앞의 보고서, 56면.

66) 621 F.3d 1102 (9th Cir. 2010).

67) 171 F. Supp. 2d 1075 (C.D. Cal. 2001).

68) C-128/11.

69) 이 사건의 상세한 내용과 의의는 '김병일, "소프트웨어 중고거래에 관한 저작권법적 해석과 문제점", 「계간저작권」, 제104권(2013), 40~61면' 참조.

행위로 볼 수 있으며, 여기에는 사안의 컴퓨터프로그램 사본의 소유권을 이전시키는 행위가 포함"된다고 판단하였다. 그리고 사안의 판매가 EU 정보사회 지침 제3조 제1항의 '공중이용제공권'에 해당하는 것으로 소진되지 않는지 여부에 대해 EU 컴퓨터프로그램 지침이 EU 정보사회 지침의 특별법을 구성하기 때문에 이러한 '공중 전달'의 개념에 포함되는 경우일지라도 EU 컴퓨터프로그램 지침 제4조 제2항에서 말하는 최초판매의 원칙에 따라 권리가 소진된다고 판단하였다. 또한 대재판부는 프로그램의 복제물의 판매에 어떤 특정이 없다는 점에서 복제 형태의 유무형 여부에는 구분이 없는 것으로 판단했다. 이에 따라 대재판부는 이러한 유형의 매매도 EU 컴퓨터프로그램 지침에서의 판매에 해당한다고 판단했다. 다만, 대재판부는 그 적용을 이용자가 그 저작물의 복제물에 대해 영구적인 사용권을 가졌을 때로 한정했다.

따라서 저작권법 제101조의 5에 관하여, 백업복제 주체의 해당 여부는 프로그램 라이선스에 기술된 거래 형태가 아니라 프로그램이 구체적으로 어떤 내용으로 어떻게 거래되었는지에 기초해야 한다.

3. 백업 주체에의 라이선시 포함여부에 관한 해석론

'프로그램의 복제물을 정당한 권한에 의하여 소지·이용하는 자', 백업 주체의 문제는 라이선스 내지 최종계약서의 법적 성격뿐만 아니라 이 자를 어떻게 볼 것인가에 초점을 맞출 필요가 있다.

우선, 제101조의 5는 배포권을 전제하는 최초판매의 원칙에 관한 제20조 단서와는 달리 프로그램의 배포나 전송을 직접적으로 전제하지 않는데, 이 규정에서의 백업 복제물은 본인이 소지한 프로그램을 백업복제 하여 본인이 계속하여 소지하기 때문이다. 그래서 백업복제는 제3자에 대한 양도를 전제로 하는 최초판매의 원칙에 비해 사적이다.[70] 그리고 이 규정은 프로그램의 매매거래를 명시하지 않았고 거래의 결과로서 '프로그램의 복제물을 정당한 권한에 의하여 소지·이용하는 자'를 기술하였다. 또한 라이선시도 '복제물의 멸실·훼손 또는 변질 등에 대비하기 위하여 필요한 범위'에서의 백업이 필수적이고, 후속적인 양도 행위를 하지 않는다면 저작권자의 권리를 특별히 저해하지는 않는다.

---

70) CONTU Report at 13.

그리고 '프로그램의 복제물을 정당한 권한에 의하여 소지·이용하는 자'는 미국 저작권법 제117조의 '복제물의 소유자(owner of copy)'가 아니라 미국 CONTU 보고서의 '프로그램의 합법적 소지자(lawful possessors)'로 해석도 가능한데, 후자에는 라이선시도 포함된다. 또한 이 규정 최초 시안의 모델이 된 일본 저작권법이 라이선시의 백업복제를 인정하는 원리를 참고할 필요가 있다. 상기한 바와 같이 일본 저작권법은 '프로그램의 소유자'를 프로그램의 복제물이라고 하는 실체가 있는 매체(카트리지, CD-ROM, 하드디스크 등)의 소유자로 보기 때문에, 프로그램을 CD, DVD 등의 매체로 구매한 자나 인터넷에서 컴퓨터의 하드디스크로 다운로드하여 구매한 자가 이것에 모두 포함[71]된다. 이에 더해, EU 컴퓨터프로그램 지침의 "프로그램을 이용할 권리가 있는 자"는 '구매자, 라이선시, 임대인(renter) 또는 이들을 위해 프로그램의 이용을 허락받은 자'를 모두 포함[72]한다.

또한 '합리적으로 컴퓨터프로그램을 취득한 자의 복제권을 인정함으로써 개발된 프로그램의 활용을 촉진[73]'하는 것을 목적으로, 법인, 단체, 개인 등의 모든 주체가 영리적인 목적 여부와 상관없이 프로그램의 멸실·훼손 또는 변질 등에 대비하기 위한 경우에 적용한다는 제101조의 5의 입법취지를 고려하면 백업복제의 주체에 라이선시를 포함하는 것이 더 자연스럽다.

이에 더해, EU의 Sony Computer Entertainment v. Owen[74](이하 'Sony v. Owen'이라 한다) 사건은 플로피 디스크나 CD롬에서 하드디스크로 프로그램을 설치하여 사용하는 경우(프로그램에 대한 라이선스와 해당 라이선스를 실현할 플로피 디스크, CD-ROM과 같은 물리적 하드웨어를 가진 경우)와 게임 CD와 같이 해당 CD를 직접 실행하여 사용하는 경우(게임 CD를 이용할 라이선스를 가진 경우)를 나누어 후자에 대해 백업복제가 불필요하다고 판단했다. 특히, 이 사건의 법원은 이 중에서 후자에 대해 프로그램도 도서, 음악 등과 같이 재구매가 가능하고 이것들과 다를 바 없다고 판단했다. 이 판결은 게임의 매매와 이용의 특성을 고려한 것으로, 이 논리에 따르면 일반적으로 판매되는 프로그램은 백업복제가 가능한 것으로 해석할 수 있다.

그러므로 백업의 주체는 최종사용자계약서와 함께 제공된 프로그램의 거래가 매매계

---

71) 半田正夫・松田政行 編, 前揭書(注 21), 418~419頁.

72) Report on the implementation and effects of Directive(2000), p.12.

73) 송상현/김문환/양창수, 앞의 책, 139면.

74) [2002] EWHC 45 (Ch); [2002] EMLR 34.

약인지 이용허락계약인지와 상관없이 해당 프로그램의 구매자로 파악하는 것이 적절해 보인다. 또한 일본과 EU와 같은 해외 입법례와 CONTU 보고서의 내용을 고려하면, 백업 주체를 라이선스 제품을 매입한 자까지 확대하는 것도 고려할 수 있다. 이러한 해석 은, 이 조문의 설정 취지가 프로그램의 효율적인 이용으로 산업경제 발전에 도움을 주고 자 한 것에 비추어 통상적인 프로그램의 이용허락 관행을 감안하여 이용계약일 때에도 보존적 복제가 가능해야 한다는 견해[75]와도 일맥상통한다. 다만, EU의 Sony v. Owen[76] 사건에 따르면, 백업복제의 가능 여부는 라이선스의 내용과 프로그램 이용형태를 함께 고려해 판단할 필요가 있다.

4. 위임에 의한 백업 가능성 및 입법 고려

각국은 백업복제의 위임 여부에 대해 다른 태도를 취하였다. 우리나라와 일본 저작권 법은 백업복제를 제3자에게 위임하는 것은 허용하지 않는다. 다만, 일본은 유지보수 과 정에서는 제3자에 의해 저장장치의 내용을 백업할 수 있도록 허용하고 있고, 우리 저작 권법 제101조의 3 제2항은 유지보수 과정에서 제3자에 의한 일시적 복제가 가능하도록 규정했다. 이에 대해 미국 저작권법과 EU 컴퓨터프로그램 지침은 백업복제를 제3자에 게 위임할 수 있도록 규정했다.

그런데 백업복제에 대한 위임은 저작권자에게 특별히 불이익을 주지 않을뿐더러, 유 지보수 과정에서 제3자에게 저장장치에 있는 프로그램을 백업하도록 하는 것이 관행적 으로 행해지고 있다. 이런 점에서 이러한 위임을 허용할 수 있을 것이다. 그리고 이를 위해 미국 저작권법 제117조(a) 본문에서와 같이 입법에 의해 위임을 허용하는 방법이 나 법률 규정의 합목적적 운용을 위해 EU 컴퓨터프로그램 지침과 같이 해석론에 의해 위임이 허용되는 것으로 보는 방법을 고려할 수 있다.

---

75) 신각철, 앞의 책, 178면.

76) [2002] EWHC 45 (Ch); [2002] EMLR 34.

Ⅳ. 백업의 대상 및 범위

1. 백업의 대상

가. 컴퓨터프로그램

백업복제의 대상은 원칙적으로 프로그램이다. 저작권법은 컴퓨터프로그램저작물을 "특정한 결과를 얻기 위하여 컴퓨터 등 정보처리능력을 가진 장치(이하 '컴퓨터'라 한다) 내에서 직접 또는 간접으로 사용되는 일련의 지시·명령으로 표현된 창작물을 말한다."고 정의한다. 그리고 이 정의에 따르면 제101조의 5는 원시코드 형태뿐만 아니라 목적코드 형태의 프로그램도 백업복제의 대상이 된다. 이것은 미국 및 일본도 마찬가지이고, EU 컴퓨터프로그램 지침도 실행 가능한 프로그램에 대해 원시코드 또는 목적코드를 동등하게 취급[77]한다.

나. 예비도안저작물 등의 백업 가능성

프로그램의 정의는 예비도안저작물, 프로그램 설치 안내서, 프로그램 사용 설명서, 매뉴얼, 플로 차트 등은 포함하지 않아 이것들은 제101조의 5의 대상에서 제외된다. 이에 따라 프로그램 이외의 자료들을 포함하는 CD, DVD 등의 백업복제는 제101조의 5만으로는 어렵다. 미국도 저작권법의 프로그램 정의에서 매뉴얼, 플로 차트 및 다른 표현물들이 배제되었으므로 이것들은 동법 제117조의 예외에서 배제된다는 견해[78]가 있고, 이러한 사정은 일본도 마찬가지다.[79]

이에 대해 EU 컴퓨터프로그램 지침 제1조 제1항은 프로그램에 예비도안저작물 (preparatory design work)을 포함시켰는데, 동 지침 Recital (7)[80]에 따르면 예비도안저작물은 이후의 단계에서 프로그램으로 생산될 수 있는 것으로 데이터 플로 차트(data flow diagrams), 프로그램 시퀀스 기술서(descriptions of the program sequences) 등 프로그램의 최종적인 구성 및 구현에 관하여 개발되는 모든 예비 단계를 포함[81]한다. 또한 유럽연합

---

77) Michel M Walter & Silke Von Lewinski, *supra note* 30, pp.100-1.

78) William F. Patry, *supra note* 13, pp.212-3.

79) 이와 관련하여서는 '강기봉, "소프트웨어와 컴퓨터프로그램의 법적 개념", 「창작과 권리」, 제88호(2017), 5∼17면' 참조.

80) 1991년 지침과 2009년 지침 모두 동일하다.

은 백업 복제물의 제작이 최소한 프로그램의 이용 계약에 묵시적으로 포함되어 있는 것으로 보고,[82] 백업 규정은 명시적 계약에 의한 백업금지를 방지하기 위한 것[83]이라는 점에서 상당히 유연한 해석이 가능하다. 예를 들어 EU의 Sony v. Owen[84] 사건은 게임 CD와 같이 해당 CD를 직접 실행하여 사용하는 경우와 대조적으로 프로그램이 저장된 일반적인 CD, DVD 등에 대한 백업복제를 인정하였다.

그렇지만 이 문제는 제53조의 3의 공정한 이용 규정에 해석하는 것이 가능하다. 해당 매체에 함께 수록된 자료들도 백업 가능하게 하는 것이 매체에 저장된 프로그램의 완전한 백업을 가능하게 하고 프로그램의 합법적 소유자의 이용권을 적절히 보장하는 것이기 때문이다. 또한 이것은 저작자의 정당한 이익을 부당하게 해치지 않을 것이기 때문이다.

2. 백업 가능한 프로그램의 범위

가. 프로그램의 부분 또는 전체 백업

저작권법 제101조의 5 제1항은 백업을 "필요한 범위"로 한정했다. 이것은 복제물의 개수가 아니라 프로그램의 전체 또는 일부를 복제할 수 있음을 의미하는데, 예를 들어 후자는 프로그램에서 개변내용에 해당하는 부분을 고정시키는 복제가 있다.[85]

이 규정과 마찬가지로 일본, 미국 및 유럽연합 모두 프로그램의 전체 또는 일부를 복제할 수 있도록 규정하였다. 우선, 일본 저작권법은 저작재산권 제한의 목적과 범위를 구분하지 않고 "필요하다고 인정되는 한도에서의 복제나 번안"으로 규정하는데, '필요하다고 인정되는 한도'는 프로그램을 컴퓨터에서 사용할 때 당연히 필요하게 되는 것으로 저작권자의 이익을 부당히 해치지 않는 범위에 한정된다.[86] 예를 들어 '필요하다고 인정되는 한도에서의 복제'는 컴퓨터의 조작에 의해 당연히 수반되는 복제, 하드디스크로의 설치, 프로그램의 백업 복제물의 작성, 어셈블(assemble), 컴파일(compile) 등의 변

---

81) Michel M Walter & Silke Von Lewinski, *supra note* 30, pp.100-1; Lionel Bently, *supra note* 29, p.216.

82) 제5조 제1항은 "컴퓨터프로그램의 이용에 필요한 경우"에 저작재산권을 제한하는데, 이 규정에 의해 백업복제에 대한 저작재산권이 제한된다는 견해(Lionel Bently, *supra note* 29, p.228; 半田正夫·松田政行 編, 前揭書(注 21), 414頁)가 있다.

83) Michel M Walter & Silke Von Lewinski, *supra note* 30, p.156.

84) [2002] EWHC 45 (Ch); [2002] EMLR 34.

85) 송상현(연구책임자), 앞의 보고서, 55면.

86) 半田正夫·松田政行 編, 前揭書(注 21), 420頁; 中山信弘, 前揭書, 299頁.

환, 편리성의 향상을 위해 매체를 변경하는 것 등을,[87] '필요하다고 인정되는 한도에서의 번안'은 프로그램의 업그레이드(바이러스 소프트웨어나 시큐리티홀), 버그 수정, 기능의 향상 내지 추가, 고속화, 하드웨어의 이식 등을 생각할 수 있다.[88] 그러나 이런 경우에도 복제 또는 번안의 필요성이 없는 경우에는 침해가 된다.[89] 그러므로 이 규정은 프로그램의 전체 또는 일부의 복제를 모두 허용한다. 그리고 미국 저작권법 제117조 (a)(2)는 복제물 또는 개작물의 백업복제의 범위를 기술하지는 않았지만, 백업목적 외에 특별한 제한이 없다는 점에서 백업의 범위는 전체 또는 일부 모두 허용하는 것으로 보인다. 또한 EU 컴퓨터프로그램 지침 제5조 제2항은 백업복제를 계약으로 금지할 수 없도록 한 것이지만, 백업 복제물의 제작이 최소한 프로그램의 이용 계약에 묵시적으로 포함되어 있다고 널리 인식되어 있다[90]는 점에서 허용되는 백업의 범위는 프로그램의 전체 또는 일부로 볼 수 있다.

나. 풀 백업 가능성

풀 백업(full backup)은 불측의 사고로 컴퓨터의 저장장치 또는 해당 저장장치에 저장된 자료가 훼손되는 경우에 이를 복구하기 위해 저장장치에 기록된 자료 전체를 복제하는 것을 말한다. 풀 백업은 컴퓨터의 유지·보수에서 보안을 위해 일반적으로 행해지는데, 설치 이후 저작권자가 제공하는 상당수 업데이트를 설치한 경우, 중대한 오류 수정을 행한 경우, 지속적 서비스를 위해 급히 복구가 필요한 경우 등에는 불시에 발생할 수 있는 문제에 대비하기 위해 필요하다. 그리고 가정에서 행해지는 컴퓨터의 백업과 복구 기능도 풀 백업과 관련이 있다.

이와 관련하여, 일본 저작권법 제47조의 3은 백업목적으로 프로그램의 전체 복제가 가능한 것으로 보이고, 제47조의 4는 유지·보수 과정인 경우에 일시적으로 풀 백업을 허용하는 것으로 해석할 수 있다. 그리고 미국 저작권법 제117조 (a)는 백업 목적인 경우에 프로그램의 복제물 또는 개작물을 작성하는 것을 허용하고 있으므로, 프로그램에 대해서는 풀 백업에 특별한 제한이 없어 보인다. 이에 대해 EU 컴퓨터프로그램 지침 제

---

87) 半田正夫·松田政行 編, 前揭書(注 21), 420頁; 中山信弘, 前揭書, 298頁.

88) 半田正夫·松田政行 編, 前揭書(注 21), 424~425頁; 中山信弘, 前揭書, 298頁.

89) 中山信弘, 前揭書, 300頁.

90) 제5조 제1항은 "컴퓨터프로그램의 이용에 필요한 경우"에 저작재산권을 제한하는데, 이 규정에 의해 백업복제에 대한 저작재산권이 제한된다는 견해(Lionel Bently, *supra note* 29, p.228; 半田正夫·松田政行 編, 前揭書(注 21), 414頁)가 있다.

5조 제2항에는 일반적으로 프로그램의 설치 후에 또는 정기적으로 일어나는 풀 백업과 관련하여 직접적인 언급이 없지만 긍정적 해석론[91]이 존재한다.

이에 대해 제101조의 5는 '필요한 범위'에서 프로그램을 백업복제 할 수 있도록 규정하였으므로 하드디스크에 복제된 프로그램 자체의 풀 백업이 가능하고, 보안을 위해 풀 백업이 필수적이라는 점에서 하드디스크 전체 복제에 대해서는 제35조의 3의 적용도 고려할 수 있다. 한편, 우리 저작권법 제101조의 3 제2항[92]을 고려[93]할 수도 있지만, 이 규정은 한·미 FTA의 이행에 따라 프로그램이 RAM에 일시적으로 저장되는 것을 복제로 인정하게 됨에 따라 구 컴퓨터프로그램보호법 제12조 제2항에 일시적 복제에 대한 저작재산권의 제한 규정 중 하나로 마련[94]되었던 것으로, 구 컴퓨터프로그램보호법이 저작권법으로 통합되면서 다소의 수정을 거쳐 한·미 FTA를 이행하기 위한 개정법률안[95]에 의해 신설[96]되었다. 즉, 이 규정은 유지·보수 과정에서 일어나는 RAM에의 일시적 복제에 대해 저작재산권을 제한하는 규정으로 백업복제[97]와는 무관하다.[98]

3. 백업물의 개수

제101조의 5 제1항에 관하여 입법 관련 문헌에 따르면, 백업용 복제는 통상적으로 1부로서 족할 것이지만 항상 1부로 한정되는 것은 아니고, 최소한의 필요한 양이 1부라는 것이지 경우에 따라서는 2부 내지 3부도 허용된다.[99] 다만, 견해에 따라서는 필요최소한의 정도로 엄격히 한정될 필요가 있다는 견해,[100] 특별한 사정이 없는 한 1부로 한

---

91) Michel M Walter & Silke Von Lewinski, *supra note* 30, pp.156-7.

92) 제101조의 3 ② 컴퓨터의 유지·보수를 위하여 그 컴퓨터를 이용하는 과정에서 프로그램(정당하게 취득한 경우에 한한다)을 일시적으로 복제할 수 있다.

93) '이해완, 앞의 책, 696~697면'은 이 규정을 일본 저작권법 제47조의 4와 유사하게 컴퓨터에 설치되어 있는 프로그램을 일시적으로 다른 매체에 저장해 두었다가 컴퓨터에 복구할 수 있도록 하는 규정으로 설명한다. 그리고 '오승종, 「저작권법(전면개정판)」, 박영사, 2016, 1152~1153면; 박성호, 앞의 책, 625~626면'은 이것을 인용했다.

94) 최민수, 「컴퓨터프로그램보호법 일부개정법률안(정부 제출) 검토보고서」, 문화체육관광방송통신위원회. 2009, 6~8면 참조.

95) 저작권법 일부개정법률안(허원제 의원 대표발의, 의안번호 13727, 2011. 11. 2.).

96) 이 개정법률안 주요내용의 첫 번째 항목에 "디지털 환경에서 저작권자의 권리를 균형 되게 보호하기 위하여 일시적 저장을 복제의 범위에 명시하고 이에 대한 예외를 규정함(안 제2조 제22호, 제35조의 2, 제101조의 3 제2항 신설)"이라고 기재되어 있어, 제101조의 3 제2항이 일시적 복제에 관한 규정으로 입법된 것을 명확히 알 수 있다.

97) 오픈캡처 프로그램과 관련된 판결 제1심(서울중앙지법 2014. 2. 21. 선고 2013가합25649(본소), 2013가합37857(병합), 2013가합48222(병합), 2013가합70959(반소))과 '송영식/이상정, 「저작권법 개설(제9판)」, 세창출판사, 2015, 699~700면'은 제101조의 3을 일시적 복제에 관한 규정으로 다루었다.

98) 이 규정에 관하여 '강기봉, 앞의 논문(주 25), 42~51면' 참조.

99) 송상현(연구책임자), 앞의 보고서, 55면; 송상현/김문환/양창수, 앞의 책, 142면.

100) 이해완, 앞의 책, 701면.

정해야 한다는 견해,[101] 대부분의 경우에는 1개의 백업용 복제본으로 충분하다고 할 수 있을 것이므로 최종사용계약에서 1개의 백업용 복제본만을 허용하는 것은 유효하다는 견해[102] 등이 있다.

이에 대해, 미국 저작권법 제117조는 백업 복제물의 개수에 대해 특별히 제한하지 않고 동조 (a)(2)에 '모든 백업 복제물들(all archival copies)'이라고 기술했다는 점에서, 복수의 백업 복제물을 허용한 것으로 볼 수 있다. 또한 일본 저작권법은 "전자계산기에서 이용하기 위해 필요하다고 인정되는 한도"라고 규정하고 있을 뿐인데, 복제물의 부수는 1부로 특정하기보다는 사례에 따라 결정할 수 있다고 한다.[103] 또한 EU 컴퓨터프로그램 지침에 관하여 위원회는 하나의 백업 복제물만 허용한다고 했지만,[104] 학설은 필요에 따라 다수 백업 복제물의 제작에 대해 규정상으로 열려있지만 프로그램의 사용자가 다수 백업 복제물의 필요성을 증명해야 하는 부담이 있다고 한다.[105] 따라서 어떤 나라의 법률에 따르더라도 복수의 백업복제가 가능하다.

한편, 컴퓨터프로그램의 백업복제를 1부만으로 한정하는 것은 현실적이지 못한 부분이 있다. 예를 들어 프로그램이 CD, DVD, USB 등에 저장되어 배포되는 경우에, 해당 매체들과 해당 매체를 백업복제 한 매체 모두 '멸실·훼손 또는 변질 등'의 위험에 노출되어 있다.[106] 특히 수백만 원에서 수천만 원에 달하는 고가의 제품의 경우에는 안전한 백업복제가 필요하므로, 수량이 1부로 제한되는 것은 프로그램의 이용자에게 상당한 제한이라 할 수 있다.

4. 매체 변화와 제101조의 5의 적용 가능성

가. 제101조의 5 입법의 시대적 배경

미국에서 저작권법에 의해 프로그램을 보호하기 시작한 1970년대에는 컴퓨터 기업들은 커다란 메인프레임 컴퓨터들에 최적화된 프로그램들을 개발하여 이것들의 번들로 제

---

101) 송영식/이상정/황종환, 앞의 책, 725면; 김규성 외, 앞의 책, 108면; 이해완, 앞의 책, 701면.

102) 오병철, 앞의 책, 407면.

103) 中山信弘, 前揭書, 78~79頁.

104) Report on the implementation and effects of Directive(2000), p.18.

105) Michel M Walter & Silke Von Lewinski, *supra note* 30, p.156.

106) CD 또는 DVD가 훼손되어 해당 매체에 저장된 저작물을 더 이상 이용할 수 없게 되는 사례는 상식적인 것이다.

공했고, 프로그램들은 전형적으로 일련의 천공카드에 기록되었으며, PC, 노트북, 워드 프로세서, 윈도우즈 운영체제 등은 없었다.[107) 또한 우리나라에 PC의 보급이 일반화되 었던 1980년대 중후반에 대체로 자기테이프(카세트 테이프), 롬 카트리지, 플로피디스 크[108) 등에 의해 프로그램이 유통되었고 EU 컴퓨터프로그램 지침이 만들어진 1990년대 초반만 하더라도 플로피디스크가 프로그램 유통을 위한 주된 매체였다. CD-ROM의 대 중화가 이뤄진 것은 1990년대 중반 이후였고, 2000년대가 되어서 DVD가 대중화되었 다.[109) 이와 같이 시간이 흐르면서 프로그램 관련 산업에 상당한 변화가 있었다.

우리 저작권법 제101조의 5는 "ROM의 형태로 되어 있지 않는 한 해당 프로그램 위 에 새로운 정보와 지시를 기입해 넣음으로써 기존의 프로그램은 지워지게 되므로 이러 한 프로그램의 특성을 고려하여 인정된 것"[110)인데, 구 컴퓨터프로그램보호법 제정 당 시에는 대부분 자기테이프, 플로피 디스크, 롬 카트리지 등의 자료를 읽어 들여 RAM으 로 적재할 수 있는 장치를 통해 해당 매체의 프로그램을 RAM에 적재하여 사용하였고, 하드디스크의 사용은 일반적이지 않았다. 그리고 디지털 파일을 저장하는 매체의 파손 이나 훼손의 위험이 있고 디지털 파일은 그 특성상 훼손되거나 삭제되기 쉽다. 이에 따 라 매체에 저장된 복제물의 멸실·훼손 또는 변질에 대비하고 해당 복제물을 계속 사용 하기 위해 백업을 허용하는 규정이 마련되었다.

나. 매체 변화에 따른 제101조의 5 적용의 문제

현재 프로그램을 CD, DVD, USB 등의 매체로 구매하거나 인터넷으로 다운로드하여 구매할 수 있다. 그리고 CD, DVD, USB 등의 매체에 저장된 프로그램, 특히 플레이스 테이션 등의 게임기를 위한 게임 DVD는 동일한 것으로 재구매가 가능하다. 이에 따라 이들 매체에 저장된 프로그램의 백업복제가 '멸실, 훼손 또는 변질에 대비하기 위한 프 로그램의 복제'에 해당할 수 있는지에 관한 문제가 발생한다.

이와 관련하여 CD 등의 프로그램은 설치 후에는 그 자체가 백업용 복제의 역할을 하 므로 백업 규정은 이것에는 적용되지 않는다는 견해[111)가 있다. 그러나 프로그램의 설

---

107) William F. Patry, *supra note* 13, pp.806-7.
108) 1983년부터 1987년 당시 일본의 플로피디스크 시장에 관련하여서는 "日本通産省 하이테크 그룹 편, 최현·백낙승·홍인 기 역, 「尖端産業技術事典」, 겸지사, 1992, 578면" 참조.
109) 김지현, 「PC로 구현하는 홈시어터 길라잡이: DVD 영화관에서 DVD 레코딩까지」, 정보문화사, 2004, 23면.
110) 송상현(연구책임자), 앞의 보고서, 55면.

치를 위해 제공되는 CD, DVD, USB, 외장 하드디스크 등의 매체들도 생각보다 쉽게 멸실·훼손 또는 변질 등이 될 수 있으므로,[112] 이것들의 백업복제를 제한하는 것은 프로그램 소비자의 이익을 상당히 제한하게 된다.[113] 즉, 이것들도 결국 멸실, 훼손 또는 변질의 가능성이 있고 프로그램이 저장된 매체가 계속적인 프로그램의 사용을 위해 상당히 중요하다는 점[114]을 고려하면 이것들의 별도 백업 복제물의 필요성은 간과할 수 없는 문제이다. 그리고 복수의 백업복제가 가능하다는 입장에서는 CD나 DVD가 백업 복제물의 역할을 한다고 하더라도 추가적인 백업 복제물을 제작한다고 하여 문제가 되는 것도 아니다. 또한 프로그램은 원시코드 형태로도 판매될 수 있어 하드디스크, USB 등에 저장된 후에 계속하여 수정될 수 있고, 목적코드 형태의 프로그램도 업데이트 등에 의해 상당한 수정이 가해질 수 있으며, 플레이스테이션과 같은 게임기에서 사용하는 게임 CD 또는 DVD와는 달리 상당수의 상용 프로그램이 고가여서 재구매가 사실상 어려울 수 있다. 더욱이 위 논리를 인정하면, 매체에서 직접 프로그램을 실행하는 경우 외의 모든 경우에 백업복제가 불가하게 된다. 이런 점들을 고려하면, CD, DVD, USB, 외장 하드디스크 등의 매체들에 저장된 프로그램의 백업복제도 필요하다.[115]

또한 CD, DVD, USB, 외장 하드디스크 등 유형물을 구매하는 대신에 프로그램을 인터넷에서 직접 다운로드하고, 구매 의사가 있는 경우에 구매자가 금전을 지불하고 해당 프로그램의 판매자에게서 인증번호(예를 들어 제품번호, CD-key 등)를 제공받거나 인터넷이나 전화로 정품인증을 받는 경우도 있다. 이 경우는 해당 프로그램을 라이선스 방식으로 구매한 것이라 할 수 있다. 그러므로 백업의 주체를 매매거래에 의한 프로그램의 소유자로 해석한다면 이 경우는 백업복제가 어렵다. 그러나 백업의 주체를 라이선시를 포함하는 것으로 본다면 제101조의 5의 적용대상이 될 수 있지만, 이 프로그램들의 백

---

111) '박덕영, "컴퓨터프로그램보호법과 최근의 주요 쟁점들", 「컴퓨터프로그램보호법 교재」, 저작권심의조정위원회, 2006, 16면; 오승종, 앞의 책, 1156~1157면'에서 이 견해를 소개하고 있다.

112) 최종사용자는 CD-ROM과 같은 정보저장매체에 저장된 상태로 있는 프로그램의 복제본을 한 개 제공받는데, 그러면 CD-ROM에 저장된 설치용 복제본 1부와 컴퓨터에 설치된 실행용 복제본 1부를 보유하게 된다. 그런데 실행을 위해 하드웨어에 설치된 프로그램은 보존성이라는 측면에서 매우 취약하고 CD-ROM에 저장된 설치용 복제본도 표면의 물리적 손상이 발생하거나 시간이 경과하여 해당 CD-ROM을 더 이상 사용할 수 없게 된 경우는 최종사용자에게 불이익이 발생한다. 그래서 최종사용자는 별도의 보관용 복제본을 제작하여 보관하게 되는데, 이것이 합법적으로 보유하게 되는 제3의 복제본이 된다는 견해(오병철, 앞의 책, 405면)가 있다.

113) 더욱이 USB는 플로피 디스크와 유사한 속성을 가진다.

114) 정품 프로그램의 증명은 원본 CD나 DVD로 해야 하고, 이것들이 멸실, 훼손 또는 변질되는 경우에는 PC에 재설치를 위해서 다시 백업 복제물이 필요하다.

115) 저작재산권의 제한과 기술적 보호조치 무력화 문제는 별개이므로, 게임 DVD 등의 백업복제와 관련하여 발생하는 기술적 보호조치에 관한 문제는 백업복제와 별개로 판단해야 한다.

업복제가 '멸실, 훼손 또는 변질에 대비하기 위한 프로그램의 복제'에 해당하는가의 문제가 있다. 우선, 일본에서는 인터넷에서 컴퓨터의 하드디스크로 다운로드하여 구매한 자로 라이선시를 포함하는데,[116] '프로그램의 소유자'를 프로그램의 복제물이라고 하는 실체가 있는 매체를 소유하고 있는 것이 전제가 되어, 카트리지, CD-ROM, 하드디스크 등 매체의 소유자[117]로 보기 때문이다. 그리고 이용자는 반복적인 다운로드가 가능하므로 이미 묵시적으로 복수의 복제물을 소지하는 것이 허용되어 있다고 할 수 있다. 또한 프로그램은 지속적인 업데이트가 이뤄지고 디지털 자료는 항상 멸실·훼손 또는 변질의 위험 속에 있으므로 이용자의 입장에서는 백업복제의 필요성이 존재한다. 게다가 라이선시인 이용자가 언제라도 프로그램을 다시 다운로드할 수 있다는 점에서 그 필요성이 적다고는 하지만 저작권자가 백업복제를 금지할 실익도 없다.

다. 관련 해외 사례의 참조

EU의 Sony v. Owen[118] 사건에 따르면, 게임 CD와 같이 해당 CD를 직접 실행하여 사용하는 경우(게임 CD를 이용할 라이선스를 가진 경우)에 대해 백업복제가 불필요하다고 판단했는데, 이에 따르면 일반적으로 판매되는 프로그램은 백업복제가 가능한 것으로 해석할 수 있다. 그리고 일본에서도 프로그램의 종류 등에 의해 필요하다고 인정되는 한도가 달라질 것이라고 전제하고, 게임 프로그램의 백업복제가 이용에 필요한 행위라고는 생각되지 않는다고 하여 일본 저작권법 제47조의 3이 적용되지 않는다는 견해[119]가 있다. 이에 따르면, 백업복제의 가능성은 라이선스의 내용과 프로그램 이용형태를 함께 고려하여 판단할 수 있다. 다만, 게임 프로그램은 접근통제 기술적 보호조치에 의해 보호되어 백업복제 자체가 불가능한 경우가 많고 CD나 DVD도 멸실 등의 우려는 여전히 존재한다는 점에서, 이와 같은 해석도 신중히 적용[120]해야 할 것이다.

---

116) 牛田正夫·松田政行 編, 前揭書(注 21), 418頁.
117) 牛田正夫·松田政行 編, 前揭書(注 21), 418~419頁.
118) [2002] EWHC 45 (Ch); [2002] EMLR 34.
119) 加戶守行, 前揭書, 313頁.
120) 牛田正夫·松田政行 編, 前揭書(注 21), 420~421頁 참조.

V. 허용 행위 및 금지특약의 효력

1. 허용되는 이용 행위

가. 이용 행위

저작권법 제101조의 5 제1항은 "해당 복제물을 복제할 수 있다"고 규정하여 프로그램의 복제 행위만 저작재산권을 제한[121]한다. 그렇지만 미국, 일본 및 유럽연합의 입법 사례들은 복제 외의 다른 행위도 저작재산권을 제한하였다.

우선 미국 저작권법 제117조(a)(2)가 백업에 관한 규정인데, 제117조(a) 본문에서 이것에 대해 복제물과 개작물을 작성할 수 있다고 규정했다. 개작권[122]은 컴퓨터 산업에서 프로그램 언어 및 하드웨어의 완전한 표준이 부족하기 때문에 주어졌는데,[123] 이러한 상황은 오늘날도 1978년과 마찬가지다.[124] CONTU 보고서는 개작의 예로 고급언어의 다른 고급언어로 작성하는 것과 기존에 없는 기능을 추가하는 것을 들었고, 이러한 개작권은 저작권자의 이익을 해하지 않는 한 가능하다고 하였다.[125]

그리고 일본 저작권법 제47조의 3은 프로그램 복제물의 소유자가 컴퓨터에서 프로그램을 이용하기 위해 필요하다고 인정되는 한도에서 상당한 복제 및 번안[126]이 가능하도록 규정했다. 그리고 동법 제47조의 4는 유지·보수를 위한 일시적인 백업 복제를 허용한다. 그런데 일본 저작권법 제2조 제11호는 2차적저작물을 "저작물을 번역, 편곡 혹은 변형, 또는 각색, 영화화, 그 외의 번안하는 것에 의해 창작한 창작물을 말한다."고 하면서, 제27조에 이 행위들이 저작자의 저작재산권에 해당한다고 규정하고 있다. 이때 번안은 각색이나 영화화 외에도 번역, 편곡 및 변형에 해당하지 않는 것들을 포섭하는 개념이다.[127] 예를 들어 프로그램언어를 변환하는 것(예를 들어 FORTRAN으로 작성된 프

---

121) 이해완, 앞의 책, 701면.

122) 미국 저작권법 제101조는 2차적저작물(derivative work)에 대해 재구성(recasting), 변형(transformation) 및 개작(adaptation)을 기술하였으므로, 2차적저작물 작성권을 침해하려면 이러한 유형의 행위들이 있어야 하고 추가나 삭제도 침해가 될 수 있다고 한다(William F. Patry, *supra note* 13, p.823).

123) CONTU Report at 13.

124) William F. Patry, *supra note* 13, p.812.

125) CONTU Report at 13.

126) '半田正夫·松田政行 編, 前揭書(注 21), 414頁; 八代英輝, 『日米著作權ビジネスハンドブック』, (商事法務, 2004), 87頁' 등 일본 자료들은 미국 저작권법상의 adaptation을 번안으로 번역하여 기술했다.

127) 半田正夫·松田政行 編, 『著作權法コンメンタール.1,1條-22條の2』, (勁草書房. 2009), 229頁.

로그램을 C 언어로 바꾸어 작성한 것)이 이것에 해당하고, 단순히 상기한 어셈블, 컴파일 등의 변환과 같은 것은 이것에 해당하지 않는다.[128]

또한 EU 컴퓨터프로그램 지침 제5조 제1항은 오류 수정을 포함하여 의도된 목적에 따른 프로그램의 이용을 위해 필요한 경우에 프로그램의 복제 및 2차적저작물작성에 대해 저작재산권을 제한한다. 그리고 동조 제2항은 제1항과 같이 프로그램의 이용을 위해 필요한 경우를 전제하고 백업 복제물의 제작에 관하여 프로그램의 이용계약에 묵시적으로 포함되어 있다는 인식이 전제가 된다.[129] 그러므로 2차적저작물에 대한 백업복제도 가능할 것으로 보인다.

나. 개변의 삭제와 허용 여부

상기한 바와 같이, 이 규정은 ROM에 기록되어 있지 않는 한 매체에 기록된 프로그램 위에 새로운 정보와 지시를 기입해 넣음으로써 기존의 프로그램은 지워지게 되므로 이러한 프로그램의 특성을 반영하여 입법된 것이다.[130] 따라서 이 규정은 사용자에 의해 프로그램이 수정될 것을 전제하였다.

이에 대해 구 컴퓨터프로그램보호법안 시안에는 일본 저작권법 제47조의 3과 유사하게 '프로그램(2차적 프로그램을 포함한다)'이 기술되어 있었다는 점에서, 처음에는 백업복제와 관련하여 개작을 고려하였음을 추정할 수 있다. 그렇지만 일본 저작권법 제28조[131]는 2차적저작물에 대해 원 저작물의 저작자도 동일한 권리를 갖도록 규정하므로, 제47조의 3은 번안에 의해 작성된 2차적저작물에 대해서도 저작재산권의 제한이 반드시 필요하다. 이에 대해 우리 저작권법은 이러한 규정은 없으므로 2차적저작물에서 원 저작물과 2차적으로 작성한 부분을 구분하여 생각해야 한다. 결과적으로, 이 시안은 2차적저작물 작성권 침해는 별론으로 하고,[132] (2차적저작물에 대한 저작권은 창작자에게

---

128) 板東久美子, 「コンピュータ·プログラムに関する著作権の一部改正について」, コピライト 292号, 1985, 6頁.(半田正夫·松田政行 編, 前揭書(注 21), 425頁 재인용).

129) 제5조 제1항은 "컴퓨터프로그램의 이용에 필요한 경우"에 저작재산권을 제한하는데, 이 규정에 의해 백업복제에 대한 저작재산권이 제한된다는 견해(Lionel Bently, *supra note* 29, p.228;半田正夫·松田政行 編, 前揭書(注 21), 414頁)가 있다.

130) 송상현(연구책임자), 앞의 보고서, 51면; 송상현, "컴퓨터 소프트웨어의 開發者와 利用者 間의 法律關係", 「서울대학교 법학」, 제28권 3·4호(1987), 136면. 이와 관련하여 '강기봉, "저작권법상 컴퓨터프로그램의 사적복제 규정에 관한 연구", 「계간 저작권」, 제116권(2016), 14~15면'은 이를 사적복제의 입법배경으로 오기하였지만, 사적복제의 입법배경은 해당 문헌의 15면의 사적복제 규정의 해석과 관련한 부분에 기술되어 있다.

131) 일본 저작권법 제28조 (2차적저작물의 이용에 관한 원저작자의 권리) 2차적저작물의 원 저작물의 저작자는 해당 2차적저작물의 이용에 관하여, 이 관에 규정하는 권리로 해당 2차적저작물의 저작자가 가지는 것과 동일한 종류의 권리를 전유한다.

있으므로) 2차적저작물에 포함된 원 저작물에 대한 복제를 허용한 것으로 해석할 수 있다. 게다가 구 컴퓨터프로그램보호법 제정 시에는 시안의 '(2차적 프로그램을 포함한다)'는 부분이 삭제되었고, '개변' 행위도 삭제되었다.

그리고 입법 관련 문헌은 프로그램에 다소의 수정·추가하여 별도의 다른 프로그램을 작성하는 행위를 창작성의 추가여부에 따라 개변 또는 개작으로 구분하고,[133] 개변을 "개작에 이르지 아니한 프로그램의 수정, 보완, 변경 등을 일컬으며 컴퓨터를 다른 종류의 것으로 교체했을 때 종전 프로그램을 신기종에 이용이 가능하도록 하기 위한 개변과 동일한 컴퓨터에 이용하는 경우에 그 효율성을 제고하기 위한 개변(컴퓨터를 보다 효과적으로 이용하기 위한 변경)으로 분류된다."[134]라고 기술하였다. 즉, 당시의 '개변'의 의미는 동일성유지권의 범위 내에 있었고, 원 입법시안의 백업복제 규정에 기술되었던 개변 행위는 복제에 해당했다. 따라서 이 규정의 입법 시에 백업복제와 관련하여 일어날 수 있는 코드의 변경에 관하여 법문에 개변 이상의 행위를 상정하지는 않았다. 즉, 입법 문헌은 코드의 최적화, 오류수정 등의 일련의 행위들에 2차적저작물로 성립할 만큼의 창작성은 없다고 본 것이다. 따라서 이 규정은 개작을 허용하지 않는 방향으로 입법된 것이라 할 수 있다.

그러므로 구 컴퓨터프로그램보호법 시안에서 2차적저작물작성에 관한 언급이 없고 개변도 실질적으로는 복제에 해당한다는 점에서, 구 컴퓨터프로그램보호법의 제정법에서 두 부분이 삭제된 것은 복제권을 중심으로 생각하면 큰 변화가 일어난 것은 아니었다. 위 문헌에서 구 컴퓨터프로그램보호법의 해당 규정에 관하여 '보존용(backup) 복제 및 개변'이 허용된다[135]고 설명했다는 점에서도 이를 확인할 수 있다. 즉, 입법 시에 복제 행위만 저작재산권을 제한하도록 하였지만, 입법 관련 문헌에서 밝히는 바와 같이 개변도 허용되었고 현행법에서도 마찬가지이다.

그렇지만 여전히 개변에 대해 동일성유지권의 문제가 있다. 이에 대해 동 문헌은 "동일성유지권은 저작물 및 제호·내용 및 형식의 동일성을 유지하는 권리이기 때문에 저작자의 의사에 반하여 그러한 것들의 개변, 삭제, 기타의 개변을 가하는 것은 동일성유

---

132) 복제의 대상에 2차적 프로그램을 포함하도록 단서를 달았다고 하여, 곧바로 2차적저작물 작성권에 대한 저작재산권의 제한을 했다고 단정할 수는 없어 보인다. 그리고 해석론에 의해 2차적저작물 작성권도 허용되는 것처럼 해석할 수는 있겠지만, 규정의 문언상으로는 이러한 해석론은 다소 무리가 있다.

133) 송상현(연구책임자), 앞의 보고서, 36면.

134) 송상현(연구책임자), 앞의 보고서, 51면.

135) 송상현(연구책임자), 앞의 보고서, 55면.

지권의 침해가 된다. 그러나 저작자의 의사에 반한 개변이 있더라도 프로그램은 하나의 기술적 제품으로서의 특성에 비추어 그것의 변경이나 삭제, 기타 개변 등이 저작자의 인격적 이익을 침해했다고 볼 수 없는 범위 내에서 프로그램의 개변을 인정한 것이 본조의 규정이다."[136]라고 하여 동일성유지권의 제한 규정으로 이러한 개변을 허용[137]하였음을 밝히고 있다.

다. 백업 시 개작 허용에 관한 입법 고려

저작권법은 목적코드뿐만 아니라 소스코드 형태의 프로그램도 보호하고 소스코드 형태로 거래되는 제품에도 백업복제 규정이 적용될 수 있다. 그리고 원 프로그램에 대한 개작물, 즉 2차적저작물에 대해 백업복제를 허용하기 위해서는 일본이나 미국과 같이 이것들의 작성에 대한 저작재산권의 제한과 해당 개작물, 즉 2차적저작물의 복제가 모두 허용되어야 한다. 이에 따라 백업복제를 전제로 하는 프로그램의 개작 및 개작물에 대한 논의가 필요하다.

컴퓨터에서 이용하기 위한 개작이나 백업 목적의 개작이 필요했던 이유는 컴퓨터 산업에서 프로그램 언어 및 하드웨어의 완전한 표준이 부족하기 때문[138]이었고 이러한 상황은 오늘날도 마찬가지다.[139] 예를 들어 어셈블리 언어로 작성된 프로그램은 다른 시스템에서 그대로 사용될 수 없으므로 해당 시스템에 맞는 어셈블리 언어 또는 다른 언어로 재작성해야 하고, 과거에 코볼(COBOL) 언어로 작성된 것을 C 언어로 작성하거나 그 반대 상황도 상정할 수 있다.[140] 이러한 소스코드의 수정은 동일성유지권을 넘어 개작, 즉 2차적저작물작성에 해당할 수 있다. 그리고 소스코드 형태의 프로그램은 해당 프로그램이 저장된 매체(CD-ROM으로 판매된 프로그램의 경우에는 해당 프로그램이 복제된 하드디스크 등)에 수정한 내용이 그대로 반영되어 개작된 프로그램도 '기계적 또는 전기적 고장(mechanical or electrical failures)'에 의해 파괴되거나 손상될 수 있으므로, 수정하기 전의 프로그램과 후의 프로그램 모두 멸실, 훼손 또는 변질 등에 대비하기 위한

---

136) 송상현(연구책임자), 앞의 보고서, 51면.
137) '이해완, 앞의 책, 701면'도 동일성유지권의 예외 규정에 따라 프로그램의 변경이 허용된다고 기술하였다.
138) CONTU Report at 13.
139) William F. Patry, *supra note* 13, p.812.
140) 이것들은 우리 저작권법상에서도 개작, 즉 2차적저작물작성에 해당한다.

백업의 필요성이 있다. 또한 프로그램을 거래할 때 이것의 개작에 관한 사전 협의가 있었더라도 백업복제와 관련한 협의나 이용허락이 없는 경우도 많을 것이다. 더욱이 주로 전문가에 의해 프로그래밍이 행해진 것에 비해 현재는 초등학교 때부터 프로그래밍에 관한 교육을 시행하고 있어 향후에는 프로그래밍이 일반화될 것이다. 따라서 가까운 미래에는 상기한 문제들이 더욱 심화될 것으로 보인다.

그렇지만 상기한 바와 같이 이 규정은 입법 시부터 개변을 전제로 했고 최종 입법 시에는 개변 행위 자체를 제외했다. 그래서 저작권법에 이러한 수정에 대해 직접적으로 2차적저작물 작성권을 제한하는 규정은 없고, 프로그램의 개변과 관련하여 제13조 제2항 제3호 내지 제5호에 저작인격권 중 동일성유지권을 제한하는 규정이 있다. 결과적으로 제101조의 5 규정은 개변 행위를 포함하여 '복제물의 복제'에 대해서만 저작재산권을 제한한다. 즉, 앞의 상황을 개변에 해당하는 내용만으로 파악한다면, 이들은 동일성유지권에 대한 제한 규정과 백업복제 규정으로 다룰 수 있었다.

그렇지만 앞의 상황은 프로그램의 이용 과정에서 2차적저작물작성과 이것에 대한 백업복제의 상황이 존재할 수 있고, 실제 특정 유형의 컴퓨터에 적용하는 것을 전제로 프로그램을 수정하는 과정에서 이것을 백업복제 하는 상황도 상정할 수 있다. 그래서 백업복제 규정은 미국 저작권법 제117조(a)(1)과 (2)의 규정, EU 컴퓨터프로그램 지침 제5조 제1항과 제2항 및 일본 저작권법 제47조의 3과 같이 두 사안에 대해 포괄하는 규정이었어야 한다. 그러나 구 컴퓨터프로그램보호법의 백업복제 규정 입법 시에 일본의 백업복제 규정과 유사한 시안을 수정하여 입법하는 과정에서 앞의 두 상황 중 프로그램 복제물의 복제만을 입법하였다. 이에 따라 우리 백업복제 규정은 미국, 일본 및 유럽연합의 어떤 법에서도 유래가 없는 것이 되었다.

그래서 이 규정에 따르면, 아래 이유에서 원 프로그램에 대한 개작물의 백업복제는 불가능하다. 개작에 의한 결과물에는 원 저작물이 포함되어, 원 저작물의 저작권자는 원 저작물에 대한 권리와 2차적저작물 작성권을 행사할 수 있다. 이에 따라 제101조의 5 제1항에 의해 복제권이 제한되더라도, 원 프로그램의 저작권자는 2차적저작물 작성권의 침해를 주장할 수 있다. 또한 이 규정은 "복제물의 멸실·훼손 또는 변질 등에 대비하기 위"한 복제에만 적용되므로 (원 저작물과 새로 작성된 2차적저작물을 나누어 생각하더라도) 2차적저작물의 복제에 적용하기 어렵다. 그러므로 이 규정은 백업복제의 1차적 목적은 달성할 수 있지만, 개작에 따른 2차적저작물의 백업복제 문제는 계약으로 허용되지 않는 한 여전히 해결할 수 없다.

그런데 구 컴퓨터프로그램보호법 입법 시 연구문헌은 유형적 복제의 예로, '어떤 프로그램 언어로 써진 프로그램을 다른 프로그램 언어로 바꾸는 행위, 예컨대 COBOL로 작성된 프로그램을 ASSEMBLER로 프로그램을 바꾸는 행위', '프로그램을 자기테이프에서 자기디스크 또는 인쇄물로 기억매체의 형식을 변환시키는 행위' 및 '소스 프로그램에서 목적 프로그램으로 변환하는 행위(컴파일러에 의해 기계적으로 제작할 수 있으므로)'를 들었고,[141] 프로그램에 다소의 수정·추가하여 별도의 다른 프로그램을 작성하는 행위를 창작성의 추가여부에 따라 개변 또는 개작으로 구분하였다.[142] 이에 대해 논의를 조금 더 구체화하여 단순한 프로그램언어의 변환하는 것을 포함하여 위의 복제 행위들을 넘어서 '사용을 용이하게 하기 위하여 어떤 고급언어로부터 다른 고급언어로 프로그램을 변환하여 표현하는 경우', '원 프로그램에 대하여 새로운 기능을 추가하는 것', '프로그램의 응용', '프로그램의 이식', '프로그램을 변형시키는 것' 등으로 창작성이 개입된 것을 프로그램의 개작으로 파악하는 견해[143]가 있다. 그리고 후자의 관점에서 백업과 관련하여 개작에 대한 저작재산권을 제한하여 이를 허용하는 것이 입법취지에 비추어 타당해 보인다. 이와 관련하여, 이 규정 입법 시에 참고한 일본 저작권법 제47조의 3과 미국 저작권법 제117조(a)를 참고하거나 제35조의 3의 공정한 이용 규정에 의해 일정한 경우에 개작이 허용되는 것으로 해석하는 방안이 있다.

2. 백업물의 폐기 및 이전

제101조의 5 제2항은 프로그램의 복제물을 소지·이용할 권리를 상실한 때에 프로그램저작권자의 특별한 의사표시가 없는 한 해당 복제물을 폐기하도록 했다. 그리고 미국 저작권법 제117조(a)(2)는 프로그램의 계속적 소유가 정당하지 않게 된 경우에 백업한 복제물 또는 개작물을 폐기하도록 했고, 동조 (b)는 제117조에 따른 추가적인 복제물 또는 개작물을 저작권자의 승인이 있는 경우에만 제3자에게 이전[144]할 수 있도록 제한했다. 또한 일본 저작권법 제47조의 3 제2항은 멸실 이외의 사유로 소유권을 보유하지 않

---

141) 송상현(연구책임자), 앞의 보고서, 35면.

142) 송상현(연구책임자), 앞의 보고서, 36면.

143) 신각철, 앞의 책, 79~81면.

144) Apple Computer v. Formula Int'l, 594 F. Supp. 617 (C.D. Cal. 1984) 참조.

게 된 경우에 해당 저작권자의 별단의 의사표시가 없는 한 더 이상 해당 복제물을 보존하지 못하게 하여 폐기하도록 했다.[145] 따라서 미국, 일본 및 우리나라의 저작권법 체계에서 원 프로그램을 소지·사용할 권리를 잃은 자는 프로그램저작권자의 특별한 의사표시가 없는 한 백업 복제물을 폐기해야 한다. 이에 대해, EU 컴퓨터프로그램 지침은 직접적으로 백업 복제물의 폐기나 이전에 관하여 규정하지 않았다. 그렇지만 최초판매의 원칙은 백업 복제물에는 적용되지 않기 때문에, 이용자에 의해 제작된 백업 복제물의 배포는 허용되지 않고, 원본 프로그램의 재판매가 이뤄지면 해당 백업 복제물의 이용이 제5조 제1항에 기술된 의도된 목적에 따른 것이라 할 수 없기 때문에 해당 프로그램의 원 구매자는 백업 복제물은 더 이상 이용할 수 없다.[146] 그리고 이런 점에서 한국을 비롯한 상기한 국가들에서 백업 복제물을 원 프로그램과 함께 제3자에게 이전하는 것도 프로그램저작권자의 특별한 의사표시를 요한다.

3. 백업 금지 특약의 효력

이 규정의 입법취지나 미국 제117조(a)와 EU 컴퓨터프로그램 지침의 관련 규정이 강행규정이라는 점을 고려하면, 이 규정은 강행규정으로 파악하는 것이 타당해 보인다. 이에 대해 제101조의 5를 임의규정으로 보는 견해[147]가 있다. 그렇지만 이 견해도 백업복제를 금지하는 규정을 설정하는 경우에 독점금지 및 공정거래에 관한 법률의 '불공정거래'에 해당될 것이라는 견해를 소개[148]한다. 그리고 약관에 해당하는 최종사용자계약서에서 고객에게 부당하게 불리한 조항이 있는 경우에 이를 약관의 규제에 관한 법률에 의해 무효라는 견해[149]에 따르면 이 규정을 임의규정으로 파악하더라도 일반적인 제품에 대해서는 백업복제가 가능할 것이다. 다만, 거래관행을 살펴보면, 국내에서 유통되는 대부분의 제품들의 최종사용자계약서에는 백업용 복제본의 제작을 완전히 금지하는 조항은 없다.[150]

---

145) 半田正夫・松田政行 編, 前揭書(注 21), 427頁.

146) Michel M Walter & Silke Von Lewinski, *supra note* 30, p.157.

147) 신각철, 앞의 책, 178면.

148) 신각철, 앞의 책, 179면.

149) 송영식/이상정/황종환, 앞의 책, 727면.

150) 오병철, 앞의 책, 405~406면.

Ⅵ. 결론

프로그램은 디지털 파일로 제작되어 복제물로 최종사용자에게 제공된다. 그런데 어떤 매체든지 불측의 멸실, 훼손, 변질 등이 발생할 수 있고, 이런 상황에 대비하여 매체에 저장된 자료를 백업하는 것은 중요하다. 특히 업무, 서비스 등에 프로그램을 이용하는 경우에는 문제 발생 후 신속한 복구가 필수적이다. 그래서 제101조의 5는 "합리적으로 컴퓨터프로그램을 취득한 자의 복제권을 인정함으로써 개발된 프로그램의 활용을 촉진하기 위한 규정"[151]으로, 법인, 단체, 개인 등의 모든 주체가 영리적인 목적 여부와 상관없이 프로그램의 멸실·훼손 또는 변질 등에 대비하기 위한 경우에 적용되도록 입법되었다. 이 논문은 국내의 논의와 함께 미국, 일본 및 유럽연합의 입법 및 판례를 참조하여 제101조의 5에 관한 해석론과 입법에 고려할 사안들을 제시하였다.

우선, 백업의 주체는 '프로그램의 복제물을 정당한 권한에 의하여 소지·이용하는 자'로서 미국 저작권법의 프로그램 '복제물의 소유자'에 상응하게 매매계약에 의해 프로그램을 구매한 자로 해석하기도 하지만, 대부분의 상용 프로그램이 최종사용자계약서와 함께 판매되고 해당 계약이 이용허락계약으로 파악되는 상황에서 이러한 해석은 사실상 백업복제 규정을 유명무실하게 만들 수 있다. 따라서 최종사용자계약서에 이용허락이라고 기재되어 있다고 하더라도 구체적인 거래 및 계약 내용을 토대로 판단할 필요가 있는데, 실제 거래 유형을 구체적으로 검토하여 영구적 라이선스의 판매의 경우에는 매매계약으로 파악할 필요가 있다. 그리고 백업 주체에 관하여는 일본이나 유럽연합의 사례와 같이 라이선시를 포함하도록 해석하면서 라이선스 내용, 프로그램 이용형태 등을 종합적으로 고려하여 구체적 판단이 이뤄져야 한다. 그리고 백업복제의 위임은 저작권자에게 특별히 불이익을 주지는 않고 유지보수 과정에서 제3자에게 위임하는 것이 관행적으로 행해지고 있으므로, 백업복제의 위임이 가능하도록 제101조의 5를 개정하거나 EU 컴퓨터프로그램 지침과 같이 해석론에 의해 위임이 허용되도록 할 필요가 있다.

그리고 제101조의 5의 적용대상은 원칙적으로 프로그램이고 이외의 자료는 해당하지 않지만, 제53조의 3에 따른 공정한 이용 규정에 의해 보완이 가능할 것으로 보인다. 그리고 백업 가능한 프로그램의 범위는 전체 또는 부분이다. 또한 컴퓨터의 유지·보수에서 보안을 위해 일반적으로 행해지는 풀 백업은 '복제물의 멸실·훼손 또는 변질 등에

---

151) 송상현/김문환/양창수, 앞의 책, 139면.

대비하기 위하여 필요한 범위'에 해당한다고 해석할 수 있을 것이며, 풀 백업이 보안을 위해 필수불가결하다는 점에서 제35조의 3의 적용도 고려할 수도 있을 것이다. 그리고 백업의 개수는 1개에 한정되지 않고 복수로 가능한 것으로 보아야 할 것이다. 이에 더해 매체 변화에 따라 프로그램의 설치를 위해 제공되는 CD, DVD, USB 등의 매체들도 당연히 멸실·훼손 또는 변질 등이 될 수 있으므로[152] 이것들에 대해 백업복제를 제한하는 것은 프로그램 소비자의 이익을 상당히 제한하게 된다. 또한 프로그램은 원시코드 형태로도 판매될 수 있어 하드디스크, USB 등에 저장된 후에 계속하여 수정될 수 있으며, 플레이스테이션과 같은 게임기에서 사용하는 게임 CD 또는 DVD와는 달리 상당수의 상용 프로그램이 고가여서 재구매가 사실상 어려울 수 있는 등의 사실들을 고려하면, CD, DVD, USB 등의 매체들에 저장된 프로그램의 백업복제도 필요하다. 한편 프로그램을 인터넷에서 직접 다운로드하여 구매하는 경우에도 '멸실, 훼손 또는 변질에 대비하기 위한 프로그램의 복제'의 필요가 있다면 백업복제가 허락되어야 할 것이다. 그런데 프로그램의 거래가 당사자 간의 협의와 함께 계약에 의해 이뤄지는 경우에는 상당히 유의할 필요가 있다. 그렇지만 이 경우에도 제101조의 5가 강행규정에 해당한다는 점을 고려해야 한다.

또한, 입법 시에 개변이 삭제된 것은 백업 과정에서의 프로그램 수정이 개작에 이르지 않는 것으로 파악하고 프로그램의 보존용 복제 및 개변을 허용하고자 한 것이었다. 그렇지만 원시코드 형태의 프로그램에 대해 백업복제 시에 개작이 일어날 수 있다는 점에서 백업복제 규정은 개작 행위를 포함하도록 입법하는 것이 타당해 보인다. 더욱이 현재 초등학교 때부터 프로그래밍에 관한 교육을 시행하고 있어 가까운 미래에 프로그래밍이 일반화되어 상기한 문제들이 더욱 심화될 것이라는 점을 고려하면, 이러한 입법은 과거로의 회귀가 아니라 시대적인 요구에 부응하는 조치라 할 수 있다.

프로그램의 백업은 프로그램의 사용자가 이것의 이용을 원활히 하기 위해 중요한 사안이다. 그런데 프로그램의 백업에 관한 논의가 목적코드 형태의 프로그램에 한정되거나 특정한 매체에 저장된 프로그램에 한정되는 경우가 있어 보인다. 그렇지만 프로그램은 소스코드 형태의 프로그램도 존재하고 다양한 유통 방식에 의해 제공된다. 그러므로 향후의 프로그램의 백업과 관련한 논의는 개별 상황이나 특수한 경우를 고려하더라도 다양한 상황들을 전제하여 포괄적으로 이뤄져야 할 것이다.

---

152) 오병철, 앞의 책, 405면 참조.

제9장 핀테크(Fin-Tech), 혁신인가 위기인가; 금융상품 불완전판매에 대한 제도주의적 접근[*]

I. 서론

혁신, 21세기 대한민국 지성인의 히트레코드다. 혁신의 아이콘 핀테크 역시 그러하다. 그런데 특기할만한 사실은, 혁신·핀테크 열풍이 '시장-제도-정책'으로 이어지는 상사법의 연원적 진화단계와는 정반대방향으로 진행되어 왔다는 점이다. 2015년 1월 30일, 금융위원회의 금융-IT기술 융합지원정책이 발표[1]된 지 만 10개월 만에, 한국카카오은행 컨소시엄·케이뱅크 컨소시엄의 인터넷전문은행 예비인가가 이뤄졌고, 침체되어 있던 대한민국 금융시장이 금융혁신이라는 신조어에 반응하기 시작했다.

[도해 1. 금융혁신의 분류][2]

금융상품(Instruments)	예금, 펀드, 보험, 파생상품(선물/옵션/스왑 등), 신용카드, 개인퇴직계좌 등
금융기술(Technologies)	ATM, POS 결제시스템, 온라인 주식거래, 온라인결제시스템, CHIPS 등
금융기관(Institutions)	은행, 재보험사, 벤처캐피탈, 마이크로 금융, 예금보험공사(FDIC) 등
금융시장(Markets)	채권/주식시장, 외환시장, 선물거래소, Repo 시장, 모기지 유동화시장 등
금융프로세스(Processes)	화폐, 청산소(clearing house), 증권화(securitization), 옵션가격결정모형 등

우발적·비체계적으로 조성된 대한민국의 금융혁신에 반해, 혁신이라는 개념 그 자체는 매우 논리적·체계적으로 발전해왔다. 학술적 개념으로서 혁신은, 신규성이 내재되어 있는 상품·기술·시장·실행과정·아이디어 등의 재화·서비스를 총칭하는 것으로서, 이를 채택하려는 개인 및 단체에 의해 혁신성을 인정받아야 한다.

다만 대한민국이 맞이한 오늘날의 금융혁신이, 기술진보에 편승한 방법론적 혁신인 만큼([도해 1]), 기존 금융시장의 재화·서비스를 온라인 방식으로 거래하는 때의 불완전판매 쟁점은 반드시 짚고 넘어갈 필요가 있으며, 아직 해결되지 못한 기존의 불완전판매 또한 마찬가지다. 그러한 측면에서 본 논고는, 첫 번째, 핀테크 열풍과 함께 새롭게

---

* 이 논문은 「상사법연구」 제35권 제3호(2016)에 게재된 것임.
1) -, "2015년 금융위원회 업무계획", 「금융위원회 보도자료」-(금융위원회, 2015. 01. 30).
2) -, "KB지식비타민", 「-」(KB금융연구소, 2013. 11. 05).

등장한 온라인 금융상품 불완전판매 쟁점을 검토하고, 두 번째, 판매방식을 막론한 불완전판매의 구조적 원인과 사회적 원인을 분석하는 한편, 세 번째, 이를 해결하기 위한 구체적 입법론에 대해서 사전적·사후적 기준으로 양분하여 제시하기로 한다.[3]

II. 온라인 금융환경에 잠복한 미지의 불완전판매

[명제 1]
핀테크 열풍은 금융기술 혁신일 뿐, 금융상품 혁신을 통한 본질에 이르지 못했다.

본고는 'I'장에서 상기한 [명제 1]을 도출했다. 금융거래방식의 전환이 본질적 금융혁신이라 찬양키에는 역시 무리가 따른다.

1. 제도-전략 간 상호작용이 조성한 온라인 금융환경

그럼에도 우리정부는 기술혁신 일변도의 정책기조를 유지하고 있는 바, 외부적 경영환경 또한 이에 맞춰 빠르게 각색되어 온 것이 사실이다. 이러한 제도변화에 금융주력자는 어떠한 기업가 정신으로 대응하고 있는가? 이 둘 간의 상호작용을 가시화시키는 데, 본고는 SWOT 분석을 사용하기로 한다.

가. 온라인 금융환경 분석과 SWOT의 유효성

일단 SWOT분석을 본격적으로 실시하기 이전에, 금융위원회의 보도자료·금융주력자의 최신소식지를 1차적 준거로 하여, 금융주력자의 ①강점(Strengths; 영업점구축, 전산망구축, 높은 신뢰도)·②약점(Weaknesses; 인건비, 임대료, 시설유지비)·③기회(Opportunities; 금융기술혁신, 관련규제완화, 온라인소비자증가)·④위험(Threats; 신규경쟁업체, 온라인중개인, 금융사고위험)에 해당하는 공통변수를 각 3가지씩 도출했다. 이를 통해, 제도변화에 적응키 위한 금융주력자의 미래전략이, 온라인 금융상품 불완전판매와 어떠한 관

---

3) 그리고 상기한 세 가지 논의는, 제도주의자로서 저자가 가지는 문제의식 즉, 제도-기업 간의 상호작용 가능성, 인간이성의 제한된 합리성, '있는 법'의 정태성을 깨고 나올 '있어야 할 법(입법론 혹은 입법정책)'의 동태성이라는 세 가지 핵심전제에 기초하여 접근하기로 한다.

런이 있는지 도출해 보기로 한다.

나. SO(강점-기회) 활용전략

하나, 내부강점을 통해 외부환경의 기회를 활용·극대화시키는 SO 전략을 검토해 보기로 한다. 지금까지 금융주력자의 온라인 서비스가 시간·장소적 제약을 받았던 이유는, 금융위원회가 금융상품 판매를 위해 고객의 실제명의를 확인하는 데, 반드시 대면방식을 고수 하도록 유권해석을 해왔기 때문이다. 금융위원회는 2015년 12월 1일을 기점으로, 금융실명거래 및 비밀보장에 관한 법률 제3조 제1항의 유권해석을 변경하였고, 2016년 2월 22일부터 제2금융권·금융투자업에도 이 같은 유권해석을 확대했다.[4] 이에 금융주력자는, 전국에 분포된 영업점포와 단일 전산망이 구축된 오프라인 강점을, 시간(24시간)과 장소(온·오프라인)에 구애받지 않는 온라인 플랫폼을 통해 배가시키도록 해야 한다

다. WO(약점-기회) 탐구전략

둘, 외부환경의 기회를 모색하기 위해 내부적으로 우선 탐구·보완해야 할 WO 전략을 검토해 보기로 한다. 기업의 인적·물적 구조조정 및 사업재편관련 제도는 크게 기업활력 제고를 위한 특별법, 기업구조조정촉진법, 채무자회생 및 파산을 위한 법률로 삼분할 수 있다. 부실징후기업(C 신용등급)과 부실기업(D 신용등급)에 대한 기업구조개편을 의도한 기업구조조정촉진법·채무자회생 및 파산을 위한 법률과 달리, 기업 활력 제고를 위한 특별법은 산업 내 공급과잉분야에 한정하여(A, B신용등급) 선제적, 자율적 구조조정을 하는 경우 노동관련 법률 등 산재되어 있는 산업재편규제절차를 간소화하고, 세제혜택을 명문화하고 있다. 이에 금융주력자는, 금융기술혁신을 위한 정부지원 및 규제완화가 금융 산업의 시장참가자를 증대시킬 것이라는 수요예측하에, 전사적 관점에서 인건비·임대료·시설유지비를 최대한 감축[5]토록 해야 할 것이다.

---

4) -, "계좌개설시 실명확인 방식 합리화방안", 「금융위원회 보도자료」-(금융위원회, 2015. 05. 18), -, "제2금융권 금융회사에서도 비대면으로 계좌개설 가능", 「금융위원회 보도자료」-(금융위원회, 2016. 02. 18)

5) 특히 인터넷전문은행이 예비인가 이후 인가심사단계에 착수하면서, 시중은행들은 지점 통·폐합에 나서면서 상당규모의 구조조정이 예상되고 있다. KB 국민은행의 경우 2015년 말 16개의 점포를 줄였고, 우리은행은 49개 점포를 줄였다. 2016년 올 해에도, 우리은행은 추가로 40여개의 점포를, KEB 하나은행은 30개 점포를, 신한은행은 36개 점포를 줄일 예정이다. <-, "내년 시중은행들 영업점 100곳 이상 통폐합 추진", 「시사일보」-(한국언론공보사, 2015. 12. 27)(http://www.sisailbo.com/news/

라. ST(강점-위험) 대응전략

[도해 2. 은행업, 보험업, 금융투자업의 중요 금융규제]

금융업	규제내용
은행업	• 최저자본금; 1천억 원칙/지방은행 250억 원칙 • 영업범위 ; 은행업무+겸영업무+부수업무=제한 없음 • 건전성 ; 자본적정성+자산건전성+유동성+그 밖에 경영의 건전성 　(금융위원회의 은행업감독규정에 수용 된 바젤위원회 규제준수)
보험업	• 최저자본금 300억 원칙/일부 보험업취급 시 50억 원칙 • 영업범위 ; 보험업무(생명보험/손해보험 겸영불가)+겸영업무+부수업무 • 건전성 ; 자본적정성+자산건전성+그 밖에 경영의 건전성 　(금융위원회의 보험업감독규정에 따른 재무관련 규제준수)
금융투자업	• 최저자본금 하한 명시되지 않음 • 영업범위 ; 투자매매업/투자중개업/집합투자업/투자자문업/투자일임업/신탁업 　(금융위원회의 인가로 업무범위 일부/전부 선택가능) • 건전성 ; 자본적정성+자산건전성+유동성+그 밖에 경영의 건전성 　(금융위원회의 금융투자업규정에 따른 재무관련 규제준수)

셋, 내부강점을 활용하여 외부위협을 최소화하는 ST전략을 검토해 보기로 한다. 은행업, 보험업, 금융투자업에 종사하는 기존 금융기업은 은행법, 보험업법, 자본시장과 금융투자업에 관한 법률 및 관련 법규명령, 행정규칙에 따른 엄격한 금융규제를 부담해왔다([도해 2]). 반면 인터넷전문은행의 경우, 기존의 은산분리원칙을 허물고(비금융주력자의 주식보유한도를 4%에서 50%까지 끌어올린 바 있음.) 정보통신기술 관련기업 등 혁신성이 보장된 기업의 인터넷전문은행 진출을 활성화시키고 있으며, 기존 은행과 다름없는 업무범위를 구가하면서도 최저자본금이 500억으로 절반에 불과하다.[6] 이에 금융주력자는, 전통적 금융주력자라면 더더욱 감독당국의 엄격한 규제를 수용해 왔다는 점을 강조해야 할 것이다.[7]

---

articleView.html?idxno=20218)>

6) -, "인터넷전문은행이 도입됩니다. 보다 다양한 금융서비스를 손쉽고 저렴하게 이용하실 수 있습니다.", 「금융위원회 보도자료」-(금융위원회, 2015. 06. 18)

7) 우리보다 15년 이상 앞서 인터넷전문은행 설립을 허용한 일본의 경우, 2000년 9월 설립된 재팬네트뱅크(Japan Net Bank)를 필두로 세븐뱅크(Seven Bank), 소니뱅크(Sony Bank), 라쿠텐뱅크(Rakuten Bank) 등의 인터넷전문은행이 활약하고 있다. 외형적인 측면에서 일본 인터넷전문은행의 2015년 3월 말 총자산은 13.5조 엔으로 일본 전체 은행 총자산인 1017조 엔의 1.3%에 불과하며, 상대적으로 높은 이자율을 구가하는 예금상품의 경우도 1.6%에 불과하다. 노무라 종합연구소(Nomura Research Institute)의 조사에 따르면 응답자의 40%가 '높은 신뢰도' 때문에 인터넷전문은행보다는 제도권 금융사를 선택했다고 답했다. <천대중, "인터넷전문은행도입이 은행영업환경에 미치는 영향-일본 사례를 중심으로-", 「금융연수원웹진」-(한국금융연수원, 2015)>(http://webzine.kbi.or.kr/view.jsp?newsCode=NEW20151105172611437)>

마. WT(약점-위험) 회피전략

넷, 외부위협에 대응하기 위해, 중·장기적인 관점으로 내부약점을 보완하는 WT전략을 검토해 보기로 한다. 자본시장과 금융투자업에 관한 법률 제28조는, 계약직·임시직을 포함한 회사의 임직원들이 금융투자업 관련 직무를 수행할 때 법령준수 및 투자자보호를 충실히 할 수 있도록, 적절한 내부통제기준·절차를 정하도록 명령하고 있다. 이를 위해 금융투자협회와 같이 금융업계의 대표단체에서는, 표준내부통제기준을 만들어 회원사에 배포하고 있다. 이에 금융주력자는, 금융기술혁신을 중심으로 경영환경이 빠르게 변화한다는 점을 참고하여, 온라인 금융환경에 부합하는 자격을 보유한 지원자를 신규채용 해야 한다.

2. 온라인 금융서비스에 잠재된 소비자문제

이렇게 적은 금융주력자의 미래전략은, 이미 현실화되었거나, 머지않은 장래에 현실화될 것들이다. 온라인 채널을 주력으로 하는 신규 금융사들도, 100% 온라인 금융상품판매를 고집하지 않는 한 위에 적은 제도권 금융사들의 미래전략과 크게 다를 바 없는 경영판단을 할 것이고, 또 현실화할 것이다.

가. 금융상품 이해의 자율화

[도해 3. 키코[8]의 거래구조]

녹인구간(Knock In)	· (만기기준 1회라도)녹인환율(이상)인 경우[4 구간] · 은행의 콜옵션 효력발생 · 풋옵션 계약금액의 2~3배를 매도하여 기업의 손실
통화옵션 유효구간	· (만기기준)약정환율(초과)~녹인환율(미만)인 경우[3 구간] · 은행의 콜옵션, 기업의 풋옵션 모두 의미 없음 · 평상시처럼 기업은 시장환율로 외화를 매도가능(환헷지 불요)
	· (만기기준)녹아웃환율(초과)~약정환율(이하)인 경우[2 구간] · 기업의 풋옵션 효력발생 · 약정환율로 외화를 매도하여 기업의 환차익 발생(환헷지)
녹아웃구간(Knock Out)	· (만기기준 1회라도)녹아웃환율(이하)인 경우[1 구간] · 기업의 풋옵션 효력소멸 및 키코계약 해지 · 매우 낮은 시장환율로 외화를 매도해야 하므로 기업의 손실

---

8) 기존의 환헤지수단 이었던 선물환거래환율로도 이러한 상황이 반복되고, 또 2008년 이후 지속적인 환율하락이 예상되자, 높은 행사환율을 보장하는 상품에 대한 수요가 생겨났고, 단순한 통화옵션·선도거래에 녹인(Knock-In)·녹아웃(Knock-Out) 조

하지만 온라인 플랫폼이 중심이 된 금융주력자의 미래전략에는 치명적인 문제가 존재한다. 온라인 채널을 통해 금융상품을 구매한다고 했을 때, 소비자는 전적으로 자신의 지력을 통해 금융상품을 이해하게 된다는 것이다. 혹자는 이러한 문제점을 온라인 금융서비스 비즈니스 모델의 장점으로 다시 말해, 금융소비자가 능동적으로 금융상품을 취사선택할 수 있다는 식의 감언이설로 치장할 수도 있겠다.

나. 금융정보 수용의 난해성

하지만 키코 판결에서 볼 수 있듯이, 상인지위를 가진 경영조직 즉, 전문화된 집단지성의 의사결정에서도 금융상품의 본질 하나 꿰뚫기가 쉽지 않다. [도해 3]에서 보는 바와 같이, 통화옵션의 유효구간 중에서, 기업이 환차익을 보는 구간은 전체 네 구간 중 [2 구간] 단 하나뿐인데, 기업들은 [도해 4]의 환율하락 추세만을 신뢰한 채 2007년 4/4 분기의 환율변동 폭을 [2 구간]으로 설정하고, 환헤지를 넘은 환차익의 수단으로 키코를 장기계약하게 된 것이다. 상인지위를 전적으로 영위하고 있는 전문적 집단지성 사이에서도 투자경험과 능력이 상이할진대, 하물며 평균인의 관점에서 개인이 온라인 웹페이지만을 읽는 정도로, 해당 금융상품의 본질을 꿰뚫고 합리적인 의사결정을 하리라 기대하는 것은 어불성설이다.

건을 붙여 예외적인 상황에서 은행이 이익을 보거나 손해를 회피할 수 있게끔 한 대신, 환율변동이 극심하지 않은 평상시에는 기존의 선물환율 또는 시장환율보다 높은 행사환율을 수출기업에 보장하는 금융상품이 대두되게 되었다. 그것이 녹인, 녹아웃의 준말을 합성한 KIKO인 것이다.

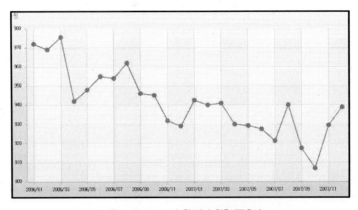

[도해 4. 2006~2007년 원/달러 환율변동추이]

상기한 내용은 서울중앙지방법원 2010. 2. 8. 선고 2008가합108359(본소),2009가합41859(반소) 판결의 본문을 알기 쉽게 재구성한 것이다. 더불어 도해 5는 한국은행 경제통계시스템(http://ecos.bok.or.kr/)을 통해 검색 값을 입력하여 출력한 자료이다.

다. 정보과부하에 따른 불완전한 의사결정

이에 더불어, 금융상품 이해의 자율화가 불완전한 의사결정을 촉진시킬 것이라는 본 논고의 주장과 일맥상통하는 타 분과의 실증연구도 존재한다. 소비자행동·행동경제학 분과에서는, 금융정보가 일종의 공공재로서 금융소비자의 정확한 의사결정을 도모하는 데 중요한 역할을 담당하고 있지만,[9] 이것이 금융소비자 스스로가 소화할 수 있는 정도를 넘어서는 경우 오히려 정반대의 효과를 불러일으킬 수도 있다고 지적 한다.[10] 인지심리학 분과에서는, 이러한 상태를 정보수용자의 지적과잉 즉, 정보과부하상태로 명명한 바 있는데, 개인의 인지역량을 초과하는 금융정보가 제공되는 때, 금융소비자는 핵심정보가 아닌 부수정보에 집중하게 되고[11] 필연적으로 불완전한 의사결정을 내리게 된다는 점을 지적 하고 있다.[12]

라. 온라인 불완전판매의 비유형적 확장

더 나아가 이러한 금융소비자의 불완전한 의사결정은, 불공정성·사기성·신의성실의 원칙 등을 통해, 계약 자체를 무효·취소·해제·해지시키려는 법률분쟁으로 옮아갈 것이 분명하다. 금융문맹이 소비자인 경우에는, 더더욱 그러할 것이다. 키코 판결은, 금융기관의 내부통제규정·절차에 의해 금융상품 관련 전문자격을 가진 자에게 적합성 원칙과 설명의무에 따라 금융상품을 판매토록 하는 대면거래에서 일어난 불완전판매(대표적으로 적합성원칙, 설명의무 위반)사건이다. 그러한 측면에서 웹페이지 하나만을 참고해서 금융상품을 거래하는 비대면 방식의 온라인 금융상품 판매는, 대면방식의 그것보다 더 예상치 못한 불완전판매 위험성을 잉태하고 있음이 분명하다. 웹페이지에서는 적합성 의무에 따라 금융소비자에게 최적화된 금융상품을 권고할 인력도, 최대한 설명하고 이해 여부를 확인하는 인력도 없을 것이기 때문이다.

---

9) Geraint Howells, "The Potential and Limits of Consumer Empowerment by Information", 「Journal of Law and Society」 32(3)(Cardiff University Law School, 2005), pp. 349~370.

10) David Stewart·Ingrid Martin, "Advertising Disclosures; Clear and Conspicuous or Understood and Used?", 「Journal of Public Policy and Marketing」23(2)(American Marketing Association, 2004), pp183~192.

11) Dan Ariely, "Controlling the Information Flow; Effects on Consumer's Decision Making and Preferences", 「Journal of Consumer Research」27(2)(Oxford University Press, 2000), pp.233~248.

12) John Lynch·Thomas Srull, "Memory and Attentional Factors in Consumer Choice; Concepts and Research Methods", 「Journal of Consumer Research」9(1), (University of Chicago Press, 1982), pp. 18~37.

Ⅲ. 금융상품 불완전판매의 근원적 고찰

[명제 2]
기술 중심의 정부정책기조와 금융주력자의 미래전략이 온라인 금융환경을 조성했다.

[명제 3]
금융상품 이해의 자율화가 강제되는 금융환경서 불완전판매는 더 확장될 것이다.

본 논고는 'Ⅱ'장에서, 상기한 [명제 2, 3]을 도출했다. 하지만 상기한 온라인 금융상품 불완전판매 쟁점은, 기존의 대면방식 불완전판매가 제도적으로 일소되지 않은 상황에서 설상가상으로 부각된 문제점이다. 그러한 측면에서 첫 번째로, 온라인 방식과 대면방식을 막론한 불완전판매의 구조적 원인이 무엇인지를 도출해내는 한편, 두 번째로, 불완전판매가 제도적으로 해결되지 못했던 사회적 원인이 과연 무엇이었는지 분석해볼 필요가 있다.

1. 금융상품 불완전판매의 구조적 원인

먼저, 금융상품 불완전판매의 구조적 원인을 살펴보자. 가장 기본적인 쌍무계약의 경우, 대립하는 법률행위 당사자가 각 1주체씩 등장하게 되고, 이들은 청약과 승낙 그리고 상충하는 이해에 따른 협상을 끝으로 계약을 체결하고, 계약은 의도한 시점과 방법으로 효과가 발휘 된다. 하지만 이와는 달리, 계약체결이라는 법률행위를 함에 있어, 지적·육체적·물리적 한계를 갖고 있는 계약당사자가 있을 때, 계약당사자 본인은 자신의 법률행위를 대신하게 될 행위자를 특정하여 자신의 한계를 뛰어넘을 수 있다.

가. 대리인 이론의 본인-행위자관계

이에는 특정한 법률행위를 대신하게 될 행위자와, 본인 간의 내부적 계약을 체결하거나 이에 준하는 내부적 법률관계가 설정됨으로써 구체화될 수 있는데, 행위자가 본인을 조력하기 위한 내부의 쌍무계약을 체결한 이후 혹은 이에 준하는 내부적 법률관계가 설정된 이후에는, 행위자가 본인을 철저히 조력하고 이것이 행위자에게 제도적·경제적 유인으로 작용하는 것이 보통이다. 이렇게 계약당사자 일방이, 행위자의 조력과 함께 하나의 법률행위를 완성하게 되는 것이, 일반적인 본인-행위자 관계이며, 우리 민법상 대리·사자·위임 등이 해당한다. 즉, 경제학 분과에서 표현하는 대리인 이론에서의 대리인은, 일반적으로 이러한 유형의 본인-행위자 관계를 이야기 하며, 반드시 영·미 계약법상 대리에 국한되지 않는다는 것이다.

나. 대리인 문제의 발생

다만 상기한 본인-행위자 관계가 지속가능한 상태로 유지되는 것은, 행위자가 본인을 철저히 조력하고 이것이 행위자에게 제도적·경제적 유인이 된다는 전제가 필수적이다. 하지만 이와 반대로, 본인에 대한 조력이 행위자에게 충분한 유익을 선사하지 못하는 경우, 대리인 이론에서 상정하는 대리인 문제가 발생하게 된다. 이때는 행위자가, 자신의 능력을 본인의 지적·육체적·물리적 한계를 뛰어넘도록 조력하는 것이 아니라, 도덕적 해이에 빠지게 되어 행위자 자신의 유익을 위한 행위를 하게 된다는 것이다. 이를 통해 행위자의 도덕적 해이를 염려하는 본인이, 자신의 역량을 초월하는 행위자를 사용하는 데 주저하는 바, 상대적으로 열위의 경쟁력을 가진 행위자를 선임하여 본인의 신뢰를 보장받고, 자신의 의사를 관철시키려고 하는 역선택의 문제도 발생하게 된다. 도덕적 해이와 역선택, 이것이 바로 대리인 이론의 핵심가정인 대리인 문제에 관한 설명이다.

다. 금융상품 매매계약과 대리인 이론의 유효성

금융상품 매매계약의 경우는 과연 어떠한가? 이때는 행위자가 본인을 위한 조력을 함에 있어, 내부계약이 아닌 법정된 의무를 통한 조력을 하게 되며, 이 행위자는 본인을 조력하는 자임과 동시에, 본인이 의도한 계약행위의 상대방이 된다. 특히 금융상품 매매계약의 경우, 금융주력자가 금융소비자보호를 위한 법정된 의무를 지키는 것이, 금융상품 판매실적을 촉진시키는 데 유익으로 작용하지 않을 개연성이 높으므로, 일반적인 본인-행위자관계와 달리 대리인문제의 발생가능성이 매우 크다고 할 것이다. 그러한 측면에서 금융소비자를 금융상품에 대한 정보의 한계가 있는 본인으로, 금융주력자를 금융상품 매매계약의 상대방이자 본인을 보호할 의무가 법정된 행위자로, 대리인문제의 발생을 불완전판매문제의 발생으로 치환시켜 분석해 볼 실익이 있다.

라. 대리인 이론 적용을 위한 전제조건

이를 구체화하기 위해, [도해 5]와 같이 본인과 행위자 의사에 따른 상호의존적 게임을 상정해 보자. 먼저 본인의 의사는, 본인이 금융상품을 구매하는 데 행위자의 법률행위 독립성·자율성을 존중하려는지 여부에 따라, 그렇다면 자율성으로, 아니라면 구속성으로 평가한다. 그리고 행위자의 의사는, 행위자가 자신의 전문지식을 활용하여 본인의 금융상품 구매결정에 주도적인 역할을 하려하는지 여부에 따라, 그렇다면 자율성으로, 아니라면 구속성으로 평가한다.

[도해 5. 대리인이론에 따른 상호의존적 게임모형][13)]

		본인의 선택	
		자율성	구속성
행위자의 선택	자율성	<경우의 수 1> ·본 인 : 자율성 추구 ·행위자 : 자율성 추구 <결과> ·잠재비용의 최소화 ·상호 자율적 관계형성	<경우의 수 2> ·본 인 : 구속성 추구 ·행위자 : 자율성 추구 <결과> ·행위자 : 기회주의적 행동 ·행위자 : 배신(정보비대칭) ·본 인 : 불만
	구속성	<경우의 수 3> ·본 인 : 자율성 추구 ·행위자 : 구속성 추구 <결과> ·행위자 : 기회주의적 행동	<경우의 수 4> ·본 인 : 구속성 추구 ·행위자 : 구속성 추구 <결과> ·잠재비용 극대화

·본인이 실제 부담하는 전체 거래비용; Tc	·행위자의 정형화된 서비스제공비용 ; Sc
·본인의 전체 부담비용 ; Pc	·행위자의 전체 부담비용 ; Ac
·필요최소한의 시장비용 ; Min Mc	·극대화된 시장비용 ; Max Mc
·필요최소한의 기여비용 ; Min Cc	·극대화된 기여비용 ; Max Cc

·본인부담비용의 변동분 ; △Mc
  (Pc에서 Min Mc를 뺀 값)
	·행위자부담비용의 변동분 ; △Cc
	  (Ac에서 Min Cc를 뺀 값)

더 나아가 본인이 실제로 부담하는 전체 거래비용(Tc)은, 본인이 적합한 행위자를 찾고 계약의 목적이 달성되기까지 지속적으로 감독·교섭하는 본인의 전체 부담비용(Pc)과, 행위자가 본인의 계약목적 달성을 위해 부담하는 전체비용(Ac)을 합한 것으로서, 이

---

13) 본 도해는 James Davis · David Schoorman · Lex Donaldson, "Toward a Stewardship Theory of Management", 「The Academy of Management Review」Vol. 22, No. 1 (Academy of Management, 1997), pp. 20-47의 [Figure 1]의 모델링을 참고하여, 우리의 법 현실에 맞춘 게임모형을 새로 수립한 것이다.

는(Tc) 본인이 행위자 없이 단독으로 목적달성을 하려할 때 극대화(Max Mc)되는 비용보다는 당연히 작아야 한다는 조건도 필수적이다.

[1] $Pc = Min\ Mc + \varDelta Mc,\ Ac = Min\ Cc + \varDelta Cc$

[2] $Tc = Pc + Ac$

[3] $Tc < Max\ Mc$

그리고 이하에서는, 가장 이상적인 경우와 가장 비현실적인 경우를 선결적으로 제거하고, 금융상품 매매계약의 현실을 묘사하기에 가장 적합한 경우를 집중적으로 분석하기로 한다.

마. 가장 이상적인 경우

하나, 본인과 행위자 모두가 선의지를 갖고, 자율적으로 서로에게 최선의 법률행위를 실행하는 경우를 살펴보기로 한다([경우의 수 1]). 이때 거래비용에서 본인의 전체 부담비용(Pc)은 필연적으로 극소화되어야 하고, 반대로 행위자의 전체 부담비용(Ac)은 극대화(Max Cc)되어야 한다. 만약 이것이(Ac) 행위자의 정형화된 서비스제공비용(Sc) 초과할 때, 행위자는 계약을 체결하지 않으려 할 것이다.

[4] 만약, $Pc \fallingdotseq 0$라면 즉, $Min\ Mc \fallingdotseq 0$임과 동시에 $\varDelta Mc \fallingdotseq 0$라고 했을 때,

[5] $Ac = Min\ Cc + \varDelta Cc$임과 동시에, $Ac = Max\ Cc$다.

[6] 그리고 $Max\ Cc$가 $\le Sc$여야 한다.

바. 가장 비현실적인 경우

둘, 본인과 행위자 모두가 오로지 자신들의 이익에만 몰두하는 경우를 살펴보기로 한다([경우의 수 4]). 이러한 경우는, 본인이 행위자의 의사결정의 전반을 좌우하려 함과 동시에, 행위자는 본인의 불안·강박을 이용하여 법률행위에 그 어떠한 합리적인 기여 없이 수동적의 역할에 안주하는 경우이다. 이렇게 본인에 대한 기여 없음에도, 행위자가 정형화된 서비스제공비용(Sc)을 청구하는 경우, 본인의 전체 부담비용(Pc)은 극대화(Max

Pc)되며, 본인 외 행위자의 필요성 자체가 부정된다.

[7] 만약, Ac ≒ 0라면 즉, Min Ac ≒ 0임과 동시에 △Ac ≒ 0라고 했을 때,
(또 그럼에도 불구하고 행위자가 Sc를 본인에게 부과하고 있다면,)

[8] Pc = Min Mc + △Mc임과 동시에, Pc = Max Mc다.

[9] 그렇다면 이는 [3]의 전제(Tc < Max Mc)와 배치되는 것이다.

사. 현실적인 경우

그러므로 현실에서는 본인과 행위자가 각자 최선의 이익을 추구한다는 전제에 따르더라도, 본인은 행위자의 모색단계에서부터 계약의 목적이 실현되기까지 행위자를 지속적으로 감독·교섭해야 하며(Min Mc), 대리인 또한 본인한계로 말미암은 정보비대칭 상태를 일정부분 해소하고 합리적인 법률행위를 이끌어내기 위한 노력이 필요하다(Min Cc).

[10] Min Mc ≠ 0

[11] Min Cc ≠ 0

결국 현실에서 본인은 필요최소한의 행위비용 대비 가능최대한의 효율적 법률행위를, 동시에 행위자는 필요최소한의 기여비용 대비 가능최대한의 대리인비용을 추구하기 위해 노력할 것이며, [경우의 수 2] 혹은 [경우의 수 3]과 같이 본인과 행위자의 균형 없는 줄다리를 통해 법률행위의 전체 거래비용 중 본인·행위자 이익·부담비용이 변동하게 될 것이다.

[12] 본인은 △Mc ≒ 0을 추구할 것이고,

[13] 행위자는 △Cc ≒ 0을 추구할 것이며,

[14] △Mc = △Cc일 수 있지만, △Mc와 △Cc가 동시에 0이 될 수는 없다.

[15] $0 \leq \triangle Mc \leq Tc - (Min\ Mc + Min\ Cc)$

[16] $0 \leq \triangle Cc \leq Tc - (Min\ Mc + Min\ Cc)$

아. 대면거래를 통한 기존의 금융상품 판매

셋, 본인은 대리인에 구속력을 가하려는 한편, 대리인은 자율성을 추구하고자 하는 [경우의 수 2]를 살펴보기로 한다. 이는 본인과 본인의 법률행위를 조력하는 행위자 사이에서 대리인 문제가 촉발되는 가장 일반적인 상황이라 하겠다. 다시 말해, 본인은 법률행위를 자신의 의사에 갈음토록 하기 위해 행위자를 구속하려 하고, 행위자는 전문성을 가진 자로서 자율성을 추구하려 한다는 것이다. 특히 일반적인 대면방식을 통한 금융상품 매매계약에 있어 본인과 금융주력자와의 관계가 바로 이러하다.

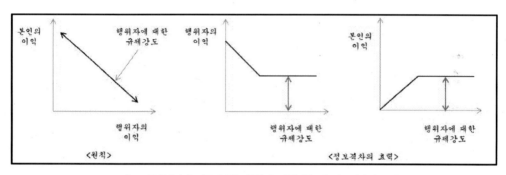

[도해 6. 규제강도에 따른 본인·행위자 이익변화 및 정보격차의 효력]

하지만 문제는, 본인과 행위자 간의 동등한 정보역량을 담보하지 못한다는 데 있다. 즉, 본인과 행위자 간의 정보불균형이 내재되어 있다는 것이다. 다시 말해, 본인과 행위자가 서로 동등한 정보역량을 갖고 있다면, [도해 6]의 <원칙>과 같이 본인의 행위자에 대한 규제강도에 따라 본인의 이익과 행위자의 이익은 서로 반비례하는 양상을 띠게 될 것인데, 실제는 [도해 6]의 <정보격차의 효력>과 같이 본인이 행위자의 정보역량에 항상 열위에 선다는 것이다. 그리고 행위자에 대한 본인의 규제강도가 지속적으로 높아진다 하더라도, 규제강도에 따른 행위자의 이익과 본인의 이익은, 행위자가 가진 전문성의 시장가치(Sc)에 도달한 순간 균형 상태에 이르게 된다.

즉, 비전문가인 본인이 제 아무리 행위자의 의사결정을 통제하려 한들, 행위자가 갖춘 표준적인 전문성 이상은 절대로 통제할 수 없다는 것이다. 그러므로 행위자가 정보역량의 격차를 적법하게 해소하려는 의지가 없는 경우, 본인의 무지를 빙자한 행위자의 도덕적 해이가 발생하고, 이로 인한 본인의 다양한 역선택이 일어날 수 있을 것이다. 기존의 대면방식 금융상품 매매계약이 그러하지 않은가? 본인은 자신의 자산상태에 합리적인 금융상품을 구매하려 하고, 금융주력자는 전문가로서 금융기업에 가장 이익이 되는 금융상품을 판매하려 할 것인데, 그럼에도 불구하고 금융주력자는 일종의 행위자로서 금융소비자인 본인을 보호해야 하는 법정의무를 준수해야 한다. 만약 이 법정의무를 통해 본인과 금융주력자 간의 정보격차가 적법하게 해소되지 않으면 즉, 금융주력자가 도덕적 해이에 빠진다면 곧 금융상품의 불완전판매 문제가 발생하는 것이다. 이 때문에 금융소비자는, 차후 아무리 본인에게 유익한 금융상품을 금융주력자가 판매한다 하더라도, 이를 신뢰치 않고 오히려 차선 혹은 차악의 금융상품을 구매하는 역선택을 하게 될 것이다.

자. 온라인 금융상품 판매

넷, 이제는 반대로 본인이 행위자에게 높은 자율성을 수여하기 원하지만, 행위자는 본인의 의사에 철저히 구속받으려는 경우이다([경우의 수 3]). 이것이 최근의 온라인 금융상품 판매에서 나타나는 제도적 양상이다. 즉, 상품정보를 웹 사이트에 집적시켜놓고 고객의 방문·검색을 통해 금융상품을 판매하는, 비대면 인바운드 방식의 온라인 비즈니스모델을 채택하고 있는 경우를 말하는 것이다.

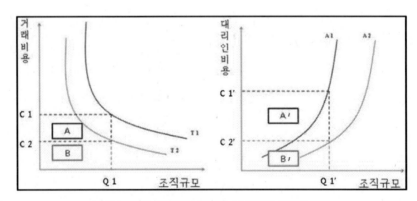

[도해 7. 조직규모 대비 거래비용 및 대리인 비용의 변화]

과거에는 정보통신기술의 발달을 통해 불완전판매가 상당부분 해결되지 않을까 하는 기대감이 조성되었던 것도 사실이다. 정보통신기술이 행위자 즉, [도해 7]의 <T1-T2>와 같이 금융주력자에게 더 큰 조직규모를 가지고도 훨씬 적은 거래비용을 구가할 수 있도록 해주었고, [도해 7]의 <A1-A2>와 같이 대리인 비용 또한 훨씬 작아질 수 있도록 만들어 주었기 때문이다. 이는 동일한 조직규모 대비 거래비용·대리인비용의 변화가, 각 'A+B/A'+B''에서 'B/B''로 줄어든 [도해 8]을 보면, 더욱 명확히 알 수 있다. 이러한 비용감소의 몫을, 행위자가 본인과의 정보격차를 줄이는 데 합리적으로 이용해줄 것이라는 희망을 가졌던 것이다.

하지만 현실은 정반대다. 이러한 기술적 진보에도 불구하고, 금융주력자는 온라인 몰에 금융상품 관련 정보를 모두 모아놓고 본인의 선택에만 구속되려는 한편, 본인은 정보의 홍수 앞에서 합리적인 의사결정을 하기가 매우 어려워진 것이다. 분설하자면, 금융주력자는 웹 사이트에 공개한 정보를 빌미로 법정된 행위자로서의 금융소비자 보호 의무를 면피하려는 도덕적 해이가 발생한 것이며, 본인은 온라인 금융방식이 훨씬 편리함에도 불구하고 오프라인 지점을 찾아 금융상품을 상담 받는 역선택을 하게 되는 것이다.

2. 금융상품 불완전판매의 사회적 원인

그러므로 우리나라에서도 대면방식·온라인방식을 막론하고, 금융상품 불완전판매라는 사회문제를 해결하기 위한 통합법이 반드시 필요했다.

가. 금융소비자보호법제의 시대적 배경

그리고 금융소비자보호법제에 대한 입법정책학적 관심은 대한민국만의 전유물은 아니었던 바, 지금으로부터 약 5년 전인 2011년 10월 G20 중앙은행장·금융규제수장들의 회의를 통해, 통일성·체계성이 확보된 금융소비자보호법제 수립을 위한 논의가 전 지구적으로 확산되었다. 이 회의에서는 G20 금융소비자 보호를 위한 거시적 원칙(G20 High-Level Principles on Financial Consumer Protection; G20원칙)을 채택한 바 있는데, 이는 일종의 모델법이자 연성규범으로서 G20 회원국이 각 금융소비자 보호를 위한 내국법을 제·개정할 때 이를 참고하도록 권고하고 있다.[14]

금융위원회는 본 G20원칙을 토대로 2012년 5월 금융소비자보호법(안)을 작성하여, 같은 해 7월 이를 국회에 제출했다. 그로부터 채 1년여가 지난 2013년 8월, 동양증권이 구

---

14) -, "G20 High-Level Principles on Financial Consumer Protection", 「」-(OECD, 2011)

조조정에 실패한 이후 9월까지 발행한 기업어음과 회사채가 금융소비자 일반에 대한 사기발행으로 법적평가를 받으면서 본 법(안)의 정당성·적시성은 극에 달했다. 하지만 본 법(안)은 제19대 국회에서 폐기된 이후, 현재까지 입법론의 틀을 벗어나지 못하고 있다. 그러므로 이하에서는 금융소비자보호를 위한 법(안)이 왜 현실화되지 못하고 있는지를 정리하고, 본 논고에서는 이를 금융상품 불완전판매의 사회적 원인으로 일별하기로 한다.

나. 통합법제 형식에 대한 논쟁

사회적 원인의 첫 번째로, 금융소비자보호와 관련한 제도를 단일한 통합법규로 제정할 것인지에 대한 논쟁이 존재했다.[15] 특히 통합법제에 해당하는 금융소비자보호법(안) 제정에 반대하는 견해는 이하와 같은 논거를 제시할 수 있다.

[도해 8. 금융소비자보호 관련 금융권역별 법규 현황][16]

	은행법	자본시장과 금융투자에 관한 법률	보험업법
약관	제52조	제56조	제128조의 4
설명의무	-	제47조	제95조의 2
적합성원칙	-	제46조	제95조의 3
적정성원칙	-	제46조의 2	제95조의 4
권유 및 모집행위	-	제49조 제50조	제97조
광고	-	제57조	제95조의 4
손해배상책임	-	제48조	-
고객정보보호	-	-	제176조 제177조 제189조

(a) 논거 하나, 은행업법상 상업은행이 금융투자·보험상품을 판매하는 때, 전자의 경우 겸영금융투자업자(자본시장과 금융투자업에 관한 법률 제8조 제9항 제1호)로 후자의 경우 금융기관보험대리점(보험업법 제91조 제1항 제1호)으로 규율하는 것과 같이, 준용

---

15) 공식적인 논고를 통해 금융소비자보호를 위한 통합법제에 찬반양론을 펼친 경우는 없었으나, <연태훈(총괄연구), "금융소비자보호제도 현황과 개선방안", 「-」-(한국개발연구원, 2010)>의 기술을 토대로, 당시의 통합법제 관련 논쟁과 그 근거를 추론할 수 있었다.

16) 본 도해는 (작성당시)보험연구원 정책연구실장이었던 오영수 선임연구위원이 작성한 <오영수, "금융소비자 보호체계 재구축의 방향과 과제", 「-」-(보험연구원, 2010) 6면> 도해 중, 금융소비자보호법률(안)의 입법정책론과 관련 있는 부분만을 재편집한 것이다.

규정을 통해 금융소비자 보호 의무에 규제공백 자체가 발생하지 않는다는 것이다.

(b) 논거 둘, 은행업·금융투자업·보험업이 영위하는 각 주요업무·취급상품에 본질적인 차이가 있고, 겸영업무에 비해 주요업무가 차지하는 비중이 압도적이므로, 기능주의적 통합입법보다는, 영업행위의 특성을 살린 현재의 상태가 훨씬 적합하다는 것이다.

하지만 상기한 업종별 영업행위규제는, 이하의 근거에 따른 비판이 가능하다.

(a) 근거 하나, 은행업·금융투자업·보험업을 근거로 금융주력자의 미시적 건전성을 감독하는 규제기관에게, 이해상충 가능성이 농후한 금융소비자보호업무를 동일한 법규를 근거로 겸직하게 만든다는 점에서 매우 불합리하다는 것이다. 즉, 금융소비자의 입장에서 건전성감독과 금융소비자보호업무를 겸직하는 금융당국의 조치를 신뢰키 어렵다는 것이다.

(b) 근거 둘, 금융소비자보호를 위한 규제공백·규제편차의 문제는, 단순히 겸영금융투자업자나 금융기관보험대리점 따위의 겸영업무 (준용)규정만으로 모두 해결되지 않으며, 은행이 은행관련 금융상품을 취급하는 경우에는 여전히 금융소비자 보호의무·손해배상·고객정보보호관련 규제 전체가 공백상태이고, 금융투자업자가 금융투자상품을 취급하는 경우에는 고객정보보호가, 보험업자가 보험상품을 취급하는 경우에는 손해배상책임이 마찬가지의 공백상태를 나타낸다는 것이다. ([도해 8])

(c) 근거 셋, 금융기관의 특성을 존중하여 별도의 영업행위규제를 취한다고 하여, 금융소비자보호를 위한 규정의 해석·적용이 달라질 수 있는 위험을 감수해서는 안 된다는 것이다. [도해 8]에서 보다시피, 은행법·자본시장과 금융투자업에 관한 법률·보험업법은 금융소비자보호의무·손해배상책임·고객정보보호에 대한 별도의 규정을 갖고 있으며, 표제어와 규율목적이 동일하다 하더라도 개별 조항 간 문구도 상당한 차이가 존재한다. 이는 미묘한 문구·자구의 차이로 인한 해석·적용의 차이를 낳을 수 있다는 것을 의미한다.

그러므로 현행 금융산업에 따른 개별규제의 세 가지 문제 즉, 이해상충, 규제공백·편차, 해석·적용의 차이라는 문제를 해결하기 위해서라도, 금융소비자보호라는 동일한 목적을 공유하는 통합법제가 반드시 필요하다. 더 나아가 이렇게 통합 법제를 추진하는 것이, 자본시장과 금융투자업에 관한 법률의 제정 이후 기능주의적 제도개편을 지속해온 우리 입법정책의 방향과도 합치하는 것이며, 통합적 금융소비자 체계 내에서 온라인·오프라인 금융상품 판매방식에 모두 적용되는 규정을 원칙으로, 온라인에만 적용되는 것을 보칙 혹은 예외규정으로 편제하는 것이 입법자·수범자 모두에게 체계적이고 또 합리적이라고 평가할 수 있을 것이다.

다. 입법부에서의 논쟁

[도해 9. 금융소비자보호법 제정안 비교][17]

제1장 총 칙	법 목적/ 금융소비자의 개념 금융상품 및 금융상품판매업자의 분류와 정의
제2장 금융소비자보호의 일반원칙	금융소비자보호의 일반원칙 신의성실 의무/ 판매업자의 임·직원 관리 의무 금융소비자의 금융상품 계약 해지권/ 판매업자의 손해배상책임 등
제3장 금융상품판매업자의 영업행위 규제	① 공동 영업행위 규칙 　적합성 원칙/ 설명의무/ 구속성 계약체결 금지 　불건전 영업행위 금지/ 부당광고 금지 등 ② 판매업자별 영업행위 규칙 　대리·중개·자문업자별 영업행위 규칙 규율
제4장 판매업자의 인·허가	금융상품 판매업자의 인가·등록 규제체계 미 인·허가 판매업자의 영업행위 금지
제5장 분쟁조정	사후적 권리구제 수단으로서 분쟁조정 제도 등
제6장 금융소비자보호 조직 및 지원	금융소비자 보호기능 강화 방안 금융소비자 교육·홍보 등 자율규제기관에 대한 지원근거 등
제7장 감독·검사·제재	판매업자에 대한 일반적 검사·감독·제재권
금융위원회의 제정안과 비교 (2012년 5월)	제3장의 경우 [도해 10]의 6대 불완전판매로 입법내용아 바뀜 과태료(1천만원~1억)가 아님 과징금부과(당해매매수익의 30%이내) 금융회사·대리·중개업자의 부진정연대책임 성립(사용자책임) 금융상품자문업/대출모집인 신설

　사회적 원인의 두 번째로, 각 정당의 이념에 따라 금융소비자를 보호하고자 하는 입법적 대안이 상이했다는 측면에서 논쟁이 존재했다. 실제로 당시 여당(새누리당)은 시장자율성의 관점에서 불완전판매 근절 및 금융교육 강화를, 더불어민주당은 금융시장의 정의의 관점에서 소액 금융소비자를 위한 분쟁해결기구 설치를, 국민의당은 금융시장의

---

17) 본 도해는 <연태훈, "금융소비자보호법 제정의 필요성과 개요", 「금융소비자보호 강화를 위한 기본방향 토론회 자료」-(서울대학교 금융법센터, 2010) 11면>의 도해와 2012년 5월 금융위원회에 의해 작성된 앞의 보고서의 내용을 비교·대조한 것이다.

형평의 관점에서 증권사의 원금보장형 금융상품의 경우 예금자보호법에 준하는 금융소비자보호를 주장했다.[18] 하지만 이러한 논의는 본 법률안이 2012년 7월 국회에 제출된 이후, 2014년 12월 법안소위 및 2015년 4월 정무위원회에서 다양한 의견조율을 거친 가운데 모두 제기되었던 쟁점으로서, 2012년 5월 금융위원회의 제정안에도 망라되어 있는 것들이다. 다시 말해, 입법부는 [도해 9]의 내용을 약 4년간 반복하고 있었던 것이다. 즉, 입법부의 논쟁은 일종의 정파적 갈등으로서, 금융소비자보호를 위한 공통의 입법목적이 존중받지 못한 채, 주객이 전도된 양상을 보였다고 평가할 수 있을 것이다.

라. 행정부에서의 논쟁

사회적 원인의 세 번째로, 금융위원회가 마련한 법(안)이, 법(안)의 목적 그대로 금융소비자보호에 충실한지에 대한 논쟁이 존재했다.

(1) 증명책임 전환의 문제

행정부에서의 논쟁 하나, 금융위원회의 금융소비자보호법(안)에서는, 금융소비자보호의 중핵이라 할 수 있는 금융상품 피해 증명책임 전환에 대한 구체적 적시가 전무했다. 이를 뒤집어 말하면, 우리 민법 제750조의 그것과 같이 피해자 즉, 금융상품 소비자가 손해를 증명토록 하는 것이 합리적이라는 의미로 해석될 수 있다. 즉, 민법 제750조에 적시된 바와 같이, ① 가해자의 고의·과실, ② 가해자의 책임능력, ③ 가해행위의 위법성, ④ 가해행위에 의한 손해발생이라는 요건사실을 모두 피해자인 금융소비자가 증명해야 한다는 것이다. 이는 금융의 비전문가인 금융소비자의 입장에서, 상당히 무거운 증명책임을 지는 것이라 판단된다. 하지만 이러한 행정부의 입장은 말 그대로 자기모순(自己矛盾)이다. 불완전판매의 근본적 원인은 소비자 본인의 지적·육체적·물리적 한계에서 비롯한 행위자와의 정보격차 때문이다. 이를 해소하기 위해 금융소비자보호법(안)이 논의된 것 아니었던가? 정보비대칭의 열위에 선 금융소비자를 보호하자면서, 왜 사실인정 과정의 최대 난제인 증명책임을 유독 금융소비자에게 지우려 하는 것인가? 이러한 측

---

18) <-, "금융소비자보호, 여 불완전판매 집중 야 분쟁조정기구", 「the 300」-(the 300, 2016. 04. 29)>에는, 여당(새누리당)과 야당(더불어민주당, 국민의당) 모두 2016년 4.13 총선공약으로 금융소비자보호법 제정을 거론한 바 있으며, 20대 국회 때 제정된다 하더라도 현재의 논의 수준이 19대의 그것과 동일하다는 의미에서 '재탕'이라는 표현을 사용하고 있다. (http://m.the300.mt.co.kr/view.html?no=2016042814387652717)

면에서 본 법(안)의 진정성이 매우 의심된다고 평가할 수 있을 것이다.

(2) 인터넷전문은행의 지점설립 문제

행정부에서의 논쟁 둘, 금융위원회의 금융소비자보호법(안)에서는, 인터넷전문은행이 오프라인 지점을 설립하는 문제에 대해서 함구하고 있었다. 이를 바꿔 말하면, 인터넷전문은행이 기존의 금융기관보다 낮은 규제를 받아 진입한 이후, 기존의 금융주력자만큼 오프라인 지점을 무한으로 확장할 개연성을 열어둔 것이라 하겠다. 물론 금융위원회는 예비심사에서 인터넷전문은행의 업무범위를 특정했고, 그 내용은 인터넷전문은행이 오프라인 영업점을 원천적으로 두지 못하도록 한다는 것이었으므로, 이를 토대로 상기한 언급을 비판할 수도 있겠다. 하지만 이 또한 정답은 아닌 듯하다. 즉, 체계적 위험을 피하기 위해 인터넷전문은행의 경우 지점영업을 원천봉쇄하겠다고 한다면, 온라인 웹 페이지만으로는 합리적인 의사결정이 어렵다고 스스로 판단한 금융소비자는 어디서 어떠한 금융서비스를 받아야 하겠는가? 그대로 온라인 방식을 통해 거래하면서 불완전판매로 인한 위험성을 금융소비자가 오롯이 떠안아야 하는 것인가? 본 법(안)은 금융소비자의 보호와 체계적 위험의 방지 간의 균형점이 무엇인지에 대한 고민이 부족했다고 평가할 수 있을 것이다.

(3) 금융소비자보호원 신설 문제

행정부에서의 논쟁 셋, 금융소비자의 사후적 분쟁해결을 도모하기 위한 기관인 (가칭) 금융소비자보호원이 실질적으로 금융감독원 산하의 조직체계를 갖고 있었다. [도해 9]에서 제시한 2012년 5월 금융위원회가 작성(7월 국회제출)한 금융소비자 보호에 관한 법률 제정안 주요내용을 보면, 금융감독원 내에 금융소비자보호원을 설치하되 준 독립기구화 한다고 적고 있다. 얼핏 보면 독립성을 보장해준다는 것 같지만, 금융소비자보호원의 장을 금융감독원장이 제청토록 하고 금융위원회가 임명토록 하는 등, 조직의 상하관계를 분명히 하고 있다는 것을 알 수 있다. 더 나아가 일반인사, 예산 등에 대해서도 금융감독원과 협의하여 편성하고 금융위원회가 승인토록 하고 있다. 심지어, 금융소비자보호원의 핵심 업무라 할 수 있는 금융 분쟁 해결을 위한 권한도, 건의권 형태로(사실조사 건의권, 조치 건의권) 특정하여, 전속적 업무에 대한 업무독립성이 실질적으로 확보되어 있지 않다. 이를 잘 아는 금융위원회가, 건전성 감독·규제의 선봉에 서있는 금융감독원 산하에, 이해관계의 충돌이 자명한 금융소비자보호원을 설립하려는 이유는 무엇인가? 이는 대한민국의 금융당국이, 금융소비자보호보다 조직적 이해타산을 중시한다는 평가를 할 수 있을 것이다.

(4) 온라인 금융슈퍼마켓 도입 문제

행정부에서의 논쟁 넷, 금융소비자의 정보역량을 강화시켜줄 온라인 금융슈퍼마켓 도입에 있어, 유형을 불문하고 법률 제정이 없는 한 불법이라는 의견을 제시했다.[19] 그런데 반드시 그러한 것인가? 금융위원회에서 금지되었다고 간주한 금융상품 슈퍼마켓은, 당해 온라인 마켓에서 구매까지 대행하는 유형을 지칭하는 것이고, 이것이 상용화되려면 단순히 금융상품 판매의 중개·대리를 위한 법적장치 외에도, 독립된 금융상품 자문업이 제도적으로 뒷받침 되어있어야 한다는 것이 금융위원회의 설명이다. 물론 이것에 한정해서는 맞는 말이다. 하지만 금융소비자가 금융주력자와의 정보격차를 줄이는 데에는, 금융상품을 비교·대조하는 정도만으로도 충분한 효용을 얻을 수 있는 것이 사실이다. 다시 말해 현행법규 상으로도, 금융상품 정보공시·비교를 위한 온라인 플랫폼의 상용화는 언제나 가능한 상황이었던 것이다. 그럼에도 불구하고 금융위원회가 금융상품 슈퍼마켓에 대한 유형분류도 없이, 언론의 기대감을 묵살해버린 것은 매우 당황스러운 일이다. 이에 대해, 금융위원회가 혁신을 가로막았다는 평가도 충분히 가능할 것이다.

마. 사법부에서의 논쟁

사회적 원인의 네 번째로, 사법부가 대한민국 국민을 보호하는 것마저도, 계도적 관점에서 정책적 판단을 한다는 논쟁이 존재했다. 실제로 우리 법원은, 보이스피싱·파밍·스미싱과 같은 금융 사기피해 판결에서도, 금융사기에 대한 대국민 캠페인이 수년간 이뤄졌다면, 국민적 경각심 또한 당연히 높아져야 한다는 계도적 당위론으로, 금융사기 피해자들의 중과실을 간단히 추단해 버리는 판시를 내린 바 있다.[20]

---

19) 본 문제는, 한국경제(가판, A5면)가 2015년 11월 25일자 기사인 「모든 금융상품 파는 온라인마트 생기나」 기사에서, 우리 금융당국이 온라인 금융상품 슈퍼마켓을 만드는 방안을 검토하고 있다는 내용을 게재한 것이 발단이었다. 결국 금융위원회는 보도가 나간 당일 한국경제보도에 대한 해명을 하였으며, 그 내용은 온라인 금융상품 슈퍼마켓 도입이 현행법령에서 허용될 수 없는 것이며, 검토 중이라는 것만 사실에 부합한다는 것이다.

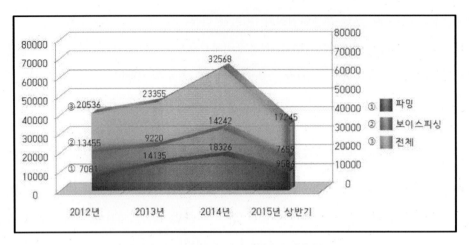

[도해 10. 보이스피싱, 파밍 금융사기 피해건수][21]

　　이를 통해 우리 법원은, 대국민 홍보와 국민계도가 반드시 비례관계에 있어야 한다는 점을 암묵적으로 전제하는 인상을 준다. 다시 말해, 대국민 캠페인을 진행하고 상당한 시간이 흘렀다면, 당연히 국민들은 이에 귀 기울여야 하고, 국민 개개인이 계몽을 위해 스스로 노력해야 함이 당연하다는 전제하에, 대국민 홍보의 목적과 정비례하는 결과가 예측된다는 것이다. 하지만 [도해 10]에서 보는 바와 같이, 대국민 홍보와 국민계도는 비례관계에 있지 않으며, 날로 진화하는 사기수법에 의해 피해건수 및 액수도 지속적으로 증가하고 있는 상황이다. 이러한 실증적 자료가 존재함에도, 법원이 대국민 홍보와 국민계도가 비례관계에 있다는 판시를 한 것은, 법관의 자유심증주의조차도 기스를 수 없는 자연과학적·사회과학적 진실 즉, 경험칙마저 법원이 적극 부인한 것이라 하겠다. 더 나아가 대한민국 법원이 정책법원을 지향하면서 정책적 판단을 일삼는 것이,[22] 권력분립

---

20) ①파밍사기가 빈번하게 발생하고 2012. 6. 이후 언론기관의 보도와 금융당국, 수사기관의 파밍사기 경보 등으로 파밍사기에 대한 경각심이 높아진 상황이었던 점, ②피고 은행들은 이 사건 사고 이전부터 자신들의 홈페이지에 이용자가 거래정보 및 접근매체 관리에 각별한 주의를 기울여야 하고 특히 비밀번호와 보안카드 번호 전체를 입력하면 안 된다고 자주 홍보하였고, 인터넷 뱅킹 등을 위해 피고들의 홈페이지를 접속한 원고들은 이러한 홍보내용을 쉽게 접하였으며, 이와 별도로 피고 신한은행, 국민은행, 중소기업은행은 관련 원고들에게 이메일이나 문자메시지를 보내어 위와 같은 취지를 알린 점, (중략) ④ 원고들의 나이나 사회경험, 인터넷 뱅킹 이용 경력이나 그 빈도를 고려할 때 원고들은 보안카드 번호 전체를 입력하는 것은 매우 이례적인 일이고, 통상의 거래에서 금융기관이 보안카드 번호 전체를 요구하지 않는다는 사정을 충분히 인식하고 있었던 것으로 볼 수 있는 점, (중략) 결국 원고들의 위와 같은 금융거래정보 노출 또는 방치행위는 구 전자금융거래법 제9조 제2항, 제3항, 같은 법 시행령 제8조 제2호, 피고 은행들의 전자금융거래 기본약관 제20조가 정하는 금융사고의 발생에 이용자의 '중대한 과실'이 있는 경우에 해당하므로, 피고들은 이 사건 사고로 발생한 책임을 면한다(2015. 9. 5. 선고 서울고등법원 2015나2011609 등).

21) 본 도해는 <-, "올 상반기 1124억 원 보이스피싱·파밍에 털렸다-작년 전체 피해금액의 절반 넘어", 「뉴스토마토」-(뉴스토마토통신, 2015. 09. 07)>에서 인용한 국회 통계자료를 연도별 총 피해건수로 도해화 시킨 것이다(http://www.newstomato.com/ReadNews.aspx?no=582703).

22) 법원조직이 일컫는 정책법원에 대한 명확한 정의는 찾을 수 없으나, 사회적 합의 및 공감대가 부족하지만 당해사건이 상당한 사회적 함의를 가지는 경우, 이에 대한 가치판단을 단행하고 기준을 제시한다는 것으로 이해할 수 있다. 오래된 통계지만, 법관의 압도적 다수(Super-Majority)인 81.5%가 대법원의 정책법원기능을 강화해야 한다는 설문도 존재한다<정성윤,

의 한계라는 측면에서 마냥 옳다고만 볼 수도 없을 것이다.

Ⅳ. 핀테크 시대, 금융소비자보호를 위한 대한민국의 미래법

[명제 4]
불완전판매의 구조적 원인은 대리인 문제의 발현 때문이다.

[명제 5]
불완전판매의 사회적 원인은 금융소비자보호 관련 담론의 충돌 때문이다.

본 논고는 'Ⅲ'장에서, 상기한 [명제 4, 5]를 도출했다. 이에 본 논고는, 금융상품 불완전판매를 제도적으로 일소하기 위해, 금융상품 출시시점을 기준으로 사전적·사후적 대안을 각 제시하기로 한다.

1. 사전적 대안

이에 첫 번째로, 금융상품 불완전판매를 사전적으로 제어하기 위한 금융상품테스트베드 도입을 논의하기로 한다. 그리고 이를 위해, 금융상품테스트베드의 제도적 원류인 영국의 Regulatory Sandbox에 대한 제도적 개관을 선행한다. 이에 대한 내용은 영국 금융당국이 2015년 11월에 작성한 공식보고서인 '-, 'Regulatory Sandbox', 「-」-(FCA, 2015. 11)'를 참고하여 기술할 것이다.

가. 영국의 Regulatory Sandbox

영국 금융당국(Financial Conduct Authority; FCA)이 Regulatory Sandbox를 도입한 것은 2016년 5월 9일로 매우 최근의 일이다. Regulatory Sandbox는 출시예정인 금융상품을 가상의 금융시장에서 미리 운용해보는 일종의 테스트베드다. 그런데 중요한 것은, Regulatory Sandbox가 금융상품의 혁신성뿐만 아니라, 금융상품의 안전성을 동시에 검증하기 위해 만들어졌다는 점이다. 이 때문에 Regulatory Sandbox는 혁신의 촉진과 안정성의 보장이라는 두 가지 기준을 축으로 설명되어야 한다.

"판사 81.5% 대법원, 정책법원 돼야", 「법률신문」-(법률신문, 2004. 01. 12)>.

(1) 혁신을 촉진하기 위한 사항

먼저 금융상품의 혁신을 촉진하기 위한 내용을 살펴보기로 하자.

하나, 실체적 측면을 살펴보자. Regulatory Sandbox를 이용하기 위해서는, 영국 금융시장을 발전·촉진하기 위한 금융주력자의 목적의식이 필요하고, 이들이 개발한 금융서비스 및 금융상품이 혁신성을 인정받아야 하는데, 궁극적으로는 이것이 금융소비자의 후생에 적극 기여하는 것이어야 한다. 더 나아가, Regulatory Sandbox가 구현하려는 실제금융환경이 금융상품 개발에 필수불가결한 것이어야 한다.

둘, 절차적 측면을 살펴보자. 금융주력자는 사전에 Regulatory Sandbox 이용을 위한 계획 및 사전준비(계획 및 사전준비에는, 시험을 위한 시간적 계획, 시험을 위한 목적, 도구, 평가지표, 투자자보호방법, 투자자들이 리스크 평가하고 투자를 종료할 수 있는 방법 등이 포함된다.)를 마쳐야 한다. 그리고 FCA는 금융주력자가 Regulatory Sandbox를 이용하고 금융상품을 시험하는 데, 통상 3개월~6개월의 기간을 허여한다. 또한 가상의 금융환경에서 투자자 역할을 담당할 모의투자자의 표본 숫자는, 실제 금융시장에 비해 매우 제한적일 수밖에 없겠지만, 통계적으로 유의미한 결과를 나타낼 정도의 숫자는 채우게 될 것이다. 더불어, 모의투자자들은 해당 금융서비스 및 금융상품을 거래하기에 충분한 지적·물적 여력을 갖춘 자로 선발하게 될 것이다.

(2) 안정성을 보장하기 위한 사항

다음으로, 금융상품의 안정성을 보장하기 위한 내용을 살펴보기로 한다.

하나, FCA는 Regulatory Sandbox 이용에 대해, 개발 중인 금융상품이 현실화될 가능성이 높고, 과거부터 높은 수준의 금융규제를 받아온 인가 금융주력자를, (그렇지 않은) 비인가 금융주력자와 분별하고 있다. 물론 FCA는 원칙적으로 인가·비인가 금융주력자 모두에게 Regulatory Sandbox 이용을 열어두고 있다. 하지만 비인가 금융주력자에게는 Regulatory Sandbox이용에 일정한 제한이 가해진다. 비인가 금융주력자가 FCA에 Regulatory Sandbox 이용신청서를 제출하는 경우, 이때 FCA는 이용가부에 대한 심사를 직접 하게 된다. 설사 허여되더라도 상당한 제약이 가해진 Regulatory Sandbox에서 개발 중인 금융상품을 시험할 수밖에 없다. 반면, 인가 금융주력자가 Regulatory Sandbox 이용신청서를 제출하는 경우, FCA는 금융주력자가 적시한 내용이 관련규정에 합치하는지

정도만을 심사하게 된다. 이것이 통과되면, FCA의 결정에 따라 실제 금융환경과 동일한 형태로 금융서비스와 금융상품을 시험할 수 있다.

둘, Regulatory Sandbox가 규제에서 자유로운 금융상품 테스트 베드를 자처하고 있지만, 이러한 규정면제 및 수정적용은 유럽연합법(특히 Regulation) 및 영국회의 제정법(특히 Financial Services and Market Act 2000)에는 해당하지 않는다. 즉 정부입법에 근거한 행정적 규제를 받지 않는다는 것이지, 유럽연합 및 의회입법에 근한 법률의 규제를 받지 않는다는 의미가 아닌 것이다. 더불어 FCA는 행정적 규제 중에서도, 고위험군 금융상품에 대한 세이프가드를 언제든 발동할 수 있다. 다시 말해, 고위험군 금융상품을 시험하고자 하는 경우에는, 테스트를 신청한 금융주력자가 Regulatory Sandbox에서 감내하는 규제의 내용이 크게 다를 바가 없다는 것이다. 그리고 이렇게 가동한 Regulatory Sandbox 내에서 이뤄진 모의투자 결과는, 금융상품의 안정성을 보장하려는 도입목적에 따라 일반대중에게 모두 공개하게 된다.

나. 금융상품테스트베드의 도입

상기한 Regulatory Sandbox는 본질적 금융혁신 즉, 금융상품의 혁신을 도모하면서도 금융상품의 안정성을 함께 추구하고 있다는 측면에서, 핀테크의 양면성을 시사한 중요한 제도라고 평가할 수 있겠다. 더불어 본 제도는, 금융상품이 금융소비자에게 거래되기 전 즉, 금융상품 출시 이전에 불완전판매 가능성을 미리 제어할 수 있다는 측면에서 특장점이 있다. 하지만 Regulatory Sandbox의 제도적 맹점도 없지는 않은데, 금융상품 고안자의 입장에서 본 제도가 일종의 통과의례로만 여겨진다면, 시뮬레이션 툴 안에서 금융상품의 야성이 표면화되지 않은 채 실제 금융시장에 출시될 수도 있다는 점이다.

그러한 측면에서 본 논고는, 위 제도를 금융상품테스트베드라는 명칭으로 국내에 도입하되, 금전적 인센티브를 전제로 한 모의투자경연으로 그 운영방식을 달리할 필요가 있음을 제안하고자 한다. 구체적으로는, 가상의 금융주력자는 신규 금융상품을 점검하고픈 은행·증권·보험업계의 실무자들로, 가상의 금융소비자는 신규 금융상품을 체험·진단하고픈 한국소비자원 및 소비자단체의 실무자들로 구성하여, 금융주력자 측의 수익 및 금융소비자 측의 피해액에 비례하여 금전적 인센티브를 제공하는 방식으로 운영해야 한다는 것이다. 이렇게 참가자에게 최대한의 이기심을 고취시키는 방식으로 신규 금융상품을 시험해야, 현실세계에서 일반 금융소비자들이 마주하게 될 위험을 정확히 평가할 수 있을 것이다.

2. 사후적 대안

이에 두 번째로, 사후적 대안으로서 2016년 6월 28일 입법예고 된 금융소비자보호기본법 제정(안)의 수정(안)을 논의하기로 한다. 그리고 이하에서는, 금융소비자 보호를 위한 단일법제의 원류인, 대만 금융소비자보호법에 대한 제도적 개관을 선행하기로 한다. 더불어 금융소비자보호법 입법에 지대한 영향을 끼친, 미국의 금융소비자 보호제도에 대해서도 함께 알아보기로 한다.

가. 미국 발 금융위기와 소비자입법

전 지구적 금융위기를 촉발시켰던 2007년 서브프라임모기지 사태 이후, 미국 경제의 화두는 소매금융시장규제 즉, 금융소비자보호를 위한 정책으로 옮아가게 되었다.[23] 다시 말해, 미국의 소매금융시장규제가 전 미를 관통하는 공공정책의 핵심요소로 급부상한 한 것이다.

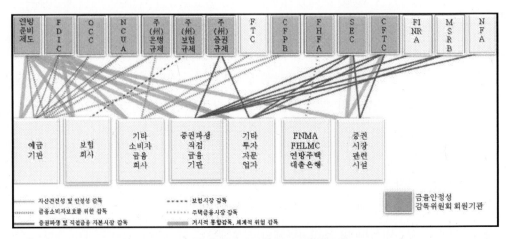

[도해 11. 도드프랭크법 이후 미국의 금융감독체계][24]

23) John Campbell · Howell Jackson · Brigitte Madrian, Peter Tufano, "The Regulation of Consumer Financial Products: An Introductory Essay with Four Case Studies", 「Harvard Kennedy School Faculty Working Paper Series」-(Harvard Kennedy School, 2010. 09), p. 3.

오바마 행정부하 제111대 미 의회의 첫 입법 활동이, (지급연체 중 고객에 대한)신용카드사의 상향조정 수수료(율) 소급적용을 금지하는 내용의 Credit Card Accountability, Responsibility, and Disclosure Act of 2009(the Credit CARD Act; CARD법)였다는 점이 이를 증명하고 있다. 특히 오바마 행정부는 금융시장 개혁에 대한 강력한 의지를 표명한 바, CARD법 제정 이후 세 가지 입법적 지향점을 제시했는데, 첫 번째로, 금융시장 전반에서 불공정·사기·시장적 남용 행위를 감독·관리하는 독립된 금융소비자보호국의 창설, 두 번째로, 금융시장의 투명성·공정성, 그리고 금융상품의 적정성·적합성을 증진시키기 위한 소비자보호법제 마련, 세 번째로, 소매금융업을 영위하는 금융주력자에 대한 더 높은 규제수준의 유지가 바로 그것이다.[25]

그리고 2010년 7월 21일 버락 오바마 대통령의 승인과 함께, Dodd Frank Wall Street Reform and Consumer Protection Act of 2010(the Dodd-Frank Act; 도드프랭크법)이 시행되었는데, 애초에 금융시장의 투명성·간결성·공정성·책임성·접근성과 같은 거대담론을 입법목적으로 제시한 결과, 16개 Title(장)·1601개 Article(조항)에 달하는 장대한 성문법규가 완성되었다. 특히 본 법률은 은행업·금융투자업·이사의 보수를 비롯, 금융소비자보호에 이르기까지 광범위한 제도적 포섭범위를 갖고 있는데, 미국 전역에서 활동하고 있는 금융주력자뿐만 아니라, 미국 영토 밖 즉, 역외에도 본 법률이 적용될 수 있도록 규정하고 있다. 금융소비자보호의 관점에서 가장 중요한 부분을 꼽자면, 제10장에서 규율하고 있는, 금융소비자보호국(Consumer Financial Protection Bureau; CFPB)의 창설을 특정할 수 있는데, 이는 Federal Reserve Board(FRB)에 산재한 금융소비자보호기능을 일원화시킨 기관으로서, 금융시장의 건전성감독에만 편중되어 있던 미국 금융규제에 획기적인 변화를 일으킨 것으로 평가받고 있다.

---

24) 본 도해는<-, "Financial Regulation; Complex and Fragmented Structure Could Be Streamlined to Improve Effectiveness", 「GAO-16-175」-(GAO, 2016. 02)>의 도해인 "U.S. Financial Regulatory Structure, 2016"를 한글화하여 편집한 것이다. 그리고 도해의 약어에 대한 공식명칭은 <>의 다음과 같다. <FDIC(Federal Deposit Insurance Corporation), OCC(Office of the Comptroller of the Currency), NCUA(The National Credit Union Administration), FTC(Federal Trade Commission), CFPB (상술), FHFA(Federal Housing Finance Agency), SEC(Securities and Exchange Commission), CFTC(Commodity Futures Trading Commission), FINRA(Financial Industry Regulatory Authority), MSRB(Municipal Securities Rulemaking Board), NFA(National Futures Association)>

25) John Campbell, Howell Jackson, Brigitte Madrian, Peter Tufano의 앞의 논문, pp. 3~4.

나. 대만의 금융소비자보호법 제정

상기한 미국의 금융위기, 그리고 금융소비자보호를 일관하여 추구해 온 오바마 행정부와 미 의회입법의 영향을 받아, 대만은 금융소비자보호를 위한 통합법을 매우 신속하게 제정하게 된다.

(1) 대만 금융소비자보호법의 연혁

실제로 미국의 도드프랭크법이 시행된 이후 1년도 채 안 되어, 대만 금융소비자보호법이 입법된 것이다. 본 법률은 대통령령 제10000133861호에 의거하여 2011년 6월 29일 제정되었고, 2011년 12월 30일 시행되었으며, 이후 대통령령 제10300085841호에 의거하여 2014년 6월 4일 제7조·제10조의 개정법이 입법·공표되었고, 2014년 7월 1일 시행되었다.

(2) 대만 금융소비자보호법의 체계

대만의 금융소비자법은 크게 세 부분으로 이루어져 있는데, 제1장 총칙, 제2장 금융소비자의 보호, 제3장 금융소비자의 법률분쟁에 관한 처리, 제3장의 1 벌칙, 제4장 부칙이 바로 그것이다.

첫 번째로, 총칙에는 금융소비자보호와 금융시장의 질적 발전이라는 입법목적(第1條)과, 감독기관 그리고 은행·증권·보험·선물파생상품·전자지급결제영업을 막론한 금융주력자, 금융소비자 및 금융소비자분쟁에 대한 정의규정(第3條, 第4條, 第5條)이 위치하고 있으며, 본 법률의 금융소비자에 대한 책임이 별단의 사전약정에 의해 제한 또는 면제되지 않는다(第6條)는 강행규정조항도 삽입되어 있다.

두 번째로, 금융소비자보호관련 규범에 대해서는, 금융주력자의 금융소비자에 대한 일반적 주의의무조항과 그 파생원칙(적정성 및 적합성의무, 설명의무, 금융상품에 대한 광고규제; 第7條, 第8條, 第9條, 第10條), 금융소비자의 손해에 대한 증명책임 전환(第11條)에 대한 내용 등이 포함되어 있다.

세 번째로, 금융소비자의 법률분쟁에 관한 처리에 대해서는, 금융소비자의 금융주력자에 대한 민원처리가 신속하고 정확히 처리될 것을 요구하는 일반조항(第13條) 및 절차조항(금융주력자와의 선결적 민원처리기간(30일), 옴부즈맨기관에 보충적으로 금융민

원처리를 신고하는 기간(60일; 第13條), 옴부즈맨기관의 설립(재정, 절차, 인적조직 및 구성 등; 第13-1條,·第14條, 第15條, 第16條, 第17條, 第18條), 옴부즈맨기관의 분쟁조정 시 분쟁처리에 대한 일반적 주의의무, 사건 관계인의 자료제공의무 및 옴부즈맨기관의 비밀유지의무(第19條), 집단적 금융소비자분쟁의 일의적 처리 및 사전심사(第22條)에 대한 내용이 규정되어 있으며, 기타 별칙 및 부칙규정(第30-1條, 第30-2條, 第31條, 第32條, 第32-1條, 第33條)이 존재한다.

다. 금융소비자보호기본법 제정(안)의 정책평가 필요성과 그 기준

상기한 바와 같이, 미국의 소비자보호관련 법률은, 수많은 연방법과 주법이 수직적·수평적으로 조직되어 있는 입법적 난점에도, 서브프라임모기지 사태 이후의 금융위기에 기민하게 대응한 측면이 있다. 마찬가지로 대만 금융소비자보호법 또한, 미국발 금융위기가 전 지구적으로 확장될 당시, 금융소비자 보호만을 위한 기능주의적 통합입법을 신속하게 완성했다는 측면에서 큰 의미가 있다.

(1) 뒤늦은 입법에 대한 우려

그러한 측면에서, 금융위원회가 2012년 5월이 되어서야 겨우 금융소비자보호법(안)을 마련한 것은, 대만보다 미국경제와의 커플링이 훨씬 진전되어 있는 국가의 입법적 대응으로는 상당히 미진하다는 평가를 받을 만하다. 또 이것이 제19대 국회에서 통과되지 못한 채, 2016년 6월 28일에서야 금융소비자보호기본법 제정(안)(본 제정(안))이라는 명칭으로 입법 예고된 것은, 대만보다 더욱 큰 규모의 금융시장을 갖고 있는 우리의 입장에서 매우 부끄러운 일이기도 하다. 그렇다면 우여곡절 끝에 제20대 국회서 입법 예고된 금융소비자보호기본법 제정(안)은, 금융소비자보호를 위해 어느 정도 충실한 입법인가?

(2) 한국소비자원의 소비자지향성 평가지표

이를 평가하는 작업은, 일종의 사전적 정책평가의 성격을 가지고 있기 때문에, 사후적 정책평가에도 쓰일 수 있는 동일한 평가기준에 따라 일관성 있게 분석해야 할 필요가 있다. 그중에서도 소비자 지향성 정책평가기준[26]은, 한국소비자원이 2011년에 제시한 정책평가지표로서, 분과를 막론한 소비자관련입법의 평가기준이 되고 있다. 본 지표는 소비자 안전성, 선택의 자유도, 소비자의 참여, 정보의 투명성, 피해구제의 공정성·신속성의 다섯 가지 기준으로 구성되어 있다. 이에 본 논고는, 위에 제시된 다섯 가지 기준을 금융소비자의 경우로 치환시켜, 최근에 입법 예고된 금융소비자보호기본법 제정(안)을 평가하고 수정(안)을 제안하고자 한다.

라. 첫 번째 정책평가

이에 사전평가 첫 번째로, 소비자의 안전성에 관한 부분이다. 한국소비자원이 마련한 지표의 상세는, 제조물품의 안전성 및 제조환경의 지속가능성, 국제환경·국제노동규범의 준수 등을 열거하고 있다. 이를 금융소비자보호 관점으로 치환시키자면, 불완전판매 방지를 위한 입법적 노력 및 G20 원칙(G20 원칙의 파생원칙을 포함)이 제시하는 국제기준 합치여부 등이 될 것이다.

(1) 입법목적 관련규정

하나, 입법목적 관련규정에 대한 개설과 평가이다. 본 제정(안) 제1조는, "이 법은 금융소비자의 권익 증진과 금융상품 판매업 및 금융상품 자문업의 건전한 시장질서 구축을 …(중략)… 금융소비자 보호의 실효성을 높이고 국민경제 발전에 이바지함을 목적으로 한다."고 규정하고 있다. 즉 금융소비자의 후생과 금융산업의 발전을 동등한 가치로 여기고 있는 것이다. 그러한 측면에서, 본 제정(안)이 금융소비자보호의 중요성을 격상시키는 한편, G20 원칙 총설의 내용과도 정확히 합치하는 것으로 평가할 수 있다.[27] 다만 보완해야 할 것이 있다면, 입법목적조항 내부 혹은 별개의 규정으로라도 금융소비자 보호를 위한 역외적용조항을 삽입하여, 온라인을 통한 초국가적인 금융소비자피해에 대비해야 할 필요성이 있다는 것이다. 이를 통해 정보통신기술의 진보가 금융주력자들의 초국가적 경쟁의 장으로 발돋움하고, 금융소비자의 후생에 적극 기여할 수 있도록 제도화해야 할 것이다. 더불어 대만의 입법과 같이 본 법률의 강행규정성을 적시함(第6條)으

---

26) -, "정부 분야별 정책, 제도의 소비자 지향성 연구(II)", 「-」-(한국소비자원, 2010. 11)

27) G20 원칙에서도, 정상적으로 기능하는 금융시장에서 금융소비자의 신뢰확보는 결국 금융시장의 성장·혁신·안정성에 공히 기여할 것이라는 점을 명시하고 있으며, 이를 위해 금융시장을 감독하는 규제기관뿐만 아니라 금융소비자보호를 위한 관련제도가 필수적으로 정비되어있어야 함을 설시하고 있다(G20 High-Level Principles on Financial Consumer Protection Principle 1).

로써, 금융주력자-금융소비자 간 사전약정을 통해 본 법률에서 규정하고 있는 금융소비자배상을 감경·면책할 수 없도록 해야 하겠다. 즉, 금융주력자-금융소비자 간의 개별적의사합치만으로, 본 법률의 취지가 몰각되지 않도록 해야 한다는 것이다.

(2) 불완전판매 관련규정

[도해 12. 금융소비자보호기본법 제정(안)의 불완전판매][28]

구 분	내 용	대상 상품
적합성 원칙 (제17조)	금융소비자의 재산상황 등에 비추어 부적합한 상품의 구매권유금지	예금성·보장성 일부 제외
적정성 원칙 (제18조)	금융소비자가 자발적으로 구매하려는 상품이 해당 소비자의 재산상황 등에 비추어 적정하지 않을 경우 고지의무	대출성·투자성 보장성 일부 제외
설명의무 (제19조)	금융소비자가 반드시 알아야 할 상품의 주요내용을 설명	모든 유형
불공정영업행위금지 (제20조)	소비자의 의사에 반하여 다른 상품 계약강요, 부당한 담보요구, 부당한 편익 요구 등 금지	대출성상품 등
부당권유금지 (제21조)	단정적 판단 또는 허위사실 제공 등 금지	모든 유형
광고규제 (제22조)	금융상품 광고 시 필수포함 / 금지행위 규제	모든 유형

둘, 불완전판매 관련규정에 대한 개설과 평가이다. 본 제정(안)은 [도해 12]에서 보는바와 같이, 6가지 유형의 불완전판매를 개별 규정화하고 있으며, 각 원칙의 정의와 대상금융상품을 매우 구체적으로 적시하고 있다. 다만 본 제정(안)에서 제시하고 있는 불완전판매 관련규정의 문제는, 불완전판매의 적용에 대상금융상품 별 차별이 존재하고 있다는 점이다. 본 제정(안)에서 제시하는 6가지 불완전판매유형은, 영국의 'Mis-Selling' 개념[29]을 상당부분 차용한 것으로 보이는데, 본 개념은 금융소비자보호기본법 제정(안)과같이 적용 대상상품의 범위를 특정하고 있지 않다. 다시 말해, Mis-Selling이라고 한다면, 그것이 은행·증권·보험업 산업의 어떠한 금융상품을 막론하고, 본 법리의 적용이 있

---

28) 본 도해는 <-, "금융위원회 금융소비자보호기본법 제정안 입법예고", 「금융위원회 보도자료」-(금융위원회, 2016. 06. 27)>의 구체적 조항을 적시하여 편집한 것이다.

29) 영국의 Mis-Selling개념은, FSA가 유권해석 형식으로 발간하는 Conduct of Business Sourcebook Rules(COBS Rule)에 의해 일정부분 유형화되어 왔는데, 첫 번째, 투자와 관련된 위험과 제반비용에 관한 모든 사항에 대해서 금융소비자가 이해 가능한 서식을 통한 적정한 정보가 제공되어야 한다는 COBS 2.2.1R, 두 번째, 금융소비자와의 금융상품 매매계약 체결과정이 공정하고, 합리적이며, 호도하는 일이 없도록 보장해야 한다는 COBS 4.2.1R, 세 번째, 금융상품에 대한 수익만큼 그 손실에 대한 정보가 동등하게 제공되어야 한다는 COBS 4.5.2R, 네 번째, 금융소비자에게 적합한지에 대한 조언을 해야 한다는 COBS 9.2.1R, 다섯 번째, 금융소비자에게 지정된 투자에 대한 위험설명이 제공되어야 한다는 COBS 14가 바로 그것이다.

는 것이다. 그러한 측면에서 본 제정(안)에 필요한 수정사항이라 한다면, 불완전판매에 대한 대상금융상품 간 차별을 없애야 한다는 것이며, 더욱 욕심을 내 본다면, 최선이 아닌 차선의 금융상품을 제안하는 것(적합성원칙), 금융소비자의 재산상황을 조회·분석하는 것을 게을리하거나 이행하지 않은 것(적합성원칙, 적정성원칙), 설명이 불확실·불명확한 것(설명의무), 은퇴자의 목돈을 겨냥한 광고(광고규제)도 각 해당 원칙의 위반으로 포섭하는 것도 고려해볼 만하다.

마지막으로 본 제정(안)이 일반금융소비자와 전문금융소비자 개념을 최종입법까지 유지하고자 한다면, 각 원칙에서 어떠한 적용·해석의 차이가 존재할 수 있는지 더욱 명확하게 적시할 필요가 있겠다. 이러한 해석상 난제를 해결해야 하는 이유는, 본 제정(안)이 전 세계에서 유일하게, 영국의 Mis-Selling 개념과 유럽의 MiFID II의 Client Classification[30]을 공히 성문법규로 수용하고 있기 때문이다. 이 때문에 여섯 가지 유형의 불완전판매가, 일반금융소비자와 전문금융소비자 유형에 따라 (열두 가지 상당의 해석·적용으로) 각 다르게 적용될 가능성이 생긴 것이다. 이러한 성문법규의 해석·적용 가능성을 가진 입법이 본 제정(안)이 유일하기에, 이에 대한 운영의 묘를 가진 기성법제를 비교하는 것은 불가능하다. 더 나아가 열두 가지 상당의 해석·적용 가능성을 오롯이 판례에 일임하는 것은, 사법부에 입법기능을 선사하는 것이기에, 본 제정(안)을 주도한 금융위원회가 이 같은 문제를 결자해지해야 할 것이다.

마. 두 번째 정책평가

이에 사전평가 두 번째로, 선택의 자유도에 관한 부분이다. 한국소비자원이 마련한 지표의 상세는, 사업자 선택의 제한 여부, 상품·서비스 선택의 제한 여부 등을 열거하고 있다. 이를 금융소비자보호 관점으로 치환시키자면, 첫 번째, 금융소비자 입장에서 금융상품을 원천적으로 선택할 수 없거나 선택의 폭이 제한·열거되어 있는 경우(금융상품 선택의 자유도), 두 번째, 이로 인해 금융주력자가 독과점을 형성하여 금융소비자의 후생이 질적으로 퇴보(금융상품 서비스의 자유도)하는 경우를 의미한다고 할 것이다.

---

30) MiFID II에서, 고객(Client)은 MiFID에서 규율하고 있는 금융서비스를 제공하는 금융주력자의 거래상대방을 이야기 한다. 더 나아가 전문고객(Professional Client)은 예금수취를 주 업무로 하는 금융회사(일반적 의미에서 간접금융을 수행하는 상업은행), 투자은행(일반적 의미에서의 직접금융을 수행하는 증권회사 및 자본시장 관련 금융주력자) 및 기타 선별된 소매고객(Opted Up Retail Client)을 의미하며, (일반)소매고객(Retail Client)은 전술한 고객의 개념에서 전문고객을 공제한 개념이다.

(1) 금융상품 선택의 자유도

하나, 금융상품 선택의 자유도에 대한 개설과 평가이다. 본 제정(안) 제2조는 전통적으로 취급하던 금융상품을 열거하여 기존의 업종별 규제체계에 익숙한 수범자의 이해를 돕는 한편, 제3조는 제2조의 내용을 금융상품의 특징별로 재분류함으로써, 업종별로 취급하는 금융상품의 차이가 없어진 최근의 금융환경을 반영하고 있다. 제3조는 "금융상품이 다음 각 호의 상품유형 중 둘 이상의 상품유형에 해당하는 속성이 있는 경우에는 해당 상품유형에 각각 속하는 것으로 본다."고 규정하고 있어, 메자닌 금융이나 혼합유형의 금융상품에 대해서도 매우 유연하게 대처하고 있음을 알 수 있다.

다만 금융상품의 유형에 대한 본 제정(안) 제3조에 대해서, IFRS(International Financial Reporting Standards; IFRS) 9와 같이 국제적 기준으로 확립되어 있는 분류를 추가·재정비하는 것이, 대한민국 금융시장의 전 지구적 접근성을 고양시킬 수 있으리라는 아쉬움이 남는다. IFRS는 단순히 기업회계처리방식에 대한 규제일원화를 성취했다는 측면에서 그 존재의의가 한정되는 것은 아니다. 오히려, 전 지구적 금융시장을 접근하는데, 각국의 금융당국이 자국의 자본시장에 진출하려는 기업을 보다 통일성 있는 기준으로 평가하고, 일반투자자에게 표준화된 정보제공을 할 수 있다는 측면에서 더 큰 의미가 있는 것이다.

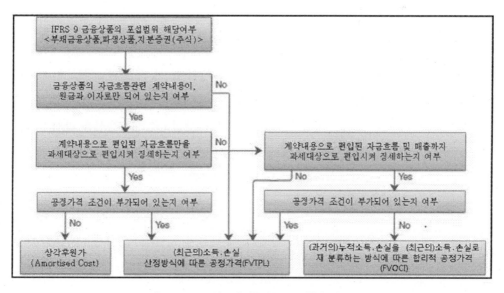

[도해 13. IFRS 9상 금융상품 분류를 위한 논리구조]31)

---

31) 본 도해는 <-, ", IFRS 9 Financial Instruments Project Summary", 「-」-(IFRS, 2014)>의 IFRS 9 개념구조도를 한글화하여 편

그러한 측면에서 우리 금융시장은, 2014년 7월 IASB가 제출한 IRFS 9 최종(안)에 주목할 필요가 있다. 이는 IFRS와 함께 병존했던 기존의 국제회계기준(International Accounting Standards; IAS) 39를 대체하는 것으로서, 금융상품을 기존의 업종별 분류에 따라 정적(靜的)으로 단정하는 것이라기보다는, 금융시장 내에서 금융상품이 어떻게 발현하는지를 감안한 분류라 할 수 있다. IFRS 9에서는, 금융상품을 분류함에 있어, 첫 번째, 상각후원가(Amortised Cost)를 감안한 부채금융상품, 두 번째, (과거의) 누적소득·손실을 (최근의) 소득·손실[당기손익]로 재분류하는 방식에 따른 합리적 공정가격하(FVOCI)에서의 부채금융상품, 세 번째, (최근의) 소득·손실 산정방식에 따른 공정가격하(FVTPL)에서의 파생상품 및 지분증권(주식), 부채금융상품, 네 번째, (과거의) 누적소득·손실을 (최근의) 소득·손실로 재분류하는 방식에 따른 합리적 공정가격하(FVOCI)에서의 지분증권(주식)으로 일별하고 있다. 이는 기초적으로 부채금융상품, 파생상품, 지분증권(주식)이라는 기존의 세 가지 분류를, 금융시장에서의 발현양태에 따라 네 개의 유형으로 재분류 한 것이다. 물론 이러한 IFRS 9가 IAS39와 비교하여 낯선 기준이며, 우리나라도 2018년도부터 이를 도입하기로 했지만, 금융소비자 입장에서도 금융상품자체가 재무회계측면에서 어떠한 위험성을 가지고 분류·처리되고 있는지를 감지하는 데 큰 도움이 될 것이다.

(2) 금융서비스 선택의 자유도

둘, 금융서비스 선택의 자유도에 대한 개설과 평가이다. 본 제정(안) 제2조는 금융상품 판매업에 대해서 "이익을 얻을 목적으로 계속적이거나 반복적인 방법으로 금융상품을 직접 판매하거나(금융상품 직접판매업), 그 판매를 대리·중개(금융상품 판매대리 및 중개업)하는 것"으로, 금융상품 자문업에 대해서 "이익을 얻을 목적으로 계속적이거나 반복적인 방법으로 금융상품의 가치 또는 금융상품 매입과 처분결정에 관한 자문을 하는 것"으로 규정하고 있다. 상기한 제2조의 분류방식은, 은행·증권·보험이라는 전통적 분류방식이 아니라, 이들 금융주력자의 서비스 즉, 구체적인 영업행위가 가지는 법률행위 종류에 따라 재분류한 것으로 보인다.

특히 본 제정안의 금융상품 판매대리업·금융자문업이 (금융상품의 정보공시·비교

집한 것이다.

및 판매까지 갈음하는) 온라인 금융상품 슈퍼마켓의 법적근거가 된다는 점, 금융상품 판매중개업은 금융상품의 정보공시·비교를 가능케 하는 온라인 플랫폼의 근거가 된다는 점에서, 제2조의 분류방식은 매우 큰 의미가 있다. 다만 주의할 것은, 금융상품 매매계약을 판매대리 하는 자와 금융자문을 하는 자가, 대리인비용 및 거래비용의 증대만을 불러일으키지 않을까 하는 부분이다. 금융상품의 정보공시·비교 및 판매까지 갈음하는 온라인 금융상품 슈퍼마켓이나 독자적으로 금융자문업을 영위하는 자의 경우는, 직접금융을 도모하려는 회사나 기존의 금융주력자와 결탁하여 금융상품을 판매한다거나, 또는 자신만의 독자적 이익을 구가하기 위해 금융상품을 판매하는 일이 충분히 발생할 수 있기 때문이다.

이러한 문제점을 해결하기 위해서는, 금융상품 판매대리인·금융자문업자가 오롯이 금융소비자의 청지기로서 역할을 수행하여, 대리인 비용 자체를 0으로 수렴시키는 방법밖에 없다. 스튜어드십 코드는 연기금을 포함한 대형 기관투자가가 일종의 대리인으로서, 본인인 연기금 가입자 및 투자자의 의사를 최대한 반영하여, 이들의 투자가 최선의 수익을 구가할 수 있도록, 기업의 의사결정에 적극 참여하도록 하는 대형 기관투자가들의 자율적인 행위지침이자 일종의 연성규범이다. 이것이 불가능하다면, 처음부터 새로운 유형의 행위자를 만들지 않는 것이, 금융소비자를 보호하는 지름길이 될 것이다.

바. 세 번째 정책평가

이에 사전평가 세 번째로, 소비자의 참여에 관한 부분이다. 한국소비자원이 마련한 지표의 상세는, 소비자관련 정책입안 시 수범자인 소비자의 참여를 의무화할 것을 제시하고 있다. 이를 금융소비자보호 관점으로 치환시키자면, 금융소비자관련 정책을 입안하고자 할 때, 금융소비자 혹은 금융소비자를 대표할 수 있는 자, 민간에서 활동하는 금융소비자전문가를 참여시켜야 한다는 뜻으로 이해할 수 있다. 그리고 이에 대한 관련규정의 개설과 이에 따른 평가를 실시하기로 한다. 본 제정안 제31조는 "금융소비자의 권익보호 및 합리적 금융생활 영위에 관한 기본적인 정책을 심의·의결하기 위하여 금융위원회에 금융소비자정책위원회를 둔다."고 규정하고 있는데, 그 구성은 제32조에서 규정하는 바, 정책위원회는 위원장인 금융위원회의 장을 포함한 10인으로, 3년의 임기를 구가하도록 되어있다. 더 나아가 제34조는 "정책위원회는 제33조 제1항 각 호의 사항을 심의하기 위하여 필요한 경우에는 금융소비자문제에 관하여 전문지식이 있는 자, 금융소비자 또는 관계사업자의 의견을 들을 수 있다."고 규정하고 있는 바, 이해관계가 있는 제3자의 참여를 보장하고 있다.

G20/OECD 원칙은 금융소비자법제정의 기본전제로서 금융소비자의 참여를 제시하고 있는데, 금융소비자를 비롯한 금융시장전문가가 금융소비자정책에 지속적으로 참여해야 하며, 본 정책의 이해관계자는 정책수립을 위한 정보제공에 성실히 임해야 한다고 규정하고 있다. 상기한 내용은 본 제정(안) 제31조 내지 제34조의 내용에서 그대로 수용하고 있는 것이며, 금융소비자정책수립에 대한 본 제정(안)의 내용은 더 이상의 수정을 요하지 않을 정도로 충분하다는 평가를 내릴 수 있겠다. (물론 소비자의 참여를 담당하는 기관까지 모두 옳다는 것은 아니며, 이하의 '금융소비자 문제를 다루는 독립기구의 법정화'부분을 함께 참고하기 바란다.)

사. 네 번째 정책평가

이에 사전평가 네 번째로, 정보의 투명성에 관한 내용이다. 한국소비자원이 마련한 지표의 상세는, 표시·광고제도의 적절성, 공시제도의 적합성, 정보비교의 용이성을 열거하고 있다. 다만 주의할 것은, 표시·광고제도의 적절성은 본 제정(안) 제22조의 광고규제에서, 공시제도의 적합성 및 정보비교의 용이성 등은 제19조의 설명의무에서 이미 다룬 바 있기에, 이에 대해서는, 금융주력자로부터 얻어지는 것이 아닌, 금융규제당국으로부터 얻어지는 정보의 투명성 특히, 금융교육에 대해서 논의하기로 한다.

본 제정안 제35조에서는, "금융위원회는 금융교육을 통해 금융소비자가 높은 금융이해력을 바탕으로 합리적인 금융의사결정을 내리고 이를 기반으로 하여 장기적으로 금융복지를 누릴 수 있도록 노력하여야 하며, 이를 위하여 예산의 범위 안에서 필요한 지원을 할 수 있다."고 규정하여, 금융교육이 금융위원회의 의무라는 점을 명확히 하고 있으며, 제36조에서는 금융교육정책에 대한 구체적 심의·의결기관으로 금융교육협의회를 둔다고 명시하고 있다.

G20 원칙에서는 금융전문교육 및 금융소비자들의 의식변화에 대해서 기술하고 있는 바, 금융교육은 금융상품 관련자 모두에 의해 다각적인 관점으로 실시되어야 함을 규정하고 있다. 그리고 이러한 금융교육의 핵심은, 금융상품의 투자수익 가능성과 그 이면의

손실위험성이라 할 것이며, 이것이 금융소비자의 재무건전성을 확보하고 합리적인 의사결정을 조력하기에 충분한 정도에 이르러야 한다고 부연하고 있다(G20 High-Level Principles on Financial Consumer Protection Principle 5). 그러한 측면에서, 본 제정(안)에서 다루고 있는 금융교육에 관한 규정은, 더 이상의 수정을 요하지 않을 정도로 충분하다는 평가를 내릴 수 있겠다. (물론 금융교육을 담당하는 기관까지 모두 옳다는 것은 아니며, 이하의 '금융소비자 문제를 다루는 독립기구의 법정화' 부분을 함께 참고하기 바란다.)

아. 다섯 번째 정책평가

이에 사전평가 다섯 번째로, 피해구제의 공정성·신속성에 관한 내용이다. 한국소비자원이 마련한 지표의 상세는, 개인정보수집 오남용 금지, 피해보상 방법에 대한 규정 존재, 분쟁해결을 위한 독립기구 설립을 열거하고 있다. 이를 금융소비자 관점으로 치환시키자면, 금융상품 매매로 얻은 고객의 개인정보에 대한 오남용을 금지하고, 금융소비자보호업무만을 상시적으로 다루는 독립기구를 각 설치해야 한다고 이해할 수 있을 것이다. 더불어 원활한 금융소비자보호를 위해, 금융분쟁 사실인정의 최대 난제인 증명책임 전환에 대한 쟁점도 살펴볼 필요가 있다.

(1) 금융소비자의 개인정보 오남용 방지

하나, 금융소비자의 개인정보 오남용 방지에 대한 개설과 평가이다. 본 제정(안) 제6조 내지 제9조는 금융소비자의 권리·책무, 그리고 국가 및 금융주력자의 책무를 이분하여 설시하고 있는 바, 본 제정(안)이 거시적으로는 소비자법의 일환이라는 점을 상기시키고 있다. 특히 본 제정(안)은 제9조 제7호에서 금융소비자의 개인정보의 분실·도난·누출·변조 또는 훼손되지 않도록 성실하게 취급할 것을 규정하고 있는데, 이것이 금융소비자의 개인정보와 관련한 유일한 규정이다.

그러므로 금융소비자의 개인정보보호에 관한 규정을 보다 세부적으로 마련할 필요가 있다. 온라인 검색엔진에서의 검색내용·방법 및 오프라인에서의 소비동선을 추적하여, 이를 새로운 마케팅 정보로 재생산·거래하는 정보유용의 문제나, 지문·동공과 같은 생체정보를 본인확인의 방법으로 이용하려는 기술적 시도는 이미 현실화된 지 오래다.

그러한 측면에서, 금융소비자가 자기정보결정권·통제권의 일괄적인 포기를 전제로, 서비스 이용을 가능케 하려는 약관규정을 엄단할 필요성도 존재한다. 특히 개인적 민감정보(상기한 마케팅 정보를 포함)·생체정보 등을 제외한, (성명, 주민등록번호, 휴대전화번호 따위의) 기존 정보유형에 국한한 약관상의 동의만으로도, 필수적인 금융서비스는 빠짐없이 이용할 수 있도록 규율해야 할 것이다.[32]

(2) 금융소비자보호 문제를 다루는 독립기구의 법정화

[도해 14. 금융감독원 조직개편을 위한 청사진]

둘, 금융소비자 문제를 다루는 독립기구 법정화에 대한 개설과 평가이다. 금융소비자 문제를 다루는 독립기구는 두 가지로 분류할 수 있는데, 사전적 쟁점을 다루는 조직(예방조직)과, 사후적 쟁점을 다루는 조직(해결조직)이 바로 그것이다. 일단 본 제정(안)에서는, 예방조직에 대한 언급이 전무(全無)하다. 다만 해결조직에 대해서 본 제정안 제38

---

32) G20 원칙에서는, 금융주력자가 금융소비자의 개인정보를 적절히 취급하고, 이를 사용(접근·가공)·저장·보관·공개하는데 적합한 방법과 절차를 구비할 것을 요구하고 있다. 그리고 본 원칙은 금융소비자에 대해, 개인정보가 사용(접근·가공)·저장·보관·공개되는 것에 대한 통지를 받을 권리가 있으며, 자신의 개인정보에 대한 삭제를 요구할 권리와 함께, 부정확한 개인정보의 수정을 요구할 권리가 부여되어 있음을 적시하고 있다(G20 High-Level Principles on Financial Consumer Protection Principle 8).

조는, "금융주력자와 금융소비자 그 밖의 이해관계자 사이에 발생하는 금융 관련 분쟁의 조정에 관한 사항을 심의·의결하기 위하여 금융감독원에 금융분쟁조정위원회를 둔다." 고 규정하고 있을 뿐이다. 이에 본 논고는, 금융소비자분쟁관련 예방조직·해결조직구성 에 있어, 본 제정(안)이 입법적 공백상태에 준한다고 평가하는 바이다.

그렇다면 이에 대한 입법적 대안은 무엇인가? 거두절미하고 결론만을 먼저 제시하자 면, 금융위원회의 설치 등에 관한 법률 등의 입법적 변화 없이, 기존의 통합감독체계를 최대한 존중하는 견지에서, 금융감독원의 내부구조 개편을 이뤄내야 한다는 것이다. 본 논고는 [도해 14]의 조직개편을, 외환위기 이후 출범한 통합감독체계를 계승하는 새로운 대안으로 제시하는 바이며, 이는 지금까지도 치열한 논의의 대상으로 남아있는 세 가지 물음을 해결하기 위함이다.

(가) 이해상충의 존재여부

이에 첫 번째로, 일단 우리 금융환경에서, 미시건전성 감독과 금융소비자보호 간의 이 해상충은 존재하는가? 하는 물음이다. 그리고 이를 직접 확인하기 위해, 이하의 증명과 정을 거치도록 한다.

·금융상품매출관련 사회적 후생 : Sr   ·금융상품매출과 금융주력자의 이윤 : Fr
·금융상품매출과 금융소비자의 효용 : Cr   ·금융상품이 수익을 낼 확률 : Ps
·금융상품의 수수료 : Sc   ·불완전판매에 발생하는 법률비용 : L
·금융소비자의 (예상)수익 : Cp   ·(각) 극대화, 극소화: Max, Min

일단, 금융상품 매출관련 사회후생의 기댓값(Sr)은, 금융주력자가 금융상품 판매를 통 해 얻을 수 있는 이윤의 기댓값(Fr)과, 금융소비자가 금융상품 구매를 통해 얻을 수 있는 효용의 기댓값(Cr)을 합한 것으로 변형한다. 그리고 금융주력자가 금융상품 판매를 통해 얻을 수 있는 이윤의 기댓값은, 불완전판매가 일어날 경우의 수와 법률비용을 곱한 값 을, 전체 판매수수료의 총합에서 뺀 것이다. 금융소비자가 금융상품 구매를 통해 얻는 효용의 기댓값은, 불완전판매가 일어날 경우의 수와 법률비용을 곱한 값을, 완전판매가 일어날 경우의 수와 금융소비자의 (예상)수익의 총합을 곱한 값에서 뺀 것이다.

[1] $S_r = F_r + C_r$

[2] $F_r = \sum S_c - (1 - P_s) * L$

[3] $C_r = P_s * \sum C_p - [(1 - P_s) * L]$

그리고 불완전판매가 일어날 경우의 수와 법률비용을 곱한 값 '$(1 - P_s) * L$'은, 결국 법률·제도적 위험상황이 발생한 것이고, 이는 비재무적 위험으로서 운영위험에 포섭되며, [도해 15]의 밑줄 친 부분에도 공히 포섭된다.

[도해 15. 국내 미시건전성규제의 현황]

산업	건전성 평가기준	산식
은행	BIS 비율	자기자본 / 신용위험가중자산 + 시장위험가중자산 + <u>운영위험가중자산</u> * 100 (총자본비율 8%, 기본자본비율 6%, 보통주자본비율 4.5% 이상)
	유동성커버리지비율 <LCR>	고유동성자산 * 보유규모 / <u>30일간 순 현금유출</u> ≥ 100%
	예대율	원화대출금(월 평잔) / 원화예수금(월 평잔) ≤ 100%
금융투자	순자본비율 (NCR)	영업용순자본 – 총위험액 / 업무단위별 필요유지 자기자본 ≥ 0% (총위험액 = 시장위험액 + 신용위험액 + <u>운영위험액</u>)
	최소영업자본액	자기자본 ≥ 최소영업자본액 (최소영업자본액 = 필요유지자기자본 + 고객자산운용필요자본 + 고유자산운용필요자본)
	레버리지비율	총자산 (부채 + 자기자본) / 자기자본 * 100% (총자산에서 투자자예치금 종금자산 대손준비금일시계상미수금 차감) (총자산을 자기자본비율의 11배 이내로 제한)
보험	지급여력제도 (RBC)	가용자본 / <u>요구자본</u> ≥ 100% (가용자본 : 예상하지 못한 손실 발생 시 충당할 수 있는 자기자본) (요구자본 : 보험·신용·시장·금리·운용리스크 규모)
	자금 차입제한	-
저축은행	BIS 비율	자기자본 / <u>위험가중자산</u> * 100 (7% 이상)
상호금융	순자본비율 (NCR)	총자산 – 총부채 - (조합원 탈퇴 시 환급이 보장된)출자금 + 후순위차입금 + 대손충당금 / 총자산 + 대손충당금 * 100 (신협·수협·산림협동조합은 2% 이상, 농협은 5% 이상)
	예대율	총대출 – 정책자금대출 – 햇살론 / 예·적금 + 출자금(가입금 포함) * 100 ≤ 80%
여신전문	조정자기자본비율	기본자본 + 보완자본 – 공정항목 / 조정총자산 * 100 ≥ 7% (카드 8%) (조정총자산: 총자산 - (현금 담보약정이 없는 단기성 예금 + 만기 3개월 이내의 국공채 및 공제항목))
	레버리지비율	총자산 (부채) + 자기자본 / 자기자본 * 100% (총자산을 자기자본비율의 10배 이내로 제한)
	원화유동성비율	잔존만기 90일이내 원화자산(1개월이상 연체자산 제외) / <u>잔존만기 90일이내</u> <u>원화부채</u> * 100 ≥ 100%

결과적으로 금융소비자보호를 위한 값은, [도해 15]의 산식에서 분모의 일부이거나, 분자의 값 중에서도 차감해야 할 것들뿐이므로, 이것이 극소화(0으로 수렴)되어야 금융주력자가 금융상품 판매를 통해 얻을 수 있는 이윤의 기댓값이 극대화되고, 미시건전성감독기구 입장에서도 감독비용 대비 미시건전성지표를 극대화할 수 있다.

[4] 만약 Min (1 - P s) * L ≒ 0 이라면,

[5] Min (1 - P s) * L = Max F r

즉 금융소비자보호는, 필연적으로 금융주력자의 이윤추구 및 미시건전성감독업무와 상충하게 되는 것이다. 특히 우리나라의 경우, 미시건전성 감독기구인 금융감독원 산하에 금융소비자보호기구가 존재하고 있으므로([도해 14]), 쌍봉체제에 대한 설득력이 배가될 수밖에 없는 조건인 것이다.

(나) 쌍봉체제에 대한 의구심

이에 두 번째로, 그렇다면 쌍봉체제가 유일한 해답인가? 하는 물음이다. 2012년 5월(7월 국회제출) 금융위원회가 금융소비자보호법(안)을 제시하고 난 이후, 쌍봉체제를 우리 금융감독 체계 개편의 새로운 대안으로 찬양하는 기성논고가 많이 쏟아져 나왔다. 그렇다면 여기서 말하는 쌍봉체제는 정확히 무엇인가? 기성논고는, 미시건전성감독과 (금융소비자보호를 포함한)영업행위감독이 분리·독립한 체제를 특정하여 쌍봉체제라 기술하고 있는데, 이러한 기준이 반드시 옳은 것 같지는 않다.

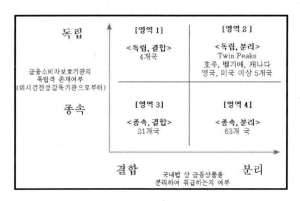

[도해 16. World Bank의 금융감독체계 분류][33]

World Bank가 네덜란드를 쌍봉체제의 분류에서 제외시킨 점, CFPB 설립이후 미국의 금융감독 체계가 쌍봉체제로 분류되어 있는 점만 보아도, 기성논고에서 제시한 쌍봉체제의 개념은 쉽게 흔들리고 만다. World Bank는 보호객체 및 분리·독립의 대상이라는 두 가지 기준으로 쌍봉체제 여부를 판별하고 있는데, 첫 번째로, 금융상품을 별도로 취급하여 법률로 보호하고 있는지, 두 번째로, 금융소비자보호기관이 미시건전성감독기관으로부터 유리되어 두 기관이 거시건전성감독기관하에 수평을 이루고 있는지가 바로 그것이다.

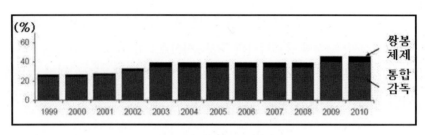

[도해 17. 쌍봉체제와 통합감독체계의 채택비율][34]

이러한 기준을 통해 판별된 쌍봉체제의 장점은, 미시건전성감독·금융소비자보호 간 이해상충가능성이라는 통합감독체계의 단점을 쉽게 극복할 수 있다는 것이다. 하지만 쌍봉체제는, 일반적인 상황에서도 금융주력자를 중복규제 할 수 있다는 점(반대로 규제 사각지대가 생길 수도 있다.), 금융위기가 촉발된 경우 분리·독립된 두 조직 간 유기적인 대응이 어렵다는 점이 단점으로 지적되고 있다.[35]

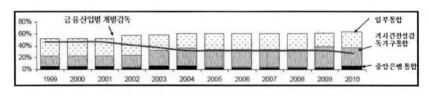

[도해 18. 통합감독체계 채택유형 및 금융 산업별 규제체계 채택추이][36]

33) 본 도해는 <-, "Global Survey on Consumer Protection and Financial Literacy: Results Brief Regulatory Practices in 114 Economies", 「-」-(The World Bank, 2013)>의 [Figure 4]를 한글화한 것이다.

34) 본 도해는, <Bryane Michael·Say Hak Goo·Dariusz Wojick, "Does Objectives-Based Financial Regulation Imply A Rethink of Legislatively Mandated Economic Regulation?; The Case of Hong Kong and Twin Peaks Financial Regulation", 「Enhancing Hong Kong's Future as a Leading International Financial Centre Project Research Paper」-(-, 2014)>의 [Figure 4b]를 한글화한 후 쌍봉체제와 통합감독체계만을 대비시킨 것이다.

35) 노형식, "건전성과 소비자보호의 조화를 위한 금융감독 방안", 「주간금융브리프」, 제19권 38호(2010), 3~5면.

오히려 전 세계적 관점에서는, 금융 산업별 개별감독체계에서 통합감독체계로 전환하는 추세([도해 18])로 볼 수 있고, 금융감독의 효율성 측면에서도 금융 산업별 개별감독체계와 비교했을 때 통합감독체계 및 쌍봉체제가 상대적으로 우위에 있다고 분석하는 견해는 존재하되,37) 금융감독 체계별 우열에 대한 실증연구는 찾아보기 어렵다. 실제로, 우리나라의 경우와 같은 통합감독체계를 채택하고 있는 국가의 숫자가 압도적으로 많고([도해 16]), 이러한 체계를 채택하고 있는 국가수의 추이도 쌍봉체제보다 가파르다는 점만 보아도([도해 17]), 쌍봉체제를 우리나라 금융감독 체계개편을 위한 이상향으로 포장하는 기성논고의 주장이 얼마나 사실과 동떨어져 있는 것인지 쉽게 알 수 있다.

(다) OECD 완전통합감독체계의 구축

이에 세 번째로, 그렇다면 다시 처음으로 돌아가서, 기존의 통합감독체계를 유지하면서 또 금융위원회의 설치 등에 관한 법률의 개정 없이, 완전통합감독체계를 구축할 수 있겠는가? 하는 물음이다. 이제는 ([도해 14] 우측의) OECD가 제시하고 있는 완전통합감독체계로 전환하고, 기존 감독체계의 문제점을 보완할 수 있도록 우리 법이 허용하는 한도 내에서 운영의 유연성도 함께 도모해야 하겠다.38) 그리고 이것이 어떻게 가능한 것인지, 이하에서 단계 별로 살펴보자.

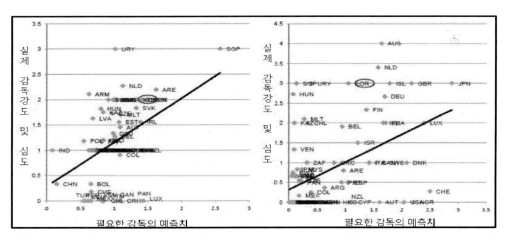

[도해 19. 건전성감독(좌측), 영업행위감독(우측)의 국가별 감독정도 비교]39)

---

36) 본 도해는, Bryane Michael · Say Hak Goo · Dariusz Wojick의 앞의 논문의 [Figure 4a]를 한글화한 것이다.

37) 김홍범, "우리나라 금융감독체계 개편: 주요 논점과 해법", 「한국금융학회 정기학술대회 발표논문」, 한국금융학회, 2013, 7면.

38) [도해 15] 우측의 감독체계는 <Stephen Lumpkin, "Supervision of Financial Services in the OECD Area", 「-」-(OECD, 2002)> [Figure 9]의 Fully Integrated Model을 대한민국의 현행법규(금융위원회의 설치 등에 관한 법률)에 맞게 적용한 것이다.

제1단계. 금융위원회가 거시건전성 감독기구로서의 정체성을 명확히 인식해야 한다. 금융위원회는 과거 금융감독기구의 설치 등에 관한 법률상, 금융감독업무에만 종사토록 업무영역이 제한되어 있었지만(금융감독기구의 설치 등에 관한 법률 제3조 제1항), 2008년 2월 28일 개정에서 금융정책·외국환업무 취급기관의 미시건전성감독업무를 함께 수행하게 되면서, 명실공히 거시건전성 감독기구로서의 면모를 갖추게 되었다. 이후 금융위원회는 금융안정성이라는 조직목표를 부여받았으며, 이는 "금융기관에 대한 검사·감독 업무 등을 수행(금융위원회의 설치 등에 관한 법률 24조 제1항)"하는 금융감독원의 목표와는 질적으로 차별화된 것이다. 더 나아가 우리의 건전성·영업행위감독이 (이론적으로) 필요한 감독의 정도(예측치)보다 꾸준히 높은 수준을 유지해왔음에도([도해 19]), 대형금융사고와 감독공백이 계속되고 있는 상황이기에, 금융감독체계 비효율성에 대한 자각과 이에 따른 구조개혁이 절실하다고 할 것이다.

제2단계. 금융위원회가 금융감독원의 미시건전성감독·영업행위감독·금융소비자보호업무로 삼분하는 내부구조개편을 지도·감독한다. 특히 금융위원회는 금융위원회 정관변경 및 예산·결산에 대한 승인권을 갖고 있기 때문에(금융위원회의 설치 등에 관한 법률 제18조), 금융위원회는 금융감독원 내 내부조직 개편을 단행하는 데 아무런 문제가 없다. 일단 내부구조를 삼분하고, 각 부서별로 지도·감독 및 예산·결산을 개별적으로 시행하면, 각 부서는 하나의 내부구조를 갖되 서로 분리·독립한 효과를 구가할 수 있을 것이다.

제3단계. 금융위원회는 삼분한 내부구조의 우열을 설정하되, 영업행위감독부서를 금융감독원장을 장으로 하는 수석합의체조직으로, 미시건전성감독·금융소비자보호부서를 금융감독부원장을 장으로 하는 단독조직으로 설정토록 지도·감독한다. 그리고 미시건전성감독부서는, [도해 16]의 건전성수치 감독업무에 한정하여 금융감독원 명의의 독자적 감독업무를 수행할 수 있으며, 금융소비자보호부서는, 금융소비자관련(민원조사·처리·분쟁조정·금융교육·연구)업무를 금융감독원 명의의 독자적 감독업무로 수행할 수 있다. 이에 조금이라도 벗어나는 감독행위는 금융위원회의 개별적 지도·감독을 받게 된다. 고유의 영업행위감독사항 및 영업행위감독·미시건전성·금융소비자보호업무 중 조금이라도 상호 중첩되는 경우, 이는 영업행위감독부서의 합의체조직이 의결하여

---

39) 본 도해는 <Martin Melecky·Anca Maria Podpiera, "Institutional Structures of Financial Sector Supervision, Their Drivers and Emerging Benchmark Models", 「-」(World Bank Blogs, 2012), pp.21~22>의 도해를 한글화한 것이며, 원 안에 있는 것이 대한민국의 지표이다.

금융감독원 명의로 감독업무를 수행하며, 금융감독원장 1인과 부원장 2인의 합의로 결정한 감독행위가 금융안정성에 위반하는 경우 금융위원회의 개별적 지도·감독을 받게 된다.

제4단계. 금융위원회는 금융소비자보호부서 산하에 (사후적분쟁) 해결조직을 두고, 금융감독위원회의 설치 등에 관한 법률 제51조 내지 제57조에 명문화되어있지 않은 중립성 관련 사항에 대해 지도·감독한다. 다만 본 해결조직의 중립성을 보장하기 위해 금융위원회가 지도·감독해야 하는 구체적 사항은, 금융감독위원장이 조정위원회의 구성을 그의 전권으로 좌우할 수 없도록, 중립적인 인사의 위촉을 지도·감독해야 한다는 것이다. 특히 금융위원회는 사안과 직·간접적 이해관계를 맺고 있는 자가 조정위원으로 위촉되지 않도록 지도·감독해야 할 것이며, 조정위원회의 장이 조정위원의 중립성감독·절차진행 외, 사실인정 및 실체적 법률판단에는 완전히 배제되도록 지도·감독해야 할 것이다.

(3) 금융주력자에 대한 증명책임 전환규정

셋, 금융주력자에 대한 증명책임 전환규정에 대한 개설과 평가이다. 본 제정(안) 제47조는, 제17조 내지 제19조에 해당하는 불완전판매가 일어난 경우, 원칙적으로 금융주력자에게 손해배상책임이 있다는 점을 명확히 하고 있다. 다만 증명책임과 관련해서는 약간 다른 입장을 취하고 있는데, 금융주력자가 불완전판매에 대한 고의·과실이 없음을 증명하거나, 계약체결 시 불완전판매가 있었다는 점을 금융소비자가 인식했다면 배상책임을 지지 않는 것으로 규정하고 있다. 하지만 혹자는 금융소비자보호법의 제정으로 인한 금융주력자의 규제부담을 고려해 보았을 때, 금융소비자가 불완전판매에 대한 증명책임을 부담하는 것이 형평의 견지에서 타당하다는 반론을 제기할 수 있다. 하지만 이는 사실이 아니다.

·금융상품의 시장가격 ; Mp	·금융상품의 단위원가 ; C
·금융상품의 수수료 ; F	·투자자의 총 자산 ; Ia
·시중은행 기준금리 ; Cr	·금융상품을 통해 수익이 날 확률 ; P
·금융상품을 통해 손해가 날 확률 ; 1-P	·금융분쟁 시 법률비용 ; L

금융소비자가 부담하는 금융상품의 시장가격(Mp)이 금융상품 단위원가(C)에 수수료(F)를 합한 것이라 가정했을 때, 적합성·적정성 원칙에 근거하여 불완전판매를 사전에 차단하기 위해서라도 시장가격이 투자자의 총 자산(Ia)보다는 낮아야 한다. 그리고 투자자의 확정적 투자의사결정은 금융상품을 통한 수익의 전체 기댓값이, 투자자의 총 자산(Ia)에 시중은행 기준금리(Cr)를 합한 값보다는 커야 할 것이다.

[1] 만약, $Mp = C + F$ 라고 가정했을 때,

[2] $Mp < Ia$ 이어야 하고,

[3] $Ia + (Ia * Cr) < Mp + Mp * P$ 이어야 한다.

이때 금융소비자의 확정적 투자의사결정은, [3] 식의 좌변에 투자손실과 법률비용(L)을 합한 후에도 부등호가 바뀌지 않아야 가능한 일이다. 왜냐하면 불완전판매를 피하기 위한 금융주력자의 의무를 모두 이행한다면, 금융소비자가 자신의 법률행위책임에 대한 상세를 지득(知得)할 수밖에 없기 때문이다.

[4] $Ia + (Ia * Cr) + [Mp + (Mp * (1 - P) + L] < Mp + Mp * P$

즉, 금융소비자와 금융주력자 간 정보격차가 0으로 수렴할수록, 금융소비자에게서 불완전판매의 증명책임 부담을 덜어주는 것이, 금융소비자의 확정적 투자의사결정을 내리게 하는데 훨씬 용이하다는 결론에 도달하게 된다. 그러므로 금융소비자보호기본법 제정(안)의 규제부담을 고려하더라도, 불완전판매의 증명책임을 금융주력자가 부담하는 것이 합리적이다. 그러한 측면에서 본 논고는, 본 제정(안)에서 규정하고 있는 증명책임 조항을 대폭 수정하여, 금융주력자에게 증명책임을 완전히 전환해야 한다고 주장하는 바이다.

V. 결론

[명제 1]
핀테크 열풍은 금융기술 혁신일 뿐, 금융상품 혁신을 통한 본질에 이르지 못했다.

[명제 2]
기술 중심의 정부정책기조와 금융주력자의 미래전략이 온라인 금융환경을 조성했다.

[명제 3]
금융상품 이해의 자율화가 강제되는 금융환경서 불완전판매는 더 확장될 것이다.

[명제 4]
불완전판매의 구조적 원인은 대리인 문제의 발현 때문이다.

[명제 5]
불완전판매의 사회적 원인은 금융소비자보호 관련 담론의 충돌 때문이다.

[명제 6]
사전적 대안으로서 금융상품테스트베드를 법제화해야 한다.

[명제 7]
사전적 대안으로서 2016년 6월 28일 입법예고한 금융소비자보호기본법제정(안)의 소비자 안전성, 선택의 자유도, 피해구제의 공정성·신속성 관련규정을 수정해야 한다.

본 논고는 'VI'장에서, 상기한 [명제 6, 7]을 도출했다. 그리고 본 논고의 핵심논지는, 지금까지 각 장마다 도출한 전체 명제를 합한 내용과 같으며, 이 같은 논지의 일관성은, 최근 대한민국의 핀테크 열풍을, 금융주력자 관점에서의 혁신이 아닌, 금융소비자 관점에서의 위기로 재해석한 데 따른 것이다.

이제 맺음말을 끝으로 본 논고를 마치고자 한다. 금융산업의 부흥을 꾀한다면서도, 변변한 금융소비자보호제도 하나 마련하지 못한 대한민국 핀테크의 현실은, '브레이크 없는 폭주기관차'와 다름없다. E-Business의 세일즈 혁명이 소비자 후생증대에 기인한다는 사실은, 이미 오래전 마케팅 분과에서 실증된 보편적 상식이다. 금융산업이라고 해서 예외가 될 수 있겠는가? 금융산업의 부흥과 양적 확장을 위해서라도, 금융소비자 보호를 통한 금융산업의 질적 성장이 선결되어야 한다. 이에 일관하여 2012년을 기점으로, 입법론이라는 둑 안에 고여 있던 금융소비자 보호를 위한 법적 논의가, 현실세계에 하수처럼 흘러나오기를 고대한다. 그리고 그렇게 흘러간 성문규범이, 선량한 금융소비자들에게 둘도 없는 약수가 되어 주기를, 또 지속가능한 금융시장으로의 패러다임 전환에 밑알이 되어주기를 간절히 기대한다.

[참고자료]: 통합감독체계 및 쌍봉체제채택의 추이
(Martin Melecky · Anca Maria Podpiera(상기 7 · 10 · 12면)의 도해를 한글화하여 해설한 것이다)

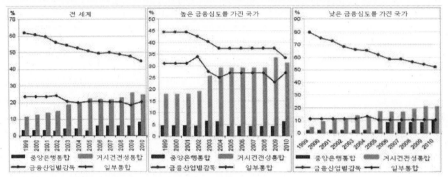

· 금융산업별감독(기관별감독)은 지속적으로 낮아지는 추세
· 통합감독(거시건전성감독기관 혹은 중앙은행에)은 지속적으로 높아지는 추세

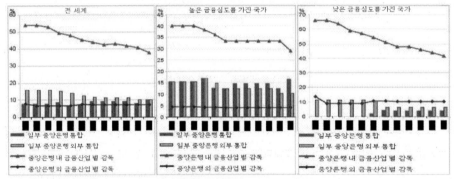

· 일부 중앙은행 내 통합감독의 경우 중 미세하게 높아지는 추세
· 일부 중앙은행 외(거시건진싱감독기관) 통합감독의 경우 낮아지는 추세
· 금융산업별감독(기관별감독)은 가파르거나(중앙은행 내) 미세하게(외) 낮아지는 추세

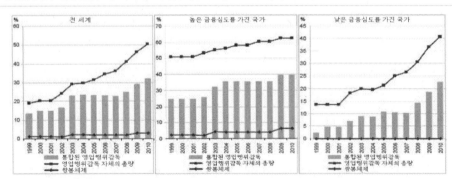

· 영업행위감독 자체의 총량은 매우 높아지는 추세
· 위 감독의 총량 중 절반은 통합감독(거시건전성감독기관 혹은 중앙은행)이 맡는 추세
· 쌍봉체제는 높은 금융심도를 가진 국가에서 한정하여 미미하게 높아짐

제10장 미술저작물의 저작인격권과 소유권의 충돌과 조화[*]

Ⅰ. 서론

우리 민법 제211조에서는 "소유자는 법률의 범위 내에서 그 소유물을 사용, 수익, 처분할 권리가 있다."고 규정하고 있는데, 이러한 민법상 소유권은 그 대상이 되는 물건을 직접 배타적으로 지배할 수 있는 권리 즉 지배권으로서의 성격을 가진다. 한편 저작권도 배타적 지배권의 성격을 가지고 있는 것은 민법상 소유권과 마찬가지이다.[1] 이러한 배타권에 기하여 소유권방해에 대해서는 방해배제청구권(민법 제214조)이, 저작권침해에 대해서는 침해배제청구권(저작권법 제123조)이 각각 인정된다는 점에서 소유권과 저작권은 유사한 구제수단을 가진다고 할 수 있다.[2]

그런데 민법상 소유권과 저작권법상 저작인격권 특히 동일성유지권이 충돌 내지 경합하는 경우 양자 모두 배타적 지배권의 성격을 가지는 점에 비추어 양자가 충돌 내지 경합 시 어느 권리가 우선하느냐 하는 문제가 등장하게 된다.

대상판결의 주요쟁점 중 하나는 피고 대한민국이 피고의 요청에 따라 원고가 제작하고 설치한 도라산역 벽화를 원고의 동의 없이 떼어낸 후 소각하여 폐기한 경우, 저작권자인 원고의 동일성유지권 침해를 이유로 한 손해배상청구를 할 수 있느냐 하는 것이다. 나아가 가사 저작권법상 동일성유지권 침해는 성립하지 않는다 하더라도, 일반적 인격권의 침해 내지 예술의 자유의 침해를 이유로 한 민법상 내지 국가배상법상 불법행위의 성립은 가능한가 하는 것이 문제된다.

---

 * 이 논문은 경북대학교 법학연구원의 「법학논고」 제55집(2016)에 게재된 것임.
1) 이해완, 「저작권법(제2판(전면개정판))」, 박영사, 2012, 266면; 서달주, 「저작권법(제2판)」, 박문각, 2009, 32~33면 .
2) 권영준, "저작권과 소유권의 상호관계: 독점과 공유의 측면에서", 「경제규제와 법」, 제3권 제1호(2010), 178면 주102).

Ⅱ. 사실관계 및 원·피고의 주장요지 및 사건의 진행경과

1. 사실관계

원고는 1968년경 이래 대학교수 등으로 재직하여 온 명망 있는 미술가로서 특히 비무장지대에 특별한 관심을 가지고 작품 활동을 해 왔다. 피고(통일부)는 도라산역 건축공사와 관련하여 2006. 3.경 원고에게 이 사건 벽화제작을 의뢰하였다. 이에 따라 원고는 2007. 1. 23. 도라산역 건축공사를 실제 시공하는 ○○주식회사와 사이에 8,000만 원에 도라산 역사 내에 미술품을 제작하여 설치하는 내용의 계약을 체결하였다. 원고는 도라산 역사 내 벽 및 기둥들에 '포토콜라쥬' 기법을 활용한 14점의 벽화(이하 '이 사건 벽화'라 함)를 제작하여 설치하였고, 위 계약에 따라 제작대금을 모두 지급받았다. 이후 ○○주식회사는 도라산역 건축공사를 완료하였고, 이에 수반하여 피고에게 순차적으로 이 사건 벽화를 인도함으로써 피고는 이 사건 벽화를 소유하게 되었다. 그런데 피고는 2010. 5. 6. 이 사건 벽화를 철거하기로 결정하였고, 원고의 동의 없이 임의로 이 사건 벽화에 물을 분사하여 원래의 규격보다 작게 절단한 후 벽체에서 분리하는 방법으로 철거작업을 감행함으로써 같은 해 5. 18. 그 철거를 완료하였으며, 그 과정에서 이 사건 벽화를 크게 손상시켰다. 그 후 피고는 이 사건 벽화를 철거한 이후 남북출입사무소 내 어느 공간에서 이를 방치하다가 2011.초경 도라산역 인근 공터에서 이 사건 벽화를 소각하였다.

2. 원·피고의 주장요지

원고는 이 사건 벽화의 무단 파괴행위는 저작권법상 '개변'에 의한 동일성유지권 침해에 해당하므로 저작인격권 침해로 인한 손해배상과 저작권법 제127조의 명예회복에 필요한 조치를 요구하였다. 또 피고의 이 사건 벽화의 파괴행위는 헌법상 보장된 원고의 예술의 자유 또는 인격권을 침해하는 위법행위로서 원고에게 커다란 정신적 고통을 겪게 하였으므로, 국가배상법 제2조 제1항, 민법 제750조, 제751조에 따른 위자료 지급을 구하였다. 이에 피고는 소유권의 권능에는 저작물을 파괴할 권리도 포함되며, 이 사건 벽화의 철거, 절단 등은 폐기과정의 일부일 뿐이므로 별도로 동일성유지권을 침해한다고 볼 수 없고 또, 원고가 주장하는 장소특정적 미술 이론은 현행 저작권법의 해석상 인정되지 아니한다고 반론하였다. 나아가 피고는 원고의 작품 창작 활동에 간섭하거나 작품의 표현 자체를 금지한 것이 아니므로 원고의 예술의 자유를 침해한 바가 없으며, 단순히 원고의 주관적 명예감정의 침해만으로는 명예훼손이 될 수 없어 인격권에 대한 침해에 해당하지도 않는다고 항변하였다.

3. 사건의 진행경과

제1심[3]에서는 원고의 저작인격권 침해의 점[4] 및 예술의 자유 또는 인격권을 침해의 점[5]에 대해서 모두 원고의 주장을 배척하였다. 이에 항소심인 원심[6]은 이 사건 벽화 폐기행위에 대하여 동일성유지권을 침해하지 않았지만 이와 별도로 법적으로 보호할 가치가 있는 인격적 이익의 침해는 인정된다고 판단하였다. 피고는 상고이유에서 '저작인격권 침해에 해당하지 않는다고 평가된 행위는 당연히 법적으로 보호할 가치가 있는 인격적 이익에 대한 침해로도 될 수 없다'고 주장하였으나, 대법원은 이러한 주장을 배척하였다. 다만 대법원은 피고의 벽화파괴행위가 원고의 예술의 자유 또는 인격권을 침해한 불법행위에 해당하므로 피고의 원고에 대한 국가배상책임을 인정하였다.

Ⅲ. 대상판결의 요지

1. 원심 판결요지[7]

가. 원고의 동일성 유지권 침해 여부: 부정

동일성유지권은 저작물 소유권자의 처분행위에 대항할 수 없다고 보아야 한다. 즉, 피고가 이 사건 벽화를 떼어낸 후 소각하여 폐기한 것은 이 사건 벽화의 소유권자로서의

---

3) 서울중앙지방법원 2012. 3. 20. 선고 2011가합49085 판결[손해배상].
4) 제1심 법원은, "소유자가 저작물을 저작자의 동의 없이 변경하여 이용하는 것이 아니라 소유자가 저작물을 완전히 파괴하는 경우라면, 일반적으로 그 파괴행위가 예술가의 동일성유지권을 침해하는 행위에 포섭된다고 볼 수 없다"고 판시하였다.
5) 제1심 법원은 "이 사건 파괴 행위의 과정에서 이 사건 벽화가 훼손되었다고 하더라도, 피고의 소유권 행사로 인한 이 사건 벽화의 파괴가 정당한 이상 그 훼손행위만을 두고 원고의 예술의 자유 내지는 인격권이 침해되었다고 볼 수 없다"고 판시하였다.
6) 서울고등법원 2012. 11. 29. 선고 2012나31842 판결[손해배상].
7) 서울고등법원 2012. 11. 29. 선고 2012나31842 판결[손해배상].

권능을 행사한 것이라고 보아야 하고, 이에 대하여 원고가 동일성유지권을 주장할 수는 없다고 보아야 한다. 즉 원고가 저작물 원본에 대한 소유권을 피고에 양도하고 이에 대한 대가도 지급 받은 이상, 그 저작물이 화체된 유형물의 소유권자인 피고의 그 유형물 자체에 대한 처분행위를 제한할 법적 근거가 없으며, 특별한 사정이 없는 한 저작권법상 동일성유지권이 보호하는 '저작물의 동일성'은 저작물이 화체된 유형물 자체의 존재나 귀속에 대한 것이 아니라 그 저작물의 내용 등을 대상으로 하는 것이라고 해석할 수밖에 없다. 만일 저작인격권자가 저작물 원본의 소유권 양도 후에도 동일성유지권을 유보하고 소유권의 행사에 대하여 언제라도 이를 추급할 수 있게 한다면, 저작물의 소유권자로 하여금 저작물 보유에 대한 예측할 수 없는 과도한 부담을 갖게 하여 오히려 저작물의 원활한 유통을 저해함으로써 저작권자의 권리를 해할 우려도 있다. 그리고 피고가 이 사건 벽화를 철거하는 과정에서 손상한 행위, 절단한 행위, 방치하여 추가로 손상한 행위는 개별적으로 나누어 보면 동일성유지권 침해 행위를 구성할 여지도 있으나, 위에서 살펴본 바와 같이, 그 궁극적인 폐기행위를 저작인격권의 침해로 볼 수 없는 이상, 위 손상, 절단 등의 행위는 폐기를 위한 전 단계 행위로서 그 폐기행위에 흡수되어 별도의 저작인격권 침해를 구성하지 아니한다고 보아야 할 것이다.

나. 원고의 예술의 자유 또는 인격권을 침해한 불법행위에 해당 여부: 성립

특정 공공장소에 설치된 특별한 의미가 있는 시각예술은 그 작품의 의미와 설치상소가 하나로 결합하여 새로운 예술적 가치와 공간적, 역사적 의미를 창조하게 된다. 이러한 창작물이 관람객들에 대하여 상당한 인지도를 얻게 되는 정도에 이르면, 창작자 개인이 위 작품이 현상 그대로 유지되는 데 대하여 커다란 이익을 갖게 됨은 물론, 공공적 측면에서도 이를 후대를 위한 문화예술자산으로 유지·보전하여야 할 이익이 발생한다.

따라서 국가인 피고는 이 사건과 같이 스스로 설치하여 인지도를 얻은 공공예술작품을 완전히 폐기하는 데에는 신중하여야 하고 공론화의 과정을 충분히 거쳐 결정하여야 할 것이다. 특정 예술작품을 국가가 일정한 잣대 아래 일방적으로 평가하는 것은 자칫하면 예술에 대한 국가의 감독으로 이어질 수 있어 예술의 자유를 정면으로 침해할 가능성이 있고 위 책무를 저버릴 위험도 있다.

결국, 피고가 이 사건 벽화의 철거를 결정하기 위해 거친 위와 같은 절차는, 공론의 장을 충분히 거쳤다고 볼 수 없는 매우 형식적인 것이었다고 평가할 수밖에 없으며, 그 철거가 어떠한 공익적 목적을 위한 것인지도 불분명하다. 또 이 사건 벽화는 앞서 본 정부미술품 보관관리규정에서 규정한 수복이 불가능하거나 보존가치가 없는 경우에 해당한다고 보기 어려우므로, 피고가 이 사건 벽화의 내용이 부적절함을 이유로 이를 소각하는 방법으로 폐기해 버린 것은 위 규정8)에 명백히 위반되는 것이라고 보인다. 피고가 이 사건 벽화를 떼어내는 과정에서 어느 정도의 손상이 있었다고 하더라도 복원 과정 등을 통하여 이 사건 벽화를 다시 제작한 후 다른 곳에 전시하거나 보관하는 것이 가능할 수도 있었다고 보인다. 원고는 이 사건 벽화를 완성하기 위하여 필생의 노력을 기울여 왔다고 주장하고 있고, 이 사건 벽화가 원고에게 특별한 의미가 있는 장소에 전시되어 후대에도 원고의 대표작으로 남게 될 것으로 기대하였을 것으로 보이므로, 설령 이 사건 벽화가 도라산역에서 철거되었다고 하더라도 그 작품의 보존에 대하여 상당한 이익을 가지고 있었다고 할 것이다.

위의 여러 사정에 비추어 보면, 피고 산하 남북출입사무소 소속 공무원이 이 사건 벽화를 철거한 후 소각한 행위는 원고가 예술창작자로서 갖는 법적으로 보호할 가치가 있는 인격적 이익을 침해하는 행위로서 객관적인 정당성을 인정할 수 없는 위법한 행위라 할 것이고, 그로 인하여 원고가 정신적 고통을 겪었을 것임은 경험칙상 분명하므로, 피고는 국가배상법 제2조 제1항에 따라 원고에게 위자료를 지급할 의무가 있다.

2. 대법원의 판단 요지9)

(1) 저작권법은 공표권(제11조), 성명표시권(제12조), 동일성유지권(제13조) 등의 저작인격권을 특별히 규정하고 있으나, 작가가 자신의 저작물에 대해서 가지는 인격적 이익에 대한 권리가 위와 같은 저작권법 규정에 해당하는 경우로만 한정된다고 할 수는 없으므로 저작물의 단순한 변경을 넘어서 폐기 행위로 인하여 저작자의 인격적 법익 침해가 발생한 경우에는 위와 같은 동일성유지권 침해의 성립 여부와는 별개로 저작자의 일반적 인격권을 침해한 위법한 행위가 될 수 있다.

---

8) 물품관리법시행령(2011. 12. 30. 대통령령 23429호로 개정되기 전의 것) 제51조 제2항의 위임에 따라 정부미술품의 관리를 위해 제정된 정부미술품 보관관리규정(2010. 2. 4. 조달청고시 제2010 - 4호) 제4조 제1항 제2호, 제8조, 제9조 제2항 등 이러한 물품관리규정.

9) 대법원 2015. 8. 27. 선고 2012다204587 판결[손해배상].

(2) 예술작품이 공공장소에 전시되어 일반대중에게 상당한 인지도를 얻는 등 예술작품의 종류와 성격 등에 따라서는 저작자로서도 자신의 예술작품이 공공장소에 전시·보존될 것이라는 점에 대하여 정당한 이익을 가질 수 있으므로, 저작물의 종류와 성격, 이용의 목적 및 형태, 저작물 설치 장소의 개방성과 공공성의 정도, 국가가 이를 선정하여 설치하게 된 경위, 폐기의 이유와 폐기 결정에 이른 과정 및 폐기 방법 등을 종합적으로 고려하여 볼 때 국가 소속 공무원의 해당 저작물의 폐기 행위가 현저하게 합리성을 잃고 저작자로서의 명예감정 및 사회적 신용과 명성 등을 침해하는 방식으로 이루어진 경우에는 객관적 정당성을 결여한 행위로서 위법하다고 할 것이다.

IV. 벽화 전부폐기 내지 파괴와 저작권법상 동일성유지권 침해여부

1. 우리 저작권법의 동일성유지권 규정과 문제점

우리 저작권법은 저작인격권으로서 공표권(제11조 1항), 성명표시권(제12조 1항, 2항 본문), 동일성유지권(제13조 1항)을 두고 있다. 이와 관련하여 각 저작인격권의 행사가 제한되는 경우도 개별적으로 두고 있다(법 제11조 2항 내지 5항, 제12조 2항 단서, 제13조 2항). 특히 동일성유지권에 관해서는 "저작자는 그의 저작물의 내용·형식 및 제호의 동일성을 유지할 권리를 가진다."고 규정하고 있다(법 제13조 1항). 또 동일성유지권 행사의 제한과 관련하여서는, 학교 교육목적상 부득이하다고 인정되는 범위 내에서의 표현의 변경(제13조 2항 1호), 건축물의 증축·개축, 그 밖의 변형(동항 2호), 특정 목적의 컴퓨터프로그램과 관련한 필요한 범위에서의 변경(동항 3호·4호), 그 밖에 저작물의 성질이나 그 이용의 목적 및 형태 등에 비추어 부득이하다고 인정되는 범위 안에서의 변경(동항 5호)에 관한 규정을 두고 있다. 현행법은 구법과는 달리 "명예와 성망을 해"한다는 요건을 요하지 않으므로 명예와 성망을 해치지 아니하는 변개도 동일성유지권을 침해할 수 있고, 금지 및 손해배상청구의 대상으로 될 수 있다.[10]

한편, 저작권법 제35조에서는 저작물이 표현된 유체물의 소유권과 저작물에 대한 저작재산권이 경합하는 일정한 사안에 관하여 규정하고 있다. 즉 미술저작물 등의 전시 또

---

10) 송영식 외, 「지적소유권법(제2판)」, 육법사, 2013, 598면.

는 복제에 관한 저작권법 제35조의 규정에 따라서, 미술저작물 등의 원본의 소유자나 그의 동의를 얻은 자는 그 저작물을 원본에 의하여 전시할 수 있다. 다만, 가로·공원· 건축물의 외벽 그 밖에 공중에게 개방된 장소에 항시 전시하는 경우에는 그러하지 아니 하다(제1항). 그와 같이 개방된 장소에 항시 전시되어 있는 미술저작물 등은 ①건축물을 건축물로 복제하는 경우, ②조각 또는 회화를 조각 또는 회화로 복제하는 경우, ③개방 된 장소 등에 항시 전시하기 위하여 복제하는 경우, ④판매의 목적으로 복제하는 경우 등의 경우를 제외하고는 어떠한 방법으로든지 이를 복제하여 이용할 수 있다(제2항). 제 1항의 규정에 따라 전시를 하는 자 또는 미술저작물 등의 원본을 판매하는 자는 그 저 작물의 해설이나 소개를 목적으로 하는 목록 형태의 책자에 이를 복제하여 배포할 수 있다(제3항). 그리고 공표권과 관련하여 저작권법 제11조 제3항에서는 "저작자가 공표 하지 아니한 미술저작물 등의 원본을 양도한 경우에는 그 상대방에게 저작물의 원본의 전시방식에 의한 공표를 동의한 것을 추정한다."고 규정하고 있다.[11]

그런데 문제는 이 사건처럼 미술저작물의 원본이 완전히 파괴되는 경우와 같이, 저작 물이 화체된 유형적 매체의 소유권과 저작물에 대한 저작인격권이 충돌 내지 경합하는 경우에 대해서는 저작권법에 구체적인 언급이 없다는 점이다.[12] 그렇기 때문에 결국 해 석론 내지 입법론에 위와 같은 소유권과 저작인격권의 충돌 시 조정방안을 맡기고 있다 할 것이다.

2. 동일성유지권과 소유권의 충돌과 조정에 관한 입법례

지금까지 연구된 선행연구에 따르면, 주로 독일을 중심으로 프랑스, 벨기에, 네덜란드 등 유럽 판례가 국내에 많이 소개되었다.[13] 필자는 이런 연구 상황을 고려하여 아래에서 는 유럽 각국의 입법례와 판례는 선행연구를 요약하고, 연구가 적은 미국판례도 함께 소 개하기로 한다.

---

11) 이해완, 앞의 책, 267면.

12) 박성호, "국가에 의한 반달리즘과 예술가의 인격권 침해", 「계간저작권」, 제112호(2015), 43면.

13) 선행연구를 보면, 이상정, "소유자의 작품 파괴와 저작인격권", 「계간저작권」, 제97호(2012), 46~57면; 계승균, "소유자의 저작물 파괴와 저작권", 「창작과 권리」, 제62호(2011), 144~150면; 桂承均, 著作権と所有権との関係についての一考察 ―ド イツの事例を中心として―, 知的財産法政策学研究 vol.43, 北海道大学情報法政策学研究センター, 2013, 190~210頁 등 참조.

가. 베른협약

베른협약 제6조의 2 제1항에서는 "저작자는 ... 저작물과 관련하여 그의 명예나 명성을 해할 우려가 있는 왜곡·절제(mutilation)·그 밖의 변경 또는 그 밖의 훼손행위(derogatory action)에 대하여 이의를 제기할 권리를 가진다."고 규정하고 있고, 동조 제2항에서는 저작자 사후(死後)의 저작인격권(성명표시권과 동일성유지권)의 보호에 관하여 규정하고 있으며, 동조 제3항에서는 저작인격권의 구제방법은 보호가 요구되는 국가의 법률에 의한다고 규정하고 있다. 베른협약은 '명예(honor) 또는 명성(reputation)'[14]을 동일성유지권 침해요건에 포함시키고 있는 점에서 이를 규정하고 있지 아니한 우리 저작권법과는 다르다.[15] 따라서 우리 저작권법은 베른협약과 달리 동일성을 훼손하는 변경행위가 있으면 저작자의 명예나 명성을 해할 우려가 없더라도 동일성유지권 침해의 성립을 인정하므로, 동일성유지권 침해가 성립하는 범위에 있어서 우리 저작권법이 베른협약보다 넓다고 볼 수 있다.[16] 이와 관련하여 1948년 베른협약 브뤼셀 개정회의에서 헝가리 대표단이 동일성유지권의 내용 속에 저작물이 화체된 유체물의 '파괴'에 대해 이의를 제기할 수 있는 권리를 추가하자는 의안을 제시한 바 있으나, 소위원회 단계에서 위 의안은 채택되지 않았다.[17]

결국 베른협약에 의하더라도, 작품파괴와 관련하여 저작물이 화체된 유형적 매체의 소유권과 저작물에 대한 동일성유지권이 경합하는 경우와 관련해서는 구체적인 언급이 없다고 볼 수 있다.

나. 미국 저작권법

(1) 미국 저작권법 제106조의 A(a)(3)의 의한 저작인격권 보호

미국 저작권법은 1990년 개정을 통하여 비록 시각적 예술가(visual artists)에 한하지만 저작인격권의 보호를 연방저작권법에 규정하고 있다.

미국 저작권법 제106조의 A(a)(3)[18]에서는 "제113조 (d)항[19]의 경우를 제외하고, 다

---

14) 여기서의 명예나 명성은 주관적 명예감정이 아니라 사회로부터 받는 객관적 평가, 즉 사회적 명예를 가리킨다(박성호, 앞의 논문, 55면).

15) 김형렬, "동일성유지권에 있어서 '동일성' 개념에 대한 재고찰", 「산업재산권」, 제30호.(2009), 43면.

16) 박성호, 앞의 논문, 55~56면.

17) 박성호, 앞의 논문, 44면.

음의 권리를 가진다. (A) 그의 명예나 명성을 손상하는 저작물의 고의적 왜곡, 훼절, 또는 기타 변경, 그리고 그 권리에 대한 침해가 되는 저작물의 고의적 왜곡, 훼절, 또는 기타 변경을 금지할 권리; 및 (B) 인정된 지위를 가진 자의 저작물의 파괴를 금지하고, 그 권리의 침해가 되는 저작물의 고의 또는 중대한 과실에 의한 파괴를 금지할 권리"를 규정하고 있다. 여기서 '고의적 왜곡, 훼절, 또는 기타 변경'에는 시간의 경과나 재료의 고유의 성질의 결과로 만들어진 시각예술저작물의 변경은 포함되지 않는다. 또 저작물의 배치 및 빛을 포함하여 저작물의 보존 또는 공개 전시의 결과 일어난 시각예술저작물의 변경은 중대한 과실에 의하지 않는 한 '고의적 왜곡, 훼절, 또는 기타 변경'에 포함되지 않는다.

즉, 미국 저작권법은 '인지된 저명도 내지 인정된 지위'(recognized stature)를 가진 시각예술저작물의 저작자에게 그 저작물(a work of recognized stature)을 고의 또는 중대한 과실로 파괴하는 것에 대해 금지할 권리를 부여하고 있다.

부언하면, 미국 저작권법에서는 저작인격권에 대한 일반적 규정은 없지만, 미국이 베른협약에 가입한 이후 시각예술가권리법(The Visual Artists Rights Act of 1990, 'VARA')을 입법하면서, 시각예술가들에게 성명표시권과 동일성유지권을 부여하게 된 것이다. 저작인격권이 부여되는 시각예술저작물은 1개만 존재하는 회화, 소묘, 판화 또는 조각 또는 저작자가 서명하고 일련번호가 부여되는 200개 이하의 한정된 복제물, 조각의 경우에는 저작자에 의하여 일련번호가 부여되고 저작자의 서명 또는 다른 저작자의 확인표시가 있는 200개 이하의 조각물을 말한다. 전시 목적만을 위하여 제작된 정지된 사진영상의 경우에는 저작자가 서명한 한 개의 작품 또는 저작자가 서명하고 연속적인 번호가 부여되는 200개 이하의 한정된 복제물을 말한다.

그러나 포스터, 지도, 지구의, 도면, 기술적 제도, 도해, 응용미술(applied art), 영화 또는 다른 시청각저작물, 책, 잡지, 신문, 간행물, 데이터베이스, 전자정보서비스, 전자출판, 기타 유사한 출판물 등은 포함되지 않는다. 상업제품, 광고, 선전, 포장물질, 업무상 저작물도 제외된다.

이와 관련하여 Cheffins v. Stewart 사건[20]에서 2016년 6월 8일 제9순회연방항소법원

---

18) 17 U.S.C. § 106A(a)(3).

19) 미국 저작권법 제113조 (d)항에서는 시각예술저작물이 건물에 구체화되거나 그것의 일부를 구성하고 있어서 건물로부터 분리할 경우 저작물의 파괴, 왜곡, 훼절 또는 기타 변경을 일으킬 경우 저작인격권이 적용되지 않는 예외를 규정하고 있다.

20) Cheffins v. Stewart, 2016 WL 3190914 (9th Cir. June 8, 2016). 이 사건의 1심은 Cheffins v. Stewart, 2011 WL 196932

은 16세기 스페인 대형 범선(Spanish galleon)으로 변형된 스쿨버스는 응용미술로서 '시각예술가권리법'(VARA)상의 시각예술저작물에 해당하지 않는다고 판시하였다.

또한 미국 저작권법 제202조에서는 "저작권 또는 저작권을 구성하는 배타적 권리의 소유는 당해 저작물이 수록된 유체물의 소유권과 구별된다. 저작물이 최초로 고정된 복제물이나 음반을 포함한 유체물의 소유권 이전은 그 자체로서 유체물에 수록된 저작권이 있는 저작물에 대한 권리를 이전하는 것이 아니며, 합의가 없는 한 저작권 또는 저작권을 구성하는 배타적 권리의 소유권의 이전은 유체물에 대한 소유권을 이전하는 것이 아니다."라고 규정하고 있으며, 저작권과 저작물이 화체된 유체물의 소유권을 명백히 구별하고 있다.

(2) 미국 판례 - 시각예술가권리법(VARA)이 적용된 사례

지금까지 오직 두 개의 법원 즉, 'Carter v. Helmsley-Spear, Inc. 사건(1심) 및 Martin v. City of Indianapolis' 사건만이 공공에 전시된 조각저작물에 대한 사건에 관하여 시각예술가권리법(VARA)에 기하여 동일성유지권(right of integrity)을 주장한 예술가들에게 금지명령 내지 손해배상의 구제를 인정하였다고 볼 수 있다.[21] 최근 시각예술가권리법에 기한 또 다른 소송, 예컨대 Phillips v. Pembroke Real Estate 사건 및 Pollara v. Seymour 사건에서도 공공미술의 보전이 다시 쟁점이 되었다. 그렇지만, 앞의 두 사건과 대조적으로 Phillips v. Pembroke Real Estate 사건 및 Pollara v. Seymour 사건은 시각예술가권리법에 기한 예술가의 보호를 부정하였다. 그 이유는 시각예술가권리법에 기하여 보호되는 저작물의 유형이 좁다는 점과 시각예술가권리법이 새로운 저작물의 창작을 증진하는 점에 있어서 예술가들에 도움이 되기보다는 오히려 해로움을 끼치고 있다고 넓게 시사되고 있다는 점에 기인한다고 평가된다.[22] 이하 미술저작물의 원작품의 파괴와

(D. Nevada, Jan. 20, 2011). [사건의 개요] Simon Cheffins and Gregory Jones는 불타는 남자 대항 예술 축제(the Burning Man countercultural art festival)에서 사용하기 위해 중고 학교버스에서 16세기 스페인 갤리온범선의 복제품인 '백작부인'(the La Contessa)을 만들었다. Cheffins와 Jones는 VARA (17 U.S.C. § 106A)를 위반하여 '백작부인'(the La Contessa)을 파괴하였음을 이유로 네바다(Nevada)지방법원에 소유자인 스튜어트(Stewart)를 상대로 소를 제기하였다. 네바다지방법원은 '백작부인'(the La Contessa)이 응용미술이고 그래서 성문법 VARA에 의하여 보호되지 않는다고 판시하면서 원고들의 청구를 기각하였다. 제9순회연방항소법원은 네바다지방법원의 판시내용을 그대로 확인하였다. 즉, 제9순회연방항소법원은 스페인 갤리온(Spanish galleon-15~17세기에 사용되던 스페인의 대형 범선)처럼 보이게 한 스쿨버스는 '응용미술'이라고 판시한 뒤, 시각예술가권리법(VARA)하에서 보호받을 수 없다고 판시하였다.

21) Carter v. Helmsley-Spear, Inc. 861 F. Supp. 303 (S.D.N.Y. 1994), 그리고 Martin v. City of Indianapolis. 192 F.3d 608 (7th Cir. 1999).

22) Natalia Thurston, "Buyer Beware: The Unexpected Consequences of the Visual Artists Rights Act," 20 *Berkeley Tech. L.J.* 701,

관련하여, 1심 내지 2심에서 시각예술가권리법에 기해 저작인격권의 행사를 긍정한 적이 있는 사례를 살펴본다.

(가) 'Carter v. Helmsley-Spear, Inc.' 사건[23]

이 사건 제1심 뉴욕남부연방지방법원은 원고 Jx3 (John Carter, John Swing and John Veronis)가 1994년 뉴욕 사무실의 로비에 설치한 조각저작물(a sculptural work)에 대해서 이를 임의로 제거 내지 파괴한 건물주의 행위에 대해서 시각예술가권리법(VARA) 위반이라고 판단하였다. 이와 관련하여 '인정된 지위'(recognized stature)에 대해서는 시각예술가들의 권리에 관한 법(VARA)에 어떠한 정의규정도 없다. 여기서 이 사건은 '인정된 지위'(recognized stature)에 대해서 정의를 내리고 적용한 사례로서 리딩 케이스로서 평가받고 있다. 즉 어떤 작품이 '인정된 지위'(recognized stature)를 획득하였는지 여부의 판단기준에 대해, 뉴욕남부연방지방법원은 전문가 증언(art expert testimony), 예술가 커뮤니티의 구성원 및 사회적 평가에 기초하여 판단하여야 하고, 원고가 이를 입증하기 위해서는 대부분의 경우 사실판단을 위한 배심원 재판이전에 증명에 필요한 전문가 증인(expert witnesses)을 부를 필요가 있다고 판시하였다. 이러한 기준아래 연방지방법원은 대상 작품이 '인정된 지위'(recognized stature)를 가졌다고 할 말한 자격이 있으므로 시각예술가들의 권리에 관한 법(VARA)에 의하여 보호받아야 한다고 판시하였다.

그런데 제2순회연방항소법원은 연방지방법원의 판결을 번복하였다. 그 이유는 대상 작품이 업무상저작물 내지 고용저작물(a work-made-for hire)에 속하는 것이므로, 시각예술가들의 권리에 관한 법(VARA)의 적용대상이 아니라고 판시하였다. 결국 제2순회연방항소법원의 판결에서는 대상 작품의 '인정된 지위'(recognized stature)를 획득하였는지 여부에 대해서 판시하지 않았다.[24] 나아가 제2순회연방항소법원은 벽에 부착된 버스의 부분은 응용미술("applied art")은 아니라고 판시하였다.[25]

---

708 (2005). [Available at: http://scholarship.law.berkeley.edu/btlj/vol20/iss1/56].

23) Carter v. Helmsley-Spear, Inc. 861 F. Supp. 303 (S.D.N.Y. 1994), rev'd 71 F.3d 77 (2d Cir. 1995), cert. denied 116 S. Ct. 1824 (1996). (판결원문은 https://scholar.google.com/scholar_case?case=1677855982212736756&hl=ko&as_sdt=0 입수가능).

24) http://www.herrick.com/art/publications/street-art-and-vara-the-intersection-of-copyright-and-real-estate/

25) http://www.lexology.com/library/detail.aspx?g=5219a5d5-5131-4d40-8efd-eb0e1047fcda [If it Ain't Broke? … Ninth Circuit Announces Curious Test of "Applied Art" Under VARA].

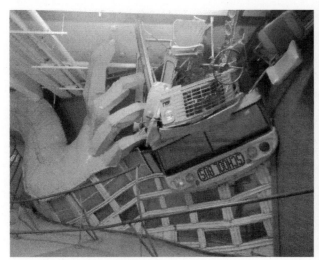

<Installation Artwork by Jx3 (John Carter, John Swing and John Veronis)>[26]

(나) 'Martin v. City of Indianapolis' 사건

미술저작물의 원작품의 파괴와 관련하여, 미국 판례 'Martin v. City of Indianapolis' 사건[27]에서는, 조각가인 원고와 사이에 작품이전 할 때 사전통지 약속을 하였음에도 이를 어기고 무단으로 사전통지 없이 원고 작품을 제거한 피고에 대해서 저작인격권 침해 여부가 문제되었다.

<Symphony #1, the statue at issue in this case>[28]

---

26) http://copyrightlawcasebook.blogspot.kr/2014_03_01_archive.html

27) Martin v. City of Indianapolis. 192 F.3d 608 (7th Cir. 1999). (판결원문은 https://scholar.google.com/scholar_case?case=3534119763862727844 입수가능).

이 사건의 사실관계는 다음과 같다. 즉, 'Martin v. City of Indianapolis' 사건의 원고는 1984년부터 약 2년간 사진과 같은 가로 12미터 세로 6미터의 조각을 설치하였다. 그런데 조각가인 Jan Martin(원고)을 고용한 회사 Tarpenning-LaFollette Company와 피고 사이에 '원고의 조각을 제거할 경우 도시개발부서장이 서명한 문서에 의한 통지를 원고에게 하기로 약정'하였다. 1992년 도시재개발 계획에 따라 피고는 원고의 조각이 설치된 부지를 매입하고 원고의 작품을 제거하기를 원하였다. 원고는 피고에 대하여 원고가 원하는 장소에 피고의 비용으로 작품을 이전하여 설치할 수 있다면 작품을 기증하겠다고 제안하였다. 이에 대하여 피고는 원고에게 만약 원고의 작품이 이전되어야 한다면 사전통지를 하겠다고 하였다. 그러나 피고는 원고에 대한 통지 없이 원고의 작품을 제거하였다. 문제는 원고의 작품이 '인정된 지위'(recognized stature)를 얻었는가 하는 것이었다.[29] 이 사건에서 법원은 원고가 제출한 증거를 기초로 위 인정된 지위를 인정하고 저작인격권 침해를 인정하였다.

다. 독일 저작권법

독일 저작권법 제14조에서는 "저작자는 저작물에 대한 자신의 정당한 정신적 또는 인격적 이익을 해치는 자신의 저작물에 대한 왜곡 또는 기타의 침해를 금지할 권리를 가진다."고 규정하고 있고, 제39조 제3항에서는 "저작자는 이용자와의 약정을 통하여 저작물 이용에 있어서 저작물, 제호 또는 저작자 표시의 변경을 허락할 수 있다. 다만 그 약정은 변경의 형태와 정도가 정확하게 표시되고 저작물을 특정적으로 제한하여 이용하는 경우에만 효력이 있다."고 규정하고 있다. 즉 독일저작권법상 동일성유지권 침해가 성립하려면, 우선 저작물에 대한 왜곡 또는 기타 침해가 있어야 하고 둘째, 저작자의 정신적 이익을 위태롭게 하여야 하며, 셋째 제3자의 반대이익과 비교형량 한 결과 저작자의 이익이 정당한 것으로 인정되어야 한다는 3단계 심사과정이 필요하다.[30] 다만 독일저작권

---

28) 출처: http://coolcopyright.com/contents/chapter-8/martin-v-city-indianapolis (2016. 7. 11. 방문).

29) '인정된 지위'(recognized stature)에 대한 상세는, Marshall A. Leaffer, *Understanding Copyright Law*, 4th Edition, LexisNexis, 2005, pp.382~383. 또 어떤 작품이 '인정된 지위'(recognized stature)의 획득 여부의 판단기준에 대해서 미 법원은 전문가, 예술가 및 사회적 평가에 기초하여 판단하는데, 원고가 이를 입증하기 위해서는 대부분의 경우 사실판단을 위한 배심원 재판 이전에 증명에 필요한 전문가 증인(expert witnesses)을 부를 필요가 있다고 한다. 또 '인정된 지위'(recognized stature)에 대해서 정의를 내리고 적용한 사례로서 거론되는 판례는, Carter v. Helmsley-Spear, Inc. 861 F. Supp. 303 (S.D.N.Y. 1994), rev'd 71 F.3d 77 (2d Cir. 1995), cert. denied 116 S. Ct. 1824 (1996) 참조. 애초 뉴욕남부연방지방법원은 1994년 뉴욕 사무실의 로비에 편입된 조각저작물(a sculptural work)의 제거는 시각예술가들의 권리에 관한 법(VARA) 위반이라고 판단하였다. (판결원문은 https://scholar.google.com/scholar_case?case=1677855982212736756&hl=ko&as_sdt=0 입수가능).

법과 달리 우리 저작권법상 동일성유지권 규정은 저작자의 정신적 이익에 관한 침해보다는 저작물 자체의 변경으로부터의 보호를 염두에 두고 있는 규정이므로 독일 저작권법에서의 해석론을 그대로 원용하는 것은 적절하지 않은 점은 있지만 참고할 가치가 없지 않다.[31]

한편 독일 저작권법 제25조에서는 '저작물접근권'(right of access) 내지 '원작접촉권' 혹은 '작품접근권'을 규정하고 있다.[32] 즉 저작자는 저작물의 원작품 또는 복제물의 점유자에 대하여 그 점유자의 정당한 이익에 반하지 않는 한 원저작물 또는 그 복제물에의 접근을 요구할 수 있는 권리를 저작인격권의 하나로서 인정하고 있다.[33] 이 권리는 저작물의 매체로서의 소유자와 저작자의 권리를 서로 조정할 것을 목적으로 한다.[34]

즉, 저작물은 저작자의 개성이 새겨진 것이므로 저작물의 소유권을 다른 사람에게 양도한 후에도 저작자와 저작물 사이에는 특별한 인적관계가 존재하는데, 이러한 인적관계를 근거로 저작자 자신이 더 이상 소지하고 있는 복제물이 없는 경우에는 작품의 원본 또는 사본을 소지하고 있는 자에게 복제물에 대한 접근을 요구할 수 있는 권리를 가지며, 그 소지자는 그 요구를 배려하여야 할 의무를 진다. 다만 그 소지자는 저작자가 접근할 수 있도록 허용해야 할 의무만 부담할 뿐이며, 저작물을 제공할 의무까지 부담하는 것은 아니다. 다만 복제물이나 2차적저작물의 제작을 위하여 필요한 경우이어야 하고, 저작자의 정당한 이익에 반한 것이어서는 안 된다. 특히 녹음, 복사, 메모를 작성할 필요가 있는 경우에만 한정적으로 '저작물접근권'(right of access) 내지 '원작접촉권' 혹은 '작품접근권'을 행사할 수 있다고 한다.[35]

이와 같이 독일저작권법에서는 미국 저작권법(VARA)과 달리 파괴를 금지시킬 수 있는 명문의 규정은 없다.

이와 같이 독일의 경우 미술품의 일부파괴 내지 훼손의 경우에는 동일성유지권 침해를 인정한다. 즉, 원작품의 소유자가 원작품에 변경을 가하는 것은 동일성유지권 침해에

---

30) 계승균, "저작권과 소유권", 「계간저작권」, 제65호(2004), 9면.

31) 오승종, 앞의 책, 394면.

32) 독일저작권법 제25조(저작물접근권) ①저작자는 그 저작물의 원작품 또는 복제물의 점유자에 대하여 저작물의 복제물의 제작 또는 저작물의 개작물(2차적저작물)의 제작에 필요한 경우에 점유자의 정당한 이익을 침해하지 않는 범위 안에서 그 원작품 또는 복제물에 스스로 접근할 수 있도록 요구할 수 있다. ②점유자는 그 원작품 또는 복제물을 저작자에게 인도하는 것에 관하여 의무를 지는 것은 아니다.

33) 이해완, 앞의 책, 258~259면.

34) 서달주, 앞의 책, 318면.

35) 서달주, 앞의 책, 318면.

해당한다.[36] 예컨대 독일의 1912년의 이른바 '바위섬의 사이렌'(Felseneiland mit Sirenen) 사건[37]에서 이러한 점을 확인할 수 있다. 이 사건을 보면, 나체로 된 바다요정 사이렌이라는 그림에 옷을 추가적으로 그려 넣자 원저작자인 원고가 그의 제거를 청구하였고, 법원은 동일성유지권을 침해하였다는 원고의 주장을 인용하였다. 이 바위섬의 사이렌 사건의 개요를 보면, 어느 집주인이 미술가에게 계단에 걸어 놓을 그림의 제작을 의뢰하여 제작한 바위섬에 서 있는 벌거벗은 바다의 요정 사이렌의 그림이 상스러워 보이는 것은 아니었지만 집주인은 그 그림에서 벌거벗은 요정을 옷을 입은 요정으로 고쳐서 그려 달라고 다른 화가에게 의뢰하여 그 그림을 수정한 사안이었다. 이 사건은 처음에 그린 화가가 소송으로 그 그림에서 원작품의 옷을 덧그려 수정한 부분의 제거를 청구하였으며 그 청구를 인용한 판결이다.[38] 즉, 이른바 '바위섬의 사이렌' 사건과 같이 나체화에 옷을 입은 것과 같은 효과를 얻기 위하여 그림의 소유자가 그림 위에 색을 칠하는 경우는 영화제목을 멋대로 바꾸거나, 영화의 결말을 변경하거나, 흑백영화를 칼라화하거나 시대나 장소의 배경을 대체하는 것과 같이 모두 동일성유지권 침해가 성립하는 경우이다.[39]

한편, 독일의 경우 저작권법 제14조(동일성유지권)의 "왜곡 기타 침해"에 완전멸실의 경우까지 포함되는지에 대해서는 학설의 대립이 첨예하게 대립하고 있다.[40] 독일의 v. Gamm은 '바위섬의 사이렌' 판결과 같은 정부의 견해를 원용하면서 소유자는 가령 그것이 유일한 오리지널이라고 하더라도 작품을 폐기할 수 있으며, 저작권은 이것을 막을 수 없다는 완전폐기긍정설(소수설)을 택한다. 이에 반하여 완전폐기부정설(다수설)로서, 독일의 Ulmer는 작품의 존속과 완전성에 관한 저작자의 정신적 이익을 강조하면 일정한 요건아래 오리지널의 폐기를 금지시킬 수 있는 것은 자명하다고 주장하며, 또 Schack는 저작물의 중대한 개변과 저작물의 파괴에 의한 침해와 경계는 유동적이며, 이미 개변이 금지되어 있다면 독일저작권법 제14조에 의하여 저작자는 더욱더 저작물의 의도적인 파괴에 반대할 수 있다고 주장한다.[41]

---

36) 이상정, 「미술과 법」, 세창출판사, 2009, 266면.

37) RGZ, 79, 397-Freskogemälde. 이 사건의 개요는 https://de.wikisource.org/wiki/Reichsgericht_-_Felseneiland_mit_Sirenen 참조. 또 저작권과 소유권의 충돌 문제의 판결례로서 이 판결을 상세히 다룬 책은, Laura Maria Zentner, Das Urheberrecht des Architekten bei der Werkverwirklichung, Mohr Siebeck Tübingen, 2011, SS.9~10. 그리고 이 판결을 다룬 논문으로서는, 桂承均, 著作權と所有權との關係についての一考察 ―ドイツの事例を中心として―, 知的財産法政策學研究 vol.43, 北海道大學情報法政策學研究センター, 2013, 191~195頁.(http://eprints.lib.hokudai.ac.jp/dspace/bitstream/2115/55086/1/43_07.pdf 참조).

38) 서달주, 앞의 책, 314면.

39) 송영식·이상정·황종환·이대희·김병일·박영규·신재호 공저, 앞의 책, 598면.

40) H. Sckack, Urheber-und Urhebervertragsrecht, 3.Auflage, Tubingen: Mohr Siebeck, 2005, 난외번호 358~359; 이준형, 앞의 논문, 149면 주)69에서 재인용.

라. 스위스 저작권법

우선 스위스 저작권법 제14조(저작자의 접근권과 전시권)에서는 "저작물의 매체의 소유권을 가지거나 점유하는 자는 저작권의 행사에 필요한 정도에서 정당한 자기의 이익에 반하지 않는 한 저작자에게 이것에 대한 접근을 가능하게 해야 한다(제1항). 저작자는 중대한 이익을 증명하는 경우에는 저작물의 매체를 국내에 전시하기 위하여 인도를 청구할 수 있다(제2항). 인도는 저작물의 매체가 훼손되지 않는 상태에서의 반환을 위한 보증의 급부를 조건으로 할 수 있다. 저작물의 매체가 훼손되지 않은 상태의 반환이 불가능하게 된 경우에는 저작자는 과실이 없는 경우에도 책임을 진다(제3항)."[42]

또 스위스 저작권법 제15조(파괴로부터의 자유)에서는 "저작물이 화체된 유체물의 소유자는 그 저작물에 대한 별도의 복제물이 존재하지 않고 또 저작자가 그 저작물의 보존에 정당한 이익을 가진다고 추정할 만한 사유가 있는 경우에는 먼저 저작자에게 저작물의 반환을 제안하지 않고는 그 저작물을 파괴할 수 없다. 소유자는 그 제안과 관련하여 그 저작물이 화체된 유체물의 물질적 가치 이상을 청구할 수 없다(제1항). 소유자는 저작물을 반환할 수 없는 경우 저작자가 적당한 방법으로 그 저작물을 복제할 수 있도록 하여야 한다(제2항). 건축저작물의 경우 저작자는 그 저작물에 대해 사진촬영을 하고 저작자 자신의 비용으로 설계도의 복제물을 요구할 권리만을 가진다(제3항)."고 규정하고 있다.[43]

결국 스위스 저작권법 제15조는 저작물이 화체된 유체물의 소유자가 저작물을 파괴하는 것을 제한하는 규정이라 할 수 있고,[44] 이 규정에 의하면 저작자의 동일성유지권이 유체물에 대한 민법상의 소유권 행사보다 우월하다고 볼 여지가 있다.

마. 일본 저작권법

일본 저작권법 제20조 제1항에서는 저작자는 그 저작물 및 그 제호의 동일성을 유지하는 권리를 가지고, 그 의사에 반하여 그것을 변경, 절제 기타 개변을 받지 않는다고

---

41) 이상정, 앞의 논문(주 13), 58~61면.
42) 桂承均, 前揭論文(註 13)(2013), 185~186頁.
43) 이상정, "작품의 파괴와 저작자의 인격적 이익(이른바 '도라산역 벽화' 사건)", 한국정보법학회 편, 「정보법 판례백선(Ⅱ)」, 박영사, 2016, 241~242면; 박성호, 앞의 논문, 46면.
44) 이상정, 앞의 책(주 36), 266면.

규정하고 있다. 또 개변이 있는 경우에도 그것이 어쩔 수 없는 개변으로 인정되는 경우에는 침해로 되지 않는다고 규정하고 있다(동조 제2항). 여기서 개변이란 새로운 창작성이 부여되는지 여부와는 관계없이 저작물의 동일성에 무엇인가 변경을 가하는 일체의 행위를 말한다. 한편 동법 제113조 제6항에서는 저작자의 명예 또는 성망을 해하는 방법으로 그 저작물을 이용하는 행위는 그 저작자인격권을 침해하는 행위로 간주하고 있다. 이 규정은 예술작품인 나체화를 복제하여 누드극장의 입간판으로 사용하는 경우 등이 전형적인 예이다.

일본의 경우도 우리나라와 마찬가지로, 이 사건처럼 미술저작물이 완전히 파괴되는 경우와 같이 저작물이 화체된 유형적 매체의 소유권과 저작물에 대한 저작인격권이 충돌 내지 경합하는 경우에 대해서는 저작권법에 구체적인 언급이 없다는 점이다. 그래서 학설과 판례의 해석론으로 맡기고 있다.

3. 이 사건 벽화파괴와 동일성유지권 침해여부에 관한 학설 및 판례

이 사건 벽화의 완전 파괴와 같이 미술저작물인 명작회화의 원작품을 불에 태워 없애거나 건축저작물에 해당하는 건축물을 완전히 파괴해 버리는 행위 등이 우리 저작권법상 동일성유지권의 침해에 해당하는지 여부가 문제된다.[45] 이 사건과 유사한 사례로서 참고가 되는 경우로서는 국제적으로 저명한 '윈스턴 처칠 사례'가 있는데, 이 사건은 화가 Graham Sutherland가 그린 것으로 그는 영국하원의 부탁을 받고 처칠의 초상화를 그렸고, 1954. 11. 30. 처칠의 80회 생일을 기념하여 성대한 기념식을 거친 후 처칠에게 인도되었으나 처칠과 그의 부인은 이 초상화가 마음에 들지 않아 그 후 불태워버렸다고 한다.[46]

가. 학설의 대립

현재 우리 학계에서는 미술품을 전부 파괴하는 경우 부분적 파괴보다 법적으로 가볍게 취급되는 것은 부당하므로 저작자 인격권을 충분히 보호하기 위해서는 동일성유지권 침해에 해당한다는 견해(침해긍정설)[47]가 있으나 다수의 견해는 동일성유지권 침해로

---

45) 이해완, 앞의 책, 306면.
46) 이상정, 앞의 논문, 238면.

보기 어렵다(침해부정설)48)고 한다.

일본의 경우도 다수설은 동일성유지권의 침해를 부정하고 있다.49) 즉 회화와 같이 매체에 유형적으로 고정된 것을 필수로 하는 저작물에 관해서는 매체의 훼손행위는 저작물을 존속하게 할 의도로 행하면 저작물의 개변이고 동일성유지권을 침해하지만, 그 매체상에 저작물을 존속하게 할 의도가 없다면 매체의 파괴일 뿐이고 동일성유지권을 침해하는 것은 아니라고 생각되며 이것이 통설이라고 한다.50) 나아가 회화 등의 원작품의 폐기는 동일성유지권의 문제가 아니라고 해석되고, 저명한 건축가가 설계한 건조물의 전부폐기라 하더라도 그것은 소유자의 자유에 속한다고 한다.51)

다수설과 같이 동일성유지권의 침해로 보기 어렵다는 견해의 근거로서 우선 소유권의 행사가 저작권보다 우선한다는 취지의 주장도 있다(예컨대 이 사건의 항소심 판결인 서울고등법원 2012. 11. 29. 선고 2012나31842 판결). 또 동일성유지권에 관한 규정 자체의 취지에 비추어 볼 때 저작물이 화체된 유체물 자체를 전부 파괴하는 행위는 현행 저작권법상 동일성유지권의 개변행위의 범위에 들지 않는 것으로 보는 것이 타당하다는 것을 침해부정설의 근거로 주장하는 견해도 있다. 이른바 '장소특정적 미술'(site-specipic art)에 대해서도 해당 미술품을 완전히 파괴하는 경우에는 침해부정설의 논리에 서서 일관되게 해석하는 것이 바람직하다고 한다.

---

47) 이상정, 앞의 논문(주 13), 45~46면 및 62면; 계승균, 앞의 논문(주 13), 138면 및 143면; 이준형, "미술저작물에 있어서 저작권과 소유권의 충돌", 「스포츠와 법」, 제10권 제3호(2007), 149면; 구본진, 「미술가의 저작인격권」, 경인문화사, 2010, 381~382면.

48) 박성호, 「저작권법」, 박영사, 2014, 294면; 서달주, 앞의 책, 314면; 오승종, 「저작권법(제2판(전면개정판))」, 박영사, 2012, 392면; 이해완, 앞의 책, 306면 및 311면(건축저작물의 완전파괴도 동일성유지권 침해가 문제되지 않는다고 한다); 임원선, 「실무자를 위한 저작권법(제3판)」, 한국저작권위원회, 2012, 117~118면; 허희성, 「2011 신저작권법 축조해설 상」, 명문프리컴, 2011, 146면("명작의 그림을 소각하였다면 생각에 따라서는 일부의 개변보다 더 심한 행위이지만 저작권법상으로는 그림의 소각이 동일성유지권 문제가 아니다. 이 항에서 예상하고 있는 개변 행위는 오히려 타다 남은 형태 혹은 수정·가필된 형태로 사회에 유출되는 것을 금지하는 것이므로 저작물의 원작품이 세간에서 소멸하는 것에 대하여는 규제할 이유가 없는 것이다.") 등.

49) 中山信弘, 『著作權法』 第2版, 有斐閣, 2014, 518頁; 加戸守行, 『著作權法逐條講義』 三訂新版, 著作權情報センター, 2000, 165, 167頁; 作花文雄, 『詳解 著作權法』 第4版, ぎょうせい, 2010, 243頁; 齊藤博, 『著作權法』 第3版, 有斐閣, 2007, 152頁(저작물 등의 변경을 금지할 권리이고, 이 권리의 사정범위에는 저작물의 파괴까지는 포함되지 않는다고 한다); 田村善之, 『著作權法槪說』 第2版, 有斐閣, 2006, 438頁(유체물을 파괴하는 것이 제3자의 눈에도 분명한 경우에는 소유권의 침해가 문제되는 것은 별개로 하더라도 무체물인 저작물의 동일성이 해치는 것은 아니므로 동일성유지권 침해는 성립하지 않는다고 해석된다고 한다).

50) 渋谷達紀, 『知的財産法講義Ⅱ 著作權法·意匠法』, 有斐閣, 2005, 198頁.

51) 土肥一史, 『知的財産法入門』 第10版, 中央經濟社, 2008, 262~263頁.

나. 판례의 태도

대상판결인 도라산역 벽화의 '완전 파괴' 사건의 재판경과를 살펴보면, 우선 제1심[52]은 동일성유지권 침해 등을 원인으로 하는 원고의 청구를 모두 이유 없다며 원고의 청구를 모두 기각하였으며, 제2심[53]은 제1심의 판단을 뒤집었으나, 미술저작물의 완전파괴에 대해서 원고 주장의 동일성유지권 침해는 인정하지 않았다. 다만 이와 별개로 원고의 인격권 침해를 이유로 한 불법행위 성립을 인정한 뒤, 피고는 원고에게 위자료 1,000만 원을 지급하라는 취지의 판결을 내렸다. 이에 피고가 대법원에 상고하였으나 상고기각 되었다. 결국 소유자가 보유하는 미술저작물의 완전파괴는 저작자의 동일성유지권을 침해하지 않는다고 법원은 평가하고 있다고 볼 수 있다.

4. 소결 – 학설 및 판례의 검토

대상판결은 소유권의 행사와 저작권이 서로 경합하는 경우 예컨대, 소유권자가 미술품의 원작을 불태우는 등 완전히 파괴하는 경우에 저작권법상 동일성유지권을 침해한 것으로 평가할 수는 없으며, 단지 소유권행사의 내용에 불과하다고 판시한 점에 그 의의가 있다고 볼 수 있다. 대상판결은 저작물이 표현된 유체물의 물리적 동일성을 변경하는 행위와 저작물 자체의 파괴행위를 구별하여 고찰한 것이다.

우리의 다수의 견해 즉 동일성유지권 침해로 보기 어렵다(침해부정설)는 견해는 소유권보다 저작인격권(동일성유지권)을 우위에 두는 명문의 규정이 없는 한 현행 저작권법상 불가피한 해석론이라는 데 기초하는 듯하다.[54]

그러나 다음과 같은 이유로 다수설을 지지하기 어렵다고 사료된다. 첫째, 미술저작물의 원작품의 전부파괴의 경우가 일부파괴의 경우보다 본질적으로 저작자의 인격적 이익을 더 침해하고 위법성이 더 크다는 점에서 다수의 견해는 선뜻 받아들이기 어렵다. 둘째, 저작자의 정당한 이익을 제대로 보호할 수 있는 점에서 완전한 멸실이나 완전한 파괴의 경우에도 저작자의 정당한 이익을 침해하는 것으로 이론구성을 하는 것이 타당하다고 사료된다.[55] 셋째, 소유권과 저작권은 기본적으로 헌법에 의하여 보장되는 대등한

---

52) 서울중앙지방법원 2012. 3. 20. 선고 2011가합49085 판결.

53) 서울고등법원 2012. 11. 29. 선고 2012나31842 판결.

54) 박성호, 앞의 논문, 46면.

권리이며 다수설과 같이 어느 한 쪽이 우선한다는 태도는 바람직하지 않다고 사료된다.[56] 넷째, 소유권과 저작권이 대등하므로 저작인격권(동일성유지권)보다 소유권을 우위에 둔다는 규정을 우리 법 어디에도 찾아 볼 수 없는 한, 소유권과 동일성유지권의 충돌 시 개별적 사안에 따라서 비교형량 한 경우에 동일성유지권이 우위에 서는 경우도 상정할 수 있다. 이는 소유권보다 저작인격권(동일성유지권)을 우위에 두는 명문의 규정이 없다는 것을 이론적 기초로 삼는 다수설의 논리의 역도 성립하기 때문이다. 이런 점에서 소유권의 행사가 저작권보다 우선한다는 주장에 기초한 대상판결의 항소심 판결(서울고등법원 2012. 11. 29. 선고 2012나31842 판결)은 문제가 없지 않다. 다섯째, 다수설은 저작물의 원작품의 소유권과 저작물에 대한 저작자의 권리는 서로 별개의 권리로서 양자는 각각의 요건아래 성립, 변경, 소멸하는 것이 원칙인 점을 충실히 설명하지 못하고 있다고 사료된다. 여섯째, 비교법적으로 보더라도 스위스 저작권법 제15조에서는 저작물이 화체된 유체물의 소유자가 저작물을 파괴하는 것을 제한하고 있는데,[57] 이 규정에 의하면 저작자의 동일성유지권이 유체물에 대한 민법상의 소유권 행사보다 우월하다고 볼 여지가 있다. 스위스 저작권법에 비추어 보면 가사 이러한 스위스 저작권법 같은 규정이 우리 성문법에 없더라도 소유권이 저작권보다 우위에 있다는 논리필연적 근거는 없다고 사료된다. 일곱째, 완전 멸실 내지 파괴에 대한 독일의 다수설의 논리가 보다 더 타당하다고 생각한다. 즉 독일의 Ulmer 교수의 주장과 같이 작품의 존속과 완전성에 관한 저작자의 정신적 이익을 강조하면 일정한 요건아래 원작품의 폐기를 금지시킬 수 있는 것은 자명하다는 점 및 Schack 교수의 주장과 같이 저작물의 중대한 개변과 저작물의 파괴에 의한 침해와 경계는 유동적이라는 점에서 양자는 쉽게 구별하기 어렵다는 점을 논거로 들 수 있다.

특히 소유자가 저작자와 사이의 개인적 악감정을 이유로 정당한 저작권 행사를 막기 위하여 고의로 파괴하는 경우나 혹은 대상판결과 같이 미술저작물의 원작품의 소유권을 취득할 당시와 달리 시간의 경과에 따라서 정치적 이념 내지 미적관점이 달라졌다는 이유로 소유권자인 국가가 미술작품을 제작·판매한 저작자에게 아무런 사전 통보나 동의 절차 없이 고의로 멸실 내지 파괴하는 경우 즉 예술 반달리즘(vandalism)으로 평가될 수

---

55) 같은 취지, 이준형, 앞의 논문, 149면.
56) 같은 취지, 이상정, 앞의 논문(주 13), 61면.
57) 이상정, 앞의 책(주 36), 266면.

있는 사안에서는 더욱 더 저작자의 정당한 이익을 보호할 필요가 있다고 사료된다. 이러한 경우와 같이 소유자가 정당한 이유 없이 저작물의 원작품의 멸실 내지 파괴하는 행위는 소유권의 적법한 행사라고 평가하기 어렵다 할 것이다. 이러한 경우는 소유권의 공공성 내지 사회성에 기하여 소유권행사가 제한되어야 하는 경우로 파악함이 타당하며,58) 헌법에서도 재산권의 행사는 공공복리에 적합하도록 의무화하고 있다(헌법 제23조 제2항). 나아가 저작자의 동의 없이 무단으로 미술작품을 멸실 내지 파괴하는 형태로 소유권을 행사하는 경우 그 소유자에게 저작자의 정당한 권리행사를 막을 의도가 있다면 권리의 행사가 타인에게 손해를 가하는 것만을 목적으로 하는 경우로서 허용되지 않는다 할 것이므로 민법 제2조의 권리남용에 해당하여 손해배상책임을 질 수 있다고 본다.59)

결국 이러한 예술 반달리즘(vandalism)으로부터 저작권 보호는 더욱 강화되어야 마땅한데 그 이유는 저작물의 멸실 내지 파괴로 인하여 저작자는 단순히 인격적 모욕을 뛰어 넘어 자신에 대한 사회적 평가가 왜곡되는 불이익을 입는 경우도 없지 않기 때문이다. 그 멸실 내지 파괴된 미술작품이 작가의 대표작이거나 국가나 사회로부터 문화유산으로 평가받는 정도에 이른다면 더욱더 저작권법적 차원에서 보호해야 할 필요성이 있다고 할 것이다. 요컨대 저작물의 원작품이 무단으로 완전히 멸실되거나 파괴된 경우에 동일성유지권과 소유권의 충돌문제로 파악하더라도 저작권법상 동일성유지권 침해를 인정할 수 있다는 소수설의 견해를 지지한다.

5. 보론 – 저작물파괴를 둘러싼 저작권과 소유권의 충돌과 조정을 위한 입법론

가. 입법론의 필요성

대상판결과 같은 예술 반달리즘(vandalism)이 일어난 사례와 같이 동일성유지권과 소유권의 충돌 시 현재의 학설대립과 같은 해석론으로는 저작자나 소유자 그 누구에게도 만족할 만한 해결책을 제시해주기 쉽지 않다고 본다. 그래서 대안으로서 입법론이 필요

---

58) 김상용, 「민법총칙(전면판 증보)」, 법문사, 2003, 82면 참조. 김상용 교수는 오늘날 근대민법의 기본원리가 원칙이지만 근대민법의 기본원리가 낳은 남용의 폐해를 시정하기 위한 원리로서 공공복리의 원리가 작용한다고 주장하면서 나아가 이러한 공공복리의 원리는 사권(私權)의 사회성·공공성의 법리로 구체화된다고 한다. 특히 사권의 종류에 따라서 그 사회성·공공성이 강하게 나타나는데 그 대표적 예가 토지소유권으로서 토지공개념에 의하여 강한 사회성과 공공성을 띠게 되었다고 한다.

59) 같은 취지, 이준형, 앞의 논문, 151면.

하다. 그 입법론 속에는 저작자의 인격적 이익 및 문화유산의 보존이라는 공공적 이익을 고려하여 저작자에게 저작물 전체의 파괴에 대해서 이의를 제기할 수 있는 사전적 절차상 권리를 인정함이 타당하다. 또 그 저작물이 화체된 유체물의 소유권자의 이익도 적절히 배려하는 특칙 내지 조정규정을 두는 방안도 신중히 검토해야 한다. 예컨대 스위스 저작권법 제15조(파괴로부터의 보호)와 같이 미술저작물 등의 소유권자가 철거 시에 작가의 동의를 얻어 철거하거나 변형할 수 있도록 하는 취지의 규정을 두는 방안,[60] 또는 미국 저작권법 제106조의 A(a)(3)에서와 같이 인정된 지위를 가진 저작물을 고의 또는 중과실로 파괴하는 것을 금지하는 권리를 저작자에게 저작인격권을 하나로 부여하는 방안[61] 또는 독일 저작권법상 '저작물접근권'(25조)을 도입하는 방안[62] 등 여러 방안을 우리 법체계에 맞게 입법론으로서 신중히 검토할 가치가 있다고 본다.[63] 나아가 대상판결에 비추어 볼 때, 민법상 인격권 침해에 기한 불법행위의 성립을 인정하면서 제시된 논거[64]는 이러한 입법례와 무관하지 않다고 사료된다. 요컨대 여러 외국의 입법례를 참조하여 우리의 경우도 저작물의 원작품 파괴와 관련하여 입법을 하는 것이 바람직하다고 사료된다.[65]

---

60) 계승균, 앞의 논문(주 13)(2011), 157~158면(계승균 교수는 1992년 스위스 저작권법 제15조와 같은 규정을 우리 저작권법에 신설하는 것도 저작자의 이익과 소유자의 이익의 충돌을 서로 조화롭게 하는 한 방편이라고 주장한다); 이상정, 앞의 논문(주 43), 241~242면(이상정 교수는 대상판결의 항소심이나 상고심이 불법행위 성립을 인정하는 과정에서 제시한 논거를 살펴보면 미국이나 스위스 저작권법의 규정과 유사한 측면이 있고, 이번 판결을 계기로 그리고 예측가능성을 위해서라도 제 외국의 입법례를 참조하여 우리도 작품파괴와 관련된 입법을 하는 것이 바람직하다고 주장한다.); 홍승기, "공공예술품의 설치와 철거", 「저작권문화」, 제196호(2010), 16~17면.

61) 임원선, 앞의 책, 119면. 미국 저작권법처럼 보호대상을 인정된 업적(a work of recognized stature)으로 제한하거나 이러한 보호에 대해 일정한 예외를 두는 방법 등이 검토될 수 있다고 한다.

62) 이준형, 앞의 논문, 148면. 이준형 교수는 저작물에 관한 소유권과 점유권이 이전된 이후에 저작자의 복제권이 현실적으로 실현될 수 있으려면 저작물에의 접근(access)이 보장되어야 한다고 주장한다. 나아가 복제로 인하여 저작물에 훼손이나 변경이 가해질 우려가 있다면 소유자는 접근을 불허할 것이고, 결국 복제권 행사는 사실상 어려워 질 것이라는 점을 지적하고, 저작자에게 접근권 없는 복제권은 한계를 가진다는 취지로 주장한다.

63) 차상육, "저작물 소유권 국가가 가졌더라도 작가 동의 없이 폐기했으면 배상 책임", 「저작권문화」, 제254호(2015), 29면.

64) 대상판결에서, 민법상 인격권 침해에 기한 불법행위의 성립을 인정하면서 제시된 논거는 다음과 같다. 즉 대법원 판결에서는, "원고는 특별한 역사적, 시대적 의미를 가지고 있는 도라산역이라는 공공장소에 피고의 의뢰로 설치된 이 사건 벽화가 상당 기간 전시되고 보존되리라고 기대하였고, 피고로서도 이 사건 벽화의 가치와 의미에 대하여 홍보까지 하였으므로 단기간에 이를 철거할 경우 원고가 예술창작자로서 갖는 명예감정 및 사회적 신용이나 명성 등이 침해될 것을 예상할 수 있었음에도, 피고가 이 사건 벽화의 설치 이전에 이미 알고 있었던 사유를 들어 적법한 절차를 거치지 아니한 채 그 철거를 결정하고 그 원형을 크게 손상시키는 방법으로 철거 후 소각한 행위는 현저하게 합리성을 잃은 행위로서 객관적 정당성을 결여하여 위법하다고 할 것이다."고 판시하였다(대법원 2015. 08. 27. 선고 2012다204587 판결). 또 항소심 판결에서는, "이러한 사정을 알고 있었던 피고가 이 사건 벽화를 소각할 예정임을 원고에게 미리 알렸다면 원고는 자신의 작품을 보존하기 위하여 다시 매수하는 등의 조치를 강구할 가능성도 있었다고 보인다. 그럼에도 피고는 원고에게 아무런 통보 없이 이 사건 벽화를 관련 법령에 규정된 절차도 지키지 아니한 채 소각하는 방법으로 폐기하였는바, 이는 저작권법의 시각에서만 보면, 저작권법이 저작자의 인격권으로 보호하는 저작물의 '내용·형식 및 제호'에 대한 동일성유지를 넘어 저작물 그 자체를 극단적으로 변형·왜곡하여 버린 것으로 평가할 수도 있다."(서울고등법원 2012. 11. 29. 선고 2012나31842 판결) 등이 있다.(밑줄 필자)

65) 같은 취지, 이상정, 앞의 논문(주 43), 242면.

나. 입법론의 구체적 고려요소

다만 입법론으로서는 다음과 같은 고려요소를 염두에 두어야 할 것으로 사료된다.

즉, 立法論으로서 우선 미국 저작권법 제106조의 A(a)(3)(B)[66]에서와 같이 "인정된 지위를 가진 자의 저작물의 파괴를 금지하고, 그 권리의 침해가 되는 저작물의 고의 또는 중대한 과실에 의한 파괴를 금지할 권리"를 저작자에게 저작인격권의 하나로서 부여하는 방안을 생각할 수 있다. 문제는 '예술작품이 공공장소에 전시되어 일반대중에게 상당한 인지도를 얻는' 경우 즉, '인정된 지위'(recognized stature)의 요건은 그 개념이 불분명하여 오히려 또 다른 분쟁을 유발할 수도 있다는 점에 유의해야 한다. 이런 점을 대상판결의 대법원 판결이 나오기 이전의 글에서 '인정된 지위'(recognized stature) 요건의 불분명성을 간략히 지적하면서 보다 객관화될 필요성을 주장하는 견해[67]도 있는 바, 경청할 가치가 있다고 사료된다. 왜냐하면, 앞서 입법례에서 보았듯이, 불확정개념인 '인정된 지위'(recognized stature)와 관련한 미국판례에 따르면 이 요건에 관하여 저작자의 주장입증이 쉽지 않음을 확인할 수 있기 때문이다.

또 스위스 저작권법 제15조(파괴로부터의 보호)와 같이 미술저작물 등의 소유권자가 철거 시에 작가의 동의를 얻어 철거하거나 변형할 수 있도록 하는 취지의 규정을 두는 방안을 생각할 수 있다. 스위스 저작권법 제15조는 저작물이 화체된 유체물의 소유자가 저작물을 파괴하는 것을 제한하는 규정이다. 다만, 스위스 저작권법 제15조(파괴로부터의 자유) 제1항에서는 "저작물이 화체된 유체물의 소유자는 그 저작물에 대한 별도의 복제물이 존재하지 않고 또 저작자가 그 저작물의 보존에 정당한 이익을 가진다고 추정할 만한 사유가 있는 경우에는 먼저 저작자에게 저작물의 반환을 제안하지 않고는 그 저작물을 파괴할 수 없다. 소유자는 그 제안과 관련하여 그 저작물이 화체된 유체물의 물질적 가치 이상을 청구할 수 없다."고 규정하고 있는데, 여기서 반환제의요구의 요건인 "저작자가 그 저작물의 보존에 정당한 이익을 가진다고 추정할 만한 사유"가 구체적으로 무엇을 뜻하는지 분명하지 않고 결국 개별적 사안에 따라서 해결해야 할 일종의 불확정개념을 둔 것이라 볼 수 있다.[68] 이러한 점은 향후 스위스 저작권법 제15조와 관련한 판례사례의 검토로서 객관화할 수밖에 없는 연구 과제라 할 것이다.

---

66) 17 U.S.C. § 106A(a)(3)(B).

67) 이상정, 앞의 논문(주 13), 65면 주)83 참조.

68) Id.

미국 저작권법 제106조의 A와 스위스 저작권법 제15조는 저작물파괴를 금지하거나 제한할 수 있는 권리라는 점에서 유사하다. 즉 저작자에게 유리한 적극적인 조정 규정이라 할 수 있다. 다만 미국 저작권법 제106조의 A(a)(3)(B)에서는 ①저작자의 저작물이 인정된 지위를 가질 것(객관적 요건)과 ②침해자 측의 주관적 요건(고의 또는 중대한 과실)을 요구하고 있는 점에서, 스위스 저작권법 제15조가 ①저작물에 대한 별도의 복제물이 존재하지 않을 것, ②저작자가 그 저작물의 보존에 정당한 이익을 가진다고 추정할 만한 사유가 있을 것, ③먼저 저작자에게 저작물의 반환을 제안하지 않을 것을 요건으로 하고 있는 점에서 차이가 있다. 한편 미국 저작권법 제106조의 A는 시각예술가권리법(VARA)의 입법취지상 응용미술과 업무상저작물 등을 그 보호범위에서 제외하는 점 등에 비추어 매우 한정적으로 적용된다는 점도 고려해야 한다. 즉, 시각예술가권리법에 기하여 보호되는 저작물의 유형이 좁다는 점에 유의해야 한다. 이와 같이 제한적 적용범위를 가진 입법례에 대해서는 우리 저작권법에서 도입하는 입법론으로서 비판적으로 신중하게 접근할 필요가 있다. 왜냐하면 예컨대 순수미술과 응용미술의 경계가 갈수록 모호해지고 있는 현대미술(예컨대 팝아트 등)의 경향에 비추어 응용미술을 조정방안의 보호범위에서 배제하는 것이 과연 타당한 것인지 여부와 미국과 대비할 때 업무상저작물을 우리 저작권법에서도 조정방안의 보호범위에서 배제하는 것이 과연 타당한 것인지 여부 등 다수 쟁점이 남아 있다고 생각한다.

또 독일 저작권법 제25조의 '저작물접근권' 내지 스위스 저작권법 제14조의 '저작물접근권'의 도입방안도 고려할 수 있다. 다만 스위스 저작권법 제14조 제3항에서는 "저작물의 매체가 훼손되지 않은 상태의 반환이 불가능하게 된 경우에는 저작자는 과실이 없는 경우에도 책임을 진다"고 규정함으로써, 저작자에게 저작물접근권을 부여하는 것과 법익균형을 맞추기 위하여 저작물접근권을 행사한 저작자 내지 복제권자에게 그 접근권 행사의 목적인 복제 작업으로 인하여 발생한 비용과 위험을 부담하게 하고 있는 점에서 일종의 위험책임을 저작자 내지 복제권자에게 부과한 것이라 사료된다. 이러한 스위스 저작권법 제14조 제3항과 같은 규정이 독일 저작권법 제25조의 '저작물접근권'에는 없는 점에 비추어 보면, 저작자와 소유자의 법익균형의 면에서 보아 스위스 저작권법 제14조 제3항이 보다 더 타당한 입법례라고 사료된다.

요컨대, 주요국의 여러 접근방법을 우리의 실정에 맞게 신중히 검토한 후 우리 저작권법에 수용할 가치가 있다고 본다. 다만 입법론으로서 최소한 고려해야할 사항으로서는 예술가의 의사에 반하여 저작물을 파괴할 경우 그 제거과정에서 예술가의 손해를 최소화하기 위한 수단으로서 전문가의 견해를 사전에 구할 것을 요구하거나, 또 예술가에게 알리고 예술가의 동의 여부를 구하는 등 저작자의 의사를 사전에 확인할 수 있는 절차적 권리를 부여할 필요가 있다. 이에 따라 예술가는 '예술 반달리즘'과 같이, 저작물의 전부 멸실 내지 파괴의 불합리성에 대항하여 자신의 작품을 보호하기 위하여 저작물접근권을 보장받고, 긴급한 필요성이 있다고 일반적이고 합리적으로 인정받는 경우에는 자신의 비용으로 자신의 작품을 반환받을 수 있는 권리를 가지는 것이 필요하다고 사료된다.

V. 벽화 전부폐기 내지 파괴와 민법상 인격권 침해에 기한 불법행위의 성립 여부

1. 저작권법상 저작인격권과 민법상 인격권의 관계

종래부터 저작인격권에 관해서는 자연인이 향유하는 통상의 인격권 즉 일반적 인격권과 본질적으로 다른 것인가(異質說), 그렇지 않으면 같은 성질의 것으로서 일반적 인격권의 하나의 현상형태(現象形態)에 지나지 않는 것인가(同質說)라는 견해대립이 있다.[69]

가. 학설의 대립

종래 이론상 일반적 인격권과 저작인격권의 관계설정에 대해서,[70] ① 일체설(一體說), 즉 일반적 인격권의 범위, 특히 명예권 속에 저작인격권이 포함된다고 보는 견해(다수설, 일반적 인격권설)와 ② 분리설(分離說), 즉 일반적 인격권의 범위에 저작인격권이 포함되지 않는다고 보면서, 저작인격권은 일반적 인격권과는 별개로 또 하나의 새로운 인격권을 법률에서 정한 것이라는 견해(이질설, 독자인격권설)가 대립하고 있으며, 그리고 최근 ③ 병존설(並存說)이 주장되고 있다. 병존설은 일본의 松田政行이 주창한 견해로서,

---

69) 田村善之, 『著作權法槪說』 第2版, 2006, 403頁.

70) 松田政行, "同一性保持權の周邊領域からその權利の性質を考察する(「嚴格解釋」とそのゆらぎ・著作權法20條改正の方向性)", 『コピライト』 No.662/vol.56, 著作權情報センター, 2016. 6, 5~7頁.

일반적 인격권과 저작자 인격권(일본)이 중첩되는 부분은 베른협약 제6조의 2 제1항에서 규정하고 있는 저작자의 명예나 명성을 해할 우려가 있는 부분이라고 한다.[71]

나. 학설의 검토

일체설은 양자의 일체성 또는 동질성을 강조하는 반면, 분리설은 양자의 분리성 내지 이질성을 강조한다. 일체설이 우리나라의 다수설이라 한다.[72]

이에 반하여 분리설(일본의 半田正夫교수)은[73] 저작인격권이 일반적 인격권과 다른 특수성을 가지는 데, ① 일반적 인격권이 무릇 인간인 이상 누구에게나 보장된 권리인데 반하여, 저작인격권은 저작자에게만 보장된 권리인 점(권리주체의 특수성), ② 일반적 인격권의 보호대상은 인격 자체인데 반하여, 저작인격권의 경우는 저작자의 인격으로부터 독립한 저작물이 보호대상이라는 점(권리객체의 특수성), ③ 따라서 일반적 인격권은 권리주체의 인격에 대한 관계가 보호되는 권리임에 반하여 저작인격권은 저작자의 저작물에 대한 관계가 보호되는 권리라고 한다. 이러한 분리설에 대해서 일체설의 입장[74]은 위 ①의 논거는 자연인 누구나 저작행위를 하게 되면 그에 따라 취득할 수 있는 권리라고 하면 일반적 인격권과 그것만으로 커다란 차별성이 있다고 보기 어려운 점 즉, 저작인격권은 자연인 전원에게 인정되는 권리이고 저작물을 창작하는 것이 그 발동요건으로 되는 것에 지나지 않는다는 점에서 문제가 있고,[75] ②와 ③의 논거는 확실히 일반적 인격권과 다른 특수성이라고 할 수 있지만 이것도 본질적인 차이라고 하기는 어려운 점에서 결국 근본적인 차원에서 일체설의 입장이 타당하다고 주장한다.[76]

한편 우리나라에서도 이 병존설을 지지하는 견해가 있다.[77] 즉 박성호 교수는 명예(권)와 동일성유지권의 관계설정과 관련하여, 베른협약은 '명예(honor) 또는 명성(reputation)'[78]을 동일성유지권 침해요건에 포함시키고 있는 점에서 동일성유지권의 범위가 한정되지

---

71) 松田政行, 『同一性保持權の研究』, 有斐閣, 2006, 66~76頁. 특히 69頁 및 75頁.

72) 이상정, 앞의 논문(주 43), 239~240면; 박성호, 앞의 책, 257면; 이해완, 앞의 책, 271면.

73) 半田正夫, 『著作權法概說』 第12版, 法學書院, 2005, 113頁.

74) 田村善之, 前揭書, 404~405頁.

75) 田村善之, 前揭書, 404頁.

76) 이해완, 앞의 책, 271면.

77) 松田政行, 前揭論文, 6頁과 박성호, 앞의 논문, 55면의 각 도표와 그 속의 설명이 거의 일치한다.

78) 여기서의 명예나 명성은 주관적 명예감정이 아니라 사회로부터 받는 객관적 평가, 즉 사회적 명예를 가리킨다(박성호, 앞의 논문, 55면).

만, 우리 저작권법의 동일성유지권은 베른협약의 동일성유지권의 범위를 포함하고 있고, 또 동일성을 훼손하는 변경행위가 있으면 저작자의 명예나 명성을 해할 우려가 없더라도 동일성유지권 침해의 성립을 인정하므로 동일성유지권 침해가 성립하는 범위가 베른협약보다 넓다고 주장한다.[79] 나아가 저작권법이 유형화하여 규정하는 저작자의 인격적 이익을 보호하는 조항(공표권, 성명표시권, 동일성유지권)에는 해당하지 않지만, 저작자가 혼신을 기울여 창작한 저작물이 완전히 파괴됨으로 인하여 동일성유지권 침해의 성립여부와는 별개로 저작자의 일반적 인격권이 침해되는 사례도 얼마든지 발생할 수 있으며, 그러한 일반적 인격권을 침해하는 위법한 행위에 대해서는 민법의 불법행위규정(민법 제751조)을 적용할 수 있다고 주장한다.[80]

일반적 인격권에는 생명, 신체, 자유에 대한 불가침의 권리와 프라이버시권(사생활의 비밀과 자유), 성명권, 초상권, 명예권, 신용권, 정조권 및 학문과 예술의 자유 등을 포함하고 있고, 헌법상 인간의 존엄과 가치권(헌법 제10조)의 사법상 권리의 구체화라 할 수 있다.[81] 또 저작인격권에는 저작권법상 규정된 공표권(11조), 성명표시권(12조), 동일성유지권(13조)이 있다.[82] 즉 일반적 인격권에는 생명·신체·신체의 자유·정조 등 사람의 신체적 측면에 관한 것과, 명예·신용·성명·초상·정신적 자유 등 정신적 측면에 관한 것으로 크게 나눌 수 있다.[83]

요컨대 이러한 일반적 인격권과 저작인격권의 관계설정에 대해서 필자는 병존설이 다음과 같은 이유로 타당하다고 생각한다. 즉, 저작인격권과 일반적 인격권은 양자가 권리객체의 특수성에 따른 보호대상이 다르다는 점과 저작인격권은 일반적 인격권과 달리 저작자와 저작물의 관계를 보호한다는 점을 직시한 점에서 일체설은 문제가 없지 않고, 이에 대한 분리설의 비판은 본질적이므로 타당하다고 본다. 이런 점에서 일체설은 근본적인 문제를 내포하고 있다고 생각한다. 나아가 일반적 인격권과 저작인격권 모두 일신전속권이라는 점과 우리 저작권법 제124조에서는 "저작자의 명예를 훼손하는 방법으로

---

79) 박성호, 앞의 논문, 55~56면.

80) 박성호, 앞의 논문, 49면.

81) 김상용, 앞의 책, 101면. 즉, 우리 민법 제751조(일본민법 제710조도 마찬가지임)에서는 재산권의 침해 이외에 타인의 신체·자유 또는 명예를 해하거나 기타 정신적 고통을 가한 경우에는 불법행위로 성립한다고 함으로써 소극적으로 인격권을 보호하고 있다. 이것은 반드시 한정적 열거가 아니고, 예시로 보는 것이 타당하며, 직접 여기에 해당하지 않더라도 정조(貞操)·성명(姓名)·초상(肖像) 등을 여기에 추가할 수 있다고 봄이 타당하다(加藤一郎, 『不法行爲』增補版, 有斐閣, 1974, 123頁).

82) 松田政行, 前揭論文, 6頁(그림 참조).

83) 加藤一郎, 前揭書, 124頁.

저작물을 이용하는 행위는 저작인격권의 침해로 본다."고 규정하고 있는 점 및 "명예와 성망을 해"한다는 요건을 요하지 않게 된 동일성유지권의 연혁 등에 비추어 보면, 저작인격권 속에는 일반적 인격권으로서 명예권이 포함되어 있는 영역이 있다는 점에서, 일반적 인격권과 저작인격권을 엄격히 구별하여 양자를 별개로 보는 분리설 역시 비판의 여지가 있다. 결국 이러한 점에 비추어 보면, 일반적 인격권으로서 명예권에 대한 동일성유지권의 중첩적 영역을 인정하는 병존설(並存說)이 타당하다고 사료된다.[84]

다. 대상판결(도라산역 벽화사건)에 대한 학설의 평가

이상정 교수는 대상판결에 대해 일체설과 궤를 같이하는 것으로 보인다고 주장한다.[85] 일체설에 있다면 동일성유지권과 일반적 인격권 양자를 모두 침해한 것이라고 보는 듯하다. 한편, 박성호 교수는 대상판결의 판시내용을 병존설의 프레임에 비추어 설명한다.[86] 즉 대상판결이 동일성유지권이 아닌 예술가의 명예(권)의 보호라는 법리를 통해서 예술작품의 보호를 도모하면서 "원고가 예술창작자로서 갖는 명예감정 및 사회적 신용이나 명성을 침해"한 것이라고 판시한 점과 관련하여, 동일성유지권은 침해에는 해당하지 않지만, 이와 별개로 예술가의 사회적 신용이나 명성의 침해, 즉 사회적 명예의 침해가 성립하는 범위와 예술가의 명예감정을 침해하는 영역을 구분하여 예술가의 명예권 침해의 성립 여부를 두고 대상판결을 설명하고 있다.

생각건대, 박성호 교수는 병존설의 입장에 서서 대상판결에 대해 저작인격권과 소유권의 충돌에 관련한 문제로 보기보다는 오히려 예술가의 인격적 이익 내지 명예권과 소유권의 충돌문제로 보고 있다는 점에서 고려할 가치가 있다고 본다.[87] 그런데 이 견해는 대법원의 판시내용을 논리적으로 설명하는 데에는 의미가 있지만, 한편으로는 동일한 소유권의 행사가 저작권법상 동일성유지권의 침해를 부인할 수 있음에도 불구하고 일반적 인격권으로서 명예권 침해는 부인할 수 없는 이유에 대해서는 명쾌한 설명이 없어서 문제가 없지 않다. 즉, 가사 동일성 유지권과 명예권의 관계설정 내지 체계적 지위에 있어서 병존설이 타당하다 하더라도, 소유권 행사가 어느 일방(동일성유지권)에만 작동하

---

84) 나아가 논의의 범위를 확대하면, 일반적 인격권으로서 성명권 내지 명예권에 대한 저작권법상 성명표시권의 관계설정에 있어서도 중첩적 관계 내지 교집합의 영역을 포함하는 사례가 있을 수도 있다고 사료된다.

85) 이상정, 앞의 논문(주 43), 240면.

86) 박성호, 앞의 논문, 56면.

87) 박성호, 앞의 논문, 57면 참조.

고, 다른 일방(명예권)에는 소유권 행사가 작동하지 못한다는 그러한 이중적 기준이 무엇에 기반을 두고 있는지에 대해서는 아무런 설명이 없는 점에서 비판의 여지가 있다.

결국 일반적 인격권과 저작인격권에 대하여 일체설, 분리설 내지 병존설 중 어느 견해를 취해도 대상판결과 같은 사례를 푸는 데 있어서는 문제점이 드러난다. 그렇다면 다시 원점으로 돌아가서 대상판결의 경우와 같이 미술저작물의 전부파괴의 경우에도 동일성유지권과 소유권의 충돌의 문제로 보고, 일부파괴의 경우보다 오히려 전부파괴의 경우가 그 위법성이 더 크다는 점에서 원칙적으로 동일성유지권의 침해를 인정하는 해석론으로 전향적으로 태도를 바꾸는 것이 문제해결의 보다 근원적이고 적극적인 접근방법이라 사료된다.

라. 민법에 의한 저작자의 인격권의 보호 필요성

대상판결은 "작가가 자신의 저작물에 대해서 가지는 인격적 이익에 대한 권리가 위와 같은 저작권법 규정에 해당하는 경우로만 한정된다고 할 수는 없으므로 저작물의 단순한 변경을 넘어서 폐기 행위로 인하여 저작자의 인격적 법익 침해가 발생한 경우에는 위와 같은 동일성유지권 침해의 성립 여부와는 별개로 저작자의 일반적 인격권을 침해한 위법한 행위가 될 수 있다."라고 한다. 또 대상판결은 "예술작품이 공공장소에 전시되어 일반대중에게 상당한 인지도를 얻는 등 예술작품의 종류와 성격 등에 따라서는 저작자로서도 자신의 예술작품이 공공장소에 전시·보존될 것이라는 점에 대하여 정당한 이익"을 가질 수 있다고 한다.

위 대상판결의 내용 중 "예술작품이 공공장소에 전시되어 일반대중에게 상당한 인지도를 얻는" 경우에는 "저작자로서도 자신의 예술작품이 공공장소에 전시·보존될 것이라는 점에 대하여 정당한 이익"을 가질 수 있다고 판시한 점에 비추어 보면, 대상판결에서 대법원은 1990년 미국 저작권법(VARA) 제106조의 A(a)(3)의 시각예술가의 저작인격권 행사 시 요구되는 '인정된 지위(recognized stature)'요건 즉, '예술작품이 공공장소에 전시되어 일반대중에게 상당한 인지도를 얻는' 경우를 요건으로서 요구하는 입법례에 영향을 받은 듯이 보인다. 물론 대상판결에서는 "예술작품의 종류와 성격 등에 따라서는"을 언급함으로써 예술작품의 종류와 성격 등에 따라서 구체적 개별적으로 달라질 수 있음을 전제했다.

한편 저작자의 위와 같은 정당한 이익은 저작권법에서 정하고 있는 저작인격권 특히 동일성유지권의 개념으로 설명하기 쉽지 않다. 대상판결의 사실관계에 비추어 보면, 원고와 국가인 피고 사이에 이러한 저작자의 정당한 이익을 보호하기로 하는 약정이 사전에 존재하였는지조차도 불분명하다. 하지만 대상판결은 예술작품의 전시 또는 보존에 관한 정당한 이익을 보호하고 있다. 이러한 취지의 대상판결의 의미는 저작자의 이익 또는 권리가 민법상 인격권을 매개로 하여 확대되고 있다고 볼 수 있다. 요컨대 대상판결의 취지와 마찬가지로 저작권법에서 정한 저작인격권에 관한 규정들이 있다고 해서 민법에 의하여 보호되는 인격권의 적용이 배제되는 것은 아니라고 보아야 한다. 일반적 인격권과 저작인격권에 대하여 일체설, 분리설 내지 병존설 중 어느 견해를 취해도 이러한 원칙적 접근방법에서는 달라지지 않는다고 이해된다. 왜냐하면 저작권법은 공표권(제11조), 성명표시권(제12조), 동일성유지권(제13조) 등의 저작인격권에 관한 개별적인 규정을 두고 있으나, 이러한 규정만으로는 이 사건 벽화와 같은 저작물의 파괴 내지 폐기 행위를 해결하기는 쉽지 않기 때문이다. 결국 저작물의 단순한 변경을 넘어서 완전 파괴 내지 폐기 행위는 저작자의 정당한 이익을 침해하는 위법행위이고 이로 인하여 저작자의 인격적 법익의 침해가 발생한 경우에는 민법 또는 국가배상법에 의한 배상책임이 발생할 수 있다고 보아야 한다. 문제는 저작자의 인격적 법익침해가 성립하기 위한 위법성 판단기준을 어떻게 설정하느냐이다.

마. 저작물 파괴 내지 폐기의 위법성 판단기준

대상판결은 국가배상책임이 성립하기 위한 요건인 '법령 위반' 즉 위법성에 관하여 "국가 소속 공무원의 해당 저작물의 폐기 행위가 현저하게 합리성을 잃고 저작자로서의 명예감정 및 사회적 신용과 명성 등을 침해하는 방식으로 이루어진 경우에는 객관적 정당성을 결여한 행위로서 위법하다"고 한다. 이러한 판단을 할 때 저작물의 종류와 성격, 이용의 목적 및 형태, 저작물 설치 장소의 개방성과 공공성의 정도, 국가가 이를 선정하여 설치하게 된 경위, 폐기의 이유와 폐기 결정에 이른 과정 및 폐기 방법 등을 종합적으로 고려해야 한다고 한다.[88]

---

88) 피고가 벽화를 영구보존할 의무가 있는 것은 아니지만, 이를 설치 후 단기간에 철거할 경우에는 적법하고 합리적인 절차를 거쳐야 할 것이다. 피고가 이와 같은 절차를 거치지 않고 원고에게 알리지도 않은 채 이 사건 벽화를 철거 후 소각한데다가 그 후의 조치도 부적절했다는 점에서 위법성을 긍정할 수 있다.

요컨대 이러한 위법성 판단기준은 결국 예술가가 자신의 저작물 내지 그것이 화체된 유체물에 대해 가지고 있는 인격적 이익 내지 명예권과 해당 유체물의 소유자인 사인(私人)이 가지고 있는 소유권을 구체적인 개별사안에서 비교형량 하여 예술가의 인격적 이익 내지 명예권의 침해 여부를 판단함에 있어서 유익한 기준이라 할 수 있다.[89]

2. 대상 판례의 비판적 검토

대상판결에 대해 동일성유지권의 침해를 인정하는 입장에서는 이 사건 벽화가 소각된 지금도 그 복제물의 일부 또는 전부가 남아있는바 이러한 단편들을 통해 이 사건 벽화는 불완전한 형태로 존속되고 또 경우에 따라서는 그 평가가 왜곡될 수 있다는 점에서 비판받을 수 있다. 나아가 반대의 입장 즉 동일성유지권의 침해를 부정하는 입장에서는 법원이 다른 이유로 위법성을 인정함에 있어서 소유권행사라는 사실을 전혀 고려하지 아니한 이유가 명백하지 않다는 비판이 가능하다.[90]

이러한 비판을 고려하면, 소수설과 같이 결국 동일성유지권의 침해가 된다는 전제에 서는 것이 대상판결의 법리적 문제점을 극복하는 데 간명하고 솔직한 접근방법이라고 사료된다. 나아가 동일성유지권 침해와 소유권행사의 조화를 위한 판단요소로서, 작품의 성질면에서 ①미적 측면, 독자적 창작품인지 여부, ②작품이 개인목적이 아니라 공공목적을 가지는지 여부, ③복수의 작품이 아니라 유일한 작품인지 여부에 따라서, 그리고 파괴의 목적·동기면에서 ④불가항력이나 공공안전의 면이 아니라 경제적·미적관점에 비추어, 그리고 ⑤ 소유자가 개인이 아니라 공공단체인 경우 그리고 ⑥절차적 측면의 준수보다는 보존의무, 복원의무가 있는 점을 중시하는 점 등의 요소를 종합적으로 고려하여 미술저작물의 원작품의 전부파괴를 부정하고 동일성유지권 침해를 긍정해야 한다는 주장[91]이 제기되고 있다. 동일성유지권과 소유권행사와의 조화를 통해 문제를 해결하기 위해서는 경청할 가치가 있다고 사료된다. 즉 이 견해는 작품의 성질면에서 ①실용적 측면, 위탁저작물인지 여부, ②작품이 개인목적인지 여부, ③복수의 작품인지 여부에 따라서, 그리고 파괴의 목적·동기면에서 ④불가항력이나 공공안전의 면에 비추어, 그리고

---

89) 박성호, 앞의 논문, 57면.

90) 이상정, 앞의 논문(주 43), 240~241면.

91) 이상정, 앞의 논문(주 43), 241면.

⑤ 소유자가 개인인 경우 그리고 ⑥절차적 측면의 준수라는 점에서 볼 때는 미술저작물의 원작품의 전부파괴도 긍정할 여지가 있다고 한다.

3. 소결

대상판결에서 대법원이 저작권법상 동일성유지권의 침해에 기한 손해배상청구권의 인정여부와 별개로 저작자의 일반적 인격권 침해에 기한 위자료 청구권의 경합을 인정한 점에서 대상판결의 의의가 있다. 즉, 대법원은 피고의 상고 이유에서의 주장을 배척하고 이와 달리, "저작인격권 침해에 해당하지 아니한다고 평가된 행위는 당연히 법적으로 보호할 가치가 있는 인격적 이익에 대한 침해로도 될 수 없다고 보아야 한다거나, 원심이 이 사건 벽화 폐기행위에 대하여 동일성유지권을 침해하지 않았다고 판단한 다음, 이와 별도로 법적으로 보호할 가치가 있는 인격적 이익의 침해는 인정된다고 판단한 것은 이유모순에 해당한다는 취지의 상고이유 주장은 받아들일 수 없다"고 판시하였다.

요컨대 대상판결과 같이 저작자의 동일성유지권 침해가 인정되지 않는 경우라 하더라도 피고의 위법행위로 원고 저작자의 정신적 고통을 침해한 경우에는 민법상의 일반 불법행위에 해당하는 것으로 인정되어 저작자의 위자료 청구가 인정될 수 있다할 것이고, 이러한 점을 명백히 한 점에서 대상판결은 의미가 있다 할 것이다.

Ⅵ. 결론

이른바 '도라산역 벽화'사건에서 저작자의 의사에 반하여 자신이 창작하고 설치한 미술저작물이 전부 파괴된 경우, 대법원은 저작자의 동일성유지권은 침해되지 않고 일반적 인격권을 침해하였다는 취지의 항소법원의 결론을 지지하였다. 즉 대법원은 저작권법이 동일성유지권(제13조)을 비롯한 저작인격권을 규정하고 있으나, 작가가 자신의 저작물에 대해서 가지는 인격적 이익에 대한 권리가 위와 같은 저작권법 규정에 해당하는 경우로만 한정된다고 할 수는 없으므로 저작물의 단순한 변경을 넘어서 폐기 행위로 인하여 저작자의 인격적 법익 침해가 발생한 경우에는 위와 같은 동일성유지권 침해의 성립 여부와는 별개로 저작자의 일반적 인격권을 침해한 위법한 행위가 될 수 있다고 판시하였다.

　대상판결은 미술저작물의 저작자가 자신의 의사에 반하여 작품의 전부가 폐기 내지 파괴된 경우라 하더라도 일정한 요건을 충족하는 경우에 저작자는 그 작품에 대해서 갖는 명예감정 등 인격적 이익을 보호받을 수 있다는 점을 판시한 최초의 대법원 판결이라는 점에 그 의의가 적지 않다. 작품의 전부폐기 내지 파괴가 저작권법상 저작인격권의 하나인 동일성 유지권의 범위에 포함되는지 여부와 별개의 문제라고 본 것이다. 우리 헌법 제9조의 국가의 문화국가책무와 관련하여 미술가가 보유한 일반적 인격권의 문제로서 그 보호를 긍정하였다는 점에 그 의의가 있다고 할 수 있다.[92] 즉, 헌법은 국가로 하여금 전통문화의 계승·발전과 민족문화의 창달에 노력하여야 할 의무를 부과하고(제9조), 예술가의 권리를 법률로써 보호하도록 정하고 있다(제22조 제2항). 이처럼 국가는 국민에 대하여 예술의 자유를 보장하여야 할 뿐 아니라 적극적으로 예술을 보호하고 장려할 책무 또한 부담하는 것이다.

　그런데 대상판결은 민법과 저작권법과의 관계가 문제되는 국면에서 민법상 인격권과 저작권법상 저작인격권의 관계를 어떻게 설정할 것인가에 관하여 적지 않은 문제점을 던져 주고 있다. 즉 대상판결은 일반법과 특별법 양자 사이에 있는 틈을 어떻게 메울 것인지에 대해서 새로운 과제를 부여하고 있다. 또 대상판결의 사실관계상 그 폐기 내지 파괴과정의 전체를 살펴보면 미술저작물의 전부파괴(폐기)와 일부파괴(폐기)에 관한 구별 내지 판단기준의 내용이 어떠한 것인지에 대하여 침묵하고 있다. 예술가의 창작의도가 어느 정도까지 훼손되어야, 나아가 물리적으로 유형물로서의 예술품이 어느 정도까지 훼손되어야 하는지 여부에 대하여 아무런 가이드라인을 찾기 어렵다. 이런 점에 비추어 보면 '미술품의 일부파괴 = 동일성유지권 침해', '미술품의 전부파괴 = 명예감정 등 인격권 침해'라는 공식을 교조적으로 적용하면, 사안에 따라서는 불합리가 발생할 수 있다고 여겨진다. 즉 개별적 구체적 사안에 따라서는 물리적으로 저작물의 원작품의 일부 형체가 남아 있다고 하더라도, 저작자의 창작의도를 심각하게 훼손함으로써 저작물의 원작품을 전부 파괴한 경우라고 법규범적으로 평가할 수 있는 경우가 있기 때문이다. 즉, 저작물의 일부파괴와 저작물의 전부파괴에 의한 침해와 경계는 구별이 쉽지 않고 유동적이라 할 수 있다는 점에서 더욱 그러하다. 또 다수설이나 대상판결과 같이 처음부터

---

92) 이상정, 앞의 논문(주 43), 241면; 박성호, 앞의 논문, 56면.

그 저작물을 전부파괴 내지 폐기하는 경우에 동일성유지권 침해를 배제하는 것이 과연 법정책적으로 올바른 태도인지도 의문스럽다.[93] 이러한 태도는 저작권우위의 특별규정이 없는 한 원칙적으로 저작권에 대한 소유권우위의 사고에 기초하고 있기 때문이다. 여기서 소유권과 저작권이 우리 헌법아래 대등한 권리라는 인식이 필요하다. 즉 소유권과 저작권이 충돌 시 저작물에 대한 저작자에게 가지는 의미와 소유권 행사 사이의 합리적인 이익형량이 해석론으로서 필요하게 되는 것이다. 독일의 판결에서 저작권은 소유권과 관계에서 기본적으로 대등하므로 저작권은 소유권과 관계없이 행사할 수 있고 또 소유권은 저작권과 관계없이 행사될 수 있다는 점을 밝히고 있다는 점과 양자가 충돌하는 경우 이익형량론을 통하여 해결하고자 하는 것이 독일의 지배적인 견해임을 유념하여야 할 것이다.[94]

요컨대 저작물파괴를 둘러싼 저작권과 소유권의 충돌과 조정방안은 현행저작권법에 근거한 종래의 해석론으로서는 한계가 없지 않기 때문에 입법론적 접근방법을 시급히 강구해야 할 것으로 사료된다. 즉 저작권자와 소유권자 쌍방의 이해관계를 합리적으로 조정한 새로운 법률을 제정하는 방법으로 해결되어야 할 것이다. 하여, 종래 저작권자와 소유권자 쌍방의 이익을 비교형량 하는 방법을 통한 현행법의 해석론으로는 대상판결의 항소심의 판시내용과 같이 그 한계가 없지 않다.

---

93) 이준형, 앞의 논문, 150면.
94) 계승균, 앞의 논문(주 13)(2011), 151면.

PART 03
공·사법의 통섭

제1장 헌법상 재산권과 민법상 재산권과의 통섭

-독일 주택재산권법(WEG)을 고찰하며-[*]

Ⅰ. 서론

헌법상 재산권 보장과 민법상 재산권 보호와의 관계를 법이론적·법해석학적으로 연구한 논문들이 그리 많아 보이지 않는다. 이는 그만큼 양 법학 간에 걸쳐있는 재산권을 통섭하여 재산권의 내용을 규명하는 연구 작업이 그리 녹록한 일이 아니라는 반증이 될 수 있다.

우리나라 헌법 제23조 제1항에서는 "모든 국민의 재산권은 보장된다. 그 내용과 한계는 법률로 정한다."고 규정하고 있다. 여기에 규정된 재산권에는 공법(公法)상 재산권뿐만 아니라, 사법(私法)상 재산권도 당연히 포함된다. 오히려 사법(私法)상 재산권이 더욱 중요한 부분일 수 있다. 그런데 헌법상 재산권과 사법(私法)상 재산권과의 관련성은 헌법상 재산권의 사법(私法)상 효과 문제로 협소하게 이해해서는 안 되고, 오히려 개별 재산권자의 법적 지위를 보장하는 측면에서 입법자의 입법형성권에 의한 사법(私法)상 재산권 제한으로 인한 헌법상 방어권 문제가 중요하게 대두된다. 우리나라 헌법재판소는 재산권을 제한하는 법률의 위헌성 여부 심사와 관련하여, 입법자는 재산권의 내용과 한계를 형성함에 있어서 광범위한 입법형성의 자유[1]를 지닌다고 일관되게 판시하고 있다.[2]

* 이 논문은 「법과 정책연구」 제17집 제4호.(2017)에 게재된 것임.
1) 입법자의 입법형성권에 관해서는 이부하, "입법자의 입법형성권의 내용과 한계", 「법과 정책연구」, 제13집 제1호(2013), 91면 이하 참조.
2) 헌재 1995. 12. 28. 95헌마196, 판례집 7-2, 893, 899-901; 헌재 1996. 12. 26. 96헌가18, 판례집 8-2, 680, 690; 헌재 1998. 11. 26. 97헌바65, 판례집 10-2, 685, 693-696; 헌재 2000. 6. 1. 98헌마216, 판례집 12-1, 622, 640; 헌재 2003. 12. 18. 2002헌바49, 판례집 15-2하, 502, 517; 헌재 2005. 7. 21. 2004헌바2; 헌재 2006. 5. 25. 2005헌바15, 공보 제116호, 803, 806; 헌재 2007. 8. 30. 2003헌바51등, 판례집 19-2, 215, 227-229; 헌재 2008. 12. 26. 2005헌마971 등, 판례집 20-2하, 666, 685; 헌재 2009. 11. 26. 2008헌바25, 판례집 21-2하, 510, 517; 헌재 2011. 10. 25. 2010헌바126, 판례집 23-2상, 844, 854; 헌재

본고에서는 먼저 재산권에 대한 헌법적 해석의 어려움과 관련하여 헌법에서 재산권에 관한 법률유보, 그리고 헌법상 재산권의 내용과 사법(私法)의 관계에 대해 고찰해 본다 (이하 Ⅱ). 다음으로 독일 민법상 재산권과 헌법상 재산권의 관계를 독일 주택재산권법 (WEG)을 중심으로 설명해 본다. 특히 독일 주택재산권법에서 주택재산권자의 권리를 자세히 고찰해 본다(이하 Ⅲ).

Ⅱ. 재산권 해석의 곤란성

1. 재산권에 대한 헌법해석의 단초(端初)

우리나라 헌법 제23조 제1항에서는 "모든 국민의 재산권은 보장된다. 그 내용과 한계는 법률로 정한다."고 규정하고 있다. 즉, 재산권의 내용과 한계는 법률에 의해 구체화되고 형성된다. 재산권의 내용과 한계를 법률로 정함에 있어서 헌법은 입법자에게 특정한 지침이나 기준을 제시해 주지 않는다. 따라서 헌법에서는 기본권으로서의 재산권 보장을 천명하는데 그치고, 구체적인 재산권의 형성은 입법자에게 전적으로 맡겨두고 있다.

독일의 발터 라이스너(Walter Leisner) 교수는 "법규범 중에 최고규범인 헌법은 가장 추상적이고 간결하게 규정되어 있다. 헌법해석은 원칙적으로 헌법이 기준이 되어 이루어져야 함에도 불구하고, 법률의 내용에 의해 헌법해석이 이루어지는 경향이 있다. 그 결과 '법률의 헌법적합성'이 '헌법의 법률적합성'으로 변질될 수 있다."[3]고 지적하였다.

이와 같이 '헌법의 우위'와 '헌법 내용의 법률 종속성' 간의 순환이 자주 발생한다. 구체적인 상황에서 헌법은 입법자를 기속하지만, 동시에 헌법상 재산권의 내용과 한계는 입법자에 의해 규정될 수밖에 없다. 그럼에도 불구하고 헌법의 규범력을 관철하고 이러한 순환논법에 빠지지 않기 위해, 헌법의 법률 종속성 딜레마를 해결해야 하는 것이다.[4] '헌법의 우위'는 헌법의 효력상 우위를 의미하지만, 적용상의 우위를 추구하지 않는다. 구체적인 경우에 법률 및 법률이하의 규범이 원칙적으로 적용되나, 적용규범의 흠결 등

2013. 8. 29. 2011헌바253 등, 판례집 25-2상, 424, 438; 헌재 2016. 2. 25. 2015헌바191, 판례집 28-1상, 156, 169.

3) W. Leisner, Die Gesetzmäßigkeit der Verfassung, 1994, S. 276 ff.; W. Leisner, Von der Verfassungsmäßigkeit der Gesetze zur Gesetzmäßigkeit der Verfassung, 1964, S. 6 ff.

4) J. Isensee, Vorbehalt der Verfassung, ders/H. Lecheler (Hrsg.), Freiheit und Eigentum, FS für W. Leisner, 1999, S. 361.

으로 해결이 불가능한 경우나 합헌성이 의심되는 법률의 경우 등 실제적인 문제가 발생할 경우, 헌법에 기초한 헌법해석이 필요하게 된다.[5] 즉, 헌법상 재산권의 해석에 있어서 법적 자료로서 공법 규정 및 사법 규정을 종합적으로 고찰할 수밖에 없다.

우리나라 헌법재판소는 다음과 같이 재산권의 범위에 관해 설시하고 있다.

> "헌법이 보장하고 있는 재산권의 범위에는 동산·부동산에 대한 모든 종류의 물권은 물론, 재산가치 있는 모든 사법상의 채권과 특별법상의 권리 및 재산가치 있는 공법상의 권리 등이 포함되나, 단순한 기대이익이나 반사적 이익 또는 경제적인 기회 등은 재산권에 속하지 않는다."[6]

2. 재산권 보장과 재산권의 법률유보

우리나라 헌법재판소는 재산권에 관한 법률유보에 관하여 다음과 같이 판시하고 있다.

> 헌법상의 재산권에 관한 규정은 다른 기본권 규정과는 달리 그 내용과 한계가 법률에 의하여 구체적으로 형성되는 기본권 형성적 법률유보의 형태를 띠고 있고, 헌법이 보장하는 재산권의 내용과 한계는 국회에서 제정되는 형식적 의미의 법률에 의하여 정해지므로, 헌법상의 재산권 보장은 재산권 형성적 법률유보에 의하여 실현되고 구체화하게 되며, 따라서 재산권의 구체적 모습은 재산권의 내용과 한계를 정하는 법률에 의하여 형성된다.[7]

헌법은 제23조 제1항 제1문에서 "모든 국민의 재산권은 보장된다."라고 규정하여 재산권 보장을 선언하고, 제2문에서 "그 내용과 한계는 법률로 정한다."라고 하여 재산권은 다른 기본권 규정과는 달리 그 내용과 한계가 법률에 의해 구체적으로 형성되는 기본권 '형성적 법률유보'의 형태를 취하고 있다고 한다. 따라서 헌법이 보장하는 재산권의 내용과 한계는 국회가 제정하는 '형식적 의미의 법률'에 의해 정해지게 되며, 이러한 헌법상의 재산권 보장은 재산권의 '형성적 법률유보'에 의해 실현되고 구체화하게 된다.[8]

재산권의 내용과 한계를 구체적으로 형성함에 있어서 입법자는 일반적으로 광범위한

---

5) 이부하, "헌법유보와 법률유보", 「공법연구」, 제36집 제3호(2008), 201면 이하(211면).

6) 헌재 2003. 6. 26. 2002헌마484, 판례집 15-1, 802, 808 등; 헌재 2011. 10. 25. 2009헌바234, 판례집 23-2상, 774, 785; 헌재 2012. 10. 25. 2011헌마307, 판례집 24-2하, 38, 64.

7) 헌재 1993. 7. 29. 92헌바20, 판례집 5-2, 36, 44; 헌재 2001. 6. 28. 99헌바106, 판례집 13-1, 1307, 1316-1317; 헌재 2011. 10. 25. 2009헌바234, 판례집 23-2상, 774, 786.

8) 헌재 1993. 7. 29. 92헌바20, 판례집 5-2, 44-45; 헌재 2000. 2. 24. 97헌바41, 판례집 12-1, 163; 헌재 2001. 6. 28. 99헌바106, 판례집 13-1, 1307, 1316-1317; 헌재 2011. 10. 25. 2009헌바234, 판례집 23-2상, 774, 786.

입법형성권을 지닌다. 그러나 입법자는 재산권의 본질적 내용을 침해해서는 안 되고, 사회적 기속성을 함께 고려하여 균형을 이루도록 해야 한다는 등 입법형성권의 한계를 일탈해서는 안 된다.[9]

우리나라 헌법재판소는 '기본권 형성적 법률유보'와 '기본권 제한적 법률유보'라는 2분론적 법률유보 이론을 전개하고 있다. 이는 기존의 법학 이론을 그대로 수용한 것으로 보인다. "헌법상의 재산권 보장은 재산권 형성적 법률유보에 의하여 실현되고 구체화"된다는 헌법재판소의 견해를 선해(善解)하면, 재산권의 내용과 한계를 정하는 법률은 재산권을 '형성'하는 의미뿐만 아니라 재산권을 '제한'하는 의미도 함께 지니지만, 그 중점은 기본권 '형성'에 있다고 할 수 있다.[10]

이러한 입장은 독일 헌법이론상 기본권형성(Grundrechtsprägung)과 기본권침입(제한: Grundrechtseingriff)이라는 용어를 수용한 것이라 할 수 있다. '기본권 형성적 법률유보'는 기본권의 보호영역이 미확정적인 경우에 법률에 의하여 이를 구체적으로 '형성'하는 것을 의미한다.[11] 반면, '기본권 제한(침입)적 법률유보'는 기본권의 보호영역이 확정된 경우에 법률에 의해 기본권을 '침입'(Eingriff)한다는 의미이다. 즉, 기본권형성은 본질적으로 제약되는 것이기에 '내부적' 제약임에 반하여, 기본권제한(침입)[12]은 '외부적' 제약을 의미한다.[13] 따라서 양 개념 모두 기본권 제약의 한 형태이자, 기본권의 구체화를 말하는 것이며, 양자의 차이는 기본권의 보호영역이 확정적인 경우냐 미확정적인 경우냐이다. 따라서 일반적인 학설처럼 2분론적으로 '제한'하거나 '형성'한다는 의미로 해석될 것은 아니다.[14]

기본권의 보호영역은 '형성'이 필요하며, 다른 한편 이렇게 형성된 기본권은 국가에게 의무를 부과한다. 입법자가 기본권을 형성한다는 의미는 기본권에 관한 규율을 임의로 할 수 있다는 의미가 아니다. 기본권의 보호영역을 '형성'함에 있어서 일정한 한계가 설정되는데, 그 한계를 넘게 되면 보호영역을 형성하는 것이 아니라, 보호영역을 침입하거나 제한하는 결과가 된다.[15]

---

9) 헌재 2000. 2. 24. 97헌바41, 판례집 12-1, 164; 헌재 2010. 9. 30. 2008헌가3, 판례집 22-2상, 568, 578-579; 헌재 2013. 5. 30. 2012헌바335, 판례집 25-1, 318, 326.

10) 이부하, 앞의 논문(주 5), 219면.

11) 장영수, 「헌법학」, 홍문사, 2008, 522면.

12) P. Lerche, Schutzbereich, Grundrechtsprägung, Grundrechtseingriff, HdBSR V, 2000, Rn. 8.

13) K. Hesse, Grundzüge des Verfassungsrechts der Bundesrepublik Deutschland, 20. Aufl., Heidelberg, 1995, Rn. 307.

14) 이부하, 앞의 논문(주 5), 220면.

3. 헌법상 재산권의 내용과 사법(私法)

헌법상 재산권 개념을 사법상의 물권과 그 밖의 재산적 가치 있는 권리로 확장하여 이해하려면, 재산적 가치 있는 권리들에 대한 국가의 침입(제한), 특히 입법자의 침입(제한)을 선행적으로 검토해야 한다.[16] 즉, 헌법상 재산권보장의 방어권적 측면을 인식해야 한다.[17] 특히 재산권을 중심으로 발전되었던 제도보장론이 이러한 논리방향과 유사하다. 이러한 방어권적 관점, 그리고 경우에 따라서는 강화된 제도보장론적 관점에서 재산권 개념을 광범위하게 이해하는 것은 의미가 있다. 헌법상 재산권 보장조항으로부터 기본권 보호 의무를 도출하고 헌법상 재산권 보장조항에 부합하는 기본권 도출은 기본권 내용 규정으로 인해 불가능하지 않다.[18] 재산권 개념의 확장은 재산권의 법적 지위 체계에 중요한 문제이자, 다른 사람의 기본권 제한을 가져오기 때문에 기본권 충돌의 해결이 중요한 기능을 한다.[19] 또한 재산권의 제도보장은 방어적 기능뿐만 아니라, 기본권 보호기능과도 특히 관련되어 있다. 즉, 사법(私法)에서 재산권의 불충분한 보호는 헌법상 과소보호금지원칙에 의한 심사가 가능하다. 재산권의 제도보장이 제대로 이루어지지 않으면, 개별 기본권 주체가 재산권을 보호할 수밖에 없게 된다.[20]

Ⅲ. 독일 민법상 재산권과 헌법상 재산권의 관계

1. 독일 민법상 재산권이 헌법상 재산권에 포함되는지 여부

주택과 같은 민법상 재산권이 독일 기본법 제14조의 의미에서 헌법상 재산권에 해당되는지가 논의되고 있다. 독일 기본법 제14조에서는 독자적으로 헌법상 재산권 개념을 규정하고 있다.[21] 그런데 재산권의 법적 지위는 헌법과 일반법률(민법 등) 등을 전체적

---

15) Pieroth/Schlink, Grundrechte - Staatsrecht Ⅱ, Rn. 213.

16) Vgl. J. Wieland, in: Dreier (Hrsg.), GG, Art. 14, Rn. 4.

17) Vgl. B. Rüthers, Ein Grundrecht auf Wohnung durch die Hintertür?, NJW 1993, S. 2587.

18) 이에 관해 상세한 설명은 O. Depenheuer, in: von Mangoldt/Klein/Starck, GG, Art. 14, Rn. 96.

19) Vgl. K.-H. Friauf, FS-Hämmerlein, S. 207 (223); B. Rüthers, NJW 1993, S. 2587 (2588).

20) H. de Wall, Der Staat 38 (1999), S. 377 (S. 397 Fn. 80).

21) BVerfGE 58, 300 (335); Leisner, in HStR Ⅷ, 3. Aufl. 2010, § 173 Rn. 10 ff.; Depenheuer, in: v. Mangoldt/Klein/Starck, Art. 14 Rn. 29 ff.; Papier, in: Maunz/Dürig Art. 14 Rn. 35 ff.

으로 고찰해야만 도출될 수 있다. 독일 기본법 제14조상의 재산권은 일반법률에 의해 재산권자에게 법적 지위를 부여해야 하는 '규범형성적 기본권'[22]이라고 이해하고 있다. 주택재산권(Wohnungseigentum)의 법적 지위는 주택재산권법(WEG)에 의한 법제도적·일반법률적 보장에 의해서뿐만 아니라, 독일 기본법 제14조상 헌법적 재산권 보장에 의해서도 보장된다.

주택재산권은 주택재산권법(WEG)이라는 일반법률에 의해 규율되고 있다. 주택재산권법에 의하면, 주택재산권은 재산권자가 소유하는 조합 재산의 공유 지분과 주택의 특별 재산권으로 구성된다(§ 1 II WEG). 또한 주택재산권자는 주택재산권자 조합의 회원이 된다. 주택재산권법 제1조 제5항(§ 1 V WEG)에 의하면, '조합 재산'이란 "특별 재산이나 제3자의 소유에 해당되지 않는 토지와 건물, 시설"이라고 규정하고 있다. 그런데 '특별 재산'의 개념 정의는 주택재산권법(WEG)에 규정되어 있지 않다. 따라서 특별 재산은 조합 재산과의 구별을 통해 개념적 정의를 도출해 내야 한다. 특별 재산을 법률에서 허용한다는 것은 별도의 사용권을 부여한 상태에서 조합 재산에서 배제한다는 의미이다.[23] 특별 재산은 주택재산권법(WEG) 제3조 제1항에 의거하여, 계약의 대상과 내용을 정하는 계약 체결로 인정된다.[24]

주택재산권의 특별 재산 영역은 법률적으로 제한되어 있다. 조합 재산 또는 특별 재산에 근거한 다른 주택재산권자의 권리는 주택재산권법(WEG) 제14조에 의해 허용되는 범위에서 인정되며, 건물의 외부 변경은 허용되지 않는다. 주택재산권자의 공동 사용에 제공되는 건물의 존속 또는 안전에 필요한 건물의 부분, 시설 및 장치들은 주택재산권법(WEG) 제5조 제2항에 의하면 특별 재산에 속하지 않는다.[25]

주택재산권자의 공유 재산권의 지분과 관련된 권리는 주택의 다른 재산권자와 공유되므로 제한된 자율성이 인정되는 반면, 주택재산권자의 '특별 재산'은 임의대로 처리할 수 있다. '조합 재산'은 주택재산권법(WEG) 제21조 제2항에 의거하여, 주택재산권자 조합 회의의 결정에 따라 주택재산권자가 공동으로 관리하게 된다(§ 23 WEG). 이 점에 있어서 주택재산권법(WEG) 제10조 제2항 2호에 의해 만장일치 원칙이 적용되는 합의와 주택재산권법(WEG) 제23조 제1항에 의해 다수결 원칙에 의한 결정 간에 차이가 있

---

22) Pieroth/Schlink/Kingreen/Poscher, Grundrechte, 30. Aufl. 2014, Rn. 225 ff.

23) Timme, in: BeckOK WEG § 1 Rn. 138.

24) Froese, Das Wohnungseigentum als verfassungsrechtliches Eigentum?, ZWE 2015, S. 251.

25) Froese, ZWE 2015, S. 251.

다. 특별 재산은 단독 재산권자의 법적 지위와 유사하지만, 조합 재산의 지분은 공유로 본다.[26]

2. 헌법상 재산권 개념

우리나라 헌법재판소는 "헌법 제23조 제1항에 의하면 헌법이 보장하고 있는 재산권은 경제적 가치가 있는 모든 공법상·사법상의 권리를 뜻하며, 사적 유용성 및 그에 대한 원칙적인 처분권을 내포하는 재산가치 있는 구체적 권리를 의미한다. 그러므로 구체적인 권리가 아닌 단순한 이익이나 재화의 획득에 관한 기회 또는 기업 활동의 사실적·법적 여건 등은 재산권 보장의 대상이 아니다."[27]라고 판시하고 있다.

헌법 제23조 제1항에서 규정하고 있는 '재산권 보장'이란 재산권 주체에게 재산권에 대한 사적 유용성(Privatnützigkeit)과 처분권(Verfügungsbefügnis)을 보장한다는 의미이다.[28] 사적 유용성을 보장한다는 것은 재산권 주체의 재산에 대한 배타적인 사용·수익·처분을 가능케 한다는 의미이며, 처분권을 보장한다는 것은 법률에 의거하여 재산에 대한 자유로운 처분을 가능케 한다는 의미이다.[29]

독일 기본법 제14조 제1항[30]은 재산권을 보장하고 재산권의 정의를 위한 헌법적 기준을 제시하고 있다.[31] 독일 기본법 제14조는 입법자에게 독일 기본법 제14조 제1항 2문에 규정된 '재산권의 내용 및 제한' 규정을 위한 과제를 부여하고 있는데, 이는 단순히 입법자의 권한배분의 문제가 아니다.[32] 재산권의 징표는 '헌법의 전체 구조에서 그 중요성을 고려한 재산권 보장의 목적과 기능으로부터 도출된다.'[33] 헌법상 재산권의 법

---

26) Froese, ZWE 2015, S. 251.

27) 헌재 2005. 2. 3. 2003헌마930, 판례집 17-1, 167, 181-182; 헌재 2005. 7. 21. 2004헌바57; 헌재 2008. 11. 27. 2005헌마161등, 판례집 20-2하, 290, 319-322; 헌재 2009. 10. 29. 2008헌바45, 판례집 21-2하, 159, 172; 헌재 2011. 5. 26. 2010헌마183, 판례집 23-1하, 213, 226; 헌재 2013. 11. 28. 2012헌마770, 판례집 25-2하, 583, 589; 헌재 2014. 3. 27. 2013헌바198, 판례집 26-1상, 480, 490.

28) BVerfGE 53, 290 (339); 53, 257 (291); 68, 361 (367); 91, 294 (308); 100, 289 (301). 우리 헌법재판소도 "재산권의 본질적 내용인 사적유용성(私的有用性)과 원칙적인 처분권(處分權)을 부인해서는 안 된다"고 판시하여 독일 연방헌법재판소의 입장을 따르고 있다(헌재 2003. 4. 24, 99헌바110, 396면).

29) 이부하, "헌법상 토지재산권의 보장 및 그 제한 법률에 대한 합헌성", 「토지공법연구」, 제43집 제1호(2009), 230면.

30) 독일 기본법 제14조 (재산권, 상속권 및 공용수용) ① 재산권과 상속권은 보장된다. 그 내용과 한계는 법률로 정한다.

31) BVerfGE 58, 300 (335); Leisner, in: HStR VIII, 3. Aufl. 2010, § 173 Rn. 10 ff.; Depenheuer, in: v. Mangoldt/Klein/Starck, Art. 14 Rn. 29 ff.; Papier, in: Maunz/Dürig, GG, Art. 14 Rn. 35 ff.

32) Leisner, in: HStR VIII, 3. Aufl. 2010, § 173 Rn. 23.

33) BVerfGE 36, 281 (290); Wendt, in: Sachs, GG, Art. 14 Rn. 21; Depenheuer, in: v. Mangoldt/Klein/Starck, Art. 14 Rn. 113.

적 지위는 독일 기본법 제14조상 보호영역의 추상성에도 불구하고, 법률에서는 재산권자에게 배타권, 처분권, 사적 유용성을 부여하고 있다.[34]

3. 독일 주택재산권 형성에 있어서 재산권자의 권리

가. 독일 주택재산권법에서 재산권의 내용

입법자가 재산권 내용을 구체화할 수 있는 범위는 해당 재화의 성격에 좌우하게 된다.[35] 동산과 같은 재산에 대해서는 법적 구별을 위해 입법자는 법률에 규정할 필요가 있다. 법적으로 구별되지 않는 재화의 경우에는 단순한 법적 인정 이상의 조치가 필요하다. 이 경우 입법자는 이러한 법적 구별을 위해, 경계 설정, 등록 등의 추가적인 조건을 설정함으로써 법규범적 경계를 설정해야 한다.[36]

주택재산권의 경우, 입법자에 의한 단순한 법적 인정만으로는 경계 설정을 위한 조건을 충족하지 못하게 된다. 또한 법규범적 경계만으로 입법자는 주택재산권의 법적 지위를 인정할 수 없게 된다. 주택재산권은 재산권에 해당되는 법제도지만, 그 존속은 독일 민법 제93조, 제94조의 민법상 원칙에 반하게 된다. 독일 민법에 의하면, 토지 위에 세워진 건물은 토지의 본질적인 구성요소에 속하게 되며, 그 결과 건물은 독립적인 권리의 대상이 될 수 없다는 것이다. 독일 민법의 전통적인 원칙에 의하면, 공동소유는 존재할 수 있지만, 개별 주택으로의 재산권 구별은 인정되지 않는다. 이러한 독일 민법상 원칙에 반하여, 독일 입법자는 주택재산권법(WEG)을 제정하게 되었고, 주택을 독립적인 재산권으로 인정하게 되었다.[37] 즉, 독일에서 주택재산권이라는 법제도의 존속은 독일 주택재산권법(WEG)에 근거하고 있다.

나. 배타권

입법자가 규정한 주택재산권의 법적 지위는 해당 재산권자에게 배타적 권리를 부여하

---

34) BVerfGE 101, 54 (74 f.).

35) Leisner, in HStR VIII, 3. Aufl. 2010, § 173 Rn. 14 ff.; Depenheuer, FS Leisner, 1999, S. 277, S. 299 f.; Depenheuer, in v. Mangoldt/Klein/Starck Art. 14 Rn. 60.

36) Depenheuer, in: v. Mangoldt/Klein/Starck Art. 14 Rn. 59.

37) Froese, Wohnungseigentum zwischen individualgrundrechtlicher Gewährleistung und kollektiver Einbindung, 2015, 16 f.

고 있다. 즉, 재산권자는 독점적으로 재산권 객체를 결정하고 제3자의 영향력으로부터 배타적인 권리를 지니게 된다.[38] 주택재산권의 법적 지위가 이러한 배타권을 충족시키는지 여부에 대해 의문이 제기될 수 있다. 주택재산권자의 법적 지위는 일반 재산권자의 특별 재산의 법적 지위와 비슷한 반면, 조합 재산에서 공유 지분은 강력한 공동 관련성을 지닌다. 공유 지분은 처음부터 다수의 주택재산권자 결합의 총체적 관련성에서 주택재산권자 조합에 속한다. 주택재산권법(WEG) 제13조 제2항에 의하면, 개별 주택재산권자는 주택재산권자 조합에서 '공동 사용'의 권리가 있으며, 주택재산권법(WEG) 제14조, 제15조에 의한 추가적인 제한이 있다.[39] 개별 주택재산권자는 주택재산권법(WEG) 제16조 제1항 1문에 의거하여 해당 주택의 비율만큼 조합 재산을 사용할 수 있다.[40]

조합 재산과 관련한 개별 주택재산권자의 배타성은 제한된 범위에서만 존재한다.[41] 제3자에 대한 배타성은 조합 재산과 관련하여 존재하는 반면, 그 밖의 주택재산권자는 공동 사용 및 지분에 따른 사용에 국한된다. 왜냐하면, 개별 주택재산권자에게는 동등한 권리가 있기 때문이다. 따라서 이러한 배타성은 제한된 범위에서만 존재한다.[42]

독일 기본법 제14조 제1항의 의미에서 재산권의 법적 지위를 정당화하기 위해, 제한된 범위에서 배타성이 인정된다. 왜냐하면 재산권의 보호영역은 재산권 객체에 대한 제3자의 효과적 행위 금지[43]에 있는 것이 아니라, 재산권 객체의 행위가능성, 이용가능성, 활용가능성에 있다.[44] 그러므로 제3자의 효과적 행위 금지론[45]에서 주장하는 절대적 배타성은 헌법상 재산권 보장에서는 존재하지 않는다. 배타성의 제한 정도는 재산권의 한계 규정(독일 기본법 제14조 제1항 2문과 제14조 제3항)에 의해 정해진다. 배타성 정도의 차이로 인해, 헌법상 재산권 개념의 특징에 기인하여 통일된 재산권 객체로 이해되는 것이 아니라, 헌법적 시각에서 다양한 재산권 객체로 구분될 수 있다. 주택재산권자가 이러한 요소를 분리하여 처리할 수 있는지 여부에 따라 달라진다. 분리하여 처리가능성

---

38) BVerfG NJW 1971, S. 2163; NJW 1976, S. 1783 (1786); NJW 1979, S. 699 (702 f.); NJW 1980 S. 692 (693); Depenheuer, in: v. Mangoldt/Klein/Starck Art. 14 Rn. 63; Leisner, in: HStR VI, 3. Aufl. 2010, § 149 Rn. 8.

39) Vgl. BVerfG NZM 2010, S. 44 (45).

40) Froese, Das Wohnungseigentum als verfassungsrechtliches Eigentum?, ZWE 2015, S. 253.

41) Froese, Wohnungseigentum zwischen individualgrundrechtlicher Gewährleistung und kollektiver Einbindung, 2015, S. 18.

42) Froese, Das Wohnungseigentum als verfassungsrechtliches Eigentum?, ZWE 2015, S. 253.

43) Hösch, Eigentum und Freiheit, 2000, S. 139.

44) Depenheuer in v. Mangoldt/Klein/Starck Art. 14 Rn. 64 ff.; Becker in Stern/Becker Art. 14 Rn. 91 ff.; Cornils, Die Ausgestaltung der Grundrechte, 2005, 328; Blasberg, Inhalts- und Schrankenbestimmungen des Grundeigentums, 2008, S. 70; Froese, Wohnungseigentum zwischen individualgrundrechtlicher Gewährleistung und kollektiver Einbindung, 2015, S. 32.

45) Hösch, Eigentum und Freiheit, 2000, S. 139.

이 있는 경우에만 처분권의 헌법적 징표가 충족되어진다.

다. 처분권

처분권에는 주택의 사용과 제3자의 점유 및 사용을 배제할 수 있는 권리 및 주택재산을 매매할 수 있는 자유가 포함되며, 다른 사람이 사용할 수 있도록 계약에 의해 양도 소득을 파생시킬 권리도 포함된다.[46) 주택재산권법(WEG) 제10조 제1항에서는 원칙적으로 특별 재산 및 조합 재산과 관련하여 주택재산권법(WEG)에 의해 존재하는 권리와 의무를 주택재산권자에게 부여하고 있다. 처분권의 범위는 특별 재산과 조합 재산 간에 차이가 있다.[47)

(1) 특별 재산

주택재산권자는 주택재산권법(WEG) 제13조 제1항에 의거하여 특별 재산을 임의로 처리할 수 있다. 주택재산권자는 타인에게 특별 재산을 점유, 임대, 처분할 수 있다.

(2) 조합 재산

조합 재산과 관련하여, 개별 주택재산권자는 주택재산권법(WEG) 제13조 제2항에 의거하여 공동으로 사용할 권리가 있다. 조합 재산에 관하여는 주택재산권법(WEG) 제21조 제1항에 의거하여 원칙적으로 모든 주택재산권자가 관리한다.

(3) 주택재산권자 조합의 회원권

주택재산권자 조합의 회원인 주택재산권자는 참여권, 관리권, 보호권, 사용권 등을 지닌다. 특히, 주택재산권자는 주택재산권자 조합의 회합에 참석할 권리를 가지며(주택재산권법(WEG) 제24조 제2항, 제3항) 투표권을 가진다. 주택재산권자는 주택재산권법(WEG) 제21조 제4항에 따라 조합 재산의 관리권을 가진다. 주택재산권법(WEG) 제14조 제1항에 의거하여 주택재산권자는 다른 주택재산권자의 특별 재산이나 조합 재산의

---

46) BVerfGE 36, 281 (290).

47) Froese, Das Wohnungseigentum als verfassungsrechtliches Eigentum?, ZWE 2015, S. 253.

불리한 사용에 대한 방어권을 지닌다. 또한 주택재산권자는 정보권과 통제권을 가진다. 주택재산권자는 조합의 결정에 대한 취소권을 가지고 있고, 국가의 법적 보호를 받을 권리가 있다. 주택재산권자는 조합 재산의 공동 사용권을 지닌다(주택재산권법(WEG) 제13조 제2항).[48]

(4) 특별 재산에 대한 독립적 처분권

특별 재산, 공유 재산의 지분, 회원권을 서로 다른 재산권 객체로 인식하려면, 주택재산권자는 각각을 독립적으로 처분할 수 있어야 한다. 그러나 입법자는 주택재산권법(WEG) 제6조에서 특별 재산과 공유 재산의 지분을 분리할 수 없는 재산으로 입법하였다. 이에 따라 주택재산권자는 특별 재산은 물론, 공유 재산의 지분도 매각, 저당, 담보 또는 양도할 수 없다. 주택재산권법(WEG) 제6조 제1항과 제2항은 독립적인 공유 재산과 독립적인 특별 재산의 생성을 방지하기 위한 것이다.[49] 주택재산권자 조합에 속한 주택재산권자의 회원 자격과 관련하여, 이러한 분리할 수 없는 성질은 주택재산권법(WEG)에 명시적으로 규정되어 있지 않다. 그러나 이는 회원이 주택을 매매할 때 매수자에게 이러한 권리가 이전된다는 사실에 기인한다.[50] 따라서 회원 자격은 특별 재산권과 조합 재산권과의 불가분 관계에서 획득된다. 이러한 분리할 수 없는 성질 때문에 주택재산권은 단일한 재산권 객체로 여겨진다.[51] 주택재산권자는 주택의 단일한 재산권 속성에 기인하여 매각, 저당, 임대, 사용 등을 할 수 있다.[52]

---

48) Froese, Das Wohnungseigentum als verfassungsrechtliches Eigentum?, ZWE 2015, S. 253 f.

49) Armbrüster, in: Bärmann § 6 Rn. 3 f.; Vandenhouten, in: Niedenführ/Kümmel/ Vandenhouten, § 6 Rn. 7 ff.

50) Froese, Wohnungseigentum zwischen individualgrundrechtlicher Gewährleistung und kollektiver Einbindung, 2015, S. 24 f.

51) Bärmann, Zur Theorie des Wohnungseigentums, NJW 1989, S. 1057; Rühlicke, ZMR 2002, S. 713 (717).

52) Froese, Wohnungseigentum zwischen individualgrundrechtlicher Gewährleistung und kollektiver Einbindung, 2015, S. 25.

(5) 제한적인 처분권

(가) 제한적인 매매 가능성

재산권 객체의 매매 가능성은 해당 재산권 객체에 대한 처분권의 다른 표현이다.[53] 그러나 주택재산권자가 주택재산권법(WEG) 제12조에 의거하여 매매 제한에 합의한 경우, 매매 가능성 및 처분권이 제한되며 이로 인해 재산의 매매는 다른 재산권자 및 제3자의 동의에 의존하게 된다. 이러한 매매 제한에 합의한 경우, 주택재산권자는 매수인과의 관계에서 다른 재산권자 및 제3자의 동의가 있는 경우에만 매수인에게 매매할 수 있다. 주택재산권자는 매매에 있어서 특히 매수인에 대해 자치적으로 결정하지 못하며, 따라서 제한된 범위에서 재산권 객체의 처분권을 지닌다.[54]

이러한 제한된 매매 가능성은 주택재산권자의 원칙적인 처분권과 상충되지 않는다. 왜냐하면, 매매 제한은 주택재산권자 만장일치의 합의가 존재하는 경우, 특별 재산의 경우에만 유효하고, 주택재산권자가 자신의 재산에 대한 처분권 제한에 스스로 참여했기 때문이다. 또한 독일 기본법 제14조에서 재산권의 하나로서 인정되는 처분권은 무제한적인 권리로 이해되지 않는다. 독일 연방헌법재판소 판례에 의하면, 재산권 객체의 무제한적인 처분권과 임의의 양도 가능성은 독일 기본법 제14조에서 보장하는 재산권 보호의 내용이 아니다. 결국 처분권은 때때로 제한될 수 있지만, 충분한 정도로 보유되고 있다.[55]

그러나 이러한 제한된 매매 가능성은 주택재산권자의 원칙적 처분권과 상충되지 않는다. 매매 제한은 특별 재산의 경우에만 유효하며, 주택재산권자의 만장일치의 합의가 존재해야 한다.

(나) 여러 명의 권리자의 병존

개별 주택재산권자는 다른 주택재산권자 이외에 다른 권리 보유자(주택의 다른 권리 보유자 및 관리인)와 경합하게 된다. 조합 재산의 전체 행정과 관련하여, 주택재산권자 조합은 주택재산권법(WEG) 제10조 제6항에 의거하여 제3자와 주택재산권자에 대해 권리를 취득하고 의무를 진다. 주택재산권자 조합은 권리자이자 의무자이며, 이러한 권리와 의무를 행사하거나 수행한다. 주택재산권법(WEG) 제10조 제7항에 의하여, 조합의

---

53) Depenheuer, in v. Mangoldt/Klein/Starck, Art. 14 Rn. 64.

54) Froese, Das Wohnungseigentum als verfassungsrechtliches Eigentum?, ZWE 2015, S. 254.

55) Froese, Wohnungseigentum zwischen individualgrundrechtlicher Gewährleistung und kollektiver Einbindung, 2015, S. 108.

행정재산은 주택재산권자 조합에 속한다.

조합은 자신의 권리를 스스로 행사한다. 조합은 '관리인'에 의해 또는 관리인이 없을 경우 '주택재산권자 전체'에 의해 대표된다(주택재산권법(WEG) 제27조 제3항). 주택재산권법(WEG) 제10조 제5항에 의거하여, 조합은 소송을 제기할 수 있다. 즉, 조합은 자신의 권리와 의무를 위해 소송을 수행할 수 있다.[56]

개별 주택재산권자는 관리인과 경합하게 된다. 입법자는 주택재산권자 조합의 부분적인 법적 능력을 인정하는 과정에서 관리인의 법적 지위를 확장하고 있다. 주택재산권법(WEG) 제27조 제1항과 제27조 제3항에 의하여, 관리인은 주택재산과 관련하여 광범위한 권리와 의무를 부여받았다. 주택재산권법(WEG)에 의하면, 관리인은 주택재산권자와 그 조합에 대한 권리와 의무(제27조 제1항), 주택재산권자에 대한 외부적인 기속력 있는 행위(제27조 제2항), 조합에 대한 외부적인 기속력 있는 행위(제27조 제3항)를 할 수 있다.[57]

모든 업무와 권한은 관리인에게 불가피하게 부여되어 있으며, 이를 박탈할 수 없다. 주택재산권자 간 합의에 의하여 이러한 관리인의 권한을 제한할 수도 취소할 수도 없다(주택재산권법(WEG) 제27조 제4항). 관리인의 업무와 권한의 확장은 주택재산권자의 처분권을 동시에 축소시키게 된다. 그런데 이러한 관리인의 업무와 권한은 원래 관리인에게 부여되어 있지 않고, 주택재산권자와 그 조합이 본질적으로 보유하고 있다. 관리인은 조합과의 관계에서 봉사적·대리적 역할을 수행하며, 주택재산권자와의 관계에서 수탁자의 역할을 수행하는 것이다. 결과적으로 권리보유자는 개별 주택재산권자 또는 단체인 조합이다. 실질적으로 관리인의 권한은 조합 재산에 국한된다. 관리인은 특별 재산에 대해서는 권한이 없다(주택재산권법(WEG) 제20조 제1항).

라. 사적 유용성

헌법상 재산권 보장을 향유하기 위해, 주택재산권은 사적 유용성의 기준을 충족해야 한다. 이는 주택재산권이 개인의 이익을 위해 행사될 수 있어야 함을 전제로 하며, 개인의 주도하에 그리고 자기 책임적 이익하에, 권리자가 사용가능함을 전제로 한다. 여기에는 특히 재산 자체를 사용할 권리와 제3자의 소유 및 사용을 배제할 권리를 포함하고 있다.[58]

---

56) Froese, Das Wohnungseigentum als verfassungsrechtliches Eigentum?, ZWE 2015, S. 254.

57) Froese, ZWE 2015, S. 254.

58) BVerfGE 101, 54 (75).

주택재산권자의 권리와 사적 유용성은 주택재산의 해당 영역에 따라 차이가 있다.[59] 특별 재산과 관련하여, 주택재산권법(WEG) 제13조는 주택재산권자에게 단독 재산권자와 유사한 광범위한 권리를 부여하고 있다. 주택재산권자는 특별 재산을 점유, 임대, 전대 또는 사용할 권리가 있다. 조합 재산권으로부터 발생하는 권리는 주택재산권자 자신의 이익을 위해서만 행사할 수 없다. 주택재산권자는 조합 재산을 사용할 권리만 있다(주택재산권법(WEG) 제13조 제2항).[60] 개별 주택재산권자는 조합 재산권의 과실(果實)과 관련하여, 주택재산권법(WEG) 제16조 제1항 2호에 의거하여 공유 재산의 지분에 상응하는 분담금 청구권이 있다. 제한된 범위에서, 개별 주택재산권자는 자신의 사적 이익을 위해 주택재산의 지분을 사용할 수 있다.

재산권의 지위를 확립하기 위해서는 주택재산에 존재하는 어느 정도의 사적 유용성으로 족하다. 그러나 하나의 동일한 재산권 객체에 여러 명의 권원이 존재하는 경우 문제가 발생한다. 특히 사적 유용성으로 인해 권원자가 제3자에게 재산권 객체의 점유 및 사용을 배제할 수 있다고 인정될 경우에만, 주택재산권에 있어서 완전한 보장을 의미하는 것은 아니다. 조합 재산권과 관련하여, 주택재산권자는 외부인의 점유 및 사용을 배제할 수 있다. 이러한 배제권은 주택재산권자 조합에 있어서 다른 주택재산권자에 대한 개별 주택재산권자의 권리가 아니다.[61]

헌법상 재산권 보장 조항으로부터 하나의 동일한 재산권 객체에 다수의 재산권자 간에 갈등 해결을 위한 기준이 존재하는지 여부가 문제된다. 다수의 재산권자가 존재한다는 상황에서 독일 기본법 제14조의 적용가능성은 기본권의 방어권적 기능 측면에서만 고찰할 때 난관에 부딪힌다. 국가 대(對) 시민 관계라는 전통적인 갈등문제의 시각[62]에서 다수의 기본권자들 간의 갈등문제를 파악하여 해결할 수 없다. 왜냐하면 전통적인 갈등문제는 국가의 제한(침입)에 대한 방어에 초점이 맞추어져 있기 때문이다. 방어권적 측면 이외에 국가의 기본권 보호의무[63] 측면을 인식해야 한다. 국가의 기본권 보호의무

---

59) 우리나라 헌법재판소는 집합건물의 소유 및 관리에 관한 법률 제20조 제1항 등 위헌소원에서 집합건물에 있어 대지사용권을 전유부분과 분리하여 처분하는 것을 금지하고 대지사용권을 전유부분의 처분에 종속시키는 법률조항이 재산권을 침해하는지 여부에 대해, "집합건물의 전유부분과 대지사용권을 일체화함으로써 대지사용권 없는 구분소유권의 발생을 방지하여 집합건물에 관한 법률관계의 안정과 합리적 규율을 도모하려는 이 사건 법률조항의 입법목적은 정당하고, 이러한 입법목적을 달성하기 위해 이 사건 법률조항에서 구분소유자의 대지사용권을 전유부분의 처분에 따르게 하고, 전유부분과 분리하여 대지사용권을 처분할 수 없도록 하는 것은 필요하고도 효과적인 방법이라고 볼 수 있다."고 판시하였다(헌재 2011. 12. 29. 2010헌바449, 판례집 23-2하, 699, 705).

60) Klein, in: Bärmann § 13 Rn. 17.

61) Froese, Das Wohnungseigentum als verfassungsrechtliches Eigentum?, ZWE 2015, S. 254.

62) BVerfGE 7, 198 (204).

는 특히 국가에게 상충되는 기본권 간에 적절한 균형을 유지하도록 의무화한다.64) 이러한 기본권 간 상충은 상충하는 기본권의 기능으로 인해 발생할 수 있다. 기본권은 한편으로는 방어적 기능과 관련되지만, 다른 한편으로는 기본권 보호의무의 기능과 관련되어 있다.65)

다수의 권원자가 존재하는 경우, 재산권 객체와 관련하여 사적 유용성, 배타권, 처분권에 대한 제한이 존재한다. 자신의 재산에 대한 다른 사람의 가해를 배제할 수 있는 권리는 비재산권자에 대해서만 가능하다. 주택재산권의 경우, 개별 재산권자는 특별 재산과 관련하여 다른 주택재산권자뿐만 아니라, 제3자도 배제할 권리가 있다. 조합 재산과 관련하여서는 상황이 다르다. 주택재산권자는 제3자에 의한 조합 재산의 점유와 사용을 배제할 수 있다. 그러나 상호 간의 관계에서 전체 주택재산권자는 주택재산권 객체의 소유권자에 해당된다.66)

하나의 재산권 객체에 다수의 권원자가 존재하는 경우에 독일 기본법 제14조를 이에 적용하는 것은 모순되지 않는다. 독일 연방헌법재판소 판례에 의하면, 임차인의 임차권은 그것이 임대인의 재산권과 상충된다 하더라도, 임차인의 임차권은 독일 기본법 제14조의 의미에서 재산권에 해당된다.67) 즉, 독일 연방헌법재판소는 주택재산권 영역에 독일 기본법 제14조의 적용을 인정하고 있다.68)

재산권자 간의 갈등이 발생한 경우에도 재산권 보장의 적용은 개별 재산권자의 재산권을 보장할 뿐만 아니라, 다른 사람에 의한 재산권 객체에 대한 영향력 배제를 의미한다. 개별 재산권자가 독일 기본법 제14조가 보장하는 행사권, 사용권, 처분권 등을 공유자에게 주장할 수 있고, 다원적인 법관계69)에서 재산권 보장의 적용을 위한 논거로 사용 가능하다.

---

63) 기본권 보호의무에 관하여는 정태호, "기본권 보호의무", 「인권과 정의」, 제252호(1997), 108면 이하; 표명환, "기본권 보호 의무의 이론적 기초", 「헌법학연구」, 제8권 제1호(2002), 138면 이하; 이부하, "헌법영역에서 기본권 보호의무", 「공법학연구」, 제8권 제3호(2007), 121면 이하; 이부하, "비례성원칙과 과소보호금지원칙", 「헌법학연구」, 제13권 제2호(2007), 275면 이하; 이부하, "국가의 기본권 보호의무와 과소보호금지원칙", 「법학연구」, 제17집 제2호(2014), 40면 이하.

64) BVerfGE 125, 39 (78).

65) U. Vosgerau, Zur Kollision von Grundrechtsfunktionen, AöR 133 (2008), S. 346 ff.

66) Froese, ZWE 2015, S. 255.

67) BVerfGE 89, 1 (6 f.).

68) BVerfG NJW 1995, S. 1665 (1666).

69) BVerfGE 115, 205 (232).

Ⅳ. 결론

헌법상 재산권의 보호영역을 구체적으로 확정할 때, 헌법 독자적으로 그 보호영역을 정하는 것은 거의 불가능하다. 헌법상 재산권의 구체화는 사법(私法) 특히, 민법의 역할이 중요하다. 헌법은 민법보다 효력상 우위를 점하고 있지만, 적용상 우위를 추구하지는 않는다. 구체적인 사건에서 법률(특히, 민법)이 원칙적으로 적용되지만, 적용 규범의 흠결 등 해결이 불가능한 경우나 합헌성이 의심되는 법률이 존재하는 경우 헌법에 기초한 헌법해석이 필요하게 된다.

헌법상 재산권 개념은 헌법 차원에서 정의되어야 함에도 불구하고, 민법 등 사법(私法)상 형성된 재산권 개념이 헌법의 재산권 개념으로 바로 인정되는 것을 방지하기 위해서 헌법 차원에서 재산권 개념의 징표가 제시되어야 한다. 이러한 점에서 독일 헌법상 재산권자에게 부여하는 배타권, 처분권, 사적 유용성은 재산권 개념의 징표로서 중요한 역할을 한다.

독일 주택재산권법(WEG)을 중심으로 주택재산권의 내용과 주택재산권자의 권리를 고찰해 보았다. 주택재산권의 법제도는 그 존속이 입법자의 형성에 전적으로 의존하고 있다. 특별 재산, 공유 재산, 조합 재산, 주택재산권자 조합의 회원권은 상호 밀접하게 관련되어 있고, 따라서 이러한 재산을 분리하여 독자적으로 행사할 수 없다. 헌법적 관점에서 볼 때, 통일된 재산권 객체에 관한 법해석이 중요하다. 배타권, 처분권 및 사적 유용성은 부분적으로 제한된 범위에서 인정된다. 주택재산은 헌법적 의미에서 통일된 재산권 객체이지만, 배타권, 처분권 및 사적 유용성의 정도는 특별 재산 또는 조합 재산의 지분에 해당되는지 여부에 따라 차이가 있다. 이러한 차이는 주택재산권에 대한 제한의 헌법적 허용 범위에 영향을 미친다. 조합 재산에 대한 제한은 용이한 조건에서 헌법적으로 허용되는 반면, 특별 재산에 대한 제한은 엄격한 조건하에서 헌법적으로 허용된다.

제2장 이사의 경영상 임무위배행위에 대한 형사처벌 규정의 통합방안

- 「상법」상 특별배임죄(제622조)의 개정방안을 중심으로 -[*]

Ⅰ. 서론

우리나라 헌법 제119조 제1항[1])에서는 기업의 경영행위에 대해서는 자유시장경제 원칙에 의하여 원칙적으로 재량권과 자율성을 인정하고 있다. 하지만 최근 들어 경제민주화의 요청이 강조되면서 기업의 경영행위에 대한 법적 규제와 책임이 강화되고 있다.[2]) 특히 형사법 영역에서는 이사의 경영행위로 인한 회사의 손해발생에 대하여 민사적 책임을 부과하는데 그치지 않고, 형사책임으로서 형사법상 배임죄의 적용을 확대하려는 분위기에 있고, 대법원 판례도 이러한 경향에 적극적인 태도를 보이고 있는 것이 사실이다. 하지만 이사의 경영행위는 일반 사적 거래에 있어서와 달리 영리추구를 목적으로 하는 행위로서 공격적인 경영이나 모험적 투자 등으로 인해 항상 손해발생의 위험성 내포하고 있다. 따라서 이사의 경영행위에 대한 법적 개입이나 규제의 확대가 그 정도를 넘어서게 되면 경영활동을 위축시켜 기업의 생존을 위협하게 되고, 나아가 국가의 경제발전을 크게 해치게 될 우려마저 있다. 따라서 이사의 경영행위에 대한 법적 규제와 개입은 경영판단행위에 대한 본질을 고려하여 합리적인 범위 내에서 이루어져야 할 것이 요청된다. 이러한 관점에서 이미 본인은 이사의 경영판단행위에 대한 배임죄 인정에 신중을 기하여야 한다는 점을 촉구한 바 있다.[3]) 하지만 최근 기업이 국가나 사회에 미치는 영향이 크고, 나아가 사회적 책임이 강조되면서 대표이사를 비롯한 기업경영자의 경영행위에 대하여 사법책임인정을 강화하려는 경향에 있다. 그러나 기업의 경제활동에 대하여 법리적 관점이나 정치적 관점에서 지나친 규제와 간섭은 경제활동의 본질을 해칠 수 있기 때문에 경계하여야 할 점이라고 하지 않을 수 없다. 이에 본고에서는 선행연구

---

* 이 논문은 「법과 정책연구」 제17집 제3호(2017)에 게재된 것임.
1) 헌법 제119조 ① 대한민국의 경제 질서는 개인과 기업의 경제상의 자유와 창의를 존중함을 기본으로 한다.
2) 헌법 제119조 ② 국가는 균형 있는 국민경제의 성장 및 안정과 적정한 소득의 분배를 유지하고, 시장의 지배와 경제력의 남용을 방지하며, 경제주체 간의 조화를 통한 경제의 민주화를 위하여 경제에 관한 규제와 조정을 할 수 있다.
3) 강동욱, "이사 등의 경영행위에 대한 배임죄 적용의 문제점", 「법학연구」, 제23권 제2호(2012), 211-248면; 강동욱, "이사의 경영판단행위와 배임죄의 성부", 「한양법학」, 제21권 제4집(2010), 105-127면 등.

를 바탕으로 하여 이사의 경영행위에 대한 특성을 반영하여 그 자율성과 창의성을 보장하되, 이들의 사회적 책임을 고려하여 합리적인 규제와 처벌을 모색할 수 있는 방안의 하나로서 이사의 임무위배행위에 대하여 「형법」의 업무상 배임죄(제356조, 이하 '업무상 배임죄'라고 한다.)가 아니라 「상법」상 특별배임죄(제622조, 이하 '특별배임죄'라고 한다.)로 의율할 것을 주장하고 그 이론적 근거를 제시한 후, 경제적 자율성 보장을 전제로 하면서 이사의 임무위배행위에 대해 실효적인 규제가 가능하도록 특별배임죄의 구체적인 개정방향에 대하여 제시해 보고자 한다.

Ⅱ. 이사의 경영상 임무위배행위의 처벌에 관한 형사법제

이사가 임무에 위배하여 재산상의 이익을 취득하거나 제3자로 하여금 이를 취득하게 하여 회사에 손해를 가한 때에는 업무상 배임죄 및 그 가중처벌규정인 「특정경제범죄 가중처벌 등에 관한 법률」(이하에서는 '특경법'이라고 한다.) 제3조 제1항을 적용하여 처벌하거나 특별배임죄가 성립하게 된다.

1. 형법상 업무상 배임죄와 특정경제범죄 가중처벌 등에 관한 법률위반죄

「형법」 제355조 제2항에서는 "타인의 사무를 처리하는 자가 그 임무에 위배하는 행위로써 재산상의 이익을 취득하거나 제3자로 하여금 이를 취득하게 하여 본인에게 손해를 가한 때"에는 5년 이하의 징역 또는 1천500만 원 이하의 벌금에 처하도록 하고, 동법 제356조에서는 업무상 임무에 위배하여 위의 죄를 범한 자는 10년 이하의 징역 또는 3천만 원 이하의 벌금에 처하도록 하고 있다. 이를 업무상 배임죄라고 한다. 따라서 이사는 회사를 대리하여 '타인의 사무를 처리하는 자'로서 동 조항의 '업무자'에 해당하므로 이사가 그 임무에 위배하여 회사에 손해를 가한 때에는 업무상 배임죄가 성립하게 된다.[4]

한편, 특경법 제3조에서 업무상 배임죄를 범한 사람은 그 범죄행위로 인하여 취득하거나 제3자로 하여금 취득하게 한 재물 또는 재산상 이익의 가액(이하 '이득액'이라 한

---

[4] 동조는 종전에는 '10년 이하의 징역 또는 5만 환 이하의 벌금'이었으나 1995년 12월 29일 개정형법에서(법률 제5057호, 시행 1996. 7. 1.)에서 현재의 법정형으로 변경되었다.

다)이 5억 원 이상 50억 원 미만일 때에는 3년 이상의 유기징역(제2호), 이득액이 50억 원 이상일 때에는 무기 또는 5년 이상의 징역(제1호)으로 가중처벌 할 수 있도록 하는 (제1항) 한편, 그 이득액 이하에 상당하는 벌금을 병과할 수 있도록 하고 있다(동조 제2항). 따라서 이사가 업무상 배임죄를 범한 경우로서 이득액이 5억 원을 초과한 경우에는 특경법에 의해 가중처벌 될 수 있다.

2. 상법상 특별배임죄

「상법」 제622조(발기인, 이사 기타의 임원 등의 특별배임죄) 제1항에서는 "회사의 발기인, 업무집행사원, 이사, 집행임원, 감사위원회 위원, 감사 또는 제386조 제2항, 제407조 제1항, 제415조 또는 제567조의 직무대행자, 지배인 기타 회사영업에 관한 어느 종류 또는 특정한 사항의 위임을 받은 사용인이 그 임무에 위배한 행위로써 재산상의 이익을 취하거나 제3자로 하여금 이를 취득하게 하여 회사에 손해를 가한 때에는 10년 이하의 징역 또는 3천만 원 이하의 벌금에 처한다."고 규정하고, 동조 제2항에서는 "회사의 청산인 또는 제542조 제2항의 직무대행자, 제175조의 설립위원이 제1항의 행위를 한 때에도 제1항과 같다."고 규정하고 있다. 그리고 전 2항의 미수범을 처벌하도록 하고 있다(제624조). 따라서 이사가 경영행위를 하면서 임무에 위배하여 회사에 손해를 끼치게 한 때에는 특별배임죄가 성립하게 된다.[5]

특별배임죄는 1937년의 독일 「주식법」 제294조와 1938년의 일본 구「상법」 제486조와 제487조를 계수한 것으로, 이사 기타 임원 등의 임무위배행위는 그 해악이 회사뿐만 아니라 주주 및 일반사회에 미치는 등, 광범위하고 심각하다는 점을 고려하여 가중처벌하기 위하여 업무상 배임죄의 특별규정으로서 입법한 것이었다. 「상법」 제정 당시(1962년 1월 20일)에는 특별배임죄의 법정형이 '10년 이하의 징역 또는 2백만 환 이하의 벌금'이었기 때문에 당시 업무상 배임죄의 법정형인 '10년 이하의 징역 또는 5만 환 이하의 벌금'보다 형량이 높았다. 그러나 1995년 12월 29일 양 법의 개정에 의하여 법정형이 '10년 이하의 징역 또는 3천만 원 이하의 벌금'으로 같게 되었으며, 특히 「상법」 제623조의 경우는 법정형이 '7년 이하의 징역 또는 2천만 원 이하의 벌금'으로 업무상 배

---

[5] 이외에 「상법」 제623조(사채권자집회의 대표자등의 특별배임죄)에서는 "채권자집회의 대표자 또는 그 결의를 집행하는 자가 그 임무에 위배한 행위로써 재산상의 이익을 취득하거나 제3자로 하여금 이를 취득하게 하여 사채권자에게 손해를 가한 때에는 7년 이하의 징역 또는 2천만 원 이하의 벌금에 처한다."고 규정하고, 그 미수범을 처벌하고 있다(제624조).

임죄의 경우보다 더 가볍게 되었다. 따라서 현행법상 이사의 경영행위에 대한 특별배임죄는 업무상배임죄와 범죄주체에 있어서 차이가 있을 뿐 그 구성요건이나 법정형이 동일하기 때문에 구체적 사례에 대한 법적용에 있어서는 업무상배임죄의 구성요건에 관한 해석과 태도가 특별배임죄에도 그대로 적용되고 있다.[6]

한편,「상법」제625조에서는 특별배임죄의 주체가 1. 주식 또는 출자의 인수나 납입, 현물출자의 이행, 제290조, 제416조 제4호 또는 제544조에 규정된 사항에 관하여 법원·총회 또는 발기인에게 부실한 보고를 하거나 사실을 은폐한 때, 2. 누구의 명의로 하나를 불문하고 회사의 계산으로 부정하게 그 주식 또는 지분을 취득하거나 질권의 목적으로 이를 받은 때, 3. 법령 또는 정관에 위반하여 이익배당을 한 때, 4. 회사의 영업범위 외에서 투기행위를 하기 위하여 회사재산을 처분한 때에는 '회사재산을 위태롭게 하는 행위'라고 하여 5년 이하의 징역 또는 1천500만 원 이하의 벌금에 처하도록 하고 있다. 따라서 이사가 법에서 규정한 불법행위를 통해 회사재산을 위태롭게 한 경우에는 본 죄에 의하여 따로 처벌될 수 있다. 이들 행위는 이사의 임무위배행위에 해당하는 유형에 해당하지만 특별배임죄의 경우와 달리 이사 개인의 '재산상의 이익을 취하거나 제3자로 하여금 이를 취득하게'할 것을 내용으로 하지 않고, 이들 행위 자체가 '회사재산을 위태롭게 하는 행위'로서 위법행위에 해당하므로 이사가 이들 행위를 하면 범죄가 성립하고, 이들 행위로 인해 회사에 손해가 발생하였을 것은 요하지 않는다. 다만, 본죄의 미수범은 벌하지 않으므로 실제로 이들 행위를 행한 경우에 처벌할 수 있고, 이들 행위를 시도하다가 중단하거나 타인의 방해로 인해 실현하지 못한 경우에는 처벌할 수 없게 된다. 다만, 동 조항에서 열거한 행위도 '임무위배행위'에 해당하며, 이로 인해 회사재산에 대한 위험발생만을 요건으로 하고 있을 뿐 실제로 손해가 발생하였을 것을 요하지 않는다는 점에서 특별배임죄의 보충규정으로 이해할 수 있다. 따라서 양 죄는 법조경합의 관계에 있으므로 특별배임죄가 성립하는 경우에는 본죄는 성립하지 않게 된다.

또한「상법」제637조에서는 제622조, 제623조, 제625조 등의 경우에 그 규정된 자가 법인인 경우에는 그 벌칙은 그 행위를 한 이사, 집행임원, 감사, 그 밖에 업무를 집행한 사원 또는 지배인에게 적용하도록 하고 있다.[7]

---

6) 강동욱, 앞의 논문(주 3)(2012), 214-215면.

7) 1962년 1월 20일「상법」제정(법률 제1000호, 1963. 1. 1. 시행) 시에는 "제622조……에 게기한 자가 법인인 때에는 본장의 벌칙은 그 행위를 한 이사, 감사 기타 업무를 집행한 사원 또는 지배인에 적용한다."고 규정하였다가, 2011년 4월 14일 개정 상법(법률 제10600호, 2012. 4. 15. 시행)에서 그 행위자에 '집행임원'을 추가하였다.

3. 특별배임죄와 업무상 배임죄의 관계

특별배임죄는 '회사'라고 하는 특정대상을 전제로 하여 입법된 것으로서 그 행위주체를 '이사 등'으로 제한하고 있다. 따라서 특별배임죄는 '업무'의 종류를 묻지 않고, 행위주체에 대해서도 제한을 두지 않고 '모든 사람'을 대상으로 하고 있는 업무상 배임죄와의 관계에서는 법조경합관계로서 특별법과 일반법의 관계에 있다.[8] 따라서 이사가 경영행위를 하면서 임무위배행위를 하여 회사에 손해를 가한 때에는 법원칙인 '특별법우선의 원칙'에 의하여 특별배임죄가 적용된다. 그러나 실무에서는 이사의 임무위배행위에 대하여 특별배임죄를 적용하는 것이 아니라 일반적으로 업무상 배임죄를 적용하고, 그 이득액이 5억 원 이상인 경우에는 특경법을 적용하여 가중처벌하고 있다. 실무에서 이러한 법원칙에 반하여 이사의 임무위배행위에 대하여 특별배임죄가 아니라 업무상 배임죄로 의율하고 있는 것은 특별배임죄와 업무상 배임죄의 법정형이 동일하지만 업무상 배임죄를 적용하는 경우에만 특경법에 의해 가중처벌 할 수 있어서 특별배임죄를 적용할 경우에는 이사의 임무위배행위로 인한 자기 또는 제3자의 이득액이 아무리 크더라도 특경법을 적용할 수 없다는 입법상 미비점을 보완하기 위한 것으로 보인다. 하지만 실무의 태도는 후술하는 바와 같이 기업의 경영행위의 특성을 반영하여 규정한 특별배임죄의 입법취지[9]를 몰각시키는 것으로 타당하지 않다.

Ⅲ. 이사의 경영상 임무위배행위의 처벌 및 상법상 특별배임죄의 개정방향

1. 기업의 특수성을 반영할 수 있는 특별배임죄의 존치

전술한 것처럼 특별배임죄와 업무상 배임죄는 그 범죄주체에 차이가 있을 뿐 그 구성

---

8) 김광년, "상법 제622조 1항의 특별배임죄가 되는 사용인의 의미", 「사법행정」, 제20권 제5호(1979), 47면; 김상봉, "상법상의 특별배임죄", 「검찰」, 제101호(1990), 76면.

9) 특별배임죄는 회사임원인 이사 등의 권한이 매우 포괄적이며, 회사와 고도의 신임관계에 있으므로 그 배신에 대한 비난가능성이 높고, 그 임무위배행위는 사적 거래상 일반 임무위배행위보다 회사와 이해관계를 갖는 주주, 채권자, 그 외 임직원, 거래처, 소비자 기타 다수인에게 피해를 미치는 등 피해규모가 크고 광범위하며 지속적인 경우가 많다는 점을 고려하여 특별히 규정한 것이다(한석훈, 「기업범죄의 쟁점연구」, 법문사, 2013, 66면).

요건이나 형량에 있어서는 차이가 없기 때문에 구체적 사례에 대한 법적용에 있어서 업무상 배임죄에 관한 해석이 특별배임죄에도 그대로 적용되고 있다. 이러한 이유로 일부 견해에서는 특별배임죄에 관한 규정을 삭제하고 업무상 배임죄로 규율하는 것이 바람직하다는 견해[10]가 있다. 그러나 업무상 배임죄는 기업의 특수성이나 이사의 경영행위의 본질에 대한 이해를 반영한 것이 아니므로 이러한 방법은 합리적인 해결책이 될 수 없다. 더구나 「형법」상 배임죄는 그 구성요건의 추상성으로 인해 과잉적용 되고 있는 것으로 지적되고 있고, 대법원도 현행법상 배임죄를 위험범으로 해석함으로써 그 적용범위를 확대하고 있는 등, 많은 문제점으로 인해 그 폐지가 주장되고 있다.

한편, 기업경영의 활성화를 위하여 이사의 경영행위에 대해서는 민사책임만 묻고, 형사처벌은 하지 않는 것이 타당하므로 특별배임죄를 삭제하여야 한다는 주장도 있다. 하지만 회사 내에서 이사 등이 가진 권한과 역할 및 기능이 상당하며, 기업의 활동이나 그 존폐가 기업 내부구성원의 문제에 그치지 않고, 국가나 사회에 미치는 중대한 영향을 고려할 때 이러한 주장을 그대로 받아들이기는 현실적으로 어렵다.[11]

그렇다고 한다면 업무상 배임죄와 특별배임죄를 현행대로 그대로 두고, 이사의 경영행위와 일반 사적 거래에 있어서 업무상 위임관계에 따른 수임인의 활동을 고려하여 각각의 특성에 맞도록 규율하는 것이 가장 적절한 방법일 것이다. 이 경우 입법방식으로는 특별배임죄를 삭제하고, 「형법」에 포섭하여 별도의 규정을 두는 방법도 있을 수 있지만, 기업 활동이나 이사의 회사와의 위임관계의 특수성을 고려할 때 특별배임죄를 현재와 같이 「상법」에 별도로 존치시키면서 업무상 배임죄와 구분하여 기업 활동의 특성에 맞게 합리적인 방향으로 그 내용을 개정하는 것이 바람직하다. 다만, 이사의 경영행위에 대하여 악의적인 경우가 아니면 형사법적 개입은 최소화하여야 하므로 특별배임죄에 관한 규정도 기본적으로 이사의 경영행위를 최대한 보장·보호하는 방향으로 이루어질 것이 요구된다.

---

10) 박길준, "상법상 벌칙규정에 대한 입법론적 고찰 -일본법과의 비교를 중심으로-", 「연세행정논총」, 창설20주년 특집(1989), 147면.

11) 「상법」에서는 이사의 권한과 지위 및 활동에 대하여 다양한 감독·규제 조항을 두는 한편, 이들에게 주의의무와 충실의무를 부과하고, 이를 위반한 경우에는 손해배상책임을 부담하게 하는 규정을 별도로 부과하고 있다.

2. 이사의 임무위배행위에 대하여 특별배임죄 적용 의무화

특별배임죄와 업무상 배임죄는 법조경합관계로서 일반법과 특별법의 관계에 있다. 그럼에도 불구하고 실무에서는 이사의 경영행위에 대하여 특별배임죄를 적용하지 않고 특경법을 적용하여 가중처벌하기 위하여 업무상 배임죄를 적용하는 것은 법일반원칙인 특별법우선의 원칙에 반할 뿐만 아니라 동일한 행위에 대하여 검사의 자의에 의하여 그 적용법규가 달라질 수 있기 때문에 법적 안정성을 해칠 뿐만 아니라 검사의 권한남용의 우려도 있어서 적정성에도 반한다. 이를 극복하기 위한 방법으로 단순히 특별배임죄의 법정형을 특경법에 준하는 정도로 상향조정하거나,[12] 특경법을 개정하여 특별배임죄의 경우도 그 가중처벌대상으로 하는 것[13] 등을 들 수 있다. 하지만 기업 활동의 특성을 고려할 때 이러한 방법들은 업무상 배임죄와 관련한 문제점들을 하나도 해결하지 않은 채 특별배임죄의 법정형 가중만을 초래하여 이사에게 형사처벌에 대한 우려를 더욱 가중시키는 것에 지나지 않는다.[14] 따라서 「상법」에서 이사의 임무위배행위에 대해서는 특별배임죄를 우선 적용하도록 법문에서 명시함으로써 특별법우선의 원칙을 실현[15]시키고, 특별배임죄가 성립하지 않는 경우에는 업무상 배임죄를 적용하지 못하게 하는 한편, 특별배임죄에 관한 규정을 이사의 경영행위를 고려하여 대폭 수정·보완함으로써 이사의 경영행위에 대한 형사처벌이 부당하게 확대되지 않도록 하여야 한다.[16]

3. 구체적인 개정방향

이사의 경영행위의 특성을 반영하여 특별규정으로서 특별배임죄를 규정한 입법취지를 고려하여 그 주체뿐만 아니라 법적용이나 해석에 있어서 업무상 배임죄의 경우와 차이를 두어야 할 뿐만 아니라, 궁극적으로는 기업경영의 자율성과 활성화를 도모하는 한

---

12) 김상봉, 앞의 논문, 77면.

13) 이정민, 앞의 논문, 54면.

14) 「상법」의 태도가 입법오류가 아니라 이사 등의 경영행위의 특수성을 강조하여 일반 업무자의 경우보다 가볍게 처벌하고자 하는 의도가 있는 것으로 해석할 수도 있다(강동욱, 앞의 논문(주 3)(2012), 225면).

15) 동지, 박수희, "경영판단행위와 형법상 배임죄", 「한양법학」, 제26권 제1집(2015), 36면; 자세한 것은 손동권, "회사 경영자의 상법상 특별배임행위에 대한 현행법 적용의 문제점과 처벌정책을 둘러싼 입법논쟁", 「형사정책」, 제25권 제3호(2013), 269-279면; 양동석, "회사법상의 특별배임죄", 「기업법연구」, 제28권 제1호(2014), 190면; 이정민, "업무상 배임죄에 있어서 경영상 판단 존중", 「고려법학」, 제78호(2015), 52면; 최준선, "경영판단에 대한 배임죄 규정의 적용제한", 「기업법연구」, 제31권 제1호(2017), 392-393면 등.

16) 강동욱, 앞의 논문(주 3)(2012), 226-227면. 동지, 김병기, "상법 제622조 임원 등의 특별배임죄에 관한 연구", 「상사판례연구」, 제28권 제2호(2015), 71면.

편, 경영자로서 이사의 창의성과 모험성을 보호하기 위하여 특별배임죄에 관한 규정을 전면적으로 개정할 것이 요청된다. 이것은 유명무실한 특별배임죄에 관한 규정을 실효화할 뿐만 아니라 이사의 업무특성을 반영함으로써 그 임무위배행위에 대해 합리적이고 적정하게 형사처벌을 할 수 있도록 만들 것이다. 이하에서 구체적으로 나누어 검토하기로 한다.

가. 특별배임죄의 구성요건을 목적범으로 구성

이익추구를 목적으로 하는 기업의 특성상 이사의 경영행위는 법령이나 정관에 명백하게 위배되지 않는 한 자유롭게 보장되어야 한다. 따라서 이사가 기업의 목적에 따라 경영행위를 함에 있어서는 민사 손해배상이나 형사처벌의 두려움 없이 모험투자 등 도전적으로 경영에 임할 수 있는 여건을 마련할 필요가 있다. 그렇기 위해서는 특별배임죄의 적용대상을 악의적인 경우로 제한할 필요가 있다. 즉, 이사가 법령이나 정관에 위배한 경영행위를 하는 경우에도 그 위반행위 자체에 대해 「상법」이나 다른 법률들의 규정에 근거하여 손해배상을 인정하거나 제재를 부과하는 것은 별개로 하고, 이러한 이사의 경영행위들을 모두 임무위배행위로 간주하여 특별배임죄로 형사처벌할 필요는 없다. 나아가 이사가 경영행위 당시 법령이나 정관에 위배된다는 것을 알 수 없었던 경우나 그 위배여부에 대해 의심스러운 점이 있었지만 확실하지 않은 상태에서 회사의 이익을 위하여 필요하다고 판단하여 업무를 수행하였는데 그 행위가 나중에 법령이나 정관에 위배한 것으로 판명된 때에도 이를 형사처벌의 대상으로 하는 것은 부당하다.

따라서 이 경우들을 특별배임죄의 적용대상에서 제외하기 위해서는 일본 「형법」상 배임죄(제274조)[17]나 「회사법」상 특별배임죄(제960조)[18]의 구성요건처럼 특별배임죄의 경우에는 이사 등이 '자신 또는 제3자의 이익을 꾀하거나 회사에 손해를 끼칠 목적'을 가진 경우에만 처벌하는 목적범으로 구성요건을 변경하고, 이 목적의 인식은 확정적일 것을 요하는 것으로 구성할 필요가 있다.

---

17) 일본 「형법」 제247조에서는 "타인을 위하여 그 사무를 처리하는 자가 자기 혹은 제3자의 이익을 꾀하거나 본인에게 손해를 가할 목적으로 그 임무에 위배하는 행위로써 본인에게 재산상의 손해를 가한 때에는 5년 이하의 징역 또는 1000만 엔 이하의 벌금에 처한다."고 규정하고 있다.

18) 일본 「회사법」 제960조에서는 "다음에 게재하는 자가 자기 혹은 제3자의 이익을 꾀하거나 또는 주식회사에 손해를 가할 목적으로 그 임무에 위배하여 행위를 하거나 당해 주식회사에 재산상 손해를 가한 때에는 10년 이하의 징역 또는 1000만 엔 이하의 벌금에 처하거나 또는 이것을 병과 한다."고 규정하고 있다.

나. 특별배임죄의 보호대상 확대

이사는 법리상 회사로부터 그 권한을 위임을 받은 관계에 있기 때문에 회사에 대한 수임인으로서의 주의의무와 충실의무를 수행하면 되는 것으로 되어 있고, 따라서 특별배임죄의 보호대상은 '회사'나 '사채권자'의 재산 또는 재산권에 한정되어 있다. 이로 인해 특별배임죄의 규정은 이사가 경영행위를 통해 주주 등 이해관계자의 이익에 대한 침해를 초래할 경우에 대해서는 적용되지 않는다는 문제점이 지적되고 있다. 특히 이사의 경영행위가 소수의 대주주나 지배주주의 이익을 위해 행하여지고 다수의 소액주주들에게 피해를 끼친 경우에 문제된다.

그러나 이사의 경영행위의 목적은 회사의 이익을 추구하는 것이고, 그 목적달성을 통해 궁극적으로는 주주의 이익을 충족시키는 것이라고 할 수 있다. 따라서 이사의 경영행위는 회사뿐만 아니라 주주로부터도 위임받은 것으로 볼 수 있다. 그렇다고 하면 이사의 경영행위가 회사에 대한 손해를 초래하는 것은 아니지만 모든 주주의 이익을 위한 것이 아니라 소수의 대주주나 지배주주의 이익만을 목적으로 하고, 이로 인해 소액주주들의 피해가 현실화된 경우에도 이사에게 임무위배행위를 인정할 여지가 있으므로 이러한 경우에 형사처벌할 수 있는 근거를 마련할 필요가 있다.[19] 다만, 이 경우 주주들 간에는 서로 이해관계가 다를 수 있기 때문에 전체 주주들의 이익과 피해를 판단하는 기준을 마련하는 것은 쉽지 않을 것이므로 향후 입법에 있어서는 상당한 연구가 있어야 할 부분이다. 다만, 이렇게 되더라도 이사의 경영행위가 모든 주주의 이익을 가져오는 것이지만 이익의 정도에 있어서만 주주 사이에 차이가 있는 경우는 현실적으로 손해가 발생한 경우가 아니므로 임무위배행위에 해당되지 않을 것이다.[20]

---

19) 손해의 귀속주체를 회사로 보는 견해에 따르더라도 회사의 손해를 결정함에 있어서 회사의 배후에 있는 주주나 채권자 등 이해관계자의 이익까지 종합적으로 따져야 한다고 하는 견해(이성기, "기업 이사의 배임죄 성립에 관한 비판적 소고", 「가천법학」, 제8권 제2호.(2015), 11면)가 있다. 그러나 이 견해에 따르면 손해의 인정범위가 무한히 넓어지게 되어 특별배임죄의 성립범위가 확대되고, 그 한계가 불투명하게 될 우려가 있으므로 타당하지 않다.

20) 손해의 귀속주체를 회사로 보는 견해에 따르더라도 회사의 손해를 결정함에 있어서 회사의 배후에 있는 주주나 채권자 등 이해관계자의 이익까지 종합적으로 따져야 한다고 하는 견해(이성기, 위의 논문(주 19), 11면)가 있다. 그러나 이 견해에 따르면 손해의 인정범위가 무한히 넓어지게 되어 특별배임죄의 성립범위가 확대되고, 그 한계가 불투명하게 될 우려가 있으므로 타당하지 않다.

다. 특별배임죄의 주체 확대

특별배임죄의 주체는 이사 등 회사의 직접 경영자에 국한되어 있다. 그러나 그룹의 경우 등 대기업의 경우는 물론, 중소기업의 경우에도 형식적인 대표이사를 선임하여 대내외적으로 회사의 대표로서 업무활동을 하게 하지만, 내부적으로는 실질적인 경영자가 따로 있으면서 대표이사가 이들의 지시에 따라 업무를 수행하는 경우도 적지 않다. 하지만 이러한 경우에 실질적 경영자들은 법률적으로 회사와의 관계에서 위임관계에 있지 않으므로 특별배임죄의 주체가 될 수 없다.[21] 물론 「상법」에서는 이들을 '업무 지시자' 등으로 표현하고, 이들에 대하여 손해배상책임을 부과하고, 업무를 수행한 이사와 연대하여 책임을 지도록 하고 있다.[22] 하지만 이러한 경우 회사에 손해가 발생한 경우에도 회사구조상 대부분 실질적 경영자의 지시를 받아 업무를 집행한 이사가 손해배상 청구소송의 원고가 될 수밖에 없기 때문에 실질적으로 이들에게 손해배상을 청구하는 것을 기대하기 어렵다. 물론, 소액주주들에 의해 민사상 손해배상청구가 가능하지만 소송비용이 많이 들 뿐만 아니라 현실적으로 회사내부 사정을 정확히 알지 못하는 상황에서 입증이 어려워 적절하게 소송을 수행하기도 쉽지 않기 때문에 실효적인 조치라고 하기는 어렵다. 이러한 사정은 위의 이사의 경영행위로 인해 제3자에게 손해가 발생한 경우도 마찬가지일 것이다.

하지만 실질적 경영자의 지시를 받아 업무를 한 이사는 형사처벌 되고, 그 업부를 실제로 지시한 실질적 경영자는 형사처벌할 수 없다고 하는 것은 형평성에 반한다. 물론, 이 경우 법리적으로 업무를 수행한 이사에게 특별배임죄가 성립하게 되면 이들에게 특별배임죄의 공동정범 또는 교사범을 인정하여 처벌하는 것도 가능하다.[23] 하지만 대부분의 경우 이들의 지시가 은밀한 방법으로 이루어지기 때문에 내부자의 고발 등이 없는 경우에는 소송사건에서 이를 입증하는 것도 쉽지 않다.[24] 설령 이 경우 실질적 경영자에

---

21) 강동욱, 앞의 논문(주 3)(2012), 227-232면. 대법원도 대주주는 회사의 경영에 실질적 영향을 행사해 왔다고 하더라도 법률에 의하여 회사의 사무를 포괄적으로 위임받은 자가 아니므로 본조의 행위주체가 될 수 없다고 판시하고 있다(대법원 2006. 6. 2. 선고 2005도3431 판결). 동지, 양동석, 앞의 논문, 195면; 최준선, 앞의 논문, 388면 등.

22) 「상법」에서는 '1. 회사에 대한 자신의 영향력을 이용하여 이사에게 업무집행을 지시한 자(업무집행 지시자), 2. 이사의 이름으로 직접 업무를 집행한 자, 3. 이사가 아니면서 명예회장·회장·사장·부사장·전무·상무·이사 기타 회사의 업무를 집행할 권한이 있는 것으로 인정될 만한 명칭을 사용하여 회사의 업무를 집행한 자(표현이사)'에 대해서는 그 지시하거나 집행한 업무에 관하여 동법상 회사와 제3자에 대한 손해배상책임(제399조와 제401조) 또는 후술하는 주주대표소송에 있어서 이를 이사로 보고(제401조의 2 제1항), 이 경우 회사 또는 제3자에 대하여 손해를 배상할 책임이 있는 이사는 이들 업무집행 지시자 등과 연대하여 그 책임을 지도록 하고 있다(동조 제2항).

23) 대법원 2008. 5. 29. 선고 2005도4640 판결.

24) 강동욱, 앞의 논문(주 3)(2012), 234면.

게 특별배임죄의 공동정범이 성립된다고 하더라도 궁극적으로 이것은 공모공동정범을 인정하는 것이 되므로 형법상 공모공동정범을 부정하는 다수설의 입장[25]과도 배치된다. 따라서 대주주나 지배주주 등 실질적 경영자가 존재하고, 이들의 부당한 업무지시에 의하여 이사가 임무위배행위를 한 경우에는 예외적으로 '정범 배후 정범'[26] 또는 공동정범의 성립을 인정하는 규정을 신설함으로써 실질적 경영자도 이사와 같이 공동으로 처벌할 필요가 있다. 이것은 대주주 등으로 하여금 이사에게 임무위배행위를 강요할 수 없게 만들 것이므로 이사로 하여금 이들의 지시나 간섭 없이 전문경영인으로서 정상적인 경영행위를 할 수 있도록 하는데 상당한 도움이 될 것이다. 다만, 회사 주주들의 경우 각자의 상황에 따라 서로 이해관계가 매우 다르기 때문에 이 경우 실질적 경영자들에게 형사책임을 인정하기 위해서는 이들이 회사나 모든 주주의 이익을 위한 것이 아니라 자신들의 지위유지나 이익만을 위하여 이사에게 부당한 지시나 요구가 있었고, 이를 거절할 경우에 이사에게 불이익을 고지하거나 예상되는 경우 등의 구체적 사항이 있으며, 이러한 지시로 인해 회사나 소액주주들에게 손해를 발생하게 한 때 등, 그 기준을 입법을 통해 명확히 해 둠으로써 형사책임이 부당하게 확대되는 것은 막아야 할 것이다.

한편, 「상법」에서 특별배임죄의 주체가 법인인 경우에는 '그 행위를 한 이사, 집행임원, 감사, 그 밖에 업무를 집행한 사원 또는 지배인'에게 벌칙을 부과하도록 하고 있다. 이에 대법원은 "법인이 처리할 의무를 지는 타인의 사무에 관하여는 법인이 배임죄의 주체가 될 수 없고 그 법인을 대표하여 사무를 처리하는 자연인인 대표기관이 바로 타인의 사무를 처리하는 자, 즉 배임죄의 주체가 된다."고 판시하고 있다.[27] 이러한 「상법」 규정과 대법원의 태도는 법인의 범죄능력을 인정하지 않고 있는 통설과 판례의 입장[28]에 따르되, 경영행위가 회사의 명의로 이루어지고 있는 특성을 고려하여 기업 활동에 대한 형사책임을 부과하기 방편으로서 부득이한 조치로 생각된다. 하지만 법인에 대한 범죄주체 능력을 인정하여 직접 형사책임을 묻지 않고, 법인이 행한 범죄를 그 수행원이라고 할 수 있는 이사에게 무조건 책임을 전가시켜 형사처벌하는 것은 대위책임을 인정하

---

25) 이재상 외, 「형법총론」(제9판), 박영사, 2017, 489면 등 참조.

26) 정범 배후 정범이론은 범죄를 실행한 피이용자의 행위가 구성요건에 해당하고, 위법·유책하여 실행정범이 되는 경우에도 이용자의 의사지배가 있어서 실행정범의 실행지배에 우월한 때에는 간접정범이 성립한다는 이론을 말한다(이재상 외, 앞의 책, 459면 참조). 우리나라에서는 아직 정범 배후 정범을 따로 처벌하는 규정을 두고 있지 않다.

27) 대법원 1984. 10. 10. 선고 82도2595 판결; 대법원 1997. 1. 24. 선고 96도524 판결 등.

28) 강동욱, "배임죄의 본질과 주체에 관한 고찰 - 상법상의 특별배임죄와 관련하여", 「법과 정책연구」, 제10집 제1호(2010), 229면 이하 참조.

고 있는 민사책임의 경우와는 달리 형사책임의 경우에는 책임주의 원칙에 반하는 것으로 허용될 수 없다. 또한 이러한 태도는 법인의 범죄능력 인정을 전제로 하고 있다는 점에서 법인의 범죄능력을 부인하는 통설과 판례의 태도와도 모순되는 것이다.[29] 따라서 형법에서 명시적으로 법인의 범죄능력을 인정[30]하는 개정이 이루어지고, 대표이사가 이사회 등의 회사 내의 합리적 절차에 따른 경영행위가 특별배임죄를 구성하게 될 경우에는 회사에 대해 형사책임을 부과하는 것은 충분하고, 대표이사에 대해서는 형사책임을 묻지 않는 것으로 하여야 할 것이다.

라. 특별배임죄의 적용범위 확대

특별배임죄의 구성요건을 보면 이사 등이 '그 임무에 위배한 행위로써 재산상의 이익을 취하거나 제3자로 하여금 이를 취득하게 하여 회사에 손해를 가한 때'로 되어 있다. 따라서 단지 이사가 임무위배행위를 하여 본인이 재산상의 이익을 취득하거나 제3자로 하여금 이를 취득하게 하더라도 회사에 손해가 발생하지 않은 때에는 특별배임죄가 성립하지 않고, 단지 그 미수범만이 문제될 수 있다. 하지만 대법원은 "'회사에 손해를 가한 때'를 회사에 현실적으로 재산상의 손해가 발생한 경우뿐만 아니라 회사 재산 가치의 감소라고 볼 수 있는 재산상 손해의 위험이 발생한 경우도 포함된다."[31]라고 판시함으로써 사실상 임무위배행위가 있는 경우에는 특별배임죄의 성립을 인정하게 되는 구조를 갖게 되었다.

물론, 회사에 직접적인 손해를 가하지 않더라도 수임인인 이사가 회사가 아닌 자신이나 제3자에게 이득을 취하기 위한 경영행위를 한 때에는 그것만으로도 수임인으로서의 임무위배행위를 한 것으로 볼 수 있고, 이것은 회사에 대해 손해를 끼친 것으로 될 수 있으므로 처벌필요성이 있을 수 있다. 따라서 특별배임죄를 업무상 배임죄와 달리 재산범으로서의 성격을 고집하지 않는다면 이사의 '배신행위'에 중점을 두고, 그 구성요건을 '그 임무에 위배한 행위로써 재산상의 이익을 취하거나 제3자로 하여금 이를 취득하게 하거나 또는 회사에 손해를 가한 때'로 규정하여 특별배임죄의 성립범위를 확대하는 것

---

29) 자세한 것은 강동욱, 앞의 논문(주 3)(2012), 234-237면 참조.

30) 법인의 범죄능력을 인정하는 것은 기업범죄에 대한 효율적인 대처와 형사처벌의 실효성 유지를 위해서도 필요하다(강동욱, "기업범죄에 있어서 법인의 책임과 배임죄의 성부", 「한양법학」, 제21권 제2집(2010), 331-334면 참조).

31) 대법원 2000. 11. 24. 선고 99도822 판결.

도 고려해 볼 수 있다.[32) 이렇게 되면 이사의 임무위배행위와 회사의 손해 간에 인과관계를 요하지 않게 되고, 따라서 검사가 회사의 손해발생을 증명하지 않아도 되기 때문에 범죄성립의 입증이 쉬워지므로 처벌범위가 확장되는 면이 있다. 하지만 특별배임죄를 목적범으로 구성하고, 그 목적에 대한 확정적 인식이 있는 경우에만 성립하는 것으로 하면 처벌의 공백을 메우는 것으로 되고, 이러한 우려는 해소될 수 있을 것이다. 이렇게 되면 대법원도 이사의 임무위배행위에 대하여 침해범으로 규정하고 있는 특별배임죄를 위험범으로 해석·적용하는 무리수를 범하지 않아도 될 것이다.

마. 이사의 형사책임면제사유로서 경영판단원칙의 적극적 수용

기업 존립의 목적은 이익추구이다. 따라서 이사의 경영행위도 그것이 위법한 행위가 아닌 한 이러한 목적에 충실해야 하는 것이 제1차적인 목적이 되어야 한다. 따라서 기업 활동의 특성상 영리추구와 기업의 성장을 위해서는 창의적이고 선도적으로 경영할 것이 요구되고, 이를 위해 이사의 경영행위에 있어서 모험투자나 공격적인 경영이 가능하도록 경영판단의 원칙[33)의 적용을 통해 형사책임을 면제할 필요가 있다.[34) 경영판단의 원칙은 사법상 이사의 경영행위를 정당화하기 위한 원리라고 하기보다는 이사의 민사책임 면제를 위한 근거가 되는 원칙이므로 이사의 경영행위에 대한 형사책임의 인정에 있어서도 이 원칙을 통해 정당화 근거가 아니라 형사책임을 배제하는 원칙으로 활용하는데 그쳐야 한다.[35)

물론, 이사가 경영행위를 하면서 성실하게 주의의무와 충실의무를 수행하였음에도 불구하고 회사에 손해를 끼친 경우에는 '임무위배행위'라고 할 수 없고, 이러한 경우에는

---

32) 전술 일본 「회사법」 제960조 참조. 이렇게 될 경우 배임죄의 본질을 입법연혁을 고려하여 배신설에서 이해하는 통설과 판례의 입장과도 일치하게 된다(강동욱, 앞의 논문(주 28), 230-234면 참조).

33) 경영판단원칙이란 회사의 목적 범위 내이고, 이사의 권한 내인 사항에 관해 이사가 내린 의사결정이 그같이 합리적인 근거가 있고, 회사의 이익을 위한 것이라는 믿음하에 어떤 다른 고려에 의한 영향을 받지 아니한 채 독립적인 판단을 통해 성실히 이루어진 것이라면 법원은 이에 개입하여 그 판단에 따른 거래를 무효로 하거나 그로 인한 회사의 손해에 대하여 이사의 책임을 묻지 않는다는 원칙을 말한다(이철송, 「회사법강의(제24판)」, 박영사, 2016, 768면). 자세한 것은 강동욱, "이사 등의 경영행위에 대한 배임죄의 성립범위", 「한양법학」, 제24권 제1집(2013), 107-108면 참조).

34) 경영판단원칙의 배임죄 적용에 관한 논란에 대해서는 강동욱, 앞의 논문(주 3)(2010), 110-121면; 박수희, 앞의 논문, 40-45면, 윤상민, "경영자의 경영판단과 업무상 배임죄", 「원광법학」, 제31권 제4호(2015), 142-152면 등 참조.

35) 김혜경, "경영판단의 원칙과 형법상 배임죄의 해석", 「비교형사법연구」, 제28권 제1호(2016), 236면에서는 사적 자치의 원칙하에 당사자 간의 의사를 우선으로 하는 사법 영역에서의 경영판단의 원칙의 적용은, 원칙적으로 사법심사의 대상이 아니고 당사자 간의 의사의 불일치가 발생할 경우에만 예외적으로 사법의 영역으로 포섭하는 원리를 가지는 사적 영역에서는 가능하므로 사실관계에 관한 사법심사를 원칙으로 하는 형법에서는 그대로 받아들일 수 없다고 한다. 반면에 김홍기, "경영판단기준의 명료화와 운용방안에 관한 연구", 「경제법연구」, 제12권 제2호(2014), 232면에서는 경영판단원칙은 그 특성상 민사사건보다는 오히려 추상적이고 포괄적인 배임죄에 대해서 적극적으로 적용되어야 한다고 한다.

이사에게는 임무위배행위를 한다는 것은 물론, 회사에 대하여 손해를 발생하게 한다는 인식과 인용이 있을 수 없으므로 고의도 인정되지 않기 때문에 특별배임죄가 성립하기는 어렵다.[36] 그럼에도 불구하고 현재 대법원이 특별배임죄를 위험범으로 취급하고, 범죄성립에 있어서 임무위배행위보다는 손해발생의 위험성에 중점을 두기 때문에, 이사가 모험투자 등으로 회사에 손해가 발생한 경우나 행위 당시 무리한 경영으로 판단됨에도 소신에 따라 이를 집행한 경우에는 행위 당시 위험발생에 대한 우려가 있었다거나 집행과정에서 절차상 하자가 있었음을 이유로 하여 특별배임죄로 처벌될 가능성이 크다. 하지만 대부분의 회사경영에 있어서 이사는 신규 사업에 대한 투자를 하는 경우 어느 정도는 초래될 수 있는 위험성을 감수할 수밖에 없고, 때에 따라서는 내부적인 반발을 무시하거나 통제하면서 강행하는 경우도 적지 않기 때문에 이사로서는 경영행위 과정에 있어서 자신의 무과실을 입증하는 것이 쉽지 않다. 심지어 대법원은 이사회의 결의를 통해 집행한 업무에 대해서도 이사에게 배임죄를 인정한 사례[37]가 있다. 따라서 이사가 신규 사업에의 투자나 참여를 결정하고 집행한 당시에는 회사에 손해를 초래할 위험성이 있었거나 손해가 발생하였지만 일정 시간이 지난 후에 그 투자 등의 결과가 회사에 실질적으로 이익이 되었거나 손해가 발생하지 않게 된 경우에도 특별배임죄가 성립하는 모순을 초래하게 된다.[38] 따라서 특별배임죄가 재산범죄이지만 임무위배행위로 인한 결과보다는 그 행위과정의 위법성을 근거로 처벌하는 범죄로 구성하는 것이 필요하다. 이에 근거하여 이사가 성실한 자세로 임무에 충실 하는 의도를 가지고 이사회의 결의를 통하거나 주주총회에서 의결된 내용을 수행한 경우는 물론, 회사 내 충분한 검토절차를 거쳐 합리적으로 결정된 것이라면 일부 업무집행과정에서 임무위배 부분이 있거나 손해발생의 위험이 있는 경우 또는 심지어 손해가 발생한 경우에도 경영판단의 원칙의 요건[39]을 충족한 것으로 평가하고, 따라서 임무위배행위에 해당하지 않는 것으로 입법화

---

36) 대법원의 경영판단에 대한 고려사유에 대하여는 윤상민, 앞의 논문, 140-141면 참조.

37) 대법원 2000. 11. 24. 선고 99도822 판결; 대법원 2014. 7. 10. 선고 2013도10516 판결. 그러나 경영상의 판단이라는 이유만으로 배임죄의 죄책을 면할 수는 없다는 것이 대법원의 확고한 태도이다(대법원 2009. 7. 23. 선고 2007도541 판결).

38) 이러한 관점에 따라 김두얼/이정민, "업무상 배임죄에 대한 법경제학적 분석", 「법경제학연구」, 제12권 제1호(2015), 60면에서는 소위 한화사건의 경우 배임죄를 적용해야 한다면 업무상 배임죄 미수가 인정되어야 하고, 손해가 발생하지 않았으므로 이득액도 산정하기 힘들기 때문에 특경법을 적용하기는 힘들다고 하고 있다.

39) 대법원은 2007년 선고한 대우사건 판결에서 "(1) 합리적으로 이용 가능한 범위 내에서 필요한 정보를 충분히 수집·조사하고 검토하는 절차를 거친 다음(절차적 요건), (2) 이를 근거로 회사의 최대 이익에 부합한다고(내용적 요건) (3) 합리적으로 신뢰하고 신의성실에 따라 경영상의 판단을 내렸고(주관적 요건), (4) 그 내용이 현저히 불합리하지 않은 것으로서 통상의 이사를 기준으로 할 때 합리적으로 선택할 수 있는 범위 안에 있는 것이라면, 비록 사후에 회사가 손해를 입게 되는 결과가 발생하였다 하더라도(이익충돌) 그 이사의 행위는 허용되는 경영판단의 재량범위 내에 있는 것이어서 회사에 대하여 손해배상책임을 부담한다고 할 수 없다."고 판시하였다(대법원 2007. 10. 11. 선고 2006다33333 판결. 이외에 대법원 2011.

할 필요가 있다.[40] 나아가 이사의 경영행위를 충분히 보장하기 위하여 이사의 경영행위가 임무위배에 해당하는지 명확하지 않거나 절차상 중대한 하자가 없는 경우에도 특별배임죄의 구성요건을 충족하지 않는 것으로 입법할 것이 요청된다.[41]

바. 범죄성립의 주관적 요건으로서 확정적 고의의 필요

이사는 회사에 대하여 주의의무나 충실의무를 갖게 되지만, 이것은 궁극적으로 주주에 대한 의무이기도 하며, 오늘날 기업의 사회적 책임이 강조되고 있는 현실에서 국가나 사회에 대한 책임을 갖는 부분도 부정하기 어렵다. 그렇다고 하여 특별배임죄의 적용범위를 확대해서 기업의 위법활동을 억제하고자 하는 것은 소탐대실의 우를 범할 가능성이 크다. 따라서 이사의 임무위배활동에 대해 형사처벌의 필요성이 있다고 하더라도 그 범위는 최소화하는 것이 기업의 활성화, 나아가 국가의 경제발전에도 도움이 될 것이다. 따라서 특별배임죄의 경우에는 미필적 고의도 고의의 범주에 넣어서 이해하는 일반 「형법」상 범죄의 경우와 달리 고의의 성립에 있어서는 임무위배행위와 회사에 대한 손해발생에 대하여 '확정적 인식'이 있는 경우로 제한하고, 미필적 고의의 경우나 과실의 경우에는 민사적 책임을 강화하는 방향으로 개편할 필요가 있다.[42]

이러한 점에서 대법원이 "경영상의 판단과 관련하여 기업의 경영자에게 배임의 고의가 있었는지 여부를 판단함에 있어서도 일반적인 업무상배임죄에서의 고의의 증명방법과 마찬가지의 법리가 적용되어야 함은 물론이지만, 기업의 경영에는 원천적으로 위험이 내재하고 있어서 경영자가 아무런 개인적 이익을 취할 의도 없이 선의에 기하여 가능한 범위 내에서 수집된 정보를 바탕으로 기업의 이익에 합치된다는 믿음을 가지고 신중하게 결정을 내린다 하더라도 그 예측이 빗나가 기업에 손해가 발생하는 경우가 있을 수 있으므로, 이러한 경우까지 고의에 관한 해석기준을 완화하여 업무상배임죄의 형사책임을 묻는다면 이는 죄형법정주의의 원칙에 위배됨은 물론이고 정책적인 차원에서 보

---

10. 13. 선고 2009다80521 판결(손해배상); 대법원 2013. 9. 26. 선고 2013도5214 판결(배임죄) 등.

40) 김병기, 앞의 논문, 71면(74면)에서는 「상법」 제382조의 3을 '이사의 충실의무 및 경영판단'으로 제목을 변경하고, 제2항을 신설하여 "이사는 회사의 이익을 위하여 충분한 정보를 바탕으로 합리적인 경영상의 판단을 하여야 한다."는 규정의 삽입을 통해 경영판단행위에 해당하는 경우 특별배임죄의 적용대상에서 제외되도록 하는 방법을 제시하고 있다.

41) 동지, 최준선, 앞의 논문, 402면. 이철송, 앞의 책, 771-772면에서는 사기, 협박과 같은 범죄행위를 통해 타인에게 손해를 가하거나 개별적인 법령위반행위는 허용되지 않지만, 반사회적이거나 반인륜적이 아닌 가해행위로서 금전적 보상으로 면책이 가능한 정도의 불법행위라면 경영판단의 대상이 될 수 있다고 한다.

42) 고의의 대상 중 재산상 손해에 대한 인식은 미필적 고의로 족하나 임무위배에 대한 인식은 확정적 고의가 필요하다는 견해로는 박수희, 앞의 논문, 40면 참조.

아도 영업이익의 원천인 기업가 정신을 위축시키는 결과를 낳게 되어 당해 기업뿐 아니라 사회적으로도 큰 손실이 될 것이다."라고 하면서, "따라서 현행 「형법」상의 배임죄가 위태범이라는 법리를 부인할 수 없을지라도, 문제된 경영상의 판단에 이르게 된 경위와 동기, 판단대상인 사업의 내용, 기업이 처한 경제적 상황, 손실발생과 이익획득의 개연성 등 제반 사정에 비추어 자기 또는 제3자가 재산상 이익을 취득한다는 인식과 본인에게 손해를 가한다는 인식하에 이루어진 의도적 행위임이 인정되는 경우에 한하여 배임죄의 고의를 인정하는 엄격한 해석기준은 유지되어야 하고, 이러한 인식이 없음에도 단순히 본인에게 손해가 발생하였다는 결과만으로 책임을 묻거나 주의의무를 소홀히 한 과실이 있다고 보아 책임을 물을 수는 없다."43)고 판시하고 있다. 이를 통해 판례도 내면적으로 배임죄의 성립에 있어서 확정적 고의가 필요하다는 인식하에 있음을 엿볼 수 있다.44)

사. 침해범의 명문화와 책임면제 조항 삽입

특별배임죄는 '회사에 손해를 가한 때'라고 규정하고 있으므로 침해범으로 구성되어 있다. 하지만 전술한 것처럼 대법원은 '손해를 가한 때'의 의미를 '손해를 가한 경우뿐만 아니라 손해를 가할 위험이 있는 경우'도 포함된다고 해석함으로써 사실상 위험범으로 취급하고 있다.45) 그러나 이것은 법규의 의미 내에서 행하여져야 할 해석의 한계를 벗어난 것으로서 죄형법정주의에 반하는 것일 뿐만 아니라 사실상 입법을 한 것으로 사법부의 해석권한범위를 초월한 것이다. 물론, 판례의 이러한 태도가 현실적으로 임무위배행위로 인한 손해를 정확하게 파악하기 어렵다고 하는 실질적인 문제점에 따른 것46)으로 보이지만 그렇다고 하더라도 해석을 통해 처벌범위를 확장한 것이므로 정당화될

---

43) 대법원 2014. 11. 27. 선고 2013도2858 판결대법원 2004. 7. 22. 선고 2002도4229 판결, 대법원 2010. 1. 14. 선고 2007도 10415 판결 등. 그러나 대법원 2013. 09. 26. 선고 2013도5214 판결에서는 "업무상배임죄가 성립하려면 주관적 요건으로서 임무위배의 인식과 그로 인하여 자기 또는 제3자가 이익을 취득하고 본인에게 손해를 가한다는 인식, 즉 배임의 고의가 있어야 하고, 이러한 인식은 미필적 인식으로도 족하다."고 판시하고 있다.

44) 이경렬, "경영판단의 과오와 업무상 배임죄의 성부", 「법조」, 제603호(2006), 142면. 이에 대해 판례는 의도적 '고의'가 아닌 의도적 '행위'라고 하고 있으므로, 그 표현은 미필적 고의에 의한 행위까지 아우르는 개념으로 이해해야 한다는 견해(박성민, "배임죄에 있어 경영판단 원칙의 도입여부", 「비교형사법연구」, 제16권 제1호(2014), 9면)가 있다.

45) 동지 판례, 대법원 2012. 6. 14. 선고 2012도1283 판결 등. 학설의 대립에 대해서는 이성기, 앞의 논문, 116-118면 참조. 황병돈, "배임죄 판례에 있어서 '재산상 손해 및 실해 발생 위험'의 의의와 불능범", 「홍익법학」, 제17권 제1호(2016), 820면에서는 판례가 배임죄를 구체적 위험범으로 인정하고 있다고 한다.

46) 류전철, "배임죄에서 재산상의 손해발생의 위험", 「법학논총」, 제30집 제1호(2010), 123면. 동 교수는 「형법」에서 배임죄를 위험범으로 해석하는 것은 미수범을 처벌하지 않는 독일에서 배임죄의 재산상의 손해개념을 사기죄와 같다고 해석하고 있는 것에 근거한 것으로 보인다(117면)고 한다.

수 없다.[47] 특히, 특별배임죄를 위험범으로 추급하게 되면서 사실상 기업 활동의 특성상 이사의 경영행위의 대부분이 특별배임죄로 의율 할 수 있는 상황으로 되었으며, 이로 인해 기업 활동에 대한 사법권의 개입이 매우 자의적이고, 과도하게 이루어질 수 있는 여지를 만들고 말았다. 정의를 추구하는 법이 이익을 추구하는 경제와 균형을 갖지 못하고, 윤리적 속성을 가진 법이 실용성을 추구하는 경제에 지나치게 관여하게 되면 경제의 동력을 허물어뜨릴 수 있는 위험이 있다는 점에서 바람직하지 못하다. 특히 경제에 대한 법의 간섭이 형벌일 경우에는 그 위험성은 더욱 클 것이다. 이것은 형벌최소성의 원칙이나 형벌보충성의 원칙에도 반한다.[48] 이와 관련하여 장차 발생할 손해위험이 재산의 경제적 가치의 감소를 가져올 것이라는 점에서 손해발생과 동일하다고 하면서 침해범으로 구성하고, 다만 이때의 위험은 구체적 위험이 있는 경우로 한정하면 된다는 견해[49]도 있으나 이것 또한 문언의 의미를 목적론적으로 지나치게 확대하여 '위험'을 '침해'로 왜곡하는 해석에 불과하다. 따라서 특별배임죄를 현재와 같이 결과범으로 구성하고자 한다면 위험범이 아니라 침해범임을 명확하게 하여 구체적인 손해가 발생한 경우에 한하여 처벌하고, 임무위배행위만 있고 현실적으로 손해가 발생하지 않은 경우에는 미수범으로 처벌하도록 할 필요가 있다.[50]

한편, 경영행위의 목적은 영리추구이므로 이사의 임무위배행위가 법령이나 정관 위배의 정도가 심하여 법이 허용할 수 있는 한계를 벗어난 행위가 아니라면, 행위 당시에 손해가 발생하여 이미 특별배임죄가 성립한 경우라고 하더라도 사후에 그 업무를 통해 손해가 보전되거나 회사에 이익이 된 때에는 그 형을 감경 또는 면제할 수 있는 조항을 신설할 필요가 있다. 이것은 이사가 판단착오 등에 의하여 임무위배행위로 평가된 투자나 사업에 임하여 손해회복을 위해 노력하게 만드는 요인이 될 것이며, 형사처벌 최소성

---

47) 강동욱, "특정경제범죄 가중처벌 등에 관한 법률 제3조 제1항의 개정안에 대한 논의- 배임죄와 관련하여", 「한양법학」 제24권 제3집, 한양법학회, 2013, 15면. 배임죄를 위험범으로 보고, 손해발생의 위험이 발생한 때 기수가 된다고 하면 특경법의 적용에 있어서는 손해범위도 확정되지 않은 채 막연한 추정 손해액을 근거로 하여 가중처벌 하는 것이 되어 부당하다(같은 논문, 18면). 동지, 이승준, "배임죄의 손해산정- 공소사실의 특정 관점에서", 「서울법학」, 제24권 제3호(2016), 86면.

48) 동지, 권오성, "대표권남용과 배임죄", 「법학논총」, 제30집 제4호(2013), 189면; 이성기, 앞의 논문, 118면 등. 권오걸, "배임죄에서의 기수시점과 공소시효의 기산점", 「법학논고」, 제57집(2017), 42면에서는 입법자가 배임죄는 손해발생이라는 재산에 대한 현실적인 법익의 침해가 필요하다고 규정한 것은 배임죄 성립에 적절한 한계를 설정하기 위한 것이며, 법문에 대한 문리해석, 입법자의 의지를 분석해 본다면 배임죄는 침해범으로 봄이 타당하다고 한다.

49) 박수희, 앞의 논문, 38면; 안경옥, "대표권 남용행위에 대한 형법적 평가", 「경희법학」, 제48권 제4호(2013), 151면. 이 견해에서는 손해발생의 위험은 급박하고 구체적일 것을 요한다. 그러나 위험의 구체성은 불명확한 개념으로 구체적 상황이나 판단자의 관점에 따라 달라질 수 있으므로 그 적용범위가 확대될 우려는 남게 된다.

50) 손해발생의 위험이 있음에 지나지 않는 경우에는 현행법상 미수범이 성립하는 것으로 보는 것이 입법취지에 맞는 해석이다(강동욱, 앞의 논문(주 33), 15면 참조). 다만, 배임죄를 전술한 것처럼 목적범으로 하되, 행위범으로 구성하게 되면 이러한 문제는 발생하지 않을 것이다.

의 원칙에도 부합할 것이다.[51]

아. 특경법상 가중처벌 규정의 포섭과 법정형의 합리화

전술한 것처럼 실무에서는 이사의 임무위배행위에 대해 특별배임죄를 적용하지 않고, 업무상 배임죄를 적용하고 있는 것은 특경법상 가중처벌규정을 적용하기 위한 것이지만 특별법우선의 원칙에 반하는 것으로 타당하지 못하다. 특히 우리나라에서는 특별법 과잉의 시대라고 할 정도로 특별법이 많고, 대부분 이들 법률은 실효성이나 타당성에 대한 충분한 이론적·실무적 검증 없이 당시의 범죄현상이나 사회적 여론에 따라 제·개정된 것들이어서 법리적으로 논란이 되거나 타 법률의 규정과 중복되거나 모순되는 경우도 적지 않다. 따라서 형사법계에서는 형사특별법의 축소나 폐지가 강력하게 요청되고 있는 실정이다. 특경법상 배임죄 가중규정도 이러한 비난에서 자유롭지 않다.[52] 그러므로 특별배임죄의 경우에도 특경법의 가중형량이 지나치게 높으므로[53] 특경법의 규정을 현실에 맞게 수정한 후 이를 「상법」에 수용함으로써 이사의 임무위배행위에 대한 형사처벌에 있어서 법적용의 일원화를 도모할 필요가 있다.

즉, 특경법 제3조는 특별배임죄로 인하여 취득한 이득액을 기준으로 하여 '5억 원 이상 50억 미만일 때'와 '50억 이상일 때'로 구분하여 형을 가중하고 있으나, 이것은 결과책임을 묻는 것으로 책임주의 원칙에 반하고, 이득액이 명확하지 않은 경우에 그 적용기준을 확인하는 것이 불가능할[54] 뿐만 아니라 이득액이 각 기준의 한계선상에 있는 경우에는 소액의 이득액 차이로 법정형에 상당한 차이가 나기 때문에 형의 불균형 내지 과잉처벌의 우려가 적지 않다.[55] 따라서 이득액에 따라 차별가중 하는 형식보다는 특별배

---

51) 강동욱, 앞의 논문(주 33), 12면.

52) 자세한 것은 강동욱, 앞의 논문(주 47), 6-19면 참조.

53) 특경법 제3조의 이득액 기준은 1990년에 제정된 것으로 그동안의 우리나라 경제발전사정을 전혀 반영하고 있지 못하며, 생명·신체를 침해하는 범죄와 비교해 보더라도 처벌의 균형을 잃고 있다(동지, 최준선, 앞의 논문, 396면). 외국의 입법례에서도 우리나라와 같은 정도로 가중하게 처벌하는 예를 찾아보기 어렵다(강동욱, 앞의 논문(주 47), 7-8면 참조). 한편, 특별배임죄로 처벌된 경우 이후 기업경영에 참여할 수 없도록 자격정지형을 병과할 필요가 있다는 주장(송호신, "상법상의 회사관련 범죄에 대한 연구-벌칙조항의 활성화 방안을 중심으로", 한양대학교 박사학위논문, 2002, 102-104면)은 경청할 만한 가치가 있다.

54) 다행히 대법원은 업무상배임으로 취득한 재산상 이익이 있더라도 가액을 구체적으로 산정할 수 없는 경우에는, 재산상 이익의 가액을 기준으로 가중처벌 하는 특경법 제3조를 적용할 수 없다(대법원 2015. 9. 10. 선고 2014도12619 판결)고 판시하고 있다. 한편, 판례 중에는 손해액과 이득액을 동일시하는 태도를 보이는 것(대법원 2013. 2. 14, 선고 2011도10302 판결)도 있다.

55) 손동권, 앞의 논문, 271-272면; 최준선, 앞의 논문, 393-395면 등. 이외에도 특경법 제3조 제1항에서 말하는 이득액은 단순일죄의 이득액이나 혹은 포괄일죄가 성립하는 경우의 이득액의 합산액을 의미(대법원 1993. 6. 22. 선고 93도743 판결)하므로 실체적 경합범인 경우에는 특경법이 적용되지 않아서 더 가볍게 처벌될 수 있다는 문제점이 있다고 한다.

임죄의 법정형을 '15년 이하의 징역 또는 5천만 원 이하의 벌금' 정도로 다소 상향 조정하여 그 상한과 하한기준의 폭을 다소 넓게 구성하는 것으로 대신하는 것이 합리적일 것이다.[56] 오늘날 기업이 국가나 사회에 미치는 영향을 고려할 때 이사가 기업의 경영행위를 빙자하여 불법을 하는 것까지 방치하자는 것은 아니므로 이사의 악의적인 불법행위에 대해서는 형사처벌을 강화함으로써 경제정의를 실천하여야 할 것이므로 특별배임죄의 형량을 보다 강화하여 차별화하는 것은 당연할 것이다.[57]

한편, 특경법에서는 형의 가중을 하는 경우 이사의 임무위배행위로 인하여 '이사 본인 또는 제3자가 취득한 이득액'을 기준으로 하고 있다. 배임죄는 뇌물죄와 달리 현행법상 '임무위배행위를 하여 본인에게 손해를 가한 때' 성립하는 재산범죄이고, 손해발생을 요건으로 하는 결과범이므로 '회사에 끼친 손해의 정도'에 따라 형을 가중하는 것은 합리적 근거가 될 수도 있다. 하지만 범죄행위의 부수적 결과에 지나지 않는 '행위자가 재산상의 이익을 취하거나 제3자로 하여금 취득하게 한' 그 이득액을 기준으로 하여 처벌형의 절대적 가중사유로 하고 있는 것은 현행법의 규정에 비추어 볼 때 타당하지 않다.[58] 따라서 이사의 임무위배행위로 인한 회사의 손해를 정확히 파악하는 것이 현실적으로 불가능한 상황에서 특경법 제3조를 폐지하는 것이 타당하다. 다만, 「상법」에서 이러한 입법방식을 수용하여 형을 가중하고자 하는 경우[59]에도 그 기준은 임무위배행위로 인해 입은 회사의 손해액으로 변경하여야 할 것이다.[60] 나아가 가중처벌 하는 기준이 되는 손해액도 현재의 우리나라 기업의 규모를 고려하여 보다 세분화하여 '5억 이상 50억 미만', '50억 이상 500억 미만', '500억 이상'으로 등 3단계로 나누고, 그 법정형을 각각 '1년 이상', '3년 이상의 징역', '5년 또는 7년 이상의 징역' 정도로 조정하여 현실화할 필요가 있다.

---

56) 동지, 손동권, 앞의 논문, 273-274면.

57) 동지, 김병기, 앞의 논문, 72면. 특별배임죄의 법정형을 그대로 두고 업무상 배임죄의 형량을 낮추어 차별화를 시도하는 것도 가능하지만 범죄에 대한 처벌의 강화라고 하는 현재의 입법경향으로 볼 때 힘들 것으로 생각된다.

58) 업무상 배임죄와 동일한 법적 성격을 가진 절도죄의 경우와 비교해 보면 양형과정에서 피해자의 손해액을 기준으로 형의 가중여부를 고려하여야 하지, 절도범이 절도를 통해 얻은 이익의 정도를 기준으로 형의 가중여부를 결정하는 것이 아니라고 할 것이다. 다만, 이득액을 형의 양정과정에서 참작사유에 포함시키는 것은 허용될 수 있을 것이다.

59) 이하의 논의는 특경법의 규정은 존치하는 경우에도 마찬가지이다.

60) 그러나 현실적으로 회사의 손해액을 특정하는 것이 쉽지 않을 것이므로 손해액의 기준으로 한 가중규정을 두는 것보다는 특별배임죄의 개정을 통해 법정형을 가중하고, 대법원에서 그 양형기준을 보다 구체화·세분화하여 둠으로써 일반 법원으로 하여금 구체적 사례에 적합한 형을 선고할 수 있도록 하는 것이 합리적일 것이다.

자. 벌금형 병과의 적정화와 몰수·추징의 법제화

특경법에서는 업무상 배임죄를 범한 이사에 대하여 이득액을 기준으로 형을 대폭 가중하는 것 외에도, 동법 제3조 제2항에서 이득액 이하에 상당하는 벌금을 병과할 수 있도록 하고 있다. 그러나 이사의 범죄행위의 중대성을 감안한다고 하더라도 형의 가중 외에 이득액의 몰수나 추징이 가능함에도 불구하고 별도로 징역형 외에 벌금형을 병과하여 선고할 수 있도록 한 것은 이중처벌의 성격을 가지고 있을 뿐만 아니라 특경법의 적용대상이 되지 않는 업무상 배임죄와 비교하여 볼 때 균형을 상실한 것으로서 과잉처벌이라고 하지 않을 수 없다.

그러므로 특별배임죄의 경우에 벌금형의 병과규정을 그대로 두더라도 이득액의 몰수나 추징이 어렵거나 어려울 것으로 인정되는 경우에 한하여 예외적으로 병과하는 것으로 입법하고, 벌금형이 병과 선고된 경우에도 징역형에 대한 집행이 완료되기 전에 이득액에 대한 몰수나 추징이 이루어진 경우에는 그에 상당하는 금액을 벌금액에서 공제해 줌으로써 처벌의 합리화를 꾀하여야 한다. 이를 위해 형의 집행순서에 있어서도 징역형과 벌금형이 병과 선고된 경우에 있어서는 벌금을 납부하지 않은 경우에 부과되는 노역장유치는 징역형의 집행이 종료된 뒤에 하도록 하여야 한다. 다만, 이때의 이득액은 "범죄행위로 인하여 생하였거나 이로 인하여 취득한 물건"(형법 제48조 제1항 제2호)이므로 몰수나 추징의 대상임이 명백하다. 따라서 이사의 임무위배행위로 인해 발생한 이득액은 그 전부가 몰수와 추징의 대상임을 명확히 하는 규정을 신설할 필요가 있다.

차. 그룹 내 회사 간의 지원에 대한 면책규정 신설

현행 경제관련 법제나 정부정책에 있어서는 대기업의 경우에 그룹 형태로의 존재를 인정하고, 각종 행정상 규제를 하고 있는 것이 사실이다. 하지만 대법원은 그룹 기업 내 계열사 간의 투자나 모(母) 회사 또는 계열사의 자금지원에 대하여 배임죄가 성립하는 것으로 판시하고 있다.[61] 이러한 대법원의 태도는 정부의 기업정책이나 경제현실을 무시하고, 오로지 법리적 관점에서만 법을 적용한 것으로 타당성을 결여하고 있다. 그룹

---

61) 대법원 2013. 9. 26. 선고 2013도5214 판결. 대법원은 "이익을 취득하는 제3자가 같은 계열회사이고 계열그룹 전체의 회생을 위한다는 목적에서 이루어진 행위로서 그 행위의 결과가 일부 본인을 위한 측면이 있다 하더라도 본인의 이익을 위한다는 의사는 부수적일 뿐이고 이득 또는 가해의 의사가 주된 것임이 판명되면 배임죄의 고의를 부정할 수 없다"고 판시하고 있다(대법원 2009. 7. 23. 선고 2007도541 판결).

내의 특정 회사가 어려움을 겪을 경우 그룹 전체에 부정적 영향을 미치게 되고, 이것이 그룹 내 다른 회사에까지 영향을 주어 그룹 내 모든 회사에 경제적 손실을 초래할 수 있다.[62] 따라서 그룹 내 회사 간 자금지원을 통해 한 회사를 회생시킬 경우 단기적으로는 지원회사들의 입장에서는 경제적 손실이 될 수 있지만, 그 자금지원을 통해 지원받은 회사가 회생하게 될 경우 그룹 전체의 경제적 가치가 상승될 것이고, 이로 인해 결국 지원회사에도 경제적 이익으로 작용하게 된다.[63] 따라서 우리나라에서도 독일[64]이나 프랑스의 경우[65]와 같이 그룹 간의 내부지원에 대해서는 민사책임을 부담하게 하는 것은 별도로 하고, 경영판단의 원칙에 따라 그룹 내의 합리적인 절차를 거쳐 공개된 방법으로 시행된 것이라면 특별배임죄의 적용대상에서 제외함으로써 경제현실과 법규에 맞게 수정할 필요가 있다.[66] 다만, 그룹 내 회사 간의 자금지원이 비자금마련, 자금세탁 또는 재산은닉 등과 같이 불법한 목적으로 이루어진 경우에는 특별배임죄의 죄책을 면할 수 없을 것이다.

Ⅳ. 결론

기업의 사회적 책임 강조되면서 기업범죄에 있어서 기업이나 기업의 경영자에 대한 형사책임을 강화할 것을 주장하는 견해도 적지 않다. 이들 견해는 기업범죄의 경우 지속적이고, 지능적일 뿐만 아니라 그로 인한 사회적 피해가 크다는 점 등을 근거로 하고 있

---

62) 「독점규제 및 공정거래에 관한 법률」에서는 '기업집단'(제2조 제2호) 또는 '계열회사'(제2조 제3호)를 인정함으로써 그룹의 실체를 인정하고 있다. 하지만 동법에서는 대기업집단의 소속 회사 간의 협력을 통한 발전을 도모하게 하는 것보다는 대기업집단 규제라는 측면에서 소속 회사 상호 간 순환출자나 채무보증 등의 금지 등 규제만을 강화하는 것에 초점을 맞추고 있다. 그러나 모든 기업이 글로벌화 되어 세계 각국의 기업들과 경쟁하는 현실에서 기업에 대한 규제일변도의 정책이 기업의 국제경쟁력을 약화시키고, 궁극적으로는 국가경제를 해치게 하는 것은 아닌지에 대하여 깊은 고민이 필요하다.

63) 동지, 김홍기, 앞의 논문, 230면; 이상돈, "형법상 경영판단원칙의 지평확대", 「고려법학」, 제74호.(2014), 260-262면. 김정호, "업무상배임죄: 문제와 개선방안", 자유경제원발표문, 2014. 9.에서는 대기업 집단 내에서 계열사 간 지원 행위는 근본적으로 위험을 분산하는 효율적 행위이기 때문에 이것을 처벌하는 것은 부당하다고 지적하고 있다(김두얼/이정민, 앞의 논문, 58면). 반대 견해로는 김혜경, 앞의 논문, 236-239면 참조.

64) 독일연방대법원 2008. 12. 1. 판결에 따르면 독일에서는 그룹 내의 계열회사에 대한 지원은 지원을 결정할 당시 지원받는 회사의 재무제표상 채권회수의 위험이 없었다고 인정되면 배임죄가 성립하지 않는다고 한다(최준선, 앞의 논문, 390면 참조). 다만, 독일 연방대법원은 기업집단(콘체른)의 경우 모회사의 대표이사가 그의 행위를 통해 자회사에 대하여 손해를 발생하게 한 경우에는 재산보호 의무를 확대하여 자회사에 대한 배임죄가 성립한다고 하였다(홍영기, "기업집단에서 배임죄의 주체 및 임무에 대한 독일의 논의", 「저스티스」, 제158-1호.(2017), 204-239면 참조).

65) 김재형, "그룹에 있어서 회사재산 남용죄에 관한 프랑스 법원의 태도-로제불름 판결을 중심으로-", 「인권과 정의」, 제431호.(2013), 118-133면 참조.

66) 김두얼/이정민, 앞의 논문, 59면에서는 그룹 내 계열사 지원은 그것이 부당할 경우 배임죄가 아니라 공정거래법위반 대상으로 함이 적절하다고 한다.

다.[67] 하지만 이러한 시각은 기업경영은 이윤을 추구하는 활동이기 때문에 일반 사적 거래와 다른 법리가 적용되어야 한다는 것을 간과하고 있으며, 기업이 우리 사회에 미치는 긍정적 영향보다는 부정적 영향에만 지나치게 초점을 맞춘 것으로 생각된다. 물론, 기업이 국가경제와 사회에 미치는 영향이 크다는 이유만으로 불법행위에 대하여 면책하여야 하는 것은 아니지만 기업이라고 하여 일반인의 범죄행위와 구별하여 과도하게 처벌하여야 한다는 시각은 경계할 필요가 있다. 따라서 기업의 사회적 책임을 지나치게 강조하여 이사의 경영행위에 대한 처벌위주의 정책으로 나아감으로 인해 자율성을 바탕으로 하는 경제의 특성이 훼손되지 않도록 이사의 경영행위에 대한 형사개입의 한계를 설정하여 합리적으로 해결책을 모색하는 지혜가 필요하다. 이를 위해 이사의 경영행위에 대하여 과도한 형벌적 개입은 기업 활동을 크게 위축시킬 우려가 있으므로 가능한 한 민사책임을 강화하고, 형벌적 개입은 최소화할 것이 요구된다.[68] 따라서 이사의 경영행위가 악의적으로 행하여진 것이 아닌 한 특별배임죄의 성립을 부정함으로써 이사의 경영행위의 자율성을 보장할 필요가 있다. 이것은 자본주의 경제체제의 기본원칙인 자유시장경제의 원칙과도 부합할 것이며, 기업이 사회변화나 세계적 경향에 맞추어 적극 대응하기 위하여 창의적이고 모험적인 투자를 할 수 있게 기능할 것이다.

---

67) 김재윤, "고위경영자의 횡령·배임죄에 대한 형사책임 강화를 위한 형벌과 양형기준 개혁방안", 「형사정책」, 제25권 제1호 (2013), 64-66면.

68) 기업제재방안에 대해서는 윤지영/임정호, 「기업의 불법행위에 대한 제재의 다양화 방안」, 한국형사정책연구원, 2016, 85-102면 참조.

제3장 명의신탁에 관한 형법과 민법의 적용

I. 서론

　1998년 이래 미국의 생물학자 윌슨(Wilson, E)의 저서 '통섭; 지식의 대통합'이 크게 유행하면서 법학에 있어서도 '통섭(consilience)'이 화두로 등장하였고, 법학과 인접 학문과의 학제적 연구는 법여성학, 법경제학, 법인류학, 법심리학 등 다양한 분야에서 이루어지고 있다.[1] 이러한 시류는 학문 사이의 융합적이거나 중첩적인 영역에서뿐 아니라, 구체적인 쟁점이나 사안의 해결에 있어서도 다양한 학문영역의 해결을 모색하는 데에 영향을 미치기도 한다. 이러한 통섭의 논의는 법학의 각 분야에서도 논의될 수 있는 것이지만, 이에 관한 논의는 그리 많지 않고 구체적인 쟁점에서의 각 법률 분야에서의 해석의 근거 내지 참고로 논의되고 있는 수준이다. 그중에서 대표적인 것이 명의신탁을 둘러싼 형법과 민법의 법리에 관한 논의라고 할 수 있다.

　명의신탁 된 부동산을 임의로 처분한 명의수탁자에게 형사책임을 물을 수 있는지에 관해서는 형법학계에서 다수의 논문이 발표되었지만, 다수의 논문은 민법학에서의 명의신탁에 관한 논의와 별개로 형법의 독자성, 특수성이 강조하는 입장이었고, 그 결과 다양한 견해들이 제시되어 온 실정이다.

　부동산의 명의신탁은 일제강점기하의 토지조사령 이후 관행적으로 이루어지던 것을 판례를 통하여 그 법률관계가 인정되어 왔다. 그러나 이것이 탈세, 범죄수익의 은닉, 불법거래 등의 수단이 되어 그 폐해가 커지자, 1995년 부동산 실권리자명의 등기에 관한 법률을 제정하여 규율하기에 이르렀다.

　그러나 부동산실명법에서 명문으로 명의신탁자와 명의수탁자 사이의 물권변동은 무효라고 선언하고 있음에도 불구하고 명의신탁자와 명의수탁자 사이의 관계를 형법적으로 보호할 만한 가치가 있는 신임관계로 볼 것인지에 관하여는 다양한 견해가 제시되고 있으며, 형법상 보호가치 있는 신임관계로 본다고 하더라도 구체적으로 횡령죄에 해당하는지 또는 배임죄에 해당하는 지에 관하여도 다양한 견해가 주장된다.

　판례도 이른바 중간생략등기형 명의신탁의 경우, 종래에는 횡령죄가 성립한다는 입장

---

[1] 정구태, "민법과 형법 간 학제적 연구의 전범", 「법과 사회」, 제40호(2011), 281면.

이었다가 최근에는 횡령죄가 성립하지 않는다는 입장으로 변경하였다. 이러한 판례의 변경에 있어서 그 바탕에는 민법상 물권변동의 효력을 부정하는 부동산실명법의 입법취지가 형법에서도 그 신임관계의 부정이라는 결과를 가져왔다는 점에서 민법과 형법의 통일적 해석이라고 볼 수 있다는 점이다. 이하에서는 종래 명의신탁의 법리를 민법과 형법의 영역에서 각각 검토하고 최근의 2014도6992 전원합의체 판결을 중심으로 민법과 형법의 통일적 해석론에 관해 고찰하고자 한다.

II. 명의신탁의 의의와 이론적 배경

1. 명의신탁의 의의

판례에 의하면 명의신탁이란, 「당사자의 신탁에 관한 채권계약에 의하여 신탁자가 실질적으로는 그의 소유에 속하는 부동산의 등기명의를 실체적인 거래관계 없는 수탁자에게 매매 등의 형식으로 이전하여 두는 것」[2]을 일컫는데, 「대내적 관계에 있어서는 신탁자가 소유권을 보존하여 이를 관리수익하며 공부상의 소유명의만을 수탁자에게 둔 것」[3]이고, 「대외적 관계에서는 수탁자가 완전히 소유자로 행사할 수 있기 때문」[4]에 「수탁자인 종회원으로부터 그 부동산을 양수한 제3자는 그가 선의이었건 또는 악의이었건 가릴 것 없이 적법하게 신탁자인 종중의 부동산에 관하여 그 소유권을 취득」하게 된다.

명의신탁은 실정법상의 근거 없이 판례에 의하여 확립된 이론이기 때문에 그 법률구성에 어려움이 있으며, 또한 그렇기 때문에 실정법상의 다른 제도와 관련시켜 검토하는 데도 어려움이 있다.[5]

---

2) 대판, 1972. 11. 28., 72다1789.

3) 대판, 1965. 5. 18., 65다312.

4) 대판, 1959. 1. 15., 4290민상667.

5) 고상룡, "명의신탁의 법리 소고 (I)", 「사법행정」, 제32권 제6호(1991), 62면.

2. 명의신탁의 역사적 배경

가. 일제강점기의 상황

일제강점기 초기에 토지조사사업(1910~1918)의 일환으로 조선총독부는 근대적 토지소유제도의 확립이라는 명목하에 1910년 9월 임시토지조사국을 설치하고, 1912년 8월에 토지조사령을 발표하고 1918년 7월에는 임야조사령을 발표하였다. 이에 의하면 조선총독이 정한 기간 내에 신고를 하지 않은 토지소유자는 막대한 벌금을 내지 않을 수 없게 되었는데, 종중소유 또는 마을소유의 토지나 임야에 대하여는 이를 등기하는 방법이 없었기 때문에 결국 일종의 편법으로 종중원이나 대표자의 명의로 등기하지 않을 수 없게 되었다.[6] 이러한 당시의 역사적 배경하에 불가피하게 발생하게 된 현상은 여러 가지 분쟁을 야기하게 되었다.

나. 조선고등법원의 판례이론

일제 강점기하의 조선고등법원은, 종중재산의 소유명의가 종중원의 개인 명의로 등기되어 있는 것을 기화로 종중원이 이를 매각처분하여 발생한 분쟁에 관하여 다른 종중원을 보호하기 위하여 종중원의 종중재산에 관한 관계를 '합유'라고 판단하였다.[7] 종중재산은 당사자 간의 대내관계에 있어서는 종중 합유의 관계이고, 대외관계에 있어서는 종원 단독의 소유로 보고 있지만, 이를 처분함에 있어서는 임의로 못하도록 하고 있다.[8]

다. 현행 민법에서의 대법원 판례이론

현행 민법과 부동산등기법 등에서는 종중원의 종중재산에 대한 관계를 '총유(總有)'로 보고 있으며 종중재산의 관리 처분 사용수익은 민법 제276조 이하의 규정에 따라 처리하게 된다.

그러나, 종중재산이 종중원 개인 명의로 등기되어 있음을 기화로 그 등기명의자가 임

---

6) 그 후 1930년에 조선부동산등기령이 개정되어 종중 명의로 등기가 가능하게 되었으나, 종중 명의로의 변경절차를 밟지 않은 경우가 대부분이었고 이러한 현상이 계속되었다. 고상룡, 앞의 논문, 63면.

7) 朝高聯合部判, 1927. 9. 23, 조선고등법원 판례요지집, 110면.

8) 고상룡, 앞의 논문, 64면.

의로 이를 처분한 경우의 법률관계에 관하여, 「종중과 그 수탁자인 종회원과의 사이에는 이른바 신탁행위의 법리가 적용되는 것이고, 따라서 이 수탁자인 종회원으로부터 그 부동산을 양수한 제3자는 그가 선의이었던 또는 악의이었던 가릴 것 없이 적법하게 신탁자인 종중의 부동산에 관하여 그 소유권을 취득한다.」는 것이 확립된 판례이론이다.9)

3. 부동산 실권리자명의 등기에 관한 법률(이하 '부동산실명법'이라 함)의 규정과 명의신탁

가. 부동산실명법의 내용

부동산실명법 제4조 제1항에서는 명의신탁약정은 무효로 한다는 원칙을 규정하고, 제2항 본문은 "명의신탁약정에 따른 등기로 이루어진 부동산에 관한 물권변동은 무효로 한다."고 규정하고 있다. 이 규정은 부동산실명법에 있어서 핵심적인 사법 규정이라고 여겨지는데, 그 이유는 종래의 명의신탁법리에서는 명의수탁자가 유효하게 소유권을 취득하고 소유권으로부터 파생하는 각종 권리를 가지는 것으로 인정되었으나 위 규정에서는 이러한 효력을 명문으로 부인하고 있기 때문이다.10) 이 규정을 종래 판례에 의한 명의신탁법리에 가장 큰 변경을 가져온 규정이라고 평가하기도 한다.

한편, 동법 제4조 제2항의 단서는 그에 대한 예외를 규정하고 있는데, "다만 부동산에 관한 물권을 취득하기 위한 계약에서 명의수탁자가 어느 한쪽 당사자가 되고 상대방 당사자는 명의신탁약정이 있다는 사실을 알지 못한 경우에는 그러하지 아니하다."라고 규정하고 있는 것이다. 이는 물권변동을 유효한 것으로 인정하여 명의수탁자가 소유권을 취득한다는 것인데, 명의신탁의 사법적 효력을 일반적으로 부정하는 부동산실명법의 기본적 관점에서는 특이한 규정이라고 평가받기도 한다.11)

다른 한편, 동조 제3항에서는 "제1항 및 제2항의 무효는 제3자에게 대항하지 못한다."고 규정하여 명의수탁자와 거래한 제3자와의 관계에 있어서는 거래의 안전을 위하여 그 무효를 주장할 수 없다는 것이다.

---

9) 고상룡, 앞의 논문, 64면.

10) 양창수, "부동산실명법의 사법적 규정에 의한 명의신탁의 규율", 「성곡논총」, 제28권 제3호(1997), 353-354면.

11) 양창수, 위의 논문(주 10), 354면.

나. 부동산실명법상의 명의신탁의 종류

부동산실명법상 명의신탁은 우선 '등기명의신탁'과 '계약명의신탁'의 두 유형으로 나누어진다. 등기명의신탁은 다시 ①명의신탁자가 소유하던 부동산을 명의수탁자의 명의로 가장 매매·증여하여 등기를 이전하는 경우(2자 간 명의신탁)와 ②명의신탁자가 원소유자(매도인)로부터 부동산을 매수하면서 명의수탁자의 명의를 빌어 매도자로부터 명의수탁자에게로 직접 등기하기로 약정하는 경우(3자 간 명의신탁, 이를 '중간생략등기형명의신탁'이라고도 함)로 나눌 수 있다. 계약명의신탁은 ③원소유자(매도인)는 명의신탁약정이 있다는 사실을 모르고 명의수탁자와 직접 계약을 체결하여 명의신탁자에게로 등기를 이전해주는 경우를 말한다.

다. 당사자 사이의 법률관계 해석의 원칙

명의신탁에 있어서 그 종류에 따라 신탁자-수탁자 사이의 법률관계 또는 신탁자-수탁자-매도인 3자 사이에 3면의 법률관계가 형성된다. 3자 사이의 3면의 법률관계는 구체적으로는 신탁자-수탁자 사이의 명의신탁약정, 수탁자-매도인 사이의 매매계약과 이전등기로 이루어진다. 명의신탁약정의 당사자, 이전등기의 당사자, 매매계약의 당사자는 명의신탁의 세 가지 유형에 따라 각각 다르다. 그리고 명의신탁약정, 이전등기, 매매계약의 효력은 각자 독립적이므로, 명의신탁약정이 무효라고 하여 매매계약이 당연히 무효로 되는 것은 아니다.

부동산실명법 제4조에 의하여 명의신탁약정은 무효이고 물권변동(이전등기)도 무효이다. 다만 계약명의신탁에서 매도인이 선의일 경우에만 물권변동이 유효하다. 원칙적으로 매매계약은 명의신탁약정이나 이전등기와 무관하게 여전히 유효하다. 다만 매매계약의 이행불능 문제가 생길 수 있다. 따라서 신탁자, 수탁자, 매도인 3자 사이의 3면의 법률관계는, 명의신탁의 세 가지 유형에 따라 각 당사자 사이의 법률관계가 명의신탁약정·이전등기·매매계약인지 여부 및 그 유·무효에 따라 정해진다. 그리고 수탁자가 신탁부동산을 처분하거나 수용 등으로 제3취득자에게 이전등기가 마쳐진 경우의 법률관계는 별도로 검토되어야 하는 것이고, 이러한 수탁자의 처분행위가 형법상 범죄를 구성하는지의 여부가 형사법 영역에서는 중요한 쟁점으로 다루어진다.

Ⅲ. 명의신탁의 유형과 사법상 법률관계

1. 2자 간 명의신탁

가. 명의신탁약정 및 물권변동의 효력

명의신탁약정은 부동산실명법 제4조 제1항에 의하면 무효인 약정이므로 신탁자와 수탁자 사이에는 명의신탁약정에 기한 권리·의무가 존재하지 아니한다. 따라서 신탁자는 수탁자를 상대로 명의신탁이 유효임을 전제로 하여 명의신탁해지를 원인으로 한 소유권이전등기 또는 말소등기를 청구할 수 없다. 부동산실명법 제4조 제2항 본문에 의하여 수탁자 명의의 등기는 무효이고, 소유권은 여전히 신탁자에게 있다. 따라서 소유자인 신탁자는 수탁자를 상대로 소유권에 기한 방해배제청구권으로서 수탁자 명의의 등기를 말소할 것을 청구할 수 있고, 또한 명의신탁등기 전에 신탁자 명의로 등기가 되어 있었으므로 진정명의회복을 위한 소유권이전등기청구도 가능할 것이다.

나. 부당이득반환청구의 가부

신탁자는 원인무효가 된 수탁자 명의의 이전등기 자체에 대하여 법률상 원인 없는 이익으로서 부당이득에 기한 반환(말소)을 구할 수 있다는 입장이 있다.12) 한편 이와 관련하여 수탁자가 명의신탁약정에 기하여 취득한 소유권은 불법원인급여로서 신탁자가 그 반환을 구할 수 없다는 견해도 있으나, 판례는 불법원인급여에 해당되지 않는다고 한다.13) 이는 탈세를 목적으로 한 명의신탁약정에 기하여 타인 명의의 등기가 마쳐진 경우라도 마찬가지이다.14)

다. 수탁자가 신탁부동산을 처분한 경우 불법행위를 구성하는지 여부

수탁자가 명의신탁 부동산을 타인에게 처분한다면 신탁자에 대하여 불법행위를 구성하고 신탁자는 그 처분 당시 부동산의 시가 상당의 손해배상을 구할 수 있게 될 것이라

---

12) 대법원 2010. 2. 11. 선고 2008다16899 판결.
13) 대법원 2003. 11. 27. 선고 2003다41722 판결.
14) 대법원 2010. 9. 30. 선고 2010도8556 판결.

는 견해가 있다.[15] 그러나, 이 견해는 신탁자에 대한 횡령죄가 성립하므로 신탁자에 대하여 불법행위를 구성하게 된다는 입장으로서, 형법상 수탁자의 횡령죄의 성립을 전제로 하고 있다. 그러나 최근의 2014도6992 전원합의체 판결에서는 이 경우에도 명의수탁자의 명의신탁부동산 처분행위는 횡령죄를 구성하지 않는다고 판단하여 종래의 판례들을 변경하는 판결을 했는데, 변경된 대법원의 견해에 의하면 신탁자에 대한 민사상 불법행위를 구성한다고 보기는 어려울 것이다.

대법원 2007. 6. 28. 선고 2006다48632 판결은 수탁자의 상속인이 명의신탁된 부동산을 처분한 사안에서, 신탁자에 대한 횡령죄가 성립하므로, 상속인은 신탁자에게 불법행위로 인한 손해배상책임을 진다고 판단하였는데, 이 판례도 2014도6992 전원합의체 판결에 의하여 파기되었다.

2. 3자 간 등기명의신탁(중간생략등기형 명의신탁)

가. 매도인과 수탁자의 관계

부동산실명법 제4조 제1항에 의하여 명의신탁약정은 무효가 되고, 명의신탁약정에 따라 이루어진 수탁자 명의의 소유권이전등기도 부동산실명법 제4조 제2항 본문에 의하여 무효가 된다. 그 결과 해당 부동산은 매도인의 소유로 복귀한다. 매도인은 소유권에 기한 방해배제청구권에 기하여 수탁자를 상대로 소유권이전등기의 말소를 구할 수 있고, 진정등기명의회복청구권에 기하여 이전등기를 구할 수도 있다. 그러한 매도인의 청구가 신의칙에 반하는 것이 아니라고 본다.[16]

나. 매도인과 신탁자의 관계

수탁자와 신탁자 사이의 명의신탁약정은 무효가 되고, 수탁자 앞으로 경료된 등기는 무효가 되나, 매도인과 신탁자 사이에 이루어진 원인계약(매매계약 등)은 유효하다. 따라서 신탁자는 매도인에게 원래의 매매계약에 따라 여전히 목적부동산에 대한 소유권이전등기를 청구할 수 있고, 매도인은 신탁자에게 소유권이전등기의무를 부담한다. 매도인

---

15) 조용현, "3자 간 등기명의신탁에서 수탁자가 부동산을 처분한 경우의 법률관계", 「대법원판례해설」, 제89호(2011), 444면.
16) 대법원 2007. 5. 11. 선고 2006다39652 판결.

이 신탁자와의 약정에 의하여 수탁자에게 등기를 마쳐주기는 하였으나 매매의 목적은 재산권을 유효하게 이전하는 데 있는 것이므로 수탁자에의 이전등기가 무효인 이상 매도인의 등기이전의무는 이행되지 않은 결과가 되어 매도인은 신탁자에 대하여 여전히 소유권이전등기의무를 부담하게 되고, 따라서 신탁자는 매도인에 대하여 원래의 매매계약에 따라 소유권이전등기를 청구할 수 있게 된다.

다. 신탁자와 수탁자의 관계

명의신탁약정이 무효이므로 신탁자는 수탁자를 상대로 명의신탁약정의 해지를 원인으로 한 소유권의 이전을 구할 수 없다. 신탁자는 매도인에 대한 소유권이전등기청구권을 보전하기 위하여 매도인을 대위하여 수탁자를 상대로 무효인 수탁자 명의의 등기의 말소를 구하거나 (진정명의회복을 원인으로) 매도인 앞으로의 이전등기를 구할 수 있다.[17] 아울러 매도인을 상대로 매매계약에 기한 소유권이전등기청구를 할 수 있다. 명의수탁자가 부동산실명법에서 정한 유예기간 경과 후에 자의로 명의신탁자에게 바로 소유권이전등기를 경료해 준 경우 그 등기는 유효하다.[18] 신탁자는 수탁자를 상대로 부당이득반환을 원인으로 한 소유권이전등기는 구할 수 없다.[19]

3. 계약명의신탁

가. 매도인이 악의인 경우

(1) 매도인과 수탁자의 관계

수탁자의 등기는 무효이고, 소유권은 여전히 매도인에게 남아 있게 된다. 매도인과 수탁자 간의 매매계약에는 부동산실명법이 적용되지 않는 점은 선의의 경우와 같다. 그러나 이 경우는 부동산실명법 제4조 제2항 단서에 해당하지 않으므로 수탁자 명의로 경료된 소유권이전등기는 무효이며 물권변동은 효력이 없다. 위 매매계약도 원시적으로 물권변동이라는 목적을 달성할 수 없는 계약이므로 무효라고 할 것이다. 따라서 매도인은

---

17) 대법원 1999. 9. 17. 선고 99다21738 판결.
18) 대법원 2004. 6. 25. 선고 2004다6764 판결.
19) 대법원 2008. 11. 27. 선고 2008다55290, 55306 판결.

수탁자에게 위 매매계약의 무효로 인한 원상회복으로서 소유권이전등기의 말소를 구하거나 그 소유권에 기하여 수탁자에게 소유권이전등기의 말소를 구할 수 있다. 이에 대하여 수탁자는 매도인에게 같은 이유에서 이미 지급한 매매대금의 반환을 구할 수 있고, 이를 가지고 동시이행의 항변을 행사할 수 있다.

(2) 매도인과 신탁자의 관계

매도인과 신탁자 사이에는 아무런 법률관계가 없으므로 신탁자는 매도인에 대하여 소유권이전등기를 구할 수 없다

(3) 신탁자와 수탁자의 관계

명의신탁약정이 무효이므로 신탁자는 수탁자에 대하여 소유권이전등기를 구할 수는 없음은 물론, 신탁자는 매도인과 사이에 아무런 법률관계가 없으므로 매도인에게 소유권이전등기를 청구할 수 없고 따라서 매도인을 대위하여 구할 수도 없다. 다만 신탁자는 수탁자에게 금전 부당이득반환청구권을 갖게 되므로, 이를 보전하기 위하여 수탁자를 대위하여 수탁자의 매도인에 대한 매매대금 상당 부당이득반환청구권을 행사할 수 있다.

나. 매도인이 선의인 경우

(1) 매도인과 수탁자의 관계

부동산실명법 제4조 제2항 단서에 의하여 수탁자 명의의 등기는 확정적으로 유효하게 된다. 그러므로 매도인이나 수탁자는 서로 상대방에게 어떠한 청구권도 가지지 아니한다. 말소등기청구 자체가 허용되지 않으므로 진정명의회복을 원인으로 한 이전등기도 구할 수 없다.

(2) 매도인과 신탁자의 관계

신탁자와 매도인 사이에는 아무런 관계도 없으므로 어떠한 청구권도 허용될 수 없다.

(3) 신탁자와 수탁자의 관계

명의신탁약정이 무효이므로 신탁자는 수탁자에 대하여 이를 전제로 하여 이전등기를 구할 수 없다. 그 결과 수탁자는 소유권을 확정적으로 취득하게 되는바, 이는 법률상 원인 없이 소유권을 취득하는 결과가 되므로 신탁자는 수탁자에 대하여 부당이득반환을 구할 수 있는데, 부당이득의 대상에 관하여 판례가 나뉜다. 판례는, 부동산실명법 시행 전에 계약명의신탁약정과 그에 기한 물권변동이 있었던 경우와 부동산실명법 시행 이후에 계약명의신탁약정이 있었던 경우에 있어 그 반환할 부당이득의 대상을 달리하여, 전자의 경우 당해 부동산 자체의 반환을,[20] 후자의 경우 당해 부동산 매수대금 상당의 반환을[21] 각각 허용하고 있다.

(4) 3자 간 등기명의신탁과 계약명의신탁의 구분

3자 간 등기명의신탁과 계약명의신탁은 등기가 매도인에게서 수탁자로 직접 이전되므로, 등기 외형으로 구분되지 않는다. 명의신탁관계도 같다. 매매계약상 등기의무에서 차이가 있을 뿐이다. 매매계약상 등기의무자 즉, 매매계약의 당사자가 누구인지에 따라 구분할 수밖에 없다. 즉, 매도인과 신탁자 사이에 매매계약 관계를 인정할 수 있으면 3자 간 명의신탁이고, 매도인과 신탁자 사이에 매매계약 관계를 인정할 수 없고 매도인과 수탁자 사이에 매매계약 관계가 인정되면 계약명의신탁으로 볼 수 있다. 결국 계약당사자가 누구인가를 확정하는 문제로 귀결된다고 할 것이다.

최근 대법원은 3자 간 등기명의신탁이 이루어진 후에 명의수탁자가 부동산을 처분한 경우의 형사책임에 관하여 종래의 입장을 바꾸는 판결을 하였는데,[22] 판례를 변경하게 된 부차적인 이유로 3자 간 등기명의신탁과 계약명의신탁의 구별이 쉽지 않다는 점을 들고 있다.

대법원은 중간생략등기형 명의신탁(3자 간 등기명의신탁)에 따라 명의수탁자 앞으로 등기가 이전되는 경우는 대부분 명의신탁자와 명의수탁자 사이의 명의신탁약정을 인식한 매도인의 협조로 이루어진다는 점에서 매도인이 계약명의신탁약정이 있다는 사실을

---

20) 대법원 2002. 12. 26. 선고 2000다21123 판결.
21) 대법원 2005. 1. 28. 선고 2002다66922 판결.
22) 대법원 2016. 5. 19. 선고 2014도6992 전원합의체 판결.

알고 있는 이른바 악의의 계약명의신탁에서 명의수탁자 앞으로 등기가 이전되는 경우와 등기 이전 등의 실질적인 과정에 유사한 면이 있다는 점을 지적한다. 구체적인 사건에서 명의신탁약정이 중간생략등기형 명의신탁인지 아니면 매도인 악의의 계약명의신탁인지를 구별하는 것은 다수의 재판 사례를 통해 알 수 있듯이 법률전문가에게도 쉽지 않다는 것이다.23) 그럼에도 명의수탁자의 신탁부동산 임의 처분행위에 대하여 계약명의신탁 사안에서는 아무런 형사적 제재를 부과하지 않으면서도 중간생략등기형 명의신탁 사안에서는 이와 달리 취급하여 계속 횡령죄로 처벌하는 것은 법적 안정성을 해칠 뿐만 아니라, 일반 국민들의 법 감정에도 맞지 않는 사정에 비추어 보아도 중간생략등기형 명의신탁에서 명의수탁자를 횡령죄로 처벌하는 것은 부당하다는 입장으로 변경하였다.

Ⅳ. 명의수탁자의 처분행위와 관련된 형법의 쟁점

1. 명의수탁자의 처분행위와 횡령죄 내지 배임죄의 해석과 적용

가. 부동산실명법 시행 이전

부동산실명법의 시행 이전에는 명의수탁자가 명의신탁 된 부동산을 처분한 경우에 횡령죄가 성립된다는 것이 판례의 입장이었다.24) 이러한 판례의 입장은 명의신탁이 법적으로 유효한 것을 전제로, 명의신탁약정에 의해 내부적으로 소유권이 신탁자에게 있으므로 수탁자는 신탁자에 대하여 '타인의 재물을 보관하는 자'에 해당한다고 보았다. 신탁자는 수탁자에 대하여 등기명의와 상관없이 당해 부동산에 대하여 실질적인 소유권을 주장할 수 있으며 수탁자는 타인(명의신탁자)의 재물(부동산)을 보관하는 자에 해당하여 그 부동산을 처분하는 행위는 횡령죄가 성립한다고 보았다. 다만 이 경우에도 등기명의자에게 경료된 등기가 원인무효이거나,25) 명의신탁자가 소유권을 취득할 수 없을 때에는 등기명의인이 그 부동산의 보관자가 될 수 없으므로 횡령죄는 성립하지 않는다고 하였다.26)

---

23) 대법원 2016. 5. 19. 선고 2014도6992 전원합의체 판결.

24) 대법원 1971. 6. 22. 선고 71도740 전원합의체 판결.

25) 대법원 1987. 2. 28. 선고 88도1368 판결에서 원인무효인 소유권이전등기의 명의자로서 그 부동산을 법률상 유효하게 처분할 수 있는 지위에 있지 않은 자는 횡령죄의 주체인 타인의 재물을 보관하는 자에 해당하지 않는다고 판시하였다.

26) 대법원 1982. 2. 9. 선고 81도2936 판결에서 피고인이 비농가인 공소외인과 농지를 공동매수 하여 피고인 단독명의로 소유

나. 부동산실명법 시행 이후

1995년 7월 1일부터 시행된 부동산실명법은 제4조에서 부동산에 관한 명의신탁약정은 무효이며 그에 기한 물권변동의 효력을 부정하였고, 종래 판례를 통하여 인정되는 명의신탁이론과는 다른 새로운 법리이므로, 명의신탁 부동산의 불법처분으로 인한 수탁자의 죄책에 대해 종래의 횡령죄를 인정한 이론이 그대로 적용될 것 여부가 중요한 쟁점으로 부각되었다. 항을 바꾸어 부동산실명법에 따른 세 가지 유형별로 검토하기로 한다.

2. 2자 간 명의신탁

2자 간 등기명의신탁의 경우, 대법원은 부동산실명법 시행 이후에도 횡령죄가 성립된다는 입장이다. 명의신탁자가 자신 소유명의의 부동산을 명의수탁자에게 명의신탁 하였는데 수탁자가 임의로 그 부동산에 관하여 근저당권을 설정한 경우 신탁자에 대한 횡령죄가 성립하고,27) 부동산을 공유하고 있는 자가 다른 공유자와 지분을 대외적으로만 보유하는 관계에 관한 약정(명의신탁약정)을 맺으면, 그 지분에 관하여 이른바 2자 간 등기명의신탁관계가 성립하므로 수탁자가 이를 처분한 경우에 횡령죄를 인정하고 있다.28)

이에 반해, 학설은 부동산실명법에 의하여 명의신탁약정이 무효이지만 명의신탁자와 수탁자 사이의 관계는 여전히 부당이득이라는 법적 관계가 있다는 점에 근거하여 횡령죄의 성립을 인정하는 견해가 주류를 이루고 있다.29) 이 견해에 의하면, 명의신탁약정과 그에 따른 물권변동(소유권이전등기)이 무효이므로 부동산의 소유권은 여전히 신탁자에게 남아 있는 것이고, 수탁자는 등기명의를 가지고 있으므로 신탁부동산을 법률상 유효하게 처분할 수 있으므로 사실상 그 목적물을 보관하는 자의 지위에 있기 때문에 명의신탁약정 자체 및 이에 따른 등기가 무효로 되는 것과는 관계없이 신탁부동산을 처분한 수탁자에게는 여전히 횡령죄가 성립한다는 것이다.

권이전등기를 한 경우에 공소외인은 비농가로서 농지개혁법상 농지를 취득할 수 없으므로 피고인이 동 공소외인을 위하여 동 농지의 공유지분권을 보관하고 있다고 할 수 없다. 따라서 피고인이 위 농지를 임의처분하였다고 하여도 횡령죄를 구성하지 아니한다고 하였다.

27) 대법원 1999. 10. 12. 선고 99도3170 판결.

28) 대법원 2009. 11. 26. 선고 2009도5547 판결.

29) 장영민, "명의신탁 된 부동산영득행위의 죄책", 「고시계」(1997. 12), 37면 이하; 손동권, "명의신탁부동산을 임의처분한 경우의 형사책임", 「형사법연구」, 제15호(2001), 175면; 이재상, 「형법각론(제9판)」, 박영사, 2013, 400면; 백재명, "부동산명의신탁과 횡령죄", 「형사판례연구(7)」, 박영사, 2011, 375면 이하.

한편, 2자 간 명의신탁에 있어서 명의신탁자로부터 명의수탁자에게로의 소유권 이전 등기는 불법원인급여에 해당하므로 신탁자의 수탁자에 대한 반환청구권을 인정할 수 없고 따라서 횡령죄의 성립을 부정하는 견해도 주장된다.[30]

3. 3자 간 등기명의신탁 – 중간생략등기형 명의신탁

가. 대법원 판결의 변경

부동산을 그 소유자로부터 매수한 자가 자신 명의로 소유권이전등기를 하지 아니하고, 제3자와 맺은 명의신탁약정에 따라 매도인으로부터 바로 제3자 앞으로 중간생략의 소유권이전등기를 경료하고, 그 제3자가 그와 같은 명의신탁약정에 따라 자기 명의로 신탁된 부동산을 임의로 처분한 경우, 종래의 대법원 판례는 이러한 행위는 신탁자와의 관계에서 횡령죄를 구성하는 것으로 보았으나,[31] 최근의 2014도6992 전원합의체 판결에서는 이 경우에도 명의수탁자의 명의신탁부동산 처분행위는 횡령죄를 구성하지 않는다고 판단하여 종래의 판례들을 변경하는 판결을 하였다.

2014도6992 전원합의체 판결은 부동산실명법의 입법목적과 죄형법정주의원칙을 판단의 중요한 기초로 삼고 있다. 우선 부동산 명의신탁에 있어서 명의신탁자와 명의수탁자 사이에 위탁신임관계를 법률상 보호받을 만한 위탁신임관계라고 할 수 있는지에 관하여 부동산실명법의 입법목적이나 취지에 따라서 판단하고 있는 것이다. 판례에 따르면, "명의신탁약정에 따른 명의수탁자 명의의 등기를 금지하고 이를 위반한 명의신탁자와 명의수탁자 쌍방을 형사처벌까지 하고 있는 부동산실명법의 명의신탁관계에 대한 규율 내용 및 태도 등에 비추어 볼 때, 명의신탁자와 명의수탁자 사이에 위탁신임관계를 근거지우는 계약인 명의신탁약정 또는 이에 부수한 위임약정이 무효임에도 불구하고 횡령죄 성립을 위한 사무관리·관습·조리·신의칙에 기초한 위탁신임관계가 있다고 할 수는 없"고, "사실상의 위탁관계라는 것도 부동산실명법에 반하여 범죄를 구성하는 불법적인 관계에 지나지 아니할 뿐 이를 형법상 보호할 만한 가치 있는 신임에 의한 것이라고 할 수 없다"는 것이다.

또한 "명의신탁자는 신탁부동산의 소유권을 가지지 아니하고, 명의신탁자와 명의수탁

---

30) 박상기, "부동산명의신탁과 횡령죄", 「형사판례연구(6)」, 박영사, 1998, 278면 이하.
31) 대법원 2001. 11. 27. 선고 2000도3463 판결; 대법원 2010. 9. 30. 선고 2010도8556 판결.

자 사이에 위탁신임관계를 인정할 수도 없다. 따라서 명의수탁자가 명의신탁자의 재물을 보관하는 자라고 할 수 없으므로, 명의수탁자가 신탁 받은 부동산을 임의로 처분하여도 명의신탁자에 대한 관계에서 횡령죄가 성립하지 아니한다."고 하여 횡령죄가 성립한다는 기존의 입장을 바꾸었다.

명의신탁자는 매도인을 대위하여 신탁부동산을 취득할 수 있는 법적 가능성을 가지지만 신탁부동산의 소유권을 가지지 아니하고, 명의수탁자 역시 명의신탁자에 대하여 직접 신탁부동산의 소유권을 이전할 의무를 부담하지는 아니하므로, 신탁부동산의 소유자도 아닌 명의신탁자에 대한 관계에서 명의수탁자가 횡령죄에서 말하는 '타인의 재물을 보관하는 자'의 지위에 있다고 볼 수는 없다고 하여, 소유권에 대한 기존의 해석에서 크게 벗어나지 않았다. 그러나 신탁부동산을 취득할 수 있는 권리를 이유로 "명의신탁자를 사실상 또는 실질적 소유권자로 보아 민사상 소유권이론과 달리 횡령죄가 보호하는 신탁부동산의 소유자라고 평가할 수는 없다. 명의수탁자에 대한 관계에서 명의신탁자를 사실상 또는 실질적 소유권자라고 형법적으로 평가하는 것은 부동산실명법이 명의신탁약정을 무효로 하고 있음에도 불구하고 무효인 명의신탁약정에 따른 소유권의 상대적 귀속을 인정하는 것과 다름이 없어서 부동산실명법의 규정과 취지에 명백히 반하여 허용될 수 없다"고 판단하였다.

나. 학설의 태도

부동산실명법 제4조 제2항에 의해 수탁자 명의의 소유권이전등기는 무효이므로 당해 부동산의 소유권은 여전히 매도인에게 남아 있게 되며, 매도인은 그 소유권에 기하여 수탁자에게 수탁자 명의의 소유권이전등기의 말소를 청구할 수 있고, 진정명의 회복청구권에 기하여 수탁자에게 소유권이전등기를 청구할 수도 있다.

한편, 매도인과 신탁자 간의 매매계약은 유효하므로, 신탁자는 매도인에 대한 소유권이전등기청구권을 보전하기 위하여 위 매도인을 대위하여 수탁자에 대하여 그 명의의 소유권이전등기의 말소 또는 매도인 앞으로의 이전등기를 구할 수 있고, 매도인에게는 위 매매계약을 원인으로 한 소유권이전등기를 구할 수 있게 되어 명의수탁자에게 명의신탁 부동산은 타인의 재물이 되게 된다.[32]

---

32) 임병락, "명의신탁과 형법해석", 「법학논고」, 제46집(2014), 358면.

이러한 민사적 법리에 근거하여 학설의 다수는 3자 간 명의신탁의 경우에 횡령죄의 성립을 인정하고 있으며, 다만 누구에 대한 횡령을 인정할 것인지에 대하여만 이견이 있을 뿐이다. 즉 피해자를 신탁자로 보는 견해,[33] 피해자를 매도인으로 보는 견해,[34] 피해자를 신탁자 및 매도인으로 보는 견해[35]로 나누어진다.

이와 달리, 명의신탁의 민사법리에 따라 형사법 해석과 적용을 하는 입장에 반대하여 횡령죄의 성립을 부정하는 견해가 있다.[36] 이 견해에 의하면 횡령죄의 행위주체인 '위탁관계에 기한 보관'을 해석함에 있어 위탁관계의 전제가 되는 원인행위(위탁관계설정행위 또는 위탁행위)가 법률상 무효인 경우, 단순한 강행규정위반으로 불법인 경우, 선량한 풍속 기타 사회질서 위반으로 불법원인급여에 해당하는 경우의 민법상 소유권의 귀속여부, 위탁자에 대한 보호의 문제 등은 민사법적인 문제이므로 이러한 민사법적 문제 해결에 따라 횡령죄의 주체에 대한 검토 없이 바로 횡령죄의 성립여부를 논해서는 안 된다고 한다.[37] 비록 위탁자가 소유권을 보유한다 하더라도 위탁자와 수탁자 사이에 위탁관계가 성립되는가를 형법의 독자적인 해석으로 판단하여야 한다고 하면서, 위탁관계의 전제가 되는 명의신탁 그 자체를 금지하면서 형사처벌하는 부동산실명법하에서는 신탁부동산을 수탁자가 임의로 처분하더라도 신탁자와 수탁자 사이에 횡령죄에서 규율하고자 하는 신탁부동산에 대한 어떠한 신임에 기한 위탁관계가 존재하지 않기 때문에 신탁자에 대한 횡령죄가 성립하지 않는다고 보는 것이다.

4. 계약명의신탁의 경우

가. 매도인이 선의인 경우

대법원은 계약명의신탁의 경우 명의신탁약정이 무효가 되더라도 매도인으로부터 명의수탁자 앞으로 이루어진 부동산에 관한 물권변동은 부동산실명법 제4조 제2항 단서에 의해 유효하기 때문에 수탁자는 신탁부동산에 대하여 소유권을 유효하게 취득하여 타인

---

33) 장영민, 앞의 논문, 38면 이하; 최상욱, "부동산명의신탁과 형사책임", 「고시연구」(2000. 01), 73면 이하; 정형식, "이른바 중간생략등기형 명의신탁에 있어서 수탁자가 부동산을 임의로 처분한 경우, 횡령죄의 성립 여부", 「대법원판례해설」, 제39호(2001), 452면 이하.

34) 이재상, 앞의 책, 401면; 박상기, 앞의 논문, 279면 이하; 백재명, 앞의 논문, 377면 이하.

35) 손동권 앞의 논문, 176면 이하.

36) 천진호, "명의신탁부동산 처분행위의 형사책임", 「형사판례연구(11)」, 박영사, 2003, 222면 이하.

37) 천진호, 위의 논문, 223면.

의 재물이라고 할 수 없으므로 횡령죄가 성립하지 않는다고 한다.[38] 대법원의 논거에 의하면 계약명의신탁에 있어서 매도인이 명의신탁약정이 있다는 사실을 알지 못하는 경우 그 소유권이전등기에 의한 당해 부동산에 관한 물권변동은 유효하고, 한편 신탁자와 수탁자 사이의 명의신탁 약정은 무효이므로, 결국 수탁자는 전소유자인 매도인뿐만 아니라 신탁자에 대한 관계에서도 유효하게 당해 부동산의 소유권을 취득한 것으로 본다. 따라서 타인의 재물을 보관하는 자가 그 재물을 횡령하는 경우에 성립하는 횡령죄에서 수탁자는 타인의 재물을 보관하는 자라고 볼 수 없다고 한다.

학설은 위탁매매의 법리를 적용하여 신탁자에 대한 횡령죄가 성립한다는 견해[39]와 명의신탁자와 명의수탁자 사이에는 명의신탁약정이 무효라 하더라도 사실상의 신임관계(부동산매입의 위임)까지 부정할 이유는 없다고 보기 때문에 이러한 신임관계를 어기고 부동산을 제3자에게 매도한 행위는 단순한 채무불이행을 넘는 배임행위에 해당하여 배임죄가 성립한다는 견해[40] 그리고 수탁자는 신탁자로부터 받은 매매대금 상당액에 대한 부당이득반환책임을 지는 이외에 부동산에 대한 현물반환의무는 부담하지 아니하므로, 결국 수탁자가 신탁부동산을 제3자에게 처분한 경우에도, 횡령죄도 배임죄도 성립하지 않는다는 견해[41]로 나뉘고 있다.

나. 매도인이 악의인 경우

대법원은 최근에 매도인이 악의인 경우 계약명의신탁의 수탁자 처분행위에 대해서 형사책임을 부정하는 판결들을 내놓았다. 대법원은 명의신탁자와 명의수탁자가 이른바 계약명의신탁 약정을 맺고 명의수탁자가 당사자가 되어 명의신탁 약정이 있다는 사실을 알고 있는 소유자와 부동산에 관한 매매계약을 체결한 후 매매계약에 따라 부동산의 소유권이전등기를 명의수탁자 명의로 마친 경우에는 부동산실명법 제4조 제2항 본문에 의하여 수탁자 명의의 소유권이전등기는 무효이고 부동산의 소유권은 매도인이 그대로 보유하게 되므로, 명의수탁자는 부동산 취득을 위한 계약의 당사자도 아닌 명의신탁자에 대한 관계에서 횡령죄에서 '타인의 재물을 보관하는 자'의 지위에 있다고 볼 수 없다고

38) 대법원 2000. 3. 24. 선고 98도4347 판결; 대법원 2006. 9. 8. 선고 2005도9733 판결 등.

39) 백재명, 앞의 논문, 378면 이하.

40) 이재상, 앞의 책, 402면 이하; 장영민, 앞의 논문, 40면 이하; 배종대, 「형법각론(제8전정판)」, 홍문사, 2013, 536면; 최상욱, 앞의 글, 75면 이하.

41) 박상기, 앞의 논문, 280면 이하; 손동권, 앞의 논문, 179면 이하.

하였다. 그리고 명의수탁자가 명의신탁자에 대하여 매매대금 등을 부당이득으로 반환할 의무를 부담한다고 하더라도 이를 두고 배임죄에서 '타인의 사무를 처리하는 자'의 지위에 있다고 보기도 어렵다고 한다.

한편 명의수탁자가 매도인에 대해서 횡령죄나 배임죄의 지는지 여부와 관련해서도 대법원은 명의수탁자는 매도인에 대하여 소유권이전등기말소의무를 부담하게 되나, 위 소유권이전등기는 처음부터 원인무효여서 명의수탁자는 매도인이 소유권에 기한 방해배제청구로 말소를 구하는 것에 대하여 상대방으로서 응할 처지에 있음에 불과하고, 그가 제3자와 한 처분행위가 부동산실명법 제4조 제3항에 따라 유효하게 될 가능성이 있다고 하더라도 이는 거래 상대방인 제3자를 보호하기 위하여 명의신탁약정의 무효에 대한 예외를 설정한 취지일 뿐 매도인과 명의수탁자 사이에 위 처분행위를 유효하게 만드는 어떠한 신임관계가 존재함을 전제한 것이라고는 볼 수 없으므로, 말소등기의무의 존재나 명의수탁자에 의한 유효한 처분가능성을 들어 명의수탁자가 매도인에 대한 관계에서 횡령죄에서 '타인의 재물을 보관하는 자' 또는 배임죄에서 '타인의 사무를 처리하는 자'의 지위에 있다고 볼 수도 없다고 하였다.[42]

계약명의신탁관계에서 악의의 매도인의 경우 명의수탁자의 형사책임에 관한 대법원 판결이 나오기 전에 학설은 횡령죄설, 배임죄설 그리고 무죄설 등으로 나뉘었다. 횡령죄설은 원소유자(매도인)가 명의신탁약정이 있음을 아는 경우 신탁자와 수탁자 사이의 명의신탁약정은 무효이고, 부동산실명법 제4조 제2항 단서에도 해당하지 않으므로, 결국 부동산소유권은 여전히 원소유자(매도인)에게 남게 되므로 매도인은 신탁부동산의 소유자로서 수탁자에 대하여 반환청구권을 가지게 되며, 수탁자가 부동산을 임의로 처분한 경우 매도인에 대한 횡령죄가 성립한다고 한다.[43] 이에 대해서 배임죄설은 수탁자가 자기 명의로 등기되어 있음을 기화로 제3자에게 부동산을 매도하고 소유권이전등기를 경료하여 준 경우에 수탁자가 처분행위로 재산상 이익을 취득하는 것은 신탁자의 위임에 기한 것이고, 수탁자는 신탁자의 사무를 처리하는 자로서 이에 위배되는 행위를 한 것이므로 신탁자에 대한 배임죄를 인정한다.[44] 그리고 계약명의신탁의 경우에는 신탁자로서는 매도인을 대위하여 수탁자에게 무효인 등기의 말소를 구할 수 있는 지위에 있지 아

---

42) 대법원 2012. 11. 29. 선고 2011도7361 판결; 대법원 2012. 12. 13. 선고 2010도10515 판결.

43) 장영민, 앞의 논문, 39면 이하; 박상기, 앞의 논문, 280면; 백재명, 앞의 논문, 384면 이하.

44) 장영민, 앞의 논문, 39면; 이재상, 앞의 책, 402면; 배종대, 앞의 책, 535면; 손동권, 앞의 논문, 181면 이하.

니하므로, 수탁자의 처분행위가 신탁자에 대한 관계에서도 횡령죄를 구성한다고 보기는 어렵고 신탁자와 수탁자 사이의 명의신탁약정이 무효이고, 나아가 신탁자가 수탁자에 대한 관계에서 부당이득반환을 구할 수 있는 것도 신탁부동산 자체가 아니라 신탁자가 출연한 매매대금 상당의 금원에 불과하므로, 수탁자가 신탁부동산과 관련하여 신탁자에 대한 관계에서 '타인의 사무를 처리하는 자'의 지위에 있다고 볼 수도 없으므로 배임죄가 성립될 여지도 없다는 점에서 횡령죄도 배임죄도 성립하지 않는다는 견해45)도 있다.

V. 명의신탁에 있어서 민사법과 형법의 통일적 해석

루만(N. Luhmann)의 체계이론(Systemthorie)에서 말하는 '사회적 체계의 분화'(Ausdifferenzierung der sozialen Systeme)에 의하면, 현대사회에서 각 사회적 체계가 다양한 기능적 하부체계로 세부화 · 전문화되면서 법체계 역시 독자적 사회적 기능체계로 분화됨에 따라, 법체계의 각 영역이 분화되고 재통합되면서 형성된 새로운 법적 형태로서 '전문법'이 성장하고 있다고 진단한다.46) 의료법, 정보통신법, 경제법, 교통법, 환경법, 언론법과 같은 '전문법'시대에는 더 이상 '전공영역주의'에 안주해서는 다양한 법적 관점들이 착종되어 있는 법적 분쟁을 적절하게 해결할 수 없으므로, 전문법이 대상으로 하는 법적 분쟁을 올바로 해결하기 위해서는 각 전공 간의 장벽을 넘어 다양한 관점이 동원되어야 하는데, 명의신탁 된 부동산을 처분한 명의수탁자의 형사책임을 살펴봄에 있어서도 민법과 형법의 관점이 동시에 원용되어야 한다는 점에서, 부동산실명법은 전문법에 준하는 성격을 가진다는 것이다.47) 이러한 맥락에서 부동산 명의신탁에 관한 법적 분쟁을 해결함에 있어서도 민법과 형법을 아우르는 '통합과학적 접근'의 필요성이 강조되고 있다.48)

부동산 명의신탁에 있어서의 통합과학적 접근을 구체적으로 '법질서의 통일성'이라는 관점과 '형법의 특수성'이라고 하는 관점을 고려하여 판단하는 입장에서, 먼저 '법질서

---

45) 조원철, "명의신탁등기가 부동산 실권리자 명의등기에 관한 법률 시행으로 무효로 된 후에 명의수탁자가 임의로 신탁부동산을 처분한 경우 매도인이 명의수탁자의 처분행위로 인하여 손해를 입었다고 볼 수 있는지 여부", 「대법원판례해설」, 제40호(2002), 373면 이하.

46) 양창수, 「부동산 명의신탁」, 영남대학교 출판부, 2010, 67면.

47) 양창수, 앞의 책, 68면.

48) 양창수, 앞의 책, 71면.

의 통일성'을 위해서는 부동산 명의신탁에 대한 민법 도그마틱의 성과를 형법 도그마틱에도 수용함으로써 법적 안정성과 예측가능성을 높이는 동시에 형법의 특수성으로서 보충성·최후수단성, 위험형법(Risikostrafrecht)으로 기능할 경우 각종 집행결손을 초래하는 기만적인 '상징형법'(symbolisches Strafrecht)으로 전락할 우려에 대한 고려가 필요하다고 보고 있다.[49] 또한 이 견해에서는 민법과 형법 사이에서 법질서의 통일성과 양자의 독자성이라고 하는 이율배반적인 기준을 실제적으로 조화시키는 데에 헌법의 기본권 규정과 헌법상 비례성원칙이 중요한 기능을 할 수 있을 것이라고 평가하고 있다.[50]

이 견해에서는, 부동산실명법 시행 후에는 2자 간 등기명의신탁에 관하여 다수의 학설과 판례가 여전히 명의수탁자에게 횡령죄의 성립을 인정하였으나, 부동산실명법이 명의신탁약정을 사법적으로도 무효화함으로써 명의신탁약정에 대해 공·사법이 모두 부정적 가치평가를 내린 이상 2자 간 명의신탁뿐만 아니라 3자 간 등기명의신탁이나 계약명의신탁의 경우에도 그 명의신탁약정은 형법적으로도 보호받을 수 없고, 따라서 명의수탁자의 타인 재물 보관자로서의 지위를 부정함으로써 명의수탁자의 처분행위는 범죄를 구성하지 않는 것으로 보는 것이 타당하다고 한다.[51]

명의신탁에 있어서 민법과 형법의 통일적 해석을 주장하는 다른 견해는, 부동산실명법이 명의신탁약정자체를 무효라고 규정하고 있고 명의신탁자와 명의수탁자를 형사처벌하는 규정을 두고 있는 이상, 명의수탁자는 더 이상 부동산의 보관자로서 인정될 수 없을 뿐만 아니라, 명의신탁자와 명의수탁자 두 사람 사이의 신임관계는 정상적인 사무처리로 형법이 보호해야 할 관계에 해당하지 않는다고 본다.[52] 관습법까지 수용하는 민법상 법리를 기초로 삼아 명의수탁자가 신탁부동산을 임의로 처분한 때에 배임죄 또는 횡령죄가 성립한다는 논리는 관습형법을 배제하는 죄형법정주의에도 위반되고 형법의 보충성의 원칙에 어긋나며 형사정책적으로도 바람직하지 않다는 것도 그 이유로 들고 있다. 이 견해는 부동산 명의신탁의 유형을 불문하고 계약명의신탁과 등기명의신탁뿐만 아니라 2자 간 명의신탁에서도 명의수탁자의 위와 같은 행위에 대해서는 형법상 배임죄 또는 횡령죄가 성립하지 않는다는 입장이다.[53]

---

49) 양창수, 앞의 책, 71-79면.

50) 양창수, 앞의 책, 81면.

51) 양창수, 앞의 책, 138면.

52) 송문호, "부동산 명의신탁의 형법상 의미와 전망",「형사정책연구」, 제27권 제3호(2016), 21면.

53) 송문호, 앞의 논문, 21면.

생각건대, 판례를 통하여 형성된 명의신탁이론의 배경에는 과거 일제강점기하의 토지 수탈의 방법으로 이루어진 토지조사령이 있었고, 종중의 권리를 보호하기 위한 방법으로서 그 법적 효과가 가장 강한 형법이 횡령죄 등의 적용을 통하여 기능하였다는 점을 무시할 수는 없으나, 부동산실명법이 종중재산의 명의신탁 등에 관하여는 명문으로 민사법적 효력을 인정하고 있으므로 문제되는 명의수탁자의 신탁부동산 처분행위에 관하여 횡령죄를 적용하는 것은 연혁적으로도 근거가 없다고 할 것이다.

또한, 명의수탁자의 신탁부동산 임의처분행위에 대하여 형사처벌의 필요성이 있다고 볼 것인지에 관하여, 앞서 「Ⅲ. 명의신탁의 유형과 사법상 법률관계」에서 살펴본 바와 같이 명의신탁자와 명의수탁자의 관계에서 민사법상의 청구권 등이 인정되고 있으므로 그 권리구제가 우회적이기는 하나 불가능한 것은 아니며, 현실적으로도 명의신탁관계에 있어서 신탁자의 귀책사유가 적지 않다는 점을 고려하면 형사처벌의 필요성을 인정하기는 어렵다고 할 것이다. 이러한 점에서 횡령죄 등의 적용은, 형벌법규는 엄격하게 해석하여야 하고, 명문의 형벌법규의 의미를 피고인에게 불리한 방향으로 지나치게 확장해석 하거나 유추해석 하는 것은 죄형법정주의 원칙에 어긋나는 것으로서 허용되지 않는다고 보아야 할 것이다.

민법(부동산실명법 포함)과 형법의 통일적 해석의 관점에서도, 명의수탁자의 처분행위를 형사처벌의 대상으로 삼는 것은 부동산실명법상 처벌 규정이 전제하고 있는 금지규범을 위반한 명의신탁자를 형법적으로 보호함으로써 부동산실명법이 금지·처벌하는 명의신탁 관계를 오히려 유지·조장하여 그 입법 목적에 반하는 결과를 초래하게 되는 것[54]이므로 타당하지 않다고 할 것이다.

나아가, 횡령죄의 본질이 신임관계에 기초하여 위탁된 타인의 물건을 위법하게 영득하는 데 있고, 그 위탁신임관계는 횡령죄로 보호할 만한 가치 있는 신임에 의한 것으로 한정함이 타당하고, 명의신탁자와 명의수탁자 사이에 존재한다고 주장될 수 있는 사실상의 위탁관계라는 것도 부동산실명법에 반하여 범죄를 구성[55]하는 불법적인 관계에 지나지 아니할 뿐 이를 형법상 보호할 만한 가치 있는 신임에 의한 것이라고 할 수 없으므로 횡령죄가 성립하지 않는다고 할 것이다.

---

54) 대법원 2016. 5. 19. 선고 2014도6992 전원합의체 판결.

55) 부동산실명법 제7조 제1항에 따라, 5년 이하의 징역 또는 2억 원 이하의 벌금에 처해질 수 있는 범죄행위에 해당한다.

Ⅵ. 결론

　명의신탁에 관한 민사법과 형법의 논의를 통섭적인 관점에서 논함에 있어서는 다시 '법질서의 통일성'이라는 관점과 '형법의 특수성'이라고 하는 측면을 어떻게 조화롭게 고려할 것인가 하는 원칙론적인 문제가 내포되어 있다고 할 것이다. 앞서 살펴본 바와 같이 민법과 형법 사이에서 법질서의 통일성과 양자의 독자성이라고 하는 이율배반적인 기준을 실제적으로 조화시키는 데에 헌법의 기본권 규정과 헌법상 비례성원칙이 중요한 기능을 하여야 한다는 입장에서는 구체적으로 형법상 횡령죄를 통하여 보호할 가치가 있는 신임위탁관계의 범위를 어떻게 획정할 것인가의 논의가 먼저 이루어져야 할 것이고, 이러한 논의에 있어서는 논의대상인 관계가 헌법적 관점에서 또는 전체 법질서의 관점에서 보호될 수 있는 것인지가 먼저 검토되어야 할 것이다.

　이러한 점에서 명의신탁에 관하여 직접적으로 규율하고 있는 부동산실명법의 입법목적·취지, 내용은 중요한 의미를 가지며, 부동산실명법의 내용에 부합하는 형법해석이 요구된다고 할 것이다. 대법원 2016. 5. 19. 2014도6992 전원합의체 판결을 통하여 "명의신탁약정에 따른 명의수탁자 명의의 등기를 금지하고 이를 위반한 명의신탁자와 명의수탁자 쌍방을 형사처벌까지 하고 있는 부동산실명법의 명의신탁관계에 대한 규율 내용 및 태도 등"에 따라서 명의신탁자와 명의수탁자 사이에는 위탁신임관계를 인정할 수 없고 따라서 횡령죄도 성립하지 않는다는 입장을 대법원이 취하고 있는 것은 민법과 형법의 통섭적 접근이라는 점에서 큰 의미가 있다고 할 것이다.

제4장 私法의 영역에서 소음으로 인한 피해에 따른 구제 수단과 행정법상의 기준이 가지는 의미에 관한 연구

− 대법원 2015. 9. 24. 선고 2011다91784 판결을 중심으로 −*

Ⅰ. 사실관계 및 소송의 경과

1. 사실관계1)

원고는 1998년 4월부터 2003년 12월까지 고속도로 확장공사를 시행하고, 문제가 된 고속도로를 관리하고 있는 '한국도로공사'이다. 피고들은 이 사건 고속도로 인근에 위치한 아파트에 거주하고 있는 주민들이며, 이 지역은 「국토의 계획 및 이용에 관한 법률」2) 에서 정한 제3종 일반주거지역3)에 속하여 있다. 이 사건 아파트가 위치한 지역은 1998년 5월 택지개발예정지구로 지정되어 1999년 7월부터 2004년 12월까지 택지개발사업이 시행되었고, 이 사건 아파트는 2003년 10월 착공되어 2005년 12월 준공되었다.4) 이 사건 아파트 남쪽으로 약 200여 미터 떨어진 곳에 이 사건 고속도로가 동서방향으로 지나가고 있고, 이 사건 아파트에서 고속도로 쪽으로 30m 떨어진 곳에 동서방향으로 왕복 6차로의 75번 지방도로가 지나가고 있으며, 그 지방도로변에는 높이 5m, 길이 172m 규모의 투명 아크릴 방음벽이 설치되어 있다. 2002년부터 2006년까지 확인된 이 사건 아파트 부근을 통과하는 고속도로의 1일 통행 차량은 매년 증가하고 있으며, 그로 인한 소음도 지속적으로 증가하였다. 특히 제1심 법원의 감정인이 2009년 11월 3일과 4일에 걸

---

* 이 논문은 「한양법학」 제27권 제2집(2016)에 게재된 내용을 일부 수정한 것임.

1) 이하의 사실관계는 대체적으로 연구대상판결의 고등법원 판결(대구고등법원 2011. 9. 21. 선고 2010나4845 판결)과 지방법원 판결(대구지방법원 김천지원 2010. 2. 12. 선고 2007가합1237 판결)을 기초로 작성되었다. 법률 및 시행령은 사실관계와 영향이 없는 한도에서 최근의 법률 및 시행령을 원용하도록 하며, 대상조문에서 언급하고 있는 기준이 변경된 경우에 한하여 이를 적시하도록 한다.

2) 법률 제13681호.

3) 「국토의 계획 및 이용에 관한 법률」 제2조 제15호에 따르면, '용도지역'이란 토지의 이용 및 건축물의 용도, 건폐율, 용적률, 높이 등을 제한함으로써 토지를 경제적 · 효율적으로 이용하고 공공복리의 증진을 도모하기 위하여 서로 중복되지 아니하게 도 · 시 · 군 관리계획으로 결정하는 지역을 말한다. 동법 제36조에서는 이러한 용도지역을 다시 주거지역, 상업지역, 공업지역 및 녹색지역으로 구분하고 있으며, 거주의 안녕과 건전한 생활환경의 보호를 위하여 필요한 지역을 '주거지역'으로 지정하도록 하고 있다. 동법의 시행령 제30조에 따르면, 주거지역은 다시 전용주거지역, 일반주거지역 그리고 준주거지역으로 세분하고 있다. 연구대상판결의 피고들은 편리한 주거환경을 조성하는데 필요한 지역으로 정의되는 '일반주거지역' 중에서 '중고층 주택을 중심으로 편리한 주거환경을 조성하기 위하여 필요한 지역'인 제3종 일반주거지역에 거주하고 있는 주민들이다.

4) 피고들은 이 사건 고속도로의 확장공사가 완료된 이후에 이 사건 아파트에 입주한 것이다.

처 측정한 소음도 측정값은 다음과 같다.5)

<표-1 소음도 측정값>

측정 지점 (동)	측정 구분 (호)	측 정 값 (dB)							
		주간					야간		
		1회 (13시)	2회 (15시)	3회 (17시)	4회 (19시)	평균	1회 (22시)	2회 (00시)	평균
101	707	71.0	71.3	72.2	71.0	71.4	70.7	69.7	70.2
	802	71.0	71.0	72.2	71.6	71.5	70.8	70.0	70.4
	907	71.2	71.7	72.5	71.1	71.6	70.5	70.3	70.4
	1205	71.7	71.9	72.2	71.6	71.9	71.5	70.7	71.1
	1303	71.7	71.7	71.9	71.2	71.6	70.9	70.2	70.6
	1406	71.5	71.9	72.8	71.5	71.9	71.4	70.5	71.0
	1407	71.7	72.6	72.7	71.7	72.2	71.4	70.3	70.9
	1507	71.4	71.8	72.6	72.0	72.0	71.6	71.5	71.6
102	501	71.3	70.8	72.1	71.1	71.3	70.8	70.0	70.4
	505	71.6	70.6	72.4	70.8	71.4	70.6	70.0	70.3
	1005	70.9	70.7	71.6	71.6	71.2	70.9	70.7	70.8

관련 법령상 소음환경 기준은 「환경정책기본법」,6) 「소음·진동관리법」7) 및 「주택법」8)에서 찾을 수 있다. 우선 환경정책기본법 제12조 제1항 및 제2항에서는 "국가는 생태계 또는 인간의 건강에 미치는 영향 등을 고려하여 환경기준을 설정하여야 하며, 환경 여건의 변화에 따라 그 적정성이 유지되도록 하여야 한다."고 규정함과 동시에 그 기준을 대통령령으로 위임하고 있다. 이에 따른 「환경정책기본법 시행령」9) 제2조 및 별표에 따른 소음과 관련한 환경기준은 다음과 같다.

---

5) 대법원 판결문을 유추해볼 때 <표-1>의 소음도 측정값은 「소음·진동 환경오염공정시험기준(환경부고시 제2010-142호)」에 규정된 측정방법에 따라 소음피해지점에서 소음원 방향으로 창문·출입문 또는 건물 벽 밖의 0.5m 내지 1m 떨어진 지점에서 측정된 실외소음에 의해 판정된 것으로 파악된다.

6) 법률 제13894호.

7) 법률 제11669호.

8) 법률 제13435호.

9) 대통령령 제24203호.

<표-2 환경기준: 소음>

지역 구분	적용 대상지역	기준 (Leq)[10]	
		낮 (06: 00~22: 00)	밤 (22: 00~06: 00)
일반 지역	'가'지역	50	40
	'나'지역	55	45
	'다'지역	65	55
	'라'지역	70	65
도로변 지역	'가' 및 '나'지역	65	55
	'다'지역	70	60
	'라'지역	75	70

사안에서 문제가 된 아파트는 도로변지역으로서 전용주거지역, 일반주거지역 및 준주거지역에 포함되며, 이에 따른 소음환경기준은 낮을 기준으로 하여 65dB이고, 밤은 55dB이 그 기준이다. 소음·진동관리법 제26조, 제27조, 동법 시행규칙[11] 제25조 및 별표에 따른 소음과 관련한 환경기준은 주간은 68dB, 야간은 58dB로 기준이 설정되어 있다.[12] 주택법 제21조, 「주택건설기준 등에 관한 규정」[13] 제9조 제1항 본문에 의하면, 공동주택 건설지점의 소음기준은 65dB 미만이다.

2. 당사자들의 주장 및 중앙환경분쟁조정위원회의 판단

피고들은 2007년 3월 원고, 택지개발사업 시행자인 대한주택공사, 아파트 시공업체인 주식회사 현진 및 구미시를 상대로 중앙환경분쟁조정위원회[14]에 아파트 인근에 있는 고속도로 및 지방도로에서 발생하는 차량 소음으로 인한 정신적 피해에 대한 배상과 소음 저감 시설물을 설치에 대해 재정신청을 하였다. 이러한 재정신청에 기하여, 2007년 7월 19일 중앙환경분쟁조정위원회는 대한주택공사와 주식회사 현진에게 손해배상금을 지급

---

10) 소음의 단위 중 일반적으로 사용되는 단위는 dB(decibel)이며, 소음이 시간과 더불어 변화하는 경우 이에 대한 평균값을 dB 단위로 적시하는 경우 등가소음레벨(Leq/Lat: Equivalent continuous sound level)을 이용하게 된다.

11) 환경부령 제628호.

12) 이러한 기준을 초과하게 되면 특별자치시장·특별자치도지사 또는 시장·군수·구청장은 이 지역을 관리지역으로 정할 수 있으며(소음·진동관리법 제27조), 지방경찰청장에게 관리지역을 통행하는 자동차운행자에게 도로교통법에 따른 속도의 제한·우회 등 필요한 조치를 하여 줄 것을 요청할 수 있다(동법 제28조). 뿐만 아니라 관리지역에서 기준을 초과하여 주민의 조용하고 평온한 생활환경이 침해된다고 인정하면 스스로 방음시설을 설치하거나 해당 시설관리기관의 장에게 방음시설의 설치 등 필요한 조치를 할 것을 요청할 수 있다(동법 제29조).

13) 대통령령 제25882호.

14) 「환경분쟁 조정법(법률 제13602호)」 제4조에 따라 '환경분쟁조정위원회'가 설치되어야 하며, 이는 다시 환경부 산하의 '중앙환경분쟁조정위원회'와 특별시·광역시·도 또는 특별자치도 산하의 '지방환경분쟁조정위원회'로 구분된다.

해야 한다는 내용15)과 함께 대한주택공사, 주식회사 현진, 한국도로공사 및 구미시가 상호 협의하여 고속도로변 방음벽 추가 설치, 저소음재 포장 및 감시카메라 설치 등 적절한 방음대책을 강구해야 한다는 내용의 재정결정을 하였다. 이에 원고는 2007년 9월 13일 위 재정결정에 불복하여 소를 제기하였다.

3. 지방법원의 판단

지방법원은 원고에게 방음대책에 대한 이행의무가 존재한다고 판단하였다.16) 이를 위해 우선 지방법원은 공작물의 점유자 및 소유자의 책임에 대해 규정하고 있는 우리 민법 제758조와 관련된 대법원의 판결17)과 점유에 기한 방해배제 및 손해배상에 대해 규정하고 있는 우리 민법 제205조와 관련된 대법원의 판결을 언급하였다.18) 이러한 대법원의 판결에는 '수인한도'에 대한 언급들이 있는데, 이를 근거로 지방법원은 원고에게 피고들에 대하여 이 사건 고속도로에서 유입되는 소음을 수인한도 내로 저감시킬 방음대책을 강구하고 이를 이행할 의무가 원칙적으로 존재하고 있음을 지적하였다. 지방법원은 이러한 수인한도의 기준을 다음과 같이 설정하였다.

> "아파트[...]는 이 사건 고속도로로부터 200m 이상 떨어져 있음에도 65dB이 넘는 소음이 발생하고 있는바, 위 피고들이 입은 소음피해가 택지개발사업자나 위 아파트 건설업체만의 잘못에 의한 것이라고 보기는 어렵다[...]. 유입되는 소음이 65dB을 초과하는 경우에는 사회통념상 일반적으로 수인할 수 있는 정도를 넘어서는 침해가 있다고 보아야 할 것이고, [...] 소음을 유발하는 설치·관리상의 하자가 존재한다 할 것이다."

이러한 지방법원의 판단은, 근거되는 조문의 적절성을 논외로 한다면, 수인의무의 도출을 전제로 환경정책기본법에 규정된 그 지역의 소음과 관련한 환경기준인 65dB을 수

---

15) 이러한 판단의 근거가 된 조문으로는 「집합건물의 소유 및 관리에 관한 법률(법률 제12738호.)」 제9조, 「민법」 제750조, 제760조, 제667조 및 제671조가 언급되어 있다. 그러나 이후 우리 대법원은 이와 유사한 사안에서 주택을 건축하여 분양한 분양회사에게는 도로에서 유입되는 소음 때문에 인근 주택의 거주자에게 사회통념상 수인한도를 넘는 생활이익의 침해가 발생하였다고 하더라도 불법행위책임을 물을 수 없다고 판단하였다. 다만 특약이 있는 경우 계약상 책임, 수분양자에게 분양하는 주택의 소음 상황 등에 관한 정보를 은폐하거나 부정확한 정보를 제공하는 등 신의칙상의 부수의무에 따른 책임, 나아가 주택의 공급 당시에 주택법상의 주택건설기준 등 그 주택이 거래상 통상 소음 방지를 위하여 갖추어야 할 시설이나 품질을 갖추지 못한 경우에 「집합건물의 소유 및 관리에 관한 법률」 제9조 또는 「민법」 제580조의 담보책임을 부담하게 된다고 판시하였다(대법원 2008. 8. 21. 선고 2008다9358 판결).

16) 대구지방법원 김천지원 2010. 2. 12. 선고 2007가합1237 판결.

17) 대법원 2005. 1. 27. 선고 2003다49566 판결.

18) 대법원 2007. 6. 15. 선고 2004다37904, 37911 판결.

인한도의 기준으로 설정했다는 점에서 의미를 찾을 수 있다고 할 것이다.

4. 고등법원의 판단

고등법원도 원고의 주장을 기각하였으며,[19] 이에 대한 근거도 지방법원의 판단과 대동소이하다. 즉, 고등법원은 환경정책기본법 등에서 규정하고 있는 65dB을 초과하는 소음이 발생하는 경우에는 통상의 수인한도를 넘는 것으로서 위법하다고 평가하였으며, 이에 따라 이 사건 고속도로에는 피고들의 수인한도를 초과하는 소음을 유발하는 설치·관리상의 하자가 존재한다고 할 것이고, 설치·관리자인 원고는 피고들에 대하여 이 사건 고속도로에서 유입하는 소음을 수인한도 내로 저감시킬 방음대책을 이행할 의무가 있다고 판단한 것이다. 다만 이에 대한 근거로 우리 민법 제758조만을 명시적으로 언급하였다.

5. 대법원의 판단

대법원은 우선 수인의무와 관련하여 그 한도를 넘었는지를 판단하는 기준과 고려하여야 하는 사항에 대해 판단하였다. 특히 도로에서 발생하는 소음과 관련한 판단의 기준으로 우리 대법원은 아래와 같이 기존의 입장을 다시 한 번 적시하였다.[20]

> "도로에서 발생하는 소음으로 말미암아 생활에 고통을 받는 [...] 정도가 사회통념상 일반적으로 참아내야 할 정도[...]를 넘는지 여부는 피해의 성질과 정도, 피해이익의 공공성, 가해행위의 태양, 가해행위의 공공성, 가해자의 방지조치 또는 손해 회피의 가능성, 공법상 규제기준의 위반 여부, 지역성, 토지이용의 선후관계 등 모든 사정을 종합적으로 고려하여 판단하여야 한다."

이러한 판단의 기준을 제시함과 동시에 도로가 사회에 가지는 의미 등을 고려할 때, 이미 운영 중인 또는 운영이 예정된 고속국도에 근접하여 주거를 시작한 경우의 참을 한도를 초과했는지 여부는 엄격히 판단되어야 한다고 지적하였다.

---

19) 대구고등법원 2011. 9. 21. 선고 2010나4845 판결.
20) 대법원 1999. 7. 27. 선고 98다47528 판결; 대법원 2007. 6. 15. 선고 2004다37904, 37911 판결.

다음으로 지방법원과 고등법원의 판단의 기준이 되었던 환경정책기본법, 즉 공법상 기준이 민사상 참을 한도를 넘는 위법한 침해행위의 판단에 기준이 될 수 있는지 여부에 대해 부정하면서 다음의 근거를 언급하였다.

- 환경기준은 환경행정에서 정책목표로 설정된 기준
- 이러한 기준은 오로지 적용 대상지역에 따라 일정한 기준을 정하고 있을 뿐이며, 구체적인 규제의 기준으로 적용될 수 없음
- 환경정책기본법에 따른 소음측정의 방법은 실외측정방법을 이용하나, 실내에서 측정된 소음도에 따라 참을 한도를 초과했는지 여부를 판단해야 함

대법원은 이러한 근거에 비추어 고등법원의 판단이 실내측정을 기초로 하여 판단하지 않은 점, 고속도로가 우리 사회에 가지는 의미와 토지이용의 선후관계를 고려하지 않은 점을 들어 고등법원의 판결을 파기환송 하였다. 동시에 고등법원의 판결에 있어 소음으로 인한 생활방해를 원인으로 소음의 예방 또는 배제를 명하는 법적 근거를 분명히 밝히지 않았음을 문제점으로 지적하고 있다.

Ⅱ. 문제의 제기 및 연구의 방법

이번 대법원의 판결은 소음으로 인한 피해와 관련하여 우리에게 몇 가지의 논점들을 제공하고 있다고 판단된다.

첫 번째로 다루어질 내용은 수인의무를 도출하는 근거에 대한 논의이다. 고등법원은 방음대책 이행의무의 존재 여부를 판단하면서 그 근거를 우리 민법 제758조를 언급함과 동시에 기존의 대법원 판결을 원용하였다.[21] 이와 관련된 기존의 대법원의 판결에 따르면, 다음과 같이 우리 민법 제758조를 해석함에 있어 수인한도론을 원용하고 있는 것으로 판단된다.

"민법 제758조에 정한 '공작물의 설치 또는 보존의 하자'라 함은 공작물이 그 용도에 따라 갖추어야 할 안전성을 갖추지 못한 상태에 있음을 말하고, 안전성을 갖추지 못한 상태, 즉 타인에게 위해를 끼칠 위험성이 있는 상태라 함은 당해 공작물을 구성하는 물적

---

21) 대법원 2007. 6. 15. 선고 2004다37904, 37911 판결.

시설 그 자체에 있는 물리적 · 외형적 흠결이나 불비로 인하여 그 이용자에게 위해를 끼칠 위험성이 있는 경우뿐만 아니라, 그 공작물이 이용됨에 있어 그 이용 상태 및 정도가 일정한 한도를 초과하여 제3자에게 사회통념상 수인할 것이 기대되는 한도를 넘는 피해를 입히는 경우까지 포함된다고 보아야 하고 [...]"

그러나 이번 대법원의 판결문에서는 우리 민법 제758조에 대한 어떠한 언급도 하지 않았을 뿐더러, 적시한 바와 같이 고등법원이 소음으로 인한 생활방해를 원인으로 소음의 예방 또는 배제를 명하는 법적 근거를 분명히 밝히지 않았다는 점을 지적하였다. 따라서 우선은 소음으로 인한 생활방해를 판단함에 있어 우리 민법 제758조로부터 수인의무를 도출할 수 있는지 혹은 공작물 등의 점유자와 소유자에 대한 책임에 대해 수인한도론이 적용 가능한지에 대한 논의가 요구된다고 파악된다. 이후 기존의 대법원 판결과 사안이 된 이번 대법원 판결이 가지는 차이점에 대해 확인함으로써 우리 민법 제758조로부터 방지청구권[22]을 도출할 수 있는지에 대해 검토하도록 한다. 만일 불법행위법으로부터 방지청구권을 도출할 수 없다면, 우리 대법원이 의도했던 방지청구권의 근거와 언급하고 있는 수인한도론의 관계에 대해서도 검토의 필요성이 존재할 것이다. 이러한 검토와 더불어 주장하고자 하는 하나의 해석론으로서 민법 제217조의 적용가능성에 대한 고민을 적시하도록 하며, 이에 대한 비판들을 함께 논의하도록 한다.

두 번째로 다루어질 내용은 행정법상의 기준이 가지는 의미와 관련된 논의이다. 앞서 언급된 기존의 대법원 판결에서는 우리 민법 제758조를 해석하면서 수인한도론을 언급하였고, 이에 대한 판단을 하면서 빌라의 외부 소음도를 측정한 결과가 당시의 환경정책기본법의 기준을 초과하였다는 점을 중요하게 평가한 것으로 보인다. 이번 대법원의 판결이 우리 민법 제758조를 배제하고, 오직 민법 제205조, 제206조, 제214조 및 제217조를 참조조문으로도 언급하였다는 점을 감안하더라도, 행정법상의 기준이 사법[23]적 판단을 함에 있어 중요한 기준으로 사용되었다는 점 자체는 부정할 수 없을 것이다. 그러나 기존의 우리 대법원은 일조와 관련된 판단을 하면서는 일조방해에 관한 직접적인 단속법규가 어떠한 건물 신축이 건축 당시의 공법적 규제에 형식적으로 적합하다고 하더라도 현실적인 일조방해의 정도가 현저하게 커서 사회통념상 수인한도를 넘은 경우에는

---

22) 기존의 판결에서는 '유지청구'라는 표현이 주로 사용되었으며, 학계에서는 '방어청구', '중지청구', '금지청구', '정지청구' 등의 용어들도 함께 사용되었다. 하지만 이번 대법원의 판결은 '방지청구'라는 표현을 사용하였기 때문에 이하에서는 방지청구로 통칭하도록 한다.

23) 이하에서 특별한 언급이 없는 경우 '사법'이라는 표현은 私法을 의미한다.

위법행위로 평가될 수 있다고 판시한 바 있다.[24] 그렇다면 적어도 위법행위를 판단함에 있어서 행정법상의 기준은 어떠한 역할을 하게 되는 것인지에 대한 논의를 다시금 진행할 필요성이 존재한다.

Ⅲ. 소음으로 인한 불법행위성립의 판단에 있어 수인한도론은 필요한 논의인가?

1. 우리 민법 제758조와 일반불법행위의 관계

주지하는 바와 같이 우리 민법 제758조는 공작물 등의 점유자와 소유자에 대한 책임에 관해 규정하고 있다. 특히 제1항 본문에서는 "공작물의 설치 또는 보존의 하자로 인하여 타인에게 손해를 가한 때에는 공작물점유자가 손해를 배상할 책임이 있다"고 규정하고 있으며, 단서에서 "점유자가 손해의 방지에 필요한 주의를 해태하지 아니한 때에는 그 소유자가 손해를 배상할 책임이 있다"고 규정함으로써, 점유자의 과실책임과 소유자의 무과실책임에 대해 규정하고 있다.[25]

생각건대, 우리 민법 제758조는 점유자 또는 소유자에게 가해행위를 요구하지 않는다는 점에서 일반불법행위와 구별된다고 볼 수 있을 뿐 일반불법행위 성립과 관련한 심사의 틀 자체는 크게 다를 것이 없다고 판단된다.[26] 즉, 우리 민법 제758조는 점유자 또는 소유자에게 일반불법행위와 달리 위험책임의 법리에 따라 책임을 가중시킨 것에 불과하다.[27] 그렇기 때문에 일반불법행위 성립의 요건이라 할 수 있는 가해행위, 가해행위의 위법성, 손해의 발생 및 인과관계가 요구되며, 다만 이때의 가해행위에 점유자 및 소유자의 가해행위가 필요하지 않을 뿐이다. 나아가 일반불법행위법에서 논의되고 있으며 판례를 통해 인정되고 있는 수인한도론 역시 우리 민법 제758조의 적용에 있어 고려의

---

24) 박신욱, "환경이익침해에 따른 인접 소유자 간의 이해 조정", 「법과 정책연구」, 제40호(2015), 1293면 이하; 대법원 2014. 2. 27. 선고 2009다40462 판결; 대법원 2004. 9. 13. 선고 2003다64602 판결; 대법원 1999. 1. 26. 선고 98다23850 판결.

25) 박신욱/최현태, "유료도로의 하자로 인해 발생한 손해와 청구권", 「법학논총」, 제30집 제2호(2013), 116면.

26) 가해자를 특정하기 쉬운 소음피해의 구제를 위해서는 민법 제750조의 불법행위를 원인으로 한 손해배상의 청구가 일반적이나, 가해자의 특정이 어려운 교통수단으로부터 발생시키는 소음의 경우에는 민법 제758조 또는 국가배상법 제5조를 원인으로 한 손해배상청구가 일반적이라고 한다(손윤하, "환경침해를 원인으로 한 민사소송에 관한 문제", 「저스티스」, 통권 제81호(2004), 145면).

27) 대법원 1996. 11. 22. 선고 96다39219 판결.

대상이라 볼 수 있을 것이다.

2. 소음으로 인한 불법행위성립의 판단에 있어 위법성 판단의 기준으로서 수인한도론이 가지는 한계와 이에 대한 대안으로서 민법 제217조 적용 가능성 검토

살펴본 바와 같이 불법행위의 성립에 있어 가해행위,[28] 위법성, 손해의 발생 및 인과관계가 요구되나, 위법성 판단에 대한 논의를 제외하면 사안과 관련해 깊은 논의의 필요성은 존재하지 않는다.

일반적으로 환경침해[29]나 상린관계에서 비롯되는 불법행위의 경우, 위법성의 판단방법 및 기준으로서 수인한도론이 통설로 파악된다.[30] 이는 환경침해가 있다고 하여 이러한 가해행위가 바로 위법한 것이 아니라 모든 사정을 고려하여 피해자가 일반적으로 수인하여야 할 범위와 한도를 넘은 경우에 한하여 그러한 가해행위가 비로소 위법성을 가지게 된다는 학설로 정리할 수 있을 것이다.[31] 우리 대법원도 판례를 통해 수인한도론을 언급하는데, 이를 세분하면 침해의 결과가 발생하고 그러한 결과를 야기한 행위가 존재했음에도 불구하고 위법성을 추정하는 것이 아니라, 구성요건을 판단하면서 수인한도라는 또 다른 단계를 설정하고 있는 것으로 이해된다.

현대사회가 가지는 복잡성과 환경오염의 증가 그리고 이로 인한 소송의 폭발적 증가 등을 고려한다면, 이러한 수인한도론이 지속적으로 논의되고, 판례를 통해 적용되는 상황을 이해 못할 것은 아니다. 마찬가지의 상황은 프랑스와 일본에서도 발견된다고 하며, 이들 나라에서 발전된 이론이라 할 수 있는 수인한도론이 우리의 불법행위법 해석론에 원용된 것이라고 볼 수 있다.[32] 그런데 우리 민법 제758조를 비롯한 불법행위에 대한

---

28) 과실의 근거를 이루는 주의의무의 내용에 회피가능성설과 예견가능성설이 있다고 한다. 또한 무과실책임과 관련된 환경정책기본법 제31조의 내용도 고려해야 한다고 한다(손윤하, 앞의 논문, 124면 이하).

29) 후술하겠지만 통상 임미시온(Immission)으로 불리는 생활방해를 본 논문에서는 소극적 생활방해와 명백히 구분하기 위해 침해적 생활방해로 명기하고 있으며, 이는 민사상 책임법에서의 환경침해와 동일 내지 유사한 개념으로 파악된다(전경운, "소유권의 소극적 침해", 「민사법학」, 제49권 제1호(2010), 167면 이하).

30) 방지청구의 인정여부와 관련해서는 손해배상의 판단보다 신중을 기해야 하기 때문에, 방지청구와 관련된 수인한도가 손해배상청구의 수인한도보다 높게 설정되어야 한다는 위법성단계설과 수인한도를 기준으로 위법성 및 과실여부를 판단하는 신수인한도론도 존재하는 것으로 파악된다(안경희, "임미시온의 위법성 판단기준", 「환경법연구」, 제37권 제2호(2015), 267면).

31) 손윤하, 앞의 논문, 126면; 이승우, "항공기 소음공해의 수인한도와 손해배상", 「환경법연구」, 제26권 제1호(2004), 220면 이하; 김선이/소재선, "항공기 소음피해와 수인한도론", 「한국항공우주정책·법학회지」, 제14권(2001), 281면 이하; 윤철홍, "환경권의 본질과 유지청구권", 「민사법학」, 제17호(1999), 369면 이하 등.

판단에 있어 적용되는 수인한도론과 관련하여 다음의 의문들을 제시할 수 있을 것이다.

첫째로는 수인한도론의 불법행위 판단의 체계상의 위치와 관련된 의문이다. 우리의 통설과 판례로 볼 수 있는 수인한도론을 그 표현에 집중해 분석한다면, 수인한도론 그 자체는 정당방위, 자력구제 및 긴급피난과 같은 위법성 조각사유를 중심으로 위법성을 판단하는 것은 아니다. 특히 전통적 다수설로 볼 수 있는 결과불법론[33]에 따르면 이러한 차이점은 더욱 분명해지는데, 왜냐하면 결과불법론은 위법성을 판단하면서 침해의 결과가 발생하면 그러한 결과를 야기한 고의 또는 과실로 인한 행위는 위법성 조각사유가 없는 한 위법하다고 여기기 때문이다.[34] 이러한 점에서 수인한도론과 관련된 우리 판례의 표현은 불법행위의 체계를 이해하는데 중요한 결과불법론과는 조화되기 어렵다.

뿐만 아니라, 우리 민법 제758조의 해석과는 관련성이 희박하지만, 일반불법행위를 판단함에 있어도 수인한도론을 도입했기 때문에 가해자에 대한 사실상의 무과실책임이 인정되고 있다는 점[35]도 지적되어야 한다. 왜냐하면, 수인의 한도를 넘는 소음을 입증한 경우 과책과는 무관한 손해배상의 책임이 가해자에게 부과되기 때문이다. 따라서 수인한도론은 위법성의 판단에서뿐만 아니라 과책의 판단에서도 적용되어야 하는데 이러한 이중적 적용이 가능한지 의문스럽다.

두 번째로는 소음을 비롯한 침해적 생활방해와 관련한 불법행위 판단을 함에 있어서 법률상 근거를 찾기 어려운 수인한도론이 필요한가의 의문이다. 이는 우리 민법 제217조의 존재와 관련이 있다. 특히 제217조 제2항에서는 "이웃 거주자는 전항의 사태가 이웃 토지의 통상의 용도에 적당한 것인 때에는 이를 인용할 의무가 있다"고 규정함으로써, 피해를 입은 자에게 일정한 경우 인용의무를 부과하고 있기 때문이다.[36] 이러한 명문의 규정은 자력구제, 정당방위 및 긴급피난과 마찬가지로 불법행위에 있어 위법성 조각사유로 기능할 수 있다.[37] 이는 소음으로 인한 재산상 손해뿐만 아니라 정신적 고통에

---

32) 이용우, "수인한도론 소고", 「법조」, 제27권 제10호(1978), 2면 이하; 안경희, 앞의 논문(주 30), 268면 이하.

33) 송덕수, 「민법강의」, 박영사, 2013, 1656면 이하; 지원림, 「민법강의」, 홍문사, 2016, 1649면 이하; 김종현, "독일 불법행위책임에서 위법성과 과실의 체계적 지위", 「법학연구」, 제49집(2013), 354면 이하.

34) NK-BGB/Katzenmeier § 823 Rn. 7.

35) 구연창, "환경오염의 사법적 구제 재조명", 「환경법연구」, 제11권(1989), 161면; 안경희, 앞의 논문(주 30), 267면.

36) 우리 민법 제217조 제1항에서 언급되고 있는 '음향'은 소리를 기본적인 요소로 하고 있다고 한다. 또한 소리와 소음은 정도에 있어서 차이가 있을 뿐 동일한 것이어서, 음향에 소리뿐만 아니라 소음도 포함한다고 한다(안경희, "음향에 의한 생활방해", 「민사법학」, 제22호(2002), 111면 이하).

37) BGH, 24. 01. 1992 - V ZR 274/90; BGH, 02. 03. 1984 - V ZR 54/83; BGH, 18. 09. 1984 - VI ZR 223/82; Marburger/Herrmann, Zur Verteilung der Darlegungs- und Beweislast bei der Haftung für Umweltschäden - BGHZ 92, 143, JuS 1986, S. 355; Petersen, Beweislast bei Gesundheitsbeeinträchtigungen durch Emissionen und nachbarlicher Duldungspflicht,

따른 손해인 위자료 청구의 경우에도 마찬가지로 적용될 수 있다고 생각한다. 뿐만 아니라 이러한 인용의무는 제205조, 제206조, 제214조 및 제217조 제1항에 근거한 청구권을 배제시키는 근거로도 활용될 수 있다.38) 이러한 규정으로 인해 수인한도론이 추구하고자 했던 목적을 이미 입법적으로 해결하고 있다고 볼 수 있지 않을까? 그렇기 때문에 명문의 근거가 없이 적용되어 온 수인한도론은 적어도 소음과 관련한 불법행위의 판단에 있어 우리 민법 제217조의 적용을 통해 대체될 가능성은 충분하다.

소음으로 인한 불법행위성립의 판단에 있어 위법성 판단의 기준으로서 수인한도론이 필요하지 않다는 본 논문의 두 번째 요지는 우리 민법 제217에 따른 인용의무의 판단기준과 수인한도론에 따른 수인한도의 판단기준을 정리한 안경희 교수의 표를 통해서 유추할 수 있다.39) 표를 통해 확인할 수 있는 것은 우리 민법 제217조에 따른 인용의무의 판단기준과 수인한도론에 따른 수인한도의 판단기준이 대동소이하다는 점이다. 따라서 수인한도론을 대체하여, 결과불법론에 따른 위법성의 추정을 민법 제217조를 적용함으로써 깨뜨릴 수 있다면, 결과론적으로 수인한도론이 추구하고자 한 바를 명문의 규정인 민법 제217조의 적용을 통해 달성할 수 있게 된다. 이때에 우리 민법 제217조는 위법성의 조각사유로 기능하게 된다. 아래의 <표-3>은 민법 제217조의 법문에서 언급된 기준만으로 수인한도론에서 제시하고 있는 판단의 기준들을 비교한 것이다.40)

NJW 1998, S. 2010; BeckOK BGB/Spindler BGB § 823 Rn. 13.

38) 김선이/소재선, 앞의 논문, 273면; 박신욱, 앞의 논문(주 24), 1301면 이하; 박신욱, "무인항공기에 의한 소유권 및 사생활 침해에 관한 연구", 「민사법학」, 제70호(2015), 424면 이하; 안경희, 앞의 논문(주 30), 269면; 윤용석, "토지소유권의 침해와 수인의무", 「법학연구」, 제57호(2007), 905면 이하; BeckOK BGB/Fritzsche BGB § 906 Rn. 2.

39) 안경희, 앞의 논문(주 30), 280면.

제217조에 따른 인용의무의 판단기준	수인한도론에 따른 수인한도의 판단기준
침해의 중대성	피해의 성질 및 정도
	가해행위의 태양
	공법상 기준치(공법적 규제)
	(가해행위·피해이익의 공공성과 사회적 가치)
지역통상성	공법적 규제 및 인·허가관계
	지역성
	토지이용의 선후관계
회피가능성	방지조치 또는 손해 회피의 가능성
-	(가해행위·피해이익의 공공성과 사회적 가치)

안경희 교수는 이러한 비교를 위하여 인용의무 및 수인한도론에서 제시되고 있는 각각의 판단기준들의 의미뿐만 아니라 논의의 상황들을 매우 적절하게 분석하고 있으며(안경희, 앞의 논문(주 30), 272면 이하), 이러한 분석을 본 논문의 진행에 전제로 한다.

40) 두 가지 표가 가지는 주된 차이점은 '경미한 침해'에 대한 접근방식의 차이로부터 기인한다. 법정책적 관점에서 침해의 중대성을 고려해야 한다는 것은 충분히 의미가 있다고 판단된다. 하지만 경미한 침해의 경우, 그것이 통상의 용도에 적합하지

<表-3 위법성 판단기준의 비교>

제217조에 따른 인용의무의 판단기준	수인한도론에 따른 수인한도의 판단기준
이웃 토지의 통상의 용도 (제217조 제2항)	피해의 성질 및 정도
	가해행위의 태양
	공법적 규제
	지역성
	토지이용의 선후관계[41]
적당한 조처 (제217조 제1항)	가해행위·피해이익의 공공성과 사회적 가치
	방지조치 또는 손해 회피의 가능성

생각건대, 이러한 비교도 충분히 가능하다고 판단되는데, 왜냐하면 통상의 용도라 함은 확정적인 개념을 가진 것이 아닐뿐더러, 해당지역이 가지는 지역성과 변화하는 상황들을 유연하게 대처할 수 있는 기준이기 때문이다. 달리 생각하면, 경우에 따라서 수인한도의 판단의 기준들을 토지의 통상의 용도의 판단 및 적당한 조처에 대한 판단을 함에 있어 적절히 이용하는 것도 충분히 가능해보인다.

이웃 토지의 통상의 용도에 대한 판단과 적당한 조처의 판단은 점진적으로 행해지기 때문에, 통상의 용도에 적당하지 않은 침해가 존재한다고 하더라도 이에 대한 적당한 조

않는 것이라 하더라도 당연히 인용해야 한다는 주장(전경운, "민법 제217조의 의미와 개정방향에 대한 소고", 「비교사법」, 제12호(2000), 200면 이하)은 우리 민법의 규정에 없는 독일 민법 제906조 제1항에서의 경미한 방해(unwesentliche Einwirkungen)이라는 표지를 적극적으로 수용한 것은 아닌가하는 의문이 든다. 경미한 방해는 법률 또는 법규명령에 정하여진 한계치를 넘지 않는 경우를 말하는데, 독일 민법 제906조 제1항 제2문에서의 '원칙적(in der Regel)'이라는 표현으로 인한 예외가 존재한다(안경희, 앞의 논문(주 30), 274면; 전경운, "환경책임법상 공법 및 환경기준의 법적 의미", 「환경법연구」, 제29권 제3호(2007), 43면; BGH, 06. 07. 2001 - V ZR 246/00). 또한 위법성 조각사유는 매우 엄격하게 해석해야 한다는 점, 명문의 규정이 없는 수인한도론를 대체하기 위한 시도로써 우리 민법 제217조를 검토하고 있다는 점 등을 고려할 때 우리 민법 제217조에서 언급하지 않는 내용까지 단독적으로 그리고 전면적으로 위법성 조각사유로 볼 여지는 크지 않다. 이하 독일 민법의 해석은 대체적으로 양창수 교수의 해석을 따른다(양창수, 「독일 민법전」, 박영사, 2008).
독일 민법 제906조 [불가량물의 유입] (1) 토지의 소유자는 가스, 증기, 악취, 연기, 검댕, 열, 소음, 진동 및 다른 토지로부터 나오는 이와 유사한 간섭이 토지의 이용을 방해하지 아니하거나 또는 경미하게만 방해하는 경우에는, 그 유입을 금지할 수 없다. 간섭이 법률 또는 법규명령에 정하여진 한계치 또는 기준치를 이들 법령의 규정에 따라 조사하고 평가한 결과 넘지 아니하는 경우에는 원칙적으로 경미한 방해만이 존재하는 것이다. 연방임미시온보호법 제48조에 기하여 제정되고 또 현재의 기술 상태를 반영하는 일반행정규칙에 정하여진 수치에 대하여도 또한 같다.
(2) 본질적 방해가 다른 토지에 대한 그 지역에 상례적인 이용으로 인하여 일어나고 또 그 방해를 토지의 이용자에게 경제적으로 기대할 수 있는 조치에 의하여서는 막을 수 없는 경우에도 그 유입을 금지할 수 없다. 이에 따라 소유자가 방해를 인용하여야 하는 경우에, 방해가 그의 토지에 대한 그 지역에 상례적인 이용 또는 토지를 통한 수익을 기대할 수 있는 정도 이상으로 방해하는 때에는, 그 다른 토지의 이용자에 대하여 적절한 금전보상을 청구할 수 있다.
(3) 별도의 導管에 의한 유입은 허용되지 않는다.

41) 독일 민법 제906조 제2항에서 언급되는 지역의 상례적인 이용(Ortsüblichkeit/ortsübliche Benutzung)을 판단함에 있어 토지이용의 선후관계는 일반적으로 고려의 대상이 아니라고 하나(BeckOK BGB/Fritzsche BGB § 906 Rn. 60; BGH, 19. 02. 1976 - III ZR 13/74), 이에 대한 반론들도 존재한다(Hagen, Zum Topos der Priorität im privaten Immissionsschutzrecht, in: Beuthien/Fuchs/Roth/Schiemann/Wacke, Festschrift für Dieter Medicus zum 70. Geburtstag, Köln, 1999, S 161ff.; Medicus, Umweltschutz als Aufgabe des Zivilrechts - aus zivilrechtlicher Sicht, NuR 1990, S. 150). 다만 토지이용의 선후관계를 우리 민법 제217조에 따른 인용의무의 판단기준에 포섭시킬 수 있는지에 대해서는 지속적인 연구가 필요하다고 본다. 왜냐하면 이는 위험에의 접근 혹은 형평의 원칙에 따른 과실상계의 단계에서 충분히 고려할 수 있는 부분이기 때문이다(박태현, "도로소음으로 인한 손해배상청구에서 토지이용의 선·후 관계에 따른 관련당사자들의 민사책임의 양상 고찰", 「환경법과 정책」, 제1집(2008), 192면 이하; 대법원 2015. 10. 15. 선고 2013다23914 판결).

처가 있다면, 위법성이 조각된다고 볼 수 있을 것이다. 아래의 표는 경미한 침해의 경우에도 인용의무가 부과되지 않을 수 있다는 전제로 하여, 안경희 교수가 제시한 민법 제217조에 따른 판단기준의 적용순서[42]를 각색한 것이다.

<표-4 불법행위에 기한 손해배상청구에 있어 제217조에 따른 인용의무>

제1단계		제2단계	제3단계	인용의무
	침해의 중대성	토지의 통상의 용도	적당한 조처	
침해의 존재	경미	x	x	x
		o	-	o
		x	o	o
	중대	x	x	x
		o	-	o
		x	o	o

이와 같은 점들을 고려할 때, 소음으로 인한 불법행위성립의 판단에 있어 위법성 판단의 기준으로서 수인한도론이 가지는 한계는 분명하며, 수인한도론이 지금까지 했던 역할은 우리 민법 제217조를 통한 대체의 가능성은 존재한다고 생각된다.

3. 소음으로 인한 방지청구와 관련된 수인한도론과 민법 제217조 적용가능성 검토

지금까지 소음과 관련한 불법행위를 판단함에 있어 지속적으로 논의되고 적용되고 있는 수인한도론이 가지는 문제점에 대해 지적하였다. 하지만, 사안과 관련해 우리 대법원이 앞서 지적한 불법행위의 판단에 있어 수인한도론이 가지는 문제점을 인식했기 때문에 이를 그대로 답습하고 있는 고등법원의 판결을 파기환송했다고 보기는 다음과 같은 이유로 어렵다고 생각된다.

우선 고등법원은 손해배상이 아닌 방음대책 이행의무의 존재 여부에 대해 판단하면서 우리 민법 제758조와 이에 대한 기존의 대법원 판결[43]을 원용하고 있었다. 일견으로는 인용된 기존의 대법원 판결에서 제758조를 적용하여 방지청구의 주장을 받아들이고 있는 인상을 받을 수 있다. 하지만 기존의 대법원 판결이 인용하고 있는 2003다49566 판

---

42) 안경희, 앞의 논문(주 30), 282면.
43) 대법원 2007. 6. 15. 선고 2004다37904, 37911 판결.

결[44]을 보면 우리 민법 제758조의 특별법으로 볼 수 있는 「국가배상법」[45] 제5조 제1항을 원용하고 있다는 점,[46] 기존의 대법원 판결에 대한 제1심 법원의 판결문에서 손해배상과 관련해서만 우리 민법 제758조를 언급하고 있다는 점을 유의해야 한다.[47] 이러한 상황에 비추어 볼 때 우리 대법원이 이번 판결을 통해 민법 제205조, 제206조, 제214조 혹은 제217조 제1항을 원인으로 한 방지청구를 유도함으로써 물권설에 입각한 방지청구의 가능성을 다시 한 번 확인한 것으로 파악해야 하는 것이지 제758조를 해석함에 있어 수인한도론 자체를 포기했다고 보기는 어렵다.[48] 이는 다음의 언급을 통해서도 확인될 수 있다.

> "나아가 도로소음으로 인한 생활방해를 원인으로 소음의 예방 또는 배제를 구하는 방지청구는 금전배상을 구하는 손해배상청구와는 내용과 요건을 서로 달리하는 것이어서 같은 사정이라도 청구의 내용에 따라 고려요소의 중요도에 차이가 생길 수 있고, 방지청구는 그것이 허용될 경우 소송당사자뿐 아니라 제3자의 이해관계에도 중대한 영향을 미칠 수 있어, 방지청구의 당부를 판단하는 법원으로서는 해당 청구가 허용될 경우에 방지청구를 구하는 당사자가 받게 될 이익과 상대방 및 제3자가 받게 될 불이익 등을 비교·교량 하여야 한다."

하지만, 이번 우리 대법원이 의도한 바와 같이 불법행위법에 따른 방지청구권이 배제되더라도 우리 민법 제205조, 제206조, 제214조 또는 제217조 제1항의 적당한 조처의 한 방법으로 방지청구의 가능성과 관련해서 몇 가지 내용에 대한 확인의 필요하다.

첫째로는 물권설에 기한 방지청구권의 법률상 근거를 확인할 필요가 있다. 왜냐하면 이번 대법원의 판결에서는 손해배상과 방지청구가 구별된다는 점을 확인할 수 있을 뿐 각각의 근거조항에 대해서는 명확하게 언급하지 않고 있기 때문이다. 이와 관련된 학설에 따르면 방지청구권의 근거가 되는 물권설은 우리 민법 제217조 제1항에 근거한 상린권설과 소유권 또는 점유권에 근거한 물권적 청구권설로 세분할 수 있다고 한다. 다만 물권적 청구권설은 물권을 갖지 않는 자에 대한 보호가 미흡하다는 평가가 존재한다.[49]

---

44) 대법원 2005. 1. 27. 선고 2003다49566 판결.

45) 법률 제9803호.

46) 박신욱/최현태, 앞의 논문, 118면 이하.

47) 수원지방법원성남지원 2003. 10. 2. 선고 2002가합1044 판결.

48) 방지청구의 법적근거에 대해 물권설, 인격권설, 환경권설, 불법행위설이 주장되고 있다(전경운, "우리나라에서의 환경침해에 대한 유지청구권의 논의현황", 「환경법과 정책」, 제1집(2008), 148면 이하; 전경운, 앞의 논문(주 29), 168면 이하).

49) 전경운, 앞의 논문(주48)(2008), 149면.

그렇다면 방지청구권의 우리 민법상의 근거는 무엇인가? 생각건대 우리 민법 제217조 제1항의 '적당한 조치'에 방해배제청구와 방해예방청구가 포함된다고 보더라도, 민법 제214조, 제205조 또는 제206조에 기한 물권적 청구권을 배제할 근거는 분명하지 않기 때문에 이러한 청구권은 경합된다고 이해해도 충분하다.

두 번째로는 이들 청구권의 한계에 대한 논의이다. 민법 제205조, 제206조, 제214조 및 제217조 제1항에 따른 청구권을 행사하더라도 제217조에 따른 한계는 존재한다. 왜냐하면 불법행위의 판단에 있어 위법성 조각사유로서 기능할 수 있는 민법 제217조는 물권적 청구권의 한계를 판단함에 있어서도 유사한 기능을 할 수 있기 때문이다. 그런데 우리 대법원은 방지청구를 인용함에 있어 수인한도의 기준을 불법행위에 기한 손해배상청구권의 판단기준보다 더 높게 설정하고 있다. 즉, 방지청구의 경우 불법행위성립의 판단기준 이외에도 "방지청구를 구하는 당사자가 받게 될 이익과 상대방 및 제3자가 받게 될 불이익 등을 비교·교량"이 필요하다고 지적하고 있는 것이다. 이는 결국 고속국도가 가지는 공공성으로 인해 방지청구가 부정될 수 있음을 의미한다. 이를 만일 불법행위의 판단에 있어 판례를 통해 적시되었던 수인한도론의 기준과는 전혀 다른 새로운 판단기준이라 본다면, 해석론으로서의 수인한도론이 가지는 독자적인 의미를 부정할 수는 없을 것이다. 왜냐하면 불법행위를 판단함에 있어 수인한도론의 판단기준들을 제217조에 따른 인용의무의 판단기준과 동일시하더라도, 방지청구의 한계로서 수인한도론이 제시하는 새로운 기준을 제217조에 따른 인용의무의 판단기준이 포섭하지 못할 가능성이 있기 때문이다.

<표-4>에서 확인할 수 있는 바와 같이 인용의무가 없는 경우에도 시설의 공공성을 이유로 방지청구를 부정할 수 있는지에 대해 안경희 교수는 다음의 기준을 제시하고 있는 것으로 파악된다.[50]

- 시설의 공공성을 이유로 민사책임을 부정하려면 원칙적으로 사법상 방해배제청구를 금지하는 명문의 규정이 필요함
- 명문의 규정이 없는 상태에서 시설의 공공성을 이유로 민사책임을 부정하는 것은 소유권존중의 원칙에 반함
- 따라서 현행법하에서는 가해시설이 공공시설인지 사적시설인지를 불문하고 임미시온 전반에 대하여 적용되는 제217조의 판단기준에 따라 위법성을 판단해야 함
- 만일 공공성을 이유로 소음을 수인해야 한다면 이에 따른 보상이 이루어져야 함

---

50) 안경희, 앞의 논문(주 30), 284면 이하.

- 보상의 근거는 우리 민법 제2조 제1항의 신의성실의 원칙임

방해배제청구권의 배제에 대한 명문의 규정이 필요하다는 점은 매우 적절한 지적이며, 이러한 기준은 우리 민법 제217조와 관련한 개정과 관련해서 큰 의미가 있기 때문에, 그 방향성에 대해서는 전적으로 동의한다.[51]

다만 인용의무의 범위 내에서 민법 제217조의 해석만으로도 수인한도론을 대체할 수 있다는 관점에서 다음의 해석 가능성을 제시하고자 한다. 다툼이 발견되기는 하나,[52] 독일 민법 제823조 이하의 규정에 따른 불법행위에 기한 손해배상청구권과 독일 민법 제906조 제2항 제2문에 근거한 손해보상청구권은 권리경합이 아닌 법조경합으로 이해되고 있다.[53] 따라서 피해자에게 인용의 의무가 있는 경우 명문의 규정에 의한 손해보상청구권이 반드시 필요하다. 그러나 우리의 경우 불법행위에 기한 손해배상청구권과 물권적 청구권의 일종인 방지청구권은 성질을 달리하는 청구권으로 볼 수 있다. 따라서 <표-4>에서 확인할 수 있는 바와 같이 불법행위의 판단과 관련하여 인용의 의무가 없는 경우에는 불법행위에 기한 손해배상을 청구할 수 있는 것이다. 다만 이 경우에 독립적으로 다시 한 번 방지청구의 가능성 검토가 요구된다. 이 경우에도 우리 민법 제217조는 자신의 기능을 확대할 수 있다고 생각한다. 왜냐하면, <표-3>에서 확인할 수 있는 바와 같이 '가해행위 · 피해이익의 공공성과 사회적 가치의 판단'에 '당사자가 받게 될 이익과 상대방 및 제3자가 받게 될 불이익의 형량'을 포섭시킬 수 있는 가능성이 존재하기 때문이다. 이러한 판단과 형량은 결국에는 이익형량과 동일 혹은 유사하다고 볼 수 있으므로, 어떠한 가해행위로 인해 발생할 수 있는 수 개의 청구권 중 청구가 가능한 청구권과 불가능한 청구권을 '가해행위 · 피해이익의 공공성과 사회적 가치의 판단'이라는 이익형량의 과정을 통해 구분하는 것이 불가능한 것만은 아닐 것이다. 그렇기 때문에, 우리 민법 제217조의 해석을 통해서 방지청구와 관련한 적절한 판단을 기대할 수 있으리라 생각된다. 이에 대한 정리는 <표-5>를 통해 확인할 수 있다.

---

51) 박신욱, 앞의 논문(주 24), 1308면 이하.

52) Wenzel, Der Störer und seine verschuldensunabhängige Haftung im Nachbarrecht, NJW 2005, S. 243.

53) NK-BGB/Ring § 906 Rn. 262; BGH, 20. 11. 1992 - V ZR 82/91.

<표-5 제217조에 따른 인용의무와 청구권>

제1단계		제2단계	제3단계	인용의무	불법행위 손해배상	방지청구권
	침해의 중대성	토지의 통상의 용도	적당한 조처			
침해 존재	경미	x	x	x	o	x
		o	-	o	x	x
		x	o	o	x	x
	중대	x	x	x	o	o / x
		o	-	o	x	x
		x	o	o	x	x

4. 제기된 문제점으로 본 제217조 적용설의 한계

본 논문의 취지에 대해 발표할 당시 많은 지적을 받았었다. 특히 문제가 된 부분은 크게 두 가지로 나눌 수 있는데, 첫 번째로는 불법행위와 관련된 내용이었다. 이를 다시 세분하면 우리 민법의 불법행위를 형법의 범죄체계론과 마찬가지로 세분하여 나눌 필요성이 존재하는지 여부, 나아가 우리 민법 제750조가 과연 결과불법론과 조화될 수 있는지에 대한 문제가 그것이었다.

우리 민법에서 불법행위법이 가지는 의미에 비해 적은 수의 조문으로 구성되어 있기 때문에 책임의 인정여부를 사회가 변화하는 양상에 따라 탄력적으로 운용해야 한다는 필요성이 존재한다는 점에 공감한다. 또한 위험책임, 인격권의 침해 등에 있어 방지청구의 필요성 등을 감안한다면 탄력적 운용의 필요성을 판례를 통해 현실화하는 것은 중요하다고 할 수 있다. 다만 입법을 통해 완성된 불법행위에 대한 구조를 침해하지 말아야 한다는 점[54]을 감안한다면, 명문으로 적시되지 않은 구성요건의 또 다른 단계를 설정하는 방식의 수인한도론보다는, 이와 동일한 혹은 유사한 결과에 이를 수 있는 우리 민법 제217조를 적극적으로 활용하는 방안 역시 고려될 필요성이 있지는 않을까라는 생각을 해 본다.

결과불법론과 행위불법론에 관한 지적사항은 매우 무겁게 다가온다. 결과불법론과는 달리 행위불법론에서는 위법성을 판단하면서 행위의 결과로서 법익침해와 함께 이러한 침해가 행위자에게 부과된 주의의무를 해태함으로써 발생한 것인지 여부를 고려해야 한다고 한다. 즉, 과실개념과 위법성의 개념을 주의의무위반을 통해 판단하겠다는 견해로

---

54) 박동진, "독일불법행위법구조의 재조명", 「민사법학」, 제17호(1999), 142면.

파악된다.[55] 私見으로 현재까지는 주제와 관련된 불법행위법에서 결과불법론이 우리 법체계에서 가지는 의미에 대해 무게를 두고 있다. 왜냐하면 소음이 직접적인 침해행위로 볼 수 있는 침해적 생활방해라는 점을 고려한다면 행위불법론이 아닌 결과불법론이 고수될 수밖에 없을 것이라는 주장[56]이 타당하다고 생각하기 때문이다.

물론 행위불법론에서 지적하고 있는 결과불법론에 대한 비판 중 결과가 발생하지 않았더라도 위법성이 존재한다는 것을 설명할 수 없다는 점은 논의의 여지가 충분하다. 왜냐하면 우리 민법 제750조가 "고의 또는 과실로 인한 위법행위로 타인에게 손해를 가한 자는 그 손해를 배상할 책임이 있다"고 규정함으로써 법문의 구조자체로는 고의 또는 과실로 인한 행위(i), 위법행위(ii) 그리고 손해의 발생(iii)의 순서를 가진 구성을 가능하게 하기 때문이다. 그렇기 때문에 '행위불법론에 따른다면 수인한도론은 자신만의 의미를 구축하여 구성요건에서의 판단의 기준으로서 작용할 수 있지는 않을까?'라는 의문의 제기 자체는 타당성이 있다. 즉, 위법성의 판단에 수인한도론이 적극적으로 자신의 역할을 할 수 있는 구조가 만들어 질 수 있는 가능성이 존재하게 된다.

하지만, 결과의 발생은 우리의 경우 위법성 판단에 있어 매우 중요한 위치를 차지하고 있다는 점을 지적하고자 한다. 위법성이란 어떠한 가해행위가 법질서에 어긋나는 것을 의미하며, 이러한 가해행위는 법질서에 비추어 볼 때 정당성을 인정할 수 없게 된다. 이러한 위법성에 대한 정의 그 자체는 매우 중요한 의미를 갖는다. 왜냐하면, 해석론의 관점에서 위법, 불법, 반사회질서 법률행위 등의 의미파악뿐만 아니라 법제에 따라서는 법률위반의 효과만으로도 손해배상의 의무를 부과하고 있기 때문이다.[57] 대표적으로 독일 민법 제823조[58] 제2항이 이에 대한 직접적인 예에 해당한다고 볼 수 있다. 이러한 경우, 위법성의 판단에 있어 손해의 발생 그 자체는 포섭되지 않을 수 있다.[59] 하지만, 만일 행정법상의 기준이 독일 민법 제823조 제2항에서 언급하고 있는 법률에 해당한다고 하더라도 그것이 우리의 경우 수인한도론을 행위불법론에서 수용할 수 있는 근거가 될 수

---

55) 지원림, 앞의 책, 1650면.

56) 김종현, 앞의 논문, 357면.

57) BeckOK BGB § 823 Rn. 146.

58) 독일 민법 제823조 [손해배상의무] (1) 고의 또는 과실로 타인의 생명, 신체, 건강, 자유, 소유권 또는 기타의 권리를 위법하게 침해한 사람은 그 타인에 대하여 이로 인하여 발생하는 손해를 배상할 의무를 진다.
(2) 타인의 보호를 목적으로 하는 법률에 위반한 사람도 동일한 의무를 진다. 그 법률에 과책 없이도 그에 위반하는 것이 가능한 것으로 정하여진 때에는 과책 있는 경우에만 배상의무가 발생한다.

59) 물론 모든 행정법상의 기준이 독일 민법 제823조 제2항에서 규정하고 있는 법률에 포함될 수 있음은 지속적인 논의를 필요로 할 것이다(BeckOK BGB § 823 Rn. 151ff.; MüKoBGB/Wagner BGB § 823 Rn. 396; BVerwG, 19. 12. 1985 - 7 C 65.82; BVerwG, 15. 02. 1988 - 7 B 219.87).

는 없다. 왜냐하면 우리의 경우 독일 민법 제823조 제2항이 가능성을 열고 있는 바와 같이 손해의 발생을 전제로 하지 않은 불법행위의 성립[60]은 고려의 대상이 아니기 때문이다.

주의의무위반과 관련된 논의는 지속적인 연구가 필요하다고 생각한다. 특히 행태의무위반(Verhaltenspflicht)으로서의 주의의무위반이 긍정되는 대표적인 사안으로 소음으로 인한 피해와 관련된 수인한도론이 언급될 수 있기 때문이다. 하지만, 위법성판단과 과실판단을 함에 있어 주의의무를 구분해야 한다는 점을 고려한다면,[61] 적어도 위법성판단에 있어 행태의무의 존재여부를 확인해야 하고, 이때의 행태의무는 '객관적으로 존재할 수 있는 최고도의 주의의무를 갖고 타인의 법익에 위험을 야기하지 않도록 행위를 할 의무'인 가해자의 의무로 이해된다.[62] 그런데 수인한도론에서는 가해자에게 기준을 두고 있지 않고, 피해자에게 기준을 두고 있다는 점에서 행태의무위반으로서의 주의의무위반과 관련된 논의들이 적용될 수 있는지 의문시 된다.

두 번째의 지적사항은 과연 상린관계를 규율하고 있는 민법 제217조의 규정을 위법성조각사유로 이해될 수 있는지에 대한 언급이다. 우선 민법 제217조에서 '토지소유자'들에게만 적당한 조처를 할 의무와 인용의무를 부과하고 있다는 점이 지적되었다. 우선 방해를 받는 토지와 방해가 나타나는 토지의 경계가 접하지 않아도 된다는 점은 민법 제217조에서 "매연, 열기체, 액체, 음향, 진동 기타 이에 유사한 것"을 방해의 매개체로 상정하고 있음을 감안할 때 큰 논의를 필요로 하지 않는다.[63] 또한 소유권을 기초로 하지 않는 전세권(민법 제290조) 및 지상권(민법 제319조)과 같은 부동산 이용관계에 민법 제217조를 준용하는 규정이 존재하고 있으며, 토지임대차의 경우 이를 유추적용하고 있다는 점[64]을 감안할 때, '건물소유자'에게도 동일하게 유추 적용할 수 있으리라 조심스럽게 생각해본다.[65] 나아가 우리 민법 제209조에 근거한 자력구제를 물권편에서 규정하고 있음에도 위법성 조각사유로 기능하고 있다는 점[66]을 감안한다면, 위법성 조각사유로 우리 민법 제217조의 역할을 부정할 것만은 아닐 것이다.

---

60) Jauernig/Teichmann BGB § 823 Rn. 41; NK-BGB/Katzenmeier § 823 Rn. 6.

61) 박동진, "불법행위법에서의 주의의무", 「비교사법」, 제17호.(2002), 168면 이하.

62) 박동진, 위의 논문(주 61), 170면.

63) 지원림, 앞의 책, 545면.

64) 지원림, 앞의 책, 543면.

65) 독일 민법 제906조에서도 "토지의 소유자(Eigentümer eines Grundstücks)"라고 명시하고 있으나, 건물의 소유자에게도 마찬가지의 권리와 의무를 부과하는 것으로 파악된다.

66) 지원림, 앞의 책, 1654면; 독일 민법에서는 위법성 조각사유를 총칙 편(독일 민법 제277조 이하)과 물권 편(독일 민법 제904조)에서 규정하고 있다.

Ⅳ. 위법성 판단의 기준으로서의 행정법의 역할

1. 공법과 사법의 혼합 그리고 결합과 연결

공법과 사법의 구분은 대륙법계 국가에서 기본적이고 본질적인 특징이라고 할 수 있다. 반론들이 보고되기는 하지만,[67] 각각은 서로 상이한 목표의 설정을 가지고 있으며, 기본적인 원리도 다를 뿐만 아니라 구제수단도 상이하기 때문에 공법과 사법의 구분은 일반적인 것으로 받아들여졌다.[68] 그러나 경제적 약자와 강자의 대립과 같은 사회적 불균형의 심화, 사회국가원리의 수용의 필요성 등으로 인해 사회법이라는 개념이 등장함으로써, 또한 행정사법(Verwaltungsprivatrecht)[69]이 증가함으로써, 공법과 사법이 혼합된 영역이 발생하게 되었다. 뿐만 아니라 최근에는 공법과 사법의 기준이 명확한 영역에서도 법률을 적용하고 해석함에 있어 두 영역의 '결합과 연결'[70]의 필요성이 발생한다. 대표적인 예로 환경침해에 대한 사법적 판단의 기준으로서 행정법의 역할이 언급될 수 있을 것이다. 이러한 혼화된 상황들은 공법과 사법의 조화를 위한 적극적인 노력을 강제하고 있다.[71] 이러한 필요성에도 불구하고 우리 대법원은 어떠한 행위가 행정법상의 직접적인 단속법규에 적합했음에도 불구하고 위법성을 긍정하는 경우가 있으며,[72] 이는 일반적인 수범자인 국민에게 司法에 대한 불신을 가중시키는 하나의 요소로 작용할 수 있다. 이하에서는 공법과 사법의 결합과 연결이라는 양태를 재분류하고 우리 대법원이 이번 판결에서 제시한 방법의 적절성에 대해 고민하기로 한다.

2. 공법과 사법의 결합과 연결에서 보이는 행정법의 양태

은승표 교수는 공법과 사법의 결합과 연결의 모습으로 다음의 몇 가지의 양태를 제시

---

67) Ehlers in Erichsen/Pünder, AllgVerwR, 15. Aufl., § 3 III a Rn. 10.

68) Ossenbühl, Öffentliches Recht in der Rechtsprechung des BGH, NJW 2000, S. 2946; Arnold, Zur Trennung des öffentlichen vom privaten Recht, ZEuP 2011, S. 315ff.

69) 행정사법은 국가가 자신의 임무를 이행하는 방법으로 공법의 형식에 근거하지 않고, 오히려 사법에 근거한 형태로 활동하는 것을 말하며, 예를 들어 제한된 책임만을 부담하게 되는 사법상의 조합이 이에 해당한다. 이러한 경우 사법으로의 도피라는 문제점이 제기된다(Ossenbühl, a.a.O., S. 2946).

70) 은승표, "사법의 규준으로서의 행정법", 「토지공법연구」, 제44집(2009), 43면.

71) Ossenbühl, a.a.O., S. 2945ff.

72) 대법원 2014. 2. 27. 선고 2009다40462 판결; 대법원 2004. 9. 13. 선고 2003다64602 판결; 대법원 1999. 1. 26. 선고 98다23850 판결.

하고 있다.[73] 첫 번째의 양태는 '사법적 규범들 내의 구성요건요소로서의 행정법'이다.[74] 예를 들어 행정법의 내용이 우리 민법 제750조의 위법성을 판단함에 있어 근거법률이 되는 경우가 이에 포함된다고 한다. 또한 이러한 양태에는 「제조물책임법」[75] 제4조 제1항 제3호의 규정도 포섭될 수 있을 것이다. 제조업자는 제조물책임법 제3조에 따라 원칙적으로 제조물의 결함으로 생명·신체 또는 재산에 손해를 입은 자에게 손해를 배상해야 하나, 제조물의 결함이 제조업자가 해당 제조물을 공급한 당시의 법령에서 정하는 기준을 준수함으로써 발생하였다는 사실을 입증하는 경우에는 손해배상책임을 부담하지 않게 된다. 즉, 행정법은 구성요건요소로서 나아가 면책사유의 판단요소로서 사법에서 자신의 영향력을 행사할 수 있을 것이다.

다만 불법행위성립에 대한 판단에 있어 모든 행정법이 근거법률에 포섭될 수 없다는 것은 우리 대법원의 판례를 통해 확인할 수 있다. 예를 들어 舊「산업기술혁신 촉진법」[76]에서 공공기관에 부과한 인증신제품 구매의무를 위반했기 때문에 국가가 신제품 인증을 받은 자에 손해배상의 의무를 부담하는지에 대해 판단하면서 우리 대법원은 다음과 같이 언급함으로써 국가의 손해배상책임을 부정하였다.[77]

> "(법률의 목적이) 기업에 신기술개발제품의 판로를 확보해 줌으로써 산업기술개발을 촉진하기 위한 국가적 지원책의 하나로 인정된 것으로서 국민경제의 지속적인 발전과 국민의 삶의 질 향상이라는 공공 일반의 이익을 도모하기 위한 것으로 봄이 타당하고, 공공기관이 구매의무를 이행한 결과 신제품 인증을 받은 자가 재산상 이익을 얻게 되더라도 이는 반사적 이익에 불과할 뿐 위 법령이 직접적으로 보호하려는 이익으로 보기는 어렵다."

이와 같은 판례의 견해는 통설인 실질적 위법성론으로 이해되는데, 이는 실정법규범 기타 사회질서를 위법의 판단기준으로 본다. 다만 실질적 위법성론이 실정법규범과 기타 사회질서를 각각의 독자적인 판단기준으로 설정하고 있는지 혹은 이를 동시에 그리고 함께 판단기준으로 설정하고 있는지는 논의의 여지가 있다. 판례는 후자를 선택하고

---

73) 은숭표 교수는 "사법적 규범들 내의 구성요건요소로서의 행정법", "행정법을 통한 사법의 형성", "행정사법" 그리고 "행정법적 평가규준"이라는 네 가지의 기준을 제시하고 있다. 다만 행정사법의 역할은 본 논문의 구성과 큰 관련성이 없기 때문에 본문에서는 생략하기로 한다(은숭표, 앞의 논문, 45면 이하).

74) 은숭표, 앞의 논문, 45면 이하.

75) 법률 제11813호.

76) 법률 제10220호.

77) 대법원 2015. 5. 28. 선고 2013다85448 판결.

있는 것으로 보이는데, 그러하다면 불법행위성립의 판단에 있어 행정법과 같은 근거법률이 위법성 판단의 기준이 될 수 있는지에 대한 해석이 필요하다. 따라서 제시된 판례의 경우와 같이 실정법규범에 위반이 있더라도 불법행위가 성립하지 않을 가능성은 충분한 것이다. 그렇다고 본다면 이는 해석이 필요한 영역에 놓이게 되고, 결론적으로는 이하에서 소개될 세 번째의 양태에 포섭될 수 있다.

두 번째의 양태는 '행정법을 통한 사법의 형성'이다.[78] 독일 민법 제906조 제1항에서 언급하고 있는 "법률 또는 법규명령에 정하여진 한계치 또는 기준치"가 이에 해당하는데, 이에 따라 특정한 사법적 청구권이 배제되는 결과에 이르기 때문이다. 또한 공법상의 인가로 인해 배제되는 사법상의 청구권과 관련한 규정이 거론되는데, 예를 들어 독일의 연방임미시온방지법[79] 제14조, 원자력법[80] 제7조, 항공교통법[81] 제11조 등이 그것이다.[82] 하지만 이미 확인한 바와 같이 독일 민법 제906조 제1조에 "원칙적(in der Regel)"이라는 표현이 존재하기 때문에 이 경우에도 세 번째의 양태에 포섭될 수도 있을 것이다.

세 번째의 양태는 '사법을 위한 행정법적 평가기준'이다.[83] 이는 첫 번째의 양태가 실정법적으로 명백히 규정되어있는 것과는 반대로 행정법의 내용이 사법에 간접적인 영향을 미치게 된다고 한다. 즉, 행정법상의 기준은 한계설정과 관련한 지향의 핵심의 역할을 할 뿐만 아니라 절차적으로도 입증을 쉽게 하는 방식으로 영향을 미치게 된다는 것이다. 대표적으로 수인한도론 및 우리 민법 제217조의 고려요소에 포함되는 공법적 규제가 이에 해당한다고 할 것이다.

이외에도 공법상의 허가와 인가가 사법적 판단에 있어 가지는 의미들이 논의되고 있는데,[84] 이는 행정청으로부터 인가 혹은 허가를 받은 경우 이러한 인허가가 불법행위성립을 판단함에 있어 위법성 조각사유로 적용될 수 있는지의 여부와 밀접한 관련이 있다. 또한 절차법상의 관할권이 문제점으로 지적되며,[85] 공법과 사법 간의 모순[86]되지 않은

---

78) 은승표, 앞의 논문, 46면 이하.

79) Gesetz zum Schutz vor schädlichen Umwelteinwirkungen durch Luftverunreinigungen, Geräusche, Erschütterungen und ähnliche Vorgänge (Bundes-Immissionsschutzgeset (BImSchG/BGBl. I S. 1274).

80) Gesetz über die friedliche Verwendung der Kernenergie und den Schutz gegen ihre Gefahren (Atomgesetz/BGBl. I S. 2053).

81) Luftverkehrsgesetz (LuftVG/BGBl. I S. 254).

82) 전경운, 앞의 논문(주 40)(2007), 33면 이하.

83) 은승표, 앞의 논문, 49면 이하.

84) 전경운, 앞의 논문(주 40)(2007), 35면 이하; 은승표, 앞의 논문, 53면.

85) 은승표, 앞의 논문, 60면 이하.

86) 모순이라는 언급 대신 은승표 교수는 "비례적인 상태"라는 표현을 하고 있다. 이는 행정청으로부터 인허가를 받은 경우 이

결과가 도출되어야만 하는지에 대한 문제도 제기된다.

사견으로는 첫 번째의 양태와 두 번째의 양태에서 지적된 예외사항을 고려하여, 이러한 양태의 구분을 재분류하면 사법의 영역에 존재하는 법률에서 행정법을 명시적으로 적시한 영역(i)과 행정법이 단순히 간접적인 영향을 미치는 영역(ii)으로 구분할 수 있을 것이다. 인가와 허가의 문제도 인허가로 인해 발생될 손해에 대한 면책 혹은 피해자에 대한 청구권 배제에 대한 규정이 명시되어있다면 첫 번째의 영역으로 처리하면 되고, 이 외의 경우에는 두 번째의 영역에 포섭시키는 것으로 족하다. 왜냐하면 구성요건단계에서 다루어지는 수인한도론을 비판하고 침해적 생활방해가 존재하는 경우 우리 민법 제217조에 근거하여 위법성 조각의 가능성이 존재한다는 지금까지의 주장에 따르면 인허가와 관련된 문제도 결국에는 이웃 토지의 통상의 용도를 판단함에 있어 고려되는 공법적 규제에 포섭될 수 있기 때문이다.

3. 법질서에서 요구되는 통일성의 한계

살펴본 바와 같이 공법과 사법의 결합과 연결에서 보이는 행정법의 양태는 사법의 영역에 존재하는 법률에서 행정법을 명시적으로 적시하는 경우(i)와 행정법이 단순히 간접적인 영향을 미치는 경우(ii)로 구분된다. 첫 번째 영역(i)의 대표적인 예는 독일 민법 제906조 및 우리 제조물책임법 제4조 제1항 제3호이라는 것은 이미 언급한 바와 같다. 이러한 법률이 존재한다면 사법에 공법이 침투한다거나 공법적 규정에 민법이 강하게 구속된다는 비판이 있을 수 있지만, 이는 과거에도 존재해왔던 공법과 사법이 혼합된 영역이 확장된 것에 불과하다. 따라서 이러한 경우 행정법의 사법형성적 효력(Privatrechtsgestaltende Wirkung)을 부정할 수는 없으며, 경우에 따라서는 이를 통해 법질서에서 요구되는 통일성을 확보할 수 있을 것이다. 다만 법률의 내용이 당사자의 재산권을 본질적으로 제한하는 경우에는 헌법적인 문제로 해결해야 한다.

법질서에서 요구되는 통일성의 한계가 발견되는 곳은 두 번째 영역(ii)이다. 하지만 이 영역까지 법률의 통일성 혹은 국민의 司法에 대한 불신을 일으킨다는 이유만으로 법률의 해석을 도외시할 수 없을 것이며, 이러한 주장은 다음의 근거를 통해 지지될 수 있다

러한 인허가가 불법행위성립을 판단함에 있어 위법성 조각사유로 적용될 수 있는지의 여부에 대한 결론으로 대답될 문제이다.

고 본다.

첫째, 소음과 관련된 행정법의 규정들과 사법에서 규정하고 있는 구제수단 사이에 존재하는 가장 큰 차이점 중 하나는 결과의 발생을 중심으로 사전적 규제와 사후적 규제로 분리될 수 있다는 점이다. 따라서 침해적 생활방해의 경우 사법에 따른 판단이 행정법과 통일되지 못한다고 하더라도 이를 법의 통일성을 갖추지 못했다고만 비판할 것이 아니라 오히려 사후에 행하여진 판결을 통해 행정법의 잘못된 예측을 수정할 수 있는 가능성을 제공한다고 이해할 수 있다.[87] 이를 인허가와 관련해 생각해보면, 행정청의 인허가처분이 사고에 기인한 침해적 생활방해 그리고 이로 인한 손해의 발생과 같이 예상하지 못한 손해의 발생에 대한 정당화사유가 될 수 없는 것이다. 또한 인허가 당시 예상된 침해의 경우에도 이후 인허가 당시 고려하지 못했던 사실들이 과학 및 기술의 발전으로 인해 밝혀질 가능성은 충분하다.[88] 이러한 경우까지 전적으로 행정법에 구속되어 불법행위성립의 판단이라든지 방지청구권의 존재여부에 대한 판단을 할 필요성은 없다.[89]

둘째, 개별 행정법률이 추구하고자 하는 목적이 불법행위법과 상이할 수 있다는 점이다. 이는 앞서 살펴본 위법성의 판단기준과 관련된 우리 통설과 판례 그리고 사안이 된 대법원 판례를 통해 지속적으로 확인할 수 있다. 이러한 경우까지 행정법을 적극적으로 판단의 기준으로 활용할 수는 없을 것이다. 그러나 만일 우리 민법의 불법행위법과 물권법의 목표와 환경정책기본법에서의 환경기준을 설정하는 목표가 동일 또는 유사하다고 가치 평가할 수 있는 경우는 어떠한가? 이번 대법원의 판단은 동일 또는 법률목적이 유사한 경우 행정법을 적극적으로 활용하기 위한 새로운 기준을 설정했다는 점에서 의미를 찾을 수 있다. 이는 매우 중요한 의미를 갖는데, 왜냐하면 측정된 소음이 환경정책기본법이 요구하는 기준을 훨씬 초과하는 경우[90]뿐만 아니라 측정소음과 기준과 대동소이한 경우[91]에도 행정정책기본법에서의 환경기준은 결국 수인한도의 기준으로 파악하고 있기 때문이다. 우리 대법원은 이번 판결을 통해 다음과 같이 매우 중요하며 새로운 기준을 제시하고 있다.

---

87) Hagen, Privates Immissionsschutzrecht und öffentliches Baurecht, NVwZ 1991, S. 820; BVerwG, 28. 01. 1992 - 7 C 22.91.

88) 전경운, 앞의 논문(주 40)(2007), 38면.

89) 전경운, "위법성판단에서의 공법의 의미", 「사회과학논집」, 제16집(2000), 421면 이하.

90) 야간의 경우 55dB로 기준이 정해진 곳에서 측정된 소음은 최대 82.42dB로 확인된다(부산고등법원 2008. 1. 8. 선고 2007나6895 판결; 대법원 2008. 8. 21. 선고 2008다9358 판결).

91) 야간의 경우 55dB로 기준이 정해진 곳에서 측정된 소음은 최대 76.1dB로 확인된다(수원지방법원 성남지원 2003. 10. 2. 선고 2002가합1044 판결; 서울고등법원 2004. 6. 15. 선고 2003나75888 판결; 대법원 2007. 6. 15. 선고 2004다37904 판결).

"[...] 도로교통소음이 환경정책기본법의 환경기준을 준수하였는지 여부는 소음·진동공정시험기준에 규정된 측정방법에 따라 소음피해지점에서 소음원 방향으로 창문·출입문 또는 건물 벽 밖의 0.5~1m 떨어진 지점에서 측정된 실외소음에 의해 판정하도록 되어 있으나, [...] 이른바 도로소음으로 인한 생활방해를 원인으로 제기된 사건에서 공동주택에 거주하는 사람들이 참을 한도를 넘는 생활방해를 받고 있는지는 특별한 사정이 없는 한 일상생활이 실제 주로 이루어지는 장소인 거실에서 도로 등 해당 소음원에 면한 방향의 모든 창호를 개방한 상태로 측정한 소음도가 환경정책기본법상 소음환경기준 등을 초과하는지 여부에 따라 판단하는 것이 타당하다."

즉, 이러한 판례의 태도에 따라 향후 다수설과 판례의 경우 수인한도를 판단함에 있어 생활방해를 받고 있는지의 여부는 거실에서 소음원에 면한 방향의 모든 창호를 개방한 상태로 측정한 소음도가 환경정책기본법상 소음환경기준 등을 초과하는지에 따라 판단하여야 할 것으로 파악된다.[92] 이러한 기준의 확정은 우리 민법 제217조의 해석과정에서도 마찬가지의 의미를 부여할 수 있다고 판단된다. 왜냐하면, 이번 대법원의 판례에서 적시한 소음측정의 방식을 활용하여 환경정책기본법상의 소음환경기준을 '이웃 토지의 통상의 용도'에 대한 판단에 하나의 기준으로 적용할 수 있기 때문이다.

V. 결론

1. 해석론인 수인한도론은 우리 법체계의 규정들을 통해 대체될 수 있다

침해적 생활방해 혹은 적극적 생활침해는 우리 민법 제217조 제1항에서 언급하는 것과 같이 매연, 열기체, 액체, 음향, 진동 기타 이에 유사한 것으로 이웃 토지의 사용을 방해하거나 이웃 거주자의 생활에 주는 고통을 의미한다.[93] 우리 학계는 도로에서 발생하는 소음피해와 관련된 거의 모든 법률적 쟁점들을 다루었다고 보아도 과언이 아니며, 흡연 및 층간소음 등과 같이 우리 민법전 제정 당시 예상하지 못했던 침해적 생활방해도 역시 현재 활발한 논의의 대상으로 삼고 있다. 논의의 대상이 된다는 것은 그만큼 실생활에서 침해적 생활방해로 인해 고통 받는 사람이 많다는 것의 방증일 것이며, 우리 학계가 이를 도외시하지 않았음을 의미한다.

---

92) 대법원 2015. 10. 15. 선고 2013다89433 판결.
93) 전경운, 앞의 논문(주 29), 173면 이하.

침해적 생활방해의 대표적인 양태라 할 수 있는 소음과 관련해 우리 학계는 프랑스와 일본의 영향을 받았다고 판단되는 수인한도론을 도입하여 불법행위의 성립 및 방지청구권을 행사할 수 있는지에 대해 판단하고 있다. 학계의 이러한 노력은 수많은 논문을 통해서 확인할 수 있으며, 판례를 통해서 현실사회에 도움이 되고 있음을 부인할 수 없을 것이다.

수인한도론에 대해 본 논문에서 제기하는 비판들은 "불법행위란 무엇인가?"라는 질문에서 시작하고 있다. 불법행위법의 존재의 이유는 아무런 관계가 없는 자들 간에 발생한 가해행위에 대한 책임을 묻고 발생한 손해에 대한 적절한 배분을 하는데 있다. 동시에 우리 민법은 위법성 조각을 위한 몇 가지의 가능성을 제시하고 있으며, 이 가능성 중 하나는 우리 민법 제217조의 규정이다. 이러한 불법행위법의 존재와 위법성 조각의 가능성을 열어놓고 있는 우리 민법 제217조의 규정을 통해 불법행위에 기한 손해배상청구와 관련한 수인한도론을 충분히 대체할 수 있다고 본다.

물권적 청구권의 경우도 마찬가지로 볼 수 있다. 다만, 방지청구와 관련된 수인한도가 손해배상청구의 수인한도보다 높게 설정되어야 한다는 학설과 우리 판례의 견해는 <표-3>에서 확인할 수 있는 바와 같이 수인한도론을 판단함에 있어 '가해행위·피해이익의 공공성과 사회적 가치'를 고려하는 과정에서 충분히 고려가 가능하며, 이는 민법 제217조의 인용의무를 판단함에 있어 '이웃 토지의 통상의 용도' 및 '적당한 조처'를 판단함에 포섭이 가능하다고 판단된다.

2. 대상판결은 공법과 사법 간의 연결고리를 제공하고 있다

공법과 사법의 혼합 그리고 결합과 연결의 모습은 확인한 바와 같다. 특히 결합과 연결의 모습은 사법의 영역에 존재하는 법률에서 행정법을 명시적으로 적시한 영역(i)과 행정법이 단순히 간접적인 영향을 미치는 영역(ii)으로 구분할 수 있다고 생각한다. 첫번째 영역에서 해석론을 통해 행정법의 사법형성적 효력을 부정할 수는 없으나 헌법적 차원에서의 문제가 배제되는 것은 아니다. 중요한 영역은 두 번째 영역이며, 이 영역에서까지 사법이 행정법에 절대적으로 구속될 필요는 없음을 입증하고자 하였다. 나아가 우리 대법원은 대상판결을 통해 공법과 사법 간의 연결고리를 제공하고 있다. 이는 향후 수인한도론을 지속적으로 적용하든 혹 우리 민법 제217조를 적극적으로 활용하든 동일하게 중요한 의미를 갖는다고 파악된다.

3. 보론: 그럼에도 불구하고 우리 민법 제217조는 개정의 필요성이 존재한다

우리 민법 제217조가 가지는 첫 번째의 문제점은 통상의 용도에 적당하지 않은 경미한 침해의 경우에 불법행위성립에 있어 위법성 조각사유로 기능하지 못한다는 점이다. 이러한 경우까지 손해배상청구를 위한 제소가능성을 열어둘 필요성이 있는지는 의문이다. 사안과 관련하여 중앙환경분쟁조정위원회의 결과에 따르면 손해배상의 청구액은 개인당 170,000원 내지 305,000원에 불과하다. 또한 우리 민법 제217조는 통상의 용도에 적당하지 않은 아주 작은 피해에도 제소의 가능성을 열어두고 있다고 볼 수 있으므로, 남소를 방지하기 위한 법정책적 접근이 필요하다.

또한 생활에 있어 불가피한 생활방해의 원인을 제거하기 위해 물권적 청구권을 무제한 인정하는 것은 바람직하다고 볼 수만은 없다.[94] 예를 들어 고속국도, 항만, 공항, 철도, 공업단지와 같이 국가기반시설의 경우 방지청구를 허용한다면, 이는 사회의 총후생을 감소시킬 가능성이 농후하다. 따라서 이러한 예외적인 경우에는 방지청구를 배제하고 이에 대한 적절한 금전배상 혹은 보상의 가능성을 열어놓아야 할 것으로 생각한다.

---

94) 윤용석, "생활방해와 소유권 침해", 「법학연구」, 제55호(2006), 309면.

제5장 대표권 남용과 배임죄에 관한 입법적 검토

- 대법원 2017. 7. 20. 선고 2014도1104 전원합의체 판결을 중심으로 -[*]

Ⅰ. 대상판결

1. 사실관계

피해회사의 대표이사인 피고인이 자신이 별도로 대표이사를 맡고 있던 다른 회사의 공소외 저축은행에 대한 대출금채무를 담보하기 위해 공소외 저축은행에 피해회사 명의로 액면금 29억 9,000만 원의 약속어음을 발행하여주었다. 검사가 공소를 제기하였는바, 피고인은 이 사건 약속어음은 속칭 문방구 어음으로서 유통되지 아니할 것이었고, 실제로도 유통되지 아니한 점, 이 사건 약속어음에 대한 어음채무가 시효로 인하여 소멸하였다는 점 등을 근거로 약속어음 발행행위가 배임에 해당하지 아니한다고 주장하였다.

2. 원심판결[1)]

대표이사가 개인 채무를 담보하기 위하여 회사 명의의 약속어음을 발행하는 것은 대표권 남용행위이다. 만일 상대방이 그 사실을 알았거나 중과실로 알지 못하였다면 대표이사가 그와 같이 회사 명의의 약속어음을 발행한 것은 회사에 대하여 무효이므로, 회사는 상대방에 대하여 어음금채무를 지지 아니한다. 또한 회사는 상대방에 대하여 민법 제35조 제1항에 의한 손해배상책임 또는 민법 제756조 제1항에 의한 사용자책임도 지지 아니한다. 그러나 약속어음은 원칙적으로 배서에 의하여 양도할 수 있고(어음법 제11조 제1항, 제77조 제1항), 약속어음에 의하여 청구를 받은 자는 그 소지인이 채무자를 해할 것을 알고 어음을 취득한 경우가 아니라면 발행인 또는 종전의 소지인에 대한 인적 관계로 인한 항변으로써 소지인에게 대항하지 못한다(어음법 제17조, 제77조 제1항). 따라서 대표이사가 대표권을 남용하여 회사 명의의 약속어음을 발행하였다면, 상대방이 남

---

* 이 논문은 「법과 정책연구」 제17권 제3호에 게재된 것임.
1) 서울고등법원 2014. 1. 10. 선고 2013노3282 판결.

용의 사실을 알았거나 중과실로 알지 못하여 회사가 상대방에 대하여는 채무를 부담하지 아니한다 하더라도 약속어음이 제3자에게 유통될 경우 회사가 소지인에 대하여 어음금채무를 부담할 위험은 이미 발생하였다. 그러므로 약속어음이 제3자에게 유통되지 아니한다는 특별한 사정이 없는 한 경제적 관점에서는 회사에 대하여 배임죄에서의 재산상 실해 발생의 위험이 초래되었다(대법원 2012. 12. 27. 선고 2012도10822 판결 등 참조).

이 사건에서는 피고인의 약속어음 발행행위가 대표권남용에 해당하여 피해회사에 대하여 무효라 하더라도 발행 당시 약속어음이 유통되지 아니할 것이라고 볼만한 특별한 사정이 없었으므로, 약속어음 발행 당시 피해회사에 대하여 재산상 실해 발생의 위험이 초래된 것이다. 피고인의 주장처럼 어음이 실제로 유통되지 아니하였다거나 어음채무가 시효로 소멸되었다 하더라도, 범죄 성립 후의 사정에 불과하다. 따라서 이 사건 약속어음 발행행위에 대하여 특정경제범죄 가중처벌 등에 관한 법률상 배임죄를 적용한다.

3. 대법원 전원합의체 판결[2]

가. 다수의견

주식회사의 대표이사가 대표권을 남용하는 등 그 임무에 위배하여 회사 명의로 의무를 부담하는 행위를 하더라도 일단 회사의 행위로서 유효하고, 다만 그 상대방이 대표이사의 진의를 알았거나 알 수 있었을 때에는 회사에 대하어 무효가 된다(대법원 1997. 8. 29. 선고 97다18059 판결, 대법원 2004. 3. 26. 선고 2003다34045 판결 등 참조). 따라서 상대방이 대표권남용 사실을 알았거나 알 수 있었던 경우 그 의무부담행위는 원칙적으로 회사에 대하여 효력이 없고, 경제적 관점에서 보아도 이러한 사실만으로는 회사에 현실적인 손해가 발생하였다거나 실해 발생의 위험이 초래되었다고 평가하기 어려우므로, 달리 그 의무부담행위로 인하여 실제로 채무의 이행이 이루어졌다거나 회사가 민법상 불법행위책임을 부담하게 되었다는 등의 사정이 없는 이상 배임죄의 기수에 이른 것은 아니다. 그러나 이 경우에도 대표이사로서는 배임의 범의로 임무위배행위를 함으로써 실행에 착수한 것이므로 배임죄의 미수범이 된다. 그리고 상대방이 대표권남용 사실을 알지 못하였다는 등의 사정이 있어 그 의무부담행위가 회사에 대하여 유효한 경우에

---

2) 대법원 2017. 7. 20. 선고 2014도 1104 전원합의체 판결.

는 회사의 채무가 발생하고 회사는 그 채무를 이행할 의무를 부담하므로, 이러한 채무의 발생은 그 자체로 현실적인 손해 또는 재산상 실해 발생의 위험이라고 할 것이어서 그 채무가 현실적으로 이행되기 전이라도 배임죄의 기수에 이르렀다고 보아야 한다.

주식회사의 대표이사가 대표권을 남용하는 등 그 임무에 위배하여 약속어음 발행을 한 행위가 배임죄에 해당하는지도 원칙적으로 위에서 살펴본 의무부담행위와 마찬가지로 보아야 한다. 다만 약속어음 발행의 경우 어음법상 발행인은 종전의 소지인에 대한 인적 관계로 인한 항변으로써 소지인에게 대항하지 못하므로(어음법 제17조, 제77조), 어음발행이 무효라 하더라도 그 어음이 실제로 제3자에게 유통되었다면 회사로서는 어음채무를 부담할 위험이 구체적·현실적으로 발생하였다고 보아야 하고, 따라서 어음채무가 실제로 이행되기 전이라도 배임죄의 기수범이 된다. 그러나 약속어음 발행이 무효일 뿐만 아니라 그 어음이 유통되지도 않았다면 회사는 어음발행의 상대방에게 어음채무를 부담하지 않기 때문에 특별한 사정이 없는 한 회사에 현실적으로 손해가 발생하였다거나 실해 발생의 위험이 발생하였다고도 볼 수 없으므로, 이때에는 배임죄의 기수범이 아니라 배임미수죄로 처벌하여야 한다. 이와 달리 대표이사의 회사 명의의 약속어음 발행행위가 무효인 경우에도 그 약속어음이 제3자에게 유통되지 아니한다는 특별한 사정이 없는 한 재산상 실해 발생의 위험이 초래된 것으로 보아야 한다는 취지의 대법원 2012. 12. 27. 선고 2012도10822 판결, 대법원 2013. 2. 14. 선고 2011도10302 판결 등은 배임죄의 기수 시점에 관하여 이 판결과 배치되는 부분이 있으므로 그 범위에서 이를 변경하기로 한다.

앞에서 본 법리에 비추어 보면, 원심 판시와 같이 피고인이 대표권을 남용하여 약속어음을 발행하였고 당시 상대방인 공소외 저축은행이 그러한 사실을 알았거나 알 수 있었던 때에 해당하여 그 발행행위가 피해회사에 대하여 효력이 없다면, 그로 인해 피해회사가 실제로 약속어음금을 지급하였거나 민사상 손해배상책임 등을 부담하거나 약속어음이 실제로 제3자에게 유통되었다는 등의 특별한 사정이 없는 한 약속어음 발행행위로 인해 피해회사에 현실적인 손해나 재산상 실해 발생의 위험이 초래되었다고 볼 수 없다. 그럼에도 원심은 이에 대한 심리 없이 약속어음 발행행위가 배임죄의 기수에 이르렀음을 전제로 공소사실에 대하여 특정경제범죄 가중처벌 등에 관한 법률상 배임죄를 적용하여 유죄로 판단하였다. 이러한 원심판결에는 배임죄의 재산상 손해 요건 및 기수시기 등에 관한 법리를 오해하여 판결에 영향을 미친 잘못이 있다. 그러므로 원심판결을 파기하고, 사건을 다시 심리·판단하도록 원심법원에 환송하기로 하여 주문과 같이 판결한다.

나. 별개의견

별개의견 또한 배임죄의 기수가 성립함을 전제로 이 사건 공소사실을 유죄로 판단한 원심판결이 파기되어야 한다는 점에서 다수의견과 결론을 같이 한다. 그러나 배임죄는 위험범이 아니라 침해범으로 보아야 하고, 의무부담행위로 인해 채무가 발생하거나 민법상 불법행위책임을 부담하게 되더라도 이는 현실적인 손해가 아니라 손해 발생의 위험에 불과하다고 보아야 하므로, 원심판결은 다수의견과는 다른 이유로 파기되어야 한다. 이하에서 그 이유를 살펴본다.

배임죄는 위험범이 아니라 침해범으로 보아야 한다. 대법원은 그동안 일관되게 배임죄를 "재산상 권리의 실행을 불가능하게 할 염려 있는 상태 또는 손해 발생의 위험이 있는 경우에 성립하는 위태범"이라고 하면서(대법원 1989. 4. 11. 선고 88도1247 판결, 대법원 2000. 4. 11. 선고 99도334 판결 등 참조), 배임죄에서 말하는 "재산상 손해를 가한 때에는 현실적인 손해를 가한 경우뿐만 아니라 재산상 실해 발생의 위험을 초래한 경우도 포함된다."고 보아왔다(대법원 2009. 7. 23. 선고 2007도541 판결, 대법원 2014. 2. 3. 선고 2011도16763 판결 등 참조). 그러나 이와 같이 배임죄를 위험범으로 파악하는 것은 형법 규정의 문언에 부합하지 않는 해석이다. 즉 형법 제355조 제2항은 임무에 위배하는 행위로써 재산상의 이익을 취득하거나 제3자로 하여금 이를 취득하게 하여 본인에게 손해를 가한 때에 배임죄가 성립한다고 규정하고 있고, 여기서 '손해를 가한 때'란 그 문언상 '손해를 현실적으로 발생하게 한 때'를 의미한다. 그럼에도 종래의 판례는 배임죄의 '손해를 가한 때'에 현실적인 손해 외에 실해 발생의 위험을 초래한 경우도 포함된다고 해석함으로써 배임죄의 기수 성립 범위를 넓히고 있다. 실해 발생의 위험을 가한 때는 손해를 가한 때와 전혀 같지 않은데도 이 둘을 똑같이 취급하는 해석은 문언해석의 범위를 벗어난 것일 뿐만 아니라, 형벌규정의 의미를 피고인에게 불리한 방향으로 확장하여 해석하는 것으로서 죄형법정주의 원칙에 반한다.

우리 형법은 배임죄의 미수범을 처벌하는 규정을 두고 있다. 이는 그 보호법익인 재산권에 대한 현실적인 침해에 이르지 아니하고 재산권 침해의 위험만 발생한 경우 배임죄의 기수가 아니라 배임죄의 미수로 처벌하겠다는 입법적 결단이다. 이러한 우리 형법의 태도는 죄형법정주의에서 파생되는 명확성 원칙의 기본적인 요청에 부합한다. 배임죄에서의 손해에 재산상 실해 발생의 위험이 포함된다고 보는 견해는 미수범 처벌규정이 없는 독일과 같은 국가의 법제에서 재산상 손해가 현실적으로 발생하지는 않았지만 처벌할 필요성이 있는 일정한 행위를 배임죄로 처벌하기 위하여 고안해낸 개념을 미수범 처벌규정이 있는 우리 형법의 해석에 무리하게 끌어들인 것으로 보인다. 실무적 관점에서 보면, 우리 형법은 미수범을 원칙적으로 형의 임의적 감경사유로 정하고 있을 뿐이므로 배임죄의 기수와 미수의 처벌 정도에 결정적인 차이가 없다.

의무부담행위에 따라 채무가 발생하거나 민법상 불법행위책임을 부담하게 되더라도 이는 손해 발생의 위험일 뿐 현실적인 손해에는 해당하지 않는다고 보아야 한다. 대표이사가 임무에 위배하여 의무부담행위를 하였는데 그 행위가 법률상 유효한 경우에는 그에 따른 채무가 발생하여 회사는 그 채무를 이행할 의무를 부담하게 된다. 그러나 이와 같은 경우에도 회사는 그 채무를 이행하여야 할 법률적 의무를 부담하는 상태에 놓일 뿐 회사의 재산에 현실적인 변동이 초래되지는 않는다. 그런데도 이것을 현실적 손해가 발생한 경우에 해당한다고 보는 것은 법률적으로 강제되는 채무의 이행의무 자체를 현실적 손해로 보는 것이다. 즉 손해를 법률적·회계적 관점에서 파악한 것이지 경제적 관점에서 파악한 것이 아니다.

위에서 살펴본 바와 같이 배임죄는 침해범으로 보아야 하고, 의무부담행위에 따른 채무의 발생이나 민법상 불법행위책임의 부담은 현실적인 손해가 아니라 손해 발생의 위험으로 보는 것이 타당하다. 이를 전제로 이 사건을 살펴본다. 피고인은 대표권을 남용하여 이 사건 약속어음을 발행하였지만 피해회사가 그 어음채무나 민법상 불법행위책임을 실제로 이행하였다고 볼 만한 사정은 보이지 않으므로, 이 사건 약속어음 발행행위로 인해 피해회사에 현실적인 손해가 발생하였다고 단정하기 어렵다. 그럼에도 원심은 약속어음이 제3자에게 유통될 가능성이 부정되지 않는다는 이유만으로 배임죄의 재산상 손해 요건이 충족된다고 보아 배임죄의 기수가 성립함을 전제로 이 사건 공소사실에 대하여 특정경제범죄 가중처벌 등에 관한 법률상 배임죄를 적용하여 이 사건 공소사실을 유죄로 판단하였다. 이러한 원심판결에는 배임죄의 보호 정도와 재산상 손해 요건, 기수 시기 등에 관한 법리를 오해하여 판결에 영향을 미친 잘못이 있다. 이와 같이 원심판결이 파기되어야 한다는 결론에 관하여는 다수의견과 의견을 같이하지만 그 이유는 다르므로, 별개의견으로 이를 밝혀둔다.

다. 다수의견에 대한 대법관 조희대, 대법관 김재형의 보충의견

배임죄는 재산권을 보호법익으로 하는 범죄로서, 그 재산상 손해의 유무에 대한 판단은 본인의 전체 재산 상태와의 관계에서 법률적 관점이 아니라 경제적 관점에서 파악하여야 한다. 또한 배임죄의 구성요건인 '재산상 손해를 가하였다'는 것은 총체적으로 보아 본인의 재산 상태에 손해를 가하는 경우, 즉 본인의 전체적 재산가치의 감소를 가져오는 것을 말한다(대법원 2005. 4. 15. 선고 2004도7053 판결, 대법원 2011. 4. 28. 선고 2009도14268 판결 등 참조).

일반적으로 재산은 적극재산과 소극재산으로 구분하고 채무는 소극재산에 속한다. 채무의 발생은 곧 소극재산의 증가로서 경제적 관점에서 보면 전체로서의 재산가치가 감소하였다는 것을 의미한다. 배임죄의 재산상 손해 유무는 개별적인 재물의 변동이 아니라 전체로서의 재산가치 증감에 따라 판단해야 하므로 채무의 발생은 형법 제355조 제2항의 손해에 해당한다고 보는 것이 자연스러운 해석이다. 그리고 현실적으로 보더라도 채무의 발생과 그에 따른 소극재산의 증가는 재산상의 불이익 또는 재산가치의 감소로 평가되고 있다. 법인의 경우에는 부채가 자산을 초과하는 때에도 파산선고를 할 수 있으므로(채무자회생 및 파산에 관한 법률 제306조 제1항), 채무의 발생은 채무의 현실적 이행과 관계없이 법인에 불이익을 초래할 수 있다. 이와 같이 채무초과를 파산원인으로 규정한 것은 경제적으로 활동하는 사람들의 인식을 반영한 것으로 볼 수 있다. 그 밖에도 소극재산의 증가는 단순히 회사의 재무제표의 부채 항목에 계상되는 데 그치는 것이 아니라 회사의 신용도나 재무건전성에 직접 영향을 주고, 경우에 따라 회사의 존립에 영향을 미치기도 한다. 채무의 발생과 그로 인한 소극재산의 증가는 사회·경제적으로 구체적이고 현실적인 불이익으로 작용하고 있는데, 형법상 배임죄의 해석에서만 그 자체로는 아예 재산상 손해가 아니라고 할 수는 없다.

라. 별개의견에 대한 대법관 김창석, 대법관 김신의 보충의견

다수의견에 의하면 대표이사의 대표권남용에 의한 의무부담행위 당시 상대방이 대표권남용 사실을 알았거나 알 수 있었다면 그 행위는 무효이므로 원칙적으로 배임죄의 기수에 이를 수 없고, 상대방이 대표권남용 사실을 과실 없이 몰랐다면 그 행위는 유효이므로 곧바로 배임죄의 기수에 이른다고 보게 된다. 이와 같이 상대방의 인식이나 과실

유무에 따라 배임죄의 기수 여부가 달라지는데, 사기죄와 같이 행위의 상대방이 기망행위에 속아 처분행위를 하는 것이 구성요건으로 규정되어 있는 범죄가 아님에도 상대방의 주관적인 인식이 있었는지에 따라 기수에 이르렀는지가 좌우된다고 보는 것은 형법의 해석론으로 받아들이기 어려운 것이다.

다수의견은 대표이사가 대표권을 남용하여 약속어음을 발행하였는데 그 발행행위가 무효인 경우 회사가 어음채무를 실제로 이행하지 않더라도 그 약속어음이 제3자에게 유통되어 회사의 어음채무가 발생하면 배임죄의 기수에 이른다고 본다. 그런데 이 경우 약속어음의 제3자 유통은 수취인에 의한 별도의 어음행위를 통해 이루어지므로 약속어음의 제3자 유통 시점을 배임죄의 기수시기로 보게 되면 배임행위자가 아니라 상대방의 행위에 의해 기수 시점이 결정되게 되어 형벌규정의 해석으로는 매우 어색한 결과가 된다. 그러나 별개의견과 같이 배임죄를 침해범으로 구성하면 약속어음 발행 사안에서도 회사가 어음채무 등을 실제로 이행한 시점에 기수가 된다고 보게 되므로 배임죄의 구성요건에 부합하는 명확한 기준에 따라 미수와 기수를 구분할 수 있다.

Ⅱ. 문제의 제기

대표권의 남용과 배임죄에 관한 전원합의체 판결이 선고되기 이전에는 대표권을 남용하여 약속어음을 발행한 경우 배임죄의 성립 여부에 관한 대법원의 명확한 입장을 파악하기 어려웠다. 전원합의체 판결 이전에는 사실관계는 상당히 유사하지만, 배임죄의 성립 여부에 관한 판단에는 큰 차이가 있었던 두 유형의 대법원 판결이 존재하고 있었기 때문이다. 이런 상황 속에서 전원합의체 판결 자체가 법적 안정성이란 측면에서 타당한 점이 있는 바, 그 의미에 대하여 구체적으로 살펴볼 필요가 있다고 사료된다.

전원합의체 판결 다수의견은 배임죄를 위험범으로 파악하지만, 별개의견은 침해범으로 파악하므로, 배임죄의 성립시기에 관하여 차이가 있다. 다수의견에 따르면 약속어음 발행이 무효라도 그 어음이 실제로 제3자에게 유통되는 등 특별한 사정이 있어 본인이 법적 책임을 부담하는 때 채무의 이행 여부와는 무관하게 배임죄의 기수범이 된다. 이에 비하여 별개의견에 따르면 발행행위의 법률상 효력 유무나 약속어음이 제3자에게 유통되었는지 등에 관계없이 회사가 어음채무나 민법상 불법행위책임을 실제로 이행한 때

배임죄 기수가 성립한다고 한다. 그 근거와 논의의 실익에 대하여 살펴볼 필요가 있다.

대법원 전원합의체 판결에 따르면 권한을 남용한 대표이사를 통하여 약속어음을 취득한 상대방이 대표이사의 진의를 알았거나 알 수 있었을 때 회사에 대하여 무효가 되지만, 그 상대방으로부터 어음을 취득한 제3취득자에게는 인적항변에 관한 규정이 적용된다고 한다. 상대방과 제3취득자의 보호요건에 차이가 있는 바, 그 구체적 의미를 살펴보고, 타당성에 대하여 검토할 필요가 있다. 아래에서는 이러한 쟁점과 관련된 학설을 살펴보고 검토한 후 입법론을 제시하고자 한다.

Ⅲ. 배임죄의 성립요건

1. 대법원 판결

가. 전원합의체 판결과 선례의 비교

이 전원합의체 판결이 선고되기 이전에는 배임죄의 성립 여부에 관한 판단에는 큰 차이가 있었던 두 유형의 대법원 판결이 존재하고 있었다. 대표권을 남용하여 회사 명의의 약속어음을 발행한 행위가 무효인 경우에도 그 약속어음이 제3자에게 유통되지 아니한다는 특별한 사정이 없는 한 재산상 실해 발생의 위험이 초래되었으므로, 배임죄가 성립한다는 대법원 판결[3])과 상대방이 권한을 남용한 사실을 알았거나 충분히 알 수 있어서 대표이사가 약속어음공정증서를 발행한 행위가 무효인 경우 회사에 재산상 실해 발생의 위험이 초래되었다고 볼 수 없으므로, 그 대표이사는 무죄라는 대법원 판결[4])이 병존하고 있었다. 전자의 판결에 따르면 어음발행이 회사에 대하여 무효라 하더라도 특별한 사정이 없는 한 배임죄의 기수범이 된다. 그러나 후자의 판결에 따르면 약속어음공정증서를 발행한 행위가 무효인 경우 무죄가 된다.

전원합의체 판결에 따르면 어음발행이 회사에 대하여 무효인 경우 특별한 사정이 없는 한 위험이 현실적으로 발생하지 아니하였으므로, 배임죄의 기수범이 되지 아니한다고 한다. 어음발행이 회사에 대하여 무효라 하더라도 특별한 사정이 없는 한 배임죄의

---

3) 대법원 2012. 12. 27. 선고 2012도10822 판결; 대법원 2013. 2. 14. 선고 2011도10302 판결.
4) 대법원 2012. 5. 24. 선고 2012도2142 판결.

기수범이 된다는 전자의 판결은 전원합의체 판결과 명확하게 배치되므로, 배치되는 범위에서 전자의 판결이 변경되었다. 전원합의체 판결은 배임의 미수와 기수를 구별하고 있는 바, 배임의 범위로서 임무를 위배하는 행위를 한 경우 실행을 착수한 것이라고 한다. 전원합의체 판결은 상대방이 권한을 남용한 사실을 알았거나 충분히 알 수 있어서 약속어음공정증서를 발행한 행위가 무효인 경우 무죄라는 후자의 대법원 판결을 명시적으로 변경하지는 않았지만, 임무를 위반하여 어음을 발행한 때 어음의 발행이 회사에 대하여 무효가 된다하더라도 실행을 착수한 것이라고 판단하였다는 점에서 사실상 다른 법리를 제시하였다.

나. 다수의견과 별개의견의 비교

다수의견은 배임죄를 위험범으로 파악하지만, 별개의견은 침해범으로 파악하므로, 배임죄의 성립시기에 관하여 차이가 있다. 이 사건처럼 회사가 상대방이나 제3자에게 약 30억 원을 지급할 법적 책임이 있는 경우와 회사가 약 30억 원의 현금을 상대방이나 제3자에게 지급한 경우 중 언제 현실적인 손해가 발생한 것이냐는 문제에 대하여 견해를 달리하고 있는 것이다.

다수의견은 기존의 선례에 따라 배임죄를 위험범으로 파악하면서 미수와 기수를 구별하는 입장을 밝히고 있다. 다수의견에 따르면 약속어음 발행이 무효이며, 그 어음이 제3자에게 유통되는 등 특별한 사정이 없다면 배임미수죄로 처벌하여야 하지만, 약속어음 발행이 무효라도 그 어음이 제3자에게 유통되는 등 특별한 사정이 있어 본인이 법적 책임을 부담하는 때 배임죄의 기수범이 된다. 이 사건에서는 피해회사 명의로 액면금액 약 30억 원의 약속어음을 발행하였는바, 실제로 금전을 지급하였는지와는 무관하게 피해회사가 상대방이나 제3자에게 채무를 이행할 법적 책임을 부담하는 때 배임죄의 기수를 인정하게 된다. 이에 비하여 별개의견에 따르면 배임죄를 위험범으로 파악하는 것은 형벌규정의 의미를 피고인에게 불리한 방향으로 확장하여 해석하는 것으로서 죄형법정주의 원칙에 반한다고 한다. 의무부담행위로 인해 채무가 발생하거나 민법상 불법행위책임을 부담하게 되더라도 회사의 재산에 현실적인 변동이 초래되지는 아니하므로, 현실적인 손해가 아니라 손해 발생의 위험에 불과하다고 한다. 대표이사가 대표권을 남용하여 회사 명의의 약속어음을 발행한 경우 발행행위의 법률상 효력 유무나 약속어음이 제

3자에게 유통되었는지 등에 관계없이 회사가 어음채무나 민법상 불법행위책임을 실제로 이행한 때 배임죄 기수가 성립한다고 한다. 별개의견에 따르면 본인이 법적 책임을 이행한 때 즉 이 사건의 경우 대표권 남용에 의하여 법적 책임을 부담하는 회사가 실제 채무를 이행한 때 배임죄의 기수가 된다.

2. 학설

배임죄에서 재산상의 손해를 가한 때의 해석과 관련하여 다양한 견해가 존재한다. ① 재산상 손해 발생의 위험을 초래한 경우에는 배임죄의 미수범으로 처벌되는 것이 타당하다는 견해, ② 재산상 손해의 개념에는 다양한 손해를 포함하는 것이 현실적으로 적합하다는 견해, ③ 손해발생과 동등한 손해발생의 위험에 해당되는 경우 배임죄의 기수범을 인정하는 것은 타당하지만, 손해발생의 막연한 위험에 해당되는 경우에는 배임죄의 미수범을 인정하는 것이 타당하다는 견해 등이 있다.

재산상 손해 발생의 위험을 초래한 경우에는 배임죄의 미수범으로 처벌되는 것이 타당하다는 견해에 대하여 살펴보고자 한다. 배임죄를 위험범으로 이해하는 경우 구체적으로 발생하지 않은 재산상 손해 대신에 손쉽게 재산상 손해가 발생할 위험이 있는 액수를 추정하는 방법으로서 배임죄의 기수를 인정하게 된다. 따라서 배임죄를 위험범으로 파악하는 법원의 입장은 배임으로 당한 손해를 구체적으로 산정하는 수고를 덜 수 있는 장점이 있다.[5] 그러나 배임죄를 위험범으로 파악하는 경우 법률의 명시적 규정에 반한다. 형법 제355조 제2항에 따르면 "이익을 취득하여" "손해를 가한 때" 배임죄가 성립하며, 형법 제359조는 배임죄의 미수범을 처벌하기 때문이다. 배임죄의 미수범은 기수범과 달리 배임행위에 착수하면 족하고, 배임행위의 실행착수란 타인의 사무처리이행의무를 부담하는 자가 타인에게 손해를 가할 수 있는 배임행위를 착수하는 것이므로, 단순하게 재산상 손해가 발생할 위험만 존재하는 경우에도 기수범으로 처벌하는 것은 미수범을 두는 이유를 박탈하게 된다.[6] 형법에서는 기수에 이르지 못한 미수범을 기수범으로 처벌하여서는 안 된다고 규정하고 있으므로, 미수범을 기수범으로 처벌하는 것은 죄형법정주의에 반한다. 따라서 재산상 손해 발생의 위험을 초래한 경우도 배임죄의

---

5) 류전철, "배임죄에서 재산상 손해발생의 위험", 「법학논총」, 제30집 제1호(2010), 123면.

6) 허일태, "배임죄에서의 행위주체와 손해의 개념", 「비교형사법연구」, 제6권 제2호(2004), 151면.

기수범으로 처벌할 수 있다는 대법원 판결은 죄형법정주의에 반하는 판결이라고 한다.[7]

　재산상 손해의 개념에는 다양한 손해를 포함하는 것이 현실적으로 적합하다는 견해에 대하여 살펴보고자 한다. 이 견해에 따르면 재산상 손해의 개념에는 적극적 손해, 실해 발생 가능성, 상호권에 대한 침해, 주가하락으로 인한 재산상 손해 및 주주 개개인의 보유주식 하락분에 상응하는 손해도 포함하는 것이 현실적으로 적합하다고 한다.[8] 대표이사의 배임행위의 사법적 효력이 무효라 하더라도 그 행위로 인해 회사와 주주에게는 명백한 재산상 손해가 발생할 수 있다. 특히 회사가 상장기업인 경우 대표이사의 배임행위가 공개됨으로 인해 기업의 신용도에 심각한 손상을 끼치게 될 뿐 아니라 해당 기업의 주가에 악영향을 미치게 된다. 즉 대표이사의 위법한 행위가 언론을 통해 시장에 공개됨과 동시에 해당 기업의 주가는 하락하게 될 것이며, 해당 기업의 주식을 보유한 주주들은 악재로 인한 손해를 감수하고 보유주식을 처분하려고 할 것이다. 더불어 해당 기업의 신뢰도가 하락함으로 인해 재산권적 성격도 존재하는 상호권이 심각하게 손상될 수 있다. 따라서 재산상 손해의 개념에는 적극적 손해, 실해 발생 가능성, 상호권에 대한 침해, 주가하락으로 인한 재산상 손해 및 주주 개개인의 보유주식 하락분에 상응하는 손해도 포함해서 손해 발생 여부를 결정하는 것이 현실적으로 적합한 해석이라고 한다.

　손해발생과 동등한 위험에 해당되는 경우 배임죄의 기수범을 인정하는 것이 타당하지만, 막연한 손해발생 위험에 해당되는 경우에는 배임죄의 미수범을 인정하는 것이 타당하다는 견해에 대하여 살펴보고자 한다. 법익에 대한 현실적인 침해가 아직 발생하지 아니하였지만, 장래에 손해가 발생할 것이 분명한 경우 이미 재산의 경제적 가치를 감소시키는 것이므로, 경제적으로 평가할 때 이미 손해가 발생한 것이다. 즉 행위자의 의사 여하에 따라 바로 손해로 전환될 수 있는 급박한 위험은 손해발생과 동등한 위험으로 평가되어야 한다. 막연하게 손해가 발생할 위험이 있는 경우에는 미수로 인정하는 것이 타당하다.[9] 대표이사가 대표권을 남용하여 약속어음을 발행하여 상대방에게 교부하였지만, 법률상 무효가 된 경우 배임행위를 한 시점에서는 손해와 동등한 구체적 위험이 발생하였다고 보기 어렵다. 약속어음이 법률상 무효인 경우 회사가 금전을 지급할 위험이 발생하지 않을 수 있기 때문이다. 다만 손해가 발생하지 아니하였더라도 배임행위는 있

---

7) 류전철, 앞의 논문, 118면; 허일태, 앞의 논문, 155면.

8) 문상일, "대표이사 책임범위에 관한 최근 판례동향 -대법원 2010. 9. 30. 선고 2010도6490 판결을 중심으로-", 「상사판례연구」, 제25집 제2권(2012), 284면.

9) 안경옥, "회사 대표이사의 대표권 남용행위 중 법률상 무효행위에 대한 형법적 평가", 「경희법학」, 제48권 제4호(2013), 165면.

으므로, 고의와 불법영득의사의 유무를 판단하여 미수범으로 처벌할 수 있다. 피해자 회사가 손해배상의무를 부담한 경우 그 의무를 이행하기 전에도 손해와 동등한 위험을 인정할 수 있으므로, 배임죄의 기수를 인정하는 손해와 동등한 위험의 발생은 회사가 이행의무를 부담하는 때를 기준으로 하여야 한다.[10]

3. 검토

먼저 선례와 비교할 때 전원합의체 판결의 의미에 대하여 살펴보고자 한다. 사실관계가 상당히 유사한 경우 법적 안정성의 요청이란 측면에서 일관된 판단을 하는 것이 타당하다. 전원합의체 판결은 사실관계는 상당히 유사하지만, 배임죄의 성립 여부에 관한 판단에 대하여 큰 차이가 있어 상당히 혼란스러웠던 상황을 해결하였으므로, 법적 안정성의 요청이란 측면에서 타당한 점이 있다고 사료된다. 그간 사실상 사문화되었던 배임죄의 미수범 처벌규정을 활용할 수 있게 되었다는 점도 의미가 있다고 사료된다.

앞에서 살펴본 것처럼 다수의견과 별개의견은 배임죄의 기수시기에 대하여 차이가 있다. 회사가 법적 책임을 부담하는 때와 그 책임에 따라 채무를 이행하는 때 중 언제 회사에 현실적 손해가 발생되었다고 보는 것이 타당한가에 대하여 검토하고자 한다. 회사가 법적 책임을 부담하지만, 현재 변제할 금전을 보유하지 아니하여 이행할 수 없는 경우, 회사가 법적 책임을 부담하면서 변제할 금전을 보유하고 있지만, 권한을 남용한 대표이사가 이행을 회피하는 경우 회사재산이 현실적으로 변동된 것은 아니다. 이행 여부에 따라 미수와 기수로 구별된다는 별개의견에 따르면 이러한 경우에는 기수로 인정될 수 없으므로, 추후 이행 여부를 확인하여 회사의 손해 여부를 확정할 필요가 있다. 그러나 다수의견의 법리를 적용하여 법적 책임을 부담하는 경우 배임죄의 기수를 인정하게 된다면 회사재산의 현실적 변동 여부를 확인할 필요가 없어 비교적 간명하게 회사의 손해 여부와 손해액을 확정할 수 있다.

형법에 따르면 업무상 임무에 위배하여 '본인에게 손해를 가한 때' 배임죄가 성립한다(형법 제356조). 만약 상대방이나 제3자가 회사에 어음금지급을 청구하여 어음금 30억 원을 제3자에게 지급한다면 회사에 현실적인 손해가 발생되었으므로, 배임죄의 기수범으로 처벌받는 것이 당연하다(형법 제356조). 회사가 상대방이나 제3자에게 약 30억

---

10) 안경옥, 위의 논문, 168면.

원을 지급할 법적 책임이 발생한 이후에도 중지미수가 성립될 수 있느냐는 문제가 있다. 별개의견에 따르면 회사가 법적 책임을 부담하지만, 채무를 이행하기 전 대표권을 남용한 대표이사가 변제한 경우 중지미수가 성립될 수 있지만, 다수의견에 따르면 중지미수가 성립될 수 없다. 중지미수범이 성립된다면 범인이 자의로 실행에 착수한 행위를 중지하거나 그 행위로 인한 결과의 발생을 방지한 때에 해당되므로, 형을 감경 또는 면제하여야 한다(형법 제26조).

소극재산의 증가는 회사의 신용도에 직접 영향을 미치고, 경우에 따라 회사의 존립에 영향을 미친다는 점에서 회사에 현실적 손해가 발생한 것이라는 다수의견에 일리가 있다. 다수의견의 법리를 적용하는 경우 회사재산의 현실적 변동 여부를 확인할 필요가 없어 비교적 간명하게 회사의 손해 여부와 손해액을 확정할 수 있다. 의무부담행위로 인해 채무가 발생하더라도 회사의 재산이 현실적으로 변동된 것은 아니므로, 현실적인 손해가 아니라는 점에서 소수의견에도 일리가 있다. 다수의견과 소수의견 모두 일리 있는 근거를 제시하지만, 죄형법정주의 원칙에 비추어 현행법을 해석한다면 대표이사가 자신의 재산으로써 어음금을 지급한 경우 본인인 회사에게 현실적으로 손해가 발생된 것이 아니므로, 중지미수범으로 보는 것이 합리적이다.[11]

Ⅳ. 어음소지인의 보호요건

1. 대표권 남용 시 어음소지인의 보호요건

가. 상대방의 보호요건

(1) 대법원 판결

대법원은 전원합의체 판결 이전에 권한을 남용한 대표이사를 통하여 어음을 취득한 거래상대방의 보호요건에 대하여 다양하게 판결하였다. 대법원은 1987년 주식회사의 대표이사가 권한을 남용한 경우 상대방이 악의인 경우에는 그로 인하여 취득한 권리를 회

---

11) 이훈종, "대표권을 남용하여 약속어음을 발행한 경우 배임죄에 관한 연구 - 대법원 2013. 2. 14. 선고 2011도10302 판결을 중심으로 -", 「법과 정책연구」, 제15집 제1호(2015), 281면.

사에 대하여 주장하는 것이 신의칙에 반하므로 회사는 상대방의 악의를 입증하여 행위의 효과를 부인할 수 있을 뿐이라고 판결하였지만,[12] 1988년 이후에는 상대방이 대표이사의 진의를 알았거나 알 수 있었을 때 회사에 대하여 무효가 된다고 판결하였다.[13] 2012년 12월과 2013년 2월 대법원 판결에 따르면 권한을 남용한 대표이사를 통하여 약속어음을 취득한 상대방이 그 사실을 알고 있었거나 중과실로 알지 못한 경우 회사에 대하여 무효라고 한다.[14] 2012년 12월과 2013년 2월 대법원 판결은 2017년 전원합의체 판결과 배치된 범위에서 변경되었는바, 이 전원합의체 판결에 따르면 상대방이 대표이사의 진의를 알았거나 알 수 있었을 때에는 회사에 대하여 무효가 된다. 앞에서 살펴본 별개의견에 대한 보충의견에 따르면 이러한 다수의견은 상대방이 과실 없이 대표권남용 사실을 몰랐다면 남용된 행위도 유효하다는 의견이라고 한다.[15]

(2) 학설

대표권남용행위의 효력에 관한 법리의 구성과 관련하여 학설의 대립이 있다. 비진의 표시설,[16] 권리남용설,[17] 이익교량설[18] 및 내부적 권한제한설[19] 등이 있다. 권리남용설,

---

12) 대표이사가 대표권 범위 내에서 한 행위는 설사 대표이사가 회사의 영리목적과 관계없이 자기 또는 제3자의 이익을 도모할 목적으로 권한을 남용한 것이라 할지라도 일응 회사의 행위로서 유효하다. 다만 행위의 상대방이 그와 같은 정을 알았던 경우 권리를 회사에 대하여 주장하는 것이 신의칙에 반하므로 회사는 상대방의 악의를 입증하여 행위의 효과를 부인할 수 있을 뿐이다. 대법원 1987. 10. 13. 선고 86다카1522 판결.

13) 대표이사의 행위가 대표권한 범위 내의 행위라 하더라도 회사의 이익 때문이 아니고 자기 또는 제3자의 개인적인 이익을 도모할 목적으로 권한을 행사한 경우 상대방이 대표이사의 진의를 알았거나 알 수 있었을 때 회사에 대하여 무효가 된다. 대법원 1988. 8. 9. 선고 86다카1858 판결; 대법원 2005. 7. 28. 선고 2005다3649 판결; 대법원 2008. 5. 15. 선고 2007다23807 판결 등.

14) 대표이사가 자신의 개인 채무를 담보하기 위하여 회사 명의의 약속어음을 발행하는 경우 다른 특별한 사정이 없는 한 대표권 남용행위에 해당한다. 상대방이 그 사실을 알았거나 중과실로 알지 못하였다면 대표이사가 회사 명의의 약속어음을 발행한 것은 회사에 대하여 효과가 미치지 아니하므로, 회사는 상대방에 대하여 어음금채무를 지지 아니한다. 대법원 2012. 12. 27. 선고 2012도10822; 대법원 2013. 2. 14. 선고 2011도10302 판결.

15) 별개의견에 대한 대법관 김창석, 대법관 김신의 보충의견이다.

16) 대표이사가 자기 또는 제3자의 이익을 위하여 대표권을 남용한 경우 상대방이 대표이사의 진의를 알았거나 알 수 있었을 때 민법 제107조 제1항 단서의 규정을 유추적용 하여 그 행위는 무효가 된다. 최기원, 「신회사법론」, 박영사, 2012, 638면.

17) 대표권남용행위도 객관적으로는 대표권의 범위 내의 행위이므로, 원칙적으로는 대표권남용행위 자체는 유효하여 회사가 책임을 져야 한다. 다만 거래상대방이 대표이사의 주관적인 의도를 알았거나 중과실로 모른 경우 상대방이 회사에 대하여 거래의 유효를 주장하며 권리를 행사하는 것이 권리남용 또는 신의칙위반이 되므로, 회사가 이행을 거부할 수 있다. 법학전문대학원 상법교수 13인, 「상법판례백선」, 법문사, 2012, 357면.

18) 대표권남용행위는 회사에 대한 선관주의의무를 위반한 행위이므로 원칙적으로 무효이다. 다만 남용행위를 무효로 하면 상대방에게 예측할 수 없는 손해를 줄 수 있으므로, 상거래의 안전을 보호하기 위하여 상대방에게 악의 또는 중과실이 있는 경우에만 무효를 주장할 수 있다. 육태우, "회사지배구조 관련 판례와 학설의 불일치와 극복", 「상사판례연구」, 제25집 제2권(2012), 145면.

19) 대표권에는 회사의 이익을 위하여 행사되어야 한다는 내재적 제한이 있으므로, 대표권 남용행위를 대표권에 대한 내부적 제한을 위반한 행위로 보아 표현대표에 관한 상법 규정(389조3항,209조2항)을 적용하여야 한다. 따라서 상대방이 권한이 남용되었다는 사실을 알았거나 모른 데 중과실이 있다면 회사가 책임을 면한다. 정진세, 「판례연습 회사법」, 삼우사, 2001,

이익교량설 및 내부적제한설에 따르면 과실 있는 선의자가 보호될 수 있지만, 비진의표시설에 따르면 과실 있는 선의자가 보호되지 않는다. 비진의표시설에 대해서는 상대방이 알 수 있었을 때에도 즉 상대방에게 경과실이 있는 경우에도 거래를 무효로 하게 되어 상거래안전을 보호할 수 없다는 비판이 제기된다.[20] 상대방 입장에서는 남용의사라는 주관적 의사가 존재하는지 여부를 파악하기 쉽지 않을 뿐만 아니라 대표권의 불가제한성으로 인해 대표이사의 주관적 남용 의사 여부를 적극적으로 확인해야할 주의의무를 인정하기 어려우므로, 이러한 주의의무를 게을리 하더라도 불이익을 당해서는 안 된다고 한다.[21]

나. 인적항변의 절단

(1) 인적 항변의 절단에 관한 판결

(가) 사실관계

피고는 소외 주식회사 동흥에게 약속어음을 발행하였고, 소외 주식회사 동흥은 원고에게, 원고는 소외 한국은행에게, 이 어음을 순차로 배서양도 하였다. 한국은행이 어음을 지급제시 하였지만, 피사취를 이유로 지급이 거절되어 한국은행이 소구권을 행사하여 원고가 어음금을 한국은행에게 지급하고 어음을 회수하여 소지하고 있다. 피고는 소외 주식회사 동흥에게 합판 수입대금을 결제하기 위하여 어음을 발행하였지만, 소외 주식회사 동흥의 대표이사 이환석은 어음을 원고 은행으로부터 어음을 할인받은 후 그 대금을 소외 주식회사 동흥의 당좌계좌에 입금시켜 소외 주식회사 동흥이 발행한 수표금을 결제하였다.

(나) 대법원 판결[22]

어음법 제17조 단서에서 규정하는 채무자를 해할 것을 알고 어음을 취득하였을 때라 함은 단지 항변사유의 존재를 아는 것만으로는 부족하고 자기가 어음을 취득함으로써 항변이 절단되고 채무자가 손해를 입게 될 사정이 객관적으로 존재한다는 사실까지도

318면.

20) 임재호, "어음보증과 권리남용의 항변", 「상사판례연구」, 제11집 제1권(2000), 336면.

21) 문상일, 앞의 논문, 274면.

22) 대법원 1996. 5. 28. 선고 96다7120 판결.

충분히 알아야 한다. 이 사건의 경우 소외 주식회사 동흥이 어음할인대금을 임의로 사용하였다고 하더라도, 그러한 점만으로는 원고가 피고를 해할 것을 알고 어음을 취득하였다고 보기는 어렵다.[23][24]

(2) 학설

사기 등 의사표시의 하자가 있거나 대표권이 남용되어 어음행위가 이루어진 경우 보호되는 제3자의 요건에 대하여 학설의 대립이 있다. 중과실이 없는 선의의 제3취득자가 보호되어야 한다는 학설, 해의가 없는 제3취득자가 보호되어야 한다는 학설 및 어음행위와 원인행위를 구별하여 제3취득자가 보호되어야 한다는 학설이 있다.

먼저 중과실이 없는 선의의 제3취득자가 보호되어야 한다는 학설에 대하여 살펴보고자 한다.[25] 어음행위의 의사표시에 하자가 있었음을 이유로 어음행위를 취소하고 어음소지인에게 어음항변을 할 수 있느냐는 문제는 어음의 실질관계와는 무관한 어음채무자체의 유효성에 관한 항변 내지는 어음법 제17조에 해당하지 않는 인적항변에 관한 문제이다. 그러므로 하자 있는 의사표시에 의하여 어음행위를 한 경우 새로운 어음취득자에게 대항할 수 있는가의 여부는 어음법 제17조 단서의 적용에 의하여 판단할 것은 아니기 때문에 어음취득자에게 어음의 취득으로 어음채무자를 해할 의사가 존재하였는지의 여부가 문제되지 아니한다. 여기서는 권리외관을 신뢰한 선의의 어음취득자를 보호하기 위한 외관작출자의 책임문제가 발생한다. 즉 외관작출자가 어음행위를 취소하더라도 선의의 어음취득자에 대해서는 항변을 하지 못하고, 외관에 대하여 어음상의 책임을 져야 하는 경우가 있다. 이때의 선의의 어음취득자는 '악의 또는 중과실 없이' 어음을 취득한 자라고 해석하는 것이 옳다. 이렇게 해석해야만 권리외관을 신뢰한 선의의 어음취득자를 보호하기 위하여 마련한 어음법 제10조와 제16조 제2항에 규정된 선의의 어음취득자 즉 '악의 또는 중과실 없이' 어음을 취득한 자와도 균형이 맞게 되며, 어음을 취득한 선

---

23) 어음행위에 착오·사기·강박 등 의사표시의 하자가 있다는 항변은 인적항변이다. 그러므로 소지인이 채무자를 해할 것을 알고 어음을 취득한 경우가 아닌 한, 소지인이 중과실로 의사표시의 하자가 있다는 사실을 몰랐다 하더라도, 어음채무자는 종전 소지인에 대한 항변으로써 소지인에게 대항할 수 없다. 대법원 1997. 5. 16. 선고 96다49513 판결; 수표법 제22조 단서에서 규정하는 '채무자를 해할 것을 알고 수표를 취득한 때'라 함은 단지 항변사유의 존재를 아는 것만으로는 부족하고 자기가 수표를 취득함으로써 항변이 절단되고 채무자가 손해를 입게 될 사정이 객관적으로 존재한다는 사실까지도 충분히 알아야 하는 것이다(당원 1996. 5. 28. 선고 96다7120 판결 참조). 대법원 1998. 2. 13. 선고 97다48319 판결.

24) 일본의 최고재판소도 사기에 의한 의사표시의 하자를 이유로 어음행위를 취소한 경우 어음채무자의 항변은 인적 항변 사유에 해당된다고 한다. 最判 1951. 10. 19, 民集 5卷 11号, 612面.

25) 임재호, "어음법·수표법상 외관이론의 수용", 「상사판례연구」, 제9집(1998), 183면.

의의 제3자를 보호하기 위한 각 제도의 요건을 통일적으로 해석해야 한다는 어음해석의 이념에도 부합된다.

해의가 없는 제3취득자가 보호되어야 한다는 학설이 있다.[26] 대표권이 남용되어 어음이 발행된 경우, 어음행위가 성립하였지만 의사표시에 하자가 있는 경우 인적항변사유에 해당된다. 사기를 당하여 어음행위를 한 경우 그 어음행위를 취소할 수 있지만, 선의의 제3자에게 대항할 수 없다(민법 제110조 제3항). 선의란 인적항변의 절단에 관한 어음법 제17조 단서에서 규정하고 있는 것처럼 어음채무자를 해할 것을 알지 못하는 것을 말한다.[27] 어음소지인이 단순히 항변사유의 존재를 알았던 경우 어음채무자를 해할 것을 알았던 것은 아니다. 어음소지인이 어음을 취득함으로써 항변이 절단되고 어음채무자가 손해를 당하게 된다는 사정이 객관적으로 존재한다는 사실까지 알았던 경우 어음채무자를 해할 것을 알았던 것이라고 한다.[28]

사기 또는 강박이 원인행위와 관련된 경우에는 사기 또는 강박이 어음행위와 관련된 경우보다 보호요건이 완화된다는 학설도 있다. 어음법은 소지인의 보호 여부를 정하는 기준으로 두 가지의 주관적 요건을 제시하고 있는 바, 악의 또는 중과실이 없을 것을 요건으로 하는 제10조(백지어음)와 제16조 제2항(선의취득)의 경우와 해의가 없을 것을 요건으로 하는 제17조(인적항변의 절단)의 경우가 있다. 전자의 경우는 어음행위와 관련된 경우 즉 어음관계의 발생, 변동 및 소멸과 관련된 경우이고, 후자의 경우는 원인행위와 관련된 경우 즉 원인관계의 발생, 변동 및 소멸과 관련된 경우이다. 즉 전자는 어음관계에 문제가 있다고 다투는 경우이고, 후자는 어음행위의 원인관계에 문제가 있다고 다투는 경우이다.[29] 사기 또는 강박에 의하여 어음에 기명날인을 한 경우는 교부계약에 의사의 하자가 있는 경우로서 어음행위와 관련된 문제이므로, 보호되는 소지인의 주관적 요건을 악의 또는 중과실의 부존재로 해석하여야 한다. 그러나 사기 또는 강박이 원인행위와 관련된 경우 원인관계의 항변이어서 해의가 없는 소지인이 보호받게 되므로, 보호요건이 완화된다고 한다.[30]

---

26) 田邊光政, 「最新手形法小切手法」, 中央經濟社, 2007, 154面.

27) 최준선, 「상법사례연습(하)」, 삼조사, 2009, 17면.

28) 권오성, "대표권 남용과 배임죄 -대법원 2012. 5. 24. 선고 2012도2142 판결-", 「법학논총」, 제30집 제4호(2013), 197면.

29) 도제문, "어음(수표)항변에 관한 일고 -항변의 분류, 선의취득과의 관계, 영미법상의 관련규정-", 「경영법률」, 제12집(2001), 292면.

30) 紫崎曉, "手形行爲または原因契約と取消と害意ある所持人への對抗等", 「早法」六八卷三・四号, 早稻田大學商法硏究會, 1993, 368面.

2. 민법상 표현대리, 상법상 표현대표이사 및 어음법상 선의취득을 적용하는 경우 어음소지인의 보호요건

가. 판결

대법원에 따르면 표현대리인을 통하여 약속어음을 취득한 상대방은 민법 제126조에 의하여 보호될 수 있는 바, 거래상대방이 선의이며 과실이 없는 경우 본인에게 표현대리인의 행위에 대한 책임을 추궁할 수 있다.[31] 제3취득자는 직접적인 상대방이 선의이며 과실이 없는 경우 상대방의 권리를 원용할 수 있을 뿐이다.[32][33] 그러나 대법원에 따르면 표현대표이사를 통하여 어음을 직접적으로 취득한 상대방과 그 상대방으로부터 어음을 다시 배서양도 받은 제3취득자는 회사에게 표현대표이사의 행위에 대한 책임을 추궁할 수 있다(상법 제395조). 직접적인 상대방이나 제3취득자에게 중과실이 없으면 어음금을 변제받을 수 있게 된다.[34][35] 선의이며 중과실이 없는 경우 어음의 선의취득이 인정되는바(어음법 제16조 제2항), 대법원에 따르면 양도인이 무권리자인 경우뿐만 아니라 대리권의 흠결이나 하자가 있는 경우에도 어음의 선의취득으로 인하여 하자가 치유된다고 한다.[36]

나. 학설

민법상 표현대리 규정에 의하여 보호받을 수 있는 제3자의 범위에 대하여 학설상의 대립이 있다. 제3자의 범위를 제한하는 제한설에 따르면 표현대리인의 직접적인 상대방으로 제3자가 제한된다.[37] 이에 비하여 제3자의 범위를 확장하는 확장설에 따르면 표현

---

31) 대법원 1990. 1. 23. 선고 88다카3250 판결; 대법원 2009. 5. 28. 선고 2008다56392 판결 등.

32) 대법원 1994. 5. 27. 선고 93다21521 판결; 대법원 2002. 12. 10. 선고 2001다58443 판결.

33) 일본의 최고재판소도 제3자를 직접적인 상대방으로 한정하고 있다. 最判 1977. 12. 9, 判時 879号, 135面; 대리인이 권한을 남용하여 본인 명의의 어음을 발행한 경우 상대방이 본인의 의사로 진정하게 어음이 발행되었다는 것을 신뢰할 만한 정당한 이유가 있는 때 민법상 표현대리에 관한 규정에 의하여 본인이 책임을 부담한다고 한다. 最判 1964. 9. 15, 民集 18卷 7号, 1435面; 다만 상대방에 대한 관계에서 표현대리의 요건이 충족된 경우 제3취득자가 이를 원용하는 것은 가능하다고 한다. 最判 1960. 12. 27, 民集 14卷 14号, 3234面.

34) 대법원 2003. 9. 26. 선고 2002다65073 판결.

35) 일본의 최고재판소도 제3자에게 중과실이 있는 경우에는 악의가 있는 경우와 동일하게 보호받지 못한다고 판결하였다. 最判 1977. 10. 14, 民集 31卷 6号, 825面.

36) 대법원은 회사 명의의 배서를 위조한 총무부장을 통하여 어음을 취득한 사안에서 원고에게 중과실이 없는 경우 선의취득을 인정하고 있다. 대법원 1995. 2. 10. 선고 94다55217 판결; 대법원에 따르면 어음을 유통시킬 의사로 발행인으로 기명날인하여 외관을 갖춘 어음을 작성한 자는 어음의 도난 또는 분실 등으로 인하여 그의 의사에 의하지 아니하고 유통되었다고 하더라도, 배서가 연속되어 있는 어음의 외관을 신뢰하고 취득한 소지인에 대하여는 악의 내지 중과실에 의하여 어음을 취득하였음을 입증하지 아니하는 한 발행인으로서의 어음상 채무를 부담하게 된다. 대법원 1999. 11. 26. 선고 99다34307 판결.

37) 표현대리의 제3자는 표현대리행위의 상대방을 의미하는 것이지 제3취득자를 의미하는 것은 아니다. 그러므로 어음행위의

대리인의 직접적인 상대방은 물론이며 그 이후의 어음취득자도 제3자에 포함된다. 확장
설에는 정당한 이유가 있는 경우 제3취득자를 보호해야 한다는 학설,38) 선의이며 중대
한 과실이 없는 제3자를 보호해야 한다는 학설39) 및 해의가 없는 제3취득자를 보호하는
것이 타당하다는 학설40) 등이 있다.

표현대표이사의 대행권을 신뢰하여 거래한 상대방은 상법 제395조의 보호대상이 아
니라는 학설,41) 제3자가 선의이며 중과실이 없는 경우 보호된다는 학설,42) 제3자가 선
의인 경우 보호된다는 학설43) 및 표현대표이사의 직접적인 상대방과 제3취득자를 구별
하는 학설44) 등이 있다.

선의취득이 인정되는 범위에 대해서는 학설의 대립이 있다. 어음의 선의취득은 양도
인이 무권리자인 경우에만 인정된다는 견해,45) 선의취득은 양도인이 무권리자인 경우와

표현대리에 있어서 제3자는 직접적인 상대방으로 한정된다고 한다. 김정호, "어음행위의 표현대리에 있어서 제3자의 범위 -
대판 1994. 5. 27. 93다21521-", 「판례연구」, 제7집(1995), 281면; 藤田友敬, "偽造手形", 「法學教室」 第204号, 1997, 19面.

38) 어음이란 전전유통 될 것이 예상되므로, 본인에게 무권대리인의 표현적 지위에 관한 귀책사유가 있다면 직접적인 상대방뿐
만 아니라 모든 어음취득자에게 귀책사유가 있다고 보는 것이 옳다. 따라서 어음의 전득자가 자신이 취득하기 전에 이루어
진 어음행위의 대리를 유권대리로 믿을 만한 정당한 이유가 있다면 표현대리의 성립을 인정해야 한다. 이철송, 「어음・수
표법」, 박영사, 2012, 110면.

39) 어음법의 영역에서는 유통보호라는 이념이 강하게 요구된다. 이와 관련하여 상대방이 선의이기만 하면 보호받을 수 있느냐
는 문제가 있다. 중과실은 거래상으로는 악의와 동일시되는 것이므로, 상대방이 선의라 하더라도 거래상 조금만 주의를 기
울였다면 대리권이 없음을 알았을 때 즉 상대방에게 중과실이 있는 경우 본인을 보호하는 것이 타당하다. 그러므로 어음행
위의 표현대리에 의하여 보호받을 수 있는 제3자는 선의이며 중과실이 없는 제3자라고 보아야 한다. 임재호, 앞의 논문(주
25), 161면; 표현대리의 일반원칙에 따르면 상대방이 선의이며 무과실이어야 하지만, 어음거래의 경우 수정하여 적용하는
것이 타당하다. 어음은 유통증권이며, 어음소지인의 보호가 어음법의 기본이념이기 때문이다. 어음법 제10조와 제16조 2항
의 적용요건과 균형을 고려하여 상대방이 선의이며 중과실이 없는 경우 보호되는 것이 타당하다. 최기원, 「어음・수표법」,
박영사, 2008, 157면.

40) 상대방이 악의이어서 표현대리가 성립되지 아니하였지만, 만약 상대방이 선의이었다면 표현대리가 성립될 수 있는 사정이
있었던 경우 본인의 책임을 전적으로 부정할 것이 아니다. 본인에게 책임을 추궁할 수 있는 사정이 있는 경우 인적항변에
관한 문제로 보는 것이 타당하다. 따라서 제3취득자가 본인을 해할 것을 알고 어음을 취득하지 아니하는 한 제3취득자에게
무권대리라는 항변으로 대항할 수 없다. 강위두, "어음행위의 표현대리에 있어서 제3자 범위-대법원 '94년 5월 27일 선고,
93다21521 판결", 「법률신문」, 제2375호(1995), 15면.

41) 표현대표이사가 대표이사 명의로 행위를 한 경우 상대방의 신뢰의 대상은 전무이사, 상무이사 등 명칭과는 무관한 대행권
이다. 전무이사, 상무이사 등 명칭에 대한 거래상대방의 신뢰를 보호하기 위하여 표현대표이사의 행위에 대하여 회사의 책
임을 인정하는 것인바, 신뢰의 대상이 다른 경우 상법 제395조를 적용하지 아니하는 것이 타당하다. 정찬형, "표현대표이사
의 어음행위에 대한 회사의 책임", 「고려법학」, 제42호(2004), 176면.

42) 제3자가 신뢰하는 표현대표이사의 대표권에는 대표권의 존부뿐만 아니라 대행권의 존부도 포함되어 있다. 따라서 제3자가
대행권을 신뢰하였고 그 신뢰에 중과실이 없다면 표현대표이사의 행위에 대하여 회사의 책임을 추궁할 수 있다. 최정식,
"대표이사 명의를 사용한 표현대표이사의 행위에 대한 회사의 책임", 「법학연구」, 제45집(2012), 427면.

43) 상법상 표현책임에 관한 규정(14조,24조,395조)과 관련하여 보호하여야 할 확실한 가치로서 거래의 안전・신속을 들 수 있
다. 거래의 안전・신속의 면에서 본다면 상대방이 선의인 경우 과실 또는 중과실의 유무와 무관하게 보호하는 것이 타당하
다. 강위두, "명의대여자의 책임요건에 있어서 제3자의 과실 있는 선의", 「판례월보」, 제278호(1993), 23면.

44) 표현대표이사에 관한 규정은 외관을 신뢰한 자를 보호하기 위한 규정이므로, 주관적 요건이 완화되어 경과실이 있는 상대
방도 보호받는다. 그러나 그 상대방이 제3취득자에게 어음을 양도하는 경우 인적항변이 절단되므로, 제3취득자에게 해의가
없는 경우 회사가 제3취득자에게 대항할 수 없다. 菅原菊志, 「判例商法(上)」, 信山社, 1994, 326面.

45) 어음법의 선의취득에 관한 규정의 취지는 형식적 자격에 의하여 권리자로 추정되는 자를 신뢰하여 어음을 취득한 자를 보
호하려는 것이다. 형식적 자격에 의하여 추정되지 아니하는 능력, 대리권, 의사표시 등을 신뢰하여 어음을 취득한 자를 보
호하려는 것은 아니다. 御室龍/宇田一明, 「注釋約束手形法全譯」, 中央經濟社, 1996, 111面.

무처분자나 무권대리인에 의하여 양도된 경우에만 인정된다는 견해[46] 및 선의취득이 인정되는 범위에는 제한이 없다는 견해[47] 등이 있다.

3. 검토

대법원 전원합의체 판결에 따르면 권한을 남용한 대표이사를 통하여 약속어음을 취득한 상대방이 대표이사의 진의를 알았거나 알 수 있었을 때 회사에 대하여 무효가 되므로, 상대방에게 과실이 없는 경우 어음금 지급책임을 추궁할 수 있다. 그러나 대법원 전원합의체 판결에 따르면 이 상대방으로부터 어음을 취득한 제3취득자에게는 인적항변에 관한 규정이 적용되며,[48] 이 규정에 따르면 사기, 강박 등 의사표시에 하자가 있는 경우와 마찬가지로 제3취득자에게 해의가 없는 때에는 보호받을 수 있다. 대법원에 따르면 해의란 단지 항변사유의 존재를 아는 것만으로는 부족하고 자기가 어음을 취득함으로써 항변이 절단되고 채무자가 손해를 입게 될 사정이 객관적으로 존재한다는 사실까지도 충분히 안다는 것을 의미한다.[49] 따라서 제3취득자가 어음취득 당시 대표권이 남용되었다는 사실을 알았을 뿐만 아니라 제3취득자가 어음을 취득함으로써 항변이 절단되고 피해회사가 손해를 입게 될 사정이 객관적으로 존재한다는 사실도 충분히 알아야 해의가 존재하게 된다. 대법원에 따르면 대표이사가 권한을 남용한 경우 중과실이 존재하는 상대방은 어음금 지급책임을 추궁할 수 없지만, 중대한 과실이나 악의가 존재하는 제3취득자가 어음금 지급책임을 추궁할 수 있게 된다. 보호요건을 상이하게 적용하는 것이 타당하냐는 문제가 제기된다. 이 문제를 해결하기 위해서 상대방이 권리를 행사할 수 있는 방법과 제3취득자가 권리를 행사할 수 있는 방법에 대하여 살펴보고, 보호요건을 통일할 필요성에 대하여 검토하고자 한다.

대표권을 남용한 경우 상대방에게 적용될 수 있는 규정으로서 민법상 표현대리규정과

---

46) 교부계약의 하자가 있는 때에는 민법 규정의 취지를 살리기 위하여 선의취득을 부정하여야 한다. 양도인이 무능력자인 경우에도 선의취득은 부정되어야 한다. 배서의 연속은 양도인의 능력과는 상관이 없기 때문에 보호할 만한 권리외관이 존재하지 않으며, 이를 인정하면 무능력제도의 취지가 몰각되기 때문이다. 정동윤, 「어음·수표법」, 법문사, 1997, 218면.

47) 어음법 제16조 2항(수표법 제21조)에서는 '어떤 사유로든 환어음의 점유를 잃은 자'라고 규정하고 있는 바, 이 규정은 고도의 유통성이 보장되어야 하는 어음거래의 안전을 도모하기 위한 것이다. 그러므로 어음이 도난 또는 분실된 경우뿐만 아니라 의사표시의 하자가 있는 경우, 대리권의 흠결이 있는 경우 및 양도인이 무능력자인 경우에도 선의취득이 인정된다. 손용근, "어음·수표의 선의취득", 「어음·수표법에 관한 제문제(상)」, 법원행정처, 1986, 424면; 田辺光政, "善意取得と手形抗弁の交錯", 「商法の課題とその展開」, 成文堂, 1991, 127面.

48) 대법원 2017. 7. 20. 선고 2014도 1104 전원합의체 판결.

49) 대법원 1996. 5. 28. 선고 96다7120 판결; 대법원 1997. 5. 16. 선고 96다49513 판결.

어음법상 선의취득규정 등을 들 수 있는 바, 이러한 규정에 근거하여 권리를 행사하는 것을 검토해보고자 한다. 대법원에 따르면 표현대리인을 통하여 어음을 취득한 상대방은 선의이며 과실이 없는 경우 보호받을 수 있으므로,[50] 민법상 표현대리에 관한 규정에 근거하여 어음금지급을 청구하는 것은 대법원 전원합의체 판결과 동일한 결과가 발생한다. 그러나 과실 있는 상대방이 선의취득에 관한 규정에 근거하여 어음금의 지급을 청구한다면 대법원이 어떤 판단을 할 것인지 의문이 제기된다. 대법원에 따르면 대리권의 흠결이나 하자가 있는 경우 어음의 선의취득으로 인하여 하자가 치유되는바,[51] 선의이며 중과실이 없는 경우 어음의 선의취득이 인정된다(어음법 제16조 제2항). 만약 대표권이 남용된 경우에도 선의취득으로 인하여 하자가 치유된다는 법리가 적용된다면 권한을 남용한 대표이사로부터 어음을 취득한 상대방이 선의이면서 과실이 있는 경우 어떤 방법에 의하여 권리를 행사하느냐에 따라 소송의 결과가 좌우될 수 있다. 상대방에게 중과실은 없지만 경과실이 있는 경우 대표이사가 권한을 남용하여 어음을 발행하였으니 회사가 어음금 지급책임을 부담한다고 주장한다면 패소하지만, 어음법상 선의취득에 관한 규정에 의하여 어음금 지급책임을 부담한다고 주장하면 승소하게 된다.

권한을 남용한 대표이사의 상대방으로부터 제3취득자에게 어음이 유통되는 다양한 상황을 생각해볼 수 있다. 예를 들어서 이 사건에서 권한을 남용한 대표이사를 통하여 어음을 취득한 저축은행이 배서에 의하여 어음을 양도하는 경우, 이 어음을 분실하여 선의취득자가 발생하는 경우 등을 가정할 수 있다. 전자의 경우는 다시 누구를 통하여 어음을 양도하느냐에 따라 대표이사 또는 지점장 혹은 표현대표이사에 의하여 양도되는 것 등을 생각해 볼 수 있다. 따라서 민법상 표현대리에 관한 규정, 어음법상 선의취득에 관한 규정, 인적항변의 절단에 관한 규정은 물론이며 상법상 표현대표이사에 관한 규정, 상법상 지배인에 관한 규정 등이 제3취득자에게 적용될 수 있다. 만약 이러한 다양한 규정 중 표현대리에 관한 규정이나 표현대표이사에 관한 규정을 근거로 권리를 행사하게 된다면 전원합의체 판결에서 제시하는 상대방이나 제3취득자의 보호요건과 차이가 있게 된다. 대법원에 따르면 표현대리인의 상대방으로부터 어음을 취득한 제3취득자는 그 상대방이 선의이며 과실이 없는 경우 그 상대방의 권리를 원용할 수 있을 뿐이다.[52] 따라

---

50) 대법원 1990. 1. 23. 선고 88다카3250 판결; 대법원 2009. 5. 28. 선고 2008다56392 판결 등.
51) 대법원 1995. 2. 10. 선고 94다55217 판결; 무권대리인을 통하여 주권을 취득한 경우에도 중과실이 없는 때 선의취득을 인정하고 있다. 대법원 1997. 12. 12 선고 95 다 49646 판결.
52) 대법원 1994. 5. 27. 선고 93다21521 판결; 대법원 2002. 12. 10. 선고 2001다58443 판결.

서 제3취득자 자신에게 어음취득 당시 과실이 없더라도 그 상대방에게 과실이 있는 경우 피해회사에게 어음금지급을 청구할 수 없게 된다. 그러나 표현대표이사를 통하여 어음을 취득한 상대방이나 그 상대방으로부터 어음을 취득한 제3취득자는 선의이며 중과실이 없는 경우 보호받을 수 있다.[53] 상대방이나 제3취득자에게 중과실은 없지만 경과실이 있는 경우 보호받을 수 있다는 점에서 어음법상 선의취득에 관한 규정을 적용하는 것과 동일하게 된다.

약속어음은 주로 상인이 일정한 기간 동안 신용을 이용하는 수단으로서 활용되고 있다. 상거래의 수단으로서 약속어음이 널리 활용되고 있지만,[54] 약속어음을 이용하는 기업인들이 어음에 대하여 적용되는 법규를 이해하지 못하는 경우가 많다.[55] 기업인들은 통상 표현대리, 표현대표이사, 권한을 남용한 대표이사, 선의취득 및 인적항변의 절단 등에 관한 법리에 대하여 명확하게 구별하지 못하는 있는 바, 이러한 기업인들이 주로 이용하고 있는 약속어음과 관련하여 보호요건을 상이하게 적용할 필요가 있느냐는 문제가 있다. 사실관계가 동일한 경우 특별한 이유가 없다면 권리자가 어떤 조문을 활용하여 권리를 행사하던 간에 소송의 결과가 동일할 필요가 있다. 따라서 어음을 이용하는 기업인들의 권리를 보호하기 위해서는 어음소지인의 보호요건을 통일하는 것이 합리적이다.

어음취득자의 보호요건에 대하여 여러 판례에서 다양하게 제시된 법리를 정리할 필요가 있다. 무형의 권리를 증권을 통해 유형화시킴으로써 권리에 유통성을 부여하려는 것이 유가증권제도의 취지이다. 유가증권의 일종인 약속어음의 양도는 유통성이 보호되어야 하므로, 어음행위독립의 원칙이 인정되며(어음법 제7조, 제32조 제2항, 제69조), 선의취득이 인정된다(어음법 제16조 제2항). 어음거래의 안전을 보호하기 위하여 '어떤 사유'라 하더라도 선의취득을 인정하지만, 소지인이 선의이며 중과실이 없는 때로 한정된다(어음법 제16조 제2항).[56] 어음거래를 하는 자는 그 거래에 관하여 어느 정도의 주의를

---

53) 대법원 2003. 9. 26. 선고 2002다65073 판결.

54) 과거에는 전자어음의 사용은 종이어음에 비하여 저조하였다. 그러나 2014년 4월부터 직전 사업연도 말의 자산총액이 10억 원 이상인 법인사업자가 어음을 발행하는 경우 의무적으로 전자어음을 발행하게 되어 다음과 같이 발행 건수와 발행 금액이 급증하게 되었다고 한다.

연도	2013	2014	2015 상반기
발행 건수	1,481,137	1,876,419	984,128
발행 금액(억 원)	2,041,633	2,628,816	2,063,415

심태규, "전자어음의 발행 및 유통에 관한 법률 일부개정법률안(정부 제출) 검토 보고", 법제사법위원회, 2015, 7면.

55) 현행 어음법이 매우 복잡하고 어렵게 되어 있어 어음제도를 이용하는 기업인들이 법을 제대로 몰라 피해를 당하는 사례가 허다하다. 이로 인하여 어음제도 자체를 부정하는 기업인들이 생기는 경우도 있다. 서헌제, "어음제도의 문제점과 개선방향에 관한 연구", 「상사법연구」, 제20권 제3호(2001), 181면.

기울여야 한다. 주의의무를 전혀 이행하지 아니한 자를 보호할 필요는 없으므로, 어음취득자에게 중과실이 있는 경우 어음채무자가 어음에 관한 책임을 지지 않게 된다고 해석하는 것이 타당하다.[57]

V. 결론

본 논문에서는 위의 연구 결과를 토대로 어음법[58]에 관한 개정시안을 제시하고자 한다. 다음과 같이 어음법 제16조 제2항 본문과 제17조 단서에 관한 개정시안을 제시하고자 한다. 어음에 관한 법률문제를 간명하게 해결하기 위해서는 개정시안에 대하여 심도 있게 검토한 후 개정안을 마련할 필요가 있다고 사료된다.

> 개정시안 어음법 제16조 (배서의 자격 수여적 효력 및 어음의 선의취득) 제2항 본문
> 도난, 분실, 대리권의 흠결, 대리권의 하자, 대표권의 남용, 대표권의 제한 및 의사표시의 하자 등 어떤 사유로든 환어음의 점유를 잃은 자가 있는 경우에 그 어음의 소지인이 제1항에 따라 그 권리를 증명할 때에는 그 어음을 반환할 의무가 없다.

개정시안의 취지: 현행 어음법 제16조 제2항에 따르면 '어떤 사유로든' 선의취득이 가능하다고 규정하고 있는 바, 개정시안에서는 구체적 사유로서 도난, 분실, 대리권의 흠결, 대리권의 하자, 대표권의 남용, 대표권의 제한 및 의사표시의 하자 등을 예시하고 있다. 대법원은 권한을 남용한 대표이사나 표현대리인을 통하여 약속어음을 취득한 상대방에게 과실이 없는 경우 어음금지급청구권을 인정하고 있다. 이러한 대법원 판결에 따르면 선의이며 중과실이 없는 경우 선의취득을 인정하는 본조의 적용요건과 차이가 있

---

56) 어음의 선의취득제도는 유통성을 보호하기 위한 제도라는 점에서 민법상 동산의 선의취득제도와 유사하다. 그러나 어음의 선의취득은 민법상 동산의 선의취득보다 요건이 완화된다. 동산의 선의취득에는 양수인이 선의이며 무과실임을 요하지만(민법249조), 어음의 선의취득에는 양수인이 선의이며 중과실이 없을 것을 요한다. 따라서 경과실이 있다하더라도 어음의 선의취득이 가능하다. 또한 민법상 선의취득에는 특례규정을 두어 원칙적으로 도품이나 유실물에 대한 선의취득을 인정하지 않는다(민법250조,251조).

57) 이훈종, "표현대리인, 표현대표이사 및 권한을 남용한 대표이사를 통하여 어음을 취득한 상대방과 제3취득자의 보호요건에 관한 연구", 「한양법학」, 제25권 제1집(2014), 73면.

58) 앞에서 살펴본 것처럼 다수의견에 따르면 회사가 법적 책임을 부담하는 때 배임죄 기수가 성립하지만, 별개의견에 따르면 회사가 어음채무나 민법상 불법행위책임을 실제로 이행한 때 배임죄 기수가 성립한다고 한다. 의무부담행위로 인하여 채무를 부담하는 경우 회사에 현실적 손해가 발생할 수 있다는 점에서 다수의견에 일리가 있다. 그러나 채무를 부담하는 것만으로는 회사 재산이 현실적으로 변동된 것은 아니라는 점에서 본다면 소수의견에도 일리가 있다. 구체적으로 검토한 후 형법 중 배임죄에 관한 입법론을 제기하는 것이 합리적이라고 사료된다.

어 이해관계인들에게 혼란이 초래될 수 있다. 어음에 관한 법률관계에 법적 안정성을 도모하기 위하여 단일한 보호요건을 제시할 필요가 있다. 본 개정시안에서는 이러한 이유로 구체적 사유를 명확하게 예시하고 있다.

> 개정시안 어음법 제17조(인적 항변의 절단) 단서
> 환어음에 의하여 청구를 받은 자는 발행인 또는 종전의 소지인에 대한 인적 관계로 인한 항변으로써 소지인에게 대항하지 못한다. 그러나 소지인이 그 채무자를 해할 것을 알거나 중과실로 알지 못하고 어음을 취득한 경우에는 그러하지 아니하다.

개정시안의 취지: 현행 어음법 제17조 단서에서는 '해할 것을 알고'로 규정하고 있으나, 개정시안에서는 '해할 것을 알거나 중과실로 알지 못하고'로 개정하는 방안을 제시하고 있다. 현행 어음법에 따르면 선의이며 중과실이 없는 경우 선의취득이 가능하다. 그러나 대법원에 따르면 사기, 강박 등 의사표시에 하자가 있는 경우와 대표이사가 권한을 남용한 경우 인적 항변의 절단에 관한 규정이 적용되어 제3취득자에게 중과실이나 악의가 있더라도 해의가 없는 때에는 보호받을 수 있다. 이러한 대법원의 판단은 표현대리인을 통하여 어음이 유통된 경우 제3취득자의 보호요건에 대한 판단과도 매우 커다란 차이가 있다. 선의취득의 요건과 인적항변의 절단의 요건을 동일하게 규정함으로써 어음에 관한 법률관계를 간명하게 처리할 필요가 있으며, 제3취득자의 보호요건을 동일하게 규정함으로써 형평에 반하는 결과를 방지할 수 있다.

	현행 어음법	어음법 개정시안	비 고
어음법 제16조 (배서의 자격 수여적 효력 및 어음의 선의취득) 제2항	어떤 사유로든 환어음의 점유를 잃은 자가 있는 경우에 그 어음의 소지인이 제1항에 따라 그 권리를 증명할 때에는 그 어음을 반환할 의무가 없다. 그러나 소지인이 악의 또는 중대한 과실로 인하여 어음을 취득한 경우에는 그러하지 아니하다.	도난, 분실, 대리권의 흠결, 대리권의 하자, 대표권의 남용, 대표권의 제한 및 의사표시의 하자 등 어떤 사유로든 환어음의 점유를 잃은 자가 있는 경우에 그 어음의 소지인이 제1항에 따라 그 권리를 증명할 때에는 그 어음을 반환할 의무가 없다. 그러나 소지인이 악의 또는 중대한 과실로 인하여 어음을 취득한 경우에는 그러하지 아니하다.	개정시안에서는 '어떤 사유'인가를 구체적으로 예시함.
어음법 제17조 (인적 항변의 절단)	환어음에 의하여 청구를 받은 자는 발행인 또는 종전의 소지인에 대한 인적 관계로 인한 항변으로써 소지인에게 대항하지 못한다. 그러나 소지인이 그 채무자를 해할 것을 알고 어음을 취득한 경우에는 그러하지 아니하다.	환어음에 의하여 청구를 받은 자는 발행인 또는 종전의 소지인에 대한 인적 관계로 인한 항변으로써 소지인에게 대항하지 못한다. 그러나 소지인이 그 채무자를 해할 것을 알거나 중과실로 알지 못하고 어음을 취득한 경우에는 그러하지 아니하다.	'해할 것을 알고'를 '해할 것을 알거나 중과실로 알지 못하고'로 개정함

〈저자 약력〉

강기봉(서강대학교 강사, 법학박사)

(전) 한국소프트웨어저작권협회 선임연구원, 대진대·홍익대 등 강사, (현) 한양대학교 법학연구소 연구원, 원광대학교 인공지능사회연구소 연구위원, 광운대·서강대·서울시립대·한양사이버대 강사, (사)한국법정책학회·(사)한양법학회 정보이사, (사)한국지식재산학회·(사)한국저작권법학회 등 회원

강동욱(동국대학교 법과대학 교수, 법학박사)

(전) 미국 UC, Irvine 방문교수, 관동대학교 교수, 경찰대학 강사, (현) (사)한국법정책학회 고문, 국가인권위원회 차별시정전문위원회 위원, 한국아동보호학회 고문, 한양법학회 회장, 한국법학교수회 부회장, 사법시험·행정고시·국가공무원시험 위원 등

김선협(백석대학교 교양대학 외래교수)

(전) 한국교통대 교양학부 외래교수, 충북대학교 법학연구소 전임연구원, (현) (사) 한국법정책학회 회원, 한국보험법학회 회원, 한국무역보험학회 회원. 한국기업법학회 회원, 한국젠더법학회 회원

문무기(경북대학교 법학전문대학원 교수, 법학박사)

(전) 한국경영자총협회 부차장, 한국노동연구원 연구원·연구위원, 노사관계제도선진화연구위원회 연구위원, 캐나다 UBC 방문교수, (현) 한국비교노동법학회 회장, 중앙노동위원회 공익위원, 대한민국국회 입법지원위원, 서울중앙지방법원 조정위원, 사법시험·변호사시험 위원 등

박신욱(경남대학교 법정대학 연구중심교원, 법학박사)

(현) 경남대학교 연구중심교원, 한양법학회, 법정책학회, 소비자법학회 등 이사, EU사법(III), 고령소비자 보호 등 공저

박종원(부경대학교 법학과 부교수, 법학박사)

(전) 한국법제연구원 실장, 환경부 중앙환경정책위원회 위원, 환경부 토양정화자문위원회 위원, 국무조정실 규제개혁신문고 민간자문위원, 사법시험 출제위원, (현) 환경부 환경오염피해구제정책위원회 위원, 부산광역시 교육청 행정심판위원회 위원, 환경운동연합 환경법률센터 운영위원, 한국환경법학회 상임이사

박찬걸(대구가톨릭대학교 경찰행정학과 교수, 법학박사)

(전) 육군3사관학교 법학과 교수, 한양대학교·건양대학교·영동대학교 강사, (현) 한국소년정책학회 재무이사, 한국법정책학회 학술이사, 한국비교형사법학회·한국형사소송법학회·한양법학회 이사, 한국형사정책학회 총무간사, 5·7·9급·경찰공무원시험 위원

봉영준(한양대학교 겸임교수, 법학박사)

(전) 한양대학교 법학연구소 연구교수, 경희대학교 강사, 한국외국어대학교 강사, (현) 가톨릭관동대학교 초빙교수, 서울디지털대학교 강사, 청운대학교 겸임교수, 한양대학교 겸임교수, 한양법학회 이사

서인원(고려대학교 법학연구원 연구원, 법학박사)

(현) 고려대학교 법학연구원 연구원

손영화(인하대학교 법학전문대학원 교수, 법학박사)

(전) 경주대학교 교수, 선문대학교 교수, 일본 동경대학교 객원연구원, (현) 인하대학교 경쟁법센터 센터장, (사) 한국비교사법학회 감사, 사법시험·국가공무원시험 위원 등, 인하대학교 법학전문대학원 교수, (사)한국법정책학회 부회장, (사)한국비교사법학회 부회장, (사)한국기업법학회 부회장, (사)한국상사판례학회 부회장, (사)한국경제법학회 부회장, 한국거래소 기술평가위원회 위원 사법시험·변호사시험 위원 등

신창섭(고려대학교 법학전문대학원 교수, 법학박사)

(전) 법학교육위원회 위원장, (현) 미국 뉴욕주 변호사·미국중재협회 국제중재인, 국제거래법학회·한국경영법률학회·안암법학회 부회장, 법무부 국제거래법연구단·국제법무자문위원회 위원

안성경(국회도서관 독일법조사관, 법학박사)

(전) 한국법제연구원 연구원, 한국헌법학회 이사, 유럽헌법학회 이사, (현) 국회도서관 독일법조사관, 한국법과인권교육학회 이사

안수길(한양대학교 법학전문대학원 강사, 법학박사)

(전) 수원대학교 겸임교수, 숙명여자대학교 강사, 한국형사정책연구원 위촉연구원, (현) 순천향대학교 법학과 강사, 한양대학교 법학전문대학원 강사

안택식(강릉원주대학교 법학과 교수, 법학박사)

(전) 강릉원주대학교 교무처장/ 학생처장 역임, 독일 괴팅겐대학교 객원교수 역임, (현) 강릉원주대학교 법학과 교수, 강원지방노동위원회 심판위원

이부하(영남대학교 법학전문대학원 교수, 법학박사)

(전) 독일 쾰른대학교 초청교수, 경북 토지수용위원회 위원, 대구시 행정심판위원회 위원 (현) 한국헌법학회 상임이사, 한국공법학회 상임이사, 한국법정책학회 상임이사, 한국비교공법학회 상임이사

이형규(한양대학교 법학전문대학원 교수, 법학박사)

한양대 법학과 졸업, 독일 괴팅겐대 법학 박사, 한양대 법과대학장 겸 법학전문대학원장, 법학전문대학원협의회 이사장, 한국상사법학회장, 한국비교사법학회장, 한양법학회장, 한국스포츠엔터테인먼트법학회장, 헌법재판소 자문위원, 국가인권위원회 조정위원, 상장회사협의회 자문위

이훈종(동국대학교 법과대학 교수, 법학박사)

(전) 미국 UC Berkeley 방문교수, 일본 교토대 외국인학자, 호서대학교 교수 (현) (사) 한국법정책학회 고문, 사법시험·행정고시·변호사시험 위원 등

정준우(인하대학교 법학전문대학원 교수, 법학박사)

(현) 인하대학교 법학전문대학원 교수, 한국경제법학회 수석부회장, 한국상사법학회/한국비교사법학회/한국기업법학회/한국상사판례학회/한국증권법학회/한국법정책학회 부회장, 대한변호사협회 준법지원인 특별위원회 위원, 인하대학교 법학연구소장

정필운(한국교원대학교 일반사회교육과 교수, 법학박사)

(전) 한국전산원 선임연구원, 미국 UC Berkeley Visiting Researcher, 한국공법학회 신진학술상 수상(2016년 헌법분야), 헌법학연구 편집위원 (현) 한국공법학회 상임이사, 대한교육법학회 학술이사, 한국법과인권교육학회 출판이사, 법무부 법교육위원회 위원

차상육(경북대학교 법학전문대학원 교수, 법학박사)

(전) 일본 지적재산연구소(IIP) 초빙연구원, 한양대학교·인하대학교 겸임교수, (현) 변호사, (사)한국법정책학회 이사, 방송통신위원회(행정심판위원회)·변리사시험 위원 등

최현태(가톨릭관동대학교 사회과학대학 경찰행정학과(겸 법학과) 교수, 법학박사)

(전) 한양대학교·경기대학교·세명대학교·대구가톨릭대학교 등 강사, (현) 한국법학교수회 이사, (사)한양법학회 편집이사, 한국법학회 이사, 한국소비자학회 이사, 강원지방노동위원회 심판위원, 강릉시 공공임대주택분쟁조정위원, 사법시험·행정고시·국가공무원시험 위원 등

황만성(원광대학교 법학전문대학원 교수, 법학박사)

(전) 한국형사정책연구원 부연구위원, 국가생명윤리심의위원회 배아전문위원장, 한국의료분쟁조정중재원 조정위원, 사법시험·변호사시험 위원 등

법의 통섭

초판인쇄 2018년 7월 31일
초판발행 2018년 7월 31일

편저자 (사) 한국법정책학회 (집필대표: 이훈종)
펴낸이 채종준
펴낸곳 한국학술정보㈜
주소 경기도 파주시 회동길 230(문발동)
전화 031) 908-3181(대표)
팩스 031) 908-3189
홈페이지 http://ebook.kstudy.com
전자우편 출판사업부 publish@kstudy.com
등록 제일산-115호(2000. 6. 19)

ISBN 978-89-268-8518-5 93360